동영상 & 전화중국어 할인 이.벤.트

맛있는 인강, 패키지 할인 쿠폰

할인 코드

jrchina09aw

패키지 할인 쿠폰

20% 할인

할인 쿠폰 사용 안내

1. 맛있는인강(http://www.cyberjrc.com)에 접속하여 [회원가입] 후 로그인을 합니다.
2. 메뉴中[쿠폰]→하단[쿠폰 등록하기]에 쿠폰번호 입력→[등록]을 클릭하면 쿠폰이 등록됩니다.
3. [패키지] 수강신청 후, [온라인 쿠폰 적용하기]를 클릭하여 등록된 쿠폰을 사용하세요.
4. 결제 후, 일반패키지는 [나의강의실], 전강좌 수강 패키지는 [맛있는중국어클래스]에서 수강합니다.

쿠폰 사용 시 유의 사항

1. 본 쿠폰은 맛있는인강 패키지 강좌 결제 시 사용 가능합니다.
2. 본 쿠폰은 타 쿠폰 및 J포인트와 중복 할인이 되지 않습니다.
3. 교재 환불 시 쿠폰 사용이 불가합니다.
*본 쿠폰과 관련된 사항은 맛있는인강 고객센터(02-567-3327)로 문의해 주십시오.

맛있는 전화중국어 할인 쿠폰

할인 코드

jrcphone2qsj

전화/화상중국어 할인 쿠폰

10,000원

할인 쿠폰 사용 안내

1. 맛있는 전화중국어(www.phonejrc.com)에 접속하여 [회원가입] 후 로그인을 합니다.
2. 메뉴中[쿠폰]→하단[쿠폰 등록하기]에 쿠폰번호 입력→[등록]을 클릭하면 쿠폰이 등록됩니다.
3. 전화&화상중국어 수강 신청 후, [온라인 쿠폰 적용하기]를 클릭하여 등록된 쿠폰을 사용하세요.

쿠폰 사용 시 유의 사항

1. 본 쿠폰은 맛있는 전화&화상중국어 결제 시에만 사용이 가능합니다.
2. 본 쿠폰은 타 쿠폰 및 J포인트와 중복 할인이 되지 않습니다.
3. 교재 환불 시 쿠폰 사용이 불가합니다.
*본 쿠폰과 관련된 사항은 맛있는 전화중국어 고객센터(02-567-3327)로 문의해 주십시오.

『전공략 新HSK 두달에 5급 따기』는 新HSK 시험을 한 번도 본 적이 없는 학습자라도 쉽게 학습할 수 있도록 각 영역별 공략법부터 실전 테스트까지 체계적으로 구성되어 있습니다. 또한 적중률 높은 엑기스 문제로만 구성된 실전 모의고사로 新HSK에 완벽하게 대비할 수 있습니다. 『전공략 新HSK 두달에 5급 따기』는 가장 정확하고 빠르게 고득점 합격의 길을 제시해드릴 것입니다.

全功略

全力以赴掌握新HSK成功的策略

맛있는 books

개정판 1쇄 발행 2014년 6월 25일
개정판 5쇄 발행 2018년 8월 30일

저자	장미라
기획	JRC 중국어연구소
발행인	김효정
발행처	맛있는books
등록번호	제2006-000273호
편집	최정임 l 김소연 l 조해천
디자인	신은지 l 최여랑
영업	김영한 l 강민호
홍보	이지연
웹마케팅	오준석

주소	서울 강남구 테헤란로 109, 3층
전화	**구입 문의** 02.567.3861 / 02.567.3837
	내용 문의 02.567.3860
팩스	02.567.2471
홈페이지	www.booksJRC.com

ISBN	978-89-98444-41-9 14720
	978-89-98444-28-0 (세트)
정가	25,000원

이 도서의 국립중앙도서관 출판시도서목록(CIP)은 서지정보유통지원시스템 홈페이지(http://seoji.nl.go.kr)와
국가자료공동목록시스템(http://www.nl.go.kr/kolisnet)에서 이용하실 수 있습니다. (CIP제어번호 : CIP2014014888)

최고를 향해! 그 시작점에 서다

5급은 최종 목표를 향해 달려가는 트랙과 같습니다. 지금 마주 대하고 있는 기나긴 트랙은 6급이라는 최고의 성적에 이르기 위한 과정이라 할 수 있죠. 이 길은 설렘과 희망, 좌절과 고난 등과 함께 뛰어야 할 길이며, 그 모든 것을 다 겪고 나면 최고의 성적은 여러분의 손에 들려 있을 것입니다.

길라잡이 도서를 만나다

"까만 것은 글씨요, 하얀 것은 종이군!" 이것이 아마도 新HSK 5급을 접했을 때의 마음이 아닐까 싶습니다. 어려운 어휘, 안 되는 해석, 틀리는 정답. 이러한 것들이 마음을 어지럽게 할 때 누군가가 손을 뻗어 이끌어준다면 그보다 더 안심이 되고 위안이 되는 일이 없겠죠? 『전공략 新HSK 두달에 5급 따기』가 바로 어디서부터, 무엇부터 시작해야 할지를 이끌어주고 인도하는 길라잡이 역할을 할 것입니다.

열정을 맛보다

"할 수 있겠다!"라는 자신감이 생기는 바로 그 시점이 실력이 향상되는 순간입니다. 본 교재는 손을 잡아 이끄는 기초부터 정답을 유추하게끔 하는 공략까지 그 모든 학습 비법이 깨알같이 펼쳐져 있습니다. 까맣게만 보였던 글씨가 이제는 단어로, 문장으로 다가오고, 정답을 고르는 눈이 생겨나게 되면서 문제를 푸는 즐거움까지 맛보게 만드는 마법 같은 책이니 믿고 따라오세요.

초심으로 돌아가자

"겨우 2점 차로 떨어졌어요!" 첫 시험에서 겨우 2점차 불합격은 당연히 아쉽겠지만, 그럴수록 마음을 다잡고 공부하면 200점 대 후반의 점수로 합격하는 기쁨을 맛볼 수 있을 것입니다. 약간의 나태함과 게으름이 찾아오려 한다면, 그동안 출제되었던 중국 관련 지문들을 다시 한번 보면서 중국의 전반적인 상식과 재미를 추구하는 방법을 권해봅니다.

5급을 가르치면서 학생들의 입장에서 고충을 이해하려 애썼고, 그 결과물이 바로 본 교재입니다. 집필 기간이 길어지는 바람에 많은 분께 민폐를 끼치기도 했지만, 이 교재로 학습하는 우리 학생들을 생각하면 웃음이 나는 건 어쩔 수가 없네요. 이 책을 내면서 정말 많은 일들이 있었지만, 그 모든 것이 학생들의 얼굴로 이어지는 저는 어쩔 수 없는 HSK 강사인가 봅니다.

장미라

『전공략 新HSK 두달에 5급 따기』는 본책, 해설집, 실전 모의고사로 구성된 新HSK 종합서입니다. 新HSK 5급을 한 번도 본 적이 없는 학습자라도 쉽게 학습할 수 있도록 각 영역별 공략법부터 실전 테스트까지 체계적으로 구성되어 있으며, 적중률 높은 엑기스 문제로만 구성된 실전 모의고사로 新HSK에 완벽하게 대비할 수 있습니다.

1. 공략부터 실전 테스트까지 한 권으로 끝내는 新HSK 종합서의 결정판!

각 영역별 · 부분별로 꼼꼼한 공략 및 예제, 실제 시험에 가까운 난이도로 구성된 실전 테스트가 수록되어 있습니다. 한 권으로 新HSK 5급 시험을 종합적으로 준비할 수 있어 급수 획득이 쉬워집니다.

2. 최신 기출문제 및 출제 경향 완벽 분석

최신 기출문제를 바탕으로 각 영역별 출제 경향을 완벽히 분석했습니다. 출제 경향이 200% 반영된 기출문제 맛보기 및 공략 예제를 통해 문제 난이도와 공략 포인트를 파악할 수 있어 실력이 한층 업그레이드됩니다.

3. '기초 실력 테스트 → 기출문제 맛보기 → 공략하기 → 실전 테스트'로 이어지는 체계적인 학습 프로그램 제공

자신의 실력을 체크하는「기초 실력 테스트」, 최신 기출문제로 문제 유형을 익히는「기출문제 맛보기」, 유형별로 꼼꼼하게 짚어주는「공략하기」, 실제 시험 난이도에 가까운「실전 테스트」까지 체계적으로 학습할 수 있습니다.

4. 新HSK 전문가의 날카로운 공략 비법 제시

각 영역별 유형을 분석한 자료를 바탕으로 최적화된 공략 비법을 제시했습니다. 공략과 관련된 어법, 표현, 어휘가 한눈에 정리되어 있어 학습에 용이합니다. 공략마다 예제가 제공되어 있어 실제 시험에서 공략법을 어떻게 활용할 수 있는지 연습할 수 있습니다.

5. 시험 적응력을 높이고 실력을 극대화시키는 실전 문제 최다 수록

실제 시험 형식과 난이도로 구성된 예제 및 실전 테스트는 학습자의 시험 적응력을 높
이고 시험장 환경에 익숙해지도록 하여 실력을 충분히 발휘할 수 있도록 도와줍니다.
모든 공략에 예제가 제시되어 있으며, Day별로 실전 테스트가 5~10문제 수록되어 있
어 풍부한 실전 경험을 쌓을 수 있습니다.

6. 두 달, 40일에 新HSK 5급 획득을 위한 꼼꼼한 학습 플랜 및 학습법 제공

두 달에 듣기 · 독해 · 쓰기 전 영역을 완벽하게 끝낼 수 있도록 학습 플랜을 제시하였
습니다. 또한 사전 실력 점검을 통해 자신에게 맞는 수준별 학습법도 선택할 수 있습
니다.

7. 상세하고 정확하게 풀이한 해설

친절하고 상세한 설명으로 학습자들이 틀린 문제를 정확히 알고 넘어갈 수 있습니다.
각 문제마다 상세한 해설과 함께 정답, 어휘 등을 수록하였습니다. 본책에서 배운 공
략을 다시 한번 짚어보고, 실전 테스트에서 틀린 부분을 점검하여 고득점 획득의 발판
을 마련할 수 있습니다.

8. 5급 만점 단어 및 실전 모의고사 1회분 수록

언제 어디서나 휴대하며 암기할 수 있는 5급 만점 단어 1300으로 어휘 실력을 단기간
에 향상시킬 수 있으며, 적중률 높은 실전 모의고사로 응시 전에 마지막으로 자신의
실력을 점검할 수 있습니다.

『전공략 新HSK 두달에 5급 따기』는 'step1 기초 실력 테스트 → step2 기출문제 맛보기 → step3 공략하기 → step4 실전 테스트'로 구성되어 있어 체계적이고 단계적인 학습 방법을 제시합니다.

1. 오늘의 학습목표

학습에 들어가기에 앞서 반드시 학습해야 할 내용을 알아봅니다.

2. 내 실력이 궁금하다면? 기초 실력 테스트!

학습하기 전에 자신의 실력을 테스트해봅니다.

3. 출제 경향이 궁금해? 그럼 기출문제 맛보기로 해결!

최신 출제 경향을 완벽하게 반영한 문제로 新HSK 유형을 미리 알아봅니다.

4. 무엇을 중점으로 풀어야 하지? 난이도와 공략 Key로 끝!

문제의 난이도와 공략 Key로 자신의 취약점을 파악할 수 있어 학습 효과가 배가됩니다.

5. 이것만 알면 끝! 영역별 공략 비법 제시

고득점을 얻을 수 있는 학습 노하우를 이해하기 쉽게 정리했습니다. 다양한 예제로 공략 비법을 마스터하세요.

6. 예제에 제시된 주요 표현까지 놓치지 않고 Tip으로 정리!

新HSK에 자주 출제되는 주요 표현을 깔끔하게 정리했습니다. 예문을 통해 제시된 표현에 익숙해지세요.

7. 학습 후 복습까지 바로바로! 바로 체크~

학습한 내용을 바로바로 체크할 수 있어 학습 효과를 높일 수 있습니다.

8. 학습 효과 2배! 아무도 모르는 나만의 비법 노트!

각 영역에서 반드시 알아야 하는 빈출 어휘나 표현을 주제별로 모아 정리했습니다.

9. 실전 감각을 익힐 수 있는 실전 테스트!

공략에서 마스터한 내용을 실전 테스트를 풀어보며 실력을 확인해보세요.

10. 이것만 알면 어휘는 내 손안에~ 만점 단어 1300

新HSK에서 반드시 알아야 하는 필수 어휘 1300개를 10일 동안 나누어 공부할 수 있도록 구성되어 있으며, MP3 파일도 무료로 다운로드하실 수 있습니다.(www.booksJRC.com)

11. 적중률 높은 실전 모의고사!

두 달 동안 공략 비법을 마스터한 후, 실전 모의고사 1회분으로 실제 시험에 완벽하게 대비하세요.

⊙ 필수적으로 암기해야 하는 중요 어휘에는 ★가 표시되어 있으며, 베테랑 저자의 풍부한 경험을 바탕으로 학습자에게 도움이 되는 조언 한마디, 「토크 토크! 쌤의 한마디」도 놓치지 마세요.

⊙ 본책의 「실전 테스트」는 해설집으로 따로 분리하여 담았습니다. 정확한 공략과 깔끔한 해설로 학습에 용이합니다.

新HSK는 제1언어가 중국어가 아닌 사람의 중국어 능력을 평가하기 위해 만들어진 중국 정부 유일의 국제 중국어 능력 표준화 고시로, 생활·학습·업무 등 실생활에서의 중국어 운용 능력을 중점적으로 평가하는 시험입니다.

❶ 용도

- 중국 대학(원) 입학·졸업식 평가 기준
- 한국 대학(원) 입학·졸업식 평가 기준
- 중국 정부 장학생 선발 기준
- 한국 특목고 입학식 평가 기준
- 교양 중국어 학력 평가 기준
- 각급 업체 및 기관의 채용·승진을 위한 기준

❷ 구성

新HSK는 국제 중국어 능력 표준화 시험으로, 필기 시험과 회화 시험 두 가지 부분으로 나뉘며, 회화 시험은 녹음 형식으로 이루어집니다.

필기 시험	新HSK 6급	新HSK 5급	新HSK 4급	新HSK 3급	新HSK 2급	新HSK 1급
회화 시험	HSKK 고급		HSKK 중급		HSKK 초급	

❸ 등급

新HSK의 각 등급과 「국제 중국어 능력 기준」, 「유럽 언어 공통 참고 규격(CEF)」의 대응 관계는 아래의 표와 같습니다.

등급	어휘량	국제 중국어 능력 기준	유럽 언어 규격(CEF)
新HSK 6급	5,000 이상	5급	C2
新HSK 5급	2,500	5급	C1
新HSK 4급	1,200	4급	B2
新HSK 3급	600	3급	B1
新HSK 2급	300	2급	A1
新HSK 1급	150	1급	

④ 원서 접수

① 인터넷 접수 : 한국HSK사무국 홈페이지(www.hsk.or.kr)에서 접수

② 우편 접수 : 구비 서류를 동봉하여 한국HSK사무국으로 등기 발송
　　구비 서류 응시 원서(최근 6개월 이내에 촬영한 반명함판 사진 1장 부착) 및 별도 사진 1장,
　　　　　　　응시비 입금 영수증

③ 방문 접수 : 한국HSK사무국 또는 서울공자아카데미로 방문하여 접수
　　구비 서류 응시 원서, 최근 6개월 이내에 촬영한 반명함판 사진 3장

⑤ 시험 당일 준비물

① 유효한 신분증
　　주민등록증, 운전면허증, 기간 만료 전의 여권, 군 장교 신분증, 현역 사병 휴가증
　　• 18세 미만(주민등록증 미발급자) : 기간 만료 전의 여권, 청소년증,
　　　　　　　　　　　　　　　　HSK 신분 확인서(한국 내 소재 초중고 재학생만 가능)
　　• 주민등록증 분실 시 재발급 확인서는 인정되나, 학생증, 사원증, 의료보험증, 주민등록등본,
　　　공무원증 등은 인정되지 않음.

② 수험표

③ 2B 연필, 지우개

⑥ 성적 발표

① 시험일로부터 1개월 후에 중국 고시 센터 홈페이지(www.chinesetest.cn)에서 응시자 개별 성적
　　조회 가능

② 시험일로부터 40일경에 등기 우편으로 성적표 발송

③ 新HSK 성적은 시험일로부터 2년간 유효함

国家汉办/孔子学院总部
Hanban/Confucius Institute Headquarters

新 汉 语 水 平 考 试
Chinese Proficiency Test

HSK （五级） 成绩报告
HSK (Level 5) Examination Score Report

姓名：
Name

性别：　　　　　　国籍：
Gender　　　　　　Nationality

考试时间：　　　　　　　　年　　　　　月　　　　　日
Examination Date　　　　　　Year　　　Month　　　Day

编号：
No.

	满分 （Full Score）	你的分数 （Your Score）
听力 （Listening）	100	
阅读 （Reading）	100	
书写 （Writing）	100	
总分 （Total Score）	300	

总分180分为合格 （Passing Score：180）

主任
Director

国家汉办
Hanban
HANBAN

中国・北京
Beijing・China

新 汉 语 水 平 考 试
HSK(五级)答题卡

姓名 이름	Lee HWA YEON
中文 중문	李 花 妍

考点 代码 고시장 번호	8	[0] [1] [2] [3] [4] [5] [6] [7] [8] [9]
	1	[0] [1] [2] [3] [4] [5] [6] [7] [8] [9]
	5	[0] [1] [2] [3] [4] [5] [6] [7] [8] [9]
	0	[0] [1] [2] [3] [4] [5] [6] [7] [8] [9]
	3	[0] [1] [2] [3] [4] [5] [6] [7] [8] [9]
	0	[0] [1] [2] [3] [4] [5] [6] [7] [8] [9]
	0	[0] [1] [2] [3] [4] [5] [6] [7] [8] [9]

国籍 국적	5	[0] [1] [2] [3] [4] [5] [6] [7] [8] [9]
	2	[0] [1] [2] [3] [4] [5] [6] [7] [8] [9]
	3	[0] [1] [2] [3] [4] [5] [6] [7] [8] [9]

序号 수험번호	4	[0] [1] [2] [3] [4] [5] [6] [7] [8] [9]
	2	[0] [1] [2] [3] [4] [5] [6] [7] [8] [9]
	3	[0] [1] [2] [3] [4] [5] [6] [7] [8] [9]
	0	[0] [1] [2] [3] [4] [5] [6] [7] [8] [9]
	8	[0] [1] [2] [3] [4] [5] [6] [7] [8] [9]

性别 성별　　男 [1]　　　　女 [2]

年龄 나이	2	[0] [1] [2] [3] [4] [5] [6] [7] [8] [9]
	6	[0] [1] [2] [3] [4] [5] [6] [7] [8] [9]

注意 주의　请用2B铅笔这样写：■ 2B 연필로 이렇게 칠하세요

一、听力

1. [A] [B] [C] [D]　　6. [A] [B] [C] [D]　　11. [A] [B] [C] [D]　　16. [A] [B] [C] [D]　　21. [A] [B] [C] [D]
2. [A] [B] [C] [D]　　7. [A] [B] [C] [D]　　12. [A] [B] [C] [D]　　17. [A] [B] [C] [D]　　22. [A] [B] [C] [D]
3. [A] [B] [C] [D]　　8. [A] [B] [C] [D]　　13. [A] [B] [C] [D]　　18. [A] [B] [C] [D]　　23. [A] [B] [C] [D]
4. [A] [B] [C] [D]　　9. [A] [B] [C] [D]　　14. [A] [B] [C] [D]　　19. [A] [B] [C] [D]　　24. [A] [B] [C] [D]
5. [A] [B] [C] [D]　　10. [A] [B] [C] [D]　　15. [A] [B] [C] [D]　　20. [A] [B] [C] [D]　　25. [A] [B] [C] [D]

26. [A] [B] [C] [D]　　31. [A] [B] [C] [D]　　36. [A] [B] [C] [D]　　41. [A] [B] [C] [D]
27. [A] [B] [C] [D]　　32. [A] [B] [C] [D]　　37. [A] [B] [C] [D]　　42. [A] [B] [C] [D]
28. [A] [B] [C] [D]　　33. [A] [B] [C] [D]　　38. [A] [B] [C] [D]　　43. [A] [B] [C] [D]
29. [A] [B] [C] [D]　　34. [A] [B] [C] [D]　　39. [A] [B] [C] [D]　　44. [A] [B] [C] [D]
30. [A] [B] [C] [D]　　35. [A] [B] [C] [D]　　40. [A] [B] [C] [D]　　45. [A] [B] [C] [D]

二、阅读

46. [A] [B] [C] [D]　　51. [A] [B] [C] [D]　　56. [A] [B] [C] [D]　　61. [A] [B] [C] [D]　　66. [A] [B] [C] [D]
47. [A] [B] [C] [D]　　52. [A] [B] [C] [D]　　57. [A] [B] [C] [D]　　62. [A] [B] [C] [D]　　67. [A] [B] [C] [D]
48. [A] [B] [C] [D]　　53. [A] [B] [C] [D]　　58. [A] [B] [C] [D]　　63. [A] [B] [C] [D]　　68. [A] [B] [C] [D]
49. [A] [B] [C] [D]　　54. [A] [B] [C] [D]　　59. [A] [B] [C] [D]　　64. [A] [B] [C] [D]　　69. [A] [B] [C] [D]
50. [A] [B] [C] [D]　　55. [A] [B] [C] [D]　　60. [A] [B] [C] [D]　　65. [A] [B] [C] [D]　　70. [A] [B] [C] [D]

71. [A] [B] [C] [D]　　76. [A] [B] [C] [D]　　81. [A] [B] [C] [D]　　86. [A] [B] [C] [D]
72. [A] [B] [C] [D]　　77. [A] [B] [C] [D]　　82. [A] [B] [C] [D]　　87. [A] [B] [C] [D]
73. [A] [B] [C] [D]　　78. [A] [B] [C] [D]　　83. [A] [B] [C] [D]　　88. [A] [B] [C] [D]
74. [A] [B] [C] [D]　　79. [A] [B] [C] [D]　　84. [A] [B] [C] [D]　　89. [A] [B] [C] [D]
75. [A] [B] [C] [D]　　80. [A] [B] [C] [D]　　85. [A] [B] [C] [D]　　90. [A] [B] [C] [D]

三、书写

91. 我一时想不起他的名字来。어순에 맞게 문장을 완성합니다.

92. ______________________________

93. ______________________________

94. ______________________________

95. ____ 二

96. ____ 二

97. ____ 二

98. ____ 二

99. 주어진 단어를 이용해 원고지 형식에 맞게 80자 정도의 단문을 완성합니다.

		现	在	的	社	会	竞	争	很	激	烈	。			

100. 주어진 그림을 이용해 원고지 형식에 맞게 80자 정도의 단문을 완성합니다.

		随	着	人	类	社	会	的	发	展	，	…	…		

① 대상

新HSK 5급은 매주 2~4시간씩 2년 이상(400시간 이상) 집중적으로 중국어를 학습하고, 2,500개의 상용 어휘와 관련 어법 지식에 숙달한 학습자를 대상으로 합니다.

② 구성

新HSK 5급은 총 100문제로, 듣기 · 독해 · 쓰기 세 영역으로 구성되어 있습니다.

영역		문제 유형	문항 수		시험 시간
듣기 (听力)	제1부분	두 사람의 대화를 듣고 질문에 답하기	20	45	약 30분
	제2부분	4~5개 문장의 대화 또는 단문 듣고 1~4개 질문에 답하기	25		
		듣기 영역 답안지 작성			5분
독해 (阅读)	제1부분	빈칸에 들어갈 알맞은 어휘 고르기	15	45	45분
	제2부분	단문 읽고 내용에 부합하는 보기 고르기	10		
	제3부분	비교적 긴 단문 읽고 3~5개 질문에 답하기	20		
쓰기 (书写)	제1부분	주어진 어휘를 조합하여 문장 만들기	8	10	40분
	제2부분	주어진 어휘 및 그림을 보고 80자 단문 쓰기	2		
		합계	100		약 120분

③ 영역별 배점표

• 新HSK 5급 성적표는 듣기 · 독해 · 쓰기 세 영역의 점수와 총점이 기재됩니다.

• 각 영역별 만점은 100점이며, 영역별 점수에 상관없이 **총점 180점 이상**이면 합격입니다.

영역	문항 수	추정 배점	총점	
듣기(听力)	45문항	2.2점	100점	
독해(阅读)	45문항	2.2점	100점	
쓰기(书写)	8문항	5점	40점	100점
	2문항	30점	60점	
계	100문항		300점	

⊙ 문제 유형

	문제 유형	문항 수	시험 시간
제1부분	두 사람의 대화를 듣고 질문에 답하기	20	
제2부분	4~5개 문장의 대화 또는 단문 듣고 1~4개 질문에 답하기	25	약 30분

문항 수 합계: 45

⊙ 출제 유형 분석

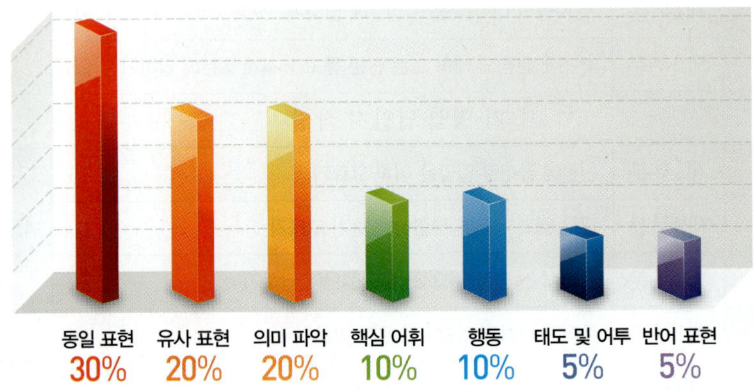

[check 1] 읽을 줄 알아야 내 귀에 들어온다!

최근 듣기 대화문의 경우 녹음에서 보기의 내용을 그대로 들려주는 문제가 많이 출제됩니다. 똑같이 들려준다고 하더라도 보기의 내용을 읽을 줄 모른다면 정답을 선택하는 데 어려움을 겪게 되니 평소에 어휘나 문장을 큰 소리로 읽는 훈련이 필요합니다.

[check 2] 보기를 적극적으로 활용하라!

보기는 듣기 문제를 푸는 관건이 될 수 있습니다. 유사 표현이 등장할 수도 있으며 보기에 주어진 주어의 확인으로 정답을 유추할 수도 있고 연관성 있는 어휘를 확인하여 녹음의 내용을 유추할 수도 있습니다. 따라서 주어진 보기에서 모든 정보를 골라내야 합니다.

[check 3] 스토리의 배경과 교훈을 기억하라!

단문형의 경우, 사건의 전개 배경이나 교훈, 주제에 중점을 두면서 듣는 것이 중요합니다. 사건의 전개 배경을 이해하고 육하원칙에 근거하여 내용 전개의 흐름을 파악하며 글의 마지막에서 교훈이나 주제를 골라내야 하므로 스토리의 도입 부분과 마지막 부분에 초점을 맞추어야 합니다.

제1부분 `총 20문항`

두 사람의 대화를 듣고 A, B, C, D 보기에서 알맞은 답을 고르는 문제로, 녹음 내용은 한 번만 들려줍니다.

第一部分

第 1–20 题：请选出正确答案。

1.	**A** 乘务员	6. **A** 打算去旅游
	B 推销员	**B** 第一次出国
	C 售票员	**C** 7月中旬回来
	D 收银员	**D** 要去做志愿者
2.	**A** 要好好注意	7. **A** 妻子生病了
	B 觉得还是个小孩子	**B** 女儿回家了

보기에서 눈을 떼지 마라!

대화문의 경우 녹음에서 들리는 내용이 그대로 보기에 언급되거나 很好를 不错로 살짝 바꿔놓는 것과 같이 트릭을 사용해 유사 표현으로 제시하는 문제가 많은 비중을 차지합니다. 따라서 보기에 집중하면서 그대로 들리는 어휘나 표현에 표시를 하는 것이 중요합니다.

핵심어에 신경 써라!

직업이나 장소, 두 사람의 관계 및 화자의 신분 등 세부 사항을 묻는 문제는 핵심 표현보다는 핵심 어휘에 중점을 두어야 합니다. 따라서 보기를 통해 질문을 유추할 수 있는 경우에는 첫마디나 질문에 따른 핵심 어휘에 주의를 기울이세요.

보기에서 공통분모를 찾아내라!

보기에서 동일한 명사가 두 번 이상 언급되었다면 그 어휘는 귀로 들어야 하는 어휘입니다. 특히 서로 연관성이 높은 어휘들, 예를 들면 银行(은행), 取钱(돈을 찾다), 提款机(현금 인출기) 등이 언급되었다면, 돈을 찾는 상황에 관한 대화문이라고 내용을 유추할 수 있으므로 최대한 보기에서 모든 정보를 찾아내도록 해야 합니다.

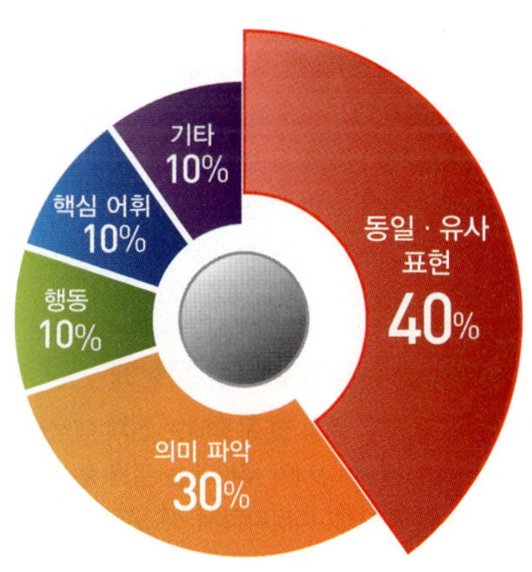

〈기출 문제 유형 분석〉

두 사람의 간단한 대화나 200자 정도의 단문을 듣고 A, B, C, D 보기에서 알맞은 답을 고르는 문제로, 녹음 내용은 한 번만 들려줍니다.

第二部分

第 21–45 题：请选出正确答案。

21. A 脖子疼
    B 睡眠不好
    C 感冒很严重
    D 不小心摔倒了

22. A 坐飞机
    B 坐汽车

27. A 过去的宣传材料
    B 下周的日程安排
    C 参加会议人员名单
    D 上半年的销售情况

28. A 候车室
    B 机场

학습 노하우

보기에서 정보를 찾아내라!

긴 대화형이나 단문의 경우는 여차하면 녹음 내용을 놓치는 경우가 있습니다. 따라서 보기를 미리 보거나 혹은 녹음을 들으면서 동시에 보기를 보며 내용을 유추해야 하고, 잃어버린 문맥을 찾아야 합니다. 모든 힌트는 보기에 있음을 직시하고 보기를 가장 중요시 여기는 마인드를 가져야 합니다.

글의 첫 문장과 마지막 문장에 신경 써라!

단문의 경우 글의 첫 문장에는 전체 내용을 이끄는 주제 구문이 언급되며, 글의 마지막 부분에는 글을 통해 유추할 수 있는 결론이나 교훈이 제시됩니다. 따라서 첫 문장과 마지막 문장은 결코 놓쳐서는 안 되는 핵심 포인트입니다.

목적 · 인과 관계 접속사에 집중하라!

为什么는 단문형에서 가장 많이 언급되는 의문대사입니다. 이유나 원인, 목적을 묻고 있기에 이와 관련 있는 접속사를 잘 포착해서 듣는다면 정답도 쉽게 들릴 것이므로 평소에 접속사 학습에 매진해야 합니다.

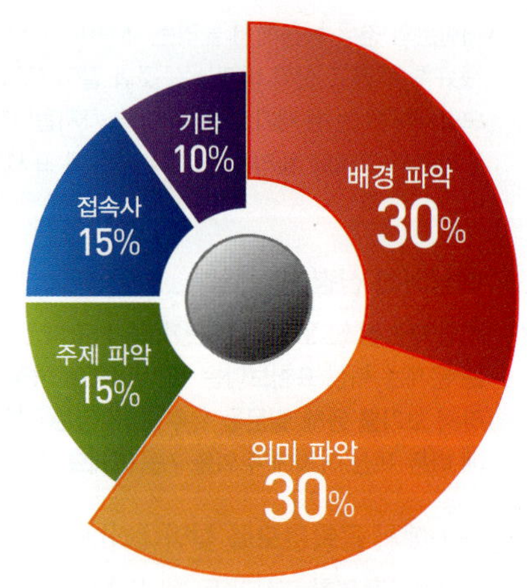

〈기출 문제 유형 분석〉

◉ 문제 유형

	문제 유형	문항 수	시험 시간
제1부분	빈칸에 들어갈 알맞은 어휘 고르기	15	
제2부분	단문 읽고 내용에 부합하는 보기 고르기	10	45	45분
제3부분	비교적 긴 단문 읽고 3~5개 질문에 답하기	20	

◉ 출제 유형 분석

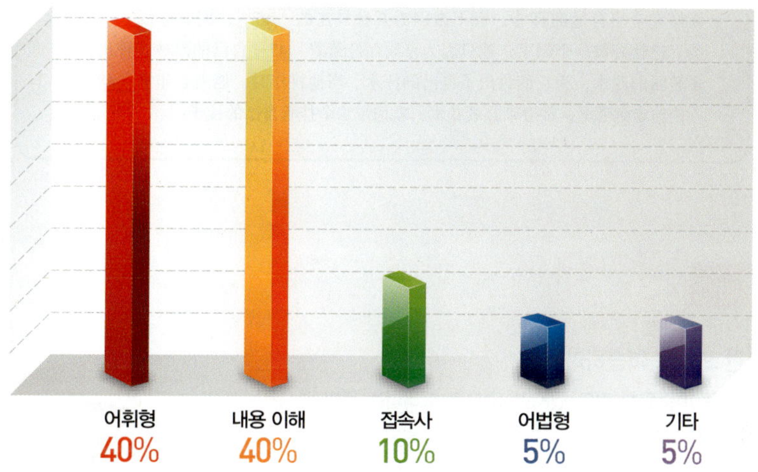

[check 1] 시간 활용에 능숙해라!

독해 영역은 총 45문항으로, 45분 안에 해결하는데, 모두 단문으로 구성되어 시간이 절대적으로 부족합니다. 평소 꾸준한 어휘 학습과 직독직해 연습으로 내용의 이해 및 문제를 푸는 실력을 갖춰야 합니다.

[check 2] 어휘를 암기하라!

독해 영역의 관건은 어휘입니다. 단문의 내용이 이해되지 않거나 해석이 안 되는 것도, 정답을 고를 수 없는 이유도 모두 어휘의 한계에 있다는 점을 인지하고, 5급 어휘 암기에 중점을 두어 학습해야 합니다.

[check 3] 중국에 관한 상식을 넓혀라!

최근 독해에서는 중국에 관한 지문이 상당 부분 출제되고 있습니다. 중국의 도시 소개라든지 민간 예술, 인물 등 다양한 방면에서 중국을 알리고자 하는 의도가 숨어 있다고 볼 수 있습니다. 따라서 평소 중국에 대해 좀 더 관심을 기울이고 상식을 넓히면 단문을 해석하는 데 유리할 수 있습니다.

제1부분 총 15문항

제시된 단문에서 빈칸에 들어갈 알맞은 어휘 또는 문장을 A, B, C, D 보기에서 선택하는 문제입니다.

第一部分

第46-60题：请选出正确答案。

46-48.

　　一个人活在世上，一定要有自己真正喜欢的事情，才会活得很有意义。这喜好完全出自他的真心，而不是因为某种外在的___46___，例如金钱、名声之类。这就好像一个园丁，他只因为喜欢而经营着___47___自己的园林，种出了许多美丽的花木，为它们付出了自己的汗水。当他耕作时，他内心非常___48___。不论他走到哪里，都会牵挂着花木，就像母亲牵挂着自己的孩子。

학습 노하우

어휘의 정확한 쓰임을 학습하라!

어휘는 표면적인 뜻이 중요한 것도 있지만, 겉으로 드러나는 뜻만으로는 알 수 없는 특수 용법이라든지, 심화된 뜻까지 알아야 하는 경우도 있습니다. 따라서 어휘의 뜻을 꼼꼼하게 파악하고 정확한 쓰임을 알아야 합니다.

문맥을 파악하라!

글의 흐름을 파악하는 것은 독해의 가장 큰 키포인트입니다. 단, 제1부분에서는 흐름을 대충 파악해서는 정답을 유추하기가 역부족입니다. 문장에서의 품사를 구분하거나 주어, 술어, 목적어를 정확하게 찾아내 힌트를 발견해야 합니다. 무엇보다도 앞뒤 문맥에 근거하여 알맞은 어휘나 문장을 넣을 수 있는 실력을 길러야 합니다.

어휘 호응 구조를 암기하라!

犯(범하다) 하면 错误(실수)가 뒤따라 나오는 것처럼 新HSK 5급에서 자주 출제되는 어휘 호응 구조가 있습니다. 평소에 출제 빈도율이 높은 호응 구조를 암기해두고 문장에서 이들을 재빨리 그리고 제대로만 찾아낸다면 정답을 고르기가 한층 더 수월해지며 문제를 푸는 데 좀 더 자신감이 생길 것입니다.

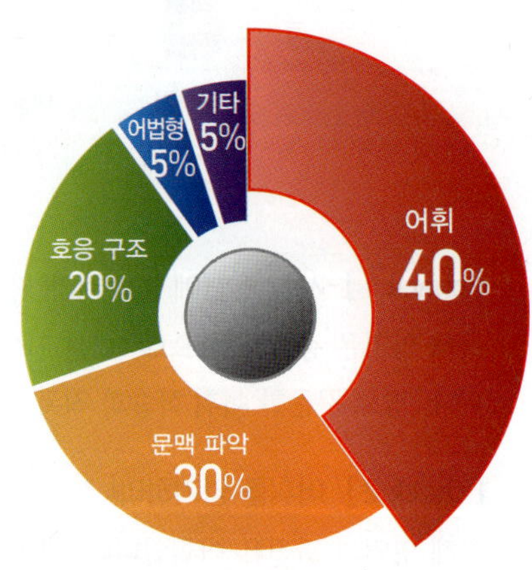

〈기출 문제 유형 분석〉

제2부분 총 10문항

200~300자 정도의 단문을 읽고 A, B, C, D 보기 중에서 단문의 내용과 일치하는 것을 고르는 문제입니다.

第二部分

第 61-70 題：请选出与试题内容一致的一项。

61. 百合是百合科百合属多年生草本植物，主要生长在北半球温带地区，世界
　　上已发现有百多个品种，中国是其最主要的发源地，是百合属植物自然分
　　布中心。近些年更有很多通过人工杂交而产生的新品种。百合的主要价值
　　就在于观赏，有些品种也可作为蔬菜食用和入药。

    A 百合象征友谊　　　　　　　**B** 百合有助于消化
    C 百合可以大规模种植　　　　**D** 有些百合具有药物价值

설명문에 대한 부담감을 없애라!

제2부분은 재미있는 이야기 글보다는 정보를 전달하거나 설명하는 글이 주를 이룹니다. 따라서 회화체 표현보다는 서면어에 대한 부담감을 줄여야 하는 것이 급선무이며 중심을 부각하는 어휘나 표현에 중점을 두어 학습해야 합니다.

접속사를 눈여겨봐라!

내용을 전개하거나 주제를 부각하는 데 있어 접속사는 굉장히 좋은 역할을 합니다. 특히 '하지만'의 전환 관계나 조건이나 결과를 강조하는 접속사로 이어진 문장을 정확하게 해석하는 능력이 요구되므로 평소 접속사 학습을 게을리하지 말아야 합니다.

중국에 관한 내용은 정보로 활용하라!

중국의 지역이나 민간 예술, 인물 등을 소개하는 지문은 반드시 등장합니다. 평소에 이 방면에 상식을 쌓아두면 지문의 주제를 빠르게 파악할 수 있어 해석하는 데 시간이 절약되며 문제 풀기가 한결 수월해집니다.

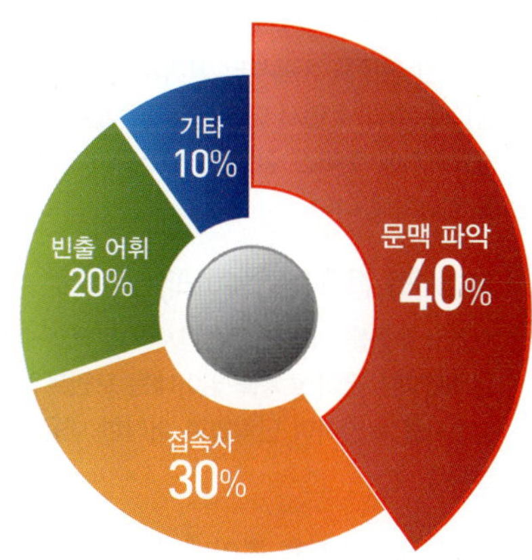

〈기출 문제 유형 분석〉

제3부분 `총 20문항`

비교적 긴 단문을 읽고 3~5개 질문에 알맞은 답을 A, B, C, D 보기에서 선택하는 문제입니다.

第三部分

第 71-90 题：请选出正确答案。

71-74.

很久以前，在一个水池里，住着一只脾气很坏的乌龟，它和来这里饮水的两只大雁变成了好朋友。后来，有一年，天旱了，池水干枯了，乌龟没办法，最后决定搬家，它想跟大雁一起到南方去生活。但它不会飞，于是两只大雁找了一根绳子，让乌龟咬着中间，大雁各执一端告诉乌龟不要说话，就起身高飞。

학습 노하우

질문을 먼저 파악하라!

다소 긴 단문을 처음부터 끝까지 정독하려면 상당한 시간이 필요합니다. 따라서 먼저 어떤 점에 중점을 두어 글을 살펴야 하는지가 중요하기에 주어진 질문을 먼저 읽고 질문을 통해 핵심어나 힌트를 찾아야 합니다.

시간사와 접속사를 찾아라!

시간의 흐름을 나타내는 시간사나 문맥의 흐름을 나타내는 접속사는 제3부분 글의 흐름을 읽어내는 포인트입니다. 따라서 시간사나 접속사를 확인하며 단락별로 어떠한 내용이 전개되는지 체크해야 합니다.

글의 중심 생각을 뽑아내라!

최근 제3부분의 출제 경향을 살펴보면 지문마다 거의 주제나 제목을 묻는 질문이 꼭 출제됩니다. 글의 주제는 첫 단락이나 마지막 단락에 언급되며, 특히 마지막 단락을 눈여겨보고 글이 주는 교훈 및 주제를 찾아야 합니다.

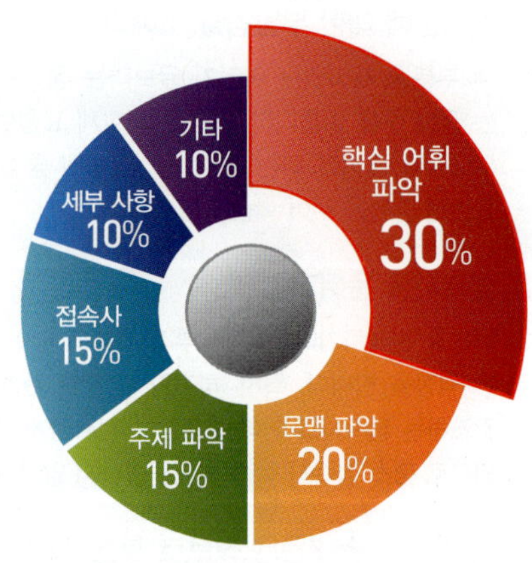

〈기출 문제 유형 분석〉

◉ 문제 유형

	문제 유형	문항 수	시험 시간
제1부분	주어진 어휘를 조합하여 문장 만들기	8	
제2부분	주어진 어휘 및 그림을 보고 80자 단문 쓰기	2	

(문항 수 10, 시험 시간 40분)

◉ 출제 유형 분석

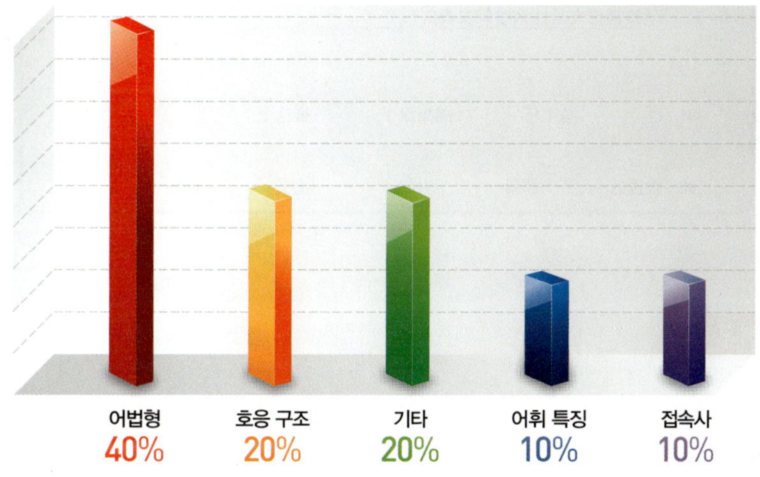

[check 1] '기본 어순+빈출 어법+어감'의 3박자를 갖춰라!

주어진 어휘를 알맞게 배열할 때, 평소의 회화 실력을 바탕으로 어감을 통해 배열하는 것이 가장 좋지만, 이러한 정도를 갖추기 어려우므로 어법에 힘을 빌어야 합니다. 따라서 중국어의 기본 어순 및 중요한 특수 구문을 정확하게 학습해야 합니다.

[check 2] 품사를 암기하라!

어휘 암기 시, 품사도 함께 암기하는 것이 좋습니다. 특히 술어 역할을 하는 동사나 형용사를 찾는 것이 어순 배열 문제에 있어 중요한 역할을 하기 때문에, 평소 동사나 형용사, 부사를 눈여겨봐야 합니다.

[check 3] 매끄러운 흐름으로 이야기를 구성하라!

중국어로 80자 내외의 단문을 완성하는 것은 생각만큼 쉽지 않습니다. 어법적인 오류도 최소화해야 하며 이야기의 흐름도 자연스러워야 합니다. 따라서 평소 쉽거나 좋은 문장을 암기해서 쓰기에 적용하거나, 시제에 신경 써서 전체 문맥이 자연스럽게 연결되도록 해야 합니다.

제1부분 총 8문항

주어진 어휘나 구를 조합하여 중국어 어순에 맞게 배열하는 문제입니다.

第一部分

第 91-98 题：完成句子。

例如：发表　　　这篇论文　　　什么时候　　　是　　　的

　　　这篇论文是什么时候发表的?

91. 也　　　马主任　　　搞糊涂了　　　被这个

92. 教授的　　　那篇　　　引起了　　　论文　　　重视

학습 노하우

술어를 먼저 찾아라!

주어와 술어, 목적어는 문장을 구성하는 뼈대입니다. 어순을 배열할 때는 이들을 먼저 찾아야 하며 특히 술어를 먼저 골라내는 훈련을 해야 합니다. 술어가 형용사인지 동사인지에 따라 문장의 형태가 달라지므로 항상 술어를 먼저 찾는 습관을 길러야 합니다.

어휘의 특징을 학습하라!

동사이면서도 목적어로 동사나 형용사를 수반한다든지 또 부정부사를 동반한다든지 등, 일부 어휘는 어법적으로 눈에 띄는 특징을 가지는 경우가 있습니다. 따라서 평소 어휘를 학습할 때, 이러한 특징을 가진 어휘를 잘 정리해두어, 어순을 배열할 때 그대로 활용해야 합니다.

정도부사를 활용하라!

정도부사는 형용사나 심리동사를 수식하는 부사를 말하는데, 이 정도부사와 형용사의 조합은 어순 배열에서 매우 중요한 역할을 합니다. 이들은 문장에서 주로 술어나 관형어의 역할을 하기에 제일 먼저 문장에서 이들의 위치를 찾으면 어순 배열이 상대적으로 쉬워집니다. 따라서 정도부사의 종류를 확실히 암기해야 합니다.

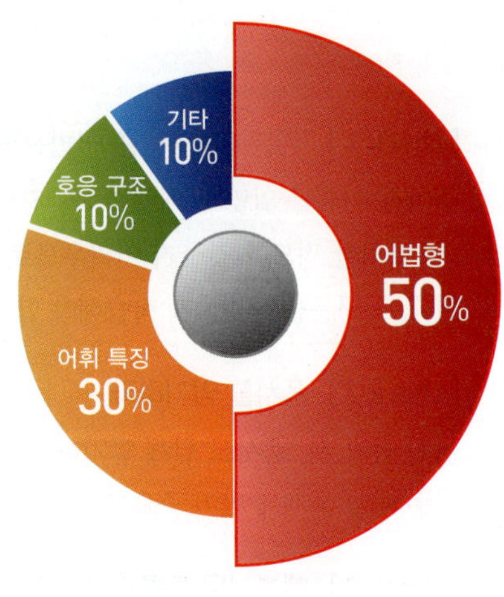

〈기출 문제 유형 분석〉

제2부분 총 2문항

99번은 5개의 어휘가 주어지며 주어진 어휘를 사용하여 80자 내외의 단문을 작성하는 문제이고, 100번은 주어진 그림을 근거로 80자 내외의 단문을 작성하는 문제입니다.

第二部分

第 99–100 题: 写短文。

99. 请结合下列词语(**要全部使用**), 写一篇80字左右的短文。

　　吃亏、生意、产品、无奈、客户

100. 请结合这张照片写一篇80字左右的短文。

학습 노하우

눈에 보이는 실수를 하지 마라!

글을 채 읽기도 전에 채점 위원들에게 확연히 드러나는 실수를 보이면 안 됩니다. 따라서 중국의 원고지 사용 격식을 준수하고 한자를 깔끔하게 쓰는 것이 가장 기본임을 인지해야 합니다.

한국식 중국어 사용에 주의하라!

한국 역시 한자문화권인지라 한자에 익숙합니다. 그러다 보니 어떤 어휘를 떠올릴 때 중국어로 학습한 기억이 없어서 한국어 표현을 한자로 그대로 쓰는 경우가 있습니다. 이렇게 되면 그야말로 한국식 중국어가 새로 탄생하는 격이 됩니다. 내가 모르는 표현을 창조하는 노력을 해서는 안 되며, 아는 표현으로 작성해야 합니다.

글의 전개 패턴을 만들어라!

출제 유형을 파악하면 많은 부분에서 공통점을 찾아낼 수 있습니다. 따라서 이를 바탕으로 이야기 전개 패턴을 감지할 수 있습니다. 시간을 절약하고 오류를 최소화하며 고득점을 획득하기 위해서는 스토리 전개 패턴을 사용해 공식을 만들어서 이에 부합하도록 노력하는 것이 좋습니다.

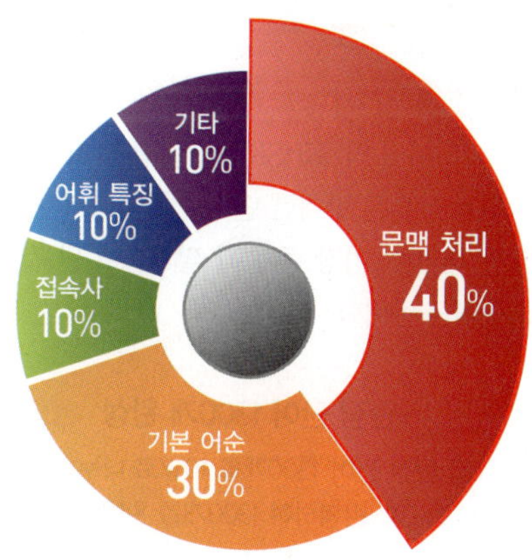

〈기출 문제 유형 분석〉

⊙ 자신의 실력을 미리 체크해보세요.

체크 사항	매우 그렇다 (4)	그렇다 (3)	보통이다 (2)	아니다 (1)
新HSK 5급 유형을 숙지하고 있다.				
영역별로 자주 쓰이는 표현이 머릿속에 잘 정리되어 있다.				
녹음을 듣고 전체 내용을 파악할 수 있다.				
듣기의 보기를 보고 질문을 유추할 수 있다.				
보기로 제시된 문장이나 어휘의 의미를 알고 있다.				
빈칸에 들어갈 단어의 품사를 판단할 수 있다.				
제한된 시간 안에 지문을 읽고 문제를 풀 수 있다.				
'握手(악수하다)'와 같은 동작동사를 직접 쓸 줄 아는 편이다.				
중국어의 6대 문장 성분을 알고 있다.				
어법 중에 '존현문'을 들어본 적이 있다.				
접속사의 의미와 호응 구조를 떠올릴 수 있다.				
合适와 适合 같은 유의어의 미묘한 차이를 이해하고 있다.				

⊙ 점수를 합산한 후 자신의 학습법을 알아보세요.

☐ 12점 이하 ➡ **A단계**　　　☐ 13~35점 ➡ **B단계**　　　☐ 36점 이상 ➡ **C단계**

A 단계 **이제 막 5급에 입문한 학습자!**

　　이제 막 新HSK 5급 시험을 시작하는 학습자를 위한 학습법입니다. 이 단계의 학습자들이 가장 어려워하는 부분은 방대한 단어와 쓰기입니다. 기출 문제에 제시된 어휘와 어법을 마스터한다면 5급 시험을 준비하는 데 있어 가장 큰 힘과 밑거름이 될 것입니다. 무턱대고 문제만 풀 것이 아니라 학습의 순서를 정해놓고 차근차근 준비합시다.

Plan 1 만점 단어 1300개 완성

5급 만점 단어 1300개를 10일로 나누어 하루에 130개씩 학습합니다. 10일이 지나면 다시 한 번 반복하고, 시험 전까지 2~3회 반복하여 1300개를 완벽하게 마스터합니다.

Plan 2 맛보기 문제로 문제 유형 파악

新HSK에 처음 입문한 학습자에게 가장 중요한 것은 출제 유형을 파악하는 것입니다. 출제 경향을 완벽하게 분석한 맛보기 문제를 풀어보고, 문제마다 제시된 공략법과 어휘를 반드시 자신의 것으로 만듭니다.

Plan 3 공략으로 실력 다지기

문제를 다 맞히는 것도 중요하지만 입문자에게 가장 중요한 것은 기초를 탄탄히 쌓는 것입니다. 공략에 설명된 내용을 꼼꼼히 읽어보고 HSK 전문가의 공략을 확인하여 경향에 맞는 해법을 익히도록 합시다.

B단계 180점 합격을 목표로 하는 학습자!

빠른 합격을 목표로 하는 학습자들은 누구보다 조급한 마음을 갖기 쉽습니다. 그렇기 때문에 순서나 기본 원칙을 무시하고 무조건 많은 분량을 학습하길 원합니다. 하지만 많은 학습량보다는 틀린 문제를 다시 틀리는 일이 없도록 머릿속에 정확하게 집어넣는 것이 중요합니다. 오답 노트를 만들어 활용하는 것도 좋은 방법이 될 수 있습니다.

Plan 1 만점 단어 1300개 확인!

만점 단어 1300개를 이미 학습했더라도, 시험 전에는 만점 단어 전체를 다시 한 번 확인하도록 합니다. 문제 풀이를 위주로 하다 보면 종종 막히는 어휘가 출현할 수 있습니다.

Plan 2 예제 문제 공략

문제를 풀어보면, 자신의 취약점을 알 수 있습니다. 다시 기초부터 공부하기보다는 자신의 부족한 부분에 해당하는 공략을 찾아 다시 한 번 복습하고 정답을 골라내는 기술을 익히도록 합니다. 또한 그에 해당하는 예제 문제를 완벽히 자기 것으로 만드는 것이 좋습니다. Tip에 제시된 어법과 표현에 관한 내용도 모두 외워 HSK의 흐름을 파악합니다.

Plan 3 실전 테스트로 실력 점검

HSK 시험에 익숙해지기 위해서는 무엇보다 문제를 많이 풀어보며, 실전 감각을 익히는 것이 중요합니다. 실전 테스트를 풀어보며, 자신이 틀린 문제가 난이도의 상·중·하 어디에 해당하는지 확인해 실력을 가늠해봅니다.

C단계 230점 이상 고득점을 원하는 학습자

어느 정도 중국어를 배운 학습자들은 고득점을 받기를 원합니다. 그러나 고득점을 받는 것이 쉬운 일은 아닙니다. 시험에서 고득점을 받기 위해서는 쓰기 영역의 점수를 올리는 것이 키포인트입니다. 대부분의 학습자들이 듣기나 독해 영역에서는 고득점을 받아도 그에 비해 쓰기에서는 고득점을 받지 못하는 경우가 허다하기 때문입니다.

Plan 1 헷갈리는 어휘만 써보자

이 수준의 학습자라면 필수 어휘를 다시 공부할 필요는 없습니다. 하지만 쓰기 영역에 대비하여 헷갈리는 어휘를 써보는 연습을 하는 것이 좋습니다.

Plan 2 쓰기 영역에 철저히 대비하자

쓰기 영역에 자신이 없다면 교재에 제시된 모범 답안을 외워 자기 것으로 만드는 것도 하나의 방법입니다. 평소 자신이 자주 틀렸던 어법 부분에 해당하는 공략을 보며 다시 한 번 정리하고, 제시된 예문을 통해 어법의 쓰임을 파악하는 것이 좋습니다. 또한 독해 지문의 사진을 보고 육하원칙에 따라 3~4문장 정도 빠르게 작문하거나 중국 잡지나 신문을 빠르게 읽고 1~2문단으로 요약하는 연습을 하는 것이 도움이 됩니다.

Plan 3 실전처럼 연습하자

아무리 열심히 공부했더라도 시간 안에 모든 문제를 풀지 못하면 고득점을 얻을 수 없습니다. 평소 실전 테스트를 시험 시간과 동일하게 맞춰 풀어보며 답안 카드까지 작성하는 연습을 해 시험장 환경에 익숙해지도록 합니다.

新HSK 5급을 준비하는 학습자를 대상으로, 문제 유형 및 공략법을 학습하여 실력을 갖출 수 있도록 도와주는 학습 플랜입니다. 「기출 문제 맛보기」로 문제 난이도와 경향을 파악하고 「공략」 및 「실전 테스트」로 학습 능력을 업그레이드할 수 있습니다.

학습일	듣기	독해	쓰기
01day	☐ 01day 기초 실력 테스트+맛보기	☐ 11day 기초 실력 테스트+맛보기	☐ 26day 기초 실력 테스트+맛보기
02day	☐ 01day 공략하기 1, 2	☐ 11day 공략하기	☐ 26day 공략하기
03day	☐ 01day 공략하기 3	☐ 11day 실전 테스트	☐ 26day 실전 테스트
04day	☐ 01day 실전 테스트	☐ 12day 기초 실력 테스트+맛보기	☐ 27day 기초 실력 테스트+맛보기 ☐ 27day 공략하기 1
05day	☐ 02day 기초 실력 테스트+맛보기	☐ 12day 공략하기	☐ 27day 공략하기 2 ☐ 27day 실전 테스트
06day	☐ 02day 공략하기 1, 2	☐ 12day 실전 테스트	☐ 28day 기초 실력 테스트+맛보기 ☐ 28day 공략하기 1
07day	☐ 02day 공략하기 3+비법 노트	☐ 13day 기초 실력 테스트+맛보기	☐ 28day 공략하기 2 ☐ 28day 실전 테스트
08day	☐ 02day 실전 테스트	☐ 13day 공략하기	☐ 29day 기초 실력 테스트+맛보기
09day	☐ 03day 기초 실력 테스트+맛보기	☐ 13day 실전 테스트	☐ 29day 공략하기
10day	☐ 03day 공략하기 1	☐ 14day 기초 실력 테스트+맛보기	☐ 29day 실전 테스트
11day	☐ 03day 공략하기 2+비법 노트	☐ 14day 공략하기	☐ 30day 기초 실력 테스트+맛보기
12day	☐ 03day 실전 테스트	☐ 14day 실전 테스트	☐ 30day 공략하기
13day	☐ 04day 기초 실력 테스트+맛보기	☐ 15day 기초 실력 테스트+맛보기	☐ 30day 실전 테스트
14day	☐ 04day 공략하기 1, 2	☐ 15day 공략하기	☐ 31day 기초 실력 테스트+맛보기
15day	☐ 04day 공략하기 3+비법 노트	☐ 15day 실전 테스트 ☐ 16day 기초 실력 테스트+맛보기	☐ 31day 공략하기
16day	☐ 04day 실전 테스트	☐ 16day 공략하기 1	☐ 31day 실전 테스트
17day	☐ 05day 기초 실력 테스트+맛보기	☐ 16day 공략하기 2 ☐ 16day 실전 테스트	☐ 32day 기초 실력 테스트+맛보기
18day	☐ 05day 공략하기 1, 2	☐ 17day 기초 실력 테스트+맛보기	☐ 32day 공략하기
19day	☐ 05day 공략하기 3+비법 노트	☐ 17day 공략하기	☐ 32day 실전 테스트
20day	☐ 05day 실전 테스트	☐ 17day 실전 테스트	☐ 33day 기초 실력 테스트+맛보기
21day	☐ 06day 기초 실력 테스트+맛보기	☐ 18day 기초 실력 테스트+맛보기 ☐ 18day 공략하기 1	☐ 33day 공략하기

학습일	듣기	독해	쓰기
22day	☐ 06day 공략하기 1	☐ 18day 공략하기 2 ☐ 18day 실전 테스트	☐ 33day 실전 테스트
23day	☐ 06day 공략하기 2+비법 노트	☐ 19day 기초 실력 테스트+맛보기	☐ 34day 기초 실력 테스트+맛보기 ☐ 34day 공략하기 1
24day	☐ 06day 실전 테스트	☐ 19day 공략하기	☐ 34day 공략하기 2 ☐ 34day 실전 테스트
25day	☐ 07day 기초 실력 테스트+맛보기	☐ 19day 실전 테스트	☐ 35day 기초 실력 테스트+맛보기 ☐ 35day 공략하기 1
26day	☐ 07day 공략하기 1	☐ 20day 기초 실력 테스트+맛보기	☐ 35day 공략하기 2 ☐ 35day 실전 테스트
27day	☐ 07day 공략하기 2	☐ 20day 공략하기	☐ 36day 기초 실력 테스트+맛보기
28day	☐ 07day 실전 테스트	☐ 20day 실전 테스트	☐ 36day 공략하기
29day	☐ 08day 기초 실력 테스트+맛보기	☐ 21day 기초 실력 테스트+맛보기 ☐ 21day 공략하기 1	☐ 36day 실전 테스트
30day	☐ 08day 공략하기 1	☐ 21day 공략하기 2 ☐ 21day 실전 테스트	☐ 37day 기초 실력 테스트+맛보기
31day	☐ 08day 공략하기 2+비법 노트	☐ 22day 기초 실력 테스트+맛보기 ☐ 22day 공략하기 1	☐ 37day 공략하기
32day	☐ 08day 실전 테스트	☐ 22day 공략하기 2 ☐ 22day 실전 테스트	☐ 37day 실전 테스트
33day	☐ 09day 기초 실력 테스트+맛보기	☐ 23day 기초 실력 테스트+맛보기 ☐ 23day 공략하기 1	☐ 38day 기초 실력 테스트+맛보기
34day	☐ 09day 공략하기 1, 2	☐ 23day 공략하기 2 ☐ 23day 실전 테스트	☐ 38day 공략하기
35day	☐ 09day 공략하기 3+비법 노트	☐ 24day 기초 실력 테스트+맛보기	☐ 38day 실전 테스트
36day	☐ 09day 실전 테스트	☐ 24day 공략하기	☐ 39day 기초 실력 테스트+맛보기 ☐ 39day 공략하기 1
37day	☐ 10day 기초 실력 테스트+맛보기	☐ 24day 실전 테스트	☐ 39day 공략하기 2 ☐ 39day 실전 테스트
38day	☐ 10day 공략하기 1	☐ 25day 기초 실력 테스트+맛보기	☐ 40day 기초 실력 테스트+맛보기
39day	☐ 10day 공략하기 2+비법 노트	☐ 25day 공략하기	☐ 40day 공략하기
40day	☐ 10day 실전 테스트	☐ 25day 실전 테스트	☐ 40day 실전 테스트

Day			점수	self - check
	<예>		8/10	어휘의 뜻을 몰라 두 문제를 틀렸다. 빈출 어휘 다시 한 번 암기!!
듣기	제1·2부분	01day		
		02day		
		03day		
		04day		
		05day		
		06day		
		07day		
	제2부분	08day		
		09day		
		10day		
독해	제1부분	11day		
		12day		
		13day		
		14day		
		15day		
	제2부분	16day		
		17day		
		18day		
		19day		
		20day		
		21day		
		22day		
	제3부분	23day		
		24day		
		25day		
쓰기	제1부분	26day		
		27day		
		28day		
		29day		
		30day		
		31day		
		32day		
		33day		
		34day		
		35day		
		36day		
	제2부분	37day		
		38day		
		39day		
		40day		

⊙ 시험 전날 check! check!

☐ **수험표와 2B 연필, 지우개, 신분증 등 준비물 챙기기**

쓰기 시험에 대비하여 2B 연필은 여분으로 더 준비하세요.

☐ **신분증 챙기기**

① 18세 이상의 주민등록증 기발급자 : 주민등록증, 운전면허증, 기간 만료 전의 여권, 주민등록증 발급 신청 확인서(군 장교·현역 사병의 경우, 군 장교는 신분증, 현역 사병은 휴가증 인정)

② 18세 미만의 주민등록증 미발급자 : 기간 만료 전의 여권, 청소년증, HSK 신분 확인서(한국 내 소재 초중고 재학생인 경우, 발급일 6개월 이내의 것으로 학교 직인을 받은 HSK 신분 확인서 인정)

③ 외국인 : 기간 만료 전의 여권, 외국인등록증

주의 학생증, 사원증, 국민건강보험증, 주민등록등본, 공무원증 등은 인정되지 않습니다.

☐ **고사장 위치 확인하기**

한국HSK사무국 사이트에서 고사장의 위치를 확인하고, 교통편을 숙지하세요.

☐ **손목 시계 챙기기**

휴대 전화 등 전자기기를 사용할 수 없어요.

⊙ 시험 당일 check! check!

☐ **시험장에 도착하기 전**

- 지각하지 않도록 여유 있게 출발하세요. 시험 시작 시간보다 일찍 도착해서 마음을 가라앉히고 최종 점검을 해보세요.
- 시험장으로 가는 길, 자신이 자주 틀렸던 문제를 다시 한번 검토해보세요.

☐ **시험장에서는?**

- 오답 노트 등 자신만의 자료로 파이널 점검을 하세요. 자신이 자주 잊어버리거나 획수가 많은 한자를 써보는 것이 좋습니다.
- 시험 도중에는 퇴실할 수 없으니, 화장실은 미리 다녀오세요.
- 시험 규정과 고시장 수칙을 반드시 준수하세요. 위반 시 부정 행위 처리, 자격 제한 등의 처벌을 받을 수 있으므로 HSK 규정에 반드시 따르도록 합니다.

듣기

제1·2부분
대화형
01day
의심은 금물!
들리는 것이
정답!
02day
동의어에
민감해져라
03day
반어문에
속지 마라

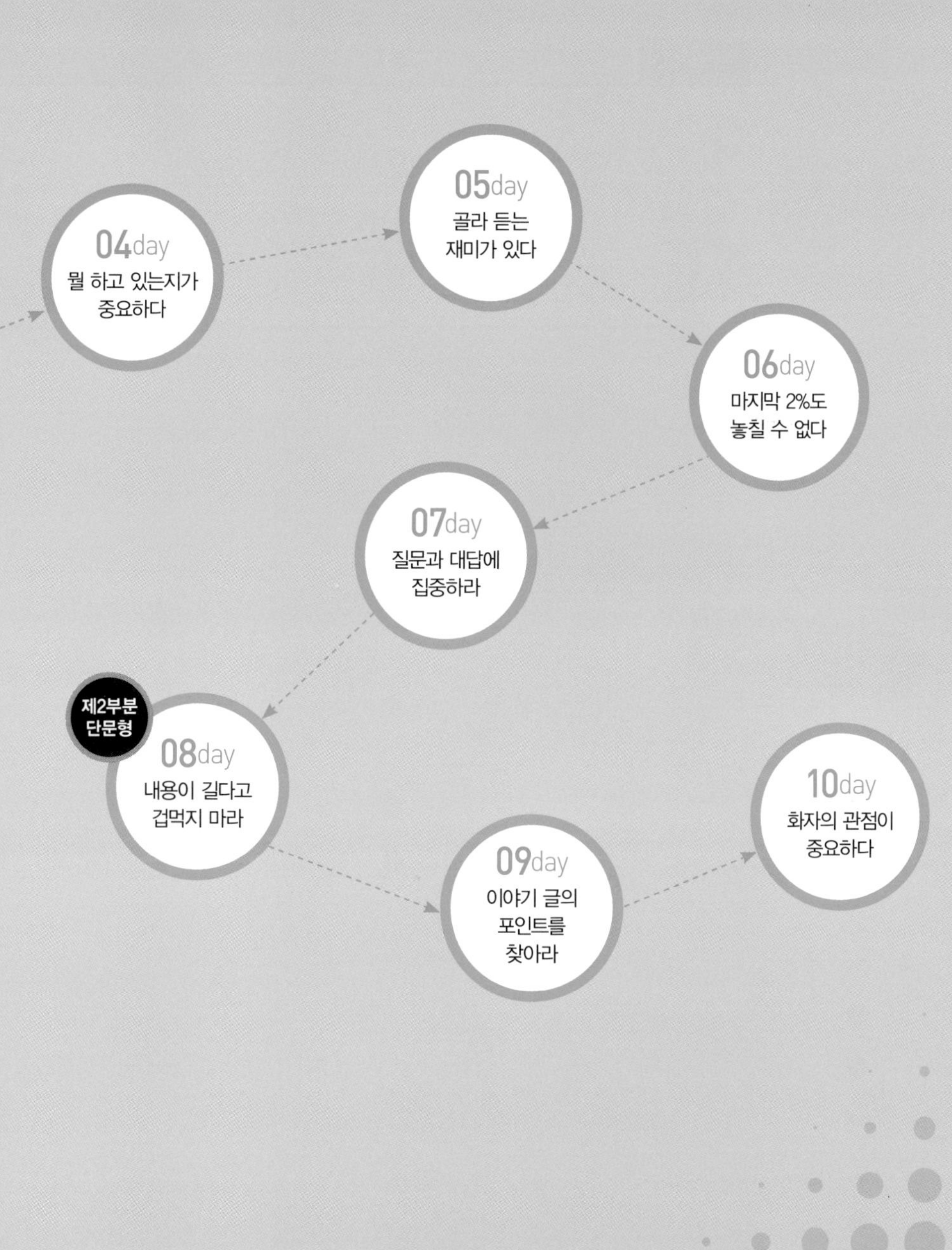

04day
뭘 하고 있는지가 중요하다
05day
골라 듣는 재미가 있다
06day
마지막 2%도 놓칠 수 없다
07day
질문과 대답에 집중하라
제2부분 단문형
08day
내용이 길다고 겁먹지 마라
09day
이야기 글의 포인트를 찾아라
10day
화자의 관점이 중요하다

01 day 의심은 금물! 들리는 것이 정답!

✦ 정답_ 해설집 201쪽

학습목표

✓1 보기를 미리 읽는 습관을 들이자

✓2 문장의 중심어를 잡아내는 훈련을 하자

✓3 소리 내어 읽는 습관을 들이자

新HSK 5급의 대화형 듣기에서 가장 많은 비중을 차지하는 문제가 바로 들은 것과 똑같은 내용의 보기가 정답인 경우다. 이처럼 '들리는 것이 정답'인 문제 유형에 익숙지 않은 학습자는 '어, 이렇게 쉽다니 뭔가 함정이 있을 거야'라며 자신의 귀를 의심하거나 함정에 빠지지 않으려다 오히려 오답을 선택하곤 한다. 평소 기출문제를 많이 접하면서 시험의 패턴을 익히자.

기초 실력 테스트 TEST   🎧 01-1

1 녹음을 듣고 중국어와 뜻을 써보세요.

❶ 중국어 ___________ 뜻 __________   ❷ 중국어 ___________ 뜻 __________

❸ 중국어 ___________ 뜻 __________   ❹ 중국어 ___________ 뜻 __________

2 녹음을 듣고 내용에 부합하는 것을 고르세요.

❶ A 在云南买   B 要去云南

❷ A 签证已经办好了   B 要去办签证了

3 주어진 단어를 들리는 순서대로 나열하세요.

❶ 推荐，项链，主持，频道，优惠 ___________________________________

❷ 胳膊，招聘，程序，装修，抽屉 ___________________________________

5급 기출문제 맛보기

 맛보기　🎧 01-2　　　　　난이도 下　공략 Key 녹음과 동일한 보기 찾기

듣기
제1·2부분

A 出门最好带雨伞　　　　　B 想要看天气预报
C 这儿空气很糟糕　　　　　D 明天多穿点衣服

정답&공략

해석

男：天气预报说明天有冷空气南下，气温下降10度，你明天要多穿点儿衣服。
女：还要降温哪，这天气真是太糟糕了。

问：男的提醒女的什么？

A 出门最好带雨伞
B 想要看天气预报
C 这儿空气很糟糕
Ⓓ 明天多穿点衣服

남: 일기 예보에서 그러는데 내일 찬 공기가 내려와서 기온이 10도 떨어진다니까 내일 옷 좀 두껍게 입도록 하세요.
여: 기온이 또 내려간대요? 날씨가 정말 너무 엉망이네요.

질문: 남자는 여자에게 무엇을 상기시켜 주었나?

A 외출할 때 우산 가져가는 게 좋겠다
B 일기 예보를 보고 싶다
C 여기는 공기가 형편없다
Ⓓ 내일 옷을 좀 두껍게 입어라

공략 보기에서 雨伞, 天气预报 등의 단어를 통해 날씨 관련 내용임을, 最好나 多 등을 통해 제안이나 건의한 내용을 묻는 것임을 알 수 있다. 보기를 미리 읽었다면 '你明天要多穿点儿衣服'가 녹음에 그대로 나오므로 D가 정답임을 바로 알 수 있다.

어휘 天气预报 tiānqì yùbào 명 일기 예보 | 冷空气 lěng kōngqì 찬 공기 | ★下降 xiàjiàng 통 떨어지다, 낮아지다 | 穿 chuān 통 (옷을) 입다 | 降温 jiàngwēn 통 기온이 내려가다 | ★糟糕 zāogāo 형 (일·상황이) 엉망이다 | ★提醒 tíxǐng 통 일깨우다

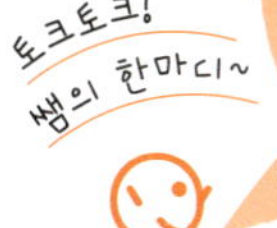 토크토크! 쌤의 한마디~

"어떻게 하면 듣기 실력을 키울 수 있을까요?"라는 질문을 참 많이 받습니다. 그럼 저는 "우선 많이 읽으세요!"라고 하지요. 자신이 읽지 못하는 어휘는 절대 들리지 않기 때문이지요. 듣기 영역 점수를 올리고 싶다면, 新HSK 5급 듣기에 자주 등장하는 어휘와 표현을 접했을 때, 뜻을 파악한 뒤 직접 여러 번 읽어보세요. 그런 다음 녹음을 들으면 훨씬 잘 들릴 거예요. 조급해하지 말고, 이런 방식으로 차근차근 실력을 쌓는다면 듣기 고득점이 눈앞에 보일 거예요~

공략 1. 보기에서 눈을 떼지 마라

정답도, 정답을 유추할 수 있는 힌트도 모두 보기에 있다. 학습자들이 듣기 영역 문제를 풀 때 보기를 미리 읽지 않는 이유는 대체로 두 가지인데, 너무 자신만만하기 때문이거나 미처 볼 여유가 없어서다. 전자(前者)라면 어이없는 실수로 쉬운 문제를 놓칠 수 있으니 보기를 미리 읽는 습관을 기르고, 후자(後者)라면 평소 문제를 들으면서 동시에 보기를 읽는 연습을 해야 한다. 기억하자! 정답은 보기에 있다.

•예제 🎧 01-3   난이도 下 공략 Key 녹음과 동일한 보기 찾기

A 从来不吃辣的　　　　　　　B 嗓子有点儿疼

C 想要去餐厅　　　　　　　　D 睡眠不好

정답&공략

해석
女：你不是喜欢吃辣的吗？今天的菜怎么这么清淡？
男：最近嗓子有点儿疼，所以不能吃辣的。

问：关于男的，可以知道什么？

A 从来不吃辣的
Ⓑ 嗓子有点儿疼
C 想要去餐厅
D 睡眠不好

여: 너 매운 것 좋아하잖아? 오늘 음식은 왜 이렇게 싱거워?
남: 요즘 목이 좀 아파서 매운 것을 못 먹어.

질문: 남자에 관해서 알 수 있는 것은 무엇인가?

A 매운 것을 전혀 안 먹는다
Ⓑ 목이 좀 아프다
C 식당에 가고 싶어 한다
D 잠을 잘 자지 못했다

공략 반어문의 형식인 '不是……吗'를 통해 남자가 매운 것을 좋아한다는 것을 알 수 있으므로 A는 소거하며, 남자의 말 중 '最近嗓子有点儿疼'이 보기에 그대로 언급되었으므로 정답은 B이다.

어휘 ★辣 là 혱 맵다 | ★清淡 qīngdàn 혱 (음식이) 담백하다 | ★嗓子 sǎngzi 몡 목, 목구멍 | 餐厅 cāntīng 몡 식당 | ★睡眠 shuìmián 몡 동 잠; 자다

> **Tip** 중국어로 알아보는 음식의 맛
>
> 酸 suān 시다 | 甜 tián 달다 | 苦 kǔ 쓰다 | 辣 là 맵다 | 咸 xián 짜다 | 涩 sè 떫다 | 清淡 qīngdàn 담백하다, 싱겁다

공략 2. 중심어를 취하고 수식 성분은 과감히 버려라

듣기 영역 점수가 높지 않은 학습자 중에는 녹음 내용을 100% 이해하려고 하는 경우가 종종 있다. 시험을 칠 때는 그런 꼼꼼함을 잠시 버리자. 자신이 모르는 단어에 신경을 쓰다가 정작 쉽게 찾을 수 있는 정답을 놓쳐버린다면 고득점은 닿을 수 없는 꿈이다. 독해 공부할 때 많이 사용하는 주어, 술어, 목적어 찾기 훈련을 활용해 핵심만 골라 듣는 연습을 하자.

1 '주어+술어+목적어'에 집중하라

중국어 문장에서 중심이 되는 성분은 주어, 술어, 목적어이다. 그 밖의 관형어나 부사어, 보어는 수식 성분으로, 녹음 내용에서 수식 성분이 길면 오답을 고르게 하려는 꼼수가 숨어 있다고 봐도 무방하다.

2 보기를 읽으면서 '주어+술어+목적어'에 표시하라

보기를 미리 읽고 주어, 술어, 목적어에 나만의 표시를 해놓으면 내용을 빨리 파악할 수 있고, 녹음을 들을 때 '누가, 어떻게, 무엇을'에 집중한다면 수월하게 정답에 접근할 수 있다.

3 '주어+술어+목적어' 골라 듣는 법을 연습하라

这几天 我 路过操场，有两次 看到 你 在这儿打排球。
　　　　주어　　　　　　　　　　술어　목적어

요 며칠 운동장을 지나가면서 네가 여기서 배구하는 걸 몇 번 봤거든.

今天打算 去 看看中医买些 中药 吃吃。　오늘 한의원에 가서 한약을 사다 좀 먹어볼 계획이다.
　　　　술어　　　　　　목적어

每年 农历五月初五 这一天 是 中国民间的传统节日 端午节 。
　　　주어　　　　　　술어　　　　　　　　목적어

매년 음력 5월 5일 이날은 중국 민간의 전통 명절인 단오절이다.

我 曾经 经历过 许多人难以想象的 很多伤心事 。
주어　　　술어　　　　　　　　목적어

나는 예전에 많은 사람들이 상상하기 힘든 수많은 어려운 일을 겪었다.

回来的路上， 我 看 广场 上有很多人， 很热闹 ， 好像有什么活动。
　　　　　주어　목적어　　　　　　술어

돌아오는 길에 광장에 사람이 많고 시끌벅적한 걸 봤는데 무슨 행사가 있는 것 같더라.

예제　🎧 01-4　　　　　　　　　　　난이도 中　공략 Key 중심 성분 골라 듣기

A 喜欢做手工	B 要开服饰店
C 是个业余艺术家	D 收到了鲜花

해석

男：这些花篮都是你亲手做的？
女：是啊。我平时喜欢做一些小手工装饰一下家里。
男：你真厉害，你可以开一家小店专门卖你的手工制品。
女：现在工作忙，只能作为业余爱好了。

问：关于女的，下列哪项正确？

Ⓐ 喜欢做手工
B 要开服饰店
C 是个业余艺术家
D 收到了鲜花

남: 이 꽃바구니는 다 네가 직접 만든 거야?
여: 응, 나는 평소에 작은 수공예품들 만들어서 집 안을 꾸미는 걸 좋아하거든.
남: 정말 대단하다! 작은 가게 하나 열어서 네 수공예품들을 팔아도 되겠다.
여: 지금은 일이 바빠서 취미로밖에 할 수 없어.

질문: 여자에 관해 다음 중 맞는 것은 무엇인가?

Ⓐ 수공예품 만드는 걸 좋아한다
B 액세서리 가게를 개업하려 한다
C 아마추어 예술가이다
D 꽃을 (선물로) 받았다

공략 여자가 만든 꽃바구니에 관한 대화로 여자가 한 말인 '我平时喜欢做一些小手工'에서 중심어인 술어와 목적어가 그대로 언급된 '喜欢做手工'이 보기에 있으므로 정답은 A이다.

어휘 花篮 huālán 圀 꽃바구니 | ★亲手 qīnshǒu 倔 직접, 손수 | 平时 píngshí 圀 평소 | 做手工 zuò shǒugōng 손으로 만들다 | ★装饰 zhuāngshì 宮 장식하다, 치장하다 | ★厉害 lìhai 圀 대단하다 | 开店 kāidiàn 宮 개업하다 | ★专门 zhuānmén 倔 전문적으로, 일부러 | 手工制品 shǒugōng zhìpǐn 圀 수공예품 | ★只能 zhǐnéng 다만 ~할 수 있을 뿐이다 | ★作为 zuòwéi 宮 ~으로 여기다 | ★业余爱好 yèyú àihào 圀 취미, 여가생활 | ★正确 zhèngquè 圀 정확하다 | 服饰店 fúshìdiàn 圀 액세서리 상점 | 鲜花 xiānhuā 圀 생화, 꽃

Tip 직접 ~하다

중국어에서는 '亲+명사'를 써서 '친히', '직접'이라는 뜻을 표현하고, 이들은 부사이므로 뒤에 오는 동사를 수식해주어 '亲+명사+동사'의 형식을 띤다.

① 亲自+来 : 친히 오다
   谢谢你**亲自来**接我。 친히 마중 나와주셔서 감사합니다.

② 亲眼+看 : 직접 보다
   你要相信我，这是我**亲眼看**到的。 나를 믿어야 돼, 이건 내 눈으로 직접 본 거야.

③ 亲耳+听 : 직접 듣다
   有时候**亲耳听**到的也不一定是真的。 때때로 직접 들은 것도 사실이 아닐 수 있다.

④ 亲口+说 : 직접 말하다
   我等你**亲口说**爱我。 나는 네가 직접 나를 사랑한다고 말해주길 기다리고 있어.

⑤ 亲手+做 : 직접 만들다
   这个围巾是妈妈**亲手做**的。 이 목도리는 엄마가 직접 떠준 것이다.

공략 3. 소리 내서 읽는 습관을 길러라

녹음 내용이 보기에 그대로 나와 있어도 틀린다. 독해 영역은 곧잘 하는데 유독 듣기 영역이 취약하다. 왜 그럴까? 듣기 영역은 귀로 듣고 눈으로 정답을 고르는 유형이므로 독해 영역과는 달리 주어진 문장이 무슨 뜻인지 아는 것 외에도 읽을 수 있어야 하기 때문이다.

1 한글 독음으로 읽는 습관은 독(毒)이다

독해에서는 한자를 많이 알고 있으면 해석을 빨리 할 수 있다. 하지만 듣기는 눈으로 보는 것이 아닌 귀로 들어야 한다. 예를 들어 成功을 한글 독음인 '성공'으로 읽는 습관이 있다면 쉬운 단어임에도 절대로 알아들을 수 없다. 정확한 발음과 성조가 정답을 들리게 하는 초석이다.

2 눈알만 굴리면 귀는 트이지 않는다

평소 중국어 문장을 읽거나 해석할 때 어떻게 하고 있는지 떠올려보자. 눈이나 입으로 해석하는 것은 대략적인 해석일 뿐, 손으로 써봐야 정확한 해석이 된다. 마찬가지로 지문을 읽을 때도 눈으로만 읽는 것은 좋은 학습법이 아니다. 입을 움직이고 성대를 울리며 읽어야 비로소 귀가 트인다.

〈 듣자마자 알아들어야 하는 듣기 필수어휘 〉

명사	抽屉 chōuti 서랍 ｜ 盐 yán 소금 ｜ 频道 píndào 채널 ｜ 程序 chéngxù 컴퓨터 프로그램 ｜ 宴会 yànhuì 연회, 파티 ｜ ★郊区 jiāoqū 교외, 외곽 지역 ｜ 嘉宾 jiābīn 초대 손님 ｜ ★麦克风 màikèfēng 마이크 ｜ 阳台 yángtái 베란다 ｜ 项链 xiàngliàn 목걸이 ｜ 围巾 wéijīn 스카프 ｜ 卧室 wòshì 침실 ｜ 决赛 juésài 결승전 ｜ 嗓子 sǎngzi 목, 목구멍 ｜ 邻居 línjū 이웃
동사	承担 chéngdān 부담하다, 감당하다 ｜ 装修 zhuāngxiū 인테리어 하다 ｜ 删除 shānchú 삭제하다 ｜ 捐 juān 기부하다 ｜ 配合 pèihé 협력하다 ｜ 主持 zhǔchí 진행하다 ｜ 失眠 shīmián 불면증이다 ｜ 安装 ānzhuāng 설치하다 ｜ 摔倒 shuāidǎo 넘어지다 ｜ 下载 xiàzài 다운로드 하다 ｜ 湿透 shītòu 흠뻑 젖다 ｜ ★放弃 fàngqì 포기하다 ｜ ★招聘 zhāopìn 초빙하다, 채용하다 ｜ 涨价 zhǎngjià 가격이 오르다 ｜ 结账 jiézhàng 계산하다 ｜ 征求 zhēngqiú (의견 등을) 구하다 ｜ 享受 xiǎngshòu 누리다 ｜ 谈判 tánpàn 협상하다 ｜ 推荐 tuījiàn 추천하다 ｜ 办理 bànlǐ 처리하다 ｜ 耽误 dānwu 지체하다 ｜ 过期 guòqī 기한이 지나다 ｜ 抱歉 bàoqiàn 미안해하다 ｜ 过敏 guòmǐn 알레르기 반응을 보이다
형용사	★幽默 yōumò 유머러스하다 ｜ 出色 chūsè 뛰어나다 ｜ 委屈 wěiqū 억울하다 ｜ 惭愧 cánkuì 부끄럽다 ｜ 休闲 xiūxián 한가로이 보내다 ｜ 优惠 yōuhuì 특혜의, 우대의 ｜ 沉默 chénmò 침묵하다 ｜ 犹豫 yóuyù 주저하다 ｜ 佩服 pèifú 탄복하다 ｜ ★清淡 qīngdàn 담백하다 ｜ 时尚 shíshàng 유행에 맞다 ｜ 豪华 háohuá 호화롭다 ｜ 干燥 gānzào 건조하다 ｜ 活跃 huóyuè 활기차다, 활발하다 ｜ 过分 guòfèn 지나치다

A　火车晚点了　　　　　　　　B　赶不上飞机

C　没买到火车票　　　　　　　D　航班取消了

정답&공략

해석
男：我以为你早就该到了，怎么现在才到？
女：别提了，本来我连飞机票都买好了，可是因为下大雨，<u>航班取消了</u>，我只好坐火车过来了。

问：女的为什么来晚了？

A　火车晚点了
B　赶不上飞机
C　没买到火车票
Ⓓ　航班取消了

남: 나는 네가 벌써 도착했을 줄 알았는데 어째서 지금에서야 도착한 거야?
여: 말도 마, 원래 비행기 티켓까지 다 사놓았는데 폭우가 쏟아져서 <u>비행기가 취소되는 바람에</u> 어쩔 수 없이 기차를 타고 왔어.

질문: 여자는 왜 늦게 왔나?

A　기차가 연착했다
B　비행기를 놓쳤다
C　기차표를 못 샀다
Ⓓ　비행기가 취소되었다

공략　보기를 통해 교통수단 관련 문제임을 알 수 있다. 그러나 학습자들은 쉬운 단어만 눈에 들어오기 마련인지라, 정답인 '航班取消了'에서 航班 같은 어려운 단어는 놓치기 십상이니 평소 듣기에 자주 나오는 단어를 소리 내어 읽는 습관을 들여야 한다.

어휘　以为 yǐwéi 图 ~라고 여기다 | 早就 zǎojiù 图 이미, 진작 | 提 tí 图 제기하다 | ★航班 hángbān 图 비행편, 비행노선 | ★取消 qǔxiāo 图 취소하다 | ★只好 zhǐhǎo 图 어쩔 수 없이 | ★赶不上 gǎnbushàng 따라잡을 수 없다

바로 Check! 체크　녹음을 듣고, 빈칸을 채우세요.　🎧 01-6

❶ 最近＿＿＿＿有点儿疼，所以不能＿＿＿＿＿＿。

❷ 我＿＿＿＿喜欢做一些小手工，＿＿＿＿一下家里。

❸ 现在工作忙，只能作为＿＿＿＿＿＿了。

❹ 我＿＿＿＿你早就该到了，＿＿＿＿现在才到？

❺ ＿＿＿＿＿，因为下大雨，＿＿＿＿取消了，我只好坐火车过来了。

정답 ❶ 嗓子 / 吃辣的　❷ 平时 / 装饰　❸ 业余爱好　❹ 以为 / 怎么　❺ 别提了 / 航班

第 1–10 题：请选出正确答案。

1. **A** 忘了时间
   B 手机没电了
   C 还没吃饭
   D 飞机晚点了

6. **A** 刮大风
   B 有雾
   C 多云
   D 有雷阵雨

2. **A** 鼻子
   B 肚子
   C 胳膊
   D 嗓子

7. **A** 太正式了
   B 很老土
   C 颜色太鲜艳
   D 感到不舒服

3. **A** 一个月
   B 几个月
   C 一个星期
   D 几天

8. **A** 喝矿泉水
   B 吃个馒头
   C 再放点儿醋
   D 吃清淡些的菜

4. **A** 菜的味道变了
   B 便宜多了
   C 重新装修了
   D 客人少了

9. **A** 开通网上银行
   B 开通股票账户
   C 手机上网
   D 贷款

5. **A** 盐放多了
   B 太辣吃不了
   C 要加点儿醋
   D 做得很好吃

10. **A** 想买一个电脑
    B 想在网上购买
    C 忘了信箱的密码
    D 忘了自己的用户名

+ 정답 및 해설_ 해설집 4쪽

02 day 동의어에 민감해져라

정답_ 해설집 201쪽

학습목표

✓1 동의어를 암기하자

✓2 단어를 쉽게 풀어 쓴 문장을 포착하자

✓3 관용어의 의미와 속뜻을 학습하자

중국어에는 동일한 의미를 지니고 있으면서 발음과 한자는 다른 '동의어'가 많다. 듣기 영역에서는 내 귀에 美丽가 들리는데 보기 가운데 동의어인 漂亮이 주어지는 경우가 있다. 이처럼 같은 의미의 어휘나 문장을 포착해야 하는 문제가 듣기 영역의 또 다른 주된 출제 패턴 중 하나이다.

기초 실력 테스트 TEST

🎧 02-1

1 녹음을 듣고 중국어와 뜻을 써보세요.

❶ 중국어 __________ 뜻 __________　　❷ 중국어 __________ 뜻 __________

❸ 중국어 __________ 뜻 __________　　❹ 중국어 __________ 뜻 __________

2 녹음을 듣고 〈보기〉에서 동의어를 고르고 뜻을 쓰세요.

보기	自豪　　动手　　把握　　嫌

❶ 동의어 __________ 뜻 __________　　❷ 동의어 __________ 뜻 __________

❸ 동의어 __________ 뜻 __________　　❹ 동의어 __________ 뜻 __________

3 녹음을 듣고 내용에 부합하는 것을 고르세요.

❶ A 以前没来过　　　　　　　　　　B 来过一次

❷ A 做梦了　　　　　　　　　　　　B 失眠了

5급 기출문제 맛보기

🎧 맛보기   02-2   난이도 上   공략 Key 成落汤鸡의 동의 표현

듣기
제1·2부분

A 先要吃饭	B 没带雨伞
C 全身湿透了	D 又感冒了

정답&공략 ➡

해석

男：外面雨下得真大，<u>我都成落汤鸡了。</u>
女：带着雨伞怎么还这样呢？快点儿把衣服
　　换了吧。
男：今天风太大，打着雨伞也没用。
女：干脆先洗个澡吧，别再着凉了。

问：关于男的，可以知道什么？

A 先要吃饭
B 没带雨伞
Ⓒ 全身湿透了
D 又感冒了

남: 밖에 비가 너무 많이 내려서 <u>물에 빠진 생쥐 꼴</u>
　　<u>이 되어버렸어.</u>
여: 우산을 가져갔으면서도 어째서 이렇게 된 거예
　　요? 빨리 옷 갈아입어요.
남: 오늘 바람이 너무 세게 불어서 우산을 써도 소
　　용없었어.
여: 차라리 먼저 샤워를 하세요, 또 감기 걸리지 말
　　고요.

질문: 남자에 관해 알 수 있는 것은?

A 밥부터 먹으려 한다
B 우산을 가져가지 않았다
Ⓒ 온몸이 다 젖었다
D 또 감기에 걸렸다

공략 보기의 雨伞, 湿透, 感冒 등의 단어를 통해 비 내리는 날씨에 관련된 대화임을 알 수 있다. 남자가 한 말인 '我都成
落汤鸡了'를 통해 남자가 비를 맞아 온몸이 흠뻑 젖었다는 것을 알 수 있으므로, 관용어 '成落汤鸡了'의 동의 표현
인 '全身湿透了'가 정답이다.

어휘 成落汤鸡 chéng luòtāngjī 물에 빠진 생쥐 꼴이 되다 | 打雨伞 dǎ yǔsǎn 우산을 쓰다 | ★干脆 gāncuì 🄫 차라리, 아
예 | ★洗澡 xǐzǎo 🄳 목욕하다, 씻다 | ★着凉 zháoliáng 🄳 감기에 걸리다 | 湿透 shītòu 🄳 흠뻑 젖다, 흠뻑 적시다

**토크토크!
쌤의 한마디~**

동의 표현은 무척 다양하답니다. 어휘간의 동의어도 있고, 단어를 더 쉽게 문장으로 푸
는 경우도 있으며, 관용적인 표현도 있지요. 무턱대고 암기한다는 생각 말고 평소 단어
를 찾을 때 중중사전을 활용하는 습관을 들여보세요. 어휘의 확실한 의미를 익힐 수 있
을 뿐 아니라 좀 더 자연스럽게 문제에 접근할 수 있고, 자신도 모르는 사이에 어휘 실
력이 업그레이드되어 있을 거예요.

공략 1. 동의어 암기는 어휘 쌓기의 지름길이다

중국어에는 의외로 동의어가 많다. 형용사뿐 아니라, 동사, 명사, 심지어는 부사, 접속사도 동의어가 있다. 알고 있는 어휘량이 많다면 문제될 것이 없지만, 그렇지 않은 경우 시간을 투자해서 5급 시험에 자주 출제되는 빈출 동의어를 암기해야 한다. 빈출 동의어를 암기해두면 어휘량이 제고되고 중국어 구사력도 좋아지며, 더불어 듣기 영역에서 더 높은 성적을 얻는 일석삼조의 혜택을 누릴 수 있을 것이다.

•예제 🎧 02-3   난이도 中   공략 Key 灰心의 동의어

A 很友好	B 很寂寞	C 很谦虚	D 很失望

정답&공략

해석

男：每个人都会遇到这样的情况，<u>你就别灰心</u>。
女：我知道，但是我以为这次我做得很好，能成功呢。

问：关于女的，可以知道什么？

A 很友好   B 很寂寞
C 很谦虚   **Ⓓ 很失望**

남: 누구나 이런 상황을 만나기 마련이니, <u>실망하지 마</u>.
여: 나도 알아, 하지만 난 이번에 내가 잘해서 성공할 줄 알았거든.

질문: 여자에 관해서 알 수 있는 것은 무엇인가?

A 매우 우호적이다   B 매우 외롭다
C 매우 겸손하다   **Ⓓ 매우 실망했다**

공략 보기를 통해 누군가의 태도에 대한 질문임을 유추할 수 있다. 남자가 여자에게 한 말인 '你就别灰心'을 통해 남자가 여자를 위로하고 있고, 여자는 어떤 일로 인해 실망한 상황이며 灰心과 失望는 동의어이므로 정답은 D이다.

어휘 ★遇到 yùdào 동 만나다, 부딪치다 | ★灰心 huīxīn 동 풀이 죽다, 낙심하다 | ★友好 yǒuhǎo 형 우호적이다 | ★寂寞 jìmò 형 적적하다, 외롭다 | ★谦虚 qiānxū 형 겸손하다

Tip 以为

觉得와 같이 '~라고 여기다'라는 뜻이나, 以为는 '틀린 생각'임을 나타낸다.

我**觉得**她很漂亮。 나는 그녀가 예쁘다고 생각한다.
我**以为**她很漂亮。 나는 그녀가 예쁘다고 생각했다. (→ 사실은 예쁘지 않다)

공략 2. 단어를 문장으로 풀어서 표현하라

'공짜'를 좀 더 길게 풀이해보면 '돈을 내지 않는다'이며, '구직하다'는 '일자리를 찾고 있는 중이다'라고 표현할 수 있다. 이처럼 하나의 단어 혹은 간단한 단어의 조합을 좀 더 길고 쉽게 풀이해놓고 정답으로 유도하는 문제는 5급 듣기 영역의 주된 출제 경향 가운데 하나이다.

듣기
제1·2부분

〈 단어를 문장으로 풀어 쓴 표현 〉

★易怒 yìnù 쉽게 화를 내다	容易发脾气 쉽게 화를 내다
旅游 lǚyóu 여행하다	出去玩儿 놀러가다
同学 tóngxué 학우, 동창	大学时住在同一个宿舍 대학 때 같은 기숙사에 살다
★含糊 hánhu 소홀하다	做事不认真 진지하게 일하지 않는다
放弃 fàngqì 포기하다	没坚持下来 (주장이나 신념을) 고수하지 못하다
幽默 yōumò 익살맞다	说话很有风趣 재미있게 말하다
免费 miǎnfèi 공짜	不用花钱 돈을 낼 필요가 없다
★生意好 shēngyi hǎo 장사가 잘되다	产品卖得很好 상품이 잘 팔리다
出差 chūchāi 출장 가다	在外地办事 다른 곳에서 일을 처리하다
失眠 shīmián 불면	睡不着觉 잠을 자지 못하다
★求职 qiúzhí 구직하다	正在找工作 직장을 찾고 있는 중이다
优秀 yōuxiù 우수하다	学校成绩很好 학교 성적이 좋다
买车 mǎi chē 차를 사다	不用挤公共汽车 만원 버스에 시달릴 필요 없다
帅 shuài 잘생기다	长得很好看 잘생기다, 예쁘다
难看 nánkàn 못생기다	长得很丑 못생기다

 예제　　🎧 02-4　　　　　　　　난이도 上　공략 Key 跳槽의 동의 표현

A 去世了　　　　　　　　　B 退休了

C 换工作了　　　　　　　　D 喜欢上跳舞了

정답&공략

해석
女：奇怪，最近怎么见不到小李呢？
男：你不知道？她跳槽了，现在在一家大企业上班。

여: 이상하네, 요즘 어째서 샤오리가 안 보이는 거죠?
남: 모르세요? 이직했어요. 지금은 어떤 대기업에 다닌답니다.

女：每次我来你们公司她总是主动跟我打
招呼。还真有点儿舍不得。
男：我还跟她联系，改天咱们一起见一见
吧。

问：关于小李，可以知道什么？

A 去世了
B 退休了
C 换工作了
D 喜欢上跳舞了

여: 매번 제가 이 회사에 올 때마다 늘 주동적으로
저에게 인사를 해줬는데, 좀 섭섭하네요.
남: 제가 아직 그녀와 연락이 닿고 있으니 나중에
우리 같이 만나죠.

질문: 샤오리에 관해 알 수 있는 것은?

A 세상을 떠났다
B 퇴직했다
C 직장을 옮겼다
D 춤추는 걸 좋아하게 되었다

공략 보기를 통해 어떠한 사람에 관한 대화임을 유추할 수 있다. 남자가 한 말인 '她跳槽了'는 다른 표현으로 바꾼다면 직장을 옮긴 것이므로 같은 의미이면서 표현을 달리한 C가 정답이다.

어휘 ★奇怪 qíguài 형 이상하다 | 跳槽 tiàocáo 동 직업을 바꾸다 | ★企业 qǐyè 명 기업 | ★总是 zǒngshì 부 늘, 항상 | ★主动 zhǔdòng 형 주동적이다, 주도적이다 | 打招呼 dǎ zhāohu (말이나 동작으로) 인사하다 | ★舍不得 shěbude 아쉬워하다, 섭섭해 하다 | 改天 gǎitiān 명 후일, 뒷날

> **Tip** 아쉽다는 의미의 舍不得
>
> 중국 유학을 하다 귀국을 하게 되면 중국을 떠나는 것, 혹은 정든 친구들과 헤어지는 것이 아쉬울 때가 있다. 이때 유용하게 쓰이는 표현이 舍不得이다. 舍不得는 '舍不得离开中国(중국을 떠나는 게 아쉬워)', '舍不得你走(네가 가는 게 아쉬워)', '舍不得离开你(너를 두고 떠나는 게 아쉬워)'처럼 뒤에 표현하고자 하는 단어나 문장을 넣어서 쓰면 된다.

공략 3. 관용어의 속뜻을 꿰뚫어라

관용어(慣用語)의 사전적 의미는 '습관적으로 쓰는 말'이다. 우리말에서도 '배가 아프다'라는 표현은 '남이 잘되어 심술이 나다'라는 의미로 널리 쓰이며 '코가 납작해지다'는 '몹시 무안을 당하거나 기가 죽어 위신이 뚝 떨어지다'라는 의미로 정착되었다. 이처럼 알면 약이 되고 모르면 독이 되는 관용어의 동의 표현을 암기하여 고득점으로 가는 유리한 위치를 선점하도록 하자.

예제　🎧 02-5　　　　　**난이도** 上　**공략 Key** 관용어 红의 동의 표현

A 特别精彩

B 很受欢迎

C 有很多缺点

D 街上能买到

정답&공략

해석

女：我今天发现好几个人都在看这本书。好看吗?

男：我现在没有时间看书。听别人提起过，说最近特别红。

问：这本书怎么样?

A 特别精彩
B 很受欢迎
C 有很多缺点
D 街上能买到

여: 내가 오늘 알아차린 건데, 꽤 많은 사람들이 이 책을 읽고 있더라. 재미있니?

남: 나는 지금 책 볼 시간이 없어. 다른 사람이 얘기하는 건 들었는데, 요즘 굉장히 인기 있다고 해.

질문: 이 책은 어떠한가?

A 굉장히 훌륭하다
B 매우 인기가 있다
C 많은 단점이 있다
D 길거리에서 구입할 수 있다

공략 보기를 통해 어떠한 사물에 관한 대화임을 유추할 수 있다. 남자가 한 말인 '最近特别红'에서 红은 '붉다'라는 뜻 외에, 관용어로 '남에게 주목 받거나 환영을 받는다'라는 뜻도 지니고 있기에 '受欢迎'과 의미가 상통한다. 그러므로 정답은 B이다.

어휘 ★发现 fāxiàn 图 발견하다, 알아차리다 | 提起 tíqǐ 图 언급하다, 말하다 | ★红 hóng 톙 인기 있다

Tip 好+几+양사

'몇'이라는 의미의 几 앞에 好를 붙이면 훨씬 더 많다는 뜻이 된다.

几个 몇 개		好几个 여러 개
几件 몇 벌		好几件 여러 벌, 몇 벌이나
几个月 몇 개월	<	好几个月 몇 개월씩이나
几年 몇 년		好几年 몇 년씩이나

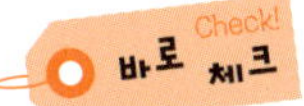

바로 **Check!** 체크　　녹음을 듣고, 빈칸을 채우세요.　🎧 02-6

① 每个人都会＿＿＿＿＿这样的情况，你就别＿＿＿＿＿。

② 她＿＿＿＿＿了，现在在一家＿＿＿＿＿＿上班。

③ 她总是主动跟我＿＿＿＿＿＿。还真有点儿＿＿＿＿＿＿。

④ 我还跟她联系，＿＿＿＿＿咱们一起＿＿＿＿＿＿吧。

⑤ 听别人＿＿＿＿＿＿，说最近＿＿＿＿＿＿。

정답 ① 遇到 / 灰心　② 跳槽 / 大企业　③ 打招呼 / 舍不得　④ 改天 / 见一见　⑤ 提起过 / 特别红

〈 빈출 동의어 〉

선택하다	★拣 jiǎn = 选 xuǎn
고독하다	孤独 gūdú = 寂寞 jìmò
실망하다	灰心 huīxīn = 失望 shīwàng
시작하다	动手 dòngshǒu = 开始 kāishǐ
물놀이하다, 수영하다	玩水 wánshuǐ = 游泳 yóuyǒng
싫어하다	★嫌 xián = 讨厌 tǎoyàn
역겹다	恶心 ěxīn = 想吐 xiǎng tǔ
확신, 자신감	★把握 bǎwò = 信心 xìnxīn
이웃	隔壁 gébì = 邻居 línjū
(경기·행사 등이) 폐막하다, 끝나다	闭幕 bìmù = 结束 jiéshù
자긍심을 느끼다	骄傲 jiāo'ào = 自豪 zìháo
미안하다	对不起 duìbuqǐ = 抱歉 bàoqiàn
입사 지원하다, 구직하다	★应聘 yìngpìn = 求职 qiúzhí
세심하지 못하다	粗心 cūxīn = 大意 dàyì

〈 빈출 관용어 〉

★发福 fā fú 몸이 좋아졌다, 살쪘다	胖了 살찌다
红 hóng 인기가 있다, 번성하다	受欢迎 환영 받다
★碰钉子 pèng dīngzi 장애에 부딪히다	遭到拒绝 거절당하다
泼冷水 pō lěngshuǐ 찬물을 끼얹다	打击别人的热情 다른 사람의 마음을 상하게 하다
远亲不如近邻 yuǎnqīn bùrú jìnlín 멀리 있는 친척보다 이웃사촌이 낫다	邻里关系很重要 이웃 관계가 무척 중요하다
★马大哈 mǎdàhā 덜렁이	很粗心 부주의하다
★开夜车 kāi yèchē (공부나 일로 인해) 밤을 새우다	熬夜 밤을 새우다
炒鱿鱼 chǎo yóuyú 해고하다	解雇 해고되다 ｜ 开除 제거(제명)하다
吹牛 chuī niú 허풍 떨다	说漂亮话 듣기 좋은 소리를 하다
竖大拇指 shù dàmǔzhǐ 엄지손가락을 치켜세우다, 최고다	表现得非常好 아주 잘하다
★铁公鸡 tiěgōngjī 구두쇠	很小气 인색하다
二百五 èrbǎiwǔ 멍청이	傻瓜 바보 ｜ 不懂事 철이 없다
★家常便饭 jiā cháng biàn fàn 평소 집에서 먹는 밥	经常发生的事情 = 常见的事情 늘 있는 일, 다반사
天公不作美 tiāngōng bú zuò měi 하늘이 돕지 않다	天气不好 날씨가 좋지 않다

第 1-10 题：请选出正确答案。

+ **정답 및 해설**_ 해설집 8쪽

1. **A** 结婚
   B 学开车
   C 经营餐厅
   D 发表小说

2. **A** 前几次不用花钱
   B 很难拿到成绩
   C 上个月才开始的
   D 教授很有名

3. **A** 股票
   B 失眠
   C 成绩
   D 减肥

4. **A** 产品质量差
   B 生意不错
   C 正面临倒闭
   D 广告效果不理想

5. **A** 跟刘经理是同学
   B 没上过大学
   C 工作得很出色
   D 不关心同事

6. **A** 糊涂
   B 小气
   C 大方
   D 潇洒

7. **A** 得到了家人的支持
   B 已经放弃了
   C 打算再开始
   D 最近工作太忙了

8. **A** 走路
   B 自己开车
   C 坐公交车
   D 骑自行车

9. **A** 男的来晚了
   B 他们是大学同学
   C 女的很生气
   D 他们是第一次见面

10. **A** 身体不舒服
    B 经常熬夜
    C 已经毕业了
    D 忙着照顾孩子

03 day 듣기 반어문에 속지 마라

학습목표

1 긍정과 부정을 읽어내는 감을 기르자
2 반어 표현을 암기하자
3 이중부정 표현에 신경 쓰자

'반어(反語, irony)'는 표현하고자 하는 내용을 반대로 표현하는 것을 말하는 것으로, 표면적 의미와 실제 의미가 다른 것은 반어문의 특징이다. 반어적인 표현에는 자신의 속마음을 슬쩍 감춘다거나 비꼬아서 비판, 강조하는 등의 효과가 있는데, 중국인들은 구어체에서 반어 표현을 즐겨 쓴다.

기초 실력 테스트 TEST ∩ 03-1

1 녹음을 듣고 중국어와 뜻을 써보세요.

❶ 중국어 ＿＿＿＿＿＿ 뜻 ＿＿＿＿＿＿

❷ 중국어 ＿＿＿＿＿＿ 뜻 ＿＿＿＿＿＿

❸ 중국어 ＿＿＿＿＿＿ 뜻 ＿＿＿＿＿＿

❹ 중국어 ＿＿＿＿＿＿ 뜻 ＿＿＿＿＿＿

❺ 중국어 ＿＿＿＿＿＿ 뜻 ＿＿＿＿＿＿

2 녹음을 듣고 내용에 부합하는 것을 고르세요.

❶ A 说过　　　　　　B 没说过

❷ A 都称赞　　　　　B 都批评

❸ A 知道　　　　　　B 不知道

❹ A 喜欢　　　　　　B 不喜欢

5급 기출문제 맛보기

 **맛보기 1**　🎧 03-2　　　　　　　　　　　　　　난이도 中　공략 Key 이중부정 '不能不'

A 进行得很顺利	B 不能按时完成
C 得到老板的批准	D 结果很乐观

정답&공략

해석

女：你那个项目进行得怎么样了？
男：真头疼，那个资金问题还没解决呢，
　　<u>不能不推迟完成日期</u>。

问：关于那个项目，可以知道什么？

A 进行得很顺利
Ⓑ **不能按时完成**
C 得到老板的批准
D 结果很乐观

여: 그 프로젝트 어떻게 진행되고 있어요?
남: 정말 골치 아파요. 자금 문제가 아직 해결되지
　　않아서, <u>완성 날짜를 연기할 수밖에 없겠어요.</u>

질문: 그 프로젝트에 관해 알 수 있는 것은?

A 진행이 매우 순조롭다
Ⓑ **제때 완성할 수 없다**
C 사장의 허가를 받았다
D 결과가 매우 낙관적이다

공략　어떠한 프로젝트의 진행에 관한 대화로 남자의 말 '资金问题还没解决'를 통해 진행이 순조롭지 못함을 알 수 있으며, 이중부정 '不能不'를 이용한 문장인 '不能不推迟完成日期'로 완성 기일을 미룰 수밖에 없음을 강조했으므로 정답은 B이다.

어휘　★项目 xiàngmù 몡 프로젝트 | 资金 zījīn 몡 자금 | 问题 wèntí 몡 문제 | ★解决 jiějué 통 해결하다 | ★推迟 tuīchí 통 연기하다, 미루다 | ★顺利 shùnlì 혱 순조롭다 | ★按时 ànshí 분 제때에, 시간 맞춰서 | ★批准 pīzhǔn 통 비준하다, 승인하다 | ★乐观 lèguān 혱 낙관적이다

 **맛보기 2**　🎧 03-3　　　　　　　　　　　　　　난이도 中　공략 Key 반어 표현 '何必……呢'

A 忘了带钱包	B 取款机坏了
C 不想在外面吃饭	D 公寓附近可以取钱

정답&공략

해석

男：你先回公寓等我吧。
女：怎么了？忘了什么东西了？
男：不，我去银行取点儿钱，我们一会儿
　　去楼下的餐厅吃饭。

남: 아파트에 먼저 가서 기다려.
여: 왜요? 뭐 안 가져왔어요?
남: 아니, 은행에 가서 돈 좀 찾으려고 해. 우리 잠
　　시 후에 1층 식당에서 밥 먹자.

女：公寓附近就有取款机，何必去银行呢？

여: 아파트 근처에 현금인출기가 있는데 구태여 은행까지 갈 필요 있어요?

问：女的是什么意思？

질문: 여자가 하는 말의 의미는 무엇인가?

A 忘了带钱包
B 取款机坏了
C 不想在外面吃饭
D 公寓附近可以取钱

A 지갑을 가지고 오는 것을 잊었다
B 현금인출기가 고장 났다
C 밖에서 식사하고 싶지 않다
D 아파트 근처에서 돈을 찾을 수 있다

공략 남자가 현금을 찾으러 은행에 가려는 걸 여자가 만류하는 대화 내용으로 여자의 말 '公寓附近就有取款机，何必去银行呢'를 보면 반어 표현 '何必……呢'를 사용해 은행까지 갈 필요 없다는 것을 의미하므로 정답은 D이다.

어휘 公寓 gōngyù 뗑 아파트 | ★取钱 qǔqián 뙿 출금하다 | 楼下 lóuxià 뗑 아래층 | ★附近 fùjìn 뗑 부근, 근처 | 取款机 qǔkuǎnjī 뗑 현금인출기 | ★何必 hébì 뿐 구태여 ~할 필요가 있겠는가

5급 듣기 공략 하기

공략 1. 반어 표현 암기는 필수이다

'能不去吗?'를 듣게 되면 학습자들은 不에 집착을 하는 경우가 많아 不去의 뜻으로 이해하는데, 사실 이것은 '能不……吗?'를 이용한 반어문으로 속뜻은 去이다. 평소 반어문 형식을 알아두면 함정에 빠지지 않고 빠르고 정확하게 화자가 강조한 내용을 포착할 수 있다.

〈 빈출 반어 표현 〉

不是……吗? ~아닌가요?	这位不是小明吗? 이 사람은 샤오밍이 아니던가요? (→ 샤오밍이다) 我不是跟你说过这些话吗? 제가 당신에게 이 말을 하지 않았던가요? (→ 말했다)
★难道……吗? 설마 ~이겠어요?	难道我会不知道吗? 설마 제가 모르겠습니까? (→ 안다) 难道她不可爱吗? 그녀가 귀엽지 않다는 말인가요? (→ 귀엽다)
★怎么……呢? 어떻게 ~하겠어요?	我怎么不喜欢王老师呢? 내가 왜 왕 선생님을 싫어하겠어요? (→ 싫어하지 않는다) 我怎么会忘记呢? 내가 어떻게 잊을 수 있겠어요? (→ 잊을 수 없다)
동사 / 형용사+什么? ~하긴 뭐가 ~해요?	质量这么差，便宜什么? 품질이 이렇게 형편없는데 싸긴 뭐가 싸? (→ 싸지 않다) 还有时间，急什么呀? 아직 시간이 있는데, 뭘 그리 서두르니? (→ 서두를 것 없다)
有什么……(的)? 무슨 ~가 있겠어요?	你都40岁了，还买这些东西有什么用? 벌써 마흔인데, 이런 물건을 사서 무슨 소용이 있겠어요? (→ 소용 없다) 当老师有什么了不起的? 선생님 되는 게 뭐 그리 대단한 거라고? (→ 대단하지 않다)
哪儿 어떻게 ~하겠어요?	我哪儿知道这是谁的? 이것이 누구 것인지 내가 어떻게 알겠어요? (→ 모른다)
谁 누가 ~하겠어요?	这样的消息，谁不相信? 이런 소식을 누가 안 믿겠어요? (→ 모두 믿는다)
什么时候 언제 ~하겠어요?	我什么时候说过要给你打电话? 내가 언제 네게 전화하겠다고 말했니? (→ 말하지 않았다)
没……吗? ~하지 않았나요?	他没告诉过你吗? 그가 네게 말하지 않았니? (→ 말했다)
何必……呢? ~할 필요 있어요?	我只是跟你开玩笑，何必当真呢? 나는 너와 농담한 것뿐인데 진짜로 여길 필요 있어? (→ 필요 없다)
还不 ~하지 않고 뭐하세요?	你还不快点儿换衣服。 빨리 옷 안 갈아입고 뭐해? (→ 옷을 갈아입어라)
能不……吗? ~하지 않을 수 있겠어요?	这么重要的会议，我能不去吗? 이렇게 중요한 회의인데, 내가 안 갈 수 있겠니? (→ 가야 한다)

예제 1 🎧 03-4

A 填过问卷了 　　　　　　B 讨厌男的

C 买了很多东西 　　　　　　D 不想耽误时间

정답&공략

해석

男：打扰一下，可以耽误您五分钟时间帮我填写一个问卷吗？

女：我不是刚刚在超市门口已经填了一份吗？

问：关于女的，下列哪项正确？

ⓐ 填过问卷了
B 讨厌男的
C 买了很多东西
D 不想耽误时间

남: 실례합니다. 5분 정도 시간을 내서 이 설문지 좀 작성해주시겠어요?

여: 방금 전에 마트 입구에서 이미 한 장 작성하지 않았나요?

질문: 여자에 관해 다음 중 맞는 것은 무엇인가?

ⓐ 설문지를 작성했다
B 남자를 싫어한다
C 물건을 많이 샀다
D 시간을 지체하고 싶지 않다

공략 남자가 여자에게 설문지 작성을 부탁하는 내용으로 여자의 말 '我不是刚刚在超市门口已经填了一份吗?'를 보면 반어 표현 '不是……吗'를 이용해 여자가 이미 작성해주었다는 것을 알 수 있으므로 정답은 A이다.

어휘 ★打扰 dǎrǎo 동 방해하다, 폐를 끼치다 | ★耽误 dānwu 동 (시간을 지체해서 일을) 그르치다, 지체하다 | 填写 tiánxiě 동 (일정한 양식에) 써넣다, 기입하다 | 问卷 wènjuàn 명 설문지 | 刚刚 gānggāng 부 막, 방금 | 超市 chāoshì 명 슈퍼마켓, 마트 | 份 fèn 양 문건 등을 세는 단위 | ★讨厌 tǎoyàn 동 싫어하다, 미워하다

Tip 동사+一下

수량사 一下는 '잠시, 잠깐'의 뜻으로 동사의 뒤에서 아주 짧은 시간을 나타내며, 회화문에서 자주 사용된다.

等一下。잠깐 기다려라.

看一下。잠시 봐라.

请问一下。잠깐 말씀 좀 묻겠습니다.

 **예제 2**   🎧 03-5   난이도 下   공략 Key 반어 표현 '不是……吗'

A 他们在医院

B 下午要开会

C 女的要住院了

D 今天会议迟到了

정답&공략

해석

男: 今天是星期三, <u>你不是说过今天下午要开会吗?</u>

女: 你看我的记性, 多亏你提醒我, 要不我忘了。

男: 你最近记性太差了, 要不我们一起去医院看大夫怎么样?

女: 我也觉得比以前严重多了, 去看医生的事再想一想吧。

问: 从对话中可以知道什么?

A 他们在医院
Ⓑ 下午要开会
C 女的要住院了
D 今天会议迟到了

남: 오늘 수요일이잖아요. <u>오늘 오후에 회의가 있다고 하지 않았어요?</u>

여: 내 기억력 좀 봐요, 당신이 상기시켜준 덕분이네요, 그렇지 않았으면 잊었을 거예요.

남: 당신 요즘 기억력이 점점 떨어지는데, 우리 함께 병원에 가서 진찰 한 번 받아보는 게 어때요?

여: 저도 예전보다 훨씬 더 심해졌다고 생각해요, 진찰 받는 건 다시 좀 생각해볼게요.

질문: 대화를 통해 알 수 있는 것은?

A 그들은 병원에 있다
Ⓑ 오후에 회의가 있다
C 여자는 입원할 예정이다
D 오늘 회의에 늦었다

공략 건망증이 점점 심해지는 여자와 여자를 걱정하는 남자의 대화 내용이다. 남자는 '你不是说过今天下午要开会吗' 에서 반어 표현인 '不是……吗'를 써서 오늘 오후에 회의가 있음을 강조했으므로 정답은 A이다.

어휘 记性 jìxìng 몡 기억력 | 多亏 duōkuī 통 덕분이다 | ★提醒 tíxǐng 통 일깨우다 | ★要不 yàobù 젭 그렇지 않으면 | 差 chà 톙 나쁘다 | ★严重 yánzhòng 톙 심각하다 | 住院 zhùyuàn 통 입원하다 | 会议 huìyì 몡 회의

Tip 多亏……, 要不……

'~덕분이다, 그렇지 않았으면 ~했을 것이다'의 뜻으로, 상대방에게 고마움을 전함과 동시에 나쁜 일을 겪지 않게 되어 다행이라는 어감을 가지고 있다.

多亏你帮我, **要不**我就回不了家了。
네가 도와준 덕분이야, 그렇지 않았으면 집에 돌아가지 못했을 거야.

多亏有了你, **要不**做不完今天的作业。
네가 있어서 다행이야, 그렇지 않았으면 오늘의 숙제를 다 끝내지 못했을 거야.

듣기
제1·2부분

공략 2. 이중부정에 속지 말자

한국어 표현에 '아닌 게 아니야'라는 말이 있다. 두 번의 '아니다'라는 표현이 반복해서 쓰였는데, 이것은 '아니다'일까 '이다'일까? 정답은 '이다'다. 중국어에도 부정부사가 두 번 나와서 '긍정'을 나타내는 경우가 많다. 잠깐 부주의한 사이에 하나의 부정부사만 듣게 된다면 영락없이 오답을 선택하게 되므로 이중부정 표현을 잘 익혀두자.

예제 1 🎧 03-6　　　　　　　　　　　　　**난이도** 中　**공략 Key** 이중부정 '不得不'

A 男的不喜欢系领带	B 开幕式取消了
C 要穿正式一点儿	D 需要买一套西服

정답&공략

해석

男：明天的开幕式虽然对服装没什么要求，但还是<u>不得不穿正式一点儿</u>。

女：是啊，我帮你选领带吧。

问：根据对话，可以知道什么？

A 男的不喜欢系领带
B 开幕式取消了
Ⓒ 要穿正式一点儿
D 需要买一套西服

남: 내일 개막식 때 의상에 대한 요구는 없었지만 <u>그래도 좀 정식으로 입지 않으면 안 돼.</u>

여: 그렇죠, 제가 넥타이 골라드릴게요.

질문: 대화를 통해 알 수 있는 것은?

A 남자는 넥타이 매는 것을 싫어한다
B 개막식이 취소되었다
Ⓒ 옷을 갖춰 입어야 한다
D 양복을 한 벌 사야 된다

공략　개막식에서 입을 의상에 관한 대화 내용이다. 남자가 한 말인 '还是不得不穿正式一点儿'을 통해 정식으로 차려 입어야 함을 유추할 수 있고 또한 이중부정 '不得不'를 이용해 이 표현을 강조했으므로 정답은 C이다.

어휘　★开幕式 kāimùshì 명 개막식 | 服装 fúzhuāng 명 의상 | ★要求 yāoqiú 명 요구 | 正式 zhèngshì 형 정식의 | ★领带 lǐngdài 명 넥타이 | ★系 jì 동 매다, 묶다 | ★需要 xūyào 동 필요하다 | 西服 xīfú 명 양복

> **Tip**　**虽然……，但是……**
>
> ① '虽然……，但是……'는 '비록 ~이지만 ~하다'의 뜻으로 虽然 뒤의 내용은 사실이고 但是 뒤에 사실에 반하는 결과가 온다.
>
> 　**虽然**天下着雨，**但是**班上没有人迟到。
> 　비록 비가 내리는 날씨였지만 반에서 지각한 사람이 한 명도 없다.
>
> ② 虽然을 尽管으로 바꾸어 쓸 수도 있으며 뒤에 却를 수반하기도 한다.
>
> 　**尽管**学习很累，**但**我却不能放弃。　비록 공부가 매우 힘들지만, 나는 포기할 수 없다.

 •예제 2　🎧 03-7

난이도 上　공략 Key 이중부정 '不……不……'

A　孩子都不喜欢去幼儿园　　　　B　有些孩子不愿意去幼儿园
C　幼儿园的老师脾气很坏　　　　D　孩子不喜欢幼儿园的老师

듣기
제1·2부분

정답&공략

해석

女：我知道小孩子不是都不愿意去幼儿园，但我家孩子特别不喜欢去。
男：孩子们刚开始都这样，时间长了就好了。
女：但是已经快一年了。到现在，我儿子一听去幼儿园就摇头。
男：那你要跟幼儿园的老师沟通一下，看看究竟是什么原因。

问：通过对话，可以知道什么？

A　孩子都不喜欢去幼儿园
Ⓑ　有些孩子不愿意去幼儿园
C　幼儿园的老师脾气很坏
D　孩子不喜欢幼儿园的老师

여: 아이들이 다 유치원 가는 걸 원하지 않는 건 아니라는 건 알고 있지만, 우리 집 아이는 특히나 싫어해요.
남: 아이들은 처음에는 다 그렇지만 시간이 지나면 괜찮아질 거예요.
여: 하지만 벌써 1년이 다 되어가는걸요. 지금까지 유치원 가자는 말만 들어도 고개를 젓는다니까요.
남: 그렇다면 유치원 선생님하고 상담을 좀 해봐요. 도대체 무슨 이유 때문에 그러는지.

질문: 대화를 통해 알 수 있는 것은?

A　아이들은 모두 유치원 가는 걸 싫어한다
Ⓑ　일부 아이들은 유치원 가기를 원하지 않는다
C　유치원 선생님의 성격이 좋지 않다
D　아이는 유치원 선생님을 좋아하지 않는다

공략　유치원 가기를 유난히 싫어하는 아이 때문에 고민하는 여자에게 남자가 방법을 제안하는 대화 내용이다. 여자의 말 '小孩子不是都不愿意去幼儿园'을 통해 일부 아이들은 유치원에 가기를 원한다는 것을 알 수 있고, 이중부정 '不……不……'를 써서 강조했으므로 정답은 B이다.

어휘　★愿意 yuànyì 통 바라다, 희망하다 | 幼儿园 yòu'éryuán 명 유치원 | 摇头 yáotóu 통 고개를 흔들다 | ★沟通 gōutōng 통 교류하다, 소통하다 | ★究竟 jiūjìng 부 도대체, 대관절 | 脾气 píqi 명 성질, 성격

Tip 의문문에 쓰이는 부사 **究竟**

① '도대체, 대관절'의 뜻을 지닌 부사로 주어의 앞뒤에 모두 위치할 수 있으며 동의어는 到底이다.

② 반드시 의문문에 써야 하며, 정반의문문이나 선택의문문, 의문사를 이용한 의문문에는 사용할 수 있으나 어기조사 吗를 이용한 의문문에는 사용할 수 없다.

你**究竟**去不去? 너는 도대체 가니, 안 가니?
你**究竟**去还是不去? 너는 도대체 가니, 아니면 안 가니?
你**究竟**什么时候去? 너는 도대체 언제 가니?
你究竟去吗? (×)

녹음을 듣고, 빈칸을 채우세요. 🎧 03-8

❶ 打扰一下，可以_______您五分钟时间帮我填写一个_______吗？

❷ 我不是_______在超市门口已经_____________吗？

❸ 你看我的_______，多亏你_______我，要不我忘了。

❹ 明天的开幕式虽然对服装__________要求，但还是__________穿正式一点儿。

❺ 我知道小孩子不是都不_______去__________。

정답 ❶ 耽误 / 问卷 ❷ 刚刚 / 填了一份 ❸ 记性 / 提醒 ❹ 没什么 / 不得不 ❺ 愿意 / 幼儿园

전공략 비법 노트

〈필수 이중부정 표현〉

不……不…… ~가 아니지 않다	他**不**可能**不**是好学生。 그는 좋은 학생이 아닐 리가 없다. (→ 좋은 학생이다)
不会不 ~일 리가 없다	早就通知了，他**不会不**知道。 진작에 통보했으니, 그가 모를 리가 없다. (→ 안다)
不能不 ~하지 않을 수 없다	病人**不能不**去医院。 환자는 병원에 가지 않으면 안 된다. (→ 가야 한다)
不得不 ~하지 않으면 안 된다	我**不得不**把这件事告诉了他。 나는 이 일을 그에게 알리지 않으면 안 된다. (→ 알려야 한다)
没有……不 ~하지 않는 ~가 없다	这次考试，全班同学**没有**一个**不**紧张的。 이번 시험은 반 학생들 중에 긴장하지 않는 이가 한 명도 없다. (→ 모두 긴장한다)
无不 ~하지 않을 수 없다	老师**无不**对每一个学生充满爱心。 선생님은 모든 학생들에게 사랑으로 충만하지 않을 수 없다. (→ 사랑으로 충만하다)
非(得/要)……不可 ~하지 않으면 안 된다	明天聚会你**非**来**不可**。 내일 모임에 네가 오지 않으면 안 된다. (→ 꼭 와야 한다)

第 1-10 题：请选出正确答案。

+ **정답 및 해설**_ 해설집 12쪽

1.　**A** 当妈妈的都担心孩子
　　B 饮食习惯决定着健康
　　C 要改正挑食的坏毛病
　　D 人们都讲究饮食习惯

2.　**A** 女的很可怜
　　B 他们是同事
　　C 那部电影很感人
　　D 男的昨晚加班了

3.　**A** 小马不能来
　　B 女的临时有事
　　C 当主持人很难
　　D 男的很生气

4.　**A** 没人反对
　　B 需要大家的支持
　　C 有些还要调整
　　D 老板不赞成

5.　**A** 破产了
　　B 进了一批新设备
　　C 在准备招员工
　　D 经营不好

6.　**A** 天气总是不好
　　B 航班晚点了
　　C 现在是冬天
　　D 男的出差了

7.　**A** 上大学
　　B 减肥
　　C 更努力学习
　　D 吃早饭

8.　**A** 开幕式时间太早
　　B 嘉宾不应该迟到
　　C 下周五举办活动
　　D 堵车问题能解决

9.　**A** 小张会处理好
　　B 女的被蚊子咬了
　　C 男的是电脑专家
　　D 他们看不懂说明书

10.　**A** 照相机坏了
　　B 没带手机
　　C 用手机能拍照
　　D 天气不是很好

04 day 뭘 하고 있는지가 중요하다

정답_ 해설집 201쪽

학습목표

✓1 동작을 묻는 문제와 보기 형식에 익숙해지자

✓2 동사와 목적어의 관계에 주의를 기울이자

✓3 동작과 관련된 핵심 어휘를 암기하자

대화형 문제에서 화자의 행동은 대화를 이끌어가는 큰 흐름이다. 이미 한 행동, 지금 하고 있는 행동, 그리고 앞으로 하려 하는 행동 등 동작의 시제와 연관되어 출제되기도 하고, 행동을 유추할 수 있는 관련 어휘가 출제되기도 한다.

기초 실력 테스트 TEST

04-1

1 녹음을 듣고 중국어와 뜻을 써보세요.

❶ 중국어 __________ 뜻 __________   ❷ 중국어 __________ 뜻 __________

❸ 중국어 __________ 뜻 __________   ❹ 중국어 __________ 뜻 __________

2 녹음을 듣고 문장에서 언급한 행동을 고르세요.

❶ A 游泳　　　　　　　　　　B 打扮

❷ A 踢足球　　　　　　　　　B 打乒乓球

❸ A 出去散步　　　　　　　　B 锻炼身体

3 녹음을 듣고 같은 의미의 표현을 고르세요.

❶ A 做家务　　　　　　　　　B 见朋友

❷ A 看病　　　　　　　　　　B 过生日

❸ A 考试　　　　　　　　　　B 就业

5급 기출문제 맛보기

맛보기　🎧 04-2

난이도 下　**공략 Key** 订으로 화자의 행동 찾기

A 排队　　　　　　B 订机票
C 参观工厂　　　　D 办登机手续

정답&공략

해석
女：您好，这里是彩虹票务中心。
男：我要订一张21号去深圳的机票。

问：男的在做什么?

A 排队
Ⓑ 订机票
C 参观工厂
D 办登机手续

여: 안녕하십니까, 여기는 무지개 티켓 센터입니다.
남: 21일 선전에 가는 비행기 티켓을 한 장 예약하려 합니다.

질문: 남자는 무엇을 하고 있는가?

A 줄을 서고 있다
Ⓑ 비행기 티켓을 예약하고 있다
C 공장을 견학하고 있다
D 탑승수속을 하고 있다

공략　보기를 통해 '무엇을 하고 있느냐'에 관한 질문임을 유추할 수 있다. '票务中心'과 동사 订을 통해 남자는 비행기 티켓을 예약하고 있는 중임을 알 수 있으므로 정답은 B이다.

어휘　★彩虹 cǎihóng 명 무지개 | 票务中心 piàowù zhōngxīn 명 티켓 센터 | ★订 dìng 동 예약하다, 예매하다 | 深圳 Shēnzhèn 고유 선전 | ★排队 páiduì 동 줄을 서다 | ★登机 dēngjī 동 (비행기에) 탑승하다 | ★手续 shǒuxù 명 수속

**토크토크!
쌤의 한마디~**

信用卡(신용카드)는 1음절로 하면 卡입니다. 卡에 동사 刷와 办을 붙여볼까요? 어떤 동사를 붙이느냐에 따라서 행동도 달라지지만 상황이 일어난 장소도 달라집니다. 刷卡는 상점에서 물건을 살 때 쓰이는 표현이며, 办卡는 은행에서 카드를 만들 때 쓰는 표현이죠. 이처럼 하나의 단어가 행동에 관한 핵심어뿐 아니라, 동사 하나 차이로 어디인지를 묻는 장소 관련 핵심어가 되기도 합니다. 시험을 치를 때는 사소한 것도 놓치지 않는 꼼꼼함이 필요하답니다~

공략 1. 보기를 통해 동작 문제임을 유추하라

뭘 하고 있는지 동작을 묻는 문제라면 보기는 간단한 동사이거나 현재 상태를 나타내는 부사 在가 나오는 경우가 많다. 보기에 등장한 동작 중에 두 개 이상이 녹음에 나올 때는 누구의 행동인지 보기 옆에 표시를 해두었다가 문제를 끝까지 들은 후에 정답을 선택하도록 한다.

1 동작을 묻는 문제의 질문 형식

男的(女的)在做什么? 남자(여자)는 무엇을 하고 있는가?
男的(女的)打算做什么? 남자(여자)는 무엇을 할 계획인가?
男的提醒女的做什么? 남자는 여자에게 무엇을 하라고 상기시켜 주었는가?
男的建议女的做什么? 남자는 여자에게 무엇을 하라고 제안했는가?

2 동작을 묻는 문제의 보기 형식

❶ '동사+목적어'나 이합동사의 형태를 띤다.

开车 운전하다 | 看书 책을 본다 | 游泳 수영을 한다 | 打太极拳 태극권을 한다

❷ '(正)在+동사+목적어'의 형태를 띤다.

在开车 운전을 하고 있다 | 正在看书 책을 보고 있다 | 在游泳 수영을 하고 있다 |
正在打太极拳 태극권을 하고 있다

❸ 已经, 要, 打算과 같은 시제와 관련된 어휘가 등장한다.

已经吃完了 이미 다 먹었다 | 要逛街 쇼핑을 하려 한다 | 男的打算去游泳。 남자는 수영을 하러 가려 한다.

보기에서 동사에 어울리는 목적어를 고르세요.

|보기| 书　　自行车　　街　　太极拳

❶ 骑 __________　　❷ 打 __________　　❸ 逛 __________　　❹ 看 __________

정답 ❶ 自行车　❷ 太极拳　❸ 街　❹ 书

•예제   🎧 04-3   난이도 下   공략 Key 보기를 통해 질문 유추

A 参加会议   B 旅游

C 拜访客户   D 看望亲戚

정답&공략

해석

男：我明天要去海南，有个会在那儿开，我打算提前两天，顺便拜访一下客户，希望你能陪我一起去。

女：正好我明天没什么安排，我跟你一起去吧。

问：男的去海南主要做什么？

Ⓐ 参加会议
B 旅游
C 拜访客户
D 看望亲戚

남: 하이난에서 회의가 있어서 내일 거기를 가는데, 이틀 정도 미리 가서 고객을 좀 방문할 계획이야. 나와 함께 가줄 수 있니?

여: 마침 내일은 별다른 계획이 없으니 너와 같이 가지 뭐.

질문: 남자가 하이난에 가는 주된 목적은 무엇인가?

Ⓐ 회의에 참가하려고
B 관광을 하려고
C 고객을 방문하려고
D 친척을 찾아 뵈려고

공략 보기를 통해 '무엇을 하고 있느냐'에 관한 질문임을 유추할 수 있다. 보기 가운데 녹음에 나오는 행동은 '有个会在那儿开'와 '拜访一下客户' 두 가지인데, 남자가 하이난에 가는 주된 목적은 회의 참가이고, 고객을 찾아가는 것은 그곳에 가는 길에 이뤄지는 부차적인 행동이므로 정답은 A이다.

어휘 海南 Hǎinán 고유 하이난 | ★提前 tíqián 동 (예정된 시간을) 앞당기다 | ★顺便 shùnbiàn 부 ~하는 김에 | 拜访 bàifǎng 동 방문하다 | ★客户 kèhù 명 거래처, 바이어 | ★希望 xīwàng 동 희망하다, 바라다 | ★陪 péi 동 모시다, 수행하다 | ★正好 zhènghǎo 부 마침 | ★安排 ānpái 동 안배하다, 준비하다 | ★主要 zhǔyào 형 주요한, 주된 | 看望 kànwàng 동 찾아가보다, 문안하다 | 亲戚 qīnqi 명 친척

공략 2. 간단한 동작 '동사'에 포커스를 맞춰라

어떠한 행동을 설명하면서 开车라고 목적어까지 직접 언급해주는 경우도 있지만, '开慢点儿'처럼 목적어를 생략한 표현이 제시되어 어떤 행동인지 유추해야 하는 문제도 있다. 일상생활에서 흔히 사용하는 간단한 동사에서 생략된 목적어를 떠올리면서 학습하는 습관을 들인다면 자칫 놓치기 쉬운 1점도 내 것으로 만들 수 있다.

- 这个酸辣汤 做得不错 吧? 이 쏸라탕 정말 잘 만들었지?
  ↳ 做菜(요리하다)

- 高速公路上还是 开慢点儿 。 고속도로에서는 그래도 좀 천천히 운전해.
  ↳ 开车(운전하다)

- 骑的时候 要保持平衡。 탈 때는 균형을 잡아야 한다.
  ↳ 骑自行车(자전거를 타다)

- 我奶奶也没费力气就 爬上去了 。 우리 할머니께서도 힘들이지 않고 올라가셨다.
  ↳ 爬山 / 登山(등산하다)

- 风景真美, 我帮你拍吗? 풍경이 정말 아름다운데, 내가 찍어줄까?
  ↳ 拍照片 / 照相(사진을 찍다)

•예제 　🎧 04-4　　　　　　　　　　　　　　난이도 上 　공략 Key 남자의 행동 파악

> A 在参加面试　　　　　　　B 在修理机器
>
> C 在接待顾客　　　　　　　D 在购买冰箱

정답&공략

해석

男：这款红色的冰箱是今年卖得最好的，外观时尚，价格也合理。
女：保修期是多长时间?
男：一个月内出现质量问题，无条件退货，一年之内出现质量问题，免费保修。
女：好，谢谢您。

问：男的正在做什么?

A 在参加面试
B 在修理机器
C 在接待顾客
D 在购买冰箱

남: 이 붉은색 냉장고는 올해 가장 잘 팔리는 제품으로, 디자인도 세련됐고 가격도 합리적입니다.
여: 무상 수리 기간은 얼마나 되죠?
남: 한 달 내에 품질에 문제가 생기면 조건 없이 반품해드리고요, 1년 이내에 제품에 문제가 생기면 무상으로 수리해드립니다.

질문: 남자는 무엇을 하고 있는 중인가?

A 면접을 보고 있다
B 기계를 수리하고 있다
C 손님을 접대하고 있다
D 냉장고를 사고 있다

공략　보기의 어휘를 통해 '무엇을 하고 있느냐'에 관한 질문임을 유추할 수 있다. 남자의 '卖得最好', '价格合理' 등을 통해 여자에게 냉장고를 추천하고 있음을 알 수 있고, 이는 손님을 응대하는 동작이므로 C가 정답이다.

어휘　款 kuǎn 양 스타일이나 양식을 세는 단위 | 冰箱 bīngxiāng 명 냉장고 | 外观 wàiguān 명 외관, 겉모습 | ★时尚 shíshàng 형 세련되다, 유행에 맞다 | ★价格 jiàgé 명 가격 | ★合理 hélǐ 형 합리적이다 | 保修期 bǎoxiūqī 명 무상 수리 기간 | 质量 zhìliàng 명 품질 | 退货 tuìhuò 동 반품하다 | ★免费 miǎnfèi 동 돈을 받지 않다 | 机器 jīqì 명 기계 | ★接待 jiēdài 동 대접하다 | ★顾客 gùkè 명 고객, 손님 | ★购买 gòumǎi 동 구매하다

> **Tip** 다양한 의미를 지닌 款
>
> ① 돈 : 贷款 대출하다 | 存款 저금하다 | 取款机 현금인출기
>
> ② 접대하다 : 款待 환대하다 | 款客 손님을 대하다
>
> ③ 스타일, 디자인(명사) : 款式 스타일 | 新款车 새로운 디자인의 차
>
> ④ 스타일, 종류(양사) : 这款手机 이런 스타일의 핸드폰 | 这款冰箱 이런 종류의 냉장고

공략 3. 행동과 관련된 어휘를 암기하라

'他在图书馆'하면 看书 혹은 学习를, 蛋糕와 惊喜가 들리면 '过生日'를 떠올리게 된다. 이처럼 어떤 핵심 어휘를 포착해낸다면 화자가 하고 있는 행동을 유추할 수 있다. 각각의 동작과 관련된 핵심 어휘나 짧은 문장을 암기해서 듣는 순간 정답을 연상할 수 있도록 하자.

듣기
제1·2부분

예제　　🎧 04-5　　　　　　　　　　　　　　난이도 中　공략 Key 用信用卡로 관련 행동 찾기

A 订票　　　　　　　　　　　B 买东西

C 办信用卡　　　　　　　　　D 修理电脑

정답&공략

해석　女：这个柜台的电脑坏了，请您到旁边柜
　　　　台结账，实在对不起。
　　　男：没关系，这边可以用信用卡吗？

　　　问：男的正在做什么？

　　　A 订票
　　　Ⓑ 买东西
　　　C 办信用卡
　　　D 修理电脑

여: 이 계산대의 컴퓨터가 고장이 났습니다. 옆 계산대에서 계산해주세요. 정말 죄송합니다.
남: 괜찮습니다. 이곳에서 신용카드를 사용해도 되나요?

질문: 남자는 무엇을 하는 중인가?

A 티켓을 예매하고 있다
Ⓑ 물건을 사고 있다
C 신용카드를 만들고 있다
D 컴퓨터를 수리하고 있다

공략　보기를 통해 '무엇을 하고 있느냐'에 관한 질문임을 유추할 수 있다. 대화에 나오는 柜台, 结账, 用信用卡 등의 어휘에서 남자가 상점에서 물건을 사고 계산하려고 하는 중임을 알 수 있으므로 정답은 C이다.

어휘　柜台 guìtái 몡 카운터, 계산대 | 坏 huài 통 고장 나다, 망가지다 | ★结账 jiézhàng 통 계산하다 | ★实在 shízài 분 확실히, 정말로

Tip　坏의 다양한 의미

① 나쁘다(형용사) : 坏习惯 나쁜 습관 | 脾气坏 성격이 나쁘다

② 너무 ~하다(형용사) : 气坏了 너무 화가 났다 | 急坏了 급해 죽겠다

③ 망가지다(동사) : 苹果坏了 사과가 상했다 | 手机坏了 핸드폰이 고장 났다

 녹음을 듣고, 빈칸을 채우세요. 🎧 04-6

❶ 我明天要去海南，有个____在那儿____。

❷ 我打算_______两天，_______拜访一下客户，我希望你能_______一起去。

❸ 这____红色的_______是今年卖得最好的，外观时尚，价格也_______。

❹ 一个月内出现_______问题，__________退货，一年之内出现质量问题，免费_______。

❺ 这个_______的电脑坏了，请您到旁边柜台_______，实在对不起。

정답 ❶ 会 / 开 ❷ 提前 / 顺便 / 陪我 ❸ 款 / 冰箱 / 合理 ❹ 质量 / 无条件 / 保修 ❺ 柜台 / 结账

전공략 비법 노트

〈빈출 행동 관련 어휘〉

공부	写论文 xiě lùnwén 논문을 쓰다 | 写文章 xiě wénzhāng 글을 쓰다 | 考试 kǎoshì 시험 보다 | 期末考试 qīmò kǎoshì 기말고사 | 选课 xuǎnkè 수강신청하다 | 上课 shàngkè 수업하다 | 辅导班 fǔdǎobān 특별지도반 | 网上课程 wǎngshàng kèchéng 인터넷 과정 | 放学 fàngxué 학교를 파하다 | 复习 fùxí 복습하다 | 功课 gōngkè 숙제
일	办公室 bàngōngshì 사무실 | 单位 dānwèi 회사 | 上下班 shàngxiàbān 출퇴근하다 | 工资 gōngzī = 薪水 xīnshui 월급 | 加班 jiābān 야근하다 | 开会 kāihuì 회의하다 | 老板 lǎobǎn 사장 | 应酬 yìngchou 접대하다 | 请假 qǐngjià 휴가를 신청하다 | 出差 chūchāi 출장 가다 | 接待客户 jiēdài kèhù 고객을 접대하다 | 会议 huìyì 회의 | 合作 hézuò 협력하다 | 谈判 tánpàn 협상하다 | 工程 gōngchéng 공사 | 安排日程 ānpái rìchéng 스케줄을 짜다 | 完成任务 wánchéng rènwu 임무를 완수하다 | 待遇 dàiyù 대우 | 招聘会 zhāopìnhuì 채용박람회 | 招聘 zhāopìn 모집하다 | 应聘 yìngpìn 지원하다 | 求职 qiúzhí 구직하다 | 参加面试 cānjiā miànshì 면접에 참가하다 | 简历 jiǎnlì 이력서 | 部门 bùmén 부서 | 写报告 xiě bàogào 보고서를 쓰다
가사	打扫 dǎsǎo 청소하다 | 整理 zhěnglǐ 정리하다 | 收拾 shōushi 정돈하다 | 擦地板 cā dìbǎn 마루를 닦다 | 洗碗 xǐwǎn 설거지를 하다 | 洗衣服 xǐ yīfu 세탁을 하다 | 晒衣服 shài yīfu 빨래를 널다 ↔ 收衣服 shōu yīfu 빨래를 걷다
결혼	参加婚礼 cānjiā hūnlǐ 결혼식에 참석하다 | 请柬 qǐngjiǎn 청첩장 | 喜糖 xǐtáng 결혼식 때 하객에게 나누어주는 사탕 | 喜酒 xǐjiǔ 결혼 축하주 | 找对象 zhǎo duìxiàng 배우자를 물색하다 | 喜结良缘 xǐjié liángyuán 좋은 인연을 맺다 | 相亲 xiāngqīn 맞선 보다 | 终身大事 zhōngshēn dàshì 인륜지대사 | 成家 chéngjiā (남자가) 결혼하다
취미	钓鱼 diàoyú 낚시하다 | 下象棋 xià xiàngqí 장기를 두다 | 养宠物 yǎng chǒngwù 애완동물을 기르다 | 养鸟 yǎng niǎo 새를 기르다 | 购物 gòuwù 물건을 사다 | 逛街 guàngjiē 쇼핑하다 | 爬山 páshān 등산하다 | 练瑜伽 liàn yújiā 요가를 배우다 | 游泳 yóuyǒng 수영하다 | 滑雪 huáxuě 스키를 타다 | 健身房 jiànshēnfáng 헬스클럽

第 1-10 题：请选出正确答案。

1.　**A** 睡觉
　　B 等车
　　C 看电视
　　D 洗衣服

2.　**A** 骑自行车
　　B 滑雪
　　C 坐地铁
　　D 玩游戏

3.　**A** 上网聊天儿
　　B 参加研讨会
　　C 看京剧表演
　　D 陪客户喝酒

4.　**A** 去学车
　　B 去欧洲旅游
　　C 去买衣服
　　D 去办签证

5.　**A** 安排日程
　　B 推荐一下中药
　　C 填写个人信息
　　D 给论文提意见

6.　**A** 参加考试
　　B 要去辅导班学习
　　C 得去同学聚会
　　D 给人做家教

7.　**A** 在帮女的倒茶
　　B 在准备简历
　　C 在切面包
　　D 在看股市情况

8.　**A** 谈判
　　B 买卖房子
　　C 签合同
　　D 办理登记手续

9.　**A** 做日程安排
　　B 按期完成
　　C 咨询专家的意见
　　D 把证据拿出来

10.　**A** 登机
　　B 开车
　　C 修汽车
　　D 收拾行李

✦ **정답 및 해설**_ 해설집 17쪽

골라 듣는 재미가 있다

1 대화의 주제나 상황에 신경 쓰자

2 주제별 핵심 어휘를 암기하자

3 숫자·장소·관계 문제의 출제 경향을 숙지하자

'언제', '어디서', '누가', '누구와'를 묻는 문제는 新HSK 듣기에서 배놓을 수 없는 출제 경향이다. 대화가 벌어지는 상황이나 이야기의 주제 등에서 핵심 어휘 하나를 포인트로 정답을 유추해내는 경우가 많기에 어찌 보면 쉬울 수 있지만 또 오히려 고도의 집중력을 요하는 유형이다.

기초 실력 테스트 ^{TEST}

05-1

1 녹음을 듣고 중국어와 뜻을 써보세요.

❶ 중국어 _________ 뜻 _________ ❷ 중국어 _________ 뜻 _________

❸ 중국어 _________ 뜻 _________ ❹ 중국어 _________ 뜻 _________

2 녹음을 듣고 유추되는 장소나 직업을 〈보기〉에서 고르세요.

| 보기 | 餐厅　銀行　公司　酒店　老师　记者　司机　警察　律师　房东 |

❶ _________ ❷ _________ ❸ _________ ❹ _________

3 녹음을 듣고 질문에 답하세요. (정답은 한국어로 써도 됩니다.)

❶ _________________ ❷ _________________

❸ _________________ ❹ _________________

◆ 정답_ 해설집 201쪽

5급 기출문제 맛보기

맛보기   🎧 05-2   난이도 下   공략 Key 标准间으로 장소 유추   **듣기** 제1·2부분

A 商场   B 宾馆

C 火车站   D 游泳池

정답&공략 ➡

해석

男：你好，我前天订了一个标准间，我姓黄。
女：请您稍等，让我查一下。黄先生，您是从深圳来的？
男：对。
女：请出示一下您的身份证，我马上给您办理入住手续。

问：说话人现在在哪里？

A 商场   **Ⓑ 宾馆**
C 火车站   D 游泳池

남: 안녕하세요, 제가 그저께 2인실을 하나 예약했습니다. 제 성은 황 씨입니다.
여: 잠시만 기다리세요, 한번 확인해보겠습니다. 황 선생님, 선전에서 오셨나요?
남: 네.
여: 신분증을 좀 보여주세요, 바로 체크인 해드리겠습니다.

질문: 화자는 지금 어디에 있는가?

A 쇼핑몰   **Ⓑ 호텔**
C 기차역   D 수영장

공략 보기를 통해 장소를 묻는 문제임을 유추할 수 있으므로 핵심 어휘에 집중해서 듣자. 핵심어는 标准间과 '办理入住手续'이며 이를 통해 대화가 일어나는 장소가 호텔임을 알 수 있으므로 정답은 B이다.

어휘 ★订 dìng 동 예약하다 | ★标准间 biāozhǔnjiān 명 2인실 | ★查 chá 동 조사하다, 찾다 | 深圳 Shēnzhèn 고유 선전 | ★出示 chūshì 동 제시하다 | 身份证 shēnfènzhèng 명 신분증 | ★办理 bànlǐ 동 처리하다 | 入住手续 rùzhù shǒuxù 체크인 수속 | 商场 shāngchǎng 명 상점, 쇼핑몰 | 宾馆 bīnguǎn 명 호텔 | 游泳池 yóuyǒngchí 명 수영장

토크토크!
쌤의 한마디~

핵심 어휘를 통해 정답을 찾으려면 '어휘 암기'가 필수사항입니다. 수많은 어휘를 언제 다 외우나 걱정되겠지만 핵심 어휘를 하나 외우면 직업이나 신분, 관계 등에 모두 적용되는 경우가 많아 실제 암기해야 할 단어는 많지 않아요. 예를 들면 '动手术'에서 장소는 医院, 신분은 大夫, 관계는 '医生和病人'을 유추할 수 있는 것이지요. 약간의 공을 들여 몇 개의 수확을 거둘 수 있다면 힘들어도 도전해볼 만하지 않을까요?

공략 1. 문장보다 핵심 어휘에 포커스를 맞춰라

대화를 몽땅 다 듣고 이해하려 하다 보면 종종 정답을 유추할 수 있는 핵심 어휘를 놓치는 경우가 많다. 보기를 통해 질문을 유추하고 핵심 어휘를 잡아내는 요령을 길러야 한다.

1 보기를 통해 문제를 유추하라

보기에 银行, 商店, 车上 등이 나와 있다면 대화가 일어나는 장소를 묻는 것이고 夫妻, 同事, 邻居 등이 등장했다면 대화하는 두 사람의 관계를 묻는 것이며 李老师, 马秘书 등 구체적인 사람이 등장했다면 누구인지를 묻는 문제일 것이다. 이처럼 핵심 어휘를 통해 정답을 고를 수 있는 '언제', '어디서', '누가', '누구와'에 해당하는 문제는 보기를 통해 충분히 질문을 유추할 수 있으므로 그 다음에는 핵심어를 찾아내는 데 집중하며 녹음을 들어야 한다.

2 유형별 포인트를 학습하라

❶ 도입부를 놓치지 마라.

'老婆, 我升值了(여보, 나 승진했어)'라는 문장에서 대화하는 사람의 관계를 알려주는 부분은 맨 앞의 호칭 '老婆(여보)'이다. 특히 호칭을 통해 둘의 관계를 유추해야 하거나 장소를 묻는 문제라면 반드시 처음의 한 마디에 집중해야 한다.

❷ 메모하는 습관을 들여라.

'张总, 李秘书去哪儿了(장 사장님, 이 비서는 어디에 갔어요)?'라는 문장에서는 두 사람이 등장한다. 질문이 둘 중 누구에 대해 나올지 알 수 없으므로 녹음을 들을 때, 두 사람을 구분해서 메모하는 습관을 들이자.

❸ 더하기, 빼기 등 계산에 집중하라.

'原来定的是三点, 我晚了十分钟(원래 3시 약속이었는데 10분 늦었어)'라는 말이 나왔을 경우, 약속 시간을 물을 수도 있고 도착한 시간을 물을 수도 있다. 보기에 시간이나 수량 등이 나왔다면 가감이 필요한 어휘를 놓치지 말아야 한다.

❹ 동의어나 동의 표현을 숙지하라.

동의어는 여러모로 쓰임이 많으며, 핵심 어휘로 판단하는 문제에서도 많이 출제된다. 예를 들어 녹음에 邻居가 나오면 보기에는 隔壁로 제시되거나 녹음에 '半个月'가 나오면 보기에는 '15天'으로 제시되는 것이다.

•예제　🎧 05-3　　　　　　　　　　　　　　　　　　　　　　난이도 上　공략 Key 날짜 계산하기

A 7天　　　　　　　　　　　　　　　　B 十五天

C 一个月　　　　　　　　　　　　　　D 两个月

정답&공략

해석　女：这次暑假你有什么打算?
　　　男：我准备和朋友去西安看看名胜古迹，7月中旬出发，月底回来。

　　　问：男的打算去西安多久?

　　　A 7天
　　　Ⓑ 十五天
　　　C 一个月
　　　D 两个月

여: 이번 여름 방학에 어떤 계획을 세웠니?
남: 나는 친구와 시안에 가서 명승지를 둘러볼 준비를 하고 있어, 7월 중순에 출발해서 월말에 돌아올 거야.

질문: 남자는 시안에 얼마 동안 갈 계획인가?

A 7일
Ⓑ 15일
C 한 달
D 두 달

공략　보기를 통해 얼마 동안인지를 묻는 문제임을 유추할 수 있으므로 시간 관련 표현에 집중하여 메모하면서 들어야 한다. 남자가 '7月中旬出发, 月底回来'라고 했으므로 2주 정도의 시간을 시안에서 보내는 것이므로 정답은 B이며 시간사인 中旬은 중요한 단어이므로 꼭 암기해두자.

어휘　★暑假 shǔjià 몡 여름 방학 | 西安 Xī'ān 고유 시안 | 名胜古迹 míngshèng gǔjì 몡 명승고적 | ★中旬 zhōngxún 몡 중순 | 月底 yuèdǐ 몡 월말

Tip　방학 관련 어휘

暑假는 명사로 '여름 방학'이라는 뜻이며, 放假는 이합동사로 '방학을 하다'라는 뜻이다. 품사가 다르기에 쓰임새도 다르니 명확하게 구분해서 써야 한다.

暑假 shǔjià 여름 방학 | 放暑假 fàng shǔjià 여름 방학을 하다 | 寒假 hánjià 겨울 방학 | 放寒假 fàng hánjià 겨울 방학을 하다 | 假期 jiàqī 방학(휴가) | 放一个月假 fàng yí ge yuè jià 한 달 동안 방학이다 | 放假 fàngjià 방학을 하다 | 请一个月假 qǐng yí ge yuè jià 한 달 동안 휴가를 내다 | 请假 qǐngjià 휴가를 신청하다

공략 2. 관련 핵심 어휘를 암기하라

보기를 통해 '언제', '어디서', '누가', '누구와' 중 무엇에 관한 내용인지 유추했다면 그다음에는 이와 관련된 어휘를 골라 듣는 데 집중해야 한다. 예를 들면 存钱이 나왔다면 바로 银行이라는 장소가, '咱们公司'라는 표현을 들었다면 바로 同事 관계임이 떠올라야 한다. 이렇게 순간적으로 떠오르려면 일단 시험에 출제되었던 관련 핵심 어휘부터 암기하는 것이 순서다. 이렇게 핵심 어휘를 암기해두면 지문을 다 알아들어야 한다는 부담감에서 벗어날 수 있다.

예제 🎧 05-4   난이도 中 공략 Key 登机牌, 登机口를 통한 정답 유추

> A 机场　　　　　　　　　B 公园
>
> C 银行　　　　　　　　　D 旅行社

정답&공략 ▶

해석

男：我看看你的登机牌，是在几号登机口？带身份证了吗？
女：我都二十岁了，自己能照顾自己，别担心。
男：好！好！一路平安，到了以后别忘了打电话。
女：没问题，您回去吧。

问：对话是在哪儿进行的？

Ⓐ 机场　　　B 公园
C 银行　　　D 旅行社

남: 네 탑승권 좀 보자, 몇 번 <u>게이트</u>야? 신분증은 가져왔니?
여: 저 벌써 스무 살이에요, 스스로 챙길 수 있으니 걱정 마세요.
남: 알았어, 알았어. 가는 내내 조심하고 도착하면 전화하는 거 잊지 마라.
여: 알았으니 돌아가세요.

질문: 대화는 어디에서 진행되고 있는가?

Ⓐ 공항　　　B 공원
C 은행　　　D 여행사

공략　보기를 통해 장소를 묻는 문제임을 유추할 수 있다. 핵심어는 登机牌와 登机口로 이를 통해 두 사람이 공항에서 대화를 나누고 있다는 것을 알 수 있으므로 정답은 A이다.

어휘　★登机牌 dēngjīpái 몡 탑승권 | ★登机口 dēngjīkǒu 몡 탑승구, 게이트 | 身份证 shēnfènzhèng 몡 신분증 | ★照顾 zhàogù 동 돌보다, 보살피다 | 一路平安 yí lù píng ān 성 가시는 길 평안하시길 빕니다 | 旅行社 lǚxíngshè 몡 여행사

Tip 已经의 의미도 가지는 都

'他们都来了'에서는 都가 全部(모두, 전부)의 의미로 쓰였다. 그렇다면 '我都二十岁了'의 都는 전부라는 의미일까? 여기서 都는 已经(이미, 벌써)과 같은 뜻으로, 都가 숫자를 이끌면서 뒤에 了를 동반하면 已经의 의미를 가진다.

都三点了，他们还不来。벌써 세 시인데 그들은 아직까지 안 오네.
都过了三个小时了，还在做。벌써 세 시간이나 지났는데 아직도 하고 있다니.

공략 3. 기출문제의 대세를 알아두자

新HSK로 바뀌면서 '언제', '어디서', '누가', '누구와'를 묻는 문제 중에서 특별히 자주 출제되는 문제가 있다. 예를 들면 대화를 하는 두 사람의 관계를 묻기보다는 누구인지 묻는 문제가 많고, 장소를 묻는 문제에는 '은행'이 거의 매 시험 출제되고 있다. 이처럼 출제 패턴과 양상을 꿰고 있다면 좀 더 쉽게 문제에 접근할 수 있다.

듣기
제1·2부분

1 들리는 게 정답인 숫자 유형

숫자 유형의 출제 패턴은 크게 두 가지로, 대화 속에 정답을 그대로 들려주는 것과 또 동사나 형용사를 이용해 계산을 하게 하는 유형이다. 최근의 출제 경향은 그대로 들려주는 것을 선호하므로 숫자를 정확한 발음으로 읽고 4와 10같이 비슷한 발음에 속아 넘어가지 않도록 기초 실력을 닦아두어야 한다.

2 압도적인 출제 비중을 자랑하는 장소 유형

핵심 어휘를 이용해 정답을 유추하는 문제에서 장소를 묻는 문제가 차지하는 비중이 압도적으로 높으며 대화형에서 많게는 네 문제까지도 출제된다. 장소 유형은 직접 장소를 들려주는 게 아닌 관련 명사나 동사, 형용사를 토대로 유추하도록 하는 문제 유형이므로 장소와 관련된 핵심 어휘를 암기하는 데 공을 들여야 한다.

3 미래의 대세로 점쳐지는 신분 유형

최근에는 어떤 관계인지보다 누구인지에 관한 문제가 더 많이 출제되고 있다. 그렇기에 대화에 등장하는 인물이 어떤 사람인지 메모하는 습관을 들여야 하며 들리는 것을 찾아내는 순발력을 길러야 한다. 그러기 위해서는 호칭에 빨리 익숙해져야 하므로 반복해서 읽고 쓰는 습관을 들이자.

예제　　🎧 05-5　　　　　　　　　　　　　**난이도** 中　**공략 Key** 采访으로 직업 유추

A 司机　　　　　　　　　B 记者

C 会计师　　　　　　　　D 售票员

정답&공략

해석　女：一年中没有几个月在家，一直在外地跑，真是太辛苦了。
男：还行，可以接触、采访各种各样的人，也挺有意思的。

问：男的最可能是做什么的？

여: 일 년 중에 집에 있을 때가 몇 개월도 안 되고 계속 타지로만 돌아다니니 정말 너무 힘드시겠어요.
남: 괜찮습니다. 다양한 사람과 접촉하면서 취재도 할 수 있어서 꽤 재미있어요.

질문: 남자는 무엇을 하는 사람인가?

A 司机　　　　　　　B 记者　　　　　|　A 운전기사　　　　　B 기자
C 会计师　　　　　　D 售票员　　　　|　C 회계사　　　　　　D 매표원

공략　보기를 통해 직업을 묻는 문제임을 유추할 수 있으므로 핵심 어휘에 집중해서 들을 준비를 해야 한다. 핵심어는 采访이며 이는 기자가 하는 일이므로 정답은 B이다.

어휘　外地 wàidì 圀 외지, 타지 | 跑 pǎo 동 바삐 돌아다니다 | 辛苦 xīnkǔ 혱 수고하다 | 还行 hái xíng 그런대로 괜찮다 | ★接触 jiēchù 동 (사람과 사람이) 접촉하다 | ★采访 cǎifǎng 동 취재하다 | 挺 tǐng 분 매우, 꽤 | 会计师 kuàijìshī 圀 회계사 | ★售票员 shòupiàoyuán 圀 매표원

녹음을 듣고, 빈칸을 채우세요. 🎧 05-6

❶ 这次＿＿＿＿你有什么＿＿＿＿？

❷ 我准备和朋友去西安看看＿＿＿＿＿＿，7月＿＿＿＿出发，＿＿＿＿回来。

❸ 我看看你的＿＿＿＿＿，是在几号＿＿＿＿＿？ 带＿＿＿＿＿了吗？

❹ 我都二十岁了，自己能＿＿＿＿自己，别＿＿＿＿。

정답　❶ 暑假 / 打算　❷ 名胜古迹 / 中旬 / 月底　❸ 登机牌 / 登机口 / 身份证　❹ 照顾 / 担心

전공략 비법 노트

〈시간 관련 핵심 어휘〉

시간	现在 xiànzài 지금	最近 zuìjìn 최근	多 duō 많다 ↔ 少 shǎo 적다	早 zǎo 이르다 ↔ 晚 wǎn 늦다	提前 tíqián 앞당기다 ↔ 推迟 tuīchí = 延迟 yánchí 미루다, 연기하다	快 kuài 빠르다 ↔ 慢 màn 느리다	差 chà 모자라다 ↔ 过 guò 지나다
하루	凌晨 língchén 새벽	早晨 zǎochen 이른 아침	早上 zǎoshang 아침	上午 shàngwǔ 오전	中午 zhōngwǔ 정오	下午 xiàwǔ 오후	傍晚 bàngwǎn 저녁	黄昏 huánghūn 저녁	晚上 wǎnshang 저녁, 밤	半夜 bànyè 한밤중
일	昨天 zuótiān 어제	今天 jīntiān 오늘	明天 míngtiān 내일	后天 hòutiān 모레	前几天 qián jǐ tiān 며칠 전	这几天 zhè jǐ tiān 요 며칠	过几天 guò jǐ tiān 며칠 후	第一天 dì-yī tiān 첫날	第二天 이튿날 dì-èr tiān	整天 zhěngtiān 온종일	成天 chéngtiān 하루 종일
주	星期 xīngqī = 礼拜 lǐbài = 周 zhōu 주, 요일	星期(礼拜 / 周)一 xīngqīyī 월요일	上个星期(礼拜 / 周) shàng ge xīngqī 지난주	这个星期(礼拜 / 周) zhège xīngqī 이번 주	下个星期(礼拜 / 周) xiàge xīngqī 다음 주
월	上旬 shàngxún 상순	中旬 zhōngxún 중순	下旬 xiàxún 하순
명절	元旦 Yuándàn 양력 설	除夕 Chúxī 섣달그믐(음력 12.30)	春节 Chūnjié 음력 설(음력 1.1)	中秋节 Zhōngqiūjié 추석	端午节 Duānwǔjié 단오	劳动节 Láodòngjié = 五一 WǔYī 노동절(5.1)	国庆节 Guóqìngjié = 十一 ShíYī 국경절(10.1)	圣诞节 Shèngdànjié 크리스마스

〈장소 관련 핵심 어휘〉

공항	登机 dēngjī 탑승하다	登机口 dēngjīkǒu 탑승구, 게이트	登机牌 dēngjīpái 탑승권	护照 hùzhào 여권	飞机晚点 fēijī wǎndiǎn 비행기가 연착하다	航班 hángbān 노선	起飞 qǐfēi 이륙하다 ↔ 降落 jiàngluò 착륙하다	海关 hǎiguān 세관	签证 qiānzhèng 비자
은행	存钱 cúnqián 예금하다 ↔ 取钱 qǔqián 출금하다	汇款 huìkuǎn 송금하다	贷款 dàikuǎn 대출하다	自动提款机 zìdòng tíkuǎnjī 현금인출기	办理业务 bànlǐ yèwù (은행) 업무를 처리하다	取号 qǔ hào 번호표를 뽑다
병원	病人 bìngrén = 患者 huànzhě 환자	大夫 dàifu, 医生 yīshēng 의사	护士 hùshi 간호사	看病 kànbìng 진찰하다	病房 bìngfáng 병실	动手术 dòng shǒushù 수술하다	打针 dǎzhēn 주사 맞다	吃药 chī yào 약 먹다	住院 zhùyuàn 입원하다 ↔ 出院 chūyuàn 퇴원하다
호텔	登记 dēngjì = 办理入住手续 bànlǐ rùzhù shǒuxù 체크인하다 ↔ 退房 tuìfáng 체크아웃하다	预订房间 yùdìng fángjiān 방을 예약하다	单人间 dānrénjiān 1인실	双人间 shuāngrénjiān = 标准间 biāozhǔnjiān 2인실	叫醒服务 jiàoxǐng fúwù 모닝콜 서비스	房卡 fángkǎ 룸 키	空房 kōngfáng 빈방
상점	收款台 shōukuǎntái = 收银台 shōuyíntái 계산대	发票 fāpiào = 收据 shōujù 영수증	打折 dǎzhé 세일하다	付钱 fùqián 돈을 내다	买一送一 mǎi yī sòng yī 1+1	优惠活动 yōuhuì huódòng 할인 행사
식당	结账 jiézhàng = 买单 mǎidān 계산하다	菜单 càidān 메뉴	点菜 diǎncài 요리를 주문하다	打包 dǎbāo = 带走 dàizǒu 싸 가다, 테이크아웃하다	招牌菜 zhāopái cài 간판요리	包间 bāojiān 룸

듣기
제1·2부분

기차 안	列车 lièchē 열차 ┃ 高铁 gāotiě 고속철도 ┃ 动车 dòngchē 기관차 ┃ 特快 tèkuài 특급열차 ┃ 车厢 chēxiāng 객실 ┃ 硬座 yìngzuò 일반 좌석 ┃ 硬卧 yìngwò 일반 침대칸 ┃ 软座 ruǎnzuò 일등 좌석 ┃ 软卧 ruǎnwò 일등 침대칸 ┃ 餐车 cānchē 식당칸 ┃ 列车员 lièchēyuán = 乘务员 chéngwùyuán 열차 승무원
회사	单位 dānwèi = 岗位 gǎngwèi = 部门 bùmén 회사 ┃ 出差 chūchāi 출장 가다 ┃ 产品 chǎnpǐn 제품 ┃ 宣传 xuānchuán 홍보하다 ┃ 广告 guǎnggào 광고하다 ┃ 开会 kāihuì 회의를 하다 ┃ 辞职 cízhí 사직하다 ┃ 上班 shàngbān 출근하다 ┃ 加班 jiābān 야근하다 ┃ 退休 tuìxiū 퇴직하다 ┃ 上司 shàngsi 직장 상사 ┃ 谈判 tánpàn 협상하다 ┃ 合作 hézuò 협력하다

〈 신분·관계 관련 핵심 어휘 〉

부부	我家那位 wǒ jiā nà wèi 우리 집 그이 ┃ 孩子他妈 háizi tā mā 아이 엄마 ↔ 孩子他爸 háizi tā bà 아이 아빠 ┃ 两口子 liǎngkǒuzi 부부 두 사람 ┃ 小两口 xiǎoliǎngkǒu 젊은 부부 ┃ 老两口子 lǎo liǎngkǒuzi 노부부 ┃ 离婚 líhūn 이혼하다 ┃ 老公 lǎogōng 남편 ┃ 老婆 lǎopo 아내
연인	谈恋爱 tán liàn'ài 연애하다 ┃ 相亲 xiāngqīn 맞선 보다 ┃ 一见钟情 yí jiàn zhōng qíng 첫눈에 반하다 ┃ 失恋 shīliàn 실연하다 ┃ 甩 shuǎi 차다 ┃ 吹了 chuī le 헤어지다 ┃ 分手 fēnshǒu 헤어지다 ┃ 求婚 qiúhūn 프로포즈 하다 ┃ 办喜事 bàn xǐshì 결혼식을 올리다
이웃	隔壁 gébì 이웃 ┃ 搬进来 bān jìnlái 이사 오다 ┃ 住在楼上 zhùzài lóushàng 윗층에 살다 ↔ 住在楼下 zhùzài lóuxià 아래층에 살다 ┃ 单元 dānyuán 주택에서 같이 쓰는 통로
기자	采访 cǎifǎng 취재하다 ┃ 写稿子 xiě gǎozi 원고(기사)를 쓰다 ┃ 报道 bàodào 보도하다
교사	备课 bèikè 수업 준비를 하다 ┃ 班主任 bānzhǔrèn 담임 선생님 ┃ 教员 jiàoyuán 교원 ┃ 留作业 liú zuòyè = 布置作业 bùzhì zuòyè 숙제를 내주다 ┃ 桃李满天下 táolǐ mǎn tiānxià 제자들이 많다
의사	开药 kāi yào 약을 처방하다 ┃ 看病 kànbìng 진찰하다 ┃ 你哪儿不舒服 nǐ nǎr bùshūfu 어디가 아프십니까 ┃ 做手术 zuò shǒushù 수술을 하다
프로그램 진행자	欢迎收看(收听) huānyíng shōukàn(shōutīng) 시청자(청취자) 여러분, 안녕하세요 ┃ 节目 jiémù 프로그램 ┃ 嘉宾 jiābīn 초대 손님 ┃ 现场直播 xiànchǎng zhíbō 현장 생방송

실전 테스트

第 1-10 题：请选出正确答案。

1. **A** 公司 **B** 家里 **C** 银行 **D** 商店	6. **A** 演员 **B** 作家 **C** 班主任 **D** 主持人
2. **A** 宴会结束 **B** 庆祝生日 **C** 商业谈判 **D** 会议开始	7. **A** 这个礼拜 **B** 下周末 **C** 除夕夜 **D** 星期一
3. **A** 老家 **B** 展销会 **C** 郊外 **D** 学校	8. **A** 剪头发的 **B** 送报纸的 **C** 修电脑的 **D** 送东西的
4. **A** 律师 **B** 工程师 **C** 教师 **D** 理发师	9. **A** 明天 **B** 下星期 **C** 两周后 **D** 周末
5. **A** 夫妻 **B** 同事 **C** 母子 **D** 师生	10. **A** 公司 **B** 家里 **C** 出租车上 **D** 公交车上

+ 정답 및 해설_ 해설집 21쪽

06 day 마지막 2%도 놓칠 수 없다

학습목표

✓1 보기에서 힌트를 찾는 센스를 기르자

✓2 보기에서 주제와 관련된 어휘를 찾자

✓3 대화 속 제안·격려 표현에 집중하자

新HSK 5급 듣기 영역에서 앞서 학습한 문제 유형별 공략법 외에도 보기나 녹음 대화 속의 특정 단어 또는 표현을 통해 문제를 푸는 요령도 절대 배놓을 수 없다. 이를 통해 마지막 2%도 놓치지 말자.

기초 실력 테스트 TEST

🎧 06-1

1 녹음을 듣고 중국어와 뜻을 써보세요.

❶ 중국어 ____________ 뜻 ____________   ❷ 중국어 ____________ 뜻 ____________

❸ 중국어 ____________ 뜻 ____________   ❹ 중국어 ____________ 뜻 ____________

2 녹음을 듣고 빈칸에 들어갈 알맞은 단어를 고르세요.

❶ 比赛非常__________。	A 无聊	B 好看
❷ 菜味儿很__________。	A 一般	B 棒
❸ 离我家__________。	A 很近	B 不太近

3 녹음을 듣고 빈칸에 들어갈 알맞은 단어를 고르세요.

❶ 他很__________我。	A 称赞	B 信任
❷ 他在__________我。	A 批评	B 安慰
❸ 他在__________我。	A 佩服	B 怀疑

5급 기출문제 맛보기

맛보기 1　🎧 06-2

난이도 中　공략 Key 보기로 녹음 내용 유추

A 要出国了　　　　　　　　　B 礼拜天出国

C 手续都办好了　　　　　　　D 已经拿到了签证

정답&공략

해석
男：小黄，出国手续办好了没有？
女：差不多了，星期三就能拿到签证，我真的很期待这次假期。

问：关于女的，下列哪项正确？

Ⓐ 要出国了
B 礼拜天出国
C 手续都办好了
D 已经拿到了签证

남: 샤오황, 출국 수속은 다 마쳤니?
여: 거의 다 됐어요, 수요일에 비자를 받을 수 있을 거예요. 저는 정말 이번 방학이 너무 기대가 돼요.

질문: 여자에 관해 다음 중 맞는 것은 무엇인가?

Ⓐ 해외에 나가려 한다
B 일요일에 출국한다
C 수속을 다 마쳤다
D 이미 비자를 받았다

공략 보기를 미리 읽고 出国, 手续, 签证 등에서 해외로 나가는 것에 관한 내용임을 유추한다. '要……了', '办好了', 已경이 나왔으므로 상황이나 동작의 시제에 집중해야 한다. '星期三就能拿到签证'에서 D는 정답이 아니며, '出国手续办好了没有?'라는 질문에 '差不多了'라고 대답했으므로 C 역시 정답이 아니다. 여자는 해외로 나가기 위해 수속을 밟고 있는 것이니 정답은 A이다.

어휘 拿 ná 동 받다, 얻다 | 签证 qiānzhèng 명 비자(VISA) | ★期待 qīdài 동 기대하다 | 假期 jiàqī 명 방학 기간, 휴가 기간 | ★礼拜天 lǐbàitiān 명 일요일

맛보기 2　🎧 06-3

난이도 中　공략 Key 대화 속 격려 표현

A 多照顾孩子　　　　　　　　B 多锻炼身体

C 及时把工作处理好　　　　　D 多思考并提出自己的看法

정답&공략

해석
女：你来了？ 我看你的脸色好像不是很好，哪儿不舒服吗？
男：没有，最近工作太忙，只是有点儿累。

여: 왔어요? 당신 안색이 좀 안 좋아 보이는데, 어디 아파요?
남: 아니야, 요즘 일이 너무 바빠서 단지 조금 피곤할 뿐이야.

女：平时要多<u>注意锻炼身体</u>，别整天光顾
　　着工作。
男：话是这么说，可单位里一忙起来就什
　　么都顾不上了。

问：女的有什么建议？

A 多照顾孩子
Ⓑ **多锻炼身体**
C 及时把工作处理好
D 多思考并提出自己的看法

여: <u>평소 체력 단련에 좀 신경을 써야겠어요</u>, 종일
　　일하는 데만 신경 쓰지 말고요.
남: 말은 그렇지만 회사에서 (일이) 바빠지면 아무것
　　도 신경 쓸 수가 없어.

질문: 여자는 어떤 제안을 했나?

A 아이를 좀 더 돌봐주어라
Ⓑ **체력 단련을 좀 더 해라**
C 즉시 일을 처리해야 한다
D 더 많이 생각하고 자신의 견해를 제기해야 한다

공략　多는 동사의 앞에 쓰여 '좀 더 ~해라'라는 격려나 제안을 나타내는 문장에 주로 쓰인다. 여자가 한 말인 '要多锻炼身体'를 통해 여자가 남자에게 건강에도 신경 좀 쓰라고 제안하고 있는 것을 알 수 있으므로 정답은 A이다.

어휘　脸色 liǎnsè 몡 표정, 안색 | ★好像 hǎoxiàng 뷔 마치 ~와 같다 | ★舒服 shūfu 혱 편안하다 | 只是 zhǐshì 뷔 단지 | ★注意 zhùyì 통 주의하다 | ★整天 zhěngtiān 몡 종일 | 光顾 guānggù 뷔 ~에만 신경 쓰다 | 单位 dānwèi 몡 단체, 회사 | 顾不上 gùbushàng 생각할 틈이 없다 | ★建议 jiànyì 몡 제안, 건의 | ★照顾 zhàogù 통 돌보다, 보살피다 | 及时 jíshí 뷔 즉시 | ★处理 chǔlǐ 통 처리하다 | ★思考 sīkǎo 통 사고하다 | 并 bìng 젭 그리고, 더불어 | 提出 tíchū 통 꺼내다, 제기하다 | ★看法 kànfǎ 몡 견해

5급 듣기 공략 하기

공략 1. 보기를 보는 눈을 길러라

듣기 영역 문제를 풀 때는 보기에서 힌트를 찾아야 한다. 그러나 보기를 무턱대고 읽고 해석하기보다는 집중해야 할 포인트를 골라 읽어야 효과적이다.

1 시제와 정도 표현에 주목하라

❶ 시간사 : 보기에 시간사가 여러 개 나올 경우, 녹음을 들을 때 '언제'에 초점을 맞춰야 한다.

❷ 동태조사 : 보기의 동사 뒤에 了, 着, 过와 같은 동태조사가 나올 경우, 이미 했는지, 곧 할 건지, 하고 있는지 등에 신경 써서 녹음을 들어야 한다.

❸ 정도부사 : 보기에 정도부사가 나올 경우, 정도의 차이에 따라 정답이 갈릴 수 있으므로 녹음을 들을 때 정도 표현에 집중해서 들어야 한다.

2 두 번 이상 언급되는 어휘에 신경 써라

보기에 두 번 이상 언급된 어휘는 반드시 녹음에 나온다고 생각해도 좋다. 그만큼 중요한 단어이므로 녹음을 들을 때 꼭 신경 써서 들어야 한다.

3 공통분모를 가진 어휘를 통해 지문의 내용을 유추하라

보기에 하나의 주제에 관련된 어휘가 여러 개 제시되었다면 녹음의 내용이 그 주제에 대한 것임을 쉽게 유추할 수 있다. 내용을 짐작하고 녹음을 들으면 훨씬 잘 들릴 뿐 아니라 그만큼 정답 선택의 폭이 좁아진다.

예제 1　🎧 06-4　　　　　　　난이도 上　공략 Key 보기의 시제 표현

A 已毕业	B 在上班
C 带原件了	D 不会复印

정답&공략

해석　男：不好意思，我忘了带原件了。
　　　女：不要紧，带复印件了吗？那就可以。
　　　　　<u>你的毕业证带了没有？</u>

남: 죄송합니다만 제가 원본을 깜박 잊고 가져오지 않았습니다.
여: 괜찮습니다, 복사본 가져오셨죠? 그럼 됐습니다. <u>졸업증서는 가지고 오셨나요?</u>

问：关于男的，可以知道什么?

Ⓐ 已毕业
B 在上班
C 带原件了
D 不会复印

질문: 남자에 관해 알 수 있는 것은 무엇인가?

Ⓐ 이미 졸업을 했다
B 출근을 하고 있다
C 원본을 가지고 왔다
D 복사를 할 줄 모른다

공략 보기에서 上班, 复印 등의 어휘를 통해 회사에서 일어나는 대화임을 유추할 수 있고 已, 在, 了 등의 시제 표현을 정확히 듣고 정답을 선택해야 한다. 남자의 말 '我忘了带原件了'로 C는 소거되며, 여자의 말 '你的毕业证带了没有?'를 통해 남자가 이미 졸업했음을 알 수 있으므로 정답은 A이다.

어휘 原件 yuánjiàn 몡 원본 | ★不要紧 búyàojǐn 혱 괜찮다, 문제없다 | 复印件 fùyìnjiàn 몡 복사본 | 毕业证 bìyèzhèng 몡 졸업증서

Tip **不要紧의 동의어**

要紧은 형용사로 '중요하다'와 '심각하다, 엄중하다'의 뜻을 지닌다. 부정부사 不를 붙여 不要紧으로 쓰이면 '심각하지 않다' 즉, '괜찮다, 문제없다'의 의미이다. 이와 동일한 의미를 지닌 표현으로는 没关系, 无所谓가 있다.

예제 2 🎧 06-5 난이도 下 공략 Key 보기로 녹음 내용 유추

A 不好闻 B 很有营养

C 是垃圾食品 D 味道非常好

정답&공략

해석 男：今天中午我吃炸薯条了，真好吃。
女：那是垃圾食品，少吃油炸食品，对健康有很多害处。
男：我也知道，但一闻到那个香味儿就要流口水。
女：以后还是少吃吧。

问：女的觉得炸薯条怎么样?

A 不好闻
B 很有营养
Ⓒ 是垃圾食品
D 味道非常好

남: 오늘 낮에 감자튀김을 먹었는데, 정말 맛있더라.
여: 그건 정크푸드잖아, 기름에 튀긴 음식을 적게 먹도록 해, 건강에 많은 해로움이 있어.
남: 나도 알아, 하지만 그 냄새를 맡기만 하면 군침이 도는 걸.
여: 그래도 앞으로는 적게 먹도록 해.

질문: 여자의 생각에 감자튀김은 어떠한가?

A 냄새가 좋지 않다
B 영양가가 있다
Ⓒ 정크푸드다
D 굉장히 맛있다

공략 보기를 통해 어떤 음식에 대한 평가임을 유추할 수 있으므로 대화 속에서 이 음식에 대한 화자의 생각에 귀를 기울이자. 여자가 감자튀김에 대해 '那是垃圾食品'이라고 말했으므로 C가 정답이다. 맛이 있다는 것은 남자의 의견이며, 여자의 견해를 물었으므로 질문을 끝까지 들어야 한다.

어휘　炸薯条 zháshǔtiáo 몡 감자튀김 | 油炸食品 yóuzhá shípǐn 몡 기름에 튀긴 음식 | ★垃圾食品 lājī shípǐn 몡 정크 푸드(junk food) | ★健康 jiànkāng 몡 건강 | 害处 hàichu 몡 해로운 점 | 闻 wén 동 (냄새를) 맡다 | 香味 xiāngwèi 몡 냄새 | 流口水 liú kǒushuǐ 군침이 돈다 | ★营养 yíngyǎng 몡 영양

> **Tip**　식품의 종류
>
> 方便食品 인스턴트 식품 | 绿色食品 유기농 식품 | 即食食品 즉석식품 | 健康食品 웰빙 식품 | 罐头食品 통조림식품 | 速冻食品 냉동식품

듣기
제1·2부분

공략 2. 격려와 제안은 정답과 연결된다

1 격려 표현에 포커스를 맞춰라

新HSK 듣기 지문에는 실의에 빠지거나 난처한 경우에 처한 사람을 격려하는 표현이 많이 등장한다. 접속사 只要나 부사 '一定会……的' 등을 이용한 격려 표현에 익숙해지자.

只要有信心，一定能成功。 자신감만 있으면 분명히 성공할 수 있어.
有这么多的人支持你，会好起来的。 이렇게 많은 사람들이 너를 지지하니까 좋아질 거야.
我相信你会做得很好。 네가 잘할 거라고 믿어.

2 제안 표현에 정답이 있다

대화형 듣기 문제는 한 명이 질문을 하고 나머지 한 명이 답을 해주는 경우가 많으므로 '~하는 게 좋을 것이다' 혹은 '~해보자'와 같이 제안하는 표현이 자주 나온다. 녹음을 들을 때 어기조사 吧나 一下, 怎么样, 别, 最好 등에 집중해서 듣자.

你决定好了就勇敢去做吧。 결정했으면 용감하게 시작해봐.
别紧张，喝点儿热水可能不那么紧张。 긴장하지 마, 뜨거운 물을 좀 마시면 그리 긴장되지 않을 거야.
您多听听就习惯了。 많이 들어보면 익숙해질 거야.

●예제 1　🎧 06-6　　　　　　　　　　　　　　난이도 上　공략 Key 대화 속 격려 표현

> A 要坚持　　　　　　　　　　B 劝男的放弃
>
> C 要好好说话　　　　　　　　D 要避免犯相同的错误

　정답&공략

해석　男：我已经试了六次了，还是不行，我干脆　│　남: 벌써 여섯 번이나 시도했는데도 안 되네, 차라
　　　　　　放弃算了。　　　　　　　　　　　　　│　　　리 포기할래.

女：别轻易就说放弃，说不定下次就会成功呢。

问：女的是什么意思？

Ⓐ 要坚持
B 劝男的放弃
C 要好好说话
D 要避免犯相同的错误

여: 포기한다는 말을 함부로 내뱉지 마, 어쩌면 다음 번에는 성공할 수도 있잖아.

질문: 여자가 하는 말의 의미는?

Ⓐ 꾸준히 해야 한다
B 남자에게 포기하라고 권한다
C 말을 예쁘게 해야 한다
D 같은 실수를 범하는 것을 피해야 한다

공략 보기에 要, 劝이 나왔으므로 대화 속의 제안을 묻는 문제임을 유추할 수 있다. 여자가 '别轻易就说放弃'와 '说不定下次就会成功呢'라는 말로 포기하려는 남자에게 조금 더 하라고 격려하고 있으므로 정답은 A이다.

어휘 ★干脆 gāncuì 튄 차라리, 아예 | ★放弃 fàngqì 통 포기하다 | 轻易 qīngyì 튄 함부로, 쉽게 | 说不定 shuōbudìng 튄 ~일지도 모른다 | ★坚持 jiānchí 통 견지하다, 꾸준히 하다 | ★避免 bìmiǎn 통 모면하다, 피하다 | ★犯错误 fàn cuòwù 실수를 하다 | 相同 xiāngtóng 휑 서로 같다

> **Tip** 干脆의 용법
>
> ① 형용사 용법 : '통쾌하다, 시원하다'라는 뜻으로 말, 행동, 성격이 시원시원함을 나타낸다.
>
> ② 부사 용법 : '아예, 차라리'라는 뜻으로 상대방을 제지하거나 설득할 때 쓰인다.
>
> 他说话很**干脆**。 그는 말하는 게 매우 시원시원하다. (형용사 용법)
> **干脆**别去。 차라리 가지 마. (부사 용법)

•예제 2 🎧 06-7 　　　　　　　　　　　　　　　　　난이도 中　공략 Key 대화 속 제안 표현

A 别参加婚礼　　　　　　　　B 要准备考试

C 穿别的裙子　　　　　　　　D 应该赶时髦

정답&공략

해석 男：你明天就穿这身参加弟弟的婚礼啊？
　　　女：怎么？不合适吗？
　　　男：这条裙子是不是太朴素了？还是穿上次买的那条吧。
　　　女：也行，那我明天换那条。

问：男的建议女的什么？

A 别参加婚礼
B 要准备考试

남: 내일 이렇게 입고 남동생 결혼식에 갈 거요？
여: 왜요? 안 어울려요?
남: 이 치마는 너무 수수하지 않나? 지난번에 산 그 치마를 입는 게 나을 것 같군.
여: 그것도 괜찮네요, 그럼 내일 그 치마로 바꿔 입을게요.

질문: 남자는 여자에게 무엇을 제안했나?

A 결혼식에 참가하지 마라
B 시험 준비를 해야 한다

Ⓒ 穿别的裙子
D 应该赶时髦

Ⓒ 다른 치마를 입어라
D 유행을 따라야 한다

공략　보기에 제시된 别, 要, 应该 등을 통해 대화 속의 제안을 묻는 문제임을 유추할 수 있다. 남자의 말 '还是穿上次买的那条吧'에서 '还是……吧'는 선택하기를 권하는 표현으로, 여자에게 다른 옷을 입으라고 제안하고 있음을 알 수 있으므로 정답은 C이다.

어휘　婚礼 hūnlǐ 명 결혼식 | ★合适 héshì 형 알맞다, 적합하다 | ★朴素 pǔsù 형 수수하다, 심플하다 | 赶时髦 gǎn shímáo 유행을 따르다 | 裙子 qúnzi 명 치마, 스커트

Tip　还是

① 정반의문문에서 'A 아니면 B'의 뜻을 지닌다.

你是学生**还是**老师? 당신은 학생입니까, 아니면 선생님입니까?

② '여전히', '아직도'의 뜻을 지닌다.

过了这么长时间，她**还是**那么漂亮。
이렇게 오랜 시간이 흘렀지만, 그녀는 여전히 그렇게나 아름답다.

③ '아무래도 ～하는 게 낫겠다'라는 뜻으로 비교 후의 선택을 권할 때 쓰인다.

走着去太远了，我们**还是**坐公交车去吧。 걸어서 가는 건 너무 멀어, 우리 그냥 버스 타고 가자.

🏷 바로 체크 ᴄʜᵉᶜᵏ　녹음을 듣고, 빈칸을 채우세요.　🎧 06-8

❶ ＿＿＿＿＿，带＿＿＿＿＿了吗?

❷ 一闻到那个＿＿＿＿就要＿＿＿＿。

❸ 别轻易说＿＿＿，说不定下次就会＿＿＿呢。

❹ 这条＿＿＿是不是太＿＿＿了? ＿＿＿穿上次买的那条吧。

정답 ❶ 不要紧 / 复印件　❷ 香味儿 / 流口水　❸ 放弃 / 成功　❹ 裙子 / 朴素 / 还是

〈하나의 주제를 가진 어휘〉

집	公寓 gōngyù = 楼房 lóufáng 아파트 ↔ 平房 píngfáng 단층집 | 两居室 liǎngjūshì 방 2칸짜리 집 | 出租 chūzū 세놓다 | 租房合同 zūfáng hétong 월세 계약서 | 房租 fángzū 월세 | 房东 fángdōng 집주인 | 中介 zhōngjiè 부동산 | 阳台 yángtái 베란다 | 客厅 kètīng 거실 | 卧室 wòshì 침실 | 彩光 cǎiguāng 채광 | 装修 zhuāngxiū 인테리어 하다 | 买家具 mǎi jiājù 가구를 사다 | 窗帘 chuānglián 커튼
컴퓨터	电脑 diànnǎo 컴퓨터 | 笔记本电脑 bǐjìběn diànnǎo 노트북 | 显示器 xiǎnshìqì 모니터 | 键盘 jiànpán 키보드 | 鼠标 shǔbiāo 마우스 | 用户名 yònghùmíng 아이디 | 搜索 sōusuǒ 검색하다 | 上网 shàngwǎng 인터넷 하다 | 因特网 yīntèwǎng = 互联网 hùliánwǎng 인터넷 | 网络 wǎngluò 인터넷, 네트워크 | 上载 shàngzài 업로드 하다 ↔ 下载 xiàzài 다운로드 하다 | 软件 ruǎnjiàn 소프트웨어 | 死机 sǐjī 다운되다 | 中病毒 zhòng bìngdú 바이러스에 걸리다 | 光盘 guāngpán CD | 移动硬盘 yídòng yìngpán USB | 安装 ānzhuāng 설치하다 | 杀毒软件 shādú ruǎnjiàn 바이러스 퇴치 프로그램 | 复制 fùzhì 복사하다 | 上网聊天 shàngwǎng liáotiān 채팅하다 | 玩游戏 wán yóuxì 게임하다
날씨	天气预报 tiānqì yùbào 일기 예보 | 气象台 qìxiàngtái 기상청 | 天气 tiānqì 날씨 | 气候 qìhòu 기후 | 阴天 yīntiān 흐린 날씨 | 晴天 qíngtiān 맑은 날씨 | 有雨 yǒu yǔ 비가 내리겠다 | 多雨 duō yǔ 비가 많이 내리다 | 毛毛雨 máomáoyǔ 가랑비 | 暴雨 bàoyǔ 폭우 | 沙尘暴 shāchénbào 황사 | 刮风 guāfēng 바람이 불다 | 闪电 shǎndiàn 번개 | 最高气温 zuì gāo qìwēn 최고 기온 | 雷阵雨 léizhènyǔ 천둥과 번개를 동반한 소나기 | 雾 wù 안개 | 降雨量 jiàngyǔliàng 강우량 | 梅雨季节 méiyǔ jìjié 장마철 | 台风 táifēng 태풍 | 温暖 wēnnuǎn 따뜻하다 | 潮湿 cháoshī 습하다 | 凉爽 liángshuǎng 서늘하다 | 寒冷 hánlěng 춥다
감기	感冒 gǎnmào 감기에 걸리다 | 着凉 zháoliáng 감기에 걸리다 | 发烧 fāshāo 열이 나다 | 头疼 tóuténg 머리가 아프다 | 咳嗽 késou 기침하다 | 嗓子疼 sǎngzi téng 목이 아프다 | 喉咙疼 hóulóng téng 목이 아프다 | 打喷嚏 dǎ pēntì 재채기하다 | 流鼻涕 liú bítì 콧물이 나다 | 鼻塞 bísè 코막힘

第 1-10 题：请选出正确答案。

1. **A** 马上要发表了
   B 快写完了
   C 还没写大纲
   D 还需要调整

2. **A** 去看京剧吧
   B 看不懂字幕
   C 演员很出色
   D 看京剧很时髦

3. **A** 志愿活动
   B 广告行业
   C 服装设计
   D 饭店服务

4. **A** 赞成
   B 反对
   C 不在乎
   D 再考虑

5. **A** 多买些书
   B 挂几幅画
   C 买几盆花
   D 少抽点烟

6. **A** 把文件删除了
   B 没装杀毒软件
   C 在清理系统垃圾
   D 丢了移动硬盘

7. **A** 别再劝我
   B 要承担责任
   C 肯定做好
   D 一定后悔没去做

8. **A** 讽刺
   B 鼓励
   C 后悔
   D 怀疑

9. **A** 乐观很重要
   B 他已经落后了
   C 人应该坚持学习
   D 失败是成功之母

10. **A** 待遇比较好
    B 最近刚辞职
    C 新开了一家公司
    D 需要财务方面的人才

✚ **정답 및 해설**_ 해설집 25쪽

07 day 질문과 대답에 집중하라

✓1 녹음에 나오는 질문에 집중하자

✓2 보기의 주어에 관심을 갖자

✓3 문제를 끝까지 듣자

대화형 문제 중에는 녹음 속 대화에 나온 질문이 곧 문제인 경우가 비일비재하다. 대화 속에 등장하는 질문에 대한 대답이 곧 정답이 되는 문제는 난이도가 굉장히 낮다. 들은 내용 그대로 정답이 되는 경우도 있고, 맞는지 아닌지만 판단해도 충분히 맞힐 수 있다.

기초 실력 테스트 TEST

🎧 07-1

1 녹음을 듣고 중국어와 뜻을 써보세요.

❶ 중국어 ___________ 뜻 ___________ ❷ 중국어 ___________ 뜻 ___________

❸ 중국어 ___________ 뜻 ___________ ❹ 중국어 ___________ 뜻 ___________

2 녹음을 듣고 질문에 알맞은 것을 고르세요.

❶ A 云南　　　　B 北京　　　　❷ A 科学家　　　　B 老板

❸ A 红色　　　　B 紫色

3 녹음을 듣고 질문에 답하세요.

❶ 男的是哪国人? ___________________________________

❷ 男的汉语学了多长时间了? ___________________________________

❸ 男的以前来过中国吗? ___________________________________

❹ 男的打算要学多长时间? ___________________________________

+정답_ 해설집 202쪽

5급 **기출문제** 맛보기

맛보기 1　　🎧 07-2　　　　　　　　　　　　　　　난이도 中　공략 Key 대화 속 질문의 대답 찾기

A 已经习惯了　　　　　　　　　　　　B 不太好

C 觉得非常舒服　　　　　　　　　　　D 十分难受

정답&공략 ▶

해석　女：昨天睡得怎么样? 酒店的床还习惯吗?　　　여: 어제 잘 주무셨어요? 호텔의 잠자리는 편안하셨
　　　男：马马虎虎，只是枕头有点儿高，睡得　　　　　어요?
　　　　　我脖子有点儿酸。　　　　　　　　　　　남: 그럭저럭 괜찮았어요, 단지 베개가 좀 높아서,
　　　　　　　　　　　　　　　　　　　　　　　　　　자는데 목이 좀 시큰거렸네요.

　　　问：男的昨晚睡得怎么样?　　　　　　　　질문: 남자는 어제저녁 잠을 잘 잤나?

　　　A 已经习惯了　　　　　　　　　　　A 이미 익숙해졌다
　　　Ⓑ 不太好　　　　　　　　　　　　　Ⓑ 그리 좋지 않았다
　　　C 觉得非常舒服　　　　　　　　　　C 굉장히 편하다고 느껴졌다
　　　D 十分难受　　　　　　　　　　　　D 굉장히 힘들었다

공략　여자의 '酒店的床还习惯吗?'라는 물음과 같은 내용의 문제가 나왔으므로 그에 대한 남자의 대답이 곧 정답이다. 남
　　　자가 马马虎虎라고 대답했으므로 정답은 B이다.

어휘　★床 chuáng 명 침대 | ★习惯 xíguàn 동 적응하다, 익숙해지다 | 马马虎虎 mǎmǎhūhū 형 그저 그렇다, 부주의하다 |
　　　只是 zhǐshì 부 단지, 다만 | 枕头 zhěntou 명 베개 | ★脖子 bózi 명 목 | 酸 suān 형 몸이 시큰거리다, 시리다

맛보기 2　　🎧 07-3　　　　　　　　　　　　　　　난이도 中　공략 Key 보기의 주어로 오답 소거

A 男的等了很久　　　　　　　　　　　B 女的带钥匙了

C 男的还没坐飞机　　　　　　　　　　D 女的想发短信

정답&공략 ▶

해석　男：这边下大雨，飞机不能按时起飞，可　　　남: 여기 비가 많이 내려 비행기가 제시간에 못 떠서,
　　　　　能到家要很晚啊。　　　　　　　　　　　어쩌면 집에 매우 늦게 도착할지도 모르겠어.
　　　女：没关系，我在家等你。起飞前给我发　　　여: 괜찮아요, 집에서 기다리고 있을 테니, 이륙하기
　　　　　个短信。　　　　　　　　　　　　　　　전에 나에게 문자를 보내주세요.
　　　男：你先睡吧，我带钥匙了。　　　　　　　남: 당신은 먼저 자, 열쇠 가지고 있어.

女：好，路上小心。

问：根据对话，下列哪项正确？

A 男的等了很久
B 女的带钥匙了
C 飞机还没起飞
D 女的想发短信

여: 그럴게요, 조심해서 오세요.

질문: 대화를 근거로 다음 중 맞는 것은?

A 남자는 오래 기다렸다
B 여자는 열쇠를 가지고 갔다
C 비행기는 아직 이륙하지 않았다
D 여자는 문자를 보내고 싶어 한다

공략 보기를 살펴보면 A의 주어는 男的이고 B와 D의 주어는 女的이다. 이럴 경우, 녹음을 들으면서 오답이 확실한 보기를 소거하는 것이 좋다. 여자의 말 '起飞前给我发个短信'을 통해 남자가 탈 비행기가 아직 이륙하지 않았음을 알 수 있으므로 정답은 C이다. 대화에서 비행기가 정시에 이륙하지 못했다고만 했지 얼마나 기다렸는지에 대해 언급하지 않았으므로 A는 정답이 될 수 없다.

어휘 起飞 qǐfēi 图 이륙하다 | 发短信 fā duǎnxìn 문자 메시지를 보내다 | 钥匙 yàoshi 图 열쇠

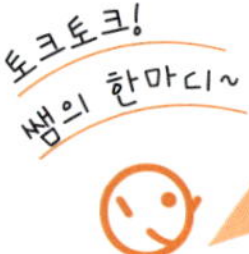

중국어를 잘 하지 못하는 사람이 중국 대학에서 수업을 듣게 되어 자기 소개를 한다고 가정해 보세요. '저는 중국어를 잘 못합니다. 그러니까 ……'의 '……'에 들어갈 내용으로 다음 보기 중 어떤 것이 적합할까요?

A 잘 부탁 드립니다.
B 저에게 말 걸지 마세요.

B처럼 말하고 싶은 사람도 있겠지만, HSK 시험에서는 반드시 A을 선택해야 합니다. 엉뚱한 사고와 기발한 상상력이 때로는 문제를 푸는 데 걸림돌이 되기도 하지요. 문제를 풀 때는 일반적인 마인드로 접근하세요!

5급 **듣기 공략** 하기

공략 1. 대화 속 질문과 대답에 포커스를 맞춰라

1 대화 속 질문과 대답이 중요하다

듣기 제2부분의 대화형 문제는 대화 중에 언급된 질문이 문제로 제시되는 경우가 자주 있다. 따라서 녹음을 들을 때 질문의 대답에 집중해야 한다. 그 대답이 곧 정답이 될 확률이 매우 높기 때문이다.

2 대화 속 질문과 대답을 바탕으로 오답을 소거하라

대화 내용에서 질문을 들은 다음에는 그 대답이 긍정인지 부정인지 주의해서 녹음을 들어야 한다. 대답의 긍정과 부정에 따라 오답을 바로 소거할 수 있기 때문이다. 이처럼 대화에서 등장하는 질문을 듣고 소거법을 이용하여 정답일 가능성이 있는 보기의 수를 줄일 수 있다.

예제 1   🎧 07-4   난이도 上   공략 Key 대화 속 질문을 통해 오답 소거

A 找到工作了	B 中奖了
C 涨工资了	D 交女朋友了

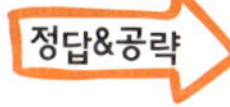

해석

女: 你怎么这么开心? 中奖了?
男: 没有, 跟中奖也差不多, 今天公司通知我给我加薪了, 今晚我请客。

问: 男的为什么很开心?

A 找到工作了
B 中奖了
Ⓒ 涨工资了
D 交女朋友了

여: 왜 이렇게 기분이 좋아? 복권에라도 당첨됐어?
남: 아니, 복권에 당첨된 것과 비슷해, 오늘 회사에서 월급을 인상해주겠다고 통지해줬거든. 오늘 저녁에 내가 한턱낼게.

질문: 남자는 왜 기분이 좋은가?

A 취직했다
B 복권에 당첨됐다
Ⓒ 월급이 인상되었다
D 여자친구가 생겼다

공략 '中奖了?'라는 질문에 '没有'라고 대답했으므로 B는 소거할 수 있다. 그 뒤에 이어지는 '给我加薪'을 통해 남자가 기분이 좋은 이유는 월급이 인상됐기 때문임을 알 수 있으므로 정답은 C이다.

어휘 ★开心 kāixīn 형 즐겁다 | 中奖 zhòngjiǎng 동 복권에 당첨되다 | 加薪 jiāxīn 동 월급이 오르다 | ★涨 zhǎng 동 오르다, 상승하다 | ★工资 gōngzī 명 월급, 급여 | ★请客 qǐngkè 동 한턱내다 | 交 jiāo 동 사귀다, 교제하다

Tip 中

① 1성(zhōng)일 때 : 중심, 가운데

② 4성(zhòng)일 때 : 적중하다

中奖 zhòngjiǎng 복권에 당첨되다 | 中毒 zhòngdú 중독되다, 컴퓨터 바이러스에 걸리다 | 命中 mìngzhòng 명중하다

예제 2 🎧 07-5 　　　　　　　　　　　난이도 下　공략 Key 대화 속 질문의 대답 찾기

A 海边　　　　　　B 南方　　　　　　C 丝绸之路　　　　　D 家乡

정답&공략

해석

男：假期你有什么安排吗？
女：我打算陪父母去旅游。
男：准备去哪儿玩儿？
女：可能去上海、南京还有杭州，总之想去南方几个城市转转。

问：女的假期打算去哪儿玩儿？

A 海边　　　　　　**B 南方**
C 丝绸之路　　　　D 家乡

남: 방학 때 어떤 계획이 있어?
여: 부모님을 모시고 여행을 갈 계획이야.
남: 어디로 놀러갈 계획을 세우고 있는데?
여: 아마도 상하이나 난징, 항저우로 갈 거야. 아무튼 남쪽 지방의 몇 개 도시를 돌아볼 생각이야.

질문: 여자는 방학에 어디로 놀러갈 계획인가?

A 해변　　　　　　**B 남방**
C 실크로드　　　　D 고향

공략　대화 속에 등장하는 질문 '准备去哪儿玩儿?'이 문제로 똑같이 나왔다. 여자가 '去南方几个城市转转'이라고 대답했으므로 정답은 B이다.

어휘　假期 jiàqī 몡 휴가 기간, 방학 기간 | ★安排 ānpái 동 안배하다, 계획하다 | 陪 péi 동 모시다 | ★总之 zǒngzhī 젭 요컨대 | 城市 chéngshì 몡 도시 | 转 zhuàn 동 돌다, 선회하다 | ★丝绸之路 sīchóu zhī lù 몡 실크로드

Tip 打算

① 문장을 목적어로 취해 '~할 계획(작정)이다'라는 뜻으로 쓰인다.

② 打算은 准备, 计划로 바꾸어 쓸 수 있다.

我**打算**跟朋友去中国。나는 친구와 중국에 갈 계획이다.
我**准备**学习开车。나는 운전을 배울 작정이다.

공략 2. 질문이 마무리되는 그 순간까지 들어라

1 남자의 말인지 여자의 말인지 구분하라

보기에 男的인지 女的인지 주어가 언급이 되어 있다면 녹음을 들을 때 남자의 말인지 여자의 말인지 신경 써야 하며 내용이 맞는지 틀린지 보기 옆에 표시를 해두고 정답이 아닌 것을 소거해나가는 것이 좋다.

2 문제를 끝까지 들어라

여자가 언급한 내용과 남자가 언급한 내용이 모두 보기에 제시되어 있는 경우, 두 개의 보기에 표시를 해놓고 문제를 끝까지 들어야 한다. 누구의 상황을 묻는지에 따라 답이 달라질 수 있다.

예제 1　　🎧 07-6　　　　　　　　　　**난이도** 中　**공략 Key** 문제에서 언급한 대상 파악

A 要移民	B 生意不好
C 房租太贵	D 要休息一段时间

정답&공략

해석

男：我看，你这个餐厅的生意很好啊，为什么要卖呢？

女：这个餐厅是我和朋友合开的，<u>他要移民，我也想休息一段时间</u>。

问：女的为什么要卖掉餐厅？

A 要移民
B 生意不好
C 房租太贵
Ⓓ **要休息一段时间**

남: 내가 보기에 네 식당이 장사가 잘 되는 것 같은데 왜 팔려고 해?

여: 이 식당은 나와 친구가 함께 열었는데, <u>그가 이민을 가려 하고, 나 역시 얼마간 쉬고 싶어서</u>.

질문: 여자는 왜 식당을 팔려고 하는가?

A 이민을 가기 때문에
B 장사가 안 돼서
C 가겟세가 너무 비싸서
Ⓓ **얼마간 쉬고 싶어서**

공략　보기에 나온 '要移民'과 '要休息一段时间'이 둘 다 녹음에 나오므로 누구에 대한 내용인지 보기 옆에 메모를 해두어야 한다. 이민을 가는 것은 여자의 동업자이고 여자가 식당을 팔려는 이유는 쉬고 싶기 때문이니 정답은 D이다.

어휘　★生意 shēngyi 몡 장사, 사업 | 合开 hékāi 함께 열다 | 移民 yímín 통 이민하다 | ★休息 xiūxi 통 휴식하다 | 段 duàn 먕 한동안, 얼마간 | 掉 diào 통 (결과보어로 쓰여) ~해버리다 | ★房租 fángzū 몡 집세, 방세

A 女的要打扫衣柜　　　　　B 男的明天要出差

C 男的喜欢请客　　　　　　D 女的把衣服捐了

정답&공략

해석

男：我的那件运动衣呢?
女：哪件呢? 你说蓝色的那件运动衣吗? 我昨天把它捐出去了。
男：啊? 不会吧, 那是我最喜欢的, 为什么问也没问我, 就决定捐出去呢?
女：你别生气, 旧的不去, 新的不来, 那件衣服太旧了, 我明天给你买新的。

问：根据对话, 下面哪项正确?

A 女的要打扫衣柜
B 男的明天要出差
C 男的喜欢请客
Ⓓ 女的把衣服捐了

남: 내 그 트레이닝복은?
여: 어느 거요? 그 파란색 운동복을 말하는 거예요? 어제 기부했는데요.
남: 뭐? 말도 안 돼, 그 옷은 내가 제일 좋아하는 것인데, 왜 나한테 묻지도 않고 기부하기로 결정한 거야?
여: 화내지 마세요, 옛것이 가지 않으면 새것이 오지 않는다고 하잖아요. 그 옷은 너무 낡았어요, 제가 내일 새 걸로 사줄게요.

질문: 대화를 근거로 다음 중 맞는 것은?

A 여자는 옷장을 청소하려 한다
B 남자는 내일 출장을 가야 한다
C 남자는 한턱내는 걸 좋아한다
Ⓓ 여자는 옷을 기부했다

공략　보기에서 B와 C의 주어는 男的이고 A와 D의 주어는 女的이므로 녹음을 들으며 오답을 소거해야 한다. 여자의 말 '我昨天把它捐出来了'을 통해 정답은 D임을 알 수 있다.

어휘　运动衣 yùndòngyī 몡 트레이닝복 | 蓝色 lánsè 몡 파란색 | 捐 juān 동 기부하다 | 旧的不去, 新的不来 jiù de bú qù, xīn de bù lái 오래된 것이 없어져야 새로운 것이 생긴다 | 旧 jiù 혱 낡다, 오래되다 | ★打扫 dǎsǎo 동 청소하다

바로 Check 체크　녹음을 듣고, 빈칸을 채우세요.　🎧 07-8

❶ 今天公司＿＿＿＿我给我＿＿＿＿了, 今晚我＿＿＿＿。

❷ ＿＿＿＿你有什么＿＿＿＿吗?

❸ 我打算＿＿＿父母去＿＿＿＿。

❹ 这个餐厅是我和朋友＿＿＿＿的, 他要＿＿＿＿, 我也想休息＿＿＿＿＿＿＿＿。

❺ 你说蓝色的那件＿＿＿＿＿＿吗? 我昨天把它＿＿＿＿＿＿了。

정답 ❶ 通知 / 加薪 / 请客　❷ 假期 / 安排　❸ 陪 / 旅游　❹ 合开 / 移民 / 一段时间　❺ 运动衣 / 捐出去

第 1-10 题：请选出正确答案。

1. **A** 病人还不能出院
   B 担心病情突然恶化
   C 恢复得很快
   D 马上要动手术

2. **A** 男的发票中奖了
   B 男的能去郊区玩
   C 女的拿到了驾照
   D 女的考试及格了

3. **A** 男的经常不整理抽屉
   B 女的要买有抽屉的桌子
   C 女的在打扫房间
   D 男的总是健忘

4. **A** 嗓子很疼
   B 感冒了
   C 讨厌春天
   D 鼻子过敏

5. **A** 下载很快
   B 上不了网
   C 装错了软件
   D 中病毒了

6. **A** 看了闭幕式
   B 是真正的球迷
   C 没看开幕式
   D 想当运动员

7. **A** 男的误会了
   B 女的怀孕了
   C 女的逼男的让座
   D 男的被人欺负了

8. **A** 送货上门
   B 保修两年
   C 有优惠活动
   D 比电饭锅便宜

9. **A** 女的对这里很熟悉
   B 男的以前每天都来
   C 女的第一次来这儿
   D 男的不想再游泳了

10. **A** 还没看
    B 重新做
    C 加强合作
    D 需要调整

+**정답 및 해설**_ 해설집 29쪽

08 day 내용이 길다고 겁먹지 마라

듣기 제2부분의 단문형 문제는 총 20문항으로 한 지문당 2~3개의 질문이 출제되며 모두 4~5개 정도의 지문이 등장한다. 앞서 대화형 문제를 풀면서 15분 정도 고도의 집중력을 쏟은 학습자들은 단문형 문제에서 어렴풋이 이해되는 내용으로 인해 집중력이 분산되는 경우가 많다. 그러나 보기 활용 능력, 지문 유형에 따른 공략법만 갖춰진다면 본인의 실력보다 더 나은 점수를 기대할 수도 있다.

기초 실력 테스트 TEST 🎧 08-1

1 녹음을 듣고 중국어와 뜻을 써보세요.

❶ 중국어 __________ 뜻 __________ ❷ 중국어 __________ 뜻 __________

❸ 중국어 __________ 뜻 __________ ❹ 중국어 __________ 뜻 __________

2 녹음을 듣고 다음 질문에 알맞은 것을 고르세요.

❶ 他是做什么的?　　　　　　A 演员　　　　　B 教师

❷ 多少人参加比赛?　　　　　　A 三十个人　　　B 三四十个人

❸ 他得了第几名?　　　　　　　A 第一名　　　　B 第三名

3 녹음을 듣고 빈칸에 알맞은 단어를 쓰세요.

> 有不少人都喜欢__________流行的标准来穿衣服、__________自己。__________，是不是流行并不重要，真正__________自己的才是最好的。

+ **정답_** 해설집 203쪽

5급 기출문제 맛보기

맛보기　🎧 08-2

듣기
제2부분

1. A 唱歌　　　　B 散步　　　　C 旅游　　　　D 兜风

2. A 声音　　　　B 表情　　　　C 大小　　　　D 观察

정답&공략

第1到2题是根据下面一段话：

　　有一天，**1父亲邀请我一同到林间散步**，我高兴地答应了。父亲在一个拐角处停了下来，短暂的沉默之后，他问我："除了小鸟的歌唱之外，你还听到了什么？"我仔细地听，几秒种之后我回答他："我听到了马车的声音。"父亲说："对，是一辆空马车。"我问他："我们又没看见，您怎么知道是一辆空马车？"父亲答道："**2从声音就能判断出是不是空马车。马车越空，噪声就越大。**"后来我长大成人，每当我看到粗暴地打断别人的谈话、自以为是、目空一切、看不起别人的人的时候，我都感觉好像是父亲在我耳边说："马车越空，噪声越大。"

1~2번 문제는 다음 내용에 근거한다.

　　어느 날, **1아버지는 나에게 함께 숲 속을 거닐자고 청했고** 나는 기뻐하며 동의했다. 아버지는 어느 모퉁이에서 멈추었다. 잠깐의 침묵이 흐른 후에 아버지는 나에게 "새들의 노랫소리 외에 또 뭘 들었니?"라고 물었다. 나는 자세히 듣고는 몇 초 후에 대답했다. "마차 소리를 들었어요." 아버지께서 "그래, 빈 마차구나"라고 말씀하셨다. 내가 아버지께 "우리는 (마차를) 못 봤는데 어떻게 빈 마차라는 걸 아세요?"라고 묻자, 아버지께서는 "**2소리에서 빈 마차인지 아닌지 판단해낼 수 있단다.** 마차가 비어 있을수록 소리는 더 크거든"이라고 말씀하셨다. 나중에 내가 자라서 성인이 된 뒤, 거칠게 다른 사람의 대화를 끊거나 독선적이고, 안하무인이고, 다른 사람을 무시하는 사람을 보았을 때, 나는 늘 아버지께서 내 귀에 '마차가 비어 있을수록 소리는 더 크다'라고 말씀하시는 것처럼 여겨졌다.

어휘　★邀请 yāoqǐng 동 초청하다, 초대하다 | 一同 yìtóng 부 함께, 같이 | 林间散步 línjiān sànbù 숲 속을 한가로이 거닐다 | 答应 dāying 동 허락하다, 동의하다 | 拐角处 guǎijiǎochù 명 모퉁이 | 停 tíng 동 멎다, 서다 | 短暂 duǎnzàn 형 (시간이) 짧다 | ★沉默 chénmò 형 침묵하다 | ★除了 chúle 개 ~외에 | ★仔细 zǐxì 형 자세하다, 상세하다 | 回答 huídá 동 대답하다 | 秒 miǎo 명 초(시간의 단위) | ★判断 pànduàn 동 판단하다 | ★噪声 zàoshēng 명 소음 | ★后来 hòulái 명 그 후, 그 뒤 | 长大 zhǎngdà 동 자라다, 성장하다 | 粗暴 cūbào 형 거칠다 | 自以为是 zì yǐ wéi shì 성 독선적이다 | 目空一切 mù kōng yí qiè 성 안하무인이다 | 看不起 kànbuqǐ 동 얕보다, 깔보다

난이도 下　**공략 Key** 보기를 힌트로 '동작'에 집중하기

1 父亲邀请儿子去做什么？

아버지는 아들에게 무엇을 하자고 청했는가?

A 唱歌　　　**B 散步**
C 旅游　　　D 兜风

A 노래 부르자　　　**B 산책하자**
C 여행 가자　　　　D 드라이브 가자

 보기가 동작을 나타내고 있으므로 무엇을 하고 있는지에 집중해서 듣는다. 녹음에서 '父亲邀请我一同到林间散步'라고 했으므로 정답은 B임을 알 수 있다. 녹음에 똑같이 나오는 보기가 정답일 확률이 높다는 점을 기억하자.

 보기를 힌트로 '무엇'인지에 집중하기

2 父亲根据什么判断那辆马车是空的?　　아버지는 무엇을 근거로 마차가 비었다고 판단했나?

Ⓐ 声音	B 表情
C 大小	D 观察

Ⓐ 소리	B 표정
C 크기	D 관찰

 보기를 미리 읽고 보기의 어휘를 염두에 두고 녹음을 들어야 한다. 녹음에서 보기와 똑같은 단어가 나오면 정답일 확률이 높다. 녹음에서 '从声音就能判断出是不是空马车'라고 했기에 정답은 A이다.

"듣기는 어떻게 공부해요?"라는 질문을 참 많이 듣습니다. 하지만 이렇게 묻는 학습자들 중 사실상 점수가 가장 낮은 영역은 의외로 독해입니다. 눈으로 보는 것보다 귀로 듣는 것에 두려움을 갖기 때문이지요. 듣기 실력을 향상시키려면 보이지 않는 것에 대한 두려움부터 버려야겠지요?

5급 듣기 공략하기

공략 1. 과도한 메모는 NO! 간단한 메모는 OK!

1 필요한 내용만 간단히 메모하라

듣기 문제를 풀 때 손이 바빠지는 학습자들이 있다. 들리는 내용을 단 하나도 놓치지 않고 메모하려는 것이다. 메모를 하는 것은 꼭 필요한 습관이지만, 메모하는 데 집착해서는 안 된다. 모든 내용을 다 기록하려다 보면 보기에 버젓이 나와 있는 결정적인 어휘나 핵심 표현을 놓치는 경우가 생기기 때문이다. 보기를 미리 살펴서 필요한 내용만 간단히 메모하는 습관을 들이자.

2 육하원칙에 따라 메모하라

육하원칙은 모든 이야기의 뼈대가 되는 내용으로, 그 가운데서도 '언제', '어디서', '누가'는 가장 기본적인 설명이다. 이런 기본적인 설명은 대체로 글의 앞부분에 등장하는 경우가 많다. 또한 하나의 지문에 여러 문항이 출제되는 단문형 듣기 문제는 내용 전개 순서에 따라 첫 번째 문제는 이야기 도입부에서 출제되는 편이므로 '언제', '어디서', '누가'는 꼭 메모를 해두는 것이 좋다.

예제　🎧 08-3

---

1. A 70多年　　　B 90多年　　　C 100多年　　　D 300多年

2. A 英国人　　　B 日本人　　　C 荷兰人　　　D 中国人

3. A 工厂　　　B 饭桌上　　　C 网球场　　　D 办公室

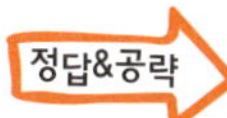

第1到3题是根据下面一段话：

　　说起乒乓球，很多人都会想到中国。确实这样，长期以来，中国是世界上"乒乓人口"最多的国家，中国的乒乓球水平在国际上也是属于最好的。所以，很多人认为乒乓球运动是中国人最早开始的，但事实上 <u>1乒乓球运动在中国只有七十多年的历史</u>。<u>2最初的乒乓球其实是英国人发明的</u>，是一项饭后运动。十九世纪末，英国上层社会的人们吃完饭之后需要适

1~3번 문제는 다음 내용에 근거한다.

　　탁구를 언급하면 많은 사람들은 중국을 생각한다. 확실히 그렇긴 하다. 오랫동안 중국은 세계에서 '탁구 인구'가 가장 많은 나라이고, 중국의 탁구 실력도 세계에서 가장 훌륭하다. 그래서 많은 사람들은 중국인이 가장 먼저 탁구를 시작한 것이라 생각하지만, 사실상 <u>1탁구는 중국에서 70여 년의 역사밖에 안 되었다.</u> <u>2최초의 탁구는 사실 영국인이 발명한 식후운동이었다.</u> 19세기 말에 영국 상류층 사람들은 밥을 다 먹은 후에 적

当的运动来消化一下，于是 **3**他们就发明了一种在饭桌上进行的跟网球相似的运动，称为"桌上网球"，这就是乒乓球最早的形式。

당한 운동으로 소화를 시킬 필요가 있었다. 그래서 **3**그들은 식탁에서 진행되는 테니스와 비슷한 운동을 발명했고 '탁상 테니스'라 불렀다. 이것이 최초의 탁구 형식이다.

어휘 说起 shuō qǐ 언급하다, 말하다 | 乒乓球 pīngpāngqiú 몡 탁구 | ★确实 quèshí 閉 확실히, 틀림없이 | 世界 shìjiè 몡 세계, 세상 | 国际 guójì 몡 국제 | ★属于 shǔyú 동 속하다 | 事实上 shìshíshang 사실상 | 历史 lìshǐ 몡 역사 | ★其实 qíshí 閉 사실 | 上层社会 shàngcéng shèhuì 몡 상류층 | ★需要 xūyào 동 필요하다 | ★适当 shìdàng 혱 적당하다 | 消化 xiāohuà 동 소화하다 | ★相似 xiāngsì 혱 비슷하다 | 称为 chēngwéi 동 ~라 부르다 | 形式 xíngshì 몡 형식

난이도 下　공략 Key '얼마 동안'인지 포착하기

1　乒乓球在中国有多少年的历史?

A **70多年**　　　B 90多年
C 100多年　　　D 300多年

중국에서 탁구는 역사가 얼마나 되었는가?

A **70여 년**　　　B 90여 년
C 100여 년　　　D 300여 년

공략 보기를 힌트로 얼마 동안인지 숫자를 집중해서 들어야 한다. 녹음에서 '乒乓球运动在中国只有七十多年的历史'라고 했으므로 정답은 A이다.

난이도 下　공략 Key '누구'인지 포착하기

2　乒乓球运动是谁发明的?

A **英国人**　　　B 日本人
C 荷兰人　　　D 中国人

탁구는 누가 발명한 것인가?

A **영국인**　　　B 일본인
C 네덜란드인　　　D 중국인

공략 보기를 힌트로 어느 나라 사람인지 나라 이름이 언급된 부분에 집중해야 한다. 녹음에서는 中国人과 英国人이 나오는데 역접을 나타내는 부사 其实로 뒷부분이 강조되었고 녹음에서 '最初的乒乓球其实是英国人发明的'라고 했으므로 정답은 A이다.

난이도 下　공략 Key '어디'인지 포착하기

3　最初人们在哪儿打乒乓球?

A 工厂　　　B **饭桌上**
C 网球场　　　D 办公室

처음에 사람들은 어디에서 탁구를 쳤나?

A 공장　　　B **식탁 위**
C 테니스장　　　D 사무실

공략 보기를 통해 '어디'에 집중해야 함을 염두에 두고 녹음을 듣자. 녹음 마지막 부분에 '他们就发明了一种在饭桌上进行的跟网球相似的运动'이라고 나오는데, 처음에는 식탁 위에서 하던 운동임을 알 수 있으므로 정답은 B이다.

Tip **스포츠 종목**

田径 tiánjìng 육상 | 射箭 shèjiàn 양궁 | 垒球 lěiqiú 소프트볼 | 马拉松 mǎlāsōng 마라톤 |
花样滑冰 huāyàng huábīng 피겨 스케이팅 | 击剑 jījiàn 펜싱 | 曲棍球 qūgùnqiú 하키 |
竞走 jìngzǒu 경보 | 花样游泳 huāyàng yóuyǒng 수중발레 | 拳击 quánjī 권투

공략 2. 단문형의 핵심 표현을 포착하라

1 내용 전환, 결론 도출 표현에 핵심이 있다

비교적 긴 지문을 듣다 보면 내용의 흐름을 놓치는 경우가 있는데, 그럴 때는 내용을 전환하거나 결론을 도출하는 문장이 있는지 집중해서 듣는다면 글의 전체 주제와 분위기를 파악할 수 있다. 따라서 내용 전환, 결론 도출에 많이 쓰이는 표현을 평소 익혀두자.

〈 내용의 전환을 나타내는 표현 〉

很多人认为 많은 사람들은 ~라고 생각하지만	很多人认为是好事，但不一定是好事。 많은 사람들이 좋은 일이라 생각하지만 꼭 좋은 일만은 아니다.
以为 ~라고 여기지만	他以为这件事跟他没关系。 그는 이 일이 그와 상관없다고 생각한다. (사실은 상관 있음)
其实 / 说实话 사실은	广告上都那么宣传，其实这几种手机的功能都差不多，还是哪种便宜买哪种吧。 광고에서는 모두 그렇게 선전하지만, 사실은 이 몇 종류 핸드폰의 기능은 모두 비슷하니까, 어느 것이든 싼 것을 사.
没想到 생각지도 못하다	她没想到自己的做法竟然能有这么大的作用。 그는 자신의 행동이 이렇게 큰 작용을 할 줄은 생각지도 못했다.
相反 반대로, 도리어	她不但没生气，相反，显得特别高兴。 그녀는 화가 나지 않았을 뿐 아니라, 반대로 굉장히 기뻐하는 것처럼 보였다.
不过 / 可是 / 但是 / 然而 하지만, 그렇지만	我想找一个两全其美的好办法，但是找不出来。 나는 누이 좋고 매부 좋은 방법을 찾고 싶었지만 찾을 수가 없었다.

〈 결론의 도출을 나타내는 표현 〉

难怪 / 怪不得 어쩐지	小马家里昨天来客人了，怪不得他没跟我们一起去看球。 샤오마 집에 어제 손님이 왔대. 어쩐지 우리와 함께 축구 보러 안 갔다 했어.
总之 / 总而言之 / 总的来说 어쨌든, 한마디로 말하면	母亲也许会打骂我们，也许会责备我们，总而言之母亲仍是最爱我的人。 어머니는 어쩌면 우리를 때릴 수도 있고 우리를 혼낼 수도 있지만, 어쨌든 간에 어머니는 여전히 나를 가장 사랑하는 사람이다.
结果 / 最后 / 终于 결국에는, 마침내	老师大胆地采取了新的措施。结果，我第一次达到90分。 선생님이 대담하게 새로운 조치를 취해주셔서 마침내 나는 처음으로 90점을 받았다.

2 反应과 态度에 집중하라

2음절 형용사나 동사로 이루어진 보기의 경우, 화자의 반응이나 태도를 묻는 문제가 많다. 이런 문제는 글 전체의 분위기나 화자의 말투에 신경을 써야 하며 녹음에 나온 비슷한 의미를 지닌 단어로 바꾸어 제시하는 경우가 다반사이니 유사 표현을 함께 암기해두자.

놀라움	吃惊 chījīng = 惊讶 jīngyà 놀라다 ︱ 意外 yìwài 뜻밖의 ︱ 竟然 jìngrán 의외로
걱정	担心 dānxīn 걱정하다 ︱ 烦恼 fánnǎo 고뇌하다 ︱ 伤脑筋 shāng nǎojīn 애를 먹다 ︱ 发愁 fāchóu 근심하다
괴로움	难过 nánguò 괴롭다 ︱ 伤心 shāngxīn 상심하다 ︱ 悲哀 bēi'āi = 悲痛 bēitòng = 悲伤 bēishāng 슬프다
감탄	佩服 pèifú = 敬服 jìngfú 탄복하다 ︱ 羡慕 xiànmù 부러워하다
동정	同情 tóngqíng = 可怜 kělián = 怜悯 liánmǐn 동정하다
확신	相信 xiāngxìn = 信任 xìnrèn 믿다 ︱ 可靠 kěkào 믿음직스럽다
불분명함	犹豫 yóuyù 주저하다 ︱ 矛盾 máodùn 모순적이다 ︱ 模糊 móhú = 含糊 hánhú 애매모호하다
세심하지 못함	马虎 mǎhu 대강하다 ︱ 粗心 cūxīn = 大意 dàyì 부주의하다
두려움	害怕 hàipà = 可怕 kěpà = 恐惧 kǒngjù 두려워하다
후회	后悔 hòuhuǐ 후회하다 ︱ 遗憾 yíhàn 유감이다 ︱ 可惜 kěxī 아쉽다
칭찬	表扬 biǎoyáng = 称赞 chēngzàn = 夸奖 kuājiǎng 칭찬하다 ︱ 欣赏 xīnshǎng 마음에 들다
질책	批评 pīpíng 비판하다 ︱ 抱怨 bàoyuàn = 埋怨 mányuàn 원망하다 ︱ 责备 zébèi 탓하다

 •예제 🎧 08-4

1. A 没有钱　　　　　　　　　　B 找不到工作
   C 觉得没前途　　　　　　　　D 没得到重用

2. A 找到了一个石头　　　　　　B 上帝给他金戒指
   C 金戒指找回来了　　　　　　D 命运很不公平

3. A 首先要自己优秀　　　　　　B 谦虚使人进步
   C 懒惰让你跟财富无缘　　　　D 命运在上帝手中

 정답&공략

第1到3题是根据下面一段话：

　　一位自以为是有才华的青年 1因得不到重用，非常苦恼，他质问上帝，命运为什么对他如此不公？上帝从路口随便拣起一个小石子，

1~3번 문제는 다음 내용에 근거한다.

　　자신이 재주가 있다고 여기는 청년이 1중용을 얻지 못해 몹시 괴로워했다. 그가 하느님에게 운명이 왜 그에게 이렇게 불공평한지 묻자, 하느님이 길에서 아무 돌멩

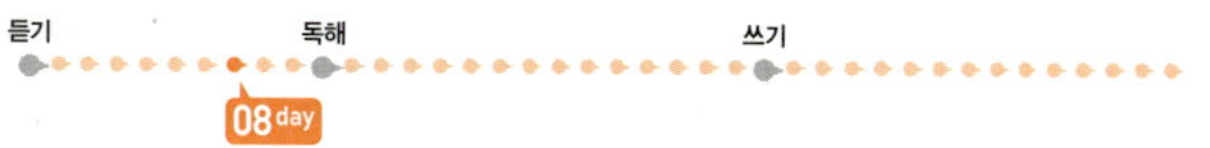

又随便扔了出去，问青年："你能找到我刚才扔出去的那块石子吗？""不能"，青年摇了摇头。上帝把手指上金戒指取了下来，扔到石子堆中去，又问青年："你能找到我刚才扔出去的金戒指吗？""能。"果然，²青年没多久，就找到了金戒指。"你现在明白了吗？"青年犹豫了一会儿，兴奋地回答："明白了"。³其实当一个人抱怨自己怀才不遇时，许多的情况恰恰是：他还不过是一块石子，而不是一块金子。

이를 하나 줍고는 또 아무렇게나 던졌다. 그러고는 청년에게 "내가 방금 전에 던진 그 돌멩이를 찾아올 수 있겠느냐?"라고 묻자, 청년은 "할 수 없습니다"라고 고개를 저었다. 하느님은 손가락의 금반지를 빼서 돌 무더기 속으로 던지고는 다시 청년에게 "내가 방금 전에 던진 금반지를 찾을 수 있겠느냐?"라고 물었다. "할 수 있습니다." 과연, ²청년은 얼마 지나지 않아 금반지를 찾았다. "지금은 깨달았느냐?" 청년은 잠깐 동안 망설이더니 흥분하면서 "깨달았습니다"라고 대답했다. ³사람들이 자신의 바람이 이루어지지 않는다고 불평할 때 사실 많은 상황은 바로 '그는 아직 하나의 돌멩이일 뿐 금덩어리가 아니다'라는 것이다.

듣기 제2부분

어휘　才华 cáihuá 명 재주, 재능 | 重用 zhòngyòng 동 중용하다 | ★苦恼 kǔnǎo 형 몹시 괴롭다 | 质问 zhìwèn 동 캐묻다 | 上帝 shàngdì 명 하느님 | ★命运 mìngyùn 명 운명 | 如此 rúcǐ 대 이와 같다 | ★随便 suíbiàn 부 아무렇게나 | ★拣 jiǎn 동 줍다 | 小石子 xiǎoshízi 명 자갈 | ★扔 rēng 동 던지다 | 摇头 yáotóu 동 고개를 젓다 | 手指 shǒuzhǐ 명 손가락 | 金戒指 jīnjièzhǐ 명 금반지 | 取出来 qǔ chūlai 동 빼내다, 추출하다 | ★堆 duī 명 무더기 | ★果然 guǒrán 부 과연 | ★犹豫 yóuyù 동 주저하다, 망설이다 | ★兴奋 xīngfèn 형 흥분하다 | 当 dāng 개 ~할 때 | ★抱怨 bàoyuàn 동 불평하다 | 怀才不遇 huái cái bú yù 성 바람을 이루지 못하다 | ★许多 xǔduō 형 매우 많다 | 恰恰 qiàqià 부 바로, 꼭 | 而 ér 접 그러나

난이도 中　**공략 Key** 보기 통해 들리는 것 가려내기

1　那个年轻人为什么担心？

A 没有钱
B 找不到工作
C 觉得没前途
D 没得到重用

그 청년은 왜 걱정을 했는가？

A 돈이 없어서
B 직장을 찾지 못해서
C 비전이 없다고 여겨서
D 중용을 얻지 못해서

공략　보기는 어떠한 사실, 즉 어떤 이의 배경을 나타내고 있으므로 녹음의 도입 부분을 집중해서 들어야 한다. 녹음의 '因得不到重用，非常苦恼'가 그대로 언급된 보기 D가 정답이다. 苦恼는 担心과 비슷한 뜻으로 걱정한 이유는 인과관계 접속사 因의 뒤에서 찾을 수도 있다.

난이도 中　**공략 Key** 핵심어 金戒指 관련 내용 듣기

2　根据这段话，下列哪项正确？

A 找到了一个石头
B 上帝给他金戒指
C 金戒指找回来了
D 命运很不公平

이 글에 근거하여 다음 중 맞는 것은？

A 돌을 하나 찾았다
B 하느님이 그에게 금반지를 주었다
C 금반지를 찾아서 왔다
D 운명은 불공평하다

공략　보기에 두 번 등장한 金戒指를 힌트로 이 어휘가 등장하는 부분을 집중해서 들어야 한다. 녹음 중 '青年没多久, 就找到了金戒指'를 통해서 C가 정답임을 알 수 있다.

3 这段话主要想告诉我们什么道理？ | 이 글은 우리에게 어떤 이치를 알려주고 싶어하는가？

Ⓐ **首先要自己优秀** | Ⓐ **우선 자신이 우수해야 한다**
B 谦虚使人进步 | B 겸손함은 사람을 향상되게 만든다
C 懒惰让你跟财富无缘 | C 게으름은 당신에게 재물과 인연이 없게 만든다
D 命运在上帝手中 | D 운명은 하느님의 손에 달려 있다

공략 보기의 내용을 보면서 글의 주제나 교훈을 묻는 문제임을 유추할 수 있으므로 녹음의 마지막 부분을 집중해서 들어야 한다. 녹음의 끝 부분에 내용 전환을 나타내는 其实를 써서 '其实当一个人抱怨自己怀才不遇时，许多的情况恰恰是：他还不过是一块石子，而不是一块金子'라고 언급했으므로 정답은 A이다.

바로 체크 Check! 녹음을 듣고, 빈칸을 채우세요. 🎧 08-5

❶ ＿＿＿＿乒乓球，很多人都＿＿＿＿＿中国。

❷ 最初的＿＿＿＿＿其实是英国人＿＿＿＿的，是一项＿＿＿＿＿＿＿。

❸ 果然，青年＿＿＿＿＿，就找到了＿＿＿＿＿。

정답 ❶ 说起 / 会想到 ❷ 乒乓球 / 发明 / 饭后运动 ❸ 没多久 / 金戒指

전공략 비법 노트

〈 단문형 듣기 문제 핵심 접속사 〉

与其……，不如…… (차라리) ~하기보다는 ~하는 게 낫다	**与其**考前补习，**不如**平时学习多努力。 시험 전에 보강하느니 평소 더 열심히 공부하는 게 낫다.
不是……，而是…… ~가 아니라 ~이다	那**不是**失败，**而是**成功的开始。 그것은 실패가 아니라 성공의 시작이다.
即使……，也…… 설사 ~라 할지라도~	**即使**你不来道歉，我**也**不会生气的。 설사 네가 와서 사과하지 않아도, 나는 화를 내지 않을 것이다.
只要……，就…… ~하기만 하면 ~	**只要**你好好学习，**就**能取得好成绩。 네가 열심히 공부하기만 하면 좋은 성적을 거둘 수 있을 것이다.
只有……，才…… 오로지 ~해야만이 비로소 ~	**只有**不断努力，**才**能有美好的明天！ 부단히 노력해야지만 아름다운 미래가 있다.
不管(=无论)……，都…… ~에 관계없이 다 ~	**不管**生活多难，你**都**应该坚持下去。 생활이 아무리 어려워도, 너는 끝까지 해나가야 한다.

第 1-10 题：请选出正确答案。

1. A 很意外
   B 很失望
   C 很委屈
   D 很开心

6. A 不要长时间跑步
   B 多换换跑步路线
   C 要去郊区放松放松
   D 关键在于你自己的心态

2. A 想要大南瓜
   B 想得到国王的夸奖
   C 想换来更多的好东西
   D 不想被人欺负

7. A 孩子
   B 邻居
   C 妻子
   D 同事

3. A 怕再摔倒
   B 等有人来帮忙
   C 趴着很舒服
   D 心情很伤心难过

8. A 要逃避现实
   B 什么也没想
   C 救援人员来得太晚
   D 水太深没办法活

4. A 多帮助别人
   B 倾听很重要
   C 不要害怕失败
   D 人的命运是注定的

9. A 打不开门
   B 找不到钥匙
   C 宿管人员不在
   D 门又被锁上了

5. A 调查了90多人
   B 针对大学生
   C 进行了一个星期
   D 结果还没出来

10. A 那位同学误会了
    B 小张没借到书
    C 这件事让小张感到很烦
    D 把钥匙落在车上了

이야기 글의 포인트를 찾아라

＊정답_ 해설집 203쪽

학습목표

✓1 시간사를 학습하자

✓2 인과 관계 및 목적 관계 접속사를 학습하자

✓3 교훈으로 자주 사용되는 어휘를 학습하자

재미난 이야기를 음미하면서 문제를 풀 수 있다면 얼마나 좋을까? 하지만 안타깝게도 학생들은 시험이라는 굴레 속에 갇혀 녹음에 나오는 이야기를 제대로 누리지 못한다. HSK 듣기에 등장하는 이야기 글에는 대부분 인생을 살아가는 데 있어 교훈을 주는 메시지가 담겨 있다. 문제도 풀고 재미와 교훈도 주는 이야기 글을 내 것으로 만드는 데 도전해보자.

기초 실력 테스트 TEST

🎧 09-1

1 녹음을 듣고 중국어와 뜻을 써보세요.

❶ 중국어 __________ 뜻 __________ ❷ 중국어 __________ 뜻 __________

❸ 중국어 __________ 뜻 __________ ❹ 중국어 __________ 뜻 __________

2 녹음을 듣고 질문에 알맞은 것을 고르세요.

❶ A 有画家的帮助 B 有朋友的支持

❷ A 老人与海 B 最后一片叶子

3 녹음을 듣고 빈칸에 알맞은 단어를 쓰세요.

__________可以没有很多东西，却唯独__________。希望是人类生活的一项__________。有希望之处，生命就生生不息！

5급 기출문제 맛보기

 맛보기　🎧 09-2

듣기
제2부분

1. A 每天练功夫　　　　　　　　B 喜欢读书
   C 不关心别人　　　　　　　　D 挑水时间相同

2. A 放弃了当和尚　　　　　　　B 打了一口井
   C 病了好几天　　　　　　　　D 懒得去挑水了

3. A 付出的时间多收获也多　　　B 挑水能让你更健康
   C 平时就要积累　　　　　　　D 关键在于时间

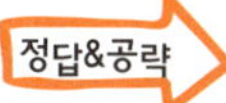 정답&공략

第1到3题是根据下面一段话：

　　两个小和尚分别住在两座山上的庙里，**1**他们每天都会在同一时间下山去挑水。突然有一天，左边山上的和尚没有下山挑水，于是右边山上的和尚决定去看看到底发生了什么事。等他来到左边山上的庙里之后，向那个和尚说明了来由。那个和尚带着右边山上的和尚走到庙的后院，指着一口井说："**2**这五年来，我每天都会抽空挖这口井。前几天，井口终于冒出了清水，于是我也就不必再下山挑水了。"我们是不是也应该为自己挖一口井呢？在你紧张匆忙的生活中，每天拿出一点时间去多读几页书，多学习一点实用的知识，多留意一些别人平时不在意的事情，不经意间，**3**你的积累也许就能在关键时刻助你一臂之力。不要小看了那一点点的收获，或许正是因为这一点一滴的努力，你就会走在别人的前面。

1~3번 문제는 다음 내용에 근거한다.

　　두 명의 스님이 각각 두 개의 산의 사찰에 거주하고 있었는데, **1**그들은 매일 같은 시간에 물을 길러 산을 내려왔다. 어느날 갑자기 왼쪽 산의 스님이 물을 길러 산을 내려오지 않았다. 그래서 오른쪽 산의 스님은 도대체 무슨 일이 생겼는지 가보기로 결심했다. 그는 왼쪽 산의 절에 도착해서 그 스님에게 온 이유를 설명했다. 그 스님은 오른쪽 산의 스님을 절의 뒷마당으로 데리고 가서 우물을 가리키며 말했다. "**2**5년 동안 나는 매일 짬을 내서 이 우물을 팠는데 며칠 전에 우물에서 마침내 물이 솟구쳐 올랐습니다. 그래서 저 역시 더 이상 물을 길러 산을 내려갈 필요가 없어졌습니다." 우리도 자신을 위해 우물을 파야 하는 게 아닐까? 긴장되고 바쁜 생활 속에서 매일 조금씩 시간을 내어 몇 페이지의 책이라도 더 읽고, 약간의 실용적인 지식이라도 더 공부하고, 남들이 평소에 개의치 않는 일에 좀 더 신경을 쓴다면, 자신도 모르게 **3**당신이 쌓아놓은 것이 결정적인 순간에 보잘것없는 힘이라도 도움이 될 수 있을 것이다. 그 약간의 수확을 얕잡아보지 마라. 어쩌면 바로 이 약간의 노력으로 인해 당신이 남들보다 앞서 걸어가고 있을 수도 있다.

 和尚 héshàng 圐 스님, 중 | ★分别 fēnbié 闾 각각, 제각기 | 庙 miào 圐 절, 사찰 | 挑水 tiāoshuǐ 圐 (멜대로) 물을 지다 | ★突然 tūrán 闾 갑자기 | ★到底 dàodǐ 闾 도대체 | 来由 láiyóu 圐 까닭, 연고 | 后院 hòuyuàn 圐 후원, 뒤뜰 | 指 zhǐ 圐 가리키다 | 井 jǐng 圐 우물 | ★抽空 chōukòng 圐 어렵게 시간을 내다 | 挖 wā 圐 (도구나 손을 이용해) 파내다 | ★终于 zhōngyú 闾 마침내, 결국 | 冒出 màochū 圐 솟구치다 | 紧张 jǐnzhāng 圐 긴장해 있다 | ★匆忙 cōngmáng 圐 급하다, 분주하다 | 页 yè 圐 페이지를 세는 단위 | 留意 liúyì 圐 유의하다, 조심하다 | 不经意 bùjīngyì 圐 유의하지 않다 | ★积累 jīlěi 圐 쌓다, 축적하다 | ★关键时刻 guānjiàn shíkè 圐 결정적인 순간 | 一臂之力 yí bì zhī lì 圐 보잘것없는 힘 | 小看 xiǎokàn 圐 얕보다 | 或许 huòxǔ 闾 어쩌면, 아마 | 一点一滴 yì diǎn yì dī 圐 보잘것없다, 매우 작다

난이도 中　공략 Key 도입부에서 배경 파악

1 那两个和尚有什么共同点？　｜　그 두 명의 스님은 어떠한 공통점이 있는가?

A 每天练功夫　｜　A 매일 무술을 연마한다
B 喜欢读书　｜　B 공부하는 것을 좋아한다
C 不关心别人　｜　C 다른 사람에게 관심이 없다
D 挑水时间相同　｜　**D 물을 길러 가는 시간이 같다**

공략　녹음의 도입 부분에서 각각 다른 편 산에 거주하는 두 명의 스님이라고 알려주었기에 둘을 비교하는 내용임을 유추할 수 있다. 녹음의 앞부분에서 '他们每天都会在同一时间下山去挑水'라고 했기에 그들에 관해 알 수 있는 것은 D 이다.

어휘　练功夫 liàn gōngfu 무술을 연마하다

난이도 中　공략 Key 인과 관계 접속사로 정답 유추

2 左边山上的和尚为什么没下山挑水？　｜　왼쪽 산의 스님은 왜 물을 길러 산을 내려오지 않았는가?

A 放弃了当和尚　｜　A 스님이 되는 것을 포기했기 때문에
B 打了一口井　｜　**B 우물을 하나 팠기 때문에**
C 病了好几天　｜　C 며칠 동안 병이 났었기 때문에
D 懒得去挑水了　｜　D 물을 길러가는 게 귀찮았기 때문에

공략　보기가 원인이므로 인과 관계 접속사가 들리는 순간 정답임을 인지하는 것이 가장 좋다. 녹음에서 '我每天都会抽空挖这口井'이라고 했으므로 정답은 B이다.

어휘　懒得 lǎnde 圐 (어떤 일을) 하기 싫어하다

난이도 上　공략 Key 마지막 문장에서 교훈 파악

3 这段话想告诉我们什么？　｜　이 글이 우리에게 알려주는 것은?

A 付出的时间多收获也多　｜　A 쏟아부은 시간만큼 성과도 크다
B 挑水能让你更健康　｜　B 물을 긷는 것은 당신을 건강하게 해줄 것이다
C 平时就要积累　｜　**C 평소에 쌓아두어야 한다**
D 关键在于时间　｜　D 관건은 시간에 있다

공략　보기를 통해 교훈을 묻는 문제임을 알 수 있고, 교훈은 주로 마지막 부분에 나오므로 녹음의 뒷부분을 집중해서 들어야 한다. '多……'를 이용한 제안을 나열하고 '你的累积……助你一臂之力'라고 했으므로 정답은 C이다.

어휘　★付出 fùchū 圐 (돈·대가를) 지불하다 | 在于 zàiyú 圐 ~에 달려 있다

5급 듣기 공략 하기

공략 1. 권선징악, 해피엔딩, 긍정적 마인드가 키워드다

HSK 시험에는 착한 사람이 피해를 입거나 약한 동물이 잡아먹히는 이야기가 절대 나오지 않는다. 항상 주제는 권선징악, 결말은 해피엔딩이다. 그러니 긍정적인 마인드를 가지고 문제에 접근하자.

1 유머 : 어느 나라나 '재미있다'는 감정은 비슷하기 때문에 시험 문제에 많이 등장한다. HSK에서도 유머가 담긴 재미있는 이야기가 많이 나오는데, 결론의 반전을 통해 피식 웃음을 유발하는 이야기가 자주 출제되고 있다.

2 우화 : 현재 新HSK 5급에서 가장 많은 비중을 차지하는 지문 유형 중 하나가 바로 '우화'이다. 동물이나 사물을 의인화하여 교훈을 전달하는 이야기로, '이솝 우화'처럼 전 세계적으로 널리 알려진 이야기가 많이 출제된다. 이런 이야기의 특징은 흥미진진하게 사건을 전개하면서 물 흐르듯 자연스럽게 좋은 방향으로 결론에 이르는 것이다.

〈 이솝 우화에 자주 등장하는 동물 모음 〉

동물	羚羊 língyáng 영양 | 孔雀 kǒngquè 공작새 | 驴 lǘ 당나귀 | 狼 láng 늑대, 이리 | 鹿 lù 사슴 | 蛇 shé 뱀 | 骆驼 luòtuo 낙타 | 狮子 shīzi 사자 | 老鼠 lǎoshǔ 쥐 | 老虎 lǎohǔ 호랑이 | 母鸡 mǔjī 암탉 | 狐狸 húli 여우 | 兔子 tùzi 토끼 | 猴子 hóuzi 원숭이 | 小猫 xiǎomāo 고양이 | 青蛙 qīngwā 개구리 | 猎狗 liègǒu 사냥개 | 乌龟 wūguī 거북이 | 鹅 é 거위 | 蚂蚁 mǎyǐ 개미 | 乌鸦 wūyā 까마귀 | 蚊子 wénzi 모기 | 老鹰 lǎoyīng 매, 솔개 | 螃蟹 pángxiè 게 | 大雁 dàyàn 기러기 | 海豚 hǎitún 돌고래

예제　　　🎧 09-3

1. A 半瓶　　　　　B 很多　　　　　C 很少　　　　　D 没有

2. A 用石头把瓶子打碎　　　　　B 往瓶子里放小石头
   C 向上帝祈求　　　　　　　　D 找了些朋友来帮它

3. A 很聪明　　　　　　　　　　B 不会飞
   C 没有朋友　　　　　　　　　D 不值得同情

第1到3题是根据下面一段话：

一只乌鸦口渴了，到处找水喝。乌鸦看见一个瓶子，里面装有水。**1可是里边只有半瓶水，而且瓶子很高，瓶口又小，乌鸦的嘴太短了，根本喝不到。怎么办呢？这时，乌鸦看到旁边有许多小石子，因此它动动脑想出办法来了。2乌鸦捡来小石子，一个一个地放到瓶子里**。瓶子里的水渐渐升高了，升到瓶口的时候，乌鸦就喝着水了。

1~3번 문제는 다음 내용에 근거한다.

까마귀 한 마리가 매우 목이 말라서 여기저기 마실 물을 찾아다니다가 안에 물이 담겨 있는 병을 하나 보았다. **1하지만 병 속의 물은 겨우 반 병뿐이었고, 게다가 병이 너무 크고 병의 입구는 너무 작았다.** 까마귀는 부리가 너무 짧았기에 아예 마실 수가 없었다. 어떻게 해야 할까? 이때, 까마귀는 옆에 많은 자갈이 있는 것을 보고 머리를 굴려 방법을 생각해냈다. **2까마귀는 자갈을 주워와서 하나하나 병 속으로 넣었다.** 병 속의 물은 점점 (수위가) 올라갔고, 병 입구까지 찼을 때 까마귀는 물을 마셨다.

어휘 乌鸦 wūyā 몡 까마귀 | 口渴 kǒukě 동 갈증 나다 | 瓶子 píngzi 몡 병 | 装有 zhuāngyǒu 담겨 있다 | 瓶口 píngkǒu 몡 병의 입구 | 嘴 zuǐ 몡 입, 주둥이 | 许多 xǔduō 혱 매우 많다 | 石子 shízi 몡 자갈 | 动脑 dòng nǎo 머리를 굴리다 | 捡 jiǎn 동 줍다 | 渐渐 jiànjiàn 閉 점차, 차츰 | 升高 shēnggāo 동 상승하다

난이도 下 **공략 Key** 녹음에 언급된 보기 찾기

1 瓶子里有多少水?

Ⓐ 半瓶　　　　B 很多
C 很少　　　　D 没有

병 속에는 얼마만큼의 물이 있었는가?

Ⓐ 반 병　　　　B 매우 많이
C 매우 적게　　　D 없었다

공략 보기가 명사이므로 녹음에서 그대로 들리는 어휘에 표시를 해놓아야 한다. 녹음을 듣다 보면 글의 초반에 '里边只有半瓶水'가 있으므로 정답은 A이다.

난이도 中 **공략 Key** 보기로 문제 유추

2 乌鸦是怎么喝到水的?

A 用石头把瓶子打碎
Ⓑ 往瓶子里放小石头
C 向上帝祈求
D 找了些朋友来帮它

까마귀는 어떻게 물을 마셨는가?

A 돌멩이로 병을 깨트려서
Ⓑ 병 속으로 자갈을 넣어서
C 하느님께 기도를 해서
D 그를 도와줄 친구를 찾아서

공략 보기를 통해 문제에 봉착했을 때 어떻게 했는지에 집중하며 들어야 한다. 녹음에서 '乌鸦捡来小石子，一个一个地放到瓶子里'라고 했으므로 정답은 B이다.

난이도 下 **공략 Key** 전체 내용의 이해

3 关于这只乌鸦，下列哪项正确?

Ⓐ 很聪明　　　　B 不会飞
C 没有朋友　　　D 不值得同情

까마귀에 관해서 다음 중 맞는 것은?

Ⓐ 매우 똑똑하다　　B 날지 못한다
C 친구가 없다　　　D 동정할 가치가 없다

공략 여러 가지 이유로 병 속의 물을 마실 수 없게 된 까마귀가 자갈을 병 속으로 집어넣어 물의 수위를 올려 물을 마시게 되었다는 내용이므로, 이 까마귀가 매우 똑똑하다는 것을 알 수 있다. 따라서 정답은 A이다.

Tip	동물을 세는 양사	
只	금수류(새와 네발짐승) 및 작은 동물을 세는 양사	老虎｜鸟｜兔子｜狗
条	몸 길이가 긴 동물을 세는 양사	鱼｜蛇｜狗 *개는 只를 쓰기도 함.
头	머리와 얼굴 부분에 특징이 있는 동물을 세는 양사	狮子｜牛｜大象
匹	말이나 노새 등을 세는 양사	马｜驴

공략 2. 시간사와 접속사에 집중하라

1 　시간사를 통해 이야기의 흐름을 공략하라

이야기 전개글은 대체로 '예전에'로 시작해서 '지금은' 혹은 '나중에'로 변화되면서 전개되는 경우가 많으므로 녹음에 등장하는 시간사에 집중하여 시간의 흐름을 놓치지 말아야 한다.

〈빈출 시간사〉

从前 / 以前 이전	**从前**，有一个人很想要得到一块地。예전에 땅을 얻고 싶어하는 한 사람이 있었다. **以前**我并不认识你。예전에 나는 너를 알지 못했다.
过去 과거	**过去**我怕冷，现在不一样。과거에 나는 추위를 탔지만 지금은 다르다.
古代 고대	**古代**有一位文人，喝醉后才能写出好文章。 옛날에 한 문인이 있었는데 (이 사람은) 술에 취한 후에야 좋은 글을 써냈다.
起初 처음	**起初**我并不懂什么是爱。처음에 나는 무엇이 사랑인지 몰랐다.
前几天 며칠 전	**前几天**去百货商店的时候看见了我的老师。 며칠 전에 백화점에 가면서 선생님을 만났다.
过几天 며칠 후	我相信**过几天**他肯定会来找我。며칠 후면 그가 분명히 나를 찾아올 것이라 믿는다.
第二天 이튿날	**第二天**，我才发现我的钱包不见了。 이튿날이 되어서야 나는 지갑이 없어졌다는 것을 알아차렸다.
后来 나중에	**后来**他变得更自信。후에 그는 더욱더 자신감 있게 변했다.
现在 지금	**现在**我明白了那时他为什么那样对待我。 지금 나는 그때 그가 왜 그렇게 나를 대했는지 깨달았다.
以后 앞으로	**以后**他会理解我为什么这样做。앞으로 그는 내가 왜 이렇게 했는지 이해할 것이다.
……(以)后 ~후	一个月**以后**他的成绩大大提高了。한 달 뒤 그의 성적은 크게 향상되었다.
……过去了 ~이 지났다	二十年**过去了**，她还是那么漂亮。 20년이 지났지만, 그녀는 여전히 그렇게 아름다웠다.

사건이 전개되고 결론을 도출하기 위해서는 왜 이렇게 진행되는지, 무엇을 위해, 무엇 때문에 이렇게 진행되게 되었는지, 타당하고 설득력 있는 이유가 있어야 하므로 목적이나 인과 관계 접속사의 등장에 귀를 기울여야 한다.

〈 인과 관계 접속사 〉

因为……，所以…… ～ 때문에 그래서 ～하다	因为妈妈爸爸不在家，所以放学后我去姥姥家。 엄마 아빠가 집에 안 계셔서 하교 후에 나는 외할머니 댁에 간다.
既然……，就…… (이왕에, 어차피) ～하니까, ～하다	既然外面下雨，咱们就别出去了吧。 어차피 밖에 비가 오니까, 우리 나가지 말자.
从而 / 于是 / 因此 그래서	妈妈说那里风景优美，人又少，很不错，于是我们就决定去那里了。 그곳은 풍경이 아름답고 관광객도 적어서 괜찮다고 엄마가 말씀하셔서, 우리는 그곳에 가기로 결정했다.
可见 / 由此可见 (이로써) ～임을 알 수 있다	虽然成绩并不优异，但他也是学生会的成员之一，可见他的管理能力很强。 성적이 그리 뛰어나진 않으나 그 역시 학생회 간부 중의 한 명인 걸 보니, 그의 관리 능력이 뛰어나다는 걸 알 수 있다.

〈 목적 관계 접속사 〉

为了 ～하기 위해서	为了表达自己的歉意，我送给她一件礼物。 나의 사과하는 마음을 표현하기 위해, 그녀에게 선물을 하나 했다.
是为了 / 为的是 ～하기 위해서	我送给他一件礼物，是为了表达自己的歉意。 나는 그녀에게 선물을 하나 했는데, 나의 사과하는 마음을 전하기 위함이다.
以便 ～하기 편하도록	黑板上的字写得大一点儿，以便后面的人看得清楚。 뒤에 있는 사람이 잘 보이도록 칠판에 글씨를 좀 더 크게 써주세요.
以免 / 免得 / 省得 ～하지 않기 위해	今天外边的气温很低，你要多穿点儿衣服，以免着凉。 오늘 밖의 기온이 너무 낮으니까 감기 걸리지 않도록 옷 좀 두껍게 입도록 해.

•예제　🎧 09-4

1. A 喜欢玩水　　　　B 十分聪明　　　　C 不懂事　　　　D 是个文学家

2. A 锤子　　　　　　B 石头　　　　　　C 绳子　　　　　D 双手

3. A 要把朋友救出来　　　　　　　　　B 要讨好邻居
　 C 爬不上水缸上　　　　　　　　　　D 因干旱而村里缺水

第1到3题是根据下面一段话：

　　司马光是北宋著名政治家、史学家，**1**他自小十分聪明。有一次，他跟朋友们在院子里玩儿。院子里有一口大缸，缸里装满了水。有个小孩儿爬到缸沿上玩儿，一不小心，掉进缸里。水太深了，眼看那孩子快要没顶了。别的孩子一看见出了事，吓得一边哭一边喊，跑到外面向大人求救。司马光却急中生智，**3**为了救出朋友来，**2**他从地上捡起一块大石头，使劲向水缸砸去，**3**把水缸弄破了，缸里的水流了出来，小孩儿也得救了。这就是流传至今"司马光砸缸"的故事。

1~3번 문제는 다음 내용에 근거한다.

　　사마광은 북송 때의 유명한 정치가이자 역사학자로 **1**어릴 적부터 매우 똑똑했다. 한번은 그가 친구들과 마당에서 놀고 있었는데, 마당에는 큰 항아리가 있고 항아리 안에 물이 가득 차 있었다. 한 친구가 항아리 입구에 기어올라가서 놀다가 실수로 항아리 속에 빠졌다. (항아리 속의) 물은 매우 깊었고 곧 그 아이의 머리가 보이지 않을 지경이 되도록 그냥 보고만 있었다. 다른 아이들은 일이 생긴 걸 보자마자, 놀라서 울고 소리지르며 밖으로 어른들에게 도움을 청하러 뛰어갔다. 하지만 사마광은 급한 중에도 꾀를 생각해내어 **3**친구를 구하기 위해 **2**땅에서 큰 돌을 하나 주워 물 항아리를 향해 힘껏 던져서 **3**항아리를 깨트렸다. 항아리의 물이 흘러나오면서 아이도 살아났다. 이것이 바로 지금까지도 전해내려오는 '항아리를 깨트린 사마광' 이야기다.

듣기
제2부분

어휘　★司马光 Sīmǎ Guāng 고유 사마광 | 北宋 Běi Sòng 명 북송 | 著名 zhùmíng 명 유명하다 | 政治家 zhèngzhìjiā 명 정치가 | 史学家 shǐxuéjiā 명 사학자 | ★自小 zìxiǎo 부 어릴 때부터 | ★十分 shífēn 부 굉장히 | 院子 yuànzi 명 뜰, 정원 | 缸 gāng 명 항아리, 독 | ★装满 zhuāngmǎn 가득 채우다 | ★爬 pá 동 기어오르다 | 缸沿 gāngyán 명 항아리 가장자리 | 不小心 bù xiǎoxīn 부주의하다 | 掉 diào 동 떨어지다 | ★深 shēn 형 깊다 | 眼看 yǎnkàn 동 그저 지켜보다 | 顶 dǐng 명 (인체·사물의) 꼭대기, 정수리 | 出事 chūshì 동 사고가 나다 | ★吓 xià 동 놀라다, 무서워하다 | ★喊 hǎn 동 외치다, 소리치다 | 求救 qiújiù 동 구원을 청하다 | 急中生智 jí zhōng shēng zhì 성 다급한 가운데 좋은 생각이 떠오르다 | ★捡 jiǎn 동 줍다 | ★石头 shítou 명 돌 | 使劲 shǐjìn 동 힘을 쓰다 | 砸 zá 동 깨뜨리다 | 得救 déjiù 동 구조되다 | 流传 liúchuán 동 대대로 전해 내려오다 | 至今 zhìjīn 부 지금까지

난이도 中　공략 Key 도입부 내용 파악

1　关于司马光，可以知道什么？

A 喜欢玩水
B 十分聪明
C 不懂事
D 是个文学家

사마광에 관해 알 수 있는 것은?

A 물놀이를 좋아했다
B 굉장히 똑똑했다
C 철이 없었다
D 문학자이다

공략　보기를 통해 어떤 사람에 관한 이야기임을 눈치채고, 녹음의 도입 부분에서 이 사람의 신분과 어떤 사람인지 배경 파악에 신경 써야 한다. '是北宋著名政治家、史学家'라고 했으므로 D는 정답이 아니며, 뒤이어 '他自小十分聪明'이라고 보기와 동일한 표현이 나왔으므로 B가 정답이다.

어휘　★懂事 dǒngshì 형 철들다

2 司马光用什么打破水缸?

A 锤子　　　　　B 石头
C 绳子　　　　　D 双手

사마광은 무엇을 사용해서 항아리를 깨트렸나?

A 망치　　　　　B 돌멩이
C 밧줄　　　　　D 양손

공략 보기가 모두 명사이므로 녹음 중에 그대로 나오는 것을 선택한다. 모두 '도구'이므로 무엇을 사용했는지를 중심으로 듣는다. '他从地上捡起一块大石头，使劲向水缸砸去'라고 언급되었으므로 정답은 B이다.

어휘 锤子 chuízi 몡 쇠망치 | 绳子 shéngzi 몡 노끈, 밧줄

3 司马光为什么把水缸弄破了?

A 要把朋友救出来
B 要讨好邻居
C 爬不上水缸上
D 因干旱而村里缺水

사마광은 왜 항아리를 깨트렸나?

A 친구를 구하려고
B 이웃에게 잘 보이려고
C 항아리에 올라갈 수 없어서
D 가뭄으로 인해 마을에 물이 부족해서

공략 보기의 要나 因을 통해 '무엇 때문에', '왜'에 대한 문제임을 유추하고 为了나 因为가 들리면 정답이 있는 부분이다. '为了救出朋友来……把水缸弄破了'라고 했으므로 정답은 A이다.

어휘 讨好 tǎohǎo 툉 환심을 사다 | ★邻居 línjū 몡 이웃 | 干旱 gānhàn 몡 가뭄 | 缺水 quēshuǐ 툉 물이 부족하다

Tip 弄

① 弄은 '하다, 구하다'의 의미를 가지며, 다른 동사를 대신해서 쓰이는 대동사의 역할을 한다.

早上把饭弄好了。아침에 밥을 다 해놨다. | 把球弄出来。공을 꺼냈다. |
他弄来了一辆新车。그는 새 차를 한 대 구해왔다. | 你去弄点儿水来。너 가서 물을 좀 구해와라.

② 일부 동사와 형용사를 보어로 취해 처치문이나 피동문에 주로 쓰인다.

弄丢 잃어버리다 | 弄明白 이해하다 | 弄破 깨뜨리다, 못 쓰게 하다 | 弄糊涂 이해가 안 되다 |
弄坏 못 쓰게 하다 | 弄清楚 확실히 하다 | 弄脏 더럽히다

공략 3. 이야기의 주제와 교훈을 찾아라

1 주제나 교훈을 묻는 문제 형식

这段话主要谈什么？　이 글이 주로 논하는 것은?

这个故事想告诉我们什么？　이 이야기가 우리에게 알려주는 것은?

这段话想告诉我们什么道理？　이 글은 우리에게 어떤 이치를 알려주려 하는가?

通过这段话，我们可以知道什么？　이 글을 통해서 우리는 무엇을 알 수 있는가?

2 주제나 교훈을 드러내는 문장에 자주 쓰이는 동사

要 ~해야 한다	要尊重别人　다른 사람을 존중해야 한다 要懂得享受生活　생활을 즐기는 것을 알아야 한다
学会 배우다	学会克服困难　어려움을 극복하는 것을 배워라 学会把握机会　기회를 잡아야 한다는 것을 배워야 한다
善于 잘하다	善于解决问题　문제 해결을 잘 해라 要善于处理问题　문제를 잘 처리해야 한다
勇敢 용감하다	勇敢面对困难　용감하게 어려움에 마주해라 勇敢去爱　용감하게 사랑해라
坚持 견지하다	坚持才能得到胜利　꾸준해야만 승리할 수 있다 坚持自己的行为方式　자신의 행동방식을 견지해라
放弃 포기하다	到最后不要放弃希望　마지막까지 희망을 포기하지 마라 遇到困难不应该放弃　어려움에 맞닥뜨려도 포기하면 안 된다

 예제    09-5

1. A 生了个儿子　　　　　　B 把母鸡杀了

   C 想要买一套房子　　　　D 又去买了一只牛

2. A 要发财　　　　　　　　B 懂得分享

   C 信任最重要　　　　　　D 要知足

第1到2题是根据下面一段话：

　　有一对夫妇，生活很贫困，他们家有一只老母鸡。突然，有一天，这只老母鸡下了一个金蛋，而且，以后每天下一个。这对夫妇变得越来越富裕了，但是他们并不满足，他们认为太慢了，既然这只鸡每天都能下一个金蛋，那么它的肚子里肯定有好多的金子，不如把它杀掉，从肚子里所有的金子都取出来。**1于是他们杀了这只母鸡**，让他们意外的是鸡肚子里面根本没有什么金子。可见，这对夫妇的想法是愚蠢的，他们的价值观是错误的，**2他们不懂得满足，从而产生错误的想法**，造成了无法弥补的损失。

1~2번 문제는 다음 내용에 근거한다.

　　생활이 매우 가난한 한 쌍의 부부가 있었다. 그들에게는 암탉이 한 마리 있었는데, 어느 날 갑자기 이 암탉이 황금알을 낳았고 게다가 그 후로 매일 한 알씩 낳았다. 이 부부는 점점 더 부유해졌지만, 그들은 만족하지 못했다. 그들은 (알을 낳는 속도가) 너무 더디고, 어차피 이 닭이 매일 황금알을 하나씩 낳는다면 닭의 배에는 분명히 많은 황금이 있을 테니 차라리 닭을 죽여버리고 뱃속에 있는 모든 황금을 꺼내는 게 낫다고 생각했다. **1그래서 그들은 이 암탉을 죽였다.** 하지만 닭의 뱃속에는 아예 황금 자체가 없었다. 이로써 이 부부의 생각이 어리석으며 그들의 가치관이 잘못되었음을 알 수 있다. **2그들은 만족을 몰랐기에 잘못된 생각이 생겼고 보상받을 수 없는 손실을 초래한 것이다.**

어휘　夫妇 fūfù 몡 부부 | ★贫困 pínkùn 톙 가난하다 | 母鸡 mǔjī 몡 암탉 | 下蛋 xiàdàn 통 알을 낳다 | ★变得 biàn de ~로 되다 | ★既然 jìrán 쩹 이왕에, 어차피 | 肚子 dùzi 몡 배 | ★不如 bùrú 통 ~만 못하다 | 杀掉 shādiào 통 죽여버리다 | ★意外 yìwài 톙 뜻밖이다, 의외이다 | ★可见 kějiàn 쩹 ~임을 알 수 있다 | 愚蠢 yúchǔn 톙 어리석다 | 价值观 jiàzhíguān 몡 가치관 | ★错误 cuòwù 톙 틀리다, 어긋나다 | ★从而 cóng'ér 쩹 따라서 | 弥补 míbǔ 통 메우다, 보충하다 | ★损失 sǔnshī 몡 손실, 손해

난이도 中　공략 Key 녹음과 동일한 보기 찾기

1　关于这对夫妻，可以知道什么？

A　生了个儿子
Ⓑ　把母鸡杀了
C　想要买一套房子
D　又去买了一只牛

이 부부에 관해 알 수 있는 것은?

A　아들을 낳았다
Ⓑ　암탉을 죽였다
C　집을 사고 싶었다
D　소 한 마리를 또 샀다

공략　보기를 통해 결과를 묻는 문제임을 유추하고 언급되는 내용에 표시를 하면서 녹음을 듣는다. 녹음에 '于是他们杀了这只母鸡'라고 보기에 언급되어 있는 내용이 그대로 나오므로 정답은 B이다.

난이도 上　공략 Key 글의 교훈 파악

2　这个故事主要想告诉我们什么道理？

A　要发财
B　懂得分享
C　信任最重要
Ⓓ　要知足

이 이야기는 우리에게 어떤 이치를 알려주려 하는가?

A　돈을 벌어야 한다
B　함께 나누는 것을 알아야 한다
C　믿음이 가장 중요하다
Ⓓ　만족을 알아야 한다

공략　보기의 내용을 통해 교훈을 묻는 문제임을 알 수 있다. 마지막 부분에서 '他们不懂得满足，从而产生错误的想法'라고 했으므로 정답은 D이다.

Tip　**不如**

① '～하느니 차라리 ～하는 게 낫다'의 뜻을 가지며, 뒤에 나오는 내용을 강조한다.

② 与其와 함께 '与其A, 不如B'의 형식으로 쓰이거나 不如 앞에 부사 还, 也, 倒를 붙여서 강조한다.

我**不如**你。 나는 너만 못하다. (→ 네가 낫다)
与其给人添麻烦， **不如**自己慢慢来。
다른 사람에게 번거로움을 주느니 스스로 천천히 하는 게 낫다. (→ 스스로 하겠다)

듣기
제2부분

바로 체크 Check!　　녹음을 듣고, 빈칸을 채우세요.　🎧 09-6

❶ 一只乌鸦＿＿＿＿了， ＿＿＿＿找水喝。

❷ 乌鸦＿＿＿＿小石子，一个一个地＿＿＿＿瓶子里。

❸ 院子里有＿＿＿＿＿＿， 缸里＿＿＿＿＿水。

❹ 为了＿＿＿＿朋友来，他从地上捡起＿＿＿＿大石头， ＿＿＿＿向水缸砸去。

❺ 他们不懂得＿＿＿＿， 从而产生＿＿＿＿的想法，造成了无法弥补的＿＿＿＿。

정답 ❶ 口渴 / 到处　❷ 捡来 / 放到　❸ 一口大缸 / 装满了　❹ 救出 / 一块 / 使劲　❺ 满足 / 错误 / 损失

〈 주제나 교훈을 드러내는 격언 〉

一分钱一分货	싼 게 비지떡이다
世上没有免费的午餐	세상에 공짜는 없다
谦虚使人进步，骄傲使人落后	겸손함은 사람을 발전시키고, 오만함은 사람을 뒤처지게 한다
善有善报，恶有恶报	착한 일을 한 사람에게는 좋은 결과가, 나쁜 일을 한 사람에게는 나쁜 결과가 있다
命运掌握在自己的手里	운명은 스스로의 손에 달려 있다
真理掌握在少数人的手里	진리는 소수의 손에 달려 있다
失败是成功之母	실패는 성공의 어머니이다
偶然有其必然	우연은 꼭 필연이 존재한다
尽全力才能成功	최선을 다해야만 성공할 수 있다
时间是金钱	시간은 금이다
做事要实事求是	일을 할 때는 실사구시해야 한다
成功要靠自己争取	성공은 스스로가 쟁취해야 한다

第 1-10 题：请选出正确答案。

+ **정답 및 해설_** 해설집 39쪽

1. A 自己能飞翔
   B 感到很害怕
   C 想多交朋友
   D 开始很得意

2. A 要依靠自己
   B 要懂得谦虚
   C 不能小看别人
   D 应该得到重用

3. A 7个
   B 27个
   C 几百个
   D 1000多个

4. A 经常免费演奏
   B 是一个乞丐
   C 不怕冷
   D 非常有名

5. A 什么事都要和别人分享
   B 不要忽视身边的每个人
   C 帮助别人等于帮助自己
   D 要加强与周围的人沟通

6. A 包子
   B 粥
   C 煎饼
   D 面条

7. A 表达了对他的感谢
   B 误会他的意思了
   C 想快点儿卖掉
   D 今天是他的生日

8. A 第一个被摘走的
   B 颗粒最小的
   C 最好的
   D 是今年的唯一收获

9. A 起初没发现它
   B 要用它做种子
   C 又干又硬
   D 舍不得卖给别人

10. A 要学会独立自主
    B 到最后不要放弃希望
    C 不能急于求成
    D 应该懂得享受生活

10 day 화자의 관점이 중요하다

요즘 이슈가 되고 있는 화제나 사람들에게 알리고 싶은 연구의 결과 등을 우리에게 알려주는 지문이 新HSK 듣기 영역에서 종종 출제된다. 이런 정보전달형 지문은 내용 이해가 조금 어렵지만 상식을 쌓을 수 있는 좋은 기회이며 내용이 어려운 대신 문제는 단순한 편이다.

기초 실력 테스트 ^{TEST} — 🎧 10-1

1 녹음을 듣고 중국어와 뜻을 써보세요.

❶ 중국어 __________ 뜻 __________   ❷ 중국어 __________ 뜻 __________

❸ 중국어 __________ 뜻 __________   ❹ 중국어 __________ 뜻 __________

2 녹음을 듣고 질문에 알맞은 것을 고르세요.

❶ A 俩人相爱　　　　　　　　B 互相信任

❷ A 爱情　　　　　　　　　　B 结婚

3 녹음을 듣고 질문에 알맞은 것을 고르세요.

❶ A 金钱　　　　　　　　　　B 爱情

❷ A 岁月　　　　　　　　　　B 生命

❸ A 不要浪费时间　　　　　　B 要珍惜生命

5급 기출문제 맛보기

 **맛보기**　🎧 10-2

1. A 笑容很美　　　　　　　　B 会变得漂亮
   C 让人生气　　　　　　　　D 手段很巧妙

2. A 谦虚的态度　　　　　　　B 谈话的内容
   C 得体的穿着　　　　　　　D 舒适的环境

3. A 巧妙说话的好处　　　　　B 怎样获得好人缘
   C 要挖掘艺术天赋　　　　　D 改善心情的方法

정답&공략

第1到3题是根据下面一段话：

　　3交谈是社交活动中必不可少的内容，更是一门艺术。**1**俗话说：“一句话说得让人跳，一句话说得让人笑。”**3**关键就看你能不能把话说得巧妙。**2**我们平时说话，既要注意谈话时的态度、措辞，顾及周围的环境、场合，更要讲究谈话的内容。不要小看说话在人际交往中的作用，有时候一句好话足以让你拥有好人缘。培养自己的语言表达能力，让自己养成良好的表达习惯，人生也会变得更加精彩。

1~3번 문제는 다음 내용에 근거한다.

　　3대화는 사교활동에서 없어서는 안 되는 항목이며 더 나아가서는 일종의 예술이다. **1**옛말에 '말 한마디로 사람을 부르르 떨게 만들 수 있고, 말 한마디로 사람을 웃게 만들 수 있다'라는 말이 있다. **3**핵심은 당신이 말을 교묘하게 할 수 있느냐 없느냐. **2**우리가 평소에 말을 할 때는 대화할 때의 태도나 단어 선택에 주의해야 하며, 주변의 환경이나 상황을 살펴야 하고 대화의 내용에 신경 써야 한다. 인간관계에서 말하는 것의 작용을 얕잡아보지 말아야 한다. 때때로 좋은 말 한마디는 당신이 좋은 인연을 갖도록 하기에 충분하다. 자신의 언어 표현 능력을 기르고 좋은 표현 습관을 갖게 되면 (당신의) 인생 역시 더욱더 풍요로워질 것이다.

어휘　★交谈 jiāotán 통 이야기하다 | 社交活动 shèjiāo huódòng 명 사교활동 | ★艺术 yìshù 명 예술 | 必不可少 bì bù kě shǎo 성 없어서는 안 된다 | 俗话 súhuà 명 옛말, 속담 | ★跳 tiào 통 뛰다, 도약하다 | 巧妙 qiǎomiào 형 교묘하다, 약삭빠르다 | 措辞 cuòcí 통 (말하거나 글을 쓸 때) 단어를 선택하다 | 顾及 gùjí 통 돌보다, 걱정하다 | ★环境 huánjìng 명 환경 | ★场合 chǎnghé 명 상황, 장소 | ★讲究 jiǎngjiu 통 신경 쓰다 | 小看 xiǎokàn 통 얕잡아보다, 깔보다 | 人际交往 rénjì jiāowǎng 인간 관계 | 足以 zúyǐ 통 ~하기에 충분하다 | ★拥有 yōngyǒu 통 가지다, 보유하다 | 人缘 rényuán 명 인맥 | ★培养 péiyǎng 통 양성하다, 기르다 | ★精彩 jīngcǎi 형 훌륭하다, 뛰어나다

1 "一句话说得让人跳"是什么意思?　　　'一句话说得让人跳'는 무슨 뜻인가?

A 笑容很美　　　　　　　　　　　A 웃는 모습이 매우 아름답다
B 会变得漂亮　　　　　　　　　　B 예쁘게 될 수 있다
C 让人生气　　　　　　　　　　**C 사람을 화나게 만든다**
D 手段很巧妙　　　　　　　　　　D 수단이 매우 교묘하다

공략 '一句话说得让人跳, 一句话说得让人笑'라는 인용구에서 跳와 笑라는 서로 상반된 결과를 도출하고 있으므로 웃게 하는 것에 대한 반대 표현인 C가 정답이다.

2 平时说话的时候什么更重要?　　　평소에 말할 때 무엇이 더욱 중요한가?

A 谦虚的态度　　　　　　　　　　A 겸손한 태도
B 谈话的内容　　　　　　　　　**B 대화의 내용**
C 得体的穿着　　　　　　　　　　C 깔끔한 옷차림
D 舒适的环境　　　　　　　　　　D 쾌적한 환경

공략 보기가 모두 명사이므로 똑같이 들리는 내용이 있는지 귀를 기울여야 듣는다. 녹음에서 '既要注意………顾及……更要讲究谈话的内容'이라고 보기의 '谈话的内容'이 그대로 언급이 되었으므로 B가 정답이다.

어휘 ★谦虚 qiānxū 형 겸손하다 | 得体 détǐ 형 (언행이) 적당하다 | ★舒适 shūshì 형 편안하다

3 这段话主要谈什么?　　　　　　이 글이 주로 논하는 것은?

A 巧妙说话的好处　　　　　　　**A 교묘하게 말하는 것의 좋은 점**
B 怎样获得好人缘　　　　　　　　B 어떻게 하면 좋은 인연을 얻을 수 있는가
C 要挖掘艺术天赋　　　　　　　　C 예술적 소질을 발굴해야 한다
D 改善心情的方法　　　　　　　　D 기분을 좋게 만드는 방법

공략 설명문의 경우 주제가 앞부분에 나오는 경우가 많고 지문의 중심 내용이 '交谈'이라는 점을 감안하면, 이 글에서 주로 얘기하는 것은 '대화를 잘 하는 법'임을 알 수 있다. 따라서 정답은 A이다.

어휘 ★好处 hǎochu 명 이로운 점 | ★获得 huòdé 동 얻다, 획득하다 | 挖掘 wājué 동 캐다, 파내다 | 天赋 tiānfù 명 타고난 소질 | ★改善 gǎishàn 동 개선하다

5급 **듣기 공략** 하기

공략 1. 첫 문장에서 주제를 잡아내라

정보전달형 지문은 크게 설명문과 논설문으로 나뉘는데 공통적인 부분은 내용의 커다란 줄기, 즉 주제가 명확하다는 점이다. 이 주제는 대체로 첫 문장에 언급되므로 첫 문장에 주의하자.

예제　🎧 10-3

1.　A 五月初五　　　　B 六月初一　　　　C 七月初七　　　　D 八月十五

2.　A 繁荣　　　　　　B 好运　　　　　　C 宇宙　　　　　　D 晚上

3.　A 中国的情人节　　　　　　　　　　　B 东西方的情人节的差异
　　C 传统节日的意义　　　　　　　　　　D 中国人过情人节的方式

정답&공략 ➡

第1到3题是根据下面一段话：

1, 3每年农历七月初七这一天是中国的传统节日七夕节。现又被认为是"中国情人节"。**2**七夕的夕是晚上的意思，所以七夕说的就是七月初七的晚上。因为中国古时候有一对特别恩爱的男女，由于种种原因，一年中只有这一天才能相见一次。所以中国人认为这一天是属于情人们的，因此，中国人把七夕视为情人的节日。

1~3번 문제는 다음 내용에 근거한다.

1, 3매년 음력 7월 초이렛날인 이날은 중국의 전통 명절인 칠석날이며 지금은 또 '중국의 밸런타인데이'라 여겨지고 있다. **2**칠석(七夕)의 '석(夕)'은 저녁이라는 의미이므로, 칠석은 바로 7월 7일 저녁을 뜻한다. 중국 고대에 굉장히 사랑하는 남녀가 있었는데, 갖가지 원인으로 인해 1년 중에 오직 이날만 겨우 한 번 만날 수 있었기 때문에, 중국인은 이날을 '연인들의 날'이라 여기고, 이로 인해서 중국인은 칠석을 연인들의 명절로 본다.

어휘　农历 nónglì 몡 음력 | ★传统 chuántǒng 혱 전통적이다 | ★节日 jiérì 몡 명절 | ★七夕节 Qīxījié 몡 칠석날 | 恩爱 ēn'ài 혱 서로 사랑하다 | 相见 xiāngjiàn 동 서로 만나다 | ★属于 shǔyú 동 속하다 | 情人 qíngrén 몡 연인

난이도 下　**공략 Key** 녹음과 동일한 보기 찾기

1　中国的情人节是哪天？

中국의 밸런타인데이는 언제인가？

　　A 五月初五　　　B 六月初一
　　C 七月初七　　D 八月十五

　　A 5월 5일　　　B 6월 1일
　　C 7월 7일　　D 8월 15일

공략 보기를 통해 '언제'인지를 묻는 문제임을 알 수 있으므로 날짜를 집중해서 들어야 한다. 녹음의 첫마디인 '每年农历七月初七这一天是……'를 통해서 날짜 '七月初七'가 언급이 되었으므로 정답은 C이다.

2 七夕的夕是什么意思? | '칠석(七夕)'의 '석(夕)'은 무슨 의미인가?

| A 繁荣 | B 好运 | A 번영 | B 행운 |
| C 宇宙 | D 晚上 | C 우주 | D 저녁 |

공략 보기가 모두 한 단어로 제시되어 있으므로, 녹음을 들으며 그대로 들리는 어휘가 있는지에 신경 써서 듣자. 녹음에서 '七夕的夕是晚上的意思'라고 했고 A, B, C는 언급되지 않았으므로 정답은 D이다.

어휘 ★繁荣 fánróng 형 번영하다 | 宇宙 yǔzhòu 명 우주

3 这段话主要谈什么? | 이 글에서 주로 논한 것은?

A 中国的情人节	A 중국의 밸런타인데이
B 东西方的情人节的差异	B 동서양 밸런타인데이의 차이
C 传统节日的意义	C 전통 명절의 의의
D 中国人过情人节的方式	D 중국인이 밸런타인데이를 보내는 방식

공략 이 글의 주제를 묻는 문장으로 설명문의 주제는 주로 앞에 언급이 되었다는 점을 유념한다면, 이 글은 전반적으로 칠월 칠석, 즉 중국의 전통 밸런타인데이에 관한 글임을 알 수 있으므로 정답은 A이다.

공략 2. 화자의 관점과 결론을 제대로 잡아라

화자의 관점인지, 대중의 관점인지 아니면 연구 자료에서 얻은 결론인지를 구분할 수 있어야 한다. 연구 자료를 통해 구한 결론과 다른 관점을 내놓을 수도 있고, 결론을 강조하기 위해 자신이나 대중의 관점을 부가적으로 설명할 수도 있다. 따라서 화자가 말하고자 하는 관점과 결론을 잘 들어야 하며, 결론을 도출하는 데 사용되는 표현을 익혀두어야 한다.

•예제 🎧 10-4

1. A 人生哲理   B 最温柔的声音
   C 人的第二张名片   D 微笑的表情

2. A 声音的魅力   B 明星的声音
   C 怎样当配音演员   D 第一印象很重要

정답&공략

第1到2题是根据下面一段话：

　　2从某种意义上说，1声音是人的第二张名片，直接影响着我们的印象。2好的声音会让一个人的魅力升值。很多著名的演员，之所以有魅力，不仅是因为演技，更重要的是有让人一听就能记住的声音。这也就不难解释，为什么一些电影需要专业的配音演员呢？好的表演，只有同时配上好的声音才完美。

1~2번 문제는 다음 내용에 근거한다.

　　2어떤 의미에서 볼 때, 1목소리는 사람의 두 번째 명함으로 우리의 인상에 직접적인 영향을 주며, 2좋은 목소리는 사람의 매력을 배가시킬 수 있다. 수많은 유명 배우들이 매력적인 이유로 연기뿐만 아니라 사람들이 듣자마자 기억할 수 있는 목소리가 더 중요하다. 이 역시 설명하기 어렵지 않다. 어째서 일부 영화에서는 전문 성우들이 필요할까? 좋은 연기에는 좋은 목소리가 어울려야 완벽하기 때문이다.

듣기
제2부분

어휘　★直接 zhíjiē 형 직접적이다 | ★印象 yìnxiàng 명 인상 | ★魅力 mèilì 명 매력 | ★著名 zhùmíng 형 유명하다 | 演员 yǎnyuán 명 연기자 | 演技 yǎnjì 명 연기 | 配音演员 pèiyīn yǎnyuán 명 성우 | ★完美 wánměi 형 완벽하다

난이도 下　**공략 Key** 녹음과 동일한 보기 찾기

1　声音又被称为什么？

A 人生哲理　　B 最温柔的声音
C 人的第二张名片　D 微笑的表情

목소리는 또 무엇이라고 불리는가?

A 인생 철학　　B 가장 따스한 소리
C 사람의 두 번째 명함　D 미소 띤 표정

공략　보기가 모두 명사임을 인지하고 동일하게 들리는 어휘에 체크해야 한다. 녹음의 도입 부분에 '声音是人的第二张名片'이라고 보기에 언급된 '第二张名片'과 일치하는 표현이 나오므로 정답은 C이다.

어휘　哲理 zhélǐ 명 철학적 이치 | 温柔 wēnróu 형 부드럽고 상냥하다

난이도 中　**공략 Key** 도입부에서 주제 찾기

2　这段话主要谈什么？

A 声音的魅力　　B 明星的声音
C 怎样当配音演员　D 第一印象很重要

이 글이 주로 논하는 것은?

A 목소리의 매력　　B 연예인의 목소리
C 성우가 되는 방법　D 첫인상의 중요함

공략　'从某种意义上说'로 시작하는 첫 문장에서 声音이 인상에 직접적인 영향을 준다는 관점을 드러냈고, 이어서 '好的声音会让一个人的魅力升值'라고 했으므로 정답은 A이다.

바로 체크 Check!　녹음을 듣고, 빈칸을 채우세요.　🎧 10-5

❶　每年________七月初七这一天是中国的______________七夕节。

❷　声音是人的__________________，________影响着我们的________。

❸　好的声音会____一个人的________升值。

정답　❶ 农历 / 传统节日　❷ 第二张名片 / 直接 / 印象　❸ 让 / 魅力

〈견해, 결론을 나타내는 표현〉

觉得 / 认为　~라고 여기다
我觉得爱情只是一种感受。 나는 사랑이 단지 느낌이라고 생각한다.
对……来说　~의 입장에서 보면
对有些人来说，缘分真的只有一次，错过了就不会再有。 어떤 사람들에게 있어, 인연은 정말 단 한 번뿐이며 놓치면 다시는 오지 않는다.
在……看来　~의 생각에는
在我看来，她是这个国家的骄傲。 내 생각에 그녀는 이 나라의 자부심이다.
拿……来说　~를 예로 들면
拿产品的销售服务来说，还是这家公司比较周到。 제품의 판매 서비스를 예로 든다면, 그래도 이 회사가 좀 주도면밀하다.
据报道 / 据统计　보도에 따르면 / 통계에 따르면
据报道，亚洲股市已经连续四天走低了。 보도에 따르면 아시아 지역 주식이 이미 연속 4일간 떨어졌다고 한다.
调查表明 / 研究显示 / 事实证明　조사에서 밝혀졌다 / 연구에서 나타났다 / 사실로 증명되었다
研究显示黑猩猩与人类的行为有很多相似之处。 연구를 통해 침팬지와 인류의 행동에 비슷한 점이 있다고 드러났다.
从某种意义上来说　어떤 의미에서 본다면
从某种意义上来说，苦难也是一种财富。 어떤 의미에서 본다면, 고난 역시 일종의 재산이다.
关键在于　관건은 ~에 있다
能否取得成功，关键在于能刻苦学习。 성공을 거둘 수 있는지 없는지는 열심히 노력할 수 있는지에 달려 있다.
说起 / 提起　~을 언급하면
说起健康食品，人们马上会想到新鲜的蔬菜。 웰빙식품을 언급하기만 하면 사람들은 바로 신선한 야채를 떠올린다.
常言道 / 俗话说　속담에서 말하기를 / 옛말에 이르기를
常言道："十年江山也会变。"속담에 '10년이면 강산도 변한다'라는 말이 있다.
比如说 / 譬如说 / 例如　예를 들면
比如说棕色，过去被看作是土地的颜色，现在表示的却是高贵。 갈색을 예로 들어보자면, 예전에는 땅의 색이었지만 지금은 고귀함을 나타낸다.

第 1–10 题：请选出正确答案。

1. **A** 母亲对孩子影响更大
   B 孩子应该培养同情心
   C 父亲是儿子的榜样
   D 爸爸可以帮助孩子学习数学

2. **A** 有攻击性
   B 责任心很强
   C 性格倔强
   D 很脆弱

3. **A** 一杯水
   B 少量盐
   C 少量茶叶
   D 一块生面

4. **A** 放在水里泡一下
   B 洗净擦干
   C 把橘子切成条
   D 把橘子皮晒干

5. **A** 得到财富
   B 了解自己
   C 享受生活
   D 走正确的路

6. **A** 骄傲使人落后
   B 时间就是金钱
   C 凡事都要谨慎
   D 人贵有自知之明

7. **A** 给别人让座
   B 最好站着
   C 提前一站下车
   D 要避免堵车

8. **A** 上班族的苦恼
   B 要坚持每天步行
   C 遵守交通规则
   D 治疗心脏疾病的方法

9. **A** 饮食
   B 穿衣
   C 运动量
   D 个人爱好

10. **A** 减肥的方法
    B 慢跑的作用
    C 赌博对人的影响
    D 怎样制定健身计划

✚**정답 및 해설_** 해설집 44쪽

독해

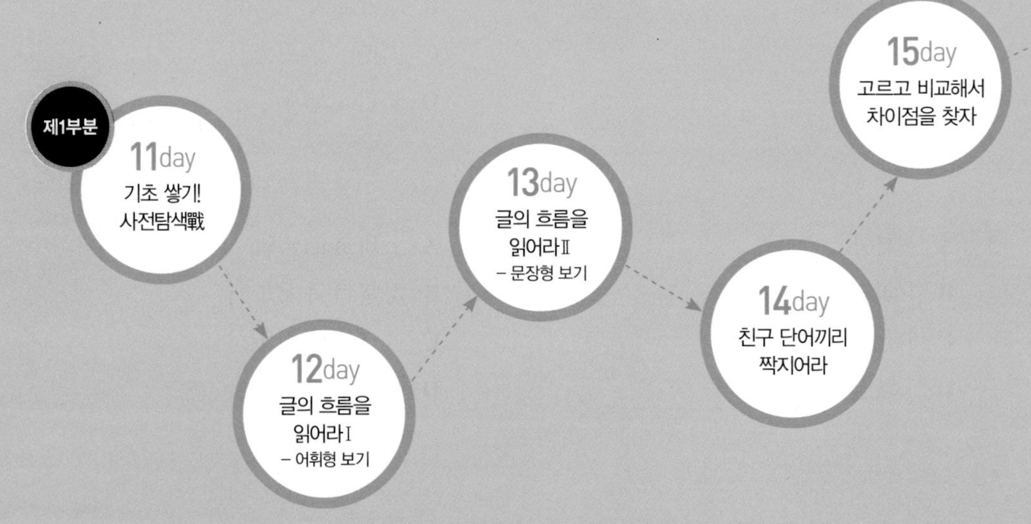

제1부분

11day
기초 쌓기!
사전탐색戰

12day
글의 흐름을
읽어라 I
– 어휘형 보기

13day
글의 흐름을
읽어라 II
– 문장형 보기

14day
친구 단어끼리
짝지어라

15day
고르고 비교해서
차이점을 찾자

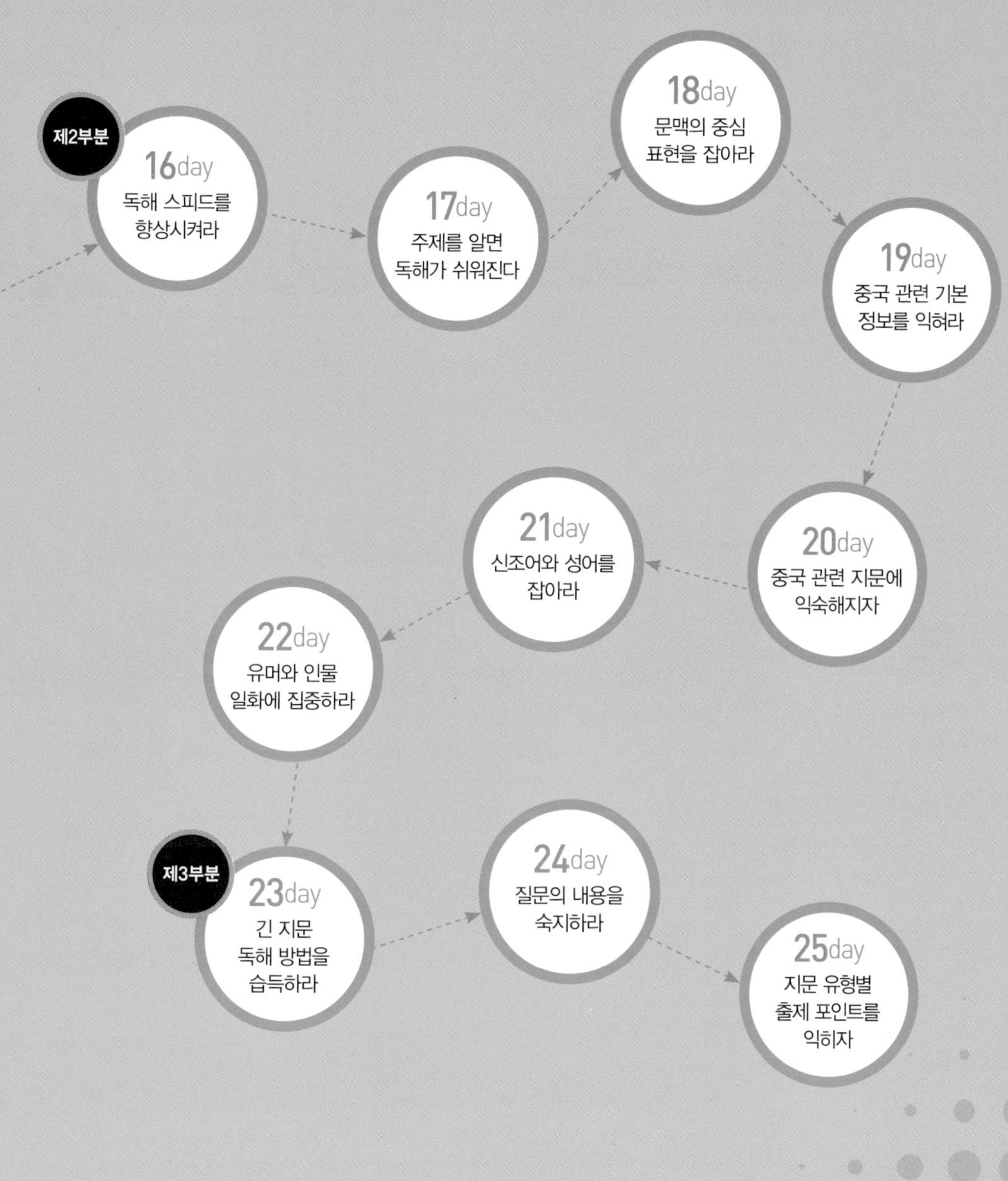
제2부분
16day
독해 스피드를
향상시켜라
17day
주제를 알면
독해가 쉬워진다
18day
문맥의 중심
표현을 잡아라
19day
중국 관련 기본
정보를 익혀라
20day
중국 관련 지문에
익숙해지자
21day
신조어와 성어를
잡아라
22day
유머와 인물
일화에 집중하라
제3부분
23day
긴 지문
독해 방법을
습득하라
24day
질문의 내용을
숙지하라
25day
지문 유형별
출제 포인트를
익히자

11 day 기초 쌓기! 사전탐색戰

+ 정답_ 해설집 204쪽

학습목표

✓1 1음절 동사를 암기하자

✓2 빈출 부사와 양사를 암기하자

✓3 어법적 지식을 충분히 활용하자

新HSK 5급을 준비하는 학습자들이 가장 어렵다고 생각하는 영역이 독해 제1부분이다. 그러나 가르치는 사람의 입장에서 독해 제1부분의 난이도는 중간 정도에 불과하다. 단지 체감 난이도가 높게 느껴질 뿐, 독해 제1부분 문제는 실제로 그리 어렵지 않다. 체감 난이도를 끌어내려줄 여러 공략법을 100% 활용할 수 있도록 기초 체력을 준비하자.

기초 실력 테스트 TEST

1 보기에서 빈칸에 들어갈 알맞은 단어를 고르세요.

| 보기 | 让　不然　穿　戴　可是　把　被　拿　因为 |

有一次，我到商店买冬天＿＿①＿＿的衣服，交钱时，＿＿②＿＿很着急，不小心＿＿③＿＿钱包忘在商店的柜台上了。这件事我是后来在公共汽车上才发现的。

2 보기에서 빈칸에 들어갈 알맞은 단어를 고르세요.

| 보기 | 也　过　一样　却　那么　有 |

李爷爷快＿＿①＿＿百岁的生日了，但身体＿＿②＿＿还是那么结实。当时还是腼腆少年的他儿子，现在已经有一个篮球运动员＿＿③＿＿高了。

5급 **기출문제** 맛보기

 **맛보기**

> 　　小鸡看见一只苍鹰在高高的蓝天上飞过，十分羡慕，于是它向母鸡问道："妈妈，我们也有一对＿＿1＿＿，为什么不能像苍鹰那样高高地飞在蓝天上呢?"母鸡回答说："真是个＿＿2＿＿，飞得高对我们来说没什么用，蓝天上没有虫子，也没有谷粒啊!"每个人都有自己的生存技能及生活环境，我们应不断＿＿3＿＿更高的目标，但不能脱离实际，要做适合自己做的事。
>
> 1. A 脑袋　　　　　B 肩膀　　　　　C 胳膊　　　　　D 翅膀
>
> 2. A 兄弟　　　　　B 傻瓜　　　　　C 士兵　　　　　D 胆小鬼
>
> 3. A 推广　　　　　B 追求　　　　　C 征求　　　　　D 克服

정답&공략

　　小鸡看见一只苍鹰在高高的蓝天上飞过，十分羡慕，于是它向母鸡问道："妈妈，我们也有一对 **1 翅膀**，为什么不能像苍鹰那样高高地飞在蓝天上呢?"母鸡回答说："真是个 **2 傻瓜**，飞得高对我们来说没什么用，蓝天上没有虫子，也没有谷粒啊!"每个人都有自己的生存技能及生活环境，我们应不断 **3 追求** 更高的目标，但不能脱离实际，要做适合自己做的事。

　　솔개 한 마리가 높디 높은 파란 하늘을 날아가고 있는 것을 본 병아리는 매우 부러웠다. 그래서 어미 닭에게 "엄마, 우리도 **날개**가 있는데 왜 솔개처럼 저렇게 높이 파란 하늘을 날 수 없는 거예요?"라고 묻자, 어미 닭은 대답했다. "정말이지 **바보**구나! 높이 나는 것은 우리에게 있어서 아무런 소용도 없어. 파란 하늘에는 벌레도 없고 낟알도 없단다!" 모든 사람들은 자신의 생존 능력과 생활 환경을 가지고 있다. 우리는 끊임없이 더 높은 목표를 **추구해야** 하지만 실제를 벗어나서는 안 되고 자신이 하기에 알맞은 일을 해야 한다.

어휘　鸡 jī 圐 닭 | 苍鹰 cāngyīng 圐 솔개, 매 | ★蓝天 lántiān 圐 푸른 하늘 | ★十分 shífēn 凰 매우 | ★羡慕 xiànmù 圐 부러워하다 | ★于是 yúshì 圙 그래서 | 翅膀 chìbǎng 圐 날개 | ★像 xiàng 圐 ～와 같다 | ★傻瓜 shǎguā 圐 바보 | 虫子 chóngzi 圐 벌레 | 谷粒 gǔlì 圐 낟알 | 技能 jìnéng 圐 기능 | 及 jí 圙 및, ～와 | ★追求 zhuīqiú 圐 추구하다 | 脱离 tuōlí 圐 벗어나다 | ★实际 shíjì 圐 실제

　　　　　　　　　　　　　　　　　　　　　난이도 下　**공략 Key** 양사 对

1　A 脑袋　　　　　B 肩膀　　　　　A 머리　　　　　B 어깨
　　　C 胳膊　　　　**D 翅膀**　　　　C 팔　　　　　**D 날개**

공략　빈칸 앞의 양사 对와 호응하는 명사를 고르는 어법형 문제이다. 양사 对는 남녀 혹은 암수 한 쌍이나 두 개가 짝을 이루고 있는 명사를 세는 데 사용되므로 정답은 D이다.

어휘　胳膊 gēbo 圐 팔 | 肩膀 jiānbǎng 圐 어깨 | 脑袋 nǎodai 圐 머리

2 A 兄弟　　B 傻瓜　　｜　A 형제　　B 바보
　　C 士兵　　D 胆小鬼　｜　C 병사　　D 겁쟁이

공략 글의 문맥을 파악하여 정답을 고르는 해석형 문제이다. 왜 날 수 없느냐는 병아리의 말에 생활 환경이 다름을 설명해 주는 엄마가 아이에게 해줄 수 있는 표현이므로 정답은 B이다.

어휘 士兵 shìbīng 명 사병, 병사 | ★胆小鬼 dǎnxiǎoguǐ 명 겁쟁이

3 A 推广　　B 追求　｜　A 보급하다　　B 추구하다
　　C 征求　　D 克服　｜　C (널리) 구하다　D 극복하다

공략 빈칸 뒤 목적어인 目标와 호응하는 동사를 찾는 문제이다. 追求는 목표나 완벽함, 화려함 등을 추구한다는 뜻이므로 정답은 B이다. 征求는 주로 意见과 함께 '의견을 구하다'로 쓰인다.

어휘 ★推广 tuīguǎng 통 보급하다 | ★征求 zhēngqiú 통 구하다, 묻다 | ★克服 kèfú 통 극복하다

5급 독해 공략 하기

독해
제1부분

공략 1. 지문 이해도와 정답률은 무관하다

1 지문을 대하는 마인드를 바꿔라

예를 들어 두 가지 독해 지문이 있다고 가정하자. 하나는 '여우 한 마리가 배가 너무 고파서 음식을 찾아나섰다'로 시작하고, 또 하나는 '웰빙식품이란 무엇인가에 대해 아직 국제 기준이 없다'로 시작한다. 어떤 지문이 더 쉬울까? 당연히 여우 이야기가 이해하기 쉬울 것이다. 그러나 의외로 여우 이야기처럼 쉬운 지문의 정답률이 더 낮다. 즉 지문을 얼마나 잘 이해하느냐와 정답률은 관계가 없다. 그러니 쉽게 해석되는 문제라고 꼼꼼하게 읽지 않거나 내용이 이해되지 않는 지문이라고 지레 포기해서는 안 된다.

2 어휘간의 미묘한 차이를 익혀라

困难이라는 단어를 암기할 때 대다수의 학습자들은 '곤란하다'라는 뜻만 외울 뿐, 정작 어떤 경우에 쓰이는지는 신경 쓰지 않는다. '친구의 도움을 거절해야 하는데 그러지 못해 곤란하다'라는 문장은 한국어로는 굉장히 매끄럽지만 중국어로는 为难(난처하다)을 써야 정확한 표현이다. 困难은 생활이 금전적으로 여유롭지 못하거나 일을 해결하는 데 있어 난관이 많고 어렵다는 의미를 가지고 있다. 이렇듯 어휘를 학습할 때는 '무엇이, 무엇을, 어떻게'에 관심을 가지고 미묘한 뉘앙스에도 신경을 써야 한다.

예제   난이도 下   공략 Key 정확한 어휘의 뜻 이해

几乎人人都做过梦，人为什么会做梦，梦又有什么意义？人类＿＿＿了近百年，但到现在还没找到答案。

A 想象   B 观察   C 思考   D 幻想

정답&공략

해석　　几乎人人都做过梦，人为什么会做梦，梦又有什么意义？人类 思考 了近百年，但到现在还没找到答案。

거의 모든 사람들이 꿈을 꾼 적 있다. 사람은 왜 꿈을 꾸고, 꿈은 또 어떤 의미가 있을까? 인류는 100년 가까이 생각했지만, 지금까지도 해답을 찾지 못했다.

A 想象   B 观察
C 思考   D 幻想

A 상상하다   B 관찰하다
C 생각하다   D 공상하다

공략 대다수의 학습자들은 해석만으로 观察를 선택하지만 관찰하는 것은 어떤 변화가 있는지 눈으로 보는 것, 즉 '仔细看'을 가리킨다. 반면에 思考는 '사고하다, 생각하다'라는 뜻으로 想과 같은 의미이다. 왜 꿈을 꾸는지, 어떤 의미가 있는지에 대해 연구하고 생각은 할 수 있지만 이를 눈으로 보는 것은 불가능하므로 정답은 思考이다.

어휘 ★几乎 jǐhū 🖳 거의 | ★做梦 zuòmèng 🖲 꿈을 꾸다 | ★人类 rénlèi 🖲 인류 | 思考 sīkǎo 🖲 사고하다 | 答案 dá'àn 🖲 해답, 답안 | 想象 xiǎngxiàng 🖲 상상하다 | 观察 guānchá 🖲 관찰하다 | 幻想 huànxiǎng 🖲 공상하다

공략 2. 어휘 암기는 독해 문제 해결의 첫걸음이다

독해 제1부분에서 지문은 이해가 되는데 점수가 안 나온다면? 보기에 제시된 단어를 몰라서 답을 고르지 못하는 것이다. 마음을 다잡고 어휘 암기에 심혈을 기울이자.

新HSK 5급 필수어휘는 2,500개다. 그렇다면 독해 제1부분 공략을 위해 어디에서부터 시작해야 할까? 1음절 동사는 독해 제1부분 15문항 중에서 매회 반드시 2~3문제는 출제될 정도로 출제 빈도가 높다. 그리고 뜻만 알면 쉽게 정답을 찾을 수 있지만 뜻을 모르면 유추할 방법이 없어 정답을 고를 길이 없기 때문에 1음절 동사의 학습법은 우직하게 뜻을 암기하는 수밖에 없다.

B	摆 bǎi 놓다, 진열하다 | 抱 bào 포옹하다, 둘러싸다 | 背 bēi (등에) 짊어지다
C	擦 cā 닦다, 문지르다 | 猜 cāi 추측하다 | 踩 cǎi (발로) 밟다 | 插 chā 끼우다, 끼워 넣다 | 拆 chāi (붙어 있는 것을) 뜯다, 분해하다 | 抄 chāo 베끼다 | 称 chēng 부르다, 칭하다 / chèng (무게를) 재다 | 乘 chéng 타다 | 冲 chòng 맹렬하다, 힘세다 | 闯 chuǎng 갑자기 뛰어들다, 돌입하다 | 吹 chuī (바람이) 불다, 입으로 불다 | 催 cuī 독촉하다
D	倒 dǎo (똑바로 서 있던 것이 옆으로) 넘어지다, 쓰러지다 | 滴 dī 똑똑 떨어지다 | 递 dì 건네다, 전해주다 | 钓 diào 낚다, 낚시질하다 | 掉 diào 떨어지다 | 丢 diū 잃어버리다, 버리다 | 懂 dǒng 알다, 이해하다 | 断 duàn 자르다, 단절하다 | 冻 dòng (물·손발 등이) 얼다 | 逗 dòu 놀리다, 골리다 | 堆 duī 쌓이다, 쌓다 | 蹲 dūn 쪼그리고 앉다
F	翻 fān 뒤집히다, 들추다 | 扶 fú 부축하다
G	盖 gài 덮다, 덮어 가리다 | 挂 guà 걸다 | 滚 gǔn 구르다
H	喊 hǎn 외치다, 큰 소리로 부르다 | 花 huā (시간·돈 등을) 쓰다, 소비하다 | 还 huán 반환하다 | 挥 huī 휘두르다
J	嫁 jià 시집 가다 | 捡 jiǎn 줍다 | 浇 jiāo (물·액체를) 뿌리다 | 救 jiù 구하다 | 举 jǔ 들다, 들어올리다 | 捐 juān 기부하다, 헌납하다 | 卷 juǎn (큰 힘으로) 감다, 말아 올리다
K	砍 kǎn (도끼 따위로) 찍다, 패다
L	拦 lán 가로막다, 저지하다 | 漏 lòu 새나가다, 새다, 빠지다 | 露 lòu 보여주다, 드러내다
M	骂 mà 욕하다, 질책하다 | 摸 mō 만지다, 더듬다
N	念 niàn (소리 내어) 읽다
P	拍 pāi (사진을) 찍다, (손바닥으로) 치다 | 派 pài 파견하다 | 骗 piàn 속이다 | 飘 piāo 나부끼다 | 破 pò 파손되다, 찢다
Q	牵 qiān 끌다, 잡아당기다 | 欠 qiàn 빚지다 | 抢 qiǎng 빼앗다, 갈취하다 | 敲 qiāo 치다, 두드리다 | 瞧 qiáo 보다, 구경하다 | 切 qiē (칼로) 끊다, 썰다 | 娶 qǔ 장가들다 | 取 qǔ 가지다, 취하다 | 劝 quàn 권유하다

R	绕 rào 휘감다, 두르다 ｜ 扔 rēng 버리다, 포기하다, 던지다
S	洒 sǎ 뿌리다, 흩뜨리다 ｜ 杀 shā 죽이다 ｜ 晒 shài (햇볕에) 쬐다, 말리다 ｜ 伸 shēn (신체·물체의 일부분을) 펴다, 내밀다 ｜ 升 shēng 오르다, 올라가다 ｜ 试 shì 시험 삼아 해보다 ｜ 收 shōu 받다, 거두어 들이다 ｜ 输 shū 운송하다 ｜ 摔 shuāi (균형을 잃고) 쓰러지다, 넘어지다 ｜ 甩 shuǎi 휘두르다, 내던지다 ｜ 撕 sī 떼어내다
T	抬 tái (위로) 들다, 들어올리다 ｜ 躺 tǎng 눕다 ｜ 逃 táo 도망치다 ｜ 吐 tù 토하다, 게우다 / tǔ 말하다, 토로하다 ｜ 推 tuī 밀다 ｜ 退 tuì 물러나다, 반환하다 ｜ 脱 tuō (몸에서) 벗다, (머리털이) 빠지다
X	吓 xià 놀라다, 놀래키다 ｜ 响 xiǎng (소리가) 울리다, 나다 ｜ 像 xiàng 같다, 닮다 ｜ 歇 xiē 휴식하다, 쉬다 ｜ 斜 xié 기울다, 비스듬하다 ｜ 醒 xǐng 깨어나다, 깨닫다 ｜ 修 xiū 수리하다
Y	摇 yáo (좌우로) 흔들다 ｜ 咬 yǎo 물다, 깨물다 ｜ 晕 yūn (머리가) 어지럽다
Z	涨 zhǎng (수위나 가격이) 오르다 ｜ 睁 zhēng (눈을) 크게 뜨다 ｜ 指 zhǐ 가리키다 ｜ 煮 zhǔ 삶다, 끓이다 ｜ 赚 zhuàn 돈을 벌다 ｜ 撞 zhuàng 부딪치다 ｜ 租 zū 세내다

독해
제1부분

 **바로 체크** Check!

보기에서 알맞은 단어를 고르세요.

보기	赚　响　浇　钓　拆

❶ 뿌리다 ＿＿＿　　❷ 뜯다 ＿＿＿　　❸ 돈을 벌다 ＿＿＿　　❹ 낚다 ＿＿＿　　❺ 울리다 ＿＿＿

정답 ❶ 浇 ❷ 拆 ❸ 赚 ❹ 钓 ❺ 响

 **예제**

난이도 上　｜　공략 Key 1음절 동사의 뜻으로 정답 유추

> 有个人的斧子不见了，他以为邻居家的孩子偷去了。但不久，他找到了那把斧子。原来是他上次＿＿＿柴时忘在山上了。
>
> A 切　　　　B 砍　　　　C 撕　　　　D 卷

정답&공략

해석　有个人的斧子不见了，他以为邻居家的孩子偷去了。但不久，他找到了那把斧子。原来是他上次 **砍** 柴时忘在山上了。

어떤 사람이 도끼를 잃어버렸는데, 그는 옆집 아이가 훔쳐간 것이라 생각했다. 하지만 얼마 지나지 않아 그는 도끼를 찾았다. 알고 보니 지난번에 나무를 **베러** 갔을 때 산에 두고 왔던 것이었다.

A 切　　　　Ⓑ 砍
C 撕　　　　D 卷

A 썰다　　　　Ⓑ 찍다
C 찢다　　　　D 감다

Tip 양사 把

① 손잡이가 있는 물건을 셀 때 쓰인다.

一把刀 칼 한 자루 　　　　两把椅子 의자 두 개 　　　　三把伞 우산 세 자루
这把钥匙 이 열쇠 　　　　那把扇子 그 부채

② 손을 이용해 한 줌 쥘 때 쓰인다.

一把菠菜 시금치 한 단 　　　一把香蕉 바나나 한 송이 　　　一把花生 땅콩 한 줌

③ 나이가 많음을 나타낼 때 쓰인다.

一把年纪 이 나이 　　　　这把年纪 이 나이

④ 도움을 주는 행위에 쓰인다.

帮他一把 그를 좀 도와주다 　　拉他一把 그를 좀 당겨주다

 공략 3. 어법형 문제는 놓치지 말자

新HSK 5급에는 어법 영역이 없고 쓰기 제1부분을 빌어 어법 지식을 테스트한다. 하지만 독해 제1부분에서도 약간의 어법적 지식을 이용해 정답을 고르는 문제가 심심찮게 출제되고 있다. 주로 제시된 단어의 품사를 파악하거나 양사, 개사, 부사의 올바른 쓰임을 묻는 등 어법의 전체 맥락보다는 구체적인 어법 지식을 테스트하는 편이다.

1 명량사

명량사는 명사의 개수를 세는 양사다. 독해 제1부분에서 이솝우화나 탈무드 이야기 등 여러 가지 동물과 사물이 주인공인 지문이 많이 등장하기 때문에 명량사의 출제 빈도도 상당히 높다. 동물을 세는 양사를 비롯해 여러 가지 양사와 그 쓰임을 익혀두자.

〈독해 영역 빈출 양사〉

양사	용법	결합 명사
条 tiáo	가늘고 길고 구부릴 수 있는 것을 세는 양사	一条围巾 | 一条裤子 | 一条蛇 | 一条河
只 zhī	동물 중에서 금수류나 작은 동물을 세는 양사	一只鸡 | 一只老虎 | 一只猫
	짝을 이룬 것 중의 하나를 세는 양사	两只手 | 一只眼睛

匹 pǐ	동물 중 말이나 낙타를 세는 양사	一**匹**马 | 一**匹**骆驼
棵 kē	나무 등의 식물을 세는 양사	一**棵**树 | 一**棵**白菜
颗 kē	동그란 알이나 사람의 마음을 세는 양사	一**颗**心 | 一**颗**星星
份 fèn	일이나 문건 등을 세는 양사	一**份**工作 | 一**份**礼物
项 xiàng	항목이나 운동 종목, 조사 등을 세는 양사	一**项**研究 | 一**项**调查 | 一**项**任务
家 jiā	영리 활동을 하는 건물을 세는 양사	一**家**商店 | 一**家**公司 | 一**家**银行
所 suǒ	비영리 활동을 하는 건물을 세는 양사	一**所**大学 | 一**所**医院 | 一**所**房子
间 jiān	방의 칸 수를 세는 양사	一**间**客厅 | 一**间**教室 | 一**间**卧室
座 zuò	크고 고정된 건축물 등을 세는 양사	一**座**山 | 一**座**寺庙 | 一**座**桥
对 duì	성별, 좌우가 짝을 이루는 쌍을 세는 양사	一**对**夫妻 | 一**对**翅膀
双 shuāng	한 쌍을 이루는 사물을 세는 양사	一**双**鞋 | 一**双**筷子
副 fù	좌우 대칭이 되는 쌍을 이루는 양사	一**副**眼镜 | 一**副**笑脸
幅 fú	그림이나 지도 등 '폭'으로 세는 양사	一**幅**画 | 一**幅**地图
批 pī	조직적인 사람이나 사물을 세는 양사	一**批**设备 | 一**批**人
群 qún	사람 및 동물의 무리를 세는 양사	一**群**人 | 一**群**狼
件 jiàn	옷이나 일을 세는 양사	一**件**衣服 | 一**件**事
门 mén	과목이나 학문, 지식을 세는 양사	一**门**课 | 一**门**学问 | 一**门**功课
段 duàn	일정한 거리, 과정, 단락을 세는 양사	一**段**时间 | 一**段**文章 | 一**段**距离

독해
제1부분

2 부사

부사는 新HSK 시험에서 빼놓을 수 없는 출제 포인트이며, 어휘의 수 또한 어마어마하게 많다. 최근 독해 제1부분에 출제되는 부사 관련 문제를 살펴보면, 주로 출제되는 부사는 몇몇 상용 부사에 제한되어 있으며 고정적으로 매회 반복해서 출제되는 부사도 있다. 그러므로 지레 포기하지 말고 독해 제1부분에 자주 등장하는 부사의 뜻과 쓰임을 익혀두자.

〈 독해 영역 빈출 부사 〉

毕竟 bìjìng 어쨌든, 어차피	你别说他，他**毕竟**是个孩子。 그를 탓하지 마세요, 그는 어쨌든 어린아이잖아요.
反正 fǎnzhèng 아무튼, 좌우지간	信不信由你，**反正**我不信。 믿든지 말든지 네가 알아서 해, 아무튼 나는 안 믿으니까.
分别 fēnbié 각각, 제각기	他们**分别**骑自行车回家了。 그들은 각각 자전거를 타고 귀가했다.

根本 gēnběn 전혀, 아예	这个问题太难了，我**根本**就回答不出来。 이 문제는 너무 어려워서 나는 전혀 대답할 수가 없다.
互相 hùxiāng 서로	同学之间要互相关心，**互相**帮助。 동기간에 서로 관심을 가져주고 서로 도와야 한다.
急忙 jímáng 급히, 바삐	电视剧马上要开始了，我**急忙**跑到电视机前。 연속극이 막 시작하려 해서 나는 급히 TV 앞으로 달려갔다.
竟然 jìngrán 뜻밖에, 의외로	我没有想到今天来的**竟然**是他！ 오늘 온 사람이 뜻밖에도 그 사람일 줄은 생각지도 못했다.
简直 jiǎnzhí 그야말로	我**简直**无法相信我听到的一切。 나는 그야말로 내가 들은 모든 것을 믿을 수가 없다.
居然 jūrán 뜻밖에	平时很努力的他这次**居然**没有及格。 평소에 매우 열심히 하던 그가 이번에는 뜻밖에 불합격했다.
陆续 lùxù 끊임없이, 연이어	上午九点左右，参加活动的同学**陆续**来到了学校。 오전 9시 정도 되자 행사에 참가했던 학생들이 잇달아 학교에 도착했다.
仍然 réngrán 여전히	和以前一样，我**仍然**在出版社上班。 예전과 똑같이 나는 여전히 출판사에 근무한다.
始终 shǐzhōng 줄곧, 계속	我**始终**弄不明白你在说什么。 나는 네가 무슨 말을 하는지 계속 이해할 수가 없다.
稍微 shāowēi 약간, 조금	这里的东西**稍微**贵一点。 이곳의 물건이 약간 좀 비싸네요.
特意 tèyì 특별히, 일부러	因为我生病的缘故，妈妈**特意**给我熬了汤。 내가 병이 났기 때문에 엄마는 특별히 나에게 국을 끓여주셨다.
未必 wèibì 반드시 ~한 것은 아니다	最好的学生**未必**是最聪明的学生。 가장 좋은 학생이 가장 똑똑한 학생이라고는 볼 수 없다.
显然 xiǎnrán 명백히, 분명히	这**显然**就是他的错。 이것은 분명히 그의 잘못이다.
依然 yīrán 여전히	五十多岁的她**依然**美丽动人。 50세가 넘은 그녀는 여전히 아름답다.
尤其 yóuqí 더욱이, 특히	他很喜欢运动，**尤其**是踢足球。 그는 운동을 좋아하는데 특히 축구를 좋아한다.
再三 zàisān 재삼, 거듭	我**再三**嘱咐她路上要注意安全。 나는 그녀에게 돌아다닐 때 안전에 신경 쓰라고 거듭 당부했다.
逐步 zhúbù 점차, 차츰	我国人民生活水平**逐步**提高。 우리나라 국민들의 생활 수준이 점차 향상되었다.

예제

난이도 上　　공략 Key 所의 용법으로 정답 유추

독해
제1부분

> 一项研究显示，在奥运会上获得第三名的人比第二名更幸福。这是为什么呢？有的人这样解释：第三名，会因为赢得了一枚宝贵的奖牌而激动得颤抖；另一方面，第二名则会因为没能成为第一而自我感觉像个失败者。发生了什么并不重要，重要的是你如何去感受＿＿＿发生的事情。
>
> A 所　　　　　　B 着　　　　　　C 过　　　　　　D 了

정답&공략

해석　一项研究显示，在奥运会上获得第三名的人比第二名更幸福。这是为什么呢？有的人这样解释：第三名，会因为赢得了一枚宝贵的奖牌而激动得颤抖；另一方面，第二名则会因为没能成为第一而自我感觉像个失败者。发生了什么并不重要，重要的是你如何去感受 <u>所</u> 发生的事情。

연구를 통해 올림픽에서 동메달을 딴 선수가 은메달을 딴 선수보다 더 행복하다는 것이 밝혀졌다. 이것은 왜일까? 어떤 사람은 이렇게 설명했다. 3등은 귀한 메달을 획득했기 때문에 흥분해서 떨지만, 반면 2등은 1등을 못했기에 자신 스스로 실패자라고 느낀다는 것이다. 어떤 일이 일어났는지는 중요하지 않다. 중요한 것은 당신이 어떻게 <u>그</u> 일어난 사건을 느끼느냐는 것이다.

Ⓐ 所
B 着
C 过
D 了

Ⓐ 동사의 앞에 쓰이는 조사
B 동사의 뒤에서 동작의 진행이나 지속을 나타내는 조사
C 동사 뒤에서 과거의 경험을 나타내는 조사
D 동사 뒤에서 동작의 완료를 나타내는 조사

공략　보기는 모두 조사로 所는 동사의 앞에, B와 C, D는 동사의 뒤에 쓰인다. 동사 感受는 着를 수반할 수 없으며 过와 了는 의미상 부적절하기에 모두 소거한다. 所는 '所+동사+的'의 형식으로 관형어를 만들어주는 동사의 앞에 쓰여 동사를 강조하는 역할을 하는 조사이다.

어휘　★显示 xiǎnshì 동 나타내다 | ★解释 jiěshì 동 해석하다, 설명하다 | ★赢得 yíngdé 동 얻다 | 枚 méi 양 메달을 세는 단위 | ★宝贵 bǎoguì 형 진귀하다, 소중하다 | 颤抖 chàndǒu 동 부들부들 떨다 | ★如何 rúhé 대 어떻게, 어째서 | 所 suǒ 조 동사의 앞에 쓰인다 | 着 zhe 조 동사의 뒤에서 동작의 진행이나 지속을 나타낸다 | 过 guo 조 동사 뒤에서 과거의 경험을 나타낸다 | 了 le 조 동사 뒤에서 동작의 완료를 나타낸다

第 1–11 题：请选出正确答案。

1–3.

战国时，有一个坐船渡江的楚国人，他一不小心，把随身携带的一把剑掉进了水里。他 __1__ 用刀在船沿上刻了一个记号，说："这儿是我的剑掉下去的地方。"船 __2__ 岸后，这个人立即从船上刻记号的地方下水去找剑，但找了半天也没有找到。船已经向前行驶了很远，而剑还在原来的地方，像这样去找剑，不是很糊涂吗？这个故事告诉我们：世界上的 __3__ ，总是在不断地发展变化，人们想问题、办事情，都应当考虑到这种变化，适应这种变化。

1.　**A** 陆续　　　　　**B** 未必　　　　　**C** 连忙　　　　　**D** 始终

2.　**A** 闯　　　　　　**B** 靠　　　　　　**C** 扶　　　　　　**D** 除

3.　**A** 业务　　　　　**B** 精力　　　　　**C** 状况　　　　　**D** 事物

4–7.

概念车可以理解为未来汽车。 __4__ 概念车分为两种，一种是能跑的真正汽车，另一种是设计概念模型。第一种比较接近于批量生产，其先进技术已步入试验并 __5__ 走向实用化，因而一般在5年左右可成为公司投产的新产品。第二种虽是更为超前的设计， __6__ ，只是未来发展的研究设想。概念车是时代的最新汽车科技成果，概念汽车的展示是世界各大汽车公司借以展示其科技实力和设计观念的最重要的 __7__ 。因而概念车也是艺术性最强、最具吸引力的汽车。

4.　**A** 通常　　　　　**B** 始终　　　　　**C** 简直　　　　　**D** 尤其

5.　**A** 逐步　　　　　**B** 彻底　　　　　**C** 稍微　　　　　**D** 未必

6.　**A** 哪怕投资的钱再大　　　　　　　**B** 尽管它的成本并不高
　　C 但没有受到消费者的支持　　　　**D** 但因环境、科技水平等原因

7. **A** 方案　　　　　**B** 方式　　　　　**C** 中心　　　　　**D** 核心

8-11.

　　有个人一心只想寻找世界上最宝贵的东西。他问过很多人世上最宝贵的是什么呢? 黄金、钻石、美女、＿8＿、知识……众说纷纭。这个人之所以决定走遍天涯海角去找，是因为＿9＿不清楚真正的宝贝是什么。

　　很多年过去，这个人虽然走遍了全世界，却一无所获，也不快乐，＿10＿。

　　有一个冬天的傍晚，远远地，他就望见自己家的小窗里透出＿11＿、柔和的灯光。向窗里看看，饭桌上有热腾腾的饭菜，家人都围坐在一起吃饭，但有个座位空着，就是给他留的。这个人流下了眼泪。他终于发现，原来世界上最宝贵的东西就是自己的家。

8. **A** 权力　　　　　**B** 遗憾　　　　　**C** 威胁　　　　　**D** 寂寞

9. **A** 闯　　　　　**B** 劝　　　　　**C** 弄　　　　　**D** 夸

10. **A** 变得更加自信了　　　　　　　　　**B** 只好失望地回家
　　　C 心情放松了　　　　　　　　　　**D** 忽视了自己的身体

11. **A** 孝顺　　　　　**B** 灵活　　　　　**C** 经典　　　　　**D** 温暖

12 day 글의 흐름을 읽어라 I
– 어휘형 보기

학습목표

✓1 글 전체를 이해하는 독해력을 기르자

✓2 유의어 암기로 힌트를 놓치지 말자

✓3 접속사의 관계 및 동의어 그리고 호응 어휘를 암기하자

新HSK 5급 독해 제1부분의 특징 중 하나는 문맥의 이해가 필요하다는 점이다. 각각의 단어와 문장도 물론 중요하지만, 단어와 문장을 정확하게 해석하는 것을 바탕으로 글의 전체 내용을 올바르게 파악해야 한다.

기초 실력 테스트 TEST

1 빈칸에 들어갈 알맞은 접속사를 고르세요.

| 보기 | 既然　除非　尽管　就是　但是　由于　即使　只要　不然　而且 |

　　　　❶　　　　事情已经过去多么久了，可是我仍然无法忘记那一次的经历。那天，我走在上班的路上，突然下起雨来，　　❷　　下得还挺大。人们不是打开雨伞，　　❸　　穿上雨衣，还有的跑到屋檐下躲避。我却一刻也不敢停，继续往前走着，　　❹　　上课就要迟到了。

2 밑줄 친 단어의 동의어를 고르세요.

❶ 这怎么是小事？这关系到你的<u>前途</u>。　　　A 未来　　　　　B 名声

❷ 他一直<u>打量</u>着站在门口的那个人。　　　　A 观察　　　　　B 观看

❸ 最有实力的选手<u>不见得</u>能拿冠军。　　　　A 不确定　　　　B 未必

❹ 对于一个艺术家来说，什么<u>挫折</u>也不能阻挡他创作的欲望。

　　A 失败　　　　　B 压力

＊ **정답_** 해설집 204쪽

5급 기출문제 맛보기

 **맛보기**

독해
제1부분

　　有一名老人，叫愚公，快九十岁了。他家的门口有两座山，＿＿1＿＿，进进出出非常不方便。一天，愚公召集全家人说："我打算移走这两座大山，大家看怎么样？"愚公的儿子、孙子们一听，都表示＿＿2＿＿，可是，愚公的妻子觉得搬走两座大山太难了，提出反对意见。第二天，愚公带着一家人开始搬山了。他的邻居听说要搬山，也高高兴兴地来帮忙。

　　有一个老头叫智叟，他看见一家人搬山，＿＿3＿＿他太傻，对愚公说："你快要九十岁了，走路都不方便，怎么可能搬掉两座大山？"愚公回答说："我虽然快要死了，但是我还有儿子。我的儿子死了，还有孙子，孙子又生孩子，孩子又生儿子。只要一直坚持做下去，就有可能＿＿4＿＿。"

1. A 挡住了路   B 十分矛盾
   C 因为无法推辞   D 犹豫了很长时间

2. A 陌生   B 赞成   C 感动   D 反对

3. A 考虑   B 确认   C 笑话   D 相信

4. A 努力   B 发展   C 成功   D 到达

정답&공략

　　有一名老人，叫愚公，快九十岁了。他家的门口有两座山，**1 挡住了路**，进进出出非常不方便。一天，愚公召集全家人说："我打算移走这两座大山，大家看怎么样？"愚公的儿子、孙子们一听，都表示 **2 赞成**，可是，愚公的妻子觉得搬走两座大山太难了，提出反对意见。第二天，愚公带着一家人开始搬山了。他的邻居听说要搬山，也高高兴兴地来帮忙。

　　有一个老头叫智叟，他看见一家人搬山，**3 笑话** 他太傻，对愚公说："你快要九十岁了，走路都不方便，怎么可能搬掉两座大山？"愚公回答说："我虽然快要死了，但是我还有儿子。我的儿子死了，还有孙子，孙子又

우공이라 불리는 한 노인이 있었는데 거의 90세가 되었다. 그의 집 문 앞에 산이 두 개 있는데 **길을 막고 있어서** 들어가고 나가기가 굉장히 불편했다. 어느 날 우공은 가족을 불러 모으고 "나는 두 개의 산을 옮길 계획인데 모두들 어찌 생각하느냐?"라고 물었다. 우공의 아들과 손자들은 듣자마자 **찬성한다고** 했지만, 우공의 아내는 두 개의 산을 옮기는 것은 너무 어렵다고 느껴 반대 의견을 내놓았다. 이튿날 우공은 가족을 데리고 산을 옮기기 시작했고, 그의 이웃도 산을 옮긴다는 얘기를 듣고는 기뻐하며 도와주러 왔다.

지수라는 노인이 온 가족이 산을 옮기는 것을 보고는 우공이 너무 어리석다고 **비웃으면서** "자네는 아흔이 다 되어 걷는 것도 불편한데, 어떻게 두 개의 큰 산을 옮기겠나?"라고 말하자 우공은 대답했다. "나는 곧 죽

生孩子，孩子又生儿子。只要一直坚持做下去，就有可能 4 <u>成功</u>。"

을지 모르나 내 아들이 있고, 내 아들이 죽으면 또 손자가 있고 손자가 아이를 낳고 아이가 또 아들을 낳고, 계속 꾸준히 해나가기만 한다면 <u>성공할</u> 수 있을 걸세."

어휘 愚公 Yúgōng [고유] 우공 | ★座 zuò [양] 산을 세는 단위 | ★挡住 dǎngzhù [동] 막다, 가리다 | ★召集 zhàojí [동] 소집하다 | 移走 yízǒu 옮겨가다 | ★赞成 zànchéng [동] 찬성하다, 동의하다 | ★提出 tíchū [동] 제안하다, 제기하다 | ★邻居 línjū [명] 이웃집 | 老头 lǎotóu [명] 할아버지 | 智叟 Zhìsǒu [고유] 지수 | ★傻 shǎ [명] 어리석다 | ★坚持 jiānchí [동] 유지하다

난이도 中 **공략 Key** 문맥 파악

1
A 挡住了路
B 十分矛盾
C 因为无法推辞
D 犹豫了很长时间

A 길을 막고 있었다
B 굉장히 모순이었다
C 사양할 방법이 없었기 때문이었다
D 오랫동안 망설였다

공략 앞뒤 절 문맥 파악이 핵심이다. 빈칸 앞에서 그의 집 대문 앞에 산이 두 개 있다고 했고, 빈칸 뒤의 내용이 '드나들기 불편했다'이므로 통행이 불편한 이유를 찾으면 정답은 A이다.

어휘 ★矛盾 máodùn [명][형] 모순(적이다) | ★推辞 tuīcí [동] 사양하다 | ★犹豫 yóuyù [동] 망설이다, 주저하다

난이도 中 **공략 Key** 접속사 可是

2
A 陌生   **B 赞成**
C 感动   D 反对

A 낯설다   **B 찬성하다**
C 감동하다   D 반대하다

공략 可是를 중심으로 앞 절과 뒤 절이 상반되는 결과가 나와야 한다. 可是의 뒤에서 부인이 반대했다고 했으므로 앞 절에는 찬성이나 동의를 했다는 단어가 나와야 한다.

난이도 上 **공략 Key** 주술 목적어 '他太傻'

3
A 考虑   B 确认
C 笑话   D 相信

A 고려하다   B 확인하다
C 비웃다   D 믿다

공략 빈칸 뒤 목적어가 '他太傻'로 '주어+술어'의 형식을 띠고 있는 것이 힌트이다. 보기 중 考虑와 确认은 명사 목적어를 수반하며, 相信은 문장을 목적어로 가질 수 있으나 대체로 좋고 긍정적인 의미로 쓰인다. 笑话는 동사로 쓰일 경우 '笑话+사람+술어'의 형식으로 '사람이 ～하다고 비웃다'로 쓸 수 있다.

난이도 下 **공략 Key** 문맥 파악

4
A 努力   B 发展
C 成功   D 到达

A 노력하다   B 발전하다
C 성공하다   D 도착하다

공략 문맥을 파악해 정답을 찾아야 한다. 자신의 세대에서 못하면 다음 세대, 또 그 다음 세대로 이어져서 꾸준히 하다 보면 산을 옮기는 일을 성공시킬 수 있을 거라는 내용이므로 의미상 C가 정답이다. 到达는 어떤 장소에 '이르다, 도착하다'의 뜻이므로 정답이 될 수 없다.

5급 **독해 공략** 하기

★ 공략 1. 문장 속 힌트를 놓치지 말자

지문의 전체 내용은 쉽게 이해되는데 정답을 고르자니 알쏭달쏭한 경우가 있다. 이런 문제일수록 지문에 나온 단어가 보기에 그대로 제시되거나 동의어 형태로 나오는 등 지문 속에 문제를 풀 수 있는 힌트가 꼭 주어진다. 빈칸의 앞뒤만 살피지 말고, 지문 전체를 파악하면서 숨어 있는 힌트를 찾아내자. 문장 속 힌트를 찾으려면 평소 동의어, 유의어를 학습해두는 것이 좋다.

독해
제1부분

〈 품사별 우선순위 동의어 10 〉

명사	단점, 해로운 점	坏处 = 害处	형용사	뛰어나다	出色 = 突出
	스트레스	压力 = 负担		상심하다, 괴롭다	伤心 = 难过
	뉴스, 소식	新闻 = 消息		유감이다, 애석하다	可惜 = 遗憾
	앞날, 미래	今后 = 未来		놀라다	惊讶 = 吃惊
	비전, 전도	前途 = 出息		평범하다	普通 = 平凡
	방법	点子 = 办法		자랑스럽다	自豪 = 骄傲
	가족	家属 = 亲人		견고하다, 튼튼하다	扎实 = 牢固
	느낌, 깨달음	体会 = 感受		독특하다, 특이하다	独特 = 特别
	과거	以往 = 过去		위대하다	伟大 = 不凡
	본보기, 모범	榜样 = 模范		민첩하다	灵活 = 敏捷
동사	탄생하다, 나타나다	诞生 = 出现	부사	가끔	偶尔 = 有时
	설명하다, 해설하다	解释 = 说明		(그중에서) 특히	尤其 = 特别
	출발하다	动身 = 出发		즉시, 당장	马上 = 立刻
	(말로) 시키다	吩咐 = 命令		연이어, 잇달아	陆续 = 先后
	대처하다, 해결하다	应付 = 处理		뜻밖에, 의외로	竟然 = 居然
	결혼하다	成家 = 结婚		단지	只是 = 不过
	탄복하다	佩服 = 崇拜		막, 바로	刚刚 = 正好
	초래하다, 야기하다	导致 = 造成		줄곧, 시종일관	一直 = 始终
	계획하다, 안배하다	安排 = 布置		점차, 점점 더	日益 = 越来越
	좋다고 여기다	欣赏 = 喜欢		반드시 ~는 아니다	未必 = 不见得

다음 단어의 동의어를 보기에서 고르세요.

| 보기 |　出息　　负担　　结婚　　不见得

❶ 成家 _______　　❷ 未必 _______　　❸ 前途 _______　　❹ 压力 _______

정답 ❶ 结婚 ❷ 不见得 ❸ 出息 ❹ 负担

•예제

난이도 下　공략 Key 温暖을 힌트로 정답 유추

在一个寒冷的冬天，有位农夫，在路边看到一条快要冻死的蛇，善良的农夫觉得这条蛇很可怜，就把它捡起来放到自己的怀里为它温暖。过了很久，在农夫______的怀中，这条蛇渐渐醒过来。

A 温暖　　　　B 善良　　　　C 活跃　　　　D 满意

정답&공략

해석　　在一个寒冷的冬天，有位农夫，在路边看到一条快要冻死的蛇，善良的农夫觉得这条蛇很可怜，就把它捡起来放到自己的怀里为它温暖。过了很久，在农夫 <u>温暖</u> 的怀中，这条蛇渐渐醒过来。

Ⓐ **温暖**　　　B 善良
C 活跃　　　D 满意

어느 추운 겨울에 한 농부가 길가에서 얼어 죽어 가는 뱀을 한 마리 보았다. 선량한 농부는 이 뱀을 불쌍하게 여기고 뱀을 주워 자신의 품속에 넣고는 그를 따뜻하게 해주었다. 한참이 지난 후에 농부의 **따뜻한** 품속에서 이 뱀은 점차 깨어났다.

Ⓐ **따뜻하다**　　　B 착하다
C 활기차다　　　D 만족하다

공략　　怀을 수식하는 형용사를 찾는 문제로 앞쪽에서 '放到自己的怀里为它温暖'로 温暖이 언급되어 있기에 怀를 수식하는 어휘는 温暖임을 바로 알 수 있다.

어휘　　★寒冷 hánlěng 휑 한랭하다 | 农夫 nóngfū 몡 농부 | ★冻 dòng 동 얼다, 차다 | ★蛇 shé 몡 뱀 | ★可怜 kělián 동 동정하다, 가엾다 | 怀 huái 몡 품 | 温暖 wēnnuǎn 휑 따뜻하다 | ★渐渐 jiànjiàn 틘 점점 | ★醒 xǐng 동 깨어나다, 깨다 | 善良 shànliáng 휑 착하다 | 活跃 huóyuè 휑 활기차다 | 满意 mǎnyì 휑 만족하다

공략 2. 접속사는 그야말로 '빛'이다 (1)

접속사는 독해 제1부분에서 정답을 골라내는 아주 큰 힌트가 되는 어휘다. 보기에 접속사가 제시되어 있다면 앞뒤 문장의 관계나 호응 구조를 파악해 쉽게 답을 찾을 수 있다. 접속사를 공부할 때는 앞뒤 절에서 서로 호응하는 접속사, 같은 뜻을 가졌거나 바꾸어 쓸 수 있는 접속사, 주로 함께 쓰이는 부사 등을 꼼꼼히 살피고 숙지해야 한다.

독해
제1부분

1 점층 관계

> 不但……，而且…… : ～일 뿐만 아니라

[특징] ① 不但의 동의어 : 不仅, 不只, 不单, 不光, 非但

② 而且 대신 쓸 수 있는 접속사 : 并且, 甚至

③ 호응하는 부사 : 还, 也, 更

④ 앞 절의 주어는 1개일 경우 不但 앞에, 2개일 경우 不但 뒤에 위치한다.

他**不但**学汉语，**而且**也学法语。그는 중국어를 공부할 뿐만 아니라 불어도 공부한다. (1개의 주어)

不但他学汉语，**而且**他妹妹也学汉语。

그가 중국어를 공부할 뿐만 아니라 그의 여동생도 중국어를 공부한다. (2개의 주어)

他**不但**帮我打扫了房间，**而且**还做了一顿可口的饭菜。

그는 나를 도와 방을 청소해주었을 뿐 아니라 게다가 맛있는 요리도 만들었다.

> 不但不(没)……，주어+反而(反倒)…… : ～하기는커녕 오히려 ～하다

[특징] 주어가 1개인 문장에 사용한다.

你这样说**不但不**能解决问题，**反而**会影响团结。

네가 이렇게 말하는 것은 문제를 해결할 수 없을 뿐 아니라 오히려 단결에 영향을 준다.

2 선택 관계

> 不是 A 而是 B : A가 아니라 B이다

她**不是**有事，**而是**病了。그녀는 일이 생긴 게 아니라 아픈 것이다.

> 不是 A 就是 B : A이거나 B이다(둘 중 하나이거나, 둘 다거나, 둘 다 아니거나)

不是找你，**就是**找他，你们俩电话最多。

너 아니면 그를 찾는 것으로, 너희 둘에게 오는 전화가 가장 많아.

> 与其 A 不如 B : A하느니 B하는 편이 낫다

[특징] ① 不如의 앞에 还, 倒, 真이 주로 쓰인다.

② '与其说……, 不如说……'로 쓰이기도 한다.

星期天，**与其**在家里休息，倒**不如**出去散步。일요일에 집에서 쉬느니 산책하러 가는 게 낫다.

3 가정 관계

> 如果＋가정, 那么就＋결론 : 만일 ~하다면

(특징) 如果의 동의어 : 要是, 假如, 假若, 倘若, 假使, 如, 若, 一旦

酷热的夏天，在路上行走时，**如果**能有上一把阳伞，人**就**会感觉有一点凉意。
무더운 여름날에 길을 걸을 때 만일 양산을 쓰고 있다면 사람은 약간의 서늘함을 느낄 것이다.

> 即使＋가정, 也＋결과 : 설사 ~일지라도(가정＋전환 관계)

(특징) ① 即使의 동의어 : 即便, 就是, 就算, 哪怕
　　　 ② 강조하기 위해 '即使＋再＋형용사'로 쓰이기도 한다.

我平时生病，**即使**小小的感冒，妈妈**也**会极其细心地照顾。
내가 평소에 아프기라도 하면 설사 아주 소소한 감기라도 엄마는 지극히 세심하게 보살펴주신다.

4 선후 관계

> 先……, 接着……, 然后再…… : 먼저 ~하고 이어서 ~하고 다시 ~한다

(특징) 接着와 然后의 위치를 바꿀 수 있다.

你**先**休息一会，**然后再**去工作。너 우선 좀 쉬고 그다음에 일하러 가거라.

●예제

(난이도) 中　(공략 Key) 就와 호응하는 접속사

有一位农夫养了一条狗，这条狗经常坐在路边等着车辆过来。______有车辆
经过，它就会冲上马路，试图超过汽车。

A 哪怕　　　　　B 除非　　　　　C 何况　　　　　D 一旦

정답&공략

(해석)　　有一位农夫养了一条狗，这条狗经常坐在路边等着车辆过来。<u>一旦</u>有车辆经过，它就会冲上马路，试图超过汽车。

한 농부가 개를 길렀다. 이 개는 자주 길가에 앉아서 자동차가 지나가기를 기다렸다. **만일** 지나가는 차가 있으면, 바로 도로로 뛰어들어 자동차를 추월하려고 시도했다.

A 哪怕　　　　　B 除非　　　　A 설령　　　　　B 오직 ~해야만 한다
C 何况　　　　　Ⓓ 一旦　　　　C 하물며　　　　Ⓓ 일단

(공략) 보기의 제시어가 모두 접속사이며, 何况을 제외하고 모두 앞 절에 쓰이는 접속사이므로 뒤에 함께 쓰이는 부사나 접속사가 있는지 먼저 살펴보아야 한다. 뒤 절에 '它就会冲上马路'에 부사 就가 등장했으므로 就와 호응하는 접속사를 찾는다. 보기 중에는 一旦이 就와 호응한다. 哪怕는 也와, 除非는 才와 호응하고 何况은 呢와 함께 쓰여 점층 관계를 나타낸다.

어휘　★养 yǎng 동 기르다, 양육하다 | 车辆 chēliàng 명 차량, 차 | ★冲 chōng 동 (맹렬히) 돌진하다 | 试图 shìtú 동 시도하다 | ★超过 chāoguò 동 초과하다, 추월하다 | 哪怕 nǎpà 접 설사, 설령 | 除非 chúfēi 접 오직 ～해야만 한다 | 何况 hékuàng 접 하물며, 게다가

공략 3. 당연한 결과에 포커스를 맞춰라

독해 제1부분 문제 중 보기가 어휘로 구성된 경우, 지문의 내용을 이해하고 보기의 뜻만 알면 바로 정답을 찾을 수 있는 문제 유형이 있다. 이런 문제는 호응 구조나 어법 지식을 동원할 필요 없이 해석하는 것만으로 해결할 수 있다. 오히려 너무 쉬워서 함정이 아닐까 고민하다 실수하지 않도록 하자.

•예제

난이도 下　공략 Key 해석을 통해 당연한 결과 찾기

乘坐电梯时，如果电梯突然停住了，也没有其他人发现电梯坏了，那你该怎么办? 首先，不要______，确定电梯是不是真的无法正常运行。

A 委屈　　　B 慌张　　　C 沉默　　　D 犹豫

정답&공략

해석　乘坐电梯时，如果电梯突然停住了，也没有其他人发现电梯坏了，那你该怎么办? 首先，不要 慌张，确定电梯是不是真的无法正常运行。

엘리베이터를 탔을 때 만일 엘리베이터가 갑자기 멈췄고 다른 사람이 엘리베이터가 고장 난 것을 알아차리지 못했다면 당신은 어떻게 할 것인가? 우선 당황하지 말고 엘리베이터가 정말 정상으로 운행할 수 있는지 없는지를 확인해야 한다.

A 委屈　　　Ⓑ 慌张
C 沉默　　　D 犹豫

A 억울하다　　　Ⓑ 당황하다
C 침묵하다　　　D 머뭇거리다

공략　보기의 어휘들은 엘리베이터가 고장 난 상황에 모두 어울리지 않지만, 빈칸 앞에 금지를 나타내는 不要가 있으므로, 이를 포함해서 생각해보면 당황하지 말아야 한다는 뜻이 됨을 알 수 있다. 정답은 B이다.

어휘　★乘坐 chéngzuò 동 타다 | ★电梯 diàntī 명 엘리베이터 | 停住 tíngzhù 동 정지하다 | ★坏 huài 동 고장 나다 | ★首先 shǒuxiān 부 우선 | ★确定 quèdìng 동 확실히 결정을 내리다 | ★无法 wúfǎ 동 방법이 없다 | 运行 yùnxíng 동 운행하다

第 1-11 题：请选出正确答案。

1-3.

　　有一次，我想买一个冰箱，于是带着我女儿去商场。虽然跑了好多地方，但并没找到满意的。女儿在旁边一直在叫着："妈妈，我饿了。"于是去一家__1__吃饭。回来时，在路上__2__一熟人，停下来和她打__3__的同时，我使劲摇晃女儿的手，让她要有礼貌，快叫人。她被我一逼，大声一喊："我不知道该叫阿姨还是叫奶奶啊！"搞得大家尴尬不已。

1. **A** 柜台 　　　　**B** 客厅 　　　　**C** 餐厅 　　　　**D** 博物馆

2. **A** 约会 　　　　**B** 见面 　　　　**C** 碰见 　　　　**D** 面对

3. **A** 欢呼 　　　　**B** 招呼 　　　　**C** 称呼 　　　　**D** 呼吁

4-7.

　　西施是中国历史上的"四大美女"之一，是春秋时期越国人。她有心口疼的__4__，犯病时总是用手按住胸口，皱着眉头。因为人们喜欢她，所以在人们眼里她这副病态比平时更美丽。西施的邻村有个__5__姑娘叫东施，总是想办法打扮自己。有一次在路上碰到西施，见西施手捂胸口，皱着眉头，__6__。她想难怪人们说她漂亮，原来是做出这种样子。于是她__7__西施的动作。结果让人觉得更难看，更加讨厌。

4. **A** 矛盾 　　　　**B** 借口 　　　　**C** 疑问 　　　　**D** 毛病

5. **A** 帅 　　　　　**B** 丑 　　　　　**C** 俊 　　　　　**D** 弱

6. **A** 显得特别美 　　　　　　　　**B** 让人觉得不舒服
　　C 好像羡慕的样子 　　　　　　**D** 一脸骄傲的表情

7.　**A** 形象　　　　　　　**B** 模仿　　　　　　　**C** 描写　　　　　　　**D** 配合

8-11.

　　当你拥有六个苹果的时候，千万不要把它们都吃掉，因为你把六个苹果全都吃掉，你也只吃到了六个苹果，只吃到了一种味道，那就是苹果的味道。如果你把__8__的五个拿出来给别人吃，尽管__9__上你丢了五个苹果，但实际上你却得到了其他五个人的友情和好感。以后你还能得到更多，当别人有了别的水果的时候，也一定会和你__10__，你会从这个人手里得到一个梨，那个人手里得到一个橘子，最后你可能就得到了六种不同的水果。人一定要学会用你拥有的东西去换取对你来说__11__重要和丰富的东西。

8.　**A** 其余　　　　　**B** 其中　　　　　**C** 中间　　　　　**D** 另外

9.　**A** 表现　　　　　**B** 表面　　　　　**C** 抽象　　　　　**D** 真正

10.　**A** 努力　　　　　**B** 欣赏　　　　　**C** 分享　　　　　**D** 讨论

11.　**A** 简直　　　　　**B** 逐渐　　　　　**C** 再三　　　　　**D** 更加

✦ **정답 및 해설**_ 해설집 52쪽

13 day 글의 흐름을 읽어라 Ⅱ
– 문장형 보기

*정답_ 해설집 204쪽

학습목표

✓1 문장에 대한 이해력을 높이자

✓2 글의 전개 순서를 놓치지 말자

✓3 접속사 힌트를 놓치지 않도록 용법을 숙지하자

독해 제1부분에는 하나의 지문마다 하나 정도는 보기가 단어가 아니라 문장으로 구성된 문제가 출제된다. 이는 학습자들의 문장 이해 여부를 판가름하기 위한 것으로, 문장의 전체 흐름을 파악해야 하는 문제도 있는 반면, 의외로 쉽게 정답을 찾을 수 있기도 하다.

기초 실력 테스트 TEST

■ 다음 문장의 뒤에 이어질 문장을 A~E 중에서 고르세요.

> A 我妈妈生病了，我难过极了。
>
> B 图书馆一楼左边就有一个。
>
> C 红的太大了，黄的吧。
>
> D 这儿的葡萄真新鲜。
>
> E 叔叔好。

❶ 这些帽子都不错，你选一个吧。　　（　　）

❷ 你怎么哭了啊？　　（　　）

❸ 同学，请问洗手间在哪儿？　　（　　）

❹ 孩子，快过来，来客人了。　　（　　）

❺ 我也很喜欢，我们多买一点儿吧。　　（　　）

5급 기출문제 맛보기

 맛보기

독해
제1부분

> 　　森林里有一棵好大好大的树，树上住着乌鸦。一天，乌鸦叼来一块肉，站在树上休息，被狐狸看到了。狐狸馋得直流口水，很想从乌鸦嘴里得到那块肉。狐狸眼珠一转说："＿＿1＿＿的乌鸦，您好吗？"乌鸦没有回答。狐狸陪着笑脸说："您的孩子好吗？"乌鸦看了狐狸一眼，还是没有回答。狐狸只好＿＿2＿＿尾巴，第三次说话了："您的羽毛真漂亮，麻雀比起您来，可就差远了；您的＿＿3＿＿真好，谁都爱听您唱歌，您就唱几句吧！"乌鸦一听，＿＿4＿＿，刚一开口，肉就掉了下去。狐狸叼起肉就跑了。
>
> 1. A 调皮　　　　B 沉默　　　　C 亲爱　　　　D 惭愧
>
> 2. A 摇摇　　　　B 咬咬　　　　C 绕绕　　　　D 闪闪
>
> 3. A 语气　　　　B 舌头　　　　C 情绪　　　　D 嗓子
>
> 4. A 转身就飞走了　　　　　　　B 依然没有回答
>   C 就高兴地唱了起来　　　　　D 它表示不同意

정답&공략

　　森林里有一棵好大好大的树，树上住着乌鸦。一天，乌鸦叼来一块肉，站在树上休息，被狐狸看到了。狐狸馋得直流口水，很想从乌鸦嘴里得到那块肉。狐狸眼珠一转说："1 **亲爱** 的乌鸦，您好吗？"乌鸦没有回答。狐狸陪着笑脸说："您的孩子好吗？"乌鸦看了狐狸一眼，还是没有回答。狐狸只好 2 **摇摇** 尾巴，第三次说话了："您的羽毛真漂亮，麻雀比起您来，可就差远了；您的 3 **嗓子** 真好，谁都爱听您唱歌，您就唱几句吧！"乌鸦一听，4 **就高兴地唱了起来** ，刚一开口，肉就掉了下去。狐狸叼起肉就跑了。

　　숲 속 매우 큰 나무 위에 까마귀가 살고 있었다. 어느 날 까마귀가 고기를 한 덩어리 입에 물고 나뭇가지에서 쉬고 있는데 여우가 (그것을) 보았다. 여우는 침을 흘리며 눈독을 들였고 까마귀 입에서 그 고기를 얻어 내고 싶었다. 여우는 눈알을 한 번 굴리더니 "**친애하는** 까마귀님, 안녕하세요?"라고 말했지만 까마귀는 대답이 없었다. 여우가 웃는 얼굴로 "당신의 아이는 잘 있나요?"라고 묻자 까마귀는 여우를 힐끗 보더니 여전히 대답을 하지 않았다. 여우는 어쩔 수 없이 꼬리를 **흔들면서** 세 번째로 말을 걸었다. "당신의 깃털은 정말 아름다워요, 당신에 비하면 참새는 훨씬 못하지요. 당신은 **목청**이 정말 좋아서 누구라도 다 당신의 노래를 듣고 싶어하니 몇 소절 불러보세요!" 까마귀는 (그 말을) 듣자마자 **기뻐하면서 노래를 부르기 시작했다**. 막 입을 벌리자마자 고기가 떨어졌고, 여우는 고기를 물고 도망가버렸다.

어휘 ★森林 sēnlín 명 숲 | ★乌鸦 wūyā 명 까마귀 | 嘴 zuǐ 명 입 | 叼 diāo 동 입에 물다 | ★狐狸 húli 명 여우 | 馋 chán 동 탐내다, 눈독을 들이다 | 眼珠 yǎnzhū 명 눈알 | ★尾巴 wěiba 명 (동물의) 꼬리 | ★羽毛 yǔmáo 명 깃털 | 麻雀 máquè 명 참새 | ★开口 kāikǒu 동 입을 벌리다

난이도 下 **공략 Key** 문맥 파악

1
| A 调皮 | B 沉默 | A 짓궂다 | B 침묵하다 |
| **C 亲爱** | D 惭愧 | **C 친애하다** | D 부끄럽다 |

공략 빈칸 뒤의 문장인 '您好吗'를 힌트로 서로 만나는 과정에서 안부를 묻거나 인사를 할 때 쓰는 어휘를 찾아야 한다. 亲爱는 안부를 물을 때 앞에 쓸 수 있는 표현이다.

어휘 ★调皮 tiáopí 명 짓궂다 | ★沉默 chénmò 동 침묵하다

난이도 中 **공략 Key** 목적어 尾巴

2
| **A 摇摇** | B 咬咬 | **A 흔들다** | B 깨물다 |
| C 绕绕 | D 闪闪 | C 휘감다 | D 반짝거리다 |

공략 빈칸 뒤 목적어 尾巴가 힌트로, 꼬리와 호응을 이루어 남을 칭찬하거나 아부를 떨 때 하는 행동인 摇가 정답이다. 咬는 입으로 깨무는 것을 의미하며 闪은 하늘에 떠 있는 별 등이 반짝거리는 것을 나타낸다.

어휘 ★惭愧 cánkuì 형 창피하다 | ★摇 yáo 동 흔들다 | ★咬 yǎo 동 깨물다 | ★绕 rào 동 휘감다, 맴돌다 | 闪 shǎn 동 반짝이다

난이도 下 **공략 Key** 문맥 파악

3
| A 语气 | B 舌头 | A 말투 | B 혀 |
| C 情绪 | **D 嗓子** | C 기분 | **D 목청, 목소리** |

공략 빈칸 뒤의 내용이 힌트이다. 노래를 부를 수 있는 신체 부위와 관련된 명사는 목소리이므로 정답은 嗓子이다.

어휘 舌头 shétou 명 혀 | ★嗓子 sǎngzi 명 목소리

난이도 下 **공략 Key** 一와 호응하는 부사

4
A 转身就飞走了	A 몸을 돌려서 날아가버렸다
B 依然没有回答	B 여전히 대답을 하지 않았다
C 就高兴地唱了起来	**C 기뻐하며 노래를 부르기 시작했다**
D 它表示不同意	D 까마귀는 동의하지 않았다

공략 빈칸 앞의 一가 힌트이다. 一는 부사와 호응을 이루어 '一……就……'의 형식으로 '~하자마자 바로 ~하다' 혹은 '~하기만 하면 ~하다'로 쓰이므로 정답은 D이다.

5급 독해 공략 하기

공략 1. 지문 속 질문과 대답을 이용하라

독해 제1부분에서 생활 속 일화를 다룬 지문에는 대화가 포함되는 경우가 많다. '吃饭了吗?'라는 질문에 '不错'라고 대답하지 않는 것처럼, 대화는 일정한 흐름으로 진행되기 마련이다. 따라서 대화 내용을 통해 글 전체의 내용을 파악할 수도 있고, 대화 내용이 문제로 출제되었다면 대화하고 있는 상대방의 말이 결정적인 힌트가 된다.

예제　　　　　　　　　　　　　　　난이도 下　공략 Key 아빠의 대답을 힌트로 정답 유추

　　　一个年轻的小伙子和一个漂亮的姑娘结婚，他们婚姻生活很幸福。有一天姑娘回父母家，回家以后看到家里只有爸爸一个人看电视，她觉得很奇怪，就问爸爸：" ___________ "，爸爸说："回她妈妈家吧。"他连头也没有回就看电视。

A 妈妈呢

B 爸爸你累了吧

C 妈妈也要看电视

D 爸爸怎么不看电视呢

정답&공략

해석　　一个年轻的小伙子和一个漂亮的姑娘结婚，他们婚姻生活很幸福。有一天姑娘回父母家，回家以后看到家里只有爸爸一个人看电视，她觉得很奇怪，就问爸爸：" 妈妈呢? "，爸爸说："回她妈妈家吧。"他连头也没有回就看电视。

Ⓐ 妈妈呢
B 爸爸你累了吧
C 妈妈也要看电视
D 爸爸怎么不看电视呢

젊은 청년과 아리따운 아가씨가 결혼을 했고 그들의 결혼 생활은 매우 행복했다. 어느 날 여자가 친정집에 갔는데, 집에 아버지 혼자 텔레비전을 보고 있는 것을 보고는 이상하게 생각해서 아버지에게 "엄마는요?"라고 물었다. 아버지는 "친정집에 갔을 거다"라고 고개도 돌리지 않고 말하면서 텔레비전만 봤다.

Ⓐ 엄마는요?
B 아버지 피곤하시죠?
C 엄마도 텔레비전을 보려 해요
D 아버지는 왜 텔레비전을 안 보세요?

공략　대화형으로 이루어진 에피소드 지문으로 뒤에 아빠가 한 말이 정답을 유추하는 힌트이다. 여자가 집에 가서 무엇이라고 말했기에 아빠가 '친정집에 갔겠지'라고 대답을 했을지 생각해보면 여자가 엄마의 행방을 물었음을 알 수 있기에 정답은 A이다.

어휘　★小伙子 xiǎohuǒzi 몡 총각, 젊은이 | ★姑娘 gūniang 몡 아가씨, 처녀 | ★奇怪 qíguài 톙 기괴하다 | ★连……也…… lián……yě…… ~조차도 ~하다

공략 2. 빈칸 근처에서 이미 언급된 어휘를 찾아라

독해 제1부분에서 지문을 정확하게 해석하는 것이 문제 풀이의 정석이지만, 지문을 완전히 해석할 수 없거나 제시된 보기가 너무 어려울 때, 또는 보기 중 여러 개가 다 답인 것 같아서 고민될 때는 빈칸 앞 뒤 문장에 나온 단어가 포함된 보기를 고르자.

예제

난이도 **上** 　 공략 Key 빈칸 앞에 언급된 **外语**

老鼠妈妈有两个孩子，她常常教小老鼠生存的本领。有一天，老鼠妈妈带着小老鼠出去找吃的。突然，一只老花猫跑了过来，小老鼠吓得不知道该怎么办。老鼠妈妈带着小老鼠拼命地跑，猫一直在后面追。没想到就在这个时候，响起了狗的叫声，猫竟然被吓跑了。老鼠妈妈赶快带着小老鼠回家了。小老鼠对老鼠妈妈说："妈，真厉害!"老鼠妈妈感叹地说："看来掌握一门外语非常重要啊! 这次＿＿＿＿＿＿。"

A 外语救了你们的命

B 食物对我们更重要

C 要有勇敢面对困难

D 出门一定要注意安全

정답&공략

해석 　老鼠妈妈有两个孩子，她常常教小老鼠生存的本领。有一天，老鼠妈妈带着小老鼠出去找吃的。突然，一只老花猫跑了过来，小老鼠吓得不知道该怎么办。老鼠妈妈带着小老鼠拼命地跑，猫一直在后面追。没想到就在这个时候，响起了狗的

엄마 생쥐한테는 자식이 둘 있었는데, 그녀는 자주 꼬마 생쥐들에게 생존하는 능력을 가르쳤다. 어느 날 엄마 생쥐가 꼬마 생쥐를 데리고 먹을 것을 찾으러 나갔는데, 갑자기 늙은 얼룩 고양이 한 마리가 나타나자 꼬마 생쥐들은 놀라서 어찌할 바를 몰랐다. 엄마 생쥐는 꼬마 생쥐들을 데리고 필사적으로

叫声，猫竟然被吓跑了。老鼠妈妈赶快带着小老鼠回家了。小老鼠对老鼠妈妈说："妈，真厉害!"老鼠妈妈感叹地说："看来掌握一门外语非常重要啊! <u>这次外语救了你们的命</u>。"

도망쳤고, 고양이는 계속 뒤에서 쫓아왔다. 이때 생각지도 못하게 개 짖는 소리가 들렸고, 고양이는 놀라서 도망쳤다. 엄마 생쥐는 재빨리 꼬마 생쥐들을 데리고 집으로 돌아왔다. 꼬마 생쥐가 엄마 생쥐에게 "엄마, 정말 대단하세요!"라고 말하자 엄마 생쥐는 탄식하며 "보아하니 외국어 하나를 마스터하는 것이 굉장히 중요한 것 같구나! <u>이번에 외국어가 너희를 살렸잖니</u>"라고 말했다.

Ⓐ 这次外语救了你们的命
B 食物对我们更重要
C 要勇敢面对困难
D 出门一定要注意安全

Ⓐ 이번에 외국어가 너희들의 목숨을 살렸다
B 음식이 우리에게는 더 중요하다
C 용감하게 어려움에 마주 대해야 한다
D 나갈 때는 반드시 안전에 주의해야 한다

공략　쥐에게 있어 외국어가 개 짖는 소리임을 알아야 이 문제를 풀 수 있다. 만일 미처 의미 파악을 하지 못했다면 밑줄 앞의 外语를 힌트로 빈칸 근처에서 언급된 어휘가 나온 보기를 고르면 정답일 가능성이 높으므로 外语가 언급된 A를 정답으로 고를 수 있다.

어휘　★老鼠 lǎoshǔ 몡 생쥐 | 生存 shēngcún 통 생존하다 | 本领 běnlǐng 몡 능력, 수완 | 花猫 huāmāo 몡 얼룩 고양이 | ★吓 xià 통 두려워하다 | ★拼命 pīnmìng 통 온 힘을 다하다 | ★追 zhuī 통 뒤쫓다 | ★叫声 jiàoshēng 몡 울음소리 | ★赶快 gǎnkuài 뷔 황급히 | 感叹 gǎntàn 통 한숨 쉬다 | ★掌握 zhǎngwò 통 숙달하다, 정통하다

공략 3. 접속사는 그야말로 봉이다(2)

因为가 나오면 대부분 所以가 따라 나온다. 이처럼 접속사는 호응하는 접속사, 부사가 정해져 있어 문장이 보기로 제시되는 문제에서 접속사가 나오면 호응하는 어휘를 찾거나 앞뒤 절의 관계를 파악해서 바로 정답을 찾을 수 있다.

1　조건 관계

> 除非……，否则…… : ~해야 한다, 그렇지 않으면 ~

(특징) 否则의 동의어 : 要不然, 要不, 不然

除非你按时来，**否则**他会生气。네가 제시간에 오지 않으면 그가 화를 낼 거야.

> 无论＋조건, 都…… : ~에 관계없이, ~을 막론하고

(특징)　① 无论의 동의어 : 不管, 不论
　　　　② 조건절은 반드시 의문 구조나 병렬 구조이다.

不管你<u>去不去</u>，我**都**要去。네가 가든 안 가든, 나는 다 갈 거야. (A不A 의문 구조)
不论他<u>去还是不去</u>，我**都**无所谓。그가 가든 안 가든, 나는 다 상관없어. (A还是B 의문 구조)
这个颜色**不管**<u>男女老少</u>，**都**喜欢。이 색깔은 남녀노소에 관계없이 다 좋아한다. (병렬 구조)
不管天气<u>多么冷</u>，我**都**要走。날씨가 얼마나 추운지 상관없이 나는 다 걸을 거야. (의문사)

只要+충분조건, 就+결과 : ~이기만 하면 곧 ~할 수 있다(결과 강조)

只要大家再接再厉，**就**一定会成功的。
모두들 한층 더 분발하면 분명히 성공할 수 있다.

只有(除非)+유일조건, 才+결과 : 오직 ~해야만 비로소 ~하다(조건 강조)

只有清楚地认识自己，**才**有可能根据自己特点做职业规划。
자신을 확실히 알아야만이 자신의 특징을 근거로 직업을 계획을 세울 수 있다.

凡是……(的)명사，都…… : 무릇 ~한 것은 모두 ~

(특징) 凡是의 뒤에는 명사성 어구가 위치한다.

凡是到过杭州的人，**都**对那里的美景赞不绝口。
무릇 항저우에 가 본 적이 있는 사람은 모두 그곳의 아름다운 풍경에 입에 침이 마르도록 칭찬한다.

2 전환 관계

虽然……，但是(却)…… : 비록 ~지만(이미 발생한 사실), 그러나(도리어) ~하다(결과)

(특징) ① 虽然의 동의어 : 尽管, 虽说, 固然
② 但是 대신 쓸 수 있는 접속사 : 可是, 然而, 不过, 而
③ 虽然과 호응하는 부사 : 则, 却, 倒, 还是, 仍然, 总是

虽然谈判之初双方意见并不一致，**但是**最后**还是**共识了协议。
협상 초기에는 양측의 의견이 불일치했지만, 마지막에는 그래도 협의에 이르렀다.

3 인과 관계

因为+원인, 所以+결과 : ~때문에 그래서

(특징) ① 因为의 동의어 : 由于
② 所以 대신 쓸 수 있는 접속사 : 因此, 因而, 而
③ 因为와 호응하는 부사 : 就, 才

因为他说话直接，**所以**得罪了不少人。 그는 말을 너무 직선적으로 해서 많은 사람의 미움을 샀다.

既然……，那么就…… : (원인이) ~이니까, (그럼) ~하자(주관적인 결론)

(특징) ① 주관적인 생각을 나타낸다.
② 뒤 절에 为什么, 怎么能, 何必, 有什么, 吧, 别, 可能, 也许, 得, 应该 구문이 쓰인다.

既然他已经认识到自己错了，我们**就**不要再说他了。
어차피 그가 이미 자신의 잘못을 깨달았으니까, 우리 더 이상 뭐라고 하지 말자.

 빈칸에 들어갈 알맞은 접속사를 고르세요.

❶ ______ 生病了, 你要好好休息吧。 （因为 / 既然）

❷ ______ 明天下雨, 运动会照常举行。 （如果 / 即使）

정답 ❶ 既然　❷ 即使

독해
제1부분

 **예제**

난이도 下　　공략 Key 因为를 힌트로 정답 유추

　　工作中那种不懂装懂的人, 喜欢说: "这些工作真无聊。" 但他们内心的真正感觉是: "我什么事都做不好。" 他们希望年纪轻轻就功成名就, 但是他们又不喜欢学习、征求意见, 因为这样会被人认为他们"不胜任", ___________。

A 但是他们喜欢潇洒　　　　　　　　B 所以他们只好装懂

C 他们就接受丢面子　　　　　　　　D 但又受不了被人误解

정답&공략 ➡

해석　　工作中那种不懂装懂的人, 喜欢说: "这些工作真无聊。" 但他们内心的真正感觉是: "我什么事都做不好。" 他们希望年纪轻轻就功成名就, 但是他们又不喜欢学习、征求意见, 因为这样会被人认为他们"不胜任", <u>所以他们只好装懂</u>。

　　일을 하는 데 있어 모르면서도 아는 척하는 사람들은 "이런 일은 정말 시시하다"라고 말한다. 하지만 마음속으로 진짜로 느끼는 것은 '나는 어떤 일도 잘 할 수 없어'이다. 그들은 어린 나이에 이름이 나길 바라지만 또 공부를 하거나 의견을 구하는 것은 싫어하는데, 이렇게 하면 다른 사람들이 그들은 감당 못한다고 여길까 봐서이다. <u>그래서 그들은 어쩔 수 없이 아는 척한다.</u>

A 但是他们喜欢潇洒
Ⓑ **所以他们只好装懂**
C 他们就接受丢面子
D 但又受不了被人误解

A 하지만 그들은 거리낌 없는 걸 좋아한다
Ⓑ **그래서 그들은 어쩔 수 없이 아는 척한다**
C 그들은 망신당하는 것을 받아들인다
D 하지만 또 다른 사람에게 오해를 받는 것은 견디지 못한다

공략　힌트는 밑줄 앞에 위치한 접속사 因为이다. 因为는 所以와 함께 원인과 결과를 나타내는 인과 관계에 쓰이므로 보기 중 所以가 언급되어 있는 B가 정답이다.

어휘　不懂装懂 bù dǒng zhuāng dǒng 모르면서 아는 척하다 | ★无聊 wúliáo 혱 시시하다, 무료하다 | ★任何 rènhé 떼 무슨, 어떠한 | ★年纪 niánjì 몡 나이 | 功成名就 gōng chéng míng jiù 쥉 공을 세워 이름을 떨치다 | ★征求 zhēngqiú 통 (의견을) 구하다 | ★胜任 shèngrèn 통 능히 감당하다 | 潇洒 xiāosǎ 혱 스마트하다, 거리낌이 없다 | ★只好 zhǐhǎo 뷔 부득이 | ★丢面子 diū miànzi 통 창피를 당하다 | ★误解 wùjiě 통 오해하다

第 1–11 题：请选出正确答案。

1–3.

　　古时候有一个老人。一天，他的一匹马跑到了另一个国家。大家都__1__他，可是他却说："马丢了一定是坏事吗? 我看不一定。"__2__，不久以后，那匹马带着一匹外国的好马回来了。大家又都跑过来祝贺他。可是老人说："马回来了也不一定是好事啊。"有一天早上，老人的儿子骑那匹好马时把腿摔断了。可是，面对大家的同情，老人还是那句话："你们怎么能够马上判断出这是好还是坏呢?"

　　第二年，发生了战争，所有的成年男人都不得不去当兵，大多数都死在了战场上。可是，老人的儿子由于断了一条腿，留在了家里，__3__。

1. **A** 安慰　　　　　　**B** 惭愧　　　　　　**C** 感谢　　　　　　**D** 鼓励

2. **A** 果然　　　　　　**B** 急忙　　　　　　**C** 毕竟　　　　　　**D** 到底

3. **A** 陪老人过幸福的日子　　　　　　**B** 娶了一个姑娘
　　C 保住了自己的命　　　　　　　**D** 照顾那些受伤的士兵

4–7.

　　有一个人认为自己最大的缺点是胆小。为此，他很自卑。他去看心理医生。医生听了他的诉说："这怎么能叫缺点呢? 分明就是个优点嘛。你只不过非常__4__罢了。而这样的人总是最可靠。"他有些疑惑："怎么勇敢反倒成了缺点了?"医生摇摇头："不，胆小是优点，而勇敢是另一种优点。就好像白银与黄金相比，人们更注重黄金，但并不能__5__白银。如果你是个战士，胆小__6__是个缺点；如果你是个司机，胆小肯定是个优点。你与其想办法克服胆小，还不如想办法增长自己的学识、才干。当你拥有较多见识、较宽阔视野的时候，__7__，也很困难了!"

4. **A** 周到　　　　　　**B** 谨慎　　　　　　**C** 沉默　　　　　　**D** 专心

5. **A** 承认　　　　　　**B** 确定　　　　　　**C** 否定　　　　　　**D** 珍惜

6.　**A** 显然　　　　　　　　**B** 居然　　　　　　　　**C** 竟然　　　　　　　　**D** 依然

7.　**A** 哪怕你非常有勇气　　　　　　　**B** 没有人笑话你
　　C 只要能坚持下去　　　　　　　　**D** 即使你想做胆小鬼

8-11.

　　狐狸和猴子已经好几天没吃东西了，就在它们饿得快要晕倒时，它们发现了一个洞穴，里面有个神像和两个盒子。狐狸哀求神像："我们已经几天没吃东西了，这样下去我们会饿死的。"神像说："好吧！这儿有两个盒子，一个装满食物，一个是空的，你只能用__8__来选择一个。"狐狸说："__9__"它刚说完，一个盒子开口了："哼，我才不是空的呢。"狐狸一听，赶紧__10__手抱走了另一个盒子，打开一看，里面果然全是食物。猴子大惑不解地问狐狸："你怎么知道这个盒子里面有食物？"狐狸笑着说：肚子里空空的人最怕别人说他是空盒子，肚子里有货的人，你说他什么都__11__。

8.　**A** 观察　　　　　　**B** 威胁　　　　　　**C** 幻想　　　　　　**D** 训练

9.　**A** 那我两个都要　　　　　　　　**B** 那我来想想办法吧
　　C 可我只想要有食物的盒子　　　　**D** 我看这两个盒子肯定是空的

10.　**A** 摸　　　　　　**B** 伸　　　　　　**C** 拍　　　　　　**D** 摇

11.　**A** 了不起　　　　　　**B** 不得了　　　　　　**C** 不在乎　　　　　　**D** 不一定

14 day 친구 단어끼리 짝지어라

✓ 1 빈칸의 품사를 확인하자
✓ 2 빈출 동사의 호응 명사를 암기하자
✓ 3 빈출 형용사의 호응 명사를 암기하자

독해 제1부분에서 측정하고자 하는 능력은 무엇보다 독해력이다. 하지만 제시된 지문을 항상 100% 이해할 수는 없다. 이럴 경우, '생활을 개선하다'라고 하지 '생활을 초래하다'라고 하지 않는 것처럼, 단어마다 각각 잘 어울리는 '친구' 단어가 있으므로 이를 연결해주면 답을 찾을 수 있다.

기초 실력 테스트 TEST

1 다음 중 빈칸에 들어갈 알맞은 단어를 고르세요.

个子　产生　消息　填　招呼　满足　要求　舒适　养成　诚恳

❶ 她在网站上看到了这个激动人心的______。

❷ 人与人之间如果缺少交流，可能就会______误会。

❸ 先生，请您先______一下这张申请表。

❹ 你跟姥姥打过______了吗？

❺ 父母对孩子的______不能太高。

❻ 我被家长______的态度感动了，就接收了9个孩子。

❼ 我们应该从小就______读书的好习惯。

❽ 我们预定了环境______的饭店。

5급 기출문제 맛보기

 **맛보기**

文化就像一个胃，如果健康的话，各种食物都能接受，都能消化，并转化为自己身体所需要的各种__1__。这张胃如果这也不能吃，那也不适应，那是胃本身出了__2__。为了胃好，就需要让它能够接受自己原来不适应的各种食物，而不是只让它偏食。同样，__3__，对待其他文化最好的办法不是拒绝而是吸收。一个吸收其他文化的胃，最终也会把其他文化__4__到自己的文化中去。

1. A 营养　　　　　B 性能　　　　　C 肌肉　　　　　D 物质

2. A 缺点　　　　　B 病毒　　　　　C 毛病　　　　　D 事故

3. A 我们把胃当做文化看待　　　　　B 要保持良好的文化优势
   C 文化对一个国家很重要　　　　　D 善于接受其他文化优势

4. A 调整　　　　　B 造成　　　　　C 融合　　　　　D 分别

정답&공략

文化就像一个胃，如果健康的话，各种食物都能接受，都能消化，并转化为自己身体所需要的各种 1 **营养** 。这张胃如果这也不能吃，那也不适应，那是胃本身出了 2 **毛病** 。为了胃好，就需要让它能够接受自己原来不适应的各种食物，而不是只让它偏食。同样， 3 **要保持良好的文化优势** ，对待其他文化最好的办法不是拒绝而是吸收。一个吸收其他文化的胃，最终也会把其他文化 4 **融合** 到自己的文化中去。

문화는 위(胃)와 같아서 만일 건강하다면 다양한 음식물을 받아들일 수 있고 다 소화할 수 있으며 게다가 자신의 몸에 필요한 각종 **영양소**로 전환시킬 수 있다. 이 위가 만일 이것도 먹을 수 없고 저것에도 적응하지 못한다면, 그것은 위 자체에 **문제**가 생긴 것이다. 위가 좋아 지기 위해서는 원래 받아들이지 못했던 각종 음식물을 받아들이도록 하는 게 필요하지, 위가 편식하도록 하면 안 된다. 마찬가지로 **좋은 문화적 우위를 유지하려면**, 다른 문화를 대하는 가장 좋은 방법은 거부가 아니라 받아들이는 것이다. 다른 문화를 받아들이는 위가 결국 다른 문화를 자신의 문화 속에 **융합시킬** 수 있다.

어휘　像 xiàng 동 비슷하다 | 胃 wèi 명 (사람·동물의) 위 | 转化为 zhuǎnhuà wéi ～로 바꾸다, 전환하다 | ★适应 shìyìng 동 적응하다 | 本身 běnshēn 명 그 자체 | 偏食 piānshí 동 편식하다 | 对待 duìdài 동 (상)대하다 | ★不是……而是…… búshì……érshì…… ～이 아니라 ～이다 | ★吸收 xīshōu 동 받아들이다 | ★拒绝 jùjué 동 거절하다 | ★融合 rónghé 동 융합하다 | ★营养 yíngyǎng 명 영양

1 **Ⓐ** 营养 B 性能
C 肌肉 D 物质

Ⓐ 영양소 B 성능
C 근육 D 물질

공략 빈칸 앞의 '身体所需要的'가 힌트로 위에서 먹거리를 인체에 필요한 영양소로 전환시키므로 营养이 정답이다. 性能은 기계의 성능이나 기능을 뜻하며 物质는 화학 물질을 의미한다.

난이도 中 공략 Key 동사 出

2 A 缺点 B 病毒
Ⓒ 毛病 D 事故

A 단점 B 바이러스
Ⓒ 고장, 문제 D 사고

공략 빈칸 앞의 동사 出가 힌트로 보기에서 이와 호응을 이루는 명사는 毛病과 事故이다. '出事故'는 '사고가 발생하다'로 교통사고 관련에 주로 쓰이는 표현이며, '出毛病'은 '고장이 나다, 문제가 생기다'이므로 정답은 C이다. 病毒는 동사 中과 함께 쓰여 '바이러스에 감염되다'라는 뜻이다.

난이도 上 공략 Key 문장 구조 파악

3 A 我们把胃当做文化看待
Ⓑ 要保持良好的文化优势
C 文化对一个国家很重要
D 善于接受其他文化优势

A 우리는 위를 문화로 여겨야 한다
Ⓑ 좋은 문화 우위를 유지하려면
C 문화는 한 나라에 매우 중요하다
D 다른 문화의 뛰어난 점을 잘 받아들여야 한다

공략 이 글이 문화를 위에 비유한 글임을 염두에 두고 문장의 구조를 통해 정답을 유추해야 한다. 同样의 앞부분에서 위를 좋게 하기 위해서 편식하면 안 된다고 했으므로, 같은 패턴의 문장을 찾으면 정답은 B이다.

어휘 ★保持 bǎochí 图 유지하다 | ★善于 shànyú 图 ~을 잘하다

난이도 上 공략 Key 문맥 파악

4 A 调整 B 造成
Ⓒ 融合 D 分别

A 조정하다 B 초래하다
Ⓒ 융합하다 D 분별하다

공략 힌트는 到와 방위사 中이다. 造成과 分别는 결과보어 到를 수반할 수 없고, 调整이 到와 함께 쓰이면 '~로 조정하다'라는 뜻으로 정도를 나타낸다. 다른 나라의 문화를 자신의 문화 속으로 들어가게 하는 것이므로 '합치다'의 의미를 내포하고 있는 融合가 정답이다.

어휘 ★调整 tiáozhěng 图 조정하다

5급 **독해 공략** 하기

공략 1. 빈칸에 들어갈 품사와 호응 구조를 분석하라

빈칸에 들어갈 단어의 품사를 알면 정답 찾기가 훨씬 쉬워진다. 정답의 품사와 다른 보기는 우선 소거할 수 있고, 문장에서 어떤 위치에 놓이는지, 어떤 단어와 호응하는지 파악할 수 있기 때문이다.

1 빈칸에 들어갈 품사를 구분하자

❶ 빈칸 뒤에 동태조사 了, 着, 过가 있다면 동사를 찾아라.

我们针对您这样的教育工作者＿＿＿了特别优惠的计划。(**制定** / 充足)
저희는 당신과 같이 스포츠에 종사하는 사람들을 대상으로 특별한 우대 계획을 세웠습니다.

❷ 빈칸 뒤에 得, 到, 一次, 一个小时 등의 보어가 있다면 동사를 찾아라.

这件事＿＿＿到中国学术界的未来。(**关系** / 重要) 이 일은 중국 학술계의 미래에 관계되어 있다.

❸ 빈칸 앞에 정도부사가 있다면 형용사를 찾아라.

战争时期，军人的基本生活没有保障，生活条件**特别**＿＿＿。(要求 / **艰苦**)
전쟁 시기에 군인들의 기본 생활이 보장되지 않아서 생활이 굉장히 고달팠다.

❹ 빈칸이 구조조사 的의 뒤에 있다면 명사를 찾아라.

这样单调**的**＿＿＿绝不能使我们快乐。(欣赏 / **生活**)
이런 단조로운 생활은 절대로 우리를 즐겁게 하지 못한다.

2 서로 호응하는 '친구' 단어를 찾자

중국어의 문장은 6개의 문장 성분으로 이루어지고, 이들은 서로 유기적으로 연결되므로 품사를 알고 문장에서의 위치를 파악하면 어울리는 '친구' 단어를 찾아낼 수 있다.

❶ 동사 술어를 묻는 경우는 목적어를 살펴라.

他＿＿＿大家的**肯定**。(**得到** / 观察) 그는 모두의 인정을 얻었다.

> **분석** 肯定(인정)은 얻는 것이지 관찰하는 것이 아니므로 정답은 得到(얻다)이다.

❷ 목적어를 묻는 경우는 동사 술어를 살펴라.

等我醒来的时候，我发现身上**盖着**＿＿＿。(**毛毯** / 帽子)
내가 깨어났을 때, 나는 몸에 담요가 덮여 있는 것을 발견했다.

> **분석** 毛毯(담요)은 덮을 수 있지만 帽子(모자)는 戴(쓰다) 혹은 摘(벗다)라는 동사를 쓴다.

❸ 주어나 목적어를 묻는 경우는 관형어를 살펴봐야 한다.

听说服装行业有**很高的**＿＿＿，我们去市场调查一下。(危险 / **利润**)
의류 사업이 이윤이 높다던데, 우리 시장조사 한번 해보자.

분석 관형어 '很高的'와 호응하는 명사는 利润(이윤)이다. 危险(위험)은 大(크다)와 호응한다.

❹ 형용사 술어를 묻는 경우는 주어를 살펴라.

土豆的吸油**能力**非常＿＿＿。(深 / 强) 감자의 기름 흡수력은 매우 강하다.

분석 주어 能力(능력)와 호응하는 것은 强이다. 深은 정도나 깊이가 깊은 것을 의미한다.

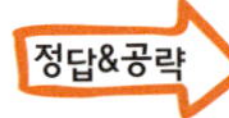

•예제

난이도 下　공략 Key 동사 获得의 호응 구조

> 　　绝大多数人都会断定，银牌获得者会比铜牌获得者更快乐些，因为他获得
> 了更高的＿＿＿。
>
> A 命运　　　　　　B 荣誉　　　　　　C 寿命　　　　　　D 魅力

정답&공략

해석 　绝大多数人都会断定，银牌获得者会比铜牌获得者更快乐些，因为他获得了更高的 **荣誉**。

절대 다수의 사람들이 모두 은메달리스트가 동메달리스트보다 더 즐거울 것이라 단정짓는데, 이는 은메달리스트가 더 높은 **영예**를 얻었기 때문이다.

A 命运　　　　　　**Ⓑ 荣誉**
C 寿命　　　　　　D 魅力

A 운명　　　　　　**Ⓑ 영예**
C 수명　　　　　　D 매력

공략 빈칸이 的의 뒤, 목적어 자리이므로 술어를 힌트로 삼는다. 获得는 상, 장학금, 인정 등 좋은 것을 얻는 것이므로, 보기 중 이와 호응하는 것은 荣誉뿐이다. 寿命은 길고 짧다거나 연장 또는 단축된다는 동사와 호응하며 魅力는 '(매력이) 있다 혹은 없다'라는 술어와 함께 쓰인다.

어휘 ★断定 duàndìng 图 단정하다 ︳银牌获得者 yínpái huòdézhě 图 은메달리스트 ︳铜牌 tóngpái 图 동메달 ︳命运 mìngyùn 图 운명 ︳荣誉 róngyù 图 영예 ︳寿命 shòumìng 图 수명 ︳魅力 mèilì 图 매력

공략 2. 동사와 명사 호응 구조를 암기하라

빈칸에 들어갈 단어의 품사를 알고, 또 그 단어와 호응하는 '친구' 단어의 위치도 찾았지만 어휘량 부족으로 정답을 고르지 못하는 경우가 많다. 자주 출제되는 동사와 목적어의 호응 구조를 미리 숙지하자.

〈빈출 '동사 술어+목적어' 호응 구조 40〉

독해
제1부분

安装电脑 컴퓨터를 설치하다 ǀ 安装软件 프로그램을 설치하다	把握机会 기회를 잡다 ǀ 把握机遇 시기를 잡다
办理手续 수속하다 ǀ 办理业务 업무를 처리하다	保持身材 몸매를 유지하다 ǀ 保持健康 건강을 유지하다
表达感情 감정을 나타내다 ǀ 表达想法 생각을 나타내다	承担责任 책임을 감당하다 ǀ 承担费用 비용을 감당하다
充满活力 활력이 충만하다 ǀ 充满信心 자신감이 충만하다	创造奇迹 기적을 만들다 ǀ 创造幸福 행복을 만들다
促进发展 발전을 촉진하다 ǀ 促进关系 관계를 촉진시키다	达到目标 목표에 도달하다 ǀ 达到程度 정도에 다다르다
戴上帽子 모자를 쓰다 ǀ 戴上太阳镜 선글라스를 쓰다	导致疾病 질병을 초래하다 ǀ 导致后果 나쁜 결과를 초래하다
得到肯定 인정받다 ǀ 得到认可 허가 받다	发表作品 작품을 발표하다 ǀ 发表意见 의견을 발표하다
犯了错误 잘못을 범하다 ǀ 犯了过失 과실을 범하다	符合要求 요구에 부합하다 ǀ 符合条件 조건에 부합하다
改正错误 잘못을 고치다 ǀ 改正缺点 단점을 고치다	缓解压力 스트레스를 줄이다 ǀ 缓解疲劳 피로를 완화하다
恢复健康 건강을 회복하다 ǀ 恢复原状 원상태를 회복하다	积累经验 경험을 축적하다 ǀ 积累财富 부를 축적하다
交流意见 의견을 교류하다 ǀ 交流感情 감정을 교류하다	具备能力 능력을 구비하다 ǀ 具备条件 조건을 구비하다
克服困难 어려움을 극복하다 ǀ 克服问题 문제를 극복하다	控制感情 감정을 통제하다 ǀ 控制情况 상황을 통제하다
满足要求 요구를 만족시키다 ǀ 满足需要 수요를 만족시키다	面临挑战 도전에 직면하다 ǀ 面临危机 위기에 직면하다
培养人才 인재를 양성하다 ǀ 培养兴趣 취미를 기르다	起到作用 작용을 일으키다 ǀ 起到效果 효과를 일으키다
失去信心 자신감을 잃다 ǀ 失去机会 기회를 잃다	实现梦想 꿈을 실현하다 ǀ 实现愿望 염원을 실현하다
实行政策 정책을 실행하다 ǀ 实行制度 제도를 실행하다	受到欢迎 환영 받다 ǀ 受到影响 영향 받다
提高水平 수준을 높이다 ǀ 提高效率 효율을 높이다	提供信息 정보를 제공하다 ǀ 提供帮助 도움을 제공하다
享受生活 생활을 누리다 ǀ 享受美食 맛있는 음식을 누리다	欣赏风景 풍경을 감상하다 ǀ 欣赏才能 재능을 좋게 보다
养成性格 성격을 기르다 ǀ 养成习惯 습관을 기르다	掌握外语 외국어를 학습하다 ǀ 掌握技术 기술을 학습하다
征求意见 의견을 구하다 ǀ 征求方案 방안을 구하다	制定计划 계획을 세우다 ǀ 制定政策 정책을 세우다

·예제

> “沉默是金”尊为处世哲学，是一种智慧的表现。但是现代社会，竞争激烈，面对问题，我们要勇于表达自己的想法。而且面对确实存在问题的时候，去＿＿＿＿机会，要提出问题所在，这才是解决问题的最佳方法。
>
> A 保存　　　　B 统治　　　　C 把握　　　　D 产生

정답&공략

해석　“沉默是金”尊为处世哲学，是一种智慧的表现。但是现代社会，竞争激烈，面对问题，我们要勇于表达自己的想法。而且面对确实存在问题的时候，去 <u>把握</u> 机会，要提出问题所在，这才是解决问题的最佳方法。

'침묵은 금이다'라는 말은 처세 철학으로 존중 받으며, 지혜를 표현하는 한 방법이다. 하지만 현대 사회는 경쟁이 치열해서 문제를 맞닥뜨리면 용감하게 자신의 생각을 표현해야 한다. 또한 분명히 존재하는 문제에 봉착했을 때는, 기회를 <u>포착하여</u> 문제가 있음을 제기해야 한다. 이것이야말로 문제를 해결하는 가장 좋은 방법이다.

A 保存　　　　B 统治
C 把握　　　　D 产生

A 보존하다　　　B 통치하다
C 포착하다　　　D 생기다

공략　빈칸 다음의 명사 机会가 힌트로, 보기 중에서 机会와 호응을 이루는 것은 把握뿐이다. 이처럼 호응 구조만 암기해 놓으면 전체 지문을 해석하지 않아도 문제를 해결할 수 있다.

어휘　★沉默 chénmò 동 침묵하다 | 尊为 zūnwéi ~으로 떠받들다, ~로 존중받다 | 处世哲学 chǔshì zhéxué 처세 철학 | ★智慧 zhìhuì 명 지혜 | ★竞争 jìngzhēng 명 경쟁 | ★激烈 jīliè 형 치열하다, 격렬하다 | 面对 miànduì 동 직면하다 | 勇于 yǒngyú 동 용감하게 ~하다 | ★确实 quèshí 형 확실하다 | 所在 suǒzài 명 장소, 소재 | 最佳 zuìjiā 형 가장 좋다 | ★保存 bǎocún 동 보존하다 | 统治 tǒngzhì 동 통치하다 | ★把握 bǎwò 동 파악하다, 포착하다 | ★产生 chǎnshēng 동 생기다

공략 3. 형용사의 호응 구조를 암기하라

형용사를 고르는 문제는 비교적 쉬운 편이지만, 의외로 오답이 많다. 형용사는 동사와 달리 목적어를 가질 수 없기 때문에 힌트가 될 '친구' 단어는 주어, 관형어 부분에서 찾아야 한다. 个子와 高를 가지고 '个子很高'도 가능하고 '很高的个子'도 가능하다는 점을 잊지 말고, 우선 주어와 술어의 형식으로 형용사의 호응 구조를 암기해두자.

⟨빈출 '주어+형용사 술어' 호응 구조 30⟩

比赛**精彩** 시합이 훌륭하다	差距**显著** 차이가 현저하다	成绩**优秀** 성적이 우수하다
分布**广泛** 분포가 광범위하다	服务**周到** 서비스가 주도면밀하다	关系**密切** 관계가 밀접하다
环境**舒适** 환경이 쾌적하다	环境**优美** 환경이 아름답다	技术**熟练** 기술이 숙련되다
经验**丰富** 경험이 풍부하다	教育**发达** 교육이 발달하다	竞争**激烈** 경쟁이 치열하다
空气**清新** 공기가 신선하다	立场**坚定** 입장이 확고하다	理由**充分** 이유가 충분하다
历史**悠久** 역사가 오래되다	目标**明确** 목표가 확실하다	能力**强** 능력이 뛰어나다
生活**充实** 생활이 충실하다	睡眠**充足** 수면이 충분하다	色彩**鲜明** 색채가 선명하다
生命力**顽强** 생명력이 강하다	头脑**冷静** 머리가 냉정하다	态度**诚恳** 태도가 간절하다
态度**谦虚** 태도가 겸손하다	污染**厉害** 오염이 심각하다	性格**倔强** 성격이 강하다
要求**合理** 요구가 합리적이다	意志**坚强** 의지가 강하다	印象**深刻** 인상이 깊다

•예제

난이도 **上**　　공략 Key [、]와 人으로 정답 유추

> 　　我姐姐的公司突然因为某些原因破产了，这几个星期姐姐变得很悲观，认
> 为自己是世界上最不幸、最______的人。
>
> A 善良　　　　　　B 谦虚　　　　　　C 糟糕　　　　　　D 倒霉

정답&공략

해석　　我姐姐的公司突然因为某些原因破产了，这几个星期姐姐变得很悲观，认为自己是世界上最不幸、最 <u>倒霉</u> 的人。

언니의 회사가 갑자기 어떠한 이유로 인해 파산을 해서, 최근 몇 주 동안 언니는 매우 비관적으로 변했고 자신이 세상에서 가장 불행하고 <u>운이 없는</u> 사람이라고 생각했다.

A 善良　　　　　B 谦虚
C 糟糕　　　　　**D 倒霉**

A 선량하다　　　　B 겸손하다
C 형편없다　　　　**D 운이 없다**

공략　　병렬을 나타내는 문장부호 [、]으로 연결되었기 때문에 不幸과 같이 좋지 않은 뜻을 지닌 단어가 들어가야 한다. 糟糕와 倒霉는 모두 사람을 수식할 수 있지만, 糟糕는 됨됨이가 형편없음을 의미하며, 倒霉는 운이 없음을 나타내기 때문에 정답은 倒霉이다.

어휘　　★破产 pòchǎn 동 망하다, 파산하다 | ★悲观 bēiguān 형 비관적이다 | ★善良 shànliáng 형 착하다 | ★谦虚 qiānxū 형 겸손하다 | ★糟糕 zāogāo 형 형편없다 | ★倒霉 dǎoméi 형 재수 없다, 운이 없다

第 1–10 题：请选出正确答案。

1–4.

　　最近一项研究显示：交通事故的发生与汽车颜色有着__1__的关系。其中，黑色汽车发生事故的概率最大。银色和灰色汽车的__2__性仅次于黑色汽车，然后是红色、蓝色和绿色汽车，再其次是黄色，而白色汽车最安全。科学家们在对1000辆不同颜色的小汽车进行调查后发现，白色汽车出车祸的概率最小。__3__，这可能与白色对光线的反射率较高、较容易识别有关。不过，假如进行__4__地搭配，也可提高某些暗色的视觉效果。

1.　**A** 唯一　　　　　　**B** 全面　　　　　　**C** 密切　　　　　　**D** 紧急

2.　**A** 相似　　　　　　**B** 危险　　　　　　**C** 保险　　　　　　**D** 规律

3.　**A** 白色使人感觉凉快　　　　　　**B** 黄色与白色比较接近
　　C 白色成为汽车的安全色　　　　**D** 可是很多人不喜欢买白色汽车

4.　**A** 合理　　　　　　**B** 周到　　　　　　**C** 实行　　　　　　**D** 合法

5–7.

　　别以为很多人给出的意见是好事，有时结果会恰恰相反。因为每个人看问题的__5__不同，给出意见的目的也不相同，所以太注重听取别人的意见很容易让你拿不定主意。在__6__别人的意见之前，我们必须要有一个属于自己的清楚的信念，要__7__最终的目的是什么，这样才能在众多的声音中保持清醒的头脑，找出最适合企业发展的金玉良言。

5.　**A** 角度　　　　　　**B** 结构　　　　　　**C** 程序　　　　　　**D** 程度

6.　**A** 观察　　　　　　**B** 追求　　　　　　**C** 征求　　　　　　**D** 象征

✦정답 및 해설_ 해설집 60쪽

7.　**A** 实现　　　　　**B** 明确　　　　　**C** 突出　　　　　**D** 承认

8-10.

　　现在人们的生活水平提高了，生活节奏加快了，因此人们面对着辛苦和忙碌的生活，这使我们无法＿＿8＿＿生活，随着流走的时间，童年的好奇心和少年时期的梦想都慢慢＿＿9＿＿，我们脑子里总在想着忙着赶路，眼睛看着远处的山顶，脚飞快地行走，却忘了欣赏沿途的美丽＿＿10＿＿。有时候会问自己，这样生活值得吗？

8．**A** 计算　　　　　**B** 评价　　　　　**C** 享受　　　　　**D** 分析

9．**A** 传播　　　　　**B** 否定　　　　　**C** 移动　　　　　**D** 消失

10．**A** 情景　　　　　**B** 传说　　　　　**C** 学问　　　　　**D** 风景

고르고 비교해서 차이점을 찾자

+ 정답_ 해설집 204쪽

학습목표

✓1 유의어 여부를 구분해내는 능력을 기르자

✓2 유의어 간의 미묘한 차이를 잡아내는 훈련을 하자

✓3 빈출 유의어를 마스터하자

보기에 같은 글자를 포함하고 있는 어휘가 여러 개 나와 있다면 유의어를 묻는 문제이다. 이들은 비슷한 모양 혹은 의미를 지니고 있지만 좀 더 깊이 파헤치면 분명한 차이점이 있기 때문에 전문적인 학습이 필요하다. 어렵다고 포기하지 말고 유의어 공략법을 충실히 익히자.

기초 실력 테스트 TEST

■ 다음 중 빈칸에 들어갈 알맞은 것을 고르세요.

❶ 他家的阳台上＿＿＿＿了很多花盆，特别漂亮。

　A 摆放　　　　　B 摆动

❷ 这儿四季分明，3月底的时候，到处都有春天的＿＿＿＿。

　A 感激　　　　　B 感觉

❸ 龙山电子一条街只用了三五年＿＿＿＿就迅速发展起来了。

　A 时间　　　　　B 时候

❹ 这件衣服＿＿＿＿我穿。

　A 合适　　　　　B 适合

❺ 我对他给我的意见很＿＿＿＿。

　A 满意　　　　　B 满足

❻ 教室里＿＿＿＿了笑声。

　A 充足　　　　　B 充满

5급 기출문제 맛보기

 맛보기

有一个老人和年轻人在海边钓鱼，老人见年轻人动作笨拙，问：“刚学钓鱼吧？”年轻人点头。老人又说：“我从小就在这儿钓鱼，几十年了，＿＿1＿＿此养活了自己。”年轻人说：“您能教我钓鱼吗？我要钓很多很多的鱼，赚了钱就买一条渔船，接着赚更多的钱买更多的渔船，然后＿＿2＿＿公司，再争取让公司上市。”老人又问：“公司上市后，你打算干什么呢？”年轻人回答：“那时可能我已经老了，我就可以到这儿钓鱼了。”老人不解地说：“你现在就可以这样做呀，和我一样。”年轻人说：“不一样。您的一生只是一个点，而我的一生将是一个圆。”

一个人从生到死的距离，叫做一生。人生的区别，＿＿3＿＿。如果人生只是停在原地不动，如果人生没有获得不同的＿＿4＿＿，如果人生没有弄清更多的为什么，这样的人生是短暂而了无生趣的。

1. A 露　　　　　B 趁　　　　　C 乘　　　　　D 靠

2. A 树立　　　　B 建立　　　　C 成立　　　　D 购物

3. A 关键是能否把握机会　　　　　B 一切都是命运决定的
   C 首先要学会尊重别人　　　　　D 在于如何走过这段距离

4. A 感受　　　　B 心情　　　　C 光荣　　　　D 途径

정답&공략

有一个老人和年轻人在海边钓鱼，老人见年轻人动作笨拙，问：“刚学钓鱼吧？”年轻人点头。老人又说：“我从小就在这儿钓鱼，几十年了，1 靠 此养活了自己。”年轻人说：“您能教我钓鱼吗？我要钓很多很多的鱼，赚了钱就买一条渔船，接着赚更多的钱买更多的渔船，然后 2 成立 公司，再争取让公司上市。”老人又问：“公司上市后，你打算干什么呢？”年轻人回答：“那时可能我已经老了，我就可以到这儿钓鱼了。”老人不解地说：“你现在就可以这样做呀，和我一样。”年轻人说：“不一样。您的一生只是一个点，而我的一生将是一个圆。”

노인과 젊은이가 해변에서 낚시를 하고 있었는데, 노인이 젊은이의 동작이 서툰 것을 보고 “낚시를 배운 지 얼마 안 되었나 보군?”이라고 묻자, 젊은이가 고개를 끄덕였다. “나는 어렸을 때부터 여기에서 낚시를 했다네. 벌써 몇십 년이나 되었군. 이것에 **기대어** 스스로를 부양했지”라고 노인이 말했다. 젊은이는 “제게 낚시하는 것을 가르쳐주실 수 있으세요? 저는 물고기를 많이 잡아서 돈을 번 후에 어선을 살 겁니다. 계속해서 돈을 더 많이 벌면 더 많은 어선을 사고, 그런 후에 회사를 **세우고**, 또 회사를 상장하려고 애쓸 겁니다”라고 말했다. 노인이 다시 물었다. “회사를 상장한 후에는 무엇을 할 계획인가?” 젊은이가 대답했다. “그때는 제가 어쩌면 이미 늙었겠지요, 그러면 이곳에 와서 낚시를 할 수 있을 거

一个人从生到死的距离，叫做一生。人生的区别，<u>3 在于如何走过这段距离</u>。如果人生只是停在原地不动，如果人生没有获得不同的 <u>4 感受</u>，如果人生没有弄清更多的为什么，这样的人生是短暂而了无生趣的。

예요." 노인은 이해가 안 되어 말했다. "자네는 나처럼 지금도 이렇게 할 수 있네." 젊은이는 "다릅니다. 선생님의 일생은 하나의 점일 뿐이지만 저의 일생은 하나의 원입니다"라고 말했다.

사람이 태어나서 죽을 때까지의 거리를 일생이라고 하면, 인생의 차이는 **어떻게 이 거리를 가는지에 달려 있다**. 만일 인생이 원래의 자리에서 멈추어 있거나 다른 **느낌**을 얻을 수가 없고, 인생에서 더 많은 왜를 분명히 알지 못한다면, 이런 인생은 짧고 아무런 의미가 없다.

어휘 ★钓鱼 diàoyú 〔동〕 낚시하다 | 笨拙 bènzhuō 〔형〕 굼뜨다, 서툴다 | ★点头 diǎntóu 〔동〕 고개를 끄덕이다 | ★靠 kào 〔동〕 기대다 | 养活 yǎnghuo 〔동〕 먹여 살리다, 부양하다 | ★赚钱 zhuànqián 〔동〕 돈을 벌다 | ★接着 jiēzhe 〔부〕 연이어 | ★争取 zhēngqǔ 〔동〕 ~하려고 힘쓰다 | 上市 shàngshì 〔동〕 상장되다 | 区别 qūbié 〔명〕 구별, 차이 | ★弄清 nòngqīng 〔동〕 확실히 하다 | ★短暂 duǎnzàn 〔형〕 (시간이) 짧다 | 了无生趣 liǎo wú shēng qù 아무런 의미가 없다

난이도 中 **공략 Key** 此의 의미

1 A 露　　　　　B 趁　　　　　A 드러내다　　　　B ~을 틈타
　　C 乘　　　　　**D** 靠　　　　　C 타다, 오르다　　**D** 기대다

공략 밑줄 뒤 대사 此가 힌트로 이 글에서 此는 '在海边钓鱼'를 가리킨다. 해변에서 낚시를 하는 것으로 자신을 부양했다고 했으므로 정답은 靠이다.

난이도 上 **공략 Key** 立가 포함된 유의어 구분

2 A 树立　　　　　B 建立　　　　　A 수립하다　　　　B 건립하다
　　C 成立　　　　D 购物　　　　　**C** 창립하다　　　　D 구입하다

공략 立라는 공통분모가 있는 유의어 비교 문제다. 빈칸의 뒤가 公司이므로 조직을 만들거나 회사를 세운다는 뜻인 成立가 정답이다.

난이도 上 **공략 Key** 문맥 파악

3 A 关键是能否把握机会　　　　　A 관건은 기회를 잡느냐 못 잡느냐이다
　　B 一切都是命运决定的　　　　　B 모든 것은 운명이 결정짓는다
　　C 首先要学会尊重别人　　　　　C 우선 다른 사람을 존중하는 것을 배워야 한다
　　D 在于如何走过这段距离　　　**D** 어떻게 이 거리를 가느냐에 달려 있다

공략 빈칸의 앞뒤 문맥을 정확히 파악해 정답을 찾아야 한다. 지문에서 인생의 차이점은 인생을 어떻게 가는지에 있다는 것을 알 수 있으므로 정답은 D이다. 동사 在于는 原因, 目的, 区别와 주로 호응한다.

난이도 上 **공략 Key** 获得와 호응하는 명사

4 **A** 感受　　　　B 心情　　　　　**A** 느낌　　　　　B 기분
　　C 光荣　　　　D 途径　　　　　C 영광, 영예　　　D 과정, 경로

공략 힌트는 빈칸 앞의 동사 获得이다. 보기 중 心情과 途径은 获得와 함께 쓰이지 않으며, 인생의 영광이나 영예를 얻는 것이 아닌 삶을 살아가는 데 있어서의 다양한 체험이나 느낌을 얻을 수 있는 것을 의미하므로 정답은 感受이다.

5급 독해 공략 하기

공략 1. '무늬만 유의어'에 속지 말자

待遇와 接待를 유의어라고 할 수 있을까? 모양만 본다면 두 글자 중 한 글자가 같기 때문에 유의어 처럼 보이지만, 이들은 품사도 다르고 의미도 확연히 다르다. 待遇는 명사로 '대우'이며, 接待는 동사로 '접대하다, 대접하다'의 뜻이다. 비슷한 단어가 나열되어 있다고 해서 유의어 문제라 단정지어서는 안 된다.

•예제

난이도 下　공략 Key 前面을 힌트로 정답 유추

> 　　　楚王知道齐国大夫晏子的身材矮小，于是晏子到了楚国的时候，就叫人在城门旁边开了一个很小的洞，然后叫人把城门关了。晏子来到楚国，看了前面的______，马上就明白了楚王的意图。
>
> A 情景　　　　　B 景色　　　　　C 背景　　　　　D 奇迹

정답&공략

해석　楚王知道齐国大夫晏子的身材矮小，于是晏子到了楚国的时候，就叫人在城门旁边开了一个很小的洞，然后叫人把城门关了。晏子来到楚国，看了前面的 <u>情景</u>，马上就明白了楚王的意图。

초나라 왕은 제나라 재상 안자의 몸이 왜소한 것을 알고는 안자가 초나라에 왔을 때 신하에게 성문 옆에 작은 구멍을 열어놓게 하고 성문을 닫게 했다. 안자가 초나라에 와서 눈앞의 광경을 보고는 즉시 초나라 왕의 의도를 알아차렸다.

Ⓐ **情景**　　　B 景色　　　　Ⓐ **광경**　　　B 풍경
C 背景　　　D 奇迹　　　　C 배경　　　D 기적

공략　보기의 어휘 대부분에 景라는 공통분모가 있어 유의어 비교 문제로 보이지만, 사실 각각의 어휘는 상당한 의미 차이가 있다. '看了前面的____(앞의 ~을 보고는)'이라고 했으므로 앞에 벌어진 '상황'을 묻는 것이다. 보기 중에서 '상황'에 해당하는 어휘는 情景뿐이다. 유의어 비교 문제로 눈속임했지만 어휘의 뜻만 알면 풀 수 있는 비교적 간단한 문제이다.

어휘　大夫 dàifū 명 재상 | 晏子 Yànzǐ 고유 안자(춘추 시대 제나라의 재상) | ★矮小 ǎixiǎo 형 왜소하다 | ★洞 dòng 명 구멍 | 意图 yìtú 명 의도 | 情景 qíngjǐng 명 광경, 정경 | 景色 jǐngsè 명 풍경 | 背景 bèijǐng 명 배경

유의어를 분석하는 방법은 여러 가지가 있다. 무턱대고 암기하는 것보다 눈으로 보았을 때 바로 찾아낼 수 있는 차이점을 통해 뜻을 구분하는 것이 좋다. 여러 개의 유의어가 제시되면 먼저 단어 구성 형태를 살펴보고 공통적인 글자와 서로 다른 글자를 찾는다. 이때 서로 다른 글자를 통해 유의어의 뜻을 추측해볼 수 있다.

摆动	动 움직이다	'놓아둔 것이 움직이다'의 의미로 구체적인 물건을 움직이거나 건드리는 것을 뜻한다.
摆放	放 두다	'놓아두다'의 의미로 구체적인 물건을 그냥 놓아두거나 진열해둔다는 뜻이다.
吸收	收 받아들이다	'흡입해서 받아들이다'의 의미로 외부의 것을 내부로, 즉 수분이나 영양분, 다른 이의 경험 등을 받아들인다는 것을 뜻한다.
吸引	引 끌어들이다	'흡입해서 끌어들이다'의 의미로 주로 아름다운 풍경 등이 사람을 끌어들인다는 것을 뜻한다.
改善	善 좋다	'좋게 바꾸다'의 의미로 생활이나 조건 등을 개선한다는 뜻이다.
改进	进 진행하다	'잘 진행하다'의 의미로 일이 좋은 방향으로 진행됨을 뜻한다.
采取	取 취하다	'뽑아서 취하다'의 의미로 조치나 방법, 태도 등을 받아들인다는 뜻이다.
采用	用 사용하다	'뽑아서 사용하다'의 의미로 의견이나 인재를 뽑아서 사용한다는 뜻이다.
交际	际 교제하다	'서로 교제하다'의 의미로 사람과 사람 사이의 교제나 왕래를 뜻한다.
交换	换 바꾸다	'서로 교환하다'의 의미로 의견이나 물건 따위를 서로 바꾼다는 것을 뜻한다.

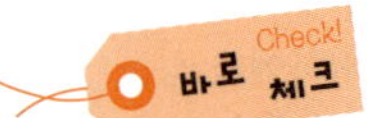

아래 문장의 빈칸에 들어갈 어휘를 고르세요.

❶ 这儿的风景很美，长期以来______了不少游客。（吸引 / 吸收）

❷ 关于环境问题，他们______了意见。（交际 / 交换）

정답 ❶ 吸引 ❷ 交换

예제

난이도 中　공략 Key 유의어에서 서로 다른 부분 분석

　　在发展中国家的老百姓纷纷把购买一辆汽车作为生活改善的标志时，西欧国家今秋却兴起了自行车热。人们为了避免交通堵塞、______尾气排放或是锻炼身体等，抛弃使用汽车。

A 减轻　　　　　　B 减少　　　　　　C 减小　　　　　　D 减弱

해석 在发展中国家的老百姓纷纷把购买一辆汽车作为生活改善的标志时，西欧国家今秋却兴起了自行车热。人们为了避免交通堵塞、减少尾气排放或是锻炼身体等，抛弃使用汽车。

개발도상국의 서민들이 자동차를 구입하는 것을 생활이 개선되었다는 표지로 삼을 때, 서유럽 국가에서는 올해 가을 오히려 자전거 열풍이 불었다. 사람들은 교통체증을 피하거나 배기가스 배출을 감소시키거나 혹은 체력 단련 등을 위해서 자동차 사용을 포기했다.

A 减轻	**B 减少**
C 减小	D 减弱

A 경감하다	**B 감소하다**
C 작아지다	D 약해지다

공략 보기의 어휘에 减라는 공통분모가 있는 유의어 비교 문제이다. 공통분모의 위치가 같을 때는 다른 부분만 분석하면 된다. 轻은 무게가 가벼운 것, 少는 양이 적은 것, 小는 크기가 작은 것, 弱는 힘이 약한 것을 의미한다. 빈칸의 뒤에 '尾气排放'이라고 했으므로 보기 중 양을 줄인다는 의미를 지닌 减少가 정답이다.

어휘 ★发展中国家 fāzhǎnzhōng guójiā 圐 개발도상국 | ★老百姓 lǎobǎixìng 圐 서민 | ★纷纷 fēnfēn 囲 연이어, 잇달아 | ★购买 gòumǎi 툉 구매하다 | ★标志 biāozhì 圐 표지, 상징 | 西欧国家 Xī'ōu guójiā 圐 서유럽 국가 | ★兴起 xīngqǐ 툉 일어나기 시작하다 | ★避免 bìmiǎn 툉 피하다 | ★堵塞 dǔsè 툉 막히다 | 尾气 wěiqì 圐 폐기, 배기 | 排放 páifàng 툉 배출하다 | 抛弃 pāoqì 툉 버리다

공략 3. 나만의 소거 순위를 정해놓자

비슷한 모양을 띄고 있는 유의어는 '세트'로 다닌다. 예를 들면 '显然–显示–明显', '表明–表达–表示', '充满–充足–充分', '严重–严肃–严格' 등과 같이 보기에 같이 어울려 다니는 친구들이 있다. 이들을 의미만으로 구분하려 하거나 혹은 무턱대고 호응 구조만 암기한다면 혼동되기 십상이다. 이럴 경우 우선순위를 매겨서 암기해보자.

> **예** 充满, 充足, 充分
> [1순위] 이들 중 목적어 수반이 가능한 동사 : 充满
> [2순위] 이들 중 동사 술어 앞에서 부사로 쓸 수 있는 단어 : 充分
> [3순위] 이들 중 睡眠과 호응하는 단어 : 充足

이처럼 우선순위를 정해놓고 문제를 풀면서 하나씩 소거해나갈 수 있는데, 대체로 1순위나 2순위에서 정답을 찾을 수 있다.

有两名运动员在沙滩排球场上，半躺在沙滩椅中，头顶着蓝天，脚下踩着软软的细沙，吹着海风，享受那份惬意。满身的沙子，还有满身的汗水，在蓝天白云的衬托下，在阳光的照射下，动感而______活力。

A 充分   B 实现   C 充满   D 充足

정답&공략

해석　有两名运动员在沙滩排球场上，半躺在沙滩椅中，头顶着蓝天，脚下踩着软软的细沙，吹着海风，享受那份惬意。满身的沙子，还有满身的汗水，在蓝天白云的衬托下，在阳光的照射下，动感而 <u>充满</u> 活力。

A 充分　　　　B 实现
Ⓒ 充满　　　　D 充足

두 명의 선수가 비치발리볼 경기장에서 선베드에 누워 있다. 머리는 파란 하늘을 마주보고, 발은 부드러운 모래를 밟으며, 바닷바람을 맞으며 편안함을 누리고 있다. 온몸의 모래와 온몸의 땀은 파란 하늘과 흰 구름이 받쳐주고, 내리쬐는 태양빛 아래서 생동감이 있고 활력으로 <u>가득하다</u>.

A 충분하다　　　B 실현하다
Ⓒ 가득하다　　　D 충족하다

공략　보기의 어휘에 充이라는 공통분모가 있는 유의어 비교 문제 우선순위에 따라 소거하면 빈칸 뒤에 목적어 活力가 제시되어 있으므로 동사를 찾는다. 보기에서 동사는 实现과 充满뿐이며 活力와 호응을 이루는 것은 充满이다. 充分은 형용사로 휴식이나 이유, 증거 등의 추상적인 것이 '충분하다'를 뜻하며, 充足는 수면이 충분하거나 상품이나 제품 등 구체적인 물건이 충분함을 뜻한다.

어휘　沙滩排球场 shātān páiqiúchǎng 몡 비치발리볼 경기장 | ★躺 tǎng 통 눕다 | 沙滩椅 shātānyǐ 몡 선베드, 해변용 접이식 의자 | 顶 dǐng 통 받치다 | ★踩 cǎi 통 (발로) 밟다 | 软 ruǎn 혱 부드럽다 | 细沙 xìshā 몡 가는 모래 | ★吹 chuī 통 (바람이) 불다 | ★享受 xiǎngshòu 통 누리다, 향유하다 | 惬意 qièyì 혱 흡족하다 | ★汗水 hànshuǐ 몡 땀 | 衬托 chèntuō 통 돋보이게 하다 | ★照射 zhàoshè 통 비치다 | 动感 dònggǎn 혱 생동감이 있다 | 充分 chōngfèn 혱 충분하다 | 实现 shíxiàn 통 실현하다 | 充满 chōngmǎn 통 가득하다, 충만하다 | 充足 chōngzú 혱 충족하다

> **Tip**　在……上/中/下
>
> ① 在……上：방면, 부분을 나타내며 在와 上 사이에 명사 성분이 온다.
>
> 　这部作品**在**内容**上**很不错。이 작품은 내용 방면이 좋다.
>
> ② 在……中：과정이나 범위를 나타낸다.
>
> 　这些知识能**在**校园活动**中**发挥作用。이러한 지식은 캠퍼스 행사의 과정에서 효과를 발휘할 것이다.
>
> ③ 在……下：조건을 나타내며 주로 '在……的+동사+下'의 형태를 띤다.
>
> 　**在**老师的指导**下**我取得了这么好的成绩。선생님의 지도하에서 나는 이렇게 좋은 성적을 거두었다.

공략 4. 빈출 유의어 구분은 나의 재산이다

유의어 비교 문제는 제법 난이도가 높은 유형이다. 하지만 유의어의 수는 한정적이며 실제 시험에 출제되는 유의어는 더 적다. 그러므로 그간 시험에 출제되었거나 또 新HSK 5급 필수어휘에 포함되어 있는 빈출 유의어를 미리 학습해두면 어렵지 않게 유의어 문제를 해결할 수 있다.

1 把握 vs 掌握

把握 bǎwò 통 (꽉 움켜) 쥐다, 포착하다, 장악하다	掌握 zhǎngwò 통 파악하다, 정복하다
抓住와 같은 뜻으로 추상적이고 구체적인 사물 모두 목적어로 취할 수 있다.	学会와 같이 '학습하다'라는 의미가 있으며 주로 추상명사를 목적어로 취한다.
把握+机会 기회 / 机遇 기회	掌握+外语 외국어 / 技术 기술 / 知识 지식
机会来之不易，你一定要好好把握。 기회는 오기 쉽지 않으니까 꼭 잡아야 한다.	这件事让我明白掌握一门外语很重要。 이 일은 나에게 외국어를 학습하는 게 매우 중요하다는 것을 일깨워주었다.

2 变化 vs 改变

变化 biànhuà 명 변화	改变 gǎibiàn 통 바꾸다, 바뀌다
목적어를 수반할 수 없다.	목적어로 주로 2음절 명사가 온다.
感情 감정 / 心理 심리 / 思想 생각+变化	改变+形式 형식 / 习惯 습관 / 计划 계획
这次回来我发现我家乡有了很多变化。 이번에 돌아와서 나는 고향에 많은 변화가 생겼다는 것을 알아차렸다.	那个意外改变了我的生活。 그 뜻밖의 사건이 나의 생활을 바꿨다.

3 产生 vs 生产

产生 chǎnshēng 통 생기다	生产 shēngchǎn 통 생산하다
추상적인 사물이 생겨나는 것을 의미한다.	사람이 필요한 물건을 공장에서 만들어내는 것을 의미한다.
产生+兴趣 흥미 / 好感 / 怀疑 의심 / 矛盾 갈등	生产+东西 물건 / 电脑 컴퓨터
我们之间产生了矛盾。우리 사이에 갈등이 생겼다.	这家厂生产鞋。이 공장은 신발을 생산한다.

4 诚恳 vs 诚实

诚恳 chéngkěn 형 간절하다, 진실하다	诚实 chéngshí 형 성실하다
사람의 태도가 '진실됨'을 나타낸다.	사람의 행위가 '진실함'을 나타낸다.
态度 태도+诚恳	人+诚实
我被他诚恳的态度感动了。 나는 그의 간절한 태도에 감동받았다.	大家信任他的决定，因为他是个诚实的人。 모두들 그의 결정을 믿는 것은 그가 성실한 사람이기 때문이다.

5 承担 vs 担任

承担 chéngdān 통 맡다, 감당하다	担任 dānrèn 통 맡다, 담당하다
일과 관련된 명사를 목적어로 갖는다.	신분이나 직책을 목적어로 갖는다.
承担+责任 책임 / 费用 비용 / 任务 임무	担任+班长 반장 / 队长 팀장 / 主持人 책임자
我要承担这次失败的责任。 나는 이번 실패의 책임을 부담해야 한다.	他担任了中国队的队长。 그는 중국팀의 주장을 맡았다.

6 建立 vs 成立

建立 jiànlì 통 구성하다, 세우다, 맺다	成立 chénglì 통 설립하다, 창립하다
'생긴다'는 의미를 가지며 주로 '맺다'로 해석된다.	'존재한다'는 의미를 가지며 주로 '설립하다'로 해석된다.
建立+关系 관계 / 感情 애정	成立+公司 회사 / 理论 이론
我们两家公司建立了合作伙伴关系。 우리 두 회사는 협력 파트너 관계를 맺었다.	我在北京成立了一家公司。 나는 베이징에 회사를 하나 설립했다.

7 交换 vs 交流

交换 jiāohuàn 통 교환하다	交流 jiāoliú 통 교류하다
'서로 바꾸다'라는 의미로 구체적인 물건과 추상적인 명사 모두 목적어로 갖는다.	'서로 소통하다'라는 의미이며 주로 추상적인 명사를 목적어로 수반한다.
交换+礼物 선물 / 东西 물건 / 意见 의견 / 思想 생각	交流+意见 의견 / 经验 경험
农民们正在市场上交换农产品。 농민들은 시장에서 농산품을 교환하고 있다.	我们就教育问题交流了看法。 우리는 교육 문제에 관해 의견을 교류했다.

8 偶然 vs 偶尔

偶然 ǒurán 부 우연히, 뜻밖에	偶尔 ǒu'ěr 부 가끔, 때때로
술어로 주로 碰见, 遇到, 见到가 온다.	횟수가 적은 것을 의미한다.
我在路上偶然碰到了我的初恋。 나는 길에서 우연히 나의 첫사랑을 만났다.	我偶尔去麦当劳吃汉堡包。 나는 가끔 맥도널드에 가서 햄버거를 먹는다.

9 增加 vs 增长

增加 zēngjiā 통 증가하다	增长 zēngzhǎng 통 늘다, 증가하다
수량적인 면에서의 증가에 중점을 둔다.	'향상된다'는 의미가 강하다.
增加+产量 생산량 / 数量 수량	增长+知识 지식 / 见识 견문

目前丁克族的数量不断**增加**。	我们要不断地开拓自己的视域、**增长**见识。
지금 딩크족의 수가 끊임없이 증가하고 있다.	우리는 끊임없이 자신의 시야를 개척하고 식견을 넓혀야 한다.

10 主动 vs 自动

主动 zhǔdòng 혱 주동적이다, 주도적이다	自动 zìdòng 혱 자동으로
사람이 주어가 된다.	사물이 주어가 된다.
你要**主动**帮助别人。	商店的门**自动**打开。
당신은 주도적으로 다른 사람을 도와야 한다.	상점의 문이 자동으로 열린다.

독해
제1부분

 **예제**

난이도 上　공략 Key 严이 포함된 유의어 비교

> 一提起台风，人们便会想到它带来的狂风、暴雨和风暴潮所引起的＿＿＿危害。然而假如没有这种热带风暴，结果又会如何呢?
>
> A 严格　　　　B 严厉　　　　C 严重　　　　D 严肃

정답&공략

해석　一提起台风，人们便会想到它带来的狂风、暴雨和风暴潮所引起的 <u>严重</u> 危害。然而假如没有这种热带风暴，结果又会如何呢?

A 严格　　　B 严厉
Ⓒ 严重　　　D 严肃

태풍을 언급하기만 하면 사람들은 바로 태풍이 가져오는 광풍과 폭우, 해일이 야기하는 <u>심각한</u> 피해를 생각한다. 하지만 만일 이런 열대 폭풍이 없다면 결과는 또 어떠할까?

A 엄격하다　　　B 매섭다
Ⓒ 심각하다　　　D 엄숙하다

공략　보기의 어휘 대부분에 严라는 공통분모가 있는 유의어 비교 문제다. 严格는 제도나 요구가 엄격함, 严厉는 타인에 대한 태도가 엄하고 호됨, 严重은 나쁜 일의 정도가 심하고 영향이 크다는 것을 뜻하며, 严肃는 표정이 근엄하고 분위기가 진지하다는 의미이다. 빈칸 뒤 어휘가 危害이므로 严重이 정답이다.

어휘　★提起 tíqǐ 통 언급하다 | ★台风 táifēng 명 태풍 | 狂风 kuángfēng 명 세찬 바람 | 暴雨 bàoyǔ 명 폭우 | 风暴潮 fēngbàocháo 명 해일 | ★引起 yǐnqǐ 통 야기하다, 초래하다 | ★危害 wēihài 명 피해 | ★然而 rán'ér 젭 그러나 | ★假如 jiǎrú 젭 만약, 만일 | ★如何 rúhé 때 어떠하다

第 1–11 题：请选出正确答案。

1–3.

　　即使人们获取知识的渠道再丰富，读书是人类积累知识的__1__的、不可替代的方法。阅读不是朗诵，是默读，不和别人分享，读者和书之间可以__2__个人的关系。一个人不读书，接受的东西就常常是被动的、从众的、缺乏分析的。一个民族不读书，这个民族的文化就__3__了批判性、创造性，个人就会被群体所淹没。

1. **A** 有趣　　　　**B** 有效　　　　**C** 有利　　　　**D** 有限

2. **A** 建立　　　　**B** 造成　　　　**C** 建成　　　　**D** 树立

3. **A** 取消　　　　**B** 缺少　　　　**C** 避免　　　　**D** 反对

4–7.

　　有时候，工作能__4__人的性格。喜欢边说边笑的人与你交谈时你会觉得非常轻松愉快。他们大都性格开朗，对生活要求从不苛刻，很注意"知足常乐"，富有人情味。感情专一，对友情、亲情特别__5__。人缘较好，喜爱平静的生活。习惯于把自己的手指掰得咯嗒咯嗒地响。他们通常__6__旺盛，非常健谈，喜欢钻"牛角尖"。对事业、工作环境比较挑剔，__7__是他喜欢干的事，他就会不计代价而踏实努力地去干。

4. **A** 反应　　　　**B** 反映　　　　**C** 决定　　　　**D** 判断

5. **A** 珍惜　　　　**B** 爱惜　　　　**C** 爱护　　　　**D** 保护

6. **A** 精力　　　　**B** 智慧　　　　**C** 看法　　　　**D** 肌肉

7. **A** 即使　　　　**B** 除非　　　　**C** 否则　　　　**D** 假如

8–11.

　　在华盛顿—上海的这条航线上，我＿8＿是飞行公里数最多的乘客之一。自2008年以来，我每年至少往返两三次，至今大概＿9＿往返了70次左右。我对每家航空公司的服务都有较深的印象。作为一个中国人，我当然对中国国际航空有着较深的＿10＿。记得有一次，我一上飞机＿11＿，睡意就来了。等醒来的时候，发现身上盖着一条毛毯，温暖的毛毯使我的心里充满了感激。

8.　**A** 害怕　　　　**B** 恐怕　　　　**C** 担心　　　　**D** 担忧

9.　**A** 已经　　　　**B** 刚刚　　　　**C** 刚好　　　　**D** 从来

10.　**A** 爱情　　　　**B** 感情　　　　**C** 亲情　　　　**D** 友情

11.　**A** 不高　　　　**B** 不长　　　　**C** 不远　　　　**D** 不久

◆ **정답 및 해설_** 해설집 63쪽

16 day 독해 스피드를 향상시켜라

✓1 시간 안배의 필요성을 인식하자

✓2 지문과 보기에서 같은 문장을 빠르게 찾아내자

✓3 보기를 보는 눈을 키우자

독해 제2부분은 150자 내외의 단문이 10문제 출제되는데, 모든 문제를 10~15분 내에 풀어야 한다. 하지만 150자 내외의 단문을 1분 안에 모두 읽고, 해석하고 또 정답까지 골라내는 것은 쉽지 않다. 따라서 어휘 학습은 물론, 빠르게 읽고 정답을 골라내는 요령을 키워야 한다.

기초 실력 테스트 TEST

1 중국어와 뜻을 알맞게 연결하세요.

❶ 带领 ·   · A 부, 재산

❷ 深远 ·   · B 인솔하다

❸ 缓解 ·   · C 멀고 깊다

❹ 财富 ·   · D 완화시키다

2 다음 문장에서 주어, 술어, 목적어를 찾으세요.

❶ 他对很多问题有很深的见解。

주어 ＿＿＿＿＿＿   술어 ＿＿＿＿＿＿   목적어 ＿＿＿＿＿＿

❷ 物理是一门对日常生活非常有用的学科。

주어 ＿＿＿＿＿＿   술어 ＿＿＿＿＿＿   목적어 ＿＿＿＿＿＿

+ **정답_** 해설집 205쪽

5급 기출문제 맛보기

 **맛보기 1**

난이도 下　공략 Key 동일한 표현 찾기

　　孔子是中国古代著名的思想家、教育家、儒家学派创始人。孔子有弟子三千，其中成名七十二人，他们被称为七十二贤人。孔子曾带领弟子周游列国十四年，他的思想及学说对后世产生了极其深远的影响。

A 孔子是个大教育家

B 孔子留下了很多作品

C 孔子的弟子都很优秀

D 孔子一生都在游览

정답&공략

해석　　　孔子是中国古代著名的思想家、教育家、儒家学派创始人。孔子有弟子三千，其中成名七十二人，他们被称为七十二贤人。孔子曾带领弟子周游列国十四年，他的思想及学说对后世产生了极其深远的影响。

Ⓐ 孔子是个大教育家
B 孔子留下了很多作品
C 孔子的弟子都很优秀
D 孔子一生都在游览

　　공자는 중국 고대의 유명한 사상가이자 교육자이며 유가 학파의 창시자이다. 공자에게는 3,000명의 제자가 있었고 그중 72명이 유명했는데, 그들은 72명의 현인으로 일컬어졌다. 공자는 일찍이 제자들을 데리고 14년 간 여러 나라를 두루 돌아다녔으며, 그의 사상 및 학설은 후세에 깊은 영향을 끼쳤다.

Ⓐ 공자는 교육자이다
B 공자는 많은 작품을 남겼다
C 공자의 제자는 모두 우수하다
D 공자는 평생 동안 유람을 다녔다

공략　공자에 관한 지문으로, 첫 문장에서 공자가 '思想家, 教育家, 儒家学派创始人'이라고 했으므로 정답은 A이다. 공자의 저서는 언급되지 않았고 제자가 모두 뛰어났던 것이 아니라 72명이 유명하다고 했으며 평생이 아니라 14년간 유람했으므로 C와 D는 정답이 아니다.

어휘　★著名 zhùmíng 혱 저명하다, 유명하다 | 儒家学派 Rújiā xuépài 명 유가 학파 | 创始人 chuàngshǐrén 명 창시자 | 弟子 dìzǐ 명 제자, 문하생 | 成名 chéngmíng 동 이름을 떨치다, 유명해지다 | ★被称为 bèi chēngwéi ~라 불리다 | 贤人 xiánrén 명 현인, 현자 | ★曾 céng 부 일찍이 | 带领 dàilǐng 동 거느리다, 이끌다 | 周游 zhōuyóu 동 두루 돌아다니다 | 列国 lièguó 명 여러 나라 | ★及 jí 접 및, ~와 | 后世 hòushì 명 후세, 후대 | ★极其 jíqí 부 아주 | 深远 shēnyuǎn 혱 (의의·영향 등이) 깊고 크다 | ★优秀 yōuxiù 혱 우수하다, 뛰어나다 | ★游览 yóulǎn 동 유람하다

养宠物的人都会很健康。虽然并没有科学研究证实这一点，但仍有少数人认为，与小动物生活在一起有助于缓解压力，并帮助改善社交关系；与小动物亲密接触有助于缓解孤独感；与它们为伴可以让人减轻悲伤感，感觉更安全和受到保护。

A　宠物也有情绪低落的时候
B　主人必须经常带着宠物出去
C　压力大的人可以考虑养宠物
D　养宠物有助于孩子教育

정답&공략

해석

养宠物的人都会很健康。虽然并没有科学研究证实这一点，但仍有少数人认为，<u>与小动物生活在一起有助于缓解压力</u>，并帮助改善社交关系；与小动物亲密接触有助于缓解孤独感；与它们为伴可以让人减轻悲伤感，感觉更安全和受到保护。

A　宠物也有情绪低落的时候
B　主人必须经常带着宠物出去
Ⓒ　压力大的人可以考虑养宠物
D　养宠物有助于孩子教育

애완동물을 기르는 사람들은 건강하다. 비록 과학 연구로 이 점이 증명되지는 않았지만, 소수의 사람들은 여전히 <u>애완동물과 함께 생활하면 스트레스를 완화시킬 수 있으며</u> 인간관계를 개선하는 데도 도움이 된다고 생각한다. 또한 애완동물과 가까이 지내면 외로움을 달래는 데 도움이 되고 그들과 함께 있으면 슬픔이 덜해지고 더욱 안전하고 보호를 받는다고 느낀다고 생각한다.

A　애완동물도 기분이 좋지 않을 때가 있다
B　주인은 반드시 애완동물을 데리고 나가야 한다
Ⓒ　스트레스가 심한 사람은 애완동물 기르는 것을 생각해보라
D　애완동물을 기르면 아이의 교육에 도움이 된다

공략　첫 문장을 통해 '养宠物'가 주제임을 알 수 있으며, 뒤이어 '与小动物生活在一起有助于……', '与小动物亲密接触有助于……', 그리고 '与它们为伴可以……'로 애완동물을 기르는 좋은 점을 나열해놓았는데 그중 '缓解压力'가 있으므로 스트레스가 심한 사람은 애완동물 기르는 것을 생각해보라는 C가 정답이며, 一定이나 应该 등을 쓰지 않고 '可以考虑'라는 완곡한 표현을 쓴 점을 이해해야 하는 문제이다.

어휘　★养宠物 yǎng chǒngwù 애완동물을 기르다 | 证实 zhèngshí 통 사실을 증명하다 | ★有助于 yǒuzhùyú ～에 도움이 되다 | ★缓解 huǎnjiě 통 완화하다 | ★压力 yālì 명 스트레스 | ★改善 gǎishàn 통 개선하다 | ★亲密 qīnmì 형 친밀하다 | 接触 jiēchù 통 접촉하다, 교제하다 | 孤独感 gūdúgǎn 명 외로움 | 为 wéi 통 ～으로 삼다, 생각하다 | 伴 bàn 명 짝, 벗려자 | ★减轻 jiǎnqīng 통 경감하다, 줄다 | 悲伤感 bēishānggǎn 명 슬픔 | 保护 bǎohù 통 보호하다 | ★情绪 qíngxù 명 정서, 기분 | 低落 dīluò 통 떨어지다, 낮아지다

5급 독해 공략 하기

공략 1. 독해 제2부분은 시간 싸움이다

10문제를 10~15분 안에 모두 풀어야 하는 독해 제2부분은 시간 안배가 무척 중요하다. 독해 제2부분 문제를 풀 때, 좀 더 집중해서 읽어야 하는 문장을 골라내거나 보기 중에서 더 중요한 어휘를 찾아내는 요령을 통해 문제 풀이 시간을 줄여야 한다.

독해
제2부분

1 첫 문장은 꼭 읽어라

인물이나 사물, 개념 등 어떤 고유명사를 소개하거나 설명하는 글이라면 대부분 첫 문장에서 어떤 사람 혹은 사물인지 친절히 이야기해준다. 따라서 이런 설명문인 경우 첫 문장을 꼭 읽은 뒤 보기를 살펴보는 것이 바람직하다.

2 보기를 잘 활용하라

❶ '제한성 어휘'를 경계하라.

'오직', '모두', '유일한' 등은 범위를 제한하는 어휘이다. 보기에 이와 같은 제한성 어휘가 나왔다면 정답에서 벗어날 확률이 높으므로 다른 보기를 먼저 살펴보는 것이 좋다.

〈 제한성 어휘 〉

전부	都 dōu 다 | 全部 quánbù 전부 | 所有 suǒyǒu 모든 | 任何 rènhé 어떠한 | 一切 yīqiè 일체
	中国所有人都去过黄山。 중국의 모든 사람들은 다 황산을 가본 적이 있다.
오직	只 zhǐ 오직 | 只有 zhǐyǒu 오로지 | 光 guāng 단지
	只有安徽人喜欢黄山。 오로지 안후이 사람들만 황산을 좋아한다.
단정	肯定 kěndìng 분명히 | 一定 yídìng 반드시 | 必须 bìxū 반드시
	安徽人肯定去过黄山。 안후이 사람이라면 분명히 황산을 가본 적이 있다.
시간	才 cái 겨우, 이제서야 | 就 jiù 바로 | 已经 yǐjing 이미 | 还没 hái méi 아직 ~하지 않았다 | 即将 jíjiāng 머지않아 | 过去 guòqù 과거 | 现在 xiànzài 지금 | 以后 yǐhòu 앞으로
	大部分安徽人去年才去过黄山。 대부분의 안후이 사람은 작년에서야 비로소 황산에 가봤다.

❷ '완곡한 어휘'를 눈여겨보라.

완곡한 의미를 나타내는 어휘가 쓰인 문장은 정답일 가능성이 높다.

〈완곡한 어휘〉

有可能 어쩌면 ~할 수 있다	水深的地方就**有可能**有大量的鱼类聚集。 물이 깊은 곳은 어쩌면 많은 어류가 모여 있을 수도 있다.
很可能 ~할 가능성이 높다	怀孕时喝酒**很可能**对婴儿造成伤害。 임신했을 때 술을 마시면 태아에 해를 초래할 가능성이 높다.
不一定 꼭 ~하다고는 할 수 없다	失败**不一定**是坏事。 실패가 꼭 나쁜 일이라고는 할 수 없다.
未必 반드시 ~한 것은 아니다	学历高也**未必**能胜任这项任务。 학력이 높다고 해서 반드시 이 임무를 감당해낼 수 있는 것은 아니다.
有些 일부	**有些**少数民族喜欢喝浓茶。 일부 소수민족들은 진한 차 마시는 것을 좋아한다.
可以考虑 ~을 고려해볼 수 있다	怕热的人**可以考虑**吃辛辣食物。 더위를 타는 사람은 매운 음식을 먹는 것을 고려해볼 수 있다.

❸ '정도'의 차이에 신경 써라.

정도를 표현하는 데는 주로 정도부사가 사용된다. 비싼데 '很贵(매우 비싸다)'인지 '有点儿贵(조금 비싸다)'인지 아니면 '不贵(비싸지 않다)'인지 이러한 정도의 차이에 신경 써서 보기를 읽고 표시를 해두어 지문의 내용과 대조해야 한다.

다음 문장에서 제한성 어휘를 찾으세요.

❶ 他只有一件衣服。　　　　　　　＿＿＿＿＿＿＿＿

❷ 所有的人都去过北京。　　　　　　＿＿＿＿＿＿＿＿

❸ 上海是在中国最有名的城市。　　　＿＿＿＿＿＿＿＿

정답 ❶ 只　❷ 所有　❸ 最

예제

난이도 下　공략 Key 완곡한 표현 不一定

　　在追求财富的过程中，人很容易迷失生活的方向，更容易混淆生活的最终目标，常常错误地认为更多的财富会带来更多的快乐、幸福。其实，要是财富的创造欠进取，财富的累积欠正当，财富的分享欠慷慨，那么财富所带来的将是令人憎恶的铜臭。

A　过程比结果更重要　　　　　　　　B　要明确人生目标
C　钱多不一定就幸福　　　　　　　　D　社会地位高的人更快乐

독해
제2부분

정답&공략

해석　　　在追求财富的过程中，人很容易迷失生活的方向，更容易混淆生活的最终目标，常常错误地认为更多的财富会带来更多的快乐、幸福。其实，要是财富的创造欠进取，财富的累积欠正当，财富的分享欠慷慨，那么财富所带来的将是令人憎恶的铜臭。

부를 좇는 과정에서 사람들이 쉽게 생활의 방향을 잃게 되고, 또 더 쉽게 생활의 최종 목표를 헷갈리게 되면서, 종종 더 많은 재산이 더 많은 즐거움과 행복을 가져다줄 것이라 잘못 생각한다. 사실 만일 부를 창조함에 있어 진취성이 부족하고, 부를 쌓는 데 있어 정당함이 부족하며, 부를 나눔에 있어 후함이 부족하면, 부가 가져다주는 것은 사람들이 혐오하는 돈 냄새뿐일 것이다.

A　过程比结果更重要
B　要明确人生目标
Ⓒ　钱多不一定就幸福
D　社会地位高的人更快乐

A　과정이 결과보다 더 중요하다
B　인생의 목표를 명확하게 해야 한다
Ⓒ　돈이 많다고 해서 꼭 행복한 것은 아니다
D　사회 지위가 높은 사람일수록 더 즐겁다

공략　'常常错误地认为' 뒤에 나온 '更多的财富会带来更多的快乐、幸福'가 사람들이 잘못 생각하고 있는 부분이므로 C가 정답이다. '不一定'은 '반드시 ～한 것은 아니다'라는 뜻의 완곡한 표현으로 이런 표현이 들어간 보기는 정답일 확률이 높다.

어휘　★追求 zhuīqiú 图 추구하다, 좇다 | ★财富 cáifù 명 재산, 부 | ★过程 guòchéng 명 과정 | 迷失 míshī 图 (방향·길 등을) 잃다 | 方向 fāngxiàng 명 방향 | 混淆 hùnxiáo 图 헷갈리다, 뒤섞이다 | 欠 qiàn 图 모자라다, 부족하다 | 进取 jìnqǔ 혱 진취적이다 | 累积 lěijī 图 모으다, 축적하다 | 正当 zhèngdàng 혱 정당하다 | ★分享 fēnxiǎng 图 함께 나누다 | 慷慨 kāngkǎi 혱 후하다 | 将 jiāng 凰 장차, 막 | 憎恶 zēngwù 혱 혐오하다, 싫어하다 | 铜臭 tóngxiù 명 돈 냄새, 돈밖에 모르는 사람 | ★明确 míngquè 图 명확하게 하다

Tip 追求

① 추구하다

追求目标 목표를 추구하다 | 追求华丽 화려함을 추구하다 | 追求完美 완벽함을 추구하다

② 구애하다, (이성을) 따라다니다

她不喜欢你，还是不要追求她吧。 그녀는 널 좋아하지 않아, 역시 그녀를 따라다니지 않는 게 좋겠어.

1 핵심 어휘와 부수적인 어휘를 구분하라

글의 주제가 되는 핵심어를 부각시키기 위해 연관성 있는 다른 것을 등장시켜 비교하는 경우가 있다. 예를 들어 경극을 설명하면서 곤극과 비교한다거나, 실패를 설명하는 글인데 성공에 대해 언급하는 것 등이다. 이런 경우 보기를 읽을 때 그 주어가 핵심 어휘인지 부수적으로 언급된 어휘인지 확인해 핵심어에 대한 내용이 아닌 보기를 소거하면 정답을 더 쉽게 찾을 수 있다.

2 주어와 목적어가 바뀌지 않도록 주의하라

핵심 어휘를 강조하기 위해 부수적인 어휘가 언급될 경우, 보기에서 이들의 위치가 올바른지 주의해서 읽어야 한다. 몇몇 술어는 주어와 목적어의 위치가 바뀌어도 문장은 자연스럽게 연결되지만, 내용은 완전히 달라지므로 보기의 문장이 지문과 달라지지 않았는지 확인해야 한다.

〈 주어와 목적어가 바뀌기 쉬운 술어 표현 〉

A 给 B 带来 C A는 B에게 C를 가져다주었다	笔记本的出现给广大的电脑使用者带来了极大的方便。 노트북의 출현은 많은 컴퓨터 사용자들에게 커다란 편리함을 가져다주었다.
A 对 B 的影响很大 A는 B에 대한 영향이 크다	期末考试对学生的分数影响很大。 기말고사는 학생들의 점수에 대한 영향이 크다.
A 对 B 造成 C A는 B에게 C를 초래했다	这些不能降解的白色垃圾对环境造成了很大的危害。 이런 분해되지 않는 플라스틱 쓰레기는 환경에 큰 피해를 초래했다.
A 引起 B A는 B를 야기시켰다	传统文化的承传问题已经引起了全社会的重视。 전통문화의 계승 문제는 이미 사회 전체의 주목을 끌었다.
A 吸收 B A는 B를 받아들였다(흡수했다)	我们公司吸收了美国一家公司的先进技术。 우리 회사는 미국의 한 회사의 선진 기술을 받아들였다.
A 有利 B A는 B에 이롭다	枕头硬度适中有利健康。 베개의 경도가 적당하면 건강에 이롭다.
A 为 B 提供 C A는 B에게 C를 제공했다	他的博客为我提供了很多信息。 그의 블로그는 나에게 많은 정보를 제공해주었다.
A 对 B 产生 C A는 B에 대해 C가 생겨났다	这样，男人会对女人产生好感。 이렇게 되면 남자는 여자에 대해 호감이 생길 수 있다.

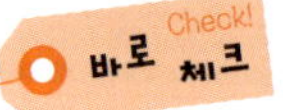

보기 중 다음 문장의 빈칸에 들어갈 알맞은 단어를 고르세요.

보기	造成　提供　带来

❶ 这些政策的实施为粮食生产______了充足的化肥。

❷ 乐观的态度能给我们______成功的机会。

❸ 由于工作人员操作失误而______了很多人伤亡。

정답 ❶ 提供　❷ 带来　❸ 造成

•예제

난이도 上　공략 Key 주어와 목적어의 위치에 주의

京剧是在北京形成的戏曲剧种之一，至今有200年的历史。京剧在形成过程中，吸收了许多地方戏好的成分，又受到北京方言和风俗习惯的影响。虽然京剧诞生在北京，但不只是北京的地方戏，中国各地都有演出京剧的剧团。

A 京剧只在北京演出　　　　　　　B 京剧是在中国最古老的戏曲
C 地方戏吸收了很多京剧的成分　　D 地方戏对京剧的形成产生过影响

정답&공략

해석　京剧是在北京形成的戏曲剧种之一，至今有200年的历史。京剧在形成过程中，吸收了许多地方戏好的成分，又受到北京方言和风俗习惯的影响。虽然京剧诞生在北京，但不只是北京的地方戏，中国各地都有演出京剧的剧团。

경극은 베이징에서 형성된 중국 전통극 중의 하나로 지금까지 200년의 역사를 가지고 있다. 경극은 형성 과정에서 많은 지방극의 장점을 받아들였고 또 베이징 방언과 풍습의 영향을 받았다. 경극이 비록 베이징에서 탄생하기는 했지만, 베이징의 지방극일 뿐 아니라 중국 각 지역마다 경극을 공연하는 극단이 있다.

A 京剧只在北京演出
B 京剧是在中国最古老的戏曲
C 地方戏吸收了很多京剧的成分
Ⓓ 地方戏对京剧的形成产生过影响

A 경극은 베이징에서만 공연된다
B 경극은 중국에서 가장 오래된 희극이다
C 지방극은 경극의 많은 성분을 받아들였다
Ⓓ 경극의 형성에 지방극은 영향을 주었다

공략　경극을 설명하면서 地方戏까지 언급한 글로 동사 吸收의 주어와 목적어를 눈여겨봐야 한다. 본문에서 '京剧……，吸收了许多地方戏好的成分'이라 했기 때문에 D가 정답이며, C는 지문의 내용에서 주어와 목적어가 바뀌어 있는 것에 주의해야 한다. A에 제한성 어휘인 只가 있으므로 일단 배제 대상으로 분류해두는 것도 요령이다.

어휘　★形成 xíngchéng 통 형성되다, 이루어지다 | ★戏曲 xìqǔ 명 중국 전통극 | 剧种 jùzhǒng 명 극의 종류 | 至今 zhìjīn 부 지금까지 | ★吸收 xīshōu 통 받아들이다 | ★许多 xǔduō 형 매우 많다 | 成分 chéngfèn 명 (구성) 성분, 요소 | ★受到 shòudào 통 받다 | 方言 fāngyán 명 방언 | 风俗习惯 fēngsú xíguàn 명 풍습 | 影响 yǐngxiǎng 명 통 영향; 영향을 끼치다 | ★诞生 dànshēng 통 생기다 | 不只 bùzhǐ 접 ~뿐 아니라 | 剧团 jùtuán 명 극단 | ★古老 gǔlǎo 형 오래되다 | ★产生 chǎnshēng 통 생기다

第 1-8 题：请选出正确答案。

1. 不是每个人都会成功，但人人都可以拥有自信。因为自信是靠个人的努力而获得的。要想获得自信，并非要有高学历，并非要了解莫扎特和巴赫，也并非要懂达尔文的进化论，你所需要的是健康的身体和一颗永不放弃的心。

   A 自信的人都能成功　　　　　　　**B** 了解莫扎特证明你很自信
   C 自信的人不一定都成功　　　　　**D** 健康的人就是自信的人

2. "从众心理"，指跟着大家的想法及行动，缺少个人的主见和判断力的投资状态。"从众心理"又叫"群居本能"。投资者毫无理性地随波逐流、追涨杀跌，这是他们的明显标志。从众心理或群居本能是缺乏主见而表现出的一种消极行为方式。在经济发展过快、市场出现泡沫时表现更为突出。

   A 要预防经济过快　　　　　　　　**B** 投资股票风险很大
   C 个人的主见导致从众心理　　　　**D** 从众心理是一种无主见的行为

3. 水现在仍然是人类使用的最重要的自然能源，但是水资源的不合理使用，也使其处于严重浪费的状态。要想改变目前的情况，就必须寻找如何合理利用水资源的新办法。

   A 水资源的浪费得到缓解　　　　　**B** 水目前对人类仍然很重要
   C 人类已经找到了合理用水的办法　**D** 水的浪费情况不严重

4. 人类畅游宇宙的愿望在很久以前就在小说里出现过，然而到了科技发达的今天，这个愿望也并未完全实现。不过许多人确信，不是永远不能，而是在什么时间、利用什么手段到那里。就目前的情况看，宇宙好像没有边界。因为科学发现的宇宙空间很广阔，很可能有与地球相似的星球存在，说不定我们以后会住在那儿。

   A 畅游宇宙的办法很多　　　　　　**B** 人们对探知缺乏信心
   C 人类对宇宙的兴趣不大　　　　　**D** 人类有可能居住在别的星球

5. 所有的公司在面试时，都会注意应聘者的综合能力。但在有限的面试过程中，多么充分地准备，都无法把个人才能完全展示给公司。作为应聘者，要做的是：针对所应聘职位突出个人的能力和优势，针对工作所需仔细说明自身的条件和专长。

A 面试时要突出自己的优势　　　　**B** 求职者要全面了解公司
C 面试时要把握好时间　　　　　　**D** 面试过程十分繁杂

6. 要想达到高效睡眠，入睡时间值得注意：晚上9点到11点，中午12点到1点半，凌晨2点到3点半，这三个时间段都是保证较好的睡眠质量的入睡时间，这时人的精力下降，思维缓慢，反应迟缓，情绪不高，有利于人体转为睡眠状态，便于进入甜美的梦乡。

A 早睡觉有利于身体健康　　　　　**B** 人应该适当补充睡眠
C 每天早上人的精神最好　　　　　**D** 入睡时间影响睡眠质量

7. 陈明在《南洋商报》工作。他的工作得到了大家的肯定。有一天，老板对他说："为了鼓励你，我给你放3个月的假。"但陈明没有接受。老板莫名其妙，就问为什么，陈明回答："我不能接受您的好意有两个理由。我不写文章了，《南洋商报》可能卖得不好，但也有可能不受影响。前者对报社不好，而后者对我不好。"

A 老板想解雇陈明　　　　　　　　**B** 陈明是这家报社的编辑
C 同事们肯定了他的工作　　　　　**D** 老板觉得陈明的文章一般

8. 油盐酱醋是日常生活中不可缺少的重要的调味品，其中醋不但可以用来做菜，还有其他功能。平时，人们喝点儿醋可以消除疲劳，让营养变得更有吸收，还可以促进睡眠，失眠者睡觉前喝点儿加醋的水，很容易就会睡着。

A 喝醋可以美容　　　　　　　　　**B** 醋可以促进营养的吸收
C 每天喝醋有助于减肥　　　　　　**D** 喝醋容易失眠

17 day 주제를 알면 독해가 쉬워진다

✓1 주제를 부각하는 어휘를 익히자

✓2 격언이나 명언을 알아두자

✓3 보기 보는 법을 숙지하자

150자 내외의 짧은 글이라도 주제는 반드시 있고 주제를 파악해야 전체 내용이 술술 풀린다. 독해 제2부분을 공략할 때는 지문에서 빠르게 주제를 골라내는 독해력이 중요하다. 또한 어떤 어휘나 문장이 주제를 부각하는 데 쓰이는지 미리 알고 있다면 좀 더 빠르게 정답에 접근할 수 있다.

기초 실력 테스트 TEST

1 중국어와 뜻을 알맞게 연결하세요.

❶ 疲劳 ·　　　　　　　· A 불면증

❷ 窗帘 ·　　　　　　　· B 피곤하다

❸ 失眠 ·　　　　　　　· C 밀접하다

❹ 密切 ·　　　　　　　· D 커튼

2 다음 문장에서 주어, 술어, 목적어를 찾아 쓰세요.

❶ 他向我推荐了几本小说。

주어 ＿＿＿＿＿＿　　　술어 ＿＿＿＿＿＿　　　목적어 ＿＿＿＿＿＿

❷ 这个研究机构仍然保持着旺盛的生命力。

주어 ＿＿＿＿＿＿　　　술어 ＿＿＿＿＿＿　　　목적어 ＿＿＿＿＿＿

◆ 정답_ 해설집 205쪽

5급 기출문제 맛보기

 **맛보기 1**

난이도 **下**　공략 Key 핵심어 疾 파악

我们通常说患了疾病，但在古代，"疾"与"病"的含义不同。"疾"是指不易发觉的小病，如果不采取有效措施，就会发展到可见的程度，便称为"病"。这种非病非健康的状态，现代医学叫"亚健康状态"或"第三状态"。处于"亚健康状态"的人，容易感到疲劳，适应能力也会下降。

A "疾"属于非健康状态　　　　　B 要及时缓解疲劳

C 要重视人的适应能力　　　　　D "病"发展到"疾"

정답&공략

해석　我们通常说患了疾病，但在古代，"疾"与"病"的含义不同。<u>"疾"是指不易发觉的小病</u>，如果不采取有效措施，就会发展到可见的程度，便称为"病"。<u>这种非病非健康的状态</u>，现代医学叫"亚健康状态"或"第三状态"。处于"亚健康状态"的人，容易感到疲劳，适应能力也会下降。

우리는 일반적으로 '질병'에 걸렸다고 말하지만, 고대에는 '질(疾)'와 '병(病)'의 뜻이 달랐다. '질'은 쉽게 알아차릴 수 없는 작은 병을 가리키며, 만일 효과적인 조치를 취하지 않으면 눈에 띌 정도로 발전하게 되는데 이를 바로 '병'이라고 부른다. <u>이러한 '병'도 아니고 건강한 것도 아닌 상태</u>를 현대 의학에서는 '아건강 상태(亚健康状态)' 혹은 '제3의 상태(第三状态)'라 부른다. '아건강 상태'에 처한 사람은 쉽게 피로감을 느끼고 적응력이 떨어지기도 한다.

Ⓐ "疾"属于非健康状态
B 要及时缓解疲劳
C 要重视人的适应能力
D "病"发展到"疾"

Ⓐ '질(疾)'은 건강하지 않은 상태에 속한다
B 제때 피로를 완화시켜야 한다
C 사람의 적응 능력을 중시해야 한다
D '병(病)'이 '질(疾)'로 발전되었다

공략　이 글은 疾와 病을 모두 언급했지만 핵심 내용은 疾이다. 보기에서 [" "]로 묶인 어휘를 중심으로 먼저 A와 D의 정답 여부를 살핀다. 疾는 '不易发觉的小病'이며 '非病非健康的状态'라고 언급했기에 정답은 A이며, 疾가 病으로 발전되는 것이므로 D는 정답이 아니다.

어휘　患疾病 huàn jíbìng 병에 걸리다 | 含义 hányì 몡 내포된 뜻 | 发觉 fājué 통 발견하다, 알아차리다 | ★采取 cǎiqǔ 통 채택하다, 취하다 | ★措施 cuòshī 몡 조치, 대책 | 可见的 kějiàn de 볼 수 있는 | ★称为 chēngwéi 통 ~라고 부르다 | 非 fēi 통 ~이 아니다 | 亚健康状态 yà jiànkāng zhuàngtài 아건강 상태 | 第三状态 dì-sān zhuàngtài 제3의 상태 | 处于 chǔyú 통 처하다, 놓이다 | ★疲劳 píláo 혱 피곤하다, 지치다 | ★下降 xiàjiàng 통 떨어지다, 낮아지다 | ★属于 shǔyú 통 ~에 속하다 | ★缓解 huǎnjiě 통 완화하다, 호전시키다

> 　　俗话说：日出而作，日落而息。人们一般习惯在晚上睡觉，在黑暗中睡觉，关灯并用窗帘挡住室外照进来的光线。亮着灯睡觉会使人推迟入睡时间，而且较难进入深睡阶段。光照会提高脑的兴奋度，因而去除光照刺激，减少卧室光线，对预防失眠有很大帮助。
>
> A　开灯睡觉影响睡眠　　　　　　B　缺乏睡眠危害健康
> C　光照使人神经放松　　　　　　D　白天睡眠质量更高

 정답&공략

해석

　　俗话说：日出而作，日落而息。人们一般习惯在晚上睡觉，在黑暗中睡觉，关灯并用窗帘挡住室外照进来的光线。<u>亮着灯睡觉会使人推迟入睡时间，而且较难进入深睡阶段。</u>光照会提高脑的兴奋度，因而去除光照刺激，减少卧室光线，对预防失眠有很大帮助。

Ⓐ 开灯睡觉影响睡眠
B　缺乏睡眠危害健康
C　光照使人神经放松
D　白天睡眠质量更高

　　'해가 뜨면 일을 하고, 해가 지면 휴식을 취한다'라는 말이 있다. 사람들은 일반적으로 밤에 잠자고 어둠 속에서 잠자는 것에 익숙해서 불을 끄거나 커튼으로 밖에서 들어오는 빛을 가린다. <u>불을 컨 채로 잠을 자면 사람들은 잠드는 시간이 늦어지고 게다가 숙면 단계로 접어들기 어렵다.</u> 빛은 뇌의 흥분도를 높이기 때문에 빛의 자극을 제거하고 침실의 빛을 줄이면 불면증 예방에 크게 도움이 된다.

Ⓐ 불을 켜고 잠을 자면 수면에 영향을 준다
B　수면이 부족하면 건강에 해를 끼친다
C　빛은 사람의 신경을 편안하게 해준다
D　낮에 수면의 질이 더 높다

공략 글의 맨 처음에 나온 속담을 통해 수면에 관한 내용임을 쉽게 유추할 수 있다. 또한 지문에서 '亮着灯睡觉会使人推迟入睡时间，而且较难进入深睡阶段'이라고 언급했기에 A가 정답이다.

어휘 ★俗话 súhuà 몡 속담, 옛말 | ★黑暗 hēi'àn 혱 어둡다, 캄캄하다 | ★窗帘 chuānglián 몡 커튼 | 挡住 dǎngzhù 동 막다 | 照 zhào 동 비치다, 비추다 | 光线 guāngxiàn 몡 빛 | 亮 liàng 혱 밝다, 빛나다 | ★推迟 tuīchí 동 늦추다, 지연시키다 | 因而 yīn'ér 접 그러므로 | 光照 guāngzhào 몡 동 일조; 빛이 비치다 | ★去除 qùchú 동 제거하다, 없애다 | ★刺激 cìjī 동 자극하다 | ★卧室 wòshì 몡 침실 | ★预防 yùfáng 동 예방하다 | ★缺乏 quēfá 동 결핍되다 | ★危害 wēihài 동 해를 끼치다 | 神经 shénjīng 몡 신경 | ★放松 fàngsōng 동 이완시키다 | 白天 báitiān 몡 낮, 대낮

토크토크!
쌤의 한마디~

> 중국어 속담이나 격언은 이해하기 쉽지 않습니다. 그러나 간단한 격언이나 명언은 독해 제2부분의 문제를 풀 때 큰 도움이 된답니다. 정답 고르기도 수월하고 또 자신에게도 하나의 지식이 쌓이는 간단하고 교훈이 될 만한 격언을 지금부터 암기해보는 것은 어떨까요?

5급 **독해 공략** 하기

공략 1. 먼저 주제부터 찾아라

1 글의 첫 문장에 주제가 있다

설명문은 글의 첫 문장에서 주제를 제시하고 뒤이어 그에 대해 부연 설명하는 지문이 많이 출제된다. 글의 주제는 첫 문장에서 등장하지만, 정답의 실마리는 주제를 세밀하게 설명한 마지막 문장일 수도 있다. 어쨌든 지문을 빠르고 정확하게 파악하려면 주제가 무엇인지, 이 주제를 통해 화자가 제안하려는 것이 무엇인지 이해해야 한다.

〈 주제를 부각시키는 어휘 〉

能不能……，就在于 néng bu néng……, jiù zàiyú ~할 수 있는지는 ~에 달려 있다	能不能成功，就在于自己能付出多少。 성공의 여부는 자신이 얼마나 노력을 했느냐에 달려 있다.
要看……是否 yào kàn……shìfǒu ~가 ~한지를 봐야 한다	一切要看群众是否满意。 모든 것은 대중이 만족하느냐 안하느냐를 봐야 한다.
所谓……，是指 suǒwèi……, shì zhǐ 소위 ~라는 것은 ~을 가리킨다	所谓媒体，是指传播信息的载体。 소위 말하는 매스컴이란 정보를 전파하는 운반체이다.
要多 yào duō 많이 ~해야 한다	要多看、要多写、要多听。 많이 보고, 많이 쓰고, 많이 들어야 한다.
俗语说 súyǔ shuō 속담(옛말)에 이르길	俗话说："一个巴掌拍不响！" 옛말에 '손바닥도 부딪쳐야 소리가 난다'라는 말이 있다.
那就是 nà jiùshì 그것은 바로	我成功的秘诀只有一个，那就是坚持。 내가 성공한 비결은 하나뿐으로, 그것은 바로 꾸준함이다.

2 명언이나 격언, 속어를 놓치지 마라

'沉默是金(침묵은 금이다)'이 글 첫머리에 나왔다면, 이후 전개될 내용은 당연히 金이 아닌 沉默에 관한 것이다. 이처럼 명언이나 격언은 주제를 명확히 하고 강조하는 가장 중요한 수단이다.

〈 자주 출제되는 격언 〉

沉默是金 chénmò shì jīn	침묵은 금이다 → 함부로 말하지 말고 신중해야 한다.
时间就是金钱 shíjiān jiùshì jīnqián	시간이 금이다 → 시간의 중요성을 강조한다.

一寸光阴一寸金 yí cùn guāngyīn yí cùn jīn	한 치의 시간은 금 한 치만큼 가치가 있다 → 시간의 중요성을 강조한다.
寸金难买寸光阴 cùn jīn nán mǎi cùn guāngyīn	금 한 치로 한 치의 시간을 살 수는 없다, 시간은 돈으로 살 수 없다 → 시간의 중요성을 강조한다.
一天吃一个苹果，医生远离你 yì tiān chī yí ge píngguǒ, yīshēng yuǎnlí nǐ	하루에 사과를 하나씩 먹으면 의사가 당신을 멀리한다 → 사과는 건강에 이롭다.
失败是成功之母 shībài shì chénggōng zhī mǔ	실패는 성공의 어머니다 → 실패를 경험 삼아 계속 도전하다 보면 성공하게 된다.
三天打鱼两天晒网 sān tiān dǎ yú, liǎng tiān shài wǎng	작심삼일이다, 굳게 먹은 마음이 사흘을 가지 못한다 → 결심을 끝까지 지켜내기란 어려운 것이다.
谦虚使人进步，骄傲使人落后 qiānxū shǐ rén jìnbù, jiāo'ào shǐ rén luòhòu	겸손함은 사람을 향상시키고 교만함은 사람을 뒤처지게 한다 → 사람은 겸손해야 한다.
人不可貌相 rén bùkě màoxiàng	사람을 외모로 판단해서는 안 된다 → 겉모습은 그리 중요하지 않다.
百闻不如一见 bǎi wén bùrú yí jiàn	백문이 불여일견이다 → 한 번 보는 것이 백 번 듣는 것보다 낫다.
有志者事竟成 yǒu zhì zhě shì jìng chéng	뜻이 있는 곳에 길이 있다 → 하고자 하는 의지만 있으면 일은 반드시 성취될 것이다.
严师出高徒 yán shī chū gāo tú	엄한 스승에게서 뛰어난 제자가 배출된다 → 가르침에 있어 엄격해야 한다.
药补不如食补 yàobǔ bùrú shíbǔ	밥이 보약이다 → 잘 챙겨먹어야 한다.
远亲不如近邻 yuǎnqīn bùrú jìnlín	이웃사촌이 먼 친척보다 낫다 → 이웃과 사이 좋게 지내야 한다.
妇女能顶半边天 fùnǚ néng dǐng bànbiāntiān	여자는 하늘의 반을 받칠 수 있다 → 여자의 능력과 역할을 강조하다.
金钱是最好的仆人，也是最坏的主人 jīnqián shì zuì hǎo de púrén, yě shì zuì huài de zhǔrén	돈은 가장 좋은 노예이면서 가장 나쁜 주인이다 → 돈을 올바르게 써야 한다.
三思而后行 sān sī ér hòu xíng	세 번 생각하고 행동에 옮겨라 → 심사숙고한 후에 행동에 옮겨야 한다.

3 강조하거나 결론을 내리는 문장부호에 신경 써라

❶ [" "] (双引号, 큰따옴표) : 주제어(중요 표현 혹은 강조할 어휘)나 고유명사를 나타내거나 또는 다른 사람의
말을 인용할 때 쓰인다.

在古代，"疾"与"病"的意思不同。 고대에는 疾과 病의 뜻이 달랐다.
骆驼被人们称为"沙漠之舟"。 낙타는 사람들에 의해 '사막의 배'라 불린다.
中国有句俗话："良药苦口利于病，忠言逆耳利于行。"
중국에 '좋은 약은 입에 쓰지만 병에는 이롭고, 충언은 귀에 거슬리지만 행실에는 도움이 된다'라는 속담이 있다.

❷ [：] (冒号, 쌍점) : 부연 설명이나 결론을 낼 때 쓰인다.

中国画基本上可以分为三类： 人物画、山水画、花鸟画。
동양화는 대체로 인물화, 산수화, 화조화의 세 종류로 나눌 수 있다.

这意味着： 中国孩子的自我控制能力较差。
이는 중국 어린이의 자기통제 능력이 떨어진다는 것을 의미한다.

最重要的一点是： 要主动喝水。 가장 중요한 한 가지는 바로 주동적으로 물을 마셔야 한다는 점이다.

❸ [；] (分号, 쌍반점) : 문장을 병렬로 연결할 때 쓰이므로 이 문장부호가 나왔을 경우 앞의 공통분모를 찾은 뒤에 그 뒤의 내용까지 살펴야 한다.

A型的人，非常热爱自由和独立； B型的人比较自我，很想获得成功。
A 스타일 사람은 자유와 독립을 즐기며, B 스타일 사람은 자기중심적인 편이며 성공을 거두고 싶어한다.

夜来香这种花，它的香气会让人感到头疼、想吐； 洋绣球能使人的皮肤发痒。
야래향 같은 이런 꽃은 향기가 머리 아프고 토하고 싶게 만들며, 양아욱은 피부를 가렵게 만들 수 있다.

跑步有很多好处。第一，可以减肥； 第二，可以锻炼身体。
조깅을 하면 많은 좋은 점이 있다. 첫 번째는 다이어트를 할 수 있고, 두 번째는 체력 단련을 할 수 있는 것이다.

예제

난이도 上　공략 Key 속담으로 주제 파악

> 　　欧洲人说："一天吃一个苹果，医生远离你"，一本杂志介绍了10种对健康最有利的水果，其中排名第一的是苹果。因为苹果中富含纤维物质，可以补充人体足够的纤维质，降低心脏病发病率，还可以减肥。苹果泥加温后食用，更适合孩子与老年人。
>
> A　应该少吃肉　　　　　　　　　B　常吃苹果有利健康
> C　吃苹果能缓解疲劳　　　　　　D　常吃苹果的人更能干

정답&공략

해석　　　欧洲人说："一天吃一个苹果，医生远离你"，一本杂志介绍了10种对健康最有利的水果，其中排名第一的是苹果。因为苹果中富含纤维物质，可以补充人体足够的纤维质，降低心脏病发病率，还可以减肥。苹果泥加温后食用，更适合孩子与老年人。

유럽 사람들은 '하루에 사과를 하나 먹으면 의사가 당신을 멀리 한다'라고 말한다. 한 잡지에서 건강에 가장 이로운 과일 10종을 소개했는데, 그중 1위를 차지한 것이 사과였다. 사과 속에는 섬유질이 풍부하게 함유되어 있어, 인체에 충분한 섬유질을 보충해서 심장병 발병률을 낮출 수 있고 다이어트도 할 수 있다. 사과즙을 따뜻하게 해서 먹으면 어린이와 노인에게 적합하다.

A　应该少吃肉
Ⓑ　常吃苹果有利健康
C　吃苹果能缓解疲劳
D　常吃苹果的人更能干

A　고기를 적게 먹어야 한다
Ⓑ　사과를 자주 먹으면 건강에 이롭다
C　사과를 먹으면 피로를 완화시킬 수 있다
D　사과를 자주 먹는 사람이 더 유능하다

공략 글의 도입부에 유럽 속담 '一天吃一个苹果，医生远离你'를 인용하여 사과가 건강에 좋다는 점을 부각시키고 있다. 이 문장을 제대로 이해했다면 쉽게 정답을 고를 수 있는 문제이며, 뒤이어 건강에 좋은 과일 중에서 사과가 1등을 했다는 잡지의 소개로 다시 한번 사과가 건강에 좋은 점을 부연 설명했으므로 정답은 B이다.

어휘 远离 yuǎnlí 동 멀리 떠나다 | ★排名 páimíng 동 서열을 매기다 | 富含 fùhán 동 대량으로 함유하다 | 纤维物质 xiānwéi wùzhì 섬유 물질 | ★补充 bǔchōng 동 보충하다 | ★足够 zúgòu 형 충분하다 | 纤维质 xiānwéizhì 명 섬유질 | ★降低 jiàngdī 동 낮추다 | 心脏病 xīnzàngbìng 명 심장병 | 苹果泥 píngguǒ ní 사과즙 | ★适合 shìhé 동 적합하다 | ★缓解 huǎnjiě 동 완화하다 | ★疲劳 píláo 형 피곤하다 | 能干 nénggàn 형 유능하다

> **Tip** 排名
>
> 직접적인 뜻은 '이름을 배열하다'인데, '排名+차지한 순위'로 쓰면 '랭킹 ~위를 차지하다'라는 뜻이다.
>
> 他起初在班里**排名**第一。 그는 처음에는 반에서 1위를 차지했었다.
> 他是世界**排名**第一百位的滑雪选手。 그는 세계 랭킹 100위의 스키 선수이다.

공략 2. 지문보다 보기를 먼저 확인하라

지문과 보기 중 과연 어떤 것을 먼저 읽어야 할까? 지문의 유형에 따라 공략법이 다르므로 어느 것이 먼저인지 딱 잘라 말할 수는 없지만, 가장 무난한 방법은 지문의 첫 문장을 읽고 주제를 파악한 다음, 보기를 먼저 살펴보는 것이다. 보기를 통해 지문에서 눈여겨보아야 할 키워드를 찾아내면 지문을 해석하는 데 많은 도움이 된다.

1 보기의 숫자는 미리 확인한다

보기에 숫자가 등장했다면 우선 본문 내용의 숫자 부분을 찾아 정답 여부를 가려내면 된다.

> 예 A 英国手机用户最不喜欢听音乐
>   B 英国人拥有手机的人**不到30%**
>   C 手机在英国**盛行10年了**
>   D **差不多18%的**英国手机用户听音乐

2 보기에 공통적으로 나오는 부분을 제외한 나머지를 빠르게 살펴라

보기에서 공통된 부분은 주로 주어 부분이며, 일단 공통 부분이 있음을 확인했다면, 그 나머지를 빠르게 해석해서 지문의 내용을 유추하고, 해석할 때 어디에 중점을 둘지 결정해야 한다.

> 예 A **上海的房价**都很高 (다 높다)
>   B **上海的房价**降低了一些 (약간 떨어졌다)
>   C **上海的房价**会一直涨下去 (계속 오를 것이다)
>   D **上海的房价**没有下跌过 (떨어진 적이 없다)

3 보기의 주어 부분이 각기 다를 때는 지문에서 그 주어를 찾아 내용을 확인하라

보기에 제시된 문장의 주어가 각기 다르다면 지문에서 각각의 주어가 나온 부분을 빠르게 확인하면서 정답인지 아닌지를 가려내야 한다.

예 A **中国画**关注人与自然 　 B **山水画**表现人与人的关系
C **人物画**表现大自然 　 D **国画**大部分是山水画

예제

난이도 **中** 　 공략 Key 보기의 주어를 바탕으로 지문 내용 대조

　　用茶量的多少与消费者的饮用习惯有密切关系。在西藏、新疆等少数民族地区，普遍喜饮浓茶，并在茶中加糖、奶或盐，每次茶叶用量也较多。福建、广东等省，人们喜饮功夫茶。茶具虽小，但用茶量较多。华北和东北地区人喜饮花茶，通常用较大的茶壶泡茶，茶叶用量较少。

A 中国人喜欢在茶中加糖 　 B 广东人用的茶具很精美
C 有些少数民族喜欢喝浓茶 　 D 花茶在南方更受欢迎

정답&공략

해석　　　用茶量的多少与消费者的饮用习惯有密切关系。在西藏、新疆等少数民族地区，普遍喜饮浓茶，并在茶中加糖、奶或盐，每次茶叶用量也较多。福建、广东等省，人们喜饮功夫茶。茶具虽小，但用茶量较多。华北和东北地区人喜饮花茶，通常用较大的茶壶泡茶，茶叶用量较少。

차 사용량이 얼마인지는 소비자의 마시는 습관과 밀접한 관계가 있다. 티베트나 신장 등 소수민족 거주 지역 사람들은 일반적으로 진한 차를 좋아하고 차에 설탕이나 우유, 소금을 넣으며 한 번에 사용하는 찻잎의 양 역시 많은 편이다. 푸젠, 광둥 등지의 사람들은 궁푸 차를 즐기는데, 다기는 작지만 찻잎 사용량은 많은 편이다. 화베이나 둥베이 지역 사람들은 화차를 마시길 좋아하고, 일반적으로 커다란 찻주전자에 차를 끓이며 찻잎 사용량은 적다.

A 中国人喜欢在茶中加糖
B 广东人用的茶具很精美
C 有些少数民族喜欢喝浓茶
D 花茶在南方更受欢迎

A 중국인은 차에 설탕을 넣는 걸 좋아한다
B 광둥 사람들이 사용하는 다기는 매우 정교하다
C 일부 소수민족들은 진한 차를 즐겨 마신다
D 화차는 남방에서 더 인기가 있다

공략　보기의 주어가 각각 다르므로 본문과 관련된 부분을 찾아서 대조하면 된다. 广东은 '茶具小'라고 했으므로 B는 정답이 아니며, '西藏、新疆等少数民族地区'는 '普遍喜饮浓茶'라고 했으므로 C가 정답이다.

어휘　消费者 xiāofèizhě 명 소비자 | ★密切 mìqiè 형 밀접하다 | ★西藏 Xīzàng 고유 티베트 | 新疆 Xīnjiāng 고유 신장 | 茶叶 cháyè 명 찻잎 | ★普遍 pǔbiàn 형 보편적이다 | 浓茶 nóngchá 명 진한 차 | 糖 táng 명 설탕 | 奶 nǎi 명 우유, 젖 | ★盐 yán 명 소금 | 福建 Fújiàn 고유 푸젠(성) | 功夫茶 gōngfuchá 명 궁푸 차(푸젠성·광둥성 일대에서 성행하는 다도법의 한 가지) | 茶具 chájù 명 다기 | 茶壶 cháhú 명 찻주전자 | ★泡茶 pàochá 동 차를 끓이다 | ★精美 jīngměi 형 정교하다, 아름답다

新HSK **5급 따기**
실전 테스트

第 1–8 题：请选出正确答案。

1. 肉类和蔬菜都含有丰富的营养。虽然这个素食越来越受到欢迎，但也不可忽略了肉类的价值。因此，现代营养学推荐"每餐有蔬菜，每天有肉类。"，建议成年人每天吃蔬菜300–500克，肉类70克左右。

   A 蔬菜和肉类要一起吃 　　　　　B 一天至少要吃200克蔬菜

   C 蔬菜和肉类的成分相同 　　　　D 每天都应该吃蔬菜和肉类

2. 这个时代谁也不可能孤立地生活，尤其是年轻人，要多交一些朋友，要多认识一些成功的前辈，更要多请教学识渊博的老师。正所谓多一个朋友，多一条路。这些良师益友会在关键时刻给你帮助。他们对你极为重要，但是他们不能靠等待得来，你需要主动去结识他们才可以。

   A 对待朋友要真诚 　　　　　　　B 善于接受朋友的批评

   C 年轻人要理解父母 　　　　　　D 要多和优秀的人做朋友

3. 按照中国的传统，所有切割过程都应在厨房内完成，这样，几乎所有上了餐桌的食物都可以用筷子直接食用，因此中国人的餐桌上放一把刀是极其少见的情况。另外在许多人看来，刀使人想到战争或武器，因而不允许出现在友好、愉快的餐桌上。

   A 年轻人更喜欢用勺子 　　　　　B 在中国，刀是装饰品

   C 在中国，厨房里没有刀 　　　　D 中国餐桌上的食物不需要刀切

4. 能不能成功，通常在于你是否敢往人少的地方走，那条路也许会有不能预知的风险，但因为大家都有惧怕心理，会选择走那些最多人走过的路，在别人开辟和挖掘出来的老路上行走，虽然感觉很安全，但因为走的人过多，财富与资源早已所剩无几。走这样的路，怎么可能有大收获呢? 因此要想成功走没人或少人来过的路，才有可能有很多机会。

   A 要合理分配资源 　　　　　　　B 经验需要不断积累

   C 风险大往往机会也多 　　　　　D 优秀的合作伙伴是成功的保证

5. 成功并非是人的首要目标，优秀才是更值得人们努力追求的。所谓优秀，是指一个人的内在为人，要有高尚的人格和真正的才学。一个人能否成为优秀的人，实际上是可以自己决定的，但能否在社会上取得成功，在很大程度上却要靠运气。

    A 优秀是一种习惯   **B** 成功没有统一的标准
    C 成功的人行动力更强   **D** 优秀的人不一定能成功

6.《清明上河图》全图可分为三个部分，依照展开的顺序，首先是汴京郊外的景物。而大桥及汴河两岸的繁忙景象则是第二部分。最后描绘的是汴京市区的街景。人物最大也不到三厘米，最小的跟豆粒差不多大，虽然如此微小，个个栩栩如生，极富趣味。

    A《清明上河图》人物形象生动   **B**《清明上河图》只三厘米长
    C《清明上河图》画的是自然风景   **D** 现在不能看到《清明上河图》的原画

7. 根据饮食特点，中国菜主要分四大菜系，包括川菜、鲁菜、淮菜和粤菜。其中川菜最为有名。味道以麻和辣为主，要说最正宗的川菜，还是成都和重庆两地的菜肴。现在川菜馆随处可见，受到了人们的极大欢迎。

    A 川菜口味清淡   **B** 重庆菜属于川菜
    C 中国菜的特点是麻和辣   **D** 成都和重庆两地才有川菜

8. 牙膏是每个人日常生活中必备的产品。不过牙膏内所含的许多化学物质存放一定时间后会发生化学反应，不仅引起牙膏变质，还会降低牙膏的去污与保洁作用。研究发现，牙膏的保存期为10个月，超过了此期限，极易变质。有些过敏体质的人使用了变质的药物牙膏后，还会引起过敏反应。

    A 牙膏保质期不到一年   **B** 过敏的人应该少用牙膏
    C 变质的牙膏没有去污作用   **D** 含有化学物质的牙膏对身体不好

✦정답 및 해설_ 해설집 71쪽

18 day 문맥의 중심 표현을 잡아라

정답_ 해설집 205쪽

학습목표

1. 주제를 부각시키는 표현을 익히자
2. 비교문의 공식을 정복하자
3. 반전을 통해 강조하는 표현을 알아보자

밋밋하게 서술해 나가다가 단번에 주제나 중심을 부각시키려면 강조의 의미를 가진 표현이나 어휘를 쓰는 것이 제일 좋다. 新HSK 5급 독해 제2부분에서는 비교문이나 접속사를 사용하는 경우가 많으므로 이런 표현을 잘 익혀두면 지문의 주제를 쉽게 파악할 수 있다.

기초 실력 테스트 TEST

1 다음 문장을 읽고 A, B 중 알맞은 것을 고르세요.

❶ 今天比昨天冷。 　　　　　　　A 今天冷　　　　B 昨天冷

❷ 今年的国庆节没有去年那么热闹。　　A 今年热闹　　　B 去年热闹

2 다음 중 오류 문장을 모두 고르세요.

❶ 我的成绩比他有点儿高。　　　　❷ 姐姐不比妹妹高。

❸ 妈妈们比爸爸很忙。　　　　　　❹ 今年冬天没有去年那么冷。

3 같은 의미의 접속사끼리 연결하세요.

❶ 因而 ·　　　　　· A 但是

❷ 然而 ·　　　　　· B 所以

❸ 即使 ·　　　　　· C 非但

❹ 不仅 ·　　　　　· D 就是

5급 기출문제 맛보기

맛보기 1

난이도 中 　 공략 Key 比를 이용한 비교문

乘电梯的时候人们为什么往上看呢? 这样的行为跟我们的私人空间有着很大的关系。所谓私人空间, 是指我们身体周围的一定的空间, 要是有人进入这个空间, 我们就会感觉不舒服、不自在。私人空间的大小因人而异, 但大体上是前后0.6-1.5米, 左右1米。调查数据显示, 女性的私人空间比男性大, 具有攻击性格的人的私人空间更大。

A 女性的私人空间更大

B 每个人的私人空间一样大

C 攻击性格会破坏私人空间

D 私人空间让人感到自在

정답&공략

해석　乘电梯的时候人们为什么往上看呢? 这样的行为跟我们的私人空间有着很大的关系。所谓私人空间, 是指我们身体周围的一定的空间, 要是有人进入这个空间, 我们就会感觉不舒服、不自在。私人空间的大小因人而异, 但大体上是前后0.6-1.5米, 左右1米。调查数据显示, <u>女性的私人空间比男性大</u>, 具有攻击性格的人的私人空间更大。

Ⓐ **女性的私人空间更大**
B 每个人的私人空间一样大
C 攻击性格会破坏私人空间
D 私人空间让人感到自在

엘리베이터를 탔을 때 사람들은 왜 위를 볼까? 이런 행동은 우리의 사적 공간과 매우 큰 관계가 있다. 소위 말하는 사적 공간이란 우리 몸 주변의 일정한 공간을 가리키는 것으로, 만일 누군가가 이 공간에 들어오면 우리는 불편하고 자유롭지 못하다고 느낀다. 사적 공간의 크기는 사람마다 다르지만 대체적으로 앞뒤 0.6~1.5미터이며, 좌우 1미터이다. 조사에 따르면 <u>여성의 사적 공간이 남성보다 넓으며</u> 공격적인 성격을 가진 사람의 사적 공간이 더 넓다고 한다.

Ⓐ **여성의 사적 공간이 더 넓다**
B 모든 사람들의 사적 공간은 똑같다
C 공격적인 성격은 사적 공간을 파괴할 수 있다
D 사적 공간은 사람이 자유롭다고 느끼게 한다

공략　사람의 사적 공간에 관한 내용으로 比를 이용한 비교문이 정답을 고르는 실마리다. 'A比B+결과'는 'A가 더 ~하다'를 나타내며 본문 중에 '女性的私人空间比男性大'라고 했으므로 정답은 A이다.

어휘　★乘电梯 chéng diàntī 엘리베이터를 타다 | 往 wǎng 껜 ~쪽으로 | 私人空间 sīrén kōngjiān 몡 사적 공간 | 所谓 suǒwèi 혱 ~라는 것은 | 一定 yídìng 혱 어느 정도의 | 自在 zìzài 혱 자유롭다 | 异 yì 혱 다르다 | 大体上 dàtǐ shàng 대체로 | 数据 shùjù 몡 통계 수치 | 显示 xiǎnshì 툉 내보이다 | 攻击性格 gōngjī xìnggé 공격적 성격 | 具有 jùyǒu 툉 있다, 가지다 | 破坏 pòhuài 툉 훼손시키다, 파괴하다

放弃不是自认失败，而是在寻找成功的契机。有的时候放弃一棵树，你会得到整个森林。放弃一滴水，你就会拥有整个大海。不要为一滴水放弃广阔的大海，不要为了过去放弃未来，学会放弃，在放弃中你才会打败错误，战胜自我，走进一个多彩而绚丽的立体世界。

A　不应该浪费水资源

B　放弃不一定是坏事

C　我们应该懂得珍惜

D　不要随便说要放弃

정답&공략

해석　放弃不是自认失败，而是在寻找成功的契机。有的时候放弃一棵树，你会得到整个森林。放弃一滴水，你就会拥有整个大海。不要为一滴水放弃广阔的大海，不要为了过去放弃未来，学会放弃，在放弃中你才会打败错误，战胜自我，走进一个多彩而绚丽的立体世界。

포기는 실패를 인정하는 것이 아니라 성공의 계기를 찾는 것이다. 때때로 나무 한 그루를 포기하여 숲을 얻을 수 있으며, 한 방울의 물을 포기하여 바다 전체를 가질 수 있다. 물 한 방울을 위해 광활한 바다를 포기하지 말고, 과거를 위해 미래를 포기하지 마라. 포기하는 것을 배우면 포기하는 과정에서 당신은 잘못을 해결하고 스스로를 이겨서 다채롭고 화려한 입체적인 세계로 걸어 들어갈 수 있다.

A　不应该浪费水资源

Ⓑ　放弃不一定是坏事

C　我们应该懂得珍惜

D　不要随便说要放弃

A　수자원을 낭비하면 안 된다

Ⓑ　포기하는 것이 꼭 나쁜 일만은 아니다

C　우리는 소중히 여길 줄 알아야 한다

D　함부로 포기한다고 말하지 마라

공략　선택 관계 접속사 '不是A而是B'는 'A가 아니라 B이다'라는 뜻으로 而是 뒷부분을 선택하고 강조하는 데 쓰인다. 본문에서 '放弃不是自认失败，而是在寻找成功的契机'라고 했으므로 포기하는 것이 꼭 나쁜 것만은 아니라는 B가 정답이다.

어휘　★放弃 fàngqì 통 포기하다 | 自认失败 zìrèn shībài 실패를 자인하다 | ★寻找 xúnzhǎo 통 찾다, 구하다 | 契机 qìjī 명 계기, 동기 | ★森林 sēnlín 명 숲, 삼림 | 滴 dī 양 방울 | ★拥有 yōngyǒu 통 보유하다, 가지다 | ★广阔 guǎngkuò 형 넓다, 광활하다 | 打败 dǎbài 통 싸워 이기다, 물리치다 | ★错误 cuòwù 명 착오, 잘못 | 战胜 zhànshèng 통 극복하다, 이겨내다 | 自我 zìwǒ 대 자기 자신 | 绚丽多彩 xuànlì duōcǎi 현란하고 다채롭다 | 立体世界 lìtǐ shìjiè 입체적인 세계 | ★浪费 làngfèi 통 낭비하다 | ★不一定 bùyídìng 부 ~한 것은 아니다 | ★懂得 dǒngde 통 (뜻·방법 등을) 알다, 이해하다 | ★珍惜 zhēnxī 통 소중히 여기다

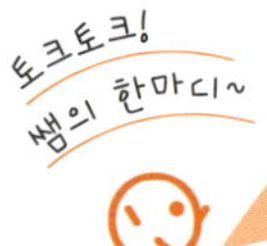

新HSK 전 영역에 걸쳐 접속사는 참으로 다양하게 활용됩니다. 듣기에도 독해에도 그리고 쓰기에도 핵심적인 표현으로 언급이 되지요. 즉, 접속사만 완벽하게 내 것으로 만들면 新HSK 모든 영역의 문제를 잘 해결할 수 있다는 뜻입니다. 지금부터 접속사를 내 것으로 만들어볼까요?

5급 **독해 공략** 하기

공략 1. 주제를 부각시키는 비교문을 숙지하라

중국어는 비교문이 발달한 편으로, 비교를 나타내는 어휘와 표현이 다양하다. 독해 제2부분에서는 비교를 통해 결과를 부각시키는 지문이 많이 출제되므로, 비교문의 공식을 잘 암기해두었다가 재빨리 비교의 결과를 파악하는 것이 중요하다.

독해
제2부분

1　비교문에도 공식이 있다

중국어에는 비교문 형식이 공식처럼 정해져 있다. 물론 그런 형식의 종류가 매우 많지만, 까다롭거나 복잡하지 않으므로 쉽게 익힐 수 있다. 다만 비교의 대상과 비교의 결과를 정확히 구분하지 않으면 내용이 달라져버리므로 완벽한 공식의 암기가 필요하다.

❶ A가 B보다 더 ~하다(A ＞ B)

[특징] 사용되는 표현 : 比

> A比B + 결과

妹妹**比**姐姐**高**。여동생이 언니보다 키가 크다.

> A比B + 결과 + 구체적인 차이

妹妹**比**姐姐**高两公分**。여동생이 언니보다 키가 2센티미터 더 크다.

> A比B + 결과 + 一点儿/一些

妹妹**比**姐姐**高一点儿**。여동생이 언니보다 키가 조금 더 크다.

> A比B + 결과 + 得多/多了

妹妹**比**姐姐**高得多**。여동생이 언니보다 키가 훨씬 더 크다.

> A比B + 还/更 + 결과

妹妹**比**姐姐**更高**。여동생이 언니보다 키가 더 크다.

❷ B가 A보다 더 ~하다(A ＜ B)

[특징] 사용되는 표현 : 不比 ｜ 没有 ｜ 不如 ｜ 比不上 ｜ 比不了 ｜ 比不过

> A不比B + 결과

他**不比**我高。　그는 나보다는 키가 크지 않다.

```
A没有B + 결과
```

坐火车**没有**坐飞机**快**。 기차를 타는 건 비행기 타는 것만큼은 빠르지 않다.

```
A不如B + (결과)
```

坐火车**不如**坐飞机**快**。 기차를 타는 건 비행기를 타는 것만큼 빠르지 못하다.

```
A比不上/比不了/比不过B + (결과)
```

我永远**比不过**他。 나는 영원히 그를 이길 수 없다.

❸ A와 B가 비슷하다(A＞B / A≒B)

[특징] 사용되는 표현 : 比 | 不比 | 有

```
A比B + 결과 + 不了多少
```

姐姐**比**妹妹**高不了多少**。 언니는 여동생보다 키가 얼마 크지 않다.

```
A不比B + 결과 + 多少
```

姐姐**不比**妹妹**高多少**。 언니는 여동생보다 얼마 크지 않다.

```
A有B + 这么/那么 + 결과
```

妹妹**有**姐姐**这么高**。 여동생은 언니만큼 이렇게 키가 크다.

❹ 像을 이용한 비교문

```
A像B + 这么/那么 + 결과 : A는 B처럼 이렇게(그렇게) ～하다
```

妹妹**像**姐姐**那么高**。 여동생은 언니처럼 그렇게 키가 크다.

```
A像B + 一样 + 결과 : A는 B처럼 똑같이 ～하다
```

妹妹**像**姐姐**一样高**。 여동생은 언니처럼 똑같이 키가 크다.

❺ 再를 이용한 최상급 비교문

```
A + 再(=最) + 동사/형용사 + 不过了 : A는 더 이상 ～할 수 없다
```

小李**再**漂亮**不过了**。 샤오리는 더 이상 예쁠 수가 없다.

```
A + 再(=最) + 동사/형용사 + 没有了 : A는 더 이상 ～할 수 없다
```

小李**再**漂亮**没有了**。 샤오리는 더 이상 예쁠 수가 없다.

```
没有比A + 再(=更) + 동사/형용사 + 的了 : A보다 더 ～한 것은 없다
```

没有比小李**再**漂亮**的了**。 샤오리보다 더 예쁜 사람은 없다.

> A + 형용사 + 得不能再(=更) + 형용사 + 了 : A는 더 이상 ～할 수 없다

小李漂亮**得不能再**漂亮**了**。샤오리는 더 이상 예쁠 수 없다.

2　비교문 주의사항

❶ 부사 更, 还, 都, 全部, 稍微 등은 쓸 수 있으나, 정도부사 很, 非常, 十分, 比较 등은 쓸 수 없다.

妹妹比姐姐很高。(×) → 妹妹**比**姐姐**更**高。(○) 여동생은 언니보다 더 키가 크다.

❷ 비교문에서 有는 주로 这么나 那么를 동반하며 의미는 'A는 B만큼 ～하다'이다. 'A가 낫다'일 수도 있고 'A는 B와 비슷하다'의 뜻도 된다.

❸ 비교문에서 没有는 주로 这么나 那么를 동반하며 'A는 B만큼은 ～하지 않다', 즉 'B가 낫다'라는 의미이며 不比는 '～보다는 ～하지 않다'로 비슷하다는 뜻도 된다.

❹ 不如, 比不上, 比不了, 比不过 등은 결과를 생략할 수 있다.

姐姐**不如**妹妹。언니는 동생만 못하다.
姐姐**不如**妹妹高。언니는 동생만큼 키가 크지 못하다.

•예제

　　　　　　　　난이도 下　　공략 Key 비교를 나타내는 동사 不如

> 　　有这么一句话：一个人的身体健康是"1"，而财富、感情、事业等都是"1"后面的"0"。只有1存在的时候，后面的0才会有意义。如果有人身体健康，那就拥有一笔无形的财产。投资钱财也不如投资身体健康，作为长线的投资，从长处着手，关注细节。
>
> A　健康最重要　　　　　　　B　要珍惜时间
> C　应把握好机会　　　　　　D　事业是一种财产

정답&공략

해석　　　有这么一句话：一个人的身体健康是"1"，而财富、感情、事业等都是"1"后面的"0"。 只有1存在的时候，后面的0才会有意义。如果有人身体健康，那就拥有一笔无形的财产。投资钱财也不如投资身体健康，作为长线的投资，从长处着手，关注细节。

사람에게 있어 건강이 1이고 재산, 감정, 사업 등은 모두 1 뒤의 0이라는 말이 있다. 오직 1이 존재할 때에야 뒤의 0에 의의가 있다. 만일 어떤 사람이 건강하면 무형의 재산을 가지고 있는 것이다. 돈에 투자를 하느니 건강에 투자를 하는 것이 낫다. 장기적인 투자로 여기고 좋을 때 시작하고 사소한 부분에도 관심을 가져야 한다.

Ⓐ 健康最重要
B　要珍惜时间
C　应把握好机会
D　事业是一种财产

Ⓐ 건강이 가장 중요하다
B　시간을 소중히 여겨야 한다
C　기회를 잘 잡아야 한다
D　사업은 일종의 재산이다

공략 글의 도입부에서 인용구를 사용해 건강의 중요성을 강조한 지문이다. 본문 중 '投资钱财也不如投资身体健康'이라고 하며 비교를 나타내는 동사 不如를 이용해 건강에 투자하는 것이 낫다고 했으므로 정답은 A이다.

어휘 ★财富 cáifù 몡 부, 재산 | 无形 wúxíng 혱 무형의, 보이지 않는 | ★投资 tóuzī 통 투자하다 | 钱财 qiáncái 몡 금전, 재물 | ★不如 bùrú 통 ~만 못하다 | ★作为 zuòwéi 통 ~로 여기다 | 长线 chángxiàn 혱 장기적인 | 长处 chángchu 몡 장점, 우수한 점 | ★着手 zhuóshǒu 통 착수하다, 시작하다 | ★关注 guānzhù 통 주시하다, 관심을 가지다 | ★细节 xìjié 몡 사소한 부분 | ★把握 bǎwò 통 잡다, 붙들다

> **Tip** 양사 笔
>
> 笔를 양사로 가지는 명사로는 필기구 종류 외에도 钱(돈)이나 生意(장사), 财产(재산) 등 돈과 관련된 명사이다.
>
> 她在拍卖会上做了一**笔**合算的买卖。 그녀는 경매에서 수지가 맞는 장사를 했다.

공략 2. 핵심 내용을 드러내는 표현을 찾아내라

말하고자 하는 내용을 부각시키기 위해, 일반적인 내용을 서술한 뒤 그것을 뒤집어서 강조할 수 있다. 이처럼 도입부에서 언급한 내용을 뒤집어 반전을 통해 강조하는 표현으로 전환, 선택, 조건 관계 접속사와 부사, 의문문, 반어문 등이 있다.

〈 전환 관계 접속사와 부사 〉

	但是 그러나, 하지만
	我弟弟年龄很小，**但是**会说三种语言。 내 남동생은 나이는 어리지만, 3개의 언어를 할 줄 안다.
	可是 그러나, 하지만
	别人都很高兴，**可是**小美有点儿生气。 다른 사람들은 다 즐거웠지만, 샤오메이는 조금 화가 났다.
접속사	然而 그러나, 하지만
	虽然失败了多次，**然而**他并不灰心。 여러 차례 실패를 했지만, 그는 용기를 잃지 않았다.
	而 ~인데도
	很多年轻人对京剧不感兴趣，**而**小明很感兴趣。 많은 젊은이들이 경극에 관심이 없는데, 샤오밍은 매우 관심이 있다.
	其实 사실
	他名义上是校长，**其实**很多事并不由他决定。 그는 명의상 교장이지만, 사실 많은 일은 그가 결정하지 않는다.
부사	事实上 사실상
	我不是个学生，**事实上**，我是位医生。 나는 학생이 아니고 사실은 의사입니다.

	实际上 실제로
	说是帮忙，**实际上**给我们添麻烦。 도와준다고 말했지만, 사실은 우리에게 번거로움만 가져다주었다.
	却 오히려
	他明明知道事情的真相，**却**假装不知道。 그는 분명히 사건의 진상을 알고 있으면서도 오히려 모르는 척한다.

〈 선택, 조건, 점층, 순접 관계 접속사 〉

선택 관계	不是……，而是…… ～하는 것이 아니라 ～하다
	我**不是**去逛街，**而是**去看老师。 나는 쇼핑하러 가는 게 아니라 선생님을 뵈러 간다.
	与其……，不如…… ～하느니 ～하는 것이 더 낫다
	与其跟你走，**不如**我自己去。 너와 가느니 나 혼자 가는 게 낫겠다.
조건 관계	只有……，才…… ～해야만 ～하다
	只有不断努力，**才**能有美好的明天。 끊임없이 노력해야만 아름다운 내일이 있을 것이다.
	只要……，就…… ～하기만 하면 ～하다
	只要自己努力学习，**就**一定会取得好成绩。 자신이 열심히 공부하기만 하면 분명히 좋은 성적을 거둘 수 있을 것이다.
	不管……，都…… ～에 관계없이 다 ～하다
	不管你是谁，有困难我**都**会帮。 네가 누구든지 간에 어려움이 있다면 나는 도와줄 것이다.
점층 관계	不但……，而且…… ～할 뿐 아니라 ～하다
	老王**不但**会开车，**而且**会修车。 라오왕은 운전을 할 수 있을 뿐 아니라 게다가 차를 수리할 줄도 안다.
	连……都…… ～조차도 ～하다
	这道题这么难，**连**老师**都**不会做，何况学生呢? 이 문제는 이렇게나 어려워서 선생님조차도 못 푸는데 하물며 학생은 어떻겠느냐?
	甚至 심지어
	他不分昼夜学习，**甚至**都忘了吃饭睡觉。 그는 밤낮을 가리지 않고 공부하고 심지어는 먹고 자는 것도 잊었다.
순접 관계	可见 ～한 것을 보면
	去这家餐厅的人那么多，**可见**这家餐厅的味道很不错。 이 식당에 가는 사람들이 저렇게나 많은 걸 보니, 이 식당의 음식맛이 괜찮다는 것을 알 수 있다.
	从而 ～하여, ～함으로써
	他通过努力改进了学习方法，**从而**提高了学习成绩。 그는 열심히 공부방법을 개선해서 학습성적을 끌어올렸다.

순접 관계	所以 그래서
	因为目标定得太高，**所以**次次失败。목표를 너무 높게 잡는 바람에 매번 실패한다.

〈 의문문과 반어문 〉

吗의문문	健康真的那么重要**吗**? 건강은 정말 그렇게 중요할까?
정반의문문	那么健康**重要不重要**? 그렇다면 건강은 중요한가 아닌가?
선택의문문	健康重要**还是**不重要? 건강은 중요한가 아니면 중요하지 않은가?
반어문	**难道**健康不重要**吗**? 설마 건강이 중요하지 않을까? 健康**怎么会**不重要**呢**? 건강이 어떻게 중요하지 않을 수 있나?

·예제

난이도 中　공략 Key 선택 관계 접속사 '不是……而是……'

男性购物的目的性很强，强调结果。女性购买行为一定是在逛、看、试，想这一系列的行为中产生的，女性购买的前提不是需要而是欲望。在我们所看到的大多数广告中，男性衣服多注重突出男性的内涵，女性衣服则重于外在美而突出的女性个体美，这也是为什么男女服饰差别如此之大的原因了。

A　女性多为时尚而购物
B　男性购物易受到别人的影响
C　女性购物往往受到心情影响
D　女性喜欢约男朋友一起逛街

정답&공략

해석　男性购物的目的性很强，强调结果。女性购买行为一定是在逛、看、试，想这一系列的行为中产生的，<u>女性购买的前提不是需要而是欲望</u>。在我们所看到的大多数广告中，男性衣服多注重突出男性的内涵，女性衣服则重于外在美而突出的女性个体美，这也是为什么男女服饰差别如此之大的原因了。

A　女性多为时尚而购物
B　男性购物易受到别人的影响
Ⓒ　**女性购物往往受到心情影响**
D　女性喜欢约男朋友一起逛街

남자의 쇼핑은 목적성이 매우 강하고 결과를 강조한다. 여자의 쇼핑은 분명히 돌아다니고, 보고, 해보는 일련의 행동을 생각하는 중에 생겨나는 것이다. <u>여자가 쇼핑하는 전제 조건은 필요가 아니라 욕망이다.</u> 우리가 보는 많은 광고에서 남성복은 남성의 교양을 부각시키는 데 더 주목하고, 여성복은 외적인 미나 뛰어난 여성의 개성미에 중점을 두고 있다. 이 역시 왜 남녀 의상의 차이가 이렇게 큰가에 대한 원인이다.

A　여자는 대부분 유행 때문에 물건을 산다
B　남자는 쇼핑할 때 쉽게 타인의 영향을 받는다
Ⓒ　**여자는 쇼핑할 때 종종 기분의 영향을 받는다**
D　여자는 남자친구와 함께 쇼핑하는 걸 좋아한다

공략　쇼핑할 때 남녀의 다른 점을 서술한 글로 선택 관계 접속사 '不是……而是……'를 파악해 정답을 찾는 문제이다. 여자가 물건을 구매하는 전제 조건은 '不是需要而是欲望'이라고 했고 欲望은 기분을 의미하므로 정답은 C이다.

어휘　★购物 gòuwù 통 구입하다 | ★强调 qiángdiào 형 강조하다 | ★逛 guàng 통 거닐다 | 试 shì 통 시험 삼아 해보다 | 一系列 yíxìliè 형 일련의 | 前提 qiántí 명 전제 조건 | ★不是……而是…… búshì……érshì…… ~이 아니라 ~이다 | ★欲望 yùwàng 명 욕망 | 注重 zhùzhòng 통 중시하다 | ★突出 tūchū 형 통 뛰어나다; 부각시키다 | 内涵 nèihán 명 내포, 교양 | 侧重于 cèzhòng yú ~에 치중하다 | ★服饰 fúshì 명 의복과 장신구 | 如此 rúcǐ 대 이러하다

第 1-8 题：请选出正确答案。

1. "早期识字是早期阅读的敌人"这句话主要是为了说明一点，就是不能把早期阅读和早期识字混为一谈，更不能用早期识字取而代之。识字重要不重要？答案当然是肯定的。早期阅读、识字、语言互相促进，用阅读识字，用阅读学会书面语言，养成良好的阅读习惯。单纯对儿童进行识字教育，不但不能提高儿童的阅读能力，反而会扼杀儿童的阅读乐趣和积极性。

   A 阅读能力需要培养　　　　　　　B 要鼓励孩子多提问
   C 孩子的模仿能力强　　　　　　　D 不要占用孩子游戏时间

2. 有时候，人难免多想。想得一多，对许多小事就很敏感。这样的人必定活得辛苦，因为情绪太容易被别人所影响。别人多看你一眼，你也觉得他对你有敌意；别人少看你一眼，你又认为是他有意忽视了你。多心的人想得太多，最后反而被困在一团思绪的乱麻中，动弹不了。

   A 细节决定成败　　　　　　　　　B 多心表示谨慎
   C 自己的人生由自己来决定　　　　D 要学会控制自己的情绪

3. 现在，如果要问人们选择职业时主要考虑的是什么？有为数不少的人会以收入多少作为标准。不过凭喜好选择工作的人也是有的。当然，如果能找到既喜欢收入又较多的职业就太完美了。可惜的是，生活中并不能经常遇到这种情况。

   A 现在人们经常换工作　　　　　　B 人们找工作的标准相同
   C 喜欢的才是最好的工作　　　　　D 找一份满意的工作并不容易

4. 在制定目标以后，只有管理者给予尽可能多的支持，员工才会更有信心。所以管理者要给员工充分的权利，并在资源方面给予帮助，让他们会感觉到在他们的身后有一个强大的支持者，这样员工们可以放心大胆地向目标迈进。

   A 管理者要善于沟通　　　　　　　B 管理要分段完成
   C 员工需要管理者的支持　　　　　D 管理者需要更多的权力

5. 希腊研究人员发现，许多人在婚后都会发胖，不论是男性还是女性，都有腰围突增的可能性。研究显示，不规律的饮食，极少的锻炼，还有很多不易察觉的习惯，这都是造成婚后发胖的原因。

A 婚后体重减少　　　　　　　　　　B 婚后夫妻关系好也是发胖的原因
C 婚后应该减肥　　　　　　　　　　D 婚后人们容易发胖

6. 互联网带我们进入了"麦克风"的时代。这个时代与之前不同，不是听的人太多，而是太少，不是说的人太少，而是太多。在网络上，人人都想发言，乐于"出声"，这使得互联网上听者的数量一定程度上减少了。

A 现在网络的多是年轻人　　　　　　B 网上大家都愿意当听众
C 要善于发表自己的看法　　　　　　D 麦克风时代缺少的是听者

7. 长期以来，鲨鱼一直被电影、电视和书籍描写为海洋中的可怕杀手，它凶猛、恐怖，威胁着海洋中一切生物的生命。难道鲨鱼真的那么可怕吗？科学家发现，地球上大约有370多种鲨鱼，大部分鲨鱼对人类有益无害，只有少数鲨鱼，如"大白鲨"，才会伤害人类。

A 鲨鱼不会伤害人类　　　　　　　　B 地球上有上千种鲨鱼
C 大部分鲨鱼对人类有害　　　　　　D 鲨鱼没有人们想象中那么可怕

8. 下起了大雪，雪松上就落了厚厚的一层雪。不过当雪积到一定程度，雪松就会向下弯曲，直到雪从树枝上滑落。这样反复地积，反复地弯，反复地落，可是雪松完好无损。我们应该学会像雪松那样弯下身来。放下负担，重新挺立，获得新生。弯曲，并不是低头或失败，而是一种弹性的生存方式，更是一种生活的艺术。

A 雪松是少见的植物　　　　　　　　B 低头不一定是失败
C 雪松的树枝容易断　　　　　　　　D 即使成功也不要骄傲

19 day 중국 관련 기본 정보를 익혀라

◆정답_ 해설집 205쪽

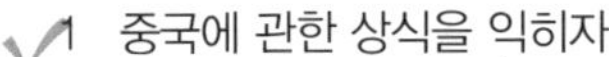

학습목표

✔1 중국에 관한 상식을 익히자

✔2 중국 소개형 지문에 자주 쓰이는 표현을 정리하자

✔3 新HSK 독해 지문의 특징을 알자

독해 제2부분에서 매회 빠짐없이 출제되는 중국 관련 지문은 중국에 대한 지식이 풍부하면 그만큼 쉽게 문제를 해결할 수 있다. 상식 수준의 정보를 이용해 모르는 단어를 파악하는 법 등 중국 관련 문제를 푸는 요령도 익혀두는 것이 좋다.

기초 실력 테스트 TEST

1 다음 문장에서 지명을 모두 고르세요.

❶ 婺源县是中国铁路之父詹天佑的家乡。　　　　　＿＿＿＿＿＿＿

❷ 当时还没有景德镇，景德镇成为昌南镇。　　　　＿＿＿＿＿＿＿

❸ 地灵人杰的浮梁县自然环境良好，森林覆盖率近80%。＿＿＿＿＿＿＿

❹ 他的故事在安徽省介休市广为流传。　　　　　　　＿＿＿＿＿＿＿

2 빈칸에 들어갈 알맞은 도시를 고르세요.

| 보기 | 桂林　　苏杭　　广州　　南京 |

❶ ＿＿＿＿山水甲天下。

❷ 生在杭州、穿在苏州、食在＿＿＿＿。

❸ 武汉、重庆、＿＿＿＿被称为"三大火炉"。

❹ 上有天堂，下有＿＿＿＿。

5급 기출문제 맛보기

맛보기 1

난이도 上　공략 Key 인명을 힌트로 정답 유추

　　赵州桥坐落在河北省赵县洨河上。建于隋代(公元581-618年)大业年间(公元605-618年)，由著名匠师李春设计和建造，距今已有约1400年的历史，被誉为"华北四宝之一"。是当今世界上现存最早、保存最完善的古代敞肩石拱桥。因赵州桥是重点文物，通车易造成损坏，所以不能通车。

A　李春是隋朝的人

B　赵州桥现在还在使用

C　"华北四宝"指的是桥

D　赵州桥距今已有两个世纪

정답&공략

해석　　　赵州桥坐落在河北省赵县洨河上。建于隋代(公元581-618年)大业年间(公元605-618年)，由著名匠师李春设计和建造，距今已有约1400年的历史，被誉为"华北四宝之一"。是当今世界上现存最早、保存最完善的古代敞肩石拱桥。因赵州桥是重点文物，通车易造成损坏，所以不能通车。

자오저우 다리는 허베이성 자오현 샤오허 강에 위치한다. 수나라(서기 581~618년) 대업 연간(서기 605~618년)에 세워졌으며 유명한 목수 이춘이 설계하고 만들었다. 지금으로부터 이미 약 1,400년의 역사를 가졌으며, 화베이 지역 4대 보물 중의 하나로 불린다. (이 다리는) 세계에서 현존하는 가장 오래되고 보존이 가장 완벽한 고대의 아치형 돌다리다. 자오저우 다리는 중점 문물 보호유산이기에 차량이 운행하게 되면 훼손될 수 있으므로 차량 운행을 할 수 없다.

Ⓐ 李春是隋朝的人

B　赵州桥现在还在使用

C　"华北四宝"指的是桥

D　赵州桥距今已有两个世纪

Ⓐ 이춘은 수나라 사람이다

B　자오저우 다리는 지금까지도 사용하고 있다

C　화베이 4대 보물이 가리키는 것은 다리이다

D　자오저우 다리는 지금으로부터 이미 2세기가 넘었다

공략　중국의 자오저우 다리에 관해 소개한 글로 본문 중에 '언제'와 '누가'를 찾아보니 '建于隋代'와 '由著名匠师李春设计和建造'라고 언급했다. 이춘은 당연히 수나라 사람일 것이므로 정답은 A이다.

어휘　赵州桥 Zhàozhōuqiáo 고유 자오저우 다리 | ★坐落 zuòluò 동 ~에 자리잡다 | 隋代 Suídài 명 수나라 | ★著名 zhùmíng 형 유명하다 | 匠师 jiàngshī 명 목공 | 建造 jiànzào 동 만들다, 짓다 | 距今 jù jīn 지금으로부터 | ★被誉为 bèi yùwéi ~라 불리다 | ★完善 wánshàn 형 완벽하다 | 石拱桥 shígǒngqiáo 명 아치형 다리 | 通车 tōngchē 동 차가 다니다 | 损坏 sǔnhuài 동 손상시키다, 훼손시키다

相声是一种民间说唱曲艺。主要采用口头方式表演，以引人发笑为艺术特点，以"说、学、逗、唱"为基本的艺术手段。相声是立足于民间、源于生活、又深受群众欢迎的说唱曲艺表演艺术形式。相声起源于北京，流传于世界各地。相声主要用北京话讲，但也有以当地的方言说的方言相声。

A　语言幽默是相声的特点

B　说相声的人大为老年人

C　相声是400年前产生的

D　相声从西域进来的

정답&공략

해석　相声是一种民间说唱曲艺。<u>主要采用口头方式表演，以引人发笑为艺术特点，以"说、学、逗、唱"为基本的艺术手段。</u>相声是立足于民间、源于生活、又深受群众欢迎的说唱曲艺表演艺术形式。相声起源于北京，流传于世界各地。相声主要用北京话讲，但也有以当地的方言说的方言相声。

상성은 민간 설창 예술의 일종으로, <u>주로 말하는 방식을 사용해서 공연을 하여 사람들의 웃음을 유발하는 것을 예술적 특징으로 삼으며, 말하고, 흉내 내고, 웃기고, 노래하는 것을 기본적인 예술적 수단으로 한다.</u> 상성은 민간에 뿌리 박고 생활에 기원을 두었으며, 대중들의 깊은 사랑을 받는 설창 공연 예술 형식이다. 상성은 베이징에서 생겨나 세계 각지로 퍼졌다. 베이징 말로 공연을 하지만 현지의 방언으로 말하는 방언 상성도 있다.

Ⓐ 语言幽默是相声的特点

B　说相声的人大为老年人

C　相声是400年前产生的

D　相声从西域进来的

Ⓐ 언어 유머는 상성의 특징이다

B　상성을 하는 사람들은 대부분이 노인이다

C　상성은 400년 전에 생겨났다

D　상성은 서역에서 들어온 것이다

공략　중국의 민간 예술의 일종인 상성, 즉 만담을 소개한 글이다. 방식을 나타내는 숙어 구문 '以……为……'를 중심으로 정답을 유추할 수 있는데, 본문에서 '主要采用口头方式表演，以引人发笑为艺术特点'이라고 했으므로 정답은 A임을 알 수 있다.

어휘　★相声 xiàngsheng 몡 상성, 만담 | 说唱曲艺 shuōchàng qǔyì 몡 설창 예술 | ★采用 cǎiyòng 통 채택하다 | ★表演 biǎoyǎn 통 공연하다 | 引人发笑 yǐn rén fāxiào 사람들의 웃음을 자아내다 | ★逗 dòu 혱 우습다, 재미있다 | ★手段 shǒuduàn 몡 수단, 방법 | 立足于 lìzú yú ~에 입각하다 | ★源于 yuányú 통 ~에서 근원하다 | 西域 Xīyù 몡 서역

토크토크! 쌤의 한마디~

우리는 중국에 대해 얼마나 많이 알고 있을까요? 외국 유학생이 중국의 대학에 입학하면 반드시 수강해야 되는 과목이 있는데, 바로 **中国概况**(중국개황)이라는 과목입니다. 중국의 국토 면적부터 인구 분포, 역대 왕조, 전통 문화 및 예술에 걸쳐 중국에 대해 전체적으로 배웁니다. 외국 학생에게 중국에 대한 기초 지식을 쌓게 하기 위해서지요. 그래서 독해 부분에서 중국 관련 지문이 꼭 출제됩니다. 중국에 대한 상식을 기르는 것도 게을리 하면 안 되겠지요?

5급 **독해 공략** 하기

공략 1. 중국에 대한 기본 정보를 알아두자

1 행정구역 단위

중국의 지역 이름은 몇몇 유명한 도시 외에는 무척 낯설다. 하지만 행정구역 단위를 알고 있다면 지역명임을 바로 유추할 수 있다.

성급 행정구역	直辖市 직할시	**重庆直辖市**最有名的是麻辣火锅。 충칭직할시에서 가장 유명한 것은 '마라훠궈'이다.
	省 성	**山西省**被称为"戏曲之乡"。 산시성은 '희곡의 고향'이라 불린다.
	自治区 자치구	西藏，全称**西藏自治区**，位于青藏高原的西南部。 티베트는 티베트자치구의 약칭이며, 칭장고원의 서남부에 위치해 있다.
	特别行政区 특별행정구	中国有两个**特别行政区**，就是香港和澳门。 중국에는 홍콩과 마카오, 두 개의 특별행정구가 있다.
하위 행정구역	市 시	颐和园，位于景色秀丽的**北京市**西北部。 이허위안은 경치가 수려한 베이징시의 서북부에 위치해 있다.
	县 현	中国最贫穷的地方是四川凉山**布拖县**。 중국에서 가장 빈곤한 곳은 쓰촨 량산의 부퉈현이다.
	乡 향	我曾经在电视里看过**灵乡**有很多有名的地方。 나는 예전에 텔레비전에서 링향에 유명한 곳이 많다고 봤다.
	镇 진	一直听说凤凰被誉为"中国最美丽的**小镇**"。 펑황이 중국에서 가장 아름다운 마을이라는 얘기를 계속 들어왔다.
	村 촌	**华西村**共有380户，1520人，面积0.96平方公里。 화시촌은 380호에 1,520명이 살고 있으며 면적은 0.96제곱킬로미터이다.

2 중국의 민족 구성

중국은 다민족 국가로, 인구의 92%에 달하는 한족과 55개 소수민족으로 이뤄져 있다. 민족이 다르면 생활 풍습 및 언어까지도 다르기 때문에 소수민족의 문화 특징을 소개하는 지문이 독해 제2부분에 심심찮게 출제된다. 지문에서 '……族'이라 언급되었다면 중국의 소수민족에 관한 글임을 염두에 두고 문제를 풀자.

〈 독해 부분에서 자주 출제되는 소수민족 〉

傣族 Dǎizú 다이족	윈난(云南)성 서북쪽에 주로 거주한다. 대나무를 사용하여 2층집을 짓는데, 1층은 잡동사니들을 쌓아두는 용도로 사용하며 사람들은 2층에 거주한다.

回族 Huízú 후이족	중국 전역에 고루 거주하는 소수민족으로, 80% 정도가 무슬림이기에 돼지고기를 먹지 않으며, 이들이 거주하는 곳에는 항상 이슬람 사원 '청진사(清真寺)'가 있고 단결력이 강하다.
藏族 Zàngzú 장족	'세계의 지붕'이라 불리는 칭장고원에 거주한다. 장족은 주로 유목생활을 하며, 95%가 불교 신자로 장족의 불교는 라마교이다. 양젖을 짜내 만든 차 쑤요우(酥油)를 즐겨 마시며, 소고기나 양고기를 주로 먹고 승려도 육식을 한다.
纳西族 Nàxīzú 나시족	윈난성과 쓰촨성에 주로 거주하며 인구는 약 30만 정도이며 나시족은 그들만의 언어인 동파문자(东巴文字)를 가지고 있다.
布依族 Bùyīzú 부이족	구이저우 성 서남쪽에 거주하며 주로 농업에 종사한다. 대나무로 정교하게 엮은 삿갓, 돗자리와 도자기 공예에 뛰어나며 전통 자수와 염색 제품은 굉장히 유명하다.
布朗族 Bùlǎngzú 부랑족	윈난성 고산 지대에 거주하며 태양을 숭배하고 하마를 숭상한다. 결혼하기 전에 성년제를 지내는데 이때 치아를 까맣게 색칠하며 일부일처제가 엄격하다.
摩梭族 Mósuōzú 모쒀족	윈난성 고산 지대의 호수인 루구 호(泸沽湖)에 3만 명 정도가 거주하며 지구상에 마지막으로 남아 있는 여인국으로 모계사회의 전통을 유지하고 있다.

예제

傣族聚居在云南省南部的西双版纳。傣族竹楼，是一种竹木结构的空中楼阁。楼下四面敞开，不住人，只是堆放杂物和养牲畜，楼上住人。房顶盖着很薄的小平瓦，其形状很像古代人戴的帽子，据当地人说，这是孔明帽，说是当年孔明曾教会当地人种水稻，当地人为了纪念他，便把竹楼的房顶设计成孔明的帽子那样。

A 傣族人爱戴孔明帽

B 西双版纳是旅游景点

C 傣族人向孔明学到了种水稻

D 傣族房屋的地板是用石头铺的

정답&공략

해석 傣族聚居在云南省南部的西双版纳。傣族竹楼，是一种竹木结构的空中楼阁。楼下四面敞开，不住人，只是堆放杂物和养牲畜，楼上住人。房顶盖着很薄的小平瓦，其形状很像古代人戴的帽子，据当地人说，这是孔明帽，<u>说是当年孔明曾教会当地人种水稻</u>，当地人为了纪念他，便把竹楼的房顶设计成孔明的帽子那样。

다이족은 윈난성 남부의 시솽반나에 거주하고 있다. 다이족의 죽루는 대나무로 만든 공중 누각이며, 아래층은 사방이 뚫려 있고 사람은 거주하지 않으며 단지 잡동사니를 쌓아두거나 가축을 기른다. 지붕은 매우 얇은 기와를 덮었는데, 그 모습이 옛날 사람들이 쓰던 모자와 같다. 현지인의 말을 빌면 이는 제갈공명 모자로, <u>그 당시 제갈공명이 현지인들에게 모 심는 법을 가르쳤는데,</u> 현지 사람들이 그를 기념하기 위해 죽루의 지붕을 제갈공명의 모자처럼 설계했다고 한다.

A　傣族人爱戴孔明帽	A　다이족은 제갈공명 모자를 즐겨 쓴다
B　西双版纳是旅游景点	B　시솽반나는 관광지이다
C　傣族人向孔明学到了种水稻	**C　다이족은 제갈공명에게 모 심는 법을 배웠다**
D　傣族房屋的地板是用石头铺的	D　다이족 집의 바닥은 돌로 깔았다

공략　윈난성에 거주하는 중국 소수민족 중의 하나인 다이족에 대해 설명한 글로 주로 다이족이 거주하는 집의 구조를 소개했다. 지문에서 '当年孔明曾教会当地人种水稻'를 통해 다이족이 제갈공명에게 모 심는 법을 배웠음을 알 수 있으므로 정답은 C이다.

어휘　傣族 Dǎizú 명 다이족 | ★聚居 jùjū 동 모여 살다 | 西双版纳 Xīshuāngbǎnnà 고유 시솽반나 | 楼阁 lóugé 명 누각 | 敞开 chǎngkāi 동 활짝 열다 | ★堆放 duīfàng 동 쌓아두다 | 杂物 záwù 명 잡다한 물건 | 牲畜 shēngchù 명 가축 | ★薄 báo 형 얇다 | 平瓦 píngwǎ 명 평평한 기와 | ★形状 xíngzhuàng 명 물체의 외관 | 孔明 Kǒngmíng 고유 제갈공명의 호 | 教会 jiàohuì 동 가르치다 | 水稻 shuǐdào 명 벼 | 地板 dìbǎn 명 마루, 바닥 | ★铺 pū 동 깔다

독해
제2부분

공략 2. 어떻게 읽는지보다 무슨 내용인지가 중요하다

중국어 문장을 한자 독음으로 읽는 것은 반드시 고쳐야 하는 습관이다. 그러나 독해 영역, 특히 중국 관련 지문에서는 우리가 많이 접해본 한자가 등장하는 경우가 많으므로, 한글 독음을 알고 있다면 그대로 읽는 것이 내용 파악에 도움이 되기도 한다.

1　첫 문장은 한글 독음으로 읽거나 눈으로만 보고 넘어가라

중국 관련 지문에서 어떤 지역 혹은 민족, 문화 등을 소개할 경우, 첫 문장은 대체로 중심어가 주어가 되어 설명이 제시된다. 이때 중심어를 어떻게 읽는지, 무슨 뜻인지 잘 모를 경우 한글 독음으로 읽거나 눈으로 보고 넘어가도 무방하다.

《西游记》是中国古代著名的长篇神话小说。
[해석] **《이 책은》** 중국 고대 저명한 장편신화소설이다.

每年8月15日是中国传统的中秋佳节。
[해석] **이때는** 중국 전통 명절인 중추절이다.

昆明是中国十大旅游热点城市之一。
[해석] **이곳은** 중국 10대 관광 도시 중의 하나이다.

花木兰是中国古代的女英雄。
[해석] **이 사람은** 중국 고대의 여자 영웅이다.

2　묘사성 표현은 대략적인 의미만 파악하라

'巍峨挺拔的青峰秀峦、喷雪鸣雷的银泉飞瀑、瞬息万变的云海奇观、俊奇巧秀的园林建筑，一展庐山的无穷魅力' 같은 문장이 지문에 나오면 어떻게 해야 할까? 이 문장은 중국의 명산 뤼산(庐山)을 소개하는 내용으로, 5급 수준에서 이해하기 어려운 巍峨挺拔, 秀峦, 喷雪鸣雷, 瞬息万变 등의 어휘가 포함되어 있다. 이럴 경우 아는 단어만 해석하고 모르는 단어는 적당히 추측하면서 빠르게 읽어나가야 한다. 독해 제2부분은 시간 싸움임을 잊지 말자.

黄山位于安徽东南部，以怪石、奇峰、温泉、云海"四绝"而闻名于世。黄山局部地形对其气候起主导作用，形成云雾多、湿度大、降水多的气候特点。去黄山的游客最多的季节是夏季，特别是七八月间。但许多游客称冬季为黄山最美的季节。

A　黄山靠近海边　　　　　　B　黄山阴雨天气较多
C　黄山自然资源很丰富　　　D　冬天去黄山的游客最多

정답&공략

해석　黄山位于安徽东南部，以怪石、奇峰、温泉、云海"四绝"而闻名于世。<u>黄山局部地形对其气候起主导作用，形成云雾多、湿度大、降水多的气候特点。</u>去黄山的游客最多的季节是夏季，特别是七八月间。但许多游客称冬季为黄山最美的季节。

황산은 안후이성 동남부에 위치해 있으며 기암괴석과 기이한 봉우리, 온천과 운해의 '4절'로 유명하다. <u>황산의 일부 지형은 날씨에 주도적인 작용을 해서 구름과 안개가 많고 습도가 높으며 강수량이 많은 기후 특징을 만든다.</u> 황산에 가는 광광객이 가장 많은 계절은 여름이며, 특히 7, 8월 기간이 가장 많다. 하지만 많은 관광객들은 겨울이 황산의 가장 아름다운 계절이라고 한다.

A　黄山靠近海边
Ⓑ　黄山阴雨天气较多
C　黄山自然资源很丰富
D　冬天去黄山的游客最多

A　황산은 바다에 근접해 있다
Ⓑ　황산은 흐리고 비 오는 날씨가 많은 편이다
C　황산은 천연자원이 풍부하다
D　겨울에 황산을 가는 관광객이 가장 많다

공략　황산의 풍경과 날씨 그리고 관광하기에 좋은 계절, 크게 세 가지로 설명을 하고 있다. 지문에서 '云雾多、湿度大、降水多的气候特点'이라 했기에 정답은 B이다.

어휘　安徽 Ānhuī [고유] 안후이성 | ★云海 yúnhǎi [명] 운해 | ★闻名于世 wénmíng yú shì 세상에 이름을 떨치다 | ★起作用 qǐ zuòyòng 작용을 하다 | 主导 zhǔdǎo [형] 주도의 | ★湿度 shīdù [명] 습도 | 称……为…… chēng……wéi…… ~을 ~라 하다

Tip　而

① 以……而…… : ~으로 ~하다

　黄山**以**云海**而**举世闻名。 황산은 운해로서 세계적으로 이름을 떨치고 있다.

② 因……而…… : ~때문에 ~하다

　香山**因**满山的红叶**而**有名。 샹산은 온 산의 단풍 때문에 유명하다.

③ 为……而…… : ~을 위해(때문에) ~하다

　妈妈**为**儿子优秀的成绩**而**感到骄傲。 엄마는 아들의 우수한 성적 때문에 자긍심을 느낀다.

공략 3. '나는 잘났다'를 소개한다

한국어를 배우는 외국인들에게 우리의 어떤 지역, 어떤 전통 명절을 소개하고 어떤 사물에 대해 설명할 것인가? 더러운 도시, 외국의 영향을 잔뜩 받은 명절을 소개하거나 쓸모 없는 물건에 대해 설명하지는 않을 것이다. 마찬가지로, 新HSK 시험에서도 중국의 좋은 곳, 자랑할 만한 성과나 내놓을 만한 사물을 알리고 싶어 한다. 따라서 중국 관련 지문의 특징은 무조건 좋은 방향, 좋은 내용으로 전개된다는 것이다. 만일 오염이 심한 도시를 소개하는 경우라면 결국에는 사람들의 노력으로 깨끗한 도시로 변했다는 내용이 나온다.

독해
제2부분

예제

난이도 上　　공략 Key 보기의 핵심어로 지문 내용 대조

> 甲骨文大约产生于商周之际，是目前发现的中国最为古老的文字，它记录了公元前3000多年前的中国祖先活动，但由于甲骨文是比较成熟的文字，所以专家们认为，中国文字产生的年代应该要更久远一些。
>
> A 中国人创造了甲骨文　　　　B 甲骨文产生于商周之前
> C 甲骨文有3000多年的历史　　　D 甲骨文不是真正意义上的文字

정답&공략

해석　甲骨文大约产生于商周之际，是目前发现的中国最为古老的文字，它记录了公元前3000多年前的中国祖先活动，但由于甲骨文是比较成熟的文字，所以专家们认为，中国文字产生的年代应该要更久远一些。

갑골문은 대략 상나라와 주나라 즈음에 생겨났으며 현재까지 중국에서 발견된 가장 오래된 문자이다. 갑골문은 기원전 3천여 년 전 중국 조상의 활동을 기록했다. 그러나 갑골문은 비교적 성숙한 문자이기에 전문가들은 중국 문자가 생겨난 연대가 좀 더 오래되었을 것이라 여긴다.

Ⓐ 中国人创造了甲骨文
B 甲骨文产生于商周之前
C 甲骨文有3000多年的历史
D 甲骨文不是真正意义上的文字

Ⓐ 중국인이 갑골문을 만들었다
B 갑골문은 상나라와 주나라 전에 생겨났다
C 갑골문은 3천여 년의 역사가 있다
D 갑골문은 진정한 의미에서의 문자는 아니다

공략　갑골문에 대해 소개한 글로 보기에서 핵심어를 찾아 정답의 여부를 확인해야 한다. 생겨난 시점이 상나라와 주나라 '之际'이지 '之前'이 아니기에 B는 정답이 아니며, 갑골문은 기원전 3천 년에 사용됐으므로 역사는 5천 년이 넘었다. 갑골문이 '比较成熟的文字'라고 했기에 D 역시 정답이 아니며 '是目前发现的中国最为古老的文字'를 통해 중국인이 만든 중국 글자임을 알 수 있으므로 정답은 A이다.

어휘　甲骨文 jiǎgǔwén 명 갑골문 | 商周 Shāng Zhōu 상나라와 주나라 | 之际 zhījì 명 즈음 | ★古老 gǔlǎo 형 오래되다 | ★记录 jìlù 동 기록하다 | 公元前 gōngyuán qián 기원 전 | ★成熟 chéngshú 형 무르익다, 성숙하다 | ★专家 zhuānjiā 명 전문가 | ★创造 chuàngzào 동 창조하다

第 1-8 题：请选出正确答案。

1. 温州是沿海港口城市，位于中国东南部。温州本是一个贫困落后的地区，人多地少，交通不便，缺少自然资源。改革开放后，温州人靠自己的智慧和努力，把温州建设成一个四通八达的现代化城市。现在温州不但是一座充满生机活力的城市，而且是一座民营经济发达的城市。

    A 温州靠近海边　　　　　　　　　**B** 温州是个落后的城市
    C 温州的资源丰富　　　　　　　　**D** 温州人不喜欢劳动

2. 广西融水有"百节之乡"的美称，这里民族节日丰富多彩，热闹非凡。坡会是苗族人民的传统节日，每年正月十六和八月十六各举行一次。这是各族群众交流思想和增进友谊的重要场所之一，成为了解苗族民风民俗的重要窗口，并且吸引着一批又一批游人前来观光旅游。

    A 广西又叫"百节之乡"　　　　　　**B** 坡会是苗族的节日之一
    C 中国人很重视友谊　　　　　　　**D** 苗族早就开始跟外国交流

3. 剪纸在中国是一种很普及的民间艺术，千百年来深受人们的喜爱，因它大多是贴在窗户上的，所以也被称其为"窗花"。窗花以其特有的概括和夸张手法将吉祥物、美好愿望表现得淋漓尽致，将节日装点得红火富丽。春节贴"福"字，是中国民间由来已久的风俗。

    A 有的人把福字倒过来贴　　　　　　**B** 剪纸有装饰作用
    C 只有老人喜欢剪纸　　　　　　　　**D** 中国贴福字的历史不长

4. 众所周知，中国是茶的故乡，种茶、制茶、饮茶均为天下先。茶的发现和利用在中国已有四五千年历史了，从最初的生煮羹饮到晾干收藏，从单一的绿茶到六大茶种齐头并进。茶更以其独特的魅力，突破了地域和风俗的局限，传播到世界的各个角落。

    A 中国人爱喝绿茶　　　　　　　　　**B** 新疆不能种茶
    C 中国是茶的故乡　　　　　　　　　**D** 外国人喜欢中国的茶具

5. 京剧是中国的国粹。可是喜欢看京剧的似乎都是老人，年轻人好像不怎么喜欢看京剧。最根本的原因是什么呢? 京剧的大部分内容是历史故事。如果不知道历史故事，就很难理解。所以很多年轻人不了解京剧。他们更热衷于听流行音乐。因为他们觉得那种音乐听起来很简单、很轻松舒服。

A 京剧有悠久的历史　　　　　　B 年轻人喜欢上京剧了
C 当京剧演员很难　　　　　　　D 有些人不懂京剧故事

6. "孔明灯"又叫"信号灯"，相传是由三国时期的诸葛亮所发明的。当年，诸葛亮被司马懿围困于平阳，无法派兵出城求救。孔明算准风向，制造会飘泊的纸灯笼，系上求救的信息，将其放飞，其后果然脱险。诸葛亮字孔明，于是后世称这纸灯笼为孔明灯。

A 孔明灯像诸葛亮戴的帽子　　　B 孔明灯是红色的
C 孔明灯最初是用于战争的　　　D 孔明灯是在水中飘泊的纸灯笼

7. 阳朔县位于广西壮族自治区东北部。因为那里的气候湿润、风景秀丽，有"阳朔堪称甲桂林"的名誉，每年接待700万海外来的旅客。面积1428平方千米，阳朔以其独特秀美的风光吸引众多游人，有"中国旅游名县"的美誉，旅游业已经成为阳朔经济的支柱产业。

A 每年要迎接许多旅客　　　　　B 阳朔的人口共有700多万
C 阳朔离广西很近　　　　　　　D 阳朔人都在从事旅游行业

8. 新疆葡萄甲天下，尤其以吐鲁番的葡萄久负盛名。吐鲁番位于新疆中部，是中国葡萄主要生产基地，总产量占全新疆的53%。由于这里纬度高，日照多，光和作用充分；昼夜温差大，有利于糖分的积累，因而瓜果丰茂，含糖量非常高。现有500多种葡萄品种，其中仅无核白葡萄就有20个品种，吐鲁番堪称"世界葡萄植物园"。

A 温差大有利于果糖的积累　　　B 这里的白葡萄近百种
C 新疆葡萄指的是白葡萄　　　　D 世界葡萄植物园在吐鲁番

◆ 정답 및 해설_ 해설집 79쪽

20 day 중국 관련 지문에 익숙해지자

✓1 중국 관련 지문의 전개 패턴을 알아보자

✓2 자주 출제되는 어휘를 암기하자

✓3 중국에 관한 중요 정보를 습득하자

언어 역시 문화이므로, 그 문화도 함께 배워야 더욱 정확하고 유창한 언어 구사가 가능하다. 新HSK 5급 독해 영역에서 출제되는 중국 관련 지문은 우리에게 중국에 대한 정보를 제공하는 훌륭한 창구이기도 하다. 시험 공부를 하면서 쌓은 정보와 지식이 다른 시험에서 힘을 발휘할 수도 있다.

기초 실력 테스트 TEST

1 지문을 읽고 내용에 맞으면 ○, 틀리면 ✕를 하세요.

❶ 桂林的自然环境很好，无论你走到哪儿，都有青山绿水。

★ 桂林是个很美的城市。　（　　）

❷ 北京的小吃非常有名，不仅味道好，而且价钱便宜。

★ 北京的小吃种类很多。　（　　）

2 지문을 읽고 내용에 맞으면 ○, 틀리면 ✕를 하세요.

> 在衣食住行中，"食"和人们的生活关系最密切。各地气候不同，生长的植物不同，做食物的材料当然也不同，风俗、习惯也大不一样。中国的南方产大米，所以南方人喜欢吃米饭。与此相反，北方产麦子，所以北方人喜欢吃饺子、面条。

❶ 南方产麦子。　（　　）　　❷ 北方人喜欢吃面条。　（　　）

❸ 南北方的风俗差不多。　（　　）　　❹ 南北方食物各有特点。　（　　）

＋ **정답**＿ 해설집 205쪽

5급 기출문제 맛보기

맛보기 1

난이도 中 | **공략 Key** 보기의 핵심어로 지문 내용 대조

　　北京是金、元、明、清的国都，先后有33位皇帝在这里统治着幅员辽阔、人口众多的中国。悠久的历史留下了许多具有极高审美价值和文化价值的古迹。漫步城中，那些王府、花园、城楼、坛庙、名人故居、戏楼、民居，都是令人驻足流连之处。

A　明朝时人口最多　　　　　　　　B　清朝的统治时间最长
C　北京有许多名胜古迹　　　　　　D　中国在历史上有33位皇帝

정답&공략

해석　　　北京是金、元、明、清的国都，先后有33位皇帝在这里统治着幅员辽阔、人口众多的中国。<u>悠久的历史留下了许多具有极高审美价值和文化价值的古迹。</u>漫步城中，<u>那些王府、花园、城楼、坛庙、名人故居、戏楼、民居，都是令人驻足流连之处。</u>

베이징은 금, 원, 명, 청의 수도로, 33명의 황제가 연이어 이곳에서 넓은 국토, 수많은 인구의 중국을 통치했다. 유구한 역사는 뛰어난 심미적 가치와 문화적 가치를 가지고 있는 많은 명승지를 남겼다. 천천히 도시를 걸으면, 그런 왕부나 정원, 성루, 제단, 사찰, 유명한 사람들의 옛 거주지, 극장, 민가 등이 모두 사람들의 발길을 사로잡는다.

A　明朝时人口最多
B　清朝的统治时间最长
C　北京有许多名胜古迹
D　中国在历史上有33位皇帝

A　명나라 때 인구가 가장 많았다
B　청나라의 통치 기간이 가장 길었다
C　베이징에는 많은 명승지가 있다
D　중국은 역사상 33명의 황제가 있었다

공략　베이징을 소개하는 지문으로 보기 D에 언급된 숫자부터 확인하면, 중국 역사상 33인의 황제가 아니라 베이징을 수도로 둔 왕조 중에 33명의 황제이기에 정답이 아니다. 명나라의 인구가 아니라 중국의 인구가 많음을 언급했으므로 A 역시 정답이 아니다. 지문에서 '悠久的历史留下了许多……'라고 했기에 정답은 C이다.

어휘　国都 guódū 圆 수도 | ★先后 xiānhòu 圄 잇달아, 차례로 | ★皇帝 huángdì 圆 황제 | ★统治 tǒngzhì 圄 통치하다 | 幅员辽阔 fúyuán liáokuò 국토 면적이 넓다 | ★悠久 yōujiǔ 圆 유구하다 | 审美价值 shěnměi jiàzhí 圆 심미 가치 | ★古迹 gǔjì 圆 고적 | 漫步 mànbù 圄 발길 닿는 대로 걷다 | 王府 wángfǔ 圆 왕부 | 城楼 chénglóu 圆 성루 | 坛庙 tánmiào 圆 제단과 사찰 | 故居 gùjū 圆 예전에 살던 집 | 戏楼 xìlóu 圆 극장 | 驻足 zhùzú 圄 걸음을 멈추다 | 流连 liúlián 圄 떠나기 싫어하다

峨眉山，位于中国西部四川省的中南部。它是美丽的自然景观与悠久的历史文化的完美结合。峨眉山也是"中国佛教4大名山"之一。佛教的传播、寺庙的兴建与繁荣，为峨眉山增加了许多神气色彩。

A 峨眉山的历史很久

B 峨眉山位于四川省西部

C 佛教吸收了峨眉山的风光

D 现在峨眉山里没有寺庙

정답&공략

해석 峨眉山，位于中国西部四川省的中南部。它是美丽的自然景观与悠久的历史文化的完美结合。峨眉山也是"中国佛教4大名山"之一。佛教的传播、寺庙的兴建与繁荣，为峨眉山增加了许多神气色彩。

어메이 산은 중국 서부의 쓰촨성 중남부에 위치해 있다. 어메이 산은 아름다운 자연 경관과 유구한 역사 문화의 완벽한 결합이다. 어메이 산은 또한 '중국 불교 4대 명산' 중의 하나로, 불교의 전파, 사찰의 건설과 번영은 어메이 산에 많은 신비주의 색채를 보태주었다.

(A) 峨眉山的历史很久
B 峨眉山位于四川省西部
C 佛教吸收了峨眉山的风光
D 现在峨眉山里没有寺庙

(A) 어메이 산은 역사가 오래되었다
B 어메이 산은 쓰촨성 서부에 위치한다
C 불교는 어메이 산의 풍광을 받아들였다
D 지금 어메이 산에는 사찰이 없다

공략 쓰촨성에 있는 불교 명산 어메이 산을 소개한 글로, 어메이 산의 위치는 쓰촨성의 중남부이기에 B는 정답이 아니며, 불교가 어메이 산의 풍광에 영향을 받은 것이 아니라 오히려 어메이 산에 불교적인 색채를 보태주었기에 C 역시 정답이 아니다. '它是美丽的自然景观与悠久的历史文化的完美结合'라고 했기에 어메이 산의 역사가 오래되었음을 나타낸 A가 정답이다.

어휘 峨眉山 Éméishān 고유 어메이 산 | ★完美 wánměi 형 완벽하다 | ★佛教 Fójiào 명 불교 | ★传播 chuánbō 동 전파하다 | ★寺庙 sìmiào 명 사찰, 절 | 兴建 xīngjiàn 동 건설하다 | 神气 shénqì 형 생기가 넘치다 | ★色彩 sècǎi 명 경향, 색채 | 风光 fēngguāng 명 풍경

토크토크! 쌤의 한마디~

5급 **독해 공략** 하기

공략 1. 중국 관련 지문의 특징을 익히자

1 내용 전개 방식을 알아두자

중국 관련 지문은 내용 전개에 일정한 유형이 존재한다. 대부분 첫머리에 소개할 주제에 대해 '어디에 있는지'가 먼저 제시되고, 주제를 잘 설명해줄 수 있는 것들을 소개하는 중심 내용이 등장한다. 뒤이어 중심 내용에 대한 보충 설명이 이어진다. 이처럼 글의 전개 패턴을 알고 이를 중심으로 글을 본다면 정답의 여부가 좀 더 확연히 보일 것이다.

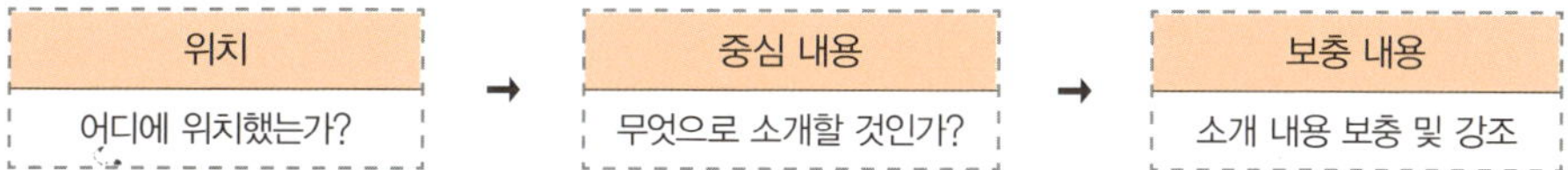

2 보기를 꼼꼼히 살피자

중국 관련 지문의 경우 보기와 지문의 내용을 하나하나 대조하면서 문제를 풀어야 한다. 보기에 지문의 문장을 똑같이 제시하는 것처럼 보이지만 세부적인 사항을 살짝 바꿔서 정답이 되지 않는 경우가 많기 때문이다.

3 중국 소개 지문에 반복적으로 사용되는 어휘를 숙지하자

位于 wèiyú ~에 위치하다	桂林**位于**广西藏族自治区东北部。 구이린은 광시 장족자치구 동북부에 위치해 있다.
坐落在 zuòluò zài ~에 자리잡고 있다	黄山**坐落在**安徽东南部。 황산은 안후이성 동남부에 자리잡고 있다.
被称为 bèi chēngwéi ~라 불리다	詹天佑**被称为**中国铁路之父。 잔톈유는 중국 철도의 아버지라 불린다.
被誉为 bèi yùwéi ~라고 칭송되다	昆曲**被誉为**中国戏曲之母。 곤곡은 중국 희곡의 어머니라 칭송된다.
(素)有……之称 (sù)yǒu……zhī chēng ~의 호칭을 가지고 있다	吐鲁番**素有**"火洲"**之称**。 투루판은 '불의 땅'이라는 호칭을 가지고 있다.
……之一 ……zhī yī ~중의 하나이다	山西是中华民族的发祥地**之一**。 산시는 중화민족의 발상지 중의 하나이다.
历史悠久 lìshǐ yōujiǔ 역사가 유구하다	丽江是**历史悠久**的地方。 리장은 역사가 유구한 곳이다.
据史书记载 jù shǐshū jìzǎi 역사서의 기재에 따르면	**据史书记载**，司马光的性格十分固执。 역사책의 기재에 따르면 사마광은 성격이 매우 고집스러웠다 한다.

举世闻名 jǔ shì wén míng 전 세계에 이름이 알려지다	长城是世界上**举世闻名**的文物。 만리장성은 세계적으로 이름이 알려진 문물이다.
驰名中外 chímíng Zhōngwài 중국 내외에서 명성을 떨치다	哈尔滨冰灯**驰名中外**。 하얼빈 빙등제는 중국 안팎에서 명성을 떨친다.

예제

> 　　西安，古称长安，是举世闻名的世界四大古都之一。被称为"天然的自然博物
> 馆"。西安，在中国历史上建都时间最长，建都朝代最多的都城。西安拥有50个民
> 族，汉族人口比例最高，少数民族以回族人口最多。
>
> A　西安工商业不太发达　　　　　　B　西安是历史悠久的都城
> C　西安有中国最大的博物馆　　　　D　西安是中国历史上最著名的城市

해석　　　西安，古称长安，是举世闻名的世界四大古都之一。被称为"天然的自然博物馆"。西安，在中国历史上建都时间最长，建都朝代最多的都城。西安拥有50个民族，汉族人口比例最高，少数民族以回族人口最多。

A　西安工商业不太发达
Ⓑ　西安是历史悠久的都城
C　西安有中国最大的博物馆
D　西安是中国历史上最著名的城市

시안은 예로부터 장안이라고 불렸으며 세계적인 세계 4대 고도 중의 하나로 '천혜의 자연박물관'이라고 불린다. 시안은 중국 역사상 수도로 정해진 기간이 가장 길고 수도로 정한 왕조가 가장 많은 도시이다. 시안에는 50개 민족이 있으며 한족 인구의 비율이 가장 높고 소수민족은 후이족 인구가 가장 많다.

A　시안은 상공업이 그리 발달하지 않았다
Ⓑ　시안은 역사가 유구한 도시이다
C　시안에는 중국에서 가장 큰 박물관이 있다
D　시안은 중국 역사상 가장 유명한 도시이다

공략　A의 工商业는 언급되지 않았으며, 자연박물관이 있는 것이 아니라 그렇게 불리는 것이기에 C도 정답이 아니고, 가장 유명한 도시라고는 언급하지 않았기에 D 역시 정답이 아니다. 첫 문장에서 '世界四大文明古都之一'라고 하여 시안의 역사가 오래되었음을 알 수 있으므로 정답은 B이다.

어휘　★西安 Xī'ān 고유 시안 | 古称 gǔ chēng 예로부터 ~로 부르다 | 长安 Cháng'ān 고유 장안(현재의 시안 일대) | ★举世闻名 jǔ shì wén míng 성 전 세계에 이름이 알려지다 | 古都 gǔdū 명 옛 도읍 | 建都 jiàndū 통 수도로 정하다 | ★朝代 cháodài 명 시기, 시대 | 都城 dūchéng 명 수도 | 比例 bǐlì 명 비중

공략 2. 특징이 있는 중국을 알아두자

들자마자 바로 떠오르는 특징이 있다면, 글을 파악할 때 큰 도움이 된다. 그동안 출제되었거나 출제될 가능성이 있는 중국에 관련된 여러 가지 상식을 넓힌다면 지문을 이해하고 정답을 도출해내는 데 좋은 효과를 거둘 수 있다.

〈 독해 지문에 자주 등장하는 왕조 〉

春秋时期 Chūnqiū shíqī 춘추전국 시대	春秋时期有一个叫做西施的美女。 춘추전국 시대에 서시라는 미녀가 있었다.
秦国 Qínguó 진나라	秦国有一个人得罪了齐景公。 한 진나라 사람이 제나라 경공에게 미움을 샀다.
魏国 Wèiguó 위나라	魏国人为什么脾气这么大呢? 위나라 사람들은 왜 이렇게 성질이 급한 건가요?
齐国 Qíguó 제나라	姜太公是齐国的缔造者(dìzàozhě 창조자)。 강태공은 제나라의 창시자이다.
楚国 Chǔguó 초나라	晏子要出使到楚国去。 안자는 사신으로 초나라에 갔다.
越国 Yuèguó 월나라	今天老师给我们讲越国灭亡的故事。 오늘 선생님께서 월나라가 멸망한 이야기를 해주셨다.
宋国 Sòngguó 송나라	古时候，宋国有一个人在田里干活。 옛날에 송나라의 어떤 사람이 밭에서 일을 하고 있었다.

〈 지역의 특징을 드러내는 관용 표현 〉

四季如春 사계절이 봄과 같다	윈난성의 쿤밍을 일컫는 말로 날씨가 1년 내내 따스함을 뜻한다.
桂林山水甲天下 구이린의 산수는 천하제일이다	구이린의 산과 물이 굉장히 아름다움을 나타낸다.
上有天堂，下有苏杭 하늘엔 천당이 있고 땅엔 쑤저우와 항저우가 있다	쑤저우와 항저우가 그만큼 살기 좋고 아름답다는 것을 나타낸다.
早穿皮袄午穿纱，围着火炉吃西瓜 아침에는 털옷을, 낮에는 비단을 입고 난로에 둘러앉아 수박을 먹는다	투루판의 아침저녁과 낮 기온 차가 그만큼 많이 나는 것을 의미한다.
食在广州 음식은 광저우에서	광저우는 요리의 종류가 다양하고 먹거리가 풍부함을 의미한다.

〈 중국의 특징 있는 지역 〉

- **中国三大火炉**(중국의 3대 화덕)

  南京 Nánjīng 난징 ｜ 武汉 Wǔhàn 우한 ｜ 重庆 Chóngqìng 충칭

- **中国五大名山**(중국의 5대 명산)

  嵩山 Sōngshān 쑹산 | 恒山 Héngshān 헝산 | 衡山 Héngshān 헝산 | 泰山 Tàishān 타이산 |
  华山 huàshān 화산

- **中国四大古城**(중국의 4대 고성)

  山西平遥 Shānxī Píngyáo 산시 핑야오 | 安徽歙县 Ānhuī Shèxiàn 안후이 서현 |
  四川阆中 Sìchuān Làngzhōng 쓰촨 랑중 | 云南丽江 Yúnnán Lìjiāng 윈난 리장

- **中国最热的地方**(중국에서 가장 더운 곳)

  吐鲁番 Tǔlǔfān 투루판

- **中国最冷的地方**(중국에서 가장 추운 곳)

  黑龙江省漠河县 Hēilóngjiāngshěng Mòhéxiàn 헤이룽장 성 모허현

- **中国最美丽的农村**(중국에서 가장 아름다운 농촌)

  婺源 Wùyuán 우위안

〈빈출 중국 관련 기타 주제〉

- **中国四大美女**(중국 4대 미인)

  西施 Xīshī 서시 | 貂蝉 Diāochán 초선 | 王昭君 Wángzhāojūn 왕소군 | 杨玉环 Yángyùhuán 양옥환(양귀비)

- **中国四大发明**(중국 4대 발명)

  火药 huǒyào 화약 | 指南针 zhǐnánzhēn 나침반 | 造纸术 zàozhǐshù 제지술 | 印刷术 yìnshuāshù 인쇄술

다음 질문에 답하세요.

---

❶ 다음 중 중국 4대 발명품이 아닌 것은?

  A 指南针　　　　B 筷子　　　　C 印刷术　　　　D 火药

❷ 다음 중 중국의 3대 화덕이 아닌 곳은?

  A 吐鲁番　　　　B 南京　　　　C 重庆　　　　D 武汉

정답 ❶ B ❷ A

예제

난이도 上　공략 Key 보기의 핵심어를 바탕으로 지문과 대조

　　婺源是一个山明水秀的地方。它位于江西省东北部，被称为"中国最美丽的乡村"。婺源温和湿润，四季分明，雾日较多。一年四季都可以去玩。然而，春天恰是婺源旅游最好的季节，尤其是4月。漫山的红杜鹃，满坡的绿茶，金黄的油菜花，加上白墙黛瓦，五种颜色，和谐搭配，胜过世上一切的图画。

A　婺源出产茶叶　　　　　　B　婺源坐落在东北部

C　婺源有很多名胜古迹　　　　D　婺源四季如春

정답&공략

독해
제2부분

해석

婺源是一个山明水秀的地方。它位于江西省东北部，被称为"中国最美丽的乡村"。婺源温和湿润，四季分明，雾日较多。一年四季都可以去玩。然而，春天恰是婺源旅游最好的季节，尤其是4月。漫山的红杜鹃，满坡的绿茶，金黄的油菜花，加上白墙黛瓦，五种颜色，和谐搭配，胜过世上一切的图画。

우위안은 산 좋고 물 맑은 곳으로 장시성 동북부에 위치하고 있으며 '중국에서 가장 아름다운 농촌'으로 불린다. 우위안은 따뜻하고 습윤하며 사계절이 분명하고 안개 낀 날이 많은 편이다. 일년 사계절 내내 여행을 갈 수 있지만, 우위안을 여행하기에 가장 좋은 계절은 봄이며, 특히 4월이 가장 좋다. 산 전체의 빨간 진달래와 산등성이 가득한 녹차, 황금빛 유채꽃과 더불어 하얀 벽에 파란색 기와 등 다섯 가지 색이 조화롭게 어우러진 것이 세상의 모든 그림을 능가한다.

Ⓐ 婺源出产茶叶
B 婺源坐落在东北部
C 婺源有很多名胜古迹
D 婺源四季如春

Ⓐ 우위안에서 찻잎이 생산된다
B 우위안은 동북 지역에 위치한다
C 우위안에는 많은 명승지가 있다
D 우위안은 사계절이 모두 봄과 같다

공략　중국 관련 지문은 보기와 지문을 일일이 대조하며 정답을 찾아내는 것이 빠르다. 우위안은 장시성 동북부이므로 B는 정답이 아니며, 우위안이 아름다운 곳임을 설명한 글이기에 '名胜古迹'와는 관계가 없으므로 C 역시 정답이 아니다. 우위안은 사계절이 뚜렷하므로 D도 정답이 아니고, '四季如春'은 昆明을 묘사할 때 주로 사용되는 표현이다. 본문에서 '满坡的绿茶'라고 했기에 정답은 A이다.

어휘　婺源 Wùyuán 고유 우위안(중국 장시성에 있는 현(县)) | 山明水秀 shān míng shuǐ xiù 산 좋고 물 맑다 | 乡村 xiāngcūn 명 농촌, 시골 | ★湿润 shīrùn 형 촉촉하다, 습윤하다 | 分明 fēnmíng 형 분명하다 | 雾日 wùrì 안개 낀 날 | 恰 qià 부 바로 | ★尤其 yóuqí 부 더욱이, 특히 | 杜鹃 dùjuān 명 진달래 | 坡 pō 명 비탈, 언덕 | 油菜花 yóucàihuā 명 유채꽃 | ★加上 jiāshàng 부 게다가 | 墙 qiáng 명 담장 | 黛 dài 형 짙은 푸른빛의 | 瓦 wǎ 명 기와 | ★和谐 héxié 형 조화롭다 | ★搭配 dāpèi 형 잘 어울리다 | ★胜过 shèngguò 동 ～을 능가하다

> **Tip**　尤其
>
> ① 부사로 '특히'의 뜻인데, 어떠한 범위가 나온 후에 그 범위 안에서 하나를 꼭 꼬집어낼 때 쓰인다.
>
> ② 문장의 맨 앞에 위치하기는 하나, 첫 번째 문장에는 등장하지 않는다.
>
> 我家人都喜欢中国菜，尤其是我妈妈。
> 우리 가족은 모두 중국 요리를 좋아하는데, 그중에서 특히 우리 엄마가 좋아하신다.

第 1-8 题：请选出正确答案。

1. 几千年来，中国汉字的书写方式都是从上到下，从右到左竖着写的。但到了近代，随着中西文化的交流，出现了经常引用外文、使用新标点符号等情况，汉字竖写就成为应用中的障碍。中国第一个提出汉字要横写的人是钱玄同，但是由于当时很多人的反对，改革失败了。

   A 人们觉得竖写汉字很方便　　　　B 钱玄同遭到了大家的反对
   C 现在很多人提倡竖写汉字　　　　D 改革开放以后才开始横写

2. 《茉莉花》是一首人们喜听爱唱的民间小调，流传于全国。各地的《茉莉花》歌词基本相同，都以反映青年男女纯真的爱情为其内容。北方的《茉莉花》还常唱《西厢记》中张生与崔莺莺的传说故事。各地有一些不同的曲调，而且各具特点。东北、华北等地都广为流传。

   A 《茉莉花》只在浙江流行　　　　B 《茉莉花》是中国的国花
   C 北方人喜欢唱西厢记　　　　　　D 《茉莉花》很受外国人欢迎

3. 四合院是中国古老、传统的文化象征。"四"指东西南北四面，"合"是四面房屋围在一起，形成一个口字形，这就是四合院的基本特征。四合院建筑之雅致，结构之巧，数量之众多，北京四合院为最。北京四合院，辽代时已初成规模，经金、元，至明、清，逐渐完善，最终成为北京最有特点的居住形式。

   A "四"指的是四个房间　　　　　　B 只在北京能看到四合院
   C 四合院建筑形式很雅致　　　　　D 很多老人喜欢住四合院

4. 在中国，茶馆是一种很受欢迎的娱乐休闲场所。中国的茶馆由来已久。早在南北朝时，已出现称"茶寮"的饮茶场所，可只是茶馆的雏型而已，到了唐朝，饮茶已成为日常风俗习惯，出现了类似现在的茶馆。现在许多人喜欢去茶馆一边喝茶一边聊天。四川是中国茶馆文化最发达的地区之一。

   A 饮茶可以促进消化　　　　　　　B 茶馆文化始于唐朝
   C 四川的茶叶产量最大　　　　　　D 饮茶是上层贵族的爱好

5. 皮影戏是中国广为流传的傀儡戏之一，是一种用灯光照射兽皮或纸板做成的人物剪影来表演故事的民间戏剧。表演时，艺人们在白色幕布后面，一边操纵戏曲人物，一边用当地流行的曲调唱述故事，同时配有乐器。皮影戏有浓厚的乡土气息。在河南、山西农村很受人们的欢迎。

A 皮影戏是无声的   B 皮影戏离不开灯光
C 皮影戏对中国电影的影响很大   D 皮影戏属于宫殿艺术

6. 中国传统绘画形式是用毛笔、墨和砚画于绢或纸上，这种画种被称为"中国画"，简称"国画"。它的题材主要有人物、山水、花鸟，可分为人物画、山水画、花鸟画三种。人物画所表现的是人类社会，人与人的关系；山水画所表现的是人与自然的关系，将人与自然融为一体；花鸟画则是表现大自然的各种生命，与人和谐相处。

A 中国画关注自然   B 国画的表现手法夸张
C 中国画指的是花鸟画   D 山水画表现人与人的关系

7. 平遥古城位于山西省中部，是一座具有2700多年历史的文化名城。它与四川阆中、云南丽江、安徽歙县并称为"中国四大古城"。平遥城墙总长6163米，墙高约12米，居住在那儿的人仍然保持着以前的民风民俗。城墙以内街道、铺面、市楼、建筑保留明清形制。它是中国目前保存最为完整的古城。

A 平遥古城建于唐朝   B 丽江古城的历史更长
C 现在没有人居住在平遥古城   D 平遥古城是中国四大古城之一

8. 山西省位于黄河中游，黄土高原的东部，又是中华民族文明的发祥地之一。它历史悠久，源远流长，素有"中国古代艺术博物馆"的美称，保留有全国百分之七十的地面古代建筑，旅游界因此说："十年中国看深圳，百年中国看上海，千年中国看西安，五千年中国看山西。"自然美景、历史文明构成了山西多姿多彩的旅游资源。

A 山西历史不长   B 山西旅游资源丰富
C 山西的风俗很特别   D 山西的发展速度很快

✦정답 및 해설_ 해설집 83쪽

21 day 신조어와 성어를 잡아라

1 새로 생겨난 신조어의 뜻을 알아두자

2 신조어 설명글의 내용 전개 패턴을 알아두자

3 에피소드를 통해 고사성어의 뜻을 숙지하자

사전을 아무리 뒤져도 찾을 수 없는 어휘들이 간혹 있다. 성어이거나 신조어로, 속뜻이나 생겨난 유래 등을 이해해야 정확하게 의미를 파악할 수 있다. 독해 제2부분에서는 성어나 신조어 설명 지문이 종종 등장하는데, 이들의 의미를 미리 학습하거나 의미를 유추하는 요령을 익혀두자.

기초 실력 테스트 TEST

1 성어와 그 뜻이 맞는 것끼리 연결하세요.

❶ 愚公移山 ·   · A 나무 그루터기를 지키며 토끼를 기다리다

❷ 刻舟求劍 ·   · B 양을 잃고 우리를 고치다

❸ 亡羊补牢 ·   · C 우공이 산을 옮기다

❹ 守株待兔 ·   · D 배에 검을 찾는다고 새겨두다

2 의미에 알맞은 신조어를 고르세요.

| 보기 | 亚健康　　白奴　　啃老族　　晒工资 |

❶ 병에 걸린 것도 아니고 건강하지도 않은 상태 ＿＿＿＿＿＿＿＿

❷ 취업할 나이가 되어서도 부모에게 의지하는 젊은 세대 ＿＿＿＿＿＿＿＿

❸ 인터넷에 자신의 연봉을 공개하는 것 ＿＿＿＿＿＿＿＿

❹ 고학력 빈곤층을 일컫는 말 ＿＿＿＿＿＿＿＿

+ **정답**_ 해설집 205쪽

5급 기출문제 맛보기

맛보기 1

난이도 上　공략 Key 冰激凌文学의 특징 파악

　　冰激凌文学是指像冰激凌一样包装精美、色调灿烂、很受青少年喜爱的文学作品。这一类作品的最大特点是轻松、活泼、幽默，适合青少年的口味。故事总是简单而温暖，语言总是活泼而俏皮，女主角总是美貌而智慧，男主角总是帅气而深情。于是读者就轻易地被这些故事感动。冰激凌文学定位只在于"好看"的休闲功能，是能满足读者娱乐需求的文化商品。

A 冰激凌文学很阳光

B 冰激凌文学是儿童启蒙读书

C 悲剧给人的印象很深刻

D 冰激凌文学具有文学价值

정답&공략

해석　　冰激凌文学是指像冰激凌一样包装精美、色调灿烂、很受青少年喜爱的文学作品。这一类作品的最大特点是轻松、活泼、幽默，适合青少年的口味。故事总是简单而温暖，语言总是活泼而俏皮，女主角总是美貌而智慧，男主角总是帅气而深情。于是读者就轻易地被这些故事感动。冰激凌文学定位只在于"好看"的休闲功能，是能满足读者娱乐需求的文化商品。

　　아이스크림 문학이란 아이스크림처럼 포장이 아름답고 색이 화려하며 청소년들의 사랑을 받는 문학 작품을 가리킨다. 이런 부류의 작품의 가장 큰 특징은 편안하고, 발랄하며, 재미있기에 청소년들의 입맛에 맞는다는 점이다. 내용은 항상 간단하고 따스하며, 문제는 항상 발랄하고 유머가 있고, 여자 주인공은 항상 아름답고 지혜로우며, 남자 주인공은 늘 잘생기고 정이 많기 때문에, 독자는 쉽게 이러한 내용에 감동을 받게 된다. 아이스크림 문학의 위치는 단지 '재미있다'는 오락적 기능에 있을 뿐이며, 독자의 오락적 수요를 만족시키는 문화상품일 뿐이다.

Ⓐ 冰激凌文学很阳光
B 冰激凌文学是儿童启蒙读书
C 悲剧给人的印象很深刻
D 冰激凌文学具有文学价值

Ⓐ 아이스크림 문학은 매우 낙관적이다
B 아이스크림 문학은 어린이 계몽도서이다
C 비극은 사람들에게 주는 인상이 매우 깊다
D 아이스크림 문학은 문학적 가치를 가지고 있다

공략　이 지문은 '冰激凌文学'라는 이름이 붙은 이유와 현재의 위치에 대해 설명하고 있는 글로써, 청소년들이 좋아하며, 오락적 기능만을 가지고 있다고 설명하고 있으므로 B와 D는 소거하며, 悲剧라는 단어는 언급되지 않았기에 C는 정답에서 배제한다. 지문은 '冰激凌文学'가 내용이나 문제 면에 있어서 活泼하며 幽默하다고 했으므로 전체적으로 낙관적이고 밝은 경향을 띠고 있다는 점을 부각하고 있기에 정답은 A이다.

어휘　冰激凌 bīngjīlíng 명 아이스크림 | 包装 bāozhuāng 명 동 포장(하다) | ★精美 jīngměi 형 아름답다 | 色调 sèdiào 명 색조 | ★灿烂 cànlàn 형 아름답다 | ★受喜爱 shòu xǐ'ài 사랑을 받다 | 类 lèi 명 종류, 부류 | ★活泼 huópo 형 활발하다 | ★幽默 yōumò 형 유머러스하다 | ★口味 kǒuwèi 명 입맛, 구미 | 俏皮 qiàopi 형 (언행이) 유머러스하다 | ★主角 zhǔjué 명 주인공 | 美貌 měimào 형 용모가 아름답다 | 帅气 shuàiqi 형 멋지다, 잘생기다 | 深情 shēnqíng 형 정이 많다

| 定位 dìngwèi 명 정해진 자리 | ★休闲 xiūxián 동 한가롭게 보내다 | ★娱乐 yúlè 동 즐기다 | 阳光 yángguāng 형 낙관적이다 | ★儿童 értóng 명 어린이, 아동 | 启蒙读书 qǐméng dúshū 계몽 도서 | 悲剧 bēijù 명 비극 | ★深刻 shēnkè 형 (느낌이) 매우 강렬하다 | ★具有 jùyǒu 동 가지다, 구비하다 | ★价值 jiàzhí 명 가치

맛보기 2

曹操是个聪明的人，有一次他带兵走到没有水的地方，士兵们渴得很。为了激励士气，曹操就对士兵们说：“前面不远的地方有一大片梅树林，梅子特别多，又甜又酸，走到那里我们吃个痛快!”士兵听了曹操的话，一个个都流出口水来，不再喊渴了，鼓足力气加紧向前赶去，按时到达了目的地。但其实前面根本没有梅林。

A 士兵们不想打仗
B 士兵们说服了曹操
C 士兵们没有吃到梅子
D 士兵们都不信有梅树林

정답&공략

해석
曹操是个聪明的人，有一次他带兵走到没有水的地方，士兵们渴得很。为了激励士气，曹操就对士兵们说：“前面不远的地方有一大片梅树林，梅子特别多，又甜又酸，走到那里我们吃个痛快!”士兵听了曹操的话，一个个都流出口水来，不再喊渴了，鼓足力气加紧向前赶去，按时到达了目的地。<u>但其实前面根本没有梅林。</u>

조조는 똑똑한 사람이다. 한번은 그가 병사들을 데리고 물이 없는 곳을 가고 있었는데 병사들이 매우 목말라 했다. 조조는 사기를 북돋아주기 위해 병사들에게 “앞쪽 멀지 않은 곳에 큰 매화나무 숲이 있는데, 달고도 새콤한 매실이 굉장히 많으니, 거기 가서 우리 실컷 먹도록 하자!”라고 말했다. 병사들은 조조의 말을 듣고 하나같이 입에 침이 고이면서 더 이상 목마르다고 외치지 않았으며, 힘을 내서 앞을 향해 전진했고 제때에 목적지에 다다랐다. <u>하지만 사실 앞쪽에는 매화나무 숲이 아예 없었다.</u>

A 士兵们不想打仗
B 士兵们说服了曹操
C 士兵们没有吃到梅子
D 士兵们都不信有梅树林

A 병사들은 전쟁을 하고 싶어 하지 않는다
B 병사들은 조조를 설득했다
C 병사들은 매실을 먹지 못했다
D 병사들은 매화나무 숲이 있다는 것을 믿지 않았다

공략 고사성어 '望梅解渴'를 소개한 내용이다. 고사성어 에피소드가 등장할 경우 세부적인 항목에 포커스를 맞춰야 한다. 문장의 맨 마지막에 '但其实前面根本没有梅林'에서 병사들은 매실을 먹지 못했다는 것을 알 수 있으므로 정답은 C이다.

어휘 ★曹操 Cáo Cāo 고유 조조 | 士兵 shìbīng 명 병사, 사병 | ★渴 kě 형 목마르다, 갈증나다 | 激励 jīlì 동 격려하다, 북돋워주다 | 士气 shìqì 명 사기, 군대의 전투 의지 | 梅树林 méishùlín 명 매화나무 숲 | 梅子 méizi 명 매실 | ★甜 tián 형 달다 | ★酸 suān 형 시다 | ……个痛快 실컷 ~하다 | 口水 kǒushuǐ 명 침 | ★喊 hǎn 동 외치다, 소리치다 | 鼓足力气 gǔzú lìqi 힘을 북돋우다 | 加紧 jiājǐn 동 속도를 내다 | ★向 xiàng 개 ~을 향하여 | ★赶 gǎn 동 서두르다 | ★按时 ànshí 부 제때에, 시간에 맞추어 | ★到达 dàodá 동 도착하다 | ★其实 qíshí 부 사실 | ★根本 gēnběn 부 전혀, 아예

5급 **독해 공략** 하기

공략 1. 신조어의 뜻은 십중팔구 지문에 언급되어 있다

신조어에 대해 소개를 하려면 그 의미를 먼저 언급하는 것이 필수적이다. 따라서 모르는 어휘라고 걱정할 필요 없이 그 뒤에 나오는 신조어가 의미하는 바를 찾아 이해하면 된다.

1 신조어 소개 지문의 내용 전개 방식을 숙지해야 한다

신조어 소개 지문의 경우 그 어휘를 소개하는 것부터 시작해서 왜 이런 용어가 등장하는지 혹은 사용하게 되었는지를 독자에게 이해시켜야 하기 때문에 일정하게 진행되는 내용 전개 방식이 존재한다.

뜻 설명		등장 배경		부연 설명
신조어의 의미를 설명한다	→	신조어가 탄생하게 된 원인, 배경을 간단히 설명한다	→	현대사회에서의 필요성, 사람들에게 미치는 영향, 장단점 등을 소개한다

〈 자주 등장하는 신조어 〉

신조어	뜻	설명
80后 bālínghòu	80년대 이후에 출생한 세대	개인주의 성향도 짙고 강한 민족주의 정신을 가지고 있다.
白奴 báinú	고학력 빈곤자	학력, 신분 등 명의상으로는 화이트칼라지만 경제적으로 매우 어려운 사람을 가리킨다.
奔奔族 bēnbēnzú	1975~1985년 사이에 출생한 세대	중국 사회에서 가장 바쁘고 큰 스트레스를 받는 세대를 일컫는 말로, 젊고 창의성이 있으며 전통에 구속 받기를 원하지 않는다.
孩奴 háinú	자식의 노예	양육비로 월급의 대부분을 쓰는 현실을 꼬집는 말이다.
海豚族 hǎitúnzú	돌고래족	중국 내 물가가 무섭게 상승함에 따라 각종 물건을 사재기하는 사람들을 가리킨다.
经适男 jīngshìnán	경제력도 있고 자상한 남자	'经济适用男'의 줄임말로, 어느 정도 경제적 능력이 뒷받침되고 술이나 담배, 도박을 안 하면서 아내에게 잘하는 남자를 가리킨다.
啃老族 kěnlǎozú	캥거루족	성인이 되어서도 독립하지 않고 부모와 함께 살며 자신의 생계를 부모에게 의탁하는 젊은 세대를 가리킨다.
裸购 luǒgòu	누드 구매	적립금 등의 형식으로 직접 돈을 지불하지 않고 물건을 구입하는 방식을 말한다.
乐活族 lèhuózú	로하스족(웰빙족)	乐活는 로하스(LOHAS)의 음차어로, 유기농 농산물을 먹고 태양열 에너지를 쓰며 요가 등에 관심이 많은 사람들이다.
秒杀 miǎoshā	온라인으로 진행되는 순간적 할인 판매	영어의 'SecKill'에서 따온 말로, 판매자가 초저가 상품을 내놓으면 수많은 구매자가 동시에 구매한다.

闪婚 shǎnhūn	속전속결 결혼	바쁜 현대인이 연애할 시간도 없어서 만나자마자 결혼부터 하는 풍속을 일컫는 말이다.
晒工资 shàigōngzī	익명으로 수입을 공개하다	인터넷을 통해 익명으로 급여 수준에 관한 정보를 공유하고 토론하는 것을 말한다.
脱口秀 tuōkǒuxiù	말주변이 좋은 사람	영어 'Talk Show'에서 따온 말로, 말주변이 좋고 말투가 저속하지 않다고 사람들에게 인정을 받는 사람을 가리킨다.
蚁族 yǐzú	개미족	주로 도시 주변의 미개발 지역에 집중 거주하며 번듯한 직장을 구하지 못한 대학 졸업생을 가리킨다.

•예제

　　"裸婚"是指不买房、不买车、不办婚礼甚至没有婚戒而直接领结婚证的一种简朴的结婚方式。由于生活压力以及现代人越来越强调婚姻的"自由"和"独立"，"婚礼"在年轻一代的婚姻中被重视的程度日益削弱，因而"裸婚"也就成为"80后"最新潮的结婚方式。

A 很多人赞成裸婚

B 年轻人很重视婚姻

C 得先求婚然后才举行婚礼

D 裸婚的人不举行婚礼

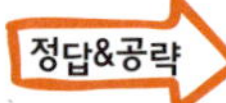

해석　　"裸婚"是指不买房、不买车、不办婚礼甚至没有婚戒而直接领结婚证的一种简朴的结婚方式。由于生活压力以及现代人越来越强调婚姻的"自由"和"独立"，"婚礼"在年轻一代的婚姻中被重视的程度日益削弱，因而"裸婚"也就成为"80后"最新潮的结婚方式。

A 很多人赞成裸婚
B 年轻人很重视婚姻
C 得先求婚然后才举行婚礼
Ⓓ 裸婚的人不举行婚礼

'누드 결혼(裸婚)'이란 집도 안 사고 차도 사지 않으며 결혼식도 치르지 않고 심지어 결혼 반지도 없이 바로 혼인신고를 하는 일종의 간소한 결혼 방식을 가리킨다. 생활에서의 스트레스 및 현대인들이 점점 더 혼인의 '자유'와 '독립'을 강조하면서, '결혼식'은 젊은 세대들의 결혼에서 중시되는 정도가 날이 갈수록 약해졌다. 이로 인해 '누드 결혼'은 '바링허우(80后)' 사이에서 최근 유행하는 결혼 방식이 되었다.

A 많은 사람들이 '누드 결혼'을 찬성한다
B 젊은이들은 결혼을 매우 중시한다
C 먼저 프러포즈를 한 후에 결혼식을 거행해야 한다
Ⓓ '누드 결혼'하는 사람들은 결혼식을 하지 않는다

공략　신조어에 대한 문제는 지문 속에 신조어의 의미가 반드시 나온다. 지문에서 '裸婚是指……不办婚礼……的一种简朴的结婚方式'라고 했으므로 정답은 D이며, 사람들이 찬성을 하는지는 언급되어 있지 않으며 젊은이들 사이에서 결혼식을 중시하는 정도가 점점 약화되고 있다고 했으므로 A와 B는 정답이 아니다.

어휘　★婚礼 hūnlǐ 몡 결혼식, 혼례 | 婚戒 hūnjiè 몡 결혼 반지 | ★直接 zhíjiē 튀 직접 | 领结婚证 lǐng jiéhūnzhèng 결혼 증서를 받다, 혼인신고를 하다 | 简朴 jiǎnpǔ 혱 간소하다 | ★以及 yǐjí 젭 및, 아울러 | 日益 rìyì 튀 날로, 나날이 | 削弱

xuēruò 동 약화되다, 약해지다 | 新潮 xīncháo 형 새로 유행하다 | ★赞成 zànchéng 동 찬성하다 | ★求婚 qiúhūn 동 프러포즈하다

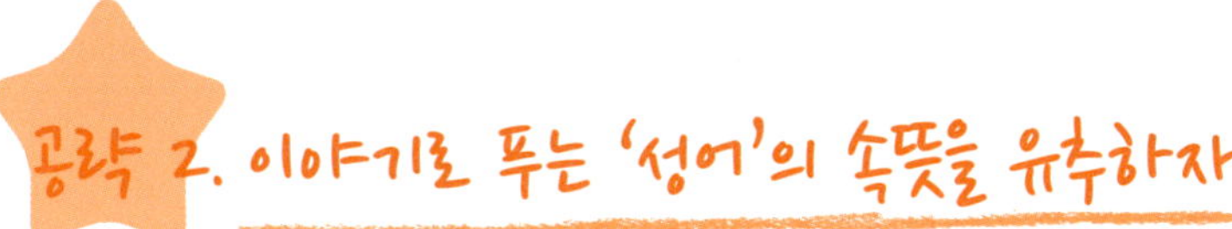

공략 2. 이야기로 푸는 '성어'의 속뜻을 유추하자

독해
제2부분

성어란 옛이야기에서 유래한 한자로 '이루어진 말'을 뜻한다. 성어는 그 속뜻을 알면 '아하! 그렇구나'라고 무릎을 치게 되지만, 그렇지 않은 경우에는 고개를 갸우뚱하게 된다. 성어는 일반적으로 어떠한 일화를 바탕으로 생겨난 고사성어가 대부분인데, 이 일화를 알고 다시 성어를 살펴보면 더 쉽게 이해하게 된다. 독해 영역에서는 에피소드 소개를 통해 성어를 설명하는 지문이 자주 출제되고 있다.

1 성어의 유래를 소개한다

성어는 대체로 유명인물의 어린 시절 혹은 임금과 신하 사이에 발생한 일화를 네 글자로 정리해놓은 것이 많다. 독해 지문에서는 직접적으로 인물의 이름을 언급해주기보다는 '以前, 宋国有一个人⋯⋯' 등으로 그냥 '어떤 이'로 묘사해 고사성어의 유래라는 힌트는 거의 주지 않으며, 에피소드 지문이기에 전개 내용을 보면서 보기와 일일이 대조해가며 정답을 찾아야 한다.

2 성어는 교훈을 띠고 있다

모든 성어는 직접적인 의미와 비유적인 의미가 있고 대체로 교훈적인 성격이 있으므로 독해 제2부분뿐 아니라 듣기 제2부분 단문형 문제에서도 자주 등장한다. 듣기 영역에서는 교훈이 매우 중요하게 부각되지만 독해 제2부분에서는 교훈보다는 전반적인 문장에서 오류를 찾는 경우가 많으므로 정확한 내용 파악에 힘을 쏟아야 한다.

〈자주 등장하는 성어〉

愚公移山 yú gōng yí shān 우공이산
겉뜻 우공이 산을 옮기다　속뜻 위험과 곤란을 두려워하지 않고 강인한 끈기로 밀고 나가다 유래 두 산 사이 북산(北山)이라는 곳에 살고 있던 우공(愚公)이란 사람은 나이가 이미 90세에 가까운데, 이 두 산이 가로막혀 돌아다녀야 하는 불편을 덜고자 자식들과 의논하여 산을 옮기기 시작했고, 옥황상제는 우공의 정성에 감동하여 두 산을 옮겨주었다.

画蛇添足 huà shé tiān zú 화사첨족
겉뜻 뱀을 그리는데 다리를 그려넣다　속뜻 쓸데없는 짓을 하여 도리어 일을 잘못되게 하다 유래 뱀을 빨리 그린 사람이 술을 먹기로 내기를 했는데 먼저 그린 사람이 뱀의 다리까지 그리는 바람에 결국 내기에 졌다.

东施效颦 Dōng shī xiào pín 동시효빈
겉뜻 동시(東施)가 서시(西施)의 눈썹 찡그리는 것을 흉내 내다 속뜻 객관적인 조건을 무시하고 무조건 모방하여 더 나쁜 결과에 이르다. 유래 월나라 미녀 서시가 속병이 있어 눈썹을 찡그리며 아픔을 참는 모습을 이웃 마을의 추녀가 보고 아름답다고 여겨 따라 했다. 훗날 사람들이 이 추녀를 '동시'라 하며 비웃었다.

刻舟求劍 kè zhōu qiú jiàn 각주구검

(겉뜻) 배에 새겨 칼을 찾다 **(속뜻)** 어리석고 미련하여 융통성이 없다
(유래) 초나라 사람이 배에서 칼을 물속에 떨어뜨리고 그 위치를 뱃전에 표시하였다가 나중에 배가 움직인 것을 생각하지 않고 칼을 찾으려 했다.

朝三暮四 zhāo sān mù sì 조삼모사

(겉뜻) 아침에 세 번 주고 저녁에 네 번 주다 **(속뜻)** 간사한 꾀로 남을 속여 희롱하다, 변덕이 심하여 믿을 수가 없다
(유래) 먹이를 아침에 세 개, 저녁에 네 개씩 주겠다는 말에 원숭이들이 적다고 화를 내더니, 아침에 네 개, 저녁에 세 개씩 주겠다는 말에는 좋아하였다.

望梅解渴 wàng méi jiě kě 망매해갈

(겉뜻) 매실을 기대하며 갈증을 해소한다 **(속뜻)** 연상에 의해 일시적으로 욕망을 억제시키다
(유래) 조조가 병사들을 이끌고 행군을 하고 있는데 매우 더운 날이라 목말라하는 사병들에게 앞쪽에 매화나무 숲이 있다는 말로 병사들에게 군침을 돌게 하고 사기를 불러일으켜 제한된 시간 내에 무사히 목적지에 다다랐다.

守株待兔 shǒu zhū dài tù 수주대토

(겉뜻) 나무에 기대어 토끼를 기다리다 **(속뜻)** 세상에 공짜는 없다
(유래) 송나라의 한 농부가 어느 날 토끼 한 마리가 밭 가운데 있는 그루터기에 머리를 들이받고 죽는 것을 보고 토끼가 또 그렇게 달려와서 죽을 줄 알고 밭 갈던 쟁기를 집어 던지고 그루터기만 지켜보고 있었지만 토끼는 다시 나타나지 않았다.

闻鸡起舞 wén jī qǐ wǔ 문계기무

(겉뜻) 한밤중에 닭 우는 소리를 듣고 일어나서 무예를 연마하다
(속뜻) 큰 뜻을 품은 사람은 기회가 오면 있는 힘을 다해 분발한다
(유래) 동진 때 조적(祖逖)과 그의 친구 유곤(劉琨)은 한밤에 닭 우는 소리가 들리면 바로 일어나서 무예를 연마하였다.

塞翁之马 sāi wēng zhī mǎ 새옹지마

(겉뜻) 변방에 사는 늙은이의 말 **(속뜻)** 세상 만사가 변화무쌍하므로 인생의 길흉화복은 예측할 수 없다
(유래) 변방에 살던 어떤 노인이 자기가 기르던 말로 인하여 화(禍)가 복이 되고 복이 화가 되었다.

结草报恩 jié cǎo bào ēn 결초보은

(겉뜻) 풀을 묶어 은혜를 갚다 **(속뜻)** 죽어서도 잊지 않고 은혜를 갚는다
(유래) 춘추 시대 진나라의 위과(魏顆)가 아버지가 세상을 떠난 후에 서모를 순장하지 않고 재혼시켰는데, 그 후 전쟁터에서 그녀 아버지의 혼이 나타나 적군의 앞길에 풀을 묶어서 적을 넘어뜨려 위과가 공을 세울 수 있었다.

亡羊补牢 wáng yáng bǔ láo 망양보뢰

(겉뜻) 양을 잃고 우리를 고친다 **(속뜻)** 이미 문제가 발생한 후에 보완하다
(유래) 초나라의 장신(莊辛)이 국고를 낭비하는 양왕에게 국사에 전념할 것을 충언했으나 왕이 듣질 않자 조나라로 떠났고 얼마 후 진나라의 공격을 받은 양왕은 뒤늦게 상신을 불러들여 상황을 해결하는 방법을 물었다.

画龙点睛 huà lóng diǎn jīng 화룡점정

(겉뜻) 용을 그리고 마지막으로 눈동자에 점을 찍다 **(속뜻)** 가장 중요한 부분을 완성하다
(유래) 양나라 화가 장승요가 절의 벽에 용을 네 마리 그리면서 '눈동자를 그리면 용이 날아가버릴 것이다'라는 이유로 눈동자를 그리지 않았는데, 사람들의 성화에 두 마리 용의 눈에 눈동자를 그려넣자 그들이 바로 하늘로 날아가버렸다.

예제

난이도 **中**　공략 Key 고사성어의 유래로 속뜻 파악

古时候有个农夫，种了稻苗后，就希望能早早收成。每天他到稻田时，发觉那些稻苗长得非常慢。他等得不耐烦，于是将稻苗拔高几分，然后回去对家里的人说："今天可把我累坏了，我帮助庄稼长高一大截!"他儿子赶快跑到地里去一看，禾苗全都枯死了。做什么事情都应该遵守客观规律，从实际出发，慢慢做，不能太着急。

A 农夫每天勤奋干活

B 人要学会顺其自然

C 做事情不能太着急

D 儿子把稻苗拔高了一点

정답&공략

해석　古时候有个农夫，种了稻苗后，就希望能早早收成。每天他到稻田时，发觉那些稻苗长得非常慢。他等得不耐烦，于是将稻苗拔高几分，然后回去对家里的人说："今天可把我累坏了，我帮助庄稼长高一大截!"他儿子赶快跑到地里去一看，禾苗全都枯死了。<u>做什么事情都应该遵守客观规律，从实际出发，慢慢做，不能太着急。</u>

A 农夫每天勤奋干活
B 人要学会顺其自然
Ⓒ 做事情不能太着急
D 儿子把稻苗拔高了一点

예전에 어떤 농부가 벼를 심은 후에 일찍 수확하기를 희망했다. 그는 매일 논에 가면서 이삭들이 굉장히 늦게 자라는 것을 발견했다. 그는 기다리는 게 귀찮아서 벼 이삭을 조금씩 뽑아냈다. 그런 다음 집으로 돌아가서 가족들에게 "오늘 정말 피곤했어. 내가 농작물이 좀 더 자라게 도왔거든"이라고 말했다. 그의 아들이 서둘러 논에 가서 보니 모가 전부 시들어 죽어 있었다. <u>어떤 일을 하든지 객관적인 규칙을 준수해야 하며 실제에서 출발해서 천천히 해야지 너무 서두르면 안 된다.</u>

A 농부는 매일 부지런하게 일했다
B 사람은 순리대로 살아야 한다
Ⓒ 일을 하는 데 있어서 너무 서두르면 안 된다
D 아들은 모를 조금 뽑아냈다

공략　고사성어 '拔苗助长'의 유래에 대한 이야기로 '어떤 일이든 서두르면 안 된다'라는 것을 알려준다. 문장의 마지막에 '做什么事情………, 不能太着急'에서 정답이 C임을 알 수 있다.

어휘　★种 zhòng 통 심다, 파종하다 | 稻苗 dàomiáo 명 벼 | 收成 shōuchéng 통 (농작물을) 거두어 들이다 | 稻田 dàotián 명 논 | ★发觉 fājué 통 알아차리다, 발견하다 | ★不耐烦 búnàifán 형 귀찮다, 성가시다 | ★拔 bá 통 뽑다, 빼다 | 庄稼 zhuāngjia 명 농작물 | 截 jié 통 절단하다, 끊다 | ★赶快 gǎnkuài 분 황급히, 재빨리 | 禾苗 hémiáo 명 볏모 | 枯死 kūsǐ (식물이) 시들어 죽다

第 1-8 题：请选出正确答案。

1. 当前汉语中的新词语大部分是新造词。比如，手机、网民、融资、年薪、筒子楼、减肥茶。所谓新词语，是指内容新、形式新，原来的词汇系统中没有或虽有但内容是全新的词语。新词语是社会的一面镜子，它能直观迅速地反映社会的发展，历史上社会发展的时期往往也是新词语产生的高峰时期。

    A 年薪算是新词语　　　　　　　　　　**B** 镜子能反映社会

    C 网民们新造词汇　　　　　　　　　　**D** 发达国家才有新词语

2. 绿客，是一些热爱生活，崇尚健康时尚，酷爱户外运动，支持公益事业，善待自己的同时也善待环境的人的自称。他们享乐人生，也对那些比我们不幸的人存有同情之心；在品味自己生活的同时，还不忘走出去看一看这广阔的世界，这是绿客的宗旨，也是绿客追求的境界。

    A 绿客偏爱吃绿色食品　　　　　　　　**B** 绿客很有同情心

    C 绿客不喜欢运动　　　　　　　　　　**D** 绿客都拥有健康的身体

3. "奔奔族"是"东奔西走"之族。最早来自于一个汽车品牌——奔奔。奔奔族是生于1975-1985这10年间的一代人，他们一路嚎叫地奔跑在事业的道路上；同时他们又是中国社会压力最大的族群，身处于房价高、车价高、医疗费用高的"三高时代"，时刻承受着压力，爱自我宣泄表达对现实抗争。

    A 中国正处于三高时代　　　　　　　　**B** 奔奔族受到的压力很大

    C 一个人的事业需要东奔西走　　　　　**D** 奔奔族是70年代出生的人

4. "海豚族"成了2010年的网络红词。海豚族就是海量囤积食品一族。因为现在食糖、酒类还有食用油等基本食品都疯狂涨价，这导致了一些人在其进一步涨价时，开始囤积粮食，所以这些市民被称为"海豚族"。其实我们的日常用品就算涨价也就是几块钱的事，而囤货会占用比较多的资金，所以"看似节约，实则大浪费"。

    A 海豚族都是大手大脚　　　　　　　　**B** 最近有些食品大幅度涨价

    C 网民们起了海豚族这个名称　　　　　**D** 海豚族导致了食品价格涨价

5. 老虎抓到一只狐狸。狐狸说："您不敢吃我！上帝派遣我来做各种野兽的首领，现在你吃掉我，是违背上帝的命令。如果你不信，我在你前面行走，看各种动物看见我有敢不逃跑的吗？"老虎认为有道理，所以就和它一起走。动物们看见它们都逃跑了，老虎认为它们是害怕狐狸，其实他们是害怕老虎而逃跑的。

A 狐狸是森林之王　　　　　　　　B 老虎比狐狸更狡猾
C 动物们害怕老虎　　　　　　　　D 狐狸是老虎的天敌

6. 有个人养了一群羊。有一天他发现少了一只，原来羊圈破了个洞。夜间狼从洞里钻进来，把羊叼走了。邻居让他把羊圈修一修！可是他觉得羊已经丢了，还修羊圈干什么，于是没有接受邻居的劝告。第二天他发现又少了一只羊，原来狼又把羊叼走了。他很后悔不接受邻居的劝告，就把羊圈修补得结结实实。从此以后他的羊再也不少了。

A 做人一定要讲信用　　　　　　　B 邻居家的羊被偷走了
C 有些事后悔也来不及　　　　　　D 出了问题要想办法补救

7. 宋国有一个人，他家养了一大群猴子，他能理解猴子的意思，猴子也懂得他的心意。过了不久，家里变得很穷，于是他对猴子说："给你们的橡子，早上三个晚上四个，行吗？"猴子都不愿意。过了一会儿，他又说："给你们橡子，早上四个，晚上三个，这该够吃了吧？"猴子一听，一个个都趴在地上，非常高兴。

A 猴子们都害怕主人　　　　　　　B 这个人耍了小聪明
C 猴子不喜欢吃橡子　　　　　　　D 猴子的动作很灵活

8. 有一天有一群人在画画，有人建议说："我们画蛇吧！谁先画完就可以喝酒。"他们答应了，大家开始画画了。甲很快就画完了，他看见其他人都在画，就在蛇上加了四只脚。他刚画完脚，乙的蛇画好了，乙就跑到桌子边喝酒。甲说："那瓶酒是我的。"乙说："蛇不应该有脚，你画错了。"

A 甲喝醉了　　　　　　　　　　　B 乙很狡猾
C 乙的蛇有四只脚　　　　　　　　D 甲做了多余的事

✦ **정답 및 해설**_ 해설집 87쪽

22 day 유머와 인물 일화에 집중하라

+ **정답**_ 해설집 205쪽

학습목표

✓1 이야기 전개 글에 익숙해지자

✓2 중국식 유머에 익숙해지자

✓3 중국 유명인물의 어린 시절을 알아두자

독해 제2부분에서 이야기 전개식 지문은 주로 두 가지로 나뉘는데, 하나는 중국의 재미있는 이야기이고 또 하나는 유명인물의 어린 시절 일화를 소개하는 글이다. 이 둘은 전개 방식에 있어 큰 차이점을 가지고 있는데 이야기 전개 글의 특징을 잘 숙지하자.

기초 실력 테스트 TEST

1 아래의 문장을 해석하세요.

❶ 聪明的孩子　　해석 _______________________

❷ 好笑的故事　　해석 _______________________

❸ 乐观的态度　　해석 _______________________

❹ 家里很穷　　해석 _______________________

❺ 我输给了他　　해석 _______________________

❻ 他勤奋好学　　해석 _______________________

2 다음 글을 읽고 맞으면 ○, 틀리면 ×를 표시하세요.

> 儿子战战兢兢地回到家：“爸，今天考试只得了60分”。爸爸很生气：“下次再考低了，就别叫我爸!”第二天儿子回来了：“对不起，哥!”

★ 第二天儿子考得很好。(　　)

5급 기출문제 맛보기

맛보기 1

난이도 下　공략 Key 반어 표현 '愿意……吗'

妻子问：“最近怎么见不到你和老王下象棋了呢？”妻子一说完，丈夫就抱怨起来：“你愿意和一个赢了就趾高气扬，输了就要骂人的人下棋吗？”“噢，当然不愿意。”妻子接着说：“也许他也不愿意同这样的人下。”

A 输赢不是很重要
B 过程比结果更重要
C 老公不喜欢和老王下象棋
D 老公是个追求完美的人

정답&공략 ▶

해석

妻子问：“最近怎么见不到你和老王下象棋了呢？”妻子一说完，丈夫就抱怨起来：“你愿意和一个赢了就趾高气扬，输了就要骂人的人下棋吗？”“噢，当然不愿意。”妻子接着说：“也许他也不愿意同这样的人下。”

A 输赢不是很重要
B 过程比结果更重要
C 老公不喜欢和老王下象棋
D 老公是个追求完美的人

아내가 물었다. "요즘 왜 당신이 라오왕과 장기 두는 게 안 보이죠?" 아내가 말을 마치자마자 남편은 불평을 하기 시작했다. "당신이라면 이기면 잘난 체하고 지면 욕하는 사람과 장기를 두고 싶겠소?" "아, 당연히 싫죠!" 아내는 이어서 말했다. "아마도 라오왕도 이런 사람과 장기를 두고 싶어 하지 않을걸요."

A 이기고 지는 것은 그리 중요하지 않다
B 과정이 결과보다 더 중요하다
C 남편은 라오왕과 장기를 두고 싶어 하지 않는다
D 남편은 완벽을 추구하는 사람이다

공략　남편이 '你愿意和一个赢了就趾高气扬，输了就要骂人的人下棋吗?'라며 '愿意……吗'라는 반어문을 사용해서 라오왕과 장기를 두고 싶지 않다고 했기에 C가 정답이다.

어휘　★下象棋 xià xiàngqí 장기를 두다 | ★抱怨 bàoyuàn 통 불평하다, 원망하다 | 趾高气扬 zhǐ gāo qì yáng 성 잘난 체하다 | ★老公 lǎogōng 명 남편, 신랑 | ★追求 zhuīqiú 통 추구하다 | ★完美 wánměi 형 완벽하다

맛보기 2

난이도 中　공략 Key 핵심 내용의 동의 표현 찾기

西汉时有一个特别有学问的人，叫匡衡。他小时候就非常喜欢读书，可是家里很穷，买不起蜡烛，一到晚上就没有办法看书，他常为此事发愁。有一天，匡衡就想出个法子，在贴着邻家的墙上凿穿一个孔洞，“偷”它一点光亮，让邻家的灯光照射过来。他就捧着书本，在洞前映着光来读书。

A　匡衡去邻居家打工　　　　　B　匡衡小时候很调皮

C　匡衡偷了邻居家的油　　　　D　匡衡家的墙壁上有一个洞

정답&공략

해석　　西汉时有一个特别有学问的人，叫匡衡。他小时候就非常喜欢读书，可是家里很穷，买不起蜡烛，一到晚上就没有办法看书，他常为此事发愁。有一天，匡衡就想出个法子，在贴着邻家的墙上凿穿一个孔洞，"偷"它一点光亮，让邻家的灯光照射过来。他就捧着书本，在洞前映着光来读书。

서한 때 광형이라는 굉장히 학식이 뛰어난 사람이 있었다. 그는 어릴 적 책 읽는 걸 굉장히 좋아했지만, 집이 너무 가난해서 양초를 살 수 없었기에 저녁이 되면 책을 볼 수가 없었고, 그는 자주 이 때문에 고민이었다. 어느 날 광형은 방법을 하나 생각해 냈다. 바로 옆집과 붙어 있는 벽에 구멍을 하나 뚫어서 약간의 빛을 훔쳐 옆집의 빛이 비쳐 들어오게 하는 것이었다. 그는 책을 두 손으로 받쳐 들고는 구멍 앞에서 빛을 비춰가며 책을 읽었다.

A　匡衡去邻居家打工
B　匡衡小时候很调皮
C　匡衡偷了邻居家的油
Ⓓ　匡衡家的墙壁上有一个洞

A　광형은 옆집에 가서 일을 했다
B　광형은 어릴 적에 매우 장난이 심했다
C　광형은 옆집의 기름을 훔쳤다
Ⓓ　광형의 집 벽에는 구멍이 하나 있다

공략　'邻居家'에서는 빛을 훔친 것이므로 A와 C는 정답에서 소거한다. 지문에서 '在贴着邻家的墙上凿穿一个孔洞'이라고 했기에 정답은 D이다.

어휘　★学问 xuéwen 몡 학식, 지식 │ 匡衡 Kuāng Héng 고유 광형 │ ★穷 qióng 혱 가난하다 │ ★蜡烛 làzhú 몡 초, 양초 │ ★发愁 fāchóu 통 걱정하다, 근심하다 │ 法子 fǎzi 몡 방법, 수단 │ ★贴 tiē 통 바싹 붙다 │ 凿穿 záochuān 뚫다 │ 孔洞 kǒngdòng 몡 구멍 │ ★光亮 guāngliàng 몡 밝은 빛 │ 照射 zhàoshè 통 비추다, 비치다 │ ★捧 pěng 통 두 손으로 받쳐 들다 │ 映 yìng 통 비추다, 비치다 │ ★调皮 tiáopí 혱 짓궂다

'개그 코드'라는 게 있습니다. 나에게 아무리 재미있는 이야기라도 개그 코드가 맞지 않는 사람에게는 전혀 재미있지 않을 수도 있지요. 여러분은 중국의 개그 코드와 잘 맞나요? 중국식 유머에는 생각을 하게 하고 반전으로 이야기를 뒤집는 경우가 많습니다. 웃어야 될지 말아야 될지 어떤 경우에는 참 애매한 경우도 있지요. 아마도 외국어로 읽다 보니 재미있는 이야기도 학습으로 받아들여져서 그럴지도 모릅니다. 중국의 개그를 보거나 듣고 그 자리에서 크게 웃음을 터트리는 실력이 되는 그날까지 열심히 공부합시다!

5급 독해 공략 하기

공략 1. 중국식 개그 코드에 익숙해져라

중국식 유머 글에는 약간의 특징이 있다. 바로 글을 끝까지 읽어야 한다는 점이다. 왜냐하면 반전이 자주 등장하기 때문인데, 이러한 반전은 글의 마지막에야 드러난다. 따라서 일단 글의 마지막 부분까지 끝까지 독해하는 것이 중요하다.

•예제　　　　　　　　　　　난이도 中　공략 Key 지문의 전체 내용 파악

有一个财主经常请邻居来他家吃饭，但他总给他们吃豆腐。有一天客人们问他："怎么你家总是豆腐啊？"财主说："我就喜欢豆腐，豆腐就是我的命！"有一次他的邻居请他来吃饭，有豆腐，还有肉。可是吃饭时，财主只吃肉，一块豆腐也没吃。邻居很奇怪地问他："你不是最爱吃豆腐吗？豆腐不是你的命吗？"财主说："豆腐是我的命，可是有了肉，就连命也不要了。"

A 财主很小气

B 财主喜欢吃豆腐

C 多吃豆腐可以延长寿命

D 豆腐的营养价值比肉高

정답&공략

해석　有一个财主经常请邻居来他家吃饭，但他总给他们吃豆腐。有一天客人们问他："怎么你家总是豆腐啊？"财主说："<u>我就喜欢豆腐，豆腐就是我的命！</u>"有一次他的邻居请他来吃饭，有豆腐，还有肉。可是吃饭时，财主只吃肉，一块豆腐也没吃。邻居很奇怪地问他："你不是最爱吃豆腐吗？豆腐不是你的命吗？"财主说："<u>豆腐是我的命，可是有了肉，就连命也不要了。</u>"

어느 부자가 종종 이웃을 초대해 식사 대접을 했는데, 늘 그들에게 두부를 대접했다. 어느 날 손님들이 그에게 "어째서 당신 집에는 늘 두부뿐인가요?"라고 묻자, 부자는 "<u>난 두부를 좋아해요. 두부는 바로 제 목숨인걸요!</u>"라고 말했다. 한번은 그의 이웃이 그를 식사에 초대했는데 두부도 있었고 고기도 있었다. 하지만 밥 먹을 때 부자는 고기만 먹고 두부는 하나도 먹지 않았다. 이웃이 매우 이상한 듯이 "당신은 두부 먹는 걸 좋아한다고 하지 않았나요? 두부는 당신의 목숨이라고 하지 않았나요?"라고 묻자, "<u>두부는 내 목숨이나 마찬가지지만 고기가 있다면 목숨도 필요 없습니다</u>"라고 말했다.

Ⓐ 财主很小气

B 财主喜欢吃豆腐

C 多吃豆腐可以延长寿命

D 豆腐的营养价值比肉高

Ⓐ 부자는 매우 인색하다

B 부자는 두부 먹는 걸 좋아한다

C 두부를 많이 먹으면 수명을 연장할 수 있다

D 두부의 영양가가 고기보다 높다

 부자가 돈이 아까워 고기를 대접하지 않고 두부만 대접했음을 알 수 있기에 小气가 있는 A가 정답이다.

어휘 ★财主 cáizhǔ 몡 부자 | ★豆腐 dòufu 몡 두부 | 命 mìng 몡 생명, 목숨 | ★连……也…… lián……yě…… ~조차도 ~하다 | ★小气 xiǎoqi 혱 인색하다, 쩨쩨하다 | ★延长 yáncháng 동 연장하다, 늘이다 | ★寿命 shòumìng 몡 목숨, 수명 | ★营养价值 yíngyǎng jiàzhí 몡 영양가

공략 2. 위인들의 어린 시절을 공략하라

중국에는 긴 역사만큼이나 유명하고 위대한 인물이 많다. 그들의 어린 시절 일화를 통해 위인들의 기개와 총명함을 드러내는 독해 지문은 끊임없이 출제되고 있다. 이 기회를 빌어 재미난 에피소드도 학습하고 중국의 인물에 대해 지식도 쌓아둔다면 시험에 출제되었을 때 좀 더 쉽게 정답에 접근할 수 있을 것이다.

〈 어린 시절 일화 관련 빈출 주제 〉

司马光 Sīmǎ Guāng 사마광, 송나라 때의 정치가

(핵심어) 砸缸 항아리를 깨뜨리다
어린 시절 친구가 커다란 물항아리에 빠졌는데 돌로 항아리를 깨뜨려 친구를 구해냈다.

文彦博 Wén Yànbó 문언박, 북송 때의 정치가

(핵심어) 倒水取球 물을 넣어 공을 찾다
어린 시절 친구들과 공놀이를 하다가 공이 나무구멍에 빠지자 구멍에 물을 넣어 공을 위로 뜨게 해서 공을 건져냈다.

商鞅 Shāng Yāng 상앙, 전국 시대 진나라 때의 정치가

(핵심어) 变法 변법
변법을 시행할 당시 백성들의 믿음을 얻기 위해 성 남문에 큰 나무를 세워두고 이를 옮기는 자에게 상금을 주겠노라고 했지만 아무도 믿지 않았다. 상금을 올린 뒤 나무를 옮긴 사람에게 약속대로 상금을 주어 백성들을 믿게 만들었다.

苏秦 Sū Qín 소진, 전국 시대 전략가

(핵심어) 刺股 허벅지를 찌르다
젊은 시절 늦게까지 공부를 하는데 너무 졸리자 송곳으로 허벅지를 찔러 잠을 깼다.

匡衡 Kuāng Héng 광형, 중국 서한 때의 학자

(핵심어) 偷光 빛을 훔치다
젊은 시절 너무 가난하여 기름 살 돈이 없어 밤에 공부를 할 수 없게 되자 옆집과 바로 연결된 벽에 구멍을 뚫어 그 구멍에서 나오는 한 줄기 빛으로 공부를 했다.

孙敬 Sūn Jìng 손경, 동한 때의 정치가

(핵심어) 悬梁 대들보에 머리카락을 묶다
젊은 시절 종종 식음을 전폐하며 공부에 몰두했는데 밤 늦게까지 공부하자니 너무 졸리자 변발을 밧줄로 천장에 묶어두었다. 졸게 되면 머리카락이 잡아당겨져서 잠을 깨곤 했다.

曾国藩 Zēng Guófān 증국번, 청나라 말기의 정치가

어릴 적부터 똑똑하지는 않았으나 근면함으로 위대한 사람이 되었다. 어느 날 집에 도둑이 들었는데 증국번이 같은 문장을 반복해서 읽는 것을 숨어서 듣다가 오히려 도둑이 그 문장을 외웠다.

예제

난이도 下　공략 Key 전체 내용 파악

독해
제2부분

曾国藩小时候不那么聪明。有一天在家读书，对一篇文章不知道重复朗读了多少遍，还没有背下来。这时候来了一个小偷，躲在他家的屋檐下，希望等读书人睡觉之后捞点好处。可是等啊等，就是不见他睡觉，还是翻来复去地读那篇文章。小偷很生气，跳出来说："这种水平读什么书？"然后把那文章背诵一遍，扬长而去！曾先生是一个平凡的人，却依靠自己的勤奋成为历史上的伟人。

A 曾国藩很勤奋　　　　　　　　B 其实小偷人很善良
C 曾国藩是个历史学家　　　　　D 人们终于抓到了小偷

정답&공략

해석　曾国藩小时候不那么聪明。有一天在家读书，对一篇文章不知道重复朗读了多少遍，还没有背下来。这时候来了一个小偷，躲在他家的屋檐下，希望等读书人睡觉之后捞点好处。可是等啊等，就是不见他睡觉，还是翻来复去地读那篇文章。小偷很生气，跳出来说："这种水平读什么书？"然后把那文章背诵一遍，扬长而去！曾先生是一个平凡的人，却依靠自己的勤奋成为历史上的伟人。

증국번은 어릴 때 그리 똑똑하지 않았다. 어느 날 집에서 공부를 하고 있는데, 글 한 편을 몇 번이나 반복해서 읽었으나 그래도 외우지를 못했다. 이때 도둑이 한 명 들어와 그의 집 처마에 숨어서 공부하는 사람이 잠이 들면 이익을 좀 챙길 생각을 했다. 하지만 아무리 기다려도 그가 잠잘 기미는 보이지 않고, 계속 반복해서 그 글을 읽기만 했다. 도둑은 화가 치밀어 뛰쳐나와서는, "당신 같은 수준으로 무슨 글을 읽는다는 거요?"라고 말하며, 그 글을 완전히 한 번 암송한 뒤 훌쩍 떠났다. 증국번은 평범한 사람이었지만 자신의 근면함에 기대어 역사적으로 위대한 인물이 되었다.

Ⓐ 曾国藩很勤奋
B 其实小偷人很善良
C 曾国藩是个历史学家
D 人们终于抓到了小偷

Ⓐ 증국번은 매우 부지런하다
B 사실 좀도둑은 매우 착하다
C 증국번은 역사학자이다
D 사람들은 마침내 도둑을 잡았다

공략　좀도둑이 착하다는 얘기는 언급이 되어 있지 않으며 역사학자라는 말도 없으므로 B와 C는 정답이 아니다. 글의 마지막에 '依靠自己的勤奋成为历史上的伟人'이라고 했으므로 증국번이 부지런하다는 A가 정답이다.

어휘　曾国藩 Zēng Guófān 고유 증국번 | 天赋 tiānfù 명 타고난 자질, 소질 | ★文章 wénzhāng 명 글 | 朗读 lǎngdú 동 낭독하다 | ★背 bèi 동 외우다 | ★躲 duǒ 동 피하다, 숨다 | 屋檐 wūyán 명 처마 | 捞 lāo 동 챙기다, 취득하다 | ★翻来复去 fān lái fù qù 성 계속 반복하다 | 扬长而去 yáng cháng ér qù 성 활개치며 가버리다, 훌쩍 떠나다 | ★平凡 píngfán 형 평범하다 | ★依靠 yīkào 동 의지하다

第 1-8 题：请选出正确答案。

1. 有一天，两个人走在大街上，有一个人手里拿了一个袋子，另一个人问："老王，你的袋子里装的是什么东西？"老王回答说："哦，是鸡。"老张说："是鸡呀，那么如果我猜对你的袋子里有几只鸡，你可不可以给我一只呀？"老王说："好呀！如果你猜对了，我两只鸡都给你！""真的？呃……五只！"

A 他们被人骗了　　　　　　　　　B 袋子里只有两只鸡

C 老王是在市场买的鸡　　　　　　D 老张是个很聪明的人

2. 一家人在高高兴兴地吃晚饭，吃完晚饭，父亲和儿子在客厅里看电视，母亲和女儿一块儿洗碗盘。突然，厨房里传来打破盘子的声音，然后一片寂静。儿子看着他父亲，说道："一定是妈妈打破的。"父亲问："你怎么知道？""因为她没有骂人。"

A 父亲很体贴　　　　　　　　　　B 儿子很了解妈妈

C 女儿把盘子打破了　　　　　　　D 妈妈不常做家务

3. 老马拿了3把雨伞送修理店去修。回来时，他去一家餐厅吃饭，走时他心不在焉就拿错了邻桌妇女的雨伞。妇女说："雨伞是我的。"他连忙不好意思地道歉。第二天，他去拿回送修的3把伞回家，没想到又碰见昨天的那位妇女，她看了看老马，又看了看老马手中的3把雨伞，说："看得出来，你今天运气真好呀。"

A 老马偷了妇女的雨伞　　　　　　B 老马是修理雨伞的

C 他们俩是朋友　　　　　　　　　D 妇女误会了老马

4. 毛斌的小说很有意思，但很多人不知道，是因为没有钱做广告，有一次他写完一部小说后，就在报纸上刊登了这样一份征婚启事："本人喜欢音乐、运动，是个年轻又有教养的百万富翁，希望能和毛斌小说中的女主角完全一样的女性结婚。"几天之后，毛斌的小说被抢购一空。

A 毛斌希望结婚　　　　　　　　　B 毛斌是个作家

C 毛斌很有名气　　　　　　　　　D 毛斌是个富翁

5. 有一个年轻人逛公园有点累，看到前面有长椅，就坐在上面休息，有一个小孩子好奇地站在他旁边，一直不走。年轻人很烦也很纳闷地问："小朋友，你为什么站在这里不走，有什么事吗？"小孩儿说："这长椅刚刚刷过漆，我就是想看看你站起来后会是什么样子。"

    A 小孩子应具备好奇心　　　　　**B** 清洁工把年轻人赶走了
    C 这张椅子坐上去很舒服　　　　　**D** 年轻人觉得这个孩子很不耐烦

6. 有一家公司的经理把公关主任找来说："有人想买我们公司，我要你想办法把我们公司的股价抬高，让他们买不起，你不管用什么办法，只要达到目的就行。"那家公司的股票价格连续两天上涨，经理非常满意。他问公关主任"你是怎样做到的？"他说："我放了一个假消息。""什么假消息？""我说你快要辞职了。"

    A 公关主任被炒鱿鱼了　　　　　**B** 那家公司的股票一直在跌
    C 大家都愿意经理要辞职　　　　　**D** 经理是个很狡猾的人

7. 学校一年一度旅行时，初中的男女生因为兴趣不同，总是分开来玩。女孩子穿着游泳衣走来走去，一方面显示自己，一方面享受阳光。男孩则卷起裤子在水里捉小鱼。看管这些孩子的一个教师慨叹说："我不记得我读初中时，女孩子有没有这么成熟的。""当然有，只不过你当时在忙着捉小鱼罢了！"另一个教师淡然地说。

    A 捉鱼并不难　　　　　　　　　**B** 有些女同学很成熟
    C 老师不记得自己的初中生活　　　**D** 男同学不喜欢女同学

8. 孔融小时候聪明好学，大家都夸他是奇童。4岁时，他已经背诵许多文章，所以父亲很喜欢他。一天，父亲买了一些梨子，特地挑了一个最大的梨子给孔融，孔融摇摇头，却另挑了最小的梨子说："我年纪最小，应该吃小的，把大梨给哥哥吧。"父亲听后十分惊喜。

    A 孔融不懂礼貌　　　　　　　　　**B** 父亲喜欢吃梨子
    C 哥哥很贪食　　　　　　　　　　**D** 孔融挑选的是小的梨

23 day 긴 지문 독해 방법을 습득하라

+정답_ 해설집 205쪽

학습목표

✓1 시간의 활용에 우선성을 두자

✓2 중요한 부분과 그렇지 않은 부분을 빨리 판단하자

✓3 긴 지문 읽는 것을 습관화하자

400자 내외의 지문을 4분 안에 읽고 문제를 푸는 것은 쉽지 않다. 그래서 독해 제3부분에서 학습자들의 가장 큰 고민은 시간이 부족하다는 것이다. 5급 시험이 이 영역에서 요구하는 것은 긴 지문을 파악하는 눈과 순발력이다. 따라서 긴 지문에서 중요한 내용을 바르게 잡아내는 능력을 기르자.

기초 실력 테스트 TEST

■ 다음 글을 읽고 질문에 알맞은 것을 고르세요. (제한 시간 1분)

> 网球爱好者都知道，选择厚一点儿的网球袜确实更好。第一，它能很好地吸汗，尤其适合那些容易出汗的人。第二，在紧张的运动过程中，厚的网球袜能更好地保护你的脚。

1 这段话主要讲了选择厚网球袜的：

A 原因　　　　B 重点　　　　C 条件　　　　D 办法

2 下列哪项正确?

A 网球袜越薄越好　　　　B 平时要穿厚的袜子

C 厚的网球袜会保护脚　　　　D 多出汗不容易感冒

5급 기출문제 맛보기

맛보기

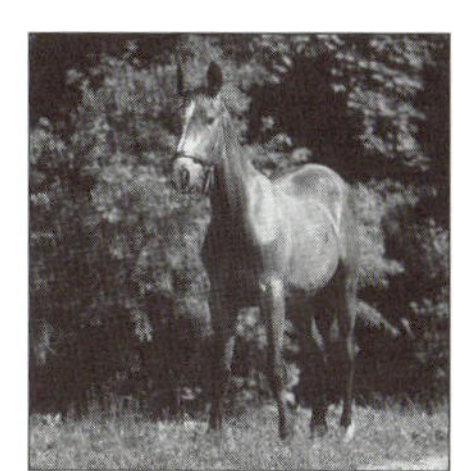

马棚里住着一匹老马和一匹小马。有一天，老马对小马说："你已经长大了，能帮妈妈做点事吗？"小马说："当然可以，我很愿意帮您做事。"老马高兴地说："那好啊，你把这半口袋麦子驮到磨坊去吧。"小马驮起口袋，飞快地往磨坊跑去。跑着跑着，一条小河挡住了去路，河水哗哗地流着。小马很为难，心想：我能不能过去呢？如果妈妈在身边，问问她该怎么办，那多好啊！可是离家很远了。小马向四周看看，看见一头老牛在河边吃草，小马跑过去，问道："牛伯伯，请您告诉我，这条河，我能走过去吗？"老牛说："水很浅，刚没小腿，能走过去。"小马听了老牛的话，立刻跑到河边，准备过去。突然，从树上跳下一只松鼠，拦住它大叫："小马！别过河，别过河，你会淹死的！"小马吃惊地问："水很深吗？"松鼠认真地说："深得很！昨天，我的一个朋友就是掉在这条河里淹死的！"小马连忙收住脚步，不知道怎么办才好。他叹了口气说："唉！还是回家问问妈妈吧！"小马甩甩尾巴，跑回家去。妈妈问他："怎么回来啦？"小马难为情地说："一条河挡住了去路，我……我过不去。"妈妈说："那条河不是很浅吗？"小马说："是呀！牛伯伯也这么说。可是松鼠说河水很深，还淹死过他的朋友呢！"妈妈说："那么河水到底是深还是浅呢？你仔细想过他们的话吗？"小马低下了头，说："没……没想过。"妈妈亲切地对小马说："孩子，光听别人说，自己不动脑筋，不去试试，是不行的，河水是深是浅，你去试一试，就知道了。"小马跑到河边，刚刚抬起前蹄，松鼠又大叫起来："怎么？你不要命啦？"小马说："让我试试吧！"小马下了河，小心地走到了对岸。原来河水既不像老牛说的那样浅，也不像松鼠说的那样深。

1. 老马让小马帮它做什么？

  A 去河里打水   B 去找老牛换钱

  C 把麦子放到磨坊里   D 在田里干活儿

2. 松鼠给小马什么建议？

  A 听从妈妈的话   B 水很深，不能过河

  C 水很浅，能走过去   D 按照老牛说的去做

정답&공략

马棚里住着一匹老马和一匹小马。有一天，老马对小马说："你已经长大了，能帮妈妈做点事吗？"小马说："当然可以，我很愿意帮您做事。"老马高兴地说："那好啊，**1 你把这半口袋麦子驮到磨坊去吧。**"小马驮起口袋，飞快地往磨坊跑去。跑着跑着，一条小河挡住了去路，河水哗哗地流着。小马很为难，心想：我能不能过去呢？如果妈妈在身边，问问她该怎么办，那多好啊！可是离家很远了。小马向四周看看，看见一头老牛在河边吃草，小马跑过去，问道："牛伯伯，请您告诉我，这条河，我能走过去吗？"老牛说："水很浅，刚没小腿，能走过去。"小马听了老牛的话，立刻跑到河边，准备过去。突然，从树上跳下一只松鼠，拦住它大叫："小马！别过河，别过河，你会淹死的！"小马吃惊地问："水很深吗？"**2 松鼠认真地说："深得很！昨天，我的一个朋友就是掉在这条河里淹死的！"**小马连忙收住脚步，不知道怎么办才好。他叹了口气说："唉！还是回家问问妈妈吧！"小马甩甩尾巴，跑回家去。妈妈问他："怎么回来啦？"小马难为情地说："一条河挡住了去路，我……我过不去。"妈妈说："那条河不是很浅吗？"小马说："是呀！牛伯伯也这么说。可是松鼠说河水很深，还淹死过他的朋友呢！"妈妈说，"那么河水到底是深还是浅呢？你仔细想过他们的话吗？"小马低下了头，说："没……没想过。"妈妈亲切地对小马说："**3 孩子，光听别人说，自己不动脑筋，不去试试，是不行的，河水是深是浅，你去试一试，就知道了。**"小马跑到河边，刚刚抬起前蹄，松鼠又大叫起来："怎么？你不要命啦？"**4 小马说："让我试试吧！"**小马下了河，小心地走到了对岸。原来河水既不像老牛说的那样浅，也不像松鼠说的

마구간에 어미 말과 망아지가 살고 있었다. 어느 날 어미 말이 망아지에게 "너도 이제 다 컸으니 엄마를 도와서 일을 좀 해줄 수 있겠니?"라고 말했다. 망아지가 대답했다. "당연히 가능하죠, 엄마를 돕고 싶어요." 어미 말은 기뻐하며 말했다. "그럼 좋다, **1이 반 포대의 밀을 방앗간으로 싣고 가거라.**" 망아지는 자루를 싣고 재빨리 방앗간으로 달려갔다. 가는 도중에 개천 하나가 길을 막았고 강물이 콸콸거리며 흘렀다. 망아지는 매우 난감해하면서 마음속으로 생각했다. '내가 건너갈 수 있을까? 만일 엄마가 곁에 있어서 어쩌면 좋을지 물어볼 수 있으면, 얼마나 좋을까! 하지만 집까지는 너무 멀잖아.' 망아지는 사방을 둘러보다가 나이 든 소가 강가에서 풀을 뜯고 있는 걸 보고 뛰어가서 물었다. "소 아저씨, 제가 이 강을 건너갈 수 있는지 좀 알려주세요." 나이 든 소는 "물이 얕아서 아랫다리만 잠기니까 건너갈 수 있단다"라고 말했다. 망아지가 소의 말을 듣고 즉시 강가로 뛰어가서 건널 준비를 하는데, 갑자기 나무에서 다람쥐 한 마리가 뛰어 내려와 그를 막으며 소리쳤다. "망아지야! 강 건너지 마, 강 건너지 마. 물에 빠져 죽을거야." 망아지가 놀라서 "물이 깊어?"라고 묻자 **2다람쥐가 진지하게 말했다. "매우 깊어, 어제 내 친구 하나가 바로 이 강물에 빠져서 익사했거든."** 망아지는 서둘러 걸음을 멈췄지만 어떻게 해야 좋을지 몰랐다. 망아지는 한숨을 쉬며 "아이고, 그냥 집에 가서 엄마에게 물어봐야겠다"라고 말하고는 꼬리를 흔들며 집으로 뛰어갔다. 어미 말이 "어째서 돌아왔니?"라고 묻자 망아지는 난감해하며 말했다. "강 하나가 갈 길을 막았는데, 난…… 난 건널 수가 없었어요." 어미 말이 물었다. "그 강은 얕지 않았니?" 망아지가 말했다. "네! 소 아저씨 역시 그렇게 말했는데, 다람쥐가 강물이 깊다고 말하면서 친구가 익사했다고 하잖아요." 엄마는 "그럼 강물이 도대체 깊었니, 아니면 얕았니? 넌 그들의 말을 자세히 생각해봤니?"라고 물었다. 망아지가 고개를 떨구며 "생각 안 해봤어요"라고 말하자, 엄마는 망아지에게

那样深。

친근하게 말했다. "**3**애야, 다른 사람이 말하는 것만 듣고 자신은 머리도 굴리지 않고 시도해보지도 않으면 안 된단다. 강물이 깊은지 얕은지는 네가 시도해보면 알잖니." 망아지는 강가로 뛰어갔다. 막 앞발을 드는데 다람쥐가 다시 소리치기 시작했다. "뭐하는 거야? 죽고 싶은 거야?" **4**망아지는 "내가 직접 알아볼거야!"라고 말하며 강물로 뛰어들었고 조심스럽게 맞은편 기슭에 닿았다. 알고 보니 강물은 소 아저씨가 말한 것처럼 그렇게 얕지도 않았고 다람쥐가 말한 것처럼 그렇게 깊지도 않았다.

어휘　马棚 mǎpéng 몡 마구간 ｜ 匹 pǐ 양 말을 세는 단위 ｜ 长大 zhǎngdà 동 자라다, 성장하다 ｜ 口袋 kǒudai 몡 포대, 자루 ｜ 麦子 màizi 몡 밀 ｜ 驮 tuó 동 (가축이) 등에 짐을 싣다 ｜ 磨坊 mòfáng 몡 방앗간 ｜ 飞快 fēikuài 혭 매우 빠르다, 재빠르다 ｜ ★挡住 dǎngzhù 동 막다, 저지하다 ｜ 哗哗 huāhuā 의성 콸콸(물이 흐르는 소리) ｜ ★为难 wéinán 혭 난감하다, 난처하다 ｜ 伯伯 bóbo 몡 큰아버지 ｜ ★浅 qiǎn 혭 얕다 ｜ ★立刻 lìkè 뷔 곧, 즉시 ｜ 松鼠 sōngshǔ 몡 다람쥐 ｜ 拦住 lánzhù 동 가로막다, 저지하다 ｜ 淹死 yānsǐ 동 익사하다 ｜ ★吃惊 chījīng 동 놀라다 ｜ 深 shēn 혭 깊다 ｜ ★连忙 liánmáng 뷔 얼른, 재빨리 ｜ 收住 shōuzhù 동 여미다 ｜ 脚步 jiǎobù 몡 발걸음 ｜ 叹口气 tàn kǒuqì 탄식을 하다 ｜ ★甩 shuǎi 동 휘두르다 ｜ ★尾巴 wěiba 몡 꼬리 ｜ 难为情 nánwéiqíng 혭 부끄럽다, 난감하다 ｜ ★到底 dàodǐ 뷔 도대체 ｜ ★仔细 zǐxì 혭 세심하다, 꼼꼼하다 ｜ 低头 dītóu 동 머리를 숙이다 ｜ 亲切 qīnqiè 혭 친근하다, 친밀하다 ｜ 光 guāng 뷔 오직 ｜ 动脑筋 dòng nǎojīn 머리를 쓰다 ｜ ★抬 tái 동 들다, 쳐다다 ｜ 前蹄 qiántí 몡 앞발굽 ｜ 要命 yàomìng 동 목숨을 앗아가다 ｜ 对岸 duì'àn 몡 맞은편 기슭 ｜ 既……也…… jì……yě…… ~하고 또 ~하다 ｜ 田里 tiánli 몡 논밭, 전지 ｜ 干活儿 gànhuór 동 일하다, 노동하다 ｜ ★按照 ànzhào 개 ~에 따라 ｜ 冒险 màoxiǎn 동 모험하다, 위험을 무릅쓰다 ｜ 代价 dàijià 몡 대가

난이도 下　　**공략 Key** 글의 도입부 내용 파악

1　老马让小马帮它做什么?

A 去河里打水
B 去找老牛换钱
Ⓒ 把麦子放到磨坊里
D 在田里干活儿

어미 말은 망아지에게 무엇을 도와달라고 했나?

A 강에 가서 물을 길어오라고
B 소를 찾아가서 환전을 하라고
Ⓒ 밀을 방앗간에 갖다두라고
D 밭에서 일을 하라고

공략　지문의 전개 순서에 따라 질문이 제시되므로 글의 도입부에서 정답을 찾는다. 어미 말이 망아지에게 '你把这半口袋麦子驮到磨坊去吧'라고 했으므로 정답은 C이다.

난이도 下　　**공략 Key** 松鼠의 등장 부분 찾기

2　松鼠给小马什么建议?

A 听从妈妈的话
Ⓑ 水很深，不能过河
C 水很浅，能走过去
D 按照老牛说的去做

다람쥐는 망아지에게 어떤 건의를 했나?

A 엄마의 말을 들어라
Ⓑ 물이 깊어서 강을 건널 수 없다
C 물이 얕아서 건너갈 수 있다
D 소의 말대로 해라

공략　松鼠가 핵심어이므로 본문에서 다람쥐가 등장한 부분을 찾아 정답을 찾는다. 다람쥐가 '深得很！昨天，我的一个朋友就是掉在这条河里淹死的!'라고 했으므로 정답은 B이다.

3 下面正确的一项是：

A 松鼠淹死了
B 老牛说了假话
C 小马相信老牛的话
D 小马最后过河了

다음 중 맞는 것은?

A 다람쥐가 물에 빠져 죽었다
B 소가 거짓말을 했다
C 망아지는 소의 말을 믿었다
D 망아지는 결국 강을 건넜다

공략 보기를 먼저 읽고 지문의 내용을 살펴서 정답 여부를 하나씩 가려내야 한다. 글의 마지막에 '小马下了河，小心地 走到了对岸'이라고 하여 망아지가 결국에는 강을 건넜음을 알 수 있으므로 정답은 D이다.

4 本文主要讲的是：

A 要注意安全
B 试过才可以知道
C 信任别人很重要
D 冒险的代价

이 글에서 주로 말하고자 하는 것은?

A 안전에 주의해야 한다
B 시도해봐야 알 수 있다
C 다른 사람을 믿는 것은 매우 중요하다
D 모험의 대가

공략 주제는 주로 글의 마지막 부분에 나오므로, 지문의 마지막 부분을 읽는다. 집으로 돌아온 망아지에게 어미 말이 한 말 '光听别人说，自己不动脑筋，不去试试，是不行的，河水是深是浅，你去试一试，就知道了'에서 남의 말에만 의지하지 말고 직접 해보라는 교훈이 주제이므로 정답은 B이다.

5급 **독해 공략** 하기

공략 1. '꼼꼼함'이 독이 될 수도 있다

독해 제3부분의 긴 지문에는 5급 필수어휘를 벗어난 단어들이 많이 나온다. 어려운 단어도 많고 길이도 긴 지문을 꼼꼼하게 다 해석하기에는 주어진 시간이 턱없이 부족하기 때문에, 문제를 푸는 데 필요한 부분은 취하고 그렇지 않은 부분은 버리는 판단력을 길러야 한다.

독해
제3부분

1 버릴 것은 버리는 과단성을 기르자

❶ 모르는 단어에 집착하지 말자.

문장의 중심어인 주어, 술어, 목적어 위주로 해석하자. 수식 성분은 크게 중요하지 않은 경우가 대부분이므로, 문장의 느낌만 이해하고 넘어가도 무방하다.

某跨国<u>公司</u>需要<u>招聘</u>一名经理<u>秘书</u>，有一位穿戴入时、一身名牌的<u>年轻女士来应聘</u>。
　　　　중심어　　　중심어　　　　중심어　　　　　　　　　　　　중심어

어느 다국적 기업이 사장 비서를 모집하는데, 최신 유행하는 옷차림에 명품으로 치장한 젊은 여성이 지원했다.

❷ 시간이 부족할 때, 전체 내용을 파악해야 하는 문제는 포기할 줄도 알아야 한다.

글의 내용 파악이 어렵고 주어진 시간도 촉박하다면, 글 전체 내용을 다 이해해야 풀 수 있는 문제는 과감히 포기하는 것이 좋다. 그런 문제를 풀기 위해 시간을 많이 소비하는 바람에 정작 정답을 쉽게 고를 수 있는 문제를 놓쳐서는 안 된다.

〈 글 전체를 이해해야 풀 수 있는 문제의 예 〉

根据本文，下列哪项正确？ 본문에 근거해서 다음 중 알맞은 것은?
根据上文可以知道，……是： 본문에 근거해서 ～에 관해 알 수 있는 것은?
关于……，下面哪项没提到？ ～에 관해 다음 중 언급하지 않은 것은?

2 지문의 전개 순서가 질문의 순서다

5급 독해 제3부분의 경우 하나의 지문에 4문제가 제시되며, 거의 대부분 지문의 전개 순서에 따라 문제가 나온다. 따라서 첫 문제의 정답이 첫 단락에 있었다면 두 번째 문제는 그다음 단락이나 첫 문제의 정답 뒤에 제시되어 있다. 정답을 찾은 뒤, 표시를 해두면 다음 문제를 풀 때는 그다음부터 읽으면 된다.

最近的一些调查显示，那些"女主外、男主内"的家庭形式虽然大部分是由于经济状况的无奈选择，但不一定不幸福。从某种角度来说，这种形式能更好地维护婚姻稳定。但过去很多人认为这给家庭稳定带来不好的影响：女性经济越来越独立甚至代替男人成为养家者，就容易给丈夫造成压力，婚姻更容易出现问题。但事实也许并非如此。调查发现，家庭经济中男女地位交换实际上对婚姻起了稳定作用，使离婚率更低，婚姻更幸福。

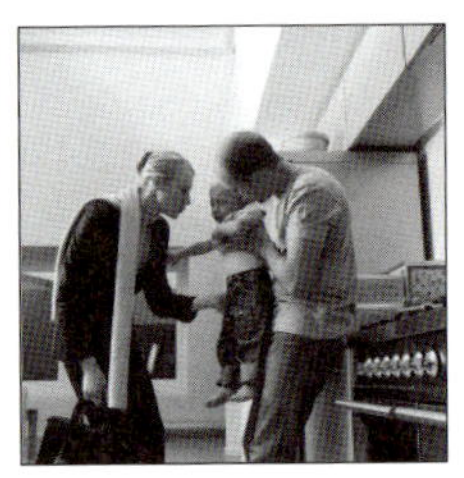

有一位社会学家研究发现，在很多家庭中，夫妻双方同时工作并分担家务，比由丈夫养家的婚姻更稳定，离婚率也更低。她以自己为例子说："在我的婚姻中，我比丈夫的学历高，现在他退休了，我的收入相对更高。当初我选择他因为他尊重我，也乐意和我分担日常生活中的各种责任。现在越来越多的女人有能力做相似的选择。"

1. "女主外，男主内"的家庭形式：

   A 受到男性的欢迎   B 对婚姻有好处

   C 现在越来越多   D 适合年龄大的夫妇

2. 过去，人们认为女性代替丈夫养家：

   A 会感觉很疲劳   B 会使丈夫很有压力

   C 不利于孩子的成长   D 婚姻的幸福感更强

3. 那位社会学家有什么发现？

   A 现在离婚率越来越高   B 妻子养家的家庭更幸福

   C 孩子的第一个榜样是父亲   D 夫妻同时工作的婚姻更稳定

4. 关于那位社会学家，可以知道：

   A 已经退休了   B 不愿做家务

   C 收入比丈夫高   D 读完博士

정답&공략

1最近的一些调查显示，那些"女主外、男主内"的家庭形式虽然大部分是由于经济状况的无奈选择，但不一定不幸福。从某种角度来说，这种形式能更好地维护婚姻稳定。**2**但过

1최근의 한 조사에서 '여자가 사회생활을 하고 남자가 가사일을 한다'는 가정 형태가 대부분 경제 상황으로 인해 어쩔 수 없는 선택이기는 하나, 반드시 행복하지 않다고 할 수는 없다고 밝혔다. 어떤 의미에서 말한

去很多人认为这给家庭稳定带来不好的影响：女性经济越来越独立甚至代替男人成为养家者，就容易给丈夫造成压力，婚姻更容易出现问题。但事实也许并非如此。调查发现，家庭经济中男女地位交换实际上对婚姻起了稳定作用，使离婚率更低，婚姻更幸福。

有一位社会学家研究发现，**3** 在很多家庭中，夫妻双方同时工作并分担家务，比由丈夫养家的婚姻更稳定，离婚率也更低。她以自己为例子说："在我的婚姻中，我比丈夫的学历高，现在他退休了，**4** 我的收入相对更高。当初我选择他因为他尊重我，也乐意和我分担日常生活中的各种责任。现在越来越多的女人有能力做相似的选择。"

다면, 이러한 형태는 결혼 생활의 안정성을 더 잘 보호할 수 있다. **2** 하지만 과거에는 많은 이들이 이것이 가정의 평화에 좋지 않은 영향을 가져온다고 생각했다. 여성이 경제적으로 점점 더 독립하고 심지어는 남성을 대신해 가족을 부양하는 사람이 되면서, 남편이 스트레스를 받기 쉽고 결혼 생활에도 문제가 생기기 쉽다는 것이다. 그러나 어쩌면 사실은 이렇지 않을지도 모른다. 조사를 통해 가정 경제에서 남녀의 지위 변화는 사실상 결혼에 안정적인 작용을 하여, 이혼율을 떨어뜨리고 결혼 생활을 더 행복하게 한다는 것을 발견했다.

한 사회학자는 연구를 통해 **3** 많은 가정에서 부부 두 사람이 동시에 일을 하고 또 가사일을 분담하는 것이 남편이 가정을 부양하는 결혼 생활에 비해 더 안정적이고 이혼율도 더 낮다는 것을 발견했다. 그녀는 자신을 예로 들어 '나의 결혼 생활에서, 내가 남편보다 학력이 높고 지금 남편은 퇴직을 했기 때문에 **4** 내 수입이 상대적으로 더 높다. 애초에 내가 그를 선택한 것은 그가 나를 존중하고 기꺼이 나와 일상생활 중의 각종 책임을 분담하려 했기 때문이다. 지금 점점 더 많은 여성들이 비슷한 선택을 할 능력을 갖췄'고 말했다.

독해
제3부분

어휘　★显示 xiǎnshì 동 분명하게 표현하다, 내보이다 | ★无奈 wúnài 동 방법이 없다, 부득이하다 | 维护 wéihù 동 유지하고 보호하다 | 婚姻 hūnyīn 명 혼인, 결혼 | ★稳定 wěndìng 형 안정되다, 안정적이다 | ★独立 dúlì 동 독립하다 | ★代替 dàitì 동 대신하다, 대체하다 | 养家 yǎngjiā 동 가족을 부양하다 | ★并非如此 bìngfēi rúcǐ 이와 같지 않다 | ★起作用 qǐ zuòyòng 작용을 하다 | 离婚率 líhūnlǜ 명 이혼율 | ★分担 fēndān 동 분담하다 | ★家务 jiāwù 명 집안일 | ★以……为…… yǐ……wéi…… ~을 ~로 삼다 | 例子 lìzi 명 보기, 예 | ★退休 tuìxiū 동 퇴직하다 | ★乐意 lèyì 동 기꺼이 ~하다 | ★责任 zérèn 명 책임 | ★相似 xiāngsì 형 닮다, 비슷하다

난이도 中　**공략 Key** 핵심 표현 '女主外，男主内'

1　"女主外，男主内"的家庭形式：

　A 受到男性的欢迎
　Ⓑ 对婚姻有好处
　C 现在越来越多
　D 适合年龄大的夫妇

'女主外，男主内'의 가정 형태는?

　A 남자들에게 인기가 있다
　Ⓑ 결혼 생활에 좋은 점이 있다
　C 현재 점점 더 많아지고 있다
　D 나이가 많은 부부에게 적합하다

공략　이 글의 주제이자 [" "]로 묶여 강조된 '女主外，男主内'에 대한 문제로, 글 첫 부분에서 관련 내용을 찾는다. '虽然大部分是由于经济状况的无奈选择，但不一定不幸福'라고 했으므로 정답은 B이다.

난이도 下　**공략 Key** 핵심어 过去

2　过去，人们认为女性代替丈夫养家：

　A 会感觉很疲劳
　Ⓑ 会使丈夫很有压力
　C 不利于孩子的成长
　D 婚姻的幸福感更强

과거에 사람들은 여성이 남편을 대신해 가족을 부양하는 것을 어떻게 생각했나?

　A 매우 피곤하게 느끼게 될 것이다
　Ⓑ 남편이 스트레스를 받게 될 것이다
　C 아이의 성장에 이롭지 않을 것이다
　D 결혼 생활이 더 행복해질 것이다

난이도 下 **공략 Key** 핵심어 社会学家

3 那位社会学家有什么发现？ | 그 사회학자는 어떤 점을 알아차렸는가?

A 现在离婚率越来越高

B 妻子养家的家庭更幸福

C 孩子的第一个榜样是父亲

D 夫妻同时工作的婚姻更稳定

A 현재 이혼율이 점점 더 높아진다

B 아내가 가족을 부양하는 가정이 더 행복하다

C 아이의 첫 번째 본보기는 아버지다

D 부부가 동시에 일하는 가정이 더 안정적이다

난이도 下 **공략 Key** 핵심어 社会学家

4 关于那位社会学家，可以知道： | 그 사회학자에 관해 알 수 있는 것은?

A 已经退休了

B 不愿做家务

C 收入比丈夫高

D 读完博士

A 이미 퇴직했다

B 가사일 하기를 원하지 않는다

C 수입이 남편보다 많다

D 박사 과정을 마쳤다

Tip 显示

① (자막·자료 등을) 나타내다, 내보내다

电视里正在**显示**字幕。 텔레비전에서 자막을 내보내고 있는 중이다.

② (재능·능력 등을) 드러내다, 과시하다

他想趁机**显示**自己的才能。 그는 기회를 빌어 자신의 재능을 과시하고 싶었다.

③ (조사·연구·통계를 통해) ~한 결과가 드러나다, 밝혀지다

最近研究**显示**，练习瑜伽达不到减肥目的。
최근 연구 결과에서 요가를 하는 것은 다이어트의 목적에 다다를 수 없다는 것이 밝혀졌다.

공략 2. 지문에서 큰 틀을 찾아내라

독해 제3부분에서는 지문을 정독하면 시간이 부족하고, 속독하면 세부 내용을 놓치게 된다. 가장 효과적인 방법은 정독과 속독을 함께 활용하는 것이다. 즉 글의 큰 줄기를 속독으로 짚어내고, 문제를 푸는 데 꼭 필요한 부분을 찾아 정독해야 한다.

1 첫 단락은 정독하라

기승전결이 있는 긴 지문에서 첫 단락은 주로 글 전체의 배경이나 핵심을 설명한다. 전체 내용을 파악하고 이해하는 데 여러 실마리를 제공해주는 부분이므로 긴 지문을 읽을 때 첫 단락만큼은 정독하는 것이 좋다.

독해
제3부분

2 나열하는 표현을 찾아라

글의 첫 단락에서 주제가 무엇인지 드러냈다면, 이어지는 내용은 주제를 뒷받침하는 근거나 부연 설명으로 전개된다. 예를 들어, 첫 단락에서 '运动有很多好处'라는 주제를 언급했다면, 그 뒤에는 운동의 여러 장점을 나열하고 각각의 장점에 대해 논증하는 내용이 이어지는데, 이렇게 나열되는 운동의 장점이 글의 큰 줄기를 이룬다. 이때 나열되는 내용은 접속사나 문장부호를 통해 쉽게 포착해낼 수 있다.

〈 나열을 나타내는 표현 〉

一方面……另一方面…… 한편으로는 ~하고, 또 한편으로는 ~하다
抽烟**一方面**损害自己的身体健康，**另一方面**也损害别人的身体健康。 흡연은 한편으로 자신의 건강을 해치고, 또 한편으로 타인의 건강도 해친다.
第一……第二…… 첫째는 ~, 둘째는 ~
哪些能帮助你保持健康？**第一**，要吃健康的食物。**第二**，每天早上要慢跑。**第三**，要早点睡觉。 무엇이 당신의 건강을 지키도록 돕는가? 첫째는 건강한 음식을 먹고, 둘째는 매일 아침 느리게 달리기를 하고, 셋째는 일찍 잠자리에 드는 것이다.
第一个人……，第二个人……，第三个人…… 첫 번째 사람은 ~, 두 번째 사람은 ~, 세 번째 사람은 ~
第一个人打了个巴掌，**第二个人**不打也不骂，**第三个人**安慰孩子。 첫 번째 사람은 뺨을 때렸고, 두 번째 사람은 때리지도 욕하지도 않았으며, 세 번째 사람은 아이를 위로했다.
第一次……，第二次……，第三次…… 첫 번째는 ~, 두 번째는 ~, 세 번째는 ~
第一次带来一碗汤，**第二次**端来了好多菜，**第三次**却什么都没有。 첫 번째는 국을 가지고 왔고, 두 번째는 요리를 많이 가지고 오더니, 세 번째는 아무것도 없었다.
一是……二是…… 첫째는 ~, 둘째는 ~
我去跟他们谈谈，**一是**，我对内容比较熟悉。**二是**，我的汉语表达能力比你强。 내가 가서 그들과 얘기해볼게. 첫째는 내가 내용에 비교적 익숙하고, 둘째는 내 중국어 표현 능력이 너보다 나으니까.
一来……二来…… 첫째는 ~, 둘째는 ~
我来中国，**一来**是想学习汉语，**二来**是交个中国朋友。 내가 중국에 온 것은, 첫째는 중국어를 배우고 싶어서고, 둘째는 중국 친구를 사귀고 싶어서다.

<table>
<tr><td colspan="2">先……然后/接着/再……最后…… 먼저 ~하고, 다음은 ~하고, 마지막으로 ~하다</td></tr>
<tr><td colspan="2">学习是非常重要的，就拿语文来讲，在学一篇课文前，就应该先做好预习工作，再把全文浏览一遍，讲出全文的主要内容，然后分析句子意思，最后思考课后练习的题目。
공부는 무척 중요한데, 언어를 예로 말하자면 한 과를 배우기 전에 먼저 마땅히 예습을 하고, 다음으로 전체 내용을 한 번 읽고 주요 내용을 이야기하고, 그다음에 문장의 의미를 분석하고, 마지막으로 연습문제를 생각해야 한다.</td></tr>
<tr><td colspan="2">首先……其次……其三…… 우선 ~하고, 다음으로 ~하고, 세 번째로 ~하다</td></tr>
<tr><td colspan="2">学习英语是很容易的，首先，你要制定一个计划。其次，你应该完成这个计划。其三，你必须将它做到最好。
영어 공부는 무척 쉽다. 우선 계획을 세워라. 다음으로는 그 계획을 완성해라. 세 번째로는 그것을 최고로 해내라.</td></tr>
</table>

〈 나열 표현에 쓰이는 문장부호 〉

分号 [;] 쌍반점	비슷한 내용을 열거하거나 상반된 내용을 이끌 때 쓰인다.
冒号 [:] 쌍점	앞 문장에 대한 설명을 이끌어낼 때 쓰인다.
顿号 [、] 모점	문장에서 열거하는 단어나 구를 이끌 때 쓰인다.

体操比赛男子项目有：团体、个人全能、自由体操、鞍马、吊环、跳马、双杠、单杠；女子项目为：团体、个人全能、跳马、高低杠、平衡木、自由体操。
체조 경기 남자 종목은 단체, 개인, 자유체조, 안마, 링, 도마, 평행봉, 철봉이 있고, 여자 종목은 단체, 개인, 도마, 고저평행봉, 평균대, 자유체조가 있다.

 예제

　　电视带给我们许多快乐，使我们学到了很多知识，丰富了我们的文化生活，但电视也给我们带来了很多坏处。

　　第一，电视使我们的家庭缺少了感情，在家里，我们过多地看电视，忽视了家庭成员之间的交流，使家庭缺少了大家在一起聊天、欢乐的时间。第二，电视使我们花去了很多可以用来看书、学习的时间，那些特别喜欢看电视的孩子，会对学习失去兴趣，导致学习成绩下降。第三，电视会伤害我们的身体，许多人看电视看到很晚，每天睡眠时间严重不足，不但影响工作，而且影响身体健康，长时间地看电视还会对眼睛产生影响，很多人因为看电视而戴上了眼镜。第四，看电视使我们减少了社会活动，有了电视，我们不再喜欢到朋友那里去，很多人靠呆在家里安安稳稳地看电视来度过时间。

　　总之，电视带给我们知识和娱乐，它带给我们的快乐是主要的。但同时它也带来了一定的危害，重要的是我们怎样来充分利用电视，怎样来看电视。

1. 看电视为什么会影响家庭感情?

　　A 交流会减少　　　　　　　　B 睡眠不足

　　C 占用学习时间　　　　　　　D 引起许多争论

2. 根据上文，下列哪项正确?

　　A 电视广告危害很大　　　　　B 许多人反对看电视

　　C 看电视可以培养感情　　　　D 电视给人们带来了快乐

3. 关于看电视，作者认为:

　　A 能提高学习成绩　　　　　　B 儿童不适合看电视

　　C 可以改善人们的情绪　　　　D 可以丰富人们的知识

4. 上文主要介绍的是:

　　A 电视带来的问题　　　　　　B 电视的娱乐价值

　　C 如何充分利用电视　　　　　D 电视对身体造成的损害

독해
제3부분

정답&공략

电视带给我们许多快乐，使我们学到了很多知识，丰富了我们的文化生活，**4** 但电视也给我们带来了很多坏处。

1 第一，电视使我们的家庭缺少了感情，在家里，我们过多地看电视，忽视了家庭成员之间的交流，使家庭缺少了大家在一起聊天、欢乐的时间。第二，电视使我们花去了很多可以用来看书、学习的时间，那些特别喜欢看电视的孩子，会对学习失去兴趣，导致学习成绩下降。第三，电视会伤害我们的身体，许多人看电视看到很晚，每天睡眠时间严重不足，不但影响工作，而且影响身体健康，长时间地看电视还会对眼睛产生影响，很多人因为看电视而戴上了眼镜。第四，看电视使我们减少了社会活动，有了电视，我们不再喜欢到朋友那里去，很多人靠呆在家里安安稳稳地看电视来度过时间。

总之，**3** 电视带给我们知识和娱乐，**2** 它带给我们的快乐是主要的。但同时它也带来了一定的危害，重要的是我们怎样来充分利用电视，怎样来看电视。

텔레비전은 우리에게 많은 즐거움을 가져다주며, 우리가 많은 지식을 학습하도록 하고, 우리의 문화 생활을 풍부하게 해준다. **4** 하지만 텔레비전은 또 우리에게 많은 나쁜 점도 가져다주었다.

1 첫째, 텔레비전은 우리의 가정에서 애정이 부족하게 만들었다. 집에서 우리가 텔레비전을 지나치게 많이 보게 되면서 가족 구성원 사이의 교류에 소홀해졌고, 식구들이 모두 모여 함께 이야기를 나누거나 즐겁게 보내는 시간이 부족해졌다. 둘째, 텔레비전은 우리가 독서하거나 공부할 수 있는 많은 시간들을 써버리게 했다. 텔레비전 보는 것을 너무 좋아하는 아이들은 공부에 흥미를 잃어 성적이 떨어지는 결과를 초래한다. 셋째, 텔레비전은 우리의 건강을 해친다. 많은 사람들이 늦게까지 텔레비전을 시청하면서 매일 수면 시간이 심각하게 부족해지고, 일에 영향을 줄 뿐 아니라 건강에도 영향을 미친다. 오랫동안 텔레비전을 보면 눈에 영향을 미쳐 많은 사람들이 텔레비전을 보는 것 때문에 안경을 쓰게 되었다. 넷째, 텔레비전을 보는 것은 우리의 사회 활동을 감소시킨다. 텔레비전이 있으면 우리는 더 이상 친구 집에 놀러가는 일을 즐기지 않고, 많은 사람들이 집에 머물면서 조용하고 편안하게 텔레비전을 보며 시간을 보낸다.

어쨌거나 **3** 텔레비전은 우리에게 지식과 오락을 가져다주고, **2** 우리에게 가져다주는 즐거움이 더 주된 것이다. 하지만 동시에 일정한 피해를 주기도 한다. 중요한 것은 우리가 어떻게 텔레비전을 충분히 이용하고, 어떻게 텔레비전을 보느냐다.

어휘 ★坏处 huàichu 명 나쁜 점 | ★家庭 jiātíng 명 가정 | ★缺少 quēshǎo 동 부족하다 | ★忽视 hūshì 동 소홀히 하다 | 欢乐 huānlè 형 즐겁다 | ★失去 shīqù 동 잃다 | ★导致 dǎozhì 동 초래하다 | ★下降 xiàjiàng 동 내리다, 떨어지다 | ★伤害 shānghài 동 다치다 | ★严重 yánzhòng 형 위급하다 | ★戴眼镜 dài yǎnjìng 안경을 쓰다 | ★靠 kào 동 기대다 | ★呆 dāi 동 머물다, 거주하다 | 安稳 ānwěn 형 안전하다, 편안하다 | 度过 dùguò 동 넘기다 | ★总之 zǒngzhī 접 총괄적으로, 한마디로 말하면 | ★娱乐 yúlè 명 오락 | ★一定 yídìng 형 상당한, 일정한 | ★危害 wēihài 명 피해, 위해 | ★充分 chōngfèn 부 충분히, 완전히 | ★引起 yǐnqǐ 동 불러일으키다 | ★争论 zhēnglùn 동 변론하다 | 占用 zhànyòng 동 점용하다 | ★培养 péiyǎng 동 기르다, 양성하다 | ★适合 shìhé 동 적합하다 | ★改善 gǎishàn 동 개선하다 | ★情绪 qíngxù 명 정서, 기분 | ★价值 jiàzhí 명 가치 | ★如何 rúhé 대 어떻게 | ★损害 sǔnhài 동 해를 끼치다

난이도 下 공략 Key 나열 표현 파악

1 看电视为什么会影响家庭感情?

Ⓐ 交流会减少
B 睡眠不足
C 占用学习时间
D 引起许多争论

왜 텔레비전 시청이 가족 간의 정에 영향을 주는가?

Ⓐ 교류가 줄어든다
B 잠이 부족하다
C 공부하는 시간을 차지한다
D 많은 논쟁을 야기한다

공략 텔레비전의 영향을 나열 형식으로 설명한 글이다. 나열 표현 '第一……, 第二……'로 설명한 내용 중 가족 간의 정에 미치는 영향을 언급한 것은 첫 번째 내용으로, '忽视了家庭成员之间的交流, 使家庭缺少了大家在一起聊天、欢乐的时间'이라고 부연 설명했으므로 정답은 A이다.

난이도 上 공략 Key 보기와 지문 내용 대조

2 根据上文，下列哪项正确?

A 电视广告危害很大
B 许多人反对看电视
C 看电视可以培养感情
Ⓓ 电视给人们带来了快乐

본문에 관해 다음 중 맞는 것은?

A 텔레비전 광고는 피해가 크다
B 많은 사람들이 텔레비전 보는 것을 반대한다
C 텔레비전을 보면 정을 기를 수 있다
Ⓓ 텔레비전은 사람들에게 즐거움을 가져다준다

공략 지문 전체를 다 살펴서 보기의 내용과 하나씩 대조해야 하는 문제이다. 텔레비전 광고와 텔레비전 보는 것을 반대한다는 것은 언급되지 않았으며, 가족 간의 정이 길러지는 것이 아니라 줄어든다고 했고, 마지막 단락에서 '它带给我们的快乐是主要的'라고 했으므로 정답은 D이다.

난이도 下 공략 Key 보기와 지문 내용 대조

3 关于看电视，作者认为:

A 能提高学习成绩
B 儿童不适合看电视
C 可以改善人们的情绪
Ⓓ 可以丰富人们的知识

텔레비전을 보는 것에 관해 작가의 생각은?

A 성적을 향상시킬 수 있다
B 아이들은 텔레비전 보는 데 적합하지 않다
C 사람들의 기분을 개선할 수 있다
Ⓓ 사람들의 지식을 풍부하게 해줄 수 있다

공략 글의 마지막 단락에서 '电视带给我们知识和娱乐'라고 했으므로 정답은 D이다. 나머지 보기의 내용은 글에서 언급된 바 없다.

난이도 下　공략 Key 글의 주제 파악

4 上文主要介绍的是：

Ⓐ **电视带来的问题**
B 电视的娱乐价值
C 如何充分利用电视
D 电视对身体造成的损害

본문에서 주로 소개한 것?

Ⓐ **텔레비전이 가져오는 문제**
B 텔레비전의 오락적 가치
C 어떻게 텔레비전을 충분히 이용해야 하는가
D 텔레비전이 건강에 초래한 해로움

공략 글의 첫 부분에서 '电视也给我们带来了很多坏处'라고 하며 텔레비전이 미치는 나쁜 영향을 언급했고, 나열 형식인 '第一……, 第二……, 第三……'으로 부연 설명했으므로 이 글이 주로 이야기하고 있는 주제는 A이다.

독해
제3부분

> Tip **影响**
>
> '영향을 주다, 영향을 끼치다'라는 뜻으로, 개사 给를 쓸 필요가 없다.
>
> 给身体健康影响。(×) → **影响**身体健康。(○) 몸 건강에 영향을 끼친다.

第 1-8 题：请选出正确答案。

1-4.

　　小时候，我曾看过一篇文章，写有个一叫小明的人被河水冲走后，像一片草叶似的顺水而下。这时，他多么想抓住一样东西啊，哪怕是一把水草也好。然而，四面都是水，他什么也抓不住，心想这一下儿算没救了。这个念头一出，身上立即没劲儿，也没有力气挣扎了，整个身体即要往下沉。

　　正在这时，他突然看见远处河岸边有一棵老树，是斜着长的，其中有一根粗大的树枝正好贴在水面上，他心里顿时有了希望，就拼命挣扎，坚持，一直游到了那棵老树前，但他拼命抓住那伸向河中的树枝时，才发现树枝早已枯死了，被他使劲儿一拽，就断了，这时来救他的人也赶到了，他终于被救上岸。事后他说，要是早知道那是一截枯枝，他根本坚持不到那儿。原来死神也是害怕希望，哪怕这希望只是一截枯枝。

1. 小明刚落水时想做什么？

 A 喊救命   **B** 找一棵大树

 C 继续往前游   **D** 抓住一样东西

2. 小明抓住树枝后发生了什么？

 A 船来了   **B** 树倒了

 C 水更急了   **D** 树枝断了

3. 根据本文，下列哪项正确？

 A 小明最后得救了   **B** 河边种着很多大树

 C 小明抓住了一把木草 **D** 小明相信自己会得救

4. 本文主要想告诉我们什么？

 A 死并不可怕   **B** 不要害怕危险

 C 希望能给人力量   **D** 遇到困难要想各种方法

5-8.

　　有一个年轻人去一家公司担任销售经理，勤恳工作了一年，不但毫无起色，反而在几个大项目上接连失败。而其他业务部门的同事们，个个都干出了成绩。终于有一天，他实在忍受不了这种痛苦，去向总经理辞职。他惭愧地说，可能自己不适合这份工作。

　　"安心工作吧，我会给你足够的时间，直到你成功为止。到那时，你再要走我也不留你。"他被老总的宽容感动了。他想，总应该做出一两件像样的事后再走。于是，他在后来的工作中多了一些冷静和思考。

　　过了一年，年轻人又走进了老总的办公室。不过，这一次他很轻松，他已经连续七个月在公司销售排行榜中高居榜首，成了当之无愧的业务骨干。原来，这份工作是那么适合他！他想知道，当初，老总为什么会将一个败军之将继续留用呢？

　　"因为，我比你更不甘心。"老总的回答完全出乎年轻人的预料。老总解释道："记得当初招聘时，公司收下100多份应聘材料，我面试了20多人，最后却只录用了你一个。如果接受你的辞职，我无疑是失败的。我深信，既然你能在应聘时得到我的认可，也一定有能力在工作中得到客户的认可，你缺少的只是机会和时间。与其说我对你仍有信心，倒不如说我对自己仍有信心。我相信我没有用错人。"我就是那个年轻人。从老总那里，我懂得了：给别人以宽容，给自己以信心，就能成就一个全新的局面。

5. 前一年年轻人为什么觉得自己不适合这份工作？

　　A 没被老板重用　　　　　　　　**B** 觉得自己的工作很无聊

　　C 工作没有取得好成绩　　　　　　**D** 竞争太激烈了

6. 一年之后，年轻人：

　　A 被老板炒鱿鱼了　　　　　　　　**B** 成为公司销售的骨干

　　C 没有取得好成绩　　　　　　　　**D** 开了自己的公司

7. 关于年轻人，可以知道什么？

　　A 是个急性子　　　　　　　　　　**B** 适合销售工作

　　C 做事很马虎　　　　　　　　　　**D** 好奇心很强

8. 本文主要告诉我们什么？

　　A 诚恳的态度很重要　　　　　　　**B** 老板应该给员工支持

　　C 只要有能力就能成功　　　　　　**D** 自信和宽容成就新天地

✦정답 및 해설_ 해설집 95쪽

24 day 질문의 내용을 숙지하라

★ 정답_ 해설집 205쪽

학습목표

1 문제를 푸는 순서를 숙지하자

2 문제의 핵심어를 판단하는 눈을 기르자

3 주제의 위치와 정답을 파악하는 요령을 키우자

독해 제3부분은 지문이 길어서 차근차근 정독을 하기보다는 시간도 절약하고 점수도 잘 받을 수 있는 공략법이 필요하다. 문제를 먼저 살펴보고 문제의 핵심 키워드는 무엇인지, 긴 지문 중 어떤 내용을 중점적으로 봐야 할지를 결정하자.

기초 실력 테스트 TEST

■ 다음 글을 읽고 질문에 알맞은 것을 고르세요. (제한 시간 1분 30초)

我很早以前就有一个心愿，要接父母城里来<u>过年</u>。可是刚工作的时候，一直住在单间宿舍。别说接父母来过年，就是来个亲戚也不知道住在哪儿。那个时候，有那个心没那个条件。现在买了一件100多平方米的大公寓，接父母到城里过年的愿望终于实现了。

1 我现在住在哪儿?

A 单间宿舍　　　　　　　　　　B 大公寓

2 划线的句子是什么意思?

A 过结婚纪念日　　　　　　　　B 过春节

3 最适合做本文标题是:

A 儿子的心愿　　　　　　　　　B 父母的操劳

5급 기출문제 맛보기

맛보기

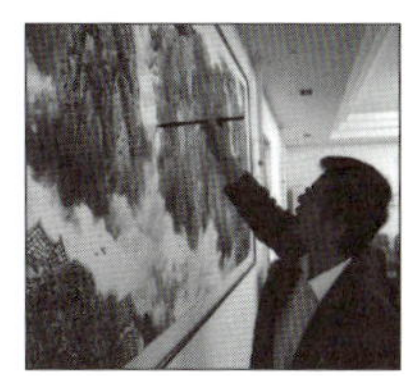

　　父亲有位朋友，是位知名画家。几乎每次去他家，总能遇上有青年画家登门求教，他也总是很耐心地给人指点，还热心地向媒体推荐有潜力的青年画家，消耗了大量的时间和精力。我知道他的时间很宝贵，而提携后辈完全是尽义务，就忍不住问他："伯父，您多画点儿画儿多好，何必把时间浪费在这些人的身上？"

　　他笑着说："我给你讲个故事吧。40年前，有一个青年拿了自己的画，想请一位著名的画家指点一下。那画家看这青年是个无名小卒，连画都没让青年打开，就说自己有事，下了逐客令。那青年走到门口，转过身说：'老师，您现在站在山顶，往下看我这个无名小卒，把我看得很渺小；但您也应该知道，我在山下往上看您，您也同样很渺小！'说完扬长而去。因为这件事，这青年后来努力学艺，总算有了一点儿小名气。但他时刻记得那一次冷遇，时刻提醒自己，一个人是否形象高大，并不在于他所处的位置，而在于他的人格、胸襟、修养——你猜对了，当年的那个年轻人，就是我。"

　　最后，父亲的朋友画了一幅画送我，那幅画是一座山峰，山顶有一个人往下看，山下有一个人往上看，两个人是一样大小的。

1. 关于这位画家，可以知道什么？

　　A 非常年轻　　　　　　　　　　B 不接受媒体采访

　　C 在学校教人画画儿　　　　　　D 经常指导青年画家

2. 第2段中"下了逐客令"的意思是：

　　A 让客人离开　　　　　　　　　B 亲自送客人

　　C 留客人吃饭　　　　　　　　　D 对客人很客气

3. 40年前的那个年轻人是谁？

　　A 我的父亲　　　　　　　　　　B 我的老师

　　C 知名的记者　　　　　　　　　D 父亲的朋友

4. 上文主要想告诉我们：

　　A 距离产生美　　　　　　　　　B 兴趣是最好的老师

　　C 时间是最好的医生　　　　　　D 天下无难事，只怕有心人父亲有位朋友，是位知名画家。几乎每次去他家，总能遇上有青年画家登门求教，<u>1他也总是很耐心地给人指点，还热心地向媒体推荐有潜力的青年画家，消耗了大量的时间和精力。</u>我知道他的时间很宝贵，而提携后辈完全是尽义务，就忍不住问他："伯父，您多画点儿画儿多好，何必把时间浪费在这些人的身上？"

他笑着说："我给你讲个故事吧。<u>3 40年前</u>，有一个青年拿了自己的画，想请一位著名的画家指点一下。那画家看这青年是个无名小卒，<u>2 连画都没让青年打开，就说自己有事，下了逐客令。</u>那青年走到门口，转过身说：'老师，您现在站在山顶，往下看我这个无名小卒，把我看得很渺小；但您也应该知道，我在山下往上看您，您也同样很渺小！'说完扬长而去。因为这件事，这青年后来努力学艺，总算有了一点儿小名气。但他时刻记得那一次冷遇，时刻提醒自己，一个人是否形象高大，并不在于他所处的位置，而在于他的人格、胸襟、修养——你猜对了，<u>3 当年的那个年轻人，就是我。</u>"

最后，父亲的朋友画了一幅画送我，那幅画是一座山峰，山顶有一个人往下看，山下有一个人往上看，两个人是一样大小的。

아버지에게는 유명한 화가인 친구가 한 분 계신다. 거의 그의 집에 갈 때마다 <u>1항상 배우러 오는 젊은 화가들을 만날 수 있었고, 그도 역시 늘 참을성 있게 사람들을 지도했으며 게다가 열심히 매스컴에 잠재력 있는 젊은 화가를 추천했는데,</u> (이런 일에) 많은 시간과 정력을 소모했다. 나는 그의 시간이 매우 귀중하고 후배를 양성하는 것은 완전히 의무를 다하기 위한 것임을 알고 있기에 견디지 못하고 그에게 물었다. "아저씨, 그림을 좀 더 많이 그리면 얼마나 좋아요? 구태여 시간을 이런 사람들에게 낭비할 필요가 있으세요?"

그는 웃으며 "네게 얘기를 하나 해줄게. <u>3 40년 전에</u> 한 청년이 자신의 그림을 들고 한 유명한 화가를 찾아가 가르침을 좀 받고 싶었단다. 그 화가는 이 청년이 보잘것없는 사람 같아 보여서 청년에게 <u>2 그림을 펼쳐보라고 하지도 않고 자신은 일이 있다면서 축객령을 내렸지.</u> 그 청년은 문 앞까지 걸어가서는 몸을 돌려 '선생님, 당신은 지금 산 정상에 서서 산 아래 서 있는 보잘것없는 사람을 바라보고 있으니 제가 무척 작아 보이겠지만, 저 역시 산 아래에서 산 위의 당신을 쳐다보면 똑같이 매우 작아 보인다는 것을 아셔야 합니다'라고 말을 마치고는 아무렇지 않은 듯 떠나갔단다. 이 일로 인해 이 청년은 나중에 열심히 실력을 닦았고 결국 약간의 유명세를 타게 되었지. 하지만 그는 그날의 냉대를 항상 기억하면서 한 사람의 모습이 큰지 그렇지 않은지는 그가 있는 위치가 아니라 그의 인격과 도량, 교양에 달려 있다고 항상 자신을 일깨웠어. 네가 추측한 게 맞아, <u>3당시의 그 젊은이가 바로 나란다.</u>"

그런 후에 아버지의 친구 분이 나에게 그림을 한 장 그려주었다. 그 그림에는 산봉우리 하나가 있고, 산 정상에서 한 사람이 아래를 내려다보고 산 아래에서 한 사람이 위를 올려다보고 있었으며 두 사람은 크기가 같았다.

어휘 ★知名 zhīmíng 형 유명하다 | ★几乎 jīhū 부 거의 | 登门 dēngmén 동 방문하다 | 求教 qiújiào 동 가르침을 청하다 | 耐心 nàixīn 형 참을성이 있다 | ★媒体 méitǐ 명 대중 매체 | ★推荐 tuījiàn 동 추천하다 | ★潜力 qiánlì 명 잠재 능력 | ★消耗 xiāohào 동 소모하다 | 提携 tíxié 동 (후배를) 돌보다, 육성하다 | ★忍不住 rěnbuzhù 통 견딜 수 없다 | ★何必 hébì 부 구태여 ~할 필요가 있는가 | 指点 zhǐdiǎn 동 이끌어주다, 지도하다 | 无名小卒 wúmíng xiǎozú 명 보잘것없는 사람 | 下逐客令 xià zhúkèlìng 축객령을 내리다 | 山顶 shāndǐng 명 산 정상 | 渺小 miǎoxiǎo 형 매우 작다 | 扬长而去 yáng cháng ér qù 성 아무렇지 않은 듯 떠나가다 | ★总算 zǒngsuàn 부 마침내 | ★时刻 shíkè 부 늘 | 冷遇 lěngyù 명 냉대 | ★提醒 tíxǐng 동 일깨우다 | 胸襟 xiōngjīn 명 도량, 포부 | 修养 xiūyǎng 명 수양, 교양 | 山峰 shānfēng 명 산봉우리 | ★接受 jiēshòu 동 수락하다, 받아들이다 | ★采访 cǎifǎng 동 인터뷰하다 | ★亲自 qīnzì 부 직접, 손수 | ★距离 jùlí 명 거리, 간격

난이도 中　**공략 Key** 글의 도입부 파악

1　关于这位画家，可以知道什么？　　이 화가에 관해 알 수 있는 것은?

A 非常年轻　　　　　　　　　　　A 굉장히 젊다
B 不接受媒体采访　　　　　　　　B 매스컴의 취재를 받아들이지 않는다
C 在学校教人画画儿　　　　　　　C 학교에서 그림 그리는 것을 가르친다
D 经常指导青年画家　　　　　　**D** 자주 젊은 화가를 지도한다

공략　질문이 포괄적이라 전체 내용을 다 살펴봐야 할 것 같지만, 첫 문제이므로 일단 도입부에서 이 화가에 관한 내용을 파악해본다. 본문에서 '他也总是很耐心地给人指点'이라고 했기에 정답은 D임을 알 수 있다.

난이도 上　**공략 Key** 핵심어 '下逐客令'

2　第2段中"下了逐客令"的意思是：　　두 번째 단락에서 '下了逐客令'의 의미는?

A 让客人离开　　　　　　　　　**A** 손님에게 떠나라고 하다
B 亲自送客人　　　　　　　　　　B 직접 손님을 배웅하다
C 留客人吃饭　　　　　　　　　　C 손님에게 식사를 대접하다
D 对客人很客气　　　　　　　　　D 손님에게 매우 예의 바르게 대하다

공략　'下了逐客令'의 의미를 모른다면 본문의 내용을 통해 의미를 유추해야 한다. 일단 '下令(명령을 내리다)'의 뜻을 인지하고 본문에서 '连画都没让青年打开，就说自己有事，下了逐客令'이라고 했기에 정답은 A이다.

난이도 下　**공략 Key** 핵심어 '40年前'

3　40年前的那个年轻人是谁？　　40년 전의 그 젊은이는 누구인가?

A 我的父亲　　　　　　　　　　　A 나의 아버지
B 我的老师　　　　　　　　　　　B 나의 선생님
C 知名的记者　　　　　　　　　　C 유명한 기자
D 父亲的朋友　　　　　　　　　**D** 아버지의 친구

공략　핵심어는 시간사인 '40年前'으로, 지문 마지막 부분에 '当年的那个年轻人，就是我'라고 했다. 40년 전의 그 젊은이는 현재의 유명한 화가인 아버지의 친구임을 알 수 있으므로 정답은 D이다.

난이도 上　**공략 Key** 글의 주제 파악

4　上文主要想告诉我们：　　위의 글이 우리에게 알려주는 것은?

A 距离产生美　　　　　　　　　　A 거리는 아름다움을 생기게 한다
B 兴趣是最好的老师　　　　　　　B 흥미는 가장 좋은 선생님이다
C 时间是最好的医生　　　　　　　C 시간이 약이다
D 天下无难事，只怕有心人　　　**D** 의지가 굳세면 세상에는 못 해낼 일이 없다

공략　'但他时刻记得那一次冷遇，时刻提醒自己'라고 하여 젊은 시절 유명한 화가를 찾아갔으나 문전박대 당하고 나서 이를 계기로 열심히 노력해서 나중에 성공한 화가가 되었다는 이야기이므로 정답은 D이다.

공략 1. '先 문제 파악 后 지문 독해'를 기억하라

우리는 글을 읽을 때 습관적으로 처음부터 읽어 내려가는데, 시간적인 제한이 있다면 그렇게 읽어서는 안 된다. 지문을 다 해석해놓고 문제를 풀면 주어진 시간 안에 충분히 해결하지 못하는 경우가 많다. 新HSK 5급 독해 제3부분은 지문의 길이가 길고 시간적 제약이 존재하기에 평소의 독해 습관을 바꾸어 문제를 먼저 파악하고 지문을 확인하는 등 시간 활용을 잘 해야 한다.

1 질문이 무엇인지 미리 파악해라

400자나 되는 본문 속에서 내가 찾아내야 할 정답은 문제당 한두 줄 정도다. 따라서 그 많은 지문 속에서 무엇을 염두에 두고 지문을 볼 것인지도 시간을 잘 활용하는 관건이다. 먼저 질문을 보면서 키워드를 잡아내야 한다. 독해를 하면서 내가 어떤 문제에 대한 대답을 찾아야 할지 미리 머릿속에 파악해두는 것이 매우 중요하다.

❶ 시제

지문이 과거, 현재, 미래 순으로 전개되고 있다면 질문에는 '언제'의 이야기를 묻는지 시제가 언급되어 있을 것이다. 따라서 '언제'에 해당하는 '시간사'는 문제를 푸는 데 있어 질문에서 얻어낼 수 있는 핵심 키워드다.

〈 독해 제3부분 빈출 시간사 〉

과거	过去 과거 | 从前 예전에 | 几年前 몇 년 전에 | 小时候 어릴 때 | 第一年 첫해에 | 以前 예전에 | 后来 후에 | 当时 그 당시
현재	现在 지금, 현재 | 目前 현재 | 如今 오늘날 | 最近 최근 | 这几天 요 며칠 | 当今 현재, 현대 | 今天 오늘 | 眼看 바로
미래	以后 앞으로, 이후 | 将来 미래, 장래 | 未来 미래 | 过几天 며칠 후
구체적인 시간	毕业时 졸업할 때 | 等朋友的时候 친구를 기다릴 때 | 起床的时候 기상했을 때 | 在上海时 상하이에 있었을 때

❷ 동작의 선후 관련이나 병렬을 나타내는 접속사

글의 주제를 뒷받침하기 위해 '첫째, 둘째, 셋째' 등으로 나누어 나열하는 내용은 문제로 제시될 가능성이 크다. 또한 하나의 질문에서는 여러 가지 나열된 내용을 통틀어 질문하기보다 이들 중 하나를 언급하므로, 따라서 동작의 선후를 나타내는 선후 관계 접속사나 핵심을 나열할 수 있는 병렬을 나타내는 표현을 알아두고 눈여겨봐야 한다.

❸ 의문사

언제 사건이 발생했는지, 또 어디서 발생했는지, 왜 발생했는지를 물을 때 우리는 '의문사'를 사용한다. 따라서 질문에 등장한 의문사는 확실한 핵심 키워드이다.

〈 의문사의 종류 〉

언제	什么时候 / 几时	老王打算**什么时候**去买盒饭? 라오왕은 언제 도시락을 사러 갈 계획인가?
어디서	哪儿 / 什么地方	第一天他们住的是**什么地方**? 첫날 그들은 어디에서 묵었는가?
무엇을	什么 / 啥	小姑娘来做**什么**? 꼬마숙녀는 뭐 하러 왔나?
어떻게	如何 / 怎么 / 怎么样	穷人觉得住酒店**怎么样**? 가난뱅이는 호텔에 머무는 게 어떻다고 여겼는가?
왜	为什么	老王**为什么**搬家了? 라오왕은 왜 이사를 갔는가?
몇	几 / 多少	**多少**人参加了这次活动? 몇 명이 이번 행사에 참여했나?

❹ 따옴표[" "]와 밑줄 친 단어

질문에서 직접적으로 따옴표를 통해서 핵심을 언급할 수도 있으며, 단어에 밑줄을 쳐놓고 핵심 키워드를 알려주는 경우도 흔히 볼 수 있다. 이럴 경우 전체 지문을 해석할 필요 없이 따옴표나 밑줄 친 단어 그 부근만 보면 정답을 쉽게 유추할 수 있다.

与第三段中划线的句子意思相近的是：세 번째 단락에서 밑줄 친 문장의 뜻과 비슷한 것은?
关于网络文学，下面哪项正确? 인터넷문학에 관해 다음 중 맞는 것은?
第二段中，作者提到的"这张网"是指什么?
두 번째 단락에서 작가가 언급한 '这张网'은 무엇을 가리키는가?

•예제

　　晚上我给孩子讲故事，讲的是: 第一天晚上小猴妈妈端来了两碗面条，一碗上面有个鸡蛋，一碗上面什么也没有，然后让小猴选择，小猴不假思索地选择了有鸡蛋的那一碗。但它吃上以后，才发现妈妈那碗居然在面的下面藏着两个鸡蛋。

　　第二天晚上，小猴妈妈又端来了两碗面，仍然是一碗上面有个鸡蛋，一碗上面什么也没有，然后让它选择。小猴吸取第一天晚上的教训，选择了没有鸡蛋的那一碗，但是出乎它意料，这碗面里没有像第一天晚上那样埋着鸡蛋，只是一碗面。小猴迷惑地看着妈妈，妈妈告诉它: "想占便宜的人，往往什么都得不到。"

　　第三天晚上，猴妈妈端来了两碗一样的表面没有鸡蛋的面条让小猴选择，小猴却说: "妈妈累了一天，妈妈先选。"猴妈妈笑了，随手拿了一碗吃了起来。小猴端起了另一碗。这一次，妈妈和小猴的碗里都埋着两个鸡蛋。

猴妈妈告诉小猴："不想占便宜的人，生活也不会让他吃亏的。"

讲完这个故事，我扭头问旁边的女儿，如果你是小猴，你该如何来选择呢？

出乎我的意料，女儿说："如果是我，我就把两碗面条放到一个大盆子里，搅拌匀了，再和妈妈分，这样才公平，公平了，就不会打架了。"

呵，我没有想到女儿会这样说！那晚，我本来是想给女儿上一节道德教育课，没想到她却给我讲出了一个看似平常却意义深刻的道理。面条的确是该公平地吃，其它的什么都不用考虑，生活中至少我们应该努力地去这样做。

1. 第二天面条怎么样？

    A 两碗都有鸡蛋　　　　　　　　B 两碗都没有

    C 两碗都盛满面条　　　　　　　D 仅有一碗有鸡蛋

2. 第二段划线的"出乎意料"是什么意思？

    A 事情没想到　　　　　　　　　B 进展得很顺利

    C 一切在计划之中　　　　　　　D 发生得太突然了

3. 通过故事，小猴的妈妈想告诉什么？

    A 要控制自己的感情　　　　　　B 不要忽视细节

    C 不要总想占便宜　　　　　　　D 打架解决不了问题

4. 这段话想告诉我们什么？

    A 要培养敢于冒险的精神　　　　B 做事先要公平

    C 先提高孩子的素养　　　　　　D 人生要顺其自然

정답&공략

晚上我给孩子讲故事，讲的是：第一天晚上小猴妈妈端来了两碗面条，一碗上面有个鸡蛋，一碗上面什么也没有，然后让小猴选择，小猴不假思索地选择了有鸡蛋的那一碗。但它吃上以后，才发现妈妈那碗居然在面的下面藏着两个鸡蛋。

第二天晚上，小猴妈妈又端来了两碗面，仍然是一碗上面有个鸡蛋，一碗上面什么也没有，然后让它选择。小猴吸取第一天晚上的教训，选择了没有鸡蛋的那一碗，但是出乎它意料，这碗面里没有像第一天晚上那样埋着鸡蛋，只是一碗面。小猴迷惑地看着妈妈，妈妈告诉它："想占便宜的人，往往什么都得

저녁에 나는 아이에게 이야기를 하나 해줬는데, 이야기의 내용은 이렇다. 첫날 저녁에 원숭이 엄마가 두 그릇의 국수를 가져왔는데 하나는 위에 계란이 있었고 하나는 위에 아무것도 없었다. 그런 후에 새끼원숭이에게 선택하게 하자 새끼원숭이는 깊이 고려하지 않고 계란이 있는 국수를 선택했다. 하지만 먹은 후에야 엄마의 국수 밑에 두 개의 계란이 숨겨져 있었다는 것을 알게 되었다.

이튿날 저녁 원숭이 엄마는 또 두 그릇의 국수를 가지고 왔는데 여전히 하나는 위에 계란이 있고 하나는 위에 아무것도 없었다. 그런 후에 새끼원숭이에게 선택하라고 했다. 새끼원숭이는 첫날 저녁의 교훈을 받아들여 계란이 없는 그릇을 선택했지만 뜻밖에도

不到。"

　　第三天晚上，猴妈妈端来了两碗一样的表面没有鸡蛋的面条让小猴选择，小猴却说："妈妈累了一天，妈妈先选。"猴妈妈笑了，随手拿了一碗吃了起来。小猴端起了另一碗。这一次，妈妈和小猴的碗里都埋着两个鸡蛋。

　　猴妈妈告诉小猴："不想占便宜的人，生活也不会让他吃亏的。"

　　讲完这个故事，我扭头问旁边的女儿，如果你是小猴，你该如何来选择呢？

　　出乎我的意料，女儿说："如果是我，我就把两碗面条放到一个大盆子里，搅拌匀了，再和妈妈分，这样才公平，公平了，就不会打架了。"

　　呵，我没有想到女儿会这样说！那晚，我本来是想给女儿上一节道德教育课，没想到她却给我讲出了一个看似平常却意义深刻的道理。4面条的确是该公平地吃，其它的什么都不用考虑，生活中至少我们应该努力地去这样做。

1그릇 속에는 첫날 저녁처럼 계란이 숨겨져 있지 않고 단지 국수뿐이었다. 새끼원숭이가 어리둥절하게 엄마를 보자 3엄마는 그에게 '부당한 이득을 차지하려는 사람은 종종 아무것도 얻을 수 없단다'라고 말해주었다.

또 저녁 원숭이 엄마가 똑같이 위에 계란이 없는 국수 두 그릇을 가지고 와서는 새끼원숭이에게 선택하라고 하자, 새끼원숭이는 '엄마! 하루 종일 피곤하셨을 테니, 엄마 먼저 선택하세요'라고 말했다. 엄마 원숭이는 웃으며 아무거나 하나를 먹기 시작했고 새끼원숭이는 다른 그릇을 집어 들었다. 이번에는 엄마와 새끼원숭이의 그릇 속에 각각 두 개의 계란이 숨겨져 있었다.

엄마 원숭이는 새끼원숭이에게 '부당한 이득을 취하려 하지 않는 사람에게는 생활 역시 그에게 손해를 보게 하지 않는단다'라고 말했다.

이 이야기를 마치고 나서 나는 고개를 들어 옆에 있던 딸에게 물었다. "만약에 네가 새끼원숭이였다면 어떻게 선택을 했을 것 같니?"

딸아이는 내 예상을 깨고 말했다. "만일 나라면 나는 국수 두 그릇을 하나의 큰 그릇에 넣어서 고르게 섞은 후에 엄마와 나눌 거야. 이래야만이 공평하잖아, 공평해야 싸우지 않아."

아, 나는 딸이 이렇게 말할 줄은 생각지도 못했다. 그날 저녁 나는 원래 딸에게 도덕 교육을 해줄 생각이었지만, 그녀는 도리어 내게 평범해 보이면서도 의미가 깊은 이치를 깨닫게 해주었다. 4국수는 확실히 공평하게 먹어야 하며 다른 것은 무엇도 고려할 필요가 없고 생활하는 데 있어서 우리는 적어도 이렇게 하도록 노력해야 할 것이다.

어휘　端 duān 통 받쳐 들다 | 不假思索 bù jiǎ sī suǒ 성 신속하게, 깊이 고려하지 않고 | ★吸取 xīqǔ 통 받아들이다, 얻다 | ★出乎意料 chū hū yì liào 성 예상 밖이다 | ★埋 mái 통 숨기다 | 占便宜 zhàn piányi 통 부당한 이득을 차지하다 | 随手 suíshǒu 부 ~하는 김에, 겸해서 | ★吃亏 chīkuī 통 손해를 보다 | 扭头 niǔtóu 통 머리를 돌리다 | 盆子 pénzi 명 양푼 | 搅 jiǎo 통 휘저어 섞다 | 拌匀 bànyún 통 고르게 뒤섞다 | 看似 kànsì 보기에 ~와 같다 | ★深刻 shēnkè 형 깊다 | ★至少 zhìshǎo 부 적어도 | 盛满 chéngmǎn 가득 채우다 | ★细节 xìjié 명 자세한 사정 | ★培养 péiyǎng 통 양성하다 | 敢于 gǎnyú 통 ~할 용기가 있다 | 素养 sùyǎng 명 소양 | 顺其自然 shùn qí zìrán 순리에 맡기다

난이도 下　　공략 Key 시간사 第二天

1　第二天面条怎么样？

　A 两碗都有鸡蛋
　B 两碗都没有
　C 两碗都盛满面条
　D 仅有一碗有鸡蛋

이튿날 국수는 어떠했나?

　A 두 그릇에 다 계란이 있었다
　B 두 그릇에 다 없었다
　C 두 그릇 모두 국수만 가득했다
　D 한 그릇에만 계란이 있었다

공략　시간사 第二天이 언급된 부분을 찾아서 보기 내용과 대조한다. 본문에서 표면적으로 하나만 계란이 있었고 '这碗面里没有像第一天晚上那样埋着鸡蛋'이라고 언급했기 때문에 정답은 D이다.

2 第二段划线的"出乎意料"是什么意思？ | 두 번째 단락의 밑줄 친 '出乎意料'는 무슨 뜻인가？

Ⓐ 事情没想到 | Ⓐ 일을 생각지도 못했다
B 进展得很顺利 | B 매우 순조롭게 진전이 된다
C 一切在计划之中 | C 모든 것이 계획 속에 있다
D 发生得太突然了 | D 너무 갑작스럽게 발생되었다

공략 밑줄 친 '出乎意料'의 뜻이 '예상 밖이다'라는 것을 모를 경우 본문의 내용을 통해 유추해야 한다. 위에 계란이 없는 국수 밑에는 두 개의 계란이 숨겨져 있을 것이라 생각했는데 계란이 없었으므로 정답은 A이다.

3 通过故事，小猴的妈妈想告诉什么？ | 이야기를 통해서 원숭이 엄마는 무엇을 알려주고 싶어 하는가？

A 要控制自己的感情 | A 자신의 감정을 통제해야 한다
B 不要忽视细节 | B 자세한 항목을 소홀히 하면 안 된다
Ⓒ 不要总想占便宜 | Ⓒ 부당한 이득을 취하려 하면 안 된다
D 打架解决不了问题 | D 싸움은 문제를 해결할 수 없다

공략 '想占便宜的人，往往什么都得不到'와 '不想占便宜的人，生活也不会让它吃亏的'를 통해 원숭이 엄마는 부당한 이득을 취하려 하면 안 된다는 것을 가르쳐주고 있으므로 정답은 C이다.

4 这段话想告诉我们什么？ | 이 글이 우리에게 알려주는 것은？

A 要培养敢于冒险的精神 | A 위험을 무릅쓰는 정신을 길러야 한다
Ⓑ 做事先要公平 | Ⓑ 일을 할 때는 우선 공평해야 한다
C 先提高孩子的素养 | C 먼저 아이의 소양을 향상시켜야 한다
D 人生要顺其自然 | D 인생은 순리대로 흘러간다

공략 글의 전체 주제는 주로 마지막 단락에 언급된다. 글의 마지막 부분에서 '面条的确是该公平地吃，其它的什么都不用考虑，生活中至少我们应该努力地去这样做'라고 설명했으므로 정답은 B이다.

⭐ 공략 2. 주제는 문두와 문미를 살펴라

최근 독해 제3부분 지문의 유형은 크게 에피소드 지문과 설명 및 견해문으로 나눌 수 있다. 설명문이나 견해문에서는 소개하려는 핵심 내용이 있으며 이 내용을 둘러싸고 설명을 전개한다. 또 에피소드 지문의 경우, 재미있기만 한 것이 아니라 이를 통해 무언가를 일깨워주려는 목적이 있다. 모든 글에는 주제가 있기 마련이고 주제의 위치가 어디에 있는지만 알면 주제 관련 문제는 쉽게 풀 수 있다.

1 교훈이나 주제를 묻는 질문의 유형을 숙지하라

하나의 지문에 4개의 질문이 등장하는데 이 중 교훈이나 주제를 묻는 질문은 십중팔구 마지막 질문에 해당한다. 지문의 전개 순서 때문이기도 하고 지문의 내용을 개괄해야 하는 문제이기 때문이기도 하다. 교훈이나 주제를 묻는 질문의 유형을 알아두자.

〈 교훈을 묻는 질문 유형 〉

本文主要讲了什么？ 이 글은(본문은) 주로 무엇을 말해주는가?
上文主要介绍的是： 윗글에서 주로 소개하는 것은?
这篇文章要告诉我们什么？ 이 글은 우리에게 무엇을 알려주려 하는가?
这段话让我们明白什么道理？ 이 글은 우리에게 어떤 이치를 깨닫게 하려 하는가?

독해
제3부분

2 문두와 문미를 살펴라

첫 단락에 주제를 언급하고 근거가 되는 내용을 본문으로 서술하는 경우가 있는가 하면, 어떠한 내용을 서술하거나 에피소드를 전개하여 독자에게 즐거움을 주면서 마지막에는 교훈이라든지 주제를 언급하는 경우가 있다. 따라서 지문을 볼 때는 첫 단락을 반드시 정독하고 첫 단락과 마지막 단락에서 주제나 교훈을 찾아내야 한다.

3 조건 관계 접속사 및 당위성을 나타내는 조동사를 눈여겨봐라

만일 마지막 단락에서 주제나 교훈을 제시했다면 그 앞의 내용은 이를 뒷받침하는 이야기를 서술했을 것이다. 즉, 앞의 내용을 빌어서 '어떠한 상황에서 어떻게 해야 한다'라는 조건을 붙여 주제를 언급하는 경우가 다반사이므로 몇몇 선택 관계 접속사 및 조건 관계 접속사를 눈여겨봐야 하며 要, 应该(~해야 한다), 不应该, 不能(~하면 안 된다) 등의 금지 및 당부, 당위성을 나타내는 조동사에도 신경쓰자.

〈 주제 파악 관련 핵심 조동사 〉

要 ~해야 한다, ~할 수 있다
想要拉近距离，就要学会用感情进行交流。 거리를 좁히고 싶다면 감정으로 교류하는 것을 배워야 한다.
应该 마땅히 ~해야 한다
你要知道应该让人专心地听下去。 사람들이 집중해서 들을 수 있도록 해야 한다는 것을 알아야 한다.
不要 ~하지 마라, ~할 필요 없다
今天完成的事，不能留到明天，不要总说"来不及了"。 오늘 완성해야 할 일은 내일로 미루지 말아야 하며 늘상 '늦었어'라는 말을 하면 안 된다.
不能 ~할 수 없다, ~하면 안 된다
人们不能总是追求财富。 사람들은 늘 부만 추구하려 해서는 안 된다.
不应该 마땅히 ~하면 안 된다
我们要知道人们不应该为钱工作。 우리는 돈을 위해 일하지 말아야 한다는 것을 알아야 한다.

　　李四和王五是个朋友。有一次他们在沙漠中旅行，在旅途中的某点他们吵架了，李四还给了王五一记耳光。被打的王五觉得受辱，一言不语，在沙子上写下："今天我的好朋友李四打了我一巴掌。"他们继续往前走。直到到了沃野，他们决定停下。被打巴掌的王五差点淹死，幸好被李四救起来了。被救起后，王五拿了一把小剑在石头上刻了："今天我的好朋友李四救了我一命。"一旁好奇的李四问说：为什么我打了你以后，你要写在沙子上，而现在要刻在石头上呢？王五笑笑地回答说：当被一个朋友伤害时，要写在易忘的地方，风会负责抹去它；相反，如果被帮助，我们要把它刻在心里的深处，那里任何风都不能抹灭它。朋友的相处伤害往往是无心的，帮助却是真心的，忘记那些无心的伤害；铭记那些对你真心的帮助，你会发现这世上你有很多真心的朋友。

1. 两个人在旅途中发生了什么事?
    A 迷路了　　　　　　B 吵架了　　　　　C 被骗了　　　　　D 偷东西了

2. 王五刻石头，是为了:
    A 不能原谅李四的行为　　　　　　B 永远记住对李四的感激
    C 怕回来的时候找不到路　　　　　D 希望有人能来救他们

3. 根据本文，王五是什么样的人?
    A 高尚　　　　　　B 小气　　　　　C 狡猾　　　　　D 诚实

4. 本文主要想告诉我们什么?
    A 朋友之间不应该吵架　　　　　　B 与人交流要主动一些
    C 倾听别人的话很重要　　　　　　D 人应该记住恩惠忘掉怨恨

정답&공략 ▶

　　李四和王五是个朋友。[1]有一次他们在沙漠中旅行，在旅途中的某点他们吵架了，李四还给了王五一记耳光。被打的王五觉得受辱，一言不语，在沙子上写下："今天我的好朋友李四打了我一巴掌。"他们继续往前走。直到到了沃野，他们决定停下。被打巴掌的王五差点淹死，幸好被李四救起来了。被救起后，王五拿了一把小剑在石头上刻了："今天我的

　　리쓰와 왕우는 친구 사이로 한번은 그들이 사막을 여행 중이었는데, [1]여행 도중의 어느 한 지점에서 그들은 싸움을 했고, 리쓰가 왕우의 따귀를 때렸다. 맞은 왕우는 모욕을 당했다고 느껴서 한마디도 하지 않고 모래에 '오늘 내 친구 리쓰가 내 뺨을 때렸다'라고 썼다. 그들은 계속해서 앞으로 향했으며 비옥한 들판에 이르러서야 쉬기로 결정했는데, 뺨을 맞은 왕우가 하마터면 익사할 뻔했고 다행히 리쓰에 의해 구조되었다. 구조된

好朋友李四救了我一命。"一旁好奇的李四问说：为什么我打了你以后，你要写在沙子上，而现在要刻在石头上呢？王五笑笑地回答说：当被一个朋友伤害时，要写在易忘的地方，风会负责抹去它；相反，**2 如果被帮助，我们要把它刻在心里的深处，那里任何风都不能抹灭它。**朋友的相处伤害往往是无心的，帮助却是真心的，**3 忘记那些无心的伤害；铭记那些对你真心的帮助，你会发现这世上你有很多真心的朋友。**

후에 왕우는 검을 들고 돌에다 '오늘 내 친구 리쓰가 내 목숨을 구해주었다'라고 새겼다. 호기심이 생긴 리쓰가 '왜 내가 너를 때렸을 때는 모래에 쓰고 지금은 돌에 새기니?'라고 묻자 왕우는 웃으면서 대답했다. '친구에 의해 상처를 입었을 때는 쉽게 잊을 수 있는 곳에 써놓으면 바람이 와서 책임지고 그것을 지울 것이고, 반대로 **2 만일 도움을 받았다면 그것을 마음속 깊은 곳에 새겨야지, 거기라면 어떠한 바람도 그것을 지워버릴 수 없을 테니까.'** 친구가 함께 지내다 상처를 주는 것은 고의가 아니며 도움을 주는 것이 진심이다. **3 고의성이 없는 상처를 잊고 당신에 대한 진심어린 도움을 기억한다면, 당신은 이 세상에 매우 많은 진정한 친구가 있다는 것을 알아차리게 될 것이다.**

독해 제3부분

어휘 ★沙漠 shāmò 몡 사막 | 旅途 lǚtú 몡 여행 도중 | 某点 mǒudiǎn 어떤 지점 | 打一记耳光 dǎ yí jì ěrguāng 따귀를 한 대 올려 붙이다 | 受辱 shòurǔ 동 모욕을 당하다 | 沙子 shāzi 몡 모래 | 打一巴掌 dǎ yì bāzhang 따귀를 한 대 때리다 | 沃野 wòyě 몡 비옥한 들판 | ★淹死 yānsǐ 동 익사하다 | ★幸好 xìnghǎo 부 다행히, 운 좋게 | 刻 kè 동 새기다 | ★救命 jiùmìng 동 목숨을 구하다 | ★伤害 shānghài 동 해치다, 상처를 주다 | 易忘 yì wàng 쉽게 잊다 | 抹去 mǒqù 지워버리다 | 深处 shēnchù 몡 깊숙한 곳 | 抹灭 mǒmiè 동 없애다 | 铭记 míngjì 동 깊이 새기다

난이도 下 　 **공략 Key** 글의 도입부 파악

1 两个人在旅途中发生了什么事？ 　 두 사람은 여행 도중에 어떤 일이 발생했나？

| A 迷路了 | **B 吵架了** | A 길을 잃었다 | **B 싸웠다** |
| C 被骗了 | D 偷东西了 | C 속았다 | D 물건을 훔쳤다 |

공략 사건이 일어난 배경을 묻는 문제이므로 글의 도입 부분을 살핀다. 본문의 첫 부분에 이들의 관계가 언급되어 있고 '在旅途中的某点他们吵架了'라고 했기에 정답은 B이다.

난이도 中 　 **공략 Key** 핵심어 刻石头

2 王五刻石头，是为了： 　 왕우가 돌에 새긴 이유는？

A 不能原谅李四的行为 　 A 리쓰의 행동을 용서할 수 없어서
B 永远记住对李四的感激 　 **B 리쓰에 대한 감사함을 영원히 기억하려고**
C 怕回来的时候找不到路 　 C 돌아갈 때 길을 못 찾을까 염려되어
D 希望有人能来救他们 　 D 누군가가 와서 그들을 구해주기를 희망해서

공략 핵심어는 '刻石头'로 이 표현이 등장한 곳을 찾아 왜 그렇게 했는지를 파악한다. 본문에서 왕우가 '如果被帮助，我们要把它刻在心里的深处，那里任何风都不能抹灭它'라고 말했으므로 정답은 B이다.

난이도 下 　 **공략 Key** 인물 성격 파악

3 根据本文，王五是什么样的人？ 　 왕우는 어떤 사람인가？

| **A 高尚** | B 小气 | **A 고결하다** | B 쩨쩨하다 |
| C 狡猾 | D 诚实 | C 교활하다 | D 성실하다 |

공략 맞았을 때 쉽게 잊기 위해 모래에 그 일을 새기고, 도움을 받았을 때는 영원히 이를 기억하기 위해 돌에 새긴다는 왕우는 도덕적으로 고결한 성품을 지닌 사람임을 유추할 수 있으므로 정답은 A이다.

4 本文主要想告诉我们什么?

　　A 朋友之间不应该吵架
　　B 与人交流要主动一些
　　C 倾听别人的话很重要
　　D 人应该记住恩惠忘掉怨恨

이 글이 우리에게 알려주는 것은?

　　A 친구 사이에 싸우면 안 된다
　　B 사람과 교류할 때는 주도적이어야 한다
　　C 다른 사람의 말을 경청하는 것은 매우 중요하다
　　D 사람은 은혜를 기억하고 원한을 잊어야 한다

공략 　글의 주제는 일반적으로 맨 마지막에 언급이 되어 있지만, 이 글은 왕우의 말을 통해 후반부에 걸쳐 주제가 나타난다. 본문에서 '忘记那些无心的伤害；铭记那些对你真心的帮助'라고 했으므로 정답은 D임을 알 수 있다.

공략 3. 제목을 찾는 요령을 터득하라

독해 제3부분은 대체로 세부사항을 콕 집어 질문하는 문제가 대세이지만, 당연히 글 전체를 이해해야만 풀 수 있는 문제도 출제된다. 대표적으로 글의 주제와 제목을 묻는다.

1　제목을 묻는 문제의 형식

下列哪项最适合做本文的标题? 다음 중 본문의 제목으로 가장 어울리는 것은?

2　제목으로 선정되는 것들은?

예　　　　一个主人带着一只小猴和一头小驴一起生活。小猴子很机灵，它总在房上跳来跳去。主人见人就夸小猴子聪明。小驴子看猴子老受表扬，也想像小猴子一样上房。有一天它终于艰难地上了屋顶，却弄破了屋顶，结果被主人拖下来打了一顿。小驴子不理解，为什么小猴会受表扬，而自己会挨打呢? 其实，这样的事情发生在很多很多人的身上。但总不能过分地模仿他人的行为。

내용 요약

　원숭이가 지붕을 왔다 갔다 하면서 주인에게 이쁨을 받는 것을 본 당나귀가 칭찬을 받고 싶어 힘겹게 지붕 위로 올라갔으나 지붕을 망가트리는 바람에 도리어 주인에게 혼이 났다. 지나치게 남의 행동을 모방하면 좋지 않은 결과를 가져올 수 있다는 교훈을 주는 이야기이다.

❶ 제일 많이 언급된 어휘 ➡ 小猴和小驴(원숭이와 당나귀)

❷ 내용에 관련된 추상적인 표현 ➡ 小驴的欲望(당나귀의 욕심)

예제

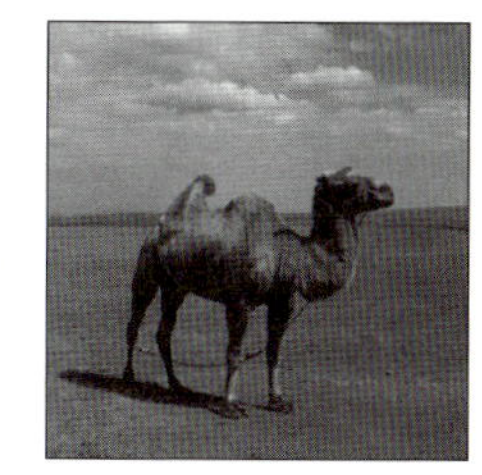

　　骆驼长得高，羊长得矮。骆驼说："长得高好。"羊说："不对，长得矮才好呢。"骆驼说："我可以做一件事，证明高比矮好。"羊说："我也可以做一件事，证明矮比高好。"他们走到一个园子旁边。园子四面有围墙，里面种了很多树，茂盛的枝叶伸出墙外来。骆驼一抬头就吃到了树叶。羊抬起前腿，扒在墙上，脖子伸得老长，还是吃不着。骆驼说："你看，这可以证明了吧，高比矮好。"羊摇了摇头，不肯认输。他们俩又走了几步，看见围墙有个又窄又矮的门。羊大模大样地走进门去吃园子里的草。骆驼跪下前腿，低下头，往门里钻，怎么也钻不进去。羊说："你看，这可以证明了吧，矮比高好。"骆驼摇了摇头，也不肯认输。他们俩找老牛评理，老牛说："你们俩只看到自己的长处，看不到自己的短处，这是不对的。"

1. 骆驼和羊在比什么？

　　A 谁更高　　　　　　　　　　　　B 园子里有什么

　　C 高好还是矮好　　　　　　　　　D 谁的经验更丰富

2. 关于园子，下列哪项正确？

　　A 面积很大　　　　　　　　　　　B 四面有墙

　　C 里面有很多果树　　　　　　　　D 有一扇很大的门

3. 他们为什么去找老牛？

　　A 找不到钥匙　　　　　　　　　　B 无法说服对方

　　C 利用老牛进园子　　　　　　　　D 老牛有办法进大门

4. 下列哪项最适合做这个文章的标题？

　　A 骆驼和羊　　　　　　　　　　　B 谁更聪明

　　C 老牛的智慧　　　　　　　　　　D 园子里的秘密

骆驼长得高，羊长得矮。骆驼说："长得高好。"羊说："不对，长得矮才好呢。"¹骆驼说："我可以做一件事，证明高比矮好。"¹羊说："我也可以做一件事，证明矮比高好。"他们走到一个园子旁边。²园子四面有围墙，里面种了很多树，茂盛的枝叶伸出墙外来。骆驼一抬头就吃到了树叶。羊抬起前腿，扒在墙上，脖子伸得老长，还是吃不着。骆驼说："你看，这可以证明了吧，高比矮好。"羊摇了摇头，不肯认输。他们俩又走了几步，看见围墙有个又窄又矮的门。羊大模大样地走进门去吃园子里的草。骆驼跪下前腿，低下头，往门里钻，怎么也钻不进去。羊说："你看，这可以证明了吧，矮比高好。"骆驼摇了摇头，也不肯认输。⁴他们俩找老牛评理，老牛说："你们俩只看到自己的长处，看不到自己的短处，这是不对的。"

낙타는 키가 크고 양은 키가 작았다. 낙타가 "키가 큰 게 좋아"라고 하자, 양은 "아니야, 키가 작은 것이 낫지"라고 말했다. ¹낙타가 "내가 어떤 일을 통해 키가 큰 것이 작은 것보다 낫다는 것을 증명해보일게"라고 말하자, ¹양은 "나 역시 어떤 일을 통해 키가 작은 것이 큰 것보다 낫다는 것을 증명해보이겠어"라고 했다. 그들은 한 정원 옆에 왔다. ²정원의 사방은 울타리가 쳐져 있었고 안에는 많은 나무가 심어져 있었으며, 무성한 나뭇가지와 잎은 울타리 밖으로 뻗어나와 있었다. 낙타는 고개를 들자마자 나뭇잎을 먹을 수 있었지만, 양은 앞발을 들어 울타리를 긁어대고 목을 길게 뺐지만 먹을 수가 없었다. 낙타가 "봐라, 이것으로 증명이 되었지? 키가 큰 게 작은 것보다 낫잖아"라고 말했지만, 양은 고개를 흔들며 진 것을 인정하지 않았다. 그들 둘은 또 몇 걸음 더 걸었고 울타리에 좁고도 낮은 문이 하나 있는 것을 발견했다. 양은 거만하게 문으로 들어가서 정원 안의 풀을 뜯어 먹었으나, 낙타는 앞발을 꿇고 고개를 숙여서 문 안으로 들어가려 했지만 아무리 들어가려 해도 들어갈 수가 없었다. 양이 말했다. "봐, 이것으로 증명이 되었지? 키가 작은 것이 큰 것보다 낫다는 것이." 낙타는 고개를 흔들며 역시 진 것을 인정하지 않았다. ⁴그들 둘은 소를 찾아가 옳고 그름을 가리기로 했고, 소는 "너희 들은 자신의 장점만을 보고 자신의 단점은 보지 않는구나, 그러면 안 된단다"라고 말했다.

어휘 ★骆驼 luòtuo 몡 낙타 | 矮 ǎi 혱 (키가) 작다 | 围墙 wéiqiáng 몡 빙 둘러싼 담 | 茂盛 màoshèng 혱 우거지다 | ★伸 shēn 동 펴다 | ★抬头 táitóu 동 머리를 들다 | 扒 pá 동 파내다, 후벼 파다 | ★脖子 bózi 몡 목 | ★摇 yáo 동 흔들다 | 认输 rènshū 동 패배를 인정하다 | ★窄 zhǎi 혱 좁다 | 大模大样 dà mú dà yàng 젱 거만한 모양 | ★跪 guì 동 무릎을 꿇다 | 钻进去 zuān jìnqu 파고 들어가다 | 评理 pínglǐ 동 시비를 가리다 | ★面积 miànjī 몡 면적 | 扇 shàn 얭 문짝을 세는 단위 | ★秘密 mìmì 몡 비밀, 기밀

난이도 中　**공략 Key** 글의 도입부 파악

1 骆驼和羊在比什么?

A 谁更高
B 园子里有什么
Ⓒ 高好还是矮好
D 谁的经验更丰富

낙타와 양은 무엇을 견주었나?

A 누가 더 키가 큰지
B 정원에 무엇이 있는지
Ⓒ 키가 큰 것이 좋은지 아니면 작은 것이 좋은지
D 누구의 경험이 더 풍부한지

공략 이야기의 배경을 묻는 질문이므로 글의 도입 부분을 살피면 된다. 본문에서 낙타가 한 말인 '证明高比矮好'와 양의 말인 '证明矮比高好'를 통해 키가 큰 것이 좋은지, 키가 작은 것이 좋은지 내기를 했으므로 정답은 C이다.

독해
제3부분

난이도 中　**공략 Key** 핵심어 园子

2 关于园子，下列哪项正确?

A 面积很大
Ⓑ 四面有墙
C 里面有很多果树
D 有一扇很大的门

정원에 관해 다음 중 맞는 것은?

A 면적이 매우 크다
Ⓑ 사방에 담이 있다
C 안에 과일나무가 매우 많다
D 매우 큰 문이 하나 있다

공략　핵심어는 园子로 이것이 언급된 부분을 찾아서 보기와 대조한다. 정원의 면적에 대해서는 언급되지 않았으며, 정원의 나무는 많으나 과일나무가 아니었고, 문은 매우 작았기 때문에 A와 C, D 모두 정답이 아니다. 본문에서 '园子四面有围墙'이라고 했기에 정답은 B이다.

난이도 中　**공략 Key** 핵심어 老牛

3 他们为什么去找老牛?

A 找不到钥匙
Ⓑ 无法说服对方
C 利用老牛进园子
D 老牛有办法进大门

그들은 왜 소를 찾아갔나?

A 열쇠를 찾을 수가 없어서
Ⓑ 상대방을 설득시킬 수 없어서
C 소를 이용해 정원으로 들어가려고
D 소가 대문으로 들어가는 방법을 알고 있어서

공략　핵심어는 老牛로 소가 언급된 부분에서 낙타와 양이 소를 찾아간 이유를 찾는다. 본문에서 '他们俩找老牛评理'라고 했기에 그들은 각자의 입장을 상대방에게 이해시킬 수 없어 소를 찾아간 것이므로 정답은 B이다.

난이도 下　**공략 Key** 글의 제목 찾기

4 下列哪项最适合做这个文章的标题?

Ⓐ 骆驼和羊
B 谁更聪明
C 老牛的智慧
D 园子里的秘密

이 글의 제목으로 가장 적합한 것은?

Ⓐ 낙타와 양
B 누가 더 똑똑한가
C 소의 지혜
D 정원의 비밀

공략　글의 제목은 일반적으로 가장 많이 언급된 어휘나 내용을 선택하는 것이 좋다. 이 글의 경우 글 전체가 낙타와 양의 내기를 서술하고 있으므로 정답은 A이다.

第 1–8 题：请选出正确答案。

1–4.

　　在日常生活中形成一种时时沟通，事事交流的习惯。否则，即使为了表达某种善意，或是为了把事情办好，也有可能因为缺少交流而把事情办糟。丈夫要在一个重要会议上演讲，为此，妻子专门为他买了一身西服。晚饭时，妻子问西服是否合身，丈夫说上衣很好，就是裤子长了两公分。倒是能穿，影响不大。晚上丈夫早早就睡了，可他的母亲却睡不着。一直在琢磨着儿子最重要的演讲，西裤长了怎么能行。反正人老了也睡不着，就下床，把西服的裤腿剪掉两公分。缝好烫平，然后安心地入睡了。到了早上五点半，妻子睡醒了，想起丈夫的西裤的事，觉得时间还来得及，就拿来裤子剪掉两公分。缝好烫平，然后去做早餐了。一会儿，女儿也起床了，看妈妈的早餐还没有做好，就想起爸爸西裤的事情，心想自己也能为爸爸做点事情了。就拿来西裤剪短两公分，缝好烫平。就这样，一条只长了两公分的裤子因为缺乏交流与沟通，被她们三人连续剪短三次。等这位丈夫做好所有的准备，下来换西裤时，却发现这条裤子已经短得不能再穿了。

1. 裤子是谁买的?

 A 女儿   **B** 妻子

 C 丈夫   **D** 邻居

2. 女儿为什么把裤子剪掉两公分?

 A 晚上睡不着觉   **B** 想得到妈妈的表扬

 C 爸爸特别疼爱女儿   **D** 想为爸爸做点事

3. 丈夫的裤子为什么不能穿了?

 A 太脏了   **B** 太短了

 C 太皱了   **D** 太旧了

4. 这段话主要想告诉我们什么?

 A 要常交流   **B** 要学会征求意见

 C 要互相信任   **D** 做事情要耐心

5-8.

　　在我小的时候，家里很穷，一个月难得吃上一次鱼肉。每次吃鱼，妈妈先把鱼头夹在自己碗里，把鱼肚子上的肉夹下，仔细地捡去很少的几根大刺，放在我碗里，其  余的便是父亲的了。当我也吵着要吃鱼头时，她总是说："妈妈喜欢吃鱼头。"我想，鱼头一定很好吃的。有一次父亲不在家，我趁妈妈盛饭之际，夹了一个，吃来吃去，觉得没有鱼肚子上的肉好吃。

　　那年外婆从江北到我家，妈妈买了家乡很贵的鲢鱼。吃饭时，妈妈把本属于我的那块鱼肚子上的肉，夹进了外婆的碗里。外婆说："你忘啦？妈妈最喜欢吃鱼头。"外婆眯缝着眼，慢慢地挑去那几根大刺，放进我的碗里，并说："你吃。"接着，外婆就夹起鱼头，用没牙的嘴，津津有味地嗍着，不时吐出一根根小刺。我一边吃着没刺的鱼肉，一边想："怎么？妈妈的妈妈也喜欢吃鱼头？"

　　29岁时，我成了家，另立门户。生活好了，我俩经常买些鱼肉之类的好菜。每次吃鱼，最后剩下的，总是几个无人问津的鱼头。

　　而立之年，喜得千金。转眼女儿也能自己吃饭了。有一次午餐，妻子夹了一块鱼肚子上的肉，麻利地捡去大刺，放在女儿的碗里。自己却夹起了鱼头。女儿见状也吵着要吃鱼头。妻说："乖孩子，妈妈喜欢吃鱼头。"谁知女儿说什么也不答应，非要吃不可。妻无奈，好不容易从鱼肋边挑出点没刺的肉来，可女儿吃了马上吐出，连说不好吃，从此再不要吃鱼头了。

　　从那以后，每逢吃鱼，妻便将鱼肚子上的肉夹给女儿，女儿总是很艰难地用汤匙切下鱼头，放进妈妈的碗里，很孝顺地说："妈妈，您吃鱼头。"

　　从那以后，我悟出了一个道理：女人做了母亲，便喜欢吃鱼头了。

5. "我"小时候怎么样？

　　A 常被老师称赞　　　　　　　　**B** 想吃一顿大餐

　　C 家里生活困难　　　　　　　　**D** 在外婆家生活

6. 文中"另立门户"的意思是：

　　A 邻里之间关系不好　　　　　　**B** 所有的事爸爸做主

　　C 长大后要独立生活　　　　　　**D** 组织了自己的家庭

7. 有了女儿以后，妻子发生了什么变化？

　　A 变得很啰嗦　　　　　　　　　**B** 开始吃鱼头

　　C 生病住院了　　　　　　　　　**D** 又要怀孕了

8. 最适合做本文标题是：

　　A 好吃的鱼头　　　　　　　　　**B** 被忽视的爱

　　C 外婆和妈妈　　　　　　　　　**D** 难以表达的爱

✦정답 및 해설_ 해설집 99쪽

25 day 지문 유형별 출제 포인트를 익히자

학습목표

✓1 지문의 출제 경향을 파악하자

✓2 지문의 내용별 출제 포인트를 꿰뚫자

✓3 지문 유형별 빈출 질문 유형을 알아두자

독해 제3부분은 크게 이야기 전개형과 정보전달 설명문, 화자의 주제를 강조하는 견해문으로 나뉘며, 지문에 따라 자주 출제되는 질문의 유형이 있다. 따라서 주로 출제되는 질문의 유형을 숙지하는 것도 시간 절약과 점수 향상에 도움이 된다.

기초 실력 테스트 TEST

■ 다음 글을 읽고 질문에 답하세요. (제한 시간 2분)

> 公安部最近对全国户籍人口的统计显示：王姓是中国第一大姓。有9288.1万人，占全国人口总数的7.25%。据介绍，中国第二大姓是李。有9207.4万人，占全国人口总数的7.19%。第三位是张姓，有8750.2万人。占全国人口总数的6.83%。人口总数在2000万人以上的姓氏有十个。依次为王、李、张、刘、陈、杨、黄、赵、吴、周。人口少于2000万人，多于1000万人的姓氏有12个。依次是徐、苏、马、朱、胡、郭、何、高、林、罗、郑、梁。

1 中国第一大姓是什么?

2 人口总数多于2000万的姓氏有多少个?

3 这段话主要谈姓氏的什么?

　A 比例　　　　　　　B 数量

✦ **정답_** 해설집 206쪽

5급 기출문제 맛보기

맛보기

船夫在河里划着桨。风吹过来，对船夫说："我送你一程吧，这样你就不用这么费力了。"

船夫高兴地说："好呀，好呀。"

于是，风吹着船往前飘去。

船夫虽然轻松了，可还是觉得划桨是件麻烦事，便对风说："风啊，你能不能加大点力度，这样我就不用划桨了。"

风说："可以呀。"

于是，风加大了力度，吹着船迅速在河里行驶。

船夫舒服极了，心想：既然有风了，我留着桨还有什么用呢？

于是船夫将桨扔进了河里。

过了一会，风停了，船在河里不动了。

船夫急了，大喊道："风啊，你可不能扔下我不管呀。"

风的余音从远处飘来："我帮得了你一时，却帮不了你一世啊！"

1. 船夫为什么让风再大点儿力度？

　　A 天气太热了　　　　　　　　　B 不想自己划船

　　C 担心到不了目的地　　　　　　D 想赢这场比赛

2. 船夫为什么扔了桨？

　　A 风答应给他买新的　　　　　　B 觉得一个划桨就够

　　C 风让他把它掉进河里　　　　　D 觉得自己不用划桨

3. 根据本文可以知道什么？

　　A 风最后停了　　　　　　　　　B 风喜欢帮助人

　　C 船夫掉水了　　　　　　　　　D 风的力量比太阳强

4. 最适合做本文标题的是：

　　A 船夫与风　　　　　　　　　　B 风的力量

　　C 狡猾的船夫　　　　　　　　　D 船夫的智慧

船夫在河里划着桨。风吹过来，对船夫说："我送你一程吧，这样你就不用这么费力了。"

船夫高兴地说："好呀，好呀。"

于是，风吹着船往前飘去。

船夫虽然轻松了，可还是觉得划桨是件麻烦事，便对风说："<u>1风啊，你能不能加大点力度，这样我就不用划桨了。</u>"

风说："可以呀。"

于是，风加大了力度，吹着船迅速在河里行驶。

船夫舒服极了，心想：<u>2 既然有风了，我留着桨还有什么用呢？</u>

于是船夫将桨扔进了河里。

过了一会，<u>3 风停了</u>，船在河里不动了。

船夫急了，大喊道："风啊，你可不能扔下我不管呀。"

风的余音从远处飘来："我帮得了你一时，却帮不了你一世啊！"

뱃사공이 강에서 노를 젓고 있었다. 바람이 불어와서 뱃사공에게 말했다. "제가 잠깐 좀 도와드릴까요? 그러면 이렇게 힘을 쓸 필요가 없을 텐데요."

뱃사공은 "좋아요, 좋아요"라고 기뻐하며 말했다.

그래서 바람이 불면서 배는 앞으로 떠밀려 갔다.

뱃사공은 편안해졌지만 그래도 노를 젓는 것이 귀찮다는 생각이 들어서 바람에게 "<u>1바람님, 좀 더 힘을 내 주시면 안 될까요? 그러면 내가 노를 저을 필요가 없을 텐데요</u>"라고 말했다.

바람은 "그러죠"라고 대답했다.

그래서 바람은 힘을 더 냈고 배를 불면서 신속하게 강으로 운전했다.

뱃사공은 굉장히 편안했고 <u>2'어차피 바람이 있으니까 노를 가지고 있다 한들 무슨 소용이 있겠어?'</u>라고 마음속으로 생각했다.

그래서 뱃사공은 노를 강물 속으로 버렸다.

얼마가 지난 후에 <u>3바람은 멈췄고</u> 배는 강에서 움직이지 않았다.

뱃사공은 다급해져서는 "바람님, 절대 저를 버려두면 안 됩니다"라고 크게 소리쳤다.

바람의 여운이 멀리서 흩날려왔다. "저는 당신을 잠시만 도와줄 수 있을 뿐이지 평생 도와줄 수는 없답니다!"

어휘 船夫 chuánfū 몡 뱃사공 | 划桨 huájiǎng 통 노를 젓다 | ★吹 chuī 통 바람이 불다 | 送一程 sòng yì chéng 일정기간 밀어주다 | 费力 fèilì 통 힘을 쓰다 | ★飘 piāo 통 (바람에) 나부끼다, 흩날리다 | ★轻松 qīngsōng 혱 가볍다, 편안하다 | 力度 lìdù 몡 힘의 세기 | ★迅速 xùnsù 혱 신속하다 | 行驶 xíngshǐ 통 운항하다, 달리다 | ★既然 jìrán 젭 어차피 ~한 이상 | 余音 yúyīn 몡 여운

난이도 下　**공략 Key** 핵심어 大力度

1 船夫为什么让风再大点儿力度？

A 天气太热了
Ⓑ **不想自己划船**
C 担心到不了目的地
D 想赢这场比赛

뱃사공은 왜 바람에게 다시 힘을 좀 더 내달라고 했는가?

A 날씨가 너무 더워서
Ⓑ **스스로 노를 젓고 싶지 않아서**
C 목적지에 도착하지 못할까 걱정이 되어서
D 이 시합에서 이기고 싶어서

공략 핵심어는 '大力度'로 본문에서 찾아보니 '你能不能加大点力度, 这样我就不用划桨了'라고 했으므로 힘을 더 내달라고 했던 이유는 자신이 노를 젓고 싶지 않아서이기에 정답은 B이다.

난이도 下   공략 Key 핵심어 扔桨

2 船夫为什么扔了桨？ | 뱃사공은 왜 노를 버렸는가？

A 风答应给他买新的
B 觉得一个划桨就够
C 风让他把它掉进河里
D 觉得自己不用划桨

A 바람이 그에게 새것을 사주겠다고 약속해서
B 노 하나면 충분하다고 생각해서
C 바람이 그에게 노를 강물에 버리라고 해서
D 자신이 노를 저을 필요가 없다고 생각해서

공략 핵심어는 동사 扔으로 노를 버린 것은 결과이고, 그 앞뒤로 이유를 찾아보면 '既然有风了，我留着桨还有什么用呢？于是船夫将桨扔进了河里'라고 했으므로 정답은 D이다.

난이도 下   공략 Key 보기와 지문 내용 대조

3 根据本文可以知道什么？ | 본문에 근거해서 알 수 있는 것은？

A 风最后停了
B 风喜欢帮助人
C 船夫掉水了
D 风的力量比太阳强

A 바람은 결국 멎었다
B 바람은 사람 돕는 걸 좋아한다
C 뱃사공은 강물에 빠졌다
D 바람의 힘이 태양보다 강하다

공략 본문의 전체 내용을 파악해야 하는 문제로 보기를 미리 읽고 지문을 읽으면서 보기와 대조해야 한다. A에서 最后는 결과를 나타내는 어휘이므로 글의 뒷부분에 언급될 가능성이 높다. 본문에서 '风停了'라고 했으므로 정답은 A이다.

난이도 下   공략 Key 글의 제목 찾기

4 最适合做本文标题的是： | 이 글의 제목으로 가장 적당한 것은？

A 船夫与风
B 风的力量
C 狡猾的船夫
D 船夫的智慧

A 뱃사공과 바람
B 바람의 힘
C 교활한 뱃사공
D 뱃사공의 지혜

공략 제목은 가장 많이 언급된 어휘를 이용하거나 전체 내용으로 알 수 있는 추상적인 느낌으로 선정할 수 있는데, 가장 많이 언급된 두 주인공인 A가 정답이다.

공략 1. 이야기 전개글의 특징을 파악하라

이야기글은 독해 제3부분의 지문 가운데 학습자들이 가장 편안하게 느끼는 글이다. 하지만 전체 내용을 다 파악해야 정답을 고를 수 있는 문제가 대부분이므로 지나치게 의역하거나 대충 짐작해서 문제를 풀지 않도록 한다.

〈 이야기글 유형의 특징 〉

① 사용되는 어휘가 평이하다.

② 해석하기 까다롭지 않다.

③ 이솝 우화, 일상생활의 재미있는 사건 등이 주로 등장한다.

④ 전체 내용을 파악해야 풀 수 있는 문제가 주로 출제된다.

⑤ 이유를 묻는 의문사 为什么를 사용해 질문하는 문제가 많다.

 예제

　　每天上午10点，都会有一辆高级小汽车穿过市中心公园。车里除了司机，还有一位无人不知的百万富翁。

　　这位百万富翁发现：每天上午都有一位衣着破烂的人坐在公园的凳子上，一动不动地看着他住的酒店。有一天，百万富翁对这个人产生了兴趣，他让司机停下车，走到那人面前说："请原谅，我不明白你为什么每天上午都在这儿看我住的酒店。""先生！"穷人说，"我没钱，没家，没住宅，只得睡在这条长凳上，不过，每天晚上我都梦到住进了这家酒店。"百万富翁觉得很有趣，于是对那人说："今天晚上我就让你如愿以偿。我为你在酒店订一间最好的房间，并支付一个月房费。"

　　几天后，百万富翁想去问那人是否觉得满意。然而，他发现那人已搬出了酒店，重新回到公园的凳子上了。

　　百万富翁来到公园，问穷人为什么要这样做，穷人回答道："一旦睡在凳子上，我就梦见自己睡在那座豪华的酒店里，真是妙不可言；可一旦睡在酒店里，我就梦见自己又回到了冷冰冰的凳子上，这梦真是可怕极了，以致完全影响了我的睡眠！"

1. 百万富翁为什么对那个穷人感兴趣？

   A 穿着很奇怪　　　　　　　B 每天睡在长凳上

   C 每天看着那个酒店　　　　D 和一个朋友长得像

2. 富翁为那个穷人做什么了？

   A 买了一座房子　　　　　　B 雇了一个司机

   C 送给他一辆车　　　　　　D 付了一个月房费

3. 穷人觉得住酒店怎么样？

   A 晚上太吵了　　　　　　　B 比想像的好

   C 不如睡长凳　　　　　　　D 和其他地方差不多

4. 穷人离开了酒店，是因为：

   A 太冷　　　　　　　　　　B 睡眠不好

   C 酒店限制太多　　　　　　D 一个月到期了

정답&공략

每天上午10点，都会有一辆高级小汽车穿过市中心公园。车里除了司机，还有一位无人不知的百万富翁。

这位百万富翁发现：1每天上午都有一位衣着破烂的人坐在公园的凳子上，一动不动地看着他住的酒店。有一天，百万富翁对这个人产生了兴趣，他让司机停下车，走到那人面前说：“请原谅，我不明白你为什么每天上午都在这儿看我住的酒店。”“先生！”穷人说，“我没钱，没家，没住宅，只得睡在这条长凳上，不过，每天晚上我都梦到住进了这家酒店。”百万富翁觉得很有趣，于是对那人说：“今天晚上我就让你如愿以偿。2我为你在酒店订一间最好的房间，并支付一个月房费。”

几天后，百万富翁想去问那人是否觉得满意。然而，他发现那人已搬出了酒店，重新回到公园的凳子上了。

百万富翁来到公园，问穷人为什么要这样做，穷人回答道：“一旦睡在凳子上，我就梦见自己睡在那座豪华的酒店里，真是妙不可言；3, 4可一旦睡在酒店里，我就梦见自己又回到了冷冰冰的凳子上，这梦真是可怕极了，以致完全影响了我的睡眠！”

매일 오전 10시면 고급 승용차 한 대가 시내 중심의 공원을 지나갔는데, 차 안에는 운전기사 외에도 모르는 사람이 없는 백만장자가 한 명 더 있었다.

이 백만장자는 1매일 오전이면 옷차림이 허름한 사람이 공원의 벤치에 앉아서 꼼짝도 하지 않고 그가 묵고 있는 호텔을 바라보고 있다는 것을 알아차렸다. 어느 날 백만장자는 이 사람에게 흥미가 생겨서 기사에게 차를 세우라고 하고는 그 사람에게 가서 말했다. “실례하겠습니다. 저는 당신이 왜 매일 오전에 여기에서 제가 묵는 호텔을 바라보고 있는지 이해가 되질 않아서요.” “선생!”이라며 가난한 사람이 말했다. “나는 돈도 없고 집도 없어서 어쩔 수 없이 이 벤치에서 잠은 잔다오. 하지만 매일 저녁이면 나는 이 호텔에서 묵는 꿈을 꾼답니다.” 백만장자는 매우 재미있다는 생각이 들어서 그 사람에게 말했다. “오늘 저녁에 내가 당신의 소원을 들어주겠습니다. 2제가 당신에게 호텔에서 가장 좋은 방을 예약해주고 한 달 동안의 숙박비를 지불해주겠습니다.”

며칠 후 백만장자는 그 사람이 만족하고 있는지 물어보러 갔다가 그 사람이 이미 호텔에서 나가서는 다시 공원으로 돌아가 벤치에 있다는 것을 알게 되었다.

백만장자가 공원에 가서 가난한 사람에게 왜 그렇게 했냐고 묻자, 가난한 사람은 “내가 벤치에서 자면 자신이 그 호화로운 호텔에서 자는 꿈을 꿔, 정말이지 너무 행복했습니다. 3, 4하지만 내가 호텔에서 자고 나니 또

어휘 ★穿 chuān 동 통과하다 | 百万富翁 bǎiwàn fùwēng 명 백만장자 | ★衣着 yīzhuó 명 복장, 옷차림 | 破烂 pòlàn 형 (오래되어) 낡다, 너덜너덜하다 | 凳子 dèngzi 명 벤치 | ★产生 chǎnshēng 동 생기다 | ★原谅 yuánliàng 동 양해하다 | ★穷人 qióngrén 명 가난뱅이 | 住宅 zhùzhái 명 주택 | 如愿以偿 rú yuàn yǐ cháng 성 소원을 성취하다 | ★订 dìng 동 예약하다 | 支付 zhīfù 동 지불하다 | ★然而 rán'ér 접 하지만 | ★重新 chóngxīn 부 다시, 재차 | ★豪华 háohuá 형 (생활이) 호화스럽다 | 妙不可言 miào bù kě yán 성 이루 말할 수 없을 정도로 훌륭하다 | 冷冰冰 lěngbīngbīng 형 차디찬, 차가운 | ★可怕 kěpà 형 두렵다, 무섭다 | 以致 yǐzhì 접 ~을 초래하다 | 雇 gù 동 고용하다 | ★不如 bùrú 동 ~만 못하다 | ★到期 dàoqī 동 만기가 되다

난이도 下 **공략 Key** 핵심어 感兴趣

1 百万富翁为什么对那个穷人感兴趣?

A 穿着很奇怪
B 每天睡在长凳上
C 每天看着那个酒店
D 和一个朋友长得像

백만장자는 왜 그 가난뱅이에게 흥미가 생겼는가?

A 옷차림이 기이해서
B 매일 벤치에서 잠을 자서
C 매일 그 호텔을 바라보고 있어서
D 한 친구와 비슷하게 생겨서

공략 핵심어는 感兴趣로 이야기의 전체 글이 시작되게 된 동기를 묻는 문제 유형이므로 글의 도입 부분을 집중적으로 살펴본다. 본문에서 '每天上午都有一位……的人坐在公园的凳子上，……看着他住的酒店。……，百万富翁对这个人产生了兴趣'라고 했으므로 정답은 C이다.

난이도 中 **공략 Key** 핵심어 '为……做什么'

2 富翁为那个穷人做什么了?

A 买了一座房子
B 雇了一个司机
C 送给他一辆车
D 付了一个月房费

백만장자는 그를 위해서 무엇을 해주었나?

A 집을 한 채 사주었다
B 기사를 고용해주었다
C 그에게 차를 한 대 선물했다
D 한 달간의 숙박비를 지불했다

공략 핵심어는 '为……做什么'로 1번 문제를 통해 백만장자가 가난뱅이에 대해 흥미가 생겼다는 점을 알 수 있으니 그 뒷부분을 살핀다. 본문에서 '我为你在酒店订一间最好的房间，并支付一个月房费'라고 했으므로 정답은 D이다.

난이도 中 **공략 Key** 뒷부분 내용 파악

3 穷人觉得住酒店怎么样?

A 晚上太吵了
B 比想像的好
C 不如睡长凳
D 和其他地方差不多

가난뱅이는 호텔에 묵는 것이 어떻다고 생각했나?

A 저녁에 너무 시끄럽다
B 상상했던 것보다 좋다
C 벤치에서 자는 것만 못하다
D 다른 곳과 비슷하다

공략 2번 문제에서 호텔에 묵게 해주겠다는 백만장자의 제안을 가난뱅이가 받아들였으므로 그 뒤에 전개된 부분을 주의 깊게 읽어본다. 본문의 마지막에 '一旦我睡在酒店里，我就梦见自己又回到了冷冰冰的凳子上，这梦真是可怕极了，以致完全影响了我的睡眠'이라고 했으므로 정답은 C이다.

난이도 下　공략 Key 以致로 정답 유추

4 穷人离开了酒店，是因为：

A 太冷
Ⓑ 睡眠不好
C 酒店限制太多
D 一个月到期了

가난뱅이가 호텔을 떠난 이유는 무엇인가?

A 너무 추워서
Ⓑ 잠을 잘 자지 못해서
C 호텔에 제약이 너무 많아서
D 한 달이 다 되었기에

공략　3번 문제를 풀면서 정답이 유추되는 문제로 결과를 나타내는 접속사 以致를 핵심어로 지문을 살펴보면 된다. 지문의 마지막에 '以致完全影响了我的睡眠'이라고 했으므로 정답은 B이다.

독해
제3부분

Tip　형용사 중첩

① 형용사를 중첩하면 '매우 ~하다'라는 뜻이 된다.

② ABB 형식 형용사 중첩 : A가 의미어이고, 뒤의 BB는 아무 의미가 없다.

冷冰冰 매우 차다 | 傻乎乎 무척 바보스럽다 | 急匆匆 무척 급하다 | 绿油油 매우 푸르다

공략 2. 인물의 성공비화 소개글에서 교훈을 포착하라

新HSK 시험에 등장하는 지문은 종종 현재 중국 사람들의 생각이나 지향점을 드러낸다. 최근 거의 매회 성공한 인물의 사례를 다룬 글이 출제되는 것도 그 때문이다. 이런 글은 대부분 비슷한 이야기 전개 과정을 보인다.

1　성공 사례 지문의 구성은 대개 비슷하다

❶ 시간의 흐름에 따라 구성된다.

❷ 성공에 이르는 과정이 중심 내용으로 서술된다.

도입	→	본론	→	결말
어려웠던 시절 서술		노력하는 과정 혹은 성공 비결		이야기의 교훈

2　글에서 전달하려는 교훈을 묻는 문제가 꼭 나온다

❶ 이야기의 큰 줄기를 파악하라.

어떤 분야에서 무엇을 이용해서 어떤 과정을 거쳐 성공했는지 이야기의 큰 줄기를 파악해야 한다.

❷ 교훈과 메시지를 포착하라.

HSK 시험에서는 운이 좋아 성공한 사례가 아닌 남다른 노력과 꾸준한 도전으로 성공한 사례를 주로 소개한다. 이런 유형의 지문에서 교훈이나 주제를 찾는 핵심어는 机会, 努力 등이며, 이런 단어가 언급된 단락에서 글의 교훈이나 메시지가 등장할 가능성이 크다.

　　有一位穷困潦倒的年轻人，身上全部的钱加起来也不够买一件像样的西服。但他仍全心全意地坚持着自己心中的梦想，他想做演员，当电影明星。好莱坞当时共有500家电影公司，他根据自己仔细划定的路线与排列好的名单顺序，带着为自己量身订做的剧本前去拜访。但第一遍拜访下来，所有的500家电影公司没有一家愿意聘用他。面对无情的拒绝，他没有灰心，从最后一家被拒绝的电影公司出来之后不久，他就又从第一家开始了他的第二轮拜访与自我推荐。第二轮拜访也以失败而告终。第三轮的拜访结果仍与第二轮相同。但这位年轻人没有放弃，不久后又咬牙开始了他的第四轮拜访。当拜访第350家电影公司时，这里的老板竟破天荒地答应让他留下剧本先看一看。他欣喜若狂。几天后，他获得通知，请他前去详细商谈。就在这次商谈中，这家公司决定投资开拍这部电影，并请他担任自己所写剧本中的男主角。不久这部电影问世了，名叫《洛奇》。

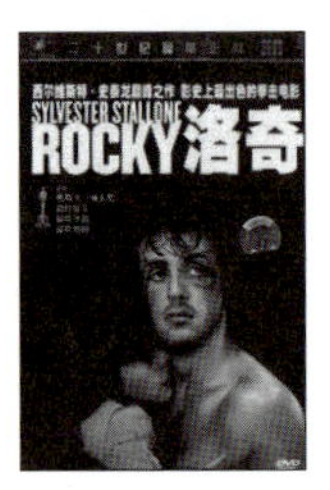

1. 年轻人的梦想是什么?

    A 当主持人　　　　B 领导　　　　C 当演员　　　　D 做富翁

2. 年轻人一共拜访了几次?

    A 一次　　　　B 二次　　　　C 三次　　　　D 四次

3. 关于年轻人，下列哪项正确?

    A 第一次被录用　　B 很穷　　C 工作经验很丰富　　D 喜欢张扬

4. 本文要告诉我们什么?

    A 坚持就是胜利　　　　　　B 要善于把握机会

    C 做自己喜欢的事　　　　　D 人不可貌相

3 有一位穷困潦倒的年轻人，身上全部的钱加起来也不够买一件像样的西服。但1, 4 他仍全心全意地坚持着自己心中的梦想，他想做演员，当电影明星。好莱坞当时共有500家电影公司，他根据自己仔细划定的路线与排列好的名单顺序，带着为自己量身订做的剧本前去拜访。但2 第一遍拜访下来，所有的500家电影公司没有一家愿意聘用他。面对无情的拒

3 가난해서 초라한 한 명의 청년이 있었는데, 그가 가진 돈을 모두 합쳐도 그럴듯한 양복 한 벌을 살 수가 없었다. 하지만 1, 4 그는 여전히 최선을 다해 연기자가 되고 영화배우가 되고 싶다는 자신의 마음속 꿈을 고수했다. 그 당시 할리우드에는 500여 곳의 영화사가 있었는데, 그는 자신이 세심하게 정한 노선과 나열한 이름의 순서에 따라서 자신이 만든 극본을 들고 (회사들을) 방문했다. 하지만 2 첫 번째 방문에서 500개의 모든 영화

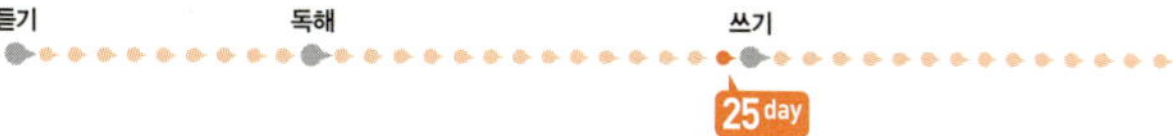

绝，他没有灰心，从最后一家被拒绝的电影公司出来之后不久，他就又从第一家开始了他的第二轮拜访与自我推荐。[2]第二轮拜访也以失败而告终。[2]第三轮的拜访结果仍与第二轮相同。但这位年轻人没有放弃，不久后又咬牙开始了他的[2]第四轮拜访。当拜访第350家电影公司时，这里的老板竟破天荒地答应让他留下剧本先看一看。他欣喜若狂。 几天后，他获得通知，请他前去详细商谈。就在这次商谈中，这家公司决定投资开拍这部电影，并请他担任自己所写剧本中的男主角。不久这部电影问世了，名叫《洛奇》。

사 중 한 곳도 그를 채용하지 않았다. 무정한 거절 앞에서 그는 실망하지 않았으며 마지막으로 거절당한 회사를 나온 후에 얼마 되지 않아 그는 다시 첫 번째 영화사부터 두 번째로 방문하면서 자신을 추천하기 시작했다. [2]두 번째 방문에서도 실패로 끝났고 [2]세 번째 방문 결과 역시 여전히 두 번째 방문과 같았다. 하지만 이 젊은이는 포기하지 않았고 얼마 지나지 않아 또 이를 악물고 그의 [2]네 번째 방문을 시작했다. 350번 째 영화사를 방문했을 때 이곳의 사장이 뜻밖에도 전에 없이 그에게 우선 좀 보겠다고 극본을 남겨두고 가라고 응했다. 그는 기뻐서 어쩔 줄 몰랐으며 며칠 후 그는 자세하게 의논을 좀 하자는 통지를 받았다. 이 상담에서 이 회사는 이 영화를 크랭크인 하기로 결정했고, 그에게 그가 쓴 극본의 남자 주인공을 맡아달라고 했다. 얼마 후 이 영화는 세상에 태어났고 영화명은 「록키」였다.

독해
제3부분

어휘 穷困 qióngkùn 통 빈곤하다 | 潦倒 liáodǎo 형 초라하다 | ★像样 xiàngyàng 형 그럴듯하다 | ★坚持 jiānchí 통 꾸준히 하다 | 好莱坞 Hǎoláiwù 고유 할리우드 | 划定 huàdìng 통 명확히 구분하다 | 路线 lùxiàn 명 노선 | ★排列 páiliè 통 배열하다 | ★顺序 shùnxù 명 순서, 차례 | 量身 liángshēn 통 (치수를) 재다 | 订做 dìngzuò 통 주문 제작하다, 맞추다 | ★拜访 bàifǎng 통 방문하다 | 聘用 pìnyòng 통 모시다, 초빙하다 | ★拒绝 jùjué 통 거절하다 | ★灰心 huīxīn 통 낙담하다 | ★推荐 tuījiàn 통 추천하다 | 告终 gàozhōng 통 끝나다 | ★放弃 fàngqì 통 포기하다 | 咬牙 yǎoyá 통 이를 악물다 | ★竟 jìng 부 뜻밖에 | 破天荒 pò tiānhuāng 성 전에 없이, 전대미문의 | 欣喜若狂 xīn xǐ ruò kuáng 성 기뻐서 어쩔 줄 모르다 | 商谈 shāngtán 통 의논하다 | ★投资 tóuzī 통 투자하다 | 开拍 kāipāi 통 (영화·드라마 등을) 크랭크인하다 | ★担任 dānrèn 통 (직책을) 맡다 | ★男主角 nán zhǔjué 명 남자 주인공 | ★问世 wènshì 통 (저작물 등이) 세상에 나오다 | 洛奇 Luòqí 고유 록키(LOCKY)

난이도 下 **공략 Key** 핵심어 梦想

1 年轻人的梦想是什么？

A 当主持人
B 领导
Ⓒ 当演员
D 做富翁

젊은이의 꿈은 무엇인가?

A 진행자가 되는 것
B CEO
Ⓒ 연기자가 되는 것
D 백만장자가 되는 것

공략 핵심어 梦想이 언급된 부분을 찾는다. 지문의 도입부에서 '他想做演员，当电影明星'이라고 언급되어 있으므로, 이 젊은이의 꿈은 연기자이며 정답은 C이다.

난이도 中 **공략 Key** 핵심어 几次

2 年轻人一共拜访了几次？

A 一次
B 两次
C 三次
Ⓓ 四次

젊은이는 (영화사를) 총 몇 차례 방문했나?

A 한 번
B 두 번
C 세 번
Ⓓ 네 번

공략 핵심어는 방문한 횟수를 나타내는 几次로 글 전체에서 횟수를 세어야 한다. 모두 거절을 당했고 마지막 '第四轮拜访'에서 350번째 회사가 반응을 보였다고 했으므로 정답은 D이다.

3 关于年轻人，下列哪项正确？

A 第一次被录用
B 很穷
C 工作经验很丰富
D 喜欢张扬

젊은이에 관해 다음 중 맞는 것은?

A 첫 번째에서 채용되었다
B 매우 가난하다
C 일한 경력이 매우 풍부하다
D 떠벌리는 걸 좋아한다

공략 첫 번째 단락에 이 젊은이의 상황에 대해 언급이 되어 있다. 본문에서 '有一位穷困潦倒的年轻人，身上全部的钱加起来也不够买一件像样的西服'라고 했으므로, 이 젊은이는 매우 가난함을 알 수 있다.

4 本文要告诉我们什么？

A 坚持就是胜利
B 要善于把握机会
C 做自己喜欢的事
D 人不可貌相

이 글이 우리에게 알려주는 것은？

A 꾸준히 하면 승리한다
B 기회를 잘 잡아야 한다
C 자신이 좋아하는 일을 해야 한다
D 사람은 외모로 평가해서는 안 된다

공략 글의 주제는 주로 첫 단락이나 마지막 단락에 언급되는데, 이 글은 도입 부분에서 '他仍全心全意地坚持着自己心中的梦想'이라고 했으며, 글의 전체 내용이 거절 당해도 계속 도전해서 마침내 성공했음을 이야기하고 있으므로 정답은 A이다.

Tip 양사 家와 所

① 모두 큰 건물을 셀 때 쓴다.

② 家는 商店, 银行, 公司처럼 주로 영리를 목적으로 하는 건물을 세는 양사이며, 所는 大学, 学校 등과 같은 비영리를 목적으로 하는 건물을 세는 양사이다.

공략 3. 견해문 및 정보전달형 지문의 핵심을 찾자

어떤 화제에 대한 자신의 견해나 관점을 예시, 증거와 함께 설명하는 글을 '견해문'이라 하는데, 이런 글은 주로 독사가 잘 몰랐던 부분에 대해 정보를 전달해주고자 하는 목적을 갖는다. 이런 지문은 대체로 전문 용어나 서면어 등이 많이 나오기 때문에 학습자들이 해석할 때 어려움을 겪는 유형이다.

1 질문을 먼저 파악하라

어려운 어휘가 많고 내용이 생소해서 해석하기 어렵지만, 이런 유형의 지문에서는 전체적인 해석을 통해 정답을 고르는 문제보다 단순한 사실, '누가', '언제', '어느 정도' 등을 묻는 문제가 많다. 먼저 문제를 읽고 어떤 내용을 찾아야 하는지 파악한 뒤 지문을 읽으면 정답을 쉽게 고를 수 있다.

2 주장을 뒷받침할 수 있는 표현을 익혀라

이런 유형의 지문은 주장을 뒷받침하는 예시나 근거를 두 개 이상 나열하는 경우가 많다. 예를 들 때 사용하는 표현이나 결론을 도출하는 표현을 미리 익혀두면 정답을 더 빠르게 찾을 수 있다.

〈 근거를 나타내는 표현 〉

예를 들면	比如(说) ｜ 譬如(说) ｜ 比方(说) ｜ 打个比方
~임을 알 수 있다	可见
이로써 알 수 있다	由此可见
어쨌든 간에	总之 ｜ 总的来说
우리는 기억해야 한다	我们要记住

독해
제3부분

●예제

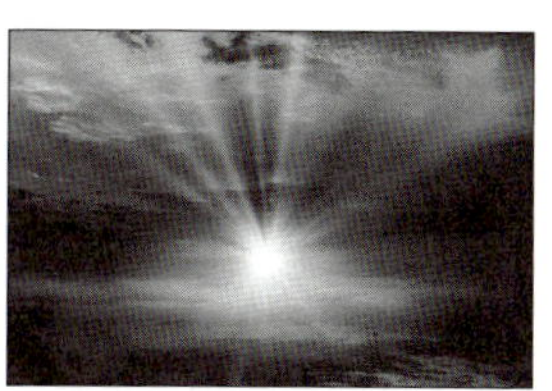

在世界上最宝贵的，是免费的。

阳光是免费的。没有谁能够离开阳光活下去，可曾有谁为自己享受的阳光付过一分钱。空气是免费的。一个人只要活着，就需要不停地呼吸着，可曾有谁为自己呼吸的空气付账？

亲情是免费的。一个婴儿来到这个世界，都受到了父母无微不至的关爱，这是不求回报的疼爱。这份亲情，不因子女的成年而减少，更不因为父母的衰老而削弱。友情是免费的。摔倒时向你伸出手臂的那个人，伤心时将你搂在怀里的那个人，可曾将他的付出算成现金，然后要你还钱？爱情是免费的。这是最深切的安慰和最坚实的依靠。

目标是免费的。无论是王子还是流浪儿，只要愿意，就可以为自己确立一个目标。这个目标既可以伟大也可以平凡，既可以辉煌也可以朴素。

1. 关于亲情，下列哪项是正确的？

　　A 比爱情更重要　　　　　　　　B 渐渐被忽视了

　　C 不会随时间而改变　　　　　　D 是朋友对你的鼓励

2. 根据上文，下列哪项是正确的？

　　A 人要活着需要空气　　　　　　B 年轻人的生活很幸福

　　C 年纪大的人更容易满意　　　　D 有时婴儿也感到不快

---

3. 为什么说目标是免费的?

   A 没能达到就会失望　　　　　　B 没有别人的指责

   C 想要就能得到　　　　　　　　D 会很朴素

4. 最符合做上文的标题是:

   A 学会珍惜　　　　　　　　　　B 爱情世界

   C 幸福在哪里　　　　　　　　　D 友情的重要性

在世界上最宝贵的，是免费的。

阳光是免费的。没有谁能够离开阳光活下去，可曾有谁为自己享受的阳光付过一分钱。²空气是免费的。一个人只要活着，就需要不停地呼吸着，可曾有谁为自己呼吸的空气付账?

亲情是免费的。一个婴儿来到这个世界，都受到了父母无微不至的关爱，这是不求回报的疼爱。这份亲情，¹不因子女的成年而减少，更不因为父母的衰老而削弱。友情是免费的。摔倒时向你伸出手臂的那个人，伤心时将你搂在怀里的那个人，可曾将他的付出算成现金，然后要你还钱? 爱情是免费的。这是最深切的安慰和最坚实的依靠。

目标是免费的。无论是王子还是流浪儿，³只要愿意，就可以为自己确立一个目标。这个目标既可以伟大也可以平凡，既可以辉煌也可以朴素。

세상에서 가장 귀중한 것은 돈을 지불하지 않는다.

햇빛은 돈을 지불하지 않는다. 햇빛을 떠나서 살아갈 수 있는 사람들은 없으며 예전에 누가 자신이 누리는 햇빛을 위해 한 푼의 돈을 지불한 적이 있는가? ²공기는 돈을 지불하지 않는다. 사람이 살아 있는 한 끊임없이 숨을 쉬어야 하지만, 예전에 누가 자신이 호흡하는 공기에게 돈을 지불한 적이 있었던가?

가족 간의 정은 돈을 지불하지 않는다. 갓난아기가 세상에 나와서 부모님이 세심하게 보살펴주는 사랑을 받는데, 이것은 보답을 바라지 않는 사랑이다. 이 가족 간의 정은 ¹자녀가 성년이 되었다는 이유로 감소하지 않으며 부모님이 쇠약해지는 것으로 인해 약화되지 않는다. 우정은 돈을 지불하지 않는다. 넘어졌을 때 당신에게 팔을 내미는 그 사람, 괴로워할 때 당신을 자신의 품에 안아주는 그 사람이, 지불한 것을 현금으로 계산해서 당신에게 갚으라고 한 적이 있었던가? 사랑은 공짜이다. 이것은 가장 따뜻한 위로이며 가장 견실한 의지이다.

목표는 돈을 지불하지 않는다. 왕자든 부랑자든 ³원하기만 하면 자신에게 목표를 정해줄 수 있으며, 이 목표는 위대할 수도 있고 평범할 수도 있으며, 눈부실 수도 있고 또 소박할 수도 있다.

어휘　★宝贵 bǎoguì 〔형〕 진귀하다 | ★免费 miǎnfèi 〔동〕 무료이다 | 阳光 yángguāng 〔명〕 햇빛 | ★曾 céng 〔부〕 일찍이 | ★享受 xiǎngshòu 〔동〕 누리다 | ★呼吸 hūxī 〔동〕 호흡하다 | 付账 fùzhàng 〔동〕 계산하다 | 婴儿 yīng'ér 〔명〕 갓난아기 | 无微不至 wú wēi bú zhì 〔성〕 세세한 데까지 신경을 쓰다 | ★关爱 guān'ài 〔동〕 사랑으로 돌보다 | 不求 bùqiú 〔동〕 바라지 않다 | 回报 huíbào 〔동〕 보답하다 | 疼爱 téng'ài 〔동〕 귀여워하다 | ★衰老 shuāilǎo 〔형〕 늙어 쇠약해지다 | 削弱 xuēruò 〔동〕 약화되다 | ★摔倒 shuāidǎo 〔동〕 쓰러지다 | 手臂 shǒubì 〔명〕 팔뚝 | 搂 lǒu 〔동〕 (두 팔로) 껴안다 | 深切 shēnqiè 〔형〕 따뜻하고 친절하다 | 坚实 jiānshí 〔형〕 견고하다 | ★依靠 yīkào 〔동〕 의존하다, 의지하다 | 流浪儿 liúlàngr 〔명〕 부랑아 | ★确立 quèlì 〔동〕 확고하게 세우다 | ★伟大 wěidà 〔형〕 위대하다 | ★平凡 píngfán 〔형〕 평범하다 | ★辉煌 huīhuáng 〔형〕 돋보이다, 뛰어나다 | ★朴素 pǔsù 〔형〕 소박하다

난이도 上　공략 Key 핵심어 亲情

1 关于亲情，下列哪项是正确的？　　가족 간의 정에 관해 다음 중 맞는 것은?

A 比爱情更重要　　　　　　　　　A 사랑보다 더 중요하다
B 渐渐被忽视了　　　　　　　　　B 점차 소홀 시 되고 있다
C 不会随时间而改变　　　　　　　C 시간이 지나간다고 해서 변하지 않는다
D 是朋友对你的鼓励　　　　　　　D 당신에 대한 친구의 격려이다

공략　亲情을 핵심어로 본문에서 亲情이 언급된 단락을 찾아가면 '不因子女的成年而减少，更不因为父母的衰老而削弱'라고 했으므로 정답은 C이다.

독해
제3부분

난이도 下　공략 Key 보기와 지문 내용 대조

2 根据上文，下列哪项是正确的？　　본문을 내용에 근거해서 다음 중 맞는 것은?

A 人要活着需要空气　　　　　　　A 사람이 살아가는 데는 공기가 필요하다
B 年轻人的生活很幸福　　　　　　B 젊은이들의 생활은 매우 행복하다
C 年纪大的人更容易满意　　　　　C 나이가 많은 사람들은 쉽게 만족한다
D 有时婴儿也感到不快　　　　　　D 갓난아기도 가끔 불쾌감을 느낀다

공략　글 전체 내용을 파악해야만 풀 수 있는 문제 유형으로 일단 보기를 먼저 읽고 집중해서 봐야 할 내용을 머릿속에 넣은 뒤 보기와 지문을 대조해야 한다. A의 핵심어는 空气로 空气가 언급된 단락을 찾아가면 '空气是免费的。一个人只要活着，就需要不停地呼吸着'라고 했으므로 A가 정답이다.

난이도 中　공략 Key 핵심 표현 '目标是免费'

3 为什么说目标是免费的？　　어째서 '목표는 돈을 지불하지 않는다'라고 말하는가?

A 没能达到就会失望　　　　　　　A (목표에) 다다르지 못하면 실망할 수 있어서
B 没有别人的指责　　　　　　　　B 다른 사람의 질책이 없기 때문에
C 想要就能得到　　　　　　　　　C 원하면 얻을 수 있어서
D 会很朴素　　　　　　　　　　　D 매우 소박하기 때문에

공략　핵심어는 '目标是免费'로 이것이 언급된 단락에서 '只要愿意，就可以为自己确立一个目标'라고 했으므로 정답은 C이다.

난이도 中　공략 Key 글의 제목 찾기

4 最符合做上文的标题是：　　이 글의 제목으로 가장 적합한 것은?

A 学会珍惜　　　　　　　　　　　A 소중함을 알아야 한다
B 爱情世界　　　　　　　　　　　B 사랑의 세계
C 幸福在哪里　　　　　　　　　　C 행복은 어디에 있는가
D 友情的重要性　　　　　　　　　D 우정의 중요성

공략　글에 어울리는 제목을 묻는 문제의 경우, 가장 많이 언급된 단어나 전체 내용을 포괄하는 추상적 표현을 파악해야 한다. 이 글은 소중한 것은 다 돈을 지불하지 않는다는 내용을 다루고 있으므로 정답은 A이다.

第 1–8 题：请选出正确答案。

1–4.

　　一位心理学家曾做过这样一个实验：他让10个人穿过一个黑暗的房间，在他的引导下，这10个人都成功地穿过去了。然后，心理学家打开房内的一盏灯，在昏黄的灯光下，大家都惊出一身冷汗，原来地面是一个大水池，水池里有十几条大鳄鱼，水池上方搭着一座窄窄的小木桥，刚才他们就是从小木桥上走过去的。

　　心理学家问："现在，你们当中还有谁愿意再来一次呢？"没有人回答。

　　过了很久，有3个人站了出来。只有一个人小心翼翼地走过去，速度比第一次慢了许多。

　　心理学家又打开房间的另外几盏灯，人们看见小木桥下方装有一张安全网，由于网线颜色极浅，他们刚才没看见，"你们谁愿意现在通过这座小桥呢？"心理学家问道。这次又有5个人站了出来。

　　"你们为什么不愿意呢？"心理学家问剩下的两个人。"这张安全网牢固吗？"这两个人异口同声地反问道。

　　很多时候，成功就像通过这座小木桥，失败的原因不是力量薄弱、智能低下，而是周围环境的威慑。面对险境，很多人早就失去了平静的心态，产生了消极的心理暗示，以至慌了手脚，乱了方寸。

　　做任何事之前，都要确信自己一定能成功，并有意识地找些事情来做，多给自己一些喝彩。当你想要打退堂鼓的时候，不妨挺起腰板，对自己说，我可以做得很好。

1. 第一次10个人为什么能顺利通过了？
　　A 都不怕危险　　　　　　　　　B 房间的灯都开着
　　C 能互相依靠　　　　　　　　　D 没觉得有危险

2. 第二次有几个人通过了小木桥？
　　A 一个　　　　　　B 三个　　　　　　C 五个　　　　　　D 十个

3. 最后剩下的2个人为什么不愿过木桥？
　　A 怕被鳄鱼吃掉　　　　　　　　B 不相信心理学家的话
　　C 觉得木桥太窄　　　　　　　　D 担心网不牢固

4. 作者认为人们失败常常是什么原因?

    A 缺乏自信心   **B** 失去机会   **C** 受到挫折   **D** 面对困难

5–8.

    幽默大师林语堂对演讲特别重视。首先，他认为演讲，尤其是对群众演讲，必须像女孩子穿的迷你裙一样，越短越好。其次，他认为，一篇成功的演讲，必须在事前有充分的准备，但在演讲时又让人觉察不到有准备的功夫。因此，林语堂最反对令人措手不及的临时演讲。

    有一次，林语堂应邀参观一所大学，参观后与大家共进午餐时，该校校长恳请他对同学们即席演讲。林语堂再三推辞不过，于是走上讲台，讲了这样一个故事。

    古罗马时代，暴虐的帝王喜欢把人丢进斗兽场，看着猛兽把人吃掉。这一天，皇帝又把一个人丢进了兽栏里。这个人虽然矮小，却勇气十足，当老虎向他走来时，只见他镇定地对着老虎的耳边说了几句，老虎便默默地走开了。皇帝很惊讶，又放了一头狮子进去，这个人依旧对着狮子的耳边说话，狮子同样悄悄地离开了。这时皇帝再也忍不住好奇，便把这个人放出来，问他："你到底对老虎、狮子说了什么话，为什么它们都不吃你?"这个人回答说："很简单呀，我只是告诉它们，吃我可以，但是吃过以后，必须作一场演讲……。"

    听完林语堂的演讲学生们一片哄堂大笑。

5. 林语堂认为，演讲应该：

    A 抓住话题的重点   **B** 是一种艺术

    C 内容幽默   **D** 提前做好准备

6. 皇帝为什么惊讶?

    A 狮子太矮小   **B** 那个人很有勇气

    C 猛兽没吃那个人   **D** 老虎和狮子都不说话

7. 根据上文，林语堂的演讲：

    A 没有人爱听   **B** 气氛十分严肃

    C 特别无聊   **D** 让学生们笑了

8. 关于林语堂，我们可以知道什么?

    A 他喜欢临时发挥   **B** 本来不打算讲话

    C 很重视自己的形象   **D** 是哈佛大学毕业的

✦**정답 및 해설**_ 해설집 103쪽

쓰기

제1부분
26day
어법의 기본기에
충실하라
– 기본 어순

27day
수식 표현을
마스터하라Ⅰ
– 부사어(1)

28day
수식 표현을
마스터하라Ⅱ
– 부사어(2)

29day
수식 표현을
마스터하라Ⅲ
– 관형어

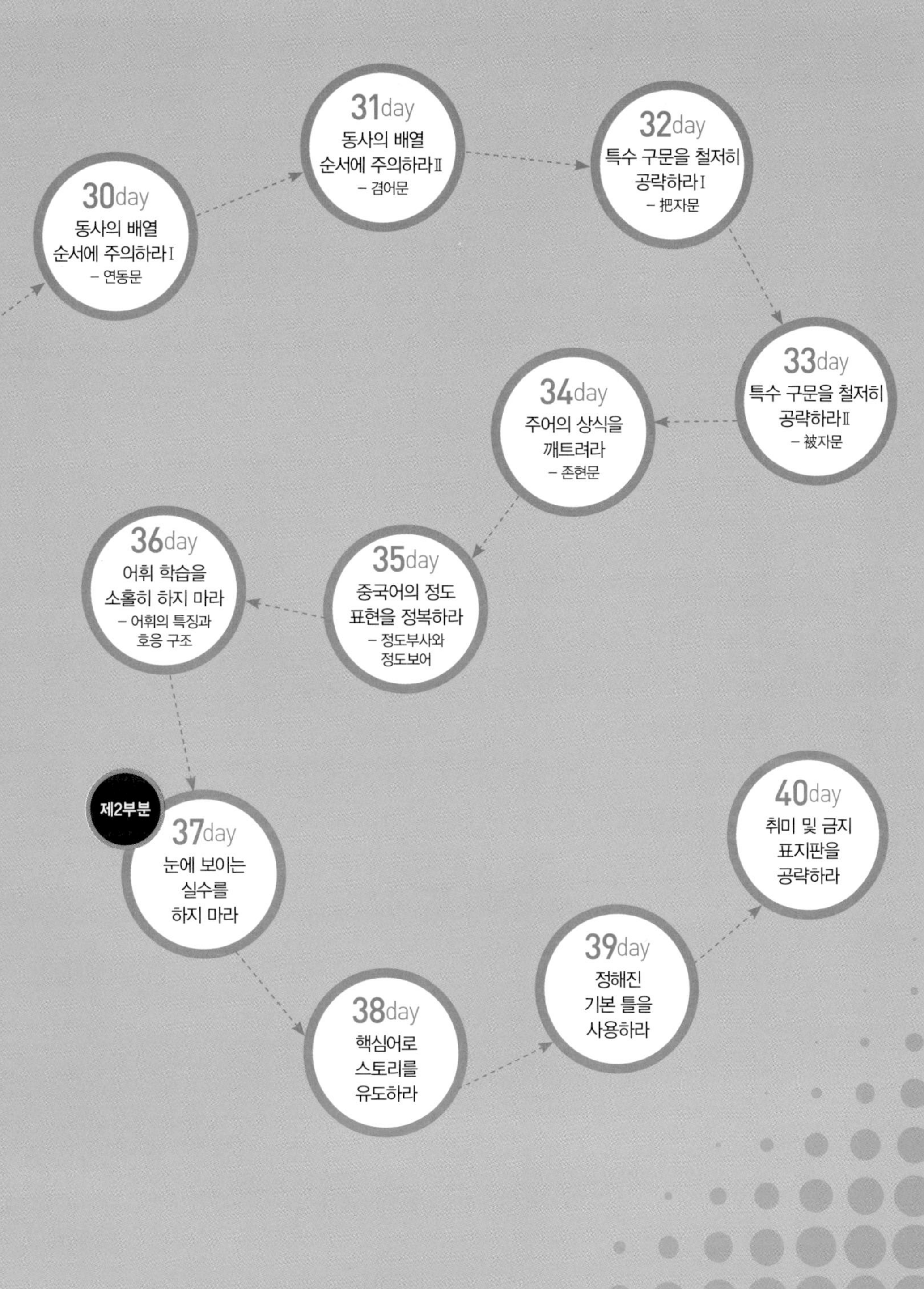

30day
동사의 배열
순서에 주의하라 I
– 연동문

31day
동사의 배열
순서에 주의하라 II
– 겸어문

32day
특수 구문을 철저히
공략하라 I
– 把자문

33day
특수 구문을 철저히
공략하라 II
– 被자문

34day
주어의 상식을
깨트려라
– 존현문

35day
중국어의 정도
표현을 정복하라
– 정도부사와
정도보어

36day
어휘 학습을
소홀히 하지 마라
– 어휘의 특징과
호응 구조

제2부분

37day
눈에 보이는
실수를
하지 마라

38day
핵심어로
스토리를
유도하라

39day
정해진
기본 틀을
사용하라

40day
취미 및 금지
표지판을
공략하라

어법의 기본기에 충실하라

– 기본 어순

학습목표

✓1 문장성분의 개념과 위치를 익히자

✓2 어순 배열의 순서를 숙지하자

✓3 술어로 쓰이는 문장을 이해하자

주어진 단어를 배열하여 중국어 문장을 만드는 일이 쉬울 것 같지만, 정확한 규칙을 모르면 제대로 된 중국어 문장을 만들 수 없다. 쓰기 제1부분의 어순 배열 문제를 풀 때는 무엇이 어떻게 어떠한 순서로 배열되는지 기본이 되는 뼈대를 먼저 숙지하는 것이 급선무다.

기초 실력 테스트 TEST

1 중국어의 6대 문장성분이 무엇인지 써보세요.

____

2 다음을 중국어로 작문해보세요.

❶ 나는 옷을 산다.   _______________________

❷ 나는 도서관에서 책 본다.   _______________________

❸ 나는 매우 두꺼운 중국어 사전을 샀다.   _______________________

❹ 나는 1년 배웠다.   _______________________

3 주어진 단어가 들어갈 알맞은 위치를 고르세요.

❶ A 他爸爸 B 当地的 C 一位 D 律师。 (是)

❷ 抽烟 A 对你 B 一点儿 C 没有 D 好处。 (都)

❸ 他 A 在学校的 B 表现 C 好 D 。 (越来越)

❹ 我 A 觉得他近几年 B 根本 C 把找对象的事 D 放在心上。 (没)

5급 기출문제 맛보기

맛보기 1

난이도 下　공략 Key '주+술+목' 찾기

一种蔬菜　　土豆　　是　　也

정답&공략

정답　土豆也是一种蔬菜。 감자 역시 일종의 채소이다.

공략　1단계 **술어를 찾는다** ▶ 제시어 중 술어로 쓰일 수 있는 단어는 是뿐이므로 'A是B(A는 B다)'의 기본 틀을 만든다.

　　　2단계 **주어와 목적어를 정한다** ▶ 土豆(감자)는 蔬菜(채소)의 일종이므로 주어는 土豆이고, 목적어는 蔬菜이다. 또는 중국어가 불특정한 것(대체로 수량 구조, 즉 '수사+양사+명사' 구조)을 주어로 두지 않는 특징이 있으므로 '一种蔬菜'가 목적어임을 유추할 수 있다.

　　　3단계 **부사의 위치를 찾는다** ▶ 제시어 중 也는 부사이며 부사의 위치는 주어의 뒤, 술어의 앞이다.

어휘　★土豆 tǔdòu 명 감자 | ★蔬菜 shūcài 명 야채, 채소

맛보기 2

난이도 中　공략 Key 술어 消费 찾기

250元　　消费　　今天　　总共

정답&공략

정답　今天总共消费250元。 오늘 모두 합쳐서 250위안을 썼다.

공략　1단계 **술어를 찾는다** ▶ 제시어 중 술어로 쓰일 수 있는 단어는 消费뿐이므로 'A消费B(A는 B를 썼다)'의 기본 틀을 만든다. 消费는 목적어로 '얼마'에 해당하는 금액을 수반하므로 'A消费250元'으로 배열된다.

　　　2단계 **부사어를 배열한다** ▶ 시간사나 부사는 주어의 뒤, 술어의 앞에서 부사어의 역할을 하며 그 순서는 시간사가 먼저, 그 다음에 부사가 위치하므로 '今天+总共'의 순이다. 제시어에서 消费의 주체에 해당하는 주어가 없으므로 전체 문장은 '今天总共+消费+250元'로 배열된다.

어휘　★总共 zǒnggòng 부 모두 합쳐서 | ★消费 xiāofèi 동 소비하다

토크토크!
쌤의 한마디~

부사어의 배열 순서는 新HSK 5급 쓰기 영역에서 가장 기본적이면서도 핵심적인 출제 유형입니다. 27강에서 더 자세히 배우겠지만 부사어에는 부사뿐만 아니라 시간사, 조동사, 개사구 등 여러 가지 종류가 있습니다. 이런 다양한 부사어들이 한 문장 속에 둘 이상 있을 경우에는 어떤 순서로 배열해야 하는지 헷갈리는 경우가 많을 텐데요, 자! 지금부터 외쳐볼까요? '부+조+개+명+동'이라는 부사어의 순서를요!

공략 1. 중국어의 기본 어순을 숙지하자

모든 언어는 기본이 있으며 그 기본에서 예외가 갈라져 나온다. 기본을 탄탄하게 정립한 다음 예외를 배워야 한다. 그렇지 않고 예외를 먼저 학습한다면 실력이 늘기 어려우며 쓰기 제1부분의 어순을 배열하는 문제에서도 이 어순의 기본이 문제로 출제되는 경우가 많으므로 일단 가장 기본이 되는 중국어의 어순을 정립해놓아야 한다.

1 중국어의 뼈대는 주어, 술어 그리고 목적어이다

하나의 문장을 만드는 데 있어 가장 기본은 '누가 무엇을 하는지'이다. 그 다음에 좀 더 자세한 수식 구조를 넣어 길다란 문장을 만든다. 이처럼 문장에서 '누가 무엇을 하는지'를 나타내는 주어, 술어, 목적어가 중국어의 뼈대 부분에 해당된다.

> 주어 + 술어 + 목적어

她买裙子。 그녀는 치마를 산다.

❶ 주어 : 동작을 하는 주체이며 '누가'나 '무엇은'에 해당한다. 주로 명사나 대사가 담당한다.

❷ 술어 : 주어가 하는 행위나 동작을 가리키는 것으로, 주로 동사나 형용사가 위치한다.

❸ 목적어 : 주어가 하는 동작의 대상을 가리키며 주로 명사나 대사가 담당한다.

2 관형어는 的와 친하다

관형어는 명사나 대사의 앞에 쓰이는 수식 성분으로, 의미를 제한해주는 역할을 한다. 예문처럼 일반적인 '치마' 앞에 관형어가 붙어 '최근 유행하는 치마'가 되는 것이다. 관형어 뒤에는 주로 구조조사 的가 오는데, 的는 단독으로 쓰일 수 없고 그 뒤에 명사나 대사가 위치하여 '관형어+的+명사/대사'의 구조를 갖는다.

> **관형어** + 주어 + 술어 + **관형어** + 목적어

刚从中国回来的她买最近流行的裙子。 막 중국에서 돌아온 그녀는 최신 유행하는 치마를 산다.

3 부사어는 술어 앞에서 상황을 제시한다

부사어는 술어의 앞에서 언제, 어디서, 어떻게 등과 같이 구체적인 상황을 제시해주는 역할을 하며 주어의 뒤, 술어의 앞에 위치한다. 부사, 조동사, 개사구, 일부 형용사 등이 부사어에 포함되며 배열 순서도 대체로 위와 같다.

주어 + **부사어** + 술어 + 목적어

她**今天在商店**买裙子。 그녀는 오늘 상점에서 치마를 산다.

4 보어를 알면 술어가 보인다

보어는 술어의 뒤에 쓰여 보충 설명해주는 역할을 한다. 중국어는 보어가 발달했기 때문에 중국어를 유창하게 구사하려면 보어를 잘 활용해야 한다.

주어 + 술어 + **보어** + 목적어

她买**到了**裙子。 그녀는 치마를 샀다.

❶ 결과보어 : 술어 뒤에 다시 동사나 형용사를 써서 동작의 결과를 나타낸다.

吃**完** 다 먹다 | 找**到** 찾았다 | 准备**好** 준비가 다 되다 | 打扫**干净** 깨끗이 청소하다

❷ 방향보어 : 술어 뒤에 来나 去를 써서 동작의 방향을 나타낸다.

出**来** 나오다 | 跑过**来** 뛰어오다 | 拍下**来** 찍어두다 | 走进**去** 걸어 들어가다

❸ 가능보어 : 결과보어나 방향보어 앞에 得나 不를 넣어서 가능한지 불가능한지를 보충 설명한다.

吃**得完** 다 먹을 수 있다 | 吃**不完** 다 먹을 수 없다 | 回**得来** 돌아올 수 있다 | 回**不来** 돌아올 수 없다

❹ 정도보어 : 술어 뒤에 得를 쓰고 정도를 나타내는 표현을 연결하여 어느 정도인지를 보충 설명한다.

说**得很流利** 유창하게 말한다 | 看**得不太清楚** 확실하게 보이지 않는다 | 忙**得不得了** 굉장히 바쁘다

❺ 시량보어 : 술어 뒤에 시간의 양을 나타내는 단어를 써서 얼마 동안인지를 보충 설명한다.

学了**一年** 1년 배웠다 | 看了**一个小时** 1시간 동안 봤다 | 听了**三十分钟** 30분간 들었다

❻ 동량보어 : 술어 뒤에 횟수를 써서 동작의 횟수를 보충 설명한다.

去过**一次** 한 번 가봤다 | 来**一趟** 한 번 왔다 가다 | 思考**一番** 한 차례 생각하다

아래 문장에서 주어와 술어, 목적어를 찾으세요.

❶ 这次会议的召开促进了各市的发展。

❷ 新鲜的蔬菜水果含有丰富的维生素。

❸ 维持健康的生活有很多方法。

정답 ❶ 召开(주어), 促进(술어), 发展(목적어) ❷ 蔬菜水果(주어), 含有(술어), 维生素(목적어) ❸ 生活(주어), 有(술어), 方法(목적어)

예제

需要　　合同　　签字　　那份　　您的

정답&공략

정답 那份合同需要您的签字。그 계약에는 당신의 사인이 필요합니다.

공략 [1단계] **술어를 찾는다** ▶ 제시어 중에서 술어로 쓰일 수 있는 '~하다(이다)'의 뜻을 가진 단어는 需要뿐이므로 'A需要 B(A는 B가 필요하다)'의 기본 틀을 만든다.

[2단계] **명사 덩어리를 만든다** ▶ 양사 份을 취하는 명사는 돌돌 말 수 있는 문서나 서류, 신문 따위이며, 제시어 중에서 合同(계약)이 份을 양사로 취하는 명사이다. 签字는 사람이 하는 행동이므로 '您的'로 만든 한정해줄 수 있다. 이로써 '那份合同'과 '您的签字'라는 두 개의 명사 덩어리를 만든다.

[3단계] **주어와 목적어를 정한다** ▶ 需要를 사이에 두고 A와 B를 배열하면 계약에 서명이 필요한 것이므로 '那份合同' 이 주어로, '您的签字'가 목적어의 자리에 위치한다.

어휘 份 fèn 양 신문, 간행물, 문서 등을 세는 단위 | ★合同 hétong 명 계약, 협정 | ★需要 xūyào 동 필요로 하다 | ★签字 qiānzì 동 서명하다, 사인하다

Tip 需要의 활용

① 명사 : '수요, 요구'라는 뜻으로 쓰인다.

我能满足您的需要。나는 너의 요구를 만족시킬 수 있다.

② 동사(1) : '필요하다'라는 뜻으로, 명사 혹은 대사를 목적어로 갖는다.

我需要你的帮助。나는 네 도움이 필요하다.

③ 동사(2) : '~을 필요로 하다'라는 뜻으로, 문장을 목적어로 갖는다.

我需要学会处理感情。나는 감정을 처리하는 것을 배울 필요가 있다.

공략 2. 술어의 품사로 문장의 패턴을 잡아라

술어로 쓰이는 품사는 동사와 형용사이다. 어순 배열 문제를 풀 때는 술어를 찾는 것이 가장 급선무인데, 술어가 동사인지 형용사인지에 따라 문장의 구조가 달라지기 때문에 술어의 품사를 잘 파악해야 한다.

1 동사 술어문

> **정의** 동사가 술어로 쓰여 주어가 무엇을 하고 있는지 서술하는 문장이다.

> **특징** 동사의 가장 큰 특징은 목적어를 취할 수 있다는 것이다. 동사 술어문의 어순 배열 문제에서는 주어와 술어, 목적어까지 다 찾아야 한다.

他　来　了。그가 왔다.
주어　동사 술어

妈妈　做　饭。엄마가 밥을 한다.
주어　동사 술어　목적어

他　扮演　一位　老师。그는 교사 역을 맡았다.
주어　동사 술어　　　목적어

我们　不能　怀疑　自己的　能力。우리는 자신의 능력을 의심하지 말아야 한다.
주어　　　동사 술어　　목적어

2 형용사 술어문

> **정의** 형용사가 술어로 쓰여 주어가 어떠한가를 묘사하는 문장을 가리킨다.

> **특징** 형용사가 술어가 될 경우 먼저 정도부사의 여부를 확인한다. 정도부사는 '매우', '굉장히', '그다지' 등 어느 정도인지를 나타내는 부사로, 형용사나 심리동사를 꾸며주는 역할을 한다.

这个　房间　很　安静。이 방은 매우 조용하다.
주어　정도부사　형용사 술어

今天的　讲座　很　精彩。오늘의 강연은 매우 훌륭했다.
주어　정도부사　형용사 술어

他的　衣服　特别　干净。그의 옷이 매우 깨끗하다.
주어　정도부사　형용사 술어

这个　工程师　确实　很　诚实。이 기술자는 확실히 매우 성실하다.
주어　　정도부사　형용사 술어

3 주술 술어문

> **정의** '주어+술어'의 구조가 술어로 쓰인 문장으로, 설명이나 묘사에 많이 쓰인다.

> **특징** 주로 형용사가 술어 부분의 술어이고, 이때 앞의 주어는 전체 주어, 뒤의 주어는 술어 부분의 주어가 된다. 주술 술어문의 어순 배열 문제를 풀 때는 정도부사와 형용사를 술어 자리에 두고 그것을 직접 받쳐주는 주어를 찾아 배열한 뒤, 인칭대사나 지시대사가 대체로 전체 주어의 역할을 하기에 이들을 앞에 위치시킨다.

这个　女孩　说话　不　清楚。이 여자아이는 말하는 게 불분명하다.
전체 주어　주어　　술어

$$她 \quad 身材 \quad 很 \quad 苗条。$$ 그녀는 몸매가 매우 날씬하다.

전체 주어 / 주어 / 술어

$$那个 \quad 工程 \quad 水平 \quad 挺 \quad 高。$$ 그 공사는 수준이 꽤 높다.

전체 주어 / 주어 / 술어

$$那只 \quad 猫 \quad 刚睡醒的 \quad 样子 \quad 太 \quad 可爱 \quad 了。$$ 그 고양이가 막 잠에서 깬 모습이 너무 귀엽다.

전체 주어 / 주어 / 술어

바로 체크 Check! 다음 제시어를 보고 질문에 답하세요.

| 보기 | 悠久　那座　历史　非常　寺庙

❶ 정도부사 非常과 어울리는 형용사의 짝을 지어주세요.

❷ 양사 座의 명사를 찾아 덩어리를 만들어주세요.

❸ 형용사 술어를 받쳐주는 주어를 찾으세요.

❹ 전체 문장을 재배열하세요.

정답 ❶ 非常+悠久　❷ 那座+寺庙　❸ 历史+非常悠久　❹ 那座寺庙历史非常悠久。

•예제

난이도 中　공략 Key 전체 주어와 술어의 주어

激烈　　那　　竞争　　非常　　两家单位

정답&공략

정답　那两家单位竞争非常激烈。 그 두 회사의 경쟁이 굉장히 치열하다.

공략　[1단계] **정도부사의 짝을 찾자** ➡ 제시어 중 정도부사 非常이 있으므로 형용사를 찾아서 연결시켜주면 '非常+激烈'의 한 덩어리가 형성되고 이들은 문장에서 술어의 역할을 한다.

　　[2단계] **주어를 정하라** ➡ 주어가 될 수 있는 것은 竞争과 '两家单位', 이 둘이다. 두 개의 명사가 있을 경우 전체 주어와 직접적으로 술어를 받는 주어로 나누어 위치를 정하면 된다. 술어가 激烈이므로 술어의 주어는 竞争이고 전체 주어는 '两家单位'가 된다. 지시대사는 수량사보다 앞에 위치하기에 전체적으로 '那+两家单位+竞争+非常激烈'로 배열된다.

어휘　★单位 dānwèi 몡 회사, 부서 | ★竞争 jìngzhēng 몡 경쟁 | ★激烈 jīliè 혱 치열하다, 격렬하다

공략 3. 덩어리를 만들어라

힌트를 찾아내고 단어들을 묶어 덩어리로 만드는 것은 얼마나 빨리 그리고 정확하게 어순 배열을 할 수 있는지 결정짓는다. 그러므로 연결되는 단어들, 묶을 수 있는 단어들을 재빨리 연결시켜 자잘하고 어수선하게 나열된 제시어를 우선 2~3개의 큰 덩어리로 만들자.

동사 + 목적어

这本杂志没有**吸引**人们的**关注**。이 잡지는 사람들의 관심을 끌지 못했다.
老板的方法**取得了**很好的**效果**。사장님의 방법은 매우 좋은 효과를 거두었다.

관형어 + 명사

他具有**很高的水平**。그는 매우 높은 수준을 갖추고 있다.
我买了**一本很有意思的小说**。나는 매우 재미있는 소설을 한 권 샀다.

정도부사 + 형용사

打针比吃药效果**更好**。주사 맞는 것이 약 먹는 것보다 효과가 더 좋다.
越来越多的人喜欢看中国电影。점점 더 많은 사람들이 중국 영화 보는 것을 좋아한다.

개사 + 동사/명사

他**凭自己的天赋**考上了音乐大学。그는 자신의 타고난 자질로 음악대학에 합격했다.
我**对**音乐**很感兴趣**。나는 음악에 매우 흥미가 있다.

每天 / 所有 / 任何 / 一切 + 都

所有的习惯**都**是慢慢养成的。모든 습관은 천천히 길러지는 것이다.
任何植物**都**离不开阳光。어떠한 식물도 햇빛과는 떨어질 수 없다.

从来 / 根本 / 并 + 不 / 没

我**从来没**去过北京。이제껏 베이징을 가본 적이 없다.
他们**根本不**知道这件事的真相。그들은 이 사건의 진상을 전혀 모른다.

 **다음 제시어를 보고 질문에 답하세요.**

<table>
<tr><td>| 보기 |</td><td>各方面条件　　他的　　要求　　都　　符合</td></tr>
</table>

❶ 都와 연결되는 제시어를 찾아 연결해보세요.

❷ 동사 술어에 호응하는 목적어를 찾아 연결해보세요.

❸ 전체를 재배열하세요.

정답 ❶ 各方面条件+都 ❷ 符合+要求 ❸ 他的各方面条件都符合要求。

 **예제**

난이도 上　　공략 Key '동사+목적어' 호응 구조

当地的　　舅舅　　适应了　　已经　　气候

정답&공략

정답 舅舅已经适应了当地的气候。삼촌이 이미 현지 기후에 적응했다.

공략
1단계 **주어, 술어, 목적어를 정한다** ▶ 适应에 了이 붙어 있으므로, 동사이자 술어임을 알 수 있으며, 适应과 호응하는 목적어를 찾는다. 适应은 기후, 환경에 '적응하다'라는 뜻이므로 목적어는 气候이다.

2단계 **부사의 위치를 정한다** ▶ 已经은 부사이므로 주어의 뒤, 술어의 앞에 위치한다. 그러므로 전체 문장을 재배열하면 '舅舅已经适应了当地的气候'가 된다.

어휘 ★舅舅 jiùjiu 명 외삼촌 | ★适应 shìyìng 동 적응하다 | ★当地 dāngdì 명 현지, 그 지방 | ★气候 qìhòu 명 기후

第 1–10 题：完成句子。

1. 相同的　　没有完全　　自然界　　雪花

2. 穿着整齐　　一定　　面试的时候　　要

3. 说服力　　你说的　　缺乏　　理由

4. 适合　　幸福　　你　　别人的　　不一定

5. 表现　　他　　不错　　相当　　今天的

6. 拒绝　　人家的　　直接　　邀请　　不能

7. 生命的　　代表　　竹子开花　　着　　结束

8. 国家的　　这样的行为　　法律规定　　符合　　完全

9. 反映　　一个人的　　谈话　　可以　　职业特征

10. 缺乏　　找借口　　行为　　信心的　　是

+정답 및 해설_ 해설집 108쪽

수식 표현을 마스터하라 I
– 부사어(1)

학습목표

✓1 부사어의 기본 어순을 숙지하자

✓2 부사어에 해당하는 품사를 알아보자

✓3 부사의 예외적인 용법도 정리해놓자

술어의 앞에서 '언제' '어디서' '누구와' '어떤 기분으로' 등을 나타내며 구체적인 상황을 제시해주는 문장 성분을 부사어 혹은 상황어라고 한다. 가장 많은 품사를 대동하며 어순 배열 문제에서 출제 빈도가 높은 편이니 부사어를 꼼꼼히 학습하자.

기초 실력 테스트 TEST

1 다음 문장의 순서가 맞으면 ○, 틀리면 ×를 하세요.

❶ 一定会来。　　　　(　　　)

❷ 跟他已经商量。　　　(　　　)

❸ 应该向他学习。　　　(　　　)

❹ 他一个人只来。　　　(　　　)

❺ 难怪你越来越漂亮。 (　　　)

2 빈칸에 들어갈 부사를 고르세요.

> |보기| 一再　偶尔　果然　难怪　从来

❶ 他很喜欢读书，__________不放过阅读机会。

❷ 登上队出发前，队长__________强调："安全第一。"

❸ 他10年前跟我住在同一个楼里，__________看起来很面熟。

❹ 他们的工作都很忙，很久没见面了，只是__________通过电话联系。

❺ 听说这部电影很有意思，今天跟朋友一起去看了，__________不错了。

정답_ 해설집 206쪽

5급 **기출문제** 맛보기

맛보기 1

난이도 下　공략 Key 부사와 조동사의 어순

> 能　　雨后　　看到　　彩虹　　常常

정답&공략

정답　雨后常常能看到彩虹。비가 내린 후에 종종 무지개를 볼 수 있다.

공략　1단계 **술어를 정한다** ◐ 제시어 중 술어로 쓰이는 '~이다(하다)'로 끝나는 단어는 看到(보다)뿐이므로 'A看到B(A는 B를 보다)'의 기본 틀이 만들어진다.

　　　　2단계 **부사어의 어순을 정리한다** ◐ 주어의 뒤, 술어의 앞에 위치하는 시간사, 부사, 조동사, 개사구 등을 부사어라고 하는데 부사어의 기본 배열 순서는 '시간사+부사+조동사+개사구'의 순이므로 '언제'에 해당하는 '雨后'가 제일 앞이며 부사 常常이 그 다음, 조동사 能이 그 뒤에 위치한다. 주어는 생략되었고, 보게 된 대상인 彩虹(무지개)이 목적어이다.

어휘　★彩虹 cǎihóng 몡 무지개

맛보기 2

난이도 中　공략 Key 구조조사 地

> 尾巴　　兴奋地　　小狗　　摇着

정답&공략

정답　小狗兴奋地摇着尾巴。강아지는 흥분해서 꼬리를 흔들고 있다.

공략　1단계 **술어를 찾는다** ◐ 구조조사 地는 형용사의 뒤에 쓰여 동사 술어를 수식해주는 역할을 하므로 '兴奋地+摇着'라는 기본 틀이 만들어진다.

　　　　2단계 **주어와 목적어를 정한다** ◐ 술어가 摇이므로 목적어는 흔들 수 있는 것인 尾巴이고 주어는 꼬리를 흔드는 주체인 小狗이다.

어휘　小狗 xiǎogǒu 몡 강아지 | ★兴奋 xīngfèn 혱 흥분하다 | ★摇 yáo 동 (좌우로) 흔들다 | ★尾巴 wěiba 몡 (동물의) 꼬리

토크토크!
쌤의 한마디~

쓰기 제1부분의 어순 배열 문제에서 학습자들이 가장 많이 틀리는 문제는 의외로 개사와 부사 문제입니다. 이유를 물어보면 대부분 의미를 몰라서 풀지 못했다고 하지요. 동사나 형용사는 모르는 단어라도 의미를 어느 정도 유추할 수 있지만, 개사나 부사는 암기하지 않으면 의미는커녕 품사조차도 파악하기 어렵습니다. 5급에 자주 출제되는 개사와 부사의 수는 그리 많지 않으니, 조금만 더 신경 써서 공부한다면 경쟁력을 높일 수 있을 거예요.

공략 1. 부사어의 어순이 정답을 좌우한다

한 문장 안에 조동사, 개사, 부사가 동시에 등장한다면 어떻게 해야 할까? 조동사, 개사, 부사는 품사는 다르지만 문장 성분으로는 모두 '부사어'로 쓰인다. 부사어의 순서는 어순 배열 문제의 핵심포인트다.

1 부사어에는 부사만 있는 것이 아니다

문장 성분 '부사어'가 될 수 있는 품사에는 여러 가지가 있다. 부사만 부사어가 되는 것이 아니라 시간사, 부사, 조동사, 개사구, '형용사+地' 구조까지 모두 다 부사어의 역할을 할 수 있다.

他**今天**去。그는 오늘 갑니다. (시간사)

他**已经**去了。그는 이미 갔습니다. (부사)

他**想**去。그는 가고 싶습니다. (조동사)

他**跟**朋友去。그는 친구와 갑니다. (개사구)

他高兴**地**去。그는 기분 좋게 갑니다. (형용사+地)

2 '부조개'를 외워라

❶ 부사어의 기본 배열 순서 : '시간사+부사+조동사+개사구'다.

시간사는 부사어의 덩어리에서 떨어져 나와 쓰이기도 하지만, '부사+조동사+개사구'의 순서는 바뀌지 않으니 '부조개'의 순서를 꼭 외워두자.

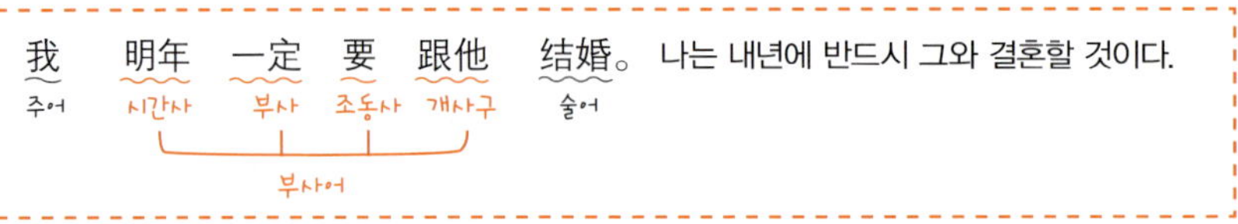

我　简直　不　敢　相信。 나는 그야말로 감히 믿을 수가 없다.
　　부사　부사　조동사

我　早就　跟你　说过他不是好人。 내가 진작에 네게 그가 좋은 사람이 아니라고 말했잖니.
　　부사　개사구

我　已经　把作业　做好了。 나는 이미 숙제를 다 했습니다.
　　부사　개사구

你　能　在大家面前　说说理由吗? 너는 모두 앞에서 이유를 말해 줄 수 있겠니?
　　조동사　개사구

他　最近　想　学汉语。 그는 최근에 중국어를 배우고 싶어한다.
　　시간사　조동사

❷ 시간사는 주어의 앞과 뒤에 다 위치할 수 있다.

今天我能去你家。＝我**今天**能去你家。 나는 오늘 너희 집에 갈 수 있다.

最近他没来过。= 他最近没来过。 그는 최근 온 적이 없다.

3　'부조개' 공식에도 예외가 있다

❶ 개사구 + 주어

일부 특정한 개사구나 너무 긴 개사구는 독립적으로 쓰여 주어의 앞에 위치할 수 있다. 주로 주어의 앞에 위치하는 개사로는 根据(~을 근거로), 随着(~함에 따라서), 关于(~에 관하여), 对于(~에 대해), 按照(~에 따라서), 在(~에서) 등이 있다.

在我们班上， 她 最漂亮。 우리 반에서 그녀가 가장 예쁘다.
　개사구　　주어

关于两国问题， 他们 交换了 意见。 두 나라 문제에 관해서 그들은 의견을 교환했다.
　개사구　　　주어

随着社会的进步， 人们的 想法 发生了 变化。 사회가 진보함에 따라 사람들의 생각에도 변화가 생겼다.
　개사구　　　　　주어

❷ 개사구 + 부사

일반적으로 '부사+개사구' 순서로 배열이 되지만, 개사구가 '언제', '언제부터'라는 시간을 나타내고 있다면 '개사구+부사'의 순서로 배열되며, 시간을 나타내는 개사는 대표적으로 在와 从이 있다.

我 从小 就 开始喜欢学汉语。 나는 어릴 적부터 중국어 공부하는 것을 좋아하기 시작했다.
　개사구　부사

他们 从8点 一直 学到11点。 그들은 8시부터 11시까지 계속 공부했다.
　개사구　부사

我 在上高中时 一直 用冷水洗澡。 내가 고등학교 다닐 적에는 줄곧 찬물로 목욕을 했다.
　개사구　　부사

4　구조조사 地의 위치

地는 참 까다롭게 쓰이는 구조조사다. 동작과 동작을 하는 주체를 모두 수식할 수 있어서 위치도 주어의 뒤, 술어의 앞 등 다양하며, 언제 쓰고 언제 쓰지 않는지 까다롭기 그지 없다. 하지만 우리는 쓰기 제1부분 어순 배열에서 자주 출제되는 地의 용법을 중심으로 간단히 정리하자.

> 형용사 + 地 + 동사

我深深地感动了。 나는 깊이 감동했다.
要仔细地观察。 자세하게 관찰해야 한다.
他们热情地欢迎我们。 그들은 친절하게 우리를 환영했다.
金鱼在鱼缸里高兴地游着。 금붕어가 어항 속에서 기분 좋게 헤엄치고 있다.
他谦虚地说。 그는 겸손하게 말했다.

> 형용사 + 地 + 개사구 + 동사

我认真地给他提了意见。 나는 진지하게 그에게 의견을 제안했다.
他非常荣幸地跟我握了手。 그는 광장히 영광스러운 듯 나와 악수를 했다.

 다음 문장의 부사어를 알맞게 배열하세요.

---

❶ 我＿能＿跟＿已经＿中国人＿聊天。

❷ 我＿为＿以前＿常常＿朋友＿考虑。

❸ 我们＿要＿认真地＿一定＿对待每一件事。

정답 ❶ 已经能跟中国人 ❷ 以前常常为朋友 ❸ 一定要认真地

 **예제**

난이도 中　공략 Key 부사어의 배열

深刻的印象　　给　　会　　北京　　一定　　你　　留下

정답&공략

정답　北京一定会给你留下深刻的印象。 베이징은 분명히 네게 깊은 인상을 남겨줄 것이다.

공략　(1단계) **술어를 찾는다** ▷ 제시어 중에서 뜻이 '~이다(하다)'로 끝나는 단어는 留下뿐이므로 'A留下B(A는 B를 남기다)'의 기본 틀을 잡는다.

　　(2단계) **부사어를 배열한다** ▷ 부사어로 쓰이는 단어인 부사 一定, 조동사 会, 개사 给를 '부조개'의 순서로 배열한다. 개사 给는 대상, 주로 사람을 취하므로 개사구는 '给你'가 된다.

　　(3단계) **주어와 목적어를 정한다** ▷ '~이 너에게 ~을 남겨준다'라는 뜻을 생각할 때, 주어는 北京이, 목적어는 '深刻的印象'이 적당하다.

어휘　留下 liúxià 图 남겨두다, 남기다 | ★深刻 shēnkè 图 (인상·느낌 등이) 깊다

Tip　一定

학습자들은 의외로 一定을 당위성을 나타내는 단어로만 알고 있는 경우가 많다. 하지만 一定은 때에 따라서 '분명히'라는 추측을 나타낼 수도 있다는 점도 기억하자.

① 반드시(당위)

　我**一定**要去。 나는 반드시 갈 거야.

② 분명히(추측)

　他**一定**会来的。 그는 분명히 올 것이다.

공략 2. 부사의 모든 것을 낱낱이 파헤치자

新HSK 5급에서 부사가 정답으로 등장하는 문제가 많지만 학습자들은 의외로 이것이 부사인지, 또 이 단어의 뜻 자체를 몰라서 문제를 풀지 못하는 경우가 많다. 독해 영역에서도 언급했지만 다시 한번 부사에 대해 정리하고, 쓰기 제1부분에서 공략해야 할 부분에 대해서 빠짐없이 익히자.

1 다양한 종류의 부사

어기부사	毕竟 bìjìng 어차피, 어쨌든 | 不见得 bùjiàndé = 未必 wèibì = 不一定 bùyídìng 반드시 ~인 것은 아니다 | 到底 dàodǐ = 究竟 jiūjìng 도대체 | 怪不得 guàibude = 难怪 nánguài 어쩐지 | 幸亏 xìngkuī 다행히 | 好像 hǎoxiàng = 似乎 sìhu = 仿佛 fǎngfú 마치 ~인 것 같다 | 居然 jūrán = 竟然 jìngrán 뜻밖에, 의외로 | 总算 zǒngsuàn 결국 | 终于 zhōngyú 마침내 | 反正 fǎnzhèng 어쨌든 간에 | 其实 qíshí 사실은 | 原来 yuánlái 알고 보니 | 的确 díquè 확실히 | 反而 fǎn'ér 오히려, 도리어 | 不免 bùmiǎn 불가피하다 | 也许 yěxǔ = 恐怕 kǒngpà 아마도 | 简直 jiǎnzhí 그야말로 | 干脆 gāncuì 차라리 | 果然 guǒrán 과연 | 不禁 bùjīn = 不由得 bùyóude 저절로 | 难道 nándào 설마
시간부사	就 jiù 곧, 바로 | 才 cái 그제서야, 비로소 | 已经 yǐjing 이미, 벌써 | 曾经 céngjīng 일찍이 | 一直 yìzhí 줄곧 | 始终 shǐzhōng 시종일관 | 从来 cónglái 이제껏 | 马上 mǎshàng = 立即 lìjí = 立刻 lìkè 즉시, 바로 | 即将 jíjiāng 머지않아 | 早晚 zǎowǎn 언젠가는 | 陆续 lùxù 연이어 | 偶尔 ǒu'ěr 가끔 | 永远 yǒngyuǎn 영원히 | 总是 zǒngshì 늘상
빈도부사	又 yòu 또 | 再 zài 더, 다시 | 还 hái 또, 더 | 也 yě ~도, 역시 | 常常 chángcháng = 经常 jīngcháng 자주, 종종 | 往往 wǎngwǎng 늘, 종종 | 一再 yízài = 再三 zàisān 거듭, 재차 | 一连 yìlián 연이어, 잇달아 | 不断 búduàn 끊임없이 | 反复 fǎnfù 거듭, 반복해서
범위부사	都 dōu 모두 | 全部 quánbù 전부 | 总共 zǒnggòng 모두 합쳐서 | 一律 yílǜ 일률적으로 | 几乎 jīhū 거의 | 只 zhǐ = 光 guāng = 单 dān = 仅 jǐn = 仅仅 오직
상태부사	赶紧 gǎnjǐn = 赶快 gǎnkuài 재빨리, 서둘러 | 尽量 jǐnliàng 가능한 한 | 连忙 liánmáng 서둘러, 황급히 | 特意 tèyì 일부러, 특별히 | 忍不住 rěnbuzhù 참을 수 없다 | 亲自 qīnzì 직접, 친히 | 悄悄 qiāoqiāo 슬그머니 | 互相 hùxiāng 서로 | 还是 háishi = 依然 yīrán = 仍然 réngrán 여전히 | 纷纷 fēnfēn 잇달아 | 分别 fēnbié 각각, 제각기 | 逐步 zhúbù = 逐渐 zhújiàn 점차, 차츰
정도부사	比较 bǐjiào 비교적 | 稍微 shāowēi 약간, 좀 | 很 hěn 아주 | 挺 tǐng 무척 | 十分 shífēn 매우 | 相当 xiāngdāng 상당히 | 极其 jíqí 지극히 | 特别 tèbié 특히 | 格外 géwài 유달리, 각별히 | 更加 gèngjiā 더욱, 한층 | 越来越 yuèláiyuè 점점, 갈수록 | 太 tài 너무
부정부사	不 bù | 没 méi = 未 wèi | 非 fēi | 无 wú ~이 아니다

2 위치가 중요한 범위부사

범위부사는 범위를 제한해주는 역할을 하기에 꼭 '부+조+개'의 어순에 따르지 않으며 범위를 좇아가는 경우가 많으므로 문맥의 파악에 중점을 두어서 위치를 정해주어야 한다.

❶ '오직', '단지'의 의미를 가진 범위부사

只, 光, 单, 仅, 仅仅 등이며 의미에 따라 주어의 앞이나 개사의 뒤에도 위치할 수 있다.

只他一个人来。그 사람 혼자만 왔다.

离考试只有三天。시험까지는 겨우 3일 남았다.

❷ 几乎

주어가 每로 시작될 경우는 几乎가 주어의 앞, 즉 문두에 위치한다.

他们几乎不知道那件事。그들은 거의 그 일을 모른다.

几乎每天都有人。거의 매일 사람이 있다.

几乎每个人都知道。거의 모든 사람이 다 안다.

几乎每个星期来这儿拜访老师。거의 매주 이곳으로 선생님을 뵈러 온다.

❸ 都와 全部

都와 全部는 '전부, 모두'라는 뜻으로 포함하는 대상의 뒤에 위치한다.

> 의문사(什么时候/哪儿/谁/什么) + 都/全部

小王的脾气不错，跟谁都处得来。샤오왕은 성격이 좋아서 누구와도 잘 지낸다.

> 任何/所有/每 + (명사) + 都/全部

我把所有的衣服都洗了。나는 모든 옷을 다 세탁했다.

3 동사와 붙어다니는 부사

新HSK 5급의 어순 배열 문제를 풀다 보면 '부조개' 규칙만으로는 해결할 수 없는 문제가 있다. 이는 일부 부사의 개별적 특성 때문이다. 그러므로 동작의 상태를 바로 수식해주기에 동사와 붙어다니는 일부 상용 부사를 학습해두자.

〈 동사와 붙어다니는 상용 부사 〉

随便 마음대로, 함부로	客人可以随便使用电脑。손님은 마음대로 컴퓨터를 사용할 수 있다. 我们不要随便模仿老板的行为。우리는 함부로 사장님의 행동을 모방해서는 안 된다.
及时 즉시, 당장	我们得及时解决问题。우리는 즉시 문제를 해결해야 한다. 美国要及时采取行动。미국은 즉시 행동을 취해야 한다.
立即(=立刻) 즉시, 당장	得立即动手术。당장 수술을 해야 한다. 要立即删除电脑里的文件。당장 컴퓨터에 있는 문서를 삭제해야 한다.

重新 다시, 새로이	我得**重新**写论文。 나는 논문을 다시 써야 한다. 你要**重新**排列一下顺序。 너는 다시 순서를 배열해야 한다.
互相 서로, 상호	我们可以**互相**帮助。 우리는 서로 도울 수 있다. 他们能**互相**了解。 그들은 서로 이해할 수 있다.
尽量 가능한	我会**尽量**帮你解决的。 나는 가능한 한 너를 도와 해결할 것이다. 我们要**尽量**多吃蔬菜。 우리는 가능한 한 야채를 많이 먹어야 한다.
轻易 쉽게	不能**轻易**解决。 쉽게 해결할 수 없다. 我们能够**轻易**应付。 우리는 쉽게 대처할 수 있다.

 바로 체크 Check!

주어진 단어의 알맞은 위치를 고르세요.

❶ A 他 B 跟这里的所有的人 C 打过招呼。 (都)

❷ 这件事 A 你们 B 要 C 检查一下。 (重新)

정답 ❶ C ❷ C

 **예제**

난이도 上　　공략 Key 범위부사 都의 위치

温暖　　什么安慰的话　　比　　都　　妈妈的拥抱

정답&공략

정답　妈妈的拥抱比什么安慰的话都温暖。 엄마의 포옹이 어떠한 위로의 말보다 따스하다.

공략　1단계 **비교문의 기본 틀을 만든다** ▶ 比가 있으므로 'A比B형용사술어(A는 B보다 ~하다)'의 비교문 기본 틀을 만든다. 술어로 쓰일 수 있는 단어는 温暖뿐이므로 'A比B温暖'으로 배열한다.

　　　2단계 **주어와 목적어를 정한다** ▶ 어느 것이 더 따스한지 기본적인 판단으로 '妈妈的拥抱(엄마의 포옹)'을 A의 위치에 두고 '什么安慰的话(어떠한 위로의 말)'을 B의 위치에 둔다.

　　　3단계 **부사 都의 위치를 정한다** ▶ 都는 범위부사로 이 문장에서는 의문사 什么와 함께 짝을 지어주어야 하므로 什么가 포함된 명사 덩어리 뒤에 위치한다.

어휘　★拥抱 yōngbào 동 포옹하다, 껴안다 | ★安慰 ānwèi 동 위안하다 | 温暖 wēnnuǎn 형 온화하다, 온난하다

`Tip` 개사 比

① 비교문에서 술어(형용사)의 앞에 정도부사를 쓰지 않는다. 비교부사인 还나 更을 쓸 수 있다.

姐姐比妹妹很漂亮。(×) → 姐姐比妹妹还漂亮。(○) 언니는 여동생보다 더 예쁘다.
我的成绩比他非常好。(×) → 我的成绩比他更好。(○) 내 성적은 그 보다 훨씬 좋다.

② 비교문에서 차이 나는 부분은 모두 형용사 술어의 뒤에 쓴다.

我比他一岁大。(×) → 我比他大一岁。(○) 나는 그 사람보다 한 살 많다.
我比他大一点儿。(○) 나는 그 사람보다 (나이가) 조금 많다.
我比他大一些。(○) 나는 그 사람보다 (나이가) 조금 많다.
我比他大得多。(○) 나는 그 사람보다 (나이가) 훨씬 많다.
我比他大多了。(○) 나는 그 사람보다 (나이가) 훨씬 많다.

+ 정답 및 해설_ 해설집 111쪽

第 1-10 题：完成句子。

1. 不像　　他　　八十岁的　　根本　　老人

2. 立刻　　我们　　要　　措施　　有效的　　采取

3. 任何人　　兴趣广泛　　适合　　不一定

4. 巴西　　即将　　举行　　2014年世界杯　　在

5. 缩小　　亲属关系的　　逐渐　　正在　　范围

6. 很大　　会　　投资股市　　往往　　有　　风险

7. 孩子的意见　　听　　父母　　要　　耐心地

8. 亲密　　一直　　关系　　姊妹俩的　　非常

9. 颜色　　一点儿　　比　　稍微　　图片　　深

10. 钓鱼　　在大学时代　　我丈夫　　就　　热爱

28 day 수식 표현을 마스터하라Ⅱ
– 부사어(2)

개사(介词)와 조동사는 부사어의 역할을 하는 품사이다. 이들은 문맥에 따라 부사어의 자리에서도 위치의 변동이 생기는 경우도 있으므로 종류 및 의미, 용법 등을 자세하게 알아두어야 기본형을 벗어난 예외적인 문제도 해결할 수 있다.

기초 실력 테스트 TEST

1 다음 중 개사와 조동사를 고르세요.

|보기| 跟　肯　向　要　竟　自　敢　才　会　凭

❶ 개사　　________________________

❷ 조동사　________________________

2 서로 호응해서 쓰이는 개사와 동사를 연결하세요.

❶ 对 ·　　　　　· A 聊天

❷ 从 ·　　　　　· B 询问

❸ 向 ·　　　　　· C 感兴趣

❹ 跟 ·　　　　　· D 出发

5급 **기출문제** 맛보기

맛보기 1

난이도 上   공략 Key 개사 由의 위치 선정

> 一切费用　　演出的　　都　　承担　　由公司

정답&공략

정답 　演出的一切费用都由公司承担。 공연의 일체의 비용은 모두 회사에서 부담한다.

공략 　1단계 **부사 都의 위치를 찾아준다** ➡ 부사 都는 포함하는 대상의 뒤에 위치한다. 제시어 중 一切(일체의)는 종종 都
를 동반해서 모든 것을 포함한다는 의미를 지니고 있으므로 우선 '一切费用+都'로 연결한다.

　　　2단계 **개사 由의 위치를 정한다** ➡ 개사 由는 '由+주체+동사'의 형식으로 쓰여 동작의 주체를 강조하는 역할을 하므
로 '由公司+承担'으로 배열되며 구조조사 的가 있는 '演出的'의 뒤에는 명사가 위치하므로 '演出的一切费
用'이 된다. 따라서 전체 문장은 '演出的一切费用都由公司承担'으로 정리된다.

어휘 　演出 yǎnchū 명 공연 | ★一切 yíqiè 대 일체, 모든 | ★费用 fèiyòng 명 비용 | ★承担 chéngdān 동 맡다, 부담하다

맛보기 2

난이도 上   공략 Key 개사 朝의 위치

> 客人　　朝　　小狗　　尾巴　　摇了摇

정답&공략

정답 　小狗朝客人摇了摇尾巴。 강아지가 손님을 향해서 꼬리를 흔들었다.

공략 　1단계 **개사와 술어의 틀을 만들자** ➡ 개사는 문장에서 '개사+명사+술어'의 형식으로 쓰이므로 '朝+명사+술어'의 틀
을 만들 수 있다. 了를 동반한 '摇了摇'가 술어이므로 'A朝B摇了摇C(A는 B에게 C를 흔든다)'로 배열된다.

　　　2단계 **명사의 위치를 찾자** ➡ 客人, 小狗와 尾巴라는 명사 세 개가 남았으므로 의미에 맞게 각각 A와 B, C의 위치
에 넣어주면 전체 문장은 '小狗+朝+客人+摇了摇+尾巴'로 배열된다. 아울러 '摇+尾巴(꼬리를 흔들다)'라는
'동사+목적어' 호응 구조도 암기해두자.

어휘 　小狗 xiǎogǒu 명 강아지 | ★朝 cháo 개 ～에게, ～을 향해서 | 客人 kèrén 명 손님 | ★摇 yáo 동 (좌우로) 흔들다 | ★尾
巴 wěiba 명 (동물의) 꼬리

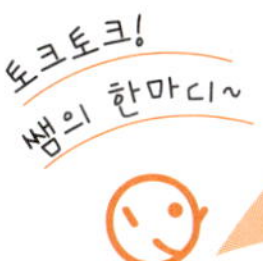

조동사는 대충 품사를 알 수 있지만 개사는 자꾸 부사와 헷갈린다는 학습자들이 많습니다. 개사
인지 부사인지 구분하는 쉬운 방법이 없을까요? 문장 속에서라면 아주 쉽게 구분할 수 있어요.
뒤에 명사나 대사가 오면 개사이고, 조동사나 동사가 오면 부사지요. 개사는 뒤에 명사나 대사
를 이끌어 '개사구'로 쓰이기 때문이랍니다~

공략 1. 나는 조동사다

조동사는 동사의 앞에서 바람이나 허가, 가능성, 당위성 등을 보조해주는 역할을 한다. 조동사의 종류는 많지 않으므로 이것이 조동사라는 것만 알아도 쓰기 제1부분에서 유리한 고지를 점령할 수 있을 것이다.

1 조동사의 종류

바람	～하고 싶다	★愿意, 想, 要, ★肯, ★敢(gǎn)
당위성	～해야 한다	应该, 应当, 该, 得, 要
가능	～할 수 있다	能, 会, ★能够, 可以, 可

2 조동사의 특징

❶ 조동사는 일반적으로 부사의 뒤, 개사의 앞에 위치한다.

我 还是 想 跟你 去百货商店。(○) 나는 여전히 너와 백화점에 가고 싶다.
　　부사　조동사　개사구

❷ 조동사는 명사나 대사의 바로 앞에 위치할 수 없다.

我想你结婚。(×) → 我想跟你结婚。(○) 나는 당신과 결혼하고 싶다.

❸ 조동사는 중첩을 할 수 없다.

他能能说理由吗?(×) → 你能说理由吗?(○) 당신은 이유를 얘기할 수 있나요?

❹ 조동사의 뒤에는 동태조사 了, 着, 过를 붙일 수 없다.

我会了游泳。(×) → 我会游泳。(○) 저는 수영을 할 줄 압니다.

❺ 조동사의 부정은 不이지만, 想, 能은 不, 没 모두 가능하다.

我没要去你家。(×) → 我不要去你家。(○) 나는 당신 집에 가고 싶지 않습니다.
　　　　　　　　 → 我没能去你家。(○) 나는 당신 집에 갈 수 없습니다.

3 빈출 조동사의 기본 용법

❶ 能 : ～할 수 있다

他能来的。(×) → 他能来吧。그는 올 수 있다. (○) 가능을 나타낼 경우 어기조사 的와 호응하지 않는다.
他能说汉语。그는 중국어를 말할 수 있다. (선천적 능력)
他能说一口流利的汉语。그는 중국어를 유창하게 말할 수 있다. (능력의 정도)
他的伤好了, 能走路了。그의 상처가 다 나아서 걸을 수 있다. (능력의 회복)

❷ 会 : ~할 수 있다, 분명히 ~할 것이다

他**会**来吧。(○) 他**会**来的。(○) 그는 올 수 있다. (가능)
他**会**说汉语。 그는 중국어를 말할 수 있다. (후천적 능력)
长期不运动，身体**会**越来越差。 오랫동안 운동을 하지 않으면 몸이 점점 더 약해질 것이다. (필연적 결과)
上课气氛不好，**会**影响上课效果。 수업 분위기가 좋지 않으면 수업 효과에 영향을 줄 것이다. (필연적 결과)

❸ 可以 : ~할 수 있다, ~해도 된다, ~할 만하다

你要办的事儿很多，今天**可以**回家吗？ 해야 될 일이 많은데 오늘 집에 갈 수 있겠어? (가능)
你**可以**用我的耳机。 내 이어폰 써도 돼. (허가)
这本书的内容挺好，你**可以**看看。 이 책 내용이 매우 괜찮으니까 네가 볼 만할 거야. (가치)

❹ 要 : ~하고 싶다, ~해야 한다

我**要**去中国。 나는 중국에 가고 싶다. (소망, 의지(↔不想, 不愿))
学生**要**努力学习。 학생은 열심히 공부해야 한다. (필요(↔不必, 不用))

❺ 应该 : ~해야 한다, ~일 것이다

你汉语学得不错，**应该**去中国学习。 네가 중국어를 잘하니까 중국에 가서 공부해야지. (당위성)
你们**应该**回家了吧。 너희들 집에 돌아가야 되지 않겠니? (추측)

❻ 该 : ~해야 한다, ~일 것이다, 얼마나 ~할까

你汉语学得不错，**该**去中国学习。 너는 중국어를 잘하니까 중국에 가서 공부해야지. (당위성)
你们**该**回家了吧。 너희들 집에 돌아가야 되지 않겠니? (추측)
我能去**该**有多好啊！ 내가 갈 수 있다면 얼마나 좋을까! (감탄)

❼ 肯, 愿意 : ~하기를 원하다

我**愿意**帮你。 나는 너를 도와주기를 원해.

❽ 敢 : ~할 엄두가 나다 (두렵지만 용기를 낸다는 의미)

你**敢**去他家吗？ 너 그의 집에 갈 엄두가 나니?

빈칸에 알맞은 조동사를 고르세요.

> **❶ 他腿的伤好多了，______走路了。**
>
> A 会　　　　　　B 想　　　　　　C 能　　　　　　D 要
>
> **❷ 他病得很厉害，需要人照顾，你______去看看他。**
>
> A 得　　　　　　B 会　　　　　　C 能　　　　　　D 肯

정답 ❶ C ❷ A

•예제

得　　今天　　家务活　　又　　做　　　在家里

정답&공략

정답　今天又得在家里做家务活。 오늘 또 집에서 집안일을 해야 한다.

공략　[1단계] **술어를 찾는다** ◐ 제시어 중 '～이다(하다)'로 끝나는 단어는 做뿐이므로 'A做B'로 기본 틀을 만든다.
　　　　[2단계] **부사어를 배열한다** ◐ 부사어의 기본 배열 순서인 '시간사+부사+조동사+개사구'에 맞게 배열한다.
　　　　[3단계] **주어와 목적어를 정한다** ◐ 남아 있는 제시어는 家务活로 做의 주어는 생략되었고 '做家务活'로 동사와 목적어 호응 구조가 성립된다.

어휘　家务活 jiāwùhuó 명 집안일, 가사

공략 2. 5급 빈출 개사는 나의 재산이다

명사나 대사 앞에 놓여 동작의 시간, 장소, 대상, 방향 등을 표시해주는 것을 개사라고 한다. 新HSK에 즐겨 출제되는 개사의 종류는 한정적이다. 제시된 단어의 품사가 개사라는 것만 알아봐도 술술 풀리는 문제들이 의외로 많으므로 5급에 주로 출제되는 빈출 개사는 쓰기 제1부분뿐만 아니라 독해함에 있어서도 필수 학습 내용이다.

1　개사의 종류

방향	朝 cháo ～을 향해 | 向 xiàng ～을 향해 | 往 wǎng ～쪽으로 | 沿着 yánzhe ～을 따라 | 顺着 shùnzhe ～을 따라
대상	跟 gēn ～에게, ～와 | 给 gěi ～에게 | 为 wèi ～을 위해 | 对于 duìyú ～에 대해서 | 关于 guānyú ～에 관해서
시간, 장소	在 zài ～에서 | 于 yú ～에서 | 从 cóng ～로부터 | 自 zì ～로부터 | 离 lí ～로부터 | 由 yóu ～로부터
근거, 방식	按照 ànzhào ～에 따라서 | 根据 gēnjù ～근거해서 | 以 yǐ ～으로서 | 凭 píng ～을 가지고
기타	随着 suízhe ～함에 따라 | 趁着 chènzhe ～을 틈타서 | 除了 chúle ～이 외에 | 把 bǎ ～을 | 被 bèi ～에 의해서 | 比 bǐ ～보다

2　개사의 위치

❶ 개사는 일반적으로 부사, 조동사의 뒤에 위치한다.

❷ 일부 개사는 주어의 앞에 위치할 수 있다. 대표적으로 关于, 随着, 根据, 按照, 自从 등이 있다.

　　随着经济的发展，人们的生活水平越来越高。
　　경제가 발전함에 따라 사람들의 생활 수준이 점점 더 높아졌다.

<u>自从</u>上了学以后，他变得懂事了。 학교에 들어간 이후로 그는 철이 들었다.

❸ 일부 개사는 술어의 뒤에서 보어의 역할을 하기도 한다. 대표적으로 自, 在, 到, 往, 向, 给, 于가 있다.

他们<u>来自</u>韩国。 그들은 한국에서 왔어요.
你的书<u>放在</u>桌子上。 네 책은 책상에 두었어.
我把他<u>送到</u>了医院。 나는 그를 병원으로 보냈어요.
这是<u>寄往</u>韩国的。 이것은 한국으로 부치는 것입니다.
这条路<u>通向</u>海边。 이 길은 해변으로 통합니다.
您把这本书<u>交给</u>他。 이 책을 그에게 건네주세요.
他<u>生于</u>1987年。 그는 1987년에 태어났습니다.

3　주요 개사 5개의 특징

쓰기
제1부분

❶ 对 (~에 대해서) : 对는 술어가 중요하다. 개사 对와 호응하는 술어는 주로 형용사, 有, 感, 产生 등이다.

　• 기본 어순

> 对 + 명사/대사 + 술어

他<u>对</u>孩子很严格。 그는 아이에게 매우 엄하다.
这种食品<u>对</u>健康很有帮助。 이런 식품은 건강에 매우 도움이 된다.
我<u>对</u>他产生了怀疑。 나는 그에게 의심이 생겼다.
我<u>对</u>这件事感兴趣。 나는 이 일에 흥미가 있다.

　• 부사, 조동사가 있는 경우 : 부사나 조동사는 对의 앞이나 술어의 앞에 모두 위치할 수 있다.

> 주어 + 부사/조동사 + 对 + 명사/대사 + 술어

他只会<u>对</u>自己的是很认真。 그는 자신의 것에만 진지하다.

> 주어 + 对 + 명사/대사 + 부사/조동사 + 술어

他<u>对</u>在任何事都感兴趣。 그는 어떤 일이든지 모두 관심이 있다.

포인트 어순 배열에서 '对'를 발견했다면 형용사를 찾아 술어 부분에 위치시켜 '对+명+정도부사+형용사'의 기본 틀을 만든다.

❷ 关于 (~에 관하여) : 关于는 부사어와 관형어에 모두 사용된다. 부사어로 쓰일 경우 반드시 주어의 앞에 위치한다.

　• 부사어로 쓰일 경우 : 주어의 앞에 위치한다.

> 关于 + 명사, 주어 + 술어 + 목적어

两个人关于这个问题交换了意见。(×) → <u>关于</u>这个问题，两个人交换了意见。(○)
　　　　　　　　　　　　　　　두 사람이 이 문제 대해 의견을 교환했다.

　• 관형어로 쓰일 경우 : 목적어의 관형어로 쓰이며 수량 구조가 있으면 수량 구조 뒤에 위치한다. '수사+양사' 형식 외에 '很多, 不少' 등도 수량 구조에 포함된다.

> 주어 + 술어 + (수량 구조) + 关于 + 명사 + 的 + 목적어

最近我看了关于国际问题的文章。최근에 나는 국제문제에 관한 글을 봤다.
他写过一篇关于这个问题的论文。그는 이 문제에 관한 논문을 한편 쓴 적이 있다.

포인트 关于가 어순 배열에 출제가 된다면 부사어가 아닌 관형어로 출제될 가능성이 많기에 수량 구조의 여부에 신경을 쓰고 개사이지만 관형어로 쓰일 수 있다는 점에 주의를 기울여야 한다.

❸ 离 (~로부터) : 개사 离와 함께 쓰이는 술어는 형용사 远, 近과 동사 有, 剩으로 정해져 있다. 이 때 부사는 주로 술어의 앞에 위치한다.

- 거리 계산 : 술어로 '멀다, 가깝다'는 远이나 近이 위치한다.

离 + 장소 + 술어

公司离我家很远。회사는 우리집에서 매우 멀다.

- 시간 계산 : 술어로 '있다, 남았다'는 有나 剩이 위치한다.

离 + …… + 술어 + 시간

现在离考试还有三天。지금부터 시험까지 아직 3일 남았다.

포인트 어순 배열 문제에서 离를 발견했다면 형용사 远, 近 혹은 동사 有, 剩을 찾는다.

❹ 凭 (~을 가지고, ~으로서) : 凭은 결합하는 명사가 능력이나 증명서류로 특이한 편이다.

- 능력 : 头脑/经验/双手/热情/勇气 등

凭 + 주어의 능력 + 술어

他凭自己的双手成立了一家公司。그는 자신의 두 손으로 회사를 설립했다.

- 증명서류 : 护照/……证/票/推荐信 등

凭 + 증명서류 + 술어

顾客可以凭身份证进活动现场。고객은 신분증을 가지고 행사장소에 들어갈 수 있다.

포인트 개사 중에서 뒤 부분에 증명할 수 있는 종류를 수반하는 개사는 凭이 유일하므로 기억해 두면 5급의 다방면에서 유리하게 적용할 수 있을 것이다.

❺ 于 (~에서, ~로부터, ~보다, ~에 대해) : 于가 술어의 앞에서 부사어로 쓰이는 경우는 거의가 시간을 나타내는 경우이며 그 밖의 상황에서는 동사나 형용사 뒤에서 보어의 역할로 쓰인다.

于 + 시간 + 술어

于1972年创办的。1972년에 창립됐다.

술어 + 于 + 시간/장소/근거/출처

毕业于1999年。1999년에 졸업했다.　　　来源于青海省。칭하이성에서 기원했다.

술어 + 于 + 대상

有利于身体。몸에 유익하다.　　　有害于身体。몸에 해롭다.
有益于国家。국가에 유익하다.　　　有助于你。너에게 도움이 된다.

형용사 + 于

她高于你。 그녀는 너보다 크다. 　　　　　 这个贵于那个。이것이 저것보다 비싸다.

포인트 于는 시간과 친하다. 어순 배열 문제에 于가 등장하면 시간사가 있는지 먼저 살펴보자.

4 개사와 동사 호응 구조

跟……聊天 : ~와 얘기 나누다
我常常跟朋友聊天。 나는 자주 친구와 수다를 떤다.
跟……见面 : ~와 만나다
要跟妈妈见面。 엄마와 만나려 한다.
对……充满…… : ~에 대해서 ~으로 충만하다
我对这次考试充满信心。 나는 이번 시험에 자신감으로 충만하다.
对……产生怀疑 : ~에 대해서 의심이 생기다
我对这件事产生了怀疑。 나는 이 일에 대해서 의심이 생겼다.
对……进行…… : ~에 대해서 ~을 진행하다
怎么对学生进行评价呢？ 어떻게 학생들에 대해 평가를 해야 하나?
给(=为)……带来…… : ~에게 ~을 가져다주다
这次台风给农民带来不少损失。 이번 태풍은 농민에게 많은 손실을 가져다주었다.
给(=为)……提供…… : ~에게 ~을 제공해주다
速冻食品为我们提供很多方便。 냉동식품은 우리에게 많은 편리함을 제공했다.
给……留下深刻的印象 : ~에게 깊은 인상을 남겨주다
车多给我留下了深刻的印象。 차가 많은 것이 나에게 깊은 인상을 남겨주었다.
向……道歉 : ~에게 사과하다
你应该向他道歉。 너는 그에게 사과해야 한다.
向……表示欢迎 : ~을 환영하다
他们向代表团表示热烈的欢迎。 그들은 대표팀을 향해 열렬한 환영을 나타냈다.
向……解释 : ~에게 설명하다
老师向我解释了很多次。 선생님은 나에게 여러 번 설명하셨다.
为……着想 : ~을 위해서 고려하다
我们应该为自己的未来着想。 우리는 자신의 미래를 위해서 생각해야 한다.

由……组成 : ~으로 구성되다
这篇文章**由**3部分**组成**。 이 글은 세 부분으로 구성되어 있다.
从……出发 : ~로에서 출발하다
这是**从**国家的利益**出发**的。 이것은 국가의 이익에서 출발한 것이다.
以……为…… : ~을 ~로 삼다
西方人**以**肉食**为**主食。 서양 사람들은 육식을 주식으로 삼는다.

바로 체크 Check! 다음 중 알맞은 개사를 고르세요.

| 보기 | 对 离 从 于 以 凭 向 由 |

❶ 他们家______公园不太远。

❷ 普通话______北京语为标准音。

❸ 这个旅行团______10个人组成。

정답 ❶ 离 ❷ 以 ❸ 由

예제 난이도 上 공략 Key 개사 于의 목적어와 관형어

| 创作于　　传世的　　1940年　　二胡曲　　这首 |

정답&공략

정답 这首传世的二胡曲创作于1940年。 후세에 전해지고 있는 이 얼후 곡은 1940년에 창작되었다.

공략 1단계 **술어를 찾는다** ➡ 제시어 중 술어로 쓰이는 단어는 创作于(창작하다)뿐이므로 'A创作于B'의 기본 틀을 만든다.

2단계 **보어를 배열한다** ➡ 개사 于는 동사 뒤에 쓰여 시간이나 장소, 원인 등을 나타내는 단어를 이끌 수 있는데, 위의 제시어에서는 '1940年'이라는 시간이 있으므로 '创作于+1940年'으로 배열한다.

3단계 **주어를 배열한다** ➡ 的 뒤의 명사는 二胡曲이며 관형어의 어순 배열은 '지시대사+양사+동사+的+명사'이므로 주어는 '这首传世的二胡曲'가 된다.

어휘 首 shǒu 양 시나 노래를 세는 단위 | 传世 chuánshì 동 후세에 전하다 | 二胡曲 èrhúqǔ 명 얼후 곡 | ★创作 chuàngzuò 동 창작하다

第 1-10 题：完成句子。

1. 为我们　　心态　　好运　　带来　　能　　乐观的

2. 森林　　隔壁　　陌生　　很　　对附近的

3. 将　　飞往上海的航班　　于　　起飞　　十点

4. 以　　由十二个国家　　为　　英语　　母语

5. 休息　　晚上　　得　　一下　　好好

6. 写报告　　周末　　得　　去公司　　又

7. 她　　一篇　　读了　　故事　　胆小鬼的　　关于

8. 家乡的情况　　询问　　向他　　大家都

9. 自己的能力　　他　　对　　产生了　　怀疑

10. 向他们　　我们　　应该　　一个要求　　提出

수식 표현을 마스터하라 Ⅲ
– 관형어

정답_ 해설집 206쪽

학습목표

✓ 1 관형어의 개념 정리 및 어순 오류를 최소화할 수 있다

✓ 2 구조조사 的의 쓰임새를 정리할 수 있다

✓ 3 복잡한 관형어의 어순을 깔끔히 정립할 수 있다

중국어 문장의 뼈대는 '주어+술어+목적어'로 간단하지만 실제 문장은 매우 복잡하다. 이는 관형어 성분이 길어지기 때문이다. 어렵다고 포기하기에는 명사의 위치를 잡아주는 힌트가 되기에 쉽게 간과할 수 없고, 관형어의 정확한 배열을 묻는 문제도 많이 출제되므로 소홀히 해서는 안 된다.

기초 실력 테스트 TEST

1 주어진 내용에 알맞은 보기를 고르세요.

❶ 예쁜 옷 한 벌

    A 一件漂亮的衣服   B 漂亮的一件衣服

❷ 적잖은 문제를 가져왔다

    A 带来了不少的问题   B 带来了不少问题

❸ 셔츠를 입고 있는 그 사람

    A 穿着T恤衫的那个人   B 那个穿着T恤衫的人

❹ 책상 위의 그 책

    A 桌子上的那本书   B 那本桌子上的书

2 다음 중 관형어에 쓰이는 구조조사 的가 들어갈 곳을 모두 고르세요.

今天老师让我们写一篇关于朋友 ___A___ 文章。我写 ___B___ 是在美国 ___C___ 我朋友。我写 ___D___ 很快，但很认真。老师说我写 ___E___ 非常好。回家后，我高兴 ___F___ 把今天的事告诉了妈妈，还把这篇文章寄给了在美国学习 ___G___ 朋友。

5급 기출문제 맛보기

 ## 맛보기 1

난이도 下　공략 Key 수량사와 형용사의 위치

> 一个　　是　　中秋节　　节日　　传统的

정답&공략

정답 中秋节是一个传统的节日。추석은 하나의 전통적인 명절이다.

공략
- [1단계] **술어를 찾는다** ▸ 제시어 중 술어로 쓰일 수 있는 단어는 是(~이다)뿐이므로 'A是B'의 기본 틀을 만든다.
- [2단계] **주어와 목적어를 정한다** ▸ 中秋节가 주어, 节日이 목적어가 되어 '中秋节+是+节日'로 배열된다.
- [3단계] **관형어를 배열한다** ▸ '수사+양사+형용사+的'의 관형어 어순에 대입하면 '一个+传统的'이며, 이는 의미상 节日의 앞쪽에 배치된다.

어휘 中秋节 Zhōngqiūjié 몡 추석 | ★传统 chuántǒng 휑 전통적이다 | ★节日 jiérì 몡 명절

 ## 맛보기 2

난이도 中　공략 Key 관형어의 위치

> 很特殊的　　有　　他的　　意义　　这段经历

정답&공략

정답 他的这段经历有很特殊的意义。이 기간 동안 그의 경험은 매우 특별한 의미를 지니고 있다.

공략
- [1단계] **술어를 찾는다** ▸ 제시어 중 술어로 쓰일 수 있는 단어는 有(있다)뿐이므로 'A有B'의 기본 틀을 만든다.
- [2단계] **的 뒤의 명사를 정한다** ▸ 제시어 중 的를 지닌 관형어가 두 개 있는데 이들 뒤에 들어갈 명사를 찾는다. 관형어의 어순에서 지시대사는 형용사보다 앞에 위치하기 때문에 '很特殊的'의 뒤에 '这段经历'는 위치할 수 없다. 그러므로 '很特殊的+意义'와 '他的+这段经历'로 배열한다.
- [3단계] **주어와 목적어를 정한다** ▸ 전체 문장의 의미에 따라 经历가 주어, 意义가 목적어가 된다.

어휘 段 duàn 양 사물이나 시간 따위의 한 구분을 나타내는 단위 | ★经历 jīnglì 몡 경험, 경력 | ★特殊 tèshū 휑 특이하다, 특수하다

토크토크!
쌤의 한마디~

한국어는 수식 구조가 발달된 언어다 보니 중국어 작문을 할 때도 그런 언어 감각이 드러나는 경우가 있습니다. 문장을 쓸 때 명사를 수식하는 말을 길고 화려하게 쓰려는 경향이 다분하다는 뜻이지요. 예를 들어, 프러포즈하는 장면을 설명할 때 한국어로 '세상에서 최고로 로맨틱한 프러포즈'라는 표현을 떠올렸다면 "世界上最高的浪漫的求婚"과 같은 한국식 중국어가 나올 수밖에 없습니다. 이런 경우는 "世界上最浪漫的求婚"으로 쓰셔야 합니다. 때때로 문장을 만들 때 과도한 관형어의 사용은 과감히 배제하는 용기도 필요하답니다.

5급 쓰기 공략 하기

공략 1. 관형어의 위치는 3군데뿐이다

朋友라는 명사 앞에 여러 가지 수식어를 붙이면 '一个朋友(한 친구)', '我的朋友(내 친구)', '我的一个很好的朋友(나의 무척 좋은 한 친구)'처럼 어떤 '친구'인지 범위를 한정시킬 수 있다. 이렇게 대상을 한정시키는 역할을 하는 문장 성분을 '관형어'라고 한다. 관형어는 명사나 대사의 앞에 놓이는데, 문장 속에서 위치가 어디인지 알아보자.

1 주어의 앞

> 관형어 + 주어 + 술어 + 목적어

예 人　是我妈妈。 사람은 우리 엄마다.
　　주어

확장 那个人是我妈妈。 그 사람
那个非常漂亮的人是我妈妈。 굉장히 예쁜 그 사람
那个穿着红衣服的人是我妈妈。 빨간 옷을 입은 그 사람
那个穿着红衣服的非常漂亮的人是我妈妈。 빨간 옷을 입은 굉장히 예쁜 그 사람

2 개사의 뒤, 명사의 앞

> 개사 + 관형어 + 명사

예 我　在商店　买了　鞋。 나는 상점에서 신을 샀다.
　　개사구(개사+명사)

확장 我在一家商店买了鞋。 한 상점에서
我在一家不太大的商店买了鞋。 그리 크지 않은 한 상점에서
我在一家离我家不远的商店买了鞋。 우리 집에서 멀지 않은 한 상점에서
我在一家离我家不远的不太大的商店买了鞋。 우리 집에서 멀지 않은 그리 크지 않은 한 상점에서

3 목적어의 앞

> 주어 + 술어 + 관형어 + 목적어

예 我丢了　雨伞。 나는 우산을 잃어버렸다.
　　　　목적어

확장 我丢了一把雨伞。 우산 하나
我丢了一把很漂亮的雨伞。 매우 예쁜 우산 하나
我丢了一把很漂亮的粉红色雨伞。 매우 예쁜 분홍색 우산 하나
我丢了一把在百货商店买的很漂亮的粉红色雨伞。 백화점에서 산 매우 예쁜 분홍색 우산 하나

바로 체크 Check! 아래의 문장에서 관형어를 찾으세요.

❶ 站在门口的他是我的朋友。

❷ 我的同屋特别喜欢年轻的女老师。

❸ 我今天跟我最要好的朋友逛了商店。

정답 ❶ 站在门口的 / 我的 ❷ 我的 / 年轻的 ❸ 我最要好的

예제 난이도 中 공략 Key 관형어+的+명사

右边的　钥匙　抽屉里　在　保险柜的

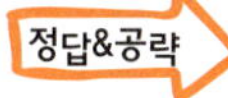

정답&공략

정답 保险柜的钥匙在右边的抽屉里。금고의 열쇠는 오른쪽 서랍 안에 있다.

공략 1단계 **술어를 찾는다** ➡ 제시어 중 술어로 쓰이는 '~하다(이다)'로 끝나는 단어는 在뿐이며, 在가 동사로 사용될 경우 목적어는 장소이므로 'A+在+抽屉里'의 기본 틀이 구성된다.

2단계 **명사 덩어리를 만든다** ➡ 뒤에 명사를 이끄는 的를 동반한 제시어가 두 개 있기 때문에 두 개의 명사 덩어리를 만들 수 있다. 钥匙는 금고의 열쇠일 것이기에 '保险柜的钥匙'로, 나머지는 '右边的抽屉里'으로 연결시킨다.

3단계 **주어와 목적어를 정한다** ➡ 술어 在는 뒤에 장소가 나와야 하므로 주어는 钥匙, 목적어는 '抽屉里'가 된다.

어휘 保险柜 bǎoxiǎnguì 명 금고 | ★钥匙 yàoshi 명 열쇠 | ★抽屉 chōuti 명 서랍

Tip 在의 품사별 용법

품사	의미	용법	예문
동사	~에 있다	在+장소	我在家。나는 집에 있다.
개사	~에서	在+장소+동사	我在家看书。나는 집에서 책을 본다.
부사	~하는 중이다	在+동사	我在看书。나는 책을 보는 중이다.

관형어라고 하면 구조조사 的가 바로 떠오른다. 그렇지만 모든 경우에 的를 쓸 수 있는 것은 아니다. 언제 的를 쓰고 언제 的를 쓰지 않는지는 많은 학습자들이 어려워하는 부분이다. 대체로 관형어가 짧은 경우 的를 쓰지 않고, 관형어가 길면 的를 써주는 것이 좋으며, 반드시 的를 써야 하는 경우도 있다. 특히 다음 공략에서 ★ 표시된 내용은 반드시 익혀두어야 한다.

1 的가 필요 없는 경우

> ★ 수사 + 양사 + 的̸ + 명사

一个人 한 사람 | 两座山 산 두 개 | 三本书 책 세 권 | 四件衣服 옷 네 벌

> ★ 지시대사 + 양사 + 的̸ + 명사

这个人 이 사람 | 那座山 그 산 | 这本书 이 책 | 那件衣服 그 옷

> ★ 1음절 형용사 + 的̸ + 명사

好人 좋은 사람 | 老朋友 오랜 친구 | 大苹果 큰 사과

> ★ 很多 / 不少 + 的̸ + 명사

很多人 많은 사람 | 很多危害 많은 피해 | 不少学生 적잖은 학생 | 不少问题 적잖은 문제

> 재료 + 的̸ + 명사

玻璃杯子 유리 컵 | 木头桌子 나무 탁자

> 색깔 + 的̸ + 명사

红衣服 붉은 옷 | 白色衬衫 흰 셔츠

> 분야 + 的̸ + 직업명사

音乐老师 음악 선생님 | 电影演员 영화배우 | 心理医生 정신과 의사

2 的가 꼭 필요한 경우

> ★ 2음절 형용사 + 的 + 명사

美丽的风景 아름다운 풍경　　　　热闹的街道 활기찬 거리
寒冷的冬天 추운 겨울　　　　　　高兴的日子 즐거운 나날

> ★ 동사구 + 的 + 명사

穿着衣服的孩子 옷을 입고 있는 아이　　离开家的弟弟 집을 떠난 남동생
拥有财产的人 재산을 보유하고 있는 사람　讲故事的演员 이야기를 해주는 연기자

★ 형용사구 + 的 + 명사

很年轻的老师 매우 젊은 선생님　　　　　　相当不错的人 상당히 괜찮은 사람
很有意思的电影 매우 재미있는 영화　　　　比较远的学校 꽤 먼 학교

★ 개사구 + 的 + 명사

对我的印象 나에 대한 인상　　　　　　　从北京回来的我 베이징에서 돌아온 나
在新华书店买的书 신화서점에서 산 책　　比这个便宜的衣服 이것보다 싼 옷

★ 주술구 + 的 + 명사

我去过的地方 내가 간 적이 있는 곳　　　我介绍的人 내가 소개한 사람
老师写的书 선생님이 쓰신 책　　　　　知识丰富的教师 지식이 풍부한 교사

형용사 중첩 + 的 + 명사

红红的苹果 새빨간 사과　　　　　　　干干净净的房间 아주 깨끗한 방

사자성어 + 的 + 명사

成千上万的人 수많은 사람들　　　　　千篇一律的衣服 천편일률적인 옷들

다음 중 관형어가 올바르지 않은 문장을 찾고 틀린 부분을 고치세요.

❶ 这位是今天新来的张老师。　　　________________________

❷ 他就是从上海请来作家王明先生。　________________________

❸ 这个故事感动了很多的人。　　　　________________________

❹ 我们学校来了一位很年轻老师。　　________________________

❺ 我对他的第一印象不错。　　　　　________________________

정답 ❷ 他就是从上海请来的作家王明先生。　❸ 这个故事感动了很多人。　❹ 我们学校来了一位很年轻的老师。

쓰기
제1부분

 **예제**

是　　城市　　悠久　　的　　历史　　西安

정답 　西安是历史悠久的城市。 시안은 역사가 유구한 도시이다.

공략 　(1단계) **술어를 찾는다** ➡ 제시어 중 술어로 쓰일 수 있는 是와 悠久이다. 대부분의 경우 是는 술어로 쓰이기에 'A是B' 의 기본 틀을 만든다.

　　　(2단계) **주어와 목적어를 정한다** ➡ 'A是B'의 기본 틀을 따르면 '西安是城市'로 배열할 수 있다.

　　　(3단계) **관형어를 배열한다** ➡ 的는 명사의 앞에 오기에 '悠久的历史'도 가능하지만, 이미 是를 중심으로 주어, 술어, 목적어가 정해져 있으므로 的는 목적어인 城市의 앞에 위치해야 한다. 또한 悠久는 형용사이기 때문에 '悠久历史'는 올바르지 않은 표현이다.

어휘 　★悠久 yōujiǔ 휑 유구하다, 장구하다

공략 3. 관형어의 어순을 숙지하라

지금까지 관형어의 위치와 구조조사 的의 사용 여부 등 기본을 배웠다. 이제부터 관형어 공략의 핵심인 배열 순서를 알아보자. 관형어의 어순 문제는 新HSK 5급 시험과 떼려야 뗄 수 없는 매우 중요한 출제 경향이다.

1 관형어의 배열 순서

❶ 관형어의 기본 어순

> 수사/지시대사 + 양사 + 각종 구 + 的 + 1음절 형용사 + 명사

순서	구분	的 유무
1	소속('누구의', '어디의'에 해당)	△
2	수사/지시대사+양사	✕
3	주술구/개사구/동사구/형용사구	○
4	1음절 형용사	✕
5	직업/색깔/재료 등 묘사성 명사	✕

※ '구'란?
我나 去는 각각의 품사를 지닌 하나의 단어입니다. 이런 단어들의 조합을 '구'라고 하고, 중심이 되는 성분의 이름을 따서 '동사구', '형용사구', '개사구', '주술구'라고 부릅니다.

예 这是现象。이것은 현상이다.

확장 这是**一种**现象。일종의 현상(수사+양사)

这是**一种新**现象。일종의 새로운 현상(수사+양사+1음절 형용사)

这是**一种非常少见的新**现象。일종의 매우 찾아보기 힘든 새로운 현상

(수사+양사+형용사구+的+1음절 형용사)

❷ 관형어에 시간이나 장소를 나타내는 단어가 포함될 경우

> 시간/장소 + 각종 구 + 的 + 수사 + 양사 + 1음절 형용사 + 명사

这是 最近 一两年出现 的 一 种 新 现象。이것은 최근 몇 년 사이 나타난 일종의 새로운 현상이다.
　　　시간　　　동사구　　　的　수사　양사　1음절 형용사

书包里 的 这 本 书是朋友送给我的。책가방 속의 이 책은 친구가 내게 준 것이다.
　장소　的 지시대사 양사

2 꼭 알아두어야 할 빈출 관형어의 어순 출제 경향

> 수사/지시대사 + 양사 + 정도부사 + 형용사 + 的

春节是**一个传统的**节日。설은 하나의 전통적인 명절이다. (수사+양사+형용사)
小张经营**一家干净的**酒吧。샤오장은 깨끗한 한 술집를 경영한다. (수사+양사+형용사)
我喜欢**非常谦虚的**人。나는 매우 겸손한 사람을 좋아합니다. (정도부사+형용사)
他拿到了**相当不错的**成绩。그는 상당히 괜찮은 성적을 받았다. (정도부사+형용사)

> 개사구 + 的

他**对角色的**把握让人吃惊。배역에 대한 그의 자신감은 사람들을 놀라게 했다. (개사구)
这是一个**关于顾客和售货员的**笑话。이것은 고객과 판매원에 관한 유머다. (개사구)

> 동사 + 명사 + 的

我终于拥有了**属于自己的**房间。나는 마침내 나에게 속하는 방을 갖게 되었다. (동사+명사)
我们要找**解决问题的**办法。우리는 문제를 해결하는 방법을 찾아야 한다. (동사+명사)

> 동사 + 개사성 결과보어 + 的

我是**来自韩国的**留学生。나는 한국에서 온 유학생입니다. (동사+개사성 결과보어)
这是**开往北京动物园的**公交车。이것은 베이징동물원까지 가는 시내버스입니다. (동사+개사성 결과보어)

바로 체크 Check! 밑줄 친 부분의 관형어를 알맞게 배열하세요.

❶ 晚会上的她穿着 <u>新买的　一身　漂亮的</u> 藏族服装。

❷ 我仍然记着 <u>你跟我说过　当时　的　那句</u> 话。

정답 ❶ 一身新买的漂亮的 ❷ 当时你跟我说过的那句

예제　　난이도 上　공략 Key 的 앞의 관형어 어순

我　　中年教师　　一位　　成功的　　事业　　扮演了

정답&공략

정답 我扮演了一位事业成功的中年教师。나는 사업에 성공한 한 중년 교사 역을 맡았다.

공략 (1단계) **술어를 찾는다** ◐ 제시어 중에서 了를 수반한 扮演이 동사이며, 이를 술어로 보아 'A扮演B(A가 B의 역을 맡다)'의 기본 틀을 잡는다.

(2단계) **주어와 목적어를 정한다** ◐ 扮演의 뜻을 통해 我를 주어에, '中年教师'를 목적어에 둔다.

(3단계) **관형어를 배열한다** ◐ '수사+양사+주술구+的'의 순서대로 '一位事业成功的'로 배열한다.

어휘 扮演 bànyǎn 동 (역할이나 배역을 맡아) 연기하다 | 教师 jiàoshī 명 교사

Tip 동사 成功의 용법

❶ 成功은 동사, 형용사로 쓰이나, 동사로 쓰일 때는 목적어를 수반할 수 없다.

❷ 成功은 부사어로 쓰이지 않고 관형어와 술어로만 쓰인다.

为了成功地面试 (×) → 为了面试**成功** (○) 면접에 성공하기 위하여
成功事业的人 (×) → 事业**成功**的人 (○) 사업에 성공한 사람

第 1–10 题：完成句子。

1. 是　　马教授　　自信的　　一个　　人　　相当

2. 有趣　　那个演员　　故事　　很　　讲的

3. 茶文化的　　有　　我家　　很多　　书　　关于

4. 进口　　工厂　　新设备　　需要　　一批

5. 建筑物　　在修复　　都　　雄伟的　　世界各国　　这座

6. 当代　　他　　喜剧演员　　是　　最受欢迎的

7. 家长　　应该　　培养　　解决问题的能力　　独立　　孩子

8. 自己的　　每个人　　属于　　都有　　缘分

9. 深圳的　　飞往　　取消了　　航班　　临时

10. 物理　　非常　　是　　学科　　一门　　有用的　　对日常生活

✦정답 및 해설_ 해설집 116쪽

30 day 동사의 배열 순서에 주의하라 I
— 연동문

✔1 동사의 배열 순서를 신경 쓰자

✔2 연동문에서 了, 着, 过의 위치에 주의하자

✔3 연동문에서 부사, 조동사, 개사의 위치를 파악하자

쓰기 제1부분에서는 동사를 찾아내는 것이 매우 중요하다. 더불어 두 개 이상의 동사가 나올 경우 어떤 순서로 배열할 것인지, 동태조사의 위치는 어디인지 확실히 익혀두면 어순 배열 문제뿐 아니라 단문 쓰기, 회화 등 여러 분야에서 실력을 향상시킬 수 있는 디딤돌이 된다.

기초 실력 테스트 TEST

1 다음 문장을 중국어로 써보세요.

❶ 가서 먹다 ______________________________

❷ 수업이 끝나고 도서관에 간다 ______________________________

❸ 자전거 타고 가다 ______________________________

❹ 운전해서 오다 ______________________________

❺ 해야 할 말이 있다 ______________________________

2 주어진 단어가 들어갈 알맞은 자리를 찾으세요.

❶ 回 A 家吃 B 三个面包。(了)

❷ 走 A 去 B 学校。(着)

❸ 做 A 作业就吃 B 饭。(了)

❹ A 用汉语 B 聊天。(能)

❺ 没来 A 这儿看 B 。(过)

◆ 정답_ 해설집 206쪽

5급 기출문제 맛보기

맛보기 1

난이도 中　공략 Key 연동문의 어순과 偶尔

我　　去　　会　　偶尔　　锻炼　　健身房

정답&공략

정답　我偶尔会去健身房锻炼。 나는 가끔씩 헬스클럽에 운동하러 간다.

공략　1단계 **동사를 찾는다** ⊙ 제시어 중 동사는 去와 锻炼이 있는데 연동문에서 来, 到, 去는 다른 동사보다 앞에 위치하므로 '去+장소+锻炼'으로 기본 틀을 잡는다.

　　　2단계 **부사와 조동사를 배열한다** ⊙ 연동문에서 부사와 조동사는 동사보다 앞에 위치하므로 偶尔과 会는 去 앞에 위치한다.

어휘　★偶尔 ǒu'ěr 🈺 때때로, 가끔 | ★健身房 jiànshēnfáng 🈺 헬스클럽

맛보기 2

난이도 下　공략 Key 연동문의 어순과 一下

登记　　先　　柜台前　　您　　一下　　去

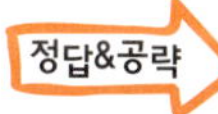

정답&공략

정답　您先去柜台前登记一下。 우선 카운터에 가서 체크인부터 하세요.

공략　1단계 **동사를 찾는다** ⊙ 제시어 중 동사는 去와 登记가 있는데 연동문에서 来, 到, 去는 다른 동사보다 앞에 위치하므로 '去+장소+登记'의 순서로 기본 틀을 잡는다.

　　　2단계 **부사를 배열한다** ⊙ 연동문에서 부사는 일반적으로 동사보다 앞에 위치하므로 先은 去의 앞에 위치한다.

　　　3단계 **一下를 배열한다** ⊙ 一下는 동사의 뒤에 쓰여 '좀 ~하다'의 의미를 지니는데 연동문에서는 두 번째 동사의 뒤에 위치하므로 去의 뒤가 아닌 登记의 뒤에 위치한다.

어휘　柜台 guìtái 🈺 카운터, 계산대 | ★登记 dēngjì 🈺 등기하다, 체크인하다

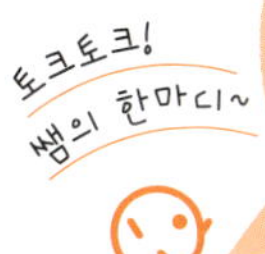

시험을 볼 때는 의외로 쉬운 부분에서 실수하는 경우가 꼭 있습니다. 연동문도 마찬가지입니다. 동사 来, 到, 去가 나오면 '~에 오다, 도착하다, 가다'라는 뜻이므로 당연히 그 뒤에 장소가 언급됩니다. 그런데 이런 당연한 것도 막상 시험에 나오면 생각나지 않을 때가 있습니다. 시험에서는 평소 알고 있는 것, 아주 사소한 것에서 실수하지 않는 것이 무엇보다 중요합니다.

공략 1. 연동문의 종류가 동사의 순서를 결정한다

1 연동문이란?

하나의 주어에 두 개 이상의 동사가 나열된 문장을 의미한다.

> 주어 + **동사1** + 목적어 + **동사2** + 목적어

我 去 图书馆 看 书。
주어 / 동사1 / 동사1의 목적어 / 동사2 / 동사2의 목적어

他们 骑 自行车 来 参加。
주어 / 동사1 / 동사1의 목적어 / 동사2 / 동사3

2 연동문의 종류

❶ 목적 : 동사2가 동사1의 목적을 나타낸다. 이때 동사1은 주로 来, 到, 去이다.

我去中国学汉语。 나는 중국에 가서 중국어를 공부한다.

❷ 수단, 방식 : 동사1이 동사2의 수단이나 방식을 나타내며, 동사1은 주로 坐, 用, 通过 등이 쓰인다.

我坐飞机去中国。 나는 비행기를 타고 중국에 간다.

❸ 선후 관계 : 동사1과 동사2가 시간 순서에 따라 일어남을 나타내며, 두 개의 동사 사이에 부사 就, 才, 再를 넣어서 선후 관계를 드러내주기도 한다.

我吃晚饭就回家。 나는 저녁을 먹고 바로 집에 돌아간다.

바로 체크 Check!   연동문의 종류를 쓰세요.

❶ 他们用汉语聊天。 → _____________을(를) 나타내는 연동문

❷ 我下了课就回家。 → _____________을(를) 나타내는 연동문

❸ 到电影院看电影。 → _____________을(를) 나타내는 연동문

정답 ❶ 수단, 방식 ❷ 선후 관계 ❸ 목적

 **•예제**

난이도 中　　공략 Key 연동문의 종류

| 电子邮件　　现在　　用汉语　　可以　　写 |

정답&공략

정답　现在可以用汉语写电子邮件。 지금은 중국어로 이메일을 쓸 수 있다.

공략　[1단계] **동사를 찾는다** ◑ 제시어 중 술어로 쓰일 수 있는 단어는 동사 用과 写가 있는데 연동문에서 수단이나 방식을 나타내는 동사가 먼저 위치하므로 '用A写B' 순으로 동사를 배열한다. 写의 대상이 되는 목적어는 电子邮件이 된다.

　　　　[2단계] **시간사와 조동사를 찾는다** ◑ 연동문에서 시간사와 조동사는 일반적으로 동사보다 앞에 위치하므로 现在와 可以를 用의 앞에 배열한다.

어휘　★电子邮件 diànzǐ yóujiàn 몡 전자우편, 이메일

쓰기
제1부분

Tip　시간사

년/월/일	早上 아침 | 上午 오전 | 中午 정오 | 下午 오후 | 晚上 저녁 | 昨天 어제 | 今天 오늘 | 明天 내일 | 去年 작년 | 明年 내년 | 星期天 일요일 | 两点 두 시
과거/현재/미래	以前 예전 | 过去 과거 | 现在 지금 | 目前(mùqián) 현재 | 如今(rújīn) 현재 | 将来(jiānglái) 미래 | 以后 앞으로 | 最近 최근 | 当时(dāngshí) 그때 당시
전/후	开学前 개강 전 | 开学后 개강 후 | 吃饭前 식사 전 | 吃饭后 식사 후 | 下课前 수업 전 | 下课后 수업 후

1 연동문에서 了와 过의 위치

❶ 목적을 나타내는 연동문에서 동사1 뒤에는 了나 过를 붙이지 않는다.

我去了中国学汉语。(×) → 我去中国学了汉语。(○) 나는 중국에 가서 중국어를 배웠다.
我去过中国学汉语。(×) → 我去中国学过汉语。(○) 나는 중국에 가서 중국어를 배운 적이 있다.

❷ 수단과 방식을 나타내는 연동문에서 동사1 뒤에는 了나 过를 붙이지 않는다.

我坐了飞机去中国。(×) → 我坐飞机去了中国。(○) 나는 비행기 타고 중국에 갔다.
我坐过飞机去中国。(×) → 我坐飞机去过中国。(○) 나는 비행기 타고 중국에 가 본 적이 있다.

❸ 선후 관계 연동문에서는 了나 过는 반드시 동사1 뒤에 붙여야 한다.

我吃晚饭就回了家。(×) → 我吃了晚饭就回家。(○) 나는 밥을 먹고 집으로 돌아간다.
我吃晚饭就回过家。(×) → 我吃过晚饭就回家。(○) 나는 밥을 먹고 집에 돌아갔다.

2 연동문에서 着의 위치

연동문에서 着는 동사1 뒤에 위치하며, 동시 동작이나 수단, 방식을 타나낸다.

听着音乐做作业。텔레비전을 보면서 숙제 한다. (동시 동작)
他在电影院里吃着爆米花看电影。그는 극장에서 팝콘 먹으면서 영화 본다. (동시 동작)
蘸着盐吃。소금에 찍어서 먹는다. (수단, 방식)　*蘸 zhàn 동 찍다, 묻히다
笑着说。웃으며 얘기한다. (수단, 방식)
学生们坐着听课。학생들은 앉아서 수업을 듣는다. (수단, 방식)

 제시된 동태조사를 알맞은 위치에 넣으세요.

❶ 我正在忙 A 修 B 电脑。(着)

❷ 我去 A 博物馆参观 B 一下。(过)

❸ 我吃完 A 饭就出去 B 散步。(了)

정답 ❶ A ❷ B ❸ A

•예제

난이도 中　　공략 Key 동태조사 了의 위치

我　　去找你　　发　　就　　理了

정답　我理了发就去找你。 머리를 자른 후에 너를 찾으러 갈게.

공략　[1단계] **동사를 찾는다** ▶ 제시어 중 동사는 去找, 理가 있는데, 부사 就에서 선후 관계 연동문임을 알 수 있다. 선후 관계 연동문에서 동태조사의 위치는 첫 번째 동사 뒤이므로 '理了发+去+找你'로 기본 틀이 정해진다.

　　　　[2단계] **就의 위치를 찾는다** ▶ 선후 관계를 나타내는 연동문에서 부사 就는 첫 번째 동작을 행한 후에 쓰이므로 去의 앞에 놓는다.

어휘　★理发 lǐfà 통 이발하다, 머리 자르다

> **Tip　이합동사**
>
> ❶ 이합동사는 1음절 동사와 1음절 명사가 합쳐져 하나의 동사로 쓰이는 단어를 말한다.
>
> ❷ 이합동사는 '동사+목적어' 구조를 이미 가지고 있기 때문에 다른 목적어를 취할 수 없으며, 양사, 동태조사, 보어 등이 결합될 때도 동사 부분과 명사 부분을 분리하여 결합하는 특징이 있다.
>
> 〈 빈출 이합동사 〉
>
> 理发 lǐfà 머리 자르다 | 下课 xiàkè 수업을 마치다 | 洗手 xǐshǒu 손을 씻다 | 付款 fùkuǎn 돈을 내다 | 散步 sànbù 산책하다 | 住院 zhùyuàn 입원하다 | 照相 zhàoxiàng 사진을 찍다 | 辞职 cízhí 사직하다 | 睡觉 shuìjiào 잠자다 | 聊天 liáotiān 한담하다 | 签名 qiānmíng 서명하다 | 洗澡 xǐzǎo 목욕하다

쓰기
제1부분

공략 3. 부사와 조동사의 적당한 위치를 찾자

동작이 연이어 나오다 보면 동작의 앞에 어떠한 상황이 주어지는 경우가 많은데 이렇게 상황을 제시해 주는 역할을 하는 것이 대체로 부사나 조동사들이다. 그렇다면 연동문에서 이들의 위치는 어디일까? 이들의 위치를 제대로 파악해서 완벽한 연동문의 어순을 완성하자.

1　일반적인 경우

> 주어 + 부사 + 조동사 + **동사1** + 목적어 + **동사2**

我　不　想　去　他家　玩儿。
주어　부사　조동사　동사1　목적어　동사2

2　有, 没有가 쓰이는 경우

❶ 有, 没有는 동사1에 위치하며, 뒤에서부터 해석해야 매끄럽다.

我有时间吃饭。 나는 밥 먹을 시간이 있다.
我没有钱买这种包。 나는 이런 가방을 살 돈이 없다.

❷ 조동사와 개사는 주로 동사2와 연결된다.

주어 + **동사1** + 목적어 + 부사 + 조동사 + **개사** + **동사2**

我**有**时间跟你**吃**饭。 나는 너와 밥 먹을 시간이 있다.
我**没有**钱能给你**买**这种包。 나는 너에게 이런 가방을 사줄 수 있는 돈이 없다.

다음 중 제시된 단어가 들어갈 알맞은 위치를 고르세요.

❶ 我 A 去他家 B 吃饭。(不想)

❷ 他 A 有病 B 来。(不能)

❸ 我 A 有钱 B 花。(没)

정답 ❶ A ❷ B ❸ A

예제

난이도 下 공략 Key 연동문의 부사와 조동사

敢　　我　　那家餐厅　　不　　去　　海鲜　　吃

정답&공략

정답　我不敢去那家餐厅吃海鲜。 나는 그 식당에 해산물을 먹으러 갈 엄두가 나질 않는다.

공략　[1단계] **동사를 찾는다** ➡ 제시어 중 동사는 去와 吃가 있는데 목적을 나타내는 연동문에서 来, 到, 去가 먼저 위치하므로 '去那家餐厅吃海鲜'이 된다.
　　　　[2단계] **부사와 조동사를 찾는다** ➡ 목적을 나타내는 연동문에서 부사와 조동사는 일반적으로 동사의 앞에 위치하기에 不와 敢을 去의 앞에 놓는다.

어휘　★敢 gǎn [조동] 감히 ~하다 | 海鲜 hǎixiān [명] 해물, 해산물

第 1-10 题：完成句子。

+정답 및 해설_ 해설집 120쪽

1. 我的眼睛　　他　　看　　常常　　说话　　着

2. 有　　我　　跟你　　很多问题　　商量　　想

3. 陪姐姐　　他　　会　　散步　　有时　　去公园

4. 做客　　她　　我家　　来　　不肯

5. 我　　商场　　买了　　牛仔裤　　去　　一条

6. 俱乐部　　这次比赛　　他们的　　参加　　没有资格

7. 别　　躺　　书　　着　　千万　　看

8. 去　　我们　　火车　　拉萨　　打算　　坐

9. 她　　笑　　事情　　刚才发生的　　着　　说

10. 老师　　回答　　时间　　学生的问题　　没有

31 day 동사의 배열 순서에 주의하라 Ⅱ
– 겸어문

1 겸어문을 이해하자
2 동사의 배열 순서에 신경 쓰자
3 겸어동사를 암기하자

겸어문은 쓰기 제1부분에서 상당히 자주 출제되는 핵심 포인트 가운데 하나이다. 무엇보다 '겸어'라는 용어부터 생소한데, 겸어가 무엇인지, 겸어문의 기본 어순은 어떻게 배열되는지, 겸어문에 쓰이는 동사는 어떤 것들이 있는지 꼼꼼히 학습해두면 쓰기 영역뿐 아니라 독해 영역에서도 많은 도움이 된다.

기초 실력 테스트 TEST

1 다음 중 빈칸에 让이 들어갈 문장을 고르세요.

❶ 这件事______我很重要。　　❷ 你们得______护照带进去。

❸ 妈妈______我把这件事做好。　　❹ 老虎______我翘了尾巴。

2 다음 중 빈칸에 알맞은 동사를 고르세요.

| 보기 | 派　邀请　建议　叫　喜欢 |

❶ 医生______她按时吃饭。

❷ 他______我参加他的婚礼。

❸ 我______男朋友穿西服。

❹ 姑姑______我洗碗。

❺ 公司______他去北京。

5급 기출문제 맛보기

 **맛보기 1**　　　　　　　　　　　　　　　　　난이도 中　공략 Key 겸어문에서 동사 배열

使　　　进步　　　谦虚　　　人

정답&공략

정답　谦虚使人进步。겸손함은 사람을 발전시킨다.

공략　[1단계] **술어를 찾는다** ▶ 제시어 중 술어로 쓰일 수 있는 단어는 使와 进步인데 겸어문에서 使는 첫 번째 동사에 위치하므로 먼저 'A使B进步(A는 B를 발전시킨다)'로 기본 틀을 잡는다.

　　　　[2단계] **나머지 어휘를 배열한다** ▶ 겸어문에서 첫 번째 동사 뒤는 다시 문장으로 이어진다. 남은 성분을 대입해보면 进步하는 주체는 谦虚가 아닌 人이므로 使 뒤에는 人이 오는 것이 적당하다.

어휘　★谦虚 qiānxū 형 겸손하다 | 进步 jìnbù 동 진보하다, 발전하다

 **맛보기 2**　　　　　　　　　　　　　　　　　난이도 下　공략 Key 겸어문에서 동사 배열

叫我　　　姥姥　　　干活儿　　　帮她

정답&공략

정답　姥姥叫我帮她干活儿。외할머니는 나에게 그녀를 도와 일을 하도록 시켰다.

공략　[1단계] **술어를 찾는다** ▶ 제시어 중 동사는 叫와 干活儿, 帮이 있는데 겸어문에서 叫는 첫 번째 동사에 위치하므로 먼저 'A叫B帮C干活儿'의 기본 틀을 만든다.

　　　　[2단계] **나머지 어휘를 배열한다** ▶ 겸어문에서 첫 번째 동사 뒤는 다시 문장으로 이어진다. 내용을 해석하면 나에게 시킨 이는 姥姥이고 나는 姥姥를 도와서 일을 하는 것이므로 전체 문장은 '姥姥+叫我+帮她+干活儿'로 배열된다.

어휘　★姥姥 lǎolao 명 외할머니 | 干活儿 gànhuór 동 일하다

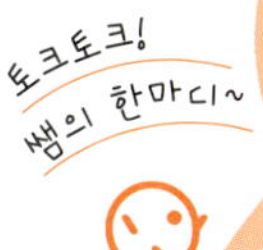
토크토크!
쌤의 한마디~

'겸어문'이라는 용어부터 참 낯설겠지만, 배우고 나면 우리가 평소에 겸어문을 많이 쓰고 있었음을 알게 될 거예요. 예를 들면 '我喜欢我男朋友长得帅(나는 내 남자친구가 잘생겨서 좋아)'라는 표현도 겸어문이랍니다. 우리가 자신도 모르는 사이에 사용하고 있던 겸어문이 어떤 것인지 이제부터 확인해볼까요?

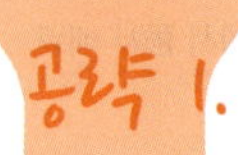

공략 1. 겸어문의 개념부터 익히자

1 겸어문이란?

한 문장에 두 개의 동사가 있고 앞 동사의 목적어가 뒤 동사의 주어를 겸할 경우 그 성분을 겸어라 하고, 겸어를 가지고 있는 문장을 겸어문이라 한다.

> 他要求我做这件事。　그는 나에게 이 일을 하도록 요구했다.

- ⬥ 他要求我　　➡ 그가 나에게 요구한다
  　我做这件事　➡ 나는 이 일을 한다
  　└ 겸어

> 我让他吃饭。　나는 그에게 밥을 먹으라고 했다.

- ⬥ 我让他　➡ 나는 그에게 시켰다
  　他吃饭　➡ 그는 밥을 먹는다
  　└ 겸어

> 我请他来。　나는 그에게 오라고 청했다.

- ⬥ 我请他　➡ 나는 그에게 청했다
  　他来　➡ 그는 왔다
  　└ 겸어

2 겸어문과 연동문의 비교

연동문은 하나의 주어에 두 개 이상의 동사가 연이어 나오지만, 겸어문은 동사 뒤에 다시 주어가 등장해서 술어 부분을 이끈다. 그러므로 겸어 동사의 뒷부분은 완전한 하나의 문장이 된다.

❶ 연동문

我 去补习班学汉语。나는 학원에 가서 중국어를 배운다.
　└ 去와 学 모두의 주어

弟弟 吃了饭就出去了。남동생은 밥을 먹고 바로 나갔다.
　└ 吃와 出去 모두의 주어

他 有病不能来。그는 병이 나서 올 수 없다.
　└ 有와 不能来 모두의 주어

❷ 겸어문

妈妈 让 我 吃饭。엄마는 나에게 밥 먹으라고 하셨다.
让의 주어 ┘　　└ 吃의 주어

这件事　使　我　感到很吃惊。 이 일은 나를 놀라게 했다.
使의 주어　　　　　吃惊의 주어

老师们　都说　他　是好学生。 선생님들은 모두 그를 좋은 학생이라고 말한다.
说의 주어　　　　是의 주어

다음 문장이 겸어문인지 연동문인지 쓰세요.

❶ 我建议他也来补习班。　→ ＿＿＿＿＿＿＿

❷ 他骂我是大胖子。　→ ＿＿＿＿＿＿＿

❸ 我每天到图书馆看报纸。　→ ＿＿＿＿＿＿＿

쓰기
제1부분

정답 **❶** 겸어문 **❷** 겸어문 **❸** 연동문

예제

난이도 上　　공략 Key 겸어문과 感到의 용법

┌───┐
这件事　　叫　　感到　　他　　为难
└───┘

정답&공략

정답　这件事叫他感到为难。 이 일은 그를 난처하게 느끼게 만들었다.

공략　**1단계** **술어를 찾는다** ➡ 제시어 중 동사는 叫와 感到, 为难이 있는데 겸어문에서 叫는 첫 번째 동사에 위치하며, 感到는 형용사를 목적어로 취하므로 'A叫B感到为难(A는 B로 하여금 난처하게 느끼게 만든다)'의 기본 틀을 만든다.

　　2단계 **나머지 어휘를 배열한다** ➡ 为难은 사람의 감정이기 때문에 '这件事'가 아닌 사람, 즉 他가 주어이므로 他를 叫의 뒤에 위치시킨다.

어휘　感到 gǎndào 동 ～라고 느끼다 ｜ 为难 wéinán 형 난감하다, 난처하다

┌───┐
Tip **感到와 感觉**

感到와 感觉는 모두 '～라고 느끼다'라는 뜻으로 주로 형용사를 목적어로 가진다.

① 感到 : 심리적인 느낌을 나타내며 高兴, 难过, 寂寞, 为难 등과 호응한다.

② 感觉 : 신체적인 느낌을 나타내며 累, 冷, 饿 등과 호응한다.
└───┘

공략 2. 겸어문에 쓰이는 동사를 숙지하라

겸어문이 무엇인지를 알았으면 이제는 어떤 동사가 겸어문에 쓰이는지만 알면 된다. 모든 동사가 다 겸어문에 쓰일 수 있는 것은 아니기 때문에 겸어를 목적어로 취하는 동사를 숙지해둔다면 겸어문 어순 배열을 손쉽게 해결할 수 있다.

1 사역·명령·요구를 나타내는 동사

让 ràng / 叫 jiào / 使 shǐ / 令 lìng ~하도록 시키다, ~하게 하다	他**让**我帮他做作业。그는 나에게 그를 도와 숙제를 해달라고 했다.
	上次老师**叫**我带来一本书。 지난번에 선생님은 나에게 책 한 권을 가져오게 하셨다.
	同学的安慰**使**我快乐起来。학우들의 위로는 나를 즐겁게 만들었다.
	这件事**令**我很难过。이 일은 나를 매우 속상하게 한다.
派 pài 보내다	公司**派**他到国外学习。회사는 그를 외국으로 파견 보내 공부하게 한다.
请 qǐng 청하다	我要**请**他吃饭。나는 그에게 밥을 먹자고 청하려 한다.
命令 mìnglìng 명령하다	有人**命令**我打开门。누군가가 나에게 문을 열라고 시켰다.
要求 yāoqiú 요구하다	老师**要求**学生努力学习。선생님은 학생에게 열심히 공부하라고 요구한다.
建议 jiànyì 건의하다	爸爸**建议**我周末去动物园玩儿。 아빠는 나에게 주말에 동물원에 놀러가자고 제안하셨다.
鼓励 gǔlì 격려하다	妈妈**鼓励**我学文化。엄마는 나에게 문화를 배우라고 격려했다.

2 좋고 나쁜 이유나 원인을 나타내는 동사

喜欢 xǐhuan 좋아하다	我**喜欢**她很聪明。나는 그녀가 매우 똑똑해서 좋아한다.
爱 ài 사랑하다	我**爱**他认真负责。나는 그가 성실하고 책임감이 있어서 좋아한다.
恨 hèn 미워하다	我**恨**他说出这样的话。나는 그가 이런 말을 해서 너무 싫다.
嫌 xián 싫어하다	大家都**嫌**他不干净。모두들 그가 깔끔하지 않아서 싫어한다.
讨厌 tǎoyàn 싫어하다	我**讨厌**他总是迟到。나는 그가 늘 지각을 해서 싫어한다.
原谅 yuánliàng 용서하다	请你**原谅**他不懂事。그가 철이 없는 것을 용서해라.
批评 pīpíng 비판하다, 혼내다	老师**批评**他懒。선생님은 그가 게으르다고 혼내신다.
表扬 biǎoyáng 칭찬하다	老师**表扬**我努力学习。선생님은 내가 열심히 공부한다고 칭찬했다.

3 호칭·인정을 나타내는 동사

선행동사	叫 jiào = 称 chēng ～라고 부르다 ｜ 认 rèn ～라고 인정하다 ｜ 拜 bài 스승으로 모시다 ｜ 选 xuǎn 뽑다 ｜ 骂 mà ～라고 놀리다, 욕하다
후행동사	当 dāng ～이 되다, 담당하다 ｜ 做 zuò ～이 되다 ｜ 为 wéi ～으로 삼다, ～으로 여기다 ｜ 是 shì ～이다

大家称她为天使。 모두들 그녀를 천사라고 부른다.	我们选他当代表。 우리는 그를 대표로 뽑았다.
他骂我是大胖子。 그는 나를 뚱보라고 놀린다.	我们拜他为师傅。 우리는 그를 사부님으로 모신다.

4 有와 没有

有 yǒu 있다	丈夫有一个爱好是下象棋。 남편은 장기 두는 취미가 하나 있다. 我有很多同学还没结婚。 나는 아직 결혼을 안 한 동창이 매우 많이 있다.
没有 méiyǒu 없다	今天没有几个学生来上课。 오늘 수업에 온 학생이 몇 명 없다.

예제　　　　　　　　　　　　　　　　　　　　　　　난이도 上　　공략 Key 겸어문에서 동사 배열

佩服　　他　　把握　　令人　　对角度的

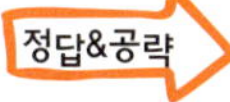
정답&공략

정답　他对角度的把握令人佩服。(사물을 보는) 관점에 대한 그의 자신감은 사람들을 감탄하게 했다.

공략　[1단계] **술어를 찾는다** ▶ 제시어 중 술어로 쓰이는 단어는 令과 佩服가 있는데 겸어문에서 令는 첫 번째 동사에 위치하며, 佩服는 형용사이므로 먼저 'A令人佩服'의 기본 틀을 만든다. 令은 일반적으로 '令+사람+형용사'의 형식으로 쓰인다.

　　　[2단계] **주어 부분을 배열한다** ▶ '무엇이' 사람들을 탄복시켰는지를 찾아야 하는데 주어 부분에 관형어가 나온다면 '的+명사'의 형태이므로 的 뒤에 올 수 있는 것이 把握인지 他인지를 판단하면 된다. '对角度'를 빼고 해석을 해보면 '把握的他'가 아닌 '他的把握'임을 알 수 있다. '他'가 주어 부분이 되려면 '有把握的他'로 쓰여야 하는데 제시어 중 有가 없으므로 주어는 '他对角度的把握'이다.

어휘　★角度 jiǎodù 명 각도, 관점 ｜ ★把握 bǎwò 명 자신감, 확신 ｜ ★佩服 pèifú 형 탄복하다, 감탄하다

新HSK 5급 시험에 자주 출제되는 겸어문은 사역동사인 让, 使, 令이 심리동사나 형용사와 함께 겸어 문을 만드는 경우이다. 형용사와 심리동사는 주로 술어나 관형어로 쓰이므로 어순 배열 문제를 풀 때 겸어문 부분이 술어인지 관형어인지를 먼저 파악해야 한다.

1 술어로 쓰이는 경우

> 주어 + 让 + 사람 + 형용사/심리동사

这件事让我很吃惊。 이 일은 나를 매우 놀라게 만들었다.
读书让我感到快乐。 독서는 나를 즐겁게 만든다.

2 관형어로 쓰이는 경우

> 주어 + 술어 + 让 + 사람 + 형용사/심리동사 + 的 + 목적어

他是让我感到高兴的人。 그는 나를 즐겁게 만드는 사람이다.

> 让 + 사람 + 형용사/심리동사 + 的 + 주어 + 술어 + 목적어

让我高兴的人就是他。 나를 즐겁게 만드는 사람은 바로 그이다.

3 的의 유무

형용사나 심리동사가 나오는 겸어문이 등장했을 경우, 的가 있으면 관형어이고 的가 없으면 술어이다.

这件事让我很吃惊。 이 일은 나를 매우 놀라게 만들었다. (술어)
这是让我很吃惊的事。 이 일이 바로 나를 매우 놀라게 만든 일이다. (관형어)

예제

난이도 中　공략 Key 겸어문의 문장 성분

> 遇到了　　一件　　事情　　让我吃惊的　　昨晚

정답&공략

정답　昨晚遇到了一件让我吃惊的事情。 어제저녁 나를 놀라게 만든 일 하나를 만났다.

공략　[1단계] **술어를 찾는다** ◎ 겸어문 부분이 让我吃惊的라고 관형어로 쓰였으므로 나머지 제시어 중 술어는 자연스럽게 동태조사 了를 수반한 '遇到了'이다.

[2단계] **목적어의 어순을 배열한다** ◎ 술어 '遇到了'를 힌트로 목적어는 事情임을 알 수 있다. 관형어의 어순은 '수량사+동사구+的+명사'이므로 전체 문장은 '昨晚遇到了+一件+让我吃惊的+事情'로 배열된다.

어휘　★遇到 yùdào 통 만나다, 부닥치다 | ★吃惊 chījīng 통 놀라다

第 1–10 题：完成句子。

1. 身材　　她　　很羡慕　　让人　　苗条的

2. 医生　　多　　蔬菜　　建议他　　吃

3. 让我　　他的　　意外　　感到　　一举一动

4. 每个员工　　责任感　　公司　　要求　　具有

5. 学生　　不喜欢　　上课　　老师　　打瞌睡

6. 这个　　兴奋　　使人们　　十分　　好消息

7. 参观　　老板　　派　　展销会　　去杭州　　我

8. 感到　　夜色的　　让人　　寂寞　　天空

9. 我们　　美丽　　终身　　使　　瑜伽

10. 谈谈　　我们　　她的看法　　请　　赵教授

+정답 및 해설_ 해설집 123쪽

32 day 특수 구문을 철저히 공략하라 I
– 把자문

학습목표

√1 把자문의 개념을 이해하자

√2 把자문의 기본 어순을 배열할 수 있다

√3 把자문의 상용구문을 정리해놓자

把자문은 중국인이 굉장히 즐겨 쓰는 문장이자 중국어를 학습하는 이들이 제대로 쓰지 못하는 문장이다. 그만큼 중요하면서도 마스터하기 어려운 구문이다. 왜 把자문을 쓰는지부터 把자문을 쓰는 데 있어 지켜야 할 규칙까지 쓰기 제1부분에서 자주 출제되는 어법이니 확실히 학습하자.

기초 실력 테스트 TEST

1 아래의 문장이 맞으면 ○, 틀리면 ×를 하세요.

❶ 孩子把糖吃。　　　　　　________

❷ 我把电脑没弄坏。　　　　 ________

❸ 我能把今天的作业做完。 ________

❹ 我把他看见了。　　　　　 ________

❺ 你把护照带着。　　　　　 ________

2 괄호 안의 단어를 넣어서 다음 문장을 把자문으로 작문하세요.

❶ A 妈妈 B 把 C 饭 D 做好了。（已经）

❷ 我 A 把 B 电脑 C 修理 D 好。（没）

❸ A 我 B 把今天的作业 C 做好 D。（能）

❹ 孩子 A 把 B 头发 C 染 D 黄色。（成）

❺ A 弟弟 B 把蛋糕 C 拿 D 走了。（给）

5급 기출문제 맛보기

맛보기 1

난이도 中　공략 Key 把자문에서 부사 已经의 위치

> 日程　　他　　已经　　安排好了　　把

정답&공략

정답　他已经把日程安排好了。 그는 이미 스케줄을 다 계획해놓았다.

공략　[1단계] **把자문의 기본 틀을 정한다** ▶ '把+대사/명사+술어+기타성분'이라는 기본 어순에 입각하여 우선 'A把B安排好了(A는 B를 다 계획했다)'의 기본 틀을 만든다.
　　[2단계] **부사를 배열한다** ▶ 把자문에서 부사나 조동사는 把의 앞에 위치하므로 已经을 把의 앞에 배열한다.
　　[3단계] **주어와 목적어를 배열한다** ▶ 계획하는 행동을 하는 것은 사람이므로 他를 주어로, 日程을 把의 목적어로 위치시킨다.

어휘　★日程 rìchéng 몡 일정, 스케줄 | ★安排 ānpái 동 계획하다, 안배하다

맛보기 2

난이도 下　공략 Key 把자문에서 술어 찾기

> 他　　文件　　电脑里的　　把　　了　　删除

정답&공략

정답　他把电脑里的文件删除了。 그는 컴퓨터에 있는 문서를 삭제했다.

공략　[1단계] **把자문의 기본 틀을 정한다** ▶ '把+대사/명사+술어+기타성분'이라는 기본 어순에 입각하여 우선 'A把B명사 删除了(A는 B를 삭제했다)'의 기본 틀이 완성된다.
　　[2단계] **주어와 목적어를 배열한다** ▶ 삭제하는(删除) 행동을 하는 것은 사람이므로 他를 주어로 文件을 목적어로 둔다. 뒤의 목적어는 '电脑里的文件'이므로 전체 문장은 '他+把+电脑里的文件+删除了'로 배열된다.

어휘　文件 wénjiàn 몡 문서 | ★删除 shānchú 동 삭제하다, 지우다

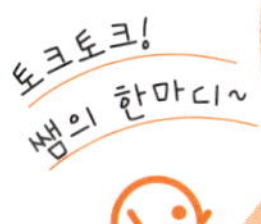

공략 1. 把의 품사를 알면 어순이 보인다

1 把자문이란?

일반적으로 중국어의 어순은 '나는 먹었다 밥을'의 형식인 '주어+술어+목적어'로 배열된다. 하지만 목적어를 어떻게 했는지 강조하기 위해 '나는 밥을 먹었다'로 배열할 수도 있는데, 이때 어순의 순서를 바꾸기 위해 등장하는 단어가 把이다. 把는 '~을(를)'로 해석되며 목적어를 술어의 앞으로 도치시키는 역할을 한다.

일반문	把자문
我吃了面包。 나는 빵을 먹었다.	我把面包吃了。 나는 빵을 먹었다.
我喝完了咖啡。 나는 커피를 다 마셨다.	我把咖啡喝完了。 나는 커피를 다 마셨다.

2 把자문의 위치 찾기

❶ 기본 틀 정하기

把의 품사는 개사이고 '把+목적어'는 개사구로, 부사어의 어순에 따라 把자문은 '주어+부사+조동사+把+목적어+술어'의 순서로 배열된다.

❷ 부사, 조동사는 把 앞에 쓰이며, 자주 나오는 부사와 조동사는 把와 붙여서 암기해두자.

　부사+把　　不把 | 没把 | 别把 | 快把 | 就把 | 刚把 | 已经把 | 千万别把

　조동사+把　想把 | 要把 | 会把 | 能把 | 愿意把

❸ 부사는 把의 앞에 위치하지만 全部, 都처럼 '모두', '전부'를 의미하는 부사는 경우에 따라 의미상 목적어와 더 가까울 수도 있으며, 이때는 목적어의 뒤에 위치한다.

我把冰箱里的苹果都吃完了。 나는 냉장고 안에 있는 사과를 몽땅 다 먹었다.
他把所有的邮件全部删掉了。 그는 모든 이메일을 전부 삭제했다.
他把任何事都看得很轻。 그는 모든 일을 다 너무 가볍게 여긴다.

 **다음 중 제시된 단어가 들어갈 알맞은 위치를 고르세요.**

> ❶ 你　A　把那张画　B　挂在墙上。(不要)
>
> ❷ 你　A　把店门　B　锁好。(就)
>
> ❸ 我　A　把今天的作业　B　做好了。(都)

정답 ❶ A　❷ A　❸ B

•예제　　　　　　　　　　　　　　　　　　　　난이도 上　공략 Key 把자문에서 부사 别의 위치

쓰기
제1부분

> 宠物　　　别　　　酒吧　　　带进　　　把

 정답&공략

정답　别把宠物带进酒吧。 애완동물을 술집으로 데리고 들어오지 마세요.

공략　[1단계] **把자문의 기본 틀을 정한다** ⊙ '把+대사/명사+술어+기타성분'이라는 기본 어순에 입각하여 우선 'A把B带进 (A는 B를 가지고 들어가다)'의 기본 틀을 완성한다.
　　　　[2단계] **부사를 배열한다** ⊙ 把자문에서 부사나 조동사는 把의 앞에 위치하므로 别를 把의 앞에 놓는다.
　　　　[3단계] **술어의 특징을 살핀다** ⊙ 带가 술어이며 进은 보어이다. 进은 '들어가다(오다)'의 의미를 지니고 있어 뒤에 장소를 이끌 수 있으므로 酒吧는 '带进酒吧'로 배열된다.

어휘　★宠物 chǒngwù 몡 애완동물 | 酒吧 jiǔbā 몡 술집, bar

공략 2. 把자문의 금기사항을 숙지하라

把자문에는 쓰지 말아야 할 규칙이 꽤 많은 편이다. 이는 어법적인 규칙이므로 쓰기 제1부분이나 쓰기 제2부분에서 절대 틀려서는 안 되며, 또한 이들이 시험의 포인트로 들어가므로 把자문의 금기사항을 반드시 숙지하고 정리해놓자.

1 수량 구조는 把자문의 목적어로 쓰일 수 없다

把자문의 목적어는 특정한 것이거나 알고 있는 것이어야 하므로, 수량 구조는 쓸 수 없다.

我把一本书看完了。(×) → 我把**这本书**看完了。(○) 나는 이 책을 다 봤다.
师傅把两辆自行车都修好了。(×) → 师傅把**那两辆自行车**都修好了。(○)
　　　　　　　　　　　　　　　　아저씨는 그 두 대의 자전거를 다 수리하셨다.

2 술어는 단독으로 쓰일 수 없고 반드시 뒤에 기타성분이 온다

把자문에 주로 쓰이는 기타성분에는 각종 보어와 동태조사, 동사의 중첩이 있다. 다만, 동태조사 过와 가능보어는 把자문에 쓸 수 없다.

동태조사	了	他把这件事忘了。그는 이 일을 잊었다.
	着	你把这本书拿着。너는 이 책을 들고 있어라.
	过	我把这本书看过。(×)
보어	방향보어	你把蛋糕拿过来。너는 케이크를 가지고 와라.
	결과보어	你把汉语学好。너는 중국어를 잘 배워야 한다.
	시량보어	我把时间提前了两分钟。나는 시간을 2분 앞당겼다.
	동량보어	我把这本书看了一遍。나는 이 책을 한 번 봤다.
	정도보어	他把黑板擦得很干净。그는 칠판을 깨끗하게 지웠다.
	가능보어	我把这本书看不完。(×)
동사의 중첩		你把杯子洗一洗。너는 컵을 좀 씻어라.

3 把자문에 쓸 수 없는 동사

❶ 존재를 나타내는 동사 : 有, 在, 是, 像 등

❷ 이합동사 : 见面, 受伤 등

❸ 자세를 나타내는 동사 : 站, 坐, 躺, 抬 등

❹ 시작이나 끝을 나타내는 동사 : 开始, 结束, 继续, 出发 등

❺ 감각, 인지, 심리상태를 나타내는 동사, 형용사 : 看见, 听见, 知道, 明白, 认为, 觉得, 希望 등

바로 체크 Check! 다음 중 틀린 문장을 고르고 바르게 고치세요.

❶ 我把那两本书都看了。 ______________________________

❷ 你要把它吃。 ______________________________

❸ 我能把作业做得完。 ______________________________

❹ 他把我认为好人。 ______________________________

정답 ❷ 你要把它吃掉。 ❸ 我能把作业做完。 ❹ 我以为她是好人。

예제

난이도 中　공략 Key 把자문에서 부사 没의 위치

| 把 | 爸爸 | 没 | 回来 | 我家的小狗 | 找 |

정답&공략

정답　爸爸没把我家的小狗找回来。 아빠는 우리 집 강아지를 찾아오지 못하셨다.

공략　[1단계] **把자문의 기본 틀 잡기** ● '把+대사/명사+술어+기타성분'이라는 기본 어순에 입각하여 우선 'A把B找……'의 기본 틀을 완성한다. 把자문에서 술어는 단독으로 쓰일 수 없고 기타성분을 동반해야 하므로 방향보어인 回来를 뒤에 위치시키면 'A把B找回来(A는 B를 찾아서 돌아왔다)'로 배열된다.

　　[2단계] **부사, 조동사의 위치를 배열한다** ● 把자문에서 부사나 조동사는 把의 앞에 위치하므로 부정부사 没를 把의 앞에 위치시킨다.

　　[3단계] **주어와 목적어를 배치시킨다** ● 동작의 주체는 아빠이므로 주어는 爸爸, 목적어는 '我家的小狗'이다.

어휘　小狗 xiǎogǒu 圀 강아지

쓰기
제1부분

공략 3. 把자문의 상용 구문을 알아두자

중국인들은 특정한 구문이나 표현을 사용할 때 습관처럼 把자문 형식을 쓰는 경우가 있는데 이런 把자문 상용 구문들을 알아두면 把자문을 좀 더 쉽고 정확하게 쓸 수 있다.

1　동사 뒤에 在, 到, 给, 成이 올 경우

| 把 + 목적어 + 동사 + 在 + 장소/시간 |

把东西放在桌子上。 물건을 책상 위에 두세요.

| 把 + 목적어 + 동사 + 到 + 장소/시간 |

请把这张桌子搬到二楼。 이 책상을 2층으로 옮기세요.

| 把 + 목적어 + 동사 + 给 + 사람 |

你快把这封信交给老师。 빨리 이 편지를 선생님께 건네주어라.

| 把 + 목적어 + 동사 + 成 + 변화한 사물 |

我想把美元换成人民币。 저는 달러를 인민폐로 바꾸고 싶어요.

2　'~로 여기다'의 뜻을 가진 동사가 쓰인 경우

| A + 把 + B + 当做 + C |

我们应该把时间当做朋友。 우리는 시간을 친구로 여겨야 한다.

A + 把 + B + 当成 + C

他把工作当成一种休闲。 그는 일을 일종의 휴식으로 여기다.

A + 把 + B + 作为 + C

把网络作为学习工具。 인터넷을 학습의 도구로 여기다.

A + 把 + B + 看做 + C

不能把简历看做是一种纸。 이력서를 종이 한 장으로만 봐서는 안 된다.

3 동사 뒤에 결과보어가 쓰인 경우

A + 把 + B + 弄 + 결과보어 + C

弄破 깨트리다 | 弄坏 고장 내다 | 弄丢 잃어버리다 | 弄脏 더럽히다 | 弄乱 흐트러트리다 |
弄明白 알다, 이해하다 | 弄糊涂 헷갈리다 | 弄清楚 분명히 하다

孩子把衣服弄脏了。 아이는 옷을 더럽혔다.

A + 把 + B + 摔 + 결과보어 + C

摔倒 넘어지다 | 摔坏 깨지다 | 摔破 깨지다, 헤지다 | 摔断 넘어져서 부리지다

我把别人的手机摔坏了。 나는 다른 사람의 핸드폰을 고장 냈다.

A + 把 + B + 打 + 결과보어 + C

打开 열다 | 打破 깨지다 | 打碎 깨져서 산산조각 나다

把电脑打开。 컴퓨터를 켜세요.

예제   난이도 中   공략 Key 把자문의 호응 구조

我们   把   动物   最好的朋友   当做   应该

정답&공략

정답   我们应该把动物当做最好的朋友。 우리는 동물을 가장 좋은 친구로 여겨야 한다.

공략   【1단계】 **把자문의 호응 구조를 만든다** ◑ 把와 当做가 함께 등장했으므로 'A把B当做C'의 기본 틀을 완성한다.

     【2단계】 **부사나 조동사의 위치를 정한다** ◑ 把자문에서 부사나 조동사는 把의 앞에 위치하므로 조동사 应该를 把의 앞에 위치시킨다.

     【3단계】 **주어와 목적어를 배열한다** ◑ 'A는 B를 C로 여기다'라는 의미를 되새겨보면 '동물을 친구로 여긴다'로 유추할 수 있으므로 주어는 我们, 把의 목적어는 动物, 当做의 목적어는 '最好的朋友'로 배열된다.

어휘   ★动物 dòngwù 몡 동물 | ★当做 dàngzuò 동 ~로 보다, 간주하다

新HSK **5급 따기**
실전 테스트

+ 정답 및 해설_ 해설집 126쪽

第 1–10 题：完成句子。

1. 班主任　　糊涂　　这个消息　　把　　弄　　没

2. 请把　　放　　黄瓜和玉米　　在塑料袋里

3. 把　　居然　　李太太　　忘了　　聚会的事

4. 教授　　明天上午　　把　　讲座　　今天的　　推到

5. 幼儿园　　送给　　这些玩具　　把

6. 他　　全部　　手机里的信息　　删除了　　把

7. 已经　　分配　　把　　好了　　我　　任务

8. 定在　　把　　他们　　5月　　聚会时间　　中旬

9. 收拾得　　舅舅　　把　　阳台　　一干二净

10. 所有的时间　　把　　投入到　　都　　我　　工作上

특수 구문을 철저히 공략하라 Ⅱ

– 被자문

被자문, 즉 피동문은 중국어에서 자주 쓰이는 특수 구문으로, 여러 가지 까다로운 어법 규칙이 있어 新HSK에서 어순 배열 문제로 자주 출제되는 핵심 내용 중 하나다. 被자문의 공식과 출제 포인트를 잘 정리하고 숙지해두자.

기초 실력 테스트 TEST

1 다음 올바른 문장에 O, 잘못된 문장에 ×를 쓰세요.

❶ 那些画被他都卖了。 　　　　　　(　　)

❷ 我被这本书没有吸引住。 　　　　(　　)

❸ 手机被朋友没拿走。 　　　　　　(　　)

❹ 自行车行列被人们称流动的长城。 (　　)

❺ 花瓶被偷走了。 　　　　　　　　(　　)

2 보기에서 빈칸에 알맞은 단어를 고르세요.

| 보기 | 被　给　所　为 |

❶ 玻璃已经被我______打碎了。　　❷ 我被这本小说______感动。

❸ 他被我们选______班长。　　　　❹ 这部电影______称为2011年最佳影片。

정답_ 해설집 206쪽

5급 기출문제 맛보기

맛보기 1

난이도 中　공략 Key 주어와 목적어의 위치

| 他 | 录取了 | 被 | 外资企业 | 一家 |

정답&공략

정답　他被一家外资企业录取了。 그는 한 외자 기업에 뽑혔다.

공략　[1단계] **被자문의 기본 틀을 만든다** ◎ '被+대사/명사+술어+기타성분'이라는 기본 어순에 입각하여 우선 'A被B录取了(A는 B에 의해서 뽑혔다)'의 형태로 배열한다.

　　　　[2단계] **행위의 주체를 찾는다** ◎ 술어가 录取이므로 外资企业이 뽑은 것이고, 被자문에서 행위의 주체는 被의 뒤에 위치한다.

어휘　外资企业 wàizī qǐyè 명 외자 기업 | ★录取 lùqǔ 동 (시험에 합격한 사람을) 뽑다

맛보기 2

난이도 中　공략 Key 飞往의 호응 구조

| 航班 | 洛阳的 | 取消 | 飞往 | 被临时 | 了 |

정답&공략

정답　飞往洛阳的航班被临时取消了。 뤄양으로 가는 항공편이 갑자기 취소되었다.

공략　[1단계] **被자문의 기본 틀을 만든다** ◎ '被+대사/명사+술어+기타성분'이라는 공식에 입각하면 'A被B取消了(A가 B에 의해서 취소됐다)'라는 기본 틀이 완성되며, 제시어 중 '被临时'로 인해서 취소한 대상이 생략되어 있음을 알 수 있으므로 '被临时取消了'의 형태로 배열한다.

　　　　[2단계] **주어를 배열한다** ◎ 술어가 取消이니, 주어는 航班일 것이다. 飞往은 '飞往+방향(~로 비행하다)'의 구조로 이루어지므로 '飞往+洛阳的'로 배열한다.

어휘　★飞往 fēiwǎng ~로 비행하다 | 洛阳 Luòyang 고유 뤄양 | ★航班 hángbān 명 (비행기) 노선 | ★临时 línshí 형 잠시의, 임시의

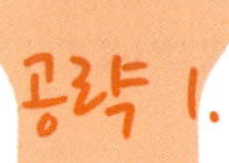

5급 쓰기 공략 하기

공략 1. 被자문의 기본 개념을 이해하자

다른 어법도 마찬가지겠지만 특히 被자문은 기본 어법을 거의 벗어나지 않는 범위 내에서 시험에 출제된다. 그러므로 기본과 특징만을 제대로 학습해둔다면 被자문 어순 배열에서의 오류를 최소화할 수 있을 것이다.

1 被자문이란?

선생님께 꾸중을 들었다거나 지갑을 도둑맞았을 때 중국어는 被자문을 쓴다. 被자문은 '~에 의해서 ~을 당하다'라고 해석되며 被 뒤에 동작을 행한 행위 주체가 나온다.

일반문	被자문
小偷偷走了我的钱包。 도둑이 내 지갑을 훔쳐갔다.	我的钱包被小偷偷走了。 내 지갑은 도둑에 의해 훔쳐감을 당했다.
老师骂了我一顿。 선생님은 나를 한바탕 혼내셨다.	我被老师骂了一顿。 나는 선생님에 의해 한바탕 혼났다.

❶ 동작의 주체는 被 뒤에 위치한다.

被자문의 기본 어순 배열은 '주어+被+행위 주체+술어+기타성분'이다. 어순 배열을 할 때 가장 먼저 틀을 잡아야 하는 부분은 '被+술어+기타성분'이며, 그다음에 주의해야 할 부분이 주어와 행위 주체의 나열이다. 이때 반드시 '누가' 동작을 했는지에 주의하자. 동작을 행한 주체가 被의 뒤에 나온다.

> 주어 + 被 + 행위 주체 + 술어 + 기타성분

我被妈妈骂了。 나는 어머니께 혼났다. (혼낸 주체 → 妈妈)
我的钱包被小偷偷了。 내 지갑은 도둑이 훔쳤다. (훔친 주체 → 小偷)
他被那所名牌大学录取了。 그는 그 명문대학에 뽑혔다. (뽑은 주체 → 大学)
我的自行车被朋友借走了。 나의 자전거는 친구가 빌려갔다. (빌려간 주체 → 朋友)

❷ 被 뒤에 놓인 동작의 주체를 생략할 수 있다.

被자문에서는 '누가' 동작을 했는지 모르거나 알리고 싶지 않은 경우에는 동작의 주체를 생략할 수 있다. 특히 어순 배열 문제에서는 이렇게 출제되는 경우가 많다.

我被老师批评了一顿。 나는 선생님께 한바탕 혼났다.
我被批评了一顿。 나는 한바탕 혼났다.

2　被자문의 위치 찾기

❶ 被는 개사이고 '被+목적어'는 개사구로, 부사어의 배열 순서에 따라 '주어+부사+조동사+被+목적어 +술어'의 순서로 배열된다.

❷ 被자문에서 부사, 조동사는 被 앞에 쓰이며 자주 나오는 부사와 조동사는 被와 붙여서 암기하자.

| 부사+被 | 不被 ｜ 没被 ｜ 别被 ｜ 快被 ｜ 就被 ｜ 又被 ｜ 已经被 ｜ 刚被 |
| 조동사+被 | 会被 ｜ 能被 ｜ 可能被 |

바로 체크 Check!　주어진 단어가 들어갈 올바른 위치를 고르세요.

❶ A 糖 B 已经 C 孩子 D 吃完了。(被)

❷ A 这本书 B 被 C 他 D 拿走。(没)

❸ A 被 B 打 C 开了 D 。(窗户)

정답 ❶ C ❷ B ❸ A

●예제

난이도 中　공략 Key 被자문의 행위 주체

老板　　批准　　我们的申请　　被　　了

정답&공략

정답　我们的申请被老板批准了。우리의 신청은 사장님의 허가를 받았다.

공략　[1단계] **被자문의 기본 틀을 완성한다** ▷ '被+대사/명사+술어+기타성분'이라는 기본 어순에 입각하여 우선 'A被B批 准了(A는 B에 의해서 허락되었다)'의 기본 틀을 잡는다.

　　　[2단계] **주어와 행위 주체를 배열한다** ▷ 명사 '我们的申请'과 老板을 동사 批准의 뜻에 따라 배열하면, '우리의 신 청'이 허가해줄 리는 없으므로 被의 뒤에는 老板이 위치해야 한다.

어휘　申请 shēnqǐng 뎽 신청 ｜ 批准 pīzhǔn 뙹 허가하다, 비준하다

공략 2. 被자문의 공식을 암기하면 유리하다

被자문은 기본 어순 외에 조사나 보어와 함께 쓰일 때의 어순도 시험에 자주 출제된다. 被자문의 어순을 공식처럼 암기하자. 쓰기 제1부분 외에도 독해 제1부분에서도 많은 도움이 된다.

1 술어의 앞에 조사 给를 넣는다

> 주어 + 被 + 대사/명사 + 给 + 술어 + 기타성분

我被这本小说给感动了。나는 이 소설에 감동 받았습니다.

2 술어의 앞에 조사 所를 넣는데 이때 기타성분은 생략한다

> 주어 + 被 + 대사/명사 + 所 + 술어

我被这本小说所感动。나는 이 소설에 감동 받았습니다.

3 술어의 뒤에 为, 做, 作를 넣는데 이때 동작의 주체를 생략하는 경우가 많다

> 주어 + 被 + 대사/명사 + 술어 + 做/作/为 + 기타성분

我被大家选为班长。나는 모두에 의해서 반장으로 선출 되었습니다.

〈자주 출제되는 보어 为, 做, 作를 사용하는 被자문 표현〉

被认为	~라 여겨지다	被选为	~로 당선되다
被誉为	~라 불리다	被称为	~로 불리다
被作为	~라 여겨지다	被列为	~로 채택되다, 편입되다
被看作	~라 여겨지다	被当做	~로 여겨지다

바로 체크 Check! 주어진 단어가 들어갈 올바른 위치를 고르세요.

> ❶ 我的钱包 A 被 B 小偷 C 偷走了。(给)
>
> ❷ 我 被 A 这部电影 B 吸引 C 。(所)
>
> ❸ 他 A 被 B 人们称 C 模范学生。(为)

•예제

난이도 中　　공략 Key 被자문에서 给의 위치

迷住了　　小姐　　他　　给　　被那个漂亮的

정답&공략

정답　他被那个漂亮的小姐给迷住了。그는 그 아름다운 아가씨에게 빠졌다.

공략　**1단계** **被자문의 기본 틀을 완성한다** ○ '被+대사/명사+술어+기타성분'이라는 기본 어순에 입각하여 우선 'A被B迷住了(A는 B에 의해서 사로잡혔다)'의 기본 틀을 잡는다.

2단계 **给의 위치를 파악한다** ○ 被자문에서 조사 给는 술어의 앞에 위치하므로 'A被B给迷住了'로 배열한다.

3단계 **행동의 주체를 정한다** ○ 현혹시킨 게(迷住) 누구인지, '예쁜'이란 단어의 수식을 받을 수 있는 것이 무엇인지 살펴보면 小姐이므로 이를 被의 뒤에 놓는다.

어휘　迷住 mízhù 图 홀리다, 현혹하다

> **Tip** **迷의 활용**
>
> ① 迷人 : 형용사로서 '매혹시키다, 매력적이다'의 뜻으로, 人이나 风景 등에 주로 쓰인다.
>
> ② 迷上 : 어느 분야나 방면에 '깊게 빠져들다'의 뜻으로 일반적으로 足球, 电影, 音乐 등 취미 방면에 주로 쓰인다.
>
> ③ 迷住 : 동사로 '현혹시키다, 미혹시키다'의 뜻으로 대체로 把자문이나 被자문에 쓰인다.

공략 3. 被자문의 금기사항을 정리하라

被자문에는 쓰지 말아야 할 규칙이 꽤 많다. 하지만 把자문을 제대로 학습했다면 被자문의 규칙은 쉽게 이해할 수 있다. 被자문과 把자문을 서로 비교해가면서 학습해보자.

1 **수량 구조는 被자문의 주어가 될 수 없다**

피동문의 주어는 특정한 것이거나 알고 있는 것이어야 한다.

一个钱包被小偷偷走了。(×) → **我的钱包**被小偷偷走了。(○) 내 지갑을 도둑이 훔쳐갔다.

2 **술어 뒤에는 반드시 기타성분이 필요하다**

被자문은 어떤 일을 당했을 경우 사용하는 문장이기에 결과를 반드시 나타내줘야 하므로 술어 뒤에 기타성분이 필요하다. 被자문에 주로 쓰이는 기타성분에는 각종 보어와 동태조사, 동사의 중첩이 있다. 다만, 동태조사 着와 가능보어는 被자문에 쓸 수 없다.

	了	杯子被我打破了。나는 유리를 깨트렸다.
동태조사	过	你被爸爸打过吗? 아빠한테 맞아본 적이 있습니까?
	着	这本书被我拿着。(×)
	방향보어	小王被老师叫出去了。 샤오왕은 선생님에게에 불려나갔다.
	결과보어	钱包被小偷偷走了。 지갑을 도둑에게 도둑맞았다.
	시량보어	昨天我被妈妈骂了一个小时。 어제 나는 엄마에게 한 시간 동안 혼났다.
보어	동량보어	我被老师批评了一顿。 나는 선생님께 한차례 혼났다.
	정도보어	这儿被我们布置得很漂亮。 우리는 여기를 예쁘게 배치했다.
	가능보어	电脑被他修得好。(×)
	수량보어	他被人推了一下。 그는 사람들에게 한 번 밀렸다.

3 把자문에 쓸 수 없지만 被자문에는 쓸 수 있는 술어

把자문에 쓸 수 없었던 술어들이 被자문에는 자주 쓰이는 경우가 많은데, 주로 감각·인지동사와 형용사가 시험에 출제된다.

老师把这件事知道了。(×) → 这件事被老师知道了。(○) 선생님께서 이 일을 아셨다.
他把我的秘密听见了。(×) → 我的秘密被他听见了。(○) 그가 내 비밀을 들었다.
这本书把我感动。(×) → 我被这本书感动了。(○) 나는 이 책에 의해 감동 받았다.
大家把它认为是中国的象征。(×) → 它被大家认为是中国的象征。(○)
그것은 모두에 의해서 중국의 상징이라 여겨진다.

예제

난이도 中　공략 Key 被자문의 행위 주체

| 事情 | 谈恋爱的 | 被 | 知道 | 他们俩 | 他 | 了 |

정답&공략

정답 他们俩谈恋爱的事情被他知道了。 그들 두 사람이 연애하는 것을 그가 알게 되었다.

공략　**1단계** **被자문의 기본 틀을 정한다** ○ '被+대사/명사+술어+기타성분'이라는 기본 어순에 입각하여 우선 'A被B知道 了(A는 B에 의해서 알게 되었다)'의 기본 틀을 만든다.

　　2단계 **명사 덩어리를 만든다** ○ '谈恋爱'는 혼자 하는 행위가 아니므로 '谈恋爱'의 주어는 他가 아닌 '他们俩'가 되 며, '谈恋爱'는 하나의 일, 사건에 해당하므로 '他们俩谈恋爱的事情'이라는 하나의 긴 명사 덩어리가 만들어 진다.

　　3단계 **행위의 주체를 파악한다** ○ 술어가 知道의 주체를 찾는다. '他们俩谈恋爱的事情'과 他라는 두 개의 명사 중에서 동작의 주체는 事情이 아닌 他가 된다.

어휘　谈恋爱 tán liàn'ài 연애하다

第 1-10 题：完成句子。

1. 强烈的　　竟然　　他　　被　　晒黑了　　阳光

2. 认为　　被　　是　　奇迹　　建筑史的　　长城

3. 文件　　弄乱了　　被　　又　　刚整理好的

4. 吸引住　　我　　这个话剧　　被　　没有

5. 更容易　　资料　　接受　　被　　有价值的　　家长

6. 高尔夫球　　看作是　　人们　　一种高雅运动　　被

7. 打了　　哥哥　　又　　一顿　　被妈妈

8. 应用到　　被　　领域　　这个技术　　很多

9. 被　　坏了　　都　　姥姥　　摔　　所有的梳子

10. 越来越　　激励　　重视　　被人们　　所

정답 및 해설_ 해설집 129쪽

34 day 주어의 상식을 깨트려라

— 존현문

학습목표

1 존현문의 개념을 이해할 수 있다

2 존현문의 기본 어순을 배열할 수 있다

3 존현문의 어법적 규칙을 숙지한다

'昨天一个老人死了'는 과연 맞는 문장일까? No! '어제 노인이 한 분 돌아가셨다'는 '昨天死了一个老人'이라고 해야 한다. 이것이 바로 존현문이다. 존현문은 아주 간단한 어법이지만, 흔히 실수를 많이 하는 표현으로 최근 들어 심심찮게 시험에 등장하고 있으니 확실하게 익히자.

기초 실력 테스트 TEST

1 다음 문장이 맞으면 ○, 틀리면 ×를 쓰세요.

❶ 在桌子上放着很多书。 (　　)

❷ 我们班一个同学转走了。 (　　)

❸ 屋子里住着一位奶奶。 (　　)

❹ 从前边来了一个人。 (　　)

❺ 教室里站一位老师。 (　　)

2 보기에서 빈칸에 알맞은 단어를 고르세요.

| 보기 | 种　放　躺　贴　坐 |

❶ 路边______着很多花。　　❷ 门上______着一对对联。

❸ 桌子上______着一台电脑。　　❹ 教室里______着很多学生。

❺ 床上______着一位老人。

✦ **정답_** 해설집 206쪽

5급 **기출문제** 맛보기

 **맛보기 1**　　　　　　　　　　　　　　　　난이도 上　공략 Key 존현문의 주어 및 관형어 배열

> 牌子　　门上　　游人　　挂着　　止步的

정답&공략

정답　门上挂着游人止步的牌子。문에 관광객 출입 금지라는 팻말이 걸려 있다.

공략　[1단계] **술어를 찾는다** ➡ 제시어 중 술어로 쓰일 수 있는 단어는 동태조사 着를 수반한 挂着이며, 이를 중심으로 'A挂着B(A에 B가 걸려 있다)'의 기본 틀을 만든다.

　　　[2단계] **주어와 목적어를 정한다** ➡ 주어는 '어디'에 해당하는 장소이므로 门上이고, 걸려 있는 물건은 游人이 아닌 牌子일 것이므로 '门上+挂着+牌子'로 배열된다.

　　　[3단계] **관형어를 정리한다** ➡ 的를 힌트로 游人은 '止步的'의 앞에 위치함을 알 수 있으므로 '游人止步的'의 명사 덩어리가 만들어지며 이는 팻말에 써 있는 내용이 된다.

어휘　★挂 guà 동 걸다 | 游人止步 yóurén zhǐbù 관광객 출입 금지 | ★牌子 páizi 명 팻말, 표지판

 **맛보기 2**　　　　　　　　　　　　　　　　난이도 上　공략 Key 존현문의 주어 선정

> 青蛙　　草丛里　　一群　　住着

정답&공략

정답　草丛里住着一群青蛙。수풀에 한 무리의 개구리가 살고 있다.

공략　[1단계] **술어를 찾는다** ➡ 제시어 중 동태조사 着를 수반한 住着가 이 문장의 술어 역할을 하므로 'A住着B(A에는 B가 살고 있다)'의 기본 틀이 만들어진다.

　　　[2단계] **주어와 목적어를 정한다** ➡ 존현문의 주어는 시간과 장소이므로 방위사가 있는 '草丛里'가 주어이며, 목적어는 불특정 명사가 와야 하므로 '수+양+명' 구조를 가진 '一群青蛙'이다.

어휘　草丛 cǎocóng 명 수풀 | ★青蛙 qīngwā 명 개구리

토크토크!
쌤의 한마디~

门, 桌子, 钱包 등은 장소가 아닙니다. 그렇기 때문에 '문에 무언가가 걸려 있다', '지갑에 돈이 있다' 등 이런 표현을 하고자 할 때는 이들을 반드시 '장소화'시켜 주어야 합니다. 명사를 장소화시키는 방법은 门上, 桌子上, 钱包里처럼 방위사를 명사 뒤에 붙이는 것입니다. 그럼 사람을 장소화시키려면 어떻게 해야 할까요? 그럴 때는 사람 뒤에 这儿, 那儿 같은 지시대사를 붙여주어야 합니다.

공략 1. 존현문의 개념부터 확실히 하자

1 존현문이란?

사람 혹은 사물이 언제, 어디에서 존재, 출현, 소멸되는 것을 표현하는 문장을 존현문이라 한다.

존재	客厅里坐着两位老人。거실에 두 분의 노인이 앉아 계신다. 门口站着几个人。문 앞에 몇 명이 서 있다.
출현	我们公司来了一位专家。우리 회사에 전문가 한 분이 오셨다. 上个月发生了一起交通事故。지난달에 교통사고 한 건이 발생했다.
소멸	书架上少了几本书。책꽂이에서 책 몇 권이 없어졌다. 早上走了三位客人。아침에 손님 세 분이 가셨다.

2 존현문의 주어

❶ 존현문의 주어는 반드시 시간이나 장소여야 한다.

门口站着几个人。문 앞에 몇 명이 서 있다. (장소)

我们公司来了一位专家。우리 회사에 전문가 한 분이 오셨다. (장소)

上个月发生了一起交通事故。지난달에 교통사고 한 건이 발생했다. (시간)

早上走了三位客人。아침에 손님 세 분이 가셨다. (시간)

❷ 존현문의 주어가 되는 시간사나 장소사 앞에는 절대로 개사 从, 在를 쓸 수 없다.

从前边来了一位老人。(×) → 前边来了一位老人。(○) 앞쪽에서 노인 한 분이 왔다.

在门口站着几个人。(×) → 门口站着几个人。(○) 문 앞에 몇 명이 서 있다.

3 존현문의 목적어

존현문의 목적어는 대부분 관형어를 동반한다.

客厅里坐着　两位　老人。거실에 두 분의 노인이 앉아 계신다.
　　　　　　관형어(수사+양사)

上个月发生了　一起　交通事故。지난달에 교통사고 한 건이 발생했다.
　　　　　　　관형어(수사+양사)

 **다음 중 잘못된 문장을 고르고 바르게 고치세요.**

---

❶ 在桌子上放着一本汉语书。　________________________

❷ 屋子里住着奶奶。　　　　________________________

❸ 昨天我家一个客人来了。　________________________

정답 ❶ 桌子上放着一本汉语书。　❸ 昨天我家来了一个客人。

•예제　　　　　　　　　　　난이도 上　공략 Key 존현문의 주어와 목적어 배열

衣服　　床上　　叠好的　　放着　　一堆

 **정답&공략**

정답　床上放着一堆叠好的衣服。 침대에 한 무더기의 잘 개어진 옷이 놓여 있다.

공략　**1단계** **술어를 찾는다** ❍ 제시어 중 술어로 쓰일 수 있는 단어는 동태조사 着를 수반한 放着이며, 이를 중심으로 'A放着B(A에 B가 놓여 있다)'의 기본 틀을 만든다.

　　2단계 **주어와 목적어를 정한다** ❍ 존현문의 주어는 시간과 장소이므로 床上이 주어이며, 목적어는 불특정 명사여야 하므로 수량 구조를 가진 '一堆衣服(한 무더기의 옷)'가 위치한다.

　　3단계 **관형어를 배열한다** ❍ 관형어의 어순은 일반적으로 '수량사+동사구+的'의 순서이므로 '一堆叠好的'로 배열된다.

어휘　★堆 duī 영 더미, 무더기, 무리를 세는 단위 | 叠 dié 동 (옷·이불·종이 등을) 개다, 접다

Tip　堆의 쓰임

　　❶ 사람이나 사물의 무리, 더미 등을 세는 양사로 쓰인다.

　　　一堆衣服 옷 한 무더기 | 一堆文件 서류 한 더미 | 一堆孩子 아이들 한 무리

　　❷ '一大堆+추상명사'로 쓰여 매우 많음을 나타낸다.

　　　一大堆问题 수많은 문제 | 一大堆意见 수많은 의견 | 一大堆矛盾 수많은 모순

공략 2. 존현문의 용법을 확실히 다지자

'시간/장소+동사+~(的)명사'라는 존현문의 기본 어순을 숙지했다면 존현문 어순 배열의 반은 익힌 셈이나 마찬가지이다. 그렇다면 이제는 어떤 동사가 존현문에서의 술어로 쓰이는지 목적어 앞에 쓰이는 어순은 어떻게 배열하는지 등에 대해 좀 더 자세히 학습해보자.

1 존현문의 술어로 자주 쓰이는 동사

❶ 존재를 나타내는 동사 : 有, 坐, 站, 睡, 贴, 躺, 住, 停, 放, 挂, 摆, 种, 写, 画, 贴 등이 있으며 주로 동사 뒤에 동태조사 着를 동반한다.

信封上贴着一张邮票。 편지봉투에 우표가 한 장 붙어 있다.

❷ 출현을 나타내는 동사 : 来, 跑, 出, 出现, 发生 등이 있으며 주로 동사 뒤에 동태조사 了를 동반한다.

前面来了一个人。 앞에서 사람이 한 명 왔다.

❸ 소실을 나타내는 동사 : 死, 丢, 掉, 消失 등이 있으며 주로 동사 뒤에 동태조사 了를 동반한다.

树上掉下来一个苹果。 나무에서 사과가 하나 떨어졌다.

2 목적어의 앞에 놓이는 관형어의 어순에 신경 쓰자

❶ 존현문의 기본 어순

> 시간/장소 + 술어 + 관형어 + 명사

昨天	来了	一位	客人
桌子	放着	很漂亮的	画

❷ 존현문에 쓰이는 관형어의 어순

> 수량 + 정도부사 + 형용사 + 的

一幅很漂亮的画 예쁜 그림 한 폭
一件十分精致的手工艺品 굉장히 정교한 수공예품 하나

> 주어 + 술어 + 的

游人止步的牌子 관광객 진입 금지 표지판
我买的中国地图 내가 산 중국 지도

> 동사 + 명사 + 的

禁止拍照的字条 촬영 금지 메모
禁止吸烟的警示牌 금연 경고 표어
去上海的飞机 상하이로 가는 비행기

겸어문 + 的

令人佩服的人 사람을 감탄하게 하는 사람
让人羡慕的女孩 사람을 부럽게 하는 소녀
使人高兴的事 사람을 기쁘게 하는 일

3 방위사 사용에 익숙해지자

'桌子放着一本书', '屋子有很多人'은 어딘가 어색한 문장이다. 존현문인데 주어가 장소나 시간이 아니기 때문이다. 桌子나 屋子는 장소가 아니라 그냥 '책상', '집'이라는 하나의 명사일 뿐이다. 이런 경우에는 보통명사에 방위사 上, 中, 下, 里를 붙여 장소화시켜야 한다.

桌子**上**放着一本书。 책상 위에 책 한 권이 놓여 있다.
屋子**里**有很多人。 집 안에 많은 사람들이 있다.

바로 체크 Check! 다음 중 빈칸에 알맞은 단어를 고르세요.

---

❶ 小摊______摆满了很多东西。

   A 上　　　　B 中　　　　C 下　　　　D 里

❷ 这几天接连发生______几件奇怪的事。

   A 正　　　　B 着　　　　C 过　　　　D 了

❸ 书包里放着一本厚厚______词典。

   A 了　　　　B 过　　　　C 的　　　　D 得

정답 ❶A ❷D ❸C

•예제

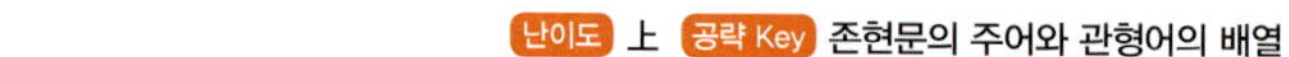

贴着　　门上　　字条　　拍照　　的　　禁止

정답&공략

정답　门上贴着禁止拍照的字条。 문에 촬영 금지라는 메모가 걸려 있다.

공략　(1단계) **술어를 찾는다** ▶ 제시어 중 술어로 쓰일 수 있는 단어는 동태조사 着를 수반한 贴着이며, 이를 중심으로 'A 贴着B(A에 B가 붙어 있다)'의 기본 틀을 만든다.

　　(2단계) **주어와 목적어를 정한다** ▶ 존현문의 주어는 시간과 장소이므로 门上이 주어이며, 목적어는 '무엇이' 걸려 있느냐를 살펴보면 字条임을 알 수 있으므로 '门上+贴着+字条'의 틀이 정해진다.

　　(3단계) **관형어를 배열한다** ▶ 禁止는 일반적으로 '禁止+금지하는 동작'의 형태로 쓰이므로 '禁止拍照'로 배열한다.

어휘　★禁止 jìnzhǐ 통 금지하다 | ★拍照 pāizhào 통 사진을 찍다, 촬영하다 | 字条 zìtiáo 명 메모, 쪽지

> **Tip** 禁止游泳
>
> '수영 금지'는 중국어로 '游泳禁止'가 아니라 '禁止游泳'으로, 어떤 행동을 금지할 때는 '禁止+금지하는 동작'의 형식으로 써야 한다.
>
> 禁止钓鱼 낚시 금지 | 禁止通行 통행 금지 | 禁止吸烟 흡연 금지

第 1–10 题：完成句子。

1. 一个　　有　　小盆栽　　绿色的　　阳台上

2. 隔壁　　小伙子　　一个　　搬来了

3. 墙上　　很多　　有　　图画　　宿舍的

4. 打扰　　贴着　　请勿　　的　　字条　　办公室门上

5. 美丽的　　飞来了　　一群　　蝴蝶　　前边

6. 露出了　　微笑　　他脸上　　甜美的

7. 坐着　　厨房里　　淘气的　　两个　　小男孩

8. 排列着　　非常　　教室里　　整齐的　　桌椅

9. 牌子　　挂着　　修理　　的　　正在　　电梯门上

10. 一条　　抽屉里　　有　　新买的　　项链

35 day 중국어의 정도 표현을 정복하라
– 정도부사와 정도보어

학습목표

✓1 중국어의 정도 표현에 대해 알아보자

✓2 주요 정도부사의 개별 특징을 숙지하자

✓3 정도보어 得의 앞뒤 성분을 마스터하자

정도부사와 정도보어는 '부사'와 '보어'라는 것과 문장 속 위치만 다를 뿐, 정도를 나타내는 역할은 동일하다. 어순 배열 문제에서 정도를 나타내는 단어는 큰 단서를 제공한다. 정도부사와 정도보어가 등장하는 문장은 일정한 배열 형식을 가지는데, 이를 익히기 위해 기본 정보를 완벽하게 학습해야 한다.

기초 실력 테스트 TEST

1 다음 보기 중 정도부사를 모두 고르세요.

|보기| 相当　简直　极其　十分　逐渐　分别　格外

---

2 다음 중 틀린 문장을 고르세요.

❶ 他的水平越来越提高了。　　　　❷ 最近公司很忙。

❸ 这件衣服大有点。　　　　　　　❹ 我特别看喜欢。

3 빈칸에 정도보어를 이끄는 구조조사 得가 들어갈 곳을 모두 고르세요.

今天我们学校举办＿＿A＿＿一场运动会。班长让我参加一百米，他知道我跑＿＿B＿＿很快。我很兴奋＿＿C＿＿答应了，因为第一名可以拿到100元奖金。比赛开始我奋力＿＿D＿＿跑了，可是我很久没跑＿＿E＿＿，所以没拿＿F＿第一名。我气＿G＿要命，我决定以后我＿H＿再好好准备，下次一定拿第一名。

＊**정답_** 해설집 207쪽

5급 **기출문제** 맛보기

맛보기 1

난이도 下　공략 Key 得와 정도부사의 어순

> 很艰难　　得　　谈判　　进行

정답&공략

정답　谈判进行得很艰难。 협상이 매우 힘겹게 진행되었다.

공략　**(1단계) 得(de)인지 得(děi)인지 판단한다** ➡ 제시어 중 得가 있으며 정도부사의 유무를 살펴 정도보어를 연결해주는 구조조사 得(de)인지 조동사 得(děi)인지 확인해야 한다. 제시어 중 정도부사 很이 있으므로 정도보어 문장이고, 정도부사는 得의 뒤에 위치하므로 'A+동사+得+很艰难(A가 매우 힘겹게 ~했다)'의 기본 틀이 만들어진다.

　　　　(2단계) 주어와 술어를 찾는다 ➡ 먼저 술어로 쓰이는 进行을 得의 앞에 위치시키고 나머지는 주어가 된다.

어휘　★谈判 tánpàn 몡 대화, 협상 ｜ 艰难 jiānnán 혱 곤란하다, 어렵다

맛보기 2

난이도 上　공략 Key 得와 정도부사의 어순

> 很周到　　他们　　得　　考虑　　为顾客

정답&공략

정답　他们为顾客考虑得很周到。 그는 고객을 위해 매우 빈틈없이 고려해주었다.

공략　**(1단계) 得(de)인지 得(děi)인지 판단한다** ➡ 제시어 중 得가 있으면 먼저 정도부사가 있는지 살펴 정도보어를 연결해주는 구조조사 得(de)인지 조동사 得(děi)인지 확인해야 한다. 제시어 중 정도부사 很이 있으므로 정도보어 문장이고, 'A+동사+得+很周到(A가 매우 빈틈없이 ~했다)'의 기본 틀을 만든다.

　　　　(2단계) 주어와 술어를 찾는다 ➡ 술어 考虑를 得 앞에 위치시키고, 考虑는 사람이 하는 동작이므로 他们을 주어로 배열한다.

　　　　(3단계) 개사구의 위치를 선정한다 ➡ 为는 개사이다. 개사는 일반적으로 주어의 뒤, 술어의 앞에 위치한다.

어휘　★顾客 gùkè 몡 손님, 고객 ｜ ★考虑 kǎolǜ 동 고려하다 ｜ ★周到 zhōudào 혱 주도면밀하다, 빈틈없다

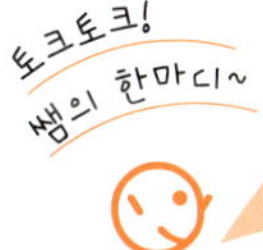

정도 표현 문장의 어순 배열 문제에서는 형용사를 찾는 것이 무척 중요합니다. 그런데 제시어 중 어느 것이 형용사인지 모르면 문제를 풀기가 어렵겠지요? 걱정하지 마세요. 형용사를 찾는 비법이 있으니까요. 우선 소거법입니다. 제시어에서 술어로 쓰일 수 있는 '~하다(이다)'로 끝나는 어휘를 골라낸 다음, 다시 확실하게 형용사가 아닌 단어를 소거하는 방법이지요.

공략 1. 정도부사가 보이면 바로 형용사를 찾아라

예쁜데 어느 정도 예쁜지를 앞쪽에서 표현해주므로 주로 형용사와 짝을 이룬다. 정도부사가 등장했다면 첫 번째로 해야 할 일은 형용사를 찾아서 '정도부사+형용사'의 형태로 묶는 작업이다.

1 정도부사와 정도보어 구분하기

	정도부사	정도보어
위치	동사나 형용사의 앞	동사 술어의 뒤
정의	동사나 형용사 앞에서 정도를 나타내는 단어	동사 술어 뒤에서 동작이 진행되는 정도나 상태를 보충 설명하는 단어나 문장

2 다양한 정도부사 숙지하기

很이나 非常이 '매우'라는 뜻을 가진 정도부사임은 다들 알고 있겠지만 예쁜 정도를 표현할 때 '매우'라는 것만으로 표현하기에는 역부족이다. 예쁜 정도는 천차만별이므로 정도를 표현하는 단어도 다양하다.

〈 여러 가지 정도부사 〉

매우	很 hěn ｜ 挺 tǐng ｜ 非常 fēicháng ｜ ★十分 shífēn ｜ 极其 jíqí
너무	太 tài
특히	特别 tèbié
꽤, 비교적	比较 bǐjiào
유난히	★格外 géwài
상당히	★相当 xiāngdāng
더, 더욱 더	★更 gèng ｜ 更加 gèngjiā
조금, 약간	★有点儿 yǒudiǎnr ｜ ★有些 yǒuxiē
점점 더	越来越 yuèláiyuè
가장	最 zuì

3　빈출 정도부사의 용법

❶ 有点儿 : '조금'이라는 뜻을 가지는 정도부사로, 상황이나 상태가 불만족스러움을 나타낸다.

> **有点儿** + 형용사/심리동사

这件衣服**有点儿**贵。이 옷은 좀 비싸다.

我有点儿高兴。(×) → 我**有点儿**不高兴。나는 조금 불쾌하다. (○)

> **주의** 동사 有와 양사 一点儿이 결합된 有(一)点儿은 정도부사 有点儿과 형태상으로 유사하지만 '有+一点儿+명사'의 형식으로 쓰이며, 이때 명사를 생략하기도 한다.

杯子里**有一点儿**水。컵에 약간의 물이 있다.

❷ 越来越 : '점점 더'라는 뜻을 가지며, 시간이 지남에 따라 정도가 더해짐을 나타낸다.

> **越来越** + 형용사/심리동사 + (了)

天气**越来越**热了。날씨가 점점 더 더워진다.

> **주의** 越来越는 형용사나 심리동사를 수식하는 정도부사로, 동작동사는 수식할 수 없다. 학습자들은 특히 是와 提高를 越来越와 결합시키는 오류를 범하는 경우가 많으므로 주의해야 한다.

她越来越是漂亮。(×) → 她**越来越**漂亮。그녀는 갈수록 아름다워진다. (○)
我的汉语说平越来越提高。(×)→ 我的汉语说平**越来越**高。
나의 중국어 수준은 갈수록 높아진다. (○)

❸ 相当 : '상당히'라는 뜻을 가지는 정도부사이다. 相当은 정도부사이자 형용사이므로 문장에서 품사를 잘 구분하여 써야 한다.

> **相当** + 형용사/심리동사

这次他的成绩**相当**好。이번에 그의 성적은 꽤 좋다.

4　'정도부사+형용사' 구조의 문장성분 찾기

❶ 형용사 뒤에 的가 없는 경우에는 술어로 쓰인다.

'정도부사+형용사' 다음에 的가 없으면 술어로 쓰인 것이다. 형용사는 목적어를 수반할 수 없으므로, 형용사가 술어 역할을 하는 문장은 간단하고 짧은 편이며, 이럴 때는 주어 부분에만 신경 쓰면 된다.

❷ 형용사 뒤에 的가 있는 경우에는 관형어로 쓰인다.

'정도부사+형용사' 다음에 的가 있으면 관형어로 쓰인 것이다. 이럴 때는 관형어가 수식하는 문장성분이 주어인지 목적어인지 파악하는 것이 급선무다.

바로 체크 다음을 배열하고 형용사구가 술어로 쓰이는지 관형어로 쓰이는지 판단하세요.

❶ 简单　这样的　十分　题　　_______________________________

❷ 是个　他　不错的　相当　人　_______________________________

❸ 姑娘　很漂亮的　他　看到了　_______________________________

정답 ❶ 这样的题十分简单。(술어) ❷ 他是个相当不错的人。(관형어) ❸ 他看到了很漂亮的姑娘。(관형어)

예제

난이도 下　공략 Key 형용사구의 위치

정답&공략

정답 班主任的理由很充分。담임 선생님의 이유는 충분하다.

공략
[1단계] **'정도부사+형용사' 구조를 만든다** ▶ 제시어 중 정도부사 很이 있으므로 형용사를 찾아 '很充分'으로 배열한다.

[2단계] **형용사구의 문장성분을 파악한다** ▶ 형용사구 '很充分'이 있기에 이것이 술어로 쓰였는지 관형어로 쓰였는지 판단한다. 제시어 중 的가 있지만 술어로 쓰일 수 있는 단어가 없기에 '很充分'이 술어로 쓰였음을 알 수 있다. 만일 '很充分的'로 쓰인다면 또 다른 동사가 필요하다.

[3단계] **주어를 찾는다** ▶ 무엇이 충분한지 살펴보면 '班主任的理由'임을 쉽게 알 수 있다.

어휘 ★班主任 bānzhǔrèn 몡 담임 교사 | 理由 lǐyóu 몡 이유 | ★充分 chōngfèn 혱 충분하다

> **Tip** 充分
>
> 充分의 품사는 형용사이지만 문장 속에서 부사어의 역할도 한다.
>
> 我们要充分利用时间。우리는 시간을 충분히 이용해야 한다.
> 你得充分发挥水平。너는 실력을 충분히 발휘해야 한다.

공략 2. 구조조사 得의 용법을 정복하라

'매우 바쁘다'가 아닌, '밥 먹을 시간이 없을 정도로 바쁘다'라고 표현하고 싶다면 어떻게 해야 할까? 매우, 굉장히, 꽤 등의 정도부사로는 이처럼 구체적인 '정도'를 나타내기가 턱없이 부족한데, 이럴 경우 중국어에서는 '보어'를 활용한다. 술어 뒤에 쓰이는 정도보어를 통해 내가 표현하고자 하는 정도를 마음껏 표현해보자.

1　공식처럼 외워야 하는 정도보어의 형식

❶ 得가 필요 없는 경우

> 술어 + 极了/死了/坏了/透了 등

高兴**极了** 너무 기쁘다 | 饿**死了** 배고파 죽겠다 | 气**坏了** 화나 죽겠다 | 熟**透了** 너무 익었다

❷ 得가 필요한 경우

> 술어 + **得** + 很 + 慌/要命/厉害/不得了

忙**得**很 매우 바쁘다 | 闷**得**慌 굉장히 답답하다 | 热**得**要命 너무 덥다 | 污染**得**很厉害 심하게 오염됐다 | 累**得**不得了 너무 피곤하다

> 술어 + **得** + 형용사를 이용한 정도 표현

说**得**很好 말을 잘한다 | 说**得**不好 말을 못한다 | 说**得**不怎么样 말을 그리 잘 하지 못한다 | 说**得**还可以 말하는 게 꽤 괜찮다

> 술어 + **得** + 상황의 표현(행동의 묘사)

激动**得**哭了 감격해서 울었다 | 兴奋**得**睡不着觉 흥분해서 잠이 오지 않는다

2　정도보어 어순 배열 문제의 풀이 요령

❶ 정도부사를 찾아라.

어순 배열 문제에서 得가 등장했다면 먼저 정도부사를 찾아 이를 得의 뒤에 바짝 붙이고 형용사를 그 뒤에 붙인 뒤 마침표를 찍는다.

❷ 동사의 위치를 정해라.

정도부사와 형용사를 찾아서 위치를 정한 다음에는 동사, 즉 술어를 찾아서 得의 앞에 놓는다. 그리고 나머지 제시어들을 주어의 자리에 위치시킨다.

❸ 정도부사가 없다면 조동사 得(děi)이다.

得는 정도보어를 이끄는 구조조사 역할을 하기도 하지만 조동사 용법도 있다. 得가 구조조사인

쓰기
제1부분

지 조동사인지 구분하려면, 정도부사가 제시어에 나와 있는지 살펴보면 된다. 정도부사가 있다면 이는 십중팔구 정도보어 표현일 것이며 그렇지 않다면 조동사일 것이다.

다음을 배열하고 得가 정도보어로 쓰였는지 조동사로 쓰였는지 구분해보세요.

❶ 他　漂亮　很　写　字　得　______________________

❷ 回家　我们　赶紧　得　______________________

❸ 丑　姊妹俩　十分　长　得　______________________

정답 ❶ 他字写得很漂亮。(정도보어) ❷ 我们得赶紧回家。(조동사) ❸ 姊妹俩长得十分丑。(정도보어)

•예제

난이도 上　**공략 Key** 相当의 품사

相当　　成都和重庆　　精彩　　得　　踢

정답&공략

정답　成都和重庆踢得相当精彩。청두와 충칭(팀)은 꽤 훌륭하게 경기를 치렀다.

공략　[1단계] **得(de)인지 得(děi)인지 판단한다** ➊ 제시어 중 得가 있으면 먼저 정도부사의 유무를 통해 정도보어 得(de)인지 조동사 得(děi)인지 확인해야 한다. 제시어 중 정도부사 相当이 있으므로 'A+동사+得+相当……'의 기본 틀을 만든다.

[2단계] **'정도부사+형용사' 구조로 만든다** ➊ 제시어 중 형용사를 찾아보니 精彩가 있으므로 相当과 精彩를 짝지어 준다.

[3단계] **주어와 술어를 배열한다** ➊ 동사 踢를 得의 앞에 위치시키고, '成都和重庆'를 주어로 배열한다.

어휘　成都 Chéngdū 고유 청두 | 重庆 Chóngqìng 고유 충칭 | 踢 tī 동 (축구를) 하다 | ★相当 xiāngdāng 부 꽤, 상당히 | ★精彩 jīngcǎi 형 훌륭하다

Tip 精彩

① '훌륭하다, 뛰어나다, 다채롭다'의 뜻을 가진다.

② 스포츠 경기, 공연, 글의 내용 등이 뛰어나고 훌륭함을 나타낸다.

比赛精彩 경기가 훌륭하다 | 表演精彩 공연이 뛰어나다 | 生活精彩 생활이 다채롭다 | 活动精彩 활동이 다채롭다

今天的比赛格外精彩。오늘 경기가 유난히 멋졌다.
这是一场非常精彩的表演。이는 굉장히 훌륭한 공연이다.

第 1-10 题：完成句子。

+**정답 및 해설_** 해설집 136쪽

1. 项目　　利润　　的　　那个　　很高

2. 讨论　　那　　激烈　　得　　两支队　　相当

3. 越来越　　中国　　空气　　新疆　　干燥

4. 成功　　做　　十分　　今天的手术　　得

5. 嘉宾　　突出　　那位　　格外　　演得

6. 青少年的　　很大　　心理承受能力　　差别

7. 地道　　小明的　　做得　　非常　　糖醋鱼

8. 把餐桌　　很整齐　　摆得　　服务员

9. 得　　昨天的　　不太　　进行　　顺利　　谈判

10. 很活跃　　他　　得　　在学校　　表现

36 day 어휘 학습을 소홀히 하지 마라
– 어휘의 특징과 호응 구조

학습목표

✓1 목적어에 특징이 있는 동사를 익히자

✓2 빈출 어휘의 특징을 마스터하자

✓3 호응 구조를 다시금 확인하자

쓰기 제1부분은 크게 어법적인 지식을 이용해 배열하는 문제와 어휘의 특징에 따라 배열하는 문제로 나뉜다. 어법은 학습량이 정해져 있지만 어휘의 경우는 학습량이 참으로 방대하다. 하지만 시험에 즐겨 출제되는 어휘들이 있으므로 우선 이들부터 내 것으로 만들어보자.

기초 실력 테스트 TEST

1 다음 중 틀린 문장을 고르세요.

❶ 我们开始书法吧。

❷ 笑声充满着教室里。

❸ 从来不觉得他是个好人。

❹ 我受到了他的礼物。

❺ 我来承担这次的费用。

2 다음 중 빈칸에 알맞은 어휘를 선택하세요.

보기	认为　千万　担任　显得　促进

❶ 按摩可以______血液循环。

❷ 大家都______这是他的错。

❸ 他______了公司的老板。

❹ 过马路时，______别闯红灯。

❺ 孩子的表情______非常紧张。

5급 **기출문제** 맛보기

 **맛보기 1**

난이도 上　공략 Key '동사+목적어' 호응 구조

促进了　　　丝绸之路　　　交流　　　东西方文化的

정답&공략

정답　丝绸之路促进了东西方文化的交流。실크로드는 동·서양 문화의 교류를 촉진시켰다.

공략　[1단계] **促进과 호응하는 목적어를 찾는다** ▶ 동사 促进은 일반적으로 关系, 交流, 发展, 消化 등과 호응을 이루므로 '促进了+交流'를 중심으로 나머지를 배열한다.

　　　　[2단계] **나머지 어휘를 배열한다** ▶ 交流는 혼자 하는 것이 아니므로 '东西方文化的'의 수식을 받으며, 교류를 촉진시킨 것은 '丝绸之路'이므로 주어가 된다.

어휘　★丝绸之路 sīchóu zhī lù 몡 비단길, 실크로드 | ★促进 cùjìn 통 촉진시키다 | ★交流 jiāoliú 몡 교류

 **맛보기 2**

난이도 上　공략 Key 显得의 특징

有些　　　表情　　　无奈　　　姑姑的　　　显得

정답&공략

정답　姑姑的表情显得有些无奈。고모의 표정이 약간 어쩔 수 없는 것처럼 보인다.

공략　[1단계] **显得와 호응하는 어휘로 기본 틀을 만든다** ▶ 显得는 '~처럼 보인다'의 뜻을 지닌 동사로 대체로 '显得+정도부사+형용사'의 형식으로 문장을 구성한다. 제시어 중 정도부사는 有些, 형용사는 无奈이므로 '显得有些无奈'로 배열한다.

　　　　[2단계] **나머지 어휘를 배열한다** ▶ '姑姑的'의 뒤에는 的로 인해 명사가 위치해야 하므로 表情을 연결하면 주어는 '姑姑的表情'이다. 이로써 전체 문장은 '姑姑的表情+显得+有些+无奈'로 배열된다.

어휘　★姑姑 gūgu 몡 고모 | ★显得 xiǎnde 통 드러나다 | ★无奈 wúnài 통 하는 수 없다, 부득이하다

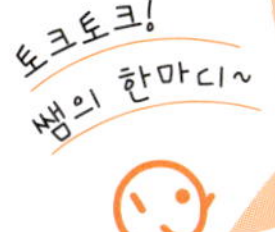

"그 많은 어휘의 특징을 어떻게 다 암기해요? 품사 암기도 너무 어려워요"라고 고민을 털어놓는 학생들이 많이 있습니다. 정말 알아야 할 것도 많고 암기해야 할 것도, 확인해야 할 것도 참 많죠? 하지만 이제껏 공부해오면서 여러분의 어휘에 대한 내공이 심심찮게 쌓여졌음이 느껴지지 않나요? 할 것이 많기는 하지만 중요한 것은 전 영역에 걸쳐 반복적으로 출제되고 있답니다. 조급함을 버리고 여러분들의 쌓아놓은 실력을 끄집어내고 다시 확인해가면서 학습하시면 고지가 눈앞에 보일 것입니다.

쓰기
제1부분

공략 1. 목적어에 특징이 있는 동사를 숙지하자

'我希望衣服(나는 옷을 희망한다)'라는 표현이 맞을까? 아니면 '我希望买衣服(나는 옷을 사기를 희망한다)'가 맞을까? 후자가 올바른 문장이다. 동사는 일반적으로 명사 목적어를 수반하지만 일부 동사는 동사나 형용사 심지어는 문장을 목적어로 가지기도 한다. 바로 위에 언급한 希望이 대표적으로 문장을 목적어로 취하는 동사인데, 이처럼 목적어를 취하는 특징을 미리 알아둔다면 좀 더 수월하게 어순을 배열할 수 있다.

进行 jìnxíng 진행하다	我们对这个问题**进行**了研究。(동사) 우리는 이 문제에 대해 연구를 진행했다.
开始 kāishǐ 시작하다	好吧，现在**开始**上课。(동사) 좋습니다. 지금부터 수업을 시작하겠습니다.
受到 shòudào 얻다, 받다	他的作品**受到**了很多人的欢迎。(동사) 그의 작품은 많은 사람들에게 인기를 얻었다.
继续 jìxù 계속하다	先休息一会儿，再**继续**做。(동사) 우선 좀 휴식을 취한 후에 다시 계속해서 합시다.
善于 shànyú ~에 능하다	我们要**善于**发现新的问题。(동사) 우리는 새로운 문제를 발견하는 데 능해야 한다.
需要 xūyào 필요하다	现在我们**需要**做好心理准备。(동사) 지금 우리는 마음의 준비를 해야 한다.
希望 xīwàng 희망하다, 바라다	我**希望**能获得好成绩。(문장) 나는 좋은 성적을 취득하기를 희망한다.
决定 juédìng 결정하다, 결심하다	他**决定**明年去中国留学。(문장) 그는 내년에 중국으로 유학을 가기로 결심했다.
知道 zhīdào 알다	我**知道**她是你女朋友。(문장) 나는 그녀가 네 여자친구인 걸 알고 있다.
记得 jìde 기억하고 있다	我**记得**你以前不喜欢吃鱼。(문장) 나는 네가 예전에 생선 먹는 걸 좋아하지 않았던 것을 기억해.
保证 bǎozhèng 보장하다, 장담하다	按现在的速度，我**保证**能按时到达。(문장) 지금 속도대로라면 나는 제시간에 도착할 거라고 장담한다.
觉得 juéde ~라 여기다	我**觉得**学汉语很难。(문장) 나는 중국어가 매우 어렵다고 여긴다.
认为 rènwéi ~라 생각하다	我**认为**他做这个工作不合适。(문장) 나는 그가 이 일을 하는 데 어울리지 않는다고 생각한다.

예제

난이도 上　공략 Key 동사의 특징 및 호응 구조

保持　　　女孩子　　　都　　　身材　　　苗条的　　　希望

정답&공략

정답　女孩子都希望保持苗条的身材。여자들은 모두 날씬한 몸매를 유지하기를 바란다.

공략　[1단계] **希望과 호응하는 단어를 배열한다** ➡ 希望은 주어의 뒤에서 문장을 목적어로 취하는 동사이며 제시어 중 '희
　　　　　망하는' 주체는 女孩子임을 알 수 있으므로 우선 '女孩子+希望'로 배열한다.
　　　[2단계] **保持와 호응하는 단어를 배열한다** ➡ 保持는 보통 좋은 상태를 유지하는 것을 의미하며 주로 健康, 关系 등
　　　　　을 목적어로 취하므로 '保持+身材'을 연결하고, 苗条는 몸매의 상태를 수식해주므로 '保持+苗条的身材'로
　　　　　배열한다.
　　　[3단계] **나머지 단어를 배열한다** ➡ 부사 都는 포함하는 것 뒤에 위치하므로 女孩子의 뒤에 위치한다.

어휘　★保持 bǎochí 통 유지하다 | ★苗条 miáotiao 형 날씬하다 | 身材 shēncái 명 몸매

쓰기
제1부분

공략 2. 딸방미인-'어휘'의 특징에 초점을 맞춰라

중국어 단어 중에는 품사를 막론하고 의미에서가 아닌 형식상으로 뚜렷한 특징을 지닌 어휘가 있다.
이처럼 뚜렷한 특징을 지닌 어휘는 그야말로 '답이 보이는 어휘'이다. 무작정 해석만으로 이리저리 맞춰
가며 배열을 한다면 시간도 지체되고 내 입맛에 맞는 오류 문장으로 배열하기 십상이므로 어휘적 특징
을 학습하여 실수를 최소한으로 줄이자.

〈 뚜렷한 특징이 있는 부사 〉

并 bìng 결코	并 + 부정부사(不 / 没 / 非 / 无)
	并非所有的愿望都能实现。모든 염원이 결코 다 실현될 수 있는 것은 아니다.
根本 gēnběn 전혀, 아예	根本 + 不 / 没
	他根本不在乎这一切。그는 이 모든 것을 전혀 염두에 두지 않는다.
从来 cónglái 지금까지, 이제껏	从来 + 부정부사
	我从来没参加过足球比赛。나는 이제껏 축구경기에 참가했던 적이 없다.
千万 qiānwàn 제발, 부디	千万 + 要 / 不要 / 别
	千万不要随便说话。제발 함부로 말하지 마라.
动不动 dòng bu dòng	动不动 + 就
	他动不动就发脾气。그는 걸핏하면 화를 낸다.

显得 xiǎnde ~처럼 보이다	显得 + 정도부사 + 형용사
	她穿这件衣服**显得**很漂亮。 그녀가 이 옷을 입으니까 매우 예뻐 보인다.
象征 xiàngzhēng 상징하다	구체적 명사 + 象征 + 추상명사 ┃ 구체적 명사 + 是 + 추상명사 + 的象征
	龙在中国**象征**权力。 용은 중국에서 권력을 상징한다. 在中国，龙**是**权力**的象征**。 중국에서 용은 권력의 상징이다.
导致 dǎozhì / 造成 zàochéng / 引起 yǐnqǐ 초래하다, 야기하다	원인 + 导致/造成/引起 + 나쁜 결과
	温室效应**导致**全球变暖。 온실효과가 지구 온난화를 초래했다. 贷款买房给我**造成**很大的压力。 대출을 받아서 집을 사는 것은 나에게 큰 스트레스를 초래했다.
充满 chōngmǎn 가득 퍼지다	장소 + 充满 + ……声 소리/味儿 냄새
	教室里**充满**了笑声。 교실에 웃음소리가 가득 퍼졌다.
上涨 shàngzhǎng 오르다	价格 가격/物价 물가 + 上涨
	是什么原因导致肉价**上涨**? 무슨 원인으로 인해 육류 가격이 오른 거죠?

精心 jīngxīn 혱 정성을 들이다	精心 + 准备 준비하다/挑选 고르다/计划 계획하다
	妈妈为我**精心**准备了一桌好菜。 엄마는 나를 위해 정성을 들여 요리를 준비하셨다.
适当 shìdàng 혱 적절하다	适当的 + 명사 ┃ 适当(地) + 동사
	适当的运动有助于健康。 적당한 운동은 건강에 도움이 된다. 我们**适当**干些力气活。 우리는 적당하게 육체노동을 해야 한다.
灵活 línghuó 혱 날쌔다, 융통성이 있다	动作 + 灵活 민첩하다 ┃ 办事 + 灵活 융통성이 있다
	她已经70多岁了，但腿脚还很**灵活**。 그녀는 이미 70세가 넘었는데도 팔다리는 여전히 민첩하다. 工作中遇事要**灵活**处理。 일하는 데 있어 어떤 일과 맞닥트리면 융통성 있게 처리해야 한다.
偶然 ǒurán 혱 우연하다	(不)是偶然……的
	今天他的迟到不是**偶然**的。 오늘 그가 지각한 것은 우연이 아니다.
丝毫 sīháo 몡 조금, 약간	丝毫 + 부정부사 ┃ 부정부사 + 丝毫
	他一辈子**丝毫**没有自己的梦想。 그는 평생 동안 자기만의 꿈이 조금도 없었다.

다음 보기에서 문제에 해당되는 어휘를 고르세요.

| 보기 |　从来　　精心　　显得　　灵活　　上涨　　充满

❶ 보기 중 부정부사와 함께 쓰이는 어휘를 고르세요.

❷ 보기 중 목적어를 취할 수 없는 동사를 고르세요.

❸ 보기 중 형용사 목적어를 취하는 어휘를 고르세요.

정답 ❶ 从来　❷ 上涨　❸ 显得

쓰기
제1부분

·예제

난이도 上　　공략 Key 동사 造成의 특징으로 정답 유추

損失　　　造成了　　　巨大的　　　地震

정답 地震造成了巨大的损失。 지진은 막대한 손실을 초래했다.

공략
[1단계] **造成과 호응하는 목적어를 찾는다** ▶ 造成은 뒤에 목적어를 수반하는 동사로 '원인+造成+나쁜 결과'의 형태로 배열된다. 제시어 중 명사는 损失과 地震이고, 원인과 결과로 나눈다면 지진으로 인해 손실이 생겼을 것이므로 '地震+造成了+损失'의 기본 틀이 완성된다.

[2단계] **巨大와 호응하는 단어를 찾는다** ▶ 巨大는 '크기'가 아닌 '규모나 수량'을 뜻하므로 지진의 크기가 아니라 손실의 양을 나타낸다. 따라서 전체 문장은 '地震+造成了+巨大的+损失'로 배열된다.

어휘 ★地震 dìzhèn 몡 지진 | ★造成 zàochéng 동 초래하다, 야기하다 | ★巨大 jùdà 혱 아주 크다 | ★损失 sǔnshī 몡 손실, 손해

'采取(취하다)' 하면 '措施(대책, 조치)'가 생각나는가? 이렇듯 어떤 어휘가 떠오르면 자동적으로 짝을 이루어 다니는 어휘가 있다. 이를 흔히들 '호응 구조'라고 말하는데 이는 독해 제1부분 14day에서 이미 다루었던 부분이다. 동사는 그와 어울리는 목적어를 찾아주어야 하고, 형용사는 그에 걸맞는 주어나 수식어를 찾아서 연결하면 금방 몇 개의 큰 덩어리로 제시어를 묶을 수 있다.

把握 bǎwò 붙들다, 잡다	把握 + 机会 기회/机遇 기회/时机 좋은 시기
	要好好把握眼前的机遇。 눈앞의 좋은 기회를 잘 잡아야 한다.
保持 bǎochí 유지하다	保持 + 健康 건강/身材 몸매/关系 관계/安静 조용함/年轻 젊음
	合理饮食可以保持年轻。 합리적인 식사로 젊음을 유지할 수 있다.
承担 chéngdān 담당하다	承担 + 责任 책임/费用 비용/任务 임무
	我承担了班里和学生会的工作。 나는 학급과 학생회 일을 맡았다.
促进 cùjìn 촉진시키다	促进 + 关系 관계/发展 발전/交流 교류/血液循环 혈액 순환
	创新可以促进国家发展。 창의성은 국가의 발전을 촉진시킬 수 있다.
出席 chūxí 참석하다	出席 + 会议 회의/研讨会 세미나/开幕式 개막식
	请你出席明天的会议。 내일의 회의에 참석해주세요.
担任 dānrèn 맡다	担任 + 班主任 담임 선생님/队长 팀장/主持人 진행자/解说员 해설자
	我担任了广播站的主持人。 나는 방송국의 아나운서를 맡았다.
得到 dédào 얻다, 받다	得到 + 表扬 칭찬하다/肯定 긍정하다/消息 소식
	老王得到了大家的肯定。 라오왕은 모두의 인정을 받았다.
具备 jùbèi 구비하다	具备+能力 능력/条件 조건/素质 소양/资格 자격
	如果你要找工作的话，首先要具备一些基本条件。 만일 네가 직장을 구하려 한다면 먼저 기본 조건부터 갖추어라.
获得 huòdé 얻다, 획득하다	获得 + 奖学金 장학금/金牌 금메달/冠军 우승/批准 비준
	我终于获得了学校的奖学金。 나는 마침내 교내 장학금을 획득했다.
面临 miànlín 직면하다	面临 + 危机 위기/危险 위험/挑战 도전/考验 시련/破产 파산
	公司正面临着破产的危机。 회사가 파산의 위기에 처해 있다.
受到 shòudào 받다, 입다	受到 + 欢迎 환영하다/影响 영향을 끼치다/认可 허가하다/重视 중시하다/关注 주목하다
	儒家思想受到了全世界的关注。 유교사상은 전 세계의 관심과 주목을 받았다.
延长 yáncháng 연장하다	延长 + 时间 시간/期间 기간/寿命 수명
	我们不得不延长训练时间。 우리는 어쩔 수 없이 훈련시간을 연장해야 한다.

掌握 zhǎngwò 장악하다, 숙달하다	掌握 + 技术 기술/外语 외국어/知识 지식
	掌握一门外语很重要。외국어 하나를 마스터 하는건 매우 중요하다.
征求 zhēngqiú 널리 구하다	征求 + 意见 의견/反馈 피드백
	我征求了很多专家的意见。나는 많은 전문가들에게 의견을 물었다.

바로 체크 Check!　　보기에서 호응 구조에 알맞은 단어를 고르세요.

> |보기| 　冠军　　意见　　寿命　　考验　　技术
>
> ❶ 掌握 __________　　　　　❷ 获得 __________
>
> ❸ 面临 __________　　　　　❹ 征求 __________
>
> ❺ 延长 __________

정답 ❶ 技术　❷ 冠军　❸ 考验　❹ 意见　❺ 寿命

方案　　　我们的　　　重视　　　总裁的　　　受到了

정답&공략

정답　我们的方案受到了总裁的重视。 우리의 계획은 회장님의 인정을 받았다.

공략　**1단계** **受到와 호응하는 목적어를 찾는다** ◑ 受到는 반드시 목적어를 수반해야 하는 동사이며 주로 欢迎, 影响, 认可, 重视, 关注 같은 동사와 짝을 이루므로 'A+受到了+重视'의 기본 틀을 만든다.

　　　2단계 **관형어의 위치를 정한다** ◑ 인정을 받은 것은 方案이므로 '我们的'의 수식을 받으며, 重视는 '总裁的'의 수식을 받는다.

어휘　★方案 fāng'àn 몡 방안, 규칙 | ★总裁 zǒngcái 몡 총재, 회장 | ★重视 zhòngshì 됭 중시하다

> **Tip** 지위를 따져야 하는 일부 동사
>
> 重视나 批准, 关怀 등과 같은 어휘는 나보다 지위가 높거나 연배가 많으신 분들이 하는 행동에 해당한다. 따라서 주어와 목적어를 제대로 배열시켜야 함은 당연지사이다. 만일 '总裁的方案受到了我们的的重视'라고 배열한다면, 해석상으로 별다른 문제가 없는 것 같지만 어휘의 뜻을 자세히 뜯어보면 틀린 표현이란 걸 알게 될 것이다. 어휘의 특징에 다시 한번 신경을 써서, 애써 배열해 놓은 문장에 고개를 갸우뚱하는 일은 없게 해야 할 것이다.

第 1-10 题：完成句子。

+**정답 및 해설**_ 해설집 139쪽

1. 决定　　适当　　训练时间　　延长　　教练

2. 土豆价格　　天气　　导致　　上涨　　原因

3. 要　　每个机会　　把握　　善于

4. 那个　　获得了　　批准　　销售方案

5. 尴尬　　舅舅的　　显得　　很　　表情

6. 不　　他们的　　完善的设备　　健身房　　具备

7. 总是　　屋子里　　欢声笑语　　充满着

8. 这场比赛的　　他　　竟然　　解说员　　担任

9. 挑战　　面临着　　新的　　股票市场

10. 发展　　这次会议　　各市的　　促进了

37 day 쓰기

눈에 보이는 실수를 하지 마라

정답_ 해설집 207쪽

학습목표

✓ 1 중국어 원고지 사용법을 익히자

✓ 2 작문 시 주의할 사항에 대해 숙지하자

✓ 3 한국식 중국어를 쓰는 습관을 고치자

쓰기 제2부분은 상대평가이며 채점위원들은 굉장히 많은 응시생들의 글을 읽고 채점을 한다. 그러므로 바로 눈에 보이는 실수 때문에 글을 채 읽기도 전에 채점위원들에게 안 좋은 인상을 남기면 안 된다. 주어진 96자 원고지를 어떻게 채울지도 중요하지만 사전에 점수를 잃지 않는 것이 가장 중요하다.

기초 실력 테스트 TEST

1 알맞은 문장부호를 빈칸에 넣으세요.

❶ 我能跟你一起去中国吗______

❷ 我喜欢苹果______草莓和西瓜。

❸ 妈妈说______"爸爸不在家。"

❹ ______茶馆______是老舍的作品。

2 다음 문장을 원고지에 옮겨 써보세요.

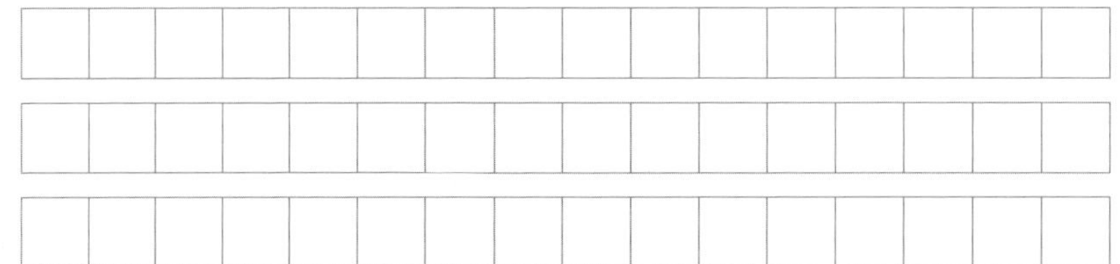

> 我陪妻子逛商店。我们一进商店，她就去看帽子，觉得有个帽子很可爱，就买了一个。

5급 기출문제 맛보기

맛보기 1

난이도 上　　공략 Key 핵심어로 스토리 구성하기

结账、临时、干脆、感谢、海鲜

정답&공략

제시어 분석

① 结账 jiézhàng 통 계산하다, 장부를 결산하다
　別急，吃完后再结账吧。 서두르지 마. 다 먹고 나서 계산하자.

② 临时 línshí 형 부 임시로, 잠시의; 갑자기
　对不起，我临时有事，先走了。 미안한데, 내가 갑자기 일이 생겨서 먼저 가야겠어.

③ 干脆 gāncuì 형 부 (말이나 행동이) 통쾌하다, 시원시원하다; 차라리, 아예
　他说话很干脆。 그는 말하는 게 매우 시원시원하다. | 他干脆不理我了。 그는 나를 아예 모른 척했다.

④ 感谢 gǎnxiè 통 감사하다
　我很感谢你们对我的支持和鼓励。 저에 대한 여러분의 지지와 격려에 감사드립니다.

⑤ 海鲜 hǎixiān 명 해산물
　我对海鲜过敏。 나는 해산물 알레르기가 있다.

모범 답안

		小	王	常	常	帮	助	我	，	为	了	感	谢	他	，
今	天	我	打	算	请	他	吃	海	鲜	。	我	打	电	话	预
定	了	两	个	座	位	。	没	想	到	小	王	临	时	有	事，
来	不	了	了	。	我	想	了	想	，	干	脆	给	男	朋	友
打	电	话	，	跟	他	一	起	去	吃	饭	，	这	样	的	话
我	不	结	账	也	可	以	。								

샤오왕은 자주 나를 도와준다. 그에게 감사하기 위해 오늘 나는 그에게 해산물 요리를 사줄 계획이다. 나는 전화로 두 좌석을 예약해두었는데 뜻밖에도 샤오왕에게 갑자기 일이 생겨서 올 수 없게 되었다. 나는 생각을 좀 해보고는 아예 남자친구에게 전화를 걸어서 그와 함께 밥을 먹으러 가기로 했고, 그러면 내가 계산하지 않아도 된다.

공략

1단계 **주제어 찾기** ➡ 结账, 海鲜

2단계 **내용 구성하기** ➡ 친구의 도움에 감사하기 위해 해산물 요리를 사주기로 했다 → 친구에게 갑자기 일이 생겨서 못 왔다 → 아예 남자친구를 불렀다 → 덕분에 내가 계산하지 않았다

어휘 ★预定 yùdìng 통 예약하다 | 座位 zuòwèi 명 좌석 | ★没想到 méi xiǎngdào 생각지도 못하다

맛보기 2

1단계 **핵심 동작 찾기** ▶ 聊天
2단계 **내용 구성하기**
① 그림 묘사하기 ▶ 두 사람이 이야기를 나누는 모습을 묘사한다.
② 부연 설명하기 ▶ 한담을 나누는 것에 대해 짧게 설명한다.
③ 질문 제시하기 ▶ 한담을 나누면 어떤 좋은 점이 있는지 질문한다.
④ 대답하기 ▶ 질문에 대한 대답을 2~3가지로 나열한다.
⑤ 결론 맺기 ▶ 한담을 나누는 행위가 중요함을 강조한다.

모범 답안

　　图片上有两个人在聊天。人与人之间聊天是一种重要的沟通方式，那么同事之间聊天有什么好处？第一，可以缓解工作上的压力；第二，能帮助培养感情；第三，能提高工作效率。因此我们多跟同事聊天。

　　그림 속에는 두 사람이 이야기를 나누고 있다. 사람과 사람 사이에 한담하는 것은 중요한 소통 방식이다. 그렇다면 회사 동료 간에 한담을 하는 것은 어떤 좋은 점이 있을까? 첫째, 일에서의 스트레스를 해소할 수 있다. 둘째, 친해지는 데 도움이 된다. 셋째, 업무 효율을 높일 수 있다. 이 때문에 우리는 동료와 더 많이 한담을 나누어야 한다.

어휘 ★沟通 gōutōng 통 소통하다 | ★缓解 huǎnjiě 통 완화시키다 | ★压力 yālì 명 스트레스 | ★培养 péiyǎng 통 기르다, 키우다 | ★效率 xiàolǜ 명 능률, 효율

토크토크!
쌤의 한마디~

여러분들의 작문 수준은 과연 어느 정도일까요? 중국의 고등학생 수준? 중학생 수준? No! 안타깝게도 5급을 학습하는 학생들의 글쓰기는 중국의 유치원생 수준이랍니다. 우리가 중국어 작문을 할 때 느끼는 불편함은 바로 여기서 나옵니다. 뇌는 성인의 뇌이므로 글의 내용이나 사고의 방향이 논리적이고 방대한데, 중국어 글쓰기 실력은 유치원생 수준이라서 표현하고 싶은 것을 다 쓰지 못하기 때문이지요. HSK 시험에서는 글의 내용을 보지 않습니다. 중요한 것은 유치원생 수준이라도 정확하게 쓰는 것이랍니다!

5급 **쓰기 공략** 하기

新HSK 5급에 응시하려면 원고지 작성법을 숙지하는 것이 기본이다. 쓰기 제2부분에서 답안지에 주어지는 원고지 칸수는 총 96칸으로 가로 16칸, 세로 6칸이다. 한국어 원고지 사용법대로 작성해서는 절대 안 되며, 반드시 중국어 원고지 사용법을 따라야 한다.

쓰기
제2부분

1 원고지 사용 시 주의사항

❶ 문단이 시작할 때 맨 앞 두 칸을 띈다.

√	√	昨	天	我	被	邀	请	参	加	了	一	个	朋	友	的
生	日	晚	会	,											

❷ 문장부호는 한 칸을 차지한다.

他	长	得	帅	,	而	且	很	有	魅	力	。				

> **TIP** 문장부호 중 [——]와 [……]는 두 칸에 걸쳐 표기한다.

❸ 첫 칸에는 문장부호를 쓰지 않는다. 문장이 마지막 칸에서 끝나면 문장부호는 그 칸에 함께 쓴다.

前	几	天	我	参	加	了	一	个	朋	友	的	生	日	晚	会,
那	天	来	了	很	多	人	。								

> **TIP** 문장부호 중에 [《 》]과 [" "]는 맨 처음 칸에 단독으로 위치할 수 있다.

❹ 알파벳 대문자는 한 칸에 한 자씩, 소문자와 숫자는 한 칸에 두 자씩 쓴다.

T	A	X	I			ta	xi								
20	11	年	11	月	3	号									

> **TIP** 같은 대문자라 할 지라도 'HSK'같은 경우는 한 칸에 몽땅 다 써야 한다. 왜냐하면 이는 앞 글자만 딴 표현이기 때문이다. 따라서 이를 구분하기 힘들다면 아예 알파벳을 쓰지 않는 것을 추천한다.

❶ **句号**(마침표) : 문장이 끝났음을 나타낸다.

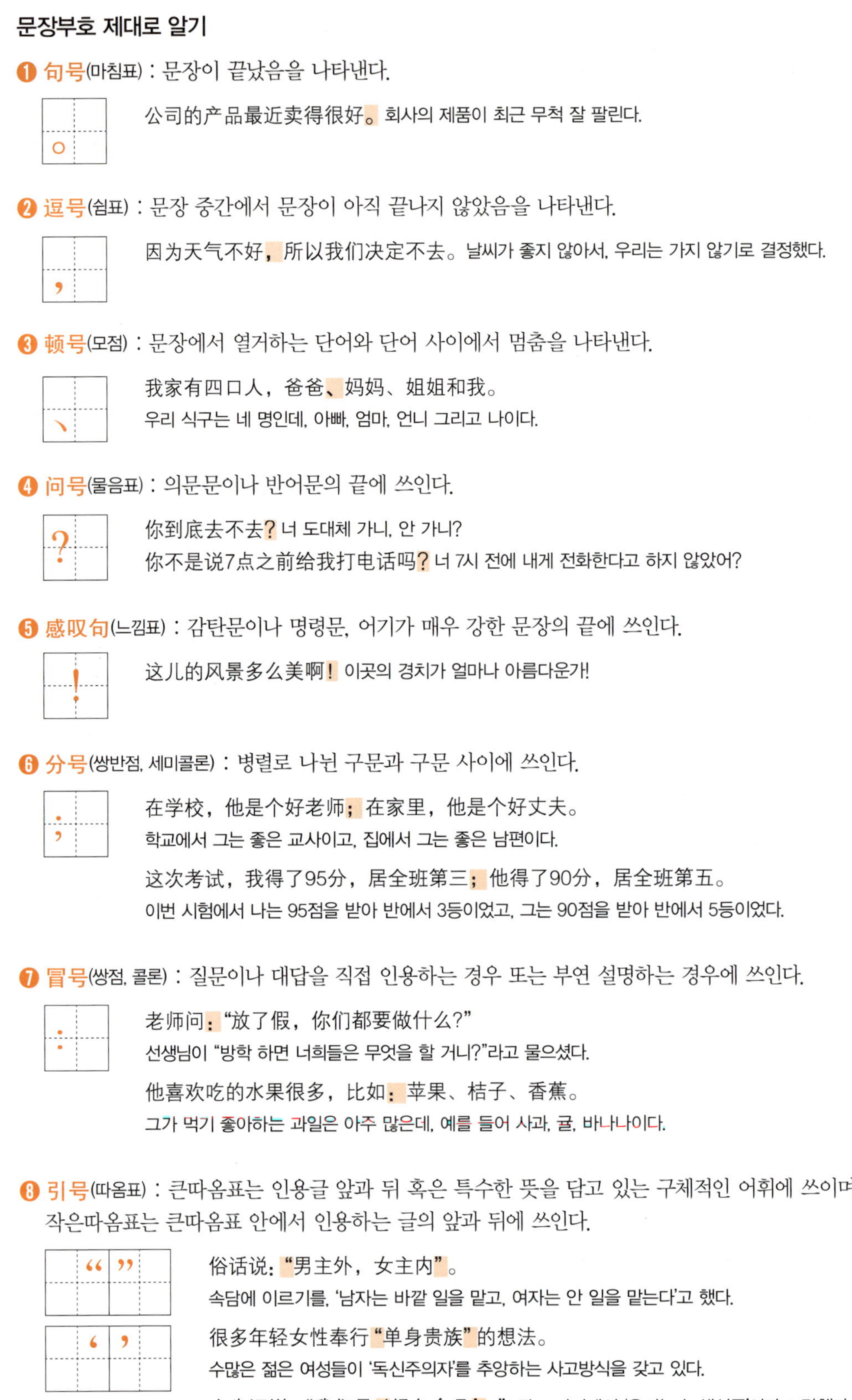

公司的产品最近卖得很好。 회사의 제품이 최근 무척 잘 팔린다.

❷ **逗号**(쉼표) : 문장 중간에서 문장이 아직 끝나지 않았음을 나타낸다.

因为天气不好，所以我们决定不去。 날씨가 좋지 않아서, 우리는 가지 않기로 결정했다.

❸ **顿号**(모점) : 문장에서 열거하는 단어와 단어 사이에서 멈춤을 나타낸다.

我家有四口人，爸爸、妈妈、姐姐和我。
우리 식구는 네 명인데, 아빠, 엄마, 언니 그리고 나이다.

❹ **问号**(물음표) : 의문문이나 반어문의 끝에 쓰인다.

你到底去不去? 너 도대체 가니, 안 가니?
你不是说7点之前给我打电话吗? 너 7시 전에 내게 전화한다고 하지 않았어?

❺ **感叹句**(느낌표) : 감탄문이나 명령문, 어기가 매우 강한 문장의 끝에 쓰인다.

这儿的风景多么美啊! 이곳의 경치가 얼마나 아름다운가!

❻ **分号**(쌍반점, 세미콜론) : 병렬로 나뉜 구문과 구문 사이에 쓰인다.

在学校，他是个好老师; 在家里，他是个好丈夫。
학교에서 그는 좋은 교사이고, 집에서 그는 좋은 남편이다.

这次考试，我得了95分，居全班第三; 他得了90分，居全班第五。
이번 시험에서 나는 95점을 받아 반에서 3등이었고, 그는 90점을 받아 반에서 5등이었다.

❼ **冒号**(쌍점, 콜론) : 질문이나 대답을 직접 인용하는 경우 또는 부연 설명하는 경우에 쓰인다.

老师问: "放了假，你们都要做什么?"
선생님이 "방학 하면 너희들은 무엇을 할 거니?"라고 물으셨다.

他喜欢吃的水果很多，比如: 苹果、桔子、香蕉。
그가 먹기 좋아하는 과일은 아주 많은데, 예를 들어 사과, 귤, 바나나이다.

❽ **引号**(따옴표) : 큰따옴표는 인용글 앞과 뒤 혹은 특수한 뜻을 담고 있는 구체적인 어휘에 쓰이며 작은따옴표는 큰따옴표 안에서 인용하는 글의 앞과 뒤에 쓰인다.

俗话说: "男主外，女主内"。
속담에 이르기를, '남자는 바깥 일을 맡고, 여자는 안 일을 맡는다'고 했다.

很多年轻女性奉行"单身贵族"的想法。
수많은 젊은 여성들이 '독신주의자'를 추앙하는 사고방식을 갖고 있다.

广告词说: "我们是 '绿色食品' 。" 광고 카피에서 '우리는 녹색식품'이라고 말했다.

❾ 省略号(말줄임표) : 문장에서 생략되는 말을 나타낸다.

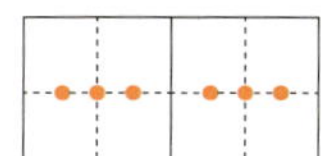

我急忙说：“全……全都卖光了。” 나는 급히 "모두……모두 팔렸어요"라고 말했다.

❿ 破折号(말바꿈표) : 앞의 문장 바로 뒤에서 앞 문장에 대한 해설을 할 때 사용한다.

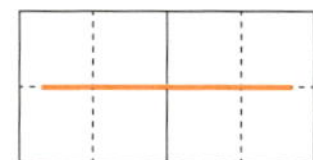

他就是我最喜欢的演员——周润发。 그는 내가 가장 좋아하는 배우—저우룬파이다.

⓫ 书名号(큰 묶음표) : 책, 잡지, 문장, 노래 등의 명칭에 사용한다.

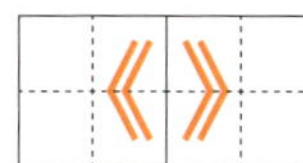

《二泉映月》是阿炳的代表作。「얼취안잉웨」는 아빙의 대표작이다.

쓰기
제2부분

빈칸에 알맞은 문장부호를 쓰세요.

❶ 你到底买还是不买＿＿＿＿

❷ 他很聪明＿＿＿＿而且长得很帅。

❸ 原来是你啊，辛苦了，谢谢你＿＿＿＿

정답 **❶** ? **❷** ， **❸** !

•예제

난이도 下　공략 Key 핵심어로 스토리 구성하기

牛仔裤、推荐、身材、购物、合适

정답&공략

제시어 분석　① 牛仔裤 niúzǎikù 몡 청바지
　　　我想买一条**牛仔裤**。 나는 청바지 한 벌을 사고 싶다.
② 推荐 tuījiàn 통 추천하다
　　　你能给我**推荐**一本好看的书吗？ 나에게 재미있는 책을 한 권 추천해줄 수 있나요?
③ 身材 shēncái 몡 몸매, 체격, 몸집
　　　她**身材**苗条，所以穿什么都很漂亮。 그녀는 몸매가 날씬해서, 뭘 입어도 예쁘다.
④ 购物 gòuwù 통 구매하다, 쇼핑하다
　　　周末我跟朋友去**购物**了。 주말에 나는 친구와 쇼핑하러 갔다.
⑤ 合适 héshì 혱 적합하다, 알맞다
　　　这件衣服对你很**合适**。 이 옷은 네게 참 잘 어울린다.

[모범 답안]

		周	末	我	跟	朋	友	去	购	物	，	我	想	买	一
条	牛	仔	裤	，	商	店	里	有	很	多	漂	亮	的	款	式	。
我	的	身	材	有	点	胖	，	虽	然	朋	友	给	我	推	荐
了	很	多	裤	子	，	可	是	总	觉	得	对	我	不	合	适	。
那	天	我	没	买	到	牛	仔	裤	，	这	让	我	很	难	过	，
看	来	我	真	要	减	肥	了	。

주말에 나는 친구와 <u>쇼핑</u>을 하러 갔다. 나는 청바지를 한 벌 사고 싶었고, 상점에는 예쁜 스타일이 많이 있었다. 나는 몸이 좀 뚱뚱한 편이라서 친구가 나에게 많은 바지를 <u>추천</u>해주었지만, 나에게 어울리지 않게만 느껴졌다. 그날 나는 청바지를 사지 못했고, 이것이 나를 매우 속상하게 했다. 보아 하니 정말 다이어트를 해야겠다.

공략

[1단계] **주제어 찾기** ○ 牛仔裤, 身材, 购物

[2단계] **내용 구성하기** ○ 쇼핑하러 가서 청바지를 사려고 했다 → 친구가 바지를 <u>추천했다</u> → 내 <u>몸</u>이 뚱뚱해서 <u>어울리지</u> 않았다 → 다이어트를 해야겠다

어휘 ★周末 zhōumò 몡 주말 | 款式 kuǎnshì 몡 스타일 | ★难过 nánguò 혱 속상하다, 괴롭다 | ★减肥 jiǎnféi 동 살을 빼다

> **Tip** 옷을 세는 양사
>
> | 件 | 상의, 옷 전체 | 一**件**衣服 옷 하나 ｜ 这**件**恤衫 티셔츠 한 장 ｜ 那**件**大衣 코트 하나 |
> | 条 | 하의, 원피스 | 一**条**裤子 바지 하나 ｜ 一**条**牛仔裤 청바지 하나 ｜ 一**条**裙子 치마 하나 ｜ 一**条**连衣裙 원피스 하나 |
> | 套 | 세트, 한 벌 | 一**套**西服 양복 한 벌 |

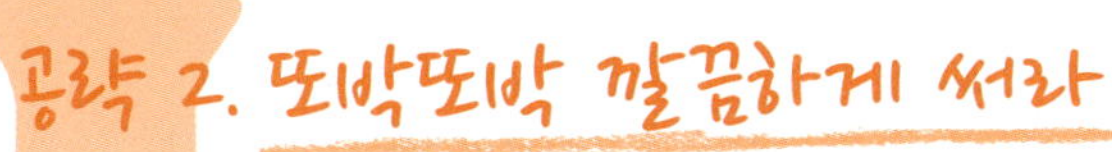

공략 2. 또박또박 깔끔하게 써라

아래의 원고지에 쓰여진 한자를 살펴보자. 어느 것이 더 보기 편한가?

| 今 | 天 | 我 | 参 | 加 | 了 | 一 | 个 | 环 | 保 | 活 | 动 | 。 | | | |

| 今 | 天 | 我 | 参 | 加 | 了 | 一 | 个 | 环 | 保 | 活 | 动 | 。 | | | |

한자를 원고지 칸 안에 깔끔하게 잘 쓰면 좋은 인상을 줄 수 있지만, 한자 쓰기에 자신이 있다고 해서 심하게 흘려 쓰거나 자신의 습관에 따라 약자를 쓰는 것은 오히려 점수를 잃는 원인이 될 수 있다. 채점하는 사람이 무슨 글자인지 바로 알아보지 못하는 글자는 나쁜 인상을 줄 수 있기 때문이다.

쓰기
제2부분

예제

난이도 **中**　　공략 Key '看电视'를 중심으로 내용 전개하기

1단계 **핵심 동작 찾기** ▶ 看电视
2단계 **내용 구성하기**
① 그림 묘사하기 ▶ 한 사람이 텔레비전을 보는 모습을 묘사한다.
② 부연 설명하기 ▶ 텔레비전 시청에 대해 간단히 언급한다.
③ 질문 제시하기 ▶ 텔레비전을 시청할 때 주의할 점을 질문한다.
④ 대답하기 ▶ 질문에 대한 대답을 2~3가지로 나열한다.
⑤ 결론 맺기 ▶ 주의할 점을 한 번 더 강조한다.

모범 답안

		图	片	上	有	一	个	人	在	看	电	视	。	对	于
我	们	来	说	，	电	视	是	很	平	常	的	电	器	了	。
那	么	看	电	视	时	要	注	意	哪	些	事	？	第	一	，
距	离	不	要	太	近	；	第	二	，	时	间	不	要	太	长；
第	三	，	不	要	饭	后	即	看	。	因	此	，	我	们	一
定	要	注	意	这	几	个	事	项	。						

　그림 속에는 한 사람이 텔레비전을 보고 있다. 우리에게 있어서 텔레비전은 매우 일반적인 가전제품이다. 그렇다면 텔레비전을 시청할 때 어떤 점에 주의해야 할까? 첫째, 거리가 너무 가까워서는 안 된다. 둘째, 너무 오랫동안 봐서는 안 된다. 셋째, 식후에 바로 보면 안 된다. 따라서 우리는 반드시 이 몇 가지 사항에 주의해야 한다.

어휘　电器 diànqì 몡 전기 기구 | ★注意 zhùyì 동 주의하다 | ★事项 shìxiàng 몡 사항, 항목 | ★距离 jùlí 몡 간격, 거리 | 即 jí 톤 바로, 곧

1 한국어로 문장을 만든 후 중국어로 옮기려 하지 마라

한국어가 모국어인 이상, 우리의 중국어 수준은 한국어보다 떨어지기 마련이다. 따라서 한국어 문장을 그대로 중국어로 옮기는 것은 대부분의 학습자에게 불가능하다. 한국어로 생각해둔 문장에 상응하는 올바른 중국어 표현을 찾지 못해 끙끙대다가 시간을 흘려 보내거나, 아주 어색한 중국어 문장을 쓰게 된다. 시험은 글의 내용을 평가하는 것이 아니므로 유치한 문장이더라도 오류가 없는 글을 써야 한다.

2 짧고 간단하게 표현하라

'나에게는 공부도 잘하고 잘생겨서 친구들에게 인기가 많은 남동생이 한 명 있다'는 하나의 문장을 중국어로 번역하면 '我有一个弟弟，他不但学习好，而且长得很帅，所以很多人喜欢他'가 되어 무려 네 문장으로 늘어난다. 한국어는 수식어가 발달한 반면, 중국어는 별다른 수식 구조 없이 짧고 간단하게 표현하기 때문이다. 수식 구조를 길게 쓰다 보면 실수가 많아지고 엉터리 중국어 표현이 되기 십상이므로 가능한 짧고 간단하게 쓰는 것이 좋다. 접속사를 충분히 활용하면 문장이 짧아지면서도 앞뒤 절의 관계가 명확해져서 깔끔한 글을 쓸 수 있다.

3 한국식 중국어는 중국어가 아니다

예전에 어떤 학습자가 '땅콩'을 '地豆'라고 쓴 적이 있다. 땅콩이라는 단어를 써서 문장을 만들고 싶었지만, 중국어가 무엇인지 몰라서 '地(땅 지)'와 '豆(콩 두)'를 합쳤던 것이다. 기발하고 재미있기는 하지만, 시험에서는 절대 하지 말아야 하는 행동이다. 쓰고 싶은 단어를 모르면 내가 아는 다른 말로 대체해서 쓰는 융통성을 발휘하자.

〈한국식 중국어를 쓴 잘못된 문장의 예〉

上星期买了一条青裤子。(×) → 上星期买了一条**牛仔裤**。(○) 지난 주에 청바지 한 벌을 샀다.
분석 '청바지'는 青裤子가 아니라 牛仔裤이다.
今天叫了宅配。(×)
분석 중국어에는 '택배'라는 표현이 없으므로 '送到家门口' 혹은 '送货上门'처럼 풀어서 표현해야 한다. 신조어로 宅急便이라는 표현이 있지만 이는 '퀵서비스'에 좀 더 부합한다.
他丧失了概念。(×) 你把概念忘在家里了。(×)
분석 요즘 '개념을 상실했다', '개념을 집에 두고 왔다'라는 말을 쓰는데, 중국어에는 아예 이런 표현이 없으므로 한국식 은어를 중국어로 번역하는 습관은 반드시 고쳐야 한다.
她完全漂亮。(×) → 她**真的很**漂亮。(○) 그녀는 무척 예쁘다.
분석 요즘 '완전'을 '무척'이라는 부사처럼 사용해서 '완전 예뻐' 등의 표현을 많이 쓰는데, 중국어에서 完全은 '완전히, 전부'를 의미하므로 '真漂亮' 혹은 '真的很漂亮'으로 써야 한다.
无分别的开发导致了环境污染。(×) → **不顾前后**的开发导致了环境污染。(○) 무분별한 개발은 환경오염을 초래한다.
분석 우리말의 한자어를 중국어 발음대로 읽는다고 모두 중국어가 되는 것은 아니다.

她是个心漂亮的人。(×) → 她是个 **心地善良** 的人。(○) 그녀는 마음이 착한 사람이다.

[분석] '마음이 예쁘다'는 '心漂亮'이 아닌 '心地善良'으로 표현해야 한다. 만일 '心地善良'이란 표현을 모른다면 '她是个好人'이라고 쓰는 것이 더 낫다.

爸爸在大学校工作。(×) → 爸爸在 **大学** 工作。(○) 아버지는 대학에서 일하신다.

[분석] 중국에서는 대학교를 大学라고 하며, 大学校라고 하지 않는다.

星期天我要去朋友的结婚式。(×) → 星期天我要去朋友的 **婚礼**。(○) 일요일에 친구 결혼식에 갈 예정이다.

[분석] 结婚式는 한국식 한자어로, 결혼식은 중국어로 婚礼라고 표현한다.

我找到了满足的工作。(×) → 我找到了 **满意** 的工作。(○) 나는 만족스러운 일을 찾았다.

[분석] 满足를 한국어 독음으로 읽으면 '만족'이기에 많은 학습자들이 满意를 써야 할 곳에 满足를 쓰는 오류를 범한다. 满足는 동사로 的 앞에 쓰지 않으며 주로 '요구'나 '수요'를 만족시킨다는 뜻이다. '만족스러운 일'은 '满意的工作' 혹은 '理想的工作'로 표현해야 한다.

쓰기
제2부분

빈칸에 알맞은 접속사나 부사를 고르세요.

❶ 司机喝酒后不允许开车。________ 无论对自己还是对其他人，这样做都是极其危险的。

❷ 只要注意一下，你 ________ 会发现，早上的公园里早起锻炼的人中老人很多。

❸ 毕业后在老家工作了一年，________ 又考上了北京大学，读研究生。

정답 ❶ 因为 ❷ 就 ❸ 然后

예제　　　　　　　　　　　　　난이도 中　　공략 Key 핵심어로 스토리 구성하기

结婚、庆祝、愿望、感谢、高兴

정답&공략

[제시어 분석] ① 结婚 jiéhūn [동] 결혼하다
　　没想到你已经 **结婚** 了。네가 이미 결혼을 했을지는 생각지도 못했어.
② 庆祝 qìngzhù [동] 경축하다
　　今天是我生日，大家都来给我 **庆祝** 生日。오늘 내 생일이니까 모두들 와서 생일 축하해줘.
③ 愿望 yuànwàng [명] 염원, 바람
　　我的 **愿望** 是以后当律师。내 꿈은 나중에 변호사가 되는 것이다.
④ 感谢 gǎnxiè [동] 감사하다
　　感谢 大家对我的支持。저에 대한 지지에 감사드립니다.
⑤ 高兴 gāoxìng [형] 기쁘다, 즐겁다
　　今天大家玩得很 **高兴**。오늘 모두들 매우 즐겁게 놀았다.

		今	天	哥	哥	结	婚	，	全	家	人	都	高	兴	得
不	得	了	，	特	别	是	爸	爸	和	妈	妈	。	因	为	他
们	很	多	年	的	愿	望	终	于	实	现	了	。	为	了	庆
祝	哥	哥	结	婚	，	很	多	亲	戚	都	来	参	加	了	他
们	的	婚	礼	。	在	婚	礼	上	，	哥	哥	向	所	有	客
人	表	示	感	谢	。										

오늘 오빠가 결혼한다. 온 가족이 모두 기뻐했는데 특히 아빠와 엄마가 더 기뻐하셨다. 왜냐하면 오랫동안 바랐던 그들의 염원이 마침내 실현되었기 때문이다. 오빠의 결혼을 축하하기 위해 많은 친척들이 그들의 결혼식에 왔다. 결혼식에서 오빠는 모든 하객들에게 감사하다고 표현했다.

공략

[1단계] **주제어 찾기** ○ 结婚, 庆祝

[2단계] **내용 구성하기** ○ 오빠가 결혼을 해서 가족이 모두 기뻐한다 → 특히 부모님이 기뻐하셨는데, 오랜 바람이 이뤄졌기 때문이다 → 모두들 오빠를 축하했고, 오빠는 감사하다고 말했다

어휘 全家人 quánjiārén 명 온 식구, 온 가족 | 不得了 bùdéliǎo 형 (정도가) 심하다 | 特别 tèbié 부 특히 | 亲戚 qīnqi 명 친척 | 婚礼 hūnlǐ 명 결혼식 | 向 xiàng 개 ~에게 | 所有 suǒyǒu 형 모든, 전부의 | 表示 biǎoshì 동 (의사를) 표현하다

Tip 不得了

不得了는 형용사로 두 가지 의미가 있다. 첫 번째는 '큰일이다'의 뜻으로 급박하거나 다급한 상황을 나타내며, 두 번째는 정도보어 得 뒤에서 정도가 심함을 나타낸다. 이때 술어는 대부분 형용사이다.

不得了，出交通事故了，快去看看吧。 큰일 났다. 교통사고가 났으니 빨리 가보자.
天气冷得不得了。 날씨가 굉장히 춥다.

第 1-4 题：请结合下列词语(要全部使用)，写一篇80字左右的短文。

1. 坚持、吵架、餐厅、脾气、惭愧

2. 诚恳、聚会、通知、迟到、老板

3. 关键、困难、挑战、信心、收获

4. 重新、鸡蛋、根本、愿意、生气

第 5 题：请结合这张图片写一篇80字左右的短文。

5. 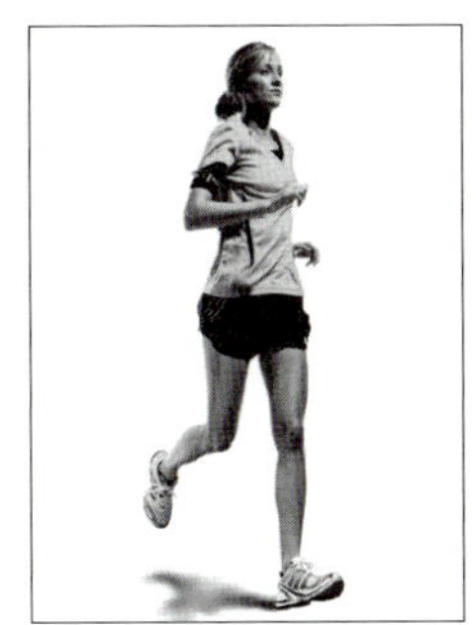

+ 정답 및 해설_ 해설집 143쪽

38 day 핵심어로 스토리를 유도하라

* 정답_ 해설집 207쪽

학습목표

☑ 1 핵심어를 골라내는 눈을 기르자

☑ 2 어휘의 특징을 이용해 이야기를 구성하자

☑ 3 연결되는 제시어는 묶어서 덩어리로 만들자

'很能说'와 '很会说'는 모두 '말을 잘한다'이지만, 전자는 끊임없이 말을 이어가는 것이고, 후자는 자신의 말에 공감하게 만드는 것이다. 물론 '핵심'을 잡아서 시간은 적게 들이고 공감하게 만드는 것이 가장 좋다. 99번 문제를 풀 때도 '핵심 어휘'를 찾아내는 것이 가장 중요하다.

기초 실력 테스트 TEST

1 빈칸에 들어갈 알맞은 단어를 고르세요.

儿子小时候一说话就脸红，______❶老师问题的时候声音也很小，我当时很替他担心。
但随着年龄的增长，他______❷成熟了，大学毕业后成了一名______❸的律师，真让人吃惊。

❶ A 回答　　　B 处理　　　C 创造　　　D 坚持

❷ A 居然　　　B 简直　　　C 逐渐　　　D 突然

❸ A 狡猾　　　B 优秀　　　C 吗虎　　　D 骄傲

2 빈칸에 들어갈 알맞은 명절이나 기념일을 고르세요.

| 보기 | 七夕　　国庆节　　端午节　　春节 |

❶ 十月一号是中国的______。

❷ 过______时人们喜欢吃饺子、放鞭炮。

❸ 有的人把______看做中国的情人节。

5급 기출문제 맛보기

 맛보기 1

난이도 中　공략 Key 핵심 어휘 毕业

毕业、舍不得、顺利、前途、感激

쓰기
제2부분

정답&공략

제시어 분석　① 毕业 bìyè 图 졸업하다
　我马上要**毕业**了。 나는 곧 졸업을 한다.
② 舍不得 shěbude 图 섭섭하다, 아쉽다
　我在这儿呆了一年，真**舍不得**离开朋友们。 나는 여기서 1년을 머물렀기에 친구들과 헤어지기가 정말 섭섭하다.
③ 顺利 shùnlì 图 순조롭다
　最近找工作不太**顺利**。 요즘 직장 구하는 게 그리 순조롭지 않다.
④ 前途 qiántú 图 전도, 앞날, 비전
　只要好好学习，就会有更好的**前途**。 열심히 공부하기만 하면 더 나은 미래가 있을 것이다.
⑤ 感激 gǎnjī 图 감격하다, 감사하다
　她取得了新HSK5级，她**感激**地握着老师的手感谢老师。
　그녀는 新HSK 5급을 취득하고는 감격해서 선생님의 손을 잡고 선생님께 감사했다.

모범 답안

		马	上	要	大	学	毕	业	了	，	我	很	舍	不	得
离	开	朋	友	们	、	老	师	们	。	最	近	我	在	忙	着
找	工	作	，	我	想	找	一	份	有	前	途	的	工	作	，
但	是	不	太	顺	利	。	今	天	妈	妈	鼓	励	我	别	太
着	急	，	慢	慢	来	，	还	有	时	间	。	虽	然	是	安
慰	我	的	话	，	但	是	我	还	是	很	感	激	她	。	

　곧 졸업이다. 나는 친구들과 선생님들을 떠나는 것이 매우 섭섭하다. 요즘 나는 취업 때문에 바쁘다. 나는 비전 있는 직장을 찾고 싶지만 순조롭지 않다. 오늘 엄마가 나에게 너무 서두르지 말고 아직 시간이 있으니까 천천히 찾으라고 격려해주셨다. 비록 나를 위로하는 말이었지만, 나는 그래도 엄마에게 매우 감사한다.

공략　1단계 **주제어 찾기** ◘ 毕业, 舍不得, 前途
　　　2단계 **내용 구성하기** ◘ 졸업을 앞두고 있다 → 친구들과 헤어지기 아쉽다 → 비전 있는 직장을 구하는 것은 순조롭지 않다 → 엄마가 격려해 주셔서 엄마께 감사드린다
어휘　★离开 líkāi 图 떠나다 ┃ ★鼓励 gǔlì 图 북돋우다 ┃ ★安慰 ānwèi 图 위로하다

맛보기 2

邀请、打招呼、尽量、魅力、轻松

정답&공략

제시어 분석
① 邀请 yāoqǐng 图 초대하다, 초청하다
　他们**邀请**谁来参加？ 그들은 누구에게 참가하라고 초청했니?
② 打招呼 dǎ zhāohu (말이나 행동으로) 인사하다
　和你**打招呼**的是你的同学吧？ 너와 인사한 사람은 네 동창이지?
③ 尽量 jǐnliàng 图 되도록, 힘 닿는 데까지, 가능하면
　尽量把内容详细地介绍。 가능하면 내용을 상세하게 소개해주어라.
④ 魅力 mèilì 명 매력
　这幅画具有独特的艺术**魅力**。 이 그림은 독특한 예술적 매력을 가지고 있다.
⑤ 轻松 qīngsōng 형 수월하다, 홀가분하다, 편안하다
　这份工作很**轻松**。 이 일은 매우 수월하다.

모범 답안

초청을 수락할 때는 '接受邀请', 초청을 거절할 때는 '拒绝邀请'

		朋	友	邀	请	我	参	加	她	的	生	日	晚	会	，
我	感	到	非	常	高	兴	。	在	晚	会	上	，		突	然	有
一	个	男	人	跟	我	打	招	呼	，	他	看	起	来	非	常
有	魅	力	。	我	紧	张	得	要	命	，	但	是	我	对	自
己	说	，	尽	量	轻	松	点	儿	，	后	来	才	知	道	他
是	我	朋	友	的	新	男	朋	友	。						

혼자 하는 행동이 아니므로 和, 跟과 함께 쓰인다

명사이므로 술어로 쓰일 수 없다 他很魅力。(×)

친구가 나를 그녀의 생일파티에 초대해서 나는 굉장히 기뻤다. 파티에서 갑자기 한 남자가 나에게 인사를 했는데, 그는 매우 매력이 있어 보였다. 나는 굉장히 긴장이 되었지만 스스로에게 될 수 있는 한 편안하게 하자고 말했는데, 나중에서야 그가 내 친구의 새 남자친구라는 것을 알게 되었다.

공략
1단계 **주제어 찾기** ▶ 邀请, 魅力
2단계 **내용 구성하기** ▶ 친구 생일파티에 초대 받았다 → 한 남자와 인사를 나눴는데 매우 매력적이다 → 가능한 편안하게 하려 하다 → 알고 보니 내 친구의 남자친구였다

어휘 ★要命 yàomìng 图 엄청, 아주

토크토크! 쌤의 한마디~

한국인들은 설날에 떡국을 먹는데 중국인들은 무엇을 먹을까요? 중국인들도 크리스마스를 즐기는지 등등 우리와 비슷한 문화권인 중국에 대해 궁금한 점은 많은데 그것을 속 시원히 알게 되는 것도 쉽지는 않네요. 제가 늘 외치는 말 "조급함은 금물!" 차근차근 시작해보세요. 우선 전통명절의 명칭부터 중국어로 학습하면서 그들의 명절을 쇠는 풍습도 알아가는 게 어떨까요?

5급 쓰기 공략하기

공략 1. 명사가 내용 구성의 중심이다

문제에 제시된 5개의 어휘 중 2~3개가 글의 내용을 결정하는 핵심 어휘가 된다. 특히 명사가 글의 중심이 되기 쉬우므로 자주 등장하는 명사는 뜻을 확실히 알고 있어야 한다. 또한 전통 명절이나 기념일은 쓰기 제2부분 문제에 자주 등장하는 명사인데, 뜻뿐 아니라 며칠인지 어떤 특별한 행사가 있는지 등을 알아두면 다양한 이야기를 전개할 수 있다.

쓰기
제2부분

〈자주 출제되는 중국의 전통 명절〉

元旦 Yuándàn 신정(양력 1월 1일)	한 해를 시작하는 첫날로 한 해의 행복과 풍년을 축하하는 날이다. [핵심어] 初始的日子 한 해를 시작하는 날
除夕 Chúxī 섣달그믐(음력 12월 30일)	설 전날로, 집 안팎을 깨끗이 청소하고 새해를 축하하는 그림(세화), 글귀(대련) 등을 거실이나 대문에 붙인다. [핵심어] 贴年画 세화를 붙이다 ㅣ 贴春联 대련을 붙이다
春节 Chūnjié 설, 구정(음력 1월 1일)	가장 중요한 명절 중 하나로 떡, 만두, 탕위안 등을 먹고 폭죽을 터트리며 어른에게 세배를 하고 세뱃돈을 받는다. 고향으로 가는 교통편 구하기가 하늘에서 별 따기이다. [핵심어] 饺子 만두 ㅣ 年夜饭 제야에 먹는 음식 ㅣ 放鞭炮 폭죽을 터트리다 ㅣ 压岁钱 세뱃돈 ㅣ 拜年 세배하다 ㅣ 春运 설 연휴 교통대란
元宵节 Yuánxiāojié 정월대보름(음력 1월 15일)	땅이 회춘하는 날이라고 여기며, 등불놀이, 사자춤 놀이 등을 한다. [핵심어] 赏花灯 꽃등을 감상하다 ㅣ 舞狮子 사자춤을 추다 ㅣ 舞龙 용춤을 추다
清明节 Qīngmíngjié 청명(양력 4월 4일)	조상의 묘를 참배하고 제사를 지낸다. 청명절 전후로 저승의 조상에게 전달되기를 빌면서 가짜 돈을 태우는 풍습이 있다. [핵심어] 扫墓 성묘하다 ㅣ 植树 나무를 심다 ㅣ 放风筝 연을 날리다 ㅣ 荡秋千 그네를 뛰다
端午节 Duānwǔjié 단오(음력 5월 5일)	애국심 때문에 강에 뛰어들어 자결한 춘추 시대 초나라의 시인인 굴원을 기리는 날이다. 대나무 잎에 쌀 등을 넣어 쪄낸 쭝쯔를 먹고 용선놀이를 한다. [핵심어] 吃粽子 쭝쯔를 먹다 ㅣ 赛龙舟 용선 놀이를 하다 ㅣ 挂菖蒲 창포를 내다 걸다 ㅣ 爱国诗人屈原 애국 시인 굴원
七夕 Qīxī 칠석(음력 7월 7일)	1년에 한 번 견우와 직녀가 만나는 날이라서 중국 사람들은 '중국의 밸런타인데이'라고 부른다. [핵심어] 牛郎 견우 ㅣ 织女 직녀 ㅣ 鹊桥 오작교 ㅣ 中国的情人节 중국의 밸런타인데이
中秋节 Zhōngqiūjié 추석(음력 8월 15일)	온 가족이 모여 달구경을 하고 월병과 수박을 먹으며 토끼 머리에 사람 몸을 한 인형을 가지고 논다. [핵심어] 灯会 연등 행사 ㅣ 赏月 달구경 하다 ㅣ 全家福 온 가족이 함께 모이다 ㅣ 团聚 함께 모이다 ㅣ 月饼 월병 ㅣ 兔儿爷 토끼 머리에 사람 몸을 한 진흙 인형

| 重阳节
Chóngyángjié
중양절(음력 9월 9일) | 날짜가 九九, 즉 久久(오랫동안)와 발음이 같아서 노인을 섬기고 공경하는 날로 여긴다. 산에 올라 먼 곳을 바라보는 풍속이 있으며, 국화주를 마시고 국화를 감상한다. |
| | (핵심어) 登高 높이 오르다 \| 登高远望 높이 올라 멀리 바라보다 \| 赏菊 국화를 감상하다 |

〈 자주 출제되는 중국의 기념일 〉

愚人节 Yúrénjié 만우절	4월 1일	학생이나 젊은 층 사이에서 가벼운 장난을 치는 날이다.
劳动节 Láodòngjié 노동절	5월 1일	중국에서는 아주 큰 기념일로 법정 휴일은 3일이지만 보통 일주일 간의 긴 휴가기간이 주어진다.
母亲节 Mǔqīnjié 어머니의 날	5월 둘째 주 일요일	중국에서는 카네이션이나 원추리 꽃을 '어머니의 꽃'이라고 부르며, 어머니의 날과 아버지의 날에 많이 선물한다.
父亲节 Fùqīnjié 아버지의 날	6월 셋째 주 일요일	
儿童节 Értóngjié 어린이날	6월 1일	소위 '소황제'로 불리는 중국 어린이들을 위한 날로, 백화점과 대형 상점의 대목이다.
国庆节 Guóqìngjié 국경절	10월 1일	중화인민공화국이 수립된 날로, 7일 동안의 긴 휴가가 주어지며 베이징에서는 다양한 경축 행사가 벌어진다.
教师节 Jiàoshījié 스승의 날	9월 10일	카네이션과 조그만 선물로 선생님께 감사를 표현한다.
平安夜 píng'ānyè 크리스마스 이브	12월 24일	平安夜와 苹果(사과)의 첫 발음이 같아, 최근 중국에서 이날 가족, 연인, 친구끼리 平安果라고 하여 사과를 주고받는 것이 인기이다.
圣诞节 Shèngdànjié 크리스마스	12월 25일	특별한 의미 부여도 하지 않고 공휴일도 아니지만 연인들은 서로 선물을 교환하거나 식사를 같이 한다.

바로 체크 (Check!) 보기에서 명절에 어울리는 어휘를 고르세요.

|보기| 牛郎织女　压岁钱　赛龙舟　吃月饼

❶ 端午节 _______________　　❷ 中秋节 _______________

❸ 七夕 _______________　　❹ 春节 _______________

정답 ❶ 赛龙舟　❷ 吃月饼　❸ 牛郎织女　❹ 压岁钱

예제

난이도 上 공략 Key 핵심 어휘 春节

春节、放松、交通、鞭炮、善良

쓰기
제2부분

정답&공략

제시어 분석 ① 春节 chūnjié 몡 설
　　　马上要到**春节**了，我要回家。곧 설이라서 나는 고향에 갈 것이다.
② 放松 fàngsōng 동 늦추다, 정신적 긴장을 풀다
　　　下周打算去云南**放松**一下。다음 주에 윈난에 가서 좀 쉬다 올 것이다.
③ 交通 jiāotōng 몡 교통
　　　那个饭店，虽然环境不错，但**交通**不太方便。그 호텔은 환경은 괜찮은데, 교통이 좀 불편하다.
④ 鞭炮 biānpào 몡 폭죽
　　　我们在海边放**鞭炮**，玩儿得很开心。우리는 해변에서 폭죽을 터트리면서 매우 재미있게 놀았다.
⑤ 善良 shànliáng 형 착하다
　　　我遇到了一位**善良**的姑娘。나는 착한 아가씨를 한 명 만났다.

모범 답안

（음력 설을 의미한다）

		春	节	到	了	，	我	打	算	好	好	儿	地	放	松
一	下	。	最	后	我	决	定	开	车	去	北	京	旅	游	。
没	想	到	在	路	上	差	点	儿	发	生	了	交	通	事	故，
因	为	有	一	个	孩	子	在	路	上	放	鞭	炮	。	幸	亏
警	察	很	快	就	来	了	，	帮	助	了	我	，	他	真	是
一	个	善	良	的	人	。									

'放松一下', '放松放松', '放松心情' 형식으로 많이 쓴다

호응하는 동사는 放이다

설이 되어서 나는 푹 좀 쉴 계획이었다. 결국 나는 차를 가지고 베이징을 여행하기로 결정했다. 뜻밖에도 도중에 교통사고가 날 뻔했는데, 어떤 아이가 길에서 폭죽을 터트렸기 때문이었다. 다행이 경찰이 빨리 와서 나를 도와주었고, 그는 정말 착한 사람이었다.

공략 1단계 **주제어 찾기 ○** 春节, 交通
2단계 **내용 구성하기 ○** 설 연휴에 쉬려고 여행을 가다 → 아이들이 길에서 폭죽을 터트려 교통사고가 나다 → 착한 사람의 도움을 받았다

어휘 差点儿 chàdiǎnr 뷔 하마터면, 자칫하면 | 幸亏 xìngkuī 뷔 다행히

공략 2. 어휘의 활용에 온 신경을 집중하라

핵심어인 명사를 이용해 주제를 잡은 뒤에는 나머지 제시어를 활용해 좀 더 자세한 이야기를 구상해야 한다. 제시어를 활용하여 이야기의 전개 순서, 글의 분위기, 반전 등을 만들어보자.

1 동사에 어울리는 명사를 떠올려라

동사는 주어의 행동을 설명할 수 있고, 제시어 중 다른 명사와 연결할 수도 있어 다양하게 활용할 수 있다. 다만 동사는 반드시 목적어를 정확하게 연결시켜야 하므로 '동사+명사' 호응 구조를 알맞게 활용하자.

2 부사와 형용사의 정확한 뜻을 알아야 한다

명사, 동사는 이야기를 구성하는 핵심 역할을 하고, 부사와 형용사는 그런 중심 역할을 할 수 없는 대신 글의 전반적인 분위기를 만든다. 그러므로 부사와 형용사의 뜻을 잘못 사용하면 이상한 글을 쓰게 되니 자주 사용되는 부사와 형용사의 뜻을 정확하게 알아두자.

〈 빈출 부사의 정확한 뜻 알기 〉

毕竟 bìjìng	어쨌든	尽管 jǐnguǎn	얼마든지, 주저 말고
不免 bùmiǎn	면할 수 없다	立即 lìjí	곧, 즉시, 당장
不见得 bújiànde	반드시 ~하지는 않다	其实 qíshí	사실은
干脆 gāncuì	차라리, 아예	幸亏 xìngkuī	다행히
格外 géwài	각별히, 유난히	永远 yǒngyuǎn	영원히
怪不得 guàibude	어쩐지	也许 yěxǔ	아마도
几乎 jīhū	거의	只好 zhǐhǎo	부득이, 하는 수 없이
简直 jiǎnzhí	그야말로	总算 zǒngsuàn	간신히, 마침내

〈 빈출 형용사의 정확한 뜻 알기 〉

惭愧 cánkuì	창피하다	谦虚 qiānxū	겸손하다
独特 dútè	독특하다	巧妙 qiǎomiào	교묘하다
活跃 huóyuè	활기차다	勤奋 qínfèn	부지런하다, 근면하다
骄傲 jiāo'ào	거만하다, 교만하다	时髦 shímáo	현대적이다, 유행이다
可靠 kěkào	믿을 만하다	舒适 shūshì	쾌적하다, 편안하다
可惜 kěxī	애석하다	坦率 tǎnshuài	솔직하다
谨慎 jǐnshèn	신중하다	委屈 wěiqu	억울하다
灵活 línghuó	민첩하다, 융통성이 있다	鲜艳 xiānyàn	(색이) 화려하다

陌生 mòshēng	생소하다	犹豫 yóuyù	머뭇거리다, 주저하다
难过 nánguò	속상하다, 괴롭다	周到 zhōudào	세심하다, 주도면밀하다

 **바로 체크** Check!

중국어와 뜻을 바르게 연결하세요.

❶ 活跃 ·　　　　　　　· A 차라리

❷ 勤奋 ·　　　　　　　· B 부득이

❸ 干脆 ·　　　　　　　· C 부지런하다

❹ 只好 ·　　　　　　　· D 활기차다

쓰기
제2부분

정답 ❶ D ❷ C ❸ A ❹ B

예제

난이도 上　　공략 Key 决赛를 핵심으로 이야기 구성

决赛、格外、可惜、总结、争取

정답&공략

제시어 분석
① 决赛 juésài 몡 결승, 결승전
只要努力，就能进入**决赛**。 노력하기만 하면 결승전에 진출할 수 있다.
② 格外 géwài 閈 유난히, 각별히
他**格外**聪明，经常拿一百分。 그는 유난히 똑똑해서 늘 100점을 맞는다.
③ 可惜 kěxī 혱 애석하다
我没参加比赛，真**可惜**。 시합에 참가하지 못해서 정말 애석하다.
④ 总结 zǒngjié 동 총정리하다, 총결산하다
经理**总结**了这次会议的成果。 팀장은 이번 회의의 성과를 총정리했다.
⑤ 争取 zhēngqǔ 동 쟁취하다, ~하도록 애쓰다
我们要继续努力，**争取**更好的成绩。 우리 계속 노력해서 더 나은 성적을 쟁취하자.

정도부사이므로 형용사, 심리동사를 수식하고 了를 쓸 수 없다

모범 답안

		我	今	天	的	心	情	格	外	好	，	因	为	下	午
要	去	看	世	界	杯	总	决	赛	。	比	赛	开	始	了	，
韩	国	足	球	队	踢	得	不	太	好	，	最	后	输	给	了
法	国	队	，	太	可	惜	了	。	我	觉	得	韩	国	足	球

<table>
<tr><td>队</td><td>应</td><td>该</td><td>好</td><td>好</td><td>儿</td><td>总</td><td>结</td><td>一</td><td>下</td><td>经</td><td>验</td><td>和</td><td>教</td><td>训</td><td>，</td></tr>
<tr><td>争</td><td>取</td><td>下</td><td>次</td><td>取</td><td>得</td><td>好</td><td>成</td><td>绩</td><td>。</td><td></td><td></td><td></td><td></td><td></td><td></td></tr>
</table>

'결과적으로'가 아니라 '총정리하다'라는 뜻

'~하도록 애쓰다'라는 뜻일 경우 동사구를 목적어로 취할 수 있다

나는 오늘 기분이 유난히 좋다. 왜냐하면 오후에 월드컵 결승전을 보러 가기 때문이다. 시합이 시작되었고 한국 축구 대표팀이 (경기를) 잘 못해서 결국 프랑스 축구 대표팀에게 졌다. 너무 아쉽다. 한국팀은 경험과 교훈을 총정리해서 다음 번에 좋은 성적을 쟁취해야 할 거라고 생각한다.

공략　**1단계** **주제어 찾기** ◐ 决赛, 总结, 争取

　　　　2단계 **내용 구성하기** ◐ 결승전을 보게 되어 유난히 기분 좋다 → 응원하던 팀이 져서 아쉽다 → 경기 내용을 총정리하여 → 다음 번엔 좋은 성적을 내야 한다

어휘　世界杯 shìjièbēi 몡 월드컵 | 输给 shūgěi 동 ~에게 지다 | ★教训 jiàoxùn 몡 교훈 | ★取得 qǔdé 동 취득하다

Tip 赢

① A赢了B(A가 B를 이겼다) ⟷ A输给B(A가 B에게 졌다)

② 赢을 쉽게 쓰는 법 : 亡, 口, 月, 贝, 凡이라는 5개의 간단한 한자의 조합이다. 중국인들도 赢을 쓸 때 이 방법을 이용하곤 한다.

⭐ 공략 3. 제시어는 가능하면 앞쪽에 몰아서 배치하자

쓰기 제2부분의 99번은 주어진 5개의 어휘를 모두 사용해서 단문을 쓰는 문제이다. 시험을 치를 때는 제시어를 전부 사용하라는 요구사항을 가장 먼저 해결해야 하므로, 일단 제시어를 최대한 글 앞부분에서 모두 사용하는 것이 좋다. 가능한 하나의 문장 안에 많은 제시어를 사용하도록 하고, 핵심어를 정한 다음 연결할 수 있는 제시어끼리 묶어서 덩어리로 만드는 것이 좋다.

연습 害怕、打针、哭

핵심 어휘 打针　**호응 구조** 害怕+打针

◐ 昨天晚上发烧了，今天去医院。大夫说我感冒了，我从小就**害怕打针**，不过这次我没有**哭**。

어제 저녁에 열이 나서 오늘 병원에 갔다. 의사 선생님은 내가 감기에 걸렸다고 했다. 나는 어려서부터 주사 맞는 걸 무서워했지만 이번에는 울지 않았다.

연습 遇到、电梯、从来

핵심 어휘 遇到　**호응 구조** 在电梯里遇到+사람

◐ 我常常在**电梯**里**遇到**他，可能他也在这座大楼里上班。但是我们**从来**没有说过话，只是看着很熟悉。

나는 엘리베이터에서 종종 그와 마주친다. 어쩌면 그 역시 이 빌딩에서 근무할지도 모른다. 하지만 우리는 이제껏 말을 해본 적이 없고 단지 (서로) 낯이 익을 뿐이다.

연습　待遇、压力、喜欢

핵심 어휘　待遇　　**호응 구조**　压力＋大／待遇＋好

○ 我挺**喜欢**现在的公司，没有多大的**压力**。不像以前上班的地方，虽然工资高，**待遇**好，但是**压力**太大。

나는 지금의 회사를 매우 좋아하는데 스트레스가 별로 없기 때문이다. 예전에 근무했던 곳 같지 않다. 비록 월급도 많고 대우도 좋았지만 스트레스가 너무 심했다.

연습　结婚纪念日、记住、礼物

핵심 어휘　结婚纪念日　　**호응 구조**　记住＋结婚纪念日／收到＋礼物

○ 很多妻子都希望自己的丈夫能**记住**他们的**结婚纪念日**，并且能在每年的这一天收到他送的**礼物**。

아내들은 모두 자신의 남편이 그들의 결혼기념일을 기억하고 또한 매년 이날이 되면 그가 주는 선물을 받을 수 있기를 희망한다.

연습　内容、上网、详细

핵심 어휘　上网　　**호응 구조**　内容＋详细

○ 越来越多的人选择**上网**看新闻，因为这样很方便，网站的报道更快，**内容**也更**详细**、丰富。

점점 더 많은 사람들이 인터넷으로 뉴스 보는 걸 선택한다. 왜냐하면 이렇게 하면 매우 편할 뿐더러 인터넷의 보도가 더 빠르며, 내용도 더 상세하고 풍부하기 때문이다.

쓰기
제2부분

●예제

난이도 中　　**공략 Key** '缓解＋压力' 호응 구조

> 压力、适合、偶然、缓解、乐观

정답&공략

제시어 분석　① 压力 yālì 몡 (감당해야 하는 정신적) 스트레스, 부담

我最近学习**压力**很大。 나는 요즘 공부에 대한 스트레스가 심하다.

② 适合 shìhé 동 적합하다, 알맞다

这个颜色**适合**你。 이 색은 네게 잘 어울린다.

③ 偶然 ǒurán 형 뵈 우연이다; 우연히

你这次没考上并不是**偶然**的。 네가 이번에 불합격한 것은 결코 우연이 아니다.

我在图书馆**偶然**碰到了他。 나는 도서관에서 우연히 그를 만났다.

④ 缓解 huǎnjiě 동 완화시키다, 누그러뜨리다, 풀어지게 하다

介绍我能**缓解**疲劳的食物。 제게 피로를 완화시키는 음식물을 소개해주세요.

⑤ 乐观 lèguān 형 낙관적이다

她是个**乐观**向上的人。 그녀는 낙관적이고 진취적인 사람이다.

모범 답안

		我	是	个	很	乐	观	的	人	，	但	最	近	感	觉
工	作	压	力	很	大	，	想	找	个	方	法	放	松	一	下	。
昨	天	偶	然	发	现	了	一	本	书	——	《	缓	解	压
力	》	。	书	中	提	到	了	很	多	办	法	，	有	些	不	适
合	我	，	但	有	几	种	方	法	比	较	简	单	，	可	以
试	一	试	。	希	望	这	些	方	法	能	起	到	作	用	。

나는 낙관적인 사람이지만 요즘에 업무 스트레스가 매우 심하다고 느껴서 해소할 방법을 좀 찾고 싶었다. 어제 우연히 『스트레스 해소』라는 책을 발견했다. 책 속에는 많은 방법이 언급되어 있었는데 어떤 것들은 나에게 적합하지 않았지만 몇 가지 방법은 간단해서 시도해볼 만했다. 이 방법들이 효과가 있기를 희망한다.

공략

[1단계] **주제어 찾기** ➤ 压力, 缓解

[2단계] **내용 구성하기** ➤ 낙관적인 사람이다 → 하지만 요즘 스트레스가 심하다 → 나에게 맞는 스트레스 해소 방법을 찾는다 → 우연히 해결 방법을 찾았다

어휘 ★放松 fàngsōng 图 정신적 긴장을 풀다 | ★提到 tídào 图 언급하다 | ★试 shì 图 시험 삼아 해보다 | ★起作用 qǐ zuòyòng 작용하다, 효과가 있다

Tip **办法와 方法**

① 办法 : 어떤 문제를 해결하거나 처리하는 방법을 의미한다.

② 方法 : 공부하는 방법, 가르치는 비결 등을 의미한다.

第 1-5 题 : 请结合下列词语(要全部使用)，写一篇80字左右的短文。

1. 国庆节、耽误、行李、原来、舅舅

2. 彩虹、遗憾、郊区、突然、相机

3. 健身房、苗条、坚持、放松、效果

4. 负责、惭愧、损失、细节、重视

5. 动画片、急忙、没想到、上班、趁着

✛**정답 및 해설**_ 해설집 147쪽

 39 day 쓰기 정해진 기본 틀을 사용하라

정답_ 해설집 207쪽

학습목표

1 사람들이 자주하는 행동을 암기하자

2 한자 쓰기 연습의 중요성을 인지하자

3 그림 쓰기 기본 틀을 암기하자

쓰기 제2부분 100번 문제는 출제 유형만 안다면 이야기를 구성하는 기본 틀이 충분히 만들어진다. 기본 틀을 숙지하고 있으면 제시된 그림에 따라 단어만 알맞게 바꿔 넣어서 쉽게 80자 단문을 써낼 수 있다. 기출문제 유형을 파악하고 그에 맞춰 쓰기 공식을 익히자.

기초 실력 테스트 TEST

1 다음 동작을 중국어로 쓰세요.

❶ 수영하다　　중국어 ＿＿＿＿＿＿＿＿＿

❷ 한담하다　　중국어 ＿＿＿＿＿＿＿＿＿

❸ 편지를 쓰다　중국어 ＿＿＿＿＿＿＿＿＿

❹ 선물을 사다　중국어 ＿＿＿＿＿＿＿＿＿

2 아래의 중국어 문장을 원고지에 옮겨 써보세요.

> 打球有什么好处？第一，能减肥；第二，可以培养兴趣；第三，可以提高心理素质。

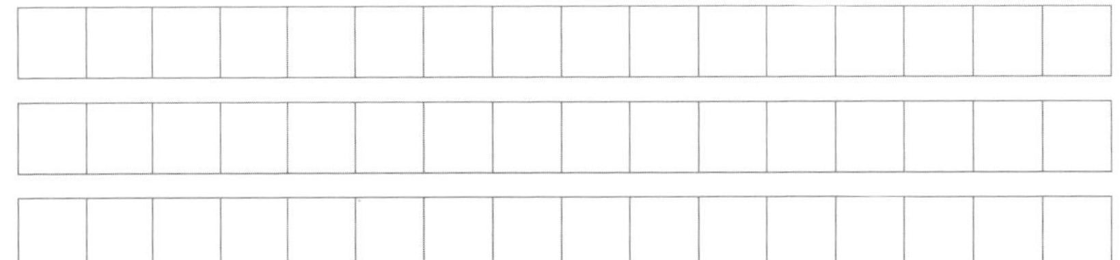

5급 기출문제 맛보기

맛보기

난이도 中 ｜ 공략 Key 看报로 내용 구성하기

1단계 **핵심 동작 찾기** ▶ 看报, 看报纸
2단계 **내용 구성하기**
① 그림 묘사하기 ▶ 두 사람이 신문을 함께 보는 모습을 묘사한다.
② 부연 설명하기 ▶ 신문 보는 행동에 대해 설명한다.
③ 질문 제시하기 ▶ 신문을 보면 어떤 좋은 점이 있는지 질문한다.
④ 대답하기 ▶ 질문에 대한 대답을 2～3가지로 나열한다.
⑤ 결론 맺기 ▶ 신문을 더 많이 보자고 제안한다.

쓰기
제2부분

모범 답안

		图	片	中	的	两	个	人	在	看	报	纸	。	随	着
时	代	的	发	展	，	报	纸	的	种	类	越	来	越	多	，
内	容	越	来	越	丰	富	。	看	报	纸	有	哪	些	好	处
呢	？	第	一	，	可	以	知	道	最	新	的	消	息	；	第
二	，	可	以	获	得	有	各	种	各	样	的	信	息	。	因
此	，	如	果	有	时	间	，	多	看	看	报	纸	吧	。	

그림 속의 두 사람은 신문을 보고 있다. 시대가 발전함에 따라 신문의 종류가 점점 더 다양해지고 내용이 점점 더 풍부해졌다. 신문을 보는 것은 어떤 좋은 점이 있을까? 첫째, 최신 소식을 알 수 있다. 둘째, 다양한 정보를 얻을 수 있다. 따라서 만일 시간이 있다면 신문을 많이 보도록 하자.

어휘 ★报纸 bàozhǐ 명 신문 ｜ ★随着 suízhe 개 ～함에 따라서 ｜ ★获得 huòdé 동 얻다, 획득하다 ｜ ★信息 xìnxī 명 정보, 소식

토크토크!
쌤의 한마디~

쓰기 제2부분에서 '공식'을 정해서 단어를 대입하도록 하는 것은 무슨 내용을 쓸지 고민하는 시간을 줄이고 어법 오류를 최소화하기 위해서입니다. 그러나 '공식'을 모든 문제에 적용할 수는 없지요. 그러나 정해진 문장 공식을 응용하기 어려운 경우 단문 전개 순서만 적용해도 작문하는 데 큰 도움이 될 거예요~

공략 1. 기출문제의 출제 경향을 공략하라

그동안 100번 문제의 출제 경향을 살펴보면, 크게 '행동'과 '표지판', '사물'로 분류할 수 있으며 그림에서 배경은 중요하게 다뤄지지 않는다. 이와 같은 100번 문제의 출제 패턴 중 가장 자주 등장하는 것은 '사람의 행동'이다. 행동 관련 어휘나 문구를 미리 익혀두면 좀 더 쉽게 문제를 해결할 수 있다.

1 5급 수준의 행동 관련 어휘를 암기하라

〈 사람이 하는 행동(동작) 〉

搬家 bānjiā 이사하다	我觉得**搬家**很麻烦。 나는 이사하는 걸 매우 번거롭다고 여긴다.
采访 cǎifǎng 인터뷰하다, 취재하다	今天电视台的记者**采访**了我。 오늘 방송국 기자가 나를 취재했다.
登山 dēngshān 등산하다	图片上有一个人在**登山**。 그림 속에는 등산하는 사람이 한 명 있다.
等人 děng rén 사람을 기다리다	他在机场**等人**。 그는 공항에서 누군가를 기다리고 있다.
钓鱼 diàoyú 낚시하다	我常常去我家附近的海边**钓鱼**。 나는 자주 집 부근의 해변으로 낚시하러 간다.
读书 dúshū 책을 읽다, 독서하다	从小就养成**读书**的好习惯。 어렸을 때부터 독서하는 좋은 습관을 길러야 한다.
滑雪 huáxuě 스키를 타다	周末要去**滑雪**。 주말에 스키 타러 갈 것이다.
看信 kànxìn 편지를 읽다	他正在笑着**看信**。 그는 웃으면서 편지를 읽고 있다.
考试 kǎoshì 시험을 치다	马上要**考试**了，我要努力学习。 곧 시험이라서, 나는 열심히 공부해야 한다.
聊天 liáotiān 잡담하다, 한담하다	跟朋友**聊天**可以缓解压力。 친구와 한담을 나누면 스트레스를 완화시킬 수 있다.
旅行 lǚxíng 여행하다	我父母上星期去**旅行**了。 우리 부모님들은 지난주에 여행을 떠나셨다.
面试 miànshì 면접시험 보다	**面试**的时候要注意些什么呢？ 면접 볼 때 어떤 것에 주의해야 하나요?
迷路 mílù 길을 잃다	我好像**迷路**了，怎么办？ 나는 아무래도 길을 잃은 것 같은데 어쩌지?

拍照 pāizhào 사진을 찍다	我的爱好是拍照。 내 취미는 사진 찍는 것이다.
跑步 pǎobù 달리다, 조깅하다	每天跑步对身体很好。 매일 조깅하면 건강에 좋다.
求婚 qiúhūn 프러포즈 하다	我打算向女朋友求婚。 나는 여자친구에게 프러포즈를 할 계획이다.
上网 shàngwǎng 인터넷을 하다	现在越来越多的人离不开上网。 지금 점점 더 많은 사람들이 인터넷을 벗어나지 못하고 있다.
玩游戏 wán yóuxì 게임하다	我孩子迷上了玩电脑游戏。 우리 집 아이가 컴퓨터 게임에 빠졌다.
握手 wòshǒu 악수하다	握手是一种礼貌。 악수는 일종의 예절이다.
养宠物 yǎng chǒngwù 애완동물을 키우다	最近养宠物的人越来越多。 요즘 애완동물을 기르는 사람이 점점 더 많아지고 있다.
游泳 yóuyǒng 수영하다	我非常喜欢游泳，下次一起去吧。 나는 수영하는 걸 굉장히 좋아하니 다음 번에 함께 가자.
下象棋 xià xiàngqí 장기를 두다	公园的老人都在下象棋。 공원에 있는 노인들은 모두 장기를 두고 있다.
做菜 zuòcài 요리를 하다	不会做菜不行，应该学一学。 요리를 못하면 안 되니까 좀 배우도록 해.

쓰기
제2부분

2　반드시 쓸 줄 알아야 한다

사람이 행하는 행동은 무수히 많지만 新HSK 5급에서 출제되는 수준의 행동은 분명히 제한적이
다. 단, 그림 속의 사람이 하고 있는 동작을 중국어로 쓸 줄 모른다면 아무리 쓸 내용이 있어도 점
수를 얻지 못하게 되니 자주 출제되는 중요한 동작은 직접 써보며 암기하자.

◦예제

난이도 下　공략 Key　游泳으로 내용 구성하기

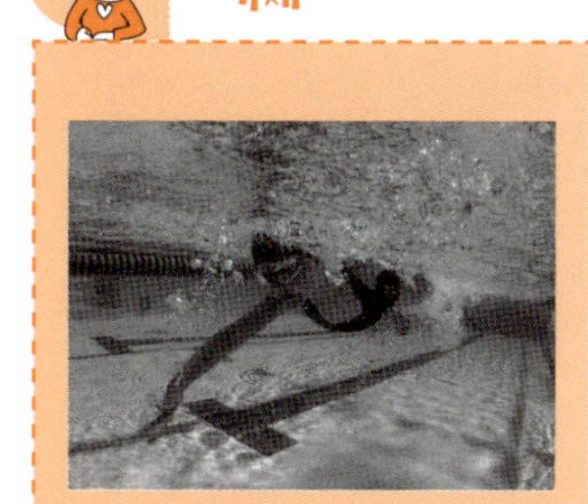

1단계 **핵심 동작 찾기** ▶ 游泳

2단계 **내용 구성하기**

① 그림 묘사하기 ▶ 한 사람이 수영하고 있는 모습을 묘사한다.

② 부연 설명하기 ▶ 수영하는 데 대한 사람들의 관심 등을 부연 설명한다.

③ 질문 제시하기 ▶ 수영의 좋은 점에 대해 질문한다.

④ 대답하기 ▶ 질문에 대한 대답을 2〜3가지로 나열한다.

⑤ 결론 맺기 ▶ 수영을 많이 하자고 제안한다.

모범 답안

		图	片	上	有	一	个	人	在	游	泳	。	到	了	夏
天	我	们	能	看	到	很	多	人	去	海	边	或	者	游	泳

池游泳。那么游泳有什么好处？第一，可以增强心肺功能；第二，可以保持苗条的身材；第三，可以促进身心健康。因此，我们抽出时间多游泳。

그림 속에는 한 사람이 수영을 하고 있다. 여름이 되면 우리는 많은 사람들이 해변이나 수영장에 가서 수영을 하는 것을 볼 수 있다. 그렇다면 수영을 하면 어떤 좋은 점이 있을까? 첫째, 심폐 기능을 강화시킬 수 있다. 둘째, 날씬한 몸매를 유지할 수 있다. 셋째, 심신의 건강을 촉진시킬 수 있다. 따라서 우리는 시간을 내서 수영을 많이 하도록 하자.

어휘　游泳池 yóuyǒngchí 몡 수영장 | 心肺功能 xīnfèi gōngnéng 몡 심폐 기능 | ★苗条 miáotiao 혱 날씬하다 | ★促进 cùjìn 통 촉진시키다 | ★抽 chōu 통 뽑다, 빼다

Tip　夏天到了와 到了夏天

① 夏天到了 : '여름이 되었다'는 뜻으로 이미 일어난 상황을 의미한다.

　夏天到了, 我要去海边玩儿。 여름이 되었으니 나는 해변으로 놀러가야겠다.

② 到了夏天 : '여름이 되면'이라는 뜻으로 가정 상황을 의미한다.

　到了夏天, 我打算去海边玩儿。 여름이 되면 나는 해변으로 놀러갈 계획이다.

공략 2. 100번 문제의 쓰기 기본 틀을 만들자

쓰기 제2부분에서 99번과 100번 중 어느 것이 더 어려운지 묻는다면 대부분 99번을 이야기할 것이다. 5개의 제시어를 모두 써야 하는 99번이 더 난이도도 높고 시간도 오래 걸린다. 쓰기 영역에는 제1부분을 포함하여 40분밖에 주어지지 않으므로 시간 활용이 무척 중요하다. 100번 문제는 출제 유형이 정형화되어 있어서 미리 쓰기 패턴을 만들어두었다가 제시된 그림에 따라 관련 단어를 대입하는 방식으로 쉽고 빠르게 단문을 써낼 수 있다.

1　그림을 묘사하라

그림을 간단히 한 문장으로 묘사하면서 그림을 제대로 이해했음을 알리고, 앞으로 어떤 내용에 대한 글을 전개할지 나타낸다.

> **패턴 1**　图片上有 (몇 명) 人在 (행동) 。
> **패턴 2**　图片中的 (몇 명) 人在 (행동) 。

图片上有一个人在喝茶。 또는 图片中的两个人在喝茶。 그림에서 한 사람(두 사람)이 차를 마시고 있다.

2　행동에 대해 부연 설명하라

'~을 점점 더 많이 한다', '~은 ~에서 자주 한다', '~은 ~하는 데 꼭 필요하다' 등 간단하게 행동에 대해 부연 설명해준다. 이런 설명 부분이 빠지면 80자를 채우기 어려울 수 있으므로 가능한 부연 설명도 빠뜨리지 말자.

> **패턴 1**　最近 _(행동)_ 的人越来越多。
>
> **패턴 2**　我们常在 _(장소)_ 等能看到 _(행동)_ 的人。
>
> **패턴 3**　_(행동)_ 对人们很重要。

最近**喜欢喝茶**的人越来越多。최근 차 마시는 것을 좋아하는 사람이 점점 많아진다.
我们常在**茶馆、咖啡店、饭店**等能看到**喝茶**的人。
우리는 찻집, 커피숍, 식당 등에서 차 마시는 사람을 자주 볼 수 있다.

3　행동에 대한 질문을 제시하라

핵심이 되는 행동을 정한 뒤에는 '왜' 하는지, 어떤 '좋은 점'이 있는지, 어떤 '주의할 점'이 있는지 생각해보고 2개 이상의 대답이 가능한 질문을 선택해서 질문한다.

> **패턴 1**　人们为什么(喜欢) _(행동)_ 呢?
>
> **패턴 2**　_(행동)_ 有什么好处呢?
>
> **패턴 3**　_(행동)_ 有什么注意事项呢?

那么，人们为什么喜欢**喝茶**呢?　그렇다면, 사람들은 왜 차 마시는 것을 좋아할까?
那么，**喝茶**有什么好处呢?　그렇다면, 차 마시는 것에는 어떤 좋은 점이 있을까?
那么，**喝茶**时有什么注意事项呢?　그렇다면, 차 마시는 것에는 어떤 주의사항이 있을까?

4　질문에 대한 대답을 제시하라

'第一, 第二' 등의 열거 표현을 사용해 질문에 대한 대답을 두세 개 정도 나열한다. 이 대답에 부담을 느낄 필요는 없다. 채점위원들은 내용에 대해서는 점수를 매기지 않는다.

> **패턴 1**　第一，……; 第二，……; 第三，……。
>
> **패턴 2**　一来，……; 二来，……; 三来，……。
>
> **패턴 3**　一是，……; 二是，……; 三是，……。
>
> **패턴 4**　首先，……; 其次，……; 最后，……。

第一，能消除疲劳; **第二**，能增强记忆力; **第三**，能减肥。
첫째, 피로를 해소시켜준다. 둘째, 기억력을 높여준다. 셋째, 다이어트가 가능하다.

5 마무리는 짧고 간단하게 하라

마무리는 접속사 为了나 因此를 이용해서 최대한 간단하게 한다. 위에서 '왜' 하는지, '좋은 점'과 '주의할 점'은 어떤 것이 있는지 제시했으니 '이로 인해서' 또는 '~을 위해서'를 이용해 마무리한다.

> 패턴1 因此，我们要多 _(행동)_ 吧。
>
> 패턴2 为了……，我觉得多 _(행동)_ 很好。
>
> 패턴3 因此，我们要注意这几个事项。

因此，我们要多**喝茶**吧。그렇기 때문에 우리는 차를 많이 마시는 것이 좋다.

为了自己，我觉得多**喝茶**很好。자신을 위해서, 나는 차를 많이 마시는 것이 좋다고 생각한다.

•예제

난이도 中　공략 Key 旅行을 중심으로 내용 구성하기

1단계 **핵심 동작 찾기** ▶ 旅行, 旅游

2단계 **내용 구성하기**

① 그림 묘사하기 ▶ 한 사람이 여행하는 모습을 묘사한다.

② 부연 설명하기 ▶ 사람들이 여행을 많이 간다는 점을 언급한다.

③ 질문 제시하기 ▶ 여행의 좋은 점은 무엇인지 질문한다.

④ 대답하기 ▶ 질문에 대한 대답을 2~3가지로 나열한다.

⑤ 결론 맺기 ▶ 여행을 더 많이 하라고 제안한다.

모범 답안

		图	片	上	有	一	个	人	在	旅	游	。	随	着	人
们	生	活	的	改	善	，	越	来	越	多	的	人	去	旅	游。
那	么	人	们	为	什	么	喜	欢	旅	游	呢	？	第	一	，
可	以	欣	赏	周	边	的	风	景	；	第	二	，	可	以	缓
解	压	力	；	第	三	，	可	以	放	松	心	情	。	为	了
丰	富	我	们	的	生	活	，	多	去	旅	游	吧	。		

사진 속에는 한 사람이 여행을 하고 있다. 사람들의 생활이 개선되면서 점점 더 많은 사람들이 여행을 간다. 그렇다면 사람들은 왜 여행하는 것을 좋아할까? 첫째, 주변의 풍경을 감상할 수 있어서이다. 둘째, 스트레스를 완화시킬 수 있어서이다. 셋째, 기분을 편안하게 할 수 있어서이다. 우리의 생활을 풍부하게 하기 위해 여행을 많이 다니자.

어휘 ★改善 gǎishàn 동 개선하다 | ★欣赏 xīnshǎng 동 감상하다 | ★缓解 huǎnjiě 동 (정도가) 완화되다. 누그러지다 | ★丰富 fēngfù 동 풍부하게 하다

第 1–5 题：请结合这张图片写一篇80字左右的短文。

1. 

2. 

3. 

4. 

5. 

+ **정답 및 해설**_ 해설집 151쪽

40 day 취미 및 금지 표지판을 공략하라

정답_ 해설집 207쪽

학습목표

✓1 다양한 취미 활동 관련 단어와 금지 표지판의 명칭을 암기하자

✓2 금지 표지판 쓰기 패턴을 정하고 숙지하자

✓3 취미 활동이나 금지사항에 쓰이는 표현을 암기하자

사람들이 취미 생활을 하는 이유나 목적, 금지 표지판을 보면서 떠올리는 금지 이유는 대부분 비슷하다. 따라서 주어진 그림이 취미 생활이나 금지 표지판이라면 이유, 원인, 목적 등이 거의 정해져 있으므로 주로 쓰는 표현을 미리 알아두는 것이 좋다.

기초 실력 테스트 TEST

1 다음 동작을 중국어로 쓰세요.

❶ 낚시하다 　중국어 ___________________　　❷ 애완동물을 기르다 　중국어 ___________________

❸ 주차하다 　중국어 ___________________　　❹ 흡연을 금지하다 　중국어 ___________________

2 빈칸에 들어갈 어휘를 고르고 전체 문장을 원고지에 옮겨 써보세요.

| 보기 | 改变　习惯　养成　因此

习惯是不容易___❶___的，___❷___，在孩子小的时候，父母要帮他们___❸___好的生活、学习___❹___。

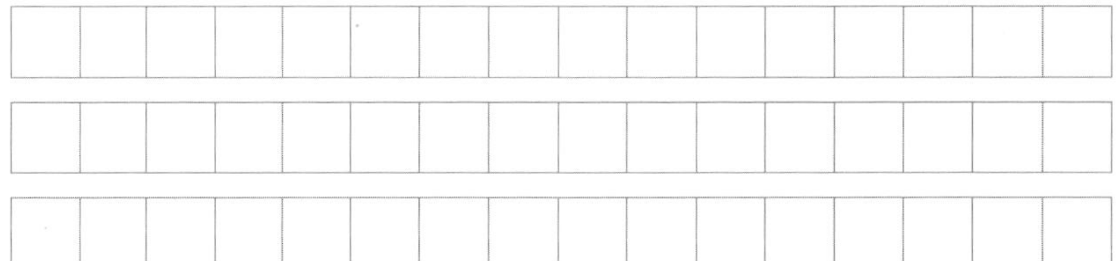

5급 **기출문제** 맛보기

맛보기

난이도 **中**　공략 Key 养宠物로 내용 구성하기

1단계 **핵심 동작 찾기** ➡ 养宠物
2단계 **내용 구성하기**
① 그림 묘사하기 ➡ 애완동물을 데리고 산책하는 모습을 묘사한다.
② 부연 설명하기 ➡ 애완동물을 기르는 일에 관해 간단히 언급한다.
③ 질문 제시하기 ➡ 애완동물을 기르면 어떤 좋은 점이 있는지 질문한다.
④ 대답하기 ➡ 질문에 대한 대답을 2~3가지로 나열한다.
⑤ 결론 맺기 ➡ 애완동물을 기르면 좋다는 것을 강조한다.

쓰기
제2부분

모범 답안

		图	片	上	有	一	个	人	带	着	小	狗	散	步	。
随	着	社	会	的	发	展	，	养	宠	物	的	人	或	家	庭
越	来	越	多	。	那	么	养	宠	物	有	什	么	好	处	呢?
第	一	，	有	助	于	缓	解	压	力	；	第	二	，	可	以
减	少	孤	独	感	；	第	三	，	可	以	培	养	责	任	感。
因	此	我	们	要	理	解	养	宠	物	的	人	。			

　　그림 속에는 어떤 사람이 강아지를 데리고 산책을 하고 있다. 사회가 발전함에 따라서 애완동물을 기르는 사람이나 가정이 점점 많아지고 있다. 그렇다면 애완동물을 기르면 어떤 좋은 점이 있을까? 첫째, 스트레스를 완화시키는 데 도움이 된다. 둘째, 고독하다는 느낌을 줄여준다. 셋째, 책임감을 기를 수 있다. 이 때문에 우리는 애완동물을 기르는 사람을 이해할 수 있다.

어휘　★养宠物 yǎng chǒngwù 애완동물을 기르다 | 孤独感 gūdúgǎn 몡 고독한 느낌 | ★培养 péiyǎng 툉 길러주다, 키우다 | 责任感 zérèngǎn 몡 책임감

토크토크!
쌤의 한마디~

쓰기 문제의 기본 틀이 정해져 있다는 건, 시간이 정해져 있고 점수가 달려 있는 학습자들 입장에서는 참 매력적인 제안이죠? 기본 틀에 대입하는 것 말고 본인의 생각대로 쓰기를 하고 싶을지 모르지만, 그러면 오류 문장이 더 많이 등장하기 마련입니다. 최소한의 시간을 들여 최대의 효과를 보기 위한 방식이니 고득점을 위해 잠시 자신의 생각은 접어두세요~

공략 1. 취미 관련 쓰기 패턴을 익히자

취미에는 매우 다양한 행동이 포함될 수 있다. 钓鱼나 看电影 외에 跑步도 취미의 하나로 볼 수 있는 것처럼, 상당히 많은 행동들이 취미와 결부되므로 행동 관련 쓰기 패턴을 취미에 관련된 그림에도 적용할 수 있다.

1 취미 관련 쓰기 패턴

취미 관련 쓰기 패턴은 행동 쓰기 패턴에서 취미에 어울리는 문장을 골라 쓰면 쉽게 쓸 수 있다.

❶ 图片上有 __인원__ 人在 __취미__ 。

❷ 最近喜欢 __취미__ 的人越来越多。 또는 最近越来越多的人喜欢 __취미__ 。

❸ 那么人们为什么喜欢 __취미__ 呢? 또는 那么 __취미__ 有什么好处呢?

❹ 第一, ……; 第二, ……; 第三, ……。

❺ 因此我们多 __취미__ 吧。

2 다양한 취미 표현

插花 chāhuā	꽃꽂이하다	拍照 pāizhào	사진을 찍다
打太极拳 dǎ tàijíquán	태극권을 하다	骑自行车 qí zìxíngchē	자전거를 타다
打羽毛球 dǎ yǔmáoqiú	배드민턴을 치다	散步 sànbù	산책하다
登山 dēngshān	등산하다	弹钢琴 tán gāngqín	피아노를 치다
钓鱼 diàoyú	낚시하다	听音乐 tīng yīnyuè	음악을 듣다
兜风 dōufēng	드라이브하다	玩电脑游戏 wán diànnǎo yóuxì	컴퓨터 게임 하다
读书 dúshū	책을 읽다	写书法 xiě shūfǎ	붓글씨를 쓰다
绘画 huìhuà	그림을 그리다	养宠物 yǎng chǒngwù	애완동물을 기르다
看电影 kàn diànyǐng	영화를 보다	运动 yùndòng	운동하다
旅游 lǚyóu	여행하다	做菜 zuòcài	요리하다

3 취미 활동의 좋은 점

사람마다 취미는 다르지만, 취미 활동을 하는 이유는 비슷하다. 취미 생활을 통해 얻을 수 있는 좋은 점을 미리 정리해두면 취미 관련 패턴을 쓸 때 손쉽게 글을 완성할 수 있다. 또한 좋은 점을 나열할 때 '可以锻炼身体'처럼 조동사 可以나 能과 함께 쓰면 좀 더 완벽한 문장이 된다.

〈취미 활동의 장점〉

减肥	다이어트하다	缓解压力	스트레스를 완화시키다
减轻疲劳	피로를 경감하다	享受生活	생활을 즐기다
享受美食	맛있는 먹거리를 누리다	欣赏风景	경치를 감상하다
锻炼身体	체력 단련을 하다	增强体质	체력을 키우다
放松一下心情	기분을 편안하게 하다	帮助培养感情	감정을 쌓는 데 도움이 된다
提高工作效率	업무 능률을 향상시킨다	交到很多朋友	많은 친구를 사귄다
保持苗条的身材	날씬한 몸매를 유지하다	增进朋友之间的友谊	친구 사이의 정을 두텁게 하다

바로 체크 Check!   빈칸에 알맞은 동사를 쓰세요.

❶ _____+菜 (요리를 하다)　　❷ _____+宠物 (애완동물을 기르다)　　❸ _____+花 (꽃꽂이하다)

정답 ❶ 做 ❷ 养 ❸ 插

예제

난이도 中　　공략 Key 登山으로 취미 패턴 쓰기

1단계 **핵심 동작 찾기** ▶ 登山, 爬山
2단계 **내용 구성하기**
① 그림 묘사하기 ▶ 한 사람이 등산을 하고 있는 모습을 묘사한다.
② 부연 설명하기 ▶ 등산에 사람들이 관심을 가지고 있다고 부연 설명한다.
③ 질문 제시하기 ▶ 등산을 왜 하는지 질문한다.
④ 대답하기 ▶ 질문에 대한 대답을 2～3가지로 나열한다.
⑤ 결론 맺기 ▶ 등산을 자주 하라고 제안한다.

모범 답안

图片上有一个人在登山。登山是人们喜欢的业余爱好之一，最近四季都能看到很多人都去爬山。那么登山有什么好处？第一，可以锻炼身体；第二，可以欣赏大自然的风景；第三，可以缓解压力。因此我们多登山吧。

그림 속에는 한 사람이 등산을 하고 있다. 등산은 사람들이 좋아하는 취미 중의 하나로 최근에는 사계절 내내 많은 사람들이 등산하는 것을 볼 수 있다. 그렇다면 등산은 어떤 좋은 점이 있을까? 첫째, 체력을 단련할 수 있다. 둘째, 대자연의 풍경을 감상할 수 있다. 셋째, 스트레스를 완화시킬 수 있다. 따라서 우리는 등산을 많이 하도록 하자.

어휘 ★登山 dēngshān 통 등산하다 | ★业余爱好 yèyú àihào 명 여가 취미 | 四季 sìjì 명 사계절

공략 2. 주의사항 관련 쓰기 패턴을 익히자

사람과 대화할 때는 상대의 눈을 쳐다봐야 한다거나 新HSK 시험을 치를 때 수험표를 꼭 가져가야 한다는 등 어떤 동작에는 기본적으로 주의해야 할 사항이 있다. 행동 관련 100번 문제에서 주의사항을 중심으로 내용을 전개할 수 있는 경우도 자주 출제된다.

1 주의사항 관련 쓰기 패턴

주의사항 관련 패턴 역시 행동 쓰기 패턴과 거의 동일한데, 주의할 점이 무엇인지 묻고 주의사항을 대답하면 된다. 다만 주의해야 할 사항을 나열할 때 조동사 要나 不要, 부사 别를 적극 활용하여 '~해야 한다', '~하면 안 된다' 등의 표현을 사용하면 더 완벽한 문장이 된다.

❶ 图片上有 __인원__ 人在 __행동__ 。

❷ __행동__ 对人们越来越重要。

❸ 那么 __행동__ 时，有哪些注意事项呢？

❹ 第一，……；第二，……；第三，……。

❺ 因此(为了……)我们要注意这几个事项。

2 주의사항이 필요한 동작 동사

주의사항 패턴으로 풀어내기 쉬운 동작에는 어떤 것이 있는지, 행동에 따른 주의사항은 중국어로 어떻게 표현하는지 미리 알아두자.

〈 주요 동작동사의 주의사항 〉

握手 wòshǒu 악수하다	要用右手握手。오른손으로 악수해야 한다.
	要摘下帽子。모자를 벗어야 한다.
	要看对方的眼睛。상대방의 눈을 봐야 한다.
	不能戴着手套。장갑을 벗어야 한다.
	不能超过三秒钟。3초를 초과하면 안 된다.

考试 kǎoshì 시험을 치르다	要带身份证、准考证。 신분증과 수험표를 가져가야 한다.
	要把手机关掉。 핸드폰을 꺼놔야 한다.
	不能偷看别人的答案。 다른 사람의 답안지를 보면 안 된다.
	不要作弊。 컨닝 하면 안 된다.
	不要大声说话。 큰 소리로 말하면 안 된다.
	不应该迟到。 지각하면 안 된다.
面试 miànshì 면접을 보다	穿着(chuānzhuó)要整齐。 옷차림은 단정해야 한다.
	说话要自信。 말할 때는 자신감이 있어야 한다.
	态度要真诚。 태도는 진실해야 한다.
	要遵守面试时间。 면접시간을 준수해야 한다.
	提前了解一下有关公司的情况。 사전에 회사 관련 상황을 알아야 한다.
	脸上要露出笑容。 얼굴에는 웃음을 띠어야 한다.
	不要紧张。 긴장하지 말아야 한다.

예제

난이도 中　공략 Key 握手로 주의사항 패턴 쓰기

1단계 **핵심 동작 찾기** ➡ 握手

2단계 **내용 구성하기**

① 그림 묘사하기 ➡ 두 사람이 악수를 하고 있는 모습을 묘사한다.

② 부연 설명하기 ➡ 언제 어디서 악수를 하게 되는지 설명한다.

③ 주의사항 질문하기 ➡ 악수할 때의 주의사항을 질문한다.

④ 대답하기 ➡ 질문에 대한 대답을 2~3가지로 나열한다.

⑤ 결론 맺기 ➡ 주의사항을 지켜야 한다고 건의한다.

모범 답안

		图	片	上	的	两	个	人	在	握	手	。	人	们	一
般	在	见	面	、	离	别	、	祝	贺	等	情	况	下	使	用。
那	么	握	手	时	要	注	意	哪	些	事	项	呢	？	第	一，
用	右	手	握	手	；	第	二	，	眼	睛	要	注	视	对	方；
第	三	，	不	能	戴	着	手	套	。	我	们	要	注	意	这
几	个	事	项	。											

그림 속에는 두 명이 악수를 하고 있다. 사람들은 보통 만나고 헤어지고 축하하는 등의 상황에서 사용하는데, 그렇다면 악수할 때는 어떠한 주의사항이 있을까? 첫째, 오른손으로 악수를 해야 하며, 둘째는 눈은 상대방을 주시해야 하고, 셋째는 장갑을 껴서는 안 된다. 우리는 이 몇 가지 사항에 주의하자.

어휘 ★握手 wòshǒu 통 악수하다, 손을 잡다 | ★祝贺 zhùhè 통 축하하다 | 事项 shìxiàng 명 사항 | 注视 zhùshì 통 주시하다 | ★戴 dài 통 착용하다, 쓰다 | 手套 shǒutào 명 장갑

공략 3. 금지 표지판 쓰기 패턴을 놓치지 말자

'주차 금지', '쓰레기 투기 금지', '수영 금지' 등등 우리는 생활 속에서 다양한 표지판을 접하며 살아가며, 이들 중에는 금지 표지판이 주를 이룬다. 이러한 금지 표지판은 그림을 통해서 전달하려는 메시지가 확실한 만큼 우리가 무엇을 써야 할지도 명확하다.

1 금지 표지판 관련 쓰기 패턴을 익히자

금지 표지판 쓰기 패턴도 행동 쓰기 패턴과 기본 틀은 비슷하다. 다만 금지 표지판에서는 '왜 금지하는지' 질문하고 금지하는 이유만 서술하면 되므로 더 쉽게 쓸 수 있다.

❶ 그림 묘사하기 : 이것이 무엇을 금지하는 표지판인지 서술한다.

　　这是一个禁止 <u>금지 내용</u> 的牌子。

❷ 부연 설명하기 : 어디에서 이런 표지판을 볼 수 있는지 서술한다.

　　我们常在 <u>장소</u> 等地方能看到这种牌子。

❸ 질문하기 : 왜 금지하는지 질문한다.

　　那么为什么禁止呢?

❹ 대답하기 : 금지하는 이유를 2~3개로 나열한다.

　　第一, ……; 第二, ……; 第三, ……。

❺ 결론 맺기 : 이 표지판을 무시하지 말자고 건의한다.

　　为了……, 我们不要忽视这种标志。

2 다양한 금지 표지판과 금지 이유를 익히자

무궁무진한 표지판 중에서 시험에는 주로 '금지 표지판'이 출제된다. 어떻게 써 내려갈지 정하려면 이 표지판이 의미하는 바를 모르면 안 된다. 따라서 제시된 금지 표지판이 무엇을 금지하는지, 왜 금지하는지 중국어로 쓸 수 있어야 금지 표지판 문제를 풀 수 있다. 자주 접할 수 있는 금지 표지판의 의미와 이유를 미리 익혀두자.

〈 빈출 금지 표지판과 금지 이유 〉

禁止停车 주차 금지	会导致堵车 교통체증을 초래할 수 있다
	会影响人们走路 사람들의 통행에 영향을 줄 수 있다
	会破坏交通秩序 교통질서를 해칠 수 있다
禁止通行 통행 금지	也许前面在修路 앞에서 도로를 수리하고 있을 수도 있다
	也许前面的路是死路 앞은 막힌 길일 수도 있다
	也许有人来视察路的情况 도로 상황을 시찰하러 왔을 수도 있다
禁止游泳 수영 금지	水太脏，对皮肤不好 물이 너무 더러워서 피부에 좋지 않다
	水太脏，影响健康 물이 너무 더러워서 건강을 해칠 수 있다
	水太深，很危险 물이 너무 깊어서 위험하다
	水里会有危险的动物 물속에 위험한 동물이 있다
禁止爬山 등산 금지	前面没有路 앞에 길이 없다
	山上落石很危险 산에서 낙석이 떨어져 위험하다
	下雨天路很滑 비가 내려 길이 매우 미끄럽다
禁止钓鱼 낚시 금지	水里会有一级保护动物 물속에 보호동물이 있을 수 있다
	水太脏，鱼都被污染了 물이 더러워서 물고기가 오염되었다
	要保护环境 환경을 보호하려고
	要保障钓鱼爱好者的安全 낚시 애호가의 안전을 보장하려고
禁止吸烟 흡연 금지	容易引起火灾 화재를 일으키기 쉽다
	污染空气 공기가 오염된다
	影响自己的健康，也影响别人的健康 자신의 건강에 영향을 줄 뿐 아니라 다른 사람의 건강에도 영향을 끼친다
禁止出入 출입 금지	妨碍他人工作或休息 타인의 일이나 휴식에 방해가 된다
	要保护里面的东西 안의 물건을 보호하려고
	充分保障个人的私人空间 개인의 사적 공간을 충분히 보장하려고
禁止使用手机 핸드폰 사용 금지	大声说话会影响别人 큰 소리로 말하면 다른 사람에게 영향을 줄 수 있다
	会影响到里面的机器系统 안에 있는 기계의 시스템에 영향을 줄 수 있다
	室内应保持安静 실내에서는 정숙해야 한다
禁止带宠物 애완동물 출입 금지	担心会影响别人 다른 사람에게 영향을 줄까 봐 염려된다
	担心宠物乱拉屎 애완동물이 함부로 대소변을 볼까 봐 염려된다
	担心宠物毛发会引起过敏 애완동물의 털이 알레르기를 야기할까 염려된다

禁止外带食物入内 음식물 반입 금지	担心食物会沾到店里的物品 음식물이 가게 안의 물품에 묻을까 염려되다
	担心吃了以后乱扔垃圾 먹은 후에 함부로 쓰레기를 버릴까 염려된다
禁止乱扔垃圾 쓰레기 투기 금지	要保持清洁 청결을 유지하려고
	要美化环境 환경을 아름답게 꾸미려고
	要保护树木、草木 나무나 풀을 보호하려고

예제

[1단계] **핵심 동작 찾기** ➡ 禁止吸烟

[2단계] **내용 구성하기**

① 그림 묘사하기 ➡ 무엇을 금지하는 표지판인지 묘사한다.

② 부연 설명하기 ➡ 흡연 금지 표지판을 볼 수 있는 곳을 설명한다.

③ 질문 제시하기 ➡ 왜 금연을 해야 하는지 질문한다.

④ 대답하기 ➡ 질문에 대한 대답을 2~3가지로 나열한다.

⑤ 결론 맺기 ➡ 흡연 금지 표지판을 준수하자고 건의한다.

모범 답안

　　这是一个禁止吸烟的标志。在很多公共场所我们都能看见这种标志。那么为什么禁止吸烟呢？一来，吸烟有害健康；二来，吸烟容易引起火灾。为了您的健康和安全，请不要忽视这种标志。

이것은 금연 표지판이다. 많은 공공장소에서 우리는 이 표지판을 볼 수 있다. 그렇다면 왜 금연해야 하는 것일까? 첫째, 흡연은 건강에 해롭기 때문이다. 둘째, 흡연은 쉽게 화재를 야기하기 때문이다. 당신의 건강과 안전을 위해 이 표지판을 경시하지 말자.

어휘　★禁止 jìnzhǐ 동 금지하다 | ★标志 biāozhì 명 표지판 | ★有害 yǒuhài 동 유해하다, 해롭다 | ★引起 yǐnqǐ 동 야기하다, 초래하다 | 火灾 huǒzāi 명 화재 | ★忽视 hūshì 동 소홀히 하다, 경시하다

第 1–5 题：请结合这张图片写一篇80字左右的短文。

1. 

2. 

3. 

4. 

5. 

+ **정답 및 해설_** 해설집 154쪽

중국어 말하기,
제대로 트레이닝 해보세요!

JRC 중국어연구소 지음 | 첫걸음 200쪽, Level up 188쪽 | 12과 | 15,000원

196쪽 | 14과 | 15,000원   200쪽 | 12과 | 15,000원   216쪽 | 12과 | 15,000원   208쪽 | 14과 | 15,000원   上 176쪽, 下 172쪽 | 8과 | 15,000원

THE 맛있게
THE 쉽게 즐기세요!

기본서, 해설집, 모의고사 All In One 구성

한눈에 보이는 공략   간략하고 명쾌한   실전에 강한

   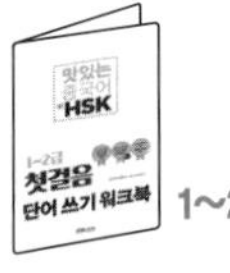

기본서   +   해설집   +   모의고사   +   필수단어 300

박수진 저 | 22,500원   왕수인 저 | 23,500원   장영미 저 | 24,500원   출간 예정

맛있는 books 중국어 도서 안내

汉办 개정
단어 수록
전공략 新HSK
두 달 에
5 따기
급
JRC 중국어연구소 기획
장미라 지음
40일 5급 공략
해설집
맛있는 books

전공략 新HSK
두달에
5급 따기
해설집

전공략 新HSK

두달에 5급 따기 **해설집**

개정판 1쇄 발행	2014년 6월 25일
개정판 5쇄 발행	2018년 8월 30일

저자	장미라
기획	JRC 중국어연구소
발행인	김효정
발행처	맛있는books
등록번호	제2006-000273호
편집	최정임 l 김소연 l 조해천
디자인	신은지 l 최여랑
영업	김영한 l 강민호
홍보	이지연
웹마케팅	오준석

주소	서울 강남구 테헤란로 109, 3층
전화	**구입 문의** 02.567.3861 / 02.567.3837
	내용 문의 02.567.3860
팩스	02.567.2471
홈페이지	www.booksJRC.com

ISBN	978-89-98444-41-9 14720
	978-89-98444-28-0 (세트)
정가	25,000원

Copyright© 2014 맛있는books

이 도서의 국립중앙도서관 출판시도서목록(CIP)은 서지정보유통지원시스템 홈페이지(http://seoji.nl.go.kr)와
국가자료공동목록시스템(http://www.nl.go.kr/kolisnet)에서 이용하실 수 있습니다. (CIP제어번호 : CIP2014014888)

차례

01 day 의심은 금물! 들리는 것이 정답!

🎧 01-7 본책_ 41쪽

정답 1. D 2. D 3. B 4. C 5. A 6. D 7. C 8. D 9. A 10. C

---

1 난이도 下 공략 Key 녹음 내용과 동일한 보기 찾기

女：你不是说过5点之前给我电话吗？
男：真对不起，飞机晚点了，降落时就已经
　　四点半了。

问：男的为什么没有给女的打电话？

A 忘了时间
B 手机没电了
C 还没吃饭
Ⓓ 飞机晚点了

여: 5시 전까지 나에게 전화한다고 하지 않았니?
남: 정말 미안해, 비행기가 연착해서, 착륙했을 때 이
　　미 4시 반이었어.

질문: 남자는 왜 여자에게 전화를 하지 않았나?

A 시간을 잊었다
B 핸드폰에 배터리가 없었다
C 아직 밥을 먹지 않았다
Ⓓ 비행기가 연착했다

공략　여자는 남자에게 전화를 하지 못한 이유에 대해 묻고 있다. 남자의 말인 '飞机晚点了'를 통해 D가 정답임을 알 수 있다.
녹음에 나온 문장이 그대로 보기로 제시되는 문제는 新HSK 5급 듣기의 중요 출제 경향 중 하나이다.

어휘　★降落 jiàngluò 통 착륙하다

---

2 난이도 下 공략 Key 녹음 내용과 동일한 보기 찾기

男：我的嗓子好像还没好，还很疼。
女：那你得去看医生了，还是现在我就陪你
　　去。

问：男的哪里不舒服？

A 鼻子
B 肚子
C 胳膊
Ⓓ 嗓子

남: 아무래도 목이 다 낫지 않은 것 같아, 아직도 아파.
여: 그럼 진찰을 받으러 가야지, 그냥 지금 내가 너랑
　　같이 가야겠다.

질문: 남자는 어디가 아픈가?

A 코
B 배
C 팔
Ⓓ 목

공략　남자의 '我的嗓子……, 还很疼'이라는 말을 통해 D가 정답임을 알 수 있다. 보기의 어휘를 읽을 줄만 알면 쉽게 해결할
수 있는 문제이다.

어휘　★嗓子 sǎngzi 명 목 | ★好像 hǎoxiàng 통 마치 ～와 같다 | 陪 péi 통 함께하다 | 鼻子 bízi 명 코 | ★胳膊 gēbo 명 팔

---

3 난이도 下 공략 Key 녹음 내용과 동일한 보기 찾기

男：你看我胳膊上的肌肉怎么样？
女：不错，不错！看来你这几个月没白练啊，
　　简直像个运动员了。

남: 내 팔의 근육이 어때 보여？
여: 괜찮네, 괜찮아! 이 몇 개월 동안의 네 훈련이 헛되
　　지 않아 보이네. 그야말로 운동선수 같아.

问：男的锻炼了多长时间了?

A 一个月
Ⓑ 几个月
C 一个星期
D 几天

질문: 남자는 얼마 동안 훈련을 했나?

A 한 달
Ⓑ 몇 개월
C 일주일
D 며칠

공략 보기를 통해 기간에 대해 묻는 문제임을 유추할 수 있으므로 보기와 똑같은 내용이 나오는지에 집중해서 듣는다. 여자의 말 중 '这几个月没白练'을 통해 남자가 몇 개월 동안 훈련했음을 알 수 있으므로 정답은 B이다.

어휘 ★肌肉 jīròu 몡 근육 | 白 bái 뷔 헛되이, 공연히 | ★简直 jiǎnzhí 뷔 그야말로

---

4   난이도 下   공략 Key 녹음 내용과 동일한 보기 찾기

女：这个餐厅以前我来过，怎么觉得和过去不一样了呢?
男：这儿最近重新装修了一遍，环境比以前好多了，怎么样? 喜欢吗?

问：这个餐厅有什么变化?

A 菜的味道变了
B 便宜多了
Ⓒ 重新装修了
D 客人少了

여: 나는 예전에 이 식당에 온 적이 있는데, 어째서 옛날과 다르다는 생각이 들까?
남: 여기는 최근에 새로 인테리어를 해서, 분위기가 예전보다 훨씬 좋아졌어. 어때? 마음에 들어?

질문: 이 식당에는 어떤 변화가 있는가?

A 음식 맛이 변했다
B (가격이) 저렴해졌다
Ⓒ 새로 인테리어를 했다
D 손님이 줄었다

공략 보기의 내용을 통해 상점이나 식당에 관한 질문임을 유추할 수 있다. 남자가 한 말인 '这儿最近重新装修了一遍'이 보기에 그대로 제시되었으므로 정답은 C이다.

어휘 过去 guòqù 몡 과거 | ★重新 chóngxīn 뷔 새로이, 다시 | ★装修 zhuāngxiū 동 인테리어를 하다 | 遍 biàn 양 번, 회

---

5   난이도 下   공략 Key 녹음 내용과 동일한 보기 찾기

女：你这是什么表情啊? 我做的菜真的那么难吃吗?
男：说实话，你盐放得太多了，太咸了。

问：女的做的菜怎么样?

Ⓐ 盐放多了
B 太辣吃不了
C 要加点儿醋
D 做得很好吃

여: 무슨 표정이 그래? 내가 만든 요리가 정말 그렇게 맛이 없어?
남: 솔직히 말해서, 소금을 너무 많이 넣어서, 너무 짜.

질문: 여자가 만든 요리는 어떠한가?

Ⓐ 소금을 너무 많이 넣었다
B 너무 매워서 먹을 수가 없다
C 식초를 조금 넣어야 한다
D 무척 맛있다

공략 보기를 통해 요리에 관한 대화임을 유추할 수 있다. 남자가 한 말인 '你盐放得太多了'가 보기에 그대로 제시되어 있으므로 정답은 A이다.

어휘 ★说实话 shuō shíhuà 솔직히 말하면 | ★盐 yán 몡 소금 | ★咸 xián 혱 (맛이) 짜다 | ★醋 cù 몡 식초

6

女：我现在上班去了，早饭在桌子上，你一会儿自己吃。
男：好的，别忘了带伞，<u>天气预报说今天有雷阵雨</u>。

问：今天天气怎么样?

A 刮大风
B 有雾
C 多云
Ⓓ 有雷阵雨

여: 저 지금 출근해요, 아침은 식탁에 차려놓았으니, 조금 이따가 드세요.
남: 알았어요, 우산 가져가는 거 잊지 말아요, <u>일기 예보에서 그러는데, 오늘 천둥 번개를 동반한 비가 내린대요.</u>

질문: 오늘 날씨는 어떠한가?

A 바람이 세다
B 안개가 낀다
C 구름이 많다
Ⓓ 천둥 번개를 동반한 비가 내린다

공략 보기를 통해 날씨 관련 대화임을 유추할 수 있으므로 날씨가 어떠한지에 집중해서 들어야 한다. 남자가 한 말인 '天气预报说今天有雷阵雨'에서 보기에 나온 '有雷阵雨'가 그대로 언급되어 있으므로 정답은 D이다.

어휘 ★雷阵雨 léizhènyǔ 몡 천둥 번개를 동반한 비 | ★刮风 guāfēng 동 바람이 불다 | ★雾 wù 몡 안개

7

女：我觉得你还是系上领带好，系领带显得更正式一点儿。
男：<u>这领带颜色太鲜艳了</u>，我看还是算了吧。

问：男的为什么不想系领带?

A 太正式了
B 很老土
Ⓒ 颜色太鲜艳
D 感到不舒服

여: 내 생각에는 아무래도 넥타이를 매는 게 나을 것 같아요, 넥타이를 하면 좀 더 깔끔해 보일 거예요.
남: <u>이 넥타이는 색이 너무 화려해서</u>, 내가 보기에는 그냥 안 하는 게 나을 것 같아.

질문: 남자는 왜 넥타이를 하려고 하지 않는가?

A 너무 정장 느낌이어서
B 너무 촌스러워서
Ⓒ 색이 너무 화려해서
D 불편하다고 느껴져서

공략 대화를 통해 어떤 사물에 관한 대화임을 유추할 수 있다. 남자의 말인 '这领带颜色太鲜艳了'에서 보기에 나온 '颜色太鲜艳'이 그대로 언급되었으므로 정답은 C이다.

어휘 还是……好 háishi……hǎo ~하는 편이 낫다 | ★系领带 jì lǐngdài 넥타이를 매다 | ★显得 xiǎnde 동 ~하게 보이다 | 正式 zhèngshì 혱 정식의, 공식의 | ★鲜艳 xiānyàn 혱 (색이) 밝다, 화려하다 | 老土 lǎotǔ 혱 촌스럽다

8

女：快点儿给我矿泉水。
男：给你，你不是很能吃辣的吗? 怎么眼泪都出来了。
女：没想到这么辣，这个菜太辣了。
男：的确有点儿辣，<u>你吃这个菜，这个比较清淡</u>。

여: 빨리 광천수 좀 줘봐.
남: 여기 있어, 너 매운 것 매우 잘 먹지 않니? 어떻게 눈물까지 흘리니.
여: 이렇게 매울 줄은 생각지도 못했어. 이 요리는 너무 맵다.
남: 확실히 좀 맵기는 해. <u>이 요리를 먹어, 이건 좀 담백해.</u>

问：男的建议女的做什么？

A 喝矿泉水
B 吃个馒头
C 再放点儿醋
Ⓓ 吃清淡些的菜

질문: 남자는 여자에게 무엇을 하라고 건의했나?

A 광천수를 마시라고
B 만두를 먹으라고
C 식초를 조금 더 넣으라고
Ⓓ 좀 담백한 요리를 먹으라고 한다

공략 남자의 말 중 '不是……吗'는 반어문으로 '～가 아니니'라는 의미이다. 즉 '你不是很能吃辣的吗?'는 여자가 원래는 매운 걸 잘 먹는다는 뜻이다. 요리가 맵다는 여자에게 남자는 '你吃这个菜，这个比较清淡'이라고 말했으므로 D가 정답임을 알 수 있다.

어휘 ★矿泉水 kuàngquánshuǐ 몡 광천수, 미네랄워터 | 眼泪 yǎnlèi 몡 눈물 | ★的确 díquè 円 확실히 | ★清淡 qīngdàn 혱 (음식이) 담백하다 | 馒头 mántou 몡 만두 | 醋 cù 몡 식초

---

9   **난이도** 下   **공략 Key** 녹음 내용과 동일한 보기 찾기

男：您好，请问您要办理什么业务？
女：我想开通网上银行。手续复杂吗？
男：不，大概十分钟就能办完，很简单。请您先填一下这个表格。
女：谢谢，开通网上银行需要另付费用吗？
男：不用，是免费的。

问：女的打算办理什么业务？

Ⓐ 开通网上银行
B 开通股票账户
C 手机上网
D 贷款

남: 어서 오세요, 어떤 업무를 처리하시려고 합니까?
여: 인터넷 뱅킹을 개설하려고 하는데, 수속이 복잡한가요?
남: 아닙니다, 대략 10분이면 됩니다. 간단해요. 먼저 이 양식을 작성해주세요.
여: 감사합니다, 인터넷 뱅킹을 개설하려면 따로 비용이 드나요?
남: 아닙니다. 무료입니다.

질문: 여자는 어떤 업무를 처리하려고 하는가?

Ⓐ 인터넷 뱅킹을 신청하려고 한다
B 주식 계좌를 개설하려고 한다
C 핸드폰으로 인터넷을 하려고 한다
D 대출을 받으려고 한다

공략 보기의 网上银行, 贷款 등의 어휘를 통해 은행에서 일어나는 대화임을 유추할 수 있다. 여자의 '想开通网上银行'이라는 말에서 여자가 인터넷 뱅킹을 개설하러 은행에 온 것임을 알 수 있다. 따라서 A가 정답으로 적절하다.

어휘 ★办理 bànlǐ 동 (사무를) 처리하다 | 业务 yèwù 몡 업무 | 开通 kāitōng 동 개설하다 | 网上银行 wǎngshàng yínháng 몡 인터넷 뱅킹 | ★手续 shǒuxù 몡 수속, 절차 | ★填 tián 동 기입하다, 작성하다 | 表格 biǎogé 몡 서식, 양식 | 股票账户 gǔpiào zhànghù 몡 주식 계좌 | ★贷款 dàikuǎn 동 대출하다

---

10   **난이도** 下   **공략 Key** 녹음 내용과 동일한 보기 찾기

女：我信箱的密码忘了，你知道怎么找回密码吗？
男：你重新再注册一个吧，反正也不是很麻烦。
女：可有些文件只在那个信箱里有。
男：那我帮你看看。

问：女的怎么了？

여: 이메일 비밀번호를 잊어버렸어. 어떻게 비밀번호를 찾을 수 있는지 아니?
남: 다시 하나 개설해, 어차피 그리 번거롭지도 않잖아.
여: 하지만 어떤 문서들은 그 메일에만 있단 말이야.
남: 그럼 내가 좀 볼게.

질문: 여자는 어떠한가?

	A 想买一个电脑	A 컴퓨터를 한 대 사려고 한다
	B 想在网上购买	B 인터넷 쇼핑을 하려고 한다
	Ⓒ 忘了信箱的密码	Ⓒ 이메일 비밀번호를 잊어버렸다
	D 忘了自己的用户名	D 자신의 아이디를 잊어버렸다

공략 이메일 비밀번호에 관한 남녀의 대화로, 여자의 '信箱的密码忘了'라는 말을 통해 C가 정답임을 알 수 있다.

어휘 信箱 xìnxiāng 몡 사서함, 이메일 우편함 | ★密码 mìmǎ 몡 비밀번호 | ★重新 chóngxīn 튀 다시, 재차 | ★注册 zhùcè 동
등록하다 | ★反正 fǎnzhèng 튀 어쨌든 | ★购买 gòumǎi 동 사다, 구매하다 | 用户名 yònghùmíng 몡 사용자 이름(ID)

02 day 동의어에 민감해져라

🎧 02-7 본책_ 49쪽

| 정답 | 1. C | 2. A | 3. B | 4. B | 5. A | 6. B | 7. B | 8. B | 9. D | 10. B |

1 　　　　　　　　　　　　　　　　　　　　　　　난이도 下 공략 Key 开业의 동의 표현

男：你的餐厅准备得怎么样啊？ 女：营业执照已经批下来了，<u>我正准备下周五就开业</u>。	남: 식당 (개업) 준비는 어떻게 되어가고 있어? 여: 영업 허가증은 이미 나왔고, <u>다음 주 금요일에 오픈하려고 준비 중이야</u>.
问：女的打算做什么？	질문: 여자는 무엇을 할 계획인가?
A 结婚	A 결혼을 하려고 한다
B 学开车	B 운전을 배우려고 한다
Ⓒ 经营餐厅	Ⓒ 식당을 경영하려고 한다
D 发表小说	D 소설을 발표하려고 한다

공략 남자의 질문에 여자는 '下周五就开业'라고 말하고 있다. 여기서 开业는 '개점하다, 개업하다'의 뜻을 지닌 관용어로 '经营餐厅'과 같은 의미이므로 정답은 C가 된다.

어휘 ★营业执照 yíngyè zhízhào 몡 영업 허가증 | 批 pī 동 승인하다, 허가하다 | 开业 kāiyè 동 개점하다, 개업하다 | 经营
jīngyíng 동 경영하다 | 发表 fābiǎo 동 발표하다, 게재하다

2 　　　　　　　　　　　　　　　　　　　　　　　난이도 上 공략 Key 免费의 동의 표현

男：你的营销管理学得怎么样呢？ 上次听你说是在读网络课程。 女：还可以，我劝你也试试，<u>刚开始几次是免费试听的</u>。	남: 마케팅 관리 공부는 어떻게 되어가고 있어? 지난번에 듣기로는 인터넷 과정으로 공부하고 있다고 했던 것 같은데. 여: 괜찮아, 너도 한번 들어봐. <u>처음 몇 번은 무료로 들어볼 수 있어</u>.
问：关于网络课程，下列哪项正确？	질문: 인터넷 과정에 관해 다음 중 옳은 것은?

Ⓐ 前几次不用花钱		Ⓐ 앞의 몇 차례는 돈을 내지 않아도 된다	
B 很难拿到成绩		B 성적 얻기가 굉장히 힘들다	
C 上个月才开始的		C 지난달에 시작했다	
D 教授很有名		D 교수님이 매우 유명하다	

공략   핵심어는 免费이다. 여자의 '刚开始几次是免费试听的'라는 말을 통해 처음 몇 번은 돈을 내지 않아도 된다는 것을 알 수 있다. 免费는 '不用花钱'으로 바꿔 쓸 수 있으므로 A가 정답이다.

어휘   ★营销管理 yíngxiāo guǎnlǐ 몡 마케팅 관리 | 网络课程 wǎngluò kèchéng 몡 인터넷 과정 | 劝 quàn 통 권하다, 권고하다 | 试 shì 통 시도해보다 | 试听 shì tīng 시험 삼아 들어보다 | 教授 jiàoshòu 몡 교수

3　　　　　　　　　　　　　　　난이도 上　공략 Key '睡不着'의 동의 표현

女：真头疼，最近一直睡不着。		여: 정말 고민이야, 요즘 계속 잠을 못 자고 있어.
男：这样很痛苦，睡前喝杯牛奶试一试，这样可能会好一点儿的。		남: 그러면 꽤 힘들 텐데. 잠 자기 전에 우유를 한 잔 마셔봐, 그러면 좀 좋아질 거야.
问：女的最近因为什么事情头疼？		질문: 여자는 요즘 무슨 일로 머리가 아픈가?
A 股票		A 주식
Ⓑ 失眠		Ⓑ 불면증
C 成绩		C 성적
D 减肥		D 다이어트

공략   头疼은 '두통'이라는 의미도 있지만 어떤 일로 인해 '골치 아프다'라는 뜻도 있다. '一直睡不着'를 통해 여자의 고민이 불면증이라는 것을 알 수 있다. '睡不着'와 失眠은 동의어로 정답은 B가 된다.

어휘   ★头疼 tóuténg 통 머리가 아프다, 골치 아프다 | 痛苦 tòngkǔ 형 고통스럽다 | 牛奶 niúnǎi 몡 우유 | 股票 gǔpiào 몡 주식 | 失眠 shīmián 몡 불면증 | 减肥 jiǎnféi 통 다이어트를 하다

4　　　　　　　　　　　　　　　난이도 上　공략 Key '卖得很好'의 동의 표현

女：最近公司的产品卖得很好。		여: 최근 회사의 제품이 아주 잘 팔리네요.
男：是啊，这次我们做了不少宣传，做了大量的广告。		남: 네, 이번에 홍보도 많이 했고, 대량의 광고도 했거든요.
问：关于公司，可以知道什么？		질문: 회사에 관해 알 수 있는 것은?
A 产品质量差		A 제품의 질이 떨어진다
Ⓑ 生意不错		Ⓑ 사업이 잘된다
C 正面临倒闭		C 파산에 직면해 있다
D 广告效果不理想		D 광고 효과가 별로 좋지 않다

공략   보기의 产品质量, 生意, 倒闭 등의 단어를 통해 어떤 회사에 관한 대화임을 유추할 수 있다. 여자의 '产品卖得很好'라는 말을 통해 이 회사의 영업 상태가 아주 좋다는 것을 알 수 있으므로 '卖得很好'의 동의 표현인 '生意不错'가 정답이 된다.

어휘   ★不少 bùshǎo 형 적지 않다, 많다 | 宣传 xuānchuán 통 선전하다, 광고하다 | 广告 guǎnggào 몡 광고 | 差 chà 형 형편없다 | 生意 shēngyi 몡 장사, 영업 | 面临 miànlín 통 직면하다 | 倒闭 dǎobì 통 파산하다 | 效果 xiàoguǒ 몡 효과, 좋은 결과 | 理想 lǐxiǎng 형 이상적이다

女：你认识刘经理?
男：认识啊，他是我上大学时同一个宿舍的。

问：关于男的，可以知道什么?

Ⓐ 跟刘经理是同学
Ⓑ 没上过大学
Ⓒ 工作得很出色
Ⓓ 不关心同事

여: 너 류 팀장 알아?
남: 알아. 내가 대학 다닐 때 같은 기숙사를 썼어.

질문: 남자에 관해 알 수 있는 것은?

Ⓐ 류 팀장과 동창이다
Ⓑ 대학을 다닌 적이 없다
Ⓒ 일을 굉장히 잘한다
Ⓓ 회사 동료에게 관심이 없다

공략　보기 내용을 바탕으로 어떠한 인물에 관한 대화 내용임을 유추할 수 있다. 남자의 '同一个宿舍'라는 말에서 같은 학교를 나왔음을 알 수 있으므로 정답은 A이다.

어휘　★经理 jīnglǐ 몡 팀장 | 宿舍 sùshè 몡 기숙사 | 出色 chūsè 톙 뛰어나다 | 关心 guānxīn 동 관심을 가지다

女：今天李秘书说这个周末请我们吃烤鸭。
男：谁? 李秘书? 不会吧，他是出名的铁公鸡。

问：李秘书是个怎样的人?

Ⓐ 糊涂
Ⓑ 小气
Ⓒ 大方
Ⓓ 潇洒

여: 오늘 리 비서가 이번 주말에 우리에게 카오야를 산다고 하더라고.
남: 누구? 리 비서? 설마! 그는 유명한 구두쇠인걸.

질문: 리 비서는 어떤 사람인가?

Ⓐ 어리버리하다
Ⓑ 인색하다
Ⓒ 인색하지 않다
Ⓓ 멋스럽다

공략　남자가 한 말인 '他是出名的铁公鸡'를 통해 리 비서가 돈을 안 쓰는 사람임을 알 수 있다. 관용어 铁公鸡는 '철로 만들어져 솜털 한 가닥도 뽑지 않는다'는 뜻으로, 구두쇠를 비유한 표현이다. 보기 중 돈을 잘 안 쓰는 것을 의미하는 B가 정답이 된다.

어휘　★秘书 mìshū 몡 비서 | 烤鸭 kǎoyā 몡 (베이징) 카오야 | 铁公鸡 tiěgōngjī 몡 구두쇠 | ★糊涂 hútú 톙 멍청하다, 어리버리하다 | ★小气 xiǎoqi 톙 인색하다 | ★大方 dàfang 톙 인색하지 않다 | 潇洒 xiāosǎ 톙 멋스럽다

女：你最近每天早上还去参加足球训练吗?
男：早就不去了，真可惜我没坚持下来。

问：男的主要是什么意思?

Ⓐ 得到了家人的支持
Ⓑ 已经放弃了
Ⓒ 打算再开始
Ⓓ 最近工作太忙了

여: 너 요즘도 매일 아침마다 축구 연습에 참가하니?
남: 진작에 그만뒀어. 꾸준히 못한 것이 정말 아쉽다.

질문: 남자가 하는 말의 의미는?

Ⓐ 가족의 지지를 받아냈다
Ⓑ 이미 포기했다
Ⓒ 다시 시작할 계획이다
Ⓓ 요즘 일이 너무 바쁘다

---

8 난이도 中　공략 Key '买汽车'를 풀어 쓴 표현

듣기
제1·2부분

女：小黄，为什么最近在车站看不到你了？

男：我买汽车了，所以现在不用挤公共汽车了。

女：你买车了，太好了！ 怎么样？每天早上感觉很爽吧。

男：哪里，我还不太习惯呢，还是挺紧张，所以开得很慢。

问：男的最近怎么上班？

A 走路　　　　　Ⓑ 自己开车
C 坐公交车　　　D 骑自行车

여: 샤오황, 어째서 요즘 정류장에서 널 볼 수 없는 거니?

남: 나 자동차 샀어, 그래서 지금은 만원 버스에 시달리지 않아도 돼.

여: 차 샀다고? 너무 잘됐다! 어때? 매일 아침마다 느낌이 상쾌하지?

남: 아니, 아직 익숙하지가 않아서 여전히 매우 긴장돼. 그래서 천천히 운전하고 있어.

질문: 남자는 요즘 어떻게 출근하고 있나?

A 걸어서　　　　　Ⓑ 직접 운전해서
C 시내버스를 타고　D 자전거를 타고

---

9 난이도 中　공략 Key 初次의 동의 표현

男：你好，初次见面，我叫王海，是王明的大学同学。

女：我叫李娜，真不好意思，路上堵车了，所以迟到了。

男：没关系，就几分钟。我们先点个菜再聊好吗？

女：好的，那我们吃点儿简单的吧。

问：根据对话，可以知道什么？

A 男的来晚了
B 他们是大学同学
C 女的很生气
Ⓓ 他们是第一次见面

남: 안녕하세요, 처음 뵙겠습니다. 저는 왕하이라고 하며, 왕밍의 대학 동창입니다.

여: 저는 리나입니다. 정말 면목 없습니다, 차가 막혀서 지각을 했네요.

남: 괜찮습니다, 겨우 몇 분인걸요. 우리 먼저 요리부터 시키고 나서 이야기할까요?

여: 네, 그럼 좀 간단한 걸로 먹어요.

질문: 대화를 통해 알 수 있는 것은?

A 남자가 늦게 왔다
B 그들은 대학 동창이다
C 여자가 매우 화가 났다
Ⓓ 그들은 처음 만났다

女：最近忙什么呢？一直联系不上你。

男：马上要毕业了，最近忙着写论文，所以最近经常开夜车。

女：论文也重要，但身体更重要，你还是好好照顾自己啊，别累坏了。

男：好的，谢谢你这么关心我。

问：关于男的，可以知道什么？

A 身体不舒服
Ⓑ 经常熬夜
C 已经毕业了
D 忙着照顾孩子

여: 요즘 뭐가 그리 바빠? 계속 연락이 안 되네.

남: 곧 졸업이잖아, 요즘에 논문을 쓰느라 바빠서, 자주 밤을 새워.

여: 논문도 중요하지만, 건강이 더 중요하니까, 자신을 잘 지키도록 해. 피곤해서 쓰러지지 말고.

남: 알았어, 관심 가져줘서 고마워.

질문: 남자에 대해 알 수 있는 것은?

A 건강이 좋지 않다
Ⓑ 자주 밤을 새운다
C 이미 졸업을 했다
D 아이를 돌보느라 바쁘다

공략 남자의 말 중 '经常开夜车'를 통해 B가 정답임을 알 수 있다. 관용어 开夜车는 '일이나 공부로 인해서 밤을 새운다'는 뜻이므로 보기의 熬夜와 같은 의미이다. 관용어의 뜻을 꿰뚫고 있었다면 쉽게 정답을 고를 수 있다.

어휘 ★联系不上 liánxì bu shàng 연락이 안 되다 | 开夜车 kāi yèchē 밤새워 일하다, 밤새워 공부하다 | ★照顾 zhàogù 동 돌보다, 보살피다 | 累坏 lèihuài 동 지치다 | 熬夜 áoyè 동 밤을 새우다

🗓 03day 반어문에 속지 마라

🎧 03-9 본책_ 59쪽

정답   1. D   2. C   3. A   4. A   5. D   6. A   7. D   8. B   9. A   10. C

1   난이도 上   공략 Key 이중부정 '没……不……'

女：我最近对吃的方面太讲究，连我妈妈也开始担心我，是不是我讲究得太过分了？

男：你放心，是应该的，我觉得现在没有人不注意饮食习惯。

问：男的是什么意思？

A 当妈妈的都担心孩子
B 饮食习惯决定着健康
C 要改正挑食的坏毛病
Ⓓ 人们都讲究饮食习惯

여: 내가 요즘 먹는 데 지나치게 신경을 쓰니까, 우리 엄마조차도 날 걱정하시기 시작했어. 내가 너무 지나치게 신경 쓰는 거니?

남: 걱정 마, 당연한 거지. 지금 식습관에 신경 쓰지 않는 사람은 없다고 생각해.

질문: 남자의 의미는?

A 엄마들은 모두 아이를 걱정한다
B 식습관이 건강을 결정짓는다
C 편식하는 나쁜 습관을 고쳐야 한다
Ⓓ 사람들은 모두 식습관에 신경을 쓴다

공략　남자의 '现在没有人不注意饮食习惯'이라는 말은 '没……不……'를 이용한 이중부정 표현으로, 모든 사람들이 다 식습관에 신경을 쓰고 있다는 점을 강조한다. 따라서 정답은 D가 된다.

어휘　★讲究 jiǎngjiu 동 신경을 쓰다 | ★过分 guòfèn 형 넘어서다, 지나치다 | 饮食习惯 yǐnshí xíguàn 명 식습관 | ★改正 gǎizhèng 동 고치다, 개정하다 | 挑食 tiāoshí 동 편식하다 | ★毛病 máobìng 명 결점, 나쁜 습관

2　난이도 上　공략 Key 반어 표현 '怎么……呢'

女：这部电影怎么能不让你流泪呢？你难道不觉得那个孩子很可怜吗？

男：对不起，我最近事太多，没休息好，所以刚才看的时候我睡着了。

问：通过对话，我们可以知道什么？

A　女的很可怜
B　他们是同事
C　那部电影很感人
D　男的昨晚加班了

여: 이 영화가 어째서 네 눈물을 쏟게 만들지 못한 거지? 설마 그 아이가 불쌍하다고 여기지 않는 거야?

남: 미안해, 요즘 일이 너무 많아서, 제대로 못 쉬었거든. 그래서 방금 보다가 잠이 들었어.

질문: 대화를 통해 알 수 있는 것은?

A　여자는 매우 불쌍하다
B　그들은 회사 동료 사이이다
C　그 영화는 매우 감동적이다
D　남자는 어젯밤에 야근을 했다

공략　영화를 보고 난 남녀의 대화 내용이다. 여자의 '这部电影怎么能不让你流泪呢?'라는 말을 통해 남자가 슬픈 영화를 보고도 눈물을 흘리지 않았음을 알 수 있다. 여자는 반어 표현인 '怎么……呢'를 사용해 이 영화가 눈물을 흘릴 만큼 감동적임을 강조하고 있으므로 정답은 C이다.

어휘　★流泪 liúlèi 동 눈물을 흘리다 | 难道 nándào 부 설마 ~하겠는가 | 可怜 kělián 형 가엾다, 불쌍하다 | 感人 gǎnrén 형 감동적이다 | 加班 jiābān 동 잔업하다, 야근하다

3　난이도 上　공략 Key 반어 표현 '不是……吗'

男：小马呢？不是安排她来当主持人吗？
女：她临时有事，所以今天就由我来做了。

问：通过对话，可以知道什么？

A　小马不能来
B　女的临时有事
C　当主持人很难
D　男的很生气

남: 샤오마는요? 그녀가 진행을 맡기로 하지 않았나요?
여: 그녀에게 잠시 일이 생겨서, 오늘은 제가 하게 됐어요.

질문: 대화를 통해 알 수 있는 것은?

A　샤오마는 올 수 없다
B　여자는 잠시 일이 생겼다
C　사회자가 되는 것은 매우 어렵다
D　남자는 매우 화가 나 있다

공략　남자가 한 말 '不是安排她来当主持人吗?'에서 '不是……吗'는 반어적 표현으로, 원래는 샤오마가 진행을 맡기로 되어 있었음을 나타낸다. 이에 여자는 '她临时有事'라고 말했으므로 A가 정답이다.

어휘　★安排 ānpái 동 안배하다, 배정하다 | 主持人 zhǔchírén 명 사회자, 진행자 | 临时 línshí 형 잠시의, 단기의 | 由 yóu 개 ~이, ~가(동작의 주체를 나타냄)

4　난이도 上　공략 Key 반어 표현 '难道……吗'

女：真没想到，我们的方案就得到了大家的一致认可。真是个好的开始。

男：我早就猜到会这样。难道你真的以为有人反对吗？

여: 우리의 계획이 만장일치로 승인을 받게 될 줄은 정말 생각지도 못했어요. 정말 좋은 시작이에요.

남: 난 진작에 이렇게 될 거라고 추측했어요. 당신 정말로 누군가가 반대할 거라고 여겼어요?

问：关于这个方案，可以知道什么？

Ⓐ 没人反对
B 需要大家的支持
C 有些还要调整
D 老板不赞成

질문: 이 계획에 대해 알 수 있는 것은?

Ⓐ 반대하는 사람이 없다
B 모두의 지지가 필요하다
C 일부는 조정해야 한다
D 사장님은 찬성하지 않는다

공략 남자의 '难道你真的以为有人反对吗?'에서 '难道……吗'는 반어 표현으로 아무도 반대하지 않았음을 강조한다. 더불어 잘못된 생각임을 나타내는 以为가 강조의 어감을 더하고 있다. 따라서 정답은 A가 된다.

어휘 ★方案 fāng'àn 몡 계획, 방안 | ★得到 dédào 동 얻다, 획득하다 | 一致 yízhì 혱 일치하다 | ★认可 rènkě 동 허가하다, 승인하다 | 猜 cāi 동 추측하다 | ★难道 nándào 뷔 설마 ~하겠는가 | ★支持 zhīchí 동 지지하다 | 调整 tiáozhěng 동 조정하다 | 就 jiù 뷔 오로지·오직 | 赞成 zànchéng 동 찬성하다

---

5   난이도 中   공략 Key 반어 표현 还会

女：你们公司成立不久，经营得还好吧。
男：经济不景气，加上最近产品的销路越来越不好，<u>你说还会好吗？</u>

问：关于这个公司，下列哪项正确？

A 破产了
B 进了一批新设备
C 在准备招员工
Ⓓ 经营不好

여: 당신 회사는 설립한 지 얼마 안되었으니, 잘 운영되고 있죠?
남: 불경기에다가 요즘 제품의 판로가 점점 안 좋아지고 있는데, <u>좋을 리가 있겠어요?</u>

질문: 이 회사에 관해 다음 중 옳은 것은?

A 파산했다
B 새로운 설비를 들여왔다
C 직원을 모집할 계획이다
Ⓓ 경영이 잘 되지 않는다

공략 남자는 '还会'라는 반어 표현을 써서 회사 상황이 좋지 않음을 말하고 있으므로 정답은 D가 된다. 상황이 어렵지만 파산한 것은 아니므로 A는 정답이 아니다.

어휘 ★成立 chénglì 동 (조직·기구를) 설립하다 | ★经营 jīngyíng 동 경영하다, 운영하다 | 不景气 bùjǐngqì 혱 불경기이다 | 加上 jiāshang 젭 게다가 | 销路 xiāolù 몡 판로 | ★破产 pòchǎn 동 파산하다 | 设备 shèbèi 몡 설비, 시설 | 招 zhāo 동 모집하다

---

6   난이도 中   공략 Key 의문사 什么时候를 이용한 반어 표현

男：真糟糕，飞往纽约的航班取消了。也不知道这大雾什么时候才能停。
女：别急，这不是一两天的事，你也知道这儿的天气，<u>这儿的天气什么时候好过？</u>

问：从对话中，可以知道什么？

Ⓐ 天气总是不好
B 航班晚点了
C 现在是冬天
D 男的出差了

남: 큰일이다, 뉴욕으로 가는 노선이 취소되었어. 이 짙은 안개가 언제쯤이면 없어질지 모르겠군.
여: 조급해 하지 마, 이게 하루 이틀 일도 아니고, 여기 날씨가 어떤지는 너도 잘 알잖아. <u>여기 날씨가 언제 좋았던 적이 있었니?</u>

질문: 대화에서 알 수 있는 것은?

Ⓐ 날씨가 늘 좋지 않다
B 비행기가 연착했다
C 지금은 겨울철이다
D 남자는 출장을 갔다

공략 남자의 말에 여자는 '这儿的天气什么时候好过?'라고 말하고 있으므로 정답은 A가 된다. 이 문장은 의문사 什么时候를 이용한 반어 표현으로, 이곳의 날씨가 늘 안 좋았음을 강조하고 있다.

어휘 ★糟糕 zāogāo 뤵 엉망이다, 야단나다 | ★飞往 fēiwǎng 동 ~로 비행하다 | 纽约 Niǔyuē 고유 뉴욕 | 航班 hángbān 몡 (여객기의) 정기편 | 大雾 dàwù 몡 짙은 안개

---

7   **난이도** 下   **공략 Key** 반어 표현 怎么

男：算了，我早饭不吃了。 女：那怎么行？早饭不吃，营养跟不上，会影响健康的。 问：女的认为男的应该怎么做？ A 上大学 B 减肥 C 更努力学习 **D** 吃早饭	남: 됐어, 아침 안 먹을래. 여: 그러면 되겠어요? 아침을 안 먹으면 영양이 따라오지 못해서, 건강에 지장을 줄 거예요. 질문: 여자는 남자가 어떻게 해야 된다고 생각하는가? A 대학을 가야 한다 B 다이어트를 해야 한다 C 더 열심히 공부해야 한다 **D** 아침을 먹어야 한다

공략 아침을 안 먹겠다는 남자에게 건강을 생각해서 먹어야 된다는 대화 내용이다. '那怎么行'은 怎么를 사용한 반어 표현으로, '그러면 안 된다'는 뜻을 강조한다. 따라서 정답은 D이다.

어휘 ★营养 yíngyǎng 몡 영양 | 跟不上 gēn bu shàng 따라갈 수 없다

---

8   **난이도** 中   **공략 Key** 반어 표현 '怎么……呢'

女：下周的活动十分重要，各部门还有什么补充意见？ 男：开幕式时间可能要调整，现在定的时间正好是堵车的时候，我担心一部分嘉宾不能准时到。 女：也有人提过这样的意见，但9点开始是很正常的，而且我们都知道那时会堵车，他们早点儿出来的话，怎么能迟到呢？ 男：您说的也有道理。 问：通过对话，可以知道什么？ A 开幕式时间太早 **B** 嘉宾不应该迟到 C 下周五举办活动 D 堵车问题能解决	여: 다음 주 행사가 굉장히 중요한데, 각 부서에서는 또 보충할 의견이 있으십니까？ 남: 개막식 시간을 조정해야 할 것 같습니다. 지금 정한 시간이 마침 차가 밀리는 때라서, 일부 귀빈들이 제시간에 도착하지 못할까 우려됩니다. 여: 다른 사람도 이런 의견을 언급한 적이 있었지만, 9시 시작은 매우 정상적입니다. 게다가 그 시간에 차가 밀린다는 것은 다들 알고 있으니, 그들이 좀 일찍 나온다면, 왜 지각을 하겠습니까？ 남: 당신 말도 일리가 있긴 하네요. 질문: 대화를 통해 알 수 있는 것은？ A 개막식 시간이 너무 이르다 **B** 손님들은 지각하면 안 된다 C 다음 주 금요일에 행사를 개최한다 D 차 밀리는 문제는 해결할 수 있다

공략 다음 주에 있을 행사에 관해 의견을 나누는 대화 내용이다. '怎么能迟到呢?'는 '怎么……呢'를 사용한 반어 표현으로 귀빈들이 지각을 하면 안 된다는 점을 강조하고 있다. 따라서 정답은 B가 된다.

어휘 ★十分 shífēn 뤶 매우, 굉장히 | 部门 bùmén 몡 부서, 부문 | 补充 bǔchōng 동 보충하다 | ★开幕式 kāimùshì 몡 개막식 | ★调整 tiáozhěng 동 조정하다 | 定 dìng 동 약속하다, 정하다 | 正好 zhènghǎo 뤶 때마침, 공교롭게도 | ★堵车 dǔchē 동 차가 밀리다 | ★嘉宾 jiābīn 몡 귀빈, 손님 | ★准时 zhǔnshí 뤵 제때이다, 정해진 시간에 맞다 | 提 tí 동 언급하다

女：我买了杀毒软件，可是怎么都装不好。
男：再看看说明书，按照上面的步骤来。不行的话，我明天带小张帮你安装。
女：小张？他会安装吗？
男：小张是电脑专家，不能不懂安装程序。

问：从对话中，可以知道什么？

Ⓐ 小张会处理好
B 女的被蚊子咬了
C 男的是电脑专家
D 他们看不懂说明书

여: 나 백신 프로그램 구입했는데, 아무리 해도 설치를 못 하겠어.
남: 설명서를 다시 좀 보고, 거기 써 있는 순서대로 해 봐. 그래도 안 되면, 내가 내일 샤오장을 데리고 가서 설치해줄게.
여: 샤오장? 그가 설치할 수 있어?
남: 샤오장은 컴퓨터 전문가잖아, 설치 순서를 모를 리가 없어.

질문: 대화를 통해 알 수 있는 것은?

Ⓐ 샤오장이 처리할 수 있다
B 여자는 모기에 물렸다
C 남자는 컴퓨터 전문가이다
D 그들은 설명서를 볼 줄 모른다

공략　남자의 '小张是电脑专家'라는 말을 통해 샤오장이 컴퓨터 전문가임을 알 수 있다. 또한 '不能不懂安装程序'는 '不能不'를 사용한 이중부정 표현으로, 당연히 설치 순서를 알 것이라는 의미를 강조하고 있으므로 정답은 A이다.

어휘　杀毒软件 shādú ruǎnjiàn 몡 백신 프로그램 | ★装 zhuāng 동 설치하다 | ★按照 ànzhào 개 ～에 따라서 | ★步骤 bùzhòu 몡 (일 진행의) 단계, 절차 | 安装 ānzhuāng 동 설치하다 | 专家 zhuānjiā 몡 전문가 | 程序 chéngxù 몡 (일할 때의) 순서 | 蚊子 wénzi 몡 모기 | ★咬 yǎo 동 물다, 깨물다

女：这儿的景色太美了，真后悔没带相机。
男：用手机拍呀，你的手机不是能照相吗？
女：能是能，但效果跟相机没法比。
男：那也比没有好啊，要我帮你拍吗？

问：通过对话，可以知道什么？

A 照相机坏了
B 没带手机
Ⓒ 用手机能拍照
D 天气不是很好

여: 여기 경치가 너무 아름답다. 사진기를 가져오지 않은 게 정말 후회된다.
남: 핸드폰으로 찍어. 네 핸드폰으로 사진을 찍을 수 있지 않아?
여: 그렇긴 한데, 화질이 사진기와는 비교가 안 되지.
남: 그래도 없는 것보단 낫잖아. 내가 찍어줄까?

질문: 대화를 통해 알 수 있는 것은?

A 사진기가 고장 났다
B 핸드폰을 가져오지 않았다
Ⓒ 핸드폰으로도 사진을 찍을 수 있다
D 날씨가 썩 좋지는 않다

공략　아름다운 경치를 보며 사진기를 가져오지 않은 것을 후회하는 여자에게 남자는 '你的手机不是能照相吗?'라고 말하고 있다. 즉 여자의 핸드폰으로 사진을 찍을 수 있다는 점을 반어 표현인 '不是……吗'를 써서 강조하고 있으므로 정답은 C이다.

어휘　★景色 jǐngsè 몡 경치, 풍경 | ★后悔 hòuhuǐ 동 후회하다 | 相机 xiàngjī 몡 카메라, 사진기 | ★拍 pāi 동 (사진·영화를) 찍다 | 照相 zhàoxiàng 동 사진을 찍다 | 没法 méifǎ 동 방법이 없다

🎧 04-7 **본책_ 67쪽**

정답	1. C	2. A	3. C	4. A	5. D	6. B	7. B	8. C	9. C	10. B

듣기 제1·2부분

---

1 난이도 上 공략 Key 핵심어 动画片으로 행동 유추

女：小王，都几点了！快去睡吧。
男：等一会儿，<u>动画片马上就完了</u>。

问：小王在做什么？

A 睡觉
B 等车
Ⓒ 看电视
D 洗衣服

여: 샤오왕! 벌써 몇 시니? 빨리 가서 자야지.
남: 잠깐만요, <u>만화 영화 곧 끝나요</u>.

질문: 샤오왕은 무엇을 하고 있는가?

A 잠을 자고 있다
B 차를 기다리고 있다
Ⓒ 텔레비전을 보고 있다
D 세탁을 하고 있다

공략 보기의 어휘를 통해 무엇을 하고 있느냐에 관한 질문임을 유추할 수 있다. 이 지문의 핵심어는 动画片으로 현재 남자가 TV를 통해서 만화 영화를 보고 있음을 알 수 있다. 따라서 C가 정답으로 적절하다.

어휘 动画片 dònghuàpiàn 몡 만화 영화

---

2 난이도 上 공략 Key 핵심어 骑로 행동 유추

男：别紧张，注意保持平衡。好的，<u>继续往前骑</u>。
女：你扶着我。你怎么不扶了？

问：他们最可能在做什么？

Ⓐ 骑自行车
B 滑雪
C 坐地铁
D 玩游戏

남: 긴장하지 말고, 균형을 유지하는 데 신경 써. 좋아, <u>계속 앞으로 가</u>.
여: 나 부축해줘야 해요. 왜 부축해주지 않는 거예요?

질문: 그들은 무엇을 하고 있을 가능성이 큰가?

Ⓐ 자전거를 타고 있다
B 스키를 타고 있다
C 지하철을 타고 있다
D 게임을 하고 있다

공략 이 지문의 핵심어는 1음절 동사인 骑이다. 목적어가 언급되지 않은 상태에서 동사만 제시된 경우이다. 骑를 목적어로 가지는 명사로는 自行车, 摩托车 등이 있다.

어휘 ★保持 bǎochí 통 유지하다 | 平衡 pínghéng 혱 평형이 되다 | ★继续 jìxù 통 계속하다 | 往 wǎng 영 ~쪽으로 | ★扶 fú 통 부축하다, 받치다

---

3 난이도 下 공략 Key 보기를 통해 질문 유추

男：我听听你的意见，你说我晚上要不要系领带？
女：<u>你只是陪客户去看京剧表演而已</u>，穿休闲一点儿吧，我觉得不用系领带。

남: 네 의견 좀 들어보자. 내가 저녁에 넥타이를 매야 될까?
여: <u>그냥 고객을 모시고 경극 공연을 보러 가는 것뿐인데</u>, 편하게 입고 가요. 제 생각에는 넥타이는 맬 필요 없을 것 같아요.

问：男的晚上要做什么？	질문: 남자는 저녁에 무엇을 해야 하는가?
A 上网聊天儿 B 参加研讨会 Ⓒ 看京剧表演 D 陪客户喝酒	A 인터넷 채팅을 한다 B 세미나에 참석한다 Ⓒ 경극 공연을 관람한다 D 고객을 모시고 술을 마신다

공략 보기의 어휘를 통해 무엇을 하느냐에 관한 질문임을 유추할 수 있다. 여자가 한 말인 '陪客户去看京剧表演'을 통해 남자가 저녁에 경극 공연을 보러 간다는 것을 알 수 있으므로 정답은 C이다.

어휘 ★系领带 jì lǐngdài 넥타이를 매다 | 只是……而已 zhǐshì……éryǐ 단지 ~일 뿐이다 | 客户 kèhù 명 고객 | 休闲 xiūxián 통 휴식하다, 여가를 즐기다 | 研讨会 yántǎohuì 명 세미나

---

4   난이도 中   공략 Key 핵심어 学车와 驾照로 행동 유추

男：你这个寒假有什么安排吗？和我一起报名去学车怎么样？ 女：好的，虽然还没有车，但是先把驾照拿到手再说。 问：他们寒假打算做什么？	남: 너 이번 겨울 방학에 무슨 계획이라도 있니? 나랑 같이 운전 배우러 다니는 걸 신청하면 어떨까? 여: 좋아, 비록 아직 차는 없지만, 우선 운전 면허증을 손에 넣은 후에 다시 생각해보지 뭐. 질문: 그들은 겨울 방학에 무엇을 할 계획인가?
Ⓐ 去学车 B 去欧洲旅游 C 去买衣服 D 去办签证	Ⓐ 운전을 배울 계획이다 B 유럽으로 여행 갈 계획이다 C 옷을 사러 갈 계획이다 D 비자를 발급 받으러 갈 계획이다

공략 보기의 어휘를 통해 무엇을 하러 가느냐에 관한 질문임을 유추할 수 있다. 남자가 한 말인 '和我一起报名去学车'와 여자가 한 말인 '把驾照拿到手'를 통해 그들은 겨울 방학 때 운전을 배운다는 것을 알 수 있다. 따라서 정답은 A이다.

어휘 ★寒假 hánjià 명 겨울 방학 | 报名 bàomíng 통 신청하다 | ★驾照 jiàzhào 명 운전 면허증 | 拿到手 nádào shǒu 손에 넣다 | 欧洲 Ōuzhōu 고유 유럽 | ★签证 qiānzhèng 명 비자(VISA)

---

5   난이도 下   공략 Key 행동의 주체 파악

女：你的那篇论文写得怎么样了？ 男：刚写完，正想请你帮我看看有什么毛病，给我提一提修改意见。 问：男的想请女的做什么？	여: 너의 그 논문은 어떻게 쓰고 있니? 남: 막 다 완성했어. 마침 네게 어떤 결점이 있는지 보고, 나에게 수정 의견을 좀 달라고 하려던 참이었어. 질문: 남자는 여자에게 무엇을 해달라고 청하려 하나?
A 安排日程 B 推荐一下中药 C 填写个人信息 Ⓓ 给论文提意见	A 스케줄을 짜달라고 B 한약을 좀 추천해달라고 C 개인 정보를 작성해달라고 Ⓓ 논문에 대해 의견을 좀 달라고

공략 보기의 어휘를 통해 무엇을 하느냐에 관한 질문임을 유추할 수 있다. 여자가 논문에 대해 묻자, 남자는 '给我提一提修改意见'이라고 말하며 여자에게 부탁을 하고 있다. 이를 근거로 D가 정답임을 알 수 있다.

어휘 提 tí 통 제안하다 | ★修改 xiūgǎi 통 고치다, 수정하다 | 意见 yìjiàn 명 의견 | ★日程 rìchéng 명 스케줄 | ★推荐 tuījiàn 통 추천하다 | 填写 tiánxiě 통 기입하다, 써넣다

---

6 난이도 中 공략 Key '要上课'의 동의 표현으로 행동 유추

女：上个礼拜同学聚会，你没去？	여: 지난주 동창 모임에 안 갔어?
男：对，那天正好有事，我要考注册会计师，报了个辅导班，每周末都要上课。	남: 응, 그날 마침 일이 있었어. 회계사 시험을 치르려고 학원에 등록해서, 주말마다 수업이 있어.
问：男的周末要做什么？	질문: 남자는 주말에 무엇을 하는가?
A 参加考试	A 시험을 본다
Ⓑ 要去辅导班学习	Ⓑ 학원에 가서 공부한다
C 得去同学聚会	C 동창 모임에 가야 한다
D 给人做家教	D 과외를 해주어야 한다

공략 보기의 어휘를 통해 무엇을 하느냐에 관한 질문임을 유추할 수 있으므로 동작에 집중한다. 여자가 남자에게 동창 모임에 가지 않은 이유를 묻자 남자는 '报了个辅导班，每周末都要上课'라고 말했다. 따라서 B가 정답이다.

어휘 礼拜 lǐbài 명 주, 주일 | ★聚会 jùhuì 명 모임 | ★正好 zhènghǎo 부 마침, 공교롭게도 | 注册 zhùcè 통 등록하다, 등기하다 | ★会计师 kuàijìshī 명 회계사 | 辅导班 fǔdǎobān 명 학원

---

7 난이도 中 공략 Key 粘과 简历로 행동 유추

男：你那儿有胶水吗？	남: 너한테 풀 있니?
女：有，给你，你在做什么呢？	여: 있어, 여기. 너 뭐하니?
男：我要把照片粘到简历上。	남: 사진을 이력서에 붙이고 있어.
女：你已经开始找工作了？	여: 너 벌써 직장을 알아보기 시작한 거야?
男：是啊！	남: 그럼!
问：男的在做什么？	질문: 남자는 무엇을 하고 있나?
A 在帮女的倒茶	A 여자에게 차를 따라준다
Ⓑ 在准备简历	Ⓑ 이력서를 준비한다
C 在切面包	C 빵을 자른다
D 在看股市情况	D 주식 상황을 본다

공략 보기의 在를 통해 지금 무엇을 하고 있는지를 묻는 질문임을 유추할 수 있다. 대화 속 여자의 질문을 잘 듣고 그에 대한 남자의 대답을 정답으로 고르면 된다. 남자가 '我要把照片粘到简历上'이라고 했으므로 정답은 B이다.

어휘 胶水 jiāoshuǐ 명 풀 | 粘 zhān 통 (풀 따위로) 붙이다 | ★简历 jiǎnlì 명 이력서 | ★倒茶 dàochá 통 차를 따르다 | ★切 qiē 통 (칼로) 자르다 | ★股市 gǔshì 명 주가, 주식 시장

---

8 난이도 下 공략 Key 핵심어 签字로 행동 유추

男：这是租房合同，你还要再看一下吗？	남: 이것은 월세 계약서입니다. 다시 한번 보시겠어요?
女：我已经看过了，没什么问题。	여: 이미 봤는데, 별 문제는 없습니다.
男：那请在这里签字。	남: 그럼 여기에 서명해주세요.
女：好的。	여: 네.
问：他们在做什么？	질문: 그들은 무엇을 하고 있는가?

A 谈判	A 협상을 하고 있다
B 买卖房子	B 집을 사고 팔고 있다
ⓒ 签合同	ⓒ 계약을 하고 있다
D 办理登记手续	D 체크인을 하고 있다

공략 보기의 어휘를 통해 무엇을 하고 있느냐에 관한 질문임을 유추할 수 있다. 남자의 '请在这里签字'라는 말을 통해, 이 둘은 지금 계약서에 서명을 하고 있는 중임을 알 수 있으므로 정답은 C이다.

어휘 ★租房 zūfáng 통 집을 세내다 | ★合同 hétong 명 계약서 | 签字 qiānzì 통 서명하다 | ★谈判 tánpàn 통 협상하다 | ★办理 bànlǐ 통 처리하다 | 登记手续 dēngjì shǒuxù 명 체크인 수속

---

9   난이도 **中**   공략 Key 보기를 통해 질문 유추

男：这星期给你们安排的任务怎么样了？	남: 이번 주에 당신들에게 배정해준 임무는 어떻게 되었죠?
女：我们已经围绕这个项目制定了一个比较全面的计划。	여: 저희는 이미 이 프로젝트를 중심으로 비교적 전면적인 계획을 세웠습니다.
男：抓紧时间咨询一下专家的意见吧。	남: 서둘러서 전문가에게 자문을 구해보세요.
女：好的，等计划完善之后就交给您。	여: 네, 계획이 완벽해진 후에 넘겨드리겠습니다.
问：男的让女的抓紧时间做什么？	질문: 남자는 여자에게 서둘러서 무엇을 하라고 했는가？
A 做日程安排	A 스케줄을 계획하라고 시켰다
B 按期完成	B 제때에 완성하라고 시켰다
ⓒ 咨询专家的意见	ⓒ 전문가에게 자문을 구하라고 시켰다
D 把证据拿出来	D 증거를 가져오라고 시켰다

공략 보기의 어휘를 통해 무엇을 하느냐에 관한 질문임을 유추할 수 있으므로 동작 표현에 집중한다. 남자의 '咨询一下专家的意见'이라는 말을 통해, 여자가 해야 할 행동은 전문가에게 자문을 구하는 것이므로 정답은 C이다.

어휘 ★围绕 wéirào 통 중심에 두다, 초점을 맞추다 | ★项目 xiàngmù 명 프로젝트 | ★制定 zhìdìng 통 제정하다, 만들다 | 全面 quánmiàn 형 전면적이다 | ★抓紧 zhuājǐn 통 꽉 잡다, 움켜쥐다 | ★咨询 zīxún 통 자문하다 | 完善 wánshàn 형 완벽하다

---

10   난이도 **中**   공략 Key 동사 开로 행동 유추

女：我们8点之前可以到家吗？	여: 우리 8시 전에 집에 도착할 수 있을까요？
男：按照这个速度，应该没问题。	남: 이 속도대로라면 아마도 문제없을 거야.
女：高速公路上，你还是开慢点儿吧，要注意安全。	여: 고속 도로에서는 그래도 좀 천천히 운전하세요. 안전에 주의해야죠.
男：好的，我们争取8点前到家。	남: 알았어. 우리 8시 전에 집에 도착하도록 힘써보자.
问：男的正在做什么？	질문: 남자는 무엇을 하고 있는 중인가？
A 登机	A 탑승 수속을 하고 있다
ⓑ 开车	ⓑ 운전을 하고 있다
C 修汽车	C 자동차를 수리하고 있다
D 收拾行李	D 짐을 정리하고 있다

공략 이 지문의 핵심어는 여자가 한 말인 '开慢点儿'과 高速公路이다. 고속 도로에서 동사 开를 쓸 수 있는 행동은 운전하는 것뿐이므로 정답은 B이다.

어휘 ★按照 ànzhào 깨 ~에 따라서 | ★速度 sùdù 명 속도 | 高速公路 gāosù gōnglù 명 고속 도로 | ★争取 zhēngqǔ 동 애쓰다, 힘쓰다 | ★收拾 shōushi 동 정돈하다, 정리하다 | 行李 xíngli 명 짐

05 day 골라 듣는 재미가 있다

🎧 05-7 본책_ 77쪽

정답 1. A   2. A   3. C   4. D   5. B   6. D   7. C   8. D   9. B   10. B

---

1 난이도 下 공략 Key 加班을 통해 정답 유추

男：这么晚了，还在公司加班? 吃饭了没有? 女：还没呢，一会儿去吃，我还要打印几份文件。 问：女的现在在哪儿? Ⓐ 公司　　　　B 家里 C 银行　　　　D 商店	남: 이렇게 늦었는데, 아직도 회사에서 야근하는 거야? 밥은 먹었고? 여: 아직요. 잠시 후에 먹으러 갈 거예요. 아직 문서 몇 개를 출력해야 하거든요. 질문: 여자는 지금 어디에 있는가? Ⓐ 회사　　　　B 집 C 은행　　　　D 상점

공략 보기를 통해 장소 관련 문제임을 유추할 수 있다. 加班과 '打印几份文件' 등을 통해 여자가 회사에 남아서 일을 하고 있음을 알 수 있으므로 정답은 A이다.

어휘 ★加班 jiābān 동 야근하다 | 打印 dǎyìn 동 프린트하다 | 份 fèn 양 신문, 간행물, 문서 등을 세는 단위 | 文件 wénjiàn 명 문서

---

2 난이도 上 공략 Key 宴会를 통해 정답 유추

女：感谢您参加今天的宴会，希望今后我们能加强合作。 男：谢谢你们的招待，相信我们会成为很好的合作伙伴。 问：对话最可能发生在什么时候? Ⓐ 宴会结束 B 庆祝生日 C 商业谈判 D 会议开始	여: 오늘 파티에 참석해주셔서 감사합니다. 앞으로 협력을 강화할 수 있기를 바랍니다. 남: 대접에 감사드립니다. 우리는 매우 좋은 협력 파트너가 될 수 있을 거라 믿습니다. 질문: 대화는 언제 일어났을 가능성이 큰가? Ⓐ 파티가 끝났을 때 B 생일을 축하할 때 C 비즈니스를 협상할 때 D 회의를 시작할 때

공략 보기를 통해 언제인지를 묻는 문제임을 유추할 수 있다. 여자의 '感谢您参加今天的宴会'라는 말을 통해 현재 宴会를 하고 있는 상황임을 알 수 있다. 또한 남자가 '谢谢你们的招待'라고 말하며 파티 초대에 감사함을 나타내고 있으므로 정답은 A이다.

어휘　★宴会 yànhuì 몡 연회, 파티 | ★加强 jiāqiáng 동 강화하다 | ★合作 hézuò 동 협력하다 | ★招待 zhāodài 동 대접하다, 접대하다 | ★成为 chéngwéi 동 ~이 되다 | 伙伴 huǒbàn 몡 반려자, 동반자 | ★结束 jiéshù 동 마치다, 끝나다 | ★谈判 tánpàn 동 대화하다, 협상하다

3　　　　　　　　　　　　　　　　　　　　　　　　난이도 下　공략 Key 郊外의 동의어 郊区

男：这个周末我开车带你去郊区看看，怎么样？

女：真的吗？好。周六上午出发，看天气预报了吗？有没有雨？

问：他们周末打算去哪儿？

A 老家　　　　　　　B 展销会
C 郊外　　　　　　　D 学校

남: 이번 주 주말에 차 가지고 너랑 교외로 나가고 싶은데, 어때?

여: 정말? 좋아. 토요일 오전에 출발하자. 일기 예보 봤어? 비가 온대, 안 온대?

질문: 그들은 주말에 어디를 갈 계획인가?

A 고향　　　　　　　B 제품 전시 판매회
C 교외　　　　　　　D 학교

공략　남자의 말인 '带你去郊区看看'을 통해 이들이 가려는 곳이 교외임을 알 수 있다. 보기의 郊外가 郊区의 동의 표현임을 눈치챘다면 C가 정답임을 쉽게 알 수 있다.

어휘　★周末 zhōumò 몡 주말 | 郊区 jiāoqū 몡 교외

4　　　　　　　　　　　　　　　　　　　　　　난이도 下　공략 Key 핵심어 '剪短'으로 정답 유추

女：今年流行短发，我想把头发剪短。

男：好的，我先帮您设计一下，好吗？

问：男的是做什么的？

A 律师　　　　　　　B 工程师
C 教师　　　　　　　D 理发师

여: 올해 짧은 머리가 유행한다고 해서, 머리를 자르고 싶어요.

남: 알겠습니다. 우선 제가 스타일을 좀 봐드릴게요, 괜찮으시죠?

질문: 남자는 무엇을 하는 사람인가?

A 변호사　　　　　　B 엔지니어
C 교사　　　　　　　D 헤어 디자이너

공략　여자의 '我想把头发剪短'이라는 말을 통해 이들이 있는 장소가 미용실임을 알 수 있다. 또한 머리를 자르고 싶다는 말에 남자가 '帮您设计一下'라고 했으므로 남자의 직업이 헤어 디자이너임을 알 수 있다.

어휘　短发 duǎnfà 몡 단발머리 | 剪短 jiǎnduǎn 짧게 자르다 | ★设计 shèjì 동 디자인하다

5　　　　　　　　　　　　　　　　　　　　　　난이도 中　공략 Key 핵심어 '咱们公司'로 정답 유추

女：下周末咱们公司去郊区玩儿，你要自己开车去吗？

男：我还没去过郊区玩儿，而且路也不熟，我还是想坐公司的车去。

问：说话人是什么关系？

A 夫妻　　　　　　　B 同事
C 母子　　　　　　　D 师生

여: 다음 주말에 우리 회사에서 교외로 놀러가는데, 너 차 가지고 갈 거야?

남: 아직 교외로 놀러나가본 적도 없고 길도 잘 몰라서, 그냥 회사 차를 타고 갈 생각이야.

질문: 화자는 어떤 관계인가?

A 부부　　　　　　　B 회사 동료
C 모자지간　　　　　D 사제지간

듣기
제1·2부분

공략 보기를 통해 두 사람의 관계를 묻는 문제임을 알 수 있다. 여자의 '咱们公司'라는 말을 통해 두 사람의 관계를 알 수 있다. 咱们은 화자와 청자를 모두 포함하는 표현이므로 B가 정답으로 적절하다.

어휘 ★熟 shú 휑 잘 알다, 익숙하다 | 还是 háishi 흼 그래도 ~하는 것이 낫다

---

6   난이도 中   공략 Key 핵심어 '观众朋友们'으로 정답 유추

女：观众朋友们，让我们用热烈的掌声欢迎今天的嘉宾周润发先生。

男：大家好! 很荣幸能参加《艺术人生》这个节目。

问：女的是做什么工作的?

A 演员   B 作家
C 班主任   Ⓓ 主持人

여: 시청자 여러분! 뜨거운 박수로 오늘의 초대 손님인 저우룬파 씨를 모시겠습니다.

남: 안녕하세요! 이 「예술 인생」이라는 프로그램에 출연하게 되어 매우 영광입니다.

질문: 여자는 무슨 일을 하는 사람인가?

A 연기자   B 작가
C 담임 선생님   Ⓓ 진행자

공략 보기를 통해 직업을 묻는 문제임을 유추할 수 있으므로 핵심어에 귀를 기울여야 한다. '观众朋友们'이라는 여자의 말을 통해 여자는 프로그램을 진행하는 진행자임을 유추할 수 있다. 따라서 정답은 D이다.

어휘 观众 guānzhòng 멍 관중, 시청자 | ★热烈 rèliè 휑 열렬하다, 뜨겁다 | 掌声 zhǎngshēng 멍 박수, 박수 소리 | ★嘉宾 jiābīn 멍 초대 손님 | 周润发 Zhōu Rùnfā 고유 저우룬파(주윤발) | 荣幸 róngxìng 휑 영광스럽다 | ★节目 jiémù 멍 프로그램

---

7   난이도 下   공략 Key 시간 표현 除夕夜

男：车票买到了吗?

女：买到了，不过是下个礼拜的票，<u>到家正好是除夕夜</u>。

问：女的什么时候回老家?

A 这个礼拜   B 下周末
Ⓒ 除夕夜   D 星期一

남: 티켓은 샀어?

여: 샀어요. 그런데 다음 주 표예요. <u>집에 도착하면 섣달그믐날 밤이에요</u>.

질문: 여자는 언제 고향에 돌아가나?

A 이번 주   B 다음 주말
Ⓒ 섣달그믐날 밤   D 월요일

공략 보기를 통해 시간에 관한 문제임을 유추할 수 있다. 여자가 구입한 티켓의 날짜는 '下个礼拜'의 除夕夜이므로 C가 정답임을 쉽게 알 수 있다.

어휘 礼拜 lǐbài 멍 주, 요일 | ★正好 zhènghǎo 흼 마침, 공교롭게도 | 除夕夜 chúxīyè 멍 섣달그믐날 밤

---

8   난이도 上   공략 Key 핵심어 '转交给您'으로 정답 유추

男：你好，请问，哪位是张老师?

女：我就是，您找我有什么事儿吗?

男：国际交流中心的李老师让我把这些材料<u>转交给您</u>。

女：谢谢，麻烦你跑一趟。

问：男的是做什么的?

A 剪头发的
B 送报纸的

남: 안녕하세요, 실례지만 어느 분이 장 선생님이십니까?

여: 전데요, 무슨 일로 저를 찾으시죠?

남: 국제교류센터 리 선생님께서 <u>저에게 이 자료를 전달해드리라고 했습니다</u>.

여: 감사합니다. 번거롭게 해드렸군요.

질문: 남자는 무엇을 하는 사람인가?

A 머리를 자르는 사람
B 신문을 배달하는 사람

C 修电脑的
D 送东西的

C 컴퓨터를 수리하는 사람
D 물건을 배달하는 사람

공략 보기를 통해 무엇을 하는 사람인지를 묻는 문제임을 유추할 수 있다. '让我把这些材料转交给您'이라는 남자의 말을 통해 남자는 여자에게 자료를 전해주러 왔음을 알 수 있으므로 정답은 D이다.

어휘 国际交流中心 guójì jiāoliú zhōngxīn 몡 국제교류센터 | 材料 cáiliào 몡 자료 | 转交 zhuǎnjiāo 통 전달하다, 전해주다 | ★跑 pǎo 통 돌아다니다, 바삐 다니다 | 趟 tàng 양 차례(왕복 동작을 세는 단위)

---

9   난이도 下   공략 Key 周의 동의어 星期

男：大夫，您好，我妻子的病情怎么样？
女：您放心，手术很成功，恢复得很快。过两天下周一二就可以出院了。
男：太好了，太谢谢您了。
女：不客气。

问：他妻子什么时候可以出院？

A 明天   B 下星期
C 两周后   D 周末

남: 의사 선생님, 안녕하세요, 제 아내의 병세는 어떤가요?
여: 안심하세요, 수술이 매우 성공적이어서, 회복이 매우 빠릅니다. 며칠 후인 다음 주 월요일이나 화요일이면 퇴원할 수 있을 거예요.
남: 잘됐네요, 너무 감사합니다.
여: 별 말씀을요.

질문: 그의 아내는 언제 퇴원할 수 있는가?

A 내일   B 다음 주
C 2주 후   D 주말

공략 보기를 통해 시간에 관한 문제임을 유추할 수 있다. 여자의 '过两天下周一二就可以出院了'라는 말을 통해 다음 주에 퇴원할 수 있음을 알 수 있다. '주, 요일'을 나타내는 표현으로는 周 외에 礼拜와 星期가 있으므로 정답은 B이다.

어휘 ★妻子 qīzi 몡 아내, 부인 | 病情 bìngqíng 몡 병세 | ★手术 shǒushù 몡 수술 | ★成功 chénggōng 통 성공하다 | ★恢复 huīfù 통 회복하다 | 过两天 guò liǎng tiān 며칠 후 | 不客气 búkèqi 천만에요, 별 말씀을 다 하십니다

---

10   난이도 上   공략 Key 핵심어 书房으로 정답 유추

男：喂？你帮我看一下，我昨天带回家的那份文件是不是在书房里？
女：我看一下，在。
男：太好了，刚才吓死我了，我以为把它落在公交车上了。
女：你也真是的! 要不要帮你送过去？
男：不用了，我中午回去拿吧。

问：那份文件现在在哪儿？

A 公司   B 家里
C 出租车上   D 公交车上

남: 여보세요? 내가 어제 집에 가지고 간 그 문서가 서재에 있는지 없는지 좀 봐줘.
여: 잠깐만요, 있어요.
남: 다행이다, 방금 전에 깜짝 놀랐잖아. 문서를 버스에 두고 내린 줄 알았거든.
여: 당신도 참. 가져다드려요?
남: 됐어. 내가 낮에 가지러 갈게.

질문: 그 문서는 지금 어디에 있나?

A 회사   B 집
C 택시 안   D 버스 안

공략 보기를 통해 장소 관련 문제임을 유추할 수 있다. 남자가 여자에게 전화를 걸어 '你帮我看一下……是不是在书房里?'라고 하자 여자가 在라고 대답했으므로 정답은 B가 된다. 남자가 한 말인 '我以为把它落在公交车上了'에서 以为는 남자가 그렇게 생각했지만 잘못된 생각이었다는 것을 의미하므로 D는 정답이 될 수 없다.

어휘 书房 shūfáng 몡 서재 | ★吓 xià 통 놀라다 | 落在 làzài (물건을) ~에 두고 잊다 | ★公交车 gōngjiāochē 몡 버스

🎧 06-9 **본책_ 87쪽**

| 정답 | 1. D | 2. A | 3. C | 4. B | 5. C | 6. A | 7. C | 8. B | 9. C | 10. D |

듣기 제1·2부분

1　　　　　　　　　　　　　　　난이도 中　공략 Key 보기의 시제로 정답 유추

男：你的论文写得怎么样了？
女：才写完大纲，<u>教授让我调整一下研究范围</u>。

问：女的论文写得怎样？

A 马上要发表了
B 快写完了
C 还没写大纲
Ⓓ **还需要调整**

남: 너 논문은 어떻게 되어가고 있어?
여: 겨우 요점만 써놨을 뿐이야. <u>교수님께서 나 보고 연구 범위를 좀 조정하라고 하셨어.</u>

질문: 여자의 논문은 어떻게 되어가고 있는가?

A 곧 발표할 것이다
B 거의 다 써간다
C 요점을 아직 쓰지 않았다
Ⓓ **아직 조정이 필요하다**

공략　보기의 发表와 大纲 등의 어휘를 통해 글과 관련된 대화임을 유추할 수 있으며, 보기에 马上, 快, 还没 등의 시제 표현이 제시되어 있으므로 상황을 정확히 듣고 정답을 선택해야 한다. 여자의 '教授让我调整一下研究范围'라는 말을 통해 여자의 논문이 아직 조정 단계임을 알 수 있다. 따라서 정답은 D이다.

어휘　★大纲 dàgāng 몡 대강, 요점 | 教授 jiàoshòu 몡 교수 | 调整 tiáozhěng 동 조정하다, 조절하다 | 范围 fànwéi 몡 범위

2　　　　　　　　　　　　　　　난이도 中　공략 Key 보기의 공통점으로 대화 내용 유추

女：我以前也看过京剧，但说实话，我听不懂。
男：不用担心，现在的京剧都配有字幕，<u>你再去体验一会，怎么样</u>？

问：男的是什么意思？

Ⓐ **去看京剧吧**
B 看不懂字幕
C 演员很出色
D 看京剧很时髦

여: 나 예전에도 경극을 본 적이 있지만, 솔직히 말해서 못 알아듣겠어.
남: 걱정할 필요 없어. 요즘 경극은 다 자막이 첨부되어 있어. <u>너 한 번 더 가서 체험해보는 건 어때?</u>

질문: 남자의 말은 무슨 의미인가?

Ⓐ **경극을 보러 가자**
B 자막을 못 알아본다
C 연기자가 매우 뛰어나다
D 경극 보는 것은 매우 유행이다

공략　보기에 등장한 京剧, 演员 등의 어휘를 통해 경극 관련 대화임을 염두에 두고 녹음을 듣는다. 여자의 말에 남자는 '你再去体验一会'라고 말하고 있으므로 정답은 A이다.

어휘　说实话 shuō shíhuà 솔직히 말하면 | 配有 pèiyǒu 동 배치되어 있다 | ★字幕 zìmù 몡 자막 | ★体验 tǐyàn 동 (몸소) 경험하다, 체험하다 | ★演员 yǎnyuán 동 연기자 | ★出色 chūsè 혱 뛰어나다 | 时髦 shímáo 혱 유행이다, 현대적이다

3　　　　　　　　　　　　　　　난이도 下　공략 Key 보기를 통해 녹음 내용 유추

女：其实我对服装设计一直很感兴趣。
男：那太好了，我觉得你对时尚挺敏感的，做这一行应该很有优势。

여: 사실 나는 패션 디자인에 계속 흥미가 있었어.
남: 너무 잘됐네, 나는 네가 유행에 꽤 민감하다고 생각했거든, 이 업종에 종사하면 분명히 우세할 거야.

问：女的对哪个行业感兴趣？	문: 여자는 어떤 직업에 관심이 있나?
A 志愿活动　　　B 广告行业	A 자원 봉사 활동　　　B 광고 업계
C 服装设计　　　D 饭店服务	C 패션 디자인　　　D 호텔 서비스

공략　보기의 广告나 服装, 服务 등을 통해 직업과 관련된 대화임을 유추할 수 있다. 여자의 '对服装设计一直很感兴趣'라는 말을 통해 C가 정답임을 알 수 있다.

어휘　★服装设计 fúzhuāng shèjì 명 패션 디자인｜★时尚 shíshàng 명 유행｜敏感 mǐngǎn 형 민감하다｜★优势 yōushì 명 우세｜★行业 hángyè 명 직업, 직종

4　<난이도 中>　<공략 Key> 대화 속 제안 표현

男：我想拿几万块钱投资股市，你知道哪支 　　股票好吗？ 女：我建议你别买股票了，股市风险很大。	남: 내가 몇 만 위안 정도를 주식에 투자하고 싶은데, 　　어떤 주식이 좋은지 알아? 여: 나라면 너에게 주식을 사지 말라고 제안할 거야, 　　주식 시장은 위험이 너무 커.
问：女的是什么态度？	질문: 여자의 태도는 어떠한가?
A 赞成　　　　　B 反对 C 不在乎　　　　D 再考虑	A 찬성한다　　　　B 반대한다 C 개의치 않는다　D 다시 고려해본다

공략　보기를 통해 태도 관련 문제임을 알 수 있다. 어떤 사람이 찬성하는지 반대하는지 등은 대화하는 두 사람 중 한쪽의 제안이나 의견을 통해 추측할 수 있다. 좋은 주식 종목이 있느냐는 남자의 질문에 여자는 '我建议你别买股票了'라고 했으므로 남자의 주식 투자에 대해 반대하고 있음을 알 수 있다.

어휘　★投资 tóuzī 통 투자하다｜股市 gǔshì 명 주식 시장｜股票 gǔpiào 명 주식｜★建议 jiànyì 통 제안하다, 건의하다｜风险 fēngxiǎn 명 (발생할지도 모르는) 위험

5　<난이도 中>　<공략 Key> 대화 속 제안 표현

女：你觉得在书房里挂几幅画儿，怎么样？ 男：我觉得买几盆花放书房里比较好。	여: 서재에 그림 몇 개 걸어놓는 거 어떻게 생각해? 남: 내 생각에는 화분을 몇 개 사서 서재에 두는 게 비 　　교적 좋을 것 같아.
问：男的是什么建议？	질문: 남자는 어떤 건의를 했나?
A 多买些书 B 挂几幅画 C 买几盆花 D 少抽点烟	A 책을 좀 더 많이 사자 B 그림을 몇 개 걸어두자 C 화분을 몇 개 사자 D 담배 좀 적게 피워라

공략　보기에 제시된 부사 多나 少 등을 통해 제안이나 건의한 내용을 묻는 문제임을 알 수 있다. 多나 少는 동사 앞에 놓여 '더 ~하라', '적게 ~하라'는 뜻의 청유문을 만든다. 그림을 걸자는 것은 여자의 의견이고, 남자는 제안 표현인 '……比较好'를 사용해 화분을 사자고 했으므로 정답은 C가 된다.

어휘　书房 shūfáng 명 서재｜幅 fú 양 폭(그림·직물을 세는 단위)｜盆 pén 양 화분을 세는 단위

女：糟糕，桌面上的那个文件被我不小心删除了，怎么办？
男：没关系，我的移动硬盘里还有。

问：根据对话，下列哪项正确？

Ⓐ 把文件删除了
B　没装杀毒软件
C　在清理系统垃圾
D　丢了移动硬盘

여: 아뿔사, 바탕 화면에 있던 그 문서를 실수로 삭제했어. 어쩌지?
남: 괜찮아, 내 USB에 아직 있어.

질문: 대화를 근거로 다음 중 옳은 것은?

Ⓐ 문서를 삭제했다
B　백신을 설치하지 않았다
C　디스트 정리를 하는 중이다
D　USB를 잃어버렸다

공략　보기에 제시된 '杀毒软件, 清理系统垃圾, 移动硬盘'을 통해 컴퓨터 관련 대화 내용임을 유추할 수 있다. '那个文件被我不小心删除了'라는 여자의 말을 통해 문서를 삭제한 것임을 알 수 있으므로 정답은 A이다. 이 문제는 본문의 피동문을 보기에서는 처치문으로 바꾸어 제시했기 때문에 약간의 어법적 순발력도 필요하다.

어휘　桌面 zhuōmiàn 몡 (컴퓨터의) 바탕 화면 | ★不小心 bù xiǎoxīn 부주의하다 | ★删除 shānchú 동 삭제하다, 소거하다 | 移动硬盘 yídòng yìngpán 몡 USB | ★装 zhuāng 동 설치하다 | 杀毒软件 shādú ruǎnjiàn 몡 백신 프로그램 | 清理 qīnglǐ 동 정리하다, 처리하다 | ★系统 xìtǒng 몡 계통, 시스템 | ★垃圾 lājī 몡 쓰레기

男：下一期的工程由你负责，你就别再推辞了，我相信你的能力。
女：谢谢你这么信任我，我一定不会让你失望的。

问：男的是什么意思？

A　别再劝我
B　要承担责任
Ⓒ 肯定做好
D　一定后悔没去做

남: 더 이상 사양하지 말고, 다음 분기의 공사는 자네가 책임지고 하게나. 나는 자네의 능력을 믿는다네.
여: 이렇게 저를 믿어주셔서 감사합니다. 절대 실망시켜 드리지 않겠습니다.

질문: 남자의 말은 무슨 의미인가?

A　더 이상 권하지 마라
B　책임을 져야 한다
Ⓒ 분명히 잘 할 수 있다
D　분명히 하지 않은 걸 후회할 것이다

공략　보기에 제시된 '别再'나 要 등의 어휘에서는 제안 표현을, 肯定이나 一定 등의 어휘에서는 격려 표현을 유추할 수 있다. '我相信你的能力'라는 남자의 말을 통해 남자가 여자를 믿고 있음을 알 수 있다. 따라서 정답은 C이다.

어휘　工程 gōngchéng 몡 공정, 공사 | 由 yóu 개 ~가 | ★负责 fùzé 동 책임지다 | ★推辞 tuīcí 동 사양하다 | ★信任 xìnrèn 동 신임하다 | 劝 quàn 동 권하다, 충고하다 | ★承担 chéngdān 동 부담하다, 맡다 | ★责任 zérèn 몡 책임 | ★后悔 hòuhuǐ 동 후회하다

男：那个项目进展得怎么样？顺利吗？
女：总裁，这个项目对我而言挑战性太大，我有点儿想放弃了。
男：遇到问题，不应该逃避，应该积极地面对，你先勇敢去做吧。
女：您这么鼓励我，支持我，真谢谢您。

남: 그 프로젝트는 어떻게 진행되고 있나? 순조로운가?
여: 회장님, 이 프로젝트는 저에게 있어서 너무 큰 도전입니다. 약간 포기하고 싶기도 합니다.
남: 문제에 부딪치면 도망가서는 안되고 적극적으로 직면해야 하네. 우선 용감하게 해보게나.
여: 이렇게 저를 격려해주시고 지지해주셔서 정말 감사합니다.

问：男的是什么态度？	질문: 남자의 태도는 어떠한가?
A 讽刺　　　　**Ⓑ 鼓励** C 后悔　　　　D 怀疑	A 비웃고 있다　　　**Ⓑ 격려하고 있다** C 후회하고 있다　　D 의심하고 있다

공략　보기를 통해 태도 관련 문제임을 알 수 있다. 너무 큰 도전이라 포기하고 싶다는 여자의 말에 남자는 '你先勇敢去做吧'라며 격려를 해주고 있으므로 정답은 B이다.

어휘　项目 xiàngmù 몡 프로젝트 ┃ 进展 jìnzhǎn 동 (일이) 진전하다 ┃ ★总裁 zǒngcái 몡 회장 ┃ 对……而言 duì……éryán ~에 대해 말하자면 ┃ 挑战性 tiāozhànxìng 몡 도전 ┃ 放弃 fàngqì 동 포기하다 ┃ 逃避 táobì 동 도피하다, 피하다 ┃ ★面对 miànduì 동 대면하다, 당면하다 ┃ ★勇敢 yǒnggǎn 혱 용감하다 ┃ ★鼓励 gǔlì 동 격려하다 ┃ ★支持 zhīchí 동 지지하다

9　　　　　　　　　　　　　　　　　　　　　　　　**난이도** 上　**공략 Key** 대화 속 제안 표현

| 女：老李，这么巧，在这儿碰到你。最近过
　　得好吗？
男：好久不见了，退休后我没事做，在家里
　　闲着呢。
女：我劝你多看看书，虽然已经退休了，但是
　　你没听说过吗？人应该活到老，学到老。
男：我老婆也是那么说的，看来我得听听你
　　们女人的话。

问：女的主要是什么意思？

A 乐观很重要
B 他已经落后了
Ⓒ 人应该坚持学习
D 失败是成功之母 | 여: 라오리, 공교롭게도 여기서 당신을 만나네요! 요즘
　　잘 지내세요?
남: 오랜만이네, 퇴직한 후에 할 일이 없어서, 그냥 집
　　에서 쉬고 있어.
여: 책 좀 많이 보세요. 이미 퇴직했지만, '사람은 평생
　　공부해야 한다'는 말을 못 들어보셨나요?
남: 내 아내도 그렇게 얘기하던데, 보아하니 여자들 말
　　을 들어야겠군.

질문: 여자의 말은 무슨 의미인가?

A 낙관적인 것은 매우 중요하다
B 그는 이미 뒤처졌다
Ⓒ 사람은 꾸준히 공부해야 한다
D 실패는 성공의 어머니이다 |

공략　보기에서 乐观을 통해 태도를, 应该를 통해 제안이나 건의하는 내용임을 유추할 수 있다. 퇴직 후 계속 집에만 있다는 남자에게 여자는 '我劝你多看看书'라고 하며 책을 읽으라고 제안하고 있으며, 관용어 '人应该活到老，学到老'를 사용해 공부는 평생 해야 한다는 것을 강조하고 있으므로 정답은 C이다.

어휘　巧 qiǎo 혱 공교롭다 ┃ 碰到 pèngdào 만나다 ┃ ★退休 tuìxiū 동 퇴직하다 ┃ 闲 xián 혱 한가하다, 할 일이 없다 ┃ 活到老，学到老 huódào lǎo, xuédào lǎo 평생 학습한다 ┃ ★老婆 lǎopo 몡 처, 아내 ┃ ★乐观 lèguān 혱 낙관적이다 ┃ 落后 luòhòu 동 뒤처지다 ┃ ★坚持 jiānchí 동 견지하다, 고수하다

10　　　　　　　　　　　　　　　　　　　　　　　**난이도** 中　**공략 Key** 보기를 통해 녹음 내용 유추

| 女：你身边有会计、财务方面的人才吗？
男：怎么了？你们公司的小赵不是做得很好
　　吗？
女：他上个星期辞职了，可能是自己也开公
　　司了。
男：我帮你问问，我有一个朋友是财务管理
　　系统毕业的，正在找工作。

问：关于女的，下列哪项正确？ | 여: 내 주변에 회계나 재무 방면의 인재가 없니?
남: 왜? 너희 회사 샤오자오가 잘 하고 있지 않니?
여: 그는 지난주에 사직했어. 아마도 자기 회사를 차렸
　　을 거야.
남: 물어볼게. 내 친구 한 명이 재무 관리 계통을 졸업
　　했는데, 마침 직장을 찾고 있어.

질문: 여자에 관해 다음 중 옳은 것은? |

A 待遇比较好	A 대우가 비교적 좋다
B 最近刚辞职	B 최근에 사직했다
C 新开了一家公司	C 회사를 하나 차렸다
Ⓓ 需要财务方面的人才	Ⓓ 재무 방면의 인재가 필요하다

공략　보기에 제시된 待遇, 辞职, 开公司, 财务人才 등을 통해 회사에 관한 대화 내용임을 유추할 수 있다. '你身边有会计、财务方面的人才吗?'를 통해 여자가 지금 회사 직원을 구하고 있음을 알 수 있으므로 정답은 D가 된다.

어휘　★会计 kuàijì 몡 회계 | 财务 cáiwù 몡 재무 | ★辞职 cízhí 통 사직하다 | ★待遇 dàiyù 몡 대우

07 day 질문과 대답에 집중하라

🎧 07-9 **본책_ 95쪽**

| 정답 | 1. A | 2. C | 3. A | 4. D | 5. D | 6. C | 7. A | 8. C | 9. A | 10. D |

1　　　　　　　　　　　　　　　　　　　　　　**난이도** 中　**공략 Key** 대화 속 질문을 통한 정답 유추

男：大夫，我爱人这个星期能出院吗?
女：恐怕不行，虽然病情好转了，但还需要
　　观察一段时间。

问：根据对话，可以知道什么?

Ⓐ 病人还不能出院
B 担心病情突然恶化
C 恢复得很快
D 马上要动手术

남: 의사 선생님, 제 아내가 이번 주에 퇴원할 수 있을
　　까요?
여: 아마도 안 될 거예요. 병세가 호전되기는 했지만,
　　그래도 얼마간은 관찰해야 합니다.

질문: 대화를 통해 알 수 있는 것은?

Ⓐ 환자는 아직 퇴원할 수 없다
B 병세가 갑자기 악화될까 걱정이다
C 회복이 매우 빠르다
D 바로 수술을 해야 한다

공략　대화 속에서 남자가 한 질문에 대한 대답을 잘 들으면 정답을 가려낼 수 있다. 남자가 '能出院吗?'라고 묻자, 여자는 '恐怕不行'이라고 대답했다. 이는 '아직 퇴원할 수 없다'는 의미이므로 정답은 A이다.

어휘　★恐怕 kǒngpà 뷔 아마 ~일 것이다 | 病情 bìngqíng 몡 병세 | 好转 hǎozhuǎn 통 호전되다 | ★观察 guānchá 통 관찰하다 | 恶化 èhuà 통 악화되다. 악화하다 | ★恢复 huīfù 통 회복하다

2　　　　　　　　　　　　　　　　　　　　　　**난이도** 下　**공략 Key** 보기의 주어를 활용한 소거법

男：看把你乐的，捡到钱了?
女：哈! 我的驾照拿到了，以后就不用挤公共
　　汽车了。打算这个周末就去郊区转转。

问：根据对话，下列哪项正确?

남: 너 즐거워하는 것 좀 봐, 돈이라도 주웠니?
여: 하! 운전 면허증을 땄거든. 앞으로 만원 버스에 시
　　달릴 필요가 없게 됐어. 이번 주말에 교외로 놀러
　　갈 계획이야.

질문: 대화를 통해 다음 중 옳은 것은?

A 男的发票中奖了	A 남자의 영수증이 당첨되었다
B 男的能去郊区玩	B 남자는 교외로 놀러갈 수 있게 되었다
Ⓒ 女的拿到了驾照	**Ⓒ 여자는 운전 면허증을 땄다**
D 女的考试及格了	D 여자는 시험에 합격했다

공략 보기에서 A와 B의 주어는 男的이고, C와 D의 주어는 女的이다. 이때 소거 방법을 사용하여 오답을 제거해나가야 한다. 여자는 '我的驾照拿到了'라고 말하며 교외로 놀러갈 계획이라고 하였으므로 C가 정답으로 적절하다.

어휘 ★捡 jiǎn 통 줍다 | ★驾照 jiàzhào 명 운전 면허증 | ★挤 jǐ 통 빽빽하게 들어차다 | 郊区 jiāoqū 명 교외 | 转 zhuàn 통 돌다, 선회하다

---

3   난이도 中   공략 Key 보기의 주어를 활용한 소거법

女：你的抽屉真乱，怪不得老是找不到东西。 男：知道了，等有空儿了，我好好整理一下。	여: 서랍 안이 정말 엉망이다. 어쩐지 늘 물건을 못 찾는다 했어. 남: 알았어, 시간 있을 때, 잘 정리할게.
问：根据对话，可以知道什么？	질문: 대화를 통해 알 수 있는 것은?
Ⓐ 男的经常不整理抽屉	**Ⓐ 남자는 자주 서랍을 정리하지 않는다**
B 女的要买有抽屉的桌子	B 여자는 서랍이 있는 책상을 사려고 한다
C 女的在打扫房间	C 여자는 방 청소를 하고 있다
D 男的总是健忘	D 남자는 늘 잘 잊어버린다

공략 보기를 살펴보면 A와 D의 주어는 男的이고, B와 C의 주어는 女的이다. 주어가 언급되어 있다면 소거 방법을 사용하여 보기를 삭제하는 것이 우선이다. 여자의 말 '你的抽屉真乱'과 남자의 말 '等有空儿了，我好好整理一下'를 통해 남자는 서랍 속을 자주 정리하지 않는다는 점을 알 수 있으므로 정답은 A이다.

어휘 ★抽屉 chōuti 명 서랍 | 乱 luàn 형 어지럽다, 혼란하다 | ★怪不得 guàibude 부 어쩐지 | ★老是 lǎoshì 부 늘, 언제나, 항상 | ★整理 zhěnglǐ 통 정리하다 | 健忘 jiànwàng 형 (기억력이 나빠) 잘 잊어버리다

---

4   난이도 下   공략 Key 대화 속 질문을 통한 정답 유추

男：你感冒了吗？怎么一直打喷嚏？ 女：不是，一到春天我鼻子就过敏。	남: 감기 걸렸어? 어째서 계속 재채기를 하니? 여: 아니야. 봄만 되면, 코 알레르기가 있어.
问：关于女的，可以知道什么？	질문: 여자에 관해 알 수 있는 것은?
A 嗓子很疼	A 목이 매우 아프다
B 感冒了	B 감기에 걸렸다
C 讨厌春天	C 봄을 싫어한다
Ⓓ 鼻子过敏	**Ⓓ 코 알레르기가 있다**

공략 남자의 '感冒了吗?'라는 질문에 여자는 '不是'라고 대답했으므로 B는 정답이 될 수 없다. 여자의 '一到春天我鼻子就过敏'이라는 말을 통해 여자가 재채기를 하는 이유는 알레르기 반응 때문임을 알 수 있으므로 정답은 D이다.

어휘 ★打喷嚏 dǎ pēntì 통 재채기를 하다 | ★过敏 guòmǐn 통 알레르기 반응을 보이다 | ★嗓子 sǎngzi 명 목 | ★讨厌 tǎoyàn 통 싫어하다

女：我的电脑速度越来越慢了，是不是又中病毒了？

男：好像是，你还是找人修理吧。可能昨天装软件的时候出现了问题。

问：女的的电脑怎么了？

A 下载很快
B 上不了网
C 装错了软件
Ⓓ **中病毒了**

여: 내 컴퓨터 속도가 점점 더 느려지고 있는데, 또 바이러스에 걸린 거 아닐까?

남: 그런 것 같아. 아무래도 수리하는 사람을 찾아보는 게 나을 것 같아. 아마도 어제 프로그램을 설치할 때 문제가 생겼나 봐.

질문: 여자의 컴퓨터는 어떠한가?

A 다운로드 속도가 매우 빠르다
B 인터넷을 할 수가 없다
C 프로그램을 잘못 설치했다
Ⓓ **바이러스에 걸렸다**

듣기 제1·2부분

공략 여자가 '又中病毒了?'라고 묻자 남자가 '好像是'라고 대답했으므로 여자의 컴퓨터가 바이러스에 걸린 것을 알 수 있다. 따라서 D가 정답이 된다.

어휘 ★速度 sùdù 명 속도 | 中病毒 zhòng bìngdú 바이러스에 걸리다 | ★好像 hǎoxiàng 부 마치 ~과 같다 | 修理 xiūlǐ 동 수리하다 | 装 zhuāng 동 설치하다 | ★软件 ruǎnjiàn 명 소프트웨어 | ★下载 xiàzài 동 다운로드하다

男：昨天晚上的开幕式，你看了吗？

女：没赶上，我看了开幕式后进行的那场比赛，觉得真的很精彩。

男：你认为哪支队最有可能进入决赛？

女：这个嘛，你得去问球迷，我还算不上是真正的球迷。

问：关于女的，可以知道什么？

A 看了闭幕式
B 是真正的球迷
Ⓒ **没看开幕式**
D 想当运动员

남: 어제저녁에 한 개막식 봤니?

여: 놓쳤어. 나는 개막식 후에 진행된 그 경기를 봤는데, 정말 매우 훌륭했다고 생각해.

남: 어느 팀이 결승전에 진출할 가능성이 있어 보이니?

여: 그건 축구팬한테 물어봐야지, 나는 아직 진정한 축구팬이 아니거든.

질문: 여자에 관해 알 수 있는 것은?

A 폐막식을 봤다
B 진정한 축구팬이다
Ⓒ **개막식을 보지 못했다**
D 운동선수가 되고 싶다

공략 보기의 내용을 통해 시합 관련 내용임을 유추할 수 있다. 남자가 '开幕式，你看了吗?'라고 묻자 여자가 '没赶上'이라고 대답했으므로 C가 정답으로 적절하다.

어휘 ★开幕式 kāimùshì 명 개막식 | ★精彩 jīngcǎi 형 훌륭하다 | 支 zhī 양 군대나 팀을 세는 단위 | 队 duì 명 팀(team) | 决赛 juésài 명 결승전 | 球迷 qiúmí 명 축구팬 | ★算不上 suànbushàng ~라고 할 수 없다 | 闭幕式 bìmùshì 명 폐막식 | 当 dāng 동 맡다, 되다

男：我今天做了件糊涂事。	남: 오늘 멍청한 짓을 했지 뭐야.
女：糊涂事？什么糊涂事？	여: 멍청한 일? 무슨 멍청한 일?
男：早上我在公交车上给一个孕妇让座。	남: 아침에 내가 버스 안에서 임산부에게 자리를 양보해주었거든.
女：给孕妇让座？这怎么是糊涂事？明明是好事儿啊！	여: 임산부에게 자리를 양보해주었다고? 그게 어떻게 멍청한 일이야? 분명히 좋은 일인데.
男：关键是那个女的没怀孕，她很不高兴，说她不是孕妇。	남: 관건은 그 여자가 임신을 안 했다는 거지. 그 여자는 매우 기분 나빠하면서 임산부가 아니라고 말하더라고.
问：根据对话，可以知道什么？	질문: 대화를 통해 알 수 있는 것은?
Ⓐ 男的误会了	Ⓐ 남자는 오해를 했다
B 女的怀孕了	B 여자는 임신을 했다
C 女的逼男的让座	C 여자는 강제로 남자에게 자리를 양보하게 했다
D 男的被人欺负了	D 남자는 사람들에게 무시당했다

공략　보기를 살펴보면 A와 D의 주어는 男的이고, B와 C의 주어는 女的이다. 보기에 주어가 언급되어 있을 경우 소거법으로 오답을 제거하는 것이 우선이다. 남자의 '那个女的没怀孕'이라는 말을 통해 남자는 여자가 임산부인 줄 착각해서 자리를 양보했다가 난처한 상황에 처하게 된 것을 알 수 있으므로 정답은 A이다.

어휘　★糊涂事 hútu shì 멍청한 일 | 孕妇 yùnfù 몡 임산부 | 让座 ràngzuò 통 자리를 양보하다 | 明明 míngmíng 뵘 분명히, 명백히 | ★关键 guānjiàn 몡 관건, 핵심 | ★怀孕 huáiyùn 통 임신하다 | ★误会 wùhuì 통 오해하다 | ★逼 bī 통 강제로 요구하다 | 欺负 qīfu 통 업신여기다, 괴롭히다

女：这款白色的滚筒洗衣机是我们今年卖得最好的。您看看。	여: 이 흰색 드럼 세탁기는 올해 가장 잘 팔린 것이니, 한번 보세요.
男：你们现在有什么优惠活动吗？	남: 지금 어떤 할인 행사가 있나요?
女：有，现在买，我们送您一个电饭锅。	여: 네, 지금 사시면, 전기밥솥을 서비스로 드립니다.
男：那洗衣机的保修期是多长时间？	남: 그럼 세탁기의 보증 기간은 얼마나 되죠?
女：保修期一年，厂家免费上门修理。	여: 보증 기간은 1년이고, 공장에서 무상으로 방문해서 수리해줍니다.
问：关于这款滚筒洗衣机，下列哪项正确？	질문: 이 드럼 세탁기에 관해 다음 중 옳은 것은?
A 送货上门	A 집까지 배송해준다
B 保修两年	B 보증 기간은 2년이다
Ⓒ 有优惠活动	Ⓒ 할인 행사가 있다
D 比电饭锅便宜	D 전기밥솥보다 싸다

공략　보기를 통해 어떤 물건을 구입하는 내용임을 유추할 수 있다. 남자가 '有什么优惠活动吗？'라고 물었을 때 여자가 有라고 했으므로 정답은 C이다.

어휘　★款 kuǎn 얭 양식이나 스타일을 세는 단위 | 滚筒洗衣机 gǔntǒng xǐyījī 몡 드럼 세탁기 | ★优惠活动 yōuhuì huódòng 몡 할인 행사 | 电饭锅 diànfànguō 몡 전기밥솥 | 保修期 bǎoxiūqī 몡 보증 기간 | 厂家 chǎngjiā 몡 공장 | ★免费 miǎnfèi 통 무상으로 하다 | 上门 shàngmén 통 (다른 사람의 집을) 방문하다 | 修理 xiūlǐ 통 수리하다

男：你经常来这儿游泳吗?

女：以前基本上每天都来。最近工作比较忙，只是偶尔来一次。你呢?

男：我是第一次来，所以对这儿还不熟悉。

女：不要紧，有我呢，我带你熟悉一下这儿。

问：根据对话，可以知道什么?

Ⓐ 女的对这里很熟悉

B 男的以前每天都来

C 女的第一次来这儿

D 男的不想再游泳了

남: 너 자주 여기 와서 수영하니?

여: 예전에는 거의 매일 왔는데, 요즘 일이 좀 바빠서 가끔 한 번씩 올 뿐이야. 너는?

남: 나는 처음 와서, 이곳에 대해 아직 잘 몰라.

여: 괜찮아, 내가 있잖아. 내가 너를 데리고 다니면서 여기를 소개시켜 줄게.

질문: 대화를 통해 알 수 있는 것은?

Ⓐ 여자는 여기를 매우 잘 안다

B 남자는 예전에 매일 왔었다

C 여자는 처음 여기에 온다

D 남자는 더 이상 수영을 하고 싶지 않다

공략   보기를 살펴보면 A와 C의 주어는 女的이고, B와 D의 주어는 男的이다. 주어가 언급되어 있다면 소거 방법을 사용하여 보기를 삭제하는 것이 우선이다. 이곳에 대해 잘 모른다는 남자에게 여자는 '我带你熟悉一下这儿'이라고 말하고 있으므로 이곳에 대해 잘 알고 있음을 알 수 있다. 따라서 A가 정답으로 적절하다.

어휘   ★游泳 yóuyǒng 图 수영하다 | ★基本上 jīběnshang 图 대체로, 거의 | ★偶尔 ǒu'ěr 图 가끔, 때때로 | ★熟悉 shúxī 혭 익숙하다, 잘 알다

女：这个方案你看过了吧，你还有什么想补充的吗?

男：我个人觉得这个方案还需要调整。

女：具体讲呢?

男：我们产品的特点没有得到很好的体现。

问：男的有什么意见?

A 还没看

B 重新做

C 加强合作

Ⓓ 需要调整

여: 이 방안은 본 적 있죠? 뭐 또 보충하고 싶은 거라도 있으세요?

남: 제 개인적으로는 이 방안은 아직 조정이 필요한 것 같아요.

여: 구체적으로 말씀하면요?

남: 우리 제품의 특징이 잘 표현되지 못했어요.

질문: 남자는 어떤 의견이 있나?

A 아직 안 봤다

B 다시 해야 한다

C 협력을 강화해야 한다

Ⓓ 조정이 필요하다

공략   보기를 통해 어떤 일에 관한 내용임을 유추할 수 있다. 여자가 '你还有什么想补充的吗?'라고 물었을 때 남자가 '还需要调整'이라고 대답했으므로 D가 정답임을 알 수 있다.

어휘   ★方案 fāng'àn 명 계획, 방안 | 补充 bǔchōng 图 보충하다 | ★调整 tiáozhěng 图 조정하다 | ★具体 jùtǐ 혭 구체적이다 | 体现 tǐxiàn 명 구현, 구체적인 표현 | ★重新 chóngxīn 图 재차, 다시 | ★加强 jiāqiáng 图 강화하다 | 合作 hézuò 图 협력하다

08 day 내용이 길다고 겁먹지 마라

🎧 08-6 본책_ 105쪽

정답　1. D　2. C　3. A　4. C　5. A　6. B　7. C　8. B　9. D　10. A

1-2

一位勤劳善良的农民收获了一个大得不得了的南瓜，他又惊又喜，把这个南瓜献给了国王。**1国王很高兴，赏给农民一匹高大结实的马。**这件事很快家喻户晓。有一个富人动动脑筋：**2献个大南瓜，就能得到一匹马，如果献一匹马，国王会赏给我多少金银珠宝或美女呢？因此富人向国王进献了一匹好马。**国王同样很高兴，吩咐身边的人："把那位农民献的那个南瓜，赏给这个献好马的人吧。"

어느 부지런하고 선량한 농민이 굉장히 큰 호박을 하나 수확했다. 그는 놀랍고 기뻐서, 이 호박을 국왕에게 바쳤다. **1국왕은 매우 기뻐하며 농민에게 크고 튼튼한 말 한 필을 상으로 주었고,** 이 일은 금세 모든 사람들이 다 알게 되었다. 한 부자가 **2큰 호박을 하나 바치고 말 한 필을 얻었는데, 만일 말을 한 필 바치면 국왕이 나에게 얼마간의 금은보화나 미녀를 선사하지 않을까?'라고 머리를 굴렸다. 그래서 부자는 국왕에게 좋은 말을 한 필 바쳤다.** 국왕은 똑같이 매우 기뻐하며 옆에 있던 사람에게 "그 농민이 바친 그 호박을 좋은 말을 바친 이 사람에게 상으로 주어라"라고 명령했다.

어휘 ★勤劳 qínláo 혭 부지런하다 | ★善良 shànliáng 혭 선량하다 | ★收获 shōuhuò 동 수확하다 | 南瓜 nánguā 명 호박 | 惊 jīng 혭 놀라다 | 献 xiàn 동 올리다, 바치다 | 赏 shǎng 동 상을 주다 | 结实 jiēshi 혭 (몸이) 튼튼하다 | 家喻户晓 jiā yù hù xiǎo 셍 집집마다 다 알고 있다 | 动脑筋 dòng nǎojīn 동 머리를 쓰다 | 金银珠宝 jīnyín zhūbǎo 명 금은보화 | ★吩咐 fēnfù 동 지시를 내리다

1

난이도 下　공략 Key 반응 표현 高兴

收到南瓜后，国王是什么反应？

A 很意外　　　B 很失望
C 很委屈　　　**D 很开心**

호박을 받은 후에 국왕은 어떤 반응을 보였나?

A 매우 뜻밖이었다　　　B 매우 실망했다
C 매우 억울했다　　　**D 매우 기뻤다**

공략　도입 부분에 '又惊又喜'와 '很高兴'이라는 두 개의 표현이 언급되어 있는데, 전자는 농부의 반응이고 후자는 국왕의 반응이다. 문제에서는 국왕의 반응을 물었으므로 高兴의 유의어인 开心이 정답이 된다.

2

난이도 中　공략 Key 인과 관계 접속사 因此

富人为什么送给国王一匹马？

A 想要大南瓜
B 想得到国王的夸奖
C 想换来更多的好东西
D 不想被人欺负

부자는 왜 국왕에게 말을 한 필 선사했나?

A 큰 호박을 원해서
B 국왕의 칭찬을 받고 싶어서
C 더 많은 좋은 물건으로 바꾸고 싶어서
D 다른 사람에게 놀림을 당하고 싶지 않아서

공략　보기에서 '想要, 想得到' 등의 표현을 통해 질문이 왜인지를 묻는 것임을 유추할 수 있다. 왜에 대한 대답은 '그래서'의 뜻인 所以, 因此, 因而 등의 앞부분을 놓치지 않고 잘 들으면 되는데, 본문에서 농민이 호박을 바쳤을 때 말을 선사 받았으니, 말을 바치면 더 좋은 것을 얻을 수 있지 않을까라는 생각을 한 후 '因此富人向国王进献了一匹好马'라고 했기에 정답은 C임을 알 수 있다.

从前有一个人在步行时，因为路不平而摔了一跤，他爬了起来继续往前走，可是没走几步，又摔了一跤，于是他就趴在地上不再起来了。有人问他："你怎么不爬起来继续走呢？"那人答到："**3**既然爬起来还会跌倒，我干嘛还要起来，不如就这样趴着，就不会再被摔倒了。"这样的人，你一定认为他是一个可笑的人，他被摔怕了，所以不敢再起来继续往前走，因而他也就永远无法到达他的目的地。生活中我们难免会遇到这样那样的困难，有的人选择了放弃，那么他的一生注定失败。**4**只有学会了承受失败，你的生存能力才会大大提升。

예전에 어떤 사람이 걸을 때 길이 평평하지 않아 넘어졌다. 그는 일어나서 계속 앞으로 걸었지만 몇 걸음 가지 않아 또 넘어졌다. 그래서 그는 바닥에 엎드려 다시는 일어나지 않았다. 누군가가 그에게 "왜 일어나서 계속해서 걷지 않습니까?"라고 물으니, 그 사람은 "**3**어차피 일어나도 또 넘어질 텐데, 제가 왜 일어나야 합니까? 차라리 이렇게 엎드려 있으면 더 이상 넘어지지 않을 텐데요"라고 대답했다. 당신은 분명히 이런 사람을 굉장히 웃긴 사람이라 여길 것이다. 그는 넘어질 것을 염려해서 다시 일어나 계속 전진할 엄두를 못 내기 때문에 영원히 그의 목적지에 다다르지 못할 것이다. 생활 속에서 우리는 이런저런 어려움에 봉착하기 마련이다. 어떤 이들은 포기를 선택하기도 하는데 그렇다면 그의 일생은 실패할 수밖에 없다. **4**오직 실패를 견디는 것을 배워야만 당신의 생존 능력이 크게 상승할 것이다.

어휘 步行 bùxíng 통 걸어서 가다 | ★摔一跤 shuāi yì jiāo 넘어지다 | 爬 pá 통 일어나다 | 继续 jìxù 통 계속하다 | ★趴 pā 통 엎드리다 | ★既然 jìrán 접 이왕에, 어차피 | 跌倒 diēdǎo 통 걸려 넘어지다 | 不如 bùrú 통 ~만 못하다 | 可笑 kěxiào 형 (행동·말 등이) 우습다 | 不敢 bùgǎn 감히 ~할 엄두를 못 내다 | ★因而 yīn'ér 접 그리하여, 이로 인해 | ★难免 nánmiǎn 형 면하기 어렵다 | 注定 zhùdìng 통 (미리) 정해져 있다 | ★承受 chéngshòu 통 감당하다, 견디다 | 提升 tíshēng 통 끌어올리다

3　난이도 上　공략 Key 도입부 내용 파악

那个人为什么不再爬起来？	그 사람은 왜 다시 일어나지 않았는가？
Ⓐ 怕再摔倒	**Ⓐ 다시 넘어질까 두려워서**
B 等有人来帮忙	B 도와줄 사람을 기다리느라고
C 趴着很舒服	C 엎드려 있는 것이 매우 편해서
D 心情很伤心难过	D 기분적으로 매우 상심하고 괴로워서

공략 단문형의 경우 글의 전개 순서대로 질문이 제시된다는 점에 주의하고 도입 부분에 귀를 기울여야 한다. 글의 도입 부분에서 그 사람이 넘어지고 일어나지 않은 이유가 '既然爬起来还会跌倒，我干嘛还要起来'라고 언급하고 있으므로 정답은 A가 된다.

4　난이도 中　공략 Key 접속사 只有

这段话主要想告诉我们什么？	이 글이 우리에게 알려주는 것은 무엇인가？
A 多帮助别人	A 다른 사람을 많이 도와주어라
B 倾听很重要	B 경청하는 것은 매우 중요하다
Ⓒ 不要害怕失败	**Ⓒ 실패를 두려워하지 마라**
D 人的命运是注定的	D 사람의 운명은 정해진 것이다

공략 보기의 多나 不要 등을 통해 제안이나 건의를 묻는 문제임을 알 수 있으므로 글의 결론에 집중해야 한다. 조건 관계 접속사 只有를 써서 '只有学会了承受失败，你的生存能力才会大大提升'이라고 했으므로 정답은 C가 된다.

对某些人来说，总是在同一条道路上跑步，会觉得更有安全感，但更多人的感觉是单调。⁵某大学曾经针对92名田径运动员做了一项调查，发现以周为单位更换训练场地能够有效改善运动员在训练中的表现。所以⁶尽量多换换跑步路线吧，也许在不熟悉的路线上会遇到点麻烦，或者感到不适应，但在这种安全的探险中，你能跑得更持久。

어떤 사람들은 늘 똑같은 도로에서 조깅을 할 때 더 안전한 느낌이 들겠지만, 더 많은 사람들은 단조롭다고 느낀다. ⁵어느 대학에서 예전에 92명의 육상 선수를 조사했는데, 한 주를 단위로 해서 훈련 장소를 바꾸니, 훈련하는 데 있어서 선수들의 태도를 효과적으로 개선할 수 있다는 것을 발견했다. 그러니 ⁶가능하면 조깅 노선을 바꾸어보자. 어쩌면 익숙하지 않은 노선에서 번거로움과 마주칠 수도 있고 혹은 적응이 안 된다고 느낄 수도 있을 것이다. 하지만 이런 안전한 탐험 속에서 당신은 더 길게 뛸 수 있을 것이다.

어휘 ★总是 zǒngshì 囝 늘, 항상 | 道路 dàolù 囝 도로, 길 | 单调 dāndiào 囿 단조롭다 | 某 mǒu 때 어느, 모 | ★针对 zhēnduì 동 겨냥하다, 대하다 | 田径运动员 tiánjìng yùndòngyuán 囝 육상 선수 | 调查 diàochá 囝 조사 | 以……为…… yǐ……wéi…… ~를 ~로 삼다 | 单位 dānwèi 囝 단위 | 更换 gēnghuàn 동 바꾸다 | 训练场地 xùnliàn chǎngdì 囝 훈련 장소 | ★改善 gǎishàn 동 개선하다 | ★表现 biǎoxiàn 囝 활약, 태도 | ★尽量 jǐnliàng 囝 가능한, 될 수 있는 한 | 路线 lùxiàn 囝 노선 | 也许 yěxǔ 囝 어쩌면 | ★适应 shìyìng 동 적응하다 | 探险 tànxiǎn 동 탐험하다 | 持久 chíjiǔ 囿 오래 지속되다

5 난이도 中 공략 Key 숫자 메모하기

关于那个调查，可以知道什么？

그 조사에 관해 알 수 있는 것은?

Ⓐ 调查了90多人
B 针对大学生
C 进行了一个星期
D 结果还没出来

Ⓐ 90여 명을 조사했다
B 대학생을 상대로 했다
C 일주일간 진행되었다
D 결과가 아직 나오지 않았다

공략 보기에 언급된 조사와 진행을 토대로 어떠한 조사에 관한 내용임을 알 수 있다. 보기에 제시된 '90多人'이나 '一个星期' 등의 숫자를 보고 글의 도입 부분을 주의 깊게 듣도록 한다. 녹음에서 '某大学曾经针对92名田径运动员做了一项调查'라고 했으므로 A가 정답이 된다.

6 난이도 中 공략 Key 多를 사용한 제안 표현

说话人建议怎么做？

화자는 어떻게 하라고 건의하는가?

A 不要长时间跑步
Ⓑ 多换换跑步路线
C 要去郊区放松放松
D 关键在于你自己的心态

A 오랫동안 조깅하지 마라
Ⓑ 조깅 노선을 좀 바꾸어봐라
C 교외로 나가서 휴식 좀 취해라
D 관건은 당신의 마음 상태에 달려 있다

공략 보기의 不要나 多 등의 어휘를 통해 화자의 제안이나 건의를 묻는 문제임을 알 수 있으므로 글의 마지막 부분에 집중해야 한다. 녹음에서 '尽量多换换跑步路线吧'라고 했으므로 정답은 B이다. 여기서 사용된 어기조사 吧는 문장 마지막에 놓여 제안의 뜻을 나타낸다.

有一次，发大水，**7**一个农民从水中救起了他的妻子，他的孩子却被淹死了。事后，人们议论纷纷。有人说他做得对，因为孩子可以再生一个，妻子却不能获。有人说他做错了，因为妻子可以另娶一个，孩子却不能再获。如果只能救活一个，应该救妻子呢，还是救孩子？有人去找那个农民，问他当时是怎么想的。他说："**8**我什么也没想。发大水了，妻子在我身边，我抓住她就往附近的山坡游。当我返回时，孩子已经被大水冲走了。"是不是所谓人生的重大选择多半就是如此？

한 번은 홍수가 났는데, **7**한 농민이 물에서 그의 아내를 구했지만, 그의 아이는 익사했다. 사건이 일어난 후에 사람들의 의견은 분분했다. 어떤 이는 아이는 다시 낳으면 되지만 아내는 다시 얻을 수 없으니 그가 잘했다고 말했고, 어떤 이는 아내는 또 다른 사람을 다시 얻으면 되지만 아이는 얻을 수가 없으니 그가 잘못했다고 말했다. 만일 한 명만 살릴 수 있다면 아내를 먼저 구해야 할까, 아니면 아이를 구해야 할까? 어떤 사람이 그 농민을 찾아가서, 그가 그때 어떻게 생각했었는지를 물었더니, 그는 "**8**난 아무 생각도 하지 않았다네. 홍수가 났는데 아내가 내 옆에 있어서, 그녀를 붙잡고 부근의 산비탈로 헤엄쳐서 갔고, 내가 되돌아갔을 때 아이는 이미 물에 떠내려가고 없었어"라고 말했다. 소위 말하는 인생의 중요한 선택이라는 것이 아마도 이렇지 않을까?

듣기
제2부분

어휘 ★发大水 fā dàshuǐ 홍수가 나다 | ★救 jiù 통 구조하다 | 淹死 yānsǐ 통 익사하다 | 议论纷纷 yì lùn fēn fēn 성 의견이 분분하다 | ★娶 qǔ 통 장가가다 | 救活 jiùhuó 통 목숨을 살리다 | 当时 dāngshí 명 그때, 당시 | 抓住 zhuāzhù 통 붙잡다 | 山坡 shānpō 명 산비탈 | 游 yóu 통 헤엄치다 | 返回 fǎnhuí 통 되돌아가다 | 冲走 chōngzǒu 통 떠내려가다 | ★所谓 suǒwèi 형 ~라는 것은 | ★多半 duōbàn 부 아마

7   난이도 下   공략 Key 중요 내용 메모하기

那农民救起了谁？	그 농민은 누구를 구했는가?
A 孩子 B 邻居	A 자식 B 이웃
C 妻子 D 同事	**C 아내** D 회사 동료

공략 보기가 명사이므로 들리는 내용을 메모하거나 그대로 들리는 어휘를 찾아야 한다. 첫 문장에서 '救起了他的妻子'라고 했으므로 정답은 C이다.

8   난이도 下   공략 Key 녹음 내용과 동일한 보기 찾기

那农民当时怎么想？	그 농민은 그때 어떻게 생각했었는가?
A 要逃避现实	A 현실을 도피해야겠다고 생각했다
B 什么也没想	**B 아무 생각도 하지 않았다**
C 救援人员来得太晚	C 구조 대원이 너무 늦게 온다고 생각했다
D 水太深没办法活	D 물이 너무 깊어 살 수 없을 거라고 생각했다

공략 어떤 사람이 홍수가 났을 때 어떤 생각을 했느냐고 묻자 농민은 '我什么也没想'이라고 대답했다. 따라서 보기에 그대로 나와 있는 B가 정답이다.

一天小张爬上五楼到宿舍门口时才发现自己没带钥匙，于是他下楼去向宿舍管理员借了钥匙，上楼开门后又下楼去还钥匙。[9]等他爬上五楼时发现刚打开的门又被锁上了，他觉得奇怪，这时隔壁一位同学经过，对他说："你回来啦？我刚才看你宿舍门开着，就帮你锁上了，记得下次出去要锁门啊！"小张听了真是哭笑不得，感到很尴尬。

어느 날 샤오장은 5층의 기숙사 방문 앞까지 가서야 자신이 열쇠를 안 가져온 것을 알아차렸다. 그래서 그는 내려가서 기숙사 관리원에게 열쇠를 빌리고, 올라가서 문을 열고는 또 내려와서 열쇠를 돌려주었다. [9]그가 5층을 올라갔을 때 막 열었던 문이 또 잠겨 있는 것을 발견하고는 이상하게 여겼다. 이때 옆방의 한 동기가 지나가면서 그에게 "왔어? 방금 전에 네 방문이 열려 있는 걸 보고는 내가 대신 잠갔으니, 다음 번에 나갈 땐 문 잠그는 거 잊지 마"라고 말했다. 샤오장은 그 말을 듣고는 울 수도 웃을 수도 없었고 정말 난처하다고 생각했다.

어휘 ★钥匙 yàoshi 몡 열쇠 | 管理员 guǎnlǐyuán 몡 관리원 | 还 huán 통 갚다, 반환하다 | 锁 suǒ 통 잠그다 | ★奇怪 qíguài 혱 이상하다 | ★隔壁 gébì 몡 이웃 | 经过 jīngguò 통 지나가다 | ★记得 jìde 통 기억하다 | 哭笑不得 kū xiào bù dé 셍 울 수도 없고 웃을 수도 없다 | ★尴尬 gāngà 혱 난처하다

---

9   난이도 下   공략 Key 녹음 내용과 동일한 보기 찾기

小张为什么觉得奇怪？	샤오장은 왜 이상하다고 여겼는가?
A 打不开门	A 문을 열 수가 없어서
B 找不到钥匙	B 열쇠를 찾을 수가 없어서
C 宿管人员不在	C 기숙사 관리원이 없어서
Ⓓ 门又被锁上了	Ⓓ 문이 또 잠겨 있어서

공략   '他觉得奇怪' 앞에 '等他爬上五楼时发现刚打开的门又被锁上了'라고 언급했으며 또한 '门又被锁上了'가 보기에 그대로 제시되어 있으므로 D가 정답임을 쉽게 알 수 있다.

---

10   난이도 中   공략 Key 글의 결말 파악

根据这段话，下列哪项正确？	이 글에 관해 다음 중 옳은 것은?
Ⓐ 那位同学误会了	Ⓐ 그 친구는 오해했다
B 小张没借到书	B 샤오장은 책을 빌리지 못했다
C 这件事让小张感到很烦	C 이 일은 샤오장을 매우 짜증나게 했다
D 把钥匙落在车上了	D 열쇠를 차에 두고 내렸다

공략   이러한 유머 글은 대체로 반전이 있으며, 주로 오해에서 비롯된 반전이 주를 이룬다. 친구는 주인공이 깜박하고 문을 열어 둔 거라 생각하고 닫아준 것이므로 정답은 A이다.

09 day 이야기 글의 포인트를 찾아라

| 정답 | 1. D | 2. A | 3. D | 4. D | 5. B | 6. C | 7. B | 8. C | 9. B | 10. B |

1-2

一阵风吹来，一片叶子脱离了树枝，飞向了天空。"我会飞了，我会飞了!"叶子边飞边喊："我要飞到天上了!"叶子飞呀飞，飞过了一棵棵树，飞过了一只只停在电线上的鸟。"哈哈，我飞得比你们高。"**1叶子得意地对鸟儿说**。又一阵风吹过，叶子在天空中打了几个转，就吹到一个水池边，随即被路过的一头牛踩进了泥里，不见了踪影。一只鸟看了之后感叹地对它的孩子说："看到了吧，如果不依靠自己的力量，风既可以把你吹上天，也可以把你吹进烂泥潭，**2要飞翔，必须靠自身的力量啊**。"

바람이 한차례 불어와, 나뭇잎 하나가 나뭇가지를 벗어나서 하늘로 날아갔다. "나도 날 수 있다, 나도 날 수 있다"라고 나뭇잎은 날면서 소리쳤다. "나는 하늘까지 날 거야!"라며 나뭇잎은 날아갔다. 나무 한 그루를 지나고, 전선에서 쉬고 있는 새들을 지나가면서 나뭇잎은 "하하! 내가 너희들보다 높게 날지?"라며 **1의기양양하게 새들에게 말했다**. 또 한차례의 바람이 불자 나뭇잎은 공중에서 몇 차례 돌다가 연못 옆에 떨어졌고 바로 지나가던 소에게 밟혀 진흙 속으로 들어가서는 자취를 감췄다. 어떤 새가 보고는 탄식하면서 그의 새끼에게 "봤지? 만일 자신의 힘에 의지하지 않으면, 바람은 너를 하늘로 날려 보낼 수 있고 또 너를 진흙탕에 빠트릴 수도 있단다. **2날고 싶다면 반드시 자신의 힘에 의지해야 한단다**"라고 말했다.

어휘 一阵 yízhèn 수량 한 바탕 | ★吹 chuī 동 (바람이) 불다 | 叶子 yèzi 명 나뭇잎 | 脱离 tuōlí 동 벗어나다, 이탈하다 | 树枝 shùzhī 명 나뭇가지 | 天空 tiānkōng 명 하늘, 공중 | ★喊 hǎn 동 소리치다 | 棵 kē 양 그루, 포기(식물을 세는 단위) | 电线 diànxiàn 명 전선 | 得意 déyì 형 의기양양하다 | 打转 dǎzhuàn 동 빙빙 돌다 | ★水池 shuǐchí 명 연못 | ★随即 suíjí 부 즉시, 당장 | 路过 lùguò 동 지나가다 | ★踩 cǎi 동 (발로) 밟다 | 泥 ní 명 진흙 | 踪影 zōngyǐng 명 자취, 종적 | 感叹 gǎntàn 동 탄식하다 | 依靠 yīkào 동 의지하다 | ★力量 lìliàng 명 힘, 역량 | 既……也…… jì……yě…… ~하고 또 ~하다 | 烂泥潭 lànnítán 명 진흙탕 | ★飞翔 fēixiáng 동 날다

1

난이도 中 **공략 Key** 도입부 내용 파악

关于那片叶子可以知道什么?

A 自己能飞翔
B 感到很害怕
C 想多交朋友
D 开始很得意

그 나뭇잎에 관해 알 수 있는 것은?

A 스스로 날 수 있다
B 매우 두려워한다
C 친구를 많이 사귀고 싶어한다
D 처음에는 매우 의기양양했다

공략 보기를 통해 글의 주인공에 관한 것을 묻는 문제임을 유추할 수 있다. 대부분의 이야기 글은 내용의 전개 순서에 따라서 질문이 제시된다. '叶子得意地对鸟儿说'를 통해 나뭇잎이 처음에는 매우 의기양양했음을 알 수 있으므로 정답은 D이다.

2

난이도 中 **공략 Key** 글의 교훈 포착

这个故事主要想告诉我们什么?

A 要依靠自己
B 要懂得谦虚

이 이야기가 우리에게 알려주고 싶어하는 것은?

A 스스로를 의지해야 한다
B 겸손함을 알아야 한다

C 不能小看别人
D 应该得到重用

C 다른 사람을 얕잡아보면 안 된다
D 중용을 얻어야 한다

3-5

　　星期五早上8点，一个穿牛仔裤、T恤衫的人，步入一个小广场，并打开了小提琴盒子。他把打开的盒子放在脚下，扔了几块钱进去，面对着来往的人，开始演奏起来。在他演奏的四十分钟内，有7人停下脚步听了几分钟，27人把钱投进了盒子。**3**1000多人从他旁边匆匆而过，却似乎没有看见或听到这位音乐家的演奏。这些赶着上班的人不知道的事情是，那天早上他们本来可以免费欣赏一场音乐会，**4**因为演奏者是世界著名的小提琴家。四十多分钟里他挣了三十块钱，而在正规的演出中，他一分钟就能收入1000元。**5**那些赶着上班的人忽视了小提琴家的价值，我们的繁忙又经常使我们看不见周围人的价值。**5**只有当我们花费时间观察和倾听时，我们才会发现他的价值。

금요일 아침 8시에 청바지와 티셔츠를 입은 사람이 작은 광장에 들어와서 바이올린 케이스를 열었다. 그는 열어 놓은 케이스를 다리 옆에 두고 몇 위안을 던져 넣고는 지나가는 사람들을 앞에 두고 연주를 하기 시작했다. 그가 연주한 40분 동안 7명이 걸음을 멈추고 몇 분을 감상했고, 27명이 돈을 케이스에 넣어주었다. **3**천 명이 넘는 사람이 그의 옆을 바삐 지나갔지만, 마치 이 음악가의 연주를 보지 못하거나 듣지 못한 것 같았다. 서둘러 출근하던 이 사람들이 모르는 사실은 그날 아침 그들은 원래 공짜로 음악회를 감상할 수 있었다는 것이다. **4**왜냐하면 연주가가 세계적으로 유명한 바이올리니스트였기 때문이다. 40여 분 동안 그는 30위안을 벌었지만, 정식 공연에서 그는 1분에 1,000위안을 벌 수 있다. **5**서둘러 출근하던 그 사람들은 바이올리니스트의 가치를 소홀히 했던 것이다. 분주함은 종종 우리로 하여금 주변 사람의 가치를 볼 수 없게 만들기도 한다. **5**우리가 시간을 들여 관찰하고 경청했을 때만이 우리는 그의 가치를 발견할 수 있다.

어휘　★牛仔裤 niúzǎikù 몡 청바지 | T恤衫 Txùshān 몡 티셔츠 | 步入 bùrù 됭 들어가다 | 小提琴盒子 xiǎotíqín hézi 몡 바이올린 케이스 | ★扔 rēng 됭 던지다 | ★面对 miànduì 됭 대면하다 | ★演奏 yǎnzòu 됭 연주하다 | 停下脚步 tíngxià jiǎobù 걸음을 멈추다 | 投 tóu 됭 집어넣다 | 匆匆而过 cōngcōng ér guò 서둘러 지나가다 | ★似乎 sìhū 뷔 마치 ～인 듯하다 | 赶 gǎn 됭 서두르다 | ★免费 miǎnfèi 됭 무료로 하다 | ★欣赏 xīnshǎng 됭 감상하다 | 小提琴家 xiǎotíqínjiā 몡 바이올리니스트 | 挣 zhèng 됭 (돈을) 벌다 | 正规 zhèngguī 혱 정식의 | 演出 yǎnchū 됭 공연하다 | 收入 shōurù 됭 받다 | ★忽视 hūshì 됭 소홀히 하다 | ★价值 jiàzhí 몡 가치 | ★繁忙 fánmáng 혱 여유가 없다 | 花费 huāfèi 됭 쓰다, 소비하다 | ★倾听 qīngtīng 됭 경청하다

3　　　　　　　　　　　　　　　　　　　　　　　난이도 下　공략 Key 숫자 메모하기

四十多分钟里有多少人从小提琴家身旁走过？

40여 분 동안 몇 명이 바이올리니스트 곁을 지나갔는가?

A 7个　　　　　　　B 27个
C 几百个　　　　　**D 1000多个**

A 7명　　　　　　　B 27명
C 몇 백 명　　　　　**D 1,000명 정도**

<table>
<tr><td>

关于小提琴家，可以知道什么？

A 经常免费演奏
B 是一个乞丐
C 不怕冷
Ⓓ 非常有名

</td><td>

바이올리니스트에 관해 알 수 있는 것은?

A 자주 무료로 연주한다
B 거지이다
C 추위를 타지 않는다
Ⓓ 굉장히 유명하다

</td></tr>
</table>

공략 보기를 통해 주인공에 관한 것을 묻는 문제임을 알 수 있다. 녹음의 전반적인 내용을 이해해야 하므로 다소 어려운 문제이다. 녹음에서 '因为演奏者是世界声誉的小提琴家'라며 有名의 유의어인 声誉를 통해 그가 유명함을 나타냈으므로 정답은 D이다.

<table>
<tr><td>

这段话主要想告诉我们什么？

A 什么事都要和别人分享
Ⓑ 不要忽视身边的每个人
C 帮助别人等于帮助自己
D 要加强与周围的人沟通

</td><td>

이 글이 우리에게 알려주고자 하는 것은?

A 어떤 일이든 간에 다른 사람과 나눠야 한다
Ⓑ 주변에 있는 모든 사람을 소홀히 해서는 안 된다
C 다른 사람을 도와주는 것은 스스로를 돕는 것이다
D 주변 사람들과 소통을 강화해야 한다

</td></tr>
</table>

공략 보기의 내용을 통해 글의 전반적인 내용이나 교훈을 묻는 문제임을 유추할 수 있으므로 녹음의 마지막 부분에 귀를 기울여야 한다. 녹음에서 '那些赶着上班的人忽视了小提琴家的价值'라고 탓하면서, 마지막에 조건 관계 접속사 '只有……才……'를 이용해 '只有当我们花费时间观察和倾听时，我们才会发现他的价值'라며 이야기하고자 하는 내용을 다시 한 번 강조했으므로 정답은 B이다.

6-7

<table>
<tr><td>

早上上班，**6** 几乎每天都在单位门口买煎饼当早饭。时间长了，就和卖煎饼的阿姨熟了，每次我举起手伸出一个手指，阿姨就会马上动手，做好一个煎饼等我放好自行车后过来拿。有时，一个不够吃，伸两个手指就行了。昨天起得早，我在家里吃了早饭后来上班。路过煎饼摊儿时，**7** 就扬手和阿姨打了个招呼。放好自行车后，直接进了办公室。没想到刚坐下不久，那个阿姨就跑进来，手里拿着一个袋子。我问：“怎么了？”她说：“**7** 你刚才伸了五个手指，我就做了五个煎饼，等你，你不来，只好给你送来了，趁热吃吧。”

</td><td>

아침에 출근할 때 **6** 거의 매일 회사 입구에서 아침으로 젠빙을 사서 먹었다. 시간이 지나면서 젠빙을 파는 아줌마와 친해져서 매번 내가 손을 들어 손가락을 하나 들면, 아줌마는 바로 만들기 시작해서 젠빙을 다 만들어놓고, 내가 자전거를 세우고 와서 가져가기를 기다렸다. 가끔 하나로 부족하면 손가락 두 개를 들곤 했다. 어제는 일찍 일어나는 바람에, 나는 집에서 아침을 먹고 출근을 했다. 젠빙 파는 노점을 지나갈 때 **7** 손을 흔들며 아줌마와 인사를 하고는 자전거를 세워놓은 후에 바로 사무실로 들어갔다. 막 앉자마자 생각지도 못하게 그 아줌마가 손에 봉지를 들고 뛰어 들어왔다. 내가 “왜요?”라고 묻자, 그녀는 “**7** 당신이 방금 전에 손가락을 다섯 개 들어서, 제가 다섯 개의 젠빙을 만들어놓고 기다렸는데도 오지 않아서, 어쩔 수 없이 내가 가져왔으니 뜨거울 때 드세요”라고 말했다.

</td></tr>
</table>

어휘 ★几乎 jīhū 〔부〕 거의 | 单位 dānwèi 〔명〕 회사 | 煎饼 jiānbing 〔명〕 젠빙 | 阿姨 āyí 〔명〕 아주머니 | 熟 shú 〔형〕 잘 알다, 익숙하다 | ★举手 jǔshǒu 〔동〕 손을 들다 | 伸 shēn 〔동〕 내밀다 | 手指 shǒuzhǐ 〔명〕 손가락 | 动手 dòngshǒu 〔동〕 착수하다 | 摊儿 tānr 〔명〕 노점 | 扬手 yángshǒu 〔동〕 (손을) 들어 흔들다 | ★打招呼 dǎ zhāohu 〔동〕 인사하다, 아는체하다 | ★直接 zhíjiē 〔형〕 직접의 | 袋子 dàizi 〔명〕 자루, 포대 | ★只好 zhǐhǎo 〔부〕 어쩔 수 없이 | ★趁 chèn 〔개〕 이용하여, 틈타서

6

他平时早饭吃什么?

A 包子 B 粥
C 煎饼 D 面条

그는 평소에 아침으로 무엇을 먹는가?

A 만두 B 죽
C 젠빙 D 국수

공략 보기가 명사임을 파악하고 녹음 내용 중에 그대로 들리는 어휘가 있는지 집중해야 한다. 문장 도입 부분에 '几乎每天都在单位门口买煎饼当早饭'이라며 보기에 언급된 煎饼이 그대로 제시되었으므로 정답은 C가 된다.

7

阿姨为什么给他五个煎饼?

A 表达了对他的感谢
B 误会他的意思了
C 想快点儿卖掉
D 今天是他的生日

아줌마는 왜 그에게 다섯 개의 젠빙을 주었나?

A 그에 대한 감사함을 표현하려고
B 그의 뜻을 오해해서
C 빨리 팔아버리고 싶어서
D 오늘이 그의 생일이라서

공략 전체 내용을 파악해야 하는 비교적 어려운 문제이다. 평소 손가락을 들어 자신이 살 젠빙의 개수를 알려주던 주인공이 어느 날 손을 들고 아주머니와 인사를 했는데, 아주머니는 이를 다섯 개의 젠빙을 달라는 것으로 오해하고 사무실까지 배달해준 내용이므로 정답은 B이다.

8-10

有一个老婆婆在屋子后面种了一大片玉米。一个颗粒饱满的玉米说:"收获那天,老婆婆肯定会先摘我,因为 8我是今年长得最好的玉米!"但是收获那天,老婆婆并没有把它摘走。"明天,明天她一定会把我摘走!"很棒的玉米自己安慰自己。第二天,老婆婆又收走了一些玉米,可唯独没有摘这个玉米。"明天,老婆婆一定会把我摘走!"那个最棒的玉米仍然安慰自己。可从此以后,老婆婆再也没有来过。直到有一天,玉米绝望了,原来饱满的颗粒变得又干又硬,整个身体像要炸裂一般,它准备和玉米杆一起烂在地里了。可就在这时,老婆婆来了,一边摘下它,一边说:"9这可是今年最好的玉米,用它做种子,明年肯定能种出更棒的玉米!"10有时候机会不找你并不是因为你不优秀,而是因为你太优秀了。不要因一时的失望,放弃希望。

한 할머니가 집 뒷마당에 옥수수를 심었다. 낟알이 포동포동한 옥수수가 "수확하는 그날에 할머니는 분명히 나를 먼저 딸 거야. 왜냐하면 8나는 올해 가장 잘 자란 옥수수니까!"라고 말했다. 하지만 수확 당일에 할머니는 그를 따가지 않았다. "내일, 내일이면 할머니는 분명히 나를 따갈 거야!" 최고의 옥수수는 스스로를 위로했다. 그 다음날 할머니는 또 약간의 옥수수를 수확해갔지만 오로지 이 옥수수만은 따지 않았다. "내일이면 할머니는 분명히 나를 따갈 거야!"라며 그 최고의 옥수수는 여전히 스스로를 위로했지만 이때 이후로 할머니는 다시 오지 않았다. 옥수수가 절망하고 원래 풍만했던 옥수수 알이 마르고 딱딱해졌으며 몸통이 터질 것처럼 되었을 때, 옥수수는 옥수수대와 함께 땅속으로 썩어갈 준비를 했다. 그런데 이때 할머니가 와서는 그 옥수수를 따면서 말했다. "9이건 올해 최고의 옥수수야. 이 옥수수를 씨앗으로 하면 내년에 분명히 더 좋은 옥수수를 수확할 수 있을 거야" 10때때로 기회가 당신을 찾아오지 않는 것은 당신이 우수하지 않기 때문이 아니라 당신이 너무 뛰어나기 때문일 수도 있다. 잠깐의 실망으로 인해서 희망을 버리지 말아야 한다.

어휘 ★老婆婆 lǎopópo 명 할머니 | 种 zhòng 동 심다, 재배하다 | 玉米 yùmǐ 명 옥수수 | 颗粒 kēlì 명 (곡물의) 낟알 | 饱满 bǎomǎn 형 풍만하다 | ★收获 shōuhuò 동 수확하다 | ★摘 zhāi 동 따다, 꺾다 | ★安慰 ānwèi 동 위안하다 | 唯独 wéidú

関 유독, 단지 | 仍然 réngrán 图 여전히 | 从此 cóngcǐ 图 이때부터 | ★直到 zhídào 图 쭉 ~에 이르다 | 绝望 juéwàng 图 절망하다 | ★硬 yìng 圈 단단하다, 딱딱하다 | 炸裂 zhàliè 图 터지다, 파열하다 | 像……一般 xiàng……yìbān ~와 같다 | 玉米杆 yùmǐgǎn 圀 옥수수대 | 烂 làn 圈 썩다 | 种子 zhǒngzi 圀 씨앗 | ★优秀 yōuxiù 圈 우수하다 | 不是……而是…… búshì…… érshì…… 圙 ~이 아니라, ~이다 | ★放弃 fàngqì 图 포기하다

8   난이도 下   공략 Key 도입부 내용 파악

关于那个玉米，可以知道什么？	그 옥수수에 관해 알 수 있는 것은?
A 第一个被摘走的	A 처음으로 따간 옥수수이다
B 颗粒最小的	B 알이 가장 작은 옥수수이다
C 最好的	C 가장 좋은 옥수수이다
D 是今年的唯一收获	D 올해 유일하게 수확한 옥수수이다

공략 이야기 글의 전개 순서가 질문의 순서임을 명심하고 녹음 도입 부분을 신경 써서 들어본다. 녹음에서 '我是今年长得最好的玉米'라며 최고의 옥수수라고 언급했으므로 C가 정답으로 적절하다.

9   난이도 中   공략 Key 녹음 내용과 동일한 보기 찾기

老婆婆开始为什么不摘那个玉米？	할머니는 처음에 왜 그 옥수수를 따지 않았는가?
A 起初没发现它	A 처음에 그 옥수수를 발견하지 못해서
B 要用它做种子	B 그 옥수수로 씨앗을 하려고
C 又干又硬	C 마르고 딱딱해서
D 舍不得卖给别人	D 다른 사람에게 팔기 아까워서

공략 이 글의 후반부에 '这可是今年最好的玉米，用它做种子'라며 할머니가 이 옥수수를 따지 않은 이유를 언급하고 있다. 또 보기에서 제시된 '用它做种子'는 녹음 내용에서 그대로 들리는 문장이므로 쉽게 B를 정답으로 고를 수 있다.

10   난이도 下   공략 Key 글의 교훈 파악

这段话主要想告诉我们什么？	이 글이 우리에게 알려주고자 하는 것은?
A 要学会独立自主	A 독립적으로 생활해야 하는 걸 배워야 한다
B 到最后不要放弃希望	B 마지막까지 희망을 버리지 마라
C 不能急于求成	C 서둘러 성공을 거두려 해서는 안 된다
D 应该懂得享受生活	D 생활을 즐기는 것을 알아야 한다

공략 이야기 글에서 교훈은 대체로 글의 맨 마지막에 언급된다. 마지막 문장에서 선택 관계 접속사 '不是……而是……'를 이용해 '有时候机会不找你并不是因为你不优秀，而是因为你太优秀了。不要因一时的失望，放弃希望'이라고 교훈을 언급했으므로 정답은 B이다.

10day 화자의 관점이 중요하다

| 정답 | 1. D | 2. A | 3. C | 4. B | 5. B | 6. D | 7. C | 8. B | 9. D | 10. D |

1-2

研究显示，父亲对育儿的参与程度越高，孩子就越聪明，适应能力也越强。**1**父亲陪在孩子身边的时间长短，可以影响孩子在数学方面的能力。此外，如果父亲能精心照顾孩子，能使孩子的性格更加宽容，更富有责任心。专家们发现，父亲的某些作用甚至母亲是无法替代的。多项研究表明，长期缺乏父爱的孩子在同情心、推理和大脑发育方面都不如那些父亲常陪在身边的孩子。**2**缺少父爱的孩子更易有攻击性，也更不愿意为自己的不良行为承担责任。

연구를 통해 아버지가 아이의 양육에 대한 참여가 높을수록 아이들이 더 똑똑해지고 적응력도 더 강해진다고 나타났다. **1**아버지가 아이의 곁에 있는 시간의 길고 짧음은 아이의 수학 방면 능력에 영향을 줄 수 있다. 이 외에 만일 아버지가 세심하게 아이를 돌보면, 아이의 성격이 더 너그러워지고 책임감이 강해질 수 있다. 전문가들은 어떤 면에서 아버지의 작용은 심지어 어머니는 대신할 수 없다는 것을 발견했고, 많은 연구를 통해 오랫동안 부성애가 부족한 아이들은 동정심이나 추리, 대뇌의 발육에 있어서 아버지가 곁에 있었던 아이들보다 못하다는 것이 밝혀졌다. **2**부성애가 부족한 아이는 쉽게 공격적이고, 자신의 나쁜 행동에 책임을 지려하길 원하지 않는다.

어휘 ★显示 xiǎnshì 동 나타내다 | 育儿 yù'ér 동 아이를 기르다 | ★参与 cānyù 동 참여하다, 개입하다 | ★适应能力 shìyìng nénglì 명 적응력 | 陪 péi 동 곁에서 도와주다 | ★精心 jīngxīn 형 정성을 들이다 | ★宽容 kuānróng 동 너그럽다 | 富有 fùyǒu 동 풍부하다 | ★替代 tìdài 동 대신하다 | ★表明 biǎomíng 동 표명하다 | ★缺乏 quēfá 동 부족하다 | 推理 tuīlǐ 명 추측, 추리 | ★不如 bùrú 동 ~만 못하다 | ★缺少 quēshǎo 동 부족하다 | 攻击性 gōngjīxìng 명 공격성 | ★承担 chéngdān 동 맡다, 감당하다

1　　　　　　　　　　　　　　　　　**난이도** 中　**공략 Key** 보기에서 들리는 내용 파악

根据这段话，可以知道什么?

A 母亲对孩子影响更大
B 孩子应该培养同情心
C 父亲是儿子的榜样
D 爸爸可以帮助孩子学习数学

이 글을 통해 알 수 있는 것은?

A 아이에게는 어머니의 영향이 더 크다
B 아이들은 동정심을 길러야 한다
C 아버지는 아들의 본보기이다
D 아빠는 아이의 수학 공부를 도와줄 수 있다

공략 보기에 제시된 孩子, 父亲, 爸爸 등을 통해서 아버지와 자식에 관한 내용임을 유추할 수 있다. 이 글은 아버지가 아이에게 끼치는 영향에 대해 설명하고 있다. 녹음에서 '父亲陪在孩子身边的时间长短，可以影响孩子在数学方面的能力'라고 언급했으므로 D가 정답으로 적절하다.

2　　　　　　　　　　　　　　　　　**난이도** 中　**공략 Key** 보기에서 들리는 내용 파악

缺少父爱的孩子有什么特点?

A 有攻击性　　　B 责任心很强
C 性格倔强　　　D 很脆弱

부성애가 부족한 아이에게는 어떤 특징이 있는가?

A 공격적이다　　　B 책임감이 매우 강하다
C 성격이 고집스럽다　　　D 매우 약하다

3-4

夏天到了，冰箱里储存的食品日渐增多，冰箱特别容易出现异味儿。清除异味儿，除了要及时清洗冰箱以外，还有很多简单方便的方法。把麦饭石500克，筛去粉末后装入纱布袋中，放置在冰箱里，10分钟后异味儿可除，或者**3把少量茶叶放入冰箱**，一个月后拿出来在太阳下晒干后再放进去，能反复使用。**4把几块新鲜的橘子皮、柚子皮洗净擦干**，再放入冰箱内，也可以去除冰箱的异味儿。

여름이 되면 냉장고 속에 저장된 음식물이 나날이 많아지면서 냉장고에서 특히나 쉽게 악취가 나기도 한다. 악취를 완전히 제거하려면 제때에 냉장고를 닦아야 하는 것 외에도 또 간단하고도 편리한 방법이 많이 있다. 맥반석 500그램을 체로 쳐서 가루를 걸러낸 뒤 거즈에 넣어 냉장고 안에 놓아두면, 10분 후에 악취를 제거할 수 있다. 혹은 **3약간의 찻잎을 냉장고에 넣어두었다가** 한 달 후에 꺼내어 햇빛에 말려서 다시 넣으면 재사용할 수 있다. **4몇 개의 신선한 귤 껍질이나 유자 껍질을 깨끗이 씻은 후에** 다시 냉장고에 넣어도 냉장고의 악취를 제거할 수 있다.

어휘   ★冰箱 bīngxiāng 몡 냉장고 | ★储存 chǔcún 동 (물자를) 저장하다 | 日渐 rìjiàn 閉 날마다, 조금씩 | 增多 zēngduō 동 늘어나다, 증가하다 | 异味 yìwèi 몡 이상한 냄새 | 清除 qīngchú 동 완전히 없애다 | ★及时 jíshí 閉 즉시, 당장 | 清洗 qīngxǐ 동 깨끗하게 씻다 | 麦饭石 màifànshí 몡 맥반석 | 克 kè 양 그램 | 筛 shāi 동 체로 치다 | 粉末 fěnmò 몡 가루 | ★装 zhuāng 동 넣다, 담다 | 纱布袋 shābùdài 몡 거즈로 만든 주머니 | 放置 fàngzhì 동 내버려두다 | ★晒干 shàigān 동 볕에 말리다 | ★新鲜 xīnxiān 형 신선하다 | 橘子 júzi 몡 귤 | 柚子 yòuzi 몡 유자 | 皮 pí 몡 껍질 | 洗净 xǐjìng 동 깨끗이 씻다 | 擦干 cāgān 닦다 | 去除 qùchú 동 없애다, 제거하다

---

3   난이도 下   공략 Key 보기에서 들리는 내용 파악

在冰箱里放什么可以去除异味儿?

A 一杯水   B 少量盐
C 少量茶叶   D 一块生面

냉장고 속에 무엇을 넣으면 악취를 제거할 수 있는가?

A 물 한 잔   B 소량의 소금
C 소량의 찻잎   D 생면 약간

공략   보기의 내용이 명사 성분이므로 그대로 들리는 내용에 집중해서 듣는다. 이 글은 냉장고의 악취를 제거하는 방법에 대해 소개하는 내용으로 녹음에서 '把少量茶叶放入冰箱'이라고 한 부분을 통해 C가 정답임을 알 수 있다.

---

4   난이도 中   공략 Key 녹음 내용과 동일한 보기 찾기

橘子皮放入冰箱前应该怎样处理?

A 放在水里泡一下
B 洗净擦干
C 把橘子切成条
D 把橘子皮晒干

귤 껍질을 냉장고에 넣기 전에 어떻게 처리해야 하는가?

A 물에 잠깐 담가둔다
B 깨끗이 씻어서 말린다
C 귤을 채를 썬다
D 귤을 햇빛에 말린다

공략   이 글의 마지막 부분에 '把几块新鲜的橘子皮、柚子皮洗净擦干'이라고 했으므로 정답은 B이다.

5-6

5自知就是要认识自己、了解自己。常言道："人贵有自知之明"，就说明想获得成功，首先要有自知之明，把自知称之为明，可见自知是一个仁智的体现，而自知之所以贵，是说明人是多么的不容易自知。6只有真正了解自己，才会有自己的生活与工作做一个恰当计划，才不至于走弯路。

5자기를 안다는 것은 바로 자신을 알고 자신을 이해하는 것이다. 옛말에 '자기의 능력을 확실히 아는 것이 가장 중요하다'라는 말이 있는데, 성공을 거두고 싶다면 우선 자기 자신을 바고 알아야 한다는 뜻이다. 자신을 바로 아는 것을 '明(명백하게 보는 능력)'이라 부르는 것으로 보아, 자신을 아는 것이 어질고 지혜로움의 구현임을 알 수 있다. 그래서 자신을 아는 것이 중요한 까닭은 사람이 자신을 안다는 것이 얼마나 쉽지 않은 것인가를 설명하는 것이다. 6진정으로 자신을 이해해야만 자신의 생활과 일에 있어서 알맞은 계획을 세울 수 있고 시행착오를 적게 겪을 수 있다.

어휘 ★自知 zìzhī 자신을 알다 | 常言 chángyán 명 속담, 격언 | ★获得 huòdé 통 얻다, 획득하다 | ★首先 shǒuxiān 부 먼저, 우선 | 自知之明 zì zhī zhī míng 성 자신의 능력을 정확히 알다 | 称之为 chēng zhī wéi ~이라 부르다 | 可见 kějiàn 접 ~임을 알 수 있다 | 仁智 rénzhì 인자하고 지혜롭다 | ★体现 tǐxiàn 통 구체적으로 드러내다 | 之所以 zhīsuǒyǐ 접 ~한 까닭 | 贵 guì 통 중시하다 | 恰当 qiàdàng 형 적당하다, 알맞다 | ★不至于 búzhìyú ~일 정도는 아니다 | 走弯路 zǒu wānlù 시행착오를 겪다

5

난이도 下 공략 Key 녹음과 동일한 보기 찾기

什么是自知之明?	무엇이 자기 자신을 안다는 것인가?
A 得到财富	A 부를 얻는 것
B 了解自己	**B 자신을 아는 것**
C 享受生活	C 생활을 누리는 것
D 走正确的路	D 정확한 길을 가는 것

공략 어려운 내용일수록 정답을 그대로 들려주는 경우가 많다. 첫 문장에서 '自知就是要认识自己、了解自己'라고 하고 있으며 보기에 '了解自己'가 그대로 언급되었으므로 정답은 B이다.

6

난이도 下 공략 Key 글의 주제 파악

这段话主要谈什么?	이 글에서 주로 이야기하는 것은?
A 骄傲使人落后	A 교만함은 사람은 뒤처지게 한다
B 时间就是金钱	B 시간은 돈이다
C 凡事都要谨慎	C 만사 신중해야 한다
D 人贵有自知之明	**D 자신을 아는 것이 가장 중요하다**

공략 이 글의 마지막 부분에 조건 관계 접속사 '只有……才……'를 이용해 '只有真正了解……，才会有自己……，才不至于……'라며 다시 한 번 자기 자신을 아는 것이 중요하다고 강조했기 때문에 D가 정답이 된다.

研究表明，无论在哪里，长时间坐着对你的健康都是没有好处的。专家认为、长期坐着的上班族，可能更容易患糖尿病、心脏疾病等。所以，7如果你是坐公交车上班，那么提前一站下车，然后走着去目的地。如果你是开车去上班，那么把车停在离你办公楼最远的角落里。这些很小的变化可以产生巨大的作用。8如果你坚持每天步行三次，每次10分钟，这样的运动量绝对可以算得上经常性锻炼！

어디에 있든지 간에 오래 앉아 있으면, 당신의 건강에 좋은 점이 없다는 것이 연구를 통해 밝혀졌다. 전문가들은 오래 앉아 있는 직장인들은 쉽게 당뇨병이나 심장 질환 등을 앓을 수도 있다고 생각했다. 그래서 7만일 당신이 버스를 타고 출근을 한다면 우선 한 정거장 앞서 내린 후에 걸어서 목적지까지 가며, 만일 자가용으로 출근한다면 차를 당신의 사무실로부터 가장 먼 주차장의 구석진 곳에 세워놓는다. 이러한 아주 작은 변화는 거대한 작용을 할 수 있다. 8만일 당신이 꾸준히 매일 10분씩 세 차례 걷는다면, 이러한 운동량은 분명히 습관성 체력 단련이라고 할 수 있을 것이다.

어휘 ★表明 biǎomíng 통 분명하게 나타내다 | ★无论 wúlùn 접 ~을 막론하고 | 专家 zhuānjiā 명 전문가 | 上班族 shàngbānzú 명 샐러리맨 | 患 huàn 통 (병을) 앓다 | 糖尿病 tángniàobìng 명 당뇨병 | 心脏疾病 xīnzàng jíbìng 명 심장 질환 | ★公交车 gōngjiāochē 명 버스 | ★提前 tíqián 통 앞당기다 | ★离 lí 개 ~로부터 | 办公楼 bàngōnglóu 명 사무실 빌딩 | 角落 jiǎoluò 명 모퉁이, 구석 | ★巨大 jùdà 형 거대하다 | ★坚持 jiānchí 통 견지하다 | 步行 bùxíng 통 걸어서 가다 | ★绝对 juéduì 형부 절대적인; 절대로 | 算得上 suàndeshàng ~라 할 수 있다

---

7 난이도 下 공략 Key 보기에서 들리는 내용 파악

如果坐公交车上班，说话人建议怎么做?

만일 버스로 출근한다면, 화자는 어떻게 하라고 제안했는가?

A 给别人让座
B 最好站着
Ⓒ 提前一站下车
D 要避免堵车

A 다른 사람에게 자리를 양보해야 한다
B 서 있는 것이 가장 좋다
Ⓒ 한 정거장 미리 내린다
D 차가 막히는 것을 피해야 한다

공략 보기의 最好라든지 要 등의 어휘를 통해 어떻게 해야 하는지를 묻는 문제임을 유추할 수 있다. 녹음에서 '如果你是坐公交车上班，那么提前一站下车'라고 했으므로 정답은 C이다.

---

8 난이도 中 공략 Key 글의 주제 파악

这段话主要谈什么?

이 글에서 주로 이야기 하는 것은?

A 上班族的苦恼
Ⓑ 要坚持每天步行
C 遵守交通规则
D 治疗心脏疾病的方法

A 샐러리맨의 고민
Ⓑ 매일 꾸준히 걸어야 한다
C 교통 규칙을 준수해야 한다
D 심장 질환을 치료하는 방법

공략 글의 주제를 묻는 문제로 녹음에서 버스를 탈 때와 자가운전을 할 때의 예를 들며 약간 걷는 것이 건강에 도움된다고 얘기하고 있다. 마지막 부분에 '如果你坚持每天步行三次，每次10分钟，这样的运动量绝对可以算得上经常性锻炼'이라고 했으므로 정답은 B이다.

10在制定个人健身计划时，**9**一定要包含自己喜欢的，或者觉得有趣的，或者至少不讨厌的运动。如果你不喜欢慢跑，总觉得慢跑过程很无聊，但为了减肥不得不制定慢跑运动计划，那样的话，我敢肯定你一定坚持不下去。所以，对于刚刚开始运动的人来说，最好以自己喜欢的运动为中心，然后再逐步增加其他必要的健身项目，这样的健身计划才更容易实行。

10개인의 운동 계획을 세울 때 **9**반드시 자신이 좋아하는 것 혹은 재미있다고 여기는 것이나 적어도 싫어하지 않는 운동을 포함시켜야 한다. 만일 당신이 조깅을 싫어하고 조깅 과정이 늘 무료하다고 여기는데도 불구하고, 다이어트를 위해 어쩔 수 없이 조깅 계획을 세웠다고 가정한다면, 감히 장담하건대 당신은 분명히 꾸준히 하지 못할 것이다. 따라서 운동에 막 입문한 사람에게 있어서 자신이 좋아하는 운동을 중심으로 점차 다른 필요한 운동 종목을 늘려나가는 것이 가장 좋다. 이러한 건강 계획이 실행하기도 더 쉽다.

어휘　★制定 zhìdìng 통 세우다, 정하다 | 健身计划 jiànshēn jìhuà 명 운동 계획 | ★包含 bāohán 통 포함하다 | ★至少 zhìshǎo 튀 적어도, 최소한 | ★讨厌 tǎoyàn 통 싫어하다 | 慢跑 mànpǎo 명 조깅 | ★不得不 bùdébù 튀 어쩔 수 없이 | 敢 gǎn 조동 감히 ~하다 | ★肯定 kěndìng 형 분명하다 | ★逐步 zhúbù 튀 점차 | 增加 zēngjiā 통 증가하다 | 项目 xiàngmù 명 항목, 종목

9　　　　　　　　　　　　　　　**난이도** 中　**공략 Key** 전체 내용 파악

根据这段话，制定健身计划要注意什么？

이 글을 통해 운동 계획을 세우는 데 무엇에 주의해야 하는가?

A 饮食
B 穿衣
C 运动量
Ⓓ 个人爱好

A 음식
B 의복
C 운동량
Ⓓ 개인의 취미

공략　보기가 모두 명사이므로 그대로 들리는 내용에 집중해야 한다. 이 글의 도입 부분에서 '一定要包含自己喜欢的，或者觉得有趣的，或者至少不讨厌的运动'이라고 했으므로 D가 정답으로 적절하다. '自己喜欢的'나 '不讨厌的'를 통해 개인적인 애호가 중요함을 얘기하고 있음을 알 수 있다.

10　　　　　　　　　　　　　　　**난이도** 下　**공략 Key** 글의 주제 파악

这段话主要谈什么？

이 글에서 주로 이야기 하는 것은?

A 减肥的方法
B 慢跑的作用
C 赌博对人的影响
Ⓓ 怎样制定健身计划

A 다이어트 방법
B 조깅의 효과
C 도박이 사람에게 주는 영향
Ⓓ 어떻게 운동 계획을 세워야 하는가

공략　주제를 묻는 문제이며 설명문에서는 대체로 글의 첫 부분이나 마지막 부분에 주제가 언급되어 있다. 도입 부분에서 '在制定个人健身计划时'라고 언급했으므로 이 글에서 설명하는 내용이 D임을 알 수 있다.

11 day 기초 쌓기! 사전탐색戰

본책_ 140쪽

정답 1. C 2. B 3. D 4. A 5. A 6. D 7. B 8. A 9. C 10. B 11. D

독해 제1부분

1-3

战国时，有一个坐船渡江的楚国人，他一不小心，把随身携带的一把剑掉进了水里。他 **1 连忙** 用刀在船沿上刻了一个记号，说：“这儿是我的剑掉下去的地方。”船 **2 靠** 岸后，这个人立即从船上刻记号的地方下水去找剑，但找了半天也没有找到。船已经向前行驶了很远，而剑还在原来的地方，像这样去找剑，不是很糊涂吗？这个故事告诉我们：世界上的 **3 事物** ，总是在不断地发展变化，人们想问题、办事情，都应当考虑到这种变化，适应这种变化。

전국 시대 때 배를 타고 강을 건너던 초나라 사람이 있었는데, 그가 실수로 몸에 휴대하고 있던 검을 강물 속에 빠트렸다. 그는 **재빨리** 칼로 뱃전에 표시를 해두고는 “이곳은 나의 검이 떨어진 곳이다”라고 말했다. 배가 기슭에 **닿자**, 이 사람은 즉시 배에 기호를 새긴 곳에서 물속으로 들어가 검을 찾았지만, 한참을 찾아도 찾을 수가 없었다. 배는 이미 앞을 향해 멀리 왔지만, 검은 아직 원래 있던 곳에 있기 때문이다. 이러한 방법으로 검을 찾는 것이 어찌 어리석다 하지 않을 수 있겠는가! 이 이야기는 세상의 **사물**은 늘 끊임없이 발전하고 변화하므로 사람들이 생각을 하고 일을 처리하려면 당연히 이런 변화를 생각하고 이런 변화에 적응해야 한다는 것을 우리에게 알려준다.

어휘 渡江 dùjiāng 통 물을 건너다 | 随身 suíshēn 통 몸에 지니다 | 携带 xiédài 통 휴대하다, 차다 | 剑 jiàn 명 검 | 船沿 chuányán 명 배 가장자리 | ★刻 kè 통 새기다 | 记号 jìhao 명 표시 | ★掉 diào 통 떨어지다 | ★岸 àn 명 해안, 물가 | ★立即 lìjí 분 즉시 | 行驶 xíngshǐ 통 (차·배 등이) 운행하다 | ★糊涂 hútu 형 어리석다, 멍청하다 | ★适应 shìyìng 통 적응하다

---

1   난이도 中   공략 Key 문맥에 어울리는 부사 찾기

A 陆续	A 끊임없이
B 未必	B 반드시 ~한 것은 아니다
C 连忙	**C** 재빨리
D 始终	D 줄곧

공략 앞 절의 내용을 토대로 문맥을 이어주는 부사를 선택해야 한다. 앞 절에서 실수로 검을 강물 속에 빠트렸다고 했으며 그 검을 찾기 위해 재빨리 행동했음을 유추할 수 있으므로 정답은 C이다.

2   난이도 上   공략 Key 1음절 동사의 의미 파악

A 闯	**B** 靠	A 돌진하다	**B** 닿다
C 扶	D 除	C 부축하다	D 제거하다

공략 빈칸 뒤에 있는 岸이 힌트로, 배가 ‘해안가에 다다르다’라는 의미를 지닌 B가 정답이다. 1음절 동사를 고르는 문제는 동사의 뜻만 알면 쉽게 정답을 고를 수 있다.

3   난이도 上   공략 Key 보기의 의미 파악

A 业务	B 精力	A 업무	B 정신과 체력
C 状况	**D** 事物	C 상황	**D** 사물

4-7

概念车可以理解为未来汽车。 4 <u>通常</u> 概念车分为两种，一种是能跑的真正汽车，另一种是设计概念模型。第一种比较接近于批量生产，其先进技术已步入试验并 5 <u>逐步</u> 走向实用化，因而一般在5年左右可成为公司投产的新产品。第二种虽是更为超前的设计， 6 <u>但因环境、科技水平等原因</u> ，只是未来发展的研究设想。概念车是时代的最新汽车科技成果，概念汽车的展示是世界各大汽车公司借以展示其科技实力和设计观念的最重要的 7 <u>方式</u> 。因而概念车也是艺术性最强、最具吸引力的汽车。

콘셉트카는 미래의 자동차라고 이해하면 된다. <u>일반적으로</u> 콘셉트카는 두 종류로 나뉘는데, 하나는 달릴 수 있는 진짜 자동차이며, 다른 하나는 디자인 콘셉트 모델이다. 첫 번째 종류는 대량 생산에 가까워졌고, 그 선진 기술 역시 이미 테스트에 들어섰으며 <u>점차</u> 실용화 단계에 접어들고 있기에, 보통 5년 정도면 회사에서 투자 생산하는 신제품이 될 수 있다. 두 번째 종류는 비록 시대를 뛰어넘는 설계이지만 <u>그러나 환경이나 과학 기술 수준 등의 원인으로 인해</u> 단지 앞으로 발전할 연구 구상일 뿐이다. 콘셉트카는 이 시대 최신 자동차 과학 기술의 성과이기에 콘셉트카의 전시는 세계의 자동차 기업들이 전시를 통해서 그들의 과학 기술 수준과 디자인 개념을 내보이는 가장 중요한 <u>방식</u>이다. 이 때문에 콘셉트카는 예술성이 뛰어나고 매력을 가진 자동차이기도 하다.

어휘 概念车 gàiniàn chē 몡 콘셉트카(concept car) | ★概念 gàiniàn 몡 개념, 콘셉트 | 模型 móxíng 몡 모델 | 批量 pīliàng 뷔 대량으로 | 试验 shìyàn 동 테스트하다 | 投产 tóuchǎn 동 생산에 들어가다 | 超前 chāoqián 혱 현재 수준을 뛰어넘다 | ★设计 shèjì 동 설계하다 | ★科技 kējì 몡 과학 기술 | 借以 jièyǐ 동 ~을 통해서 ~하다

4

난이도 上 **공략 Key** 문맥에 어울리는 부사 찾기

Ⓐ 通常	B 始终	Ⓐ 일반적이다	B 시종일관
C 简直	D 尤其	C 그야말로	D 더욱이

공략 빈칸의 위치가 概念车, 즉 주어 앞이므로 부사가 와야 한다. 부사 始终은 주어 앞에 위치할 수 없으며, 콘셉트카를 두 종류로 나눈다는 것은 사실적인 내용이므로 과장의 의미가 포함된 简直도 정답이 될 수 없다. 尤其 역시 앞에 큰 범주를 주고 그중에서 하나를 끄집어낼 때 쓰이는 부사이므로 적당하지 않다. 정답은 일반적임을 나타내는 通常이 된다.

5

난이도 上 **공략 Key** 문맥에 어울리는 부사 찾기

Ⓐ 逐步	B 彻底	Ⓐ 점차	B 철저하다
C 稍微	D 未必	C 약간	D 반드시 ~하지는 않다

공략 첫 번째 종류의 콘셉트카는 현재 테스트 단계에 진입했고 '第一种比较接近于批量生产'이라고 했으므로 B는 정답이 될 수 없으며, 문맥상 부정의 의미를 지닌 未必도 정답이 아니다. 정도부사 稍微는 일반적으로 술어 뒤에 양사 一点儿이나 一下 등을 동반한다. 접속사 并을 힌트로 '已步入试验'의 내용과 상통하는 부사는 '단계적으로'의 뜻을 지닌 逐步이다.

6

난이도 中 **공략 Key** 접속사 虽是 호응 구조

A 哪怕投资的钱再大	A 설사 투자금이 아무리 많아도
B 尽管它的成本并不高	B 비록 그의 원가는 높지 않지만
C 但没有受到消费者的支持	C 그러나 소비자의 지지를 받지 못했다
Ⓓ 但因环境、科技水平等原因	Ⓓ 그러나 환경이나 과학 기술 수준 등의 이유로 인해서

 앞 절에 언급된 접속사 虽是가 문맥 파악의 중요한 힌트로, 뒤 절에 이와 호응하는 但이 위치해야 한다는 것을 알 수 있다. 빈칸 뒤에서 단지 미래 발전의 연구 구상일 뿐이라고 했으므로 D가 정답으로 적절하다.

7 난이도 中 공략 Key 문장 해석으로 정답 유추

A 方案	**B 方式**	A 방안	**B 방식**
C 中心	D 核心	C 중심	D 핵심

공략 주어와 술어를 찾아서 이와 호응하는 목적어를 선택해야 한다. 빈칸이 위치한 문장의 주어는 '概念汽车的展示'이며 술어는 是이다. 전시를 통해서 실력과 디자인 개념을 내보이는 것은 일종의 '방식'이므로 정답은 B이다.

8-11

有个人一心只想寻找世界上最宝贵的东西。他问过很多人世上最宝贵的是什么呢？黄金、钻石、美女、 8 权力 、知识……众说纷纭。这个人之所以决定走遍天涯海角去找，是因为 9 弄 不清楚真正的宝贝是什么。

很多年过去，这个人虽然走遍了全世界，却一无所获，也不快乐， 10 只好失望地回家 。

有一个冬天的傍晚，远远地，他就望见自己家的小窗里透出 11 温暖 、柔和的灯光。向窗里看看，饭桌上有热腾腾的饭菜，家人都围坐在一起吃饭，但有个座位空着，就是给他留的。这个人流下了眼泪。他终于发现，原来世界上最宝贵的东西就是自己的家。

어떤 사람이 세상에서 가장 귀중한 물건을 찾고 싶다고 생각했다. 그는 만나는 모든 사람에게 "세상에서 가장 귀중한 것은 무엇인가요?"라고 물었다. 황금, 다이아몬드, 미녀, 권력, 지식……, 사람들마다 의견이 분분했다. 진정한 보물이 무엇인지 명확하지 않았기에 이 사람은 세상 끝까지 가서 찾기로 결심했다.

몇 년이 지나, 그는 세상을 다 돌아다녔지만 아무런 수확이 없었고 즐겁지도 않아서 어쩔 수 없이 실망한 채 집으로 돌아왔다.

어느 겨울 저녁, 그는 멀리서 자기 집의 창문에서 따스하고도 부드러운 불빛이 새어나오는 것을 보았다. 창문을 통해 보니, 식탁 위에는 김이 펄펄 나는 요리가 있고 가족들이 둘러앉아서 함께 밥을 먹고 있었는데, 자리 하나가 비어 있었다. 바로 그를 위해 남겨둔 자리였다. 이 사람은 눈물을 흘렸다. 그는 마침내 세상에서 가장 귀중한 것이 알고 보니 자신의 집이었다는 것을 깨닫게 되었다.

어휘 ★寻找 xúnzhǎo 동 구하다 | ★宝贵 bǎoguì 형 진귀하다, 소중하다 | 钻石 zuànshí 명 다이아몬드 | 众说纷纭 zhòngshuō fēnyún 성 여러 사람의 의견이 분분하다 | ★宝贝 bǎobèi 명 보물, 보배 | 天涯海角 tiān yá hǎi jiǎo 성 아득히 먼 곳 | ★一无所获 yì wú suǒ huò 성 아무런 성과도 없다 | ★只好 zhǐhǎo 부 부득이 | ★傍晚 bàngwǎn 명 저녁 무렵 | 望见 wàngjiàn 동 멀리 바라보다 | 透 tòu 동 드러내다, 드러나다 | 柔和 róuhé 형 (빛·색이) 부드럽다 | ★灯光 dēngguāng 명 불빛, 조명 | 热腾腾 rètēngtēng 형 김이 무럭무럭 나는 모양 | ★饭菜 fàncài 명 요리 | 围坐 wéizuò 동 둘러앉다 | ★流泪 liúlèi 동 눈물을 흘리다

8 난이도 下 공략 Key 보기 중에서 명사 찾기

A 权力	B 遗憾	A 권력	B 유감이다
C 威胁	D 寂寞	C 위협하다	D 외롭다

공략 어떠한 어휘를 병렬할 때는 문장부호 [、(모점)]을 사용한다. [、]은 앞뒤 연결 성분의 품사가 같거나 어휘의 성질이 비슷한 것을 연결하므로 빈칸 앞과 뒤의 어휘를 살펴본다. 黄金, 美女, 钻石, 知识 등이 모두 명사이므로 빈칸 역시 명사인 A가 정답이 된다.

| A 闯 | B 劝 | A 돌진하다 | B 권하다 |
| **C 弄** | D 夸 | **C 하다** | D 칭찬하다 |

공략 보기가 모두 1음절 동사이므로 의미 파악을 통해 '不清楚'를 보어로 가지는 동사를 고르면 C가 정답이다. 弄은 '不清楚'와 호응하여 '확실하지 않다'는 뜻을 나타낸다.

10   난이도 中   공략 Key 문맥 파악

A 变得更加自信了	A 더욱더 자신감 있게 변했다
B 只好失望地回家	**B 어쩔 수 없이 실망한 채 집으로 돌아왔다**
C 心情放松了	C 기분이 편안해졌다
D 忽视了自己的身体	D 자신의 건강을 소홀히 했다

공략 성과도 없고 즐겁지도 않았다는 앞의 내용을 바탕으로 A와 C는 정답이 될 수 없다. 또한 빈칸 뒤의 '他就望见自己家的 小窗里'라는 내용을 힌트로 그가 세계 일주를 그만두고 집으로 돌아왔음을 알 수 있으므로 정답은 B가 된다.

11   난이도 下   공략 Key 柔和와 병렬 관계인 어휘

A 孝顺	A 효성스럽다
B 灵活	B 민첩하다
C 经典	C 사물의 영향력이 비교적 크다
D 温暖	**D 따뜻하다**

공략 문장부호 [、(모점)]을 힌트로 빈칸 뒤의 어휘 柔和와 품사가 같거나 의미가 비슷하며 灯光을 꾸며줄 수 있는 어휘를 찾으면 된다. 따라서 D가 정답이다.

12 day 글의 흐름을 읽어라 Ⅰ – 어휘형 보기

본책_ 150쪽

정답   1. C   2. C   3. B   4. D   5. B   6. A   7. B   8. B   9. B   10. C   11. D

1-3

有一次，我想买一个冰箱，于是带着我女儿去商场。虽然跑了好多地方，但并没找到满意的。女儿在旁边一直在叫着："妈妈，我饿了。"于是去一家 1 餐厅 吃饭。回来时，在路上 2 碰见 一熟人，停下来和她打 3 招呼 的同时，我使劲摇晃女儿的手，让她要有礼貌，快叫人。她被我一逼，大声一喊："我不知道该叫阿姨还是叫奶奶啊！"搞得大

언젠가 나는 냉장고를 하나 사려고 딸을 데리고 상점에 갔다. 비록 많은 곳을 돌아다녔으나 만족스러운 것을 찾지는 못했는데 딸이 옆에서 계속 "엄마, 나 배고파!"라고 소리를 질러 한 <u>식당</u>에 밥을 먹으러 갔다. 돌아올 때 길에서 아는 사람을 <u>우연히 만나는</u> 바람에 멈춰서 그녀와 <u>인사</u>를 나누고 동시에 딸의 손을 힘껏 흔들면서 그녀에게 예의가 있어야 한다며 빨리 인사를 하라고 다그쳤다. 그녀는 나에게 독촉을 당하자 "나는

家尴尬不已。

아줌마라고 불러야 할지 아니면 할머니라고 불러야 할지 모르겠어요!"라고 크게 소리를 지르는 바람에 모두를 매우 당황하게 했다.

★冰箱 bīngxiāng 몡 냉장고 | ★跑 pǎo 동 돌아다니다 | ★于是 yúshì 젭 그래서 | 熟人 shúrén 몡 아는 사람 | ★使劲 shǐjìn 동 힘을 쓰다 | 摇晃 yáohuàng 동 흔들다 | ★礼貌 lǐmào 몡 예의 | 逼 bī 동 강압하다, 호되게 독촉하다 | ★喊 hǎn 동 외치다 | 阿姨 āyí 몡 아주머니 | 搞得 gǎode ~하게 만들다 | ★尴尬 gāngà 혱 당혹스럽다 | 不已 bùyǐ 동 ~해 마지않다

1   난이도 下   공략 Key 吃饭을 통해 정답 유추

A 柜台	B 客厅	A 계산대	B 거실
C 餐厅	D 博物馆	C 식당	D 박물관

공략   吃饭을 힌트로 밥을 먹을 수 있는 장소인 C가 정답임을 쉽게 알 수 있다.

2   난이도 中   공략 Key 문맥 파악

A 约会	B 见面	A 약속을 하다	B 만나다
C 碰见	D 面对	C 우연히 만나다	D 마주 대하다

공략   빈칸 뒤에 목적어 熟人이 언급되어 있으므로 이합동사 见面은 정답이 될 수 없으며, 의미상 约会도 적절하지 않다. 밥을 먹고 돌아가는 길에서 아는 사람을 우연히 만났다는 뜻이므로 정답은 C가 된다.

3   난이도 中   공략 Key 打를 통해 정답 유추

A 欢呼	B 招呼	A 환호하다	B 인사하다
C 称呼	D 呼吁	C ~라고 부르다	D 호소하다

공략   빈칸 앞의 동사를 힌트로 打와 함께 쓰여 '인사하다'의 뜻을 지닌 招呼가 정답으로 적절하다. 나머지 보기는 모두 打와 호응하지 않는다.

4-7

西施是中国历史上的 "四大美女" 之一，是春秋时期越国人。她有心口疼的 4 毛病，犯病时总是用手按住胸口，皱着眉头。因为人们喜欢她，所以在人们眼里她这副病态比平时更美丽。西施的邻村有个 5 丑 姑娘叫东施，总是想办法打扮自己。有一次在路上碰到西施，见西施手捂胸口，皱着眉头，6 显得特别美。她想难怪人们说她漂亮，原来是做出这种样子。于是她 7 模仿 西施的动作。结果让人觉得更难看，更加讨厌。

서시는 중국 역사상 '4대 미녀' 중의 한 명이며 춘추시대 월나라 사람이다. 그녀에게는 명치 끝이 아픈 **병**이 있었는데, 병이 났을 때 늘 손으로 가슴을 누르며 미간을 찌푸렸다. 사람들은 그녀를 좋아했기에 사람들 눈에 그녀의 이런 병이 난 모습이 평소보다 더 예쁘게 보였다. 서시의 옆 마을에 동시라고 불리는 **못생긴** 처녀가 있었는데, 늘 자신을 꾸밀 생각만 했다. 한번은 길에서 우연히 서시를 만났는데, 서시가 손으로 가슴을 누르고 미간을 찡그린 모습이 **굉장히 예쁘게 보였다**. 그녀는 '어쩐지 사람들이 서시가 아름답다고 말하는데, 알고 보니 이런 모습을 하고 있었구나'라 고 생각했다. 그래서 그녀는 서시의 동작을 **흉내 냈다**. 결과적으로 사람들은 더 못생겼다고 느끼게 되어 그녀를 더욱 싫어하게 되었다.

어휘   西施 Xīshī [고유] 서시 | 越国 Yuèguó [명] 월나라 | 心口 xīnkǒu [명] 명치 | 犯病 fànbìng [동] 병이 도지다 | ★按 àn [동] 누르다 | 胸口 xiōngkǒu [명] 명치 | ★皱 zhòu [동] 찡그리다 | 眉头 méitóu [명] 미간 | 病态 bìngtài [명] 병적인 상태 | 邻村 líncūn [명] 이웃 마을 | ★打扮 dǎban [동] 치장하다 | ★难怪 nánguài [부] 어쩐지 | ★原来 yuánlái [부] 알고 보니

4   난이도 下   공략 Key '心口疼'을 통해 정답 유추

| A 矛盾 | B 借口 | A 모순 | B 핑계 |
| C 疑问 | **D 毛病** | C 의문 | **D 병** |

공략   힌트는 빈칸 앞의 '心口疼'이다. '心口疼'은 하나의 병이자 문젯거리이므로 정답은 毛病이 된다.

5   난이도 下   공략 Key 姑娘을 통해 정답 유추

| A 帅 | **B 丑** | A 준수하다 | **B 못생기다** |
| C 俊 | D 弱 | C 잘생기다 | D 허약하다 |

공략   힌트는 빈칸 뒤의 姑娘으로 보기 중에서 帅와 俊은 주로 남자에게 쓰이는 어휘로 여자의 외모를 묘사할 때는 사용하지 않는다. 弱는 힘이 약함을 의미하므로 정답이 될 수 없으며 성별을 가리지 않고 외모를 묘사하는 丑가 정답이 된다.

6   난이도 中   공략 Key '难怪……原来……'를 통해 정답 유추

A 显得特别美	**A 굉장히 예쁘게 보였다**
B 让人觉得不舒服	B 사람들에게 불편함을 느끼게 한다
C 好像羡慕的样子	C 마치 부러워하는 모습이다
D 一脸骄傲的表情	D 거만한 표정이다

공략   힌트는 뒤 절에 나온 구문이다. 难怪는 결과를 나타내며 原来는 원인을 나타낸다. 사람들이 그녀가 예쁘다고 생각한 이유를 손으로 가슴을 누르고 미간을 찡그린 모습이라고 생각했으므로 정답은 A이다.

어휘   ★显得 xiǎnde [동] ~처럼 보이다 | ★骄傲 jiāo'ào [형] 거만하다

7   난이도 中   공략 Key 于是를 통해 정답 유추

| A 形象 | **B 模仿** | A 이미지 | **B 흉내 내다** |
| C 描写 | D 配合 | C 묘사하다 | D 호흡을 맞추다 |

공략   힌트는 인과 관계에서 결과를 나타내는 于是로, 가슴을 누르고 미간을 찌푸린 서시의 모습이 예쁘다고 생각한 동시의 행동을 유추하면 된다. 꾸미길 좋아하는 동시가 서시의 모습을 따라 했다는 의미의 模仿이 정답으로 적절하다.

8-11

　　当你拥有六个苹果的时候，千万不要把它们都吃掉，因为你把六个苹果全都吃掉，你也只吃到了六个苹果，只吃到了一种味道，那就是苹果的味道。如果你把 8 <u>其中</u> 的五个拿出来给别人吃，尽管 9 <u>表面</u> 上你丢了五个苹果，但实际上你却得到了其他五个人的友情和好感。以后你还能得到更多，当别人有了别的水果的时候，也一定会和你 10 <u>分享</u>，你会从这个人手里得到一个梨，那个人手里

　　당신에게 6개의 사과가 있을 때 절대로 그것들을 다 먹어버리지 마라. 왜냐하면 당신이 6개의 사과를 다 먹어버리면 당신은 6개의 사과만 먹을 수 있고 오직 한 가지 맛만 볼 수 있는데, 바로 사과의 맛이다. 만일 당신이 <u>그중</u>에 5개를 꺼내 다른 사람에게 먹으라고 주었다면 <u>표면</u>적으로는 당신이 5개의 사과를 잃은 것 같지만, 사실 당신은 오히려 다른 다섯 명의 우정과 호감을 얻은 셈이다. 나중에 당신은 더 많은 것을 얻을 수 있을 것이며 다른 사람에게 과일이 생겼을 때 분명히 당

得到一个橘子，最后你可能就得到了六种不同的水果。人一定要学会用你拥有的东西去换取对你来说 11 **更加** 重要和丰富的东西。

신과 함께 **나눌** 것이다. 당신은 이 사람의 손에서 배를 얻을 수 있을 것이고, 저 사람에게서 귤을 얻을 수 있을 것이다. 마지막에 당신은 6개의 각기 다른 종류의 과일을 얻을 수 있다. 사람은 반드시 우리가 가지고 있는 물건으로 **더욱더** 중요하고 풍부한 물건으로 바꿀 수 있다는 것을 배워야 한다.

어휘　★拥有 yōngyǒu 图 소유하다, 가지다 | ★千万 qiānwàn 閉 절대로, 부디, 아무쪼록 | ★味道 wèidao 圆 (음식의) 맛 | ★尽管 jǐnguǎn 젭 비록 | ★实际上 shíjìshang 閉 사실상 | ★好感 hǎogǎn 圆 호감 | 梨 lí 圆 배 | 橘子 júzi 圆 귤 | 换取 huànqǔ 图 교환하여 얻다

8　　　난이도 中　공략 Key 문맥 파악

A 其余	**B 其中**	A 나머지	**B 그중에**
C 中间	D 另外	C 중간	D 그 밖의

공략　앞에서 6개의 사과를 가지고 있다고 했는데 빈칸 뒤에서는 5개의 사과를 남에게 주었다고 했으므로 '6개 중에서 5개'라는 뜻을 나타내는 其中이 정답이다.

9　　　난이도 上　공략 Key 전환 관계 접속사 但

A 表现	**B 表面**	A 표현	**B 표면**
C 抽象	D 真正	C 추상적	D 진정한

공략　전환 관계 접속사 但과 부사 却가 힌트다. 但은 앞 절과 뒤 절을 상반되게 연결시켜주는 접속사로, 뒤 절의 实际上과 상반되는 어휘를 찾아야 한다. 보기에서 뒤에 上과 함께 쓰여 겉으로 드러난다는 의미를 지닌 表面이 정답으로 적절하다.

10　　　난이도 上　공략 Key 부사 也

A 努力	B 欣赏	A 노력하다	B 감상하다
C 分享	D 讨论	**C 함께 나누다**	D 토론하다

공략　빈칸 앞의 부사 也가 힌트로 앞에 나에게 있는 것을 다른 사람에게 준다면, 더 많은 것을 얻을 수 있다는 내용이 언급되어 있으므로 '함께 나누다'의 의미인 分享이 정답이다.

11　　　난이도 上　공략 Key 부사의 용법 파악

A 简直	B 逐渐	A 그야말로	B 점차
C 再三	**D 更加**	C 거듭	**D 더욱더**

공략　부사를 묻는 문제로 빈칸 뒤에 있는 형용사 重要가 힌트가 된다. 형용사를 수식해줄 수 있는 부사는 정도부사이며 보기 중에서는 更加뿐이다. 简直는 과장의 뉘앙스를 띤 문장에 쓰이며, 逐渐은 변화를 나타내는 동사 앞에, 再三은 말과 관련된 술어 앞에 쓰인다.

13 day 글의 흐름을 읽어라 Ⅱ - 문장형 보기

정답 1. A 2. A 3. C 4. B 5. C 6. A 7. D 8. A 9. D 10. B 11. C

1-3

古时候有一个老人。一天，他的一匹马跑到了另一个国家。大家都 __1 安慰__ 他，可是他却说："马丢了一定是坏事吗？我看不一定。" __2 果然__，不久以后，那匹马带着一匹外国的好马回来了。大家又都跑过来祝贺他。可是老人说："马回来了也不一定是好事啊。"有一天早上，老人的儿子骑那匹好马时把腿摔断了。可是，面对大家的同情，老人还是那句话："你们怎么能够马上判断出这是好还是坏呢？"

第二年，发生了战争，所有的成年男人都不得不去当兵，大多数都死在了战场上。可是，老人的儿子由于断了一条腿，留在了家里，__3 保住了自己的命__。

옛날에 한 노인이 있었는데 어느 날 그의 말 한 필이 이웃 나라로 도망가자 모두들 그를 __위로했다__. 그는 오히려 "말을 잃어버린 것이 꼭 나쁜 일일까요? 저는 꼭 그렇게만은 생각하지 않습니다"라고 말했다. __과연__ 얼마 뒤 그 말은 외국의 명마를 한 필 데리고 돌아왔다. 모두들 또 달려와서 그를 축하해주었다. 그러나 노인은 "말이 돌아왔다고 해서 꼭 좋은 일만은 아닙니다"라고 말했다. 어느 날 아침에 노인의 아들이 그 명마를 타다가 다리가 부러졌다. 하지만 모두의 동정에 대해 노인은 여전히 그 말뿐이었다. "당신들은 이 일이 좋은 일인지 아닌지 어떻게 바로 판단할 수 있습니까?"

이듬해에 전쟁이 발발했다. 모든 성인 남자는 입대를 해야 했고 대다수가 전쟁터에서 죽었다. 하지만 노인의 아들은 다리가 부러졌기 때문에 집에 남아 있었고 __자신의 목숨을 지켰다__.

어휘 匹 pǐ 양 말(馬)을 세는 양사 | ★丢 diū 동 잃어버리다 | ★不一定 bùyídìng 부 반드시 ~인 것은 아니다 | ★果然 guǒrán 부 과연 | ★祝贺 zhùhè 동 축하하다 | ★摔断 shuāiduàn 동 넘어져서 부러지다 | ★面对 miànduì 동 직면하다 | ★判断 pànduàn 동 판단하다 | 战争 zhànzhēng 명 전쟁 | ★不得不 bùdébù 부 어쩔 수 없이 | 当兵 dāngbīng 동 입대하다 | 战场 zhànchǎng 명 전장, 전쟁터 | ★由于 yóuyú 접 ~로 인하여

1

난이도 中 공략 Key 보기의 의미 파악

Ⓐ 安慰 　　　B 惭愧
C 感谢 　　　D 鼓励

Ⓐ 위로하다 　　　B 창피하다
C 감사하다 　　　D 격려하다

공략 제시된 보기의 뜻만 안다면 쉽게 정답을 고를 수 있는 문제이다. 安慰는 안 좋은 일이 일어났을 때 사람들이 해줄 수 있는 행동이고 惭愧는 자신이 일을 잘못했을 때 부끄럽고 창피하다고 느끼는 감정을 뜻한다. 鼓励는 일반적으로 앞이나 뒤에 격려하는 말이 제시되야 한다.

어휘 ★安慰 ānwèi 동 위로가 되다

2

난이도 中 공략 Key 문맥 파악

Ⓐ 果然 　　　B 急忙
C 毕竟 　　　D 到底

Ⓐ 과연 　　　B 급히
C 결국 　　　D 도대체

공략 빈칸 앞 절에서 노인은 말을 잃어버린 것이 꼭 나쁜 일이라고는 생각하지 않는다고 했으며, 빈칸 뒤에서 그 말이 좋은 말을 하나 데리고 와 노인이 생각한 것과 같은 결과가 일어났다. 따라서 果然이 정답으로 적절하다.

3

A 陪老人过幸福的日子	A 노인을 모시고 행복한 나날을 보냈다
B 娶了一个姑娘	B 아가씨에게 장가들었다
Ⓒ 保住了自己的命	Ⓒ 자신의 목숨을 지켰다
D 照顾那些受伤的士兵	D 다친 병사들을 돌봐주었다

공략 접속사 可是를 힌트로 문맥을 통해 정답을 유추하는 문제이다. 可是 앞에 언급된 내용이 전쟁으로 인해 모두 전장에서 죽었다는 것이므로 뒤에는 죽었다의 반대 표현인 C가 정답이 된다.

어휘 娶 qǔ 동 장가들다 | 保住 bǎozhù 동 지키다 | ★照顾 zhàogù 동 보살피다 | ★受伤 shòushāng 동 부상을 입다 | 士兵 shìbīng 명 병사

독해
제1부분

4-7

有一个人认为自己最大的缺点是胆小。为此，他很自卑。他去看心理医生。医生听了他的诉说：“这怎么能叫缺点呢？分明就是个优点嘛。你只不过非常 4 谨慎 罢了。而这样的人总是最可靠。”他有些疑惑：“怎么勇敢反倒成了缺点了？”医生摇摇头：“不，胆小是优点，而勇敢是另一种优点。就好像白银与黄金相比，人们更注重黄金，但并不能 5 否定 白银。如果你是个战士，胆小 6 显然 是个缺点；如果你是个司机，胆小肯定是个优点。你与其想办法克服胆小，还不如想办法增长自己的学识、才干。当你拥有较多见识、较宽阔视野的时候，7 即使你想做胆小鬼，也很困难了！”

어떤 사람이 자신의 가장 큰 단점은 겁이 많은 거라 여겼고, 이 때문에 매우 열등감을 느꼈다. 그는 정신과 의사를 찾아갔고 정신과 의사는 그의 하소연을 듣고는 “이걸 어찌 단점이라고 하겠습니까? 분명히 하나의 장점인걸요. 당신은 단지 굉장히 **신중할** 뿐입니다. 또한 이런 사람들은 항상 가장 믿을 만하답니다”라고 말했다. 그는 약간 의심스러워하면서 “어째서 용감한 것이 오히려 단점이 되죠?”라고 하자, 의사는 고개를 저으면서 말했다. “아니요, 겁이 많다는 것도 장점이고 용감한 것 역시 다른 종류의 장점입니다. 은과 황금을 서로 비교하는 것과 흡사합니다. 사람들은 황금을 더 중시하지만 은을 **부정할** 수 없습니다. 만일 당신이 전사라면, 겁이 많은 것은 **분명히** 단점이지요. 만일 당신이 운전기사라면 겁이 많은 것은 분명히 장점입니다. 겁이 많은 것을 극복할 방법을 생각하느니 자신의 학식과 재능을 늘릴 방법을 생각하는 게 나을 것입니다. 당신이 견문이 많아지고 시야가 넓어질 때 **설사 당신이 겁쟁이가 되려 해도** 매우 어려울 것입니다.”

어휘 ★缺点 quēdiǎn 명 결점, 단점 | ★胆小 dǎnxiǎo 형 겁이 많다, 담이 작다 | 自卑 zìbēi 형 스스로 남보다 못하다고 느끼다 | 心理医生 xīnlǐ yīshēng 명 심리 치료사, 정신과 의사 | 诉说 sùshuō 동 하소연하다 | ★分明 fēnmíng 부 분명히 | ★优点 yōudiǎn 명 장점 | ★只不过……罢了 zhǐbúguò……bale 단지 ~일 뿐이다 | ★可靠 kěkào 형 믿을 만하다, 믿음직스럽다 | 疑惑 yíhuò 동 의혹하다, 수상히 여기다 | ★勇敢 yǒnggǎn 형 용감하다 | 反倒 fǎndào 부 오히려, 도리어 | ★摇头 yáotóu 동 고개를 흔들다 | 与……相比 yǔ……xiāngbǐ ~와 서로 비교하다 | 注重 zhùzhòng 동 중시하다 | 战士 zhànshì 명 전사 | ★与其……还不如…… yǔqí……hái bùrú…… ~하느니 ~하는 게 낫다 | ★增长 zēngzhǎng 동 증가하다, 늘다 | 才干 cáigàn 명 수완, 재주 | ★见识 jiànshi 명 견문, 식견 | 宽阔 kuānkuó 형 넓다 | 视野 shìyě 명 시야

4

| A 周到 | Ⓑ 谨慎 | A 빈틈없다 | Ⓑ 신중하다 |
| C 沉默 | D 专心 | C 침묵하다 | D 몰두하다 |

공략 제시된 보기의 정확한 뜻을 알고 문맥을 통해 정답을 유추해야 하는 문제이다. 胆小가 缺点이 아닌 优点이라는 의사의 말을 근거로 정답이 谨慎임을 알 수 있다.

5

A 承认	B 确定	A 인정하다	B 확정하다
C 否定	D 珍惜	**C 부정하다**	D 아끼다

공략 앞 절에서 겁이 많은 것도 용감하다는 것도 장점이라고 언급하면서 은과 금을 비교했다. 사람들은 황금을 더 좋아하긴 하나 은도 부정할 수 없다는 의미이므로 정답은 否定이 된다. 빈칸 앞의 不能을 소홀히 생각해서는 안 된다.

6

A 显然	B 居然	**A 분명하다**	B 뜻밖에
C 竟然	D 依然	C 의외로	D 여전히

공략 보기에 동의어 2개가 동시에 제시되면 둘 다 정답일 수 없으니 일단 '뜻밖에, 의외로'의 의미인 居然과 竟然은 정답이 될 수 없다. 문장의 구조를 살펴보면 쌍반점[;]을 사이에 두고 두 개의 문장이 같은 형식을 띠고 있다. 뒤 문장에 肯定이 나왔으므로 같은 뜻을 지닌 显然이 정답이다. 显然은 형용사이지만 부사어로 쓰일 수 있다.

7

A 哪怕你非常有勇气	A 설사 네가 매우 용기가 있다 한들
B 没有人笑话你	B 너를 비웃을 사람은 없다
C 只要能坚持下去	C 꾸준히 하기만 하면
D 即使你想做胆小鬼	**D 설사 당신이 겁쟁이가 되려 해도**

공략 보기의 대부분이 앞 절에 쓰이는 접속사로 시작하고 있으므로 빈칸 뒤에 호응하는 접속사나 부사가 있는지 살펴보아야 한다. 부사 也와 호응하는 것에는 哪怕와 即使가 있다. 앞 절의 내용을 살펴보면 겁이 많은 것을 극복하기보다 학식과 재능을 늘리라고 했으므로, 이런 것이 갖춰지면 겁쟁이가 되고 싶어도 되기 어렵다는 의미인 D가 정답이 된다.

어휘 ★笑话 xiàohua 图 비웃다 | ★坚持 jiānchí 图 유지하다 | ★胆小鬼 dǎnxiǎoguǐ 명 겁쟁이

8-11

　　狐狸和猴子已经好几天没吃东西了，就在它们饿得快要晕倒时，它们发现了一个洞穴，里面有个神像和两个盒子。狐狸哀求神像："我们已经几天没吃东西了，这样下去我们会饿死的。"神像说："好吧! 这儿有两个盒子，一个装满食物，一个是空的，你只能用 **8 观察** 来选择一个。"狐狸说："**9 我看这两个盒子肯定是空的**"它刚说完，一个盒子开口了："哼，我才不是空的呢。"狐狸一听，赶紧 **10 伸** 手抱走了另一个盒子，打开一看，里面果然全是食物。猴子大惑不解地问狐狸："你怎么知道这个盒子里面有食物?"狐狸笑着说：肚子里空空的人最怕别人说他是空盒子，肚子里有货的人，你说他什么都 **11 不在乎**。

　　여우와 원숭이는 이미 며칠 동안이나 음식을 먹질 못했다. 배가 고파 쓰러질 지경이 되었을 때 그들은 동굴 하나를 발견했고, 그 안에는 신상(神像) 하나와 두 개의 상자가 있었다. 여우가 신상에게 애원하며 "저희는 이미 며칠이나 아무것도 못 먹었습니다. 이렇게 가다가는 우리는 굶어 죽을 거예요"라고 했다. 신상이 말했다. "좋다! 여기 상자가 두 개 있는데, 하나는 음식물로 가득 찬 것이고 하나는 빈 것이다. 너는 관찰을 통해서만 하나를 선택할 수 있다." 여우는 "제가 보기에 이 두 상자는 분명히 다 빈 것입니다"라고 말했다. 여우가 말을 마치자마자 상자 하나가 입을 열었다. "흥! 나야말로 빈 게 아닌데!" 여우는 듣자마자 서둘러 손을 내밀어 다른 상자를 가져갔고, 열어보니 과연 안에는 전부 다 먹을 것이었다. 원숭이는 도무지 이해가 되지 않아 여우에게 물었다. "너는 어떻게 이 상자에 음식이 있다는 것을 알았니?" 여우는 웃으면서 말했다. "아무것도 없는 사람은 다른 사람이 그를 빈 상자라고 말하

어휘　★狐狸 húli 몡 여우 | ★猴子 hóuzi 몡 원숭이 | ★晕倒 yūndǎo 통 졸도하다 | 洞穴 dòngxué 몡 땅굴, 동굴 | 神像 shénxiàng 몡 신상(신의 동상) | ★盒子 hézi 몡 상자 | 哀求 āiqiú 통 애원하다 | ★装满 zhuāngmǎn 가득 채우다 | ★赶紧 gǎnjǐn 뫼 서둘러 | 大惑不解 dà huò bù jiě 성 도무지 이해가 되지 않다

8　　　　　　　　　　　　　　　　　　　**난이도** 中　**공략 Key** 문맥 통해 정답 유추

| Ⓐ 观察 | B 威胁 | Ⓐ 관찰하다 | B 위협하다 |
| C 幻想 | D 训练 | C 상상하다 | D 훈련하다 |

공략　의미상 두 개의 상자를 만지거나 열어보지 않고 눈으로만 보고 하나를 선택하라는 것이므로 观察가 정답이 된다.

9　　　　　　　　　　　　　　　　　　　**난이도** 上　**공략 Key** 문맥 통해 정답 유추

A 那我两个都要	A 그럼 전 두 개 모두 원합니다
B 那我来想想办法吧	B 그럼 제가 방법을 생각해볼게요
C 可我只想要有食物的盒子	C 하지만 저는 먹을 것이 들어 있는 상자만 필요해요
Ⓓ 我看这两个盒子肯定是空的	Ⓓ 제가 보기에 이 두 상자는 분명히 다 빈 것입니다

공략　빈칸의 말을 듣고 상자 중의 하나가 자신은 빈 것이 아니라고 강조해서 말을 하고 있으며, '아무것도 없는 사람은 다른 사람이 비었다고 말하는 것을 두려워한다'는 여우의 말을 통해 D가 정답임을 알 수 있다.

10　　　　　　　　　　　　　　　　　　　**난이도** 中　**공략 Key** 抱를 통해 정답 유추

| A 摸 | Ⓑ 伸 | A 만지다 | Ⓑ 내밀다 |
| C 拍 | D 摇 | C 치다 | D 흔들다 |

공략　빈칸 뒤의 동사 抱를 힌트로 손을 뻗거나 내밀어서 안는 동작임을 알 수 있다. 따라서 정답은 伸이 된다.

11　　　　　　　　　　　　　　　　　　　**난이도** 中　**공략 Key** 문맥 통해 정답 유추

| A 了不起 | B 不得了 | A 대단하다 | B 큰일났다 |
| Ⓒ 不在乎 | D 不一定 | Ⓒ 개의치 않다 | D 확정적이지 않다 |

공략　여우는 빈 상자와 그렇지 않은 상자를 통해 아무것도 없는 사람과 지식이 있는 사람의 행동을 비교하여 설명하고 있다. 비어 있는 상자처럼 사람도 자신이 비어 있으면 강하게 부정하고, 그렇지 않으면 남들이 뭐라고 하든 상관하지 않는다는 뜻이므로 不在乎가 정답이 된다.

본책_ 170쪽

정답 1. C 2. B 3. C 4. A 5. A 6. C 7. B 8. C 9. D 10. D

1-4

最近一项研究显示：交通事故的发生与汽车颜色有着 1 <u>密切</u> 的关系。其中，黑色汽车发生事故的概率最大。银色和灰色汽车的 2 <u>危险</u> 性仅次于黑色汽车，然后是红色、蓝色和绿色汽车，再其次是黄色，而白色汽车最安全。科学家们在对1000辆不同颜色的小汽车进行调查后发现，白色汽车出车祸的概率最小。 3 <u>白色成为汽车的安全色</u> ，这可能与白色对光线的反射率较高、较容易识别有关。不过，假如进行 4 <u>合理</u> 地搭配，也可提高某些暗色的视觉效果。

최근의 한 연구를 통해 교통사고의 발생이 자동차의 색깔과 <u>밀접한</u> 관계가 있다는 것이 밝혀졌다. 그중에서 검은색 자동차가 사고가 발생할 확률이 가장 높았고, 은색과 회색의 <u>위험</u>성이 검은색 자동차에 버금간다고 한다. 그다음이 빨간색과 파란색, 녹색 자동차였으며, 그다음은 노란색 자동차였다. 하지만 흰색 자동차는 가장 안전했다. 과학자들은 색깔이 다른 1,000대의 자동차에 대해 조사를 진행한 후, 흰색 자동차가 교통사고가 일어날 확률이 가장 낮다는 것을 발견했다. <u>흰색이 자동차의 안전한 색이 된 것</u>은 아마도 흰색의 빛 반사율이 가장 높고 쉽게 식별할 수 있는 것과 관계가 있을 것이다. 하지만 만일 <u>합리적으로</u> 조절하면 일부 어두운 색도 시각 효과를 높일 수 있다.

어휘 ★显示 xiǎnshì 통 내보이다 | 颜色 yánsè 명 색깔 | 概率 gàilǜ 명 확률 | 仅次于 jǐncì yú ~에 버금가다 | ★出车祸 chū chēhuò 교통사고가 나다 | 光线 guāngxiàn 명 빛 | 反射率 fǎnshèlǜ 명 반사율 | 识别 shíbié 통 식별하다 | ★假如 jiǎrú 접 만일, 가령 | ★搭配 dāpèi 통 조절하다 | 暗色 ànsè 명 어두운 색

---

1 난이도 中 공략 Key 关系를 통해 정답 유추

A 唯一	B 全面	A 유일하다	B 전면적이다
C 密切	D 紧急	**C 밀접하다**	D 긴급하다

공략 빈칸 뒤에 있는 关系를 힌트로 이와 호응을 이루는 어휘를 찾아야 한다. 일반적으로 'A与B有密切关系'라는 구문으로 자주 쓰이며 '~와 ~는 밀접한 관계가 있다'는 의미를 나타낸다.

---

2 난이도 上 공략 Key 仅次于를 통해 정답 유추

A 相似	**B 危险**	A 비슷하다	**B 위험하다**
C 保险	D 规律	C 안전하다	D 규칙적이다

공략 빈칸 뒤에 제시된 '仅次于'가 힌트로 '~에 버금가다'의 뜻을 나타낸다. 앞에서 검은색 자동차의 사고 발생 확률이 가장 크고 은색과 회색도 이에 버금간다고 했으므로 이들 역시 사고 날 확률, 즉 위험성이 높다는 의미인 危险이 정답이 된다.

---

3 난이도 上 공략 Key 这를 통해 정답 유추

A 白色使人感觉凉快	A 흰색은 사람을 시원하게 한다
B 黄色与白色比较接近	B 노란색은 흰색과 비슷한 편이다
C 白色成为汽车的安全色	**C 흰색이 자동차의 안전한 색이 되었다**
D 可是很多人不喜欢买白色汽车	D 하지만 많은 사람들이 흰색 자동차를 사는 것을 싫어한다

독해
제1부분

공략　힌트는 빈칸 뒤에 있는 지시대사 这로 빈칸의 내용을 가리킨다. 빈칸 앞에서 흰색 차량이 사고가 일어날 확률이 낮다고 했으며, 뒤에서는 반사율이나 식별이 쉬운 것과 관련이 있다고 했으므로 정답은 C이다.

4　　　　　　　　　　　　　　　　　　　　　　　난이도 上　공략 Key 搭配를 통해 정답 유추

| Ⓐ 合理 | B 周到 | Ⓐ 합리적이다 | B 세심하다 |
| C 实行 | D 合法 | C 실행하다 | D 합법적이다 |

공략　힌트는 빈칸 뒤에 있는 搭配가 된다. 搭配는 조절하고 맞추는 것을 뜻하며 태도를 나타내는 周到와 '실행하다'라는 의미인 实行은 搭配를 수식해줄 수 없다. 색을 조절하는 것이므로 '합리적으로'라는 뜻을 지닌 合理가 정답이다.

5-7

別以为很多人给出的意见是好事，有时结果会恰恰相反。因为每个人看问题的 5 **角度** 不同，给出意见的目的也不相同，所以太注重听取别人的意见很容易让你拿不定主意。在 6 **征求** 别人的意见之前，我们必须要有一个属于自己的清楚的信念，要 7 **明确** 最终的目的是什么，这样才能在众多的声音中保持清醒的头脑，找出最适合企业发展的金玉良言。

많은 사람들이 낸 의견이라고 해서 다 좋을 것이라 여기지 마라. 때때로 결과는 정반대일 수 있다. 왜냐하면 사람마다 문제를 보는 **각도**가 다르기에 의견을 내준 목적 역시 다르다. 그래서 다른 사람의 의견을 너무 중시 여기면 스스로 결정을 내리지 못하는 경우도 있다. 다른 사람의 의견을 **구하기** 전에 우리는 반드시 자신만의 분명한 신념이 있어야 하며 최후의 목표가 무엇인지 **명확해야** 한다. 그래야만이 많은 목소리 속에서 맑은 머리를 유지하여 기업의 발전에 적합한 소중한 의견을 찾아낼 수 있다.

어휘　★恰恰相反 qiàqià xiāngfǎn 전혀 반대이다 | ★角度 jiǎodù 몡 각도 | ★注重 zhùzhòng 통 중시하다 | ★听取 tīngqǔ 통 귀담아듣다 | ★拿不定主意 ná bu dìng zhǔyi 결정을 내리지 못하다 | ★必须 bìxū 뷔 반드시 ~해야 한다 | ★属于 shǔyú 통 ~에 속하다 | 信念 xìnniàn 몡 신념 | ★保持 bǎochí 통 유지하다 | ★适合 shìhé 통 적합하다 | ★企业 qǐyè 몡 기업 | 金玉良言 jīn yù liáng yán 솅 금과 옥처럼 소중한 말

5　　　　　　　　　　　　　　　　　　　　　　　난이도 中　공략 Key 문맥 통해 정답 유추

| Ⓐ 角度 | B 结构 | Ⓐ 각도 | B 구조 |
| C 程序 | D 程度 | C 순서 | D 정도 |

공략　빈칸 앞의 问题가 힌트이다. 사람들마다 문제나 사물을 대하는 입장이나 관점이 다르기 때문에 의견도 다르다는 의미이므로 입장이나 관점, 각도의 뜻을 지닌 角度가 정답이다.

6　　　　　　　　　　　　　　　　　　　　　　　난이도 上　공략 Key 意见을 통해 정답 유추

| A 观察 | B 追求 | A 관찰하다 | B 추구하다 |
| Ⓒ 征求 | D 象征 | Ⓒ 구하다 | D 상징하다 |

공략　힌트는 빈칸 뒤에 제시된 意见으로 보기 중에서 이와 호응을 이루는 어휘는 征求뿐이다. 象征은 '鸽子象征着和平(비둘기는 평화를 상징한다)'처럼 구체적인 것이 추상적인 것을 상징한다는 의미이며, 观察는 눈을 통해 자세히 보는 것을 뜻한다.

7　　　　　　　　　　　　　　　　　　　　　　　난이도 上　공략 Key 目的를 통해 정답 유추

| A 实现 | Ⓑ 明确 | A 실현하다 | Ⓑ 명확하게 하다 |
| C 突出 | D 承认 | C 부각시키다 | D 인정하다 |

공략 빈칸 뒤의 目的가 힌트로 보기 중에서 이와 호응을 이루는 것은 明确뿐이다. 突出는 돌출된다거나 중점 등을 부각시킨다는 뜻이며 实现은 꿈이나 이상, 염원을 실현한다는 의미이다.

8-10

现在人们的生活水平提高了，生活节奏加快了，因此人们面对着辛苦和忙碌的生活，这使我们无法 8 <u>享受</u> 生活，随着流走的时间，童年的好奇心和少年时期的梦想都慢慢 9 <u>消失</u> ，我们脑子里总在想着忙着赶路，眼睛看着远处的山顶，脚飞快地行走，却忘了欣赏沿途的美丽 10 <u>风景</u> 。有时候会问自己，这样生活值得吗？

현재 사람들의 생활 수준은 향상되었고 생활 템포가 빨라졌다. 이 때문에 사람들은 힘들고도 바쁜 생활과 마주 대하고 있고, 이것은 우리에게 생활을 <u>누릴</u> 수 없게 만들었다. 시간이 흘러감에 따라 어린 시절의 호기심과 소년기의 꿈은 서서히 <u>사라지며</u>, 우리의 머릿속은 늘 서둘러 길을 갈 생각만 하고 있고, 눈은 멀리 있는 산 정상을 바라보면서 발은 빠르게 걷고 있기에 오히려 도중의 아름다운 <u>경치</u>를 감상하는 건 잊어 버리고 있다. 가끔 스스로에게 이렇게 생활하는 게 가치가 있는가라고 묻기도 한다.

어휘 ★节奏 jiézòu 몡 리듬, 템포 │ ★加快 jiākuài 통 빠르게 하다 │ ★面对 miànduì 통 직면하다 │ ★忙碌 mánglù 톙 바쁘다, 분주하다 │ ★随着 suízhe 꽤 ～에 따라 │ 童年 tóngnián 몡 어린 시절 │ 好奇心 hàoqíxīn 몡 호기심 │ ★梦想 mèngxiǎng 몡 꿈 │ 赶路 gǎnlù 통 길을 재촉하다 │ 山顶 shāndǐng 몡 산꼭대기 │ ★欣赏 xīnshǎng 통 감상하다, 구경하다 │ ★沿途 yántú 몡 도중 │ ★值得 zhídé 통 ～할 가치가 있다

| 8 | | | **난이도** 上 **공략 Key** 生活로 정답 유추 |

A 计算	B 评价	A 계산하다	B 평가하다
C 享受	D 分析	**C** 누리다	D 분석하다

공략 힌트는 빈칸 뒤에 있는 生活가 된다. 보기 중에서 生活와 호응되는 어휘로는 享受와 评价가 있다. 하지만 앞에서 사람들이 바쁘기 때문에 생활을 즐길 방법이 없다고 했으므로 享受가 정답으로 적절하다. '享受生活'는 '생활을 즐기다, 누리다'라는 뜻으로 자주 함께 쓰인다.

| 9 | | | **난이도** 中 **공략 Key** 时间으로 정답 유추 |

A 传播	B 否定	A 전파하다	B 부정하다
C 移动	**D** 消失	C 옮기다	**D** 사라지다

공략 힌트는 빈칸 앞에 있는 时间으로 보기 중에서 时间과 호응을 이루는 것은 消失뿐이다. 传播는 文化, 思想 등과 호응을 이루어 문화나 생각을 전파한다는 뜻이다.

| 10 | | | **난이도** 下 **공략 Key** 欣赏을 힌트로 정답 유추 |

A 情景	B 传说	A 광경	B 전설
C 学问	**D** 风景	C 지식	**D** 경치

공략 빈칸 앞에 있는 欣赏이 힌트가 된다. 欣赏은 경치를 감상하거나 구경한다는 뜻이며 보기 중에서 이와 호응을 이루는 것은 风景뿐이다. '欣赏风景'은 '경치를 감상하다'는 뜻으로 자주 함께 쓰인다.

본책_ 182쪽

| 정답 | 1. B | 2. A | 3. B | 4. B | 5. A | 6. A | 7. D | 8. B | 9. A | 10. B | 11. D |

1-3

독해
제1부분

即使人们获取知识的渠道再丰富，读书是人类积累知识的 **1 有效** 的、不可替代的方法。阅读不是朗诵，是默读，不和别人分享，读者和书之间可以 **2 建立** 个人的关系。一个人不读书，接受的东西就常常是被动的、从众的、缺乏分析的。一个民族不读书，这个民族的文化就 **3 缺少** 了批判性、创造性，个人就会被群体所淹没。

설령 사람들이 지식을 얻는 경로가 아무리 많다 해도, 독서는 인류가 지식을 쌓는 <u>효과</u>적이면서도 대체할 수 없는 방법이다. 독서는 낭송이 아니고 묵독으로, 다른 사람과 함께 누릴 수 없어서 독자와 책 사이에 개인적인 관계를 <u>맺을</u> 수 있다. 사람이 책을 읽지 않으면 받아들이는 것은 소극적이고 대중적이며 분석이 결여된다. 한 민족이 책을 읽지 않으면, 이 민족의 문화는 비판성과 창조성이 <u>부족해</u> 개인이 단체에 파묻히게 될 것이다.

어휘 获取 huòqǔ 〔동〕 얻다 | ★渠道 qúdào 〔명〕 방법, 루트 | ★积累 jīlěi 〔동〕 쌓이다, 축적하다 | 不可替代 bùkě tìdài 대체할 수 없다 | ★阅读 yuèdú 〔동〕 (책·신문을) 보다 | 朗诵 lǎngsòng 〔동〕 낭송하다 | 默读 mòdú 〔동〕 묵독하다 | ★分享 fēnxiǎng 〔동〕 함께 나누다 | 被动 bèidòng 〔형〕 소극적이다 | 从众 cóngzhòng 〔동〕 대중에 따르다 | ★缺乏 quēfá 〔동〕 결여되다 | ★分析 fēnxī 〔동〕 분석하다 | 群体 qúntǐ 〔명〕 단체, 집단 | 淹没 yānmò 〔동〕 파묻히다

1　　　　　　　　　　　　　　　　　　　　　　　　난이도 中　공략 Key 문장 해석으로 정답 유추

| A 有趣 | **B 有效** | A 재미있다 | **B 효과가 있다** |
| C 有利 | D 有限 | C 유리하다 | D 제한적이다 |

공략 위의 문장에서 빈칸은 方法를 수식해주는 관형어 자리에 위치해 있다. 보기에 제시된 어휘 모두 방법과 호응을 이루지만 문장을 해석해보면 독서는 인류가 지식을 쌓는 어떠한 방법이라는 의미이므로 정답은 有效가 된다.

2　　　　　　　　　　　　　　　　　　　　　　　　난이도 上　공략 Key 关系를 통해 정답 유추

| **A 建立** | B 造成 | **A 맺다** | B 형성하다 |
| C 建成 | D 树立 | C 조성되다 | D 수립하다 |

공략 유의어 비교 문제로 빈칸 뒤에 있는 关系를 목적어로 둘 수 있는 어휘를 골라야 한다. 造成은 나쁜 결과를 '초래하다, 야기하다'의 의미이며, 建成은 뒤에 구체적인 장소나 건물 등이 위치해야 한다. 树立는 '모범이나 본보기를 세우다'라는 뜻이고 建立는 어떠한 기구를 '건립하다'라는 의미도 있지만 '관계를 맺다'라는 뜻이 있어 关系와 호응을 이룬다.

3　　　　　　　　　　　　　　　　　　　　　　　　난이도 上　공략 Key 문맥 통해 정답 유추

| A 取消 | **B 缺少** | A 취소하다 | **B 부족하다** |
| C 避免 | D 反对 | C 피하다 | D 반대하다 |

공략 보기의 뜻으로 정답을 유추할 수 있다. 取消는 계획이나 일정을 취소하는 것을 뜻하며, 避免은 나쁜 일을 모면한다는 의미로 뒤에 부정적인 일이 제시되어야 한다. 빈칸의 의미는 책을 읽지 않으면 민족의 비판성이나 창의성이 부족해진다는 뜻이므로 缺少가 정답이 된다.

有时候，工作能 4 <u>反映</u> 人的性格。喜欢边说边笑的人与你交谈时你会觉得非常轻松愉快。他们大都性格开朗，对生活要求从不苛刻，很注意"知足常乐"，富有人情味。感情专一，对友情、亲情特别 5 <u>珍惜</u>。人缘较好，喜爱平静的生活。习惯于把自己的手指掰得咯嗒咯嗒地响。他们通常 6 <u>精力</u> 旺盛，非常健谈，喜欢钻"牛角尖"。对事业、工作环境比较挑剔，7 <u>假如</u> 是他喜欢干的事，他就会不计代价而踏实努力地去干。

때때로 직업은 사람의 성격을 반영한다. 말하면서 웃는 것을 좋아하는 사람과 당신이 이야기를 나눌 때, 당신은 굉장히 편안하고 유쾌하게 느낄 것이다. 그들은 대체로 성격이 명랑하고 생활에 대한 요구가 지나치지 않고, '늘 만족하다'를 중시하며 인간미가 넘친다. 게다가 감정이 한결같아서 우정이나 가족 간의 정을 굉장히 소중히 여기며, 붙임성이 좋고 조용한 생활을 좋아한다. 자신의 손가락을 뚝뚝 꺾으면서 소리를 내는 것이 습관이 된 사람은 일반적으로 정신과 체력이 왕성하고 입담이 굉장하며 '끝까지 파고드는 것'을 즐긴다. 사업이나 작업 환경에 까다로운 편이며 만약에 그가 좋아하는 일을 하면 그는 대가를 따지지 않고 성실하게 열심히 해나갈 것이다.

어휘 交谈 jiāotán 동 이야기를 나누다 | ★轻松 qīngsōng 형 편안하다 | 大都 dàdōu 부 대부분, 대개 | 开朗 kāilǎng 형 명랑하다 | ★要求 yāoqiú 명 요구 | 苛刻 kēkè 형 (조건·요구가) 너무 지나치다, 가혹하다 | ★注意 zhùyì 동 주의하다, 조심하다 | 知足常乐 zhī zú cháng lè 늘 만족하다 | 富有 fùyǒu 동 풍부하다, 충분히 가지다 | 专一 zhuānyī 형 한결같다 | 人缘 rényuán 명 붙임성 | 手指 shǒuzhǐ 명 손가락 | 掰 bāi 동 (손을) 비틀다 | 咯嗒 kǎdā 의성 또각또각, 뚝뚝 | ★响 xiǎng 동 소리를 내다 | ★旺盛 wàngshèng 형 왕성하다 | 健谈 jiàntán 형 입담이 좋다 | 钻牛角尖 zuān niújiǎo jiān 사소한 문제에 끝까지 매달리다 | 挑剔 tiāotī 형 까다롭다 | 不计代价 bújì dàijià 대가를 따지지 않는다 | ★踏实 tāshi 형 착실하다, 성실하다

---

4   `난이도` 上   `공략 Key` 어휘 비교를 통해 정답 유추

A 反应	**B 反映**	A 반응하다	**B 반영하다**
C 决定	D 判断	C 결정하다	D 판단하다

공략   反应은 어떤 일이나 자극에 의해 일어나는 현상을 뜻하며, 反映은 영향을 받아 일어나는 현상을 의미한다. 빈칸의 의미는 사람의 성격이 직업에 영향을 미친다는 뜻이므로 정답은 B가 된다. 决定은 '성격이 직업을 결정한다'라는 의미를 나타내기 때문에 정답이 될 수 없다.

---

5   `난이도` 上   `공략 Key` 어휘 비교를 통해 정답 유추

A 珍惜	B 爱惜	A 소중히 여기다	B 소중히 여기다
C 爱护	D 保护	C 사랑하고 보호하다	D 보호하다

공략   惜와 护가 있는 유의어 비교 문제이다. 爱惜는 '좋아해서 소중히 여기다'라는 뜻으로 身体나 人才 등과 호응을 이루며, 爱护는 '좋아해서 보호하고 배려해주다'라는 뜻으로 사람이나 동식물이 주로 목적어가 된다. 保护는 '약하고 마땅히 지켜야 하는 것을 보호한다'는 뜻으로 어린이나 노인, 환경 등이 목적어가 된다. 珍惜는 '소중하고 얻기 힘들기에 귀중히 여긴다'는 의미로 주로 幸福나 友情 등과 호응을 이루기 때문에 A가 정답이 된다.

---

6   `난이도` 中   `공략 Key` 旺盛을 통해 정답 유추

A 精力	B 智慧	A 정신과 체력	B 지혜
C 看法	D 肌肉	C 견해	D 근육

공략   힌트는 빈칸 뒤에 있는 旺盛으로 정신력이나 체력, 생명력 등이 왕성함을 뜻한다. 제시된 어휘 중 旺盛과 호응을 이루는 명사는 精力뿐이므로 A가 정답이 된다. 肌肉는 일반적으로 发达와 호응되어 쓰인다.

A 即使	B 除非	A 설령 ~라 할지라도	B 오직 ~하여야
C 否则	**D 假如**	C 그렇지 않으면	**D 만약에**

공략   보기가 모두 접속사이며 否则를 제외한 나머지 세 개는 앞 문장에 쓰이는 접속사이므로 우선 뒤 문장과 호응하는 접속사나 부사를 찾아야 한다. 뒤 절에 부사 就가 나왔으므로 이와 호응하는 가정 관계 접속사 假如가 정답이 된다. 即使는 也와 除非는 才와 짝을 이룬다.

8-11

　　在华盛顿—上海的这条航线上，我 8 恐怕 是飞行公里数最多的乘客之一。自2008年以来，我每年至少往返两三次，至今大概 9 已经 往返了70次左右。我对每家航空公司的服务都有较深的印象。作为一个中国人，我当然对中国国际航空有着较深的 10 感情 。记得有一次，我一上飞机 11 不久 ，睡意就来了。等醒来的时候，发现身上盖着一条毛毯，温暖的毛毯使我的心里充满了感激。

워싱턴에서 상하이까지의 이 노선에서, 나는 아마도 비행 마일리지가 가장 많은 승객 중 한 명일 것이다. 2008년 이래로 나는 매년 최소한 2, 3차례 왕복을 했으며 지금까지 아마도 이미 70번 정도 왕복했을 것이다. 나는 모든 항공사의 서비스에 대해 깊은 인상을 가지고 있는 편이지만, 중국인으로서 나는 당연히 에어차이나에 깊은 애정을 가지고 있다. 한번은 내가 비행기에 오른 지 얼마 되지 않았는데 졸음이 쏟아졌다. 깨어났을 때 몸에 담요가 덮여 있는 것을 발견했는데, 따뜻한 담요가 내 마음을 감격으로 충만하게 했다.

어휘   华盛顿 Huáshèngdùn 고유 워싱턴 | ★航线 hángxiàn 명 (배·비행기의) 항로, 노선 | 飞行公里数 fēixíng gōnglǐ shù 명 비행 마일리지 | ★乘客 chéngkè 명 승객 | 自……以来 zì……yǐlái ~이래로 | ★至少 zhìshǎo 부 적어도 | ★往返 wǎngfǎn 동 왕복하다 | 至今 zhìjīn 부 지금까지 | ★印象 yìnxiàng 명 인상 | ★作为 zuòwéi 개 ~로서 | 中国国际航空 Zhōngguó Guójì Hángkōng 명 에어차이나(Air China) | 睡意 shuìyì 명 졸음 | ★醒来 xǐnglái 동 잠이 깨다 | ★盖 gài 동 덮다 | 毛毯 máotǎn 명 모포, 담요 | ★感激 gǎnjī 동 감격하다

A 害怕	**B 恐怕**	A 무서워하다	**B 아마도 ~일 것이다**
C 担心	D 担忧	C 걱정하다	D 걱정하다

공략   주어와 술어 사이에 빈칸이 있으므로 우선 보기 중에 부사가 있는지 살펴봐야 한다. 제시된 어휘 중 恐怕가 부사로 쓰여 '아마도'라는 추측의 의미를 나타내므로 B가 정답으로 적절하다.

A 已经	B 刚刚	**A 이미**	B 지금
C 刚好	D 从来	C 때마침	D 이제까지

공략   힌트는 往返 뒤에 위치한 동태조사 了이다. 刚刚과 刚好는 의미상 了와 함께 쓰이지 않으며 从来는 '从来+동사+过'의 형식으로 동태조사 过와 주로 쓰인다. 2008년 이래로 계속 비행기를 이용해서 지금까지 이미 70번이나 왕복했다는 의미이므로 '이미, 벌써'의 뜻인 已经이 정답이다.

A 爱情	**B 感情**	A 사랑	**B 애정**
C 亲情	D 友情	C 혈육 간의 정	D 우정

공략 보기의 어휘에 공통적으로 情이 있으므로 유의어 비교 문제이지만 품사가 모두 명사이기 때문에 해석만으로도 충분히 정답을 고를 수 있다. 빈칸에 들어갈 어휘는 '中国国际航空'에 대한 작가의 감정이므로 정답은 애정의 의미를 지닌 B이다. 感情은 사람 외에 동물이나 사물에게도 쓸 수 있다.

A 不高	B 不长	A 높지 않다	B 길지 않다
C 不远	**D 不久**	C 멀지 않다	**D 얼마되지 않다**

공략 빈칸의 위치가 동작의 뒤에 제시되어 있으므로 보어로 쓰이는 것을 찾아야 한다. '一……就……' 구문은 '~하자마자'의 뜻으로 시간의 간격이 얼마 되지 않음을 나타낸다. 즉 비행기에 탄 시간이 오래되지 않음을 뜻하며 동사 뒤에서 시간의 양을 나타내는 不久가 정답이다.

16 day 독해 스피드를 향상시켜라

본책_ 192쪽

정답 1. C　2. D　3. B　4. D　5. A　6. D　7. C　8. B

1　　　　　　　　　　　　　　난이도 中　공략 Key 不一定으로 정답 유추

　　不是每个人都会成功，但人人都可以拥有自信。因为自信是靠个人的努力而获得的。要想获得自信，并非要有高学历，并非要了解莫扎特和巴赫，也并非要懂达尔文的进化论，你所需要的是健康的身体和一颗永不放弃的心。

A 自信的人都能成功
B 了解莫扎特证明你很自信
Ⓒ 自信的人不一定都成功
D 健康的人就是自信的人

　　모든 사람들이 다 성공을 거둘 수 있는 것은 아니지만, 모든 사람들이 다 자신감을 가질 수는 있다. 왜냐하면 자신감이란 개인의 노력에 기대에 얻어지는 것이기 때문이다. 자신감을 얻으려면 고학력이 필요한 것도 아니고, 모차르트나 바흐를 이해해야 하는 것도 아니며, 다윈의 진화론을 알아야 하는 것도 아니다. 당신에게 필요한 것은 건강한 신체와 영원히 포기하지 않는 마음이다.

A 자신감이 있는 사람들은 다 성공할 수 있다
B 모차르트를 이해한다는 것은 자신감이 있다는 것을 증명한다
Ⓒ 자신감이 있는 사람이라고 해서 다 성공하는 것은 아니다
D 건강한 사람이 바로 자신감이 있는 사람이다

공략　본문은 자신감과 성공에 관한 글로, 첫 문장에서 '不是……，但……(~은 아니지만)' 구문을 제시해. 자신감은 모든 사람이 가질 수 있지만 성공은 다 가질 수 없다고 했으므로, 완곡한 어휘인 不一定으로 내용을 제시한 C가 정답이 된다.

어휘　★拥有 yōngyǒu 통 보유하다, 가지다 | ★靠 kào 통 기대다 | ★并非 bìngfēi 통 결코 ~이 아니다 | 莫扎特 Mòzhātè 고유 모차르트 | 巴赫 Bāhè 고유 바흐 | 达尔文 Dá'ěrwén 고유 다윈 | 进化论 jìnhuàlùn 명 진화론 | ★放弃 fàngqì 통 포기하다 | 证明 zhèngmíng 통 증명하다

2　　　　　　　　　　　　　　난이도 下　공략 Key 핵심어의 의미 파악

　　"从众心理"，指跟着大家的想法及行动，缺少个人的主见和判断力的投资状态。"从众心理"又叫"群居本能"。投资者毫无理性地随波逐流、追涨杀跌，这是他们的明显标志。从众心理或群居本能是缺乏主见而表现出的一种消极行为方式。在经济发展过快、市场出现泡沫时表现更为突出。

A 要预防经济过快
B 投资股票风险很大
C 个人的主见导致从众心理
Ⓓ 从众心理是一种无主见的行为

　　'군중 심리'란 다른 사람들의 생각과 행동을 따라 해서, 개인의 주견과 판단력이 부족한 투자 상태를 가리킨다. 군중 심리는 또 '집단적 본능'이라고도 부른다. 투자자들이 냉철한 면도 전혀 없이 남이 하는 대로 따라서 하고 좋은 것을 따르고 나쁜 것을 배척하는데, 이는 그들의 명확한 상징이다. 군중 심리 혹은 집단적 본능은 주견이 부족해서 나타나는 일종의 소극적인 행동 방식으로, 경제 발전이 지나치게 빠르고 시장에 거품이 나타났을 때 더욱더 두드러진다.

A 경제 과열을 예방해야 한다
B 주식에 투자하는 것은 모험이 크다
C 개인의 주견은 군중 심리를 초래한다
Ⓓ 군중 심리는 주견이 없는 행동이다

공략   군중 심리에 관해 소개한 글로 군중 심리가 무엇인지 먼저 언급했다. 핵심어를 나타내는 문장부호 [" "]에서 힌트를 얻을 수 있는데, 다른 사람의 생각과 행동을 따라 하고 주견이 없는 행동을 군중 심리라고 했으므로 정답은 D이다.

어휘   从众心理 cóngzhòng xīnlǐ 몡 군중 심리 | 跟着 gēnzhe 동 따르다 | ★及 jí 접 및, ~와 | 投资状态 tóuzī zhuàngtài 몡 투자 상태 | ★毫无 háowú 동 조금도 ~이 없다 | 理性 lǐxìng 몡 이성 | 随波逐流 suí bō zhú liú 셍 남이 하는 대로 따라 하다 | 追涨杀跌 zhuī zhǎng shā diē 오르는 것만 사고 떨어지는 것은 사지 않는다 | ★明显 míngxiǎn 형 뚜렷하다 | ★消极 xiāojí 형 소극적이다 | 泡沫 pàomò 몡 거품 | 更为 gèngwéi 부 더욱더, 훨씬

---

3   난이도 下   공략 Key 주제 파악

水现在仍然是人类使用的最重要的自然能源，但是水资源的不合理使用，也使其处于严重浪费的状态。要想改变目前的情况，就必须寻找如何合理利用水资源的新办法。

A 水资源的浪费得到缓解
B 水目前对人类仍然很重要
C 人类已经找到了合理用水的办法
D 水的浪费情况不严重

물은 현재 여전히 인류가 사용하는 가장 중요한 천연자원이지만, 수자원의 불합리적인 사용은 수자원을 심각하게 낭비하는 상태에 처하게 했다. 만일 현재 상황을 바꾸고 싶다면 반드시 어떻게 합리적으로 수자원을 이용할 것인가 하는 새로운 방법을 찾아야 한다.

A 수자원의 낭비는 호전되었다
B 물은 현재까지도 여전히 인류에게 매우 중요하다
C 인류는 이미 합리적으로 물을 사용하는 방법을 찾았다
D 물의 낭비 상황은 심각하지 않다

공략   물과 수자원에 관해 소개한 글로, 첫 문장에서 예전에도 그리고 지금까지도 물은 인류에게 있어서 중요한 자원이라고 언급했기에 B가 정답이다.

어휘   ★能源 néngyuán 몡 에너지 | ★合理 hélǐ 형 합리적이다 | ★处于 chǔyú 동 처하다, 놓이다 | ★寻找 xúnzhǎo 동 찾다 | ★如何 rúhé 때 어떻게 | ★缓解 huǎnjiě 동 (정도가) 호전되다

---

4   난이도 上   공략 Key 보기의 완곡한 어휘

人类畅游宇宙的愿望在很久以前就在小说里出现过，然而到了科技发达的今天，这个愿望也并未完全实现。不过许多人确信，不是永远不能，而是在什么时间、利用什么手段到那里。就目前的情况看，宇宙好像没有边界。因为科学发现的宇宙空间很广阔，很可能有与地球相似的星球存在，说不定我们以后会住在那儿。

A 畅游宇宙的办法很多
B 人们对探知缺乏信心
C 人类对宇宙的兴趣不大
D 人类有可能居住在别的星球

인류가 마음껏 우주를 여행하는 바람은 아주 오래 전부터 소설에 등장한 적은 있었지만, 과학 기술이 발달한 오늘날에도, 이 꿈은 완전히 실현되지는 않았다. 그래도 많은 사람들은 영원히 불가능한 것이 아니라, 언젠가는 어떤 방법으로 그곳에 도착할 수 있다고 굳게 믿고 있다. 현재 상황으로 보자면, 우주는 경계선이 없어 보인다. 왜냐하면 과학에서 발견한 우주 공간은 매우 넓기에, 어쩌면 지구와 비슷한 행성이 존재할 수도 있고, 어쩌면 우리가 나중에 그곳에 살게 될지도 모르기 때문이다.

A 우주를 유람하는 방법은 매우 많다
B 사람들은 (우주) 탐사에 대해 자신감이 부족하다
C 인류는 우주에 대한 흥미가 크지 않다
D 인류는 다른 행성에 거주하게 될 수도 있다

공략   우주 탐험을 주제로 한 글로, 본문에서 '说不定我们以后会住在那儿'이라고 언급했는데, 说不定은 有可能과 동의 표현이다.

어휘   畅游 chàngyóu 동 마음껏 유람하다 | ★宇宙 yǔzhòu 몡 우주 | 科技 kējì 몡 과학 기술 | 确信 quèxìn 동 확신하다 | 手段 shǒuduàn 몡 수단 | 边界 biānjiè 몡 경계선 | ★广阔 guǎngkuò 형 넓다 | ★相似 xiāngsì 형 비슷하다 | 星球 xīngqiú 몡 별 | 探知 tànzhī 동 탐지하다 | ★缺乏 quēfá 동 결핍되다

5

所有的公司在面试时，都会注意应聘者的综合能力。但在有限的面试过程中，多么充分地准备，都无法把个人才能完全展示给公司。作为应聘者，要做的是：针对所应聘职位突出个人的能力和优势，针对工作所需仔细说明自身的条件和专长。

A　面试时要突出自己的优势
B　求职者要全面了解公司
C　面试时要把握好时间
D　面试过程十分繁杂

어떤 회사든 면접을 볼 때, 지원자의 종합적인 능력에 주의한다. 하지만 제한된 면접 과정에서 아무리 충분히 준비를 했다 할지라도 개인의 재능을 완전히 회사에 내보일 수는 없다. 지원자로서 해야 할 것은 지원 부서를 겨냥해서 개인의 능력과 우세한 점을 부각시켜야 하고, 일에 필요한 것을 겨냥해서 자신의 조건과 특기를 자세히 설명해야 한다.

A　면접을 볼 때 자신의 우세한 점을 부각시켜야 한다
B　구직자는 회사를 전면적으로 이해해야 한다
C　면접을 볼 때 시간을 잘 활용해야 한다
D　면접 과정은 굉장히 번잡하다

공략　'要做的是'는 '~해야 할 것은'의 뜻으로 하고자 하는 주제를 부각시키는 표현이며, 문장부호 [:] 역시 뒤에 중심 글을 설명하는 역할을 하므로, 이들의 뒷부분을 살펴보면 정답이 A임을 알 수 있다.

어휘　★应聘者 yìngpìnzhě 몡 응시자, 지원자 | ★有限 yǒuxiàn 혱 제한적이다 | 展示 zhǎnshì 동 드러내다 | 针对 zhēnduì 동 겨누다 | ★突出 tūchū 동 부각시키다 | ★优势 yōushì 몡 우세 | 专长 zhuāncháng 몡 특기 | 繁杂 fánzá 혱 (일이) 번잡하다

6

要想达到高效睡眠，入睡时间值得注意：晚上9点到11点，中午12点到1点半，凌晨2点到3点半，这三个时间段都是保证较好的睡眠质量的入睡时间，这时人的精力下降，思维缓慢，反应迟缓，情绪不高，有利于人体转为睡眠状态，便于进入甜美的梦乡。

A　早睡觉有利于身体健康
B　人应该适当补充睡眠
C　每天早上人的精神最好
D　入睡时间影响睡眠质量

효과 높은 수면에 다다르고 싶다면 취침 시간에 주의할 필요가 있다. 저녁 9시에서 11시, 낮 12시에서 1시 반, 새벽 2시에서 3시 반, 이 세 시간대가 비교적 좋은 수면의 질을 보장하는 취침 시간이며, 이때 사람의 정신과 체력은 떨어지고 사고가 느려지며, 반응이 둔해지고 기분이 저하되어, 인체가 수면 상태로 전환하는 데 유리해서, 달콤한 꿈나라로 들어서기가 쉽다.

A　일찍 자면 신체 건강에 이롭다
B　사람은 적당하게 수면을 보충해야 한다
C　매일 아침이면 사람은 정신이 가장 또렷하다
D　취침 시간은 수면의 질에 영향을 준다

공략　수면의 질을 높이는 취침 시간에 관한 설명으로, 첫 문장에 '要想达到高效睡眠，入睡时间值得注意'라고 주제가 언급되어 있으므로 정답은 D이다.

어휘　★达到 dádào 동 다다르다 | 高效 gāoxiào 혱 높은 효능의 | 入睡时间 rùshuì shíjiān 몡 취침 시간 | ★值得 zhídé 동 ~할 만하다, 필요가 있다 | 凌晨 língchén 몡 새벽녘 | ★保证 bǎozhèng 동 보장하다 | ★睡眠质量 shuìmián zhìliàng 몡 수면의 질 | 缓慢 huǎnmàn 혱 (속도가) 느리다 | 迟缓 chíhuǎn 혱 느리다 | 便于 biànyú 동 ~하기 쉽다 | 甜美 tiánměi 혱 달콤하다 | 梦乡 mèngxiāng 몡 꿈나라 | ★适当 shìdàng 혱 적절하다

　　陈明在《南洋商报》工作。他的工作得到了大家的肯定。有一天，老板对他说："为了鼓励你，我给你放3个月的假。"但陈明没有接受。老板莫名其妙，就问为什么，陈明回答："我不能接受您的好意有两个理由。我不写文章了，《南洋商报》可能卖得不好，但也有可能不受影响。前者对报社不好，而后者对我不好。"

A　老板想解雇陈明
B　陈明是这家报社的编辑
C　同事们肯定了他的工作
D　老板觉得陈明的文章一般

　　천밍은 「난양상바오」에서 근무한다. 그는 일에서 모두의 인정을 받았다. 어느 날 사장님이 그에게 "자네를 격려하기 위해, 3개월의 휴가를 주겠네"라고 말했지만, 천밍은 받아들이지 않았다. 사장은 영문을 모르겠기에 왜냐고 물었더니, 천밍은 "저는 두 가지 이유로 사장님의 호의를 받아들일 수 없습니다. 제가 글을 쓰지 않으면 「난양상바오」가 어쩌면 잘 안 팔릴 수 있겠지만 또 어쩌면 영향을 받지 않을 수도 있습니다. 전자는 신문사에 좋지 않지만, 후자는 저에게 좋지 않습니다"라고 대답했다.

A　사장님은 천밍을 해고하고 싶어 한다
B　천밍은 이 신문사의 편집자이다
C　동료들은 그의 일을 인정했다
D　사장님은 천밍의 글이 평범하다고 생각한다

공략　사장님의 호의를 두 가지 이유로 거절하는 직원 천밍에 관한 에피소드로, 본문에서 언급된 문장인 '他的工作得到了大家的肯定'이 보기에서는 '同事们肯定了他的工作'로 주어와 술어를 바꿔서 제시했으므로 정답은 C이다

어휘　★肯定 kěndìng 통 인정하다 | ★以便 yǐbiàn 접 ~하도록 | ★莫名其妙 mò míng qí miào 성 영문을 알 수 없다 | 解雇 jiěgù 통 해고하다 | ★编辑 biānjí 명 편집자

　　油盐酱醋是日常生活中不可缺少的重要的调味品，其中醋不但可以用来做菜，还有其他功能。平时，人们喝点儿醋可以消除疲劳，让营养变得更有吸收，还可以促进睡眠，失眠者睡觉前喝点儿加醋的水，很容易就会睡着。

A　喝醋可以美容
B　醋可以促进营养的吸收
C　每天喝醋有助于减肥
D　喝醋容易失眠

　　기름과 소금, 간장과 식초는 일상생활에서 없어서는 안 되는 중요한 조미료로, 그중 식초는 음식을 만드는 데 사용될 뿐만 아니라 다른 기능도 있다. 평소 사람들이 식초를 조금 마시면 피로가 해소되어 영양이 더욱더 잘 흡수되며, 수면을 촉진시켜 불면증이 있는 사람이 자기 전에 식초를 탄 물을 조금 마시면 쉽게 잠을 잘 수 있다.

A　식초를 마시면 미용에 좋다
B　식초는 영양의 흡수를 촉진시킬 수 있다
C　매일 식초를 마시면 다이어트에 도움이 된다
D　식초를 마시면 쉽게 잠을 이루지 못한다

공략　식초의 기능에 대해 소개한 글로, 본문에서 '让营养变得更有吸收'라고 언급했는데, 이를 보기에서는 '促进营养的吸收'로 주어와 술어를 바꿔서 제시했기에 정답은 B이다.

어휘　不可缺少 bùkě quēshǎo 없어서는 안 된다 | 调味品 tiáowèipǐn 명 조미료 | ★消除 xiāochú 통 없애다, 해소하다 | ★疲劳 píláo 명 피로 | ★吸收 xīshōu 통 흡수하다 | ★促进 cùjìn 통 촉진시키다 | ★失眠 shīmián 통 잠을 이루지 못하다

 # 17 day 주제를 알면 독해가 쉬워진다

정답 1. D 2. D 3. D 4. C 5. D 6. A 7. B 8. A

---

1 난이도 下 공략 Key 문장부호로 주제 부각

肉类和蔬菜都含有丰富的营养。虽然这个素食越来越受到欢迎，但也不可忽略了肉类的价值。因此，<u>现代营养学推荐"每餐有蔬菜，每天有肉类。"</u>，建议成年人每天吃蔬菜300–500克，肉类70克左右。	육류와 야채에는 모두 풍부한 영양소가 함유되어 있다. 비록 이 채식이 점점 더 인기를 끌고 있지만 그래도 육류의 가치를 등한시해서는 안 된다. 이 때문에 <u>현대 식품 영양학에서는 '끼니마다 야채가 있어야 하며 매일 육류를 먹어야 한다'라고 추천하고 있으며</u>, 성인은 매일 300~500그램의 야채와 70그램 정도의 육류를 먹을 것을 제안하고 있다.
A　蔬菜和肉类要一起吃 B　一天至少要吃200克蔬菜 C　蔬菜和肉类的成分相同 Ⓓ　**每天都应该吃蔬菜和肉类**	A　야채와 육류는 함께 먹어야 한다 B　하루에 최소한 200그램의 야채를 먹어야 한다 C　야채와 육류의 성분은 같다 Ⓓ　**매일 야채와 육류를 먹어야 한다**

공략　야채와 육류를 다 먹어야 한다는 점을 설명한 글로, 인용을 나타내는 문장부호 [" "]를 사용해 끼니마다 야채를, 매일 고기를 먹어야 한다는 점을 강조하고 있으므로 정답은 D이다.

어휘　★含有 hányǒu ⑧ 함유하다 | ★营养 yíngyǎng ⑲ 영양 | 素食 sùshí ⑲ 채식 | ★忽略 hūlüè ⑧ 등한시하다 | ★推荐 tuījiàn ⑧ 추천하다 | ★至少 zhìshǎo ⑨ 적어도

---

2 난이도 下 공략 Key 화자에 제안 표현

这个时代谁也不可能孤立地生活，尤其是年轻人，<u>要多交一些朋友，要多认识一些成功的前辈，更要多请教学识渊博的老师。</u>正所谓多一个朋友，多一条路。这些<u>良师益友</u>会在关键时刻给你帮助。他们对你极为重要，但是他们不能靠等待得来，你需要主动去结识他们才可以。	이 시대에는 누구도 고립되어 생활할 수는 없다. 특히나 젊은이들은 <u>더 많은 친구를 사귀어야 하고 더 많은 성공한 선배를 알고 있어야 하며 박학다식한 선생님에게 더 많은 가르침을 청해야 한다.</u> 바로 소위 말하는 '친구가 한 명 더 많으면 한 갈래의 길이 더 있다'라는 것이다. 이러한 <u>좋은 스승과 유익한 친구</u>는 결정적인 순간에 당신에게 도움을 줄 것이다. 그들은 당신에게 굉장히 중요하지만, 그들이 찾아오기만을 기다려서는 안 되며, 당신이 주도적으로 그들과 교제해야만 된다.
A　对待朋友要真诚 B　善于接受朋友的批评 C　年轻人要理解父母 Ⓓ　**要多和优秀的人做朋友**	A　친구를 대할 때는 진실해야 한다 B　친구의 비평을 잘 받아들여야 한다 C　젊은이들은 부모를 이해해야 한다 Ⓓ　**우수한 사람들과 더 많이 친구를 맺어야 한다**

공략　세상은 혼자서는 살아갈 수 없다는 이치를 설명한 글로, 본문에서 '要多'을 통해 사람들이 해야 할 일들을 제안했다. 이중 '要多交一些朋友'를 언급했고 글의 중간에 良师益友라는 표현이 제시되므로, 우수한 친구를 많이 사귀라는 D가 정답이다.

어휘　孤立 gūlì ⑲ 고립적이다 | 前辈 qiánbèi ⑲ 연장자, 선배 | ★请教 qǐngjiào ⑧ 가르침을 청하다 | 学识 xuéshí ⑲ 학식 | ★渊博 yuānbó ⑲ 박학다식하다 | 良师益友 liáng shī yì yǒu ㉕ 좋은 스승과 유익한 친구 | ★关键时刻 guānjiàn shíkè

결정적인 순간 | 极为 jíwéi 〔부〕 아주, 매우 | ★等待 děngdài 〔동〕 기다리다 | ★结识 jiéshí 〔동〕 교제하다 | ★真诚 zhēnchéng 〔형〕
진실하다 | ★善于 shànyú 〔동〕 ~을 잘하다

---

3 난이도 中 공략 Key 주제 파악

　　按照中国的传统，所有切割过程都应在
厨房内完成，这样，几乎所有上了餐桌的食
物都可以用筷子直接食用，因此中国人的餐
桌上放一把刀是极其少见的情况。另外在许
多人看来，刀使人想到战争或武器，因而不
允许出现在友好、愉快的餐桌上。

A 年轻人更喜欢用勺子
B 在中国，刀是装饰品
C 在中国，厨房里没有刀
Ⓓ 中国餐桌上的食物不需要刀切

　　중국의 전통에 따르면, 칼로 자르는 모든 과정은 주
방 안에서 완성해야 한다. 이렇게 되면 식탁에 올라오
는 거의 모든 음식물은 젓가락으로 직접 먹을 수 있다.
이 때문에 중국인의 식탁 위에 칼이 올려져 있는 것은
굉장히 보기 드문 상황이다. 그 밖에 많은 사람들은 칼
이 사람들에게 전쟁이나 무기를 생각하게 한다고 여기
기 때문에 우호적이고 유쾌한 식탁 위에 출현하는 것
에 동의하지 않는다.

A 젊은이들은 국자를 사용하는 것을 더욱 좋아한다
B 중국에서 칼은 장식품이다
C 중국의 주방에는 칼이 없다
Ⓓ 중국의 식탁 위의 음식물은 칼로 썰 필요가 없다

공략　직접 썰어서 먹는 요리가 중국 식탁에 올려지는 경우가 없는 이유를 설명한 글이다. 본문의 첫 문장에서 '所有切割过程
都应在厨房内完成'이라고 언급했는데, 이는 다시 말해 중국인의 식탁에 있는 음식들은 칼로 썰 필요가 없다는 뜻이므로
정답은 D이다.

어휘　★按照 ànzhào 〔개〕 ~에 따라 | 切割 qiēgē 〔동〕 (칼로) 자르다 | ★几乎 jīhū 〔부〕 거의 | ★直接 zhíjiē 〔형〕 직접적인 | 食用
shíyòng 〔동〕 먹다 | ★刀 dāo 〔명〕 칼 | ★极其 jíqí 〔부〕 아주, 몹시 | ★少见 shǎojiàn 〔형〕 보기 드물다 | 战争 zhànzhēng 〔명〕 전쟁
| ★武器 wǔqì 〔명〕 무기 | 因而 yīn'ér 〔접〕 그러므로 | ★允许 yǔnxǔ 〔동〕 허락하다, 허가하다 | 勺子 sháozi 〔명〕 국자, 수저 |
★装饰品 zhuāngshìpǐn 〔명〕 장식품, 액세서리

---

4 난이도 上 공략 Key '能不能……，在于……' 구문

　　能不能成功，通常在于你是否敢往人
少的地方走，那条路也许会有不能预知的风
险，但因为大家都有惧怕心理，会选择走那
些最多人走过的路，在别人开辟和挖掘出来
的老路上行走，虽然感觉很安全，但因为走
的人过多，财富与资源早已所剩无几。走这
样的路，怎么可能有大收获呢？因此要想成
功走没人或少人来过的路，才有可能有很多
机会。

A 要合理分配资源
B 经验需要不断积累
Ⓒ 风险大往往机会也多
D 优秀的合作伙伴是成功的保证

　　성공의 여부는 일반적으로 당신이 사람이 적은 곳으
로 갈 수 있느냐 없느냐에 달려 있다. 그 길은 아마도
미리 알지 못하는 위험이 있을 수도 있지만, 모두들 공
포 심리가 있기 때문에 가장 많은 사람들이 갔던 길로
가기를 선택할 수 있다. 다른 사람이 개척하고 발굴해
낸 옛길을 간다면 매우 안전하다고 느끼기는 하겠지만,
(그 길을) 갔던 사람들이 지나치게 많아서 부와 자원은
이미 거의 남지 않을 것이다. 이러한 길을 가면 어떻게
큰 수확이 있을 수 있겠는가? 따라서 성공하려면 아무
도 가본 적이 없거나 혹은 사람들이 적게 온 길을 가야
만 많은 기회를 얻을 가능성이 크다.

A 합리적으로 자원을 분배해야 한다
B 경험은 끊임없이 쌓아야 한다
Ⓒ 위험이 크면 종종 기회도 많다
D 우수한 파트너는 성공의 보증수표이다

공략　성공하려면 어떠한 길을 가야 하는지에 관해 설명한 글로, 첫 문장에서 핵심 표현을 이끌 때 '能不能……，在于……'
구문을 사용해서 주제를 부각시켰고, 이어서 '那条路也许会有不能预知的风险'이라고 언급했기에 남들이 많이 가지 않
은 길은 위험이 많다는 것을 알 수 있으므로 정답은 C이다.

 ★通常 tōngcháng 명 일반, 보통 | ★在于 zàiyú 동 ~에 있다 | ★敢 gǎn 조동 감히 ~할 수 있다 | ★也许 yěxǔ 부 어쩌면, 아마 | 预知 yùzhī 동 미리 알다 | 风险 fēngxiǎn 명 위험, 모험 | 惧怕 jùpà 동 두려워하다 | 开辟 kāipì 동 개척하다 | 挖掘 wājué 동 파내다, 캐다 | ★财富 cáifù 명 부, 재산 | 所剩无几 suǒ shèng wú jǐ 성 얼마 남지 않다 | ★积累 jīlěi 동 축적되다 | ★伙伴 huǒbàn 명 동반자, 파트너 | ★保证 bǎozhèng 명 보장, 보증

---

5 난이도 中 공략 Key 강조 표현 能否와 접속사 但

> 成功并非是人的首要目标，优秀才是更值得人们努力追求的。所谓优秀，是指一个人的内在为人，要有高尚的人格和真正的才学。一个人能否成为优秀的人，实际上是可以自己决定的，但能否在社会上取得成功，在很大程度上却要靠运气。

> 성공은 결코 사람들의 최우선 목표가 아니며 우수함이야말로 사람들이 열심히 추구할 가치가 있는 것이다. 소위 말하는 우수함은 사람한테 내재되어 있는 인품으로, 고상한 인격과 진정한 학식이 있는 것을 가리킨다. 우수한 사람이 될 수 있는지 없는지는 사실상 자신이 결정하지만, 사회에서 성공을 거둘 수 있는지 없는지는 큰 범위에서 본다면 운이 따라줘야 한다.

A 优秀是一种习惯
B 成功没有统一的标准
C 成功的人行动力更强
Ⓓ 优秀的人不一定能成功

A 우수함은 일종의 습관이다
B 성공은 통일된 기준이 없다
C 성공한 사람들은 행동력이 강하다
Ⓓ 우수한 사람이라고 해서 꼭 성공할 수는 없다

공략 우수한 사람이 되는 것과 성공과의 관계에 대해 설명한 글로, 첫 문장에서 결과를 이끄는 才를 통해 성공보다는 우수함을 쫓아야 함을 강조했고, 글의 마지막 '但能否在社会上取得成功，在很大程度上却要靠运气'에서 성공의 여부는 운이 따라줘야 한다고 했으므로 정답은 D임을 알 수 있다.

어휘 首要 shǒuyào 형 가장 중요하다 | ★值得 zhídé 동 ~할 만하다 | ★追求 zhuīqiú 동 추구하다 | ★所谓 suǒwèi 형 소위 ~라는 것은 | 内在 nèizài 형 내재하다 | 为人 wéirén 명 사람됨, 인품, 인간성 | ★高尚 gāoshàng 형 고결하다, 품위 있다 | 才学 cáixué 명 재능과 학식 | ★靠运气 kào yùnqi 운에 맡기다

---

6 난이도 上 공략 Key 보기 주어의 뒷부분 파악

> 《清明上河图》全图可分为三个部分，依照展开的顺序，首先是汴京郊外的景物。而大桥及汴河两岸的繁忙景象则是第二部分。最后描绘的是汴京市区的街景。人物最大也不到三厘米，最小的跟豆粒差不多大，虽然如此微小，个个栩栩如生，极富趣味。

> 「청명상하도」는 세 부분으로 나누어져 있다. 전개된 순서에 따라서 첫 번째는 변경 교외의 풍경과 사물이고, 큰 다리와 변강 양쪽의 번잡한 모습이 두 번째 부분이다. 마지막에 그린 것은 변경 시내의 거리 풍경이다. 인물은 아무리 커도 3센티미터가 채 되지 않으며 가장 작은 것은 콩알만 했다. 비록 이렇게 작았지만 하나같이 생동감이 넘치고 굉장히 재미있다.

Ⓐ 《清明上河图》人物形象生动
B 《清明上河图》只三厘米长
C 《清明上河图》画的是自然风景
D 现在不能看到《清明上河图》的原画

Ⓐ 「청명상하도」의 인물 이미지는 생동감이 있다
B 「청명상하도」는 길이가 겨우 3센터미터이다
C 「청명상하도」가 그린 것은 자연 풍경이다
D 지금은 「청명상하도」의 원본을 볼 수 없다

공략 중국 북송 때 화가 장택단의 청명상하도에 관한 글로, 보기의 주어가 대체로 동일하므로 핵심어만 골라서 본문과 대조하는 방법을 사용하면 된다. 본문에서 '人物最大也不到三厘米'를 통해 3센티미터는 그림의 길이가 아니라 사람의 크기를 말하는 것이며, '虽然如此微小，个个栩栩如生'을 통해 인물이 작지만 굉장히 디테일하게 그려져 생동감이 넘치는 것을 알 수 있으므로 정답은 A이다.

어휘 依照 yīzhào 개 ~에 따라 | ★展开 zhǎnkāi 동 펴다, 펼치다 | ★顺序 shùnxù 명 순서 | 汴京 Biànjīng 고유 변경 | ★郊外 jiāowài 명 교외 | 景物 jǐngwù 명 풍경, 경치 | ★桥 qiáo 명 다리 | ★及 jí 접 및, ~와 | 岸 àn 명 물가 | 繁忙 fánmáng 형

일이 많고 바쁘다 | ★描绘 miáohuì 통 묘사하다 | 街景 jiējǐng 명 (길)거리의 풍경 | 厘米 límǐ 양 센티미터 | 豆粒 dòulì 명
콩알 | 微小 wēixiǎo 형 매우 작다 | 栩栩如生 xǔ xǔ rú shēng 성 생동감이 넘쳐흐르다 | 极富趣味 jí fù qùwèi 굉장히
재미있다

根据饮食特点，中国菜主要分四大菜系，包括川菜、鲁菜、淮菜和粤菜。其中川菜最为有名。味道以麻和辣为主，<u>要说最正宗的川菜，还是成都和重庆两地的菜肴</u>。现在川菜馆随处可见，受到了人们的极大欢迎。	음식의 특징에 따라 중국 요리는 주로 네 개의 요리 계보로 나뉘며, 쓰촨 요리, 산둥 요리, 허난 요리, 광둥 요리를 포함한다. 그중 쓰촨 요리가 가장 유명하다. 맛은 얼얼함과 매운 것을 위주로 하는데, <u>진정한 쓰촨 요리를 꼽으라고 한다면 당연히 청두와 충칭 두 지역의 요리이다</u>. 지금 쓰촨 요리 전문점은 어디서든 볼 수 있으며 사람들의 사랑을 듬뿍 받고 있다.
A 川菜口味清淡 Ⓑ 重庆菜属于川菜 C 中国菜的特点是麻和辣 D 成都和重庆两地才有川菜	A 쓰촨 요리는 맛이 담백하다 Ⓑ 충칭 요리는 쓰촨 요리에 속한다 C 중국 요리의 특징은 얼얼함과 매운 것이다 D 청두와 충칭 두 지역에만 쓰촨 요리가 있다

공략   중국 요리의 4대 계보에 대해 소개한 글로, 4대 계보 중 쓰촨 요리에 대해 중점적으로 설명했다. 본문에서 '要说最正宗的
川菜，还是成都和重庆两地的菜肴'라고 했기에 정답은 B이다. '要说'는 '～을 말하라고 한다면'의 뜻으로 가장 두드러
진 특징이나 대중화된 인식을 부각시킬 때 사용하는 표현이다.

어휘   根据 gēnjù 개 ～에 의거하여 | 菜系 càixì 명 계통 | ★包括 bāokuò 통 포함하다 | 鲁菜 Lǔcài 명 산둥 요리 | 淮菜 Huáicài
명 허난 요리 | 粤菜 Yuècài 명 광둥 요리 | 麻 má 형 마비되다, (혀가) 얼얼하다 | 辣 là 형 맵다 | ★正宗 zhèngzōng 형
정통의, 진정한 | 重庆 Chóngqìng 고유 충칭 | ★菜肴 càiyáo 명 요리 | ★口味 kǒuwèi 명 맛 | ★清淡 qīngdàn 형 담백하다
| ★属于 shǔyú 통 ～에 속하다

牙膏是每个人日常生活中必备的产品。不过牙膏内所含的许多化学物质存放一定时间后会发生化学反应，不仅引起牙膏变质，还会降低牙膏的去污与保洁作用。研究发现，<u>牙膏的保存期为10个月</u>，超过了此期限，极易变质。有些过敏体质的人使用了变质的药物牙膏后，还会引起过敏反应。	치약은 사람들이 일상생활을 하는 데 꼭 있어야 하는 제품이다. 하지만 치약 내에 함유된 많은 화학 물질을 일정 기간 동안 놓아두게 되면, 화학 반응이 일어나서 치약의 변질을 야기할 뿐 아니라 치약의 오염 제거와 청결 유지 작용이 떨어지게 된다. 연구에서 <u>치약의 보존 기간은 10개월이며</u>, 이 기간을 넘으면 쉽게 변질된다고 밝혀졌다. 일부 알레르기성 체질인 사람이 변질된 약물의 치약을 사용한 후에 알레르기 반응을 일으키기도 한다.
Ⓐ 牙膏保质期不到一年 B 过敏的人应该少用牙膏 C 变质的牙膏没有去污作用 D 含有化学物质的牙膏对身体不好	Ⓐ 치약의 보존 기간은 1년이 채 되지 않는다 B 알레르기가 있는 사람은 치약을 적게 사용해야 한다 C 변질된 치약은 오염 제거 효과가 없다 D 화학 물질을 함유하고 있는 치약은 건강에 좋지 않다

공략   치약의 보존 기간에 대해 설명한 글로 연구 결과를 인용해서 주제를 부각시켰다. 본문에서 '研究发现，牙膏的保存期
为10个月'라고 언급했으므로 정답은 A이다.

어휘   牙膏 yágāo 명 치약 | 必备 bìbèi 통 반드시 구비하다 | 化学物质 huàxué wùzhì 명 화학 물질 | ★不仅 bùjǐn 접 ～뿐만
아니라 | ★变质 biànzhì 통 변질되다 | ★降低 jiàngdī 통 내리다, 낮추다 | 去污 qùwū 통 때를 제거하다 | 保洁 bǎojié 통
청결을 유지하다 | 期限 qīxiàn 명 기한, 시한 | ★过敏体质 guòmǐn tǐzhì 알레르기성 체질

# 18 day 문맥의 중심 표현을 잡아라

정답　1. A　2. D　3. D　4. C　5. D　6. D　7. D　8. B

독해
제2부분

1

난이도 上　공략 Key 본문 속 질문에 대한 답

　　"早期识字是早期阅读的敌人"这句话主要是为了说明一点，就是不能把早期阅读和早期识字混为一谈，更不能用早期识字取而代之。识字重要不重要？答案当然是肯定的。早期阅读、识字、语言互相促进，用阅读识字，用阅读学会书面语言，养成良好的阅读习惯。单纯对儿童进行识字教育，不但不能提高儿童的阅读能力，反而会扼杀儿童的阅读乐趣和积极性。

Ⓐ 阅读能力需要培养
B 要鼓励孩子多提问
C 孩子的模仿能力强
D 不要占用孩子游戏时间

　　'조기에 글자를 익히는 것은 조기에 책을 읽는 것의 적이다'라는 이 말은 한 가지를 설명하기 위함인데, 바로 조기에 책을 읽는 것과 조기에 글자를 익히는 것을 동일시해서는 안 되며, 조기에 글자를 익히는 것으로 그것을 대체해서는 안 된다는 것이다. 글자를 익히는 것은 중요할까 중요하지 않을까? 해답은 당연히 긍정이다. 조기에 책을 읽고 글자를 익히며 언어를 서로 촉진시키는 것은 독서를 통해 글자를 익히고, 독서를 통해서면 어휘를 학습하는 좋은 독서 습관을 기른다. 어린이들에게 오로지 글자를 익히는 교육만 시키면, 어린이의 독서 능력을 향상시킬 수 없을 뿐 아니라 오히려 어린이들이 독서하는 흥미와 적극성을 발전시킬 수 없다.

Ⓐ 독서 능력은 길러져야 한다
B 아이들이 질문을 많이 하도록 격려해야 한다
C 아이의 모방 능력은 뛰어나다
D 아이들이 게임하는 시간을 빼앗지 마라

공략　글자를 익히는 것보다 독서하게 하는 것이 좋다는 점을 속담을 통해 강조한 글로, 본문의 질문 부분에 대한 해답을 잘 찾아서 정답을 유추해야 한다. 조기에 글자를 익히는 것의 중요성 여부를 묻는 질문에, 중요하지만 '用阅读……，用阅读……，养成良好的阅读习惯'에서 모든 것은 독서를 통해 이루어져야 하기에 독서하는 좋은 습관을 길러야 한다고 언급했으므로 정답은 A이다.

어휘　识字 shízì 통 글자를 알다 | 敌人 dírén 명 적 | 混为一谈 hùn wéi yì tán 성 동일시하다 | 取而代之 qǔ ér dài zhī 성 다른 것으로 대체하다 | ★答案 dá'àn 명 답안 | 良好 liánghǎo 형 좋다 | 单纯 dānchún 부 단순히, 오로지 | ★反而 fǎn'ér 부접 도리어 | 扼杀 èshā 통 발전하지 못하게 하다 | ★提问 tíwèn 통 질문하다 | ★模仿 mófǎng 통 흉내 내다 | 占用 zhànyòng 통 점유하다

2

난이도 上　공략 Key 접속사 因为

　　有时候，人难免多想。想得一多，对许多小事就很敏感。这样的人必定活得辛苦，因为情绪太容易被别人所影响。别人多看你一眼，你也觉得他对你有敌意；别人少看你一眼，你又认为是他有意忽视了你。多心的人想得太多，最后反而被困在一团思绪的乱麻中，动弹不了。

　　때때로 사람들은 걱정을 많이 하기 마련이다. 생각이 많아지면 많은 작은 일에 대해 매우 예민해지는데, 이런 사람들은 분명히 사는 게 힘들다. 왜냐하면 기분이 너무 쉽게 다른 사람에 의해 영향을 받기 때문이다. 다른 사람이 당신을 한 번 더 쳐다보면, 당신은 그가 당신에게 적대감이 있다고 느끼며, 다른 사람이 당신을 한 번 더 바라봐주지 않으면, 당신은 또 그가 일부러 당신을 무시했다고 생각한다. 지나치게 걱정하는 사람들은 생각이 너무 많기에 결국에는 오히려 뒤얽힌 생각의 실타래 속에 갇히게 되어 움직일 수 없게 된다.

<table>
<tr><td>

A 细节决定成败
B 多心表示谨慎
C 自己的人生由自己来决定
Ⓓ **要学会控制自己的情绪**

</td><td>

A 사소한 부분이 성공과 실패를 결정한다
B 공연한 걱정은 신중함을 나타낸다
C 자신의 인생은 자신이 결정한다
Ⓓ **자신의 감정을 제어하는 것을 학습해야 한다**

</td></tr>
</table>

공략 생각이 많은 사람은 이런저런 생각으로 인해 사는 게 힘들다는 내용을 서술한 글로, 접속사 因为를 사용하여 왜 사는 게 힘든지 언급했는데, 이를 교훈적인 표현으로 바꾼다면 자신의 감정을 통제해야 한다는 의미이므로 정답은 D이다.

어휘 ★难免 nánmiǎn 형 면하기 어렵다 | 敏感 mǐngǎn 형 예민하다 | ★敌意 díyì 명 적의 | 有意 yǒuyì 부 고의로 | ★忽视 hūshì 동 소홀히 하다 | 困 kùn 동 가두어놓다 | 思绪 sīxù 명 생각 | 乱麻 luànmá 명 혼란 | 动弹 dòngtan 동 움직이다 | ★细节 xìjié 명 사소한 부분 | ★控制 kòngzhì 동 통제하다

3 난이도 中 공략 Key 본문 속 질문에 대한 답

<table>
<tr><td>

　　现在，<u>如果要问人们选择职业时主要考虑的是什么？</u>有为数不少的人会以收入多少作为标准。不过凭喜好选择工作的人也是有的。当然，如果能找到既喜欢收入又较多的职业就太完美了。<u>可惜的是，生活中并不能经常遇到这种情况</u>。

A 现在人们经常换工作
B 人们找工作的标准相同
C 喜欢的才是最好的工作
Ⓓ **找一份满意的工作并不容易**

</td><td>

　　지금 만일 사람들에게 직업을 선택할 때 주로 고려하는 것이 무엇이냐고 물어본다면 많은 사람들이 수입이 얼마나 되는지를 기준으로 삼는다고 하겠지만, 좋아하는 것에 따라 직업을 선택하는 사람들도 있다. 당연히 만약 좋아하고 또 수입도 꽤 많은 직업을 찾을 수 있다면 너무 완벽할 것이다. 아쉽게도 생활 속에서 자주 이런 상황에 마주칠 수는 없다.

A 현대 사람들은 자주 직업을 바꾼다
B 사람들이 직업을 찾는 기준은 같다
C 좋아하는 것이야말로 가장 좋은 직업이다
Ⓓ **만족하는 직업을 찾는 것은 쉽지 않다**

</td></tr>
</table>

공략 직업 선택 시 사람들의 기준에 관해 서술한 글로, 본문에 언급된 질문이 핵심이다. 직업 선택 시 가장 고려하는 점을 물었으므로 이에 해당하는 답을 찾으면 되는데, 마지막 '生活中并不能经常遇到这种情况'에서 좋아하면서도 수입이 좋은 직업을 '这种情况'으로 바꿔서 언급했으므로 정답은 D임을 알 수 있다.

어휘 为数不少 wéishù bùshǎo 수량적으로 보면 적지 않다 | ★作为 zuòwéi 동 ~로 삼다 | ★标准 biāozhǔn 명 기준 | ★凭 píng 개 ~에 따라 | ★喜好 xǐhào 동 좋아하다 | ★既……又…… jì……yòu…… 접 ~하고 또 ~하다 | ★完美 wánměi 형 완벽하다 | 可惜 kěxī 형 아쉽다

4 난이도 下 공략 Key 접속사 '只有……才……'

<table>
<tr><td>

　　在制定目标以后，<u>只有管理者给予尽可能多的支持，员工才会更有信心</u>。所以管理者要给员工充分的权利，并在资源方面给予帮助，让他们会感觉到在他们的身后有一个强大的支持者，这样员工们可以放心大胆地向目标迈进

A 管理者要善于沟通
B 管理要分段完成
Ⓒ **员工需要管理者的支持**
D 管理者需要更多的权力

</td><td>

　　목표를 정한 후에 관리자가 가능하면 많은 지지를 해줘야만이 직원은 더욱더 자신감이 생길 수 있다. 그래서 관리자는 직원들에게 충분한 권리를 주고 또 자원 방면에서 도움을 줘서 그들에게 그들 뒤에 강한 지지자가 있다고 느끼게 만들어야 한다. 이렇게 되면 직원들은 안심하고 대담하게 목표를 향해서 돌진해 나갈 수 있을 것이다.

A 관리자는 소통에 능숙해야 한다
B 관리는 나누어서 완성해야 한다
Ⓒ **직원은 관리자의 지지가 필요하다**
D 관리자는 더 많은 권력이 필요하다

</td></tr>
</table>

공략　관리자가 지지를 해준다면 직원들이 더욱더 자신감 있게 일을 처리할 것이라는 내용을 소개한 글로, 조건 관계 접속사 '只有……才……'를 사용하여 직원들이 더욱더 자신감이 생길 수 있는 유일한 조건이 관리자의 지지라고 언급했기에 정답은 C이다.

어휘　★制定 zhìdìng 동 제정하다, 확정하다 | 给予 jǐyǔ 동 주다 | 尽可能 jǐnkěnéng 부 되도록 | ★支持 zhīchí 동 지지하다 | 资源 zīyuán 명 자원 | 强大 qiángdà 형 강대하다 | ★大胆 dàdǎn 형 대담하다 | 迈进 màijìn 동 돌진하다 | ★沟通 gōutōng 동 교류하다

5　　난이도 下　공략 Key 접속사 '不论……都'

　　希腊研究人员发现，许多人在婚后都会发胖，<u>不论是男性还是女性，都有腰围突增的可能性</u>。研究显示，不规律的饮食，极少的锻炼，还有很多不易察觉的习惯，这都是造成婚后发胖的原因。

A　婚后体重减少
B　婚后夫妻关系好也是发胖的原因
C　婚后应该减肥
Ⓓ　**婚后人们容易发胖**

　　그리스의 연구원이 많은 사람들이 결혼 후에 살이 찌는데, <u>남성이건 여성이건 모두 허리둘레가 갑자기 증가할 가능성이 있다</u>고 발견했다. 연구를 통해 불규칙한 식사와 부족한 운동, 또 쉽게 알아차리지 못하는 많은 습관들이 다 결혼 후에 살이 찌는 원인을 초래한다는 것이 밝혀졌다.

A　결혼 후에는 체중이 감소한다
B　결혼 후에 부부 관계가 좋은 것도 살이 찌는 원인이다
C　결혼 후에는 다이어트를 해야 한다
Ⓓ　**결혼 후에 사람들은 쉽게 살이 찐다**

공략　연구를 통해 결혼 후에 사람들이 더욱더 살이 찐다는 점을 서술한 글로, 본문에서 조건 관계 접속사 '不论……都'를 사용하여 누구라도 체중이 증가할 가능성이 있다고 강조했으므로 정답은 D이다.

어휘　希腊 Xīlà 고유 그리스 | ★发胖 fāpàng 동 살찌다 | 不论 búlùn 접 ~을 막론하고 | 腰围 yāowéi 명 허리둘레 | 突增 tūzēng 갑자기 증가하다 | ★显示 xiǎnshì 동 분명하게 내보이다 | ★规律 guīlǜ 형 규칙적이다 | 察觉 chájué 동 알아채다 | ★造成 zàochéng 동 초래하다

6　　난이도 上　공략 Key 접속사 '不是……而是……'

　　互联网带我们进入了"麦克风"的时代。这个时代与之前不同，<u>不是听的人太多，而是太少，不是说的人太少，而是太多</u>。在网络上，人人都想发言，乐于"出声"，这使得互联网上听者的数量一定程度上减少了。

A　现在网络的多是年轻人
B　网上大家都愿意当听众
C　要善于发表自己的看法
Ⓓ　**麦克风时代缺少的是听者**

　　인터넷은 우리를 '마이크'의 시대로 진입하게 했다. 이 시대는 이전과 달리, <u>듣는 사람이 너무 많은 것이 아니라 너무 적고, 말하는 사람이 너무 적은 것이 아니라 너무 많다는 것이다.</u> 인터넷상에서 사람들은 다 발언을 하고 싶어 하고 목소리를 내기를 즐기는데, 이는 인터넷상에서 듣는 사람의 수를 어느 정도에서는 감소하게 만들었다.

A　지금 인터넷을 하는 사람들은 대부분 젊은이들이다
B　인터넷상에서는 모두들 청중이 되기를 원한다
C　자신의 견해를 잘 발표해야 한다
Ⓓ　**마이크 시대에서 부족한 것은 듣는 사람이다**

공략　모습이 보이지 않는다고 하여 인터넷상에서 함부로 이야기하는 것을 꼬집어 설명한 글로, 접속사 '不是……而是……'를 사용하여 들으려고 하는 사람들보다 자기 말만 하려는 사람이 많다고 했으므로 정답은 D이다.

어휘　★互联网 hùliánwǎng 명 인터넷 | ★麦克风 màikèfēng 명 마이크 | ★不是……而是…… búshì……érshì…… ~가 아니라 ~이다 | ★网络 wǎngluò 명 인터넷 | ★乐于 lèyú 동 기꺼이 ~하다 | 使得 shǐde 동 ~로 하여금 ~하게 하다

　　长期以来，<u>鲨鱼一直被电影、电视和书籍描写为海洋中的可怕杀手</u>，它凶猛、恐怖，威胁着海洋中一切生物的生命。<u>难道鲨鱼真的那么可怕吗</u>？科学家发现，地球上大约有370多种鲨鱼，<u>大部分鲨鱼对人类有益无害</u>，只有少数鲨鱼，如"大白鲨"，才会伤害人类。

오랫동안 상어는 줄곧 영화나 텔레비전, 책에 의해서 바닷속의 가장 무서운 살인마로 묘사되었다. 상어는 사납고 공포스러우며 바닷속 모든 생물의 생명을 위협하고 있다. 설마 상어가 정말 그렇게 무시무시할까? 과학자들은 지구상에 대략 370여 종의 상어가 있고, <u>대부분의 상어는 인류에 유익하고 해롭지 않으며</u>, '죠스' 같은 소수의 상어만이 인류에 해를 줄 수 있다는 것을 발견했다.

A 鲨鱼不会伤害人类
B 地球上有上千种鲨鱼
C 大部分鲨鱼对人类有害
Ⓓ 鲨鱼没有人们想象中那么可怕

A 상어는 인류에 해를 끼치지 않는다
B 지구상에는 수천 여 종이 넘는 상어가 있다
C 대부분의 상어는 인류에 해롭다
Ⓓ 상어는 사람들이 상상하는 것처럼 그렇게 무시무시하지는 않다

공략　바다의 무법자 상어에 관한 글로 본문 속 질문이 핵심이다. 본문에서 반어 표현 难道를 사용하여 '难道鲨鱼真的那么可怕吗?'라고 했기에 대답이 그렇지 않음을 유추할 수 있으며 마지막에 '大部分鲨鱼对人类有益无害'라고 했기에 정답은 D이다.

어휘　★鲨鱼 shāyú 몡 상어 | 书籍 shūjí 몡 서적 | ★描写 miáoxiě 됭 묘사하다 | ★海洋 hǎiyáng 몡 해양 | ★可怕 kěpà 혱 무시무시하다 | 杀手 shāshǒu 몡 킬러 | 凶猛 xiōngměng 혱 사납다 | 恐怖 kǒngbù 혱 아주 무섭다 | ★威胁 wēixié 됭 위협하다 | ★难道 nándào 뷔 설마 ~란 말인가 | 地球 dìqiú 몡 지구 | 有益无害 yǒuyì wúhài 혱 유익하고 해롭지 않다 | 如 rú 됭 ~와 같다 | ★伤害 shānghài 됭 해치다

　　下起了大雪，雪松上就落了厚厚的一层雪。不过当雪积到一定程度，雪松就会向下弯曲，直到雪从树枝上滑落。这样反复地积，反复地弯，反复地落，可是雪松完好无损。我们应该学会像雪松那样弯下身来。放下负担，重新挺立，获得新生。<u>弯曲，并不是低头或失败，而是一种弹性的生存方式，更是一种生活的艺术。</u>

눈이 많이 내려, 설송나무 위에 두꺼운 눈이 한층 떨어졌다. 하지만 눈이 어느 정도까지 쌓이게 되면, 설송나무는 눈이 나뭇가지에서 미끄러져 떨어질 때까지 아래로 휘어진다. 이렇게 반복해서 쌓이고 반복해서 휘어지고 반복해서 (눈이) 내리지만, 설송나무는 완전하고 손상이 없다. 우리는 설송나무처럼 그렇게 몸을 낮추는 것을 배워야 한다. 부담을 내려놓고 다시 꼿꼿이 서서 새로운 삶을 얻어야 한다. <u>구부러진다는 것은 고개를 숙이거나 실패하는 것이 아니라, 탄력 있는 생존 방식이며 더 나아가서는 생활의 예술이다.</u>

A 雪松是少见的植物
Ⓑ 低头不一定是失败
C 雪松的树枝容易断
D 即使成功也不要骄傲

A 설송나무는 보기 드문 식물이다
Ⓑ 고개를 숙인다는 것은 실패가 아니다
C 설송나무의 나뭇가지는 쉽게 부러진다
D 성공했다고 할지라도 교만하지 마라

공략　눈이 많이 쌓여도 부러지지 않는 설송나무를 예로 들어 삶에 관한 교훈을 서술한 글이다. 글의 마지막에 선택 관계이면서도 강조를 나타내는 '不是……而是……' 구조를 사용해 고개를 숙인다는 것은 실패하는 것이 아니라고 했으므로 정답이 B임을 알 수 있다.

어휘　雪松 xuěsōng 몡 설송나무 | 落 luò 됭 떨어지다 | 积 jī 됭 쌓이다 | 弯曲 wānqū 됭 구부리다, 휘다 | ★树枝 shùzhī 몡 나뭇가지 | 滑落 huáluò 됭 미끄러져 떨어지다 | ★弯 wān 됭 구부리다, 휘다 | 完好无损 wánhǎo wúsǔn 완전하고 손상이 없다 | 挺立 tǐnglì 됭 꼿꼿이 서다 | 弹性 tánxìng 몡 탄성, 탄력성

19 day 중국 관련 기본 정보를 익혀라

1

난이도 下　공략 Key 温州의 위치 파악

　　温州是沿海港口城市，位于中国东南部。温州本是一个贫困落后的地区，人多地少，交通不便，缺少自然资源。改革开放后，温州人靠自己的智慧和努力，把温州建设成一个四通八达的现代化城市。现在温州不但是一座充满生机活力的城市，而且是一座民营经济发达的城市。

Ⓐ 温州靠近海边
B 温州是个落后的城市
C 温州的资源丰富
D 温州人不喜欢劳动

　　원저우는 바닷가 근처에 있는 항구 도시로 중국 동남부에 위치하고 있다. 원저우는 원래 가난하고 낙후된 지역으로, 인구는 많고 땅은 좁으며, 교통이 불편하고 자원이 부족했다. 개혁 개방 후에 원저우 시민들은 자신들의 지혜와 노력으로 원저우를 교통이 매우 편리한 현대화 도시로 건설했다. 지금은 원저우가 생기와 활력이 가득한 도시일 뿐 아니라 민영 경제가 발달된 도시이다.

Ⓐ 원저우는 해변에서 가깝다
B 원저우는 낙후된 도시이다
C 원저우는 자원이 풍부하다
D 원저우 시민들은 노동을 좋아하지 않는다

공략　중국의 절강성에 위치한 도시 원저우를 소개한 글로, 원저우의 지역적 위치를 설명한 첫 문장에서 '温州, 沿海港口城市'라고 언급했다. 따라서 원저우는 바닷가에 근접한 도시임을 알 수 있으므로 정답은 A이다.

어휘　温州 Wēnzhōu 고유 원저우 | ★沿海 yánhǎi 명 바닷가 | 港口 gǎngkǒu 명 항구 | ★贫困 pínkùn 형 빈곤하다 | 四通八达 sì tōng bā dá 성 교통이 매우 편리하다 | 生机 shēngjī 명 생기 | ★活力 huólì 명 활력 | 民营经济 mínyíng jīngjì 명 민영 경제 | ★靠近 kàojìn 동 접근하다

2

난이도 下　공략 Key 坡会의 이해

　　广西融水有"百节之乡"的美称，这里民族节日丰富多彩，热闹非凡。坡会是苗族人民的传统节日，每年正月十六和八月十六各举行一次。这是各族群众交流思想和增进友谊的重要场所之一，成为了解苗族民风民俗的重要窗口，并且吸引着一批又一批游人前来观光旅游。

A 广西又叫"百节之乡"
Ⓑ 坡会是苗族的节日之一
C 中国人很重视友谊
D 苗族早就开始跟外国交流

　　광시 룽수이는 '명절의 고향'이라는 아름다운 이름을 가지고 있다. 여기는 민족 명절이 풍부하고 다채로우며 활기차고 비범하다. 포후이(坡会)는 묘족 사람들의 전통 명절로, 매년 정월 16일과 8월 16일에 각각 한 번씩 거행된다. 이는 각 마을 사람들이 생각을 교류하고 우정을 증진시키는 중요한 장소 중의 하나로, 묘족의 풍습을 이해하는 중요한 창구가 되었고, 게다가 많은 관광객을 매료시켜 이곳으로 여행 오게끔 한다.

A 광시는 '명절의 고향'이라고도 부른다
Ⓑ 포후이(坡会)는 묘족의 명절 중 하나이다
C 중국인은 우정을 매우 중시한다
D 묘족은 일찍부터 외국과 교류가 있었다

공략　중국의 소수 민족 중 하나인 묘족의 명절을 소개하는 글로, 보기에서 핵심어를 찾아 본문에서 대조하는 방법으로 문제를 풀어야 한다. 보기의 坡会를 보고 본문에서 관련 내용을 찾으면 되는데, '坡会是苗族人民的传统节日'라고 했으므로 정답은 B이다.

어휘　广西融水 Guǎngxī Róngshuǐ 고유 광시성 룽수이 | 美称 měichēng 명 아름다운 이름 | 非凡 fēifán 형 보통이 아니다 | 坡

독해 제2부분

会 pōhuì 몝 포후이(묘족의 전통 명절) | 苗族 Miáozú 몝 묘족(중국의 소수 민족 중 하나) | ★增进 zēngjìn 통 증진시키다 | 窗口 chuāngkǒu 몝 창구

剪纸在中国是一种很普及的民间艺术，千百年来深受人们的喜爱，因它大多是贴在窗户上的，所以也被称其为"窗花"。窗花以其特有的概括和夸张手法将吉祥物、美好愿望表现得淋漓尽致，<u>将节日装点得红火富丽</u>。春节贴"福"字，是中国民间由来已久的风俗。

A 有的人把福字倒过来贴
Ⓑ 剪纸有装饰作用
C 只有老人喜欢剪纸
D 中国贴福字的历史不长

젠즈(剪纸)는 중국에서 매우 보편적인 민간 예술로 오랫동안 사람들에게 사랑을 받아왔다. 젠즈는 대부분이 창문에 붙이는 것이기 때문에, '창문의 꽃'이라고도 불린다. 젠즈는 그 독특한 간단함과 과장된 기법으로 행운의 마스코트나 아름다운 염원을 남김 없이 표현해서 <u>명절을 활기차고 화려하게 장식한다</u>. 춘절에 '복(福)'자를 붙이는 것은 중국의 민간에서 유래가 이미 오래된 풍습이다.

A 어떤 사람들은 '복(福)'자를 거꾸로 붙인다
Ⓑ 젠즈(剪纸)는 장식 역할이 있다
C 노인들만이 젠즈를 좋아한다
D 중국에서는 '복(福)'자를 붙인 역사가 오래되지 않았다

공략   중국의 전통 예술 젠즈(剪纸)에 관해 설명한 글로, 역사가 오래되었고 창문에 붙여 집안을 예쁘게 꾸미는 효과가 있다고 했으므로 B가 정답이다. 실제로 춘절이 되면 어떤 사람들은 '복(福)'자를 거꾸로 붙이기는 하지만 본문에는 언급되지 않았다.

어휘   ★剪纸 jiǎnzhǐ 몝 젠즈(중국의 민간 공예의 일종) | ★普及 pǔjí 혭 보편적이다 | ★深受 shēnshòu 통 깊이 받다 | ★喜爱 xǐ'ài 통 좋아하다 | 贴 tiē 통 붙이다 | 概括 gàikuò 통 요약하다, 간추리다 | 夸张 kuāzhāng 통 과장하다 | 吉祥物 jíxiángwù 몝 행운의 마스코트 | 淋漓尽致 lín lí jìn zhì 솅 남김 없이 드러내다 | 装点 zhuāngdiǎn 통 꾸미다, 장식하다 | 红火 hónghuo 혭 흥성하다, 번창하다 | 富丽 fùlì 혭 대단히 화려하다 | ★倒 dào 혭 (위치가) 반대로 되다 | ★装饰 zhuāngshì 통 장식하다

众所周知，<u>中国是茶的故乡</u>，种茶、制茶、饮茶均为天下先。茶的发现和利用在中国已有四五千年历史了，从最初的生煮羹饮到晾干收藏，从单一的绿茶到六大茶种齐头并进。茶更以其独特的魅力，突破了地域和风俗的局限，传播到世界的各个角落。

A 中国人爱喝绿茶
B 新疆不能种茶
Ⓒ 中国是茶的故乡
D 外国人喜欢中国的茶具

모든 사람들이 다 알고 있듯이 <u>중국은 차의 고향으로</u>, 차를 재배하고 만들고 마시는 것 모두가 천하제일이다. 차의 발견과 이용은 중국에서는 이미 4, 5천의 역사가 있으며 최초의 끓이고 마시는 것부터 말리고 보존하는 것까지, 녹차 하나에서부터 6대 차까지 동시에 다방면으로 진행되었다. 더욱이 차는 그 독특한 매력으로 지역과 풍습의 경계를 뛰어넘어 세계 구석구석까지 전파되었다.

A 중국인은 녹차 마시는 걸 좋아한다
B 신장에서는 차를 재배할 수 없다
Ⓒ 중국은 차의 고향이다
D 외국인들은 중국의 다기를 좋아한다

공략   차에 관해 소개한 글로, 첫머리에 제시된 '中国是茶的故乡' 문장이 보기에 그대로 언급되어 있으므로 정답은 C이다.

어휘   众所周知 zhòng suǒ zhōu zhī 솅 모든 사람이 다 알고 있다 | 均 jūn 븝 모두, 다 | 晾干 liànggān 통 그늘이나 바람에 말리다 | ★收藏 shōucáng 통 보관하다 | 单一 dānyī 혭 단일하다 | 齐头并进 qí tóu bìng jìn 솅 다방면의 일을 동시에 진행하다 | ★独特 dútè 혭 독특하다 | ★魅力 mèilì 몝 매력 | 突破 tūpò 통 돌파하다 | ★地域 dìyù 몝 지역 | 局限 júxiàn 통 제한하다 | 传播 chuánbō 통 전파하다 | 角落 jiǎoluò 몝 모퉁이, 구석 | 茶具 chájù 몝 다기

　　京剧是中国的国粹。可是喜欢看京剧的大部分都是老人，年轻人好像不怎么喜欢看京剧。最根本的原因是什么呢？京剧的大部分内容是历史故事。如果不知道历史故事，就很难理解。<u>所以很多年轻人不了解京剧。</u>他们更热衷于听流行音乐。因为他们觉得那种音乐听起来很简单、很轻松舒服。

A 京剧有悠久的历史
B 年轻人喜欢上京剧了
C 当京剧演员很难
Ⓓ **有些人不懂京剧故事**

경극은 중국의 보물이다. 하지만 경극 보는 걸 좋아하는 사람들은 대체로 노인들뿐이며, 젊은이들은 경극 보는 것을 그리 좋아하지 않는 것 같다. 가장 근본적인 원인은 무엇일까? 경극의 대부분의 내용은 역사 이야기로, 만일 역사 이야기를 모르면 이해하기가 어렵기 때문에, <u>많은 젊은이들은 경극을 이해하지 못하고 유행가 듣는 것에 더 열중한다.</u> 그들은 유행가가 듣기에 간단하고 부담이 없으며 편안하다고 여기기 때문이다.

A 경극은 유구한 역사를 가지고 있다
B 젊은이들은 경극을 좋아하게 되었다
C 경극 연기자가 되는 것은 매우 어렵다
Ⓓ **어떤 이들은 경극의 내용을 이해하지 못한다**

공략　중국의 전통극 중 하나인 경극을 소개한 글로, 경극은 대부분 역사 이야기를 바탕으로 전개되기 때문에 이를 모르면 경극의 내용을 이해할 수 없어 젊은이들이 경극을 좋아하지 않는다고 설명했으므로 정답은 D이다.

어휘　国粹 guócuì 몡 국수(한 민족이 지닌 고유한 문화의 정화) | 热衷于 rèzhōngyú ~에 열중하다 | ★轻松 qīngsōng 휑 부담이 없다 | ★悠久 yōujiǔ 휑 유구하다

　　"孔明灯"又叫"信号灯"，相传是由三国时期的诸葛亮所发明的。<u>当年，诸葛亮被司马懿围困于平阳，无法派兵出城求救。</u>孔明算准风向，制造会飘泊的纸灯笼，系上求救的信息，将其放飞，其后果然脱险。诸葛亮字孔明，于是后世称这纸灯笼为孔明灯。

A 孔明灯像诸葛亮戴的帽子
B 孔明灯是红色的
Ⓒ **孔明灯最初是用于战争的**
D 孔明灯是在水中飘泊的纸灯笼

'공명등'은 '신호등'이라고도 부르는데, 전해지는 말로는 삼국 시대 때 제갈량이 발명한 것이라고 한다. <u>그해 제갈량은 사마의에 의해 평양에 포위를 당해서 병사를 파견해 구조를 요청할 방법이 없었다.</u> 제갈량은 바람의 방향을 점치고는 떠다닐 수 있는 종이등을 만들어서 구조를 요청하는 신호를 매달아 날렸더니, 나중에 과연 위험에서 벗어날 수 있었다. 제갈량의 자가 공명(孔明)이어서, 후세 사람들은 이 종이등을 공명등(孔明燈)이라고 불렀다.

A 공명등은 제갈량이 쓰던 모자와 비슷하다
B 공명등은 붉은색이다
Ⓒ **공명등은 처음에 전쟁에 쓰였던 것이다**
D 공명등은 물속에서 떠다니는 종이등이다

공략　공명등은 흔히들 '소원등'이라고도 하는데, 이 공명등의 유래에 대해서 설명하고 있다. '被……围困'이나 '派兵出城求救' 등을 힌트로 공명등이 처음에는 전쟁에서 쓰였던 것임을 알 수 있으므로 정답은 C이다.

어휘　★孔明灯 Kǒngmíngdēng 몡 공명등(소원등) | 相传 xiāngchuán 동 ~라고 전해지다 | ★诸葛亮 Zhūgě Liàng 고유 제갈량 | 司马懿 Sīmǎ Yì 고유 사마의 | 围困 wéikùn 동 포위하다 | 平阳 Píngyáng 고유 평양 | ★求救 qiújiù 동 구조를 요청하다 | 算准 suànzhǔn 정확하게 계산하다 | 风向 fēngxiàng 몡 바람의 방향 | 飘泊 piāobó 동 표류하다 | ★系 jì 동 매다, 묶다 | 放飞 fàngfēi 동 (새나 연을) 날리다 | ★脱险 tuōxiǎn 동 위험에서 벗어나다

　　阳朔县位于广西壮族自治区东北部。因为那里的气候湿润、风景秀丽，有"阳朔堪称甲桂林"的名誉，<u>每年接待700万海外来的旅客</u>。面积1428平方千米，阳朔以其独特秀美的风光吸引众多游人，有"中国旅游名县"的美誉，旅游业已经成为阳朔经济的支柱产业。

양쉬현은 광시 좡족자치구 동북부에 위치해 있다. 그곳의 기후가 습윤하고 풍경이 수려해서 '양쉬는 최고의 구이린이라 할 수 있다'라는 이름을 가지고 있으며, <u>매년 해외에서 오는 700만 명의 관광객을 맞이한다</u>. 면적이 1,428평방미터로, 양쉬는 그 독특하고 수려한 풍경으로 인해 많은 관광객을 사로잡고 있어서 '중국 관광 명소'의 명성을 가지고 있으며, 관광업은 이미 양쉬 경제의 지주 산업이 되었다.

Ⓐ 每年要迎接许多旅客
B　阳朔的人口共有700多万
C　阳朔离广西很近
D　阳朔人都在从事旅游行业

Ⓐ 매년 많은 관광객을 맞이한다
B　양쉬의 인구는 모두 700여 만 명이다
C　양쉬는 광시에서 매우 가깝다
D　양쉬 사람들은 모두 관광업에 종사한다

공략　광시성에 위치한 경치가 아름다운 지역인 양쉬를 소개한 글로, 경치가 아름답기에 관광지의 역할을 톡톡히 하고 있음을 서술하고 있다. 본문에서 매년 방문하는 관광객 수를 언급했기에 정답은 A이다.

어휘　★阳朔县 Yángshuò xiàn 고유 양쉬현 | ★湿润 shīrùn 형 촉촉하다, 습윤하다 | 秀丽 xiùlì 형 수려하다 | 堪称 kānchēng 통 ～라고 할 만하다 | ★接待 jiēdài 통 영접하다, 대접하다 | 秀美 xiùměi 형 아름답다 | 风光 fēngguāng 명 풍경 | ★美誉 měiyù 명 명예, 명성 | 支柱产业 zhīzhù chǎnyè 명 지지 산업, 기반 산업

　　新疆葡萄甲天下，尤其以吐鲁番的葡萄久负盛名。吐鲁番位于新疆中部，是中国葡萄主要生产基地，总产量占全新疆的53%。由于这里纬度高，日照多，光和作用充分；<u>昼夜温差大，有利于糖分的积累</u>，因而瓜果丰茂，含糖量非常高。现有500多种葡萄品种，其中仅无核白葡萄就有20个品种，吐鲁番堪称"世界葡萄植物园"。

신장 포도는 천하제일로, 특히 투루판의 포도는 오랫동안 높은 명성을 누리고 있다. 투루판은 신장 중부에 위치하며 중국 포도의 주된 생산 기지로 총생산량이 신장 전체의 53%를 차지한다. 이곳은 위도가 높고 일조량이 많아서 광합성 작용이 충분하며, <u>낮과 밤의 일교차가 커서 당분 축적에 이롭다</u>. 때문에 열매가 풍부하고 과당 함량이 굉장히 높다. 현재 500여 종의 포도 품종이 있으며, 그중 씨 없는 청포도만 20여 종이나 되어서, 투루판은 '세계 포도 식물원'으로 불린다.

Ⓐ 温差大有利于果糖的积累
B　这里的白葡萄近百种
C　新疆葡萄指的是白葡萄
D　世界葡萄植物园在吐鲁番

Ⓐ 일교차가 크면 과당 축적에 이롭다
B　이곳의 청포도는 100여 종이 된다
C　신장 포도는 청포도를 가리킨다
D　세계 포도 식물원은 투루판에 있다

공략　신장 포도로 유명한 투루판과 투루판의 신장 포도를 소개한 글로, 투루판의 포도가 왜 당도가 높고 유명한지를 설명하고 있다. 본문에서 일교차가 과당 축적에 영향을 준다고 했으므로 정답은 A이다.

어휘　新疆葡萄 Xīnjiāng pútáo 명 신장 포도 | 甲天下 jiǎ tiānxià 천하제일이다 | ★尤其 yóuqí 부 더욱이, 특히 | ★吐鲁番 Tǔlǔfān 고유 투루판 | 久负盛名 jiǔ fù shèng míng 성 오랫동안 높은 명성을 누리다 | 基地 jīdì 명 기지 | 纬度 wěidù 명 위도 | 日照 rìzhào 명 1일 일조 시간 | 光和作用 guānghé zuòyòng 명 광합성 작용 | ★昼夜 zhòuyè 명 낮과 밤 | 糖分 tángfèn 명 당분 | ★积累 jīlěi 명 축적 | 瓜果 guāguǒ 명 과일 | 丰茂 fēngmào 형 풍부하다 | ★仅 jǐn 부 겨우 | 核 hé 명 과일의 씨

20 day 중국 관련 지문에 익숙해지자

정답 **1.** B **2.** C **3.** C **4.** B **5.** B **6.** A **7.** D **8.** B

---

1   난이도 上 공략 Key 시제와 주어 파악

几千年来，中国汉字的书写方式都是从上到下，从右到左竖着写的。但到了近代，随着中西文化的交流，出现了经常引用外文、使用新标点符号等情况，汉字竖写就成为应用中的障碍。中国第一个提出汉字要横写的人是钱玄同，但是由于当时很多人的反对，改革失败了。

A 人们觉得竖写汉字很方便
Ⓑ 钱玄同遭到了大家的反对
C 现在很多人提倡竖写汉字
D 改革开放以后才开始横写

몇 천 년 동안 중국의 한자 필기 방식은 모두 위에서 아래로, 오른쪽에서 왼쪽으로 세로로 쓰는 것이었다. 하지만 근대에 들어 중국과 서양 문화의 교류에 따라 외국어를 인용하고 새로운 문장부호를 사용하는 등의 상황이 나타나면서 한자를 세로로 쓰는 것은 응용하는 데 있어서 방해물이 되었다. 중국에서 처음으로 한자를 가로로 쓰자고 제기한 사람은 첸쉬안퉁이었지만, 당시 많은 사람들이 반대하는 바람에 개혁에는 실패했다.

A 사람들은 세로로 한자를 쓰는 것이 더 편리하다고 여긴다
Ⓑ 첸쉬안퉁은 모두의 반대에 부딪쳤다
C 지금 많은 사람들이 한자를 세로로 쓰자고 외치고 있다
D 개혁 개방 후에야 비로소 가로로 쓰기 시작했다

공략 한자를 가로로 쓰게 된 이유에 대해 설명한 글로, 보기에 제시된 시제 '现在, 改革开放以后才'에 신경 써서 본문을 읽고, 또한 钱玄同이 언급되어 있으므로 이름이 언급된 부분을 자세히 봐야 한다. 본문에서 첸쉬안퉁이 제일 먼저 한자의 가로 쓰기를 건의했지만 사람들의 반대로 인해 실패했다고 했으므로 정답은 B이다.

어휘 竖 shù 형 세로의 | 引用 yǐnyòng 동 인용하다 | ★标点符号 biāodiǎn fúhào 명 문장부호 | ★障碍 zhàng'ài 명 장애물, 방해물 | 横写 héngxiě 동 가로로 쓰다 | ★遭到 zāodào 동 (불행하거나 불리한 일을) 당하다 | 提倡 tíchàng 동 제창하다

---

2   난이도 中 공략 Key 茉莉花의 특징 알기

《茉莉花》是一首人们喜听爱唱的民间小调，流传于全国。各地的《茉莉花》歌词基本相同，都以反映青年男女纯真的爱情为其内容。北方的《茉莉花》还常唱《西厢记》中张生与崔莺莺的传说故事。各地有一些不同的曲调，而且各具特点。东北、华北等地都广为流传。

A 《茉莉花》只在浙江流行
B 《茉莉花》是中国的国花
Ⓒ 北方人喜欢唱《西厢记》
D 《茉莉花》很受外国人欢迎

「모리화」는 사람들이 즐겨 듣고 부르는 민요로 전국적으로 전해지고 있다. 각지의 「모리화」 가사는 대체로 같아서, 모두 청춘 남녀의 순진한 사랑을 반영한 것을 그 내용으로 하고 있다. 북방의 「모리화」는 「서상기」 중에 장생과 최앵앵의 전설을 자주 노래하기도 하는데, 각 지방마다 곡조가 조금 다르기도 하고 또 각각 특징을 지니고 있다. 둥베이와 화베이 등지에서 널리 전해지고 있다.

A 「모리화」는 저장에서만 유행한다
B 「모리화」는 중국의 국화이다
Ⓒ 북방 사람들은 「서상기」 부르는 것을 좋아한다
D 「모리화」는 외국인들에게 인기가 있다

공략 중국 민요 모리화에 관해 설명한 글로, 보기에서 제한적인 표현인 只를 포함한 A는 소거하고 서상기를 좋아하는 사람들이

북방 사람들인지를 확인하면 된다. 본문의 '北方的《茉莉花》……'에서 북방 사람들이 서상기를 좋아한다고 했으므로 정답은 C임을 알 수 있다.

어휘 小调 xiǎodiào 명 곡조, 가락 | 歌词 gēcí 명 가사 | ★反映 fǎnyìng 동 반영하다 | 纯真 chúnzhēn 형 순수하다 | 曲调 qǔdiào 명 곡조, 가락 | ★浙江 Zhèjiāng 고유 저장성 | 西厢记 Xīxiāngjì 명 서상기(원나라 희곡의 대표작)

---

3   난이도 **中**   공략 Key **四合院의 건축 특징**

四合院是中国古老、传统的文化象征。“四”指东西南北四面，“合”是四面房屋围在一起，形成一个口字形，这就是四合院的基本特征。四合院建筑之雅致，结构之巧，数量之众多，北京四合院为最。北京四合院，辽代时已初成规模，经金、元，至明、清，逐渐完善，最终成为北京最有特点的居住形式。

A “四”指的是四个房间
B 只在北京能看到四合院
C 四合院建筑形式很雅致
D 很多老人喜欢住四合院

사합원은 중국에서 오래되고 전통적인 문화의 상징이다. '四'는 동서남북을 가리키며, '合'는 사방의 방이 함께 둘러져 하나의 口자형을 형성하는 것인데, 이것이 바로 사합원의 기본 특징이다. 사합원은 건축 양식이 격조가 있고 구조가 정교하며 그 숫자가 많은데, 베이징의 사합원이 가장 유명하다. 베이징의 사합원은 요나라 때 처음 규모가 완성되었고, 금나라와 원나라를 거쳐 명나라, 청나라에 이르러 점차 완벽해졌으며, 결국에는 베이징에서 가장 특징이 있는 거주 형식이 되었다.

A '四'가 가리키는 것은 네 개의 방이다
B 베이징에서만 사합원을 볼 수 있다
C 사합원은 건축 양식이 매우 격조 높다
D 많은 노인들이 사합원에 거주하는 걸 좋아한다

공략 중국, 특히 베이징의 전통 가옥인 사합원에 관해 소개한 글로, 口자형인 사합원의 기본 특징을 먼저 서술하고, 뒤이어 '建筑之雅致，结构之巧'라고 언급하며 건축 양식의 특징을 소개했으므로 정답은 C이다.

어휘 四合院 sìhéyuàn 명 사합원(베이징의 전통 주택 양식) | ★围 wéi 동 둘러싸다 | 雅致 yǎzhì 형 우아하다, 격조가 높다 | 巧 qiǎo 형 정교하다 | 辽 Liáo 고유 요나라 | ★逐渐 zhújiàn 부 점차 | ★完善 wánshàn 형 완벽하다

---

4   난이도 **中**   공략 Key **보기의 시기 파악**

在中国，茶馆是一种很受欢迎的娱乐休闲场所。中国的茶馆由来已久。早在南北朝时，已出现称“茶寮”的饮茶场所，可只是茶馆的雏型而已，到了唐朝，饮茶已成为日常风俗习惯，出现了类似现在的茶馆。现在许多人喜欢去茶馆一边喝茶一边聊天。四川是中国茶馆文化最发达的地区之一。

A 饮茶可以促进消化
B 茶馆文化始于唐朝
C 四川的茶叶产量最大
D 饮茶是上层贵族的爱好

중국에서 차관은 매우 인기 있는 오락 휴식 장소이다. 중국에서 차관의 유래는 이미 오래되었는데, 일찍이 남북조 시대에 이미 '茶寮(찻집)'라는 차를 마시는 장소가 있었지만 단지 차관의 축소형에 불과했으며, 당나라에 이르러 차를 마시는 것이 일상화되어 지금과 유사한 차관이 생겨났다. 지금은 많은 사람들이 차관에서 차를 마시면서 한담을 나누는 것을 좋아한다. 쓰촨은 중국의 차관 문화가 가장 발달한 지역 중 하나이다.

A 차를 마시면 소화를 촉진시킬 수 있다
B 차관 문화는 당나라 때 시작되었다
C 쓰촨은 차 생산량이 가장 많다
D 차를 마시는 것은 상류층의 취미이다

공략 중국의 차관 문화에 대해 소개한 글로, 보기에 제시된 시기와 장소를 포인트로 지문과 대조하며 정답을 유추해야 한다. 본문의 '到了唐朝，饮茶已成为日常风俗习惯……'에서 차관 문화가 본격적으로 시작된 시기는 당나라 때임을 알 수 있다. 따라서 정답은 B이다.

어휘 ★娱乐 yúlè 동 즐기다 | ★休闲 xiūxián 동 한가롭게 보내다 | 由来 yóulái 명 유래 | 茶寮 cháliáo 명 찻집 | 雏型 chúxíng 명 축소 모양 | ★类似 lèisì 형 유사하다 | ★促进 cùjìn 동 촉진시키다

　　皮影戏是中国广为流传的傀儡戏之一，是一种用灯光照射兽皮或纸板做成的人物剪影来表演故事的民间戏剧。表演时，艺人们在白色幕布后面，一边操纵戏曲人物，一边用当地流行的曲调唱述故事，同时配有乐器。皮影戏有浓厚的乡土气息。在河南、山西农村很受人们的欢迎。

A　皮影戏是无声的
B　皮影戏离不开灯光
C　皮影戏对中国电影的影响很大
D　皮影戏属于宫殿艺术

그림자 인형극은 중국에서 널리 전해지는 인형극 중의 하나로, 불빛을 사용해서 동물의 가죽이나 두꺼운 종이로 만든 인물의 그림자를 비추어 이야기를 전개하는 민간극이다. 공연할 때 예술가는 흰색 스크린 뒤에서 극의 인물을 조종하면서 그 지방에서 유행하는 노래로 이야기를 부르는데, 동시에 반주도 곁들인다. 그림자 인형극은 짙은 향토적 색채를 가지고 있으며 허난성이나 산시성 농촌 지역에서 인기를 끌고 있다.

A　그림자 인형극은 무성극이다
B　그림자 인형극은 불빛을 떠날 수 없다
C　그림자 인형극이 중국 영화에 끼친 영향은 크다
D　그림자 인형극은 궁전 예술에 속한다

독해 제2부분

공략 인형극 중의 하나인 그림자 인형극을 소개한 글로, '用A来B'라는 방식을 강조하는 구문을 사용해 그림자 인형극이 불빛을 사용한다는 점을 언급하고 있기에 정답은 B이다.

어휘 皮影戏 píyǐngxì 몡 그림자극 | 傀儡戏 kuǐlěixì 몡 인형극 | ★照射 zhàoshè 동 비추다 | 兽皮 shòupí 몡 동물 가죽 | 纸板 zhǐbǎn 몡 판지 | 幕布 mùbù 몡 막, 스크린 | ★操纵 cāozòng 동 조종하다, 다루다 | ★当地 dāngdì 몡 현지, 그 지방 | 曲调 qǔdiào 몡 곡조 | 唱述 chàngshù 동 노래 부르고 이야기하다 | 配 pèi 동 어울리다 | ★浓厚 nónghòu 혱 (색채·분위기 등이) 농후하다 | 乡土气息 xiāngtǔ qìxī 몡 농촌 생활의 정취 | 宫殿 gōngdiàn 몡 궁전

　　中国传统绘画形式是用毛笔、墨和砚画于绢或纸上，这种画种被称为"中国画"，简称"国画"。它的题材主要有人物、山水、花鸟，可分为人物画、山水画、花鸟画三种。人物画所表现的是人类社会，人与人的关系；山水画所表现的是人与自然的关系，将人与自然融为一体；花鸟画则是表现大自然的各种生命，与人和谐相处。

A　中国画关注自然
B　国画的表现手法夸张
C　中国画指的是花鸟画
D　山水画表现人与人的关系

중국의 전통 회화 형식은 붓과 먹, 벼루를 사용해서 비단이나 종이에 그리는 것인데, 이런 류의 그림을 '중국화(中国画)'라고 하며 줄여서 '국화(国画)'라고 부른다. 중국화의 소재는 주로 인물과 산수, 꽃과 새로, 인물화, 산수화, 화조화 세 가지 종류로 분류된다. 인물화가 나타내는 것은 인류 사회, 사람과 사람의 관계이며, 산수화가 나타내는 것은 사람과 자연의 관계로 사람과 자연을 일체화시키는 것이고, 화조화는 대자연의 다양한 생명이 사람과 조화롭게 지내는 것을 나타낸다.

A　중국화는 자연에 주목하고 있다
B　국화의 표현 기법은 과장법이다
C　중국화가 가리키는 것은 화조화이다
D　산수화는 사람과 사람의 관계를 표현한다

공략 중국화에 관한 글로 중국화의 분류에 대해 자세하게 설명했다. 산수화나 화조화 등이 모두 자연과 관련되어 있으므로 중국화는 사람과 자연에 신경을 썼다는 점을 알 수 있기 때문에 정답은 A이다.

어휘 绘画 huìhuà 몡 그림 | ★形式 xíngshì 몡 형식 | 墨 mò 몡 먹 | 砚 yàn 몡 벼루 | 绢 juàn 몡 비단, 견사 | ★将 jiāng 개 ~을 | 融为一体 róngwéi yìtǐ 일체가 되다 | ★和谐 héxié 혱 조화롭다 | ★相处 xiāngchǔ 동 함께 지내다 | 夸张 kuāzhāng 몡 혱 과장법; 과장하다

　　平遥古城位于山西省中部，是一座具有2700多年历史的文化名城。它与四川阆中、云南丽江、安徽歙县并称为"中国四大古城"。平遥城墙总长6163米，墙高约12米，居住在那儿的人仍然保持着以前的民风民俗。城墙以内街道、铺面、市楼、建筑保留明清形制。它是中国目前保存最为完整的古城。

A 平遥古城建于唐朝
B 丽江古城的历史更长
C 现在没有人居住在平遥古城
D 平遥古城是中国四大古城之一

　　핑야오 고성은 산시성 중부에 위치하며 2700여 년의 역사를 가지고 있는 문화적으로 유명한 도시이다. 핑야오 고성은 쓰촨 랑중, 윈난 리장, 안후이 서현과 함께 '중국 4대 고성'이라 불린다. 핑야오 고성은 총 길이가 6,163미터이며 성벽의 높이는 대략 12미터이고, 그곳에 거주하는 사람들은 아직도 예전의 풍습을 유지하고 있다. 성벽 안의 거리나 상점들, 시루, 건축물 등은 명나라와 청나라의 형태를 유지하고 있으며, 현재 중국에서 보존이 가장 완벽한 고성이다.

A 핑야오 고성은 당나라 때 지어졌다
B 리장 고성의 역사가 더 길다
C 현재 핑야오 고성에 거주하는 사람은 없다
D 핑야오 고성은 중국 4대 고성 중 하나이다

공략 중국에서 가장 보존이 잘된 핑야오 고성을 소개한 글로, 다른 세 개의 고성과 함께 '中国四大古城'으로 불린다고 언급했으며 보기에서 동일한 표현이 제시되었으므로 정답이 D임을 쉽게 알 수 있다.

어휘 平遥古城 Píngyáo gǔchéng 고유 핑야오 고성 | 文化名城 wénhuà míngchéng 명 문화적 유명 도시 | 四川阆中 Sìchuān Lángzhōng 고유 쓰촨성 랑중시 | 云南丽江 Yúnnán Lìjiāng 고유 윈난성 리장시 | 安徽歙县 Ānhuī Shèxiàn 고유 안후이성 서현 | ★城墙 chéngqiáng 명 성벽 | ★保持 bǎochí 동 유지하다 | 民风民俗 mínfēng mínsú 명 민풍과 민속 | 铺面 pùmiàn 명 상점의 외관 | 市楼 shìlóu 명 시루(거리를 한눈에 볼 수 있는 장소) | 形制 xíngzhì 명 (건축의) 스타일 | ★完整 wánzhěng 형 온전하다

　　山西省位于黄河中游，黄土高原的东部，又是中华民族文明的发祥地之一。它历史悠久，源远流长，素有"中国古代艺术博物馆"的美称，保留有全国百分之七十的地面古代建筑，旅游界因此说："十年中国看深圳，百年中国看上海，千年中国看西安，五千年中国看山西。"自然美景、历史文明构成了山西多姿多彩的旅游资源。

A 山西历史不长
B 山西旅游资源丰富
C 山西的风俗很特别
D 山西的发展速度很快

　　산시성은 황허 중류와 황토 고원 동부에 위치하며 또한 중화 민족 문명의 발상지 중 하나이다. 산시성은 역사가 유구해서 줄곧 '중국 고대 예술 박물관'이라는 아름다운 이름이 있으며, 중국 전체 70%의 고대 건축물을 간직하고 있다. 관광 업계에서는 '10년의 중국은 선전을 보고, 백 년의 중국은 상하이를 보며, 천 년의 중국은 시안을 보고, 5천 년의 중국은 산시를 보라'고 한다. 천혜의 자연 경관과 역사 문명은 산시의 다양한 관광 자원을 구성했다.

A 산시성은 역사가 길지 않다
B 산시성은 관광 자원이 풍부하다
C 산시성은 풍습이 매우 특이하다
D 산시성은 발전 속도가 매우 빠르다

공략 역사가 오래되었다는 산시성을 소개한 글로, 역사가 오래된 만큼 관광 자원이 풍부하다는 점을 '十年中国看深圳，百年中国看上海，千年中国看西安，五千年中国看山西'에서 속어를 통해 부각했으며, 글의 마지막 '自然美景、历史文明构成了……旅游资源'에서 관광 자원이 풍부함을 다시 한 번 언급했으므로 정답은 B이다.

어휘 发祥地 fāxiángdì 명 발상지 | ★悠久 yōujiǔ 형 유구하다 | 源远流长 yuán yuǎn liú cháng 성 역사가 유구하다 | ★素有 sùyǒu 동 원래부터 있는 | 美称 měichēng 명 좋은 평판, 아름다운 이름 | ★保留 bǎoliú 동 간직하다 | 地面 dìmiàn 명 범위, 관할 | ★深圳 Shēnzhèn 고유 선전 | ★构成 gòuchéng 동 구성하다 | 多姿多彩 duō zī duō cǎi 성 갖가지로 다양하다

📅 21 day 신조어와 성어를 잡아라

1　　　　　　　　　　　　　　　　　난이도 下　공략 Key 比如를 통해 정답 유추

当前汉语中的新词语大部分是新造词。比如，手机、网民、融资、年薪、筒子楼、减肥茶。所谓新词语，是指内容新、形式新，原来的词汇系统中没有或虽有但内容是全新的词语。新词语是社会的一面镜子，它能直观迅速地反映社会的发展，历史上社会发展的时期往往也是新词语产生的高峰时期。

A　年薪算是新词语
B　镜子能反映社会
C　网民们新造词汇
D　发达国家才有新词语

현재 중국어 중의 새로운 단어, 예를 들면 휴대 전화, 네티즌, 융자, 연봉, 오피스텔, 다이어트 차 등은 대부분 신조어이다. 소위 말하는 신조어란 내용이나 형식이 새롭고, 원래의 어휘 체계에 없거나 혹은 있다 할지라도 내용이 새로운 단어를 가리킨다. 신조어는 사회의 거울로, 직관적이고 신속하게 사회의 발전을 반영할 수 있다. 역사상 사회가 발전한 시기가 또 늘 신조어가 생겨나는 전성기였다.

A　年薪(연봉)은 신조어인 셈이다
B　거울은 사회를 반영할 수 있다
C　네티즌들이 신조어를 만든다
D　선진국에만 신조어가 있다

공략　신조어에 대한 설명문으로 첫 번째 문장에서 新词语는 대부분이 新造词라고 하면서 뒤이어 新造词에 해당하는 어휘들을 예를 들어 나열했는데, 그중에 年薪이 있으므로 A가 정답임을 알 수 있다.

어휘　新词语 xīncíyǔ 몡 신조어 | 新造 xīnzào 새로 만들다 | ★网民 wǎngmín 몡 네티즌 | 融资 róngzī 몡 융자 | ★年薪 niánxīn 몡 연봉 | 筒子楼 tǒngzilóu 몡 기숙사식 건물, 오피스텔 | ★所谓 suǒwèi 혱 소위, 이른바 | ★词汇 cíhuì 몡 어휘 | ★系统 xìtǒng 몡 체계, 시스템 | 全新 quánxīn 혱 참신하다, 아주 새롭다 | 直观 zhíguān 혱 직관의 | ★迅速 xùnsù 혱 신속하다 | ★高峰时期 gāofēng shíqī 몡 전성기 | ★发达国家 fādá guójiā 몡 선진국

2　　　　　　　　　　　　　　　　　난이도 中　공략 Key 同情心으로 정답 유추

绿客，是一些热爱生活，崇尚健康时尚，酷爱户外运动，支持公益事业，善待自己的同时也善待环境的人的自称。他们享乐人生，也对那些比我们不幸的人存有同情之心；在品味自己生活的同时，还不忘走出去看一看这广阔的世界，这是绿客的宗旨，也是绿客追求的境界。

A　绿客偏爱吃绿色食品
B　绿客很有同情心
C　绿客不喜欢运动
D　绿客都拥有健康的身体

뤼커(绿客)란 열정적으로 생활하고 건강한 생활을 지향하며, 야외 활동을 즐기고 공익 사업을 지지하며, 자신을 아끼는 동시에 환경을 아끼는 사람들을 자칭하는 말이다. 그들은 인생을 즐기며 또 우리보다 불행한 사람들을 동정하는 마음을 가지고 있다. 자신의 생활을 누림과 동시에 넓은 세계를 돌아보는 걸 잊지 않는데, 이것이 뤼커(绿客)의 주제이면서 뤼커(绿客)가 추구하는 경지이다.

A　뤼커는 유기농 식품만 편애한다
B　뤼커는 동정심을 가지고 있다
C　뤼커는 운동을 싫어한다
D　뤼커는 다 건강한 신체를 가지고 있다

공략　신조어 绿客에 대해 설명한 글로, 본문의 '他们……对那些比我们不幸的人存有同情之心'에서 뤼커는 동정심을 가지고 있다고 했으므로 정답은 B이다.

어휘　★热爱 rè'ài 동 열애에 빠지다 | ★崇尚 chóngshàng 동 숭상하다, 받들다 | 时尚 shíshàng 몡 시대적 유행 | 酷爱 kù'ài

통 몹시 사랑하다 | 户外运动 hùwài yùndòng 몡 야외 활동 | 公益事业 gōngyì shìyè 몡 공익 사업 | 善待 shàndài 통 잘 대접하다, 우대하다 | 自称 zìchēng 통 자칭하다 | 享乐 xiǎnglè 통 즐기다, 탐닉하다 | ★品味 pǐnwèi 통 체득하다, 이해하다 | ★广阔 guǎngkuò 혱 넓다, 광활하다 | 宗旨 zōngzhǐ 몡 취지, 목적 | 境界 jìngjiè 몡 경지 | 偏爱 piān'ài 통 편애하다

---

3   난이도 中   공략 Key 문맥 통해 정답 유추

　　"奔奔族"是"东奔西走"之族。最早来自于一个汽车品牌——奔奔。奔奔族是生于1975–1985这10年间的一代人，他们一路嚎叫地奔跑在事业的道路上；<u>同时他们又是中国社会压力最大的族群</u>，身处于房价高、车价高、医疗费用高的"三高时代"，时刻承受着压力，爱自我宣泄表达对现实抗争。

A　中国正处于三高时代
Ⓑ　**奔奔族受到的压力很大**
C　一个人的事业需要东奔西走
D　奔奔族是70年代出生的人

　　'번번족(奔奔族)'은 생계를 위해 '동분서주'하는 무리로, 번번(奔奔)이라는 자동차 브랜드에서 처음 유래되었다. 번번족은 1975~1985년 이 10년 사이에 태어난 세대를 일컫는데, 그들은 함께 소리치며 사업이라는 길을 달리는 <u>동시에 또 중국 사회에서 스트레스가 가장 심한 부류로</u> 집값, 자동차 값, 의료비가 비싼 '3고 시대'에 처해 있어, 늘 스트레스를 안고 살아가며, 툭하면 자신의 불만을 쏟아내는 것으로 현실에 대한 대항을 표현한다.

A　중국은 3고 시대에 처해 있다
Ⓑ　**번번족은 스트레스가 심하다**
C　혼자 사업을 하려면 동분서주해야 한다
D　번번족은 70년대에 태어난 사람이다

공략 중국에서 새로 생긴 번번족(奔奔族)에 대해 설명한 글로, 본문에서 '他们又是中国社会压力最大的族群'이라고 했으므로, 이들은 스트레스가 심하다는 것을 알 수 있다. 따라서 정답은 B이다.

어휘 东奔西走 dōng bēn xī zǒu 셩 (생계를 위해) 동분서주하다 | ★品牌 pǐnpái 몡 브랜드 | 一路 yílù 뷔 함께, 같이 | 嚎叫 háojiào 통 큰 소리로 울부짖다 | ★奔跑 bēnpǎo 통 질주하다 | 族群 zúqún 몡 부류 | ★承受 chéngshòu 통 감당하다, 견뎌내다 | 宣泄 xuānxiè 통 (불만 등을) 쏟아내다, 팔다 | 抗争 kàngzhēng 통 투쟁하다

---

4   난이도 上   공략 Key 주제어의 뜻 파악

　　"海豚族"成了2010年的网络红词。海豚族就是海量囤积食品一族。<u>因为现在食糖、酒类还有食用油等基本食品都疯狂涨价</u>，这导致了一些人在其进一步涨价时，开始囤积粮食，所以这些市民被称为"海豚族"。其实我们的日常用品就算涨价也就是几块钱的事，而囤货会占用比较多的资金，所以"看似节约，实则大浪费。"

A　海豚族都是大手大脚
Ⓑ　**最近有些食品大幅度涨价**
C　网民们起了海豚族这个名称
D　海豚族导致了食品价格涨价

　　'돌고래족(海豚族)'은 2010년의 인터넷 유행어가 되었는데, 돌고래족이란 식료품을 굉장히 많이 사재기해 놓는 부류이다. <u>현재 설탕이나 주류, 식용유 등의 식료품의 가격이 가파르게 상승하고 있고</u>, 이는 가격이 좀 더 올랐을 때 일부 사람들이 식료품을 사재기하기 시작하는 것을 초래하기 때문에, 이러한 사람들을 '돌고래족'이라고 한다. 사실 우리의 일용품은 설령 가격이 오른다 해도 겨우 몇 푼 일뿐이다. 하지만 사재기하는 것은 꽤 많은 돈을 사용하기 때문에 절약하는 것처럼 보이지만 사실은 더 낭비하는 것이다.

A　돌고래족은 모두 돈을 물 쓰듯 쓴다
Ⓑ　**요즘 일부 식품이 큰 폭으로 가격이 올랐다**
C　네티즌들이 돌고래족이라는 이 이름을 지었다
D　돌고래족은 식품 가격의 상승을 초래했다

공략 2010년 인터넷에서 유행한 돌고래족에 대한 설명으로, '因为现在……基本食品都疯狂涨价'에서 그들이 물건을 사재기하는 이유를 설명했기에 정답이 B임을 알 수 있다.

어휘 网络红词 wǎngluò hóngcí 몡 인터넷 유행어 | 海量 hǎiliàng 몡 술고래 | 囤积 túnjī 통 사서 쟁이다 | 食糖 shítáng 몡 설탕

| 疯狂 fēngkuáng 휑 미치다 | ★涨价 zhǎngjià 동 물가가 오르다 | ★导致 dǎozhì 동 초래하다 | ★粮食 liángshi 명 식량 |
囤货 túnhuò 동 (상품을) 매점하다 | 占用 zhànyòng 동 점용하다 | 大手大脚 dà shǒu dà jiǎo 성 돈을 물 쓰듯 쓰다 | 大幅
度 dàfúdù 휑 대폭적이다

5

老虎抓到一只狐狸。狐狸说："您不敢吃我！上帝派遣我来做各种野兽的首领，现在你吃掉我，是违背上帝的命令。如果你不信，我在你前面行走，看各种动物看见我有敢不逃跑的吗？"老虎认为有道理，所以就和它一起走。动物们看见它们都逃跑了，老虎认为它们是害怕狐狸，<u>其实他们是害怕老虎而逃跑的</u>。

A 狐狸是森林之王
B 老虎比狐狸更狡猾
Ⓒ 动物们害怕老虎
D 狐狸是老虎的天敌

호랑이가 여우 한 마리를 잡았는데, 여우는 "저를 잡아먹을 수 없을걸요! 하느님이 맹수의 우두머리가 되라고 저를 파견했거든요, 지금 저를 잡아먹으면, 하느님의 명령을 위배하는 것입니다. 만일 믿지 않는다면 제가 호랑이님 앞에서 걸을 테니 다른 동물들이 저를 보고 도망가지 않는지 보실래요?"라고 말했다. 호랑이는 일리가 있다고 생각했기에 여우와 함께 걸었다. 동물들은 그들을 보고는 도망쳤는데, 호랑이는 다른 동물들이 여우를 두려워한다고 생각했지만, <u>사실 그들은 호랑이가 무서워서 도망친 것이었다.</u>

A 여우는 숲 속의 왕이다
B 호랑이는 여우보다 더 교활하다
Ⓒ 동물들은 호랑이를 두려워한다
D 여우는 호랑이의 천적이다

독해
제2부분

공략 성어 '狐假虎威(남의 권세를 빌려 위세를 부리다)'에 얽힌 이야기로, 글의 마지막에 전환 관계 부사 其实를 통해 다른 동물들이 여우를 무서워한 것이 아니라 호랑이를 무서워한 것임을 설명했으므로 정답은 C이다.

어휘 上帝 shàngdì 명 하느님 | 派遣 pàiqiǎn 동 파견하다 | 野兽 yěshòu 명 야수 | 首领 shǒulǐng 명 우두머리 | ★违背 wéibèi 동 위반하다 | ★逃跑 táopǎo 동 도망치다 | ★害怕 hàipà 동 두려워하다 | ★狡猾 jiǎohuá 휑 교활하다 | 天敌 tiāndí 명 친척

6

有个人养了一群羊。有一天他发现少了一只，原来羊圈破了个洞。夜间狼从洞里钻进来，把羊叼走了。邻居让他把羊圈修一修！可是他觉得羊已经丢了，还修羊圈干什么，于是没有接受邻居的劝告。第二天他发现又少了一只羊，原来狼又把羊叼走了。<u>他很后悔不接受邻居的劝告，就把羊圈修补得结结实实。从此以后他的羊再也不少了。</u>

A 做人一定要讲信用
B 邻居家的羊被偷走了
C 有些事后悔也来不及
Ⓓ 出了问题要想办法补救

어떤 사람이 한 무리의 양을 길렀다. 어느 날 그는 한 마리가 없어진 것을 발견했는데, 알고 보니 양 우리에 구멍이 나서 밤에 늑대가 구멍으로 파고 들어와서 양을 물고 가버린 것이었다. 이웃 사람들이 그에게 양 우리를 수리하라고 했지만, 그는 양을 이미 잃어버렸으니 양 우리를 다시 고쳐서 뭐하나 싶어, 이웃의 충고를 듣지 않았다. 이튿날 그는 또 한 마리가 없어진 것을 발견했는데, 알고 보니 늑대가 또 양을 물고 간 것이었다. <u>그는 이웃의 충고를 받아들이지 않은 것을 매우 후회했고, 바로 양 우리를 튼튼하게 수리했다. 이때 이후로 그의 양은 더 이상 없어지지 않았다.</u>

A 사람은 반드시 신용을 지켜야 한다
B 이웃집 양을 도둑맞았다
C 어떤 일은 후회했을 때는 이미 늦는다
Ⓓ 문제가 생기면 보완할 방법을 생각해야 한다

공략 성어 '亡羊补牢(손실을 입거나 문제가 발생한 후에 서둘러 보완하면 늦지는 않다)'에 얽힌 이야기로, 亡羊补牢라는 성어의 뜻을 알고 있다면 정답을 쉽게 찾겠지만 그렇지 않을 경우 글 전체 내용을 파악해야 한다. 처음에 이웃의 말을 듣지 않았다가 양을 또 잃자 후회하면서 양 우리를 수리했고 더 이상 양이 없어지지 않았음을 이야기하고 있으므로 문제가 생기

면 조치를 취하면 된다는 뜻을 가진 D가 정답이 된다.

어휘 羊圈 yángjuàn 몡 양 우리 | 钻 zuān 동 파고 들어가다 | ★叼 diāo 동 입에 물다 | 劝告 quàngào 몡 충고, 권고 | 补 bǔ 동 고치다, 깁다 | ★结实 jiēshi 혱 견고하다, 질기다 | ★来不及 láibují 동 늦다, 겨를이 없다 | 补救 bǔjiù 바로잡다

宋国有一个人，他家养了一大群猴子，他能理解猴子的意思，猴子也懂得他的心意。过了不久，家里变得很穷，于是他对猴子说："给你们的橡子，早上三个晚上四个，行吗？"猴子都不愿意。过了一会儿，他又说："给你们橡子，早上四个，晚上三个，这该够吃了吧？"猴子一听，一个个都趴在地上，非常高兴。

A 猴子们都害怕主人
B 这个人耍了小聪明
C 猴子不喜欢吃橡子
D 猴子的动作很灵活

송나라에 어떤 사람이 있었는데, 그는 집에서 한 무리의 원숭이를 길렀다. 그는 원숭이의 뜻을 이해할 수 있었고, 원숭이도 그의 마음을 알았다. 얼마 지나지 않아 집이 가난해져서, 그는 원숭이들에게 "너희들에게 주는 도토리를 아침에 3개, 저녁에 4개 줘도 되겠니?"라고 말하자, 원숭이들은 모두 원하지 않았다. 얼마가 지나자, 그는 또 "너희들에게 주는 도토리를 아침에 4개, 저녁에 3개 주면 충분하겠지?"라고 말했다. 원숭이들은 듣자마자 하나같이 바닥에 엎드려서는 매우 기뻐했다.

A 원숭이들은 모두 주인을 무서워한다
B 이 사람은 잔꾀를 부렸다
C 원숭이는 도토리 먹는 것을 싫어한다
D 원숭이의 동작은 매우 민첩하다

공략 성어 '朝三暮四(간사한 꾀로 남을 속이다)'에 얽힌 이야기로, 아침에 3개, 저녁에 4개를 다시 아침에 4개, 저녁에 3개로 개수만 살짝 바꿔서 원숭이를 속였다는 내용이므로 정답은 B이다.

어휘 心意 xīnyì 몡 생각, 뜻 | 橡子 xiàngzǐ 몡 도토리 | ★趴 pā 동 엎드리다 | 耍小聪明 shuǎ xiǎocōngming 잔꾀를 부리다 | ★灵活 línghuó 혱 민첩하다

有一天有一群人在画画，有人建议说："我们画蛇吧！谁先画完就可以喝酒。"他们答应了，大家开始画画了。甲很快就画完了，他看见其他人都在画，就在蛇上加了四只脚。他刚画完脚，乙的蛇画好了，乙就跑到桌子边喝酒。甲说："那瓶酒是我的。"乙说："蛇不应该有脚，你画错了。"

A 甲喝醉了
B 乙很狡猾
C 乙的蛇有四只脚
D 甲做了多余的事

어느 날 한 무리의 사람들이 그림을 그리고 있었는데, 어떤 사람이 "우리 뱀을 그립시다! 먼저 그린 사람이 술을 먹는 걸로 하죠"라고 제안했다. 모두들 동의하고, 그림을 그리기 시작했다. 갑은 재빨리 그림을 완성했는데, 다른 사람들이 여전히 그림을 그리고 있는 것을 보고는 뱀에 네 개의 다리를 그려 넣었다. 그가 막 다리를 다 그리자마자 을도 뱀을 다 그렸고, 을은 탁자로 가서는 술을 마셨다. 갑이 "그 술은 내 거라네"라고 말하자, 을은 "뱀에는 다리가 있으면 안 되지, 자네는 잘못 그렸다네"라고 말했다.

A 갑은 술에 취했다
B 을은 매우 교활하다
C 을의 뱀에는 다리가 네 개 있다
D 갑은 쓸데없는 짓을 했다

공략 성어 '画蛇添足(재주를 피우려다 일을 망치다)'에 얽힌 이야기로, 그림을 다 그렸는데도 불구하고 시간이 남는다 하여 없는 다리를 그려 넣는 쓸데없는 짓을 하는 바람에 술 마실 기회를 잃게 되었기에 정답은 D이다.

어휘 ★答应 dāying 동 동의하다 | 喝醉 hēzuì 동 (술에) 취하다 | ★多余 duōyú 혱 쓸데없다

# 22 day 유머와 인물 일화에 집중하라

| 정답 | 1. B | 2. B | 3. D | 4. B | 5. D | 6. C | 7. B | 8. D |

독해
제2부분

---

1   난이도 下   공략 Key 문맥 파악

　　有一天，两个人走在大街上，有一个人手里拿了一个袋子，另一个人问："老王，你的袋子里装的是什么东西？"老王回答说："哦，是鸡。"老张说："是鸡呀，那么如果我猜对你的袋子里有几只鸡，你可不可以给我一只呀？"老王说："好呀! 如果你猜对了，我两只鸡都给你!""真的? 呃……五只!"

A 他们被人骗了
B 袋子里只有两只鸡
C 老王是在市场买的鸡
D 老张是个很聪明的人

　　어느 날 두 사람이 거리를 걷고 있었는데, 한 사람이 손에 봉지를 들고 있어서 다른 사람이 물었다. "라오왕, 네 봉지에 담긴 것이 뭐야?" 라오왕은 "아, 닭이야"라고 대답했다. 라오장은 "닭이구나, 그럼 만일 내가 네 봉지에 몇 마리의 닭이 있는지 알아맞히면 나에게 한 마리 줄 수 있어?"라고 말하자, 라오왕은 말했다. "좋아, 만일 네가 맞히면 두 마리 다 네게 줄게." "정말이지? 음……다섯 마리!"

A 그들은 사람들에게 속았다
B 봉지에는 닭이 두 마리만 있다
C 라오왕은 시장에서 닭을 샀다
D 라오장은 매우 똑똑한 사람이다

공략 어리석은 두 사람에 관한 유머이다. 닭의 수를 맞히려는 라오장에게 만일 맞히면 '我两只鸡都给你'라며 닭의 수를 직접 언급했기에 정답은 B이다.

어휘 袋子 dàizi 몡 봉지, 주머니 | 装 zhuāng 동 담다, 넣다 | 猜对 cāiduì 동 추측하여 알아맞히다 | 呃 ē 갑탄 (더듬거리며 우물쭈물하는 말투로) 에

---

2   난이도 上   공략 Key 문맥 이해

　　一家人在高高兴兴地吃晚饭，吃完晚饭，父亲和儿子在客厅里看电视，母亲和女儿一块儿洗碗盘。突然，厨房里传来打破盘子的声音，然后一片寂静。儿子看着他父亲，说道："一定是妈妈打破的。"父亲问："你怎么知道？""因为她没有骂人。"

A 父亲很体贴
B 儿子很了解妈妈
C 女儿把盘子打破了
D 妈妈不常做家务

　　한 가족이 기분 좋게 저녁을 먹었다. 저녁을 다 먹은 후에 아버지와 아들은 거실에서 텔레비전을 보고 있었고, 엄마와 딸은 함께 설거지를 했다. 갑자기 주방에서 접시 깨지는 소리가 들리더니, 잠시 후에 조용해졌다. 아들은 아버지를 보면서 "분명히 엄마가 깨트린 걸 거예요"라고 말하자, 아버지가 "네가 어찌 아니?"라고 물었다. 그러자 아들은 말했다. "왜냐하면 엄마가 뭐라고 안 하시잖아요."

A 아버지는 매우 자상하다
B 아들은 엄마를 매우 잘 안다
C 딸이 접시를 깼다
D 엄마는 집안일을 자주 하지 않는다

공략 엄마와 딸이 같이 설거지를 하는 와중에 깨진 접시를 두고 아들이 누가 깨트렸는지 사태를 파악하고 있다. 딸이 깨트렸으면 분명히 엄마가 딸에게 조심성이 없다느니 등등 뭐라고 했을 텐데 그런 소리가 전혀 들리지 않았으니 엄마가 깨트린 것이라고 유추하고 있으므로 글에 가장 부합하는 정답은 B이다.

어휘 ★客厅 kètīng 명 응접실, 거실 | 洗碗盘 xǐ wǎnpán 동 설거지를 하다 | ★厨房 chúfáng 명 주방 | ★传来 chuánlái 동

(소리가) 전해오다 | ★打破 dǎpò 통 깨트리다 | 盘子 pánzi 명 접시 | 寂静 jìjìng 형 조용하다 | ★体贴 tǐtiē 통 자상하게 돌보다 | ★做家务 zuò jiāwù 통 집안일을 하다

3

老马拿了3把雨伞送修理店去修。回来时，他去一家餐厅吃饭，<u>走时他心不在焉就拿错了邻桌妇女的雨伞。</u>妇女说："雨伞是我的。"他连忙不好意思地道歉。第二天，他去拿回送修的3把伞回家，没想到又碰见昨天的那位妇女，她看了看老马，又看了看老马手中的3把雨伞，说："看得出来，你今天运气真好呀。"

A 老马偷了妇女的雨伞
B 老马是修理雨伞的
C 他们俩是朋友
Ⓓ **妇女误会了老马**

라오마는 우산 세 개를 들고 수리 센터에 수리를 맡기러 갔다. 돌아오는 길에 그는 한 식당에서 밥을 먹었고, <u>나가는 길에 아무 생각 없이 옆 테이블에 있는 아주머니의 우산을 잘못 들었다.</u> 아주머니가 "우산은 제 건데요"라고 말하자, 그는 황급히 미안해 하면서 사과를 했다. 이튿날 그가 수리를 맡겼던 우산 세 개를 찾아서 집으로 돌아가는 길에, 뜻밖에도 어제의 그 아주머니를 우연히 만났다. 그녀는 라오마를 보고, 또 라오마 손에 들린 우산 세 개를 보더니 말했다. "딱 보니 알겠네요, 오늘은 운이 참 좋으시군요."

A 라오마는 아주머니의 우산을 훔쳤다
B 라오마는 우산 수리공이다
C 그 둘은 친구이다
Ⓓ **아주머니는 라오마를 오해했다**

공략 실수로 남의 우산을 들고 갈 뻔했던 라오마를 아주머니가 우산 도둑으로 오해한 유머이다. 본문의 心不在焉을 통해 라오마가 우산을 훔칠 생각이 아니었음을 알 수 있으므로 A는 답이 될 수 없고, 이튿날 우산을 들고 있는 라오마를 본 아주머니가 그를 우산 도둑으로 착각해서 세 개의 우산을 성공적으로 훔쳤다고 생각했기에 정답은 D이다.

어휘 修理店 xiūlǐdiàn 명 수리 센터 | 心不在焉 xīn bú zài yān 성 정신을 딴 데 팔다 | 邻桌 línzhuō 명 옆 테이블 | ★连忙 liánmáng 부 재빨리, 급히 | ★道歉 dàoqiàn 통 사과하다 | ★碰见 pèngjiàn 통 (우연히) 만나다 | ★误会 wùhuì 통 오해하다

4

<u>毛斌的小说很有意思，</u>但很多人不知道，是因为没有钱做广告，有一次<u>他写完一部小说后，</u>就在报纸上刊登了这样一份征婚启事："本人喜欢音乐、运动，是个年轻又有教养的百万富翁，希望能和毛斌小说中的女主角完全一样的女性结婚。"几天之后，毛斌的小说被抢购一空。

A 毛斌希望结婚
Ⓑ **毛斌是个作家**
C 毛斌很有名气
D 毛斌是个富翁

<u>마오빈의 소설은 매우 재미있지만,</u> 많은 사람들이 잘 모른다. 왜냐하면 광고를 할 돈이 없었기 때문이다. 한 번은 <u>그가 소설을 한 권 탈고하고는</u> 신문에 다음과 같은 구혼 공고를 냈다. '저는 음악과 운동을 좋아하는 젊고도 교양 있는 백만장자입니다. 마오빈 소설 속 여주인공과 같은 여성과 결혼할 수 있기를 바랍니다' 며칠 후 마오빈의 소설은 날개 돋친 듯이 팔렸다.

A 마오빈은 결혼하고 싶어 한다
Ⓑ **마오빈은 작가이다**
C 마오빈은 매우 유명하다
D 마우빈은 부자이다

공략 돈이 없어 자신의 책 광고를 못하는 사람이 아이디어를 내서 다소 저렴한 구혼 공고를 통해 자신의 책을 베스트셀러로 만들었다는 이야기로, 본문의 '毛斌的小说很有意思'와 '他写完一部小说后'에서 마오빈은 글을 쓰는 작가임을 알 수 있다.

어휘 ★报纸 bàozhǐ 명 신문 | ★刊登 kāndēng 통 (신문·잡지에) 게재하다 | 征婚启事 zhēnghūn qǐshì 명 구혼 공고 | 教养 jiàoyǎng 명 교양 | 百万富翁 bǎiwàn fùwēng 명 백만장자 | ★主角 zhǔjué 명 주인공 | 抢购 qiǎnggòu 통 다투어 구매하다

5

有一个年轻人逛公园有点累，看到前面有长椅，就坐在上面休息，有一个小孩子好奇地站在他旁边，一直不走。年轻人很烦也很纳闷地问："小朋友，你为什么站在这里不走，有什么事吗？"小孩儿说："这长椅刚刚刷过漆，我就是想看看你站起来后会是什么样子。"

A 小孩子应具备好奇心
B 清洁工把年轻人赶走了
C 这张椅子坐上去很舒服
D 年轻人觉得这个孩子很不耐烦

한 젊은이가 공원을 구경하다가 좀 피곤해서, 앞에 벤치가 있는 걸 보고는 앉아서 쉬고 있었는데, 한 꼬마가 호기심 어린 듯 그의 옆에 서 있으면서 계속 가지를 않았다. 젊은이는 귀찮고 또 답답해서 물었다. "꼬마야, 왜 안 가고 여기 서 있니? 무슨 볼일이라도 있어?" 꼬마는 말했다. "이 벤치는 방금 전에 페인트칠을 했거든요. 저는 아저씨가 일어났을 때 어떤 모습인지 보고 싶어요."

A 어린이는 마땅히 호기심이 있어야 한다
B 청소부가 젊은이를 내쫓았다
C 이 의자는 앉기에 매우 편안하다
D 젊은이는 이 아이가 매우 귀찮다고 생각했다

공략 막 페인트칠을 한 줄도 모르고 앉아 있는 젊은이와 이 젊은이가 일어났을 때 페인트가 묻은 모습을 보고 싶어 하는 한 꼬마의 이야기로, 본문에서 '年轻人很烦也很纳闷地问'이라고 했기에 젊은이는 이 아이를 귀찮아 한다는 것을 알 수 있다.

어휘 ★逛 guàng 동 구경하다 | 长椅 chángyǐ 명 벤치 | ★好奇 hàoqí 형 궁금하게 생각하다 | 纳闷 nàmèn 동 답답해 하다 | ★刷漆 shuāqī 동 페인트를 칠하다 | ★具备 jùbèi 동 갖추다 | 清洁工 qīngjiégōng 명 환경 미화원 | ★不耐烦 búnàifán 형 귀찮다

6

有一家公司的经理把公关主任找来说："有人想买我们公司，我要你想办法把我们公司的股价抬高，让他们买不起，你不管用什么办法，只要达到目的就行。"那家公司的股票价格连续两天上涨，经理非常满意。他问公关主任"你是怎样做到的？"他说："我放了一个假消息。""什么假消息？""我说你快要辞职了。"

A 公关主任被炒鱿鱼了
B 那家公司的股票一直在跌
C 大家都愿意经理要辞职
D 经理是个很狡猾的人

어떤 회사의 사장이 홍보 주임을 찾아와서 "누가 우리 회사를 사들이려 하니까, 우리 회사의 주가를 높일 방법을 생각해서, 그들이 (비싸서) 사지 못하도록 만들게. 무슨 방법을 쓰든지 간에 목적에 이르기만 하면 돼"라고 말했다. 그 회사의 주식은 연이어 이틀 동안 올랐고, 사장은 굉장히 흡족해 했다. 그가 홍보 주임에게 "어떻게 한 것인가?"라고 묻자, 홍보 주임은 "제가 거짓 소문을 퍼트렸습니다"라고 말했다. "무슨 헛소문?" "사장님께서 회사를 그만둔다고 했습니다."

A 홍보 주임은 해고를 당했다
B 그 회사의 주식은 계속 떨어지고 있다
C 모두들 사장이 그만두기를 바란다
D 사장은 매우 교활한 사람이다

공략 거짓 소문을 퍼트려 회사의 주가를 올린 홍보 주임의 이야기로, 본문에서 '我说你快要辞职了'라고 했으므로 많은 이들이 사장이 그만두기를 원한다는 것을 알 수 있으므로 정답은 C이다.

어휘 公关主任 gōngguān zhǔrèn 명 홍보 주임 | 股价 gǔjià 명 주가 | 抬高 táigāo 동 오르게 하다 | ★达到 dádào 동 이르다 | 放假消息 fàng jiǎ xiāoxi 헛소문을 퍼트리다 | 辞职 cízhí 동 사직하다 | ★炒鱿鱼 chǎo yóuyú 해고하다 | 股票 gǔpiào 명 주식 | 跌 diē 동 떨어지다, 내리다 | ★狡猾 jiǎohuá 형 교활하다

　　学校一年一度旅行时，初中的男女生因为兴趣不同，总是分开来玩。女孩子穿着游泳衣走来走去，一方面显示自己，一方面享受阳光。男孩则卷起裤子在水里捉小鱼。看管这些孩子的一个教师慨叹说："我不记得我读初中时，女孩子有没有这么成熟的。""当然有，只不过你当时在忙着捉小鱼罢了！"另一个教师淡然地说。

　　학교에서 1년에 한 번 가는 여행을 갔을 때, 중학교의 남학생과 여학생들이 흥미가 달라서 늘 따로 놀았다. 여학생들은 수영복을 입고 왔다 갔다 하며, 한편으로는 자신을 과시하고, 한편으로는 태양빛을 즐겼다. 남학생들은 바지를 걷어붙이고 물속에서 물고기를 잡았다. 이 아이들을 관리하는 한 교사가 탄식하며 "내가 중학교 다닐 때 이렇게 성숙한 여학생이 있었던가, 기억이 안 나네"라고 말하자, "당연히 있었지요, 단지 그때 당시 당신은 물고기를 잡는 데만 신경 쓰고 있었을 뿐일걸요"라며 다른 교사가 담담하게 말했다.

A　捉鱼并不难
B　有些女同学很成熟
C　老师不记得自己的初中生活
D　男同学不喜欢女同学

A　물고기를 잡는 것은 그리 어렵지 않다
B　일부 여학생들은 매우 성숙하다
C　선생님은 자신의 중학교 시절을 기억하지 못한다
D　남학생은 여학생을 싫어한다

공략　중학교 남녀 학생들을 바라보는 두 명의 선생님의 대화로, 본문에서 '我不记得我读初中时，女孩子有没有这么成熟的'라고 언급했기에 수영복을 입고 왔다 갔다 하는 여학생들 중에 성숙한 이가 있었음을 알 수 있으므로 정답은 B이다.

어휘　一度 yídù 몡 한 번 | ★显示 xiǎnshì 동 과시하다 | ★享受 xiǎngshòu 동 누리다 | ★卷 juǎn 동 말아 올리다 | 捉 zhuō 동 잡다 | 看管 kānguǎn 동 돌보다, 관리하다 | 慨叹 kǎitàn 동 탄식하다 | ★成熟 chéngshú 형 성숙하다 | 淡然 dànrán 형 담담하다

　　孔融小时候聪明好学，大家都夸他是奇童。4岁时，他已经背诵许多文章，所以父亲很喜欢他。一天，父亲买了一些梨子，特地挑了一个最大的梨子给孔融，孔融摇摇头，却另挑了最小的梨子说："我年纪最小，应该吃小的，把大梨给哥哥吧。"父亲听后十分惊喜。

　　공융은 어렸을 때 굉장히 똑똑하고 공부를 잘해서, 모두들 그를 신동이라고 칭찬했다. 4살 때, 그는 이미 많은 글을 암송을 해서, 그의 아버지는 그를 굉장히 예뻐했다. 어느 날 아버지가 배를 좀 사가지고 와서는 특별히 제일 큰 배를 골라서 공융에게 주었다. 공융은 고개를 저으며 가장 작은 배를 고르며 "저는 나이가 가장 어리니까, 작은 것을 먹어야 해요. 큰 배는 형에게 주세요"라고 말하자, 아버지는 듣고서 굉장히 놀라면서도 기뻐했다.

A　孔融不懂礼貌
B　父亲喜欢吃梨子
C　哥哥很贪食
D　孔融挑选的是小的梨

A　공융은 예의가 없다
B　아버지는 배 먹는 것을 좋아하신다
C　형은 음식을 탐한다
D　공융이 고른 것은 작은 배이다

공략　중국의 학자 공융의 어린 시절 일화를 소개한 글로, 본문에서 '孔融摇摇头，却另挑了最小的梨子说'라고 했기에 공융이 고른 배는 작은 것임을 알 수 있으므로 정답은 D이다.

어휘　孔融 Kǒngróng 고유 공융(중국의 학자) | 夸 kuā 동 칭찬하다 | 奇童 qítóng 몡 신동 | ★背诵 bèisòng 동 외우다, 암송하다 | 梨子 lízi 몡 배(과일) | ★特地 tèdì 뷔 일부러, 특별히 | ★挑 tiāo 동 고르다 | ★摇头 yáotóu 동 고개를 젓다 | 惊喜 jīngxǐ 동 놀라고도 기뻐하다 | 贪食 tānshí 동 식탐하다

23 day 긴 지문 독해 방법을 습득하라

본책_ 268쪽

정답 1. D　2. D　3. A　4. C　5. C　6. B　7. B　8. D

1-4

小时候，我曾看过一篇文章，写有个一叫小明的人被河水冲走后，像一片草叶似的顺水而下。**1**这时，他多么想抓住一样东西啊，哪怕是一把水草也好。然而，四面都是水，他什么也抓不住，心想这一下儿算没救了。这个念头一出，身上立即没劲儿，也没有力气挣扎了，整个身体即要往下沉。

正在这时，他突然看见远处河岸边有一棵老树，是斜着长的，其中有一根粗大的树枝正好贴在水面上，他心里顿时有了希望，就拼命挣扎，坚持，一直游到了那棵老树前，但他拼命抓住那伸向河中的树枝时，才发现树枝早已枯死了，**2**被他使劲儿一拽，就断了，这时来救他的人也赶到了，**3**他终于被救上岸。事后他说，要是早知道那是一截枯枝，他根本坚持不到那儿。**4**原来死神也是害怕希望，哪怕这希望只是一截枯枝。

어릴 때, 나는 글 한 편을 읽었다. 글에서 샤오밍이라는 사람이 강물에 쓸려서 수초처럼 물에 떠내려가게 되었다. **1**이때 그는 설령 수초라도 좋으니 그 무언가를 너무나도 잡고 싶었다. 하지만 사방이 물이었고, 그는 어떤 것도 잡을 수가 없었다. 그는 속으로 이번에 구조될 수 없겠다고 생각했다. 이런 생각을 한 순간, 즉시 몸에 힘이 빠지고 발버둥칠 힘도 없어서 온몸이 곧 가라앉게 될 지경이었다.

바로 이때, 그는 멀리 강둑에 고목 한 그루가 있는 것을 보았다. (나무는) 비뚤게 자라 있었고, 마침 두꺼운 나뭇가지 하나가 수면과 바짝 붙어 있었다. 그의 마음속에 갑자기 희망이 생겼고, 필사적으로 발버둥치며 포기하지 않고 계속해서 그 고목 앞까지 헤엄쳐 갔다. 하지만 강물을 향해 뻗은 나뭇가지를 온 힘을 다해 붙잡았을 때, 그는 나뭇가지가 이미 말라 죽었음을 알아차렸고, **2**그가 힘껏 잡아당기자 나뭇가지는 부러져버렸다. 이때 그를 구조하러 온 사람이 도착해서 **3**그는 마침내 구조되어 강둑으로 올라왔다. 후에 그는 만일 그 나무가 죽은 나무인 줄 미리 알았다면 아예 거기까지 버티지 못했을 거라고 말했다. **4**원래 저승사자도 희망을 두려워하는 것이다. 설사 이 희망이 단지 하나의 죽은 나뭇가지라 할지라도.

어휘　★曾 céng 뷔 일찍이 | ★冲 chòng 통 (홍수 따위가) 휩쓸다 | 像……似的 xiàng……shìde 마치 ~와 같다 | 草叶 cǎoyè 몡 풀잎 | ★哪怕 nǎpà 젭 설령 ~라 해도 | 水草 shuǐcǎo 몡 수초, 물풀 | ★然而 rán'ér 젭 하지만 | 念头 niàntou 몡 생각, 마음 | ★立即 lìjí 뷔 곧, 즉시 | ★没劲儿 méijìnr 통 맥없다 | ★挣扎 zhēngzhá 통 발버둥치다, 몸부림치다 | 沉 chén 통 (물속에) 가라앉다 | 河岸 hé'àn 몡 강변, 강가 | 斜 xié 통 기울다 | 粗大 cūdà 톙 두껍다, 굵직하다 | ★树枝 shùzhī 몡 나뭇가지 | 贴 tiē 통 바싹 붙다, 아주 가깝게 달라붙다 | ★顿时 dùnshí 뷔 갑자기, 바로 | ★拼命 pīnmìng 통 기를 쓰다, 죽을 힘을 다하다 | 伸向…… shēnxiàng…… ~쪽으로 펴다 | 枯死 kūsǐ 통 말라 죽다, 시들어 죽다 | ★使劲 shǐjìn 통 힘을 쓰다 | ★拽 zhuài 통 잡아당기다 | 枯枝 kūzhī 몡 마른 나뭇가지 | 死神 sǐshén 몡 저승사자

1

난이도 下　**공략 Key** 글의 도입부 파악

小明刚落水时想做什么?

A 喊救命
B 找一棵大树
C 继续往前游
D 抓住一样东西

샤오밍은 물에 빠지자마자 무엇을 하고 싶어 했나?

A 살려달라고 소리치고 싶었다
B 큰 나무를 찾고 싶었다
C 계속 앞쪽으로 헤엄치고 싶었다
D 뭔가를 잡고 싶었다

공략 | 지문의 전개 순서에 따라 질문이 제시되므로, 글의 도입부에서 정답을 찾는다. '他多么想抓住一样东西啊, 哪怕是一把水草也好'라고 했기 때문에 정답은 D이다.

어휘 | ★喊 hǎn 图 외치다, 소리치다

小明抓住树枝后发生了什么?	샤오밍이 나뭇가지를 잡은 후에 어떤 일이 일어났나?
A 船来了 B 树倒了 C 水更急了 Ⓓ 树枝断了	A 배가 왔다 B 나무가 쓰러졌다 C 물살이 더 급해졌다 Ⓓ 나뭇가지가 부러졌다

공략 | '一……就……'는 '~하자마자 곧'이라는 의미로 '被他使劲儿一拽, 就断了'를 통해 D가 정답임을 알 수 있다.

根据本文, 下列哪项正确?	본문을 근거로 다음 중 옳은 것은?
Ⓐ 小明最后得救了 B 河边种着很多大树 C 小明抓住了一把木草 D 小明相信自己会得救	Ⓐ 샤오밍은 결국 구조되었다 B 강가에는 나무가 많이 심어져 있다 C 샤오밍은 수초를 한 웅큼 잡았다 D 샤오밍은 자신이 구조될 것이라 믿었다

공략 | 보기의 내용을 하나씩 지문과 대조해서 정답을 찾아야 한다. 글 마지막에 '他终于被救上岸'이라고 언급했으므로 정답은 A가 된다.

어휘 | ★得救 déjiù 图 구조되다

本文主要想告诉我们什么?	이 글이 우리에게 알려주고자 하는 것은?
A 死并不可怕 B 不要害怕危险 Ⓒ 希望能给人力量 D 遇到困难要想各种方法	A 죽는다는 것은 그리 무섭지 않다 B 위험을 두려워하지 마라 Ⓒ 희망은 다른 사람에게 힘을 준다 D 어려움에 봉착하면 많은 방법을 생각해야 한다

공략 | 글에서 말하고자 하는 교훈은 주로 이야기의 끝 부분에 나오므로 마지막 부분에서 정답을 찾는다. '原来死神也是害怕希望, 哪怕这希望只是一截枯枝'라고 했으므로 정답은 C이다.

어휘 | ★危险 wēixiǎn 匐 위험하다

5-8

有一个年轻人去一家公司担任销售经理, 5勤恳工作了一年, 不但毫无起色, 反而在几个大项目上接连失败。而其他业务部门的同事们, 个个都干出了成绩。终于有一天, 他实在忍受不了这种痛苦, 去向总经理辞职。5他惭愧地说, 可能自己不适合这份工作。

어떤 젊은이가 한 회사에서 영업 팀장을 맡아 5성실하게 1년을 일했는데, 좋아지는 기미가 전혀 없을 뿐 아니라 오히려 몇 개의 큰 프로젝트에서 연이어 실패를 했다. 하지만 다른 영업 부서의 동료들은 하나같이 좋은 성적을 내고 있었다. 결국 어느 날, 그는 이러한 고통을 참을 수가 없어서 사장을 찾아가 사직서를 냈다. 5그는 부끄러워하면서 아마도 자신이 이 일에 적합하

"安心工作吧，我会给你足够的时间，直到你成功为止。到那时，你再要走我也不留你。"他被老总的宽容感动了。他想，总应该做出一两件像样的事后再走。于是，他在后来的工作中多了一些冷静和思考。

6过了一年，年轻人又走进了老总的办公室。不过，这一次他很轻松，他已经连续七个月在公司销售排行榜中高居榜首，成了当之无愧的业务骨干。7原来，这份工作是那么适合他！他想知道，当初，老总为什么会将一个败军之将继续留用呢？

"因为，我比你更不甘心。"老总的回答完全出乎年轻人的预料。老总解释道："记得当初招聘时，公司收下100多份应聘材料，我面试了20多人，最后却只录用了你一个。如果接受你的辞职，我无疑是失败的。我深信，既然你能在应聘时得到我的认可，也一定有能力在工作中得到客户的认可，你缺少的只是机会和时间。与其说我对你仍有信心，倒不如说我对自己仍有信心。我相信我没有用错人。"我就是那个年轻人。从老总那里，我懂得了：8给别人以宽容，给自己以信心，就能成就一个全新的局面。

지 않은 것 같다고 말했다.

"안심하고 일하게나. 자네가 성공할 때까지 내가 자네에게 충분한 시간을 주겠네. 그때 가서도 자네가 떠나겠다고 하면 붙잡지 않겠네" 그는 사장의 관용에 감동을 받아서는 어쨌든 한두 가지 그럴듯한 일을 해놓은 후에 떠나야겠다고 생각했다. 그래서 그는 그 이후에 일을 하면서 더욱 침착해졌고 생각을 많이 하게 되었다.

61년이 지나, 젊은이는 또 사장실로 걸어 들어갔다. 하지만 이번에 그는 매우 편안했다. 그는 이미 연이어 7개월 동안 판매 랭킹 1위를 차지했으며, 그 이름에 부끄럽지 않은 업무의 핵심 멤버가 되었다. 7알고 보니 이 일은 그에게 매우 잘 맞았다. 그는 그때 사장이 왜 패배한 장수를 계속 남겨두었는지 알고 싶었다.

"왜냐하면 내가 자네보다 더 달갑지 않았기 때문이라네." 사장의 대답은 젊은이의 예상을 완전히 벗어났다. 사장은 "내 기억에, 당시 직원을 뽑을 때, 회사에서는 100여 통의 지원서를 받았고, 나는 20여 명을 면접했는데, 최종적으로 자네 한 명만 뽑은 것이었네. 만일 자네의 사직서를 받아들였다면, 나는 분명히 실패한 것이었겠지. 어차피 면접볼 때 내 인정을 받았다면 분명히 업무적으로 고객에게 인정받을 능력이 있다는 것이고, 자네에게 부족한 것은 단지 기회와 시간뿐이라고 나는 굳게 믿었다네. 내가 자네에 대해 자신이 있었다고 말하기보다는, 내가 내 스스로에게 자신이 있었다고 말하는 게 낫겠지. 난 내가 사람을 잘못 채용한 게 아니라고 믿었거든."

내가 바로 그 젊은이다. 나는 사장님을 통해 8다른 사람에게는 관용을 베풀고 자신을 믿는다면 완전히 새로운 국면을 성취할 수 있음을 깨달았다.

어휘 　★担任 dānrèn 동 맡다, 담당하다 | ★销售经理 xiāoshòu jīnglǐ 명 판매 책임자 | 勤恳 qínkěn 형 근면 성실하다 | ★毫无 háowú 동 조금도 ~이 없다 | 起色 qǐsè 명 나아지는 기미, 호전되는 기색 | ★反而 fǎn'ér 부 오히려, 도리어 | ★项目 xiàngmù 명 프로젝트, 사업 | ★接连 jiēlián 부 연이어, 잇달아 | 业务部门 yèwù bùmén 명 업무 부서, 영업부 | ★忍受不了 rěnshòu bù liǎo 참을 수 없다 | ★痛苦 tòngkǔ 명 고통, 아픔 | ★惭愧 cánkuì 형 부끄럽다, 창피하다 | 直到……为止 zhídào……wéizhǐ 줄곧 ~까지 | ★宽容 kuānróng 동 너그럽다, 포용력이 있다 | 像样 xiàngyàng 형 그럴듯하다 | 排行榜 páihángbǎng 명 순위 차트, 랭킹 | 高居榜首 gāojū bǎngshǒu 명 일등, 수석 | 当之无愧 dāng zhī wú kuì 성 그 이름에 부끄럽지 않다 | 骨干 gǔgàn 명 핵심 | 败军之将 bàijūn zhī jiàng 명 싸움에 진 장수, 실패한 사람 | ★不甘心 bù gānxīn 달갑지 않다 | ★出乎预料 chūhū yùliào 예상을 벗어나다 | ★招聘 zhāopìn 동 모집하다, 초빙하다 | ★录用 lùyòng 동 채용하다 | 无疑 wúyí 형 의심할 바 없다, 두말 할 것 없다 | ★认可 rènkě 동 허락하다, 인정하다 | ★与其说……不如说…… yǔqí shuō……bùrú shuō…… ~라고 말하느니 차라리 ~라고 하는 편이 낫다 | ★懂得 dǒngde 동 알다, 이해하다 | 成就 chéngjiù 동 (사업을) 완성하다, 이루다 | 全新 quánxīn 형 참신하다, 아주 새롭다 | 局面 júmiàn 명 국면, 형세

5　　　　　　　　　　　　　　　　　　　　　　　　　　난이도 下　공략 Key 핵심어 '一年'

前一年年轻人为什么觉得自己不适合这份工作？

1년 전에 젊은이는 왜 자신이 이 일에 적합하지 않다고 생각했나？

A 没被老板重用	A 사장의 중용을 얻지 못해서
B 觉得自己的工作很无聊	B 자신의 일이 매우 무료하다고 생각해서
Ⓒ 工作没有取得好成绩	**Ⓒ 일에서 좋은 성적을 거두지 못해서**
D 竞争太激烈了	D 경쟁이 너무 치열해서

공략 핵심어 '一年'이 언급된 첫 번째 단락의 내용을 살펴보면, '勤恳工作了一年，不但毫无起色，反而在几个大项目上接连失败'라고 했으므로 정답은 C이다.

어휘 重用 zhòngyòng 통 중용하다

난이도 下 공략 Key 핵심어 '一年之后'

6

一年之后，年轻人：	1년 후에 젊은이는?
A 被老板炒鱿鱼了	A 사장에게 해고당했다
Ⓑ 成为公司销售的骨干	**Ⓑ 회사 영업의 핵심이 되었다**
C 没有取得好成绩	C 좋은 성적을 내지 못했다
D 开了自己的公司	D 자신의 회사를 차렸다

공략 핵심어는 시간사 '一年之后'이다. '过了一年，年轻人……成了当之无愧的业务骨干'이라고 언급했으므로 정답은 B가 된다.

어휘 ★炒鱿鱼 chǎo yóuyú 해고하다, 파면하다

7

난이도 下 공략 Key 지문과 보기 내용 대조

关于年轻人，可以知道什么？	젊은이에 관해 알 수 있는 것은?
A 是个急性子	A 성격이 급한 사람이다
Ⓑ 适合销售工作	**Ⓑ 영업 업무를 하기에 알맞다**
C 做事很马虎	C 일 처리가 세심하지 못하다
D 好奇心很强	D 호기심이 매우 강하다

공략 보기의 내용을 지문에서 하나씩 찾아 대조해야 하는 문제다. 본문에서 '原来，这份工作是那么适合他'라고 했으므로 B가 정답이다.

어휘 急性子 jíxìngzi 명 조급한 사람, 성급한 사람

8

난이도 中 공략 Key 글의 교훈 파악

本文主要告诉我们什么？	이 글이 우리에게 알려주고자 하는 것은?
A 诚恳的态度很重要	A 진실한 태도는 매우 중요하다
B 老板应该给员工支持	B 사장은 직원을 지지해주어야 한다
C 只要有能力就能成功	C 능력만 있으면 성공할 수 있다
Ⓓ 自信和宽容成就新天地	**Ⓓ 자신감과 관용은 새로운 국면을 이룰 수 있다**

공략 글에서 이야기하고자 하는 주제나 교훈은 주로 마지막 단락에 언급되는 경우가 많다. 마지막 부분에서 '给别人以宽容，给自己以信心，就能成就一个全新的局面'이라고 했으므로 정답은 D이다.

어휘 ★诚恳 chéngkěn 형 진실하다, 간절하다 | 新天地 xīntiāndì 명 새로운 환경, 새 장

24 day 질문의 내용을 숙지하라

정답 1. B 2. D 3. B 4. A 5. C 6. D 7. B 8. D

1-4

4在日常生活中形成一种时时沟通，事事交流的习惯。否则，即使为了表达某种善意，或是为了把事情办好，也有可能因为缺少交流而把事情办糟。丈夫要在一个重要会议上演讲，为此，**1**妻子专门为他买了一身西服。晚饭时，妻子问西服是否合身，丈夫说上衣很好，就是裤子长了两公分。倒是能穿，影响不大。晚上丈夫早早就睡了，可他的母亲却睡不着。一直在琢磨着儿子最重要的演讲，西裤长了怎么能行。反正人老了也睡不着，就下床，把西服的裤腿剪掉两公分。缝好烫平，然后安心地入睡了。到了早上五点半，妻子睡醒了，想起丈夫的西裤的事，觉得时间还来得及，就拿来裤子剪掉两公分。缝好烫平，然后去做早餐了。一会儿，**2**女儿也起床了，看妈妈的早餐还没有做好，就想起爸爸西裤的事情，**2**心想自己也能为爸爸做点事情了。就拿来西裤剪短两公分，缝好烫平。就这样，一条只长了两公分的裤子因为缺乏交流与沟通，被她们三人连续剪短三次。等这位丈夫做好所有的准备，下来换西裤时，**3**却发现这条裤子已经短得不能再穿了。

4일상생활 속에서 늘 소통하고 매사 교류하는 습관을 길러야 한다. 그렇지 않으면 설사 모종의 호의를 표현하기 위해서나 혹은 일을 잘 처리하기 위해서라 할지라도 어쩌면 교류가 부족해서 일을 망칠 수도 있다. 남편이 중요한 회의에서 발표를 하게 돼서, 이를 위해 **1**아내는 특별히 그에게 양복 한 벌을 사주었다. 저녁을 먹을 때 아내는 양복이 몸에 맞냐고 물었고, 남편은 상의는 맞는데 바지가 2cm 정도 길지만 입을 수 있으니, 크게 문제되지 않는다고 말했다. 저녁에 남편은 일찌감치 잠이 들었지만, 남편의 어머니는 잠을 이루지 못하고 계속 아들에게 가장 중요한 발표인데, 양복 바지가 길면 안 될 거라고 생각했다. 어차피 늙으면 잠도 없는 법이라며 일어나서는 양복의 바짓가랑이를 2cm 자른 후에, 잘 꿰매서 다림질을 해놓고는 안심하고 잠을 청했다. 아침 5시 반이 되자, 아내는 잠에서 깼고 남편의 양복 바지 일이 떠올랐다. 아직 시간이 있다고 여기고는 바지를 들고 와 2cm 자르고는 잘 꿰매서 다림질을 한 후에 아침을 준비하러 갔다. 잠시 후 **2**딸 역시 일어났고 엄마가 아침을 아직 다 준비하지 않은 것을 보고, 아빠의 양복 바지 일이 생각났다. **2**마음속으로 자신도 아빠를 위해서 뭔가 좀 해드려야겠다고 생각해, 양복 바지를 들고 와 2cm 자르고는 잘 꿰매서 다림질을 해놓았다. 이렇게 겨우 2cm 길었던 바지가 교류와 대화의 부족으로, 세 명의 여자에 의해 연이어 세 차례나 잘려져버렸다. 남편이 모든 준비를 다 마치고 내려와서 바지를 입으려 했을 때, **3**이 바지는 이미 너무 짧아서 더 이상 입을 수가 없게 된 것을 알아차렸다.

어휘 时时 shíshí 튄 늘, 항상 | ★沟通 gōutōng 튕 교류하다, 의견을 나누다 | ★否则 fǒuzé 젭 만약 그렇지 않으면 | ★即使 jíshǐ 젭 설령 ~라 하더라도 | 善意 shànyì 몡 호의, 선의 | ★缺少 quēshǎo 튕 부족하다 | ★专门 zhuānmén 튄 특별히, 일부러 | 西服 xīfú 몡 양복, 정장 | 合身 héshēn 톙 (의복이) 몸에 꼭 맞다 | 公分 gōngfēn 얭 센티미터 | 琢磨 zhuómó 튕 궁리하다, 깊이 사색하다 | 西裤 xīkù 몡 양복 바지 | ★反正 fǎnzhèng 튄 어쨌든 | 裤腿 kùtuǐ 몡 바짓가랑이 | ★剪 jiǎn 튕 자르다 | 缝 féng 튕 바느질하다, 꿰매다 | 烫平 tàngpíng 튕 (옷 등을) 다리다 | ★缺乏 quēfá 튕 결핍되다 | ★连续 liánxù 튕 연속하다, 계속하다

裤子是谁买的?	바지는 누가 산 것인가?
A 女儿　　　　　**B 妻子** C 丈夫　　　　　D 邻居	A 딸　　　　　**B 아내** C 남편　　　　　D 이웃집

공략　글의 도입 부분에서 '妻子专门为他买了一身西服'라고 했으므로 정답은 B가 된다.

女儿为什么把裤子剪掉两公分?	딸은 왜 바지를 2cm 잘랐나?
A 晚上睡不着觉 B 想得到妈妈的表扬 C 爸爸特别疼爱女儿 **D 想为爸爸做点事**	A 저녁에 잠이 안 와서 B 엄마에게 칭찬을 받으려고 C 아빠가 딸을 너무나 사랑해서 **D 아빠에게 뭔가를 좀 해드리고 싶어서**

공략　이 문제의 핵심어는 女儿이다. 저녁에 잠이 안 와서 바지를 자른 사람은 남편의 어머니이며, 본문에서 '女儿也起床了，……心想自己也能为爸爸做点事情了'라고 했기 때문에 정답은 D이다.

어휘　★表扬 biǎoyáng 통 칭찬하다, 표창하다 | 疼爱 téng'ài 통 매우 귀여워하다

丈夫的裤子为什么不能穿了?	남편의 바지는 왜 입을 수가 없게 되었나?
A 太脏了 **B 太短了** C 太皱了 D 太旧了	A 너무 더러워서 **B 너무 짧아서** C 너무 구겨져서 D 너무 낡아서

공략　본문의 마지막 부분에 '这条裤子已经短的不能再穿了'라고 언급했으므로 정답은 B이다.

어휘　皱 zhòu 통 구겨지다 | 旧 jiù 형 낡다

这段话主要想告诉我们什么?	이 글이 우리에게 알려주고자 하는 것은?
A 要常交流 B 要学会征求意见 C 要互相信任 D 做事情要耐心	**A 자주 교류해야 한다** B 의견을 구하는 것을 배워야 한다 C 서로 신임해야 한다 D 일을 할 때는 인내심이 있어야 한다

공략　글의 첫 부분에서 '在日常生活中形成一种时时沟通，事事交流的习惯'이라고 주제를 언급했으므로 정답은 A이다.

어휘　★征求 zhēngqiú 통 (의견 등을) 구하다

5在我小的时候，家里很穷，一个月难得吃上一次鱼肉。每次吃鱼，妈妈先把鱼头夹在自己碗里，把鱼肚子上的肉夹下，仔细地捡去很少的几根大刺，放在我碗里，其余的便是父亲的了。当我也吵着要吃鱼头时，她总是说："妈妈喜欢吃鱼头。"我想，鱼头一定很好吃的。有一次父亲不在家，我趁妈妈盛饭之际，夹了一个，吃来吃去，觉得没有鱼肚子上的肉好吃。

那年外婆从江北到我家，妈妈买了家乡很贵的鲑鱼。吃饭时，妈妈把本属于我的那块鱼肚子上的肉，夹进了外婆的碗里。外婆说："你忘啦？妈妈最喜欢吃鱼头。"外婆眯缝着眼，慢慢地挑去那几根大刺，放进我的碗里，并说："你吃。"接着，外婆就夹起鱼头，用没牙的嘴，津津有味地嚼着，不时吐出一根根小刺。我一边吃着没刺的鱼肉，一边想："怎么？妈妈的妈妈也喜欢吃鱼头？"

29岁时，**6**我成了家，另立门户。生活好了，我俩经常买些鱼肉之类的好菜。每次吃鱼，最后剩下的，总是几个无人问津的鱼头。

而立之年，喜得千金。转眼女儿也能自己吃饭了。有一次午餐，**7**妻子夹了一块鱼肚子上的肉，麻利地捡去大刺，放在女儿的碗里。自己却夹起了鱼头。女儿见状也吵着要吃鱼头。妻说："乖孩子，妈妈喜欢吃鱼头。"谁知女儿说什么也不答应，非要吃不可。妻无奈，好不容易从鱼肋边挑出点没刺的肉来，可女儿吃了马上吐出，连说不好吃，从此再不要吃鱼头了。

从那以后，每逢吃鱼，妻便将鱼肚子上的肉夹给女儿，女儿总是很艰难地用汤匙切下鱼头，放进妈妈的碗里，很孝顺地说："妈妈，您吃鱼头。"

从那以后，我悟出了一个道理：女人做了母亲，便喜欢吃鱼头了。

5내가 어릴 적에 집이 매우 가난해서 한 달에 한 번 생선을 먹는 것도 매우 어려웠다. 매번 생선을 먹을 때, 엄마는 먼저 생선 머리를 집어서 자신의 그릇에 두고, 생선 뱃살을 집어 거의 없는 몇 개의 큰 가시를 꼼꼼하게 발라내어 내 그릇에 놓아주셨다. 그 나머지는 아빠의 것이었다. 내가 머리를 먹겠다고 떼를 쓸 때면, 엄마는 늘 "엄마는 머리를 가장 좋아한단다"라고 말씀하셨고, 나는 속으로 생선 머리가 분명 맛있을 거라고 생각했다. 한번은 아버지가 집에 안 계시고 엄마가 밥을 담는 틈을 타서 먹어봤는데, 생선 뱃살만큼 맛있다는 생각이 들지 않았다.

그해에 외할머니가 강북에서 우리 집으로 오셔서, 엄마는 고향에서 매우 비싼 연어를 사셨다. 밥을 먹을 때 엄마가 원래 내 것이던 그 생선 뱃살을 집어서는 외할머니 그릇에 놓아드렸다. 외할머니는 "너 잊었니? 난 생선 머리를 가장 좋아한단다"라고 말씀하셨다. 외할머니는 눈을 가느다랗게 뜨시고는 천천히 그 큰 몇 개의 가시를 발라내어 내 그릇에 놓아주셨다. 그러고는 "먹으렴!"이라고 하시고는, 이어서 생선 머리를 집어서 이가 없는 입으로 아주 맛있게 빨아드시면서 가끔 작은 가시들을 뱉어내셨다. 나는 가시가 없는 생선을 먹으면서 '왜 엄마의 엄마도 생선 머리를 좋아하지?'라고 생각했다.

29세가 되던 해에 **6**나는 결혼을 하고 분가를 했다. 형편도 좋아져서 우리 둘은 종종 생선 같은 좋은 요리를 먹었다. 매번 생선을 먹을 때면 최후에 남는 것은 늘 아무도 관심 갖지 않는 생선 머리였다.

서른이 되자 나는 딸이 생겼고, 눈 깜짝할 새에 딸 역시 스스로 밥을 먹을 수 있는 나이가 되었다. 언젠가 점심을 먹는데 **7**아내가 생선 뱃살을 집더니 민첩하게 큰 가시를 발라내서 딸의 밥그릇에 놓아주고는 자신은 생선 머리를 먹는 것이었다. 딸이 그 상황을 보더니 생선 머리를 먹겠다고 떼를 썼다. 아내는 "우리 아기, 착하지, 엄마는 생선 머리 먹는 걸 좋아한단다"라고 말했다. 하지만 딸은 어떤 얘길 해도 듣지 않고 꼭 먹겠다고 했다. 아내는 어쩔 수 없이 간신히 생선 머리의 옆쪽에서 가시가 없는 고기를 골라냈다. 하지만 딸은 먹자마자 정말 맛이 없다면서 뱉어냈고, 이때부터는 더 이상 생선 머리를 먹지 않았다.

그날 이후로 매번 생선을 먹을 때면 아내는 생선 뱃살을 딸에게 발라주었고, 딸은 힘겹게 숟가락으로 생선 머리를 떠서 엄마의 그릇에 놓아주면서 효성스럽게 "엄마, 생선 머리 드세요"라고 말했다.

그날 이후로 나는 여자가 엄마가 되면, 생선 머리를 좋아하게 되는 이치를 깨달았다.

어휘 ★难得 nándé 〔형〕드물다 | 鱼头 yútóu 〔명〕생선 머리 | 夹 jiā 〔동〕집다, 끼우다 | ★仔细 zǐxì 〔형〕세심하다, 꼼꼼하다 | ★捡

jiǎn 图 줍다, 골라내다 | 刺 cì 图 가시 | ★趁 chèn 图 ~을 틈타 | 盛饭 chéngfàn 밥을 푸다 | 之际 zhījì 图 때, 즈음 | 家乡 jiāxiāng 图 고향 | 鲑鱼 guīyú 图 연어 | ★属于 shǔyú 图 ~에 속하다 | 眯缝着眼 mīfeng zhe yǎn 눈을 가느스름하게 뜨다 | ★挑 tiāo 图 고르다, 선택하다 | ★津津有味 jīn jīn yǒu wèi 図 감칠맛 나다, 아주 맛있다 | 嗍 suō 图 (입으로) 빨다, 빨아먹다 | 不时 bùshí 图 자주, 종종 | 吐出 tǔchū 뱉다 | 成家 chéngjiā 图 (남자가) 결혼을 하다 | 另立门户 lìng lì mén hù 図 분가하다, 따로 살다 | ★剩下 shèngxià 图 남다, 남기다 | 无人问津 wú rén wèn jīn 図 관심을 가지는 사람이 없다 | ★而立 érlì 図 30세 | 喜得千金 xǐ de qiānjīn 딸을 얻다 | 麻利 máli 図 날래다, 민첩하다 | 见状 jiànzhuàng 图 상황을 목격하다 | ★无奈 wúnài 图 방법이 없다 | 鱼肋 yúlèi 图 물고기의 옆구리 | ★艰难 jiānnán 图 곤란하다, 어렵다 | 汤匙 tāngchí 图 (중국식) 국 숟가락 | ★切 qiē 图 (칼로) 썰다, 자르다 | ★孝顺 xiàoshùn 図 효성스럽다 | 悟 wù 图 이해하다, 터득하다

---

5 난이도 下 공략 Key 시간사 小时候

"我"小时候怎么样?	'나'는 어렸을 때 어떠했나?
A 常被老师称赞	A 선생님에게 자주 칭찬을 받았다
B 想吃一顿大餐	B 배불리 한 끼 먹고 싶었다
C 家里生活困难	**C 생활이 어려웠다**
D 在外婆家生活	D 외갓집에서 생활했다

공략 핵심어는 我와 '小时候'이다. 시간 순서대로 글이 전개되므로 '어린 시절'은 글의 도입부에 언급될 가능성이 크다. 본문에서 '在我小的时候, 家里很穷'이라고 했으므로 정답은 C이다.

---

6 난이도 下 공략 Key 핵심어 另立门户의 뜻 유추

文中"另立门户"的意思是:	본문의 '另立门户'의 뜻은?
A 邻里之间关系不好	A 이웃 간의 관계가 좋지 않다
B 所有的事爸爸做主	B 모든 일은 아빠가 결정권을 가진다
C 长大后要独立生活	C 자란 후에는 독립해서 생활해야 한다
D 组织了自己的家庭	**D 자신의 가정을 이루었다**

공략 따옴표 안에 제시된 단어의 뜻을 알고 있다면 보기에서 직접 찾으면 되지만 모를 경우 앞뒤 문장에서 의미를 찾아야 한다. 본문에서 '我成了家, ……生活好了'라고 했으므로 '另立门户'는 결혼과 관련된 표현임을 알 수 있다. 따라서 정답은 D가 된다.

어휘 做主 zuòzhǔ 图 책임지고 결정하다

---

7 난이도 上 공략 Key 시간 표현 '有了女儿以后'

有了女儿以后，妻子发生了什么变化?	딸이 생긴 후에 아내에게 어떤 변화가 생겼나?
A 变得很啰嗦	A 잔소리가 심해졌다
B 开始吃鱼头	**B 생선 머리를 먹기 시작했다**
C 生病住院了	C 아파서 입원하게 됐다
D 又要怀孕了	D 또 임신을 하고 싶어 했다

공략 핵심어는 구체적인 시간을 나타내는 '有了女儿以后'이다. 둘이 생선을 먹을 때는 늘 생선 머리만 남았는데 딸이 생긴 후에 '妻子夹了一块鱼肚子上的肉，麻利地捡去大刺，放在女儿的碗里。自己却夹起了鱼头'라고 했으므로 정답은 B이다.

어휘 啰嗦 luōsuo 图 수다스럽다, 잔소리하다 | ★怀孕 huáiyùn 图 임신하다

<table>
<tr><td>

最适合做本文标题是：

A 好吃的鱼头
B 被忽视的爱
C 外婆和妈妈
D 难以表达的爱

</td><td>

이 글의 제목으로 가장 적합한 것은?

A 맛있는 생선 머리
B 무시당한 사랑
C 외할머니와 엄마
D 표현하기 어려운 사랑

</td></tr>
</table>

공략　엄마가 된 후에 자식에게 가장 좋고 맛있는 것을 먹이고 싶어 하는 어머니의 사랑을 서술하고 있으므로 D가 글의 제목으로 가장 적당하다.

25 day 지문 유형별 출제 포인트를 익히자

본책_ 302쪽

정답　1. D　　2. A　　3. D　　4. A　　5. D　　6. C　　7. D　　8. B

1-4

一位心理学家曾做过这样一个实验：他让10个人穿过一个黑暗的房间，在他的引导下，这10个人都成功地穿过去了。**1**然后，心理学家打开房内的一盏灯，在昏黄的灯光下，大家都惊出一身冷汗，原来地面是一个大水池，水池里有十几条大鳄鱼，水池上方搭着一座窄窄的小木桥，刚才他们就是从小木桥上走过去的。

心理学家问："现在，你们当中还有谁愿意再来一次呢？"没有人回答。

过了很久，**2**有3个人站了出来。只有一个人小心翼翼地走过去，速度比第一次慢了许多。

心理学家又打开房间的另外几盏灯，人们看见小木桥下方装有一张安全网，由于网线颜色极浅，他们刚才没看见，"你们谁愿意现在通过这座小桥呢？"心理学家问道。这次又有5个人站了出来。

"你们为什么不愿意呢？"心理学家问剩下的两个人。"**3**这张安全网牢固吗？"这两个人异口同声地反问道。

很多时候，成功就像通过这座小木桥，**4**失败的原因不是力量薄弱、智能低下，而是

한 심리학자가 예전에 이러한 하나의 실험을 했다. 그는 10명에게 어두운 방을 지나가라고 시켰고, 그의 인도 하에 이 10명은 모두 성공적으로 지나갔다. **1**그 후 심리학자가 방 안의 등을 켜자, 어슴푸레한 등불 아래서 모두들 놀라 식은땀을 흘렸다. 알고 보니 바닥은 큰 연못이었고, 연못 안에 열 몇 마리나 되는 큰 악어가 있었다. 연못 위에 매우 좁은 다리가 놓여 있었는데, 방금 전 그들이 바로 그 작은 나무다리를 걸어온 것이었다.

심리학자가 "지금, 당신들 중에 또 누가 다시 한 번 건너보기를 원하십니까?"라고 묻자, 아무도 대답하지 않았다.

한참이 지나 **2**3명이 일어났지만 한 사람만이 조심스럽게 건너갔으며 속도는 처음보다 훨씬 느렸다.

심리학자가 다시 방 안의 또 다른 몇 개의 등을 켜자 사람들은 나무다리 아래에 안전망이 설치되어 있는 것을 볼 수 있었다. 안전망의 색이 굉장히 옅어서 그들은 방금 전에 볼 수 없었던 것이다. "당신들 중에 누가 지금 이 다리를 건너길 원하십니까?" 심리학자가 묻자 이번에는 5명이 일어섰다.

"당신들은 왜 원하지 않으십니까?" 심리학자가 남은 두 사람에게 물어보자, 그 두 사람은 "**3**이 안전망은 튼튼한가요?"라며 이구동성으로 반문했다.

周围环境的威慑。面对险境，很多人早就失去了平静的心态，产生了消极的心理暗示，以至慌了手脚，乱了方寸。

做任何事之前，都要确信自己一定能成功，并有意识地找些事情来做，多给自己一些喝彩。4当你想要打退堂鼓的时候，不妨挺起腰板，对自己说，我可以做得很好。

많은 상황에서 성공은 이 다리를 건너는 것과 같다. 4실패의 원인은 힘이 약해서도 아니고 지능이 떨어져서도 아닌, 주위 환경의 위험 때문이다. 위험한 상황에 처하면 많은 사람들은 일찍 차분한 마음 상태를 잃어버리고, 부정적인 심리적 암시가 생겨 안절부절 못하고 마음이 어수선해질 수도 있다.

어떤 일을 하기 전에 자신이 분명 성공할 수 있을 것이라고 믿고, 의식적으로 일을 찾아서 하며 스스로에게 갈채를 많이 보내야 한다. 4당신이 중도에서 포기하려 할 때면 허리를 펴고 자신에게 나는 잘 할 수 있다고 말해보자.

어휘　★黑暗 hēi'àn 휑 캄캄하다 | ★引导 yǐndǎo 툉 인도하다 | 盏 zhǎn 양 등을 세는 단위 | 昏黄 hūnhuáng 휑 어슴푸레하다 | 惊 jīng 툉 놀라다 | 冷汗 lěnghàn 몡 식은땀 | ★水池 shuǐchí 몡 저수지, 못 | 鳄鱼 èyú 몡 악어 | 搭 dā 툉 놓다, 만들다 | 窄 zhǎi 휑 (폭이) 좁다 | 木桥 mùqiáo 몡 나무다리 | 小心翼翼 xiǎo xīn yì yì 쳉 매우 조심스럽다 | ★装 zhuāng 툉 설치하다 | 安全网 ānquánwǎng 몡 안전망 | 网线 wǎngxiàn 몡 그물 | ★浅 qiǎn 휑 (색이) 옅다 | ★牢固 láogù 휑 튼튼하다 | 异口同声 yì kǒu tóng shēng 쳉 이구동성 | 薄弱 bóruò 휑 약하다 | 智能 zhìnéng 몡 지능 | 威慑 wēishè 툉 협박하다, 위협하다 | 险境 xiǎnjìng 몡 위험지대 | 暗示 ànshì 몡 암시 | 以至 yǐzhì 젭 ~에 이르다 | 慌了手脚 huāng le shǒujiǎo 안절부절못하다 | 乱方寸 luàn fāngcùn 마음이 어수선해지다 | 确信 quèxìn 툉 확신하다 | 喝彩 hècǎi 툉 갈채하다 | ★打退堂鼓 dǎ tuì táng gǔ 쳉 중도에서 물러나다 | ★不妨 bùfáng 튀 (~하는 것도) 괜찮다, 무방하다 | ★挺 tǐng 휑 꼿꼿하다 | 腰板 yāobǎn 몡 허리

1　난이도 上　공략 Key 핵심어 第一次

第一次10个人为什么能顺利通过了？	처음에 10명은 왜 순조롭게 통과했는가？
A 都不怕危险 B 房间的灯都开着 C 能互相依靠 Ⓓ 没觉得有危险	A 위험이 두렵지 않아서 B 방 안의 등이 모두 켜져 있어서 C 서로 의지할 수 있었기에 Ⓓ 위험하다고 느끼지 않아서

공략　어두운 상태에서 그 방을 건널 때는 바닥이 연못으로 되어 있고 그 연못에 큰 악어가 있는 줄 모르고 지나갔기 때문에 위험하다는 생각을 못했던 것이다. 따라서 D가 정답으로 적절하다.

2　난이도 中　공략 Key 핵심어 '第二次'와 '几个人'

第二次有几个人通过了小木桥？	두 번째는 몇 사람이 나무다리를 건넜는가？
Ⓐ 一个 B 三个 C 五个 D 十个	Ⓐ 한 명 B 세 명 C 다섯 명 D 열 명

공략　핵심어는 '第二次'와 '几个人'으로 바닥이 연못임을 안 뒤 다리를 건넌 사람의 수를 묻는 문제이다. 본문에서 '有3个人站了出来. 只有一个人小心翼翼地走过去'라고 했으므로 정답은 A이다.

3

最后剩下的2个人为什么不愿过木桥?

A 怕被鳄鱼吃掉
B 不相信心理学家的话
C 觉得木桥太窄
Ⓓ 担心网不牢固

마지막에 남은 두 사람은 왜 다리를 건너길 원하지 않았는가?

A 악어에게 잡아먹힐까 염려되어서
B 심리학자의 말을 믿지 않아서
C 나무다리가 너무 좁다는 생각이 들어서
Ⓓ 그물이 튼튼하지 않을까 걱정되어서

공략 핵심어는 '剩下的两个人'으로 이들이 언급된 단락을 찾는다. 본문에서 '这张安全网牢固吗? 这两个人异口同声地反问道'라고 했으므로 정답은 D이다.

4

作者认为人们失败常常是什么原因?

Ⓐ 缺乏自信心
B 失去机会
C 受到挫折
D 面对困难

작가는 사람들이 실패하는 원인을 무엇이라고 생각하는가?

Ⓐ 자신감이 부족해서
B 기회를 잃어서
C 좌절을 맛봐서
D 어려움에 맞닥뜨려서

공략 이 글은 실험을 통해 나온 결과를 근거로 마지막에 의견이나 주장을 내놓는 견해문이다. 따라서 마지막 단락에서 정답을 찾을 수 있다. 본문에서 '失败的原因不是力量薄弱、智能低下，而是周围环境的威慑'와 '当你想要打退堂鼓的时候，不妨挺起腰板，对自己说，我可以做得很好'라고 하며 자신감을 가져야 한다는 점을 부각시키고 있으므로 정답은 A이다.

5-8

幽默大师林语堂对演讲特别重视。首先，他认为演讲，尤其是对群众演讲，必须像女孩子穿的迷你裙一样，越短越好。其次，他认为，一篇成功的演讲，5必须在事前有充分的准备，但在演讲时又让人觉察不到有准备的功夫。因此，林语堂最反对令人措手不及的临时演讲。

有一次，8林语堂应邀参观一所大学，参观后与大家共进午餐时，该校校长恳请他对同学们即席演讲。林语堂再三推辞不过，于是走上讲台，讲了这样一个故事。

古罗马时代，暴虐的帝王喜欢把人丢进斗兽场，看着猛兽把人吃掉。这一天，皇帝又把一个人丢进了兽栏里。这个人虽然矮小，却勇气十足，当老虎向他走来时，只见他镇定地对着老虎的耳边说了几句，老虎便默默地走开了。皇帝很惊讶，又放了一头狮子进去，这个人依旧对着狮子的耳边说话，

유머의 대가 린위탕은 강연을 굉장히 중시했다. 우선 그는 강연, 특히 대중 앞에서의 강연은 반드시 여자들이 입는 미니스커트처럼 짧을수록 좋다고 여겼다. 그다음으로, 그는 성공적인 강연은 5반드시 사전에 충분한 준비를 해야 되지만, 강연할 때는 사람들이 알아차리지 못하게 준비하는 재주가 필요하다고 여겼다. 그래서 린위탕은 사람들이 어쩔 줄 몰라 당황하게 되는 즉석 강연을 가장 반대했다.

한번은 8린위탕이 한 대학을 방문해달라는 초청을 받았다. 다 둘러본 후, 모두들 함께 점심을 먹고 있을 때, 이 학교의 교장이 학생들에게 즉석 강연을 해달라고 간절하게 청했다. 린위탕은 재차 사양할 수 없어서 강단에 올라서 이러한 이야기를 하나 해주었다.

고대 로마 시대에 포악한 한 황제가 사람을 맹수 격투장에 던져 넣고, 맹수가 사람을 잡아먹는 것을 보며 좋아했다. 하루는 황제가 사람을 또 맹수 우리로 던져 넣었다. 이 사람은 왜소했지만 용기가 있었다. 호랑이가 그에게 걸어왔을 때, 그가 침착하게 호랑이의 귀에

狮子同样悄悄地离开了。这时皇帝再也忍不住好奇，便把这个人放出来，6问他："你到底对老虎、狮子说了什么话，为什么它们都不吃你？"这个人回答说："很简单呀，我只是告诉它们，吃我可以，但是吃过以后，必须作一场演讲……。"

7听完林语堂的演讲学生们一片哄堂大笑。

대고 몇 마디를 하자 호랑이는 조용히 떠났다. 황제는 매우 놀라며 또 다시 사자 한 마리를 넣었는데, 이 사람이 여전히 사자의 귀에 대고 말을 하자 사자가 똑같이 조용히 떠났다. 이때 황제가 더 이상 호기심을 참지 못하고 이 사람을 내보내고는 6그에게 당신은 도대체 호랑이와 사자에게 무슨 말을 했고 왜 그들은 당신을 잡아먹지 않았냐고 묻자, 이 사람이 대답했다. "간단합니다. 저는 단지 그들에게 나를 먹는 것은 괜찮으나 나를 잡아먹은 후에 반드시 강연을 해야 한다고 말했습니다……."

7린위탕의 강연을 들은 후에 학생들은 웃음보를 터트렸다.

어휘　林语堂 Lín Yǔtáng [고유] 린위탕 | ★尤其 yóuqí [부] 더욱이, 특히 | 群众 qúnzhòng [명] 대중 | 迷你裙 mínǐqún [명] 미니스커트 | 觉察 juéchá [동] 알아차리다, 감지하다 | ★功夫 gōngfu [명] 솜씨, 재주 | 措手不及 cuò shǒu bù jí [성] 어찌할 바를 몰라 당황하다 | ★临时 línshí [형] 임시의 | ★应邀 yìngyāo [동] 초청을 받아들이다 | 共进 gòngjìn [동] 함께 나아가다 | 恳请 kěnqǐng [동] 간청하다 | 即席 jíxí [동] (연설 등을) 즉석에서 하다 | ★再三 zàisān [부] 재삼, 거듭 | ★推辞 tuīcí [동] 거절하다, 사양하다 | 不过 búguò [조] ~할 수 없다 | 罗马 Luómǎ [고유] 로마 | 暴虐 bàonüè [형] 포악하다, 잔인하다 | 帝王 dìwáng [명] 제왕, 군주 | 斗兽场 dǒushòuchǎng [명] 격투장 | ★猛兽 měngshòu [명] 맹수 | 皇帝 huángdì [명] 황제 | 兽栏 shòulán [명] 맹수 우리 | 镇定 zhèndìng [형] 냉정하다, 차분하다 | ★惊讶 jīngyà [형] 놀랍다 | ★狮子 shīzi [명] 사자 | ★依旧 yījiù [부] 여전히 | ★悄悄 qiāoqiāo [부] 은밀히, 몰래 | 哄堂大笑 hōng táng dà xiào [성] 동시에 웃음보를 터트리다

5　　　　　　　　　　　　　　　　　　　　　　난이도 **上**　공략 Key 핵심어 认为

林语堂认为，演讲应该： A 抓住话题的重点 B 是一种艺术 C 内容幽默 Ⓓ 提前做好准备	린위탕은 강연이 마땅히 어떠해야 한다고 생각하는가? A 화제의 중점을 잡아야 한다고 생각한다 B 일종의 예술이라고 생각한다 C 내용이 재미있어야 한다고 생각한다 Ⓓ **사전에 준비를 해야 한다고 생각한다**

공략　첫 단락에서 강연에 대한 린위탕의 생각을 언급하고 있다. 순서를 나타내는 首先과 其次를 사용해서 '越短越好'와 '必须在事前有充分的准备'라는 자신의 생각을 언급하고 있으므로 정답은 D이다.

6　　　　　　　　　　　　　　　　　　　　　　난이도 **上**　공략 Key 핵심어 皇帝와 惊讶

皇帝为什么惊讶？ A 狮子太矮小 B 那个人很有勇气 Ⓒ 猛兽没吃那个人 D 老虎和狮子都不说话	황제는 왜 놀랐는가？ A 사자가 너무 왜소해서 B 그 사람이 매우 용기가 있어서 Ⓒ **맹수가 그 사람을 잡아먹지 않아서** D 호랑이와 사자가 말을 하지 않아서

공략　핵심어는 皇帝와 惊讶로 본문에서 이 단어가 제시된 부분을 찾아 해석한다. 황제가 '你到底对老虎、狮子说了什么话，为什么它们都不吃你？'라고 질문한 부분을 통해 맹수가 그 사람을 잡아먹지 않은 이유를 궁금해한다는 것을 알 수 있으므로 정답은 C이다.

7

根据上文，林语堂的演讲：	본문에 따르면 린위탕의 강연은 어떠한가?
A 没有人爱听	A 즐겨 듣는 이가 없었다
B 气氛十分严肃	B 분위기가 굉장히 진지했다
C 特别无聊	C 굉장히 무료했다
Ⓓ 让学生们笑了	Ⓓ 학생들을 웃게 만들었다

공략 강연의 결과를 묻는 질문으로 글의 마지막 부분을 살펴보면 된다. 본문에서 '听完林语堂的演讲学生们一片哄堂大笑' 라고 언급했으므로 정답은 D이다.

8

关于林语堂，我们可以知道什么？	린위탕에 관해 알 수 있는 것은?
A 他喜欢临时发挥	A 그는 즉석에서 실력을 발휘하는 것을 좋아한다
Ⓑ 本来不打算讲话	Ⓑ 원래는 강연을 할 계획이 아니었다
C 很重视自己的形象	C 자신의 이미지를 매우 중시한다
D 是哈佛大学毕业的	D 하버드 대학을 졸업했다

공략 린위탕에 관한 내용을 묻는 것으로 그에 대해 소개한 첫 번째 단락과 두 번째 단락을 자세히 살펴보면 된다. 린위탕은 '最 反对……临时演讲'이라고 했으므로 A는 정답이 될 수 없으며 '林语堂应邀参观一所大学，……，校长恳请他对 同学们即席演讲'과 '林语堂再三推辞不过'를 통해 린위탕이 강연할 생각이 없었음을 알 수 있으므로 정답은 B이다.

독해
제3부분

📅 26 day 어법의 기본기에 충실하라 — 기본 어순

본책_ 315쪽

> **정답** 1. 自然界没有完全相同的雪花。 | 2. 面试的时候一定要穿着整齐。 | 3. 你说的理由缺乏说服力。 | 4. 别人的幸福不一定适合你。 | 5. 他今天的表现相当不错。 | 6. 不能直接拒绝人家的邀请。 | 7. 竹子开花代表着生命的结束。 | 8. 这样的行为完全符合国家的法律规定。 | 9. 谈话可以反映一个人的职业特征。 | 10. 找借口是缺乏信心的行为。

1　　　　　　　　　　　　　　　　　　　난이도 中　공략 Key 술어 찾기

相同的　　　没有完全　　　自然界　　　雪花

공략　**1단계** **술어를 찾는다 ▸** 제시어 중 술어로 쓰이는 동사나 형용사는 '～이다(하다)'의 의미를 가진 没有뿐이며 'A没有完全 B(A에는 완벽한 B가 없다)'라는 기본 구조로 사용된다.

　　　2단계 **명사 덩어리를 만든다 ▸** 的를 힌트로 삼아 뒤에 놓이는 명사를 정하여 명사 덩어리를 만들고, 그다음 '어디'라는 장소의 개념을 가진 어휘가 주어 자리에 위치해야 하므로 自然界를 맨 앞에 놓는다. '相同的'는 雪花를 수식해주는 관형어 역할을 한다.

　　　∴ 自然界没有完全相同的雪花。 자연계에는 완전히 똑같은 눈송이는 없다.

어휘　★自然界 zìránjiè 몡 자연계 | 完全 wánquán 뷔 완전히, 전혀 | 相同 xiāngtóng 혱 똑같다 | 雪花 xuěhuā 몡 눈꽃, 눈송이

2　　　　　　　　　　　　　　　　　　　난이도 中　공략 Key 부사어 어순

穿着整齐　　　一定　　　面试的时候　　　要

공략　**1단계** **주어와 술어를 정한다 ▸** 주어는 '언제'의 의미를 지닌 '面试的时候'가 되며, 제시어 중 '～하다(이다)'로 해석되는 整齐는 술어가 된다. 따라서 '面试的时候+穿着整齐'의 순으로 위치된다.

　　　2단계 **부사어를 배열한다 ▸** 一定은 부사이고, 要는 조동사이므로 이들은 주어 뒤, 술어 앞에 위치하는 부사어 역할을 하며, 두 품사의 배열 순서는 기본적으로 부사가 앞, 조동사가 뒤에 온다.

　　　∴ 面试的时候一定要穿着整齐。 면접을 볼 때는 반드시 옷차림이 정갈해야 한다.

어휘　★面试 miànshì 동 면접시험을 보다 | 穿着 chuānzhuó 몡 복장, 옷차림 | 整齐 zhěngqí 혱 단정하다, 정갈하다

3　　　　　　　　　　　　　　　　　　　난이도 下　공략 Key 술어 찾기

说服力　　　你说的　　　缺乏　　　理由

공략　**1단계** **술어를 찾는다 ▸** 제시어 중 술어로 쓰이며 '～하다(이다)'로 해석되는 어휘는 缺乏뿐이므로 'A缺乏B(A에는 B가 부족하다)'라는 기본 틀을 만들 수 있다.

　　　2단계 **주어와 목적어를 정한다 ▸** 的를 힌트로 명사 덩어리를 만들면 '你说的+理由'가 되고 제시된 두 개의 명사는 각각 주어와 목적어로 배치된다.

　　　∴ 你说的理由缺乏说服力。 네가 말한 이유는 설득력이 부족하다.

어휘　★缺乏 quēfá 동 부족하다, 모자라다 | 说服力 shuōfúlì 몡 설득력

4

| 适合 | 幸福 | 你 | 别人的 | 不一定 |

공략　**1단계**　**술어를 찾는다** ❷ 제시어 중 '~다'로 해석되며 술어로 쓰일 수 있는 어휘로는 适合와 幸福가 있다. 幸福는 명사로도 쓰이지만 适合는 주로 술어로만 쓰이기 때문에 이를 술어로 놓는 것이 가장 적당하다. 때문에 'A适合B(A는 B에 알맞다)'의 기본 틀이 정해진다.

　　2단계　**부사어의 위치를 정한다** ❷ 不一定은 '반드시 ~인 것은 아니다'의 뜻을 가진 부사이므로 술어 앞에 배열시킨다.

　　3단계　**명사 덩어리를 만든다** ❷ 的를 힌트로 명사 덩어리를 만들어 보면 '别人的幸福'가 된다. 따라서 '别人的幸福'가 주어가 되고 你는 목적어가 된다.

　　∴ 别人的幸福不一定适合你。 다른 사람의 행복이 꼭 네게 맞는 것은 아니다.

어휘　★幸福 xìngfú 몡 행복 | 不一定 bùyídìng 뮈 반드시 ~한 것은 아니다 | 适合 shìhé 툉 적합하다, 알맞다

5

| 表现 | 他 | 不错 | 相当 | 今天的 |

공략　**1단계**　**정도부사의 짝을 찾아준다** ❷ 제시어 중 정도부사 相当이 있으므로 형용사를 찾아 연결시켜 주면, '相当+不错' 순으로 배열되고 이들은 문장에서 술어의 역할을 한다.

　　2단계　**주어를 정한다** ❷ 表现과 他, 두 개의 명사가 있을 경우, 전체 주어와 술어를 받는 주어를 찾아서 위치를 정해야 한다. 그러나 술어가 不错이고 문맥상 '他……的表现'이 자연스럽기 때문에 他를 전체 주어로 보는 것이 가장 좋다.

　　∴ 他今天的表现相当不错。 그는 오늘 활약이 상당히 좋았다.

어휘　★表现 biǎoxiàn 몡 행동, 태도, 활약 | 相当 xiāngdāng 뮈 상당히, 매우

6

| 拒绝 | 人家的 | 直接 | 邀请 | 不能 |

공략　**1단계**　**술어와 목적어 호응 구조를 정한다** ❷ 제시어 중 술어로 쓰이며 '~하다(이다)'로 해석되는 어휘에는 拒绝와 邀请이 있다. 拒绝는 주로 '호의나 초대 등을 거절하다'라는 의미이므로 이 둘의 관계를 보면 '초대를 거절하다'로 쓰여 술어는 拒绝, 목적어는 邀请이 된다.

　　2단계　**부사어를 배열한다** ❷ 술어를 앞에서 수식해줄 수 있는 부사나 조동사, 개사 그리고 일부 형용사가 부사어의 역할을 하는데, 기본적인 어순은 '부사+조동사+개사구+형용사'의 순이 된다. 이에 입각하여 부사어를 배열하면 '不能+直接' 순으로 놓인다.

　　∴ 不能直接拒绝人家的邀请。 다른 사람의 초청을 단칼에 거절하면 안 된다.

어휘　★直接 zhíjiē 혱 직접적인 | 拒绝 jùjué 툉 거절하다 | 人家 rénjiā 몡 다른 사람 | 邀请 yāoqǐng 툉 초청하다, 초대하다

7

| 生命的 | 代表 | 竹子开花 | 着 | 结束 |

공략　**1단계**　**술어를 정한다** ❷ 제시어 중 술어로 쓰이며 '~하다(이다)'로 해석되는 어휘에는 代表와 结束가 있다. 하지만 结束는 끝났다는 의미이므로 지속의 의미를 나타내는 着를 수반할 수 없다. 따라서 술어로 쓰이는 것은 代表가 되며 'A代表着B(A는 B를 의미하고 있다)'라는 기본 틀이 만들어진다.

　　2단계　**주어와 목적어를 정한다** ❷ 일단 的를 힌트로 뒤에 놓이는 명사를 찾아 나열하면 '生命的结束'가 된다. 그다음 의미적으로 '竹子开花'를 주어와 목적어로 위치시킨다.

∴ 竹子开花代表着生命的结束。 대나무가 꽃을 피운다는 것은 생명이 끝남을 의미한다.

어휘 ★竹子 zhúzi 몡 대나무 | 代表 dàibiǎo 통 대표하다, 의미하다 | 结束 jiéshù 통 끝나다, 마치다

8 　　　　　　　　　　　　　　　　　　　　　　　난이도 中　공략 Key 符合의 목적어

| 国家的　　　这样的行为　　　法律规定　　　符合　　　完全 |

공략 [1단계] **술어를 찾는다** ▶ 제시어 중 술어로 쓰이며 '~하다(이다)'로 해석되는 어휘는 符合뿐이므로 'A符合B(A는 B에 부합하다)'라는 기본 틀이 정해진다. 여기서 完全은 형용사가 아닌 부사 '완전히'로 쓰였으므로 부사어의 위치에 놓는 것이 적당하다.

[2단계] **주어와 목적어의 위치를 정한다** ▶ 일단 的를 힌트로 명사 덩어리를 만들어 보면 '国家的法律规定'이 형성된다. 그 다음 '这样的行为'를 술어 중심으로 주어와 목적어에 위치시킨다.

∴ 这样的行为完全符合国家的法律规定。 이러한 행위는 국가의 법률 규정에 완전히 부합한다.

어휘 ★行为 xíngwéi 몡 행동, 행위 | 符合 fúhé 통 부합하다, 일치하다 | 法律规定 fǎlù guīdìng 몡 법률 규정

9 　　　　　　　　　　　　　　　　　　　　　　　난이도 上　공략 Key 反映의 목적어

| 反映　　　一个人的　　　谈话　　　可以　　　职业特征 |

공략 [1단계] **술어를 찾는다** ▶ 제시어 중 술어로 쓰이며 '~하다(이다)'로 해석되는 어휘로는 反映과 谈话가 있다. 谈话는 '이야기, 대화'라는 의미의 명사로도 쓰이지만 일반적으로 反映은 동사로 쓰여 술어 자리에 위치한다. 따라서 'A反映B(A는 B를 반영하다)'라는 기본 틀이 만들어진다.

[2단계] **명사 덩어리를 만든다** ▶ 谈话는 혼자 할 수 있는 행동이 아니기 때문에 '一个人'과는 어울리지 않는다. 따라서 '一个人的+职业特征'이라는 하나의 명사 덩어리를 만들 수 있다. 可以는 조동사로 주어 뒤, 술어 앞에 위치시킬 수 있다.

∴ 谈话可以反映一个人的职业特征。 대화는 한 사람의 직업적 특징을 반영할 수 있다.

어휘 ★谈话 tánhuà 몡 이야기, 대화 | 反映 fǎnyìng 통 반영하다 | 特征 tèzhēng 몡 특징

10 　　　　　　　　　　　　　　　　　　　　　　난이도 上　공략 Key 缺乏의 목적어

| 缺乏　　　找借口　　　行为　　　信心的　　　是 |

공략 [1단계] **술어를 찾는다** ▶ 제시어 중 술어로 쓰이며 '~하다(이다)'로 해석되는 어휘에는 缺乏와 '找借口, 是'가 있다. 이들 중 술어로 쓰이는 것은 당연히 是가 되므로 'A是B(A는 B이다)'의 기본 틀이 만들어진다.

[2단계] **주어와 목적어를 정한다** ▶ 술어 是를 힌트로 주어와 목적어를 배열하면 주어는 '找借口'가 되고 목적어는 行为가 된다.

[3단계] **관형어를 배열한다** ▶ 的를 힌트로 '信心的行为'로 배열된다는 것을 짐작할 수 있다. 그렇다면 缺乏의 위치는 어디가 적당할까? 缺乏는 '부족하다, 결핍되다'의 의미이므로 '缺乏信心'으로 호응된다.

∴ 找借口是缺乏信心的行为。 핑계거리를 찾는 것은 자신감이 부족한 행위이다.

어휘 ★找借口 zhǎo jièkǒu 핑계를 찾다 | 缺乏 quēfá 통 부족하다, 모자라다 | 信心 xìnxīn 몡 자신감, 확신

27 day 수식 표현을 마스터하라 Ⅰ – 부사어(1)

> **정답**
> 1. 他根本不像八十岁的老人。 | 2. 我们要立刻采取有效的措施。 | 3. 兴趣广泛不一定适合任何人。 | 4. 2014年世界杯即将在巴西举行。 | 5. 亲属关系的范围正在逐渐缩小。 | 6. 投资股市往往会有很大风险。 | 7. 父母要耐心地听孩子的意见。 | 8. 姊妹俩的关系一直非常亲密。 | 9. 颜色比图片稍微深一点。 | 10. 我丈夫在大学时代就热爱钓鱼。

1　　　　　　　　　　　　　　　　**난이도** 中　**공략 Key** 부사 根本의 용법

| 不像 | 他 | 八十岁的 | 根本 | 老人 |

공략

1단계 根本과 호응하는 어휘를 찾는다 ○ 根本은 부사로 '전혀, 아예'의 뜻을 가지고 있으며 부정부사 不나 没와 함께 쓰여 '根本+不像'의 기본틀을 만든다.

2단계 的 뒤의 명사를 정한다 ○ '八十岁的' 뒤에 올 수 있는 명사나 대사에는 他와 老人이 있지만 80세라는 관형어의 수식을 받을 수 있는 것은 老人이 적당하다.

3단계 주어와 목적어를 정한다 ○ 주어는 수량 구조가 아닌 확실한 것이 위치해야 하므로 他가 주어가 되고 목적어는 '八十岁的老人'이 된다.

∴ 他根本不像八十岁的老人。 그는 전혀 80세 된 노인 같지 않다.

어휘 ★根本 gēnběn 뿐 전혀, 아예 | 像 xiàng 동 닮다

2　　　　　　　　　　　　　　　　**난이도** 上　**공략 Key** 부사어의 어순 예외 규칙

| 立刻 | 我们 | 要 | 措施 | 有效的 | 采取 |

공략

1단계 술어를 찾는다 ○ 제시어 중 술어로 올 수 있으며 '~하다(이다)'로 해석되는 어휘는 采取뿐이므로 'A采取B(A는 B를 취하다)'의 기본 틀이 완성된다.

2단계 주어와 목적어를 정한다 ○ 제시된 어휘 중 我们이 주어로 적당하며, 목적어는 采取의 호응 구조인 措施가 된다. 더불어 的의 위치는 주어 앞이나 목적어 앞인데, 有效라는 것은 사람을 수식하는 표현이 아니기 때문에 목적어는 '有效的措施'가 된다.

3단계 立刻의 용법을 숙지하자 ○ 부사어의 기본 어순은 '부조개'이지만, 일부 부사는 의미에 따라 조동사와 위치가 바뀌기도 한다. 立刻는 '동작을 당장한다'라는 의미의 부사로 주로 동사 바로 뒤에 온다. 의미적으로 보면, 要는 '당장 조치를 취하는' 것을 뜻하므로 조동사 要는 立刻 앞에 위치해야 한다.

∴ 我们要立刻采取有效的措施。 우리는 즉시 효과적인 조치를 취해야 한다.

어휘 ★立刻 lìkè 뿐 즉시, 당장 | 采取 cǎiqǔ 동 취하다, 강구하다 | 有效 yǒuxiào 형 효과가 있다 | 措施 cuòshī 명 조치, 대책

3　　　　　　　　　　　　　　　　**난이도** 中　**공략 Key** 부사 不一定의 위치 선정

| 任何人 | 兴趣广泛 | 适合 | 不一定 |

공략

1단계 술어와 목적어를 정한다 ○ 제시어 중 술어로 쓰이는 어휘는 适合이며, 适合는 목적어로 명사를 수반할 경우 사람에게 적합하고 알맞음을 의미하므로 '适合+任何人'의 기본 틀이 완성된다.

2단계 부사어의 위치를 정한다 ○ 不一定은 부사로 주어 뒤, 술어 앞에 위치한다. 주어는 자연스럽게 '兴趣广泛'가 된다.

∴ 兴趣广泛不一定适合任何人。 취미가 다양한 것이 모든 사람에게 다 어울리는 것은 아니다.

어휘 ★兴趣 xìngqù 명 흥미, 취미 | ★广泛 guǎngfàn 형 광범위하다 | ★不一定 bùyídìng 뿐 반드시 ~한 것은 아니다 | ★适合

shìhé [동] 적합하다 | ★任何 rènhé [대] 어떠한

巴西	即将	举行	2014年世界杯	在

공략　1단계 **在의 품사를 파악한다** ⊙ 在는 동사나 개사, 부사로 쓰이는데 여기서는 동사 举行이 있으므로 '~에서'의 뜻을 지닌 개사로 쓰인다. 在 뒤에는 장소인 巴西가 온다.

　　　2단계 **即将의 위치를 정한다** ⊙ 부사어의 기본 어순인 '부조개'에 따라 부사 即将은 개사 在 앞에 위치한다.

　　∴ 2014年世界杯即将在巴西举行。 2014년 월드컵은 머지않아 브라질에서 개최될 것이다.

어휘　世界杯 shìjièbēi [명] 월드컵 | ★即将 jíjiāng [부] 머지않아 | 巴西 Bāxī [고유] 브라질 | ★举行 jǔxíng [동] 개최하다, 진행하다

缩小	亲属关系的	逐渐	正在	范围

공략　1단계 **명사 덩어리를 만들어라** ⊙ 的를 핵심으로 뒤에 올 수 있는 명사 성분을 찾아보면 范围뿐이므로 '亲属关系的范围'라는 명사 덩어리가 완성된다.

　　　2단계 **부사어의 순서를 정해준다** ⊙ 逐渐과 正在라는 두 개의 부사가 제시되었는데 逐渐은 단계적으로 향상되거나, 축소되거나, 감소되거나, 증가되는 등 동작의 상태를 나타내는 상태부사이며, 正在는 시간부사이다. 일반적으로 '시간부사+상태부사'의 순서로 나열되기 때문에 '正在逐渐' 순으로 유지된다.

　　　3단계 **주어인지 목적어인지 판단하라** ⊙ 范围는 缩小의 주어가 될 수도 목적어가 될 수도 있다. 하지만 이 문장에서는 부사의 의미에 따라 친척 관계의 범위가 축소되고 있는 것이기 때문에 范围는 주어의 자리에 위치한다.

　　∴ 亲属关系的范围正在逐渐缩小。 친척 관계의 범위가 점차 축소되고 있다.

어휘　★亲属 qīnshǔ [명] 친척 | 范围 fànwéi [명] 범위 | 逐渐 zhújiàn [부] 점차, 차츰 | 缩小 suōxiǎo [동] 축소하다, 줄이다

很大	会	投资股市	往往	有	风险

공략　1단계 **술어를 정한다** ⊙ 제시어 중 술어로 쓰이는 어휘로는 有가 있으므로 'A有B(A에는B가 있다)'라는 기본 틀이 만들어진다.

　　　2단계 **부사어의 어순을 배열한다** ⊙ 부사어의 기본 배열 순서는 '부조개'로 부사 往往이 조동사 会보다 앞에 위치한다. 따라서 이차적으로 '往往会有'로 배열된다.

　　　3단계 **주어와 목적어를 정한다** ⊙ 이제 남은 것은 '投资股市'와 '很大风险'이므로 술어 有를 중심으로 주어와 목적어를 정하면 전체 문장은 '投资股市往往会有很大风险'로 배열된다.

　　∴ 投资股市往往会有很大风险。 주식 시장에 투자하는 데는 늘 큰 위험이 있기 마련이다.

어휘　★投资 tóuzī [동] 투자하다 | 股市 gǔshì [명] 주식 시장 | 往往 wǎngwǎng [부] 때때로, 종종 | 风险 fēngxiǎn [명] (발생할지 모르는) 위험

孩子的意见	听	父母	要	耐心地

공략　1단계 **'地+동사'를 힌트로 술어를 찾는다** ⊙ 구조조사 地는 형용사 뒤에 놓여 동사술어를 수식해주는 역할을 하므로 '耐心地+听'이라는 기본 틀이 만들어진다.

[2단계] **주어와 목적어를 정한다** ◌ 听이 술어이기 때문에 주어는 사람이 되고, 목적어는 말과 관련된 어휘가 된다. 따라서 父母가 주어가 되고 목적어는 '孩子的意见'이 된다.

[3단계] **조동사의 위치를 정한다** ◌ 부사어의 기본 어순은 '부+조+개+형+地'이므로 조동사 要는 '耐心地' 앞에 위치한다.

∴ 父母要耐心地听孩子的意见。 부모는 끈기 있게 아이의 의견을 들어주어야 한다.

어휘　耐心 nàixīn 혱 참을성이 있다, 끈기가 있다

8		난이도 下　공략 Key 시간부사와 정도부사의 순서

亲密	一直	关系	姉妹俩的	非常

공략　[1단계] **정도부사의 짝을 찾아주자** ◌ 정도부사 非常은 형용사를 꾸며주므로 '非常+亲密'의 순으로 위치되며 이것이 술어가 된다.

[2단계] **주어를 정하자** ◌ 술어가 亲密이므로 주어는 '姉妹俩的关系'가 된다.

[3단계] **부사어의 순서를 배치하자** ◌ 부사의 종류는 많지만 일반적으로 부정부사나 정도부사가 술어와 제일 가깝게 위치한다. 一直와 非常은 부사이고 부사의 배열 순서는 '시간부사+정도부사'이므로 一直가 앞, 非常이 뒤에 위치한다.

∴ 姉妹俩的关系一直非常亲密。 자매의 관계가 줄곧 굉장히 친밀하다.

어휘　★姉妹 zǐmèi 명 자매 | 俩 liǎ 둘 | 亲密 qīnmì 혱 가깝다, 친밀하다

9		난이도 上　공략 Key 비교문의 어순과 稍微

颜色	一点儿	比	稍微	图片	深

공략　[1단계] **비교문의 기본 어순을 배열한다** ◌ 개사 比가 눈에 띄었다면 'A比B+형용사+一点'의 기본 틀을 완성하면 된다.

[2단계] **부사어 稍微의 어휘 특징을 활용한다** ◌ 부사 稍微는 '稍微+동사/형용사+一下, 一点儿, 一些', '稍微+有点儿+동사/형용사'의 구조로 문장이 완성되는 경우가 대부분이므로 '稍微深一点'의 순으로 놓는다. 이를 비교문과 합치면 'A比B稍微深一点'이라는 문장이 완성된다.

[3단계] **명사의 위치를 정한다** ◌ '색깔이 그림보다 진하다'라는 의미이므로 전체 문장은 '颜色比图片稍微深一点'로 배열된다.

∴ 颜色比图片稍微深一点。 색깔이 사진보다 약간 좀 진하다.

어휘　★颜色 yánsè 명 색깔 | 图片 túpiàn 명 사진, 그림 | 稍微 shāowēi 부 조금, 약간 | 深 shēn 혱 진하다

10		난이도 上　공략 Key 시간개사와 부사의 위치

钓鱼	在大学时代	我丈夫	就	热爱

공략　[1단계] **주어와 술어를 정한다** ◌ 주어는 '我丈夫'가 되고, 술어로 쓰이며 '~하다(이다)'로 해석되는 어휘에는 热爱와 钓鱼가 있다. 이 중 热爱는 喜欢의 개념으로 보면 된다. 즉 뒤에는 취미로 할 수 있는 동작이 다시 목적어로 제시될 수 있기 때문에 '我丈夫+热爱钓鱼'라는 기본 틀이 만들어진다.

[2단계] **부사어의 위치를 정한다** ◌ 일반적으로 '부사+개사' 순으로 배열되지만, 언제라는 시간을 나타내는 개사가 제시되면 부사는 시간개사 뒤에 위치해야 한다. 그러므로 '在大学时代'가 부사 就보다 앞에 위치해야 한다.

∴ 我丈夫在大学时代就热爱钓鱼。 내 남편은 대학 시절부터 낚시하는 것을 좋아했다.

어휘　★丈夫 zhàngfu 명 남편 | 热爱 rè'ài 동 좋아하다 | 钓鱼 diàoyú 동 낚시하다

# 28 day 수식 표현을 마스터하라 Ⅱ — 부사어(2)

정답 **1.** 乐观的心态能为我们带来好运。| **2.** 隔壁对附近的森林很陌生。| **3.** 飞往上海的航班将于十点起飞。| **4.** 由十二个国家以英语为母语。| **5.** 晚上得好好休息一下。| **6.** 周末又得去公司写报告。| **7.** 她读了一篇关于胆小鬼的故事。| **8.** 大家都向他询问家乡的情况。| **9.** 他对自己的能力产生了怀疑。| **10.** 我们应该向他们提出一个要求。

---

1 난이도 上 공략 Key '为……带来……' 호응 구조

为我们   心态   好运   带来   能   乐观的

공략

[1단계] **개사와 동사 짝꿍을 배열한다** ▶ 동사 带来가 눈에 띤다면 그와 호응하는 개사가 있는지 찾아보도록 한다. 제시어에 개사 为가 있으므로 'A为我们+带来B(A는 우리에게 B를 가져다 주다)'라는 기본 틀이 만들어진다.

[2단계] **주어와 목적어를 정한다** ▶ 的을 힌트로 삼아 뒤에 놓이는 명사를 정해야 한다. 乐观은 태도를 의미하므로 '乐观的心态'가 하나의 명사가 되고, 好运과 '乐观的心态'는 의미에 따라 주어와 목적어 자리에 위치시킨다. 따라서 '乐观的心态'가 주어, 好运이 목적어가 된다.

[3단계] **조동사의 위치를 선정한다** ▶ 부사어의 기본 어순은 '부조개'이므로 조동사 能은 개사 为 앞에 위치한다.

∴ 乐观的心态能为我们带来好运。 낙관적인 심리 상태는 우리에게 행운을 가져다 줄 수 있다.

어휘 ★乐观 lèguān 혱 낙관적이다 | 心态 xīntài 몡 심리 상태 | 带来 dàilái 동 가져다주다 | 好运 hǎoyùn 몡 행운

---

2 난이도 中 공략 Key 개사 对의 술어적 특징

森林   隔壁   陌生   很   对附近的

공략

[1단계] **개사 对를 핵심으로 술어를 찾는다** ▶ 개사 对가 제시되면 형용사술어가 오는 경우가 대부분이므로, 먼저 정도부사나 형용사를 찾아야 한다. 위의 제시어에 정도부사 很이 있으므로 'A对B很陌生(A는 B에 대해서 매우 낯설다)'이라는 기본 틀이 만들어진다.

[2단계] **주어와 개사구를 완성한다** ▶ 술어가 陌生이라는 것을 힌트로 보면 된다. 낯설다는 것은 사람의 감정이므로 주어는 森林이 아니라 隔壁가 되며 이웃 자체가 이미 부근에 살고 있는 사람을 의미하므로 '附近的'의 수식을 받지 않는다.

∴ 隔壁对附近的森林很陌生。 옆집은 부근의 숲에 매우 낯설다.

어휘 ★隔壁 gébì 몡 이웃 | 森林 sēnlín 몡 숲, 삼림 | 陌生 mòshēng 혱 낯설다

---

3 난이도 上 공략 Key 개사 于의 용법 및 위치

将   飞往上海的航班   于   起飞   十点

공략

[1단계] **于의 목적어를 찾는다** ▶ 개사 于는 '~에'라는 뜻으로, 주로 시간이나 년도를 이끌기 때문에 十点과 호응된다.

[2단계] **주어와 술어를 찾는다** ▶ 제시어 중 해석이 '~다'로 끝나는 것은 起飞이므로 술어가 되고, 起飞의 주어는 航班이 된다.

[3단계] **부사어를 배열한다** ▶ 부사어의 기본 어순에 따라 부사 将 뒤에 개사구 '于十点'이 위치하고, 부사어는 주어 뒤, 술어 앞에 위치한다.

∴ 飞往上海的航班将于十点起飞。 상하이로 향하는 항공편이 10시에 이륙할 것입니다.

어휘 ★飞往 fēiwǎng 동 비행기를 타고 ~로 향하다 | ★航班 hángbān 몡 (비행기의) 운항편 | ★将 jiāng 뵈 ~하게 될 것이다

| 以 | 由十二个国家 | 为 | 英语 | 母语 |

공략

(1단계) **개사와 동사의 호응 구조를 찾는다** ○ 以는 为와 함께 쓰여 '以……为……'의 형식으로 쓰이므로 'A以B为C(A는 B를 C로 삼다)'라는 기본 틀이 완성된다.

(2단계) **명사의 위치를 정한다** ○ 해석에 따라 나머지 어휘의 위치를 정하면, 주어는 '由十二个国家'이고 以의 대상은 英语이며 为의 목적어는 母语가 된다.

∴ 由十二个国家以英语为母语。 12개국이 영어를 모국어로 삼았다.

어휘 ★以……为…… yǐ……wéi…… ~을 ~으로 삼다 | 母语 mǔyǔ 명 모국어

| 休息 | 晚上 | 得 | 一下 | 好好 |

공략

(1단계) **수량사 一下의 위치를 정한다** ○ 一下는 동사 뒤에 놓여 '좀 ~하다'의 뜻으로 쓰인다. 제시어 중 동사를 찾아 그 뒤에 위치시키면 '休息+一下'로 배열된다.

(2단계) **부사어의 어순을 정한다** ○ 晚上은 시간사이며, 得는 조동사, 好好는 동작을 직접적으로 묘사해주는 표현이므로 '晚上+得+好好'의 순으로 배열된다.

∴ 晚上得好好休息一下。 저녁에 푹 좀 쉬어야 한다.

| 写报告 | 周末 | 得 | 去公司 | 又 |

공략

(1단계) **동사를 배열한다** ○ 제시어 중 동사는 去와 写인데 회사를 가는 목적이 보고서를 쓰려는 것이기 때문에 '去公司+写报告'로 배열된다.

(2단계) **부사어의 어순을 배열한다** ○ 부사어의 기본 어순인 '부조개'에 따라 부사 又가 조동사 得 앞에 위치한다.

∴ 周末又得去公司写报告。 주말에 또 보고서를 쓰러 회사에 가야 한다.

어휘 周末 zhōumò 명 주말 | 报告 bàogào 명 보고서

| 她 | 一篇 | 读了 | 故事 | 胆小鬼的 | 关于 |

공략

(1단계) **주어, 술어, 목적어를 정한다** ○ 제시어 중 술어는 了를 동반한 '读了'이며, 읽는 주체는 她, 목적어는 故事이다.

(2단계) **关于의 위치를 정한다** ○ 개사 关于가 부사어로 쓰일 경우 주어 앞에, 관형어로 쓰일 경우 목적어 앞에 오는데, 수량 구조 一篇과 '胆小鬼的'와 함께 목적어를 수식한다.

∴ 她读了一篇关于胆小鬼的故事。 그녀는 겁쟁이에 관한 이야기를 한 편 읽었다.

어휘 ★读 dú 동 읽다 | ★胆小鬼 dǎnxiǎoguǐ 명 겁쟁이

| 家乡的情况 | 询问 | 向他 | 大家都 |

공략　**1단계** **개사 向의 위치를 정한다** ◎ 제시어 중 뜻이 '～다'로 끝나는 어휘는 询问뿐이므로 술어가 되고, 개사 向은 '向+명사+술어' 순으로 놓여 '向他询问'으로 배열된다.

　　2단계 **주어와 목적어를 정한다** ◎ 술어가 询问이므로 주어는 사람이 되고 목적어는 情况이 된다.

　　∴ 大家都向他询问家乡的情况。 모두들 그에게 고향의 상황을 물었다.

어휘　★询问 xúnwèn 통 물어보다 | 家乡 jiāxiāng 명 고향

9　　　　　　　　　　　　　　　난이도 中　공략 Key 개사 对와 동사 产生의 위치

自己的能力　　他　　对　　产生了　　怀疑

공략　**1단계** **개사 对를 이용해 기본 틀을 만든다** ◎ 제시어 중 동태조사 了를 수반한 '产生了'가 술어로 쓰여 'A对B+产生了'의 기본 틀이 만들어진다.

　　2단계 **목적어를 찾는다** ◎ 产生은 '호감, 흥미, 의심' 등의 추상적인 감정들이 자연스럽게 생겨남을 뜻하므로 怀疑와 호응을 이룬다.

　　3단계 **对의 대상을 정한다** ◎ 의심이 생기는 것은 사람이 하는 행동이므로 주어는 사람, 즉 他가 되며 의심이 생기는 대상은 能力가 된다.

　　∴ 他对自己的能力产生了怀疑。 그는 자신의 능력에 대해 의심이 생겼다.

어휘　★产生 chǎnshēng 통 생기다, 나타나다 | ★怀疑 huáiyí 통 의심하다

10　　　　　　　　　　　　　　난이도 上　공략 Key 조동사와 개사의 위치

向他们　　我们　　应该　　一个要求　　提出

공략　**1단계** **주어와 술어, 목적어를 정한다** ◎ 我们이 주어가 되고, 提出가 술어로 쓰인다. 목적어는 提出와 자주 호응되는 '一个要求'가 된다.

　　2단계 **부사어를 배열한다** ◎ 부사어의 기본 배열 순서인 '부조개'에 따라 조동사 应该와 개사구 '向他们'을 연결하고, 부사어는 주어 뒤, 술어 앞에 위치시킨다.

　　∴ 我们应该向他们提出一个要求。 우리는 마땅히 그들에게 요구를 하나 제기해야 한다.

어휘　★向 xiàng 개 ～에게 | ★提出 tíchū 통 제기하다

📅 29 day 수식 표현을 마스터하라 Ⅲ - 관형어

본책_ 345쪽

정답　1. 马教授是一个相当自信的人。| 2. 那个演员讲的故事很有趣。| 3. 我家有很多关于茶文化的书。| 4. 工厂需要进口一批新设备。| 5. 世界各国都在修复这座雄伟的建筑物。| 6. 他是当代最受欢迎的喜剧演员。| 7. 家长应该培养孩子独立解决问题的能力。| 8. 每个人都有属于自己的缘分。| 9. 飞往深圳的航班临时取消了。| 10. 物理是一门对日常生活非常有用的学科。

1

| 是 | 马教授 | 自信的 | 一个 | 人 | 相当 |

공략

1단계 **술어를 정한다** ○ 제시어 중 술어로 쓰이며 '~하다(이다)'로 해석되는 어휘는 是뿐이므로 'A是B(A는 B이다)'라는 기본 틀이 만들어진다.

2단계 **정도부사를 배열한다** ○ 제시어 중 相当은 정도부사로 '정도부사+형용사'의 어순에 입각하여 '相当自信的' 순으로 배열된다.

3단계 **주어와 목적어를 정한다** ○ 술어 是를 힌트로 '马教授'가 주어가 되고, 人이 목적어가 된다. 관형어 배열에서 수량 구조는 형용사구보다 앞에 위치한다.

∴ 马教授是一个相当自信的人。 마 교수는 매우 자신만만한 사람이다.

어휘 ★教授 jiàoshòu 몡 교수 | ★相当 xiāngdāng 閉 상당히, 매우 | ★自信 zìxìn 혱 자신만만하다, 자신감 있다

2

| 有趣 | 那个演员 | 故事 | 很 | 讲的 |

공략

1단계 **정도부사의 짝을 찾아준다** ○ 정도부사 很은 '정도부사+형용사'의 어순에 입각하여 '很+有趣' 순으로 배열된다. 또한 的를 통해 이 형용사구가 술어인지 관형어인지 알아보아야 하는데, 관형어로 쓰이려면 '很有趣的'로 이루어져야 한다. 그러나 的가 없으므로 이는 술어로 쓰였음을 알 수 있다.

2단계 **주어의 위치를 정한다** ○ 술어의 위치가 정해졌으므로 나머지 제시어는 주어가 된다. '那个演员'과 '讲的故事'라는 두 개의 명사가 주어졌을 때 故事는 演员이 한 것이므로 '那个演员讲的故事很有趣'로 배열된다.

∴ 那个演员讲的故事很有趣。 그 배우가 해준 이야기는 매우 흥미로웠다.

어휘 ★演员 yǎnyuán 몡 연기자, 배우 | ★有趣 yǒuqù 혱 재미있다, 흥미롭다

3

| 茶文化的 | 有 | 我家 | 很多 | 书 | 关于 |

공략

1단계 **술어를 찾는다** ○ 제시어 중 술어로 쓰이며 '~하다(이다)'로 해석되는 어휘는 有뿐이므로 'A有B(A에는 B가 있다)'의 기본 틀이 만들어진다.

2단계 **주어와 목적어를 정한다** ○ 술어 有를 힌트로 삼아 주어 자리에는 장소가 오고 목적어 자리에는 사물이 위치해야 한다. 따라서 '我家'와 书가 각각 주어와 목적어 역할을 한다.

3단계 **관형어의 어순을 배열한다** ○ 관형어 어순에 따라 '수량사+개사구+的+명사'의 순서대로 배열되기 때문에 '很多+关于茶文化+的'의 순서로 위치한다.

∴ 我家有很多关于茶文化的书。 우리 집에는 차 문화에 관한 책이 아주 많이 있다.

어휘 关于 guānyú 깨 ~에 관해

4

| 进口 | 工厂 | 新设备 | 需要 | 一批 |

공략

1단계 **술어를 찾는다** ○ 제시어 중 술어로 쓰이며 '~하다(이다)'로 해석되는 어휘로는 需要와 进口가 있다. 그중 需要는 뒤에 동사목적어를 수반하여 '~하는 것이 필요하다' 혹은 '~해야 한다'로 쓰일 수 있으므로 'A需要进口B(A에는 B가 필요하다)'라는 기본 틀이 만들어진다.

2단계 **주어와 목적어를 정한다** ○ 두 개의 명사가 있지만 进口는 물건을 목적어로 가지기 때문에 工厂이 주어, '新设备'

가 목적어 자리에 위치한다.

[3단계] **양사의 짝을 찾아준다** ➡ 양사 批는 무리나 무더기를 세는 양사이므로 '新设备'와 호응되며, 관형어의 어순에 따라 '수량사+1음절 형용사+명사'의 순서로 배열된다.

∴ 工厂需要进口一批新设备。 공장에서는 새로운 설비 한 세트를 수입해야 한다.

어휘 工厂 gōngchǎng 몡 공장 | ★需要 xūyào 통 필요하다 | 进口 jìnkǒu 통 수입하다 | 批 pī 양 많은 물건이나 사람을 세는 단위 | 设备 shèbèi 몡 시설, 설비

---

5   난이도 上   공략 Key 관형어 어순

建筑物   在修复   都   雄伟的   世界各国   这座

공략 [1단계] **술어를 정한다** ➡ 제시어 중 술어로 쓰이며 '〜하다(이다)'로 해석되는 어휘는 修复뿐이므로 'A在修复B(A는 B를 복원하고 있다)'의 기본 틀이 만들어진다.

[2단계] **都의 위치를 찾는다** ➡ 都는 전체 범위를 나타내는 부사로 포함하는 대상 뒤에 위치하기 때문에 '世界各国+都'로 연결된다.

[3단계] **관형어를 배열한다** ➡ 修复는 '가치 있는 옛날 건물이나 흔적 등을 복원한다'는 의미이므로 '建筑物'가 목적어로 적절하다. 일반적으로 '수사/지시대사+양사+2음절 형용사+的+명사'라는 관형어 어순에 따라 배열되기 때문에 '这座雄伟的+建筑物' 순으로 위치된다.

∴ 世界各国都在修复这座雄伟的建筑物。 세계 각국에서는 이 웅장한 건축물을 복원하고 있다.

어휘 修复 xiūfù 통 수리하여 복원하다 | 座 zuò 양 고정된 큰 사물을 세는 단위 | ★雄伟 xióngwěi 혱 웅장하다 | 建筑物 jiànzhùwù 몡 건축물

---

6   난이도 中   공략 Key 시간사 当代의 위치

当代   他   喜剧演员   是   最受欢迎的

공략 [1단계] **'주+술+목'을 정한다** ➡ 제시어 중 술어로 쓰이며 '〜하다(이다)'로 해석되는 어휘는 是뿐이므로 'A是B(A는 B이다)'의 기본 틀이 만들어지며, 술어 是를 힌트로 他가 주어, '喜剧演员'이 목적어임을 알 수 있다.

[2단계] **관형어를 배열한다** ➡ '시간사+동사구+的+명사'라는 관형어의 어순에 입각하여 '当代+最受欢迎的'로 배열된다.

∴ 他是当代最受欢迎的喜剧演员。 그는 현재 가장 인기 있는 개그맨이다.

어휘 当代 dāngdài 몡 당대, 그 시대 | ★受欢迎 shòu huānyíng 인기가 있다 | 喜剧演员 xǐjù yǎnyuán 몡 희극 배우, 개그맨

---

7   난이도 上   공략 Key '동사+목적어' 호응 구조 및 独立의 위치

家长   应该   培养   解决问题的能力   独立   孩子

공략 [1단계] **'주+술+목'을 정한다** ➡ 제시어 중 술어로 쓰이며 '〜하다(이다)'로 해석되는 어휘는 培养뿐이므로 'A培养B(A는 B를 길러준다)'의 기본 틀이 만들어지며, 술어 培养을 힌트로 家长이 주어, 能力가 목적어임을 알 수 있다. 이 문장의 주+술+목은 '家长+培养+解决问题的能力'가 된다.

[2단계] **관형어를 배열한다** ➡ 独立는 형용사로 동사 앞에 놓여 '解决问题'를 수식한다. 문제를 해결하는 주체는 孩子이기 때문에 '孩子独立解决问题'로 배열된다.

∴ 家长应该培养孩子独立解决问题的能力。 학부모는 아이가 혼자서 문제를 해결할 수 있는 능력을 길러주어야 한다.

어휘 ★家长 jiāzhǎng 몡 학부모 | ★培养 péiyǎng 통 기르다, 양성하다 | 独立 dúlì 통 독립하다, 홀로서다 | 解决 jiějué 통 해결하다

8

自己的	每个人	属于	都有	缘分

공략

[1단계] **'주+술+목'을 정한다** ➡ 제시어 중 술어로 쓰이며 '~하다(이다)'로 해석되는 어휘로는 有와 属于가 있지만 부사 都를 힌트로 有가 술어임을 알 수 있다. 每는 부사 都와 주로 호응되므로 '每个人'이 주어가 된다. 나머지 제시어 중 목적어로 쓰일 수 있는 명사는 缘分뿐이므로 '每个人+都有+缘分'의 기본 틀이 만들어진다.

[2단계] **관형어를 배열한다** ➡ 属于는 소유의 의미를 나타내는 동사로 뒤에 명사 성분을 수반해야 한다. 따라서 '属于自己'의 순서로 위치된다.

∴ 每个人都有属于自己的缘分。 사람마다 다 자신만의 인연이 있다.

어휘　★属于 shǔyú 통 ~에 속하다 | 缘分 yuánfèn 명 연분, 인연

9

深圳的	飞往	取消了	航班	临时

공략

[1단계] **술어를 정한다** ➡ 제시어 중 동태조사 了를 수반한 取消가 술어로 쓰여 'A取消了(A는 취소되었다)'의 기본 틀이 완성된다.

[2단계] **주어를 정한다** ➡ 술어 取消를 힌트로 무엇이 취소되었는지 살펴보면 航班이 주어임을 알 수 있다. 부사 临时는 주어 뒤, 술어 앞에 위치한다.

[3단계] **동사+往의 보어를 정한다** ➡ 개사 往이 보어로 쓰이면 뒤에 대상이나 방향이 오는데 飞往은 '飞往+장소(~로 비행한다)'의 형태를 띄므로 '飞往深圳'의 순으로 배열된다.

∴ 飞往深圳的航班临时取消了。 선전으로 가는 항공편이 (갑자기 출발할) 때가 되어서 취소되었습니다.

어휘　★飞往 fēiwǎng 통 비행기를 타고 ~로 향하다 | 深圳 Shēnzhèn 고유 선전 | ★航班 hángbān 명 항공편, 노선 | ★临时 línshí 부 때에 이르러 | ★取消 qǔxiāo 통 취소하다

10

物理	非常	是	学科	一门	有用的	对日常生活

공략

[1단계] **술어를 정한다** ➡ 제시어 중 술어로 쓰이며 '~하다(이다)'로 해석되는 어휘는 是뿐이므로 'A是B(A는 B이다)'의 기본 틀이 만들어진다.

[2단계] **정도부사의 짝을 찾아준다** ➡ '정도부사+형용사'의 어순에 따라 '非常+有用的' 순으로 위치되며 뒤의 的을 통해 이 형용사구가 관형어임을 알 수 있다.

[3단계] **관형어의 어순을 배열한다** ➡ '수량사+개사구+형용사구+的+명사'라는 관형어의 어순에 입각하면 '一门+对日常生活+非常有用的'로 배열된다.

∴ 物理是一门对日常生活非常有用的学科。 물리는 일상생활에 굉장히 유용한 하나의 학과이다.

어휘　物理 wùlǐ 명 물리 | 门 mén 양 학문이나 과목을 세는 단위 | 有用 yǒuyòng 통 쓸모가 있다 | 学科 xuékē 명 학과목

30 day 동사의 배열 순서에 주의하라 I – 연동문

정답 1. 他常常看着我的眼睛说话。| 2. 我有很多问题想跟你商量。| 3. 他有时会陪姐姐去公园散步。| 4. 她不肯来我家做客。| 5. 我去商场买了一件牛仔裤。| 6. 他们的俱乐部没有资格参加这次比赛。| 7. 千万别躺着看书。| 8. 我们打算坐火车去拉萨。| 9. 她笑着说刚才发生的事情。| 10. 老师没有时间回答学生的问题。

1　　　　　　　　　　　　　　　　　난이도 中　공략 Key 동태조사 着

我的眼睛　　他　　看　　常常　　说话　　着

공략　[1단계] **동사를 찾는다** ⊃ 제시어 중 술어로 쓰이며 '~하다(이다)'로 해석되는 동사에는 看과 说话가 있으며 이들 둘을 배열하면 '看……说话'의 순서로 놓인다.

[2단계] **동태조사의 위치를 정한다** ⊃ 연동문에서 동태조사 着는 첫 번째 동사 앞에 위치하며, '무엇을 보면서 얘기를 나누다'의 의미를 나타내기 위해 '我的眼睛'이 看의 목적어로 쓰인다.

[3단계] **부사어 常常의 위치를 정한다** ⊃ 연동문에서 부사는 대체로 첫 번째 동사 앞에 위치한다.

∴ 他常常看着我的眼睛说话。그는 종종 나의 눈을 보고 말을 한다.

어휘　★眼睛 yǎnjing 명 눈

2　　　　　　　　　　　　　　　　　난이도 上　공략 Key 조동사와 개사의 위치

有　　我　　跟你　　很多问题　　商量　　想

공략　[1단계] **동사의 위치를 정한다** ⊃ 제시어 중 술어로 쓰이며 '~하다(이다)'로 해석되는 동사로는 有와 商量이 있다. 연동문의 동사 배열에 입각하여 有가 첫 번째 동사, 商量이 두 번째 동사 자리에 위치하며 '有……商量'이라는 기본 틀이 완성된다.

[2단계] **부사어의 위치를 정한다** ⊃ 연동문에서 조동사와 개사구는 대체로 첫 번째 동사 앞에 위치하지만 첫 번째 동사가 有나 没有일 경우 조동사와 개사구는 두 번째 동사와 연결되기 때문에 '有…… 想跟你商量'으로 배열된다.

[3단계] **주어와 목적어를 위치시킨다** ⊃ 我가 주어 자리에 위치하고, 有의 목적어 자리에 '很多问题'가 위치한다.

∴ 我有很多问题想跟你商量。나는 너와 상의할 매우 많은 문제가 있다.

어휘　★商量 shāngliang 동 상의하다

3　　　　　　　　　　　　　　　　　난이도 上　공략 Key 연동문에서 부사와 조동사의 위치

陪姐姐　　他　　会　　散步　　有时　　去公园

공략　[1단계] **동사의 위치를 정한다** ⊃ 제시어 중 '~하다(이다)'로 해석되는 동사로는 陪와 去, 散步가 있으며 연동문의 동사 배열에 입각하여 방식을 나타내는 陪를 첫 번째 동사에, 去를 두 번째 동사에, 목적을 나타내는 散步를 세 번째 동사 자리에 위치시킨다.

[2단계] **부사어의 위치를 정한다** ⊃ 방식이나 목적을 나타내는 연동문에서 부사와 조동사의 위치는 첫 번째 동사 앞에 놓이므로 有时와 숲를 '陪姐姐'의 앞에 위치시킨다.

∴ 他有时会陪姐姐去公园散步。그는 가끔 언니를 데리고 공원으로 산책하러 간다.

어휘　★有时 yǒushí 부 가끔, 때때로 | 陪 péi 동 모시다, 함께 가다 | 散步 sànbù 동 산책하다

做客	她	我家	来	不肯

공략

(1단계) **동사의 위치를 정한다** ⏵ 제시어 중 '~하다(이다)'로 해석되는 동사로는 来와 做客가 있으며, 이들을 목적을 나타내는 연동문의 동사 배열에 입각하면, 来가 첫 번째 동사 做客가 두 번째 동사 자리에 위치한다. 즉 '来……做客'라는 기본 틀이 완성된다.

(2단계) **부사어의 위치를 정한다** ⏵ 방식이나 목적을 나타내는 연동문에서 부사와 조동사의 위치는 첫 번째 동사 앞이므로 '不肯'을 来 앞에 놓는다. 동사 来의 목적어 자리에는 장소가 와야 하므로 我家를 来의 뒤에 위치시킨다.

∴ 她不肯来我家做客。 그녀는 우리 집에 손님으로 오려고 하지 않는다.

어휘   ★肯 kěn [조동] ~하길 원하다 | 做客 zuòkè [동] 손님이 되다

我	商场	买了	牛仔裤	去	一条

공략

(1단계) **동사의 위치를 정한다** ⏵ 제시어 중 '~하다(이다)'로 해석되는 동사는 '买了'와 去이다. 목적 관계 연동문의 동사 배열 순서에 따라 去를 첫 번째 동사로, '买了'를 두 번째 동사 자리에 위치시켜 '去……买了'라는 기본 틀을 완성한다.

(2단계) **주어와 목적어를 정한다** ⏵ 가고, 사는 동작을 하는 주체는 사람이므로 我가 주어 자리에 오고, 商场은 장소이므로 장소를 목적어로 이끄는 去 뒤에, 구입한 물건인 '一条牛仔裤'가 문장 맨 마지막에 위치한다.

∴ 我去商场买了一条牛仔裤。 나는 상점에 가서 청바지를 한 벌 샀다.

어휘   ★商场 shāngchǎng [명] 상점, 백화점 | 牛仔裤 niúzǎikù [명] 청바지

俱乐部	这次比赛	他们的	参加	没有资格

공략

(1단계) **동사의 위치를 정한다** ⏵ 제시어 중 '~하다(이다)'로 해석되는 동사로는 没有와 参加가 있으며 연동문의 동사 배열에 따라 没有를 첫 번째 동사, 参加를 두 번째 동사 자리에 위치시켜 '没有资格参加……'라는 기본 틀을 완성한다.

(2단계) **주어와 목적어를 정한다** ⏵ 没有에 대한 목적어는 이미 资格임이 제시되어 있으므로 '누가'에 해당하는 주어와 参加의 목적어를 찾으면 된다. 参加는 '행사나 경기 등에 참가하는 것'을 의미하므로 '这次比赛'를 목적어로 가지며, 참가 자격이 없는 것은 俱乐部이므로 주어 자리에 위치한다.

∴ 他们的俱乐部没有资格参加这次比赛。 그들의 동호회는 이번 시합에 참가 자격이 없다.

어휘   ★俱乐部 jùlèbù [명] 동호회 | 资格 zīgé [명] 자격 | 参加 cānjiā [동] 참가하다 | 比赛 bǐsài [명] 시합, 경기

别	躺	书	着	千万	看

공략

(1단계) **동사의 위치를 정한다** ⏵ 제시어 중 '~하다(이다)'로 해석되는 동사에는 躺과 看이 있으며 방식을 나타내는 연동문의 동사 배열에 따라 躺을 첫 번째 동사로, 看을 두 번째 동사 자리에 놓고 '躺……看……'이라는 기본 틀을 완성한다. 주어의 핵심 동작은 '보는 것'이며 '눕는 것'은 무언가를 볼 때의 자세를 의미한다.

(2단계) **동태조사 着의 위치를 찾는다** ⏵ 동태조사 着는 연동문에서 첫 번째 동사 앞에 위치한다.

(3단계) **부사어의 위치를 찾는다** ⏵ 수단이나 방식을 나타내는 연동문에서 부사는 첫 번째 동사 앞에 위치한다.

∴ 千万别躺着看书。 절대로 누워서 책 보지 마세요.

8   난이도 下   공략 Key 연동문에서 동사 순서

去   我们   火车   拉萨   打算   坐

공략   **1단계 동사의 위치를 정한다** ➡ 제시어 중 '~하다(이다)'로 해석되는 동사에는 打算과 去, 坐가 있다. 打算은 주어 뒤에 놓여 목적어를 가지는 동사이므로 주어 뒤에 위치한다. 그다음 수단이나 방식을 첫 번째 동사에 위치시키는 연동문의 순서에 따라 'A打算坐B去C(A는 B를 타고 C에 갈 계획이다)'라는 기본 틀을 완성한다.

2단계 주어와 목적어를 정한다 ➡ 타고 가는 동작을 하는 주체는 사람이므로 我们이 주어 자리에 오고, 坐 뒤에는 교통수단이 위치해야 하므로 火车가 오며 拉萨는 지명이므로 장소를 목적어로 이끄는 去 뒤에 위치한다.

∴ 我们打算坐火车去拉萨。우리는 기차를 타고 라싸에 갈 계획이다.

어휘   ★打算 dǎsuan 图 ~할 계획이다 ┃ 拉萨 Lāsà 고유 라싸

9   난이도 中   공략 Key 연동문에서 동태조사 着

她   笑   事情   刚才发生的   着   说

공략   **1단계 동사의 위치를 정한다** ➡ 제시어 중 '~하다(이다)'로 해석되는 동사는 笑와 说가 있으며 방식을 나타내는 연동문의 배열 순서에 따라 笑를 첫 번째 동사로, 说를 두 번째 동사 자리에 위치시켜 '笑……说……'라는 기본 틀을 완성한다. 주어의 핵심 동작은 '말하는 것'이며 '웃는 것'은 무언가를 말할 때의 방식을 의미한다.

2단계 동태조사 着의 위치를 찾는다 ➡ 동태조사 着는 연동문에서 첫 번째 동사 앞에 위치한다.

3단계 주어와 목적어를 정한다 ➡ 말하는 동작을 하는 주체가 사람이므로 她를 주어로 두고, 동사 说의 경우 뒤에 말한 내용이 등장해야 하므로 '刚才发生的事情'을 목적어로 둔다.

∴ 她笑着说刚才发生的事情。그녀는 웃으면서 방금 발생한 일을 얘기했다.

어휘   ★笑 xiào 图 웃다 ┃ 刚才 gāngcái 몡 방금, 막

10   난이도 上   공략 Key 연동문에서 没有의 위치

老师   回答   时间   学生的问题   没有

공략   **1단계 동사의 위치를 정한다** ➡ 제시어 중 '~하다(이다)'로 해석되는 동사에는 回答와 没有가 있으며 연동문의 동사 배열에 따라 没有를 첫 번째 동사, 回答를 두 번째 동사에 두어 '没有……回答……'라는 기본 틀을 완성한다.

2단계 주어와 목적어를 정한다 ➡ 回答는 어떤 질문이나 문제에 대답하는 것을 의미하므로 问题를 回答의 목적어로 두고, 时间을 没有에 대한 목적어로 위치시킨다. 이 문장의 의미에 따라 대답은 선생님이 하고 질문은 학생이 하므로 주어는 老师가 된다.

∴ 老师没有时间回答学生的问题。선생님은 학생들의 질문에 대답할 시간이 없다.

어휘   ★回答 huídá 图 대답하다, 응답하다

31 day 동사의 배열 순서에 주의하라 Ⅱ – 겸어문

정답 1. 她苗条的身材让人很羡慕。| 2. 医生建议他多吃蔬菜。| 3. 他的一举一动让我感到意外。| 4. 公司要求每个员工具有责任感。| 5. 老师不喜欢学生上课打瞌睡。| 6. 这个好消息使人们十分兴奋。| 7. 老板派我去杭州参观展销会。| 8. 夜色的天空让人感到寂寞。| 9. 瑜伽使我们终身美丽。| 10. 我们请赵教授谈谈她的看法。

쓰기 제1부분

1 　**난이도** 中　**공략 Key** 겸어문의 술어 배열

| 身材　　她　　很羡慕　　让人　　苗条的 |

공략

1단계 **술어를 찾는다** ○ 제시어 중 술어로 쓰이며 '~하다(이다)'로 해석되는 어휘에는 羡慕와 让이 있는데 겸어문에서 让은 첫 번째 동사 자리에 위치하므로 'A让B很羡慕(A는 B로 하여금 부러워하게 만들다)'라는 기본 틀이 완성된다.

2단계 **让 뒤가 문장인지 확인한다** ○ 겸어문에서 겸어동사 뒤는 다시 '주+술+목' 문장으로 이어진다. '很羡慕'는 사람의 감정이므로 사람이 주어가 될 수 있다. 때문에 身材와 她, 그리고 '苗条的'가 자연스럽게 让의 주어 부분에 위치된다. 사람들이 부러워하는 것은 그녀가 가진 날씬한 몸매, 즉 '她的身材'이므로 전체 문장은 '她+苗条的身材+让人+很羡慕'로 배열된다.

∴ 她苗条的身材让人很羡慕。 그녀의 날씬한 몸매는 사람들로 하여금 매우 부러워하게 했다.

어휘　★苗条 miáotiáo 혱 날씬하다 | 身材 shēncái 몡 몸매 | 羡慕 xiànmù 동 부러워하다

2 　**난이도** 上　**공략 Key** 겸어문의 술어 배열 및 多의 위치

| 医生　　多　　蔬菜　　建议他　　吃 |

공략

1단계 **술어를 찾는다** ○ 제시어 중 술어로 쓰이며 '~하다(이다)'로 해석되는 어휘에는 建议와 吃가 있는데 建议는 뒤에 사람이 올 경우 'A建议B……(A가 B에게 ~하라고 건의하다)'의 겸어동사로 쓰인다. 이에 따라 建议를 첫 번째 동사 자리에 두고 'A建议B吃(A는 B에게 ~을 먹으라고 제안하다)'로 기본 틀을 잡는다. 이때 먹거리는 蔬菜뿐이므로 吃 뒤에 위치시킨다.

2단계 **多의 위치를 선정한다** ○ 多는 형용사이지만 부사어로도 쓰여 동사 앞에서 '더'의 의미를 나타낸다. 의사가 그에게 채소를 더 많이 먹으라고 제안한 것이므로 多는 동사 吃 앞에 위치한다.

∴ 医生建议他多吃蔬菜。 의사는 그에게 채소를 많이 먹으라고 제안했다.

어휘　★建议 jiànyì 동 건의하다, 제안하다 | 蔬菜 shūcài 몡 채소

3 　**난이도** 中　**공략 Key** 겸어문의 술어 배열 및 感到

| 让我　　他的　　意外　　感到　　一举一动 |

공략

1단계 **술어를 찾는다** ○ 제시어 중 술어로 쓰이며 '~하다(이다)'로 해석되는 어휘에는 让과 意外, 感到가 있는데 겸어문에서 사역동사 让은 첫 번째 동사 자리에 위치하며, 感到는 형용사를 목적어로 취하므로 'A让B感到意外(A는 B로 하여금 의외라고 느끼게 만든다)'라는 기본 틀을 완성한다.

2단계 **让 뒤가 문장인지 확인한다** ○ 겸어문에서 겸어동사 뒤는 다시 '주+술+목' 문장으로 이어진다. '感到意外'는 사람의 감정이므로 他가 주어가 되고 他的와 '一举一动'은 자연스럽게 让의 주어 부분에 위치한다.

∴ 他的一举一动让我感到意外。 그의 일거수일투족은 나로 하여금 매우 의외라고 느끼게 했다.

---

4   난이도 上   공략 Key 겸어문의 술어 배열 및 具有의 호응 구조

每个员工	责任感	公司	要求	具有

공략   [1단계] **술어를 찾는다** ◐ 제시어 중 술어로 쓰이며 '~하다(이다)'로 해석되는 어휘로는 要求와 具有가 있는데 겸어문에서 要求는 첫 번째 동사 자리에 위치하므로 'A要求B具有C(A는 B에게 C를 갖추라고 요구한다)'라는 기본 틀을 완성한다.

[2단계] **要求의 주어와 목적어를 정한다** ◐ 要求는 요구하는 것이므로 公司가 주어가 되고, '每个员工'이 목적어가 된다.

[3단계] **具有의 주어와 목적어를 확인한다** ◐ 겸어문에서 겸어동사 뒤에 오는 목적어가 두 번째 동사의 주어가 되므로 '每个员工'이 주어가 되고, 회사에서 모든 직원들에게 요구한 사항, 즉 모든 직원이 갖추어야 할 '责任感'이 具有의 목적어가 된다.

∴ 公司要求每个员工具有责任感。 회사에서는 모든 직원들에게 책임감을 갖추라고 요구했다.

어휘   ★要求 yāoqiú 동 요구하다, 요청하다 | 员工 yuángōng 명 직원 | 具有 jùyǒu 동 가지다, 구비하다 | 责任感 zérèngǎn 명 책임감

---

5   난이도 上   공략 Key 겸어문의 술어 배열 및 각각의 주어 선정

学生	不喜欢	上课	老师	打瞌睡

공략   [1단계] **술어를 찾는다** ◐ 제시어 중 술어로 쓰이며 '~하다(이다)'로 해석되는 어휘에는 '不喜欢'과 上课, '打瞌睡'가 있는데 겸어문에서 喜欢은 첫 번째 동사에 위치하므로 'A不喜欢B……(A는 B가 ~하는 걸 싫어한다)'로 기본 틀을 완성한다.

[2단계] **不喜欢의 주어와 목적어를 정한다** ◐ '不喜欢'의 주어와 목적어로 나올 수 있는 대상에는 学生과 老师가 있는데 또 다른 동사 '打瞌睡'를 힌트로, '不喜欢'의 주어는 老师가 되고, 싫어하는 대상, 즉 목적어는 学生임을 알 수 있다.

[3단계] **不喜欢 뒤의 문장을 배열한다** ◐ 겸어문에서 겸어동사 뒤는 다시 '주+술+목' 문장으로 이어진다. 남은 제시어인 上课와 '打瞌睡'를 선생님이 학생을 싫어하는 이유로 배열하면 되는데, 학생들이 수업 시간에 조는 걸 싫어하는 것이므로 '누가+언제+~하다'의 어순으로 배열한다. 따라서 전체 문장은 '老师+不喜欢+学生+上课+打瞌睡'가 된다.

∴ 老师不喜欢学生上课打瞌睡。 선생님은 학생들이 수업 시간에 조는 걸 싫어한다.

어휘   打瞌睡 dǎ kēshuì 동 (꾸벅꾸벅) 졸다

---

6   난이도 中   공략 Key 겸어문의 술어 배열 및 정도부사 十分

这个	兴奋	使人们	十分	好消息

공략   [1단계] **정도부사 十分의 짝을 찾는다** ◐ 정도부사는 형용사를 수식해주므로 형용사인 兴奋과 호응시켜 '十分兴奋'이 된다.

[2단계] **술어를 찾는다** ◐ 제시어 중 술어로 쓰이며 '~하다(이다)'로 해석되는 어휘에는 兴奋과 使가 있는데 겸어문에서 让은 첫 번째 동사 자리에 위치하므로 먼저 'A使B十分兴奋(A는 B로 하여금 굉장히 흥분되게 만든다)'으로 기본 틀을 잡는다.

[3단계] **使 뒤가 문장인지 확인한다** ◐ 겸어문에서 겸어동사 뒤는 다시 '주+술+목' 문장으로 이어진다. 兴奋은 사람의 감정이므로 人们이 주어가 되고, 这个와 '好消息'는 자연스럽게 使의 주어 부분에 위치하게 된다.

∴ 这个好消息使人们十分兴奋。 이 좋은 소식은 사람들을 굉장히 흥분하게 했다.

어휘   ★消息 xiāoxi 명 소식 | 十分 shífēn 부 굉장히, 매우 | 兴奋 xīngfèn 형 흥분하다

| **7** | | 난이도 中 공략 Key 겸어문의 술어 배열 및 参观의 호응 목적어 |

| 参观　　老板　　派　　展销会　　去杭州　　我 |

공략　[1단계] **술어를 찾는다** ◎ 제시어 중 술어로 쓰이며 '~하다(이다)'로 해석되는 어휘에는 参观과 派, 去가 있는데 겸어문에서 派는 첫 번째 동사 자리에 위치하므로 먼저 'A派B'로 나타내고 나머지는 목적 관계 연동문의 어순에 따라 'A派B 去……参观……(A는 B를 ~에 가서 ~을 참관하도록 파견했다)'로 기본 틀을 잡는다.

　　[2단계] **派의 주어와 목적어를 정한다** ◎ 내가 사장을 파견했을 리 없기 때문에 派의 주체는 老板이 되고 목적어는 我가 적절하다.

　　[3단계] **参观의 목적어를 정한다** ◎ 参观은 '어떤 행사나 관광지, 명승지 등을 견학하는 것'을 의미하므로 이에 상응하는 목적어는 展销会이다.

　　∴ 老板派我去杭州参观展销会。 사장님은 전시 판매회를 견학하라고 나를 항저우로 파견했다.

어휘　★老板 lǎobǎn 몡 사장, 주인 | 派 pài 통 파견하다 | 杭州 Hángzhōu 고유 항저우 | 展销会 zhǎnxiāohuì 몡 전시 판매회

| **8** | | 난이도 上 공략 Key 겸어문의 술어 배열 및 感到의 위치 |

| 感到　　夜色的　　让人　　寂寞　　天空 |

공략　[1단계] **술어를 찾는다** ◎ 제시어 중 술어로 쓰이며 '~하다(이다)'로 해석되는 어휘에는 感到와 让, 寂寞가 있는데 겸어문에서 사역동사 让은 첫 번째 동사에 위치하며, 感到는 형용사를 목적어로 취하므로 먼저 'A让B感到寂寞(A는 B로 하여금 쓸쓸하다고 느끼게 만든다)'의 기본 틀을 만든다.

　　[2단계] **让 뒤가 문장인지 확인한다** ◎ 겸어문에서 겸어동사 뒤는 다시 '주+술+목' 문장으로 이어진다. '感到寂寞'는 사람의 감정이므로 人이 주어가 되고 '夜色的'와 天空은 자연스럽게 让의 주어 부분으로 위치하게 된다.

　　∴ 夜色的天空让人感到寂寞。 밤 하늘이 사람을 쓸쓸하게 느끼게 한다.

어휘　★夜色 yèsè 몡 야경, 밤의 경치 | 天空 tiānkōng 몡 하늘 | 寂寞 jìmò 혱 외롭다, 쓸쓸하다

| **9** | | 난이도 上 공략 Key 겸어문의 술어 배열 및 终身의 위치 |

| 我们　　美丽　　终身　　使　　瑜伽 |

공략　[1단계] **술어를 찾는다** ◎ 제시어 중 술어로 쓰이며 '~하다(이다)'로 해석되는 어휘에는 美丽와 使가 있는데 겸어문에서 사역동사 使는 첫 번째 동사 자리에 위치하므로 'A使B美丽(A는 B로 하여금 아름답게 만든다)'로 기본 틀을 만든다.

　　[2단계] **使 뒤가 문장인지 확인한다** ◎ 겸어문에서 겸어동사 뒤는 다시 '주+술+목' 문장으로 이어진다. 美丽는 사람이나 경치 등이 아름다울 때 쓰이므로 使 뒤에 위치하는 美丽의 주어는 瑜伽가 아닌 我们이 되며, 瑜伽는 자연스레 使의 주어 자리에 위치한다.

　　[3단계] **终身의 위치를 정한다** ◎ 명사 终身은 일반적으로 '终身难忘(평생 못 잊는다)', '终身不嫁(한평생 결혼하지 않는다)' 등 동작이나 형용사를 수식해 주는 역할을 하므로 美丽 앞에 위치해야 한다.

　　∴ 瑜伽使我们终身美丽。 요가는 우리를 평생 아름답게 만든다.

어휘　★瑜伽 yújiā 몡 요가 | 终身 zhōngshēn 몡 평생, 일생

| **10** | | 난이도 下 공략 Key 겸어문의 술어 배열 및 请의 목적어 |

| 谈谈　　我们　　她的看法　　请　　赵教授 |

공략　[1단계] **술어를 찾는다** ◎ 제시어 중 술어로 쓰이며 '~하다(이다)'로 해석되는 어휘에는 谈谈과 请이 있는데 겸어문에서 겸어동사 请은 첫 번째 동사 자리에 위치하므로 먼저 'A请B谈谈……(A는 B에게 ~를 말해 달라고 청했다)'의 기본 틀

을 만든다.

[2단계] **请의 주어와 목적어를 정한다** ◐ 请은 청하는 의미를 지닌 어휘로 뒤에 '她的看法'라는 제시어를 통해 请한 주어가 我们이고, 주어가 请한 대상이 '赵教授'라는 것을 알 수 있다.

[3단계] **谈谈의 목적어를 정한다** ◐ 谈谈은 의견이나 견해를 이야기한다는 의미로 '她的看法'를 谈谈의 목적어로 둔다.

∴ 我们请赵教授谈谈她的看法。 우리는 자오 선생님에게 그녀의 견해를 말해달라고 청했다.

어휘 ★教授 jiàoshòu 몡 교수 | 谈 tán 통 말하다 | 看法 kànfǎ 몡 견해, 의견

📅 32 day 특수 구문을 철저히 공략하라 I – 把자문

본책_ 369쪽

정답 **1.** 班主任没把这个消息弄糊涂。 | **2.** 请把黄瓜和玉米放在塑料袋里。 | **3.** 李太太居然把聚会的事忘了。 | **4.** 教授把今天的讲座推到明天上午。 | **5.** 把这些玩具送给幼儿园。 | **6.** 他把手机里的信息全部删除了。 | **7.** 我已经把任务分配好了。 | **8.** 他们把聚会时间定在5月中旬。 | **9.** 舅舅把阳台收拾得一干二净。 | **10.** 我把所有的时间都投入到工作上。

1   난이도 上 공략 Key 把자문에서 부사 没의 위치 및 술어 배열

班主任	糊涂	这个消息	把	弄	没

공략 [1단계] **把자문의 기본 틀을 정한다** ◐ '把+대사/명사+술어+기타 성분'이라는 기본 어순에 입각하여 우선 'A把B弄……'의 기본 틀을 완성한다. 把자문에서 술어는 단독으로 쓰일 수 없고 기타 성분을 동반해야 하므로 결과보어인 糊涂를 뒤에 위치시켜 'A把B弄糊涂(A는 B를 헷갈리게 만들다)'로 배열한다.

[2단계] **부사어나 조동사의 위치를 정한다** ◐ 把자문에서 부사나 조동사는 把 앞에 위치하므로 부정부사 没를 把 앞에 위치시킨다.

[3단계] **주어와 목적어를 정한다** ◐ 술어 '弄糊涂'를 기준으로 주어인 '누가'를 찾는 것은 어렵지 않을 것이다. '弄糊涂'의 주체는 '班主任'이며, '弄糊涂'한 대상은 '这个消息'가 된다.

∴ 班主任没把这个消息弄糊涂。 담임 선생님은 이 소식을 헷갈리지 않으셨다.

어휘 ★班主任 bānzhǔrèn 몡 담임 선생님 | 消息 xiāoxi 몡 소식, 뉴스 | 弄糊涂 nòng hútu 헷갈리다

2   난이도 上 공략 Key 把자문에서 결과보어 在의 위치

请把	放	黄瓜和玉米	在塑料袋里

공략 [1단계] **把자문의 기본 틀을 정한다** ◐ '把+대사/명사+술어+기타 성분'이라는 기본 어순에 입각하여 우선 'A把B放……'의 기본 틀을 완성한다. 把자문에서 술어는 단독으로 쓰일 수 없고 기타 성분을 동반해야 하므로, 결과보어인 在를 뒤에 위치시켜 'A把B放在塑料袋里(A는 B를 플라스틱 봉지 안에 넣다)'로 배열한다.

[2단계] **주어와 목적어를 정한다** ◐ 제시어 중 '누가'에 해당하는 명사가 없으므로 주어는 생략되었으며 '무엇을'에 해당하는 '黄瓜和玉米'가 있으므로 이를 把 뒤에 위치시킨다.

∴ 请把黄瓜和玉米放在塑料袋里。 오이와 옥수수를 비닐봉지에 넣어주세요.

어휘 ★黄瓜 huángguā 몡 오이 | 玉米 yùmǐ 몡 옥수수 | 塑料袋 sùliàodài 몡 비닐봉지

3

把	居然	李太太	忘了	聚会的事

공략

1단계 把자문의 기본 틀을 정한다 ▶ '把+대사/명사+술어+기타 성분'이라는 기본 어순에 입각하여 우선 'A把B忘了'의 기본 틀을 완성한다.

2단계 부사어나 조동사의 위치를 정한다 ▶ 把자문에서 부사나 조동사는 把 앞에 위치하므로 부사 居然을 把 앞에 위치시킨다.

3단계 주어와 목적어를 정한다 ▶ 술어 忘了를 힌트로 제시어 중 '누가'에 해당하는 주어는 '李太太'가 되며, '무엇을'에 해당하는 것은 '聚会的事'가 된다.

∴ 李太太居然把聚会的事忘了。이씨 부인은 뜻밖에도 모이는 일을 잊었다.

어휘 ★居然 jūrán 뷔 뜻밖에, 의외로 | 聚会 jùhuì 툉 모이다

쓰기
제1부분

난이도 上 | 공략 Key 把자문에서 결과보어 到의 용법

4

教授	明天上午	把	讲座	今天的	推到

공략

1단계 把자문의 기본 틀을 정한다 ▶ '把+대사/명사+술어+기타 성분'이라는 기본 어순에 입각하여 우선 'A把B推到……'의 기본 틀을 완성한다. 把자문에서 술어 뒤에 결과보어 到가 위치할 경우 뒤에는 시간이나 장소가 위치하므로 'A把B推到明天上午(A는 B를 내일 오전으로 미루었다)'의 把자문 틀이 만들어진다.

2단계 주어와 목적어를 정한다 ▶ 제시어 중 '누가'에 해당하는 명사는 教授이므로 이를 주어로 두고, '무엇을'에 해당하는 讲座를 把의 뒤에 위치시킨다.

∴ 教授把今天的讲座推到明天上午。교수님은 오늘의 강좌를 내일 오전으로 미루셨다.

어휘 ★教授 jiàoshòu 뗑 교수 | 讲座 jiǎngzuò 뗑 강좌 | 推 tuī 툉 미루다, 연기하다

난이도 中 | 공략 Key 把자문에서 결과보어 给의 용법

5

幼儿园	送给	这些玩具	把

공략

1단계 把자문의 기본 틀을 정한다 ▶ '把+대사/명사+술어+기타 성분'이라는 기본 어순에 입각하여 우선 'A把B送给……'의 기본 틀을 완성한다. 把자문에서 술어 뒤에 결과보어 给가 위치할 경우 뒤에는 대상을 수반하므로 'A把B送给幼儿园(A는 B를 유치원으로 보냈다)'의 把자문 틀이 만들어진다.

2단계 주어와 목적어를 정한다 ▶ 제시어 중 '누가'에 해당하는 명사가 없으므로 주어는 생략되고 '무엇을'에 해당하는 玩具가 있으므로 이를 把의 뒤에 위치시킨다.

∴ 把这些玩具送给幼儿园。이 장난감들을 유치원에 보내세요.

어휘 ★玩具 wánjù 뗑 장난감 | 幼儿园 yòu'éryuán 뗑 유치원

난이도 中 | 공략 Key 把자문에서 부사 全部의 위치

6

他	全部	手机里的信息	删除了	把

공략

1단계 把자문의 기본 틀을 만든다 ▶ '把+대사/명사+술어+기타 성분'이라는 기본 어순에 입각하여 우선 'A把B删除了(A는 B를 삭제했다)'의 기본 틀을 완성한다.

2단계 주어와 목적어를 정한다 ▶ 제시어 중 '누가'에 해당하는 명사 他를 주어의 위치에, '무엇을'에 해당하는 '手机里的信息'를 把 뒤에 위치시킨다.

3단계 부사어 全部의 위치를 정한다 ▶ 把자문에서 부사는 把 앞에 위치하지만 全部, 都처럼 '모두, 전부'에 해당하는 부

사는 예외이므로 문장의 의미를 꼼꼼히 따져봐야 한다. 위의 문장에서 주어인 他는 단수이므로 全部를 수반할 수 없으며 全部는 핸드폰 속의 정보를 수식하기 때문에 把 뒤에 있는 명사 뒤에 위치시킨다.

∴ 他把手机里的信息全部删除了。 그는 핸드폰 안의 정보를 모두 삭제했다.

어휘 ★信息 xìnxī 몡 정보ㅣ删除 shānchú 통 삭제하다, 지우다

7　　　　　　　　　　　　　　　　　　　　　　　　난이도 下　공략 Key 把자문에서 부사 已经의 위치

已经	分配	把	好了	我	任务

공략

1단계 把자문의 기본 틀을 완성한다 ⇨ '把+대사/명사+술어+기타 성분'이라는 기본 어순에 입각하여 우선 'A把B分配'의 기본 틀을 완성한다. 把자문에서는 술어 뒤에 기타 성분이 수반되어야 하므로 '好了'를 分配 뒤에 위치시켜 'A把B分配好了(A는 B를 다 분배했다)'라는 把자문 틀을 만든다.

2단계 부사어나 조동사의 위치를 정한다 ⇨ 把자문에서 부사나 조동사는 把 앞에 위치하므로 부사 已经을 把 앞에 위치시킨다.

3단계 주어와 목적어를 정한다 ⇨ 제시어 중 '누가'에 해당하는 명사 我를 주어의 위치에, '무엇을'에 해당하는 任务를 把 뒤에 위치시킨다.

∴ 我已经把任务分配好了。 나는 이미 임무를 다 분배했다.

어휘 ★任务 rènwu 몡 임무ㅣ分配 fēnpèi 통 분배하다, 나누다

8　　　　　　　　　　　　　　　　　　　　　　　　난이도 中　공략 Key 把자문에서 결과보어 在의 용법

定在	把	他们	5月	聚会时间	中旬

공략

1단계 把자문의 기본 틀을 정한다 ⇨ '把+대사/명사+술어+기타 성분'이라는 기본 어순에 입각하여 우선 'A把B定在'의 기본 틀을 완성한다. 把자문에서 술어 뒤에 결과보어 在가 위치할 경우 뒤에는 시간이나 장소가 수반된다. 제시어 중 시간이나 장소를 나타내는 어휘를 찾아보면 시간적인 표현인 5月와 中旬이 있다. 中旬은 대체로 '~월 중순'의 형태를 띠므로 'A把B定在5月中旬(A는 B를 5월 중순으로 정했다)'이라는 把자문 틀이 만들어진다.

2단계 주어와 목적어를 정한다 ⇨ 제시어 중 '누가'에 해당하는 명사 他们을 주어의 위치에 두며, '무엇을'에 해당하는 '聚会时间'을 把 뒤에 위치시킨다.

∴ 他们把聚会时间定在5月中旬。 그들은 모임 시간을 5월 중순으로 정했다.

어휘 ★聚会 jùhuì 몡 모임, 회합ㅣ定 dìng 통 정하다ㅣ中旬 zhōngxún 몡 중순

9　　　　　　　　　　　　　　　　　　　　　　　　난이도 上　공략 Key '一干二净'의 용법 파악

收拾得	舅舅	把	阳台	一干二净

공략

1단계 把자문의 기본 틀을 완성한다 ⇨ '把+대사/명사+술어+기타 성분'이라는 기본 어순에 입각하여 우선 'A把B收拾得……'의 기본 틀을 완성한다. 술어 뒤에 구조조사 得가 있으므로 정도보어를 찾는다. 제시어 중 술어 收拾와 호응을 이루어 정리한 정도를 나타내는 표현이 '一干二净'이므로 'A把B收拾得一干二净(A는 B를 깨끗이 정리했다)'의 把자문 틀이 완성된다. 참고로 성어 '一干二净'은 정도보어 得 뒤에서 정도를 보충하는 표현으로 쓰인다.

2단계 주어와 목적어를 정한다 ⇨ 제시어 중 '누가'에 해당하는 명사 舅舅를 주어로, '무엇을'에 해당하는 阳台를 把 뒤에 위치시킨다.

∴ 舅舅把阳台收拾得一干二净。 외삼촌은 베란다를 깨끗이 정리했다.

어휘 ★舅舅 jiùjiu 몡 외삼촌ㅣ阳台 yángtái 몡 베란다ㅣ收拾 shōushi 통 정돈하다, 치우다ㅣ一干二净 yì gān èr jìng 솅 깨끗이

所有的时间　　　把　　　投入到　　　都　　　我　　　工作上

공략　〔1단계〕 **把자문의 기본 틀을 정한다** ○ '把+대사/명사+술어+기타 성분'이라는 기본 어순에 입각하여 우선 'A把B投入到'의 기본 틀을 완성한다. 把자문에서 술어 뒤에 결과보어 到가 위치할 경우, 뒤에는 시간이나 장소가 수반된다. 제시어 중 뒤에 방위사 上을 붙여 장소화를 시킨 '工作上'이 '投入到' 뒤에 위치하여 'A把B投入到工作上(A는 B를 일에 쏟아부었다)'이라는 把자문 틀을 만든다.

　　　　〔2단계〕 **주어와 목적어를 정한다** ○ 제시어 중 '누가'에 해당하는 我를 주어로, '무엇을'에 해당하는 '所有的时间'을 목적어로 둔다.

　　　　〔3단계〕 **都의 위치를 찾아준다** ○ 把자문에서 부사는 把 앞에 위치하지만 全部나 都처럼 '모두, 전부'에 해당하는 부사는 예외이므로 문장의 의미를 꼼꼼히 따져봐야 한다. 위의 문장에서 都는 '所有……都'의 호응 형태로 쓰였으므로 '所有的时间' 뒤에 위치해야 한다.

　　　∴ 我把所有的时间都投入到工作上。 나는 모든 시간을 일에 쏟아부었다.

어휘　★所有 suǒyǒu 〔형〕 모든, 일체의 | 投入 tóurù 〔동〕 투입하다, 뛰어들다

쓰기
제1부분

---

33 day 특수 구문을 철저히 공략하라 Ⅱ – 被자문

본책_ 377쪽

정답　1. 他竟然被强烈的阳光晒黑了。| 2. 长城被认为是建筑史的奇迹。| 3. 刚整理好的文件又被弄乱了。| 4. 我没有被这个话剧吸引住。| 5. 有价值的资料更容易被家长接受。| 6. 高尔夫球被人们看作是一种高雅运动。| 7. 哥哥又被妈妈打了一顿。| 8. 这个技术被应用到很多领域。| 9. 所有的梳子都被姥姥摔坏了。| 10. 激励越来越被人们所重视。

强烈的　　　竟然　　　他　　　被　　　晒黑了　　　阳光

공략　〔1단계〕 **被자문의 기본 틀을 완성한다** ○ '被+대사/명사+술어+기타 성분'이라는 기본 어순에 입각하여 우선 'A被B晒黑了(A는 B에 의해서 그을렸다)'의 기본 틀을 완성한다.

　　　　〔2단계〕 **부사어나 조동사의 위치를 정한다** ○ 被자문에서 부사나 조동사는 被 앞에 위치하므로 부사 竟然을 被 앞에 위치시킨다.

　　　　〔3단계〕 **행위를 한 대상을 찾는다** ○ 被자문에서 행위를 한 주체는 被 뒤에 위치하므로 누가 혹은 무엇이 동작을 했는지를 생각한다. 술어가 晒黑이므로 태운 것은 阳光이 되고, 强烈는 '햇빛, 인상 등이 강렬하다'는 의미의 형용사이므로 '强烈的阳光'으로 호응된다.

　　　∴ 他竟然被强烈的阳光晒黑了。 그는 뜻밖에 강렬한 햇빛에 까맣게 그을렸다.

어휘　★竟然 jìngrán 〔부〕 뜻밖에, 의외로 | 强烈 qiángliè 〔형〕 강하다, 강렬하다 | 阳光 yángguāng 〔명〕 햇빛 | 晒黑 shàihēi 〔동〕 (햇빛에) 그을리다

认为	被	是	奇迹	建筑史的	长城

공략

[1단계] 被자문의 기본 틀을 완성한다 ➡ '被+대사/명사+술어+기타 성분'이라는 기본 어순에 입각하여 우선 'A被B认为(A는 B에 ~로 여겨지다)'의 기본 틀을 완성한다.

[2단계] 행위를 한 대상을 찾는다 ➡ 被자문에서 행위를 한 주체는 被 뒤에 위치하므로 누가 혹은 무엇이 동작을 했는지를 생각한다. 술어 认为의 동작은 '사람'이 하는 동작이지만 제시어 중 사람이 없으므로 행위의 주체가 생략되었음을 알 수 있다.

[3단계] 피동문의 주체와 认为의 목적어를 찾는다 ➡ 제시어 중 长城과 奇迹라는 두 개의 명사 덩어리가 존재한다. 술어 认为를 중심으로 '무엇이, 무엇으로' 여겨지는지 대입해보면, 长城이 被자문의 주체가 되고, '建筑史的奇迹'가 认为의 목적으로 위치하게 된다.

[4단계] 认为의 용법을 숙지한다 ➡ 认为는 뒤에 명사 목적어가 아닌 문장을 끌고 오는 동사이므로, 是를 认为 뒤에 위치시켜야 한다. '建筑史的奇迹'는 명사이지만 '是建筑史的奇迹'는 문장이 된다.

∴ 长城被认为是建筑史的奇迹。 만리장성은 건축사의 기적이라고 여겨진다.

어휘 ★长城 Chángchéng 고유 만리장성 | 建筑史 jiànzhùshǐ 명 건축(역)사 | 奇迹 qíjì 명 기적

文件	弄乱了	被	又	刚整理好的

공략

[1단계] 被자문의 기본 틀을 완성한다 ➡ '被+대사/명사+술어+기타 성분'이라는 기본 어순에 입각하여 우선 'A被B弄乱了(A는 B에 의해 어지럽혀졌다)'의 기본 틀을 완성한다.

[2단계] 부사어나 조동사의 위치를 정한다 ➡ 被자문에서 부사나 조동사는 被 앞에 위치하므로 부사 又를 被 앞에 위치시킨다.

[3단계] 행위의 주체를 찾는다 ➡ 被자문에서 행위를 한 주체는 被 뒤에 위치하므로 누가 혹은 무엇이 동작을 했는지를 생각한다. 술어 弄乱은 '사람이나 동물'이 하는 동작이지만 제시어 중 이와 관련된 어휘가 없으므로 행위의 주체가 생략되어 있음을 알 수 있다.

∴ 刚整理好的文件又被弄乱了。 방금 정리한 문서가 또 어지럽혀졌다.

어휘 ★整理 zhěnglǐ 동 정리하다 | 文件 wénjiàn 명 문서 | 弄乱 nòngluàn 동 어지럽히다, 난장판이 되다

吸引住	我	这个话剧	被	没有

공략

[1단계] 被자문의 기본 틀을 완성한다 ➡ '被+대사/명사+술어+기타 성분'이라는 기본 어순에 입각하여 우선 'A被B吸引住(A는 B에 의해 사로잡혔다)'의 기본 틀을 완성한다.

[2단계] 부사어나 조동사의 위치를 정한다 ➡ 被자문에서 부사나 조동사는 被 앞에 위치하므로 부정부사 没有를 被 앞에 위치시킨다.

[3단계] 행위의 주체를 찾는다 ➡ 被자문에서 행위를 한 주체는 被 뒤에 위치하므로 누가 혹은 무엇이 동작을 했는지를 생각한다. 술어가 '吸引住'임을 힌트로 '사로잡은 것'은 '这个话剧'이며, '사로잡힌 것'은 我이므로 전체 문장은 '我+没有+被这个话剧+吸引住'로 배열된다.

∴ 我没有被这个话剧吸引住。 나는 이 연극에 매료되지 않았다.

어휘 ★话剧 huàjù 명 연극 | 吸引 xīyǐn 동 끌어당기다, 흡인하다

5

> 更容易　　资料　　接受　　被　　有价值的　　家长

공략

1단계 **被자문의 기본 틀을 완성한다** ▶ '被+대사/명사+술어+기타 성분'이라는 기본 어순에 입각하여 우선 'A被B接受(A는 B에 의해 받아들여졌다)'의 기본 틀을 완성한다.

2단계 **부사어나 조동사의 위치를 정한다** ▶ 被자문에서 부사나 조동사는 被 앞에 위치하므로 부사 更을 被 앞에 위치시키고, 더불어 함께 연결되어 있는 容易도 被의 앞에 위치시킨다.

3단계 **행위의 주체를 찾는다** ▶ 被자문에서 행위를 한 주체는 被 뒤에 위치하므로 누가 혹은 무엇이 동작을 했는지를 생각한다. 술어 接受를 힌트로 '받아들인 이'는 家长이며, '받아들여진 것'은 资料임을 알 수 있다. 관형어 '有价值的'는 资料를 제한해준다.

∴ 有价值的资料更容易被家长接受。가치 있는 자료는 더 쉽게 학부모들에게 받아들여진다.

어휘　★价值 jiàzhí 몡 가치 | 资料 zīliào 몡 자료 | 接受 jiēshòu 동 받아들이다, 수락하다

6

> 高尔夫球　　看作是　　人们　　一种高雅运动　　被

공략

1단계 **被자문의 기본 틀을 완성한다** ▶ '被+대사/명사+술어+기타 성분'이라는 기본 어순에 입각하여 우선 'A被B看作是(A는 B에 의해 ~로 여겨진다)'의 기본 틀을 완성한다.

2단계 **행위의 주체를 찾는다** ▶ 被자문에서 행위를 한 주체는 被 뒤에 위치하므로 누가 혹은 무엇이 동작을 했는지를 생각한다. 술어 看作是는 '사람'이 하는 동작이므로 被 뒤에 위치하는 행위의 주체가 人们임을 알 수 있으며, '여겨지는' 대상은 高尔夫球, '무엇으로 여겨지는'지는 '一种高雅运动'임을 유추할 수 있다.

∴ 高尔夫球被人们看作是一种高雅运动。골프는 사람들에게 일종의 고상한 운동으로 보여진다.

어휘　★高尔夫球 gāo'ěrfūqiú 몡 골프 | 看作 kànzuò 동 ~로 여기다, 간주하다 | 高雅 gāoyǎ 형 고상하다

7

> 打了　　哥哥　　又　　一顿　　被妈妈

공략

1단계 **被자문의 기본 틀을 완성한다** ▶ '被+대사/명사+술어+기타 성분'이라는 기본 어순에 입각하면 'A被B打了(A는 B에 맞았다)'의 기본 틀이 완성되며, 被 뒤에 행위의 주체가 제시되어 있으므로 '被妈妈打了'의 순으로 놓는다.

2단계 **부사어나 조동사의 위치를 정한다** ▶ 被자문에서 부사나 조동사는 被 앞에 위치하므로 부사 又를 被 앞에 위치시킨다.

3단계 **수량사 一顿의 위치를 파악한다** ▶ 수량사 一顿은 '질책, 비평' 등의 동작을 세는 단위로 동사 뒤에 위치한다. 따라서 一顿은 打了 뒤에 위치하게 된다.

∴ 哥哥又被妈妈打了一顿。오빠는 또 엄마에게 한바탕 맞았다.

어휘　★一顿 yí dùn 한바탕

8

> 应用到　　被　　领域　　这个技术　　很多

공략

1단계 **被자문의 기본 틀을 완성한다** ▶ '被+대사/명사+술어+기타 성분'이라는 기본 어순에 입각하여 우선 'A被B应用到(A는 B에 의해 ~에 응용되었다)'의 기본 틀을 완성한다.

2단계 **명사 덩어리를 만든다** ▶ '很多'는 뒤에 명사를 수반할 수 있는데, '这个技术'는 这个라는 지시대사가 주어져 있기

쓰기
제1부분

때문에 '很多'와는 함께 쓰일 수 없다. 따라서 '很多'는 '很多领域'와 호응된다.

[3단계] **행위의 주체를 찾는다** ➲ 被자문에서 행위를 한 주체는 被 뒤에 위치하므로 누가 혹은 무엇이 동작을 했는지를 생각한다. 술어 应用은 사람이나 회사에서 하는 동작이지만 제시어 중 이와 관련된 어휘가 없으므로 행위의 주체가 생략되어 있음을 알 수 있다.

∴ 这个技术被应用到很多领域。 이 기술은 많은 분야에 응용되었다.

어휘 ★技术 jìshù 몡 기술 | 应用 yìngyòng 통 응용하다 | 领域 lǐngyù 몡 분야, 영역

---

9 난이도 中 공략 Key 被자문에서 부사 都의 위치

| 被 | 坏了 | 都 | 姥姥 | 摔 | 所有的梳子 |

공략

[1단계] **被자문의 기본 틀을 완성한다** ➲ '被+대사/명사+술어+기타 성분'이라는 기본 어순에 입각하여 우선 'A被B摔(A는 B에 의해 어지럽혀졌다)'의 기본 틀을 완성한다. 또한 술어 뒤에 기타 성분이 위치해야 하므로 자연스럽게 'A被B摔坏了'의 被자문이 만들어진다.

[2단계] **행위의 주체를 찾는다** ➲ 被자문에서 행위를 한 주체는 被 뒤에 위치하므로 누가 혹은 무엇이 동작을 했는지를 생각한다. 술어 '摔坏了'는 '사람이나 동물'이 하는 동작이므로 제시어 중 姥姥가 被 뒤에 위치하고 '떨어져서 깨진 것'은 梳子이므로 '所有的梳子'가 被 앞에 위치한다.

[3단계] **부사어 都의 위치를 정한다** ➲ 被자문에서 부사는 被 앞에 위치하지만 全部나 都처럼 '모두, 전부'에 해당하는 부사는 예외이므로 문장의 의미를 꼼꼼히 따져봐야 한다. 위의 문장에서 都는 '所有……都……'의 호응 형태로 쓰였으므로 '所有的梳子' 뒤에 위치해야 한다.

∴ 所有的梳子都被姥姥摔坏了。 모든 빗이 외할머니에 의해서 부러졌다.

어휘 ★所有 suǒyǒu 톙 일체의, 모든 | 梳子 shūzi 몡 빗 | 姥姥 lǎolao 몡 외할머니 | 摔坏 shuāihuài 통 부서지다

---

10 난이도 中 공략 Key 被자문에 조사 所의 위치

| 越来越 | 激励 | 重视 | 被人们 | 所 |

공략

[1단계] **被자문의 기본 틀을 완성한다** ➲ '被+대사/명사+술어+기타 성분'이라는 기본 어순에 입각하여 'A被B重视(A는 B에 의해 중시되다)'라는 기본 틀이 완성되며, 被 뒤의 행위의 주체가 이미 정해져 있으므로 'A被人们重视'의 순으로 놓인다.

[2단계] **所의 위치를 파악한다** ➲ 被자문에서 조사 所는 술어 앞에 위치하며 'A被B所+술어'의 기본 어순을 암기하도록 한다.

[3단계] **부사어나 조동사의 위치를 정한다** ➲ 被자문에서 부사나 조동사는 被 앞에 위치하므로 부사 '越来越'를 被의 앞에 위치시킨다.

∴ 激励越来越被人们所重视。 격려는 점점 더 많은 사람들에 의해서 중시되고 있다.

어휘 ★激励 jīlì 통 격려하다 | 重视 zhòngshì 통 중시하다

34 day 주어의 상식을 깨트려라 — 존현문

> **정답** 1. 阳台上有一个绿色的小盆栽。| 2. 隔壁搬来了一个小伙子。| 3. 宿舍的墙上有很多图画。| 4. 办公室门上贴着请勿打扰的字条。| 5. 前边飞来了一群美丽的蝴蝶。| 6. 他脸上露出了甜美的微笑。| 7. 厨房里坐着两个淘气的小男孩。| 8. 教室里排列着非常整齐的桌椅。| 9. 电梯门上挂着正在修理的牌子。| 10. 抽屉里有一条新买的项链。

1

난이도 下 **공략 Key** 존현문의 주어와 목적어

> 一个　　有　　小盆栽　　绿色的　　阳台上

공략 [1단계] **술어를 찾는다** ◐ 제시어 중 술어로 쓰이며 '~하다(이다)'로 해석되는 어휘는 동태조사 有뿐이므로 이를 중심으로 'A有B(A에 B가 있다)'의 기본 틀을 만든다.

[2단계] **주어와 목적어를 정한다** ◐ '阳台上'을 힌트로 有가 존재를 나타낸다는 것을 알 수 있다. 존현문의 주어는 시간과 장소이므로 방위사가 있는 '阳台上'이 주어, '무엇이'에 해당하는 '小盆栽'가 목적어가 된다. 즉 '阳台上+有+小盆栽' 순으로 위치된다.

[3단계] **관형어를 배열한다** ◐ 관형어의 기본 어순 배열은 '수량사+색깔'이므로 '一个绿色的'를 '小盆栽'의 관형어로 위치시킨다.

∴ 阳台上有一个绿色的小盆栽。 베란다에 녹색 화분이 하나 놓여있다.

어휘 ★阳台 yángtái 명 베란다 | 盆栽 pénzāi 명 화분, 분재

2

난이도 上 **공략 Key** 존현문의 주어와 목적어

> 隔壁　　小伙子　　一个　　搬来了

공략 [1단계] **술어를 찾는다** ◐ 제시어 중 술어로 쓰이며 '~하다(이다)'로 해석되는 어휘는 '搬来了'뿐이므로 'A搬来了B(A에 B가 이사를 왔다)'라는 기본 틀을 만든다.

[2단계] **주어와 목적어를 정한다** ◐ '搬来了'는 존현문에서 출현을 나타내는 동사이다. 따라서 '시간/장소+동사+(的)목적어'라는 존현문의 어순에 입각하여 장소를 나타내는 隔壁를 주어로, '一个小伙子'를 목적어로 둔다.

∴ 隔壁搬来了一个小伙子。 옆집에 한 청년이 이사를 왔다.

어휘 ★隔壁 gébì 명 이웃, 이웃집 | 搬 bān 동 이사하다 | 小伙子 xiǎohuǒzi 명 젊은 청년

3

난이도 下 **공략 Key** 존현문의 주어와 목적어

> 墙上　　很多　　有　　图画　　宿舍的

공략 [1단계] **술어를 찾는다** ◐ 제시어 중 술어로 쓰이며 '~하다(이다)'로 해석되는 어휘는 有뿐이므로 'A有B(A에는 B가 있다)'라는 기본 틀을 만든다.

[2단계] **주어와 목적어를 정한다** ◐ 有는 존현문에서 존재를 나타내는 술어로 쓰였으므로 '시간/장소+동사+(的)목적어'라는 존현문의 어순에 따라 장소를 나타내는 '墙上'을 주어로, '很多图画'를 목적어로 둔다. '宿舍的'는 그림을 수식해주는 성분이 아닌 담벼락을 한정해주는 역할을 한다.

∴ 宿舍的墙上有很多图画。 기숙사 벽에 많은 그림이 있다.

어휘 ★宿舍 sùshè 명 기숙사 | 墙 qiáng 명 담, 벽

난이도 上   공략 Key 존현문에서의 주어 및 관형어 어순 배열

4

| 打扰 | 贴着 | 请勿 | 的 | 字条 | 办公室门上 |

공략

[1단계] 술어를 찾는다 ⯈ 제시어 중 술어로 쓰이며 '~하다(이다)'로 해석되는 어휘는 동태조사 着를 동반한 '贴着'뿐이므로 'A贴着B(A에는 B가 붙여져 있다)'라는 기본 틀을 만든다.

[2단계] 주어와 목적어를 정한다 ⯈ 贴着는 존현문에서 존재를 나타내는 술어로 쓰이므로, '시간/장소+동사+(的)목적어'라는 존현문의 어순에 입각하여 장소를 나타내는 '办公室门上'이 주어가 되고, 贴의 목적어는 '字条'가 된다.

[3단계] 관형어의 어순을 배열한다 ⯈ 존현문의 목적어는 수식 구조를 동반하므로 나머지 제시어를 字条 앞에 위치시킨다. 勿는 부사로 '~하지 마라'는 뜻을 나타내며 동사를 꾸며주므로 '请勿打扰'의 순으로 배열된다.

∴ **办公室门上贴着请勿打扰的字条。** 사무실 문에 방해하지 말라는 메모가 붙어 있다.

어휘 ★贴 tiē 통 붙이다 | 勿 wù 부 ~해서는 안 된다, ~하지 마라 | 打扰 dǎrǎo 통 방해하다, 폐를 끼치다 | 字条 zìtiáo 명 메모, 쪽지

난이도 上   공략 Key 존현문에서의 주어 선정 및 관형어 어순

5

| 美丽的 | 飞来了 | 一群 | 蝴蝶 | 前边 |

공략

[1단계] 술어를 찾는다 ⯈ 제시어 중 술어로 쓰이며 '~하다(이다)'로 해석되는 어휘는 동태조사 了를 동반한 '飞来了'뿐이므로 'A飞来了B(A에서 B가 날아왔다)'라는 기본 틀을 만든다.

[2단계] 주어와 목적어를 정한다 ⯈ 前边을 힌트로 '飞来了'가 존현문에서 출현을 나타내는 술어로 쓰였음을 알 수 있다. 따라서 '시간/장소+동사+(的)목적어'라는 존현문의 어순에 입각하여 장소를 나타내는 前边이 주어, '飞来了'의 대상이 되는 蝴蝶를 목적어로 정한다.

[3단계] 관형어의 어순을 배열한다 ⯈ 존현문의 목적어는 수식 구조를 동반하므로 나머지 제시어를 蝴蝶 앞에 둔다. 관형어의 기본 어순은 '수량사+2음절 형용사+的+명사'이므로 '一群美丽的'로 배열할 수 있다.

∴ **前边飞来了一群美丽的蝴蝶。** 앞쪽에서 한 무리의 아름다운 나비가 날아왔다.

어휘 ★群 qún 양 무리를 이룬 사람이나 동물을 세는 단위 | 蝴蝶 húdié 명 나비

난이도 下   공략 Key 존현문에서의 주어와 목적어

6

| 露出了 | 微笑 | 他脸上 | 甜美的 |

공략

[1단계] 술어를 찾는다 ⯈ 제시어 중 술어로 쓰이며 '~하다(이다)'로 해석되는 어휘는 동태조사 了를 동반한 '露出了'뿐이므로 'A露出了B(A에는 B가 드러났다)'라는 기본 틀을 만든다.

[2단계] 주어와 목적어를 정한다 ⯈ '他脸上'을 힌트로 '露出了'가 존현문에서 출현을 나타내는 술어로 쓰였음을 알 수 있다. 따라서 '시간/장소+동사+(的)목적어'라는 존현문의 어순에 입각하여 장소를 나타내는 '他脸上'을 주어로, '露出了'의 대상이 되는 목적어는 微笑가 된다.

∴ **他脸上露出了甜美的微笑。** 그의 얼굴에 아름다운 미소가 드러났다.

어휘 露出 lùchū 통 드러내다 | 甜美 tiánměi 형 아름답다, 유쾌하다 | 微笑 wēixiào 명 미소

난이도 中   공략 Key 존현문의 주어 및 관형어 어순

7

| 坐着 | 厨房里 | 淘气的 | 两个 | 小男孩 |

공략

[1단계] 술어를 찾는다 ⯈ 제시어 중 술어로 쓰이며 '~하다(이다)'로 해석되는 어휘는 동태조사 着를 동반한 '坐着'뿐이므로 'A坐着B(A에는 B가 앉아 있다)'라는 기본 틀을 만든다.

[2단계] 주어와 목적어를 정한다 ⯈ 장소를 나타내는 '厨房里'를 힌트로 '坐着'가 존현문에서 존재를 나타내는 술어로 쓰였

음을 알 수 있다. 따라서 '시간/장소+동사+(的)목적어'라는 존현문의 어순에 입각하여 장소를 나타내는 '厨房里'를 주어로, 坐着의 대상이 되는 목적어는 '小男孩'로 정한다.

(3단계) **관형어의 어순을 배열한다** ◎ 존현문의 목적어는 수식 구조를 동반하므로 나머지 제시어를 '小男孩' 앞에 둔다. 관형어의 기본 어순은 '수량사+2음절 형용사+的+명사'이므로 '两个淘气的'로 배열된다.

∴ 厨房里坐着两个淘气的小男孩。주방에 장난이 심한 소년들 두 명이 앉아 있다.

어휘 ★厨房 chúfáng 명 주방 | 淘气 táoqì 형 장난이 심하다

8 난이도 上 공략 Key 존현문의 주어 및 정도부사 非常의 위치

排列着	非常	教室里	整齐的	桌椅

공략 (1단계) **술어를 찾는다** ◎ 제시어 중 술어로 쓰이며 '~하다(이다)'로 해석되는 어휘는 동태조사 着를 동반한 '排列着'뿐이므로 'A排列着B(A에는 B가 배열되어 있다)'라는 기본 틀을 만든다.

(2단계) **주어와 목적어를 정한다** ◎ 장소를 나타내는 '教室里'를 힌트로 '排列着'가 존현문에서 존재를 나타내는 술어로 쓰였음을 알 수 있다. 따라서 '시간/장소+동사+(的)목적어'라는 존현문의 어순에 입각하여 장소를 나타내는 '教室里'를 주어로, '排列着'의 대상이 되는 목적어는 桌椅로 정한다.

(3단계) **정도보어 非常의 짝을 지어준다** ◎ 존현문의 목적어는 수식 구조를 동반하므로 나머지 제시어는 桌椅 앞에 둔다. 정도부사 非常은 형용사를 수식하므로 '非常整齐的' 순으로 위치한다.

∴ 教室里排列着非常整齐的桌椅。교실 안에 책걸상이 굉장히 가지런하게 배열되어 있다.

어휘 ★排列 páiliè 동 배열하다, 정렬하다 | 整齐 zhěngqí 형 가지런하다, 질서가 있다 | 桌椅 zhuōyǐ 명 책걸상

9 난이도 中 공략 Key 존현문의 주어 및 正在의 위치

牌子	挂着	修理	的	正在	电梯门上

공략 (1단계) **술어를 찾는다** ◎ 제시어 중 술어로 쓰이며 '~하다(이다)'로 해석되는 어휘는 동태조사 着를 동반한 挂着뿐이므로 'A挂着B(A에는 B가 걸려 있다)'라는 기본 틀을 만든다.

(2단계) **주어와 목적어를 정한다** ◎ 장소를 나타내는 '电梯门上'을 힌트로 '挂着'가 존현문에서 존재를 나타내는 술어로 쓰였음을 알 수 있다. 따라서 '시간/장소+동사+(的)목적어'라는 존현문의 어순에 입각하여 장소를 나타내는 '电梯门上'이 주어가 되고, 挂着의 대상이 되는 牌子는 목적어가 된다.

(3단계) **부사어 正在의 짝을 지어준다** ◎ 존현문의 목적어는 수식 구조를 동반하므로 나머지 제시어를 牌子 앞에 둔다. 부사 正在는 동작을 수식하므로 '正在修理的' 순으로 위치한다.

∴ 电梯门上挂着正在修理的牌子。엘리베이터 문에 수리 중이라는 팻말이 걸려있다.

어휘 ★电梯 diàntī 명 엘리베이터 | 修理 xiūlǐ 동 수리하다 | 牌子 páizi 명 팻말

10 난이도 下 공략 Key 존현문의 주어와 목적어 위치

一条	抽屉里	有	新买的	项链

공략 (1단계) **술어를 찾는다** ◎ 제시어 중 술어로 쓰이며 '~하다(이다)'로 해석되는 어휘는 有뿐이므로 이를 중심으로 'A有B(A에는 B가 있다)'라는 기본 틀을 만든다.

(2단계) **주어와 목적어를 정한다** ◎ 장소를 나타내는 '抽屉里'를 힌트로 有가 존현문에서 존재를 나타내는 술어로 쓰였음을 알 수 있다. 따라서 '시간/장소+동사+(的)목적어'라는 존현문의 어순에 입각하여 장소를 나타내는 '抽屉里'를 주어로, 有의 대상이 되는 목적어는 项链으로 정한다.

(3단계) **관형어의 어순을 배열한다** ◎ 존현문의 목적어는 수식 구조를 동반하므로 나머지 제시어를 项链 앞에 둔다. 관형어의 기본 어순은 '수량사+동사구+的+명사'이므로 '一条新买的'로 배열된다.

쓰기 제1부분

∴ 抽屉里有一条新买的项链。 서랍 안에 새로 산 목걸이가 하나 있다.

어휘 ★抽屉 chōuti 몡 서랍 | 项链 xiàngliàn 몡 목걸이

35_{day} 중국어의 정도 표현을 정복하라 — 정도부사와 정도보어

본책_ 393쪽

정답 1. 那个项目的利润很高。| 2. 那两支队讨论得相当激烈。| 3. 中国新疆空气越来越干燥。| 4. 今天的手术做得十分成功。| 5. 那位嘉宾演得格外突出。| 6. 青少年的心理承受能力差别很大。| 7. 小明的糖醋鱼做得非常地道。| 8. 服务员把餐桌摆得很整齐。| 9. 昨天的谈判进行得不太顺利。| 10. 他在学校表现得很活跃。

---

1   **난이도** 中   **공략 Key** 형용사구의 위치

项目	利润	的	那个	很高

공략   1단계 **형용사구의 문장 성분을 정한다** ⊙ 제시어 중 '很高'가 술어로 쓰였는지 관형어로 쓰였는지 판단해야 한다. 제시어 중 的가 있기는 하지만 술어로 쓰이며 '~하다(이다)'로 해석되는 어휘가 없기 때문에 '很高'는 술어로 쓰였음을 알 수 있다.

2단계 **주어를 찾는다** ⊙ '很高'가 술어로 정해졌다면 나머지 제시어는 주어 부분에 위치한다. 그렇다면 '很高'를 직접 수식해주는 성분은 项目가 아닌 利润이 되므로 '……的利润很高'라는 기본 틀이 정해지게 된다.

∴ 那个项目的利润很高。 그 프로젝트의 이윤은 매우 높다.

어휘 ★项目 xiàngmù 몡 프로젝트 | 利润 lìrùn 몡 이윤

---

2   **난이도** 上   **공략 Key** 정도보어 구문에서 형용사구의 위치

讨论	那	激烈	得	两支队	相当

공략   1단계 **得의 품사를 파악한다** ⊙ 제시어 가운데 得가 있으면 먼저 정도부사의 유무를 통해 정도보어 '得(de)'인지 조동사 '得(děi)'인지 확인해야 한다. 정도보어 구문에서 정도부사는 得 뒤에 위치해야 하므로 'A+동사+得+相当……'의 기본 틀을 만든다.

2단계 **정도부사 相当의 짝을 지어준다** ⊙ 정도부사 相当과 짝이 되는 어휘는 '~하다(이다)'로 해석되는 激烈와 讨论이다. 이들 중 激烈가 형용사이므로 相当과 호응된다.

3단계 **주어와 술어를 배열한다** ⊙ 讨论이 동사임을 이미 확인했으므로 得 앞에 위치시키고 '那两支队'를 주어 자리에 위치시킨다.

∴ 那两支队讨论得相当激烈。 두 팀은 상당히 격렬하게 토론했다.

어휘 支 zhī 양 부대나 팀을 세는 단위 | 队 duì 몡 팀 | ★相当 xiāngdāng 몌 상당히 | ★激烈 jīliè 몞 격렬하다, 치열하다

쓰기 제1부분

---

3   난이도 中   공략 Key 형용사구의 위치

| 越来越   中国   空气   新疆   干燥 |

공략

1단계 정도부사와 형용사를 연결시킨다 ➡ 제시된 어휘 중 '越来越'는 정도부사이므로 뒤에 올 수 있는 형용사인 干燥와 호응시킨다.

2단계 형용사구의 문장 성분을 정한다 ➡ 형용사구 '越来越干燥'가 술어로 쓰였는지 관형어로 쓰였는지 판단해야 한다. 제시된 어휘 중에 的가 없기 때문에 '越来越干燥'가 술어로 쓰였음을 알 수 있다.

3단계 주어를 찾는다 ➡ '越来越干燥'가 술어로 정해졌다면 나머지 제시어는 주어 부분에 위치한다. 그렇다면 干燥를 직접 수식해주는 성분인 空气가 주어 자리에 위치한다.

∴ 中国新疆空气越来越干燥。 중국 신장의 공기가 점점 더 건조해지고 있다.

어휘 新疆 Xīnjiāng 고유 신장 | ★越来越 yuèláiyuè 부 더욱더 | ★干燥 gānzào 형 건조하다

---

4   난이도 下   공략 Key 정도보어 구문에서 형용사구의 위치

| 成功   做   十分   今天的手术   得 |

공략

1단계 得의 품사를 파악한다 ➡ 제시어 중 得을 확인했다면 먼저 정도부사의 유무를 통해 정도보어 '得(de)'인지 조동사 '得(děi)'인지 확인해야 한다. 정도보어 구문에서 정도부사는 得 뒤에 위치해야 하므로 'A+동사+得+十分……'의 기본 틀을 만든다.

2단계 정도부사 十分의 짝을 지어준다 ➡ 정도부사 十分과 짝이 되는 형용사는 '~하다(이다)'로 해석되는 成功과 做이다. 이들 중 成功이 정도부사의 수식을 받을 수 있으므로 十分이 成功과 호응된다.

3단계 주어와 술어를 배열한다 ➡ 做가 동사임을 이미 확인했으므로 得 앞에 위치시키고 '今天的手术'를 주어 자리에 위치시킨다.

∴ 今天的手术做得十分成功。 오늘의 수술은 매우 성공적으로 되었다.

어휘 ★做手术 zuò shǒushù 수술하다 | ★十分 shífēn 부 매우 | ★成功 chénggōng 형 성공적이다

---

5   난이도 上   공략 Key 정도보어 구문에서 형용사구의 위치

| 嘉宾   突出   那位   格外   演得 |

공략

1단계 得의 품사를 파악한다 ➡ 제시어 중 得을 확인했다면 먼저 정도부사의 유무를 통해 정도보어 '得(de)'인지 조동사 '得(děi)'인지 확인해야 한다. 정도보어 구문에서 정도부사는 得 뒤에 위치해야 하며, 得 앞에 이미 동사 演이 있으므로 'A演得格外……'의 기본 틀을 만든다.

2단계 정도부사 格外의 짝을 지어준다 ➡ 정도부사 格外와 짝이 되는 형용사는 '~하다(이다)'로 해석되는 突出뿐이므로 格外는 突出와 호응되고 嘉宾은 자연스럽게 양사 位와 호응되어 주어 자리에 위치한다.

∴ 那位嘉宾演得格外突出。 그 초대 손님은 유난히 뛰어나게 연기를 했다.

어휘 ★嘉宾 jiābīn 명 내빈, 초대 손님 | 演 yǎn 동 연기하다 | ★格外 géwài 부 유난히, 특별히 | ★突出 tūchū 형 뛰어나다, 훌륭하다

---

6   난이도 上   공략 Key 형용사구의 위치

| 青少年的   很大   心理承受能力   差别 |

공략

1단계 형용사구의 문장성분을 파악한다 ➡ 형용사구 '很大'의 문장성분이 술어인지 관형어인지 파악한다. 제시어 중 的가 있지만 青少年 뒤에 있으므로 '很大'는 술어임을 알 수 있다.

[2단계] **1차 주어를 찾는다** ➡ '很大'가 술어이므로 나머지 제시어는 주어 부분에 위치한다. 그렇다면 '很大'를 직접 수식해주는 성분을 찾아야 한다. 能力는 보통 强이나 弱로 표현되므로 '很大' 바로 앞에 위치하는 직접적인 주어는 差別가 된다.

[3단계] **전체 주어를 찾는다** ➡ '青少年的' 뒤에는 명사가 위치해야 한다. 의미상 '청소년의 차이'가 아닌 '청소년의 심리적 인내력의 차이'이므로 전체 문장은 '青少年的+心理承受能力+差別+很大'로 배열된다.

∴ 青少年的心理承受能力差別很大。 청소년들의 심리적인 인내력의 차이는 매우 크다.

어휘 心理 xīnlǐ 몡 심리, 심적 상태 | ★承受 chéngshòu 통 감당하다, 견뎌내다 | ★差別 chābié 몡 구별, 차이

| 7 | 난이도 中 | 공략 Key 정도보어 구문에서 형용사구의 위치 |

地道　　小明的　　做得　　非常　　糖醋鱼

공략 [1단계] **得의 품사를 파악한다** ➡ 제시어 중 得를 확인했다면 먼저 정도부사의 유무를 통해 정도보어 '得(de)'인지 조동사 '得(děi)'인지 확인해야 한다. 정도보어 구문에서 정도부사는 得 뒤에 위치하며 得 앞에 이미 동사 做가 있으므로 'A做得非常……'의 기본 틀을 만든다.

[2단계] **정도부사 非常의 짝을 지어준다** ➡ 정도부사 非常과 짝이 되는 형용사는 '~하다(이다)'로 해석되는 地道뿐이므로 非常은 地道와 호응되고 糖醋鱼는 자연스럽게 '小明的'와 호응하여 주어 자리에 위치한다.

∴ 小明的糖醋鱼做得非常地道。 샤오밍은 탕추위를 굉장히 정통으로 만들었다.

어휘 糖醋鱼 tángcùyú 몡 탕추위(탕추 소스를 얹은 생선 요리) | ★地道 dìdao 혱 오리지널이다, 정통이다

| 8 | 난이도 中 | 공략 Key 정도보어 구문에서 형용사구와 把의 위치 |

把餐桌　　很整齐　　摆得　　服务员

공략 [1단계] **得의 품사를 파악한다** ➡ 제시어 중 得가 있으면 먼저 정도부사의 유무를 통해 정도보어 '得(de)'인지 조동사 '得(děi)'인지 확인해야 한다. 제시어 중 정도부사 很과 형용사 整齐가 있고 得 앞에 동사 摆가 있으므로 'A摆得很整齐'로 기본 틀을 만든다.

[2단계] **把자문에서의 정도보어 위치를 정한다** ➡ 把와 정도보어 得가 함께 나왔다면 把가 먼저 위치하고 得는 술어 뒤에 있는 기타 성분에 위치하게 된다. 따라서 '把餐桌摆得……'로 배열되며 服务员은 摆라는 동작을 한 주체이므로 주어 자리에 위치한다.

∴ 服务员把餐桌摆得很整齐。 종업원은 테이블을 깔끔하게 진열했다.

어휘 餐桌 cānzhuō 몡 식탁, 테이블 | ★摆 bǎi 통 놓다, 진열하다 | ★整齐 zhěngqí 혱 단정하다, 깔끔하다

| 9 | 난이도 下 | 공략 Key 정도보어 구문에서 형용사구의 위치 |

得　　昨天的　　不太　　进行　　顺利　　谈判

공략 [1단계] **得의 품사를 파악한다** ➡ 제시어 중 得을 확인했다면 먼저 정도부사의 유무를 통해 정도보어 '得(de)'인지 조동사 '得(děi)'인지 확인해야 한다. 정도보어 구문에서 정도부사는 得 뒤에 위치한다는 점에 입각하여 'A+동사+得+不太……'의 기본 틀을 만든다.

[2단계] **정도부사 不太의 짝을 지어준다** ➡ 정도부사 '不太'와 짝이 되는 형용사는 '~하다(이다)'로 해석되는 进行과 顺利이다. 이들 중 정도부사의 수식을 받는 형용사는 顺利이므로 '不太'는 顺利와 호응된다.

[3단계] **주어와 술어를 배열한다** ➡ 进行이 동사이므로 得 앞에 위치하고 '昨天的谈判'은 주어 자리에 위치한다.

∴ 昨天的谈判进行得不太顺利。 어제의 협상은 그리 순조롭게 진행되지 않았다.

어휘 ★顺利 shùnlì 혱 순조롭다

10

| 很活跃 | 他 | 得 | 在学校 | 表现 |

공략

1단계 **得의 품사를 파악한다** ▶ 제시어 중 得가 있으면 먼저 정도부사의 유무를 통해 정도보어 '得(de)'인지 조동사 '得(děi)'인지 확인해야 한다. 제시어 중 정도부사 很과 형용사 活跃가 있으므로 'A+동사+得很活跃'로 기본 틀을 만든다.

2단계 **주어와 술어를 배열한다** ▶ 제시어 중 '~하다(이다)'로 해석되는 것은 表现뿐이므로 得 앞에 위치하고 개사구 '在学校'는 강조하는 상황이나 특수한 상황이 아닌 이상 부서어의 기본 어순에 따라 주어 뒤에 위치한다.

∴ 他在学校表现得很活跃。 그는 학교에서 활발하게 활약했다.

어휘　★表现 biǎoxiàn 통 나타내다, 표현하다 | ★活跃 huóyuè 형 활기차다, 활동적이다

쓰기
제1부분

36 day 어휘 학습을 소홀히 하지 마라 — 어휘의 특징과 호응 구조

본책_ 403쪽

정답　1. 教练决定适当延长训练时间。 | 2. 天气原因导致土豆价格上涨。 | 3. 要善于把握每个机会。 | 4. 那个销售方案获得了批准。 | 5. 舅舅的表情显得很尴尬。 | 6. 他们的健身房不具备完善的设备。 | 7. 屋子里总是充满着欢声笑语。 | 8. 他竟然担任这场比赛的解说员。 | 9. 股票市场面临着新的挑战。 | 10. 这次会议促进了各市的发展。

1

| 决定 | 适当 | 训练时间 | 延长 | 教练 |

공략

1단계 **决定과 호응하는 어휘를 찾는다** ▶ 决定은 동사와 명사, 두 가지 품사를 가진다. 决定이 명사로 쓰일 경우에는 '……的决定'으로 나타내고 동사 下, 做와 함께 쓰일 때는 '下决定'이나 '做决定'으로 쓰인다. 그러나 제시어 중에 이런 어휘가 없으므로 동사로 쓰였음을 알 수 있다. 결심이나 결정은 사람이 하는 동작이므로 주어는 사람이 된다. 따라서 '教练+决定+결정한 내용'이라는 기본 틀을 만든다.

2단계 **延长과 호응하는 어휘를 찾는다** ▶ 延长은 时间, 期间, 寿命 등과 호응하는 어휘이므로 '延长+训练时间'으로 배열된다.

3단계 **适当과 호응하는 어휘를 찾는다** ▶ 适当은 정도를 나타내는 어휘로, 형용사이지만 동사 앞에 위치한다. 제시어 중 동사는 决定과 延长인데, '적당히 결정하다'는 의미상 부적절하므로 延长 앞에 위치시킨다.

∴ 教练决定适当延长训练时间。 코치는 적당하게 훈련 시간을 늘리기로 결심했다.

어휘　★教练 jiàoliàn 명 코치 | ★适当 shìdàng 형 적절하다 | 延长 yáncháng 통 연장하다 | ★训练 xùnliàn 명 훈련

2

| 土豆价格 | 天气 | 导致 | 上涨 | 原因 |

공략

1단계 **导致와 호응하는 어휘를 찾는다** ▶ 导致는 '원인+导致+나쁜 결과'의 형태로 나타내며, 원인을 导致 앞에 위치시

켜 '原因+导致……'의 형태로 기본 틀을 만든다.

[2단계] **上涨과 호응하는 어휘를 찾는다** ⯁ 上涨은 '가격이나 물가 등이 상승하다'는 뜻으로 목적어를 수반할 수 없는 동사이기 때문에 가격이나 물가를 나타내는 어휘가 上涨의 주어로 온다. 따라서 '土豆价格+上涨'의 형태로 배열된다.

[3단계] **나머지 어휘를 배열한다** ⯁ 나쁜 결과는 '价格上涨'이므로 이를 导致 뒤에 두고, 이런 결과를 초래한 원인은 天气 때문이므로 导致 앞에 놓는다.

∴ 天气原因导致土豆价格上涨。 날씨 요인으로 감자 가격 상승이 초래되었다.

어휘 ★导致 dǎozhì 동 초래하다 | ★土豆 tǔdòu 명 감자 | ★上涨 shàngzhǎng 동 오르다

---

3   난이도 上   공략 Key 동사 善于와 把握의 호응 구조

要   每个机会   把握   善于

공략 [1단계] **善于와 호응하는 어휘를 찾는다** ⯁ 善于는 동사 목적어를 수반하는 어휘이므로 제시어 중 '~하다(이다)'로 해석되는 어휘를 찾아서 善于 뒤에 위치시키고 '善于+把握……'의 기본 틀을 만든다.

[2단계] **把握와 호응하는 어휘를 찾는다** ⯁ 把握는 '꽉 잡다'라는 뜻으로, 주로 时间, 时机, 机遇 등을 목적어로 취하기 때문에 '每个机会'와 함께 배열한다.

[3단계] **조동사 要를 배열한다** ⯁ 要는 동사 앞에 위치하는 조동사이다. 제시어 중 善于와 把握가 동사이지만 把握는 실질적으로 善于의 목적어 역할을 하므로 要는 술어동사 善于 앞에 위치한다.

∴ 要善于把握每个机会。 모든 기회를 잡는 데 능해야 한다.

어휘 ★善于 shànyú 동 ~에 능하다 | ★把握 bǎwò 동 잡다, 포착하다

---

4   난이도 下   공략 Key 동사 获得의 호응 구조

那个   获得了   批准   销售方案

공략 [1단계] **获得와 호응하는 어휘를 찾는다** ⯁ 获得는 반드시 목적어를 취해야 하는 동사로 주로 奖学金, 冠军, 金牌 등 긍정의 의미를 지닌 어휘들이 위치한다. 제시어 중 获得와 호응을 이루는 어휘는 批准이므로 '获得了+批准'이라는 기본 틀을 만든다.

[2단계] **나머지 어휘를 배열한다** ⯁ 지시대사와 양사의 조합인 那个를 힌트로 뒤에 명사인 '销售方案'이 위치하여 주어가 된다.

∴ 那个销售方案获得了批准。 그 판매 계획은 승인을 얻었다.

어휘 ★销售 xiāoshòu 명 판매, 매출 | ★方案 fāng'àn 명 방안, 계획 | ★批准 pīzhǔn 명 비준, 승인

---

5   난이도 上   공략 Key 동사 显得의 호응 구조

尴尬   舅舅的   显得   很   表情

공략 [1단계] **显得와 호응하는 어휘를 찾는다** ⯁ 显得는 형용사를 목적어로 취하는 동사이므로 '显得+정도부사+형용사'로 배열된다. 제시어 중 정도부사와 형용사를 찾으면 '显得+很+尴尬'로 기본 틀을 만들 수 있다.

[2단계] **나머지 어휘를 배열한다** ⯁ 나머지 제시어는 显得의 주어가 되므로, 전체 문장은 '舅舅的表情+显得+很尴尬'로 배열된다.

∴ 舅舅的表情显得很尴尬。 외삼촌의 표정이 매우 난처하게 보인다.

어휘 ★舅舅 jiùjiu 명 외삼촌 | ★尴尬 gāngà 형 난처하다

6

| 不 | 他们的 | 完善的设备 | 健身房 | 具备 |

공략

[1단계] **具备와 호응하는 어휘를 찾는다** ▶ 具备는 주로 能力, 资格, 设备 등과 짝을 이루어 쓰이는 동사로, 제시어 중 具备의 목적어에 해당하는 것은 '完善的设备'이다. 따라서 '具备+完善的设备'라는 기본 틀이 만들어진다.

[2단계] **주어를 찾는다** ▶ 的 뒤에는 명사가 위치해야 하며, 健身房은 사람들이 모여서 만든 단체이므로 '他们的+健身房'으로 함께 연결되어 주어의 자리에 위치한다.

[3단계] **나머지 어휘를 배열한다** ▶ 부사 不는 술어 앞에 위치한다. 제시어 중 술어에 위치하는 동사는 具备이다.

∴ 他们的健身房不具备完善的设备。 그들의 헬스클럽은 완벽한 시설을 구비하고 있지 않다.

어휘 ★健身房 jiànshēnfáng 몡 헬스클럽 | ★具备 jùbèi 동 갖추다 | 设备 shèbèi 몡 설비, 시설

7

| 总是 | 屋子里 | 欢声笑语 | 充满着 |

공략

[1단계] **充满과 호응하는 어휘를 찾는다** ▶ 充满은 '장소+充满+소리/냄새'의 형식으로 배열된다. 제시어 중 장소를 나타내는 '屋子里'가 주어 자리에 위치하고 소리를 나타내는 '欢声笑语'가 목적어 자리에 위치하여 '屋子里+充满着+欢声笑语'라는 기본 틀을 만든다.

[2단계] **나머지 어휘를 배열한다** ▶ 总是는 부사로 동사술어인 充满 앞에 위치한다.

∴ 屋子里总是充满着欢声笑语。 집 안에는 늘 즐거운 노랫소리와 웃음소리로 가득하다.

어휘 ★屋子 wūzi 몡 방, 집 | ★总是 zǒngshì 뮈 늘, 항상 | 欢声笑语 huān shēng xiào yǔ 즐거운 노랫소리와 웃음소리

8

| 这场比赛的 | 他 | 竟然 | 解说员 | 担任 |

공략

[1단계] **担任과 호응하는 어휘를 찾는다** ▶ 担任은 '직책, 신분' 등을 나타내는 어휘를 목적어로 취하므로, 제시어 중 이에 해당하는 '解说员'을 担任 뒤에 위치시킨다.

[2단계] **나머지 어휘를 배열한다** ▶ 竟然은 부사로 주어 뒤, 술어 앞에 위치하므로 他와 担任 사이에 위치하며 '这场比赛的'는 목적어인 解说员을 수식한다.

∴ 他竟然担任这场比赛的解说员。 그는 뜻밖에도 이번 시합의 해설자를 맡았다.

어휘 ★竟然 jìngrán 뮈 뜻밖에도 | ★担任 dānrèn 동 맡다, 담당하다 | ★解说员 jiěshuōyuán 몡 해설자, 내레이터

9

| 挑战 | 面临着 | 新的 | 股票市场 |

공략

[1단계] **面临과 호응하는 어휘를 찾는다** ▶ 面临은 挑战, 考验, 危机, 破产 등의 어휘를 목적어로 취하므로 挑战이 面临 뒤쪽에 위치된다.

[2단계] **나머지 어휘를 배열한다** ▶ '股票市场'은 예전부터 존재했던 대상이므로 '新的'는 挑战을 수식한다.

∴ 股票市场面临着新的挑战。 주식 시장은 새로운 도전에 직면하고 있다.

어휘 股票 gǔpiào 몡 주식 | ★面临 miànlín 동 직면하다 | ★挑战 tiǎozhàn 몡 도전

10

发展　　这次会议　　各市的　　促进了

공략　(1단계) **促进과 호응하는 어휘를 찾는다** ◐ 促进은 关系, 交流, 发展을 목적어로 취하는 어휘이므로 发展이 促进 뒤쪽에 위치한다.

　　　　(2단계) **나머지 어휘를 배열한다** ◐ 발전을 촉진시키는 주체는 '这次会议'이므로 이를 주어 자리에 위치시킨다. 지시대사가 관형어로 쓰일 경우 다른 품사들보다 앞에 위치하므로 '各市的'는 发展을 수식해준다.

　　　　∴ 这次会议促进了各市的发展。 이번 회의는 각 도시의 발전을 촉진시켰다.

어휘　★促进 cùjìn 图 촉진시키다 | 各 gè 때 각, 여러

📅 37 day 눈에 보이는 실수를 하지 마라

1

난이도 上 　공략 Key 정도보어 구문에서 형용사구와 把의 위치

坚持、吵架、餐厅、脾气、惭愧

제시어 분석

① 坚持 jiānchí 통 견지하다, 고수하다

三年来，他一直坚持每天早上跑步。 3년 동안 그는 계속 꾸준히 매일 아침마다 조깅을 한다.

② 吵架 chǎojià 통 말다툼하다

有一次，我跟女朋友吵过架，差点分手。 언젠가 여자친구와 싸운 적이 있는데 하마터면 헤어질 뻔 했다.

③ 餐厅 cāntīng 명 식당

这家餐厅去年重新装修过。 이 식당은 작년에 새로 리모델링을 했다.

④ 脾气 píqi 명 성격, 성깔

我弟弟脾气很不好，动不动就骂人。 내 남동생은 성격이 좋지 않아 걸핏하면 사람들에게 욕을 한다.

⑤ 惭愧 cánkuì 형 부끄럽다

工作没做好，觉得很惭愧。 일을 제대로 못해서 부끄럽다.

모범 답안

		昨	天	由	于	我	的	脾	气	不	好	,		所	以	和
同	事	吵	架	了	。	下	班	以	后	,		我	认	真	地	想
了	想	,	觉	得	很	惭	愧	。	今	天	我	为	了	向	他	
道	歉	,	打	算	请	他	去	一	家	餐	厅	吃	饭	。	没	
想	到	他	说	已	经	原	谅	我	了	,	坚	持	不	去	吃	
饭	,	所	以	只	好	算	了	。								

'성격이 ~하다'는 '脾气好/不好/差'로, '성질을 부리다'는 '发脾气'로 표현한다

말다툼은 혼자 하는 동작이 아니므로 跟, 和과 함께 쓴다

자신의 잘못으로 인해 창피한 것을 의미하며, 남의 잘못 때문에 부끄러울 때는 쓰지 않는다

어제 내 성격이 좋지 않아서 회사 동료와 말다툼을 했다. 퇴근 후 진지하게 생각을 좀 해보니 매우 부끄러웠다. 오늘 그에게 사과하기 위해 식당에 가서 밥을 먹자고 할 생각이었는데, 뜻밖에도 그가 나를 이미 용서했다고 말하면서 밥을 먹으러 가지 않겠다고 고집을 피워 어쩔 수 없이 포기했다.

공략 　1단계 **핵심 어휘 찾기** ➡ 吵架

　　　2단계 **내용 구성하기** ➡ 성격이 안 좋아서 싸웠다 → 부끄러웠다 → 사과하기 위해 식당에서 밥을 사주려고 했다 → 상대방은 밥을 먹지 않겠다고 고집했다

어휘 　★由于 yóuyú 접 ~때문에 | ★道歉 dàoqiàn 통 사과하다 | ★原谅 yuánliàng 통 양해하다 | ★只好 zhǐhǎo 부 부득이

2

난이도 中 공략 Key 聚会, 迟到를 중심으로 내용 전개하기

诚恳、聚会、通知、迟到、老板

제시어 분석

① 诚恳 chéngkěn 형 간절하다, 진실하다

人必须**诚恳**待人，这样别人才会真心地对待你。

사람은 반드시 진실되게 사람을 대해야 한다. 이래야만이 다른 사람도 진심으로 너를 대할 것이다.

② 聚会 jùhuì 명 모임

今天你一个人吃吧，今晚我有一个**聚会**。 오늘 혼자서 밥 먹어, 나는 저녁에 모임이 있어.

③ 通知 tōngzhī 동 통지하다

老师**通知**我们明天有考试。 선생님은 우리에게 내일 시험이 있다고 통지했다.

④ 迟到 chídào 동 지각하다

老师最讨厌上课**迟到**的学生。 선생님은 수업에 지각하는 학생을 가장 싫어한다.

⑤ 老板 lǎobǎn 명 사장, 주인

这家餐厅的**老板**很会做生意。 이 식당의 사장은 장사를 굉장히 잘한다.

모범 답안

　　今天我接到了小金的电话，他通知我晚上有同学聚会，千万别迟到。我准备下班的时候，突然接到了老板的电话，让我赶一个报告。结果我迟到了两个多小时，同学们都批评我，我只好诚恳地向他们道歉。

→ '通知+사람+알리는 내용'의 형식으로 쓴다

→ 태도가 진실되고 간절함을 뜻하며 주로 '诚恳地+동작'의 형식으로 쓴다

오늘 나는 샤오진의 전화를 받았다. 그는 나에게 저녁에 동창 모임이 있다고 알리면서 절대 늦지 말라고 했다. 내가 퇴근하려고 할 때 갑자기 보고서를 재촉하시는 사장님의 전화를 받았다. 결국 나는 2시간 정도를 늦었고, 동창들이 모두 나를 나무랐기 때문에 어쩔 수 없이 진심으로 그들에게 사과를 했다.

공략 1단계 **핵심 어휘 찾기** ▶ 聚会, 迟到

2단계 **내용 구성하기** ▶ 모임이 있다고 통지를 받았다 → 사장님이 시킨 일을 하느라 모임에 지각했다 → 진심으로 사과했다

어휘 ★ 千万 qiānwàn 부 제발, 부디, 절대 | 赶 gǎn 동 재촉하다, 서두르다 | 批评 pīpíng 동 비판하다 | ★ 只好 zhǐhǎo 부 부득이 | ★ 道歉 dàoqiàn 동 사과하다

3

난이도 上 공략 Key 困难, 信心을 중심으로 내용 전개하기

关键、困难、挑战、信心、收获

제시어 분석

① 关键 guānjiàn 명 관건

获得新HSK5级的**关键**是词汇。 新HSK 5급을 취득하는 관건은 어휘이다.

② 困难 kùnnan 형 곤란하다 명 곤란, 어려움

我们要克服**困难**完成任务。 우리는 어려움을 극복해서 임무를 완성해야 한다.

③ 挑战 tiǎozhàn 图 도전하다

　　人类面临着越来越多的**挑战**。 인류는 점점 더 많은 도전에 직면하고 있다.

④ 信心 xìnxīn 圆 자신감

　　我对自己的生活充满**自信**。 나는 자신의 생활에 자신감으로 충만하다.

⑤ 收获 shōuhuò 圆 수확, 성과

　　你通过这次活动有什么**收获**? 이 활동을 통해 어떤 성과가 있었니?

막 직장 생활을 시작했을 때 많은 어려움에 봉착했었다. 그때는 골치가 아플 뿐 아니라 굉장히 두려웠다. 그러나 지금은 어떻게 어려움을 극복하는지 알게 되었고, 그중 가장 관건은 바로 꼭 자신감이 있어야 한다는 것이다. 우리는 끊임없이 자신에게 도전해야 하며, 이렇게 해야만 더 큰 성과가 있을 것이다.

공략　1단계 **핵심 어휘 찾기** ○ 困难, 信心, 收获

　　　　2단계 **내용 구성하기** ○ 처음에는 어려움이 많았다 → 관건은 자신감이 있어야 한다는 것이다 → 자기 자신에게 도전해야 한다 → 그러면 성과가 있을 것이다

어휘　★遇到 yùdào 图 부닥치다, 맞닥트리다 | ★不仅……而且…… bùjǐn……érqiě…… ~뿐 아니라 | ★害怕 hàipà 图 무서워하다 | ★如何 rúhé 땡 어찌하다 | ★克服 kèfú 图 극복하다 | ★不停地 bùtíng de 계속해서, 끊임없이

4　　　　　　　난이도 下　공략 Key 鸡蛋을 핵심어로 내용 구성하기

重新、鸡蛋、根本、愿意、生气

① 重新 chóngxīn 圆 다시, 새로

　　现在我想把计划**重新**改一下。 지금 나는 계획을 다시 좀 바꾸고 싶다.

② 鸡蛋 jīdàn 圆 계란

　　煮拉面时我习惯放两个**鸡蛋**。 라면을 끓일 때 나는 계란을 두 개씩 넣는 것이 습관이다.

③ 根本 gēnběn 圆 전혀, 아예

　　你放心，他**根本**不知道那件事。 안심해, 그는 그 일을 전혀 모르니까.

④ 愿意 yuànyì 조통 ～하기를 바라다

　　我**愿意**和你一起去中国留学。 나는 너와 함께 중국으로 유학 가기를 바란다.

⑤ 生气 shēngqì 图 화내다

　　听了这句话，他很**生气**。 이 말을 듣고 그는 매우 화가 났다.

做 了 个 炒 鸡 蛋 。 可 是 ， 弟 弟 觉 得 太 咸，
不 愿 意 吃 ， 让 我 重 新 做 一 个 。 我 非 常
生 气 ， 因 为 我 还 有 很 多 作 业 没 做 完 ，
根 本 没 有 那 样 的 时 间 。 最 后 ， 弟 弟 吃
了 方 便 面 。

오늘 저녁 집에 먹을 게 없어서 나는 계란 볶음을 만들었다. 하지만 남동생은 너무 짜다면서 먹기를 원하지 않았고, 내게 다시 만들어 달라고 했다. 나는 굉장히 화가 났는데, 왜냐하면 나는 아직 숙제도 다하지 못해서 전혀 그럴 시간이 없었기 때문이다. 결국에 남동생은 라면을 먹었다.

공략
[1단계] **핵심 어휘 찾기** ⊙ 重新, 鸡蛋
[2단계] **내용 구성하기** ⊙ 계란 요리를 하다 → 남동생이 짜다고 먹기를 원하지 않는다 → 나에게 다시 만들어 달라고 했다 → 그럴 시간이 전혀 없어서 화가 났다

어휘 ★炒 chǎo 통 볶다 | ★咸 xián 혱 짜다 | 方便面 fāngbiànmiàn 명 라면

---

5   난이도 中   공략 Key 跑步, 运动으로 핵심어로 내용 구성하기

[1단계] **핵심 동작 찾기** ⊙ 跑步, 运动
[2단계] **내용 구성하기**
① 그림 묘사하기 ⊙ 여자 한 명이 조깅하는 모습
② 부연 설명하기 ⊙ 운동에 대한 사람들의 관심을 간단히 언급한다.
③ 질문 제시하기 ⊙ 운동을 하면 어떤 좋은 점이 있는지 질문한다.
④ 대답하기 ⊙ 질문에 대한 대답을 2~3가지 나열한다.
⑤ 결론 맺기 ⊙ 운동을 하면 좋다는 것을 강조한다.

모범 답안

图 片 上 有 一 个 人 在 跑 步 。 现 在 的
人 们 都 很 忙 ， 很 少 有 机 会 运 动 。 但 经
常 锻 炼 有 很 多 好 处 。 一 是 ， 可 以 增 强
体 质 ； 二 是 ， 可 以 减 肥 ； 三 是 ， 可 以
呼 吸 新 鲜 空 气 。 为 了 身 体 健 康 ， 我 们
要 养 成 坚 持 运 动 的 好 习 惯 。

그림 속에는 한 사람이 조깅을 하고 있다. 요즘 사람들은 매우 바빠서 운동할 기회가 거의 없다. 하지만 자주 운동을 하면 매우 많은 좋은 점이 있다. 첫째, 체질을 증강시킬 수 있다. 둘째, 다이어트를 할 수 있다. 셋째, 신선한 공기를 마실 수 있다. 건강을 위해서 우리는 꾸준히 운동하는 습관을 길러야 한다.

어휘 ★跑步 pǎobù 통 달리다, 조깅하다 | 增强 zēngqiáng 통 증강하다 | 体质 tǐzhì 명 체력, 체질 | ★呼吸 hūxī 통 호흡하다 | ★新鲜 xīnxiān 혱 신선하다 | ★养成 yǎngchéng 통 길러지다, 습관이 되다

 # 38 day 핵심어로 스토리를 유도하라

---

1   난이도 上   공략 Key 国庆节, 行李를 중심으로 내용 전개하기

国庆节、耽误、行李、原来、舅舅

[제시어 분석]

① 国庆节 guóqìngjié 명 국경절

　国庆节到了，我要好好玩儿。 국경절이 되었으니 나는 신나게 놀 것이다.

② 耽误 dānwu 동 일을 그르치다, 시간을 지체하다

　对不起，耽误了你的学习时间。 네 공부 시간을 빼앗아서 미안해.

③ 行李 xíngli 명 짐, 수화물

　行李不重，我一个人拿得了。 짐이 무겁지 않아서 저 혼자 들 수 있습니다.

④ 原来 yuánlái 부 알고 보니

　难怪她最近越来越漂亮，原来有了男朋友。 그녀가 요즘 점점 예뻐진다고 했는데 알고 보니 남자친구가 생긴 거였구나.

⑤ 舅舅 jiùjiu 명 외삼촌

　我舅舅是个画家。 우리 외삼촌은 화가이다.

[모범 답안]

		国	庆	节	到	了	，		上	次	舅	舅	说	好	带	我
去	中	国	旅	游	。	我	一	大	早	就	拿	着	行	李	到
了	飞	机	场	，	可	是	等	了	半	个	多	小	时	也	没
见	到	他	的	影	子	。	我	急	得	要	命	，	打	了	好
几	次	电	话	，	他	才	接	。	原	来	车	在	路	上	坏
了	，	耽	误	了	一	会	儿	。							

　국경절이 되었다. 지난번에 삼촌이 나를 데리고 중국 여행을 가겠다고 약속했었다. 나는 아침 일찍부터 짐을 들고 공항에 갔지만, 30분이 지났는데도 삼촌의 그림자조차 보이질 않았다. 나는 굉장히 초조했다. 전화를 몇 번이나 해서야 삼촌이 받았다. 알고 보니 오는 길에 차가 고장이 나서 좀 지체되었다고 한다.

공략　[1단계] **핵심 어휘 찾기** ◘ 国庆, 行李

　　　[2단계] **내용 구성하기** ◘ 국경절이 되었다 → 삼촌과 중국 여행을 가기로 했다 → 짐을 들고 공항에 갔지만 삼촌이 오지 않았다 → 알고 보니 차가 고장이 나서 시간을 지체했다

어휘　影子 yǐngzi 명 그림자 | ★要命 yàomìng 부 엄청, 아주 | ★接 jiē 동 (전화를) 받다 | ★坏 huài 형 고장 나다

---

2   난이도 中   공략 Key 彩虹, 相机를 중심으로 내용 전개하기

彩虹、遗憾、郊区、突然、相机

[제시어 분석]

① 彩虹 cǎihóng 명 무지개

　雨过后天上出现了一道彩虹。 비가 내린 후에 하늘에 무지개가 떴다.

---

② 遗憾 yíhàn 혱 유감이다

真**遗憾**，我没看到你的表演。네 공연을 못 봐서 정말 유감이다.

③ 郊区 jiāoqū 몡 변두리, 교외

城里太吵，不如住在**郊区**。시내는 너무 시끄러우니 차라리 교외에 사는 게 낫다.

④ 突然 tūrán 뷔 갑자기

吃晚饭的时候**突然**停电了。저녁을 먹을 때 갑자기 정전이 되었다.

⑤ 相机 xiàngjī 몡 사진기

相机没电了，我借用一下你的，行吗? 사진기 배터리가 없네, 내가 네 것을 빌려 써도 될까?

주말에 친구와 교외로 놀러 갔다. 우리는 자전거도 타고 맛있는 것도 많이 먹었다. 그런데 갑자기 비가 내려서 좀 속상했다. 하지만 비가 그친 후에 뜻밖에도 무지개가 떴다. 나는 이제까지 그렇게 아름다운 무지개를 본 적이 없었기에, 사진으로 찍어놓고 싶었지만 사진기를 안 가져와서 정말 너무 유감이었다.

공략 1단계 **핵심 어휘 찾기** ● 彩虹, 郊区, 相机

2단계 **내용 구성하기** ● 교외로 놀러 가다 → 갑자기 비가 오다 → 아름다운 무지개가 뜨다 → 사진기를 안 가져와서 유감이다

어휘 ★难过 nánguò 혱 속상하다, 괴롭다 | ★居然 jūrán 뷔 뜻밖에 | ★从来 cónglái 뷔 이제까지 | ★拍 pāi 동 (사진을) 찍다

---

3   난이도 下   공략 Key 苗条를 중심으로 내용 전개하기

健身房、苗条、坚持、放松、效果

① 健身房 jiànshēnfáng 몡 헬스클럽

他偶尔去**健身房**锻炼身体。그는 가끔 헬스클럽에 가서 체력 단련을 한다.

② 苗条 miáotiao 혱 날씬하다

女孩子都希望保持**苗条**的身材。여자들은 모두 날씬한 몸매를 유지하기를 원한다.

③ 坚持 jiānchí 동 견지하다, 꾸준히 하다

因为每天**坚持**做练习题，所以她取得了好成绩。매일 꾸준히 연습 문제를 풀어서 그녀는 좋은 성적을 거두었다.

④ 放松 fàngsōng 동 정신적 긴장을 풀다

小明利用深呼吸**放松**了自己紧张的精神。샤오밍은 심호흡으로 자신의 긴장된 정신을 풀었다.

⑤ 效果 xiàoguǒ 몡 효과

妈妈给的药**效果**很好，感冒一下子就好了。엄마가 준 약이 효과가 뛰어나서 감기가 단숨에 다 나았다.

모범 답안

从上个月开始，每天下班以后我
都去健身房做运动，一来可以放松心
情，二来可以减肥。坚持了一个月以
后，我居然瘦了5公斤，身材越来越
苗条了，真没想到效果这么好。我高
兴极了，朋友们都很羡慕我的身材。

'坚持+시량', '坚持+의견, 주장', '坚持+동사'로 쓰인다

좋은 결과를 의미하며 '效果好' 혹은 '效果很明显'으로 쓴다

지난 달부터 퇴근 후에 나는 매일 헬스클럽에 가서 운동을 했다. 긴장도 풀 수 있고 다이어트도 할 수 있어서이다. 한달 동안 꾸준히 한 후에 나는 뜻밖에도 5kg이 빠졌고 몸매는 점점 더 날씬해졌다. 효과가 이렇게 좋을 줄은 생각지도 못했기에 정말 기뻤고 친구들도 내 몸매를 매우 부러워한다.

공략 (1단계) **핵심 어휘 찾기** ➲ 健身房, 苗条

(2단계) **내용 구성하기** ➲ 긴장도 풀고 다이어트도 할 겸 헬스클럽에 운동하러 간다 → 한 달 동안 꾸준히 한다 → 날씬해진다 → 효과가 뛰어나다

어휘 ★瘦 shòu 형 마르다 | ★羡慕 xiànmù 동 부러워하다

4

난이도 上 공략 Key 负责, 损失를 중심으로 내용 전개하기

负责、惭愧、损失、细节、重视

제시어 분석

① 负责 fùzé 동 책임지다

他在公司主要负责销售业务。그는 회사에서 영업을 책임진다.

② 惭愧 cánkuì 형 부끄럽다, 면목없다, 창피하다

他没有给老奶奶让座，觉得很惭愧。그는 할머니에게 자리를 양보하지 않아서 무척 부끄러웠다.

③ 损失 sǔnshī 명 손실, 손해

他应该赔偿我们的损失。그는 우리의 손해를 배상해야 한다.

④ 细节 xìjié 명 세부 항목, 자세한 사정

对于这个工程的具体细节问题，他们还没把握好。이 공사의 구체적인 세부적 문제에 대해 그들은 아직 확신이 없다.

⑤ 重视 zhòngshì 동 중시하다

韩国历来重视教育。한국은 예로부터 교육을 중시했다.

모범 답안

老板非常重视我，所以让我负责
一个很重要的工作。没想到一些细节
出了问题，给公司造成了损失。虽然
损失不太大，而且老板也没有批评我，
但是我觉得非常惭愧。我决定以后要

내가 책임지는 것을 강조할 때는 개사 由를 써서 '由我负责'로 표현한다

일에 있어서는 '자세한 사정'이나 '세부 항목'을 의미하고 책이나 영화 등에서는 '세부 묘사'를 뜻한다

쓰기 제2부분

<table><tr><td>更</td><td>努</td><td>力</td><td>地</td><td>工</td><td>作</td><td>。</td><td></td><td></td><td></td><td></td><td></td><td></td><td></td><td></td></tr></table>

사장님은 나를 굉장히 중시하셔서 내게 중요한 작업을 책임지게 하셨다. 하지만 뜻밖에도 세부 항목에 문제가 생겨 회사에 손실을 초래했다. 비록 손해가 크지는 않았고 사장님도 나를 질책하지 않았지만, 나는 매우 면목 없다는 생각이 들었다. 나는 앞으로 더 열심히 일해야겠다고 결심했다.

공략　(1단계) **핵심 어휘 찾기** ○ 负责, 损失, 细节
　　　　(2단계) **내용 구성하기** ○ 사장님이 나를 중시한다 → 중요한 작업을 책임진다 → 세부 항목에 문제가 생겼다 → 손실을 초래했다 → 매우 부끄럽다

어휘　★批评 pīpíng 图 질책하다, 나무라다 ┃ ★造成 zàochéng 图 초래하다

난이도 下　**공략 Key** 趁着를 중심으로 내용 전개하기

5

动画片、急忙、没想到、上班、趁着

제시어 분석

① 动画片 dònghuàpiān 명 애니메이션, 만화 영화

　我都三十了，可还喜欢看**动画片**。나는 이미 서른 살이 되었지만 여전히 만화 영화 보는 걸 좋아한다.

② 急忙 jímáng 閉 서둘러, 황급히

　大家都**急忙**跑去看棒球比赛。모두들 황급히 야구 경기를 보러 뛰어갔다.

③ 没想到 méi xiǎngdào 图 생각지도 못하다

　我只是开玩笑而已，**没想到**他会生气。나는 단지 농담한 것뿐인데 그가 화를 낼 줄은 생각지도 못했다.

④ 上班 shàngbān 图 출근하다

　我们公司规定，**上班**时一定要穿西服。우리 회사는 출근할 때 반드시 양복을 입어야 한다고 규정되어 있다.

⑤ 趁着 chènzhe 깨 ~을 틈타서

　趁着年轻，我们多学点技术。젊었을 때를 이용해 우리는 기술을 좀 더 많이 배워야 한다.

모범 답안

<table>
<tr><td></td><td>我</td><td>很</td><td>喜</td><td>欢</td><td>看</td><td>动</td><td>画</td><td>片</td><td>，</td><td>所</td><td>以</td><td>常</td><td>常</td><td>趁</td></tr>
<tr><td>着</td><td>爸</td><td>爸</td><td>不</td><td>在</td><td>家</td><td>的</td><td>时</td><td>候</td><td>偷</td><td>偷</td><td>地</td><td>看</td><td>。</td><td>有</td><td>一</td></tr>
<tr><td>天</td><td>，</td><td>爸</td><td>爸</td><td>上</td><td>班</td><td>了</td><td>，</td><td>我</td><td>一</td><td>个</td><td>人</td><td>一</td><td>边</td><td>吃</td><td>饭</td><td>，</td></tr>
<tr><td>一</td><td>边</td><td>看</td><td>动</td><td>画</td><td>片</td><td>，</td><td>别</td><td>提</td><td>多</td><td>高</td><td>兴</td><td>了</td><td>。</td><td>门</td><td>突</td></tr>
<tr><td>然</td><td>开</td><td>了</td><td>，</td><td>没</td><td>想</td><td>到</td><td>爸</td><td>爸</td><td>站</td><td>在</td><td>门</td><td>口</td><td>，</td><td>我</td><td>急</td></tr>
<tr><td>忙</td><td>关</td><td>了</td><td>电</td><td>视</td><td>。</td><td></td><td></td><td></td><td></td><td></td><td></td><td></td><td></td><td></td></tr>
</table>

1음절로 趁으로도 쓰이며 뒤에 명사, 형용사, 동사구 등이 온다

나는 만화 영화 보는 걸 좋아해서 종종 아빠가 집에 안 계실 때를 틈타 몰래 본다. 어느 날 아빠는 출근하시고 나 혼자 밥을 먹으면서 만화 영화를 봤는데 굉장히 즐거웠다. 그런데 갑자기 문이 열리더니 뜻밖에도 아빠가 문 앞에 서 계셨고 나는 서둘러서 텔레비전을 껐다.

공략　(1단계) **핵심 어휘 찾기** ○ 动画片, 上班
　　　　(2단계) **내용 구성하기** ○ 만화 영화를 좋아한다 → 아빠가 출근하고 안 계신 틈을 타서 보다 → 뜻밖에 아빠가 오셨다 → 서둘러 텔레비전을 끄다

어휘　★偷偷 tōutōu 閉 몰래, 암암리에 ┃ 别提多……了 biétí duō……le 얼마나 ~한지 말도 마라

 39 day 정해진 기본 틀을 사용하라

1

난이도 中 | 공략 Key 핵심어 迷路로 내용 전개

1단계 **핵심 동작 찾기** ➡ 迷路
2단계 **내용 구성하기**
① 그림 묘사하기 ➡ 한 사람이 길을 잃은 모습
② 부연 설명하기 ➡ 길을 잃어버렸을 때를 간단히 언급한다.
③ 질문 제시하기 ➡ 길을 잃어버리면 어떻게 해야 하는지 질문한다.
④ 대답하기 ➡ 질문에 대한 대답을 2~3가지 나열한다.
⑤ 결론 맺기 ➡ 길을 잃었을 때 위와 같이 하자고 제안한다.

모범 답안

　　图片上有一个人在看地图，他好像迷路了。旅游时有的时候会迷路，那么迷路时我们该怎么办？第一，不要慌张，要清楚你的位置；第二，要看看周围有没有人；第三，要按原路返回。反正别太担心，总会有办法。

그림 속에는 한 사람이 지도를 보고 있는데 그는 아무래도 길을 잃은 것 같다. 여행을 할 때, 때때로 길을 잃기도 하는데 그렇다면 길을 잃었을 때 어떻게 해야 할까? 첫째, 당황하지 말고 자신의 위치를 확실히 해야 한다. 둘째, 주위에 사람이 있는지 없는지 살핀다. 셋째, 원래 왔던 길로 되돌아간다. 어쨌든 너무 걱정은 마라, 분명히 방법은 있을 것이다.

어휘 ★好像 hǎoxiàng 图 마치 ~와 같다 | ★迷路 mílù 图 길을 잃다 | ★慌张 huāngzhāng 图 당황하다 | ★位置 wèizhì 图 위치 | ★周围 zhōuwéi 图 주위 | 返回 fǎnhuí 图 되돌아가다 | ★反正 fǎnzhèng 图 어쨌든, 아무튼

2

난이도 中 | 공략 Key 看信, 写信으로 내용 전개

1단계 **핵심 동작 찾기** ➡ 看信, 写信
2단계 **내용 구성하기**
① 그림 묘사하기 ➡ 한 사람이 편지를 읽는 모습
② 부연 설명하기 ➡ 편지를 쓰거나 받는 일에 대해 간단히 언급한다.
③ 질문 제시하기 ➡ 왜 편지를 쓰는지 질문한다.
④ 대답하기 ➡ 질문에 대한 대답을 2~3가지 나열한다.
⑤ 결론 맺기 ➡ 편지를 쓰는 이유를 한번 더 강조한다.

모범 답안

　　图片上有一个人在看信。最近人们一般打电话或发电子邮件，很少写

信	。	那	么	写	信	有	什	么	好	处	？	第	一	，	可
以	表	达	一	个	人	的	真	情	；	第	二	，	会	有	一
种	期	待	感	；	第	三	，	对	对	方	会	有	一	种	亲
近	感	。	因	此	，	我	们	多	用	写	信	交	流	。	

그림 속에는 한 사람이 편지를 읽고 있다. 요즘에 사람들은 보통 전화를 걸거나 이메일을 보내지 편지는 거의 쓰지 않는다. 그렇다면 편지를 쓰면 어떤 좋은 점이 있을까? 첫째, 사람의 진정한 마음을 표현할 수 있다. 둘째, 기대감을 가질 수 있다. 셋째, 상대방에게 일종의 친근감이 생길 수도 있다. 따라서 우리는 편지를 쓰는 방식으로 교류를 하도록 하자.

어휘 ★电子邮件 diànzǐ yóujiàn 명 전자 우편, 이메일 | ★表达 biǎodá 동 표현하다, 드러내다 | 真情 zhēnqíng 명 진정 | 期待感 qīdàigǎn 명 기대감 | 亲近感 qīnjìngǎn 명 친근감

3

1단계 **핵심 동작 찾기** ➡ 采访
2단계 **내용 구성하기**
① 그림 묘사하기 ➡ 한 사람이 누군가를 인터뷰하는 모습
② 부연 설명하기 ➡ 인터뷰에 대한 관심이나 태도 등을 간단히 언급한다.
③ 질문 제시하기 ➡ 인터뷰를 할 때 주의할 점을 질문한다.
④ 대답하기 ➡ 질문에 대한 대답을 2~3가지 나열한다.
⑤ 결론 맺기 ➡ 인터뷰할 때 위와 같은 점을 주의하자고 제안한다.

모범 답안

		图	片	上	有	一	个	人	在	采	访	。	在	街	上
我	们	能	看	到	记	者	采	访	各	种	各	样	的	人	。
采	访	时	有	哪	些	注	意	事	项	？	第	一	，	要	解
释	清	楚	采	访	的	目	的	；	第	二	，	提	问	时	要
有	礼	貌	、	真	诚	；	第	三	，	要	选	择	好	合	适
的	时	间	。	因	此	我	们	要	注	意	这	几	个	事	项	。

그림 속에 한 사람이 인터뷰를 하고 있다. 우리는 거리에서 기자가 다양한 사람들을 취재하는 것을 볼 수 있다. 취재를 할 때는 어떤 주의 사항이 있을까? 첫째, 취재의 목적을 명확히 설명한다. 둘째, 질문을 할 때는 예의가 있고 진실되어야 한다. 셋째, 적합한 시간을 선택해야 한다. 따라서 우리는 이 몇 가지 사항을 주의해야 한다.

어휘 ★采访 cǎifǎng 동 인터뷰하다, 취재하다 | ★解释 jiěshì 동 설명하다 | 提问 tíwèn 동 질문하다, 질의하다 | ★礼貌 lǐmào 명 예의, 예절 | ★真诚 zhēnchéng 형 진실하다 | ★合适 héshì 형 적당하다

4

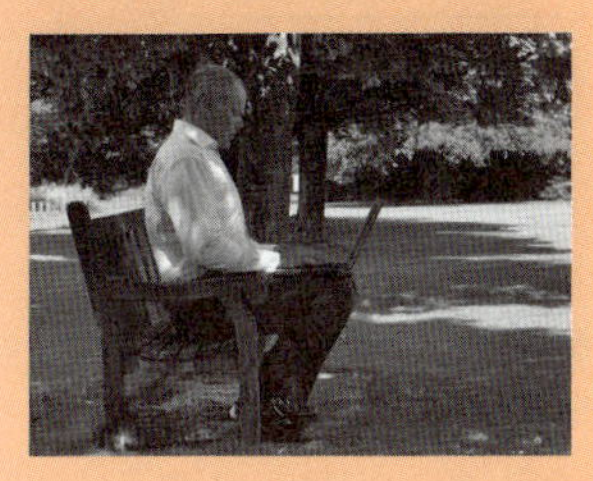

1단계 **핵심 동작 찾기** ○ 玩电脑, 用电脑
2단계 **내용 구성하기**
① 그림 묘사하기 ○ 한 사람이 컴퓨터를 하고 있는 모습
② 부연 설명하기 ○ 컴퓨터를 하는 일에 대해 간단히 언급한다.
③ 질문 제시하기 ○ 컴퓨터를 하는 것에 어떤 좋은 점이 있는지 질문한다.
④ 대답하기 ○ 질문에 대한 대답을 2~3가지 나열한다.
⑤ 결론 맺기 ○ 컴퓨터를 하면 좋은 점을 다시 한 번 강조한다.

쓰기 제2부분

모범 답안

图片上有一个人在玩电脑。随着社会的发展，用电脑的人越来越多。那么用电脑有什么好处呢？第一，工作更方便了；第二，不用去商店，可以直接在网上购物；第三，可以找很多有用的信息、资料。可见，电脑给我们的生活带来了很多方便。

그림 속에는 한 사람이 컴퓨터를 하고 있다. 사회가 발전함에 따라서 컴퓨터를 사용하는 사람이 점점 많아지고 있다. 그렇다면 컴퓨터를 사용하면 어떤 좋은 점이 있을까? 첫째, 일이 더 편리해졌다. 둘째, 상점에 갈 필요 없이 직접 인터넷으로 쇼핑을 할 수 있다. 셋째, 많은 유용한 정보나 자료를 찾을 수 있다. 컴퓨터가 우리의 생활에 많은 편리함을 가져다 준다는 것을 알 수 있다.

어휘 ★直接 zhíjiē 형 직접적인 | ★购物 gòuwù 동 물건을 사다 | ★资料 zīliào 명 자료 | ★可见 kějiàn 접 ~임을 알 수 있다 | ★带来 dàilái 동 가져오다

5

1단계 **핵심 동작 찾기** ○ 出去吃饭, 下馆子
2단계 **내용 구성하기**
① 그림 묘사하기 ○ 온 가족이 외식하는 모습
② 부연 설명하기 ○ 외식에 대한 관심이나 최근 경향을 언급한다.
③ 질문 제시하기 ○ 왜 외식을 하는지에 대해 질문한다.
④ 대답하기 ○ 질문에 대한 대답을 2~3가지 나열한다.
⑤ 결론 맺기 ○ 외식하는 이유에 대해 다시 한 번 강조한다.

모범 답안

图片上有一家人在吃饭。最近在外边吃饭、请客的人越来越多。那么人们为什么喜欢在外面吃饭呢？第一，

要	享	受	美	食	；	第	二	，	做	饭	太	麻	烦	；	第
三	；	可	以	节	省	做	饭	的	时	间	。	有	这	样	的
原	因	，	最	近	选	择	下	馆	子	的	人	越	来	越	多	。

그림 속에는 한 가족이 식사를 하고 있다. 최근에 밖에서 밥을 먹거나 손님을 초대하는 사람들이 점점 더 많아지고 있다. 그렇다면 사람들은 왜 밖에서 밥 먹는 걸 좋아할까? 첫째, 맛있는 먹거리를 누릴 수 있기 때문이다. 둘째, 요리하는 것이 너무 귀찮기 때문이다. 셋째, 밥 하는 시간을 절약할 수 있기 때문이다. 이러한 원인으로 요즘 외식하는 사람들이 점점 더 많아지고 있다.

어휘 享受 xiǎngshòu 통 누리다, 향유하다 | 美食 měishí 명 맛있는 음식 | 节省 jiéshěng 통 아끼다, 절약하다 | 下馆子 xià guǎnzi 통 음식점에 식사하러 가다

 # 40 day 취미 및 금지 표지판을 공략하라

본책_ 445쪽

1

난이도 中　공략 Key 拍照로 내용 전개

1단계 **핵심 동작 찾기** ➡ 拍照

2단계 **내용 구성하기**

① 그림 묘사하기 ➡ 몇 명이 함께 사진 찍는 모습
② 부연 설명하기 ➡ 사진 촬영에 대해 간단히 언급한다.
③ 질문 제시하기 ➡ 사진을 찍는 이유나 좋은 점에 대해 질문한다.
④ 대답하기 ➡ 질문에 대한 대답을 2~3가지 나열한다.
⑤ 결론 맺기 ➡ 사진 촬영의 좋은 점을 강조한다.

모범 답안

	图	片	上	有	几	个	人	在	拍	照	。	拍	照	是
人	们	喜	欢	的	业	余	爱	好	之	一	。	那	么	人	们
为	什	么	喜	欢	拍	照	呢	？	第	一	，	可	以	缓	解
压	力	、	放	松	一	下	心	情	；	第	二	，	可	以	交
共	同	爱	好	的	朋	友	。	因	此	很	多	人	把	拍	照
当	做	自	己	的	爱	好	。

그림 속에는 몇 사람이 사진을 찍고 있다. 사진 촬영은 사람들이 좋아하는 취미 중 하나이다. 그렇다면 사람들은 왜 사진 찍는 것을 좋아할까? 첫째, 스트레스를 완화시키고 기분을 편안하게 하기 때문이다. 둘째, 같은 취미를 가진 사람을 사귈 수 있기 때문이다. 그래서 많은 사람들은 사진 찍는 것을 자신의 취미로 삼고 있다.

어휘 ★拍照 pāizhào 통 사진을 찍다 | ★当做 dàngzuò 통 ~로 여기다

2

1단계　**핵심 동작 찾기** 🔿 打太极拳
2단계　**내용 구성하기**
① 그림 묘사하기 🔿 한 사람이 태극권을 하고 있는 모습
② 부연 설명하기 🔿 태극권에 대한 관심 및 최근 경향을 간단히 언급한다.
③ 질문 제시하기 🔿 태극권을 하는 이유나 어떤 좋은 점이 있는지 질문한다.
④ 대답하기 🔿 질문에 대한 대답을 2~3가지 나열한다.
⑤ 결론 맺기 🔿 태극권을 더 많이 하자고 제안한다.

쓰기 제2부분

모범 답안

		图	片	上	有	一	个	人	在	打	太	极	拳	。	在
中	国	可	以	看	到	很	多	人	在	公	园	里	打	太	极
拳	。	那	么	打	太	极	拳	有	什	么	好	处	？	第	一，
可	以	锻	炼	身	体	；	第	二	，	可	以	缓	解	压	力；
第	三	，	可	以	享	受	生	活	。	因	此	很	多	人	把
打	太	极	拳	当	做	自	己	的	业	余	爱	好	。		

　그림 속에는 한 사람이 태극권을 하고 있다. 중국에서는 많은 사람들이 공원에서 태극권하는 것을 볼 수 있다. 그렇다면 태극권을 하면 어떤 좋은 점이 있을까? 첫째, 체력을 단련할 수 있다. 둘째, 스트레스를 완화시킬 수 있다. 셋째, 생활을 즐길 수 있다. 이 때문에 많은 사람들이 태극권하는 것을 자신의 여가 취미로 삼고 있다.

어휘　★打太极拳 dǎ tàijíquán 图 태극권을 하다

3

1단계　**핵심 동작 찾기** 🔿 写书法, 练习书法
2단계　**내용 구성하기**
① 그림 묘사하기 🔿 한 사람이 서예 연습을 하고 있는 모습
② 부연 설명하기 🔿 서예에 대한 관심 및 최근 경향을 간단히 언급한다.
③ 질문 제시하기 🔿 서예를 하면 어떤 좋은 점이 있는지 질문한다.
④ 대답하기 🔿 질문에 대한 대답을 2~3가지 나열한다.
⑤ 결론 맺기 🔿 서예의 좋은 점을 강조한다.

모범 답안

		图	片	上	有	一	个	人	在	练	习	书	法	。	现
在	越	来	越	多	的	人	把	写	书	法	当	做	自	己	的
业	余	爱	好	。	那	么	练	习	书	法	有	什	么	好	处？
第	一	，	字	写	得	好	，	会	给	人	留	下	很	好	的
印	象	；	第	二	，	对	调	节	心	情	很	有	帮	助	。

| 第 | 三 | ， | 可 | 以 | 缓 | 解 | 压 | 力 | 。 | 因 | 此 | 我 | 们 | 开 | 始 |
| 写 | 书 | 法 | 吧 | 。 | | | | | | | | | | | |

　그림 속에는 한 사람이 서예 연습하고 있다. 지금 점점 더 많은 사람들이 서예 쓰는 것을 자신의 취미로 삼고 있다. 그렇다면 서예를 연습하면 어떤 좋은 점이 있을까? 첫째, 글씨를 잘 쓰면 사람들에게 좋은 인상을 남길 수 있다. 둘째, 감정을 조절하는 데 도움이 된다. 셋째, 스트레스를 완화시킬 수 있다. 따라서 우리도 서예 쓰기를 시작해보자.

어휘　★书法 shūfǎ 몡 서예 ｜ ★长寿 chángshòu 동 장수하다

4　　　　　　　　　　　　　　**난이도** 下　**공략 Key** 禁止游泳으로 내용 전개

1단계 핵심 동작 찾기 ➡ 禁止钓鱼
2단계 내용 구성하기
① 그림 묘사하기 ➡ 수영을 금지하는 표지판 모습
② 부연 설명하기 ➡ 수영 금지 표지판을 볼 수 있는 곳을 설명한다.
③ 질문 제시하기 ➡ 왜 수영을 금지하는지 질문한다.
④ 대답하기 ➡ 질문에 대한 대답을 2~3가지 나열한다.
⑤ 결론 맺기 ➡ 표지판을 준수해야 함을 강조한다.

모범 답안

	这	是	一	个	禁	止	游	泳	的	标	志	。	在	海
边	，	我	们	能	看	见	这	个	标	志	。	那	么	为	什
么	禁	止	游	泳	呢	？	一	来	，	水	太	深	了	，	比
较	危	险	；	二	来	，	水	太	脏	了	，	影	响	身	体
健	康	；	三	来	，	水	里	有	危	险	的	动	物	。	为
了	你	的	安	全	，	不	要	忽	视	这	种	标	志	。	

　이것은 수영을 금지하는 표지판이다. 해변에서 우리는 이런 표지판을 볼 수 있다. 그렇다면 왜 수영을 금지하는 것일까? 첫째, 물이 너무 깊어서 위험할 수 있기 때문이다. 둘째, 물이 너무 더러워서 건강에 영향을 줄 수 있기 때문이다. 셋째, 물에 위험한 동물이 있을 수 있기 때문이다. 당신의 안전을 위해 이 표지판을 경시하지 말자.

어휘　★危险 wēixiǎn 톙 위험하다 ｜ ★脏 zāng 톙 더럽다, 지저분하다

5　　　　　　　　　　　　　　**난이도** 下　**공략 Key** 禁止停车로 내용 전개

1단계 핵심 동작 찾기 ➡ 禁止停车
2단계 내용 구성하기
① 그림 묘사하기 ➡ 주차를 금지하는 표지판 모습
② 부연 설명하기 ➡ 주차 금지 표지판을 볼 수 있는 곳을 설명한다.
③ 질문 제시하기 ➡ 왜 주차를 금지하는지 질문한다.
④ 대답하기 ➡ 질문에 대한 대답을 2~3가지 나열한다.
⑤ 결론 맺기 ➡ 표지판을 준수해야 함을 강조한다.

这是一个禁止停车的标志。停车
问题越来越严重，所以我们常在路边
看到这种牌子。那么为什么禁止停车
呢？一来，乱放停车会导致堵车；二
来，会影响人们走路。为了维持秩序，
我们要遵守这种标志。

이것은 주차를 금지하는 표지판이다. 주차 문제는 점점 더 심각해지고 있기 때문에 우리는 길에서 종종 이런 표지판을 보게 된다. 그렇다면 왜 주차를 금지하는 것일까? 첫째, 함부로 주차를 하면 교통 체증을 초래할 수 있기 때문이다. 둘째, 사람들이 걷는데 영향을 줄 수 있기 때문이다. 질서를 유지하기 위해 우리는 이 표지판을 준수해야 한다.

어휘　★停车 tíngchē 图 주차하다 | ★严重 yánzhòng 图 심각하다 | 乱放 luànfàng 함부로 두다 | ★堵车 dǔchē 图 교통이 체증되다 | ★维持 wéichí 图 유지하다 | ★秩序 zhìxù 图 질서

정답

듣기

1. D	2. D	3. B	4. C	5. A	6. D	7. B	8. B	9. A	10. A
11. D	12. B	13. D	14. B	15. B	16. C	17. D	18. A	19. D	20. B
21. A	22. B	23. D	24. D	25. B	26. C	27. A	28. A	29. D	30. C
31. A	32. B	33. C	34. A	35. B	36. C	37. D	38. A	39. D	40. C
41. B	42. B	43. A	44. C	45. B					

독해

46. B	47. A	48. A	49. A	50. D	51. B	52. C	53. B	54. C	55. C
56. A	57. B	58. D	59. D	60. A	61. D	62. D	63. D	64. C	65. A
66. C	67. D	68. A	69. B	70. D	71. C	72. C	73. D	74. A	75. B
76. D	77. A	78. A	79. D	80. D	81. B	82. D	83. D	84. C	85. A
86. B	87. A	88. C	89. B	90. B					

쓰기

91. 马主任也被这个搞糊涂了。

92. 那篇论文引起了教授的重视。

93. 小李答应得很干脆。

94. 阳台上落了一层厚厚的灰尘。

95. 他们的设计风格很独特。

96. 老师显得有些不耐烦。

97. 那本书创造了销售奇迹。

98. 这样做可以节省不少费用。

99. 我的老板跟别人做生意的时候，从来不吃亏。客户都说我的老板太精明了，如果可以的话，不想跟他打交道。但是我知道他们也很无奈，因为只有我的公司卖这个产品，他们不得不和我们公司合作。

100. 图片上很多人在考试。每个人都参加过很多考试，那么考试时有什么注意事项呢？第一，要遵守考场规则；第二，别忘了带准考证和身份证；第三，考试时不能打手势、作弊。为了考试成功，我们要注意这几个事项。

 듣기 🎧 11

---

1 난이도 下 공략 Key 보기를 통해 문제 유추

女：你有零钱吗？ 您给我一块，我找您一张五块的。 男：有，我有一个一块钱的硬币。 问：女的可能是做什么的？ A 乘务员 B 推销员 C 售票员 Ⓓ 收银员	여: 잔돈 있으세요? 제게 1위안 주시면 제가 5위안을 거슬러드리겠습니다. 남: 있습니다. 1위안짜리 동전이 하나 있네요. 질문: 여자는 무엇을 하는 사람일까? A 승무원 B 영업 사원 C 매표원 Ⓓ 계산원

공략 보기를 통해 신분을 묻는 질문임을 유추할 수 있다. 녹음에서 돈이 언급되었고 동사 给와 找로 돈을 내고 거스르는 상황임을 알 수 있으므로 정답은 D이다.

어휘 零钱 língqián 몡 잔돈 | 硬币 yìngbì 몡 동전 | 乘务员 chéngwùyuán 몡 승무원 | ★推销员 tuīxiāoyuán 몡 영업 사원

---

2 난이도 中 공략 Key 화자의 태도 파악

女：你注意观察了没有？儿子好像谈恋爱了。 男：没看出来，不过他又不是小孩子，现在谈恋爱没什么不对啊。 问：男的是什么态度？ A 要好好注意 B 觉得还是个小孩子 C 在责备妻子 Ⓓ 认为很正常	여: 주의 깊게 살펴봤어요? 우리 아들이 아무래도 연애를 하는 것 같아요. 남: 모르겠는데, 하지만 어린애도 아닌데 지금 연애하는 게 뭐 잘못된 것도 아니잖소. 질문: 남자의 태도는? A 잘 좀 주의해야 한다 B 아직 어린애라고 생각한다 C 아내를 탓하고 있다 Ⓓ 정상이라고 생각한다

공략 보기의 觉得와 认为를 통해 화자의 생각을 묻는 문제임을 유추할 수 있다. 아들이 연애하는 것 같다는 여자의 말에 남자가 '他不是小孩子，没什么不对啊'라고 했으므로 정답은 D이다.

어휘 ★谈恋爱 tán liàn'ài 통 연애하다 | ★责备 zébèi 통 탓하다, 꾸짖다

---

3 난이도 中 공략 Key 녹음에 나오는 어휘 선택

男：姐，告诉你个好消息，我得到注册会计师证了。 女：太好了，我们今天去大饭店，好好吃一顿，给你庆祝一下。 问：关于女的，下列哪项正确？	남: 누나! 좋은 소식 알려줄게요, 저 회계사 등록증 취득했어요. 여: 너무 잘됐다. 우리 오늘 좋은 식당에 가서 실컷 먹자, 너를 축하해줘야지. 질문: 여자에 관해서 다음 중 옳은 것은?

A 想装修厨房	A 주방을 인테리어 하고 싶어한다
B 为弟弟庆祝	**B 남동생을 위해 축하를 해주고 있다**
C 做菜做得不好	C 요리를 잘 못한다
D 想以后当会计	D 나중에 회계사가 되고 싶어한다

공략 보기에 공통 어휘가 없으므로 녹음에서 나오는 어휘에 집중해야 한다. 자격증을 취득한 동생에게 누나가 밥을 같이 먹자고 하면서 '给你庆祝一下'라고 했으므로 정답은 B이다.

어휘 注册 zhùcè 튕 등록하다 | 会计师证 kuàijìshī zhèng 뗑 회계사 자격증 | ★庆祝 qìngzhù 튕 경축하다 | ★装修 zhuāngxiū 튕 장식하다 | ★厨房 chúfáng 뗑 주방 | 当 dāng 튕 ~이 되다

---

4   난이도 下   공략 Key 녹음 내용과 동일한 보기 선택

男：请问，您贵姓？	남: 실례지만 성함이 어떻게 되십니까?
女：哦，对不起，<u>我忘了自我介绍了</u>。我姓赵，这是我的名片。	여: 아, 죄송합니다, <u>제 소개를 잊었군요</u>. 저는 성이 자오이고 이것은 제 명함입니다.
问：女的怎么了？	질문: 여자는 어떠한가?
A 忘了给名片	A 명함 주는 것을 잊었다
B 最近比较忙	B 요즘 바쁜 편이다
C 忘了介绍自己	**C 자기 소개하는 것을 잊었다**
D 想知道对方名字	D 상대방의 이름을 알고 싶어한다

공략 보기를 빠르게 해석한 후 녹음에 집중한다. 녹음에서 여자가 '我忘了自我介绍了'라고 보기에 있는 내용을 그대로 말했으므로 정답은 C이다.

---

5   난이도 下   공략 Key 第一의 동의 표현

女：我听说面试结果已经出来了，你怎么样，通过了没？	여: 듣자하니 면접 결과가 이미 나왔다고 하던데 어떻게 됐어? 통과됐어?
男：刚刚查到了，<u>我的总成绩是第一</u>。	남: 방금 확인해봤는데 <u>내가 전체 성적 일등이었어</u>.
问：关于男的，可以知道什么？	질문: 남자에 관해 알 수 있는 것은?
A 成绩很好	**A 성적이 매우 좋다**
B 正在上网	B 인터넷을 하고 있다
C 没被录取	C 뽑히지 못했다
D 是大学生	D 대학생이다

공략 보기를 통해 인물에 관한 질문임을 유추할 수 있다. 남자의 '成绩是第一'라는 말에서 성적이 좋음을 알 수 있다. 녹음의 第一는 '很好'를 뜻한다.

어휘 ★查 chá 튕 조사하다 | ★上网 shàngwǎng 튕 인터넷을 하다 | ★录取 lùqǔ 튕 채용하다, 뽑다

6

男：你参加了志愿活动，什么时候动身？
女：还不一定，可能是7月中旬。

问：关于女的，下列哪项正确？

A 打算去旅游
B 第一次出国
C 7月中旬回来
D 要去做志愿者

남: 자원봉사 활동에 참가한다면서? 언제 출발해?
여: 아직 확실치 않아요, 아마도 7월 중순일 거예요.

질문: 여자에 관해 다음 중 옳은 것은?

A 여행을 갈 계획이다
B 해외에 처음 나간다
C 7월 중순에 돌아온다
D 자원봉사자로 가려고 한다

공략 보기의 旅游나 出国, 回来를 통해 국외로 나가는 것에 관한 대화임을 유추할 수 있다. 남자의 '你参加了志愿活动?'이라는 말을 통해 여자가 자원봉사 활동을 하러 나간다는 것을 알 수 있고, 7월 중순은 돌아오는 것이 아닌 출발하는 일정이므로 정답은 D이다.

어휘 志愿活动 zhìyuàn huódòng 명 자원봉사 활동 | ★动身 dòngshēn 동 출발하다 | ★不一定 bùyídìng 형 확정적이지 않다 | ★中旬 zhōngxún 명 중순 | 志愿者 zhìyuànzhě 명 자원봉사자

7

女：爸，您今天做什么菜了？真香啊。
男：听说你今天回来，我专门给你炖了鸡汤，你尝尝。

问：男的为什么准备了鸡汤？

A 妻子生病了
B 女儿回家了
C 找到工作了
D 今天下班早

여: 아빠, 오늘 무슨 요리 하신 거예요? 맛있는 냄새가 나네요.
남: 네가 오늘 돌아온다는 소리를 듣고, 네게 주려고 특별히 닭국을 만들었으니 맛 좀 봐라.

질문: 남자는 왜 닭국을 준비했나?

A 아내가 병이 나서
B 딸이 돌아와서
C 직장을 구해서
D 오늘 일찍 퇴근해서

공략 보기의 주어를 잘 파악한 후 녹음을 들어야 한다. 녹음에서 '听说你今天回来，我专门给你炖了鸡汤'이라고 했으므로 정답은 B이다.

어휘 香 xiāng 형 (음식이) 맛있다 | ★专门 zhuānmén 부 특별히, 일부러 | 炖 dùn 동 푹 삶다

8

女：爷爷的生日就要到了，你准备礼物了吗？
男：我看他以前的那副象棋太旧了，所以我想送他一副新的。

问：男的打算给爷爷什么？

A 围巾
B 象棋
C 玩具
D 沙发

여: 할아버지 생신이 곧 다가오는데 선물 준비했어?
남: 보니까 예전의 그 장기가 너무 낡았더라고, 그래서 새것으로 하나 사드리려고 해.

질문: 남자는 할아버지에게 무엇을 줄 계획인가?

A 스카프
B 장기
C 장난감
D 소파

공략 보기를 통해 어떤 사물인지를 묻는 문제임을 유추할 수 있다. 남자가 '我看他以前的那副象棋太旧了'라고 했으므로 정답은 B이다.

어휘 ★象棋 xiàngqí 몝 중국 장기 | 旧 jiù 혭 오래되다, 낡다 | ★围巾 wéijīn 몝 스카프 | 沙发 shāfā 몝 소파

9　　　　　　　　　　　　　　　　　　　　　　　난이도 下　공략 Key 보기를 통해 문제 유추

男：你看他们兄弟俩长得太像了，跟双胞胎 　　似的。 女：是，你知道他们谁大，谁小吗？ 问：他们觉得这兄弟俩长得怎么样？ Ⓐ 非常像 B 很一般 C 弟弟高 D 像爸爸	남: 봐봐, 쟤네 형제 둘이 너무 비슷하게 생겼지? 꼭 　　쌍둥이 같아. 여: 그러네, 그들 중에 누가 형이고 동생인지 아니? 질문: 그들은 이 형제 둘이 어떻게 생겼다고 생각하나? Ⓐ 굉장히 닮았다 B 매우 평범하다 C 남동생이 키가 크다 D 아빠를 닮았다

공략 보기의 像을 통해 생김새가 어떠한지를 묻고 있는 문제임을 유추할 수 있다. 남자의 '他们兄弟俩长得太像了'라는 말을 통해 형제가 상당히 닮았음을 알 수 있으므로 정답은 A이다.

어휘 ★像 xiàng 통 닮다, 비슷하다 | 双胞胎 shuāngbāotāi 몝 쌍둥이 | 跟……似的 gēn……shìde 마치 ～와 같다

10　　　　　　　　　　　　　　　　　　　　　　　난이도 中　공략 Key 전체적인 의미 파악

男：这是我们学校的代表性建筑，你不拍张 　　照片留念吗？ 女：好主意，就在这儿拍吧？ 问：根据对话，下列哪项正确？ Ⓐ 他们在校园里 B 女的是外国人 C 学校非常漂亮 D 男的要毕业了	남: 이것이 우리 학교의 상징적인 건물인데 사진 찍어 　　서 기념으로 남기지 않을래? 여: 좋은 생각이다, 여기서 찍을까? 질문: 대화를 통해 다음 중 옳은 것은? Ⓐ 그들은 캠퍼스에 있다 B 여자는 외국인이다 C 학교가 굉장히 예쁘다 D 남자는 곧 졸업한다

공략 남자의 '这是我们学校的代表性建筑'라는 말에 제시된 대사 这를 통해 그들이 지금 학교에 있음을 알 수 있으므로 정답은 A이다.

어휘 ★建筑 jiànzhù 몝 건축물 | ★拍照片 pāi zhàopiàn 통 사진을 찍다 | 留念 liúniàn 통 기념으로 남기다 | 主意 zhǔyi 몝 아이디어, 생각 | 校园 xiàoyuán 몝 캠퍼스

11　　　　　　　　　　　　　　　　　　　　　　　난이도 上　공략 Key 대화 속 질문에 집중하기

女：你今天下午不陪王总去签合同了吗？ 男：今天不能签了，对方对合同内容有点儿 　　不满意，双方还要再谈一下。 问：关于男的，可以知道什么？	여: 오늘 오후에 왕 사장님 모시고 계약을 체결하러 가 　　지 않나요? 남: 오늘은 할 수 없게 됐어. 상대방이 계약 내용에 좀 　　불만이 있어서 다시 얘기 좀 해봐야 해. 질문: 남자에 관해 알 수 있는 것은?

A 明天去南京出差	A 내일 난징으로 출장을 간다
B 正在修改合同	B 계약서를 수정하고 있는 중이다
C 工作做得特别好	C 일을 굉장히 잘한다
D 没陪王总去签合同	**D 왕 사장님을 모시고 계약을 체결하러 가지 않았다**

공략　보기를 통해 인물에 관한 내용임을 유추할 수 있으며 대화 속 여자의 질문에 집중해야 한다. 왕 사장과 함께 계약을 체결하러 가지 않냐는 여자의 질문에 남자가 '今天不能签了'라고 했으므로 정답은 D이다.

어휘　★签 qiān 통 서명하다, 사인하다 | ★合同 hétong 명 계약서 | 修改 xiūgǎi 통 수정하다, 고치다

12　　　　　　　　　　　　　　　　　　　　　　　　**난이도** 下　**공략 Key** 녹음 내용과 동일한 보기 선택

男：你们俩家务一般是怎么分配的？	남: 너희는 집안일을 보통 어떻게 분배하니？
女：我来打扫卫生、洗衣服，他负责做饭，他做菜做得很好。	여: 내가 깨끗하게 청소하고 세탁을 해. 그는 밥하는 걸 책임져, 그가 요리를 잘하거든.
问：他们在谈论哪个话题？	질문: 그들은 어떤 화제에 관해 논하고 있나？
A 婚姻	A 혼인
B 家务	**B 가사일**
C 工资	C 월급
D 家电	D 가전제품

공략　보기를 통해 글의 화제를 묻는 문제임을 유추할 수 있으므로 보기와 동일한 어휘가 들리는지 신경 써서 듣도록 한다. '你们俩家务一般是怎么分配的?'라는 남자의 질문을 통해 B가 정답임을 알 수 있다.

어휘　★家务 jiāwù 명 가사일 | ★分配 fēnpèi 통 분배하다 | 打扫卫生 dǎsǎo wèishēng 깨끗하게 청소하다 | ★负责 fùzé 통 책임지다 | 婚姻 hūnyīn 명 혼인 | ★工资 gōngzī 명 월급

13　　　　　　　　　　　　　　　　　　　　　　　　**난이도** 上　**공략 Key** 전체 의미를 통해 정답 유추

女：作为一名解说员，凭你的经验，您觉得这场比赛哪个队更有可能胜出？	여: 해설자로서 당신 경험에 근거하면 이번 경기에서는 어떤 팀이 우승할 것 같습니까？
男：足球场上什么情况都可能出现，不到最后一秒，谁也不能断定输赢。	남: 경기장에서는 어떤 상황도 나타날 수 있습니다. 마지막 순간까지 누구도 이기고 지는 걸 단정지을 수 없습니다.
问：男的是什么意思？	질문: 남자의 말은 어떤 의미인가？
A 要给予肯定	A 인정해주어야 한다
B 比赛很精彩	B 경기가 매우 훌륭하다
C 获得冠军不容易	C 우승하는 것은 쉽지 않다
D 结果很难估计	**D 결과는 예측하기 어렵다**

공략　보기의 比赛와 '获得冠军'을 통해 시합에 관한 내용임을 유추할 수 있다. 남자가 '不到最后一秒，谁也不能断定输赢'이라고 대답했으므로 정답은 D가 된다.

어휘　★解说员 jiěshuōyuán 명 해설자 | 凭 píng 개 ～에 근거하여 | 胜出 shèngchū 통 (시합에서) 이기다 | 秒 miǎo 양 초(시간 계량 단위) | 断定 duàndìng 통 결론을 내리다 | ★给予 jǐyǔ 통 주다 | ★肯定 kěndìng 통 인정하다 | ★精彩 jīngcǎi 형 뛰어나다 | 冠军 guànjūn 명 우승 | ★估计 gūjì 통 예측하다

14

男：不好意思，您的这张优惠券已经过了有效期。
女：我看一下，对不起，<u>我拿错了</u>，等一下我给你别的。

问：女的为什么表示道歉？

A 看错日期了
Ⓑ **拿错优惠券了**
C 弄脏优惠券了
D 忘带钱包了

남: 죄송합니다만 당신의 이 쿠폰은 이미 유효 기간이 지났습니다.
여: 잠깐 좀 볼게요, 죄송합니다. <u>잘못 드렸네요</u>, 잠시만요, 다른 걸로 드릴게요.

질문: 여자는 왜 미안하다고 했나?

A 날짜를 잘못 봐서
Ⓑ **쿠폰을 잘못 줘서**
C 쿠폰을 더럽혀서
D 지갑 가져가는 것을 잊어서

공략 보기를 통해 优惠券과 관련된 대화임을 유추할 수 있다. 여자의 '我拿错了'라는 말이 보기에 그대로 언급되어 있으므로 정답은 B가 된다.

어휘 优惠券 yōuhuìquàn 몡 쿠폰, 할인권 | ★弄脏 nòngzāng 동 더럽히다

15

男：这种窗帘怎么样，挺漂亮的吧？
女：还不错，可是跟咱们家房间装修的<u>风格不太合适</u>。

问：女的认为这种窗帘怎么样？

A 颜色太鲜艳
Ⓑ **风格不理想**
C 是小孩子才喜欢
D 适合做生日礼物

남: 이런 종류의 커튼 어때? 예쁘지?
여: 꽤 괜찮네요, 하지만 우리 집 인테리어 <u>분위기와는 어울리지 않아요</u>.

질문: 여자는 이런 종류의 커튼이 어떻다고 생각하는가?

A 색이 너무 화려하다
Ⓑ **스타일이 이상적이지 않다**
C 어린이들이 좋아한다
D 생일 선물 하기에 적당하다

공략 보기의 颜色나 风格를 통해 어떤 사물에 관한 대화임을 유추할 수 있다. 여자의 '风格不太合适'라는 말을 통해 스타일이 마음에 들지 않음을 알 수 있으며, 이는 다시말해 '不理想(이상적이지 않다)'이라는 뜻이므로 정답은 B이다.

어휘 ★窗帘 chuānglián 몡 커튼 | ★风格 fēnggé 몡 스타일 | 鲜艳 xiānyàn 혱 화려하다

16

女：<u>我男朋友是华侨</u>，平时我们都是用中文对话。
男：怪不得他的中文那么好。

问：为什么她男朋友的汉语说得那么好？

A 父母要求他学汉语
B 学习很努力
Ⓒ **是个华侨**
D 在中国呆的时间长

여: <u>내 남자친구는 화교라서</u> 평소에 우리는 중국어로 대화를 해.
남: 어쩐지 그가 중국어를 그렇게 잘한다고 했어.

질문: 그녀의 남자친구는 왜 중국어를 그렇게 잘하는가?

A 부모님이 그에게 중국어를 배우라고 해서
B 공부를 열심히 해서
Ⓒ **화교여서**
D 중국에서 체류한 시간이 길어서

17   난이도 下   공략 Key 대화 속 질문을 통해 정답 유추

男：喂？你在哪儿？在宿舍吗？	남: 여보세요? 너 어디야? 기숙사에 있니?
女：我不在宿舍，我在图书馆看书呢，找我有事儿吗？	여: 기숙사에 없고 도서관에서 책보고 있어. 무슨 일로 날 찾니?
问：女的现在在哪儿？	질문: 여자는 지금 어디에 있는가?
A 宿舍 B 银行 C 餐厅 D 图书馆	A 기숙사 B 은행 C 식당 D 도서관

공략   보기를 통해 장소를 묻는 문제임을 유추할 수 있다. 기숙사에 있냐는 남자의 질문에 여자가 '我在图书馆看书'라고 했으므로 정답은 D이다.

실전 모의고사

18   난이도 中   공략 Key 태도 관련 핵심어 듣기

女：幸亏你昨晚给我发了个信息，要不然我今天就得白去一趟了。	여: 다행히 어제저녁에 네가 나에게 문자 메시지를 보내주었기에 망정이지, 그렇지 않았으면 난 오늘 헛걸음할 뻔했어.
男：我也是昨天下午才听说的，担心你不知道，就马上告诉你。	남: 나 역시 어제 오후에야 들었어. 네가 모를까봐 걱정되서 바로 네게 알려준 거고.
问：女的是什么语气？	질문: 여자는 어떤 어투인가?
A 感谢 B 后悔 C 羡慕 D 遗憾	A 감사하다 B 후회한다 C 부러워한다 D 유감이다

공략   보기를 통해 화자의 태도를 묻는 문제임을 유추할 수 있으므로 태도와 관련된 핵심 어휘를 주의해서 들어야 한다. 여자가 한 말 중에 幸亏는 感谢 혹은 庆幸에 쓰는 어휘이므로 정답은 A이다.

어휘   ★幸亏 xìngkuī 부 다행히 | 发信息 fā xìnxī 소식을 보내다 | ★要不然 yàoburán 접 그렇지 않으면 | 白去一趟 bái qù yí tàng 헛걸음하다 | ★后悔 hòuhuǐ 동 후회하다 | ★遗憾 yíhàn 동 유감이다

19   난이도 中   공략 Key 전체 의미 파악

女：爸，你买个新手机吧，这个旧的功能太少了。	여: 아빠, 핸드폰 새로 장만하세요, 이 오래된 것은 기능이 너무 적어요.
男：对我来说，手机能发短信，可接打电话就够了。	남: 내게 있어서 핸드폰은 문자 메시지를 보낼 수 있고, 전화를 걸고 받을 수 있으면 돼.
问：男的觉得自己的手机怎么样？	질문: 남자는 자신의 핸드폰이 어떻다고 생각하는가?

<table>
<tr><td>

A 功能太少
B 要去修理
C 该换新的
Ⓓ 够用了

</td><td>

A 기능이 너무 적다
B 수리를 해야 한다
C 새것으로 바꾸어야 한다
Ⓓ 충분히 사용할 수 있다

</td></tr>
</table>

공략 보기의 功能이나 修理, 新的 등을 통해 어떤 사물에 관한 대화임을 유추할 수 있다. 기능이 너무 적으므로 핸드폰을 바꾸라는 여자의 말에 남자는 '手机能发短信, 可接打电话就够了'라고 대답했으므로 정답은 D이다.

어휘 ★功能 gōngnéng 몡 기능

20　　　　　　　　　　　　　　　　　　　　　　　[난이도 中]　[공략 Key] 전체 의미 파악

男：你的电脑屏幕太亮了，太刺激，这样对　　　남: 네 컴퓨터 모니터가 너무 밝아서 너무 자극적이야.
　　眼睛不好。　　　　　　　　　　　　　　　　　이러면 눈에 좋지 않아.
女：好的，我调暗一点儿。　　　　　　　　　여: 알았어, 좀 어둡게 조절할게.

问：女的是什么意思?　　　　　　　　　　　질문: 여자의 말은 어떤 의미인가?

A 灯太亮了　　　　　　　　　　　　　　　A 등이 너무 밝다
Ⓑ 现在就调　　　　　　　　　　　　　　Ⓑ 지금 바로 조절하겠다
C 电脑中毒了　　　　　　　　　　　　　C 컴퓨터가 바이러스에 걸렸다
D 要买显示器　　　　　　　　　　　　　D 모니터를 사야 한다

공략 보기에 제시된 사물에 주의해서 녹음을 들어야 한다. 남자가 '你的电脑屏幕太亮了'라고 말하자 여자가 '我调暗一点儿'이라고 했으므로 정답은 B이다.

어휘 屏幕 píngmù 몡 스크린 ｜ 亮 liàng 혱 밝다 ｜ ★刺激 cìjī 혱 자극적이다 ｜ 调暗 tiáo'àn 어둡게 하다 ｜ ★中毒 zhòngdú 동 바이러스에 감염되다 ｜ 显示器 xiǎnshìqì 몡 모니터

21　　　　　　　　　　　　　　　　　　　　　　　[난이도 下]　[공략 Key] 대화 속 질문으로 정답 찾기

女：你怎么了? 脖子难受吗?　　　　　　　여: 왜 그래? 목이 아프니?
男：有点儿。左右转时候，有点儿疼。　　남: 조금. 좌우로 돌릴 때 약간 아파.
女：你出去活动一下吧，肯定是用电脑的时　　여: 나가서 운동을 좀 해. 분명히 컴퓨터를 하는 시간
　　间太长了。　　　　　　　　　　　　　　　이 너무 길어서 일거야.
男：好吧。　　　　　　　　　　　　　　　남: 알았어.

问：男的怎么了?　　　　　　　　　　　　질문: 남자는 어떠한가?

Ⓐ 脖子疼　　　　　　　　　　　　　　　Ⓐ 목이 아프다
B 睡眠不好　　　　　　　　　　　　　　B 잠을 잘 자지 못한다
C 感冒很严重　　　　　　　　　　　　　C 감기가 매우 심하다
D 不小心摔倒了　　　　　　　　　　　　D 실수로 넘어졌다

공략 보기를 통해 몸이 아픈 상황에 관한 대화임을 유추할 수 있다. 여자의 '脖子难受吗?'라는 질문에 남자가 '有点儿'이라고 답했으므로 정답은 A이다.

어휘 ★脖子 bózi 몡 목 ｜ 转 zhuǎn 동 (방향을) 바꾸다, 돌다 ｜ ★睡眠 shuìmián 몡 수면, 잠 ｜ ★不小心 bù xiǎoxīn 실수로 ｜ ★摔倒 shuāidǎo 동 넘어지다

男：我姐姐下周结婚，我要回家一趟。 女：是嘛！买票了吗？马上国庆节了，火车票可能不容易买。 男：不用，我家就在北京附近，<u>坐汽车走高速四个小时就能到</u>。 女：那不错。 问：男的打算怎么回家？ A　坐飞机 **Ⓑ　坐汽车** C　坐火车 D　自己开车	남: 우리 누나가 다음 주에 결혼을 해서, 나는 집에 좀 다녀와야 해. 여: 그래? 표는 끊었어? 곧 국경절이라 기차표 사기가 어려울 수도 있어. 남: 괜찮아, 우리 집은 베이징 근처라서 <u>버스 타고 고속도로로 가면 4시간이면 도착해.</u> 여: 그 정도면 괜찮네. 질문: 남자는 어떻게 집에 돌아갈 계획인가? A　비행기를 타고 **Ⓑ　버스를 타고** C　기차를 타고 D　스스로 운전해서

공략　보기를 통해 교통수단에 관한 대화임을 알 수 있다. 남자가 '坐汽车走高速四个小时就能到'라고 말했으므로 정답은 B가 된다.

어휘　★走高速 zǒu gāosù 고속 도로로 가다

男：最近干什么呢？整天看不见你的影子。 女：最近特别忙，<u>有很多事等着处理</u>。 男：周末也不休息吗？ 女：可能加班，有事吗？ 问：女的最近怎么样？ A　升职了 B　周末才能休息 C　忙着在写论文 **Ⓓ　有很多事要处理**	남: 요즘 뭐해? 한참 동안이나 네 그림자도 볼 수가 없었네. 여: 요즘 굉장히 바빠. <u>처리해야 될 일이 너무 많아.</u> 남: 주말에도 쉬지 않니? 여: 어쩌면 야근해야 할 거야, 무슨 일 있어? 질문: 여자는 최근 어떠한가? A　승진했다 B　주말에야 쉴 수 있다 C　논문 쓰느라 바쁘다 **Ⓓ　처리해야 할 일이 많다**

공략　보기를 잘 보면서 녹음을 들어야 한다. 여자의 말 중 '有很多事等着处理'가 보기에 그대로 언급되어 있으므로 정답은 D이다.

어휘　★整天 zhěngtiān 뷔 한참 동안 | 影子 yǐngzi 몡 그림자 | ★升职 shēngzhí 동 승진하다

女：你好，<u>今天黄金多少钱一克</u>？ 男：今天是397。 女：比前一段时间便宜了。 男：是便宜了一些，但金价最近很稳定。 问：女的在咨询什么？	여: 안녕하세요, <u>오늘 금값이 얼마예요?</u> 남: 오늘은 397위안입니다. 여: 전보다 내렸네요. 남: 약간 내리긴 했지만 금값은 요즘 안정적입니다. 질문: 여자는 무엇을 묻고 있는가?

A 办签证	A 비자 발급
B 股市情况	B 주식 시장 상황
C 就业问题	C 취업 문제
D 黄金价格	**D 황금 가격**

공략　여자의 '今天黄金多少钱一克'라는 말을 통해 D가 정답임을 알 수 있다.

어휘　★稳定 wěndìng 형 안정적이다 | ★签证 qiānzhèng 명 비자(visa) | ★股市 gǔshì 명 주식 시장 | ★就业 jiùyè 동 취직하다

25　　　　　　　　　　　　　　　　　　　　　　　　　　난이도 中　공략 Key 핵심어 碍事 듣기

男：新沙发放哪儿比较好？	남: 새 소파는 어디에 두는 게 비교적 좋을까?
女：放客厅吧，这儿最适合，我早就想好了。	여: 거실에 두세요. 여기가 제일 적당해요. 저는 진작부터 생각해 두고 있었어요.
男：不好，我觉得放阳台那边更好。	남: 안 좋은데, 내 생각에는 베란다 쪽이 더 나은 것 같아.
女：<u>阳台那边太碍事</u>，还是这儿好。	여: <u>베란다 쪽은 거치적거리니</u>, 아무래도 이쪽이 나아요.
问：女的为什么不同意放阳台那边？	질문: 여자는 왜 베란다에 두는 것에 동의하지 않나?
A 东西太多	A 물건이 너무 많아서
B 觉得碍事	**B 거치적거린다고 생각해서**
C 地方很窄	C 공간이 너무 좁아서
D 怕被人偷	D 도둑 맞을까 염려되어서

공략　보기에서 들리는 어휘에 체크를 해가며 대화를 들어야 한다. 여자의 '阳台那边太碍事'라는 말을 통해 B가 정답임을 알 수 있다.

어휘　★阳台 yángtái 명 베란다 | 碍事 àishì 동 거치적거리다. 방해가 되다

26　　　　　　　　　　　　　　　　　　　　　　　　　　난이도 下　공략 Key 보기를 통해 문제 유추

女：<u>我记得我把文件保存在桌面上了，怎么不见了呢</u>。	여: <u>내가 문서를 바탕 화면에 저장해 놓은 걸로 기억하는데 어째서 없지</u>?
男：你是不是设置成隐藏的，把文件隐藏了？	남: 숨기기 기능을 지정해서 문서를 숨겨놓은 것 아니야?
女：我不知道怎么隐藏啊？你来帮我找找吧。	여: 난 어떻게 숨기기를 하는지도 몰라. 와서 좀 찾아 봐줘.
男：好的，等我一下。	남: 알았어, 잠깐만 기다려.
问：女的在找什么？	질문: 여자는 무엇을 찾고 있나?
A 钱包	A 지갑
B U盘	B USB
C 文件	**C 문서**
D 照片	D 사진

공략　보기를 통해 어떤 물건에 관한 대화임을 유추할 수 있다. 여자가 '我记得我把文件保存在桌面上了，怎么不见了呢' 라고 했으므로 정답은 C가 된다.

27

男：你负责这次宣传活动吗？	남: 당신이 이번 홍보 행사를 책임지십니까？
女：对，我想参考一下以前你们做的一些宣传资料。	여: 네, 예전에 당신들이 했던 홍보 자료를 좀 참고하고 싶습니다.
男：这是已经整理好的，给你，希望这对你有用。	남: 이건 제가 이미 정리해놓은 것인데, 드릴 테니 당신에게 도움이 되길 바랍니다.
女：太感谢你了。	여: 너무 감사합니다.
问：女的想看什么？	질문: 여자는 무엇을 보고 싶어하는가？
Ⓐ 过去的宣传材料	Ⓐ 지난 홍보 자료
B 下周的日程安排	B 다음 주의 스케줄 계획
C 参加会议人员名单	C 회의에 참가하는 인원 명부
D 上半年的销售情况	D 상반기의 영업 상황

공략　보기의 '宣传材料, 日程安排, 销售情况' 등을 통해 회사에서 일어나는 대화임을 유추할 수 있다. 여자가 '我想参考一
下以前你们做的一些宣传资料'라고 말했으므로 정답은 A이다.

어휘　★宣传 xuānchuán 통 홍보하다 | ★资料 zīliào 명 자료 | 材料 cáiliào 명 자료, 데이터 | ★日程 rìchéng 명 일정

28

男：真是太巧了，你也坐这趟车？	남: 정말 너무 우연이다. 너도 이 차 타니？
女：是啊，真巧。单位派我去南京出差。	여: 응, 정말 우연이다. 회사에서 난징으로 출장을 가라고 했거든.
男：你是几号车厢？	남: 몇 호차야？
女：9号车厢12号。	여: 9호차 12호야.
问：他们现在最可能在哪儿？	질문: 그들은 지금 어디에 있는가？
Ⓐ 候车室	Ⓐ 대합실
B 机场	B 공항
C 路上	C 길거리
D 停车场	D 주차장

공략　보기를 통해 대화가 일어나는 장소를 묻는 문제임을 유추할 수 있다. '你是几车厢？'이라는 남자의 말을 통해 A가 정답임
을 알 수 있다. 车厢은 기차의 객실을 의미한다.

어휘　★巧 qiǎo 형 우연이다, 공교롭다 | ★单位 dānwèi 명 직장, 회사 | ★车厢 chēxiāng 명 (열차의) 객실 | 候车室 hòuchēshì 명
대합실 | 停车场 tíngchēchǎng 명 주차장

29

女：我问了一下，这附近80平米的房子基本上都得100万。	여: 내가 물어봤는데 이 부근에 80평방미터 되는 집은 거의 다 100만 위안 정도래.
男：我们就买那套吧。	남: 우리 이 집 구입하자.

女：我听你的，你同意的话，<u>我们贷款买，怎么样</u>？

男：行，那我们明天就去吧。

问：根据对话，下列哪项正确？

A 男的在向女的求婚
B 他们在大厅订饭店
C 女的不喜欢住楼房
Ⓓ **他们想贷款买房子**

여: 네 말대로 할게, 네가 동의한다면 <u>우리 대출 받아서 사는 게 어때</u>?

남: 좋아, 그럼 우리 내일 바로 가자.

질문: 대화에 근거해서 다음 중 맞는 것은?

A 남자는 여자에게 프러포즈 하고 있다
B 그들은 로비에서 호텔을 예약하고 있다
C 여자는 아파트에 사는 걸 싫어한다
Ⓓ **그들은 대출 받아서 집을 구입하려고 한다**

공략   두 사람은 집을 구입하는 것에 관해 대화를 하고 있으며 '我们贷款买, 怎么样?'이라는 여자의 말을 통해 D가 정답임을 알 수 있다.

어휘   平米 píngmǐ 몡 제곱평방미터 | ★基本上 jīběnshang 틘 대체로, 거의 | ★贷款 dàikuǎn 통 대출받다, 대출하다 | ★求婚 qiúhūn 통 청혼하다

30　　　　　　　　　　　　　　　　　　　　　　　　　　　　난이도 下   공략 Key 녹음 내용과 동일한 보기 선택

男：这两天活动的行程表安排好了吗？
女：没有。小王说会尽快发给大家。
男：<u>这次咱们去的是郊区吗？</u>
女：对，听说风景不错，还可以游泳呢。

问：他们这次活动安排在哪儿？

A 公园　　　　　B 黄山
Ⓒ 郊区　　　　　D 苏州

남: 요 며칠 행사 일정표는 다 계획했니?
여: 아니. 샤오왕 말로는 곧 모두에게 보낸다 하더라고.
남: <u>이번에 우리가 가는 곳은 교외니?</u>
여: 응. 풍경도 괜찮고 수영도 할 수 있다고 하더라.

질문: 그들은 이번 행사를 어디로 계획했나?

A 공원　　　　　B 황산
Ⓒ 교외　　　　　D 쑤저우

공략   보기를 통해 장소를 묻는 문제임을 유추할 수 있다. 남자의 '这次咱们去的是郊区吗?'를 통해 C가 정답임을 알 수 있다.

어휘   行程表 xíngchéngbiǎo 몡 일정표, 스케줄 | ★尽快 jǐnkuài 틘 되도록 빨리 | ★郊区 jiāoqū 몡 (도시의) 교외 지역

31-32

31甲不爱吃西瓜，所以吃西瓜时都把西瓜给乙吃。开始的时候乙很高兴，时间长了就习惯了。习惯后，就觉得这是应该的。后来有一天甲把西瓜给了丙，乙就生气了，根本没想起甲才是西瓜的主人，甲想给谁就给谁。**32**为此他们吵了一架，断绝了交往。事实上，不是别人变坏了，而是我们要求的更多了。当接受成了习惯，回报就会被忽视。

31갑은 수박을 좋아하지 않아서 수박을 먹을 때면 수박을 모두 을에게 주었다. 처음에 을은 매우 기뻐했지만 시간이 지날수록 익숙해졌다. 익숙해진 후에는 이것이 당연하다고 느꼈다. 후에 어느 날 갑이 수박을 병에게 주자, 을은 화가 났다. 갑이야말로 수박의 주인이니까 주고 싶은 사람에게 줘도 된다는 것을 전혀 생각하지 못한 것이다. **32**이로 인해 그들은 싸웠고 절교했다. 사실 다른 사람이 나쁘게 변한 것이 아니라, 우리가 요구하는 것이 더 많아진 것이다. 받아들이는 게 습관이 되었을 때, 보답은 소홀히 될 수 있다.

어휘   西瓜 xīguā 몡 수박 | ★根本 gēnběn 틘 전혀, 아예 | 断绝 duànjué 통 단절하다, 끊다 | ★交往 jiāowǎng 몡 교제, 왕래 | ★接受 jiēshòu 통 받아들이다 | 回报 huíbào 통 보답하다 | ★被忽视 bèi hūshì 무시당하다

甲为什么把西瓜给乙?	갑은 왜 을에게 수박을 주었나?
Ⓐ 自己不爱吃	**Ⓐ (수박을) 좋아하지 않아서**
B 觉得乙很可怜	B 을이 불쌍하다고 생각되어
C 削皮很麻烦	C 껍질 깎는 것이 귀찮아서
D 不想扔掉	D 버리고 싶지 않아서

공략　녹음 첫 부분에 '甲不爱吃西瓜，所以吃西瓜时都把西瓜给乙吃'라고 갑이 을에게 수박을 준 이유가 언급되어 있으므로 정답은 A이다.

어휘　★可怜 kělián 형 불쌍하다 | 削皮 xiāopí 동 껍질을 벗기다

根据这段话，可以知道什么?	이 글을 통해 알 수 있는 것은?
A 甲为人很好	A 갑은 사람 됨됨이가 좋다
Ⓑ 乙跟甲吵架了	**Ⓑ 을과 갑은 싸웠다**
C 丙喜欢吃西瓜	C 병은 수박을 좋아한다
D 丙不懂得感谢	D 병은 감사할 줄을 모른다

공략　보기의 주어에 집중해서 정답을 유추해야 한다. 녹음에서 '为此他们吵了一架，断绝了交往'이라고 했으므로 정답은 B가 된다. 이 문장에 제시된 他们은 甲과 乙을 지칭한다.

어휘　为人 wéirén 명 인품, 사람 됨됨이

33-35

　　只要是玩过跷跷板的人都知道，一人坐在跷跷板的一头，想要让一边翘起来，只有一边用力压才可以；假如双方都不愿意向下压，那样游戏就无法继续玩儿下去了。只有两个人交换着用力压，才能不断体会游戏的快乐。**33**人与人之间的互动，就如坐跷跷板一样，关心、帮助等都是一个相互的过程。关心他人，给予他人，看上去是一种失去，**34**但我们在付出的同时也能从对方那里收获不少，最终实现双赢。**35**一个人永远不想吃亏，不愿给予，即使真的获得很多好处，也不会得到快乐。那是因为，自私的人如同坐在一个静止的跷跷板顶端，尽管他保有了高高在上的地位，却也失去了无限的快乐，这对双方来说都是一种遗憾。

　　시소를 타 본 사람이라면 다 알 것이다. 사람이 시소의 한쪽 끝에 앉아서 한쪽을 올라가게 하려면, 한쪽에서 힘을 주어 눌러야만 된다는 것을. 만일 서로가 누르기를 원하지 않는다면 게임을 계속 해나갈 수가 없다. 두 사람이 돌아가면서 힘을 써야만이 끊임없이 게임의 즐거움을 체험할 수 있다. **33**사람 사이의 상호 작용은 시소를 타는 것과 같아서, 관심을 가져주고 도와주는 것 등이 모두 서로 상호되는 과정이다. 타인에게 관심을 가져주고 타인에게 베푸는 것이 보기에는 잃어버리는 것 같지만, **34**그러나 우리가 지불함과 동시에 또 상대방에게서 얻는 것이 적지 않기에 결국엔 양측 모두 이익을 얻을 수 있다. **35**누군가 영원히 손해를 보고 싶어하지 않고 베풀고 싶어하지 않는다면, 설사 정말로 좋은 점을 많이 얻었다 할지라도 즐거움은 얻을 수 없다. 그것은 이기적인 사람은 마치 정지된 시소의 한쪽 끝에 앉아있는 것과 같기 때문이다. 비록 그는 높은 지위를 가지고 있기는 하나 무한한 즐거움을 잃은 것이며 이것은 양쪽 모두에게 다 일종의 유감이다.

어휘　跷跷板 qiāoqiāobǎn 명 시소 | ★翘 qiào 동 곧추세우다 | 用力 yònglì 동 힘을 쓰다 | 压 yā 동 (위에서 아래로) 누르다 | ★假如 jiǎrú 접 만일, 만약 | 下压 xiàyà 아래로 누르다 | ★体会 tǐhuì 동 체득하다 | 互动 hùdòng 동 상호 작용을 하다 | ★失去 shīqù 동 잃다, 잃어버리다 | 付出 fùchū 동 지불하다, 들이다 | ★收获 shōuhuò 동 수확하다 | 双赢 shuāngyíng 동 양측 모두 이익을 얻다 | ★吃亏 chīkuī 동 손해를 보다 | 顶端 dǐngduān 명 끝부분 | ★尽管 jǐnguǎn 접 비록 | 保有 bǎoyǒu 동 보유하다 | 无限 wúxiàn 형 무한하다

人与人之间的关系有什么特点？	사람과 사람 사이의 관계에는 어떠한 특징이 있나?
A 是接受	A 받아들이는 것
B 是给予	B 베푸는 것
ⓒ 是相互的	ⓒ 상호적인 것
D 是重要的	D 관계가 중요한 것

공략　시소를 타는 것에 빗대어 사람 사이의 관계에 대해 설명한 내용이다. 녹음에서 '人与人之间的互动，就如坐跷跷板一样，关心、帮助等都是一个相互的过程'이라고 했으므로 정답은 C이다.

어휘　★相互 xiānghù 형 상호적이다

双赢最可能是什么意思？	'双赢'은 무슨 의미인가?
Ⓐ 对双方都有帮助	Ⓐ 양쪽에 다 도움이 된다
B 两方面都快乐	B 두 쪽 다 즐겁다
C 大家都赚钱	C 모두 돈을 번다
D 双方健康状况良好	D 양쪽 모두 건강 상태가 양호하다

공략　双赢은 '양쪽 모두에 다 이로움이 있다'라는 의미로, 녹음에서 '但我们在付出的同时也能从对方那里收获不少，最终实现双赢'이라고 했기 때문에 정답은 A이다.

어휘　★赚钱 zhuànqián 동 돈을 벌다

关于不愿意吃亏的人，下列哪项正确？	손해 보기를 원하지 않는 사람들에 관해 다음 중 옳은 것은?
A 受欢迎	A 인기가 있다
Ⓑ 很自私	Ⓑ 매우 이기적이다
C 很聪明	C 매우 똑똑하다
D 很节省	D 매우 검소하다

공략　보기를 통해 사람에 관한 질문임을 유추할 수 있다. 녹음에서 손해 보기를 원하지 않는 사람에 대해 '自私的人如同坐在一个静止的跷跷板顶端'이라고 언급했으므로 정답은 B이다.

어휘　★自私 zìsī 형 이기적이다 | ★节省 jiéshěng 형 검소하다

36爱因斯坦小时候许多人认为他很笨，但实际上并不是这样的。爱因斯坦在小学期间成绩很不错。特别是二年级期末，他得到了全班第一。他开始阅读康德的一些作品是在中学时期。37上大学时，他自学了数学和物理，由于水平已经远远超过学校的要求，所以上课时他常常提出老师也回答不了的问题，因此时常出现尴尬的场面。既然这样，为什么人们觉得爱因斯坦很笨呢？因为3岁多时他的语言能力发育得并不好，这让他的父母担心他智商是否有问题，不过仅此而已。38其实爱因斯坦一点儿都不笨。这种说法一直流传到现在，只是想鼓励人们，即使以前学习不好，未来也是能成功的罢了。

36아인슈타인이 어렸을 때 많은 사람들은 그가 매우 바보라고 생각했지만, 사실은 그렇지 않았다. 아인슈타인은 초등학교 때 성적이 매우 좋았고 특히나 2학년 기말고사에서는 반에서 1등을 했다. 그가 칸트의 일부 작품을 읽기 시작했을 때는 중학교 때였다. 37대학에 입학해서 그는 수학과 물리를 독학했다. 실력이 이미 학교의 요구를 훨씬 넘어섰기에 수업 시간에 그는 선생님이 대답할 수 없는 질문을 종종 던지곤 했는데, 이 때문에 자주 난처한 상황이 벌어지곤 했다. 이렇다면 왜 사람들은 아인슈타인이 멍청하다고 생각했을까? 3살 때 그의 언어 능력 발육이 좋지 않아서 그의 부모는 그의 IQ에 문제가 있는건 아닌지 걱정을 했는데, 단지 그것뿐이었고 38사실 아인슈타인은 조금도 멍청하지 않았다. 이런 얘기는 지금까지도 전해지고 있으며, 단지 사람들에게 설령 예전에 공부를 못했다고 해도 나중에 성공할 수 있다고 격려해주려 할 뿐이다.

어휘 爱因斯坦 Àiyīnsītǎn 고유 아인슈타인 | ★笨 bèn 형 멍청하다 | 康德 Kāngdé 고유 칸트 | ★远远 yuǎnyuǎn 부 훨씬, 상당히 | ★超过 chāoguò 동 초과하다, 넘다 | ★尴尬 gāngà 형 난처하다 | ★既然 jìrán 접 ~인 이상 | 发育 fāyù 동 발육하다 | 智商 zhìshāng 명 지능 지수(IQ) | 仅此 jǐncǐ 겨우 이 정도이다 | ★而已 éryǐ 조 ~일 뿐이다 | ★鼓励 gǔlì 동 격려하다 | ★只是……罢了 zhǐshì……bale 단지 ~일 뿐이다

---

36   난이도 下   공략 Key 전환 관계 접속사와 부사

爱因斯坦小时候怎么样？	아인슈타인은 어릴 때 어떠했나?
A 读名人传记	A 위인전을 읽었다
B 很调皮	B 매우 장난이 심했다
C 成绩很好	**C 성적이 좋았다**
D 头脑不灵活	D 머리가 똑똑하지 않았다

공략 글 첫 부분에 '爱因斯坦小时候许多人认为他很笨'이라고 제시되어 있지만 전환 관계 접속사와 부사 '但实际上' 뒤에 '爱因斯坦在小学期间成绩很不错'라고 언급했으므로 정답은 C가 된다.

어휘 名人传记 míngrén zhuànjì 명 위인전 | ★调皮 tiáopí 형 장난이 심하다 | ★灵活 línghuó 형 똑똑하다, 민첩하다

---

37   난이도 下   공략 Key 녹음 내용과 동일한 보기 선택

大学时爱因斯坦自学了什么课程？	대학 때 아인슈타인은 어떤 과정을 독학했나?
A 语文课	A 어문 수업
B 网络课程	B 사이버 과정
C 生物学	C 생물학
D 数学和物理	**D 수학과 물리**

공략 보기를 통해 학습과 관련된 내용임을 유추할 수 있으며 녹음에서 '他自学了数学和物理'라고 언급했으므로 정답은 D이다.

어휘 ★网络课程 wǎngluò kèchéng 명 사이버 과정

关于爱因斯坦，可以知道什么？	아인슈타인에 관해 알 수 있는 것은?
Ⓐ 一直很聪明 B 后来得了癌症 C 喜欢为难老师 D 小时候很笨	**Ⓐ 줄곧 똑똑했다** B 나중에 암에 걸렸다 C 선생님을 난처하게 만드는 것을 즐겼다 D 어렸을 때는 멍청했었다

공략　글의 전체 내용을 듣고 정답을 가려내는 문제 유형이다. 글 마지막 부분에 '其实爱因斯坦一点都不笨'이라고 언급했으므로 정답은 A이다.

어휘　癌症 áizhèng 圐 암

39-41

39汉朝的时候，有个人名叫孙敬，是著名的政治家。41他年轻时勤奋好学，经常关起门，独自一人不停地读书。每天从早到晚读书，常常一直看到后半夜。读书时间长，劳累了，还不休息。时间久了，有时不免打起瞌睡来。他怕影响自己的读书学习，于是想出了一个特别的办法。古时候，男子的头发很长。40他就找一根绳子，一头系在自己的头发上，另一头系在房顶上。当他读书困了想睡觉的时候，头一低，绳子就会牵住头发，这样会把头拉得很痛，马上就清醒了，再继续读书学习。

39한나라 때, 손경이라는 유명한 정치가가 있었다. 41그는 젊었을 때 근면하고 열심히 책을 읽었는데, 자주 문을 닫고 혼자서 끊임없이 공부를 했다. 매일 아침부터 저녁까지 공부를 했고, 종종 한밤중까지 계속하기도 했다. 책 읽는 시간이 길어져서 피곤해도 쉬지 않았다. 시간이 지나면서 때때로 졸음을 면할 길이 없기도 했다. 그는 자신의 책 읽기 공부에 영향을 줄까 걱정되서 특이한 방법을 하나 생각해냈다. 옛날에는 남자들의 머리가 길었는데, 40그는 밧줄을 하나 찾아와서 한 쪽은 자신의 머리에 묶고, 다른 한 쪽은 천장에 묶었다. 그가 책을 읽으며 졸려서 잠을 자고 싶을 때, 고개가 떨구어지자마자 밧줄이 그의 머리카락을 잡아당겼다. 이러면 머리가 당겨져 매우 아팠고, 바로 정신이 또렷해져서 다시 계속해서 책을 읽으며 공부를 할 수 있었다.

어휘　孙敬 Sūn Jìng 固유 손경 | ★著名 zhùmíng 圐 유명하다 | 政治家 zhèngzhìjiā 圐 정치가 | ★年轻 niánqīng 圐 젊다 | ★勤奋 qínfèn 圐 부지런하다 | 好学 hàoxué 圐 배우는 것을 좋아하다 | ★经常 jīngcháng 圐 자주, 종종 | 独自 dúzì 圐 혼자서, 홀로 | 后半夜 hòubànyè 圐 (자정 이후) 한밤중 | 劳累 láolèi 圐 지치다, 피로하다 | 不免 bùmiǎn 圐 불가피하다, 면할 수 없다 | 打瞌睡 dǎ kēshuì 圐 꾸벅꾸벅 졸다 | 怕 pà 圐 염려하다, 근심하다 | ★影响 yǐngxiǎng 圐 영향을 주다 | ★于是 yúshì 圙 그래서 | 绳子 shéngzi 圐 밧줄 | 根 gēn 圀 길고 가느다란 것을 세는 단위 | ★系 jì 圐 매다, 묶다 | 房顶 fángdǐng 圐 천장 | 困 kùn 圐 졸리다 | ★牵 qiān 圐 잡아 끌다 | 拉 lā 圐 당기다 | 清醒 qīngxǐng 圐 (정신이) 맑다, 또렷하다 | ★继续 jìxù 圐 계속하다

孙敬是哪个朝代的人？	손경은 어느 시대 사람인가？
A 明朝 B 宋朝 C 清朝 **Ⓓ 汉朝**	A 명나라 B 송나라 C 청나라 **Ⓓ 한나라**

 보기를 힌트로 어느 시대 사람인지를 먼저 파악해야 한다. 일반적으로 어떤 인물에 대한 소개를 할 때 그 인물에 대한 기본 정보는 내용 앞 부분에 제시된다. 글 맨 첫 부분에 '汉朝的时候'이라고 언급했으므로 정답은 D이다.

40

난이도 中 | 공략 Key 녹음 내용과 동일한 보기 선택

孙敬想出一个什么样的办法?	손경은 어떤 방법을 생각해 냈는가?
A 喝了加醋的水	A 식초를 탄 물을 마셨다
B 用冷水把脚洗干净	B 찬 물로 발을 깨끗이 씻었다
Ⓒ 用绳子把头发系在屋顶上	Ⓒ 밧줄로 머리카락을 천장에 묶었다
D 不停地提醒自己要学习	D 공부해야 한다고 스스로에게 끊임없이 상기시켰다

공략 보기에 두 번 나온 用을 힌트로 무엇으로 어떻게 했는지에 집중하며 녹음을 듣는다. 녹음에서 '他就找一根绳子，一头系在自己的头发上，另一头系在房顶上'이라고 했으므로 정답은 C이다.

어휘 醋 cù 명 식초

41

난이도 下 | 공략 Key 전체 주제 찾기

孙敬有什么特点?	손경은 어떤 특징이 있는가?
A 性格倔强	A 성격이 고집불통이다
Ⓑ 学习刻苦	Ⓑ 공부를 열심히 한다
C 嫌家里贫穷	C 집이 가난한 걸 싫어한다
D 很调皮	D 장난이 매우 심했다

공략 보기를 통해 인물에 대해서 묻는 문제임을 유추할 수 있다. 이 글은 손경이 공부를 얼마나 열심히 했는지에 대해 이야기하고 있으며, 전체 내용을 통해 가장 많이 나오는 어휘는 读书이므로 정답은 B가 된다.

어휘 性格 xìnggé 명 성격 | 倔强 juéjiàng 형 고집이 세다 | ★嫌 xián 동 싫어하다 | 贫穷 pínqióng 형 가난하다 | ★调皮 táopí 형 장난이 심하다

42-43

43女人逛超市普遍都是买些欢喜，为了找到喜欢的商品会乐此不疲。找到之后，又会42根据价格反复比较，精挑细选。就算没有找到自己喜欢的商品，女人也会大包小包买很多物美价廉的东西回来。43而男人去超市是普遍都目标明确，他们清楚自己到底要买什么，推着购物车快速前进。走到该商品的货架前，不管贵不贵，看准了就往购物车里装。他们不愿意比较价格，也不会寻找打折商品。

43여자들이 마트에서 쇼핑하는 것은 보편적으로 즐거움을 사는 것으로, 좋아하는 상품을 찾기 위해 피곤한 것도 잊는다. 찾은 후에는 또 42가격에 따라 계속 비교를 하고, 세심히 따진다. 설사 자신이 좋아하는 상품을 찾지 못했다 할지라도, 여자들은 이것저것 가격이 저렴한 많은 물건을 사서 돌아온다. 43하지만 남자들이 마트를 가는 것은 보편적으로 목표가 명확하며, 그들은 자신이 도대체 무엇을 사야 되는지 확실히 알고 쇼핑 카트를 밀고 빠르게 전진한다. 그 상품의 진열대에 도착하면, 가격에 상관없이 마음에 들면 바로 쇼핑 카트 안에 넣는다. 그들은 가격을 비교하기를 원하지도 않고 할인 제품을 찾지도 않는다.

어휘 逛超市 guàng chāoshì 마트를 돌아다니다 | ★普遍 pǔbiàn 형 보편적이다 | 欢喜 huānxǐ 형 즐겁다, 기쁘다 | 乐此不疲 lè cǐ bù pí 즐거워하며 피곤함을 모르다 | ★根据 gēnjù 개 ~에 근거하여 | ★反复 fǎnfù 부 거듭, 반복하여 | 精挑细选 jīng tiāo xì xuǎn 세심하게 따져서 고르다 | ★就算……也…… jiùsuàn……yě…… 설사 ~라 할지라도 | 物美价廉 wù měi jià lián 성 상품의 질이 좋고 값도 저렴하다 | ★目标 mùbiāo 명 목표 | ★明确 míngquè 형 명확하다, 분명하다 | ★到底 dàodǐ 부 도

대체 | ★推 tuī 통 밀다 | 购物车 gòuwùchē 명 쇼핑 카트 | 货架 huòjià 명 상품 진열대 | 看准 kànzhǔn 통 똑바로 보다 |
★装 zhuāng 통 담다, 넣다 | ★寻找 xúnzhǎo 통 찾다 | 打折商品 dǎzhé shāngpǐn 명 할인 제품

42

난이도 下 공략 Key 들리는 내용 통해 정답 유추

女人看到自己要买的东西会怎么样？	여자들은 사고자 하는 물건을 봤을 때 어떻게 하는가?
A 马上就买	A 바로 구입한다
B 反复比较	B 계속 비교한다
C 讨价还价	C 흥정을 한다
D 用信用卡	D 신용 카드를 사용한다

공략 보기를 통해 물건을 구입할 때 어떻게 하느냐라는 질문임을 유추할 수 있다. 일반적으로 설명문은 질문 순서에 따라 글이 전개되므로 도입부를 집중해서 듣는다. 녹음에서 '根据价格反复比较'라고 했으므로 정답은 B이다.

43

난이도 下 공략 Key 전체 내용 파악

这段话主要谈什么？	이 글에서 주로 논하는 것은 무엇인가?
A 男女购物不同	A 쇼핑에 관한 남녀의 다른 점
B 逛超市停车问题	B 마트에서의 주차 문제
C 购物车的好处	C 쇼핑 카트의 장점
D 要搞清楚购物目的	D 쇼핑 목적을 확실히 해야 한다

공략 글의 도입 부분에서는 女人을, 중간 부분에서는 男人을 언급하면서 남녀가 물건 살 때의 다른 점을 비교하여 설명하고 있다. 따라서 A가 정답으로 적절하다.

어휘 ★搞清楚 gǎo qīngchu 통 분명히 알다

44-45

小时候大人告诉我，44要想知道开水瓶保不保温，只要把耳朵靠近开水瓶口听一听，如果瓶口发出"嗡嗡"的声音就是保温的。可是后来在扔掉一只不保温的开水瓶时，我随意放到耳边听了一下，还是有"嗡嗡"的声音。这才知道这种判断方法一点儿也不可信。45我们从长辈那里获得了丰富"经验"，理所当然地接受了，可是却很少有人去验证这些经验正确与否。有时候我们就是被"经验"这个东西遮住了眼睛，捆绑了思想，即便是纠正很明显的错误，也难以实现的。

어릴 때 어른들은 나에게 44보온병이 보온이 되는지 안 되는지를 알고 싶다면 귀를 보온병 주둥이에 대고 들어보고, 만일 물병 주둥이에서 '윙윙'거리는 소리가 나면, 보온이 되는 것이라고 말씀하셨다. 하지만 나중에 보온이 되지 않는 보온병을 버리려고 할 때, 나는 그냥 귀에 대고 들어보았는데 여전히 '윙윙' 소리가 났다. 이때야 이런 판단 방법이 조금도 신뢰할 것이 못 된다는 것을 알게 되었다. 45우리는 선인들에게서 풍부한 '경험'을 얻고, 또 당연하게 받아들이긴 하지만 이러한 경험이 정확한지 아닌지 입증하는 사람은 거의 없다. 우리는 가끔 '경험'이라는 것에 의해 눈이 가려지고 생각이 묶이기도 한다. 설령 매우 확실한 실수를 교정한다고 해도 실현되기는 어렵다.

어휘 开水瓶 kāishuǐpíng 명 보온병 | 保温 bǎowēn 통 보온하다 | ★靠近 kàojìn 통 가까이 가다 | ★发出 fāchū 통 (소리를) 내다 | 嗡嗡 wēngwēng 의 윙윙 | 随意 suíyì 부 내키는 대로 | ★判断 pànduàn 명 판단 | 可信 kěxìn 형 신뢰할 수 있다 | 长辈 zhǎngbèi 명 선배, 윗사람 | 理所当然 lǐ suǒ dāng rán 성 당연히 그렇다 | 验证 yànzhèng 통 검증하다 | 正确与否 zhèngquè yǔfǒu 정확한지의 여부 | 遮住 zhēzhù 통 덮다, 가리다 | 捆绑 kǔnbǎng 통 억지로 맞추다 | 即便……也…… jíbiàn……yě…… 설령 ~라 할지라도 | ★纠正 jiūzhèng 통 (사상·잘못을) 바로잡다, 고치다 | ★明显 míngxiǎn 형 분명하다 | ★难以 nányǐ 부 ~하기 어렵다

大人们怎样判断开水瓶是否保温?	어른들은 어떻게 보온병의 보온 여부를 판단했나?
A 倒水	A 물을 따라봐서
B 看形状	B 모양을 보고서
C 听声音	C 소리를 듣고서
D 掉在地上	D 바닥에 떨어뜨려보고서

공략　일반적으로 설명문은 질문 순서에 따라 글이 전개되므로 글의 도입부에서 정답을 찾아야 한다. '要想知道开水瓶保不保温, 只要把耳朵靠近开水瓶口听一听'이라고 했으므로 정답은 C이다.

어휘　★倒水 dàoshuǐ 물을 붓다 | ★形状 xíngzhuàng 몡 생김새, 겉모습

这段话主要想告诉我们什么?	이 글이 우리에게 알려주는 것은?
A 人要开阔眼界	A 사람은 시야를 넓혀야 한다
B 经验未必可靠	B 경험이라고 해서 다 믿을 수 있는 것은 아니다
C 积累知识很重要	C 지식을 축적하는 것은 매우 중요하다
D 时间是很好的医生	D 시간이 약이다

공략　글의 주제를 묻는 문제이다. 보온병의 보온 여부를 예로 들어, 대대손손 전해내려오는 민간 방법이 꼭 맞는 것은 아니라고 말하고 있으므로 정답은 B이다.

어휘　★开阔 kāikuò 혱 넓다 | ★眼界 yǎnjiè 몡 시야 | ★未必 wèibì 뷔 반드시 ~한 것은 아니다 | ★可靠 kěkào 혱 믿을 만하다 | ★积累 jīlěi 동 쌓이다, 축적되다

 # 독해

46-48

| 一个人活在世上，一定要有自己真正喜欢的事情，才会活得很有意义。这喜好完全出自他的真心，而不是因为某种外在的 46 **利益**，例如金钱、名声之类。这就好像一个园丁，他只因为喜欢而经营着 47 **属于** 自己的园林，种出了许多美丽的花木，为它们付出了自己的汗水。当他耕作时，他内心非常 48 **满足**。不论他走到哪里，都会牵挂着花木，就像母亲牵挂着自己的孩子。 | 사람은 세상을 살면서 반드시 자기가 진짜로 좋아하는 일이 있어야만 의미 있게 살 수 있다. 이 취미는 그 사람의 진심에서 우러나오는 것이지, 금전이나 명성과 같은 외적인 **이익** 때문은 아니다. 이건 마치 정원사와 같다. 정원사는 단지 좋아서 자신**만의** 정원을 운영하며, 많은 아름다운 꽃과 나무를 길러내느라 노력을 들인다. 정원사는 재배하며 마음속으로 굉장히 **만족해한다**. 정원사는 어디를 가든 어머니가 자기 자식을 염려하는 것처럼 꽃과 나무를 생각한다. |

어휘　出自 chūzì 동 ~로부터 나오다 | 园丁 yuándīng 몡 정원사 | ★经营 jīngyíng 동 운영하다, 경영하다 | 园林 yuánlín 몡 정원 | ★种 zhòng 동 심다, 파종하다 | 花木 huāmù 몡 꽃과 나무 | ★汗水 hànshuǐ 몡 땀 | 耕作 gēngzuò 동 농사를 짓다 | 牵

挂 qiānguà 图 걱정하다

| A 和平 | **B 利益** | A 평화 | **B 이익** |
| C 重量 | D 戏剧 | C 무게 | D 희극 |

공략 빈칸 뒤에 제시된 金钱과 名声을 힌트로 이들을 포괄하는 명사를 찾아야 한다. 자신이 좋아하는 일은 진심에서 우러나오는 것이지 외적인 것에 있지 않음을 뜻하므로 정답은 B가 된다.

어휘 戏剧 xìjù 명 연극, 희극

| **A 属于** | B 等于 | **A 속하다** | B ~와 같다 |
| C 实现 | D 愿意 | C 실현시키다 | D 원하다 |

공략 빈칸에는 自己를 받는 동사가 위치해야 하는데 等于와 愿意는 의미상 적당하지 않으며 实现은 주로 梦想이나 愿望과 호응을 이룬다. 属于는 어느 한 범위에 속하는 경우에 쓰여 '자신에게만 속한'이라는 의미를 나타낸다. 따라서 정답은 A이다.

어휘 ★属于 shǔyú 图 ~에 속하다 | ★等于 děngyú 图 ~이나 다름없다

| **A 满足** | B 民主 | **A 만족하다** | B 민주적이다 |
| C 谦虚 | D 痛苦 | C 겸손하다 | D 고통스럽다 |

공략 빈칸 앞에 제시된 内心이 힌트이다. 内心을 술어로 받는 형용사나 심리동사를 선택해야 하는데 谦虚는 사람의 태도를 나타내며, 痛苦는 정신적인 고통을 의미하므로 정답이 될 수 없다. 满足는 심리적으로 만족함을 나타내기 때문에 A가 정답으로 적절하다.

어휘 ★谦虚 qiānxū 형 겸손하다 | ★痛苦 tòngkǔ 형 고통스럽다

49-52

我们天天都能听到各种各样的声音，有时甚至感觉噪音太多。不过有一些是设计者和工程师特意添加进去的。尽管它们骗了你，不过目的却是让你更 49 **放松** 。

每当我们从自动取款机里取钱时，机器发出的那种"哗哗哗"的数钱声都使人倍感安心。它听起来如此 50 **真实** ，绝大多数人都认为那是纸币在点钱的齿轮上滑动，然后被送进取钱槽的声音。 51 **事实** 上你绝对可以为这些声音感谢扬声器。一台嵌入墙内的自动取款机应当是悄然无声的，因为它的主要部件，包括钱，都藏在墙壁的另一边。数钱声被刻意添加进取钱流程，从扬声器里传出来，只是为了告诉你： 52 **您放心，钱来了。**

우리는 날마다 각양각색의 소리를 듣는다. 가끔은 소음이 지나치게 많다고 느끼기도 한다. 하지만 일부는 설계사와 기술자가 특별히 첨가시킨 것이다. 비록 그들이 당신을 속였지만, 그래도 목적은 당신을 더욱 **편하게 하려는** 것이다.

우리가 현금 자동 인출기에서 돈을 찾을 때마다, 기계에서 들리는 '주르륵' 돈 세는 소리가 사람을 안심시킨다. 그 소리는 듣기에 **진짜** 돈을 세는 소리 같다. 대다수의 사람들은 그건 모두 지폐가 돈을 세는 기어 위에서 미끄러지며, 돈 찾는 곳으로 보내지는 소리라고 생각한다. **사실** 이 소리들에 대해서는 스피커에 감사해야 한다. 벽 안에 끼워져 있는 현금 자동 인출기에서는 당연히 소리가 나지 않는다. 왜냐하면, 돈을 포함한 주요 장비들은 모두 벽의 또 다른 쪽에 감추어져 있기 때문이다. 돈 세는 소리는 일부로 첨가해 넣은 인출 과정에 의해 스피커를 통해 전해진다. 그건 당신에게 '**안심하세요. 돈이 나왔습니다**'라고 알려주기 위해서이다.

49　　　　　　　　　　　　　　　　　　　　　난이도 中　공략 Key 전환 관계 접속사

Ⓐ 放松　　　　　B 合法　　　　　Ⓐ 편안해지다　　　　B 합법적이다
C 日常　　　　　D 特殊　　　　　C 일상적인　　　　　D 특수하다

공략　전환 관계 접속사 '尽管……, 不过……'가 힌트로 不过 앞 절에는 '它们骗了你'라는 부정적 의미가 제시되지만 过 뒤 절에는 긍정적인 내용이 제시되어야 한다. 빈칸에 위치할 어휘의 주어는 你라는 사람이므로 사람을 주어로 가지는 어휘를 찾아야 한다. 合法나 日常은 일을 주어로 가지며 特殊는 주로 사물을 주어로 가지므로 정답은 A이다.

어휘　★放松 fàngsōng 동 안심하다 | ★特殊 tèshū 형 특수하다

50　　　　　　　　　　　　　　　　　　　　　난이도 中　공략 Key 앞뒤 문맥 파악

A 平均　　　　　B 业余　　　　　A 평균의　　　　　B 여가의
C 雄伟　　　　　Ⓓ 真实　　　　　C 웅장한　　　　　Ⓓ 진실한

공략　보기에 제시된 어휘의 뜻으로 정답을 유추할 수 있다. 앞에서 돈 세는 소리에 대해 언급하고 있으므로 그 소리가 듣기에 어떠한지를 찾아야 한다. 이에 가장 적합한 어휘는 그 소리가 진짜와 같다는 뜻을 지닌 D가 된다. 雄伟는 '건축물 등이 웅장하다'는 뜻이다.

어휘　★平均 píngjūn 동 균등히 하다 | ★业余 yèyú 형 여가의 | ★雄伟 xióngwěi 형 웅장하다

51　　　　　　　　　　　　　　　　　　　　　난이도 上　공략 Key 전체 내용 파악 및 방위사 上

A 后果　　　　　Ⓑ 事实　　　　　A 결과　　　　　Ⓑ 사실
C 结论　　　　　D 政策　　　　　C 결론　　　　　D 정책

공략　빈칸 뒤에 제시된 上이 힌트이다. 앞에서 지폐 세는 소리를 사람들은 기계에서 나는 소리라고 알고 있다고 했지만 뒤에서는 원래는 소리가 나지 않는다고 하며 소리 내는 이유를 마지막에 언급했다. 따라서 빈칸에는 上을 수반하여 전환 관계를 나타내는 어휘를 찾아야 하므로 정답은 B이다.

어휘　★政策 zhèngcè 명 정책

52　　　　　　　　　　　　　　　　　　　　　난이도 中　공략 Key 전체 내용 파악

A 请拿好你的卡　　　　　　　　A 당신의 카드를 잘 챙기세요
B 对不起，没钱了　　　　　　　B 죄송합니다. 돈이 없습니다
Ⓒ 您放心，钱来了　　　　　　　Ⓒ 안심하세요. 돈이 나왔습니다
D 很高兴为您服务　　　　　　　D 당신을 위해 봉사할 수 있어 기쁩니다

공략　소리가 들리는 목적을 파악하는 문제이다. 현금 자동 인출기는 원래 소리가 나지 않지만 돈을 세는 소리를 삽입함으로써 사람들에게 주는 좋은 점을 고르면 된다. 따라서 정답은 C이다.

어휘　卡 kǎ 명 카드(card)

刀削面源于元代，是山西名气最大、影响最广的面食，因其风味独特，名扬中外。刀削面凭借刀削而得名，以刀功和削技的绝妙而被 __53 称__ 为"飞刀削面"，功艺绝伦的厨师削出来的面条"一根落汤锅，一根空中飘，一根刚出刀，根根鱼儿跃"。刀削面厚中薄边，棱角分明，__54 形状__ 像长长的树叶，入口外滑不粘，弹而有力，越嚼越香，与浆汁、陈醋同吃，味道极佳，__55 深受消费者的欢迎__ 。是中国五大面食之一，在北方广为 __56 流行__ 。

도삭면은 원나라부터 시작된, 산시에서 명성이 가장 크고 영향력도 가장 넓은 국수이다. 그 맛이 독특하여 전 세계에 그 명성을 떨쳤다. 칼로 깎는다고 해서 도삭면이라는 이름을 얻게 되었고, 절묘한 칼질 때문에 '비도삭면'이라고 __불린다__. 기술이 뛰어난 주방장이 깎아내는 국수는 '한 가락은 냄비 속에 떨어지고, 한 가락은 공중에서 흩날리고, 한 가락이 막 칼에서 나오는데, 모든 국수 가락이 물고기처럼 도약한다.' 도삭면은 가운데는 두껍고 가장자리는 얇으며 모서리가 분명하다. __모양새__ 가 긴 나뭇잎 같다. 면발이 매끈하고 끈적이지 않고 탱탱하며 씹을수록 맛이 난다. 간장과 식초하고 같이 먹으면 맛이 끝내줘 __소비자에게 큰 인기가 있다__. 중국의 5대 국수 가운데 하나로, 북방 지역에서는 널리 __유행하고__ 있다.

어휘 刀削面 dāoxiāomiàn 몡 도사면, 칼국수 | 源于 yuányú 통 ~에서 근원 하다 | 名气 míngqì 몡 명성 | 面食 miànshí 몡 밀가루 음식 | ★风味 fēngwèi 몡 맛, 풍미 | ★独特 dútè 혱 독특하다, 특별하다 | 名扬中外 míng yáng zhōngwài 명성을 전 세계에 들날리다 | 凭借 píngjiè 깨 ~에 근거하여 | 得名 démíng 통 이름을 떨치다 | 刀功 dāogōng 몡 칼질 | 削技 xiāojì 깎는 기술 | 绝妙 juémiào 혱 절묘하다 | 功艺绝伦 gōng yì juélún 기술이 뛰어나다 | ★厨师 chúshī 몡 요리사 | ★削 xiāo 통 깎다 | 落 luò 통 떨어지다 | 汤锅 tāngguō 몡 냄비 | ★飘 piāo 통 흩날리다 | 跃 yuè 통 뛰어오르다 | 棱角分明 léngjiǎo fēnmíng 모서리가 뚜렷하다 | ★滑 huá 혱 매끈매끈하다 | 粘 zhān 통 눌어붙다 | 弹而有力 tán ér yǒulì 탄력적이고 힘이 있다 | 嚼 jiáo 통 씹다 | 浆汁 jiāngzhī 몡 간장 소스 | 陈醋 chéncù 몡 오래 묵은 진한 식초

---

53 `난이도` 中 `공략 Key` 피동 표현

A 存	**B** 称	A 존재하다	**B** 부르다
C 举	D 念	C 들다	D 읽다

공략 빈칸의 앞과 뒤에 제시된 어휘가 힌트이다. 도삭면은 절묘한 칼질로 인해 또 다른 이름인 비도삭면으로 사람들에게 칭해진다는 의미이므로 정답은 B가 된다. '被称为'는 '~로 불리다'의 뜻이다.

어휘 ★称 chēng 통 부르다, 칭하다 | ★举 jǔ 통 들어올리다

---

54 `난이도` 下 `공략 Key` 뒤 절 내용 파악

A 状态	B 形象	A 상태	B 이미지
C 形状	D 形势	**C** 모양	D 형세

공략 빈칸 뒤에 제시된 내용을 근거로 긴 나뭇잎과 비슷한 사물의 모양이라는 의미를 나타내는 어휘를 찾아야 한다. 따라서 C가 정답임을 알 수 이다. 状态는 상태를 의미하며 形象은 겉으로 드러나는 이미지를, 形势는 어떠한 상황이나 정세를 뜻한다.

어휘 ★状态 zhuàngtài 몡 상태 | ★形象 xíngxiàng 몡 이미지 | 形状 xíngzhuàng 몡 외관, 겉모습 | 形势 xíngshì 몡 정세, 형편

---

55 `난이도` 上 `공략 Key` 앞 절 내용 파악

A 面条种类很多	A 국수 종류가 많다
B 让你十分感动	B 크게 감동시킨다

공략 빈칸 앞에 맛이 굉장히 좋다고 했으므로 그 뒤에 이어지는 표현을 찾아야 한다. A와 D는 의미상 적합하지 않으며 중국어에서는 음식이 맛있어서 감동한다는 표현은 쓰지 않으므로 정답은 C이다.

어휘 ★口味 kǒuwèi 명 입맛, 취향

---

56   난이도 中   공략 Key 广为를 통해 정답 유추

| A 流行 | B 传递 | A 유행하다 | B 건네주다 |
| C 实行 | D 保存 | C 실행하다 | D 보존하다 |

공략 빈칸 앞의 广为는 流行과 호응되며 '널리 전해지다'의 뜻으로 자주 쓰인다. 传递는 '소식이나 정보를 전달한다'는 뜻이며 实行은 '정책 등을 실행함'을 의미한다.

어휘 ★传递 chuándì 통 건네주다

57-60

清代乾隆年间，有两个书法家，一个极认真效仿古人，重视一笔一画酷似某某，<u>57 一旦</u>练到这一步，他便洋洋得意。

另一个 58 <u>正好</u> 相反，力求每一笔每一画都与古人不同，重视自然，直到练到了这一步，才觉得心里踏实。

有一天，第一个书法家讽刺第二个书法家，说：“请问，<u>59 您的哪字笔是古人的呢</u>？”

后一个并不生气，而是笑眯眯地反问了一句：“您的字究竟哪一笔是您自己的呢？”

第一个听了，顿时哑口无言。

人要从没有路的地方走出一条路来，不能失去了自己的 60 <u>个性</u>，一味地模仿别人，那样只会失去自我，连自己的命运都无法把握了。

청나라 건륭 연간에 두 명의 서예가가 있었다. 한 사람은 굉장히 진지하게 옛사람을 모방하고, 한 획 한 획 뭔가와 흡사한 것을 중요시 여겨, **일단** 이 경지에 이르면 득의양양해 했다.

또 한 사람은 **완전** 반대로 한 획 한 획 모두 옛 사람과는 다름을 추구하고, 자연적인 것을 중요시 여겨, 이 경지에까지 이르러야 안심을 했다.

하루는 첫 번째 서예가가 두 번째 서예가에게 비꼬며 말하길, “감히 여쭙겠습니다, **당신의 어느 글자가 옛 사람의 것입니까?**”

두 번째 서예가는 화내지 않고 방긋 웃으며 되묻기를 “당신의 글자는 도대체 어느 획이 당신 자신의 것입니까?”

첫 번째 서예가는 그 말을 듣고 순간 말문이 막혔다.

사람은 길이 없는 곳에서 길을 만들어내야 한다. 자신의 **개성**을 잃어서는 안 된다. 그저 다른 사람을 모방만 하면 자아를 잃게 되고, 자신의 운명조차도 장악할 수 없게 된다.

어휘 乾隆 Qiánlóng 고유 건륭(청대 고종의 연호) | 书法家 shūfǎjiā 명 서예가 | 效仿 xiàofǎng 통 흉내 내다, 모방하다 | 酷似某某 kùsì mǒumǒu ~을 몹시 닮다 | 洋洋得意 yángyáng dé yì 득의양양하다 | 力求 lìqiú 통 몹시 애쓰다 | ★踏实 tāshi 형 마음이 놓이다 | ★讽刺 fěngcì 통 비웃다 | 笑眯眯 xiàomīmī 형 빙그레 웃다 | ★究竟 jiūjìng 부 도대체, 대관절 | 顿时 dùnshí 부 바로 | 哑口无言 yǎ kǒu wú yán 성 벙어리처럼 말을 못하다 | 一味 yíwèi 부 무턱대고 | ★模仿 mófǎng 통 모방하다 | ★把握 bǎwò 통 장악하다

---

57   난이도 中   공략 Key 부사 便

| A 曾经 | B 一旦 | A 일찍이 | B 일단 |
| C 陆续 | D 凡是 | C 연이어 | D 무릇 |

공략 보기가 모두 부사이긴 하나 뒤에 제시된 便과 호응되어 가정 관계 접속사의 역할을 하는 一旦이 정답으로 적절하다. 曾经은 '일찍이'라는 뜻으로 주로 '曾经+동사+过'의 형식으로 쓰이며, 陆续는 하나의 동작이 차례차례 연이어 행해짐을 뜻한다. 凡是는 뒤에 명사구를 이끌며 뒤 절에 부사 都와 호응되어 '대체로, 모든'의 의미를 나타낸다.

어휘 ★曾经 céngjīng 🔒 일찍이 | ★一旦 yídàn 🔒 일단 ~하다면 | ★陆续 lùxù 🔒 연이어 | ★凡是 fánshì 🔒 무릇

---

58 난이도 中 공략 Key 문맥 파악

| A 实际 | B 正式 | A 실제의 | B 정식의 |
| C 不但 | Ⓓ 正好 | C 뿐만 아니라 | Ⓓ 마침 |

공략 빈칸 앞에 있는 一个는 주어가 되고 빈칸 뒤에 있는 相反은 술어가 된다. 주어와 술어 사이에는 부사가 위치할 수 있으므로 부사를 중심으로 정답을 찾도록 한다. 正式는 동사를 수식할 수 있지만 의미상 相反과는 어울리지 않으며, 不但은 점층 관계 접속사로 뒤 절에 호응되는 접속사나 부사가 위치해야 한다. 正好는 '때마침'이라는 뜻으로 相反과 호응되어 '마침 (앞의 것과) 상반된다'의 뜻으로 쓰인다. 따라서 D가 정답이 된다.

---

59 난이도 中 공략 Key 지문 속 대화 내용 파악

A 能借给我你的笔吗	A 제게 당신 붓을 빌려줄 수 있나요
B 您想得到老师的称赞吗	B 선생님의 칭찬을 받고 싶나요
C 难道你连模仿都不会	C 정녕 모방도 할 줄 모릅니까
Ⓓ 您的哪字笔是古人的呢	Ⓓ 당신의 어느 글자가 옛 사람의 것입니까

공략 두 번째 사람의 질문을 먼저 확인해본다. 두 번째 사람은 첫 번째 사람에게 작품에서 도대체 자신의 것이 무엇이냐고 물어 보았다. 이를 근거로 첫 번째 사람은 두 번째 사람에게 그와 반대로 물어봤음을 예측할 수 있다. 따라서 D가 정답으로 적절하다.

어휘 ★称赞 chēngzàn 🔒 칭찬하다 | ★难道 nándào 🔒 설마 ~이겠는가

---

60 난이도 下 공략 Key 自我의 동의 표현

| Ⓐ 个性 | B 财产 | Ⓐ 개성 | B 재산 |
| C 体积 | D 行为 | C 체적 | D 행위 |

공략 앞뒤 문맥을 통해 정답을 골라야 하는 문제이다. 빈칸 뒤 부분에 그저 다른 사람을 모방만 하면 자아를 잃게 된다고 했으므로 정답은 남들과는 다른 자신만이 가진 개성임을 알 수 있다.

어휘 ★财产 cáichǎn 🔒 재산 | 体积 tǐjī 🔒 체적, 부피

---

61 난이도 中 공략 Key 완곡한 어휘 有些

　　百合是百合科百合属多年生草本植物，主要生长在北半球温带地区，世界上已发现有百多个品种，中国是其最主要的发源地，是百合属植物自然分布中心。近些年更有很多通过人工杂交而产生的新品种。百合的主要价值就在于观赏，有些品种也可作为蔬菜食用和入药。

A 百合象征友谊
B 百合有助于消化
C 百合可以大规模种植

　　백합은 백합과 백합속의 다년생 초본 식물로, 주로 북반구 온대 지방에서 자란다. 세계적으로 이미 백여 개의 품종이 발견되었고, 중국은 백합의 주된 발원지이자, 백합속 식물의 자연 분포지이다. 최근 들어 인공 교배를 통해 만들어진 신품종이 더 많이 생겨났다. 백합의 주요 가치는 관상에 있고, 일부 품종은 채소로 먹기도 하고 약재로 쓸 수도 있다.

A 백합은 우정을 상징한다
B 백합은 소화에 도움이 된다
C 백합은 대규모로 재배될 수 있다

<table>
<tr><td>

D 有些百合具有药物价值

</td><td>

D 일부 백합은 약품의 가치가 있다

</td></tr>
</table>

공략　有些라는 어휘가 포함된 보기가 정답이 될 가능성이 높다는 점을 염두에 두고 지문을 읽는다. 글의 맨 마지막에 '有些品种也可作为蔬菜食用和入药'라고 했으므로 정답은 D이다.

어휘　百合 bǎihé 몡 백합 | 科 kē 몡 과(생물학상의 분류 명목) | 属 shǔ 몡 속(생물학상의 분류 명목) | 草本植物 cǎoběn zhíwù 몡 초본 식물 | 北半球 běibànqiú 몡 북반구 | 发源地 fāyuándì 몡 발원지 | 人工杂交 réngōng zájiāo 몡 인공교배 | ★观赏 guānshǎng 통 관상하다 | ★作为 zuòwéi 깨 ~로서 | 入药 rùyào 통 약재로 쓰다 | ★象征 xiàngzhēng 통 상징하다 | ★友谊 yǒuyì 몡 우정 | ★种植 zhòngzhí 통 재배하다

62　　　난이도 **中**　공략 Key '要……不要……'구문

<table>
<tr><td>

　　人的短期记忆在早晨是最强的，但是短期记忆对几天后才进行的考试帮助不大。长期记忆有所不同，对于几天或几周之后仍要记住的资料，最好是下午研读。利用这个时间来学习特别有效。如果是学生明智的做法是较困难的课程安排在下午。同时<u>要在下午完成大部分功课，而不要留到深夜</u>。

A　早上准备几天后的考试
B　把困难的课程安排在上午
C　上午学习是最明智的做法
D　利用下午完成大部分功课

</td><td>

　　사람의 단기 기억은 아침이 가장 좋지만, 단기 기억은 며칠 후에나 치러지는 시험에는 크게 도움이 되지 않는다. 장기 기억은 다소 다른데, 며칠 혹은 몇 주 후에도 계속 기억해야 하는 자료에 대해서는 오후에 공부하는 것이 가장 좋다. 이 시간을 이용해서 공부를 하면, 굉장히 효과가 있다. 만일 학생이라면 현명한 방법은 조금 어려운 교과 과정을 오후에 배정하는 것이다. <u>동시에 오후에 대부분의 공부를 마쳐야 하고, 밤 늦게까지 남겨놓으면 안 된다</u>.

A　며칠 후의 시험은 아침에 준비한다
B　어려운 교과 과정은 오전에 배정한다
C　오전에 공부하는 것이 현명한 방법이다
D　오후를 이용해 대부분의 공부를 마쳐야 한다

</td></tr>
</table>

공략　사람의 기억력에 관한 글로 공부하는 데 있어서 단기 기억과 장기 기억의 역할을 설명하고 있다. 본문에서 '要在下午完成大部分功课，而不要留到深夜'라고 했으므로 정답은 D이다.

어휘　有所 yǒusuǒ 녯 다소, 조금 | ★资料 zīliào 몡 자료 | 研读 yándú 통 책을 읽으며 공부하다 | 明智 míngzhì 혱 현명하다 | ★课程 kèchéng 몡 교육 과정, 교과 과정 | 功课 gōngkè 몡 숙제, 과제, 공부 | 深夜 shēnyè 몡 깊은 밤

63　　　난이도 **中**　공략 Key 为了를 통해 정답 유추

<table>
<tr><td>

　　仙人掌原来分布在不太干旱的地区，外形和普通的植物并没有多大的区别。只是由于沧海桑田的变化，原来湿润的地区变得越来越干旱，它的外形发生了变化。<u>为了适应缺水气候、减少水分蒸发，叶子演变成短短的小刺，也能作阻止动物吞食的武器</u>。它们的根非常发达，一旦下雨就会大量吸收水分，满足自身的生长需要。

A　仙人掌有药用价值
B　仙人掌分布在湿润地区
C　仙人掌的寿命很长
D　仙人掌的刺作用很大

</td><td>

　　선인장은 원래 그다지 건조하지 않은 지역에 분포했고, 외형이 일반 식물과 그리 큰 차이가 없었다. 단지 세상의 큰 변화로 인해 원래 습했던 지역이 점점 더 건조해지면서, 선인장의 외형에도 변화가 생겼을 뿐이다. <u>물이 부족한 기후에 적응하고 수분의 증발을 감소시키기 위해 잎이 짧은 가시로 변했고, 동물에게 먹히는 것을 방지하는 무기 역할도 할 수 있게 되었다</u>. 선인장의 뿌리는 매우 발달해서 만일 비가 오면 수분을 많이 흡수해서 자신의 성장에 필요한 부분을 만족시킬 수 있다.

A　선인장은 약용 가치가 있다
B　선인장은 습한 지역에 분포한다
C　선인장은 수명이 길다
D　선인장의 가시는 역할이 많다

</td></tr>
</table>

 선인장에 관한 설명으로, 어떠한 변화로 인해 잎이 가시로 변하게 된 이유를 설명하면서 '适应环境, 减少水分, 防止吞食' 등 선인장의 가시 역할에 대해 주로 설명하였으므로 정답은 D이다.

어휘 ★仙人掌 xiānrénzhǎng 명 선인장 | ★分布 fēnbù 동 분포하다 | ★干旱 gānhàn 형 건조하다 | 沧海桑田 cāng hǎi sāng tián 성 세상이 변하다 | ★湿润 shīrùn 형 습하다 | ★缺水 quēshuǐ 동 물이 부족하다 | 蒸发 zhēngfā 동 증발하다 | 演变 yǎnbiàn 동 변화 발전하다 | ★刺 cì 명 가시 | 吞食 tūnshí 동 삼키다 | ★武器 wǔqì 명 무기 | 根 gēn 명 뿌리 | ★吸收 xīshōu 동 흡수하다

64

난이도 中 　공략 Key 전체 내용 파악

　　研究结果证实，有长期喝茶习惯的人，身体脂肪含量的比例明显比未喝茶的人要少，同时腹部脂肪也较少。并且随着饮茶习惯时间越长，燃脂效果越加明显。尤其是喝茶时间长达10年以上比未喝茶的人，体脂肪比例减少约20%，腹部脂肪减少约2.1%；女性更明显，分别为30%及5%。

A 女性更喜欢喝茶
B 喝茶的利与弊
Ⓒ 喝茶的人更苗条
D 喝茶可以保持健康

　　연구 결과 오랫동안 차를 마신 습관이 있는 사람은 신체의 지방 비율이 차를 마시지 않는 사람보다 적고, 아울러 복부 지방 또한 비교적 적다고 밝혀졌다. 또한 차를 마신 시간이 길수록 지방을 태우는 효과도 분명하다. 특히 차를 마신 시간이 10년 이상이면, 차를 마시지 않는 사람보다 체지방 비율이 약 20%, 복부 지방은 약 2.1%가 줄어든다. 여성의 경우 더욱 분명하여, 각각 30%와 5%가 감소한다.

A 여성은 차 마시기를 더 좋아한다
B 차 마시기의 장단점
Ⓒ 차를 마시는 사람이 더 날씬하다
D 차를 마시면 건강을 유지할 수 있다

공략 이 글의 핵심어는 茶와 脂肪이다. 글의 첫 머리에 '有长期喝茶习惯的人，身体脂肪含量的比例明显比未喝茶的人要少，同时腹部脂肪也较少'를 통해 C가 정답임을 알 수 있다.

어휘 证实 zhèngshí 동 사실을 증명하다 | 脂肪 zhīfáng 명 지방 | ★比例 bǐlì 명 비중 | 腹部 fùbù 명 배, 복부 | 燃脂 ránzhī 지방을 태우다 | 越加 yuèjiā 부 더욱 | 弊 bì 명 폐단 | ★苗条 miáotiao 형 날씬하다

65

난이도 下 　공략 Key 전체 내용 파악

　　沙滩排球是一项在全球广受欢迎的沙滩运动。因为沙滩排球比赛对场地和器材的要求不是很高，而且比赛的时候还能充分享受阳光，沙滩和海水，所以这项运动从一开始就受到了极大的关注和发展。

Ⓐ 打沙滩排球是一种享受
B 打沙滩排球无法缓解压力
C 沙滩排球对场地要求很高
D 沙滩排球需要艰苦的训练

　　비치발리볼은 전 세계적으로 널리 사랑받는 스포츠 종목이다. 비치발리볼 시합은 경기장이나 기자재에 대한 요구가 그리 높지 않고, 시합할 때에도 햇빛, 모래사장과 바닷물을 충분히 즐길 수 있다. 그래서 이 종목은 처음부터 큰 관심을 받고 크게 발전하였다.

Ⓐ 비치발리볼은 즐기는 놀이이다
B 비치발리볼은 스트레스를 완화할 수 없다
C 비치발리볼은 경기장에 대한 요구가 높다
D 비치발리볼은 힘든 훈련이 필요하다

공략 비치발리볼에 관한 설명문으로 '比赛的时候还能充分享受阳光，沙滩和海水'라는 부분을 통해 A가 정답임을 알 수 있다.

어휘 沙滩排球 shātān páiqiú 명 비치발리볼 | ★沙滩 shātān 명 백사장 | 器材 qìcái 명 기구, 기재 | ★享受 xiǎngshòu 동 누리다, 즐기다 | ★缓解 huǎnjiě 동 완화되다 | ★艰苦 jiānkǔ 형 힘들고 어렵다 | ★训练 xùnliàn 동 훈련하다

66

中国有句话："五岳归来不看山，黄山归来不看岳"。五岳指的是，东岳泰山、西岳华山、南岳衡山、北岳恒山和中岳嵩山。意思就是，看过五岳回来就被五岳的美景所吸引而不再去看其他的山的景色了；而看过黄山回来更会被黄山大气而美丽的景色所吸引，因此不会再重视五岳了。

A 五岳是中国最美的山
B 黄山是五岳之一
C 黄山最值得一看
D 五岳有哪座山

중국에는 '오악에 다녀오니 볼 말한 산이 없고, 황산에 다녀오니 볼 만한 오악이 없다'라는 말이 있다. 오악은 동쪽의 타이산, 서쪽의 화산, 남쪽의 형산, 북쪽의 형산, 가운데 쑹산을 말한다. 의미는 이렇다. 오악을 보고 돌아오면, 오악의 아름다움에 매료되어 다른 산의 경치를 더 이상 보러 가지 않는다. 황산을 보고 돌아오면 황산의 당당하고 아름다운 경치에 매료되어 다시는 오악을 중요시하지 않는다.

A 오악은 중국에서 가장 아름다운 산이다
B 황산은 오악의 하나이다
C 황산이 가장 가볼 만하다
D 오악에 어느 산이 있는가

공략 글의 첫 머리에 '五岳归来不看山，黄山归来不看岳'라는 속담을 인용하여 황산이 오악보다 더 가볼 만함을 강조하고 있다. 속담의 내용을 파악하지 못했다면, 글의 마지막 문장인 '而看过黄山……因此不会再重视五岳了' 부분을 통해 정답을 유추할 수 있다.

어휘 五岳 Wǔyuè 명 오악(중국 5대 명산) | 衡山 Héngshān 명 형산(후난성에 위치한 산) | 恒山 Héngshān 명 형산(산시성에 위치한 산) | 嵩山 Sōngshān 명 쑹산 | 大气 dàqì 명 대기, 공기 | ★值得 zhídé 통 ~할 만하다

67

成长中，每个人都要经历一段"叛逆期"，这段时期的主要特征之一就是拒绝接受父母的管教，严重时会与父母对着干。事实上，这不是坏事儿，从心理发展的观点来看，这是获取独立思考能力必经的、不可缺少的阶段。

A 家长不应责备孩子
B 孩子应该孝顺父母
C "叛逆期"的孩子不听话
D "叛逆期"是每个人必经的阶段

성장하면서, 사람들은 다 '반항기'를 겪게 된다. 이 시기의 주요 특징 중 하나는 부모의 단속을 거부하고, 심할 때는 부모에게 맞선다. 사실, 이건 나쁜 일은 아니다. 심리 발달의 관점에서 보면, 독립 사고 능력을 얻기 위한 필수 단계이다.

A 부모는 아이를 책망해서는 안 된다
B 아이는 부모에게 효를 다해야 한다
C '반항기'의 아이들은 말을 듣지 않는다
D '반항기'는 모든 사람이 반드시 거쳐야 하는 단계이다

공략 반항기에 대해 설명한 글로 '每个人都要经历一段"叛逆期"'라고 언급된 부분을 통해 D가 정답임을 알 수 있다.

어휘 叛逆期 pànnìqī 명 반항기 | ★拒绝 jùjué 통 거절하다 | 管教 guǎnjiào 통 교육시키다 | 对着干 duìzhe gàn 통 상반된 행동으로 맞받아치다 | 获取 huòqǔ 통 얻다, 취득하다 | 必经 bìjīng 반드시 거치다 | ★不可缺少 bùkě quēshǎo 없어서는 안 된다 | ★阶段 jiēduàn 명 단계 | ★孝顺 xiàoshùn 통 효도하다 | ★听话 tīnghuà 통 (어른의) 말을 잘 듣다

68

有一个孩子，每天都去山上放牛。为了打发时间，他经常向山下喊："狼来了，狼来了。"每当看到山下的农民们拿着木棒跑来救他，他就觉得很高兴。后来，狼真的来了，他又向山下喊起来了，可是人们以为那个孩

한 아이가 매일 산에 가서 소를 방목했다. 시간을 보내기 위해 그는 자주 산 아래를 향해 "이리가 왔다, 이리가 왔다"라고 외쳤다. 산 아래 농민들이 나무 몽둥이를 가지고 그를 구하러 뛰어오는 걸 볼 때마다 그는 기뻤다. 나중에, 이리가 진짜 와서 그가 또 산 아래를 향

子又在说谎骗他们，所以没有人去帮他。

Ⓐ 做事要诚实
B 那个地方没有狼
C 人们不喜欢羊
D 孩子得救了

해 외쳤지만, 사람들은 그 아이가 또 거짓말로 그들을 속이고 있다고 생각하여 아무도 그를 도우러 가지 않았다.

Ⓐ 일을 할 때는 진실해야 한다
B 그곳에는 이리가 없다
C 사람들은 양을 좋아하지 않는다
D 아이는 구조되었다

공략 심심해서 거짓말로 이웃을 속이던 목동의 이야기로 정작 사건이 발생했을 때는 '可是人们以为那个孩子又在说谎骗他们，所以没有人去帮他'라고 했기 때문에 A가 정답이 된다.

어휘 放牛 fàngniú 图 소를 방목하다 ｜ ★打发 dǎfa 图 (시간·날을) 보내다, 허비하다 ｜ 木棒 mùbàng 명 나무 몽둥이 ｜ ★狼 láng 명 이리, 늑대 ｜ ★说谎 shuōhuǎng 图 거짓말하다 ｜ ★诚实 chéngshí 형 진실하다

---

69   난이도 上   공략 Key 결과 나타내는 접속사 然而로 정답 유추

    俗话说得好"金无足赤，人无完人"。然而在当今的社会生活中，很多用人单位却在聘用新人时重才轻德。德就是品德，是指一个人对社会、对他人责任心的一种体现。才就是才能，是指一个人实现自身价值的能力和方法。对一个人而言，德是思想，是向导；才是智慧、能力，是工具。因此用人既应重德，也应重才，德与才相辅相成。

    속담에 '황금 가운데 완벽한 금은 없고 사람 가운데 완벽한 사람도 없다'라는 좋은 말이 있지만, 오늘날의 사회 생활에서 많은 기업들은 인재를 등용함에 있어 오히려 덕보다는 재능을 중시한다. 덕이란 품성으로, 사회와 타인에 대한 책임감의 구체적 표현이다. 재능은 자신의 가치를 실현시키는 능력과 방법을 말한다. 사람에게 있어 덕은 사상이고 길잡이다. 재능은 지혜이자 능력이고 도구이다. 따라서, 사람을 쓸 때는 덕을 중시하면서 재능도 중시해야만, 덕과 재능이 서로 보완될 수 있다.

A 德与才的关系
Ⓑ 德与才缺一不可
C 用人上应该重视品德
D 应该更重视才能

A 덕과 재능의 관계
Ⓑ 덕과 재능 중 하나도 없어서는 안 된다
C 사람을 쓸 때 품성을 중시해야 한다
D 재능을 더 중시해야 한다

공략 속담을 통해 주제를 부각한 글로, 속담의 뜻을 반박하는 전환 관계 접속사 然而에 주의해야 한다. 글 마지막에 '用人既应重德，也应重才，德与才相辅相成'이라고 했으므로 B가 정답이다.

어휘 俗话 súhuà 명 속담, 옛말 ｜ 然而 rán'ér 접 그러나 ｜ 聘用 pìnyòng 图 초빙하여 임용하다 ｜ 体现 tǐxiàn 图 구현하다 ｜ 向导 xiàngdǎo 图 길을 안내하다 ｜ 相辅相成 xiāng fǔ xiāng chéng 성 서로 도와서 일이 잘 되어 나가도록 하다 ｜ 缺一不可 quē yī bù kě 성 하나라도 부족해선 안 된다

---

70   난이도 下   공략 Key 지문과 동일한 보기 선택

    有位妇女不小心打破了一个鸡蛋，这本是一件很平常的事，但这位妇女却沿这种思路想下去了：一个鸡蛋经孵化后就可变成一只小鸡，假如孵出的是母鸡，长大后又可以下很多蛋，蛋又可以孵化很多鸡。最后妇女大叫一声："天哪！我失去了一个养鸡场。"

    한 아주머니가 실수로 달걀 하나를 깨뜨렸다. 이건 원래 매우 평범한 일이었지만 이 아주머니는 다음과 같은 방향으로 생각을 해나갔다. 달걀 하나가 부화를 하면 병아리가 되고, 만일 부화한 것이 암탉이라면 자라서 알을 낳을 수 있을 것이고, 달걀은 닭을 부화할 것이다. 결국 아주머니는 크게 소리쳤다. "세상에나! 나는 양계장을 하나 잃었구나!"

A 那只鸡不能下蛋

B 妇女想买一个养鸡场

C 夫妻之间不应给吵架

Ⓓ 妇女打破了一个鸡蛋

A 그 닭은 달걀을 낳을 수 없다

B 아주머니는 양계장을 하나 사고 싶었다

C 부부간에는 싸우면 안 된다

Ⓓ 아주머니는 달걀 하나를 깨트렸다

공략 문장 첫 부분에 '有位妇女不小心打破了一个鸡蛋'이라고 했으므로 정답은 D이다.

어휘 妇女 fùnǚ 圐 부녀자, 여성 | ★打破 dǎpò 圄 깨다 | ★鸡蛋 jīdàn 圐 달걀 | 沿 yán 꽤 ~에 따라 | 思路 sīlù 圐 사고의 방향 | 经 jīng 圄 거치다 | 孵化 fūhuà 圄 부화하다 | ★假如 jiǎrú 젭 만일 | 母鸡 mǔjī 圐 암탉 | 下蛋 xiàdàn 圄 알을 낳다 | 养鸡场 yǎngjīchǎng 圐 양계장

71-74

很久以前，在一个水池里，**71住着一只脾气很坏的乌龟**，它和来这里饮水的两只大雁变成了好朋友。后来，有一年，天旱了，池水干枯了，乌龟没办法，最后决定搬家，**73它想跟大雁一起到南方去生活。**但它不会飞，于是两只大雁找了一根绳子，让乌龟咬着中间，大雁各执一端告诉乌龟不要说话，就起身高飞。

它们飞过碧绿的田野，飞过湛蓝的湖泊。**72地上的孩子们看见，觉得这个组合很有意思，边拍手边笑："你们看呀，那只乌龟真好笑啊。"**乌龟原来挺高兴的，但听到嘲笑后非常生气，就想开口责骂他们。口一张开，就掉下来，撞到石头死去了。**74大雁叹气说："脾气坏，多么不好呀。"**

오래 전에, 저수지에 **71성질이 나쁜 거북이가 한 마리 살고 있었다.** 그는 이곳에 와서 물을 마시는 기러기 두 마리와 친구가 되었다. 나중에, 어느 해인가 가뭄이 들어, 저수지 물이 마르자, 거북이는 하는 수 없어 결국 이사를 가기로 결정했다. **73그는 기러기와 같이 남쪽 지방으로 가서 살고 싶었다.** 하지만, 거북이는 날줄을 몰랐다. 그래서 기러기 두 마리가 밧줄 하나를 구해와 거북이에게 가운데를 물게 하고, 두 기러기는 각자 밧줄의 끝을 잡고서는 거북이에게 말하지 말라 얘기하고서는 출발했다.

그들은 푸른 들판과 푸른 호수 위를 날아갔다. **72지상의 아이들이 보고는 그 조합이 재미있다고 생각해 박수를 치며 웃었다.** "너희들 좀 봐봐, 저 거북이 진짜 웃기다." 거북이는 원래 기뻤는데, 비웃는 소리를 듣고 화가 나서, 입을 벌려 그들을 욕하고 싶어졌다. 거북이는 입을 벌리자마자 떨어져 돌에 부딪쳐 죽었다. **74기러기는 "성질이 나쁘니 얼마나 안 좋은가"하고 탄식하며 말했다.**

실전
모의고사

어휘 ★水池 shuǐchí 圐 저수지 | 脾气 píqi 圐 성질 | ★乌龟 wūguī 圐 거북이 | ★饮水 yǐnshuǐ 圄 물을 마시다 | 大雁 dàyàn 圐 기러기 | 旱 hàn 圐 마르다 | 干枯 gānkū 圐 (강·연못의 물이) 마르다 | 绳子 shéngzi 圐 밧줄 | 咬 yǎo 圄 물다, 깨물다 | 各执一端 gè zhí yìduān 각자 한쪽씩 쥐다 | 碧绿 bìlǜ 圐 짙푸르다 | ★田野 tiányě 圐 밭과 들판 | 湛蓝 zhànlán 圐 짙푸르다 | 湖泊 húpō 圐 호수의 통칭 | 组合 zǔhé 圐 조합 | ★拍手 pāishǒu 圄 손뼉을 치다 | ★嘲笑 cháoxiào 圄 비웃다 | 责骂 zémà 圄 책망하며 욕하다 | ★撞 zhuàng 圄 부딪치다 | ★叹气 tànqì 圄 탄식하다

71　　　　　　　　　　　　　　　**난이도** 下　**공략 Key** 거북이의 특징 파악

乌龟有怎样的特点?

A 聪明

B 善良

Ⓒ 易怒

D 自卑

거북이는 어떤 특징이 있는가?

A 총명하다

B 선량하다

Ⓒ 화를 잘 낸다

D 스스로를 비하한다

공략 질문과 보기를 통해 거북이의 심성이나 성격에 관한 내용임을 유추할 수 있다. 문장 첫 부분에서 '住着一只脾气很坏的乌龟'라고 했으므로 C가 정답이다.

72

난이도 下　공략 Key '孩子们'이 언급된 단락 파악

孩子们看见乌龟觉得怎么样？	아이들은 거북이를 보고 어떻게 느꼈는가？
A　很佩服它	A　그에게 탄복했다
B　十分吃惊	B　굉장히 놀랐다
ⓒ　觉得很好笑	ⓒ　웃기다고 여겼다
D　感到很尴尬	D　난처해했다

공략　질문에 제시된 '孩子们'을 힌트로 아이들이 등장한 단락을 주의해서 본다. 본문에서 '地上的孩子们看见，觉得……很有意思，……那只乌龟真好笑啊'라고 했으므로 정답은 C이다.

어휘　★佩服 pèifú 동 탄복하다 | ★吃惊 chījīng 동 놀라다 | 好笑 hǎoxiào 혱 우습다, 재미있다 | ★尴尬 gāngà 혱 입장이 곤란하다

73

난이도 中　공략 Key 전체 내용 파악

根据上文，下列哪项正确？	본문을 근거로 다음 중 옳은 것은？
A　大雁轮流背着	A　기러기가 돌아가며 업었다
B　大雁觉得乌龟很重	B　기러기는 거북이가 무거웠다
C　乌龟被大雁骗了	C　거북이는 기러기한테 속았다
Ⓓ　乌龟想去南方生活	Ⓓ　거북이는 남쪽 지방에 가서 생활하고 싶었다

공략　글의 전체 내용을 파악한 후 정답을 유추해야 하는 문제이다. 기러기는 거북이를 업은 것이 아니라 물고 난 것이므로 A는 정답이 될 수 없으며 B는 본문에 언급되지 않았다. 본문의 '它想跟大雁一起到南方去生活'라고 한 부분을 통해 정답은 D가 된다.

어휘　轮流 lúnliú 동 차례로 ~하다 | 背 bēi 동 (등에) 업다

74

난이도 中　공략 Key 글의 주제 찾기

这篇文章要告诉我们什么？	이 글이 우리에게 말하는 것은？
Ⓐ　学会控制自己的情绪	Ⓐ　자신의 감정을 다스리는 것을 배워야 한다
B　要有一颗宽容的心	B　포용하는 마음이 있어야 한다
C　朋友多路好走	C　친구가 많으면 가는 길이 편하다
D　要明确自己的目标	D　자신의 목표를 명확하게 해야 한다

공략　글의 주제를 묻는 문제로 마지막 단락에서 정답을 유추해야 한다. 거북이가 화를 참지 못 하고 줄을 잡고 있던 입을 벌리는 바람에 떨어져 죽은 것을 보고 기러기가 '脾气坏多么不好呀'라고 했으므로 A가 정답으로 적절하다.

어휘　★控制 kòngzhì 동 통제하다 | ★宽容 kuānróng 혱 너그럽다 | ★明确 míngquè 동 명확하게 하다

谭盾是一个爱好拉琴的年轻人，**75**但是他刚去美国时，却必须在街头拉小提琴靠卖艺来赚钱。事实上，在街头卖艺跟摆地摊没什么区别，都必须抢个好地点才会有人潮，才能赚钱；而地块差的地方，当然生意就较差了！

特别幸运的是，谭盾和一位认识的黑人琴手一起，抢到了一个最能赚钱的好地点，即一家商业银行的门口。

76过了一段时间，谭盾靠卖艺赚到了不少钱后，就和那位黑人琴手告别，**76**因为他想去大学进修，在音乐学府里拜师求学，也想和琴艺高超的同学切磋技艺。于是，谭盾将所有的时间和精力都投入到了提高音乐素养和琴艺中……

十年后的一天，谭盾经过那家商业银行，看见昔日的老友——那位黑人琴手，依旧在那"最赚钱的地盘"拉琴。当那个黑人琴手发现谭盾的时候，很高兴地问道："兄弟啊，你现在在哪里拉琴啊？"谭盾回答了一个很著名的音乐厅的名字，但那个黑人琴手反问道："那家音乐厅的门前也是个好地盘，也很赚钱吗？""还可以啦，生意还不错啦！"谭盾没有纠正他，只是淡淡地说着。他怎么会想到，**77**十年后的谭盾，已经是一位国际知名的音乐家了，他经常应邀在著名的音乐厅中登台演奏，而不是在门口拉琴卖艺。

탄둔은 바이올린을 좋아하는 젊은이다. **75**그러나 그가 막 미국에 갔을 때, 거리에서 바이올린을 켜며 돈을 벌어야 했다. 사실, 거리에서 기예를 파는 것은 노점을 벌이는 것과 같아서, 좋은 자리를 차지해야만 사람들이 모여 돈을 벌 수 있고, 자리가 좋지 않으면 당연히 장사가 안 됐다.

운 좋게도 탄둔은 아는 흑인 음악가와 함께 돈을 가장 잘 벌 수 있는 곳, 상업 은행 앞을 차지했다.

76어느 정도 시간이 지나자 탄둔은 재주를 팔아 많은 돈을 벌었고, 그 흑인 음악가와 작별했다. **76**그는 대학에 가서 음악 학부에서 스승을 모시고 배우고 싶었고, 실력이 뛰어난 학우와도 기예를 연마하고 싶었기 때문에, 탄둔은 모든 시간과 정성을 음악 소질을 높이는데 쏟았다.

10년 후 어느 날, 탄둔은 그 상업 은행을 지나가다 옛 친구인 그 흑인 음악가를 봤다. 여전히 그 '가장 돈이 잘 벌리는 자리'에서 바이올린을 켜고 있었다. 그 흑인 친구가 탄둔을 발견하고 기뻐하며 물었다. "친구, 자네는 지금 어디서 연주를 하지?" 탄둔은 유명한 음악당의 이름을 댔다. 그런데 그 흑인 친구는 되레 물었다. "그 음악당 앞도 터가 좋겠지? 돈 좀 버나?" "그런대로, 장사가 잘 돼." 탄둔은 그가 틀린 것을 지적하지 않고 그저 담담하게 이야기했다. **77**그는 10년 후에 탄둔이 문 앞에서 재주를 파는 것이 아니라 국제적으로 유명한 음악가가 되고, 자주 초청을 받아 유명한 음악당에서 무대에 올라 연주를 할 거라고는 생각지도 못했다.

실전
모의고사

어휘　谭盾 Tán Dùn 고유 탄둔 | 拉琴 lāqín 동 (악기를) 타다, 켜다 | 小提琴 xiǎotíqín 명 바이올린 | ★靠 kào 동 ~에 의지하여 | 卖艺 màiyì 동 기예를 팔아 생활하다 | 摆地摊 bǎidìtān 노점을 벌이다 | 抢 qiǎng 동 빼앗다, 차지하다 | 人潮 réncháo 명 인파 | 黑人 hēirén 명 흑인 | 琴手 qínshǒu 명 악기 연주자 | 即 jí 부 즉, 곧 | ★告别 gàobié 동 고별하다 | 进修 jìnxiū 동 연수하다 | 学府 xuéfǔ 명 학교 | 拜师 bàishī 동 제자가 되다 | 求学 qiúxué 동 학교에서 공부하다 | 琴艺 qínyì 명 악기 연주 기술 | 高超 gāochāo 형 출중하다 | 切磋技艺 qiēcuō jìyì 기교를 함께 반복해서 토론하고 연구하다 | ★素养 sùyǎng 명 소양, 수양 | 昔日 xīrì 명 옛날 | ★依旧 yījiù 부 여전히 | 地盘 dìpán 명 근거지 | 音乐厅 yīnyuètīng 명 콘서트 홀 | 纠正 jiūzhèng 동 바로잡다 | ★应邀 yìngyāo 동 초청을 받아들이다 | 登台 dēngtái 동 무대에 오르다 | ★演奏 yǎnzòu 동 연주하다

75　　**난이도** 中　**공략 Key** 시제 파악

谭盾刚开始怎样赚钱？	탄둔은 처음에 어떻게 돈을 벌었는가？
A 到处讨钱	A 도처에 돈을 냈다
B 在街头卖艺	**B 거리에서 재주를 팔았다**
C 开了个店	C 가게를 열었다
D 投资股票	D 주식에 투자했다

어휘 讨钱 tǎoqián 통 돈을 구걸하다 | ★投资 tóuzī 통 투자하다 | ★股票 gǔpiào 명 주식

76 난이도 中 공략 Key 시제 파악

谭盾赚了钱以后打算做什么?	탄둔은 돈을 번 후에 무엇을 할 계획이었나?
A 举行婚礼	A 혼례를 거행하려고 했다
B 买一个小提琴	B 바이올린을 하나 사려고 했다
C 做点小生意	C 장사를 하려고 했다
D 去大学学习	D 대학에 가서 배우려고 했다

공략 이 문제의 핵심어는 '赚了钱以后'로 돈을 번 이후의 계획을 묻고 있다. 본문의 '因为他想去大学进修'라는 부분을 통해 D가 정답임을 알 수 있다.

77 난이도 中 공략 Key 전체 내용 파악

根据文章，我们可以知道，谭盾:	본문을 근거로 탄둔에 관해 알 수 있는 것은?
A 后来变得非常著名	A 나중에 굉장히 유명해졌다
B 经常被人嘲笑	B 자주 비웃음을 당했다
C 获得了博士学位	C 박사 학위를 땄다
D 日子过得很惨	D 비참한 세월을 보냈다

공략 글의 전체 내용을 파악한 후 정답을 유추해야 하는 문제로, 본문에서 '十年后的谭盾，已经是一位国际知名的音乐家了'라고 했으므로 정답은 A이다.

어휘 ★博士 bóshì 명 박사(학위)

78 난이도 中 공략 Key 시간의 흐름을 통해 주제 찾기

本文主要想告诉我们什么?	본문에서 우리에게 말하고자 하는 것은?
A 不要满足于现状	A 현실에 만족하지 마라
B 要懂珍惜才配拥有	B 아낄 줄 알아야 누릴 자격이 된다
C 机会是自己找来的	C 기회는 자기가 구하는 것이다
D 赚钱并不容易	D 돈 버는 것이 결코 쉽지 않다

공략 이 글의 주제를 묻는 문제로 전체적인 시간의 흐름을 잘 파악해야 한다. '刚去美国时'에는 '在街头卖艺'를 했으며 '过了一段时间'에는 대학에서 공부를 했다. 마지막으로 '十年后'에는 유명한 음악가가 되었으니, 현재에 만족하지 말고 꾸준히 노력해야 한다는 A가 정답이 된다.

어휘 ★现状 xiànzhuàng 명 현 상태 | ★珍惜 zhēnxī 통 소중히 여기다

天气炎热出汗多，茶中含有丰富的钾，喝些茶饮料不但能补水，还能补充因出汗流失的钾。不过专家提醒，一天一次性的饮用大量的茶饮料是不符合科学的，**79**有益的方法应该是一天分数次饮用，这样茶饮料中的多酚类、儿茶素才能够被人体充分利用。

80夏季饮食应以清淡为宜，油腻的食物可以配茶同食，茶中又以大麦茶与乌龙茶较为适当。乌龙茶中的茶多酚能把油脂排出体外，还含有脂酶能够分解油脂，因而**81C**乌龙茶有溶解脂肪的功效。

夏季也是黑色素沉积的高峰期，女孩子脸上的小斑也是夏季最惹人烦恼的问题之一。绿茶与乌龙茶都有抗氧化作用。夏季出汗很多，给肌肤带来的负担也逐级上升，适当地多补充水分排毒养颜是夏季美容的必要良方。

绿茶含有丰富儿茶素、单宁酸和维生素C，乌龙茶还含有儿茶素与乌龙茶多酚，都有很强的抗氧化作用和**81D**预防发生癌症的功效。

多酚类抗氧化作用能够除去由于紫外线、抽烟、食品添加剂、压力等原因而在体内产生的活性氧，从而抑制维生素C的消耗，保持肌肤细致白嫩。另外乌龙茶本身含有维生素C的成分，**81A**美白肌肤、抵抗衰老可谓一举多得。

날이 더우면 땀이 많이 난다. 차에는 칼륨이 풍부하게 함유되어 있어, 차를 마시면 수분을 보충할 수 있을 뿐 아니라, 땀을 흘려 유실된 칼륨을 보충할 수 있다. 하지만, 전문가는 하루에 한 번 많은 양의 차를 마시는 것은 과학적이지 못하고, **79**하루에 여러 번 나눠 마시는 것이 유익한 방법으로, 이러면 차 안에 있는 폴리페놀류와 카테킨이 인체에 충분히 이용될 수 있다고 말했다.

80여름철에는 담백한 음식이 좋다. 기름진 음식은 차와 함께 먹으면 되는데, 차 가운데 보리차나 우롱차가 비교적 적당하다. 우롱차의 폴리페놀이 지방을 체외로 배출할 수 있게 해주고, 지방을 분해할 수 있는 지방 효소를 함유하고 있어서 **81C**우롱차는 지방을 용해하는 효과를 가지고 있다.

여름철은 멜라닌 침적의 절정기이다. 여자아이 얼굴의 반점은 여름철에 가장 골치 아픈 문제의 하나이다. 녹차와 우롱차에는 모두 항산화 작용이 있다. 여름철에 땀을 많이 흘리면, 근육과 피부에 주는 부담 또한 점차 상승하기 때문에 적당히 수분을 보충하여 해독하고, 피부를 관리하는 것이 여름철 미용에 꼭 필요한 처방이다.

녹차에는 카테킨, 타닌, 비타민C가 풍부하고, 우롱차 역시 카테킨과 폴리페놀이 많아, 모두 항산화 작용을 하며 **81D**암의 발병을 예방하는 효과가 있다.

폴리페놀류의 항산화 작용은 자외선, 흡연, 식품 첨가제, 스트레스 등으로 인해 체내에 생기는 활성 산소를 제거하여 비타민C의 소모를 억제하고 보드라운 피부를 유지할 수 있게 해준다. 그 밖에 우롱차 자체에 비타민C가 함유되어 있어, **81A**피부를 희게 하고 노화를 막을 수 있어 일거양득이다.

실전
모의고사

어휘　炎热 yánrè 휑 (날씨가) 무덥다 ｜★出汗 chūhàn 동 땀이 나다 ｜★含有 hányǒu 동 함유하다 ｜钾 jiǎ 명 칼륨 ｜★补充 bǔchōng 동 보충하다 ｜流失 liúshī 동 유실되다 ｜★提醒 tíxǐng 동 깨우치다 ｜饮料 yǐnliào 명 음료 ｜★符合 fúhé 동 부합하다 ｜多酚 duōfēn 명 폴리페놀(polyphenol) ｜儿茶素 érchásù 명 카테킨(catechin) ｜★清淡 qīngdàn 휑 (음식이) 담백하다 ｜宜 yí 동 알맞다 ｜油腻 yóunì 휑 기름지다, 느끼하다 ｜大麦茶 dàmàichá 명 보리차 ｜乌龙茶 wūlóngchá 명 우롱차 ｜★适当 shìdàng 휑 적당하다 ｜油脂 yóuzhī 명 지방 ｜脂酶 zhīméi 명 지방 효소 ｜分解 fēnjiě 동 분해하다 ｜溶解 róngjiě 동 용해하다 ｜★功效 gōngxiào 명 효능, 효과 ｜黑色素 hēisèsù 명 멜라닌(melanin) ｜沉积 chénjī 명 침전 ｜高峰期 gāofēngqī 명 절정기 ｜小斑 xiǎobān 명 반점 ｜惹 rě 동 야기하다 ｜★烦恼 fánnǎo 휑 걱정스럽다 ｜抗氧化作用 kàng yǎnghuà zuòyòng 명 항산화 작용 ｜肌肤 jīfū 명 근육과 피부 ｜逐级 zhújí 부 한 단계 한 단계 ｜上升 shàngshēng 동 상승하다 ｜排毒 páidú 동 독소를 배출하다 ｜养颜 yǎngyán 동 얼굴을 가꾸다 ｜良方 liángfāng 명 해결책 ｜单宁酸 dānníngsuān 명 타닌산 ｜维生素 wéishēngsù 명 비타민 ｜★预防 yùfáng 동 예방하다 ｜★癌症 áizhèng 명 암 ｜除去 chúqù 동 제거하다 ｜紫外线 zǐwàixiàn 명 자외선 ｜添加剂 tiānjiājì 명 첨가제 ｜活性氧 huóxìngyǎng 명 활성 산소 ｜抑制 yìzhì 동 반응을 억제하다 ｜★消耗 xiāohào 동 소모시키다 ｜★细致 xìzhì 동 정밀하다, 섬세하다 ｜白嫩 báinèn 휑 (피부가) 희고 보드랍다 ｜抵抗 dǐkàng 동 저항하다 ｜★衰老 shuāilǎo 휑 노쇠하다 ｜可谓 kěwèi 동 ~라고 할 만하다 ｜一举多得 yì jǔ duō dé 성 일거양득이다

根据本文，喝茶应该：	본문을 근거로, 차는 어떻게 마셔야 하는가?
A 每次饮用大量的茶饮料	A 매번 많은 양의 차를 마신다
B 每次饮用少量的茶饮料	B 매번 적은 양의 차를 마신다
C 每天喝一次	C 매일 한 번 마신다
D 每天分几次多喝	**D 매일 몇 번 나눠서 많이 마신다**

공략　보기를 통해 차를 마시는 방법을 묻는 문제임을 알 수 있다. 본문에서 '有益的方法应该是一天分数次饮用'이라고 언급했으므로 정답은 D이다.

夏天喝什么最好？	여름에는 무엇을 마시는 것이 가장 좋은가?
A 绿茶	A 녹차
B 龙井茶	B 룽징차
C 工夫茶	C 궁푸차
D 乌龙茶	**D 우룽차**

공략　힌트는 夏天으로 여름이 언급된 단락을 주의해서 살펴 보아야 한다. '夏季……，茶中又以大麦茶与乌龙茶较为适当'이라고 언급했으므로 정답은 D이다.

어휘　龙井茶 lóngjǐngchá 몡 룽징차

茶叶的功能中，本文没有提到的是：	찻잎의 기능 중 언급하지 않은 것은?
A 美白肌肤	A 근육과 피부의 미백
B 延缓衰老	**B 노화를 늦춘다**
C 溶解脂肪	C 지방을 용해한다
D 预防癌症	D 암을 예방한다

공략　찻잎의 기능이 언급된 단락을 주의해서 살펴 보아야 한다. 우룽차에는 '有溶解脂肪的功效'와 '预防发生癌症的功效', '美白肌肤、抵抗衰老'라는 효과가 있다고 했으므로 언급되지 않은 B가 정답이 된다. 본문에서는 노화를 방지해준다고만 할뿐 노화를 늦춘다고는 하지 않았다.

어휘　★延缓 yánhuǎn 됭 늦추다

下列哪项最适合做本文的标题？	다음 중 본문의 제목으로 가장 적합한 것은?
A 茶叶的种类	A 찻잎의 종류
B 茶道	B 다도
C 饮茶的利弊	C 차 마시는 것의 장단점
D 饮茶的作用	**D 차 마시는 것의 작용**

83-86

在一家餐厅里，一位老太太点了一碗汤，在餐桌前坐下，突然想起来没有取面包。她起身，取了面包后，又返回餐桌，**83然而她看见自己的座位上坐着一个老头儿，正在喝她的那碗汤。**"他没有权利喝我的汤。"老太太心里想，"可是，也许是他太穷了，我还是不要说算了。不过，也不能让他一个人把汤全喝光了。"于是，老太太拿起了汤匙，和那个老头儿同样的桌子，面对面地坐着，安安静静地用汤匙喝汤。

85就这样，一碗汤被两个人共喝着，一把汤匙被他们轮着使用。两个人都默默不语。这时，老头儿突然站起来，端来了一盘面条，放在老太太面前，盘子里还有两把叉子。两个人继续吃着，吃完后，两个人都起来，准备离开。"再见。"老太太说。"再见。"老头儿回答，他显得很快乐，感到欣慰，因为他帮助了别人。

84老头儿走后，老太太才发现旁边的餐桌上，放着一碗汤，一碗明显被人忘了喝的汤……

한 음식점에서 할머니 한 분이 국 한 그릇을 주문했다. 테이블 앞에 앉았는데 문득 빵을 받아오지 않은 것이 생각났다. 그녀는 일어나서 빵을 받은 후 테이블로 돌아왔다. **83그런데 할머니는 자기 자리에 한 할아버지가 앉아서 그녀의 국을 먹고 있는 것을 보았다.** 할머니는 '저 사람은 내 국을 먹을 권리가 없어'라고 생각했다. '하지만, 저 사람 아무래도 너무 가난해서 그런 것 같으니, 아무 말 말자. 그래도 저 사람 혼자 국을 다 마시게 할 수는 없지.' 그래서 할머니는 수저를 들고 그 할아버지와 같은 테이블에서 마주 앉아 조용히 국을 먹었다.

85이렇게 국 한 그릇을 둘이서 함께 먹었다. 수저 하나를 둘이 번갈아 사용했다. 두 사람은 묵묵히 아무 말도 하지 않았다. 이 때 할아버지가 갑자기 일어나 국수 한 접시를 가져와 할머니 앞에 놓았다. 국수 접시에도 포크가 두 개 있었다. 두 사람은 계속 먹었다. 다 먹고 나서, 두 사람 모두 일어나 떠나려 했다. "잘 가세요"라고 할머니가 말했다. 할아버지도 "잘 가세요"라고 대답했다. 할아버지는 즐거워보였는데, 할아버지는 다른 사람에게 도움을 줘서 기뻤던 것이다.

84할아버지가 떠난 후에야 할머니는 옆쪽 테이블에 국 한 그릇이 놓여 있는 것을 발견했다. 누군가에게 잊혀진 국 한 그릇이…….

83　난이도 下　공략 Key 세부 내용 파악

老太太为什么惊讶？	할머니는 왜 놀랐는가？
A 汤不见了	A 국이 없어져서
B 钱包被人偷了	B 지갑을 도둑맞아서
C 老头儿帮她付钱	C 할아버지가 그녀 대신 돈을 내서
D 有人在喝她的汤	**D 누군가가 그녀의 국을 먹고 있어서**

84

난이도 中 | 공략 Key 전체 내용 파악

根据文章，我们可以知道那碗汤：	본문을 근거로 국에 대해 알 수 있는 것은?
A 老太太点了两碗	A 할머니가 두 그릇을 주문했다
B 老头儿很穷	B 할아버지는 가난하다
C 是老头儿买的	**C 할아버지가 산 것이다**
D 餐厅里只有一张桌	D 식당에 테이블이 하나만 있다

공략 국에 관한 문제로 글의 맨 마지막에 '老头儿走后，老太太才发现旁边的餐桌上，放着一碗汤'이라고 언급된 부분을 통해 C가 정답임을 알 수 있다.

어휘 点 diǎn 图 주문하다

난이도 中 | 공략 Key 전체 내용 파악

那位老头儿是什么样的人？	그 할아버지는 어떤 사람인가?
A 很善良	**A 선량하다**
B 很谦虚	B 겸손하다
C 很可怜	C 불쌍하다
D 很贪心	D 탐욕스럽다

공략 할아버지에 관한 문제로 할머니가 할아버지의 국을 함께 먹고 있음에도 화를 내지 않고 오히려 함께 먹었으므로 A가 정답으로 적절하다.

어휘 ★谦虚 qiānxū 휑 겸손하다 | 贪心 tānxīn 휑 욕심이 많다

86

난이도 中 | 공략 Key 전체 내용 파악

最适合做本文标题的是：	본문의 제목으로 가장 적합한 것은?
A 多心的老太太	A 의심 많은 할머니
B 一碗汤的故事	**B 국 한 그릇의 이야기**
C 一对夫妻	C 한 쌍의 부부
D 分享才会有价值	D 함께 누려야 가치가 있다

공략 글의 제목은 제일 많이 언급된 어휘나 추상적인 표현으로 만들 수 있는데, 이 이야기는 국 한 그릇이 전체 문장을 이끌고 있으므로 B가 정답으로 적절하다.

어휘 多心 duōxīn 图 공연한 걱정을 하다 | ★分享 fēnxiǎng 图 함께 나누다 | ★价值 jiàzhí 휑 가치

87-90

　　罗森在一家夜总会里吹萨克斯，收入一般，然而，却总是一副乐呵呵的样子，**90对什么事都表现出乐观的态度。**他经常说："太阳落了，还会再升起来，太阳升起来，也会再落下去，这就是生活。"

　　罗森很爱车，然而靠他的收入想买车是根本不可能的。和朋友们在一起的时候，他

　　루이슨은 나이트클럽에서 색소폰을 분다. 수입은 별로지만 늘 싱글벙글하며, **90무슨 일에든 낙관적인 태도를 보인다.** 그는 '해가 지면 다시 떠오르고, 해가 떠오르면, 또 지게 된다. 이게 생활이다'라고 자주 말했다.

　　루이슨은 차를 굉장히 좋아하지만, 그의 수입으로 차를 산다는 것은 전혀 불가능했다. 친구들과 함께 있을 때면 그는 늘 말했다. "차 한 대를 가질 수만 있다면

老是说："要是能有一辆车，该多好啊!"眼中充满了无限的憧憬。有人跟他开玩笑说："你去买彩票吧，中了奖就能买车了!"

　　于是他买了两块钱的彩票。可能是上天厚待于他，罗森靠着两块钱的一张体育彩票，却中了个大奖。

　　罗森终于得偿所愿，87他用奖金买了一辆车，一天到晚开着车兜风，夜总会也去得不多了，人们经常看见他吹着口哨在林阴道上行驶，车也总是擦得一尘不染的。

　　然而有一天，罗森把车停在楼下，89半小时后下来时，发现车被偷了。

　　89朋友们得知后，想到他那么爱车如命，多少万块钱买的车转眼间就没了，都担忧他受不了这个打击，89便相约来安慰他："罗森，车丢了，你千万不要太伤心啊!"

　　罗森大笑起来，说道："嘿，我为什么要伤心啊?"

　　朋友们怀疑地相互看着。

　　"如果你们谁不小心丢了两块钱，会伤心吗?"罗森接着说。

　　"当然不会!"有人说。

　　"是啊，我丢的就是两块钱啊!"罗森笑道。

얼마나 좋을까!" 눈에는 무한한 동경이 충만했다. 누가 그에게 농담을 하며 "가서 복권을 사, 당첨되면 차를 살 수 있잖아"라고 말했다.

그래서 그는 2원짜리 복권을 샀다. 아마도 하늘이 도왔는지, 루이슨이 2원을 주고 산 체육 복권이 당첨되었다.

루이슨은 드디어 소원을 이루어, 87상금으로 차를 샀고, 아침부터 저녁까지 차를 몰고 드라이브를 했다. 나이트클럽에도 잘 안 갔다. 사람들은 그가 휘파람을 불며 가로수가 우거진 길을 차로 달리는 것을 자주 보았다. 차도 늘 먼지 하나 없이 닦았다.

하루는 루이슨이 차를 건물 아래에 세워 두었다. 89반 시간 후 내려와 보니 차를 도둑맞은 것을 발견했다.

89친구들은 그 소식을 듣고, 그가 차를 목숨처럼 아꼈는데, 천금을 들여 산 차가 순식간에 없어졌으니, 그가 그 충격을 견디지 못할 거라고 염려하여, 89그를 위로해주러 왔다. "루이슨, 차를 잃어버렸다고, 절대 너무 상심하지 말게."

루이슨은 크게 웃으며 말했다. "헤헤, 내가 왜 상심하겠나?"

친구들은 이상하다는 듯이 서로 쳐다보았다.

"만일 너희들 중 누군가가 부주의해서 2원을 잃어버렸다면 상심하겠는가?" 루이슨은 이어서 말했다.

"당연히 안 그렇지" 누가 말했다.

"그래, 내가 잃어버린 것은 바로 2원이야" 루이슨이 웃으며 말했다.

어휘　★吹 chuī 图 (악기를) 불다 | 萨克斯 sàkèsī 명 색소폰 | 乐呵呵 lèhēhē 형 즐거워하는 모양 | ★老是 lǎoshi 부 언제나, 항상 | 无限 wúxiàn 형 끝이 없다 | 憧憬 chōngjǐng 명 동경, 지향 | ★彩票 cǎipiào 명 복권 | 上天 shàngtiān 명 하느님 | 厚待 hòudài 图 우대하다 | 得偿所愿 décháng suǒ yuàn 숙원을 이루다 | ★奖金 jiǎngjīn 명 상금 | ★兜风 dōufēng 图 드라이브하다 | 夜总会 yèzǒnghuì 명 나이트클럽 | 吹口哨 chuīkǒushào 图 휘파람을 불다 | 林阴道 línyīndào 명 가로수길 | ★行驶 xíngshǐ 图 (차·배 등이) 달리다 | 擦 cā 图 닦다 | ★一尘不染 yì chén bù rǎn 성 먼지 한 톨 없이 깨끗하다 | 爱车如命 ài chē rú mìng 성 차를 소중히 여김을 이르는 말 | 转眼间 zhuǎnyǎnjiān 별안간, 눈 깜짝할 사이 | 担忧 dānyōu 图 우려하다 | ★打击 dǎjī 图 의욕이나 기를 꺾다 | 相约 xiāngyuē 图 약속하다 | ★千万 qiānwàn 부 아무쪼록, 부디 | ★怀疑 huáiyí 图 의심하다 | ★值 zhí 형 ～할 가치가 있다

87　난이도 下　공략 Key '那辆车'의 의미 파악

根据上文，我们可以知道那辆车：	본문을 근거로 그 차에 대해 알 수 있는 것은?
Ⓐ 用奖金买的 B 花了他好几万块 C 是贷款买的 D 是比赛胜利而获得的	Ⓐ 당첨금으로 샀다 B 수 만원을 썼다 C 대출을 받아 샀다 D 시합에서 승리하여 얻었다

공략　핵심어는 '那辆车'이다. 본문에서 '他用奖金买了一辆车'라고 언급했으므로 A가 정답이 된다.

어휘　胜利 shènglì 图 승리하다

88

文中划线的句子的意思是：	본문에서 밑줄 친 문장의 뜻은?
A 归还所欠的债	A 빚진 돈을 갚다
B 做事情非常顺利	B 일을 순조롭게 하다
C 愿望得到实现	C 염원이 실현되다
D 原来打算做的事没能做到	D 원래 하려던 일을 못했다

공략　得偿所愿은 '숙원을 이루다'의 뜻으로 앞뒤 문맥을 살펴서 의미를 추측할 수 있다. 루이슨은 차를 갖고 싶어 복권을 샀고, 당첨이 되자 당첨금으로 차를 구입했으므로 정답은 C가 된다.

어휘　归还 guīhuán 동 돌려주다, 반환하다 | 欠债 qiànzhài 동 빚을 지다

89

根据上文，朋友们为什么安慰他？	본문을 근거로 친구들은 왜 그를 위로했는가?
A 彩票没有中奖	A 복권이 당첨되지 않았다
B 他的车被偷了	B 그의 차가 도둑맞았다
C 被警察开了罚单	C 경찰이 딱지를 뗐다
D 再也不能吹萨克斯了	D 다시는 색소폰을 불 수 없게 되었다

공략　핵심어는 安慰이다. 본문에서 '半小时后下来时，发现车被偷了'로 루이슨이 차를 도둑맞은 사건이 발생했으며, '朋友们来安慰他'를 통해 차를 도둑맞은 루이슨을 위로하러 왔음을 알 수 있으므로 정답은 B이다.

어휘　罚单 fádān 명 벌금 통지서

90

本文主要讲什么？	본문에서 주로 이야기 하는 것은?
A 期望越高，失望越大	A 기대가 클수록 실망이 크다
B 要乐观对待生活	B 낙관적으로 생활해야 한다
C 买彩票中奖者只是少数	C 복권 당첨자는 소수일 뿐이다
D 命运掌握在自己的手里	D 운명은 자신의 손 안에 있다

공략　일반적으로 주제는 글의 첫 부분이나 마지막 부분에 등장한다. 글의 첫부분에 '对什么事都表现出乐观的态度'라고 했으므로 B가 정답이 된다.

 # 쓰기

91

난이도 中　공략 Key 피동문에서 부사의 위치

| 也　　马主任　　搞糊涂了　　被这个 |

공략

[1단계] **피동문의 어순을 정리한다** ▶ 제시어 중 被가 있으므로 'A被B+술어'로 피동문의 어순을 정리한다. 술어를 찾아 'A被这个+搞糊涂了'로 기본 틀을 정한다.

[2단계] **부사어의 위치를 정한다** ▶ 피동문에서 부사는 被 앞에 위치하므로 '也+被'의 순으로 배열된다. 马主任은 주어로 문장 제일 앞에 위치한다.

∴ 马主任也被这个搞糊涂了。마 주임 역시 이것에 의해 헷갈렸다.

어휘　主任 zhǔrèn 몡 주임 | 搞糊涂 gǎo hútu 헷갈리다

난이도 中　공략 Key 술어와 목적어 호응 구조

| 教授的　　那篇　　引起了　　论文　　重视 |

공략

[1단계] **술어를 찾는다** ▶ 제시어 중 동태조사 了를 수반한 '引起了'가 술어이므로 'A引起了B'라는 기본 틀이 정해진다.

[2단계] **양사와 명사를 연결한다** ▶ 제시어 중 '那篇'은 지시대사와 양사의 결합이므로 뒤에 어울리는 명사가 온다. 따라서 '那篇论文'으로 연결되고, '教授的' 뒤에는 자연스럽게 重视가 위치한다.

[3단계] **주어와 목적어를 선정한다** ▶ 引起는 주로 重视나 关注 등과 호응되어 쓰이므로 뒤에 '教授的重视'가 위치한다. '那篇论文'은 주어로 맨 앞에 놓인다.

∴ 那篇论文引起了教授的重视。그 논문은 교수님의 주목을 끌었다.

어휘　引起 yǐnqǐ 동 (주의를) 끌다 | 教授 jiàoshòu 몡 교수 | 重视 zhòngshì 동 중요시하다

93

난이도 下　공략 Key 得의 품사 파악

| 得　　很干脆　　答应　　小李 |

공략

[1단계] **得의 품사를 확인한다** ▶ 得는 조동사와 정도보어를 이끄는 조사의 역할을 하는데, 제시어 중에 정도부사가 있으므로 '동사+得+정도부사+형용사'의 순으로 배열된다. 즉 '동사+得+很+干脆'라는 기본 틀이 만들어진다.

[2단계] **주어와 동사의 위치를 정한다** ▶ 제시어 중 술어로 쓰이는 동사는 答应이며 이 동작을 하는 주어는 사람이 된다.

∴ 小李答应得很干脆。샤오리는 매우 명쾌하게 응했다.

어휘　答应 dāying 동 응답하다, 동의하다 | 干脆 gāncuì 형 (언행이) 명쾌하다

난이도 上　공략 Key 존현문의 어순

| 落了　　灰尘　　阳台上　　一层厚厚的 |

공략

[1단계] **술어를 찾는다** ▶ 제시어 중 동태조사 了를 수반한 '落了'가 동사이므로 'A落了B'라는 기본 틀이 만들어진다.

[2단계] **주어와 목적어를 정한다** ▶ 술어 '落了'는 '떨어졌다'라는 의미로 출현을 나타내고, '阳台上'은 방위사 上을 동반하여 장소를 나타내므로 존현문임을 알 수 있다. '시간/장소+술어+목적어'라는 존현문의 어순에 따라 '阳台上+落了+灰尘'으로 배열된다.

[3단계] **관형어의 위치를 정한다** : 존현문에서 관형어는 목적어의 관형어로 쓰이므로 '一层厚厚的'는 灰尘 앞에 위치한다.

∴ 阳台上落了一层厚厚的灰尘。베란다에 두꺼운 먼지가 한층 떨어졌다.

95　난이도 中　공략 Key 정도부사와 형용사의 위치

> 设计风格　　独特　　很　　他们的

공략　1단계 **정도부사와 형용사를 연결한다** ◐ 정도부사는 형용사 앞에 위치하므로 '很+独特'로 배열된다.
　　2단계 **형용사의 위치를 정한다** ◐ 형용사가 술어로 쓰이지 않을 경우 구조조사 的 앞에서 관형어로 쓰이는데, 여기서 很 独特는 술어로 쓰인다.
　　3단계 **주어를 만든다** ◐ 구조조사 的 뒤에는 명사가 위치하므로 '他们的设计风格'가 주어 자리에 위치한다.

　　∴ 他们的设计风格很独特。 그들의 디자인 스타일은 매우 독특하다.

어휘　设计 shèjì 명 설계, 디자인 | 风格 fēnggé 명 스타일 | 独特 dútè 형 독특하다

96　난이도 中　공략 Key 显得의 어휘 특징

> 显得　　不耐烦　　有些　　老师

공략　1단계 **显得의 목적어를 찾는다** ◐ 동사 显得는 형용사를 목적어로 수반하며, 일반적으로 '显得+정도부사+형용사' 순으로 배열된다. 따라서 '显得+有些+不耐烦'이라는 기본 틀이 만들어진다.
　　2단계 **주어를 배열한다** ◐ 남아 있는 명사 老师를 주어 자리에 위치시킨다.

　　∴ 老师显得有些不耐烦。 선생님은 약간 귀찮아 보이신다.

어휘　显得 xiǎnde 통 ~하게 보이다 | 不耐烦 búnàifán 형 귀찮다, 성가시다

97　난이도 上　공략 Key 술어와 목적어 호응 구조

> 创造了　　销售　　那本书　　奇迹

공략　1단계 **술어를 찾는다** ◐ 제시어 중 동태조사 了를 수반한 '创造了'가 술어이므로 'A创造了B'라는 기본 틀이 만들어진다.
　　2단계 **주어와 목적어를 정한다** ◐ 创造는 '처음 일어나는 것'을 의미하기 때문에 목적어로 记录나 幸福, 奇迹 등을 수반한다. 따라서 创造의 목적어는 奇迹가 되며, 销售는 어떤 기적인지를 나타내는 관형어로 쓰인다. 마지막으로 남아 있는 '那本书'가 주어 자리에 위치한다.

　　∴ 那本书创造了销售奇迹。 그 책은 판매 기적을 창조했다.

어휘　创造 chuàngzào 통 창조하다 | 销售 xiāoshòu 명 매출, 판매 | 奇迹 qíjì 명 기적

98　난이도 上　공략 Key 술어와 목적어 호응 구조

> 可以　　这样做　　费用　　节省　　不少

공략　1단계 **술어를 찾는다** ◐ 조동사 可以는 동사 앞에 위치하기 때문에, '~다'로 해석되며 술어로 쓰이는 节省이 조동사 뒤에 위치한다. 따라서 'A+可以+节省+B'라는 기본 틀이 만들어진다.
　　2단계 **목적어를 정한다** ◐ 节省은 '돈이나 전기 등을 아끼다'라는 뜻이므로 돈의 의미를 지닌 费用이 목적어 자리에 위치한다. 不少는 명사 앞에 위치하여 양이 적지 않음을 나타내므로 '不少+费用' 순으로 배열된다.
　　3단계 **삽입어의 위치를 정한다** ◐ '这样做'는 주어 앞이나 뒤에서 삽입어 역할을 한다. 이 문장에서는 주어가 생략되었으므로 문장 제일 앞에 위치한다.

　　∴ 这样做可以节省不少费用。 이렇게 하면 비용을 많이 줄일 수 있다.

어휘　节省 jiéshěng 통 아끼다, 절약하다 | 费用 fèiyòng 명 비용

吃亏、生意、产品、无奈、客户

제시어 분석

① 吃亏 chīkuī 통 손해를 보다
做事情不应该怕**吃亏**。 일을 할 때는 손해 보는 걸 두려워해서는 안 된다.

② 生意 shēngyi 명 장사, 영업
我们饭店的**生意**越来越好，看来要请一些厨师。 우리 식당은 장사가 점점 더 잘 돼서 주방장을 좀 더 뽑아야 되겠다.

③ 产品 chǎnpǐn 명 제품
商场里的每件**产品**都要打折。 상점의 모든 제품은 세일을 합니다.

④ 无奈 wúnài 통 방법이 없다
孩子不听父母的话，父母也很**无奈**。 아이가 부모의 말을 듣지 않아서 부모님도 어쩔 수 없었다.

⑤ 客户 kèhù 명 고객
有些**客户**对我们的服务不满意。 일부 고객은 우리의 서비스에 만족하지 않는다.

모범 답안

	我	的	老	板	跟	别	人	做	生	意	的	时	候	，
从	来	不	吃	亏	。	客	户	都	说	我	的	老	板	太	精
明	了	，	如	果	可	以	的	话	，	不	想	跟	他	打	交
道	。	但	是	我	知	道	他	们	也	很	无	奈	，	因	为
只	有	我	的	公	司	卖	这	个	产	品	，	他	们	不	得
不	和	我	们	公	司	合	作	。							

生意는 명사, '장사를 하다'는 做生意로 나타낸다
목적어를 취할 수 없고, 주로 술어나 관형어로 쓰인다

실전 모의고사

우리 사장님은 다른 사람과 장사를 할 때 전혀 손해를 보지 않는다. 고객 모두 우리 사장님이 매우 영악해서 가능하다면 그와 왕래를 하고 싶지 않다고 말한다. 하지만 그들 역시 어쩔 수 없다는 걸 나도 잘 안다. 왜냐하면 우리 회사에서 만이 이 제품을 팔기 때문에 그들은 우리 회사와 협력을 할 수 밖에 없다.

공략 ①단계 **주제어 찾기** ➡ 生意, 产品, 客户
②단계 **내용 구성하기** ➡ 장사를 한다 → 손해를 보기 싫어한다 → 고객이 왕래를 하고 싶지 않아 한다 → 우리 회사에만 있는 제품이라 어쩔 수 없다

어휘 精明 jīngmíng 형 영리하다 | ★打交道 dǎ jiāodao 통 (사람끼리) 왕래하다 | ★不得不 bùdébù 부 어쩔 수 없이 | ★合作 hézuò 통 협력하다

[1단계] **핵심 동작 찾기** ⭕ 考试, 参加考试

[2단계] **내용 구성하기**

① 그림 묘사하기 ⭕ 시험을 치르고 있는 모습

② 부연 설명하기 ⭕ 시험에 관한 사람들의 관심 및 최근 경향을 설명한다.

③ 질문 제시하기 ⭕ 시험을 치를 때 주의해야 할 점에 대해 질문한다.

④ 대답하기 ⭕ 질문에 대한 대답을 2~3가지로 나열한다.

⑤ 결론 맺기 ⭕ 시험을 치를 때 이런 행동을 조심하자고 제안한다.

모범 답안

		图	片	上	很	多	人	在	考	试	。	每	个	人	都
参	加	过	很	多	考	试	,		那	么	考	试	时	有	什	么
注	意	事	项	呢	?	第	一	,		要	遵	守	考	场	规	则 ;
第	二	,		别	忘	了	带	准	考	证	和	身	份	证	;	第
三	,		考	试	时	不	能	打	手	势	、	作	弊	。	为	了
考	试	成	功	,		我	们	要	注	意	这	几	个	事	项	。

그림 속에는 많은 사람이 시험을 보고 있다. 모두들 여러 시험에 참가한 적이 있다. 그렇다면 시험을 볼 때 어떤 주의 사항이 있을까? 첫째, 고사장의 규칙을 준수해야 한다. 둘째, 수험표와 신분증 가져가는 걸 잊으면 안 된다. 셋째, 시험 볼 때 손짓으로 신호를 보내거나 부정행위를 하면 안 된다. 성공적인 시험을 위해 우리는 이 몇 가지 사항에 주의해야 한다.

어휘 ★遵守 zūnshǒu 통 준수하다 | 考场 kǎochǎng 명 고사장, 시험장 | 准考证 zhǔnkǎozhèng 명 수험표 | 打手势 dǎ shǒushì 통 손짓으로 신호하다 | 作弊 zuòbì 통 부정행위를 하다

01day

1 ① 气温 기온　　　　② 衣服 옷
　 ③ 护照 여권　　　　④ 座位 좌석, 자리
2 ① A　　② B
3 ① 主持, 推荐, 频道, 优惠, 项链
　 ② 胳膊, 装修, 抽屉, 程序, 招聘

[녹음 원문]

2 ① 这是我去年去云南旅游的时候买的。
　 ② 明天就要去大使馆办签证了, 要不要陪我
　　 一起去?
　 ----
　 ① 이것은 내가 작년에 윈난으로 여행 갔을 때 산
　　 것이다.
　 ② 내일 대사관에 비자를 신청하러 갈 건데, 나랑
　　 같이 가줄 수 있니?

02day

1 ① 迟到 지각하다　　② 邻居 이웃
　 ③ 聊天 이야기하다　④ 顾客 고객
2 ① 嫌 싫어하다　　　② 动手 시작하다
　 ③ 自豪 자만하다　　④ 把握 확신
3 ① A　　② B

[녹음 원문]

2 ① 讨厌　② 开始　③ 骄傲　④ 信心

3 ① 第一次来这儿。　② 昨晚睡得不好。
　 ----
　 ① 이곳에 처음 온다.
　 ② 어제저녁에 잠을 잘 못 잤다.

03day

1 ① 头疼 머리가 아프다
　 ② 推迟 연기하다, 미루다
　 ③ 钱包 지갑
　 ④ 公寓 아파트
　 ⑤ 超市 슈퍼마켓
2 ① A　　② A　　③ B　　④ A

[녹음 원문]

2 ① 我不是说过我爱你吗?
　 ② 没有一个人不夸他的。
　 ③ 我怎么知道他不喜欢吃辣的?
　 ④ 难道他不喜欢我吗?
　 ----
　 ① 내가 너를 좋아한다고 말하지 않았니?
　 ② 그를 칭찬하지 않는 사람이 없다.
　 ③ 그가 매운 것을 좋아하지 않는다는 것을 내가
　　 어찌 알겠니?
　 ④ 설마 그가 나를 싫어하는 건 아니겠지?

04day

1 ① 排队 줄을 서다　　② 刷卡 카드를 긁다
　 ③ 旅游 여행하다　　 ④ 面试 면접을 보다
2 ① A　　② B　　③ B
3 ① A　　② A　　③ B

[녹음 원문]

2 ① 你在水里游的姿势真漂亮。
　 ② 今天你打得不错。
　 ③ 为了健康, 我最近开始晨练。
　 ----
　 ① 너는 물에서 수영하는 자세가 정말 예쁘구나.
　 ② 오늘 꽤 잘 치네.
　 ③ 건강을 위해서 나는 요즘에 아침 운동을 시작
　　 했어.

3 ① 洗碗, 打扫房间, 帮妈妈
　 ② 病人, 送花, 住院
　 ③ 面试, 工资, 待遇

05day

1 ① 辛苦 수고하다, 고생하다
　 ② 身份证 신분증
　 ③ 暑假 여름 방학
　 ④ 辞职 사직하다
2 ① 记者　② 银行　③ 老师　④ 餐厅
3 ① 5月10号　　　　② 银行
　 ③ 医生(大夫)　　　④ 恋人

[녹음 원문]

2 ① 采访　②取钱　③备课　④点菜

3 ① 男: 今天是4月3号, 我打算下个月10号回来。
　　问: 说话人什么时候回来?
　② 女: 我想把美元换成人民币。
　　问: 说话人现在在哪儿?
　③ 男: 你爱人现在马上要动手术。
　　问: 说话人是做什么的?
　④ 男: 我们什么时候能在一起啊!
　　女: 我在等你的求婚呢。
　　问: 他们是什么关系?

- - -

　① 남: 오늘이 4월 3일인데, 나는 다음 달 10일에
　　　돌아올 계획이야.
　　질문: 화자는 언제 돌아오는가?
　② 여: 저는 달러를 인민폐로 바꾸려고 합니다.
　　질문: 화자는 지금 어디에 있는가?
　③ 남: 당신 부인은 지금 당장 수술해야 합니다.
　　질문: 화자는 무엇을 하는 사람인가?
　④ 남: 우리는 언제쯤이면 같이 있을 수 있을까?
　　여: 나는 당신의 프러포즈를 기다리고 있어요.
　　질문: 그들은 어떤 관계인가?

1 ① 手续 수속　　② 决赛 결승전
　③ 优势 우세, 우위　④ 签证 비자
2 ① B　　② A　　③ A
3 ① B　　② B　　③ A

[녹음 원문]

2 ① 这场球赛踢得特别精彩。
　② 这道菜做得不怎么样。
　③ 离我家不远。

- - -

　① 이 축구 경기는 정말 흥미진진했다.
　② 이 요리는 그냥 그렇다.
　③ 우리 집에서 멀지 않다.

3 ① 我相信你一定会成功。
　② 别灰心, 机会以后有的是。
　③ 分数这么高, 是真的吗? 你真了不起。

　① 나는 네가 분명히 성공할 거라고 믿어.
　② 실망하지 마, 기회는 앞으로도 많이 있어.
　③ 점수가 이렇게 높은 게 정말이야? 너 정말 대
　　단하다.

1 ① 酒店 호텔　　　② 枕头 베개
　③ 钥匙 열쇠　　　④ 短信 문자 메시지
2 ① B　　② A　　③ B
3 ① 日本人 ② 六个月 ③ 来过　④ 一年

[녹음 원문]

2 ① 男: 我明天要去云南。
　　女: 是吗? 我呢, 去北京。
　　问: 女的要去哪儿?
　② 男: 我希望儿子长大后能成为一个科学
　　　家。
　　女: 我反对, 科学家赚不了多少钱, 我要让
　　　他当老板。
　　问: 男的希望儿子做什么?
　③ 男: 我觉得这个红色的领带比较好。
　　女: 你不是一直喜欢紫色的吗?
　　问: 男的原来喜欢什么颜色?

- - -

　① 남: 나는 내일 윈난에 가.
　　여: 그래? 나는 베이징에 가.
　　질문: 여자는 어디에 가는가?
　② 남: 나는 아들이 자란 후에 과학자가 됐으면 해.
　　여: 전 반대예요. 과학자는 돈을 얼마 벌지 못
　　　하잖아요. 저는 그에게 경영자가 되라고 할
　　　거예요.
　　질문: 남자는 아들이 무엇을 하기를 희망하나?
　③ 남: 나는 이 붉은색 넥타이가 꽤 좋은 것 같아.
　　여: 당신은 계속 보라색을 좋아하지 않았나요?
　　질문: 남자는 원래 어떤 색깔을 좋아했나?

3 女: 你好, 你是韩国人吗?
　　男: 不是, 我是日本人。
　　女: 你学了多长时间汉语?
　　男: 我学了六个月汉语。
　　女: 你以前来过中国吗?
　　男: 来过一次, 但是不是留学来的, 是旅游来
　　　的。

女: 你打算在这儿学多长时间?
男: 我想先在这儿学一年, 然后继续学不学, 我
　　还没想好。
女: 好的, 你汉语讲得很好。
男: 哪里哪里, 您过奖了。

여: 안녕하세요, 당신은 한국인인가요?
남: 아니요, 저는 일본 사람입니다.
여: 당신은 중국어를 얼마 동안 배웠나요?
남: 저는 중국어를 6개월 배웠습니다.
여: 당신은 예전에 중국에 와본 적이 있습니까?
남: 한 번 와본 적이 있지만, 유학 왔던 게 아니라
　　여행하러 온 거였어요.
여: 당신은 여기에서 얼마간 공부할 계획인가요?
남: 저는 우선 여기에서 1년을 배울 거예요. 그런
　　다음에 계속 배울지 안 배울지는 아직 결정하
　　지 않았어요.
여: 그렇군요, 당신은 중국어를 매우 잘하시네요.
남: 아닙니다, 과찬이십니다.

08day

1　① 散步 산책하다
　　② 清醒 (머리가) 맑고 깨끗하다
　　③ 政治家 정치가
　　④ 沉默 침묵하다
2　① A　　② B　　③ B
3　① 按照　② 打扮　③ 其实　④ 适合

[녹음 원문]

2　他是一位著名的演员。有一次, 一个地方举行
　　一个比赛, 看谁表演得更像他。参加的人有
　　三四十个, 他自己也报名参加了, 但没有告诉
　　任何人, 结果他得的竟是第三名。他觉得这是
　　他一生中最大的一个笑话。

그는 유명한 연기자로, 한번은 어떤 곳에서 누가
더 그와 비슷하게 연기를 하는지 겨루는 대회가
열렸다. 참가한 사람들은 30~40명 정도였고, 그
사람 자신도 신청하여 참가했다. 하지만 아무에게
도 알리지 않았는데, 결국 그는 뜻밖에도 3등을
했다. 그는 이것이 그의 평생에 가장 웃긴 일이라
고 생각했다.

3　有不少人都喜欢按照流行的标准来穿衣服、打
　　扮自己。其实, 是不是流行并不重要, 真正适
　　合自己的才是最好的。

많은 사람들이 유행하는 기준에 따라 옷을 입고
자신을 꾸미는 걸 좋아한다. 사실 유행인지 아닌
지는 결코 중요하지 않고, 진정으로 자신에게 맞는
것이야말로 가장 좋은 것이다.

09day

1　① 教室 교실　　　② 功劳 공로
　　③ 和尚 스님　　　④ 收获 수확
2　① A　　② B
3　① 人生　② 不能没有希望　③ 重要的价值

[녹음 원문]

2　病房里, 一个得了重病的病人从房间里看见
　　窗外的一棵树, 在秋风中叶子一片片地掉落下
　　来。病人望着眼前的树叶, 身体状况一天不如
　　一天。她说:"当树叶全部掉光时, 我也就要死
　　了。"一位老画家得知后, 用笔画了一片绿色的
　　树叶挂在树枝上。最后一片叶子始终没掉下
　　来。只因为生命中的这片绿叶, 病人竟奇迹般
　　地活了下来。
　　① 病人为什么能活下来?
　　② 适合这篇小说的名字是什么?

병실에서 중병에 걸린 환자가 병실 밖의 나무 한
그루를 바라보고 있었는데, 가을 바람에 나뭇잎이
하나씩 떨어졌다. 환자는 눈앞의 나뭇잎을 보면서
건강 상태가 나날이 안 좋아졌다. 그녀는 "나뭇잎
이 전부 떨어질 때, 나 역시 죽게 될 거야"라고 말
했다. 한 화가가 소식을 듣고 붓으로 푸른 나뭇잎
을 그려서 나뭇가지에 걸어놓았다. 마지막 나뭇잎
은 계속 떨어지지 않았다. 단지 생명 속의 이 푸른
잎 때문에 환자는 기적적으로 살아났다.
① 환자는 왜 살아날 수 있었나?
② 이 소설의 제목으로 적당한 것은 무엇인가?

3　人生可以没有很多东西, 却唯独不能没有希
　　望。希望是人类生活的一项重要的价值。有希
　　望之处, 生命就生生不息!

인생은 많은 것이 없어도 되는데, 희망만은 없어서
는 안 된다. 희망은 인류가 생활하는 중요한 가치
이다. 희망하는 것이 있어야 생명이 영원히 지속될
수 있다.

1 ① 购物 쇼핑하다　　② 目标 목표
　　③ 环境 환경　　　　④ 购物车 쇼핑 카트
2 ① B　　② B
3 ① A　　② B　　③ A

[녹음 원문]

2 说起结婚, 人们会自然而然地想到爱情。虽然
爱情是结婚的重要原因, 但我觉得更重要的是
互相支持、互相信任。
① 说话人认为结婚最重要原因是什么?
② 这段话主要谈什么?

결혼에 대해서 언급하면 사람들은 자연스럽게 사
랑을 생각하게 된다. 비록 사랑은 결혼을 하는 중
요한 원인이긴 하지만, 나는 더 중요한 것은 서로
지지하고 서로 믿는 것이라고 생각한다.
① 화자는 결혼하는 데 가장 중요한 원인이 무엇
　이라 생각하는가?
② 이 글에서 주로 이야기하는 것은?

3 有人说"时间就是金钱", 我觉得时间更像生命。
钱花光了可以再赚, 可是时间逝去了就再也找
不回来。时间是不会为任何人任何事停止脚
步的。
① 有的人把时间比喻成什么?
② 说话人认为时间更像什么?
③ 这段话主要谈什么?

어떤 사람이 '시간은 금이다'라고 하는데, 나는 시
간이 생명과 더욱 닮았다고 생각한다. 돈은 다 쓰
면 다시 벌면 되지만, 시간은 지나가면 다시는 찾
아올 수 없기 때문이다. 시간은 어떠한 사람, 또
어떠한 일을 위해서도 발걸음을 멈추지 않는다.
① 누군가는 시간을 무엇에 비유했나?
② 화자는 시간이 무엇과 더 비슷하다고 생각하
　나?
③ 이 글에서 주로 이야기하는 것은?

1 ① 穿　　② 因为　　③ 把

[본문 해석]

언젠가 나는 상점에 겨울에 입을 옷을 사러 갔는데,
계산할 때 너무 서두르는 바람에 실수로 지갑을 상점
의 계산대에 놓고 나왔다. 이 일은 나중에 버스 안에서
야 알아차렸다.

2 ① 过　　② 却　　③ 那么

[본문 해석]

이 씨 할어버지는 곧 100세 생일을 보내시는데, 몸
은 오히려 여전히 그렇게나 튼튼하시다. 그때 당시 수
줍어하는 소년이던 그의 아들은 지금은 이미 농구 선
수만큼이나 키가 자랐다.

1 ① 尽管　　② 而且　　③ 就是　　④ 不然

[본문 해석]

일이 이미 지나간 지 오래되었지만, 나는 여전히 그
한 번의 경험을 잊을 수가 없다. 그날 나는 출근하는
길에 갑자기 비가 내렸고, 게다가 굉장히 많이 내렸다.
사람들은 우산을 쓰지 않으면 우의를 입고 있었고, 또
어떤 이는 처마 밑으로 뛰어가서 비를 피했지만, 나는
1분도 멈출 수 없어 계속 앞으로 걸어갔다. 그렇지 않으
면 수업에 지각할 수도 있어서이다.

2 ① A　　② A　　③ B　　④ A

① C　　② A　　③ B　　④ E　　⑤ D

① 消息　② 产生　③ 填　　④ 招呼
⑤ 要求　⑥ 诚恳　⑦ 养成　⑧ 舒适

① A　　② B　　③ A　　④ B　　⑤ A　　⑥ B

1　① B　　② C　　③ D　　④ A
2　① 주어 : 他　술어 : 有　목적어 : 见解
　　② 주어 : 物理　술어 : 是　목적어 : 学科

1　① B　　② D　　③ A　　④ C
2　① 주어 : 他　술어 : 推荐了　목적어 : 小说
　　② 주어 : 研究机构　술어 : 保持着
　　　목적어 : 生命力

1　① A　　② B
2　① (→맞는 문장 : 我的成绩比他高一点儿。)
　　③ (→맞는 문장 : 妈妈们比爸爸更忙。)
3　① B　　② A　　③ D　　④ C

1　① 婺源县　　　② 景德镇 / 昌南镇
　　③ 浮梁县　　　④ 安徽省 / 介休市
2　① 桂林　② 广州　③ 南京　④ 苏杭

1　① O　　② X

[본문 해석]

① 구이린의 자연 환경은 매우 좋아서, 어딜 가든 다 푸른 산과 물이 있다.
② 베이징은 간식거리가 매우 유명한데, 맛이 좋을 뿐 아니라 가격도 싸다.

2　① X　　② O　　③ X　　④ O

[본문 해석]

의식주 중에서 '식'은 사람들의 생활과 관계가 매우 밀접하다. 각 지역의 기후가 다르기에 자라는 식물도 다르고, 음식을 만드는 재료도 당연히 다르며, 풍습과 습관 역시 크게 다르다. 중국의 남방에서는 쌀을 생산하기 때문에 남방 사람들은 밥 먹는 걸 좋아한다. 이와 반대로 북방에서는 밀을 생산하기 때문에 북방 사람들은 만두나 면 먹는 것을 좋아한다.

1　① C　　② D　　③ B　　④ A
2　① 亚健康　　　② 啃老族
　　③ 晒工资　　　④ 白奴

1　① 똑똑한 아이　　② 웃긴 이야기
　　③ 낙관적인 태도　④ 집이 가난하다
　　⑤ 나는 그에게 졌다
　　⑥ 그는 부지런하고 배우기를 좋아한다
2　X

[본문 해석]

아들이 전전긍긍하며 집에 와서는 "아빠, 오늘 시험에서 겨우 60점 받았어요"라고 말하자, 아빠는 매우 화가 나서 "다음 번에도 점수가 낮으면, 나를 아빠라 부르지도 마라!"라고 말했는데, 이튿날 아들이 돌아와서는 "미안해요, 형!"이라고 말했다.

1 A　　2 C

[본문 해석]

테니스 애호가들이라면 좀 두꺼운 테니스 양말을 선택하는 것이 확실히 더 좋다는 것은 다 안다. 첫째, 땀 흡수를 잘하며, 특히나 땀을 쉽게 잘 흘리는 사람들에게 적합하다. 둘째, 긴장된 운동 과정 중에 두꺼운 테니스 양말은 당신의 발을 더 잘 보호해주기 때문이다.

1 B　　2 B　　3 A

[본문 해석]

나는 예전부터 부모님을 도시로 모셔와서 설을 쇠고 싶은 소망이 하나 있었다. 하지만 막 취직을 했을 때는 줄곧 1인실 기숙사에 살았기 때문에, 부모님을 모셔와서 설을 쇠는 건 말할 것도 없고, 친척이 한 명 와도 어디에 재워야 할 지 모를 지경이었다. 그때는 그런 마음은 있었으나 그런 조건이 안되었다. 지금은 100평방미터가 넘는 큰 아파트를 구입했기에 부모님을 도시로 모셔와서 설을 쇠는 소망이 마침내 실현되었다.

1 王　　**2** 10个　　**3** A

[본문 해석]

공안부는 최근에 실시한 전국 호적 인구 통계를 통해, 왕 씨가 중국에서 가장 많은 성씨로 9288.1만 명이 있으며, 전체 인구의 7.25%를 차지한다고 밝혔다. 소개에 따르면 중국에서 두 번째로 많은 성씨는 리 씨로 9207.4만 명이며, 전체 인구의 7.19%를 차지한다. 3위는 장 씨로 8750.2만 명으로, 전체 인구의 6.83%를 차지한다. 인구 수가 2000만 명 이상인 성씨는 10개가 있는데, 왕, 리, 장, 류, 천, 양, 황, 자오, 우, 저우의 순이다. 인구가 2000만 명 미만이고 1000만 명 이상인 성씨는 12개로, 쉬, 쑤, 마, 주, 후, 궈, 허, 가오, 린, 뤄, 정, 량의 순이다.

26day

1 주어, 술어, 목적어, 부사어, 한정어, 보어
2 ① 我买衣服。
　　② 我在图书馆看书。
　　③ 我买了很厚的汉语词典。
　　④ 我学了一年。
3 ① B　　② C　　③ C　　④ C

27day

1 ① O　　② X　　③ O　　④ X　　⑤ O
2 ① 从来　② 一再　③ 难怪
　　④ 偶尔　⑤ 果然

28day

1 ① 跟 / 向 / 自 / 凭　② 肯 / 要 / 敢 / 会
2 ① C　　② D　　③ B　　④ E

29day

1 ① A　　② B　　③ B　　④ A
2 A / B / C / G

[본문 해석]

今天老师让我们写一篇关于朋友的文章。我写的是在美国的我朋友。我写得很快，但很认真。老师说我写得非常好。回家后，我高兴地把今天的事告诉了妈妈，还把这篇文章寄给了在美国学习的朋友。

오늘 선생님께서 우리에게 친구에 관한 글을 한 편 쓰라고 하셨다. 내가 쓴 것은 미국에 있는 친구였다. 나는 매우 빨리 쓰긴 했지만 매우 진지했다. 선생님께서는 내가 굉장히 잘 썼다고 하셨다. 집에 돌아가서, 나는 기뻐하며 오늘 일을 엄마에게 얘기했으며, 이 글을 미국에서 공부하고 있는 친구에게 부쳐주었다.

30day

1 ① 去吃。　　　　② 下了课就去图书馆。
　　③ 骑自行车去。　④ 开车来。
　　⑤ 有话要说。
2 ① B　　② A　　③ A　　④ A　　⑤ B

31day

1 ③
2 ① 建议　② 邀请　③ 喜欢　④ 叫　⑤ 派

32day

1 ① X（→ 맞는 문장 : 孩子把糖吃了。）
　　② X（→ 맞는 문장 : 我没把电脑弄坏。）
　　③ O
　　④ X（→ 맞는 문장 : 我看见他了。）
　　⑤ O
2 ① B　　② A　　③ B　　④ D　　⑤ C

33day

1 ① X（→ 맞는 문장 : 那些画都被他卖了。）
　　② X（→ 맞는 문장 : 我没有被这本书吸引住。）
　　③ X（→ 맞는 문장 : 手机被朋友没拿走了。）
　　④ O　　⑤ O
2 ① 给　　② 所　　③ 为　　④ 被

34day

1 ① X（→ 맞는 문장 : 桌子上放着很多书。）
　　② X（→ 맞는 문장 : 我们班走了一个同学。）
　　③ O
　　④ X（→ 맞는 문장 : 前边来了一个人。）
　　⑤ X（→ 맞는 문장 : 教室里站着一个老师。）
2 ① 种　　② 贴　　③ 放　　④ 坐　　⑤ 躺

1 相当 / 极其 / 十分 / 格外

2 ① (→ 맞는 문장 : 他的汉语水平越来越高了。)
③ (→ 맞는 문장 : 这件衣服有点儿大。)
④ (→ 맞는 문장 : 我特别喜欢看。)

3 B / G

[본문 해석]

今天我们学校举办了一场运动会。班长让我参加一百米，他知道我跑得很快。我很兴奋地答应了，因为第一名可以拿到100元奖金。比赛开始我奋力地跑了，可是我很久没跑过，所以没拿到第一名。我气得要命，我决定以后我要再好好准备，下次一定拿第一名。

오늘 우리 학교에서 운동회를 개최했다. 반장은 내가 빨리 뛴다는 것을 알고 있어, 나에게 100미터 달리기에 참가하라고 했다. 나는 매우 흥분해서 응했는데, 1등은 100위안의 상금을 탈 수 있기 때문이다. 시합이 시작되고 나는 힘껏 뛰었지만, 나는 오랫동안 달리기를 해본 적이 없어서 1등을 차지하지 못했다. 나는 굉장히 화가 났고 앞으로 더 열심히 준비해서 다음 번에는 꼭 1등을 하겠다고 결심했다.

1 ① (→ 맞는 문장 : 我们开始写书法吧。)
② (→ 맞는 문장 : 教室里充满着笑声。)

2 ① 促进 ② 认为 ③ 担任
④ 千万 ⑤ 显得

1 ① ? ② 、 ③ : ④ 《》

2

		我	陪	妻	子	逛	商	店	。	我	们	一	进	商	店,
她	就	去	看	帽	子	,	觉	得	有	个	帽	子	很	可	爱,
就	买	了	一	个	。										

1 ① A ② C ③ B

[본문 해석]

아들은 어렸을 때, 말을 하기만 하면 얼굴이 빨개지고, 선생님의 질문에 대답을 할 때면 목소리가 너무 작았다. 나는 그때 아들 때문에 매우 걱정을 했지만, 나

이가 들어감에 따라 아들은 점점 성숙해졌고, 대학을 졸업한 후에는 우수한 변호사가 되어서, 나를 놀라게 했다.

2 ① 国庆节 ② 春节 ③ 七夕

1 ① 游泳 ② 聊天 ③ 写信 ④ 买礼物

2

		打	球	有	什	么	好	处	？	第	一	，	能	减	肥;
第	二	，	可	以	培	养	兴	趣	；	第	三	，	可	以	提
高	心	理	素	质	。										

1 ① 钓鱼 ② 养宠物
③ 停车 ④ 禁止吸烟

2 ① 改变 ② 因此 ③ 养成 ④ 习惯

		习	惯	是	不	容	易	改	变	的	，	因	此	，	在
孩	子	小	的	时	候	，	父	母	要	帮	他	们	养	成	好
的	生	活	、	学	习	习	惯	。							

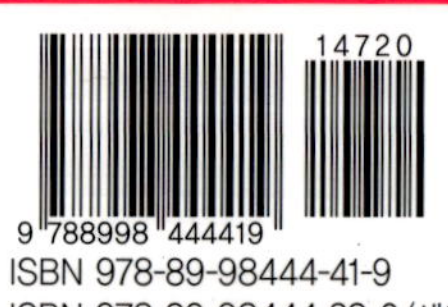

값 25,000원

ISBN 978-89-98444-41-9
ISBN 978-89-98444-28-0 (세트)

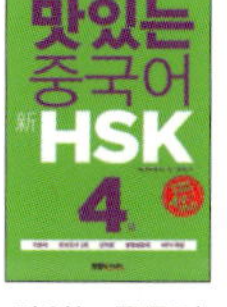

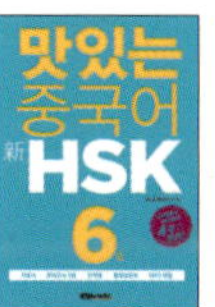

전공략 新HSK

두 달 에 5급 따기

실전 모의고사

맛있는 books

新汉语水平考试
HSK(五级)

注　意

一、HSK (五级) 分三部分：

    1. 听力 (45题，约30分钟)

    2. 阅读 (45题，45分钟)

    3. 书写 (10题，40分钟)

二、**听力结束后，有5分钟填写答题卡。**

三、全部考试约120分钟(含考生填写个人信息时间5分钟)。

一、听 力

第一部分

第 1–20 题：请选出正确答案。

1. **A** 乘务员
   B 推销员
   C 售票员
   D 收银员

2. **A** 要好好注意
   B 觉得还是个小孩子
   C 在责备妻子
   D 认为很正常

3. **A** 想装修厨房
   B 为弟弟庆祝
   C 做菜做得不好
   D 想以后当会计

4. **A** 忘了给名片
   B 最近比较忙
   C 忘了介绍自己
   D 想知道对方名字

5. **A** 成绩很好
   B 正在上网
   C 没被录取
   D 是大学生

6. **A** 打算去旅游
   B 第一次出国
   C 7月中旬回来
   D 要去做志愿者

7. **A** 妻子生病了
   B 女儿回家了
   C 找到工作了
   D 今天下班早

8. **A** 围巾
   B 象棋
   C 玩具
   D 沙发

9. **A** 非常像
   B 很一般
   C 弟弟高
   D 像爸爸

10. **A** 他们在校园里
    B 女的是外国人
    C 学校非常漂亮
    D 男的要毕业了

11. **A** 明天去南京出差
    B 正在修改合同
    C 工作做得特别好
    D 没陪王总去签合同

12. **A** 婚姻
    B 家务
    C 工资
    D 家电

13. **A** 要给予肯定
    B 比赛很精彩
    C 获得冠军不容易
    D 结果很难估计

14. **A** 看错日期了
    B 拿错优惠券了
    C 弄脏优惠券了
    D 忘带钱包了

15. **A** 颜色太鲜艳
    B 风格不理想
    C 是小孩子才喜欢
    D 适合做生日礼物

16. **A** 父母要求他学汉语
    B 学习很努力
    C 是个华侨
    D 在中国呆的时间长

17. **A** 宿舍
    B 银行
    C 餐厅
    D 图书馆

18. **A** 感谢
    B 后悔
    C 羡慕
    D 遗憾

19. **A** 功能太少
    B 要去修理
    C 该换新的
    D 够用了

20. **A** 灯太亮了
    B 现在就调
    C 电脑中毒了
    D 要买显示器

第二部分

第21-45题：请选出正确答案。

21. A 脖子疼
    B 睡眠不好
    C 感冒很严重
    D 不小心摔倒了

22. A 坐飞机
    B 坐汽车
    C 坐火车
    D 自己开车

23. A 升职了
    B 周末才能休息
    C 忙着在写论文
    D 有很多事要处理

24. A 办签证
    B 股市情况
    C 就业问题
    D 黄金价格

25. A 东西太多
    B 觉得碍事
    C 地方很窄
    D 怕被人偷

26. A 钱包
    B U盘
    C 文件
    D 照片

27. A 过去的宣传材料
    B 下周的日程安排
    C 参加会议人员名单
    D 上半年的销售情况

28. A 候车室
    B 机场
    C 路上
    D 停车场

29. A 男的在向女的求婚
    B 他们在大厅订饭店
    C 女的不喜欢住楼房
    D 他们想贷款买房子

30. A 公园
    B 黄山
    C 郊区
    D 苏州

31. A 自己不爱吃
    B 觉得乙很可怜
    C 削皮很麻烦
    D 不想扔掉

32. A 甲为人很好
    B 乙跟甲吵架了
    C 丙喜欢吃西瓜
    D 丙不懂得感谢

33. A 是接受
    B 是给予
    C 是相互的
    D 是重要的

34. A 对双方都有帮助
    B 两方面都快乐
    C 大家都赚钱
    D 双方健康状况良好

35. A 受欢迎
    B 很自私
    C 很聪明
    D 很节省

36. A 读名人传记
    B 很调皮
    C 成绩很好
    D 头脑不灵活

37. A 语文课
    B 网络课程
    C 生物学
    D 数学和物理

38. A 一直很聪明
    B 后来得了癌症
    C 喜欢为难老师
    D 小时候很笨

39. A 明朝
    B 宋朝
    C 清朝
    D 汉朝

40. A 喝了加醋的水
    B 用冷水把脚洗干净
    C 用绳子把头发系在屋顶上
    D 不停地提醒自己要学习

41. A 性格倔强
    B 学习刻苦
    C 嫌家里贫穷
    D 很调皮

42. A 马上就买
    B 反复比较
    C 讨价还价
    D 用信用卡

43. A 男女购物不同
    B 逛超市停车问题
    C 购物车的好处
    D 要搞清楚购物目的

44. A 倒水
    B 看形状
    C 听声音
    D 掉在地上

45. A 人要开阔眼界
    B 经验未必可靠
    C 积累知识很重要
    D 时间是很好的医生

二、阅 读

第一部分

第 46–60 题：请选出正确答案。

46–48.

　　一个人活在世上，一定要有自己真正喜欢的事情，才会活得很有意义。这喜好完全出自他的真心，而不是因为某种外在的＿＿46＿＿，例如金钱、名声之类。这就好像一个园丁，他只因为喜欢而经营着＿＿47＿＿自己的园林，种出了许多美丽的花木，为它们付出了自己的汗水。当他耕作时，他内心非常＿＿48＿＿。不论他走到哪里，都会牵挂着花木，就像母亲牵挂着自己的孩子。

46. **A** 和平　　　　　**B** 利益　　　　　**C** 重量　　　　　**D** 戏剧

47. **A** 属于　　　　　**B** 等于　　　　　**C** 实现　　　　　**D** 愿意

48. **A** 满足　　　　　**B** 民主　　　　　**C** 谦虚　　　　　**D** 痛苦

49–52.

　　我们天天都能听到各种各样的声音，有时甚至感觉噪音太多。不过有一些是设计者和工程师特意添加进去的。尽管它们骗了你，不过目的却是让你更＿＿49＿＿。

　　每当我们从自动取款机里取钱时，机器发出的那种"哗哗哗"的数钱声都使人倍感安心。它听起来如此＿＿50＿＿，绝大多数人都认为那是纸币在点钱的齿轮上滑动，然后被送进取钱槽的声音。＿＿51＿＿上你绝对可以为这些声音感谢扬声器。一台嵌入墙内的自动取款机应当是悄然无声的，因为它的主要部件，包括钱，都藏在墙壁的另一边。数钱声被刻意添加进取钱流程，从扬声器里传出来，只是为了告诉你：＿＿52＿＿。

49. **A** 放松　　　　　**B** 合法　　　　　**C** 日常　　　　　**D** 特殊

50. **A** 平均　　　　　**B** 业余　　　　　**C** 雄伟　　　　　**D** 真实

51.　**A** 后果　　　　　　**B** 事实　　　　　　**C** 结论　　　　　　**D** 政策

52.　**A** 请拿好你的卡　　　　　　　　**B** 对不起，没钱了
　　C 您放心，钱来了　　　　　　　**D** 很高兴为您服务

53–56.

　　刀削面源于元代，是山西名气最大、影响最广的面食，因其风味独特，名扬中外。刀削面凭借刀削而得名，以刀功和削技的绝妙而被＿＿53＿＿为"飞刀削面"，功艺绝伦的厨师削出来的面条"一根落汤锅，一根空中飘，一根刚出刀，根根鱼儿跃"。刀削面厚中薄边，棱角分明，＿＿54＿＿像长长的树叶，入口外滑不粘，弹而有力，越嚼越香，与浆汁、陈醋同吃，味道极佳，＿＿55＿＿。是中国五大面食之一，在北方广为＿＿56＿＿。

53.　**A** 存　　　　　　**B** 称　　　　　　**C** 举　　　　　　**D** 念

54.　**A** 状态　　　　　　**B** 形象　　　　　　**C** 形状　　　　　　**D** 形势

55.　**A** 面条种类很多　　　　　　　　**B** 让你十分感动
　　C 深受消费者的欢迎　　　　　　**D** 每个人的口味不相同

56.　**A** 流行　　　　　　**B** 传递　　　　　　**C** 实行　　　　　　**D** 保存

57–60.

　　清代乾隆年间，有两个书法家，一个极认真效仿古人，重视一笔一画酷似某某，＿＿57＿＿练到这一步，他便洋洋得意。

　　另一个＿＿58＿＿相反，力求每一笔每一画都与古人不同，重视自然，直到练到了这一步，才觉得心里踏实。

　　有一天，第一个书法家讽刺第二个书法家，说："请问，＿＿59＿＿？"

　　后一个并不生气，而是笑眯眯地反问了一句："您的字究竟哪一笔是您自己的呢？"

　　第一个听了，顿时哑口无言。

　　人要从没有路的地方走出一条路来，不能失去了自己的＿＿60＿＿，一味地模仿别人，那样只会失去自我，连自己的命运都无法把握了。

57.　**A** 曾经　　　　　**B** 一旦　　　　　**C** 陆续　　　　　**D** 凡是

58.　**A** 实际　　　　　**B** 正式　　　　　**C** 不但　　　　　**D** 正好

59.　**A** 能借给我你的笔吗　　　　　**B** 您想得到老师的称赞吗
　　　C 难道你连模仿都不会　　　　　**D** 您的哪字笔是古人的呢

60.　**A** 个性　　　　　**B** 财产　　　　　**C** 体积　　　　　**D** 行为

第二部分

第61-70题：请选出与试题内容一致的一项。

61. 百合是百合科百合属多年生草本植物，主要生长在北半球温带地区，世界上已发现有百多个品种，中国是其最主要的发源地，是百合属植物自然分布中心。近些年更有很多通过人工杂交而产生的新品种。百合的主要价值就在于观赏，有些品种也可作为蔬菜食用和入药。

    A 百合象征友谊   **B** 百合有助于消化

    C 百合可以大规模种植   **D** 有些百合具有药物价值

62. 人的短期记忆在早晨是最强的，但是短期记忆对几天后才进行的考试帮助不大。长期记忆有所不同，对于几天或几周之后仍要记住的资料，最好是下午研读。利用这个时间来学习特别有效。如果是学生明智的做法是较困难的课程安排在下午。同时要在下午完成大部分功课，而不要留到深夜。

    A 早上准备几天后的考试   **B** 把困难的课程安排在上午

    C 上午学习是最明智的做法   **D** 利用下午完成大部分功课

63. 仙人掌原来分布在不太干旱的地区，外形和普通的植物并没有多大的区别。只是由于沧海桑田的变化，原来湿润的地区变得越来越干旱，它的外形发生了变化。为了适应缺水气候、减少水分蒸发，叶子演变成短短的小刺，也能作阻止动物吞食的武器。它们的根非常发达，一旦下雨就会大量吸收水分，满足自身的生长需要。

    A 仙人掌有药用价值   **B** 仙人掌分布在湿润地区

    C 仙人掌的寿命很长   **D** 仙人掌的刺作用很大

64. 研究结果证实，有长期喝茶习惯的人，身体脂肪含量的比例明显比未喝茶的人要少，同时腹部脂肪也较少。并且随着饮茶习惯时间越长，燃脂效果越加明显。尤其是喝茶时间长达10年以上比未喝茶的人，体脂肪比例减少约20%，腹部脂肪减少约2.1%；女性更明显，分别为30%及5%。

A 女性更喜欢喝茶　　　　　　　B 喝茶的利与弊

C 喝茶的人更苗条　　　　　　　D 喝茶可以保持健康

65. 沙滩排球是一项在全球广受欢迎的沙滩运动。因为沙滩排球比赛对场地和器材的要求不是很高，而且比赛的时候还能充分享受阳光，沙滩和海水，所以这项运动从一开始就受到了极大的关注和发展。

A 打沙滩排球是一种享受　　　　B 打沙滩排球无法缓解压力

C 沙滩排球对场地要求很高　　　D 沙滩排球需要艰苦的训练

66. 中国有句话："五岳归来不看山，黄山归来不看岳"。五岳指的是，东岳泰山、西岳华山、南岳衡山、北岳恒山和中岳嵩山。意思就是，看过五岳回来就被五岳的美景所吸引而不再去看其他的山的景色了；而看过黄山回来更会被黄山大气而美丽的景色所吸引，因此不会再重视五岳了。

A 五岳是中国最美的山　　　　　B 黄山是五岳之一

C 黄山最值得一看　　　　　　　D 五岳有哪座山

67. 成长中，每个人都要经历一段"叛逆期"，这段时期的主要特征之一就是拒绝接受父母的管教，严重时会与父母对着干。事实上，这不是坏事儿，从心理发展的观点来看，这是获取独立思考能力必经的、不可缺少的阶段。

A 家长不应责备孩子　　　　　　B 孩子应该孝顺父母

C "叛逆期"的孩子不听话　　　　D "叛逆期"是每个人必经的阶段

68. 有一个孩子，每天都去山上放牛。为了打发时间，他经常向山下喊："狼来了，狼来了。"每当看到山下的农民们拿着木棒跑来救他，他就觉得很高兴。后来，狼真的来了，他又向山下喊起来了，可是人们以为那个孩子又在说谎骗他们，所以没有人去帮他。

A 做事要诚实　　　　　　　　　B 那个地方没有狼

C 人们不喜欢羊　　　　　　　　D 孩子得救了

69. 俗话说得好"金无足赤，人无完人"。然而在当今的社会生活中，很多用人
单位却在聘用新人时重才轻德。德就是品德，是指一个人对社会、对他人
责任心的一种体现。才就是才能，是指一个人实现自身价值的能力和方
法。对一个人而言，德是思想，是向导；才是智慧、能力，是工具。因此
用人既应重德，也应重才，德与才相辅相成。

A 德与才的关系　　　　　　　　　　**B** 德与才缺一不可

C 用人上应该重视品德　　　　　　　**D** 应该更重视才能

70. 有位妇女不小心打破了一个鸡蛋，这本是一件很平常的事，但这位妇女却
沿这种思路想下去了：一个鸡蛋经孵化后就可变成一只小鸡，假如孵出的
是母鸡，长大后又可以下很多蛋，蛋又可以孵化很多鸡。最后妇女大叫一
声："天哪! 我失去了一个养鸡场。"

A 那只鸡不能下蛋　　　　　　　　　　**B** 妇女想买一个养鸡场

C 夫妻之间不应给吵架　　　　　　　　**D** 妇女打破了一个鸡蛋

第三部分

第 71-90 题：请选出正确答案。

71-74.

　　很久以前，在一个水池里，住着一只脾气很坏的乌龟，它和来这里饮水的两只大雁变成了好朋友。后来，有一年，天旱了，池水干枯了，乌龟没办法，最后决定搬家，它想跟大雁一起到南方去生活。但它不会飞，于是两只大雁找了一根绳子，让乌龟咬着中间，大雁各执一端告诉乌龟不要说话，就起身高飞。

　　它们飞过碧绿的田野，飞过湛蓝的湖泊。地上的孩子们看见，觉得这个组合很有意思，边拍手边笑："你们看呀，那只乌龟真好笑啊。"乌龟原来挺高兴的，但听到嘲笑后非常生气，就想开口责骂他们。口一张开，就掉下来，撞到石头死去了。大雁叹气说："脾气坏，多么不好呀。"

71. 乌龟有怎样的特点？

　　A 聪明　　　　　　**B** 善良　　　　　　**C** 易怒　　　　　　**D** 自卑

72. 孩子们看见乌龟觉得怎么样？

　　A 很佩服它　　　　**B** 十分吃惊　　　　**C** 觉得很好笑　　　　**D** 感到很尴尬

73. 根据上文，下列哪项正确？

　　A 大雁轮流背着　　　　　　　　**B** 大雁觉得乌龟很重
　　C 乌龟被大雁骗了　　　　　　　　**D** 乌龟想去南方生活

74. 这篇文章要告诉我们什么？

　　A 学会控制自己的情绪　　　　　　**B** 要有一颗宽容的心
　　C 朋友多路好走　　　　　　　　　**D** 要明确自己的目标

75-78.

　　谭盾是一个爱好拉琴的年轻人，但是他刚去美国时，却必须在街头拉小提琴靠卖艺来赚钱。事实上，在街头卖艺跟摆地摊没什么区别，都必须抢个好地点才会有人潮，才能赚钱；而地块差的地方，当然生意就较差了！

　　特别幸运的是，谭盾和一位认识的黑人琴手一起，抢到了一个最能赚钱的好地点，即一家商业银行的门口。

　　过了一段时间，谭盾靠卖艺赚到了不少钱后，就和那位黑人琴手告别，因为他想去大学进修，在音乐学府里拜师求学，也想和琴艺高超的同学切磋技艺。于是，谭盾将所有的时间和精力都投入到了提高音乐素养和琴艺中……

　　十年后的一天，谭盾经过那家商业银行，看见昔日的老友———那位黑人琴手，依旧在那"最赚钱的地盘"拉琴。当那个黑人琴手发现谭盾的时候，很高兴地问道："兄弟啊，你现在在哪里拉琴啊？"谭盾回答了一个很著名的音乐厅的名字，但那个黑人琴手反问道："那家音乐厅的门前也是个好地盘，也很赚钱吗？""还可以啦，生意还不错啦！"谭盾没有纠正他，只是淡淡地说着。他怎么会想到，十年后的谭盾，已经是一位国际知名的音乐家了，他经常应邀在著名的音乐厅中登台演奏，而不是在门口拉琴卖艺。

75. 谭盾刚开始怎样赚钱？

　　A 到处讨钱　　　　**B** 在街头卖艺　　　**C** 开了个店　　　　**D** 投资股票

76. 谭盾赚了钱以后打算做什么？

　　A 举行婚礼　　　　**B** 买一个小提琴　**C** 做点小生意　　　**D** 去大学学习

77. 根据文章，我们可以知道，谭盾：

　　A 后来变得非常著名　　　　　　**B** 经常被人嘲笑
　　C 获得了博士学位　　　　　　　**D** 日子过得很惨

78. 本文主要想告诉我们什么？

　　A 不要满足于现状　　　　　　　**B** 要懂珍惜才配拥有
　　C 机会是自己找来的　　　　　　**D** 赚钱并不容易

79-82.

　　天气炎热出汗多，茶中含有丰富的钾，喝些茶饮料不但能补水，还能补充因出汗流失的钾。不过专家提醒，一天一次性的饮用大量的茶饮料是不符合科学的，有益的方法应该是一天分数次饮用，这样茶饮料中的多酚类、儿茶素才能够被人体充分利用。

　　夏季饮食应以清淡为宜，油腻的食物可以配茶同食，茶中又以大麦茶与乌龙茶较为适当。乌龙茶中的茶多酚能把油脂排出体外，还含有脂酶能够分解油脂，因而乌龙茶有溶解脂肪的功效。

　　夏季也是黑色素沉积的高峰期，女孩子脸上的小斑也是夏季最惹人烦恼的问题之一。绿茶与乌龙茶都有抗氧化作用。夏季出汗很多，给肌肤带来的负担也逐级上升，适当地多补充水分排毒养颜是夏季美容的必要良方。

　　绿茶含有丰富儿茶素、单宁酸和维生素C，乌龙茶还含有儿茶素与乌龙茶多酚，都有很强的抗氧化作用和预防发生癌症的功效。

　　多酚类抗氧化作用能够除去由于紫外线、抽烟、食品添加剂、压力等原因而在体内产生的活性氧，从而抑制维生素C的消耗，保持肌肤细致白嫩。另外乌龙茶本身含有维生素C的成分，美白肌肤、抵抗衰老可谓一举多得。

79. 根据本文，喝茶应该：

　　A 每次饮用大量的茶饮料　　　　**B** 每次饮用少量的茶饮料
　　C 每天喝一次　　　　　　　　　**D** 每天分几次多喝

80. 夏天喝什么最好？

　　A 绿茶　　　　　**B** 龙井茶　　　　　**C** 工夫茶　　　　　**D** 乌龙茶

81. 茶叶的功能中，本文没有提到的是：

　　A 美白肌肤　　　　**B** 延缓衰老　　　　**C** 溶解脂肪　　　　**D** 预防癌症

82. 下列哪项最适合做本文的标题？

　　A 茶叶的种类　　　**B** 茶道　　　　　**C** 饮茶的利弊　　　**D** 饮茶的作用

83–86.

　　在一家餐厅里，一位老太太点了一碗汤，在餐桌前坐下，突然想起来没有取面包。她起身，取了面包后，又返回餐桌，然而她看见自己的座位上坐着一个老头儿，正在喝她的那碗汤。"他没有权利喝我的汤。"老太太心里想，"可是，也许是他太穷了，我还是不要说算了。不过，也不能让他一个人把汤全喝光了。"于是，老太太拿起了汤匙，和那个老头儿同样的桌子，面对面地坐着，安安静静地用汤匙喝汤。

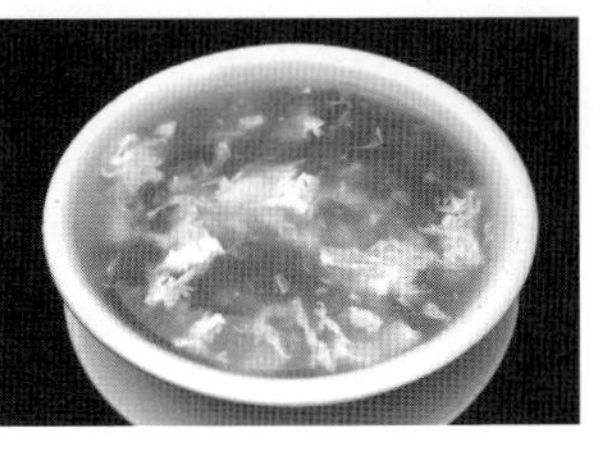

　　就这样，一碗汤被两个人共喝着，一把汤匙被他们轮着使用。两个人都默默不语。这时，老头儿突然站起来，端来了一盘面条，放在老太太面前，盘子里还有两把叉子。两个人继续吃着，吃完后，两个人都起来，准备离开。"再见。"老太太说。"再见。"老头儿回答，他显得很快乐，感到欣慰，因为他帮助了别人。

　　老头儿走后，老太太才发现旁边的餐桌上，放着一碗汤，一碗明显被人忘了喝的汤……

83. 老太太为什么惊讶？

　　A 汤不见了　　　　　　　　　　B 钱包被人偷了
　　C 老头儿帮她付钱　　　　　　　D 有人在喝她的汤

84. 根据文章，我们可以知道那碗汤：

　　A 老太太点了两碗　　　　　　　B 老头儿很穷
　　C 是老头儿买的　　　　　　　　D 餐厅里只有一张桌

85. 那位老头儿是什么样的人？

　　A 很善良　　　　B 很谦虚　　　　C 很可怜　　　　D 很贪心

86. 最适合做本文标题的是：

　　A 多心的老太太　　　　　　　　B 一碗汤的故事
　　C 一对夫妻　　　　　　　　　　D 分享才会有价值

87–90.

　　罗森在一家夜总会里吹萨克斯，收入一般，然而，却总是一副乐呵呵的样子，对什么事都表现出乐观的态度。他经常说：“太阳落了，还会再升起来，太阳升起来，也会再落下去，这就是生活。”

　　罗森很爱车，然而靠他的收入想买车是根本不可能的。和朋友们在一起的时候，他老是说：“要是能有一辆车，该多好啊！”眼中充满了无限的憧憬。有人跟他开玩笑说：“你去买彩票吧，中了奖就能买车了！”

　　于是他买了两块钱的彩票。可能是上天厚待于他，罗森靠着两块钱的一张体育彩票，却中了个大奖。

　　罗森终于<u>得偿所愿</u>，他用奖金买了一辆车，一天到晚开着车兜风，夜总会也去得不多了，人们经常看见他吹着口哨在林阴道上行驶，车也总是擦得一尘不染的。

　　然而有一天，罗森把车停在楼下，半小时后下来时，发现车被偷了。

　　朋友们得知后，想到他那么爱车如命，多少万块钱买的车转眼间就没了，都担忧他受不了这个打击，便相约来安慰他：“罗森，车丢了，你千万不要太伤心啊！”

　　罗森大笑起来，说道：“嘿，我为什么要伤心啊？”

　　朋友们怀疑地相互看着。

　　“如果你们谁不小心丢了两块钱，会伤心吗？”罗森接着说。

　　“当然不会！”有人说。

　　“是啊，我丢的就是两块钱啊！”罗森笑道。

87. 根据上文，我们可以知道那辆车：

A 用奖金买的　　　　　　　　　　**B** 花了他好几万块

C 是贷款买的　　　　　　　　　　**D** 是比赛胜利而获得的

88. 文中划线的句子的意思是：

A 归还所欠的债　　　　　　　　　　**B** 做事情非常顺利

C 愿望得到实现　　　　　　　　　　**D** 原来打算做的事没能做到

89. 根据上文，朋友们为什么安慰他？

    A 彩票没有中奖   **B** 他的车被偷了

    C 被警察开了罚单   **D** 再也不能吹萨克斯了

90. 本文主要讲什么？

    A 期望越高，失望越大   **B** 要乐观对待生活

    C 买彩票中奖者只是少数   **D** 命运掌握在自己的手里

三、书 写

第一部分

第91-98题：完成句子。

例如： 发表　　　这篇论文　　　什么时候　　　是　　　的

<u>这篇论文是什么时候发表的?</u>

91. 也　　　马主任　　　搞糊涂了　　　被这个

92. 教授的　　　那篇　　　引起了　　　论文　　　重视

93. 得　　　很干脆　　　答应　　　小李

94. 落了　　　灰尘　　　阳台上　　　一层厚厚的

95. 设计风格　　　独特　　　很　　　他们的

96. 显得　　　不耐烦　　　有些　　　老师

97. 创造了　　　销售　　　那本书　　　奇迹

98. 可以　　　这样做　　　费用　　　节省　　　不少

<h1 style="text-align:center">第二部分</h1>

第 99–100 题：写短文。

99.　请结合下列词语(**要全部使用**)，写一篇80字左右的短文。

　　吃亏、生意、产品、无奈、客户

100.　请结合这张照片写一篇80字左右的短文。

（音乐，30秒，渐弱）

大家好！欢迎参加HSK（五级）考试。
大家好！欢迎参加HSK（五级）考试。
大家好！欢迎参加HSK（五级）考试。

HSK（五级）听力考试分两部分，共45题。
请大家注意，听力考试现在开始。

第一部分

第 1 到 20 题，请选出正确答案。现在开始第1题：

1. 女：你有零钱吗？您给我一块，我找您一张五块的。
   男：有，我有一个一块钱的硬币。
   问：女的可能是做什么的？

2. 女：你注意观察了没有？儿子好像谈恋爱了。
   男：没看出来，不过他又不是小孩子，现在谈恋爱没什么不对啊。
   问：男的是什么态度？

3. 男：姐，告诉你个好消息，我得到注册会计师证了。
   女：太好了，我们今天去大饭店，好好吃一顿，给你庆祝一下。
   问：关于女的，下列哪项正确？

4. 男：请问，您贵姓？
   女：哦，对不起，我忘了自我介绍了。我姓赵，这是我的名片。
   问：女的怎么了？

5.　女：我听说面试结果已经出来了，你怎么样，通过了没?
　　男：刚刚查到了，我的总成绩是第一。
　　问：关于男的，可以知道什么?

6.　男：你参加了志愿活动，什么时候动身?
　　女：还不一定，可能是7月中旬。
　　问：关于女的，下列哪项正确?

7.　女：爸，您今天做什么菜了? 真香啊。
　　男：听说你今天回来，我专门给你炖了鸡汤，你尝尝。
　　问：男的为什么准备了鸡汤?

8.　女：爷爷的生日就要到了，你准备礼物了吗?
　　男：我看他以前的那副象棋太旧了，所以我想送他一副新的。
　　问：男的打算给爷爷什么?

9.　男：你看他们兄弟俩长得太像了，跟双胞胎似的。
　　女：是，你知道他们谁大，谁小吗?
　　问：他们觉得这兄弟俩长得怎么样?

10.　男：这是我们学校的代表性建筑，你不拍张照片留念吗?
　　女：好主意，就在这儿拍吧?
　　问：根据对话，下列哪项正确?

11.　女：你今天下午不陪王总去签合同了吗?
　　男：今天不能签了，对方对合同内容有点儿不满意，双方还要再谈一下。
　　问：关于男的，可以知道什么?

12.　男：你们俩家务一般是怎么分配的?
　　女：我来打扫卫生、洗衣服，他负责做饭，他做菜做得很好。
　　问：他们在谈论哪个话题?

13.　女：作为一名解说员，凭你的经验，您觉得这场比赛哪个队更有可能胜出?
　　男：足球场上什么情况都可能出现，不到最后一秒，谁也不能断定输赢。
　　问：男的是什么意思?

14. 男：不好意思，您的这张优惠券已经过了有效期。
    女：我看一下，对不起，我拿错了，等一下我给你别的。
    问：女的为什么表示道歉?

15. 男：这种窗帘怎么样，挺漂亮的吧?
    女：还不错，可是跟咱们家房间装修的风格不太合适。
    问：女的认为这种窗帘怎么样?

16. 女：我男朋友是华侨，平时我们都是用中文对话。
    男：怪不得他的中文那么好。
    问：为什么她男朋友的汉语说得那么好?

17. 男：喂? 你在哪儿? 在宿舍吗?
    女：我不在宿舍，我在图书馆看书呢，找我有事儿吗?
    问：女的现在在哪儿?

18. 女：幸亏你昨晚给我发了个信息，要不然我今天就得白去一趟了。
    男：我也是昨天下午才听说的，担心你不知道，就马上告诉你。
    问：女的是什么语气?

19. 女：爸，你买个新手机吧，这个旧的功能太少了。
    男：对我来说，手机能发短信，可接打电话就够了。
    问：男的觉得自己的手机怎么样?

20. 男：你的电脑屏幕太亮了，太刺激，这样对眼睛不好。
    女：好的，我调暗一点儿。
    问：女的是什么意思?

第 21 到 45 题，请选出正确答案。现在开始第 21 题：

21. 女：你怎么了？脖子难受吗？
    男：有点儿。左右转时候，有点儿疼。
    女：你出去活动一下吧，肯定是用电脑的时间太长了。
    男：好吧。
    问：男的怎么了？

22. 男：我姐姐下周结婚，我要回家一趟。
    女：是嘛！买票了吗？马上国庆节了，火车票可能不容易买。
    男：不用，我家就在北京附近，坐汽车走高速四个小时就能到。
    女：那不错。
    问：男的打算怎么回家？

23. 男：最近干什么呢？整天看不见你的影子。
    女：最近特别忙，有很多事等着处理。
    男：周末也不休息吗？
    女：可能加班，有事吗？
    问：女的最近怎么样？

24. 女：你好，今天黄金多少钱一克？
    男：今天是397。
    女：比前一段时间便宜了。
    男：是便宜了一些，但金价最近很稳定。
    问：女的在咨询什么？

25. 男：新沙发放哪儿比较好？
    女：放客厅吧，这儿最适合，我早就想好了。
    男：不好，我觉得放阳台那边更好。
    女：阳台那边太碍事，还是这儿好。
    问：女的为什么不同意放阳台那边？

26. 女：我记得我把文件保存在桌面上了，怎么不见了呢。
    男：你是不是设置成隐藏的，把文件隐藏了？
    女：我不知道怎么隐藏啊？你来帮我找找吧。
    男：好的，等我一下。
    问：女的在找什么？

27. 男：你负责这次宣传活动吗？
    女：对，我想参考一下以前你们做的一些宣传资料。
    男：这是已经整理好的，给你，希望这对你有用。
    女：太感谢你了。
    问：女的想看什么？

28. 男：真是太巧了，你也坐这趟车?
    女：是啊，真巧。单位派我去南京出差。
    男：你是几号车厢?
    女：9号车厢12号。
    问：他们现在最可能在哪儿？

29. 女：我问了一下，这附近80平米的房子基本上都得100万。
    男：我们就买那套吧。
    女：我听你的，你同意的话，我们贷款买，怎么样？
    男：行，那我们明天就去吧。
    问：根据对话，下列哪项正确？

30. 男：这两天活动的行程表安排好了吗？
    女：没有。小王说会尽快发给大家。
    男：这次咱们去的是郊区吗？
    女：对，听说风景不错，还可以游泳呢。
    问：他们这次活动安排在哪儿？

第 31 到 32 题是根据下面一段话：

甲不爱吃西瓜，所以吃西瓜时都把西瓜给乙吃。开始的时候乙很高兴，时间长了就习惯了。习惯后，就觉得这是应该的。后来有一天甲把西瓜给了丙，乙就生气了，根本没想起甲才是西瓜的主人，甲想给谁就给谁。为此他们吵了一架，断绝了交往。事实上，不是别人变坏了，而是我们要求的更多了。当接受成了习惯，回报就会被忽视。

31. 甲为什么把西瓜给乙？

32. 根据这段话，可以知道什么？

第 33 到 35 题是根据下面一段话：

只要是玩过跷跷板的人都知道，一人坐在跷跷板的一头，想要让一边翘起来，只有一边用力压才可以；假如双方都不愿意向下压，那样游戏就无法继续玩儿下去了。只有两个人交换着用力压，才能不断体会游戏的快乐。人与人之间的互动，就如坐跷跷板一样，关心、帮助等都是一个相互的过程。关心他人，给予他人，看上去是一种失去，但我们在付出的同时也能从对方那里收获不少，最终实现双赢。一个人永远不想吃亏，不愿给予，即使真的获得很多好处，也不会得到快乐。那是因为，自私的人如同坐在一个静止的跷跷板顶端，尽管他保有了高高在上的地位，却也失去了无限的快乐，这对双方来说都是一种遗憾。

33. 人与人之间的关系有什么特点？

34. 双赢最可能是什么意思？

35. 关于不愿意吃亏的人，下列哪项正确？

第 36 到 38 题是根据下面一段话：

爱因斯坦小时候许多人认为他很笨，但实际上并不是这样的。爱因斯坦在小学期间成绩很不错。特别是二年级期末，他得到了全班第一。他开始阅读康德的一些作品是在中学时期。上大学时，他自学了数学和物理，由于水平已经远远超过学校的要求，所以上课时他常常提出老师也回答不了的问题，因此时常出现尴尬的场面。既然这样，为什么人们觉得爱因斯坦很笨呢？因为3岁多时他的语言能力发育得并不好，这让他的父母担心他智商是否有问题，不过仅此而已。其实爱因斯坦一点儿都不笨。这种说法一直流传到现在，只是想鼓励人们，即使以前学习不好，未来也是能成功的罢了。

36. 爱因斯坦小时候怎么样?

37. 大学时爱因斯坦自学了什么课程?

38. 关于爱因斯坦, 可以知道什么?

第 39 到 41 题是根据下面一段话:

　　汉朝的时候, 有个人名叫孙敬, 是著名的政治家。他年轻时勤奋好学, 经常关起门, 独自一人不停地读书。每天从早到晚读书, 常常一直看到后半夜。读书时间长, 劳累了, 还不休息。时间久了, 有时不免打起瞌睡来。他怕影响自己的读书学习, 于是想出了一个特别的办法。古时候, 男子的头发很长。他就找一根绳子, 一头系在自己的头发上, 另一头系在房顶上。当他读书困了想睡觉的时候, 头一低, 绳子就会牵住头发, 这样会把头拉得很痛, 马上就清醒了, 再继续读书学习。

39. 孙敬是哪个朝代的人?

40. 孙敬想出一个什么样的办法?

41. 孙敬有什么特点?

第 42 到 43 题是根据下面一段话:

　　女人逛超市普遍都是买些欢喜, 为了找到喜欢的商品会乐此不疲。找到之后, 又会根据价格反复比较, 精挑细选。就算没有找到自己喜欢的商品, 女人也会大包小包买很多物美价廉的东西回来。而男人去超市是普遍都目标明确, 他们清楚自己到底要买什么, 推着购物车快速前进。走到该商品的货架前, 不管贵不贵, 看准了就往购物车里装。他们不愿意比较价格, 也不会寻找打折商品。

42. 女人看到自己要买的东西会怎么样?

43. 这段话主要谈什么?

第 44 到 45 题是根据下面一段话：

　　小时候大人告诉我，要想知道开水瓶保不保温，只要把耳朵靠近开水瓶口听一听，如果瓶口发出"嗡嗡"的声音就是保温的。可是后来在扔掉一只不保温的开水瓶时，我随意放到耳边听了一下，还是有"嗡嗡"的声音。这才知道这种判断方法一点儿也不可信。我们从长辈那里获得了丰富"经验"，理所当然地接受了，可是却很少有人去验证这些经验正确与否。有时候我们就是被"经验"这个东西遮住了眼睛，捆绑了思想，即便是纠正很明显的错误，也难以实现的。

　　44. 大人们怎样判断开水瓶是否保温？

　　45. 这段话主要想告诉我们什么？

一、听力

第一部分
1. D　2. D　3. B　4. C　5. A　6. D　7. B　8. B　9. A　10. A
11. D　12. B　13. D　14. B　15. B　16. C　17. D　18. A　19. D　20. B

第二部分
21. A　22. B　23. D　24. D　25. B　26. C　27. A　28. A　29. D　30. C
31. A　32. B　33. C　34. A　35. B　36. C　37. D　38. A　39. D　40. C
41. B　42. B　43. A　44. C　45. B

二、阅读

第一部分
46. B　47. A　48. A　49. A　50. D　51. B　52. C　53. B　54. C　55. C
56. A　57. B　58. D　59. D　60. A

第二部分
61. D　62. D　63. D　64. C　65. A　66. C　67. D　68. A　69. B　70. D

第三部分
71. C　72. C　73. D　74. A　75. B　76. D　77. A　78. A　79. D　80. D
81. B　82. D　83. D　84. C　85. A　86. B　87. A　88. C　89. B　90. B

三、书写

第一部分
91. 马主任也被这个搞糊涂了。
92. 那篇论文引起了教授的重视。
93. 小李答应得很干脆。
94. 阳台上落了一层厚厚的灰尘。
95. 他们的设计风格很独特。
96. 老师显得有些不耐烦。
97. 那本书创造了销售奇迹。
98. 这样做可以节省不少费用。

第二部分

99.
　　我的老板跟别人做生意的时候，从来不吃亏。客户都说我的老板太精明了，如果可以的话，不想跟他打交道。但是我知道他们也很无奈，因为只有我的公司卖这个产品，他们不得不和我们公司合作。

100.
　　图片上很多人在考试。每个人都参加过很多考试，那么考试时有什么注意事项呢？第一，要遵守考场规则；第二，别忘了带准考证和身份证；第三，考试时不能打手势、作弊。为了考试成功，我们要注意这几个事项。

新 汉 语 水 平 考 试
HSK(五级)答题卡

姓名	
中文	

序号	[0] [1] [2] [3] [4] [5] [6] [7] [8] [9]
	[0] [1] [2] [3] [4] [5] [6] [7] [8] [9]
	[0] [1] [2] [3] [4] [5] [6] [7] [8] [9]
	[0] [1] [2] [3] [4] [5] [6] [7] [8] [9]
	[0] [1] [2] [3] [4] [5] [6] [7] [8] [9]

考点代码	[0] [1] [2] [3] [4] [5] [6] [7] [8] [9]
	[0] [1] [2] [3] [4] [5] [6] [7] [8] [9]
	[0] [1] [2] [3] [4] [5] [6] [7] [8] [9]
	[0] [1] [2] [3] [4] [5] [6] [7] [8] [9]
	[0] [1] [2] [3] [4] [5] [6] [7] [8] [9]
	[0] [1] [2] [3] [4] [5] [6] [7] [8] [9]
	[0] [1] [2] [3] [4] [5] [6] [7] [8] [9]

国籍	[0] [1] [2] [3] [4] [5] [6] [7] [8] [9]
	[0] [1] [2] [3] [4] [5] [6] [7] [8] [9]
	[0] [1] [2] [3] [4] [5] [6] [7] [8] [9]

性别	男　[1] 　　　　女　[2]

年龄	[0] [1] [2] [3] [4] [5] [6] [7] [8] [9]
	[0] [1] [2] [3] [4] [5] [6] [7] [8] [9]

注意	请用2B铅笔这样写：■

一、听力

1. [A] [B] [C] [D]　　6. [A] [B] [C] [D]　　11. [A] [B] [C] [D]　　16. [A] [B] [C] [D]　　21. [A] [B] [C] [D]
2. [A] [B] [C] [D]　　7. [A] [B] [C] [D]　　12. [A] [B] [C] [D]　　17. [A] [B] [C] [D]　　22. [A] [B] [C] [D]
3. [A] [B] [C] [D]　　8. [A] [B] [C] [D]　　13. [A] [B] [C] [D]　　18. [A] [B] [C] [D]　　23. [A] [B] [C] [D]
4. [A] [B] [C] [D]　　9. [A] [B] [C] [D]　　14. [A] [B] [C] [D]　　19. [A] [B] [C] [D]　　24. [A] [B] [C] [D]
5. [A] [B] [C] [D]　　10. [A] [B] [C] [D]　　15. [A] [B] [C] [D]　　20. [A] [B] [C] [D]　　25. [A] [B] [C] [D]

26. [A] [B] [C] [D]　　31. [A] [B] [C] [D]　　36. [A] [B] [C] [D]　　41. [A] [B] [C] [D]
27. [A] [B] [C] [D]　　32. [A] [B] [C] [D]　　37. [A] [B] [C] [D]　　42. [A] [B] [C] [D]
28. [A] [B] [C] [D]　　33. [A] [B] [C] [D]　　38. [A] [B] [C] [D]　　43. [A] [B] [C] [D]
29. [A] [B] [C] [D]　　34. [A] [B] [C] [D]　　39. [A] [B] [C] [D]　　44. [A] [B] [C] [D]
30. [A] [B] [C] [D]　　35. [A] [B] [C] [D]　　40. [A] [B] [C] [D]　　45. [A] [B] [C] [D]

二、阅读

46. [A] [B] [C] [D]　　51. [A] [B] [C] [D]　　56. [A] [B] [C] [D]　　61. [A] [B] [C] [D]　　66. [A] [B] [C] [D]
47. [A] [B] [C] [D]　　52. [A] [B] [C] [D]　　57. [A] [B] [C] [D]　　62. [A] [B] [C] [D]　　67. [A] [B] [C] [D]
48. [A] [B] [C] [D]　　53. [A] [B] [C] [D]　　58. [A] [B] [C] [D]　　63. [A] [B] [C] [D]　　68. [A] [B] [C] [D]
49. [A] [B] [C] [D]　　54. [A] [B] [C] [D]　　59. [A] [B] [C] [D]　　64. [A] [B] [C] [D]　　69. [A] [B] [C] [D]
50. [A] [B] [C] [D]　　55. [A] [B] [C] [D]　　60. [A] [B] [C] [D]　　65. [A] [B] [C] [D]　　70. [A] [B] [C] [D]

71. [A] [B] [C] [D]　　76. [A] [B] [C] [D]　　81. [A] [B] [C] [D]　　86. [A] [B] [C] [D]
72. [A] [B] [C] [D]　　77. [A] [B] [C] [D]　　82. [A] [B] [C] [D]　　87. [A] [B] [C] [D]
73. [A] [B] [C] [D]　　78. [A] [B] [C] [D]　　83. [A] [B] [C] [D]　　88. [A] [B] [C] [D]
74. [A] [B] [C] [D]　　79. [A] [B] [C] [D]　　84. [A] [B] [C] [D]　　89. [A] [B] [C] [D]
75. [A] [B] [C] [D]　　80. [A] [B] [C] [D]　　85. [A] [B] [C] [D]　　90. [A] [B] [C] [D]

三、书写

91. ____ 一

92. ____ 一

93. ____ 一

94. ____ 一

95. ＿＿＿＿＿＿＿＿＿＿＿＿＿＿＿＿＿＿＿＿＿＿＿＿＿＿＿＿＿＿

96. ＿＿＿＿＿＿＿＿＿＿＿＿＿＿＿＿＿＿＿＿＿＿＿＿＿＿＿＿＿＿

97. ＿＿＿＿＿＿＿＿＿＿＿＿＿＿＿＿＿＿＿＿＿＿＿＿＿＿＿＿＿＿

98. ＿＿＿＿＿＿＿＿＿＿＿＿＿＿＿＿＿＿＿＿＿＿＿＿＿＿＿＿＿＿

99.

100.

2013년 汉办·新HSK 필수 어휘 개정 단어 수록

만점 단어 1300

5급 만점 단어 중→한→중 녹음 MP3 파일
www.booksJRC.com에서 무료 다운로드하실 수 있습니다.

01day 1~130

哎	āi 〔감탄〕 놀람, 반가움 등을 나타냄
唉	āi 〔감탄〕 탄식을 나타냄
爱护	àihù 〔동〕 소중히 하다, 잘 보살피다
爱惜	àixī 〔동〕 아끼다, 소중히 여기다
爱心	àixīn 〔명〕 사랑하는 마음
安慰	ānwèi 〔동〕 위로하다, 안위하다
安装	ānzhuāng 〔동〕 설치하다, 고정시키다
岸	àn 〔명〕 해안, 기슭
暗	àn 〔형〕 어둡다
熬夜	áoyè 〔동〕 밤새다, 철야하다
把握	bǎwò 〔명〕 확신, 자신감 〔동〕 잡다, 쥐다
摆	bǎi 〔동〕 놓다, 배열하다, 벌여 놓다
办理	bànlǐ 〔동〕 처리하다, 취급하다
傍晚	bàngwǎn 〔명〕 저녁 무렵
包裹	bāoguǒ 〔명〕 소포, 보따리
包含	bāohán 〔동〕 포함하다
包括	bāokuò 〔동〕 포함하다
薄	báo 〔형〕 엷다, 얇다
宝贝	bǎobèi 〔명〕 보배, 보물
宝贵	bǎoguì 〔형〕 진귀하다, 귀중하다
保持	bǎochí 〔동〕 유지하다, 지키다
保存	bǎocún 〔동〕 보존하다, 간수하다
保留	bǎoliú 〔동〕 남겨 두다, 간직하다
保险	bǎoxiǎn 〔명〕 보험
报到	bàodào 〔동〕 도착하였음을 알리다
报道	bàodào 〔명〕 (뉴스 등의) 보도
报告	bàogào 〔명〕 보고서, 리포트
报社	bàoshè 〔명〕 신문사
抱怨	bàoyuàn 〔동〕 불평하다
悲观	bēiguān 〔형〕 비관하다, 비관적이다
背	bèi 〔명〕 등
背景	bèijǐng 〔명〕 배경, 배후
被子	bèizi 〔명〕 이불
本科	běnkē 〔명〕 (대학교의) 학부 (과정)
本领	běnlǐng 〔명〕 기량, 능력, 수완
本质	běnzhì 〔명〕 본성, 본질
比例	bǐlì 〔명〕 비례
彼此	bǐcǐ 〔대〕 피차, 상호, 서로
必然	bìrán 〔부〕 분명히, 반드시, 꼭
必要	bìyào 〔형〕 필요하다
毕竟	bìjìng 〔부〕 어차피, 결국
避免	bìmiǎn 〔동〕 피하다, (모)면하다
编辑	biānjí 〔동〕 편집하다

鞭炮	biānpào 〔명〕 폭죽
便	biàn 〔부〕 곧, 바로, 즉시
辩论	biànlùn 〔동〕 변론하다
标点	biāodiǎn 〔명〕 구두점
标志	biāozhì 〔명〕 상징, 표지
表达	biǎodá 〔동〕 나타내다, 표현하다
表面	biǎomiàn 〔명〕 표면, 겉, 외관
表明	biǎomíng 〔동〕 분명하게 밝히다
表情	biǎoqíng 〔명〕 표정
表现	biǎoxiàn 〔동〕 나타내다, 표현하다
冰激凌	bīngjīlíng 〔명〕 아이스크림
病毒	bìngdú 〔명〕 컴퓨터 바이러스
玻璃	bōli 〔명〕 유리
播放	bōfàng 〔동〕 방영하다, 방송하다
脖子	bózi 〔명〕 목
博物馆	bówùguǎn 〔명〕 박물관
补充	bǔchōng 〔동〕 보충하다
不安	bù'ān 〔형〕 불안하다, 편안하지 않다
不得了	bùdéliǎo 〔형〕 큰일났다, 야단났다
不断	búduàn 〔부〕 계속해서, 끊임없이
不见得	bú jiàndé 〔부〕 반드시 ~한 것은 아니다
不耐烦	bú nàifán 〔형〕 귀찮다, 성가시다
不然	bùrán 〔접〕 그렇지 않으면
不如	bùrú ~만 못하다, ~하는 편이 낫다
不要紧	bú yàojǐn 〔형〕 괜찮다
不足	bùzú 〔형〕 부족하다, 충분하지 않다
布	bù 〔명〕 천, 베, 포
步骤	bùzhòu 〔명〕 순서, 절차
部门	bùmén 〔명〕 부문, 부서
财产	cáichǎn 〔명〕 재산, 자산
采访	cǎifǎng 〔동〕 탐방하다, 인터뷰하다
采取	cǎiqǔ 〔동〕 채택하다, 취하다
彩虹	cǎihóng 〔명〕 무지개
踩	cǎi 〔동〕 밟다, 딛다
参考	cānkǎo 〔동〕 참고하다, 참조하다
参与	cānyù 〔동〕 참여하다, 참가하다
惭愧	cánkuì 〔형〕 부끄럽다, 창피하다
操场	cāochǎng 〔명〕 운동장
操心	cāoxīn 〔동〕 마음을 쓰다
册	cè 〔양〕 권, 책[책을 셀 때 쓰임]
测验	cèyàn 〔동〕 시험하다, 테스트하다
曾经	céngjīng 〔부〕 일찍이, 이전에
叉子	chāzi 〔명〕 포크
差距	chājù 〔명〕 격차, 차이, 갭(gap)

插	chā 〔동〕 끼우다, 꽂다, 삽입하다
拆	chāi 〔동〕 뜯다, 떼어 내다
产品	chǎnpǐn 〔명〕 생산품, 제품
产生	chǎnshēng 〔동〕 생기다, 발생하다
长途	chángtú 〔형〕 장거리의, 먼 거리의
常识	chángshí 〔명〕 상식, 일반 지식
抄	chāo 〔동〕 베끼다, 베껴 쓰다
超级	chāojí 〔형〕 슈퍼의, 최상급의
朝	cháo 〔개〕 ~을 향하여, ~쪽으로
潮湿	cháoshī 〔형〕 습하다, 축축하다
吵	chǎo 〔형〕 시끄럽다
吵架	chǎojià 〔동〕 말다툼하다, 다투다
炒	chǎo 〔동〕 볶다
车库	chēkù 〔명〕 차고
车厢	chēxiāng 〔명〕 객실, 화물칸
彻底	chèdǐ 〔형〕 철저하다, 철저히 하다
沉默	chénmò 〔동〕 침묵하다
趁	chèn 〔개〕 ~을 틈타, ~을 이용하여
称	chēng 〔동〕 부르다, 칭하다, 일컫다
称呼	chēnghu 〔동〕 ~라고 부르다
称赞	chēngzàn 〔동〕 칭찬하다
成分	chéngfèn 〔명〕 성분, 요소
成果	chéngguǒ 〔명〕 성과, 결과
成就	chéngjiù 〔명〕 성취, 성과, 업적
成立	chénglì 〔동〕 창립하다, 설립하다
成人	chéngrén 〔명〕 성인, 어른
成熟	chéngshú 〔형〕 성숙하다, 숙련되다
成语	chéngyǔ 〔명〕 성어, 관용어
成长	chéngzhǎng 〔동〕 성장하다, 자라다
诚恳	chéngkěn 〔형〕 진실하다, 간절하다
承担	chéngdān 〔동〕 맡다, 담당하다
承认	chéngrèn 〔동〕 인정하다
承受	chéngshòu 〔동〕 받아들이다
程度	chéngdù 〔명〕 정도
程序	chéngxù 〔명〕 순서, 절차, 단계
吃亏	chīkuī 〔동〕 손해를 보다, 손해를 입다
池塘	chítáng 〔명〕 연못
迟早	chízǎo 〔부〕 조만간, 머지않아
持续	chíxù 〔동〕 지속하다
尺子	chǐzi 〔명〕 자
翅膀	chìbǎng 〔명〕 날개
充电器	chōngdiànqì 〔명〕 충전기
充分	chōngfèn 〔형〕 충분하다

在于	zàiyú 통 ~에 있다, ~에 달려있다
赞成	zànchéng 통 찬성하다, 찬동하다
赞美	zànměi 통 찬미하다, 찬양하다
糟糕	zāogāo 형 못 쓰게 되다, 엉망이 되다, 망치다
造成	zàochéng 통 초래하다, 조성하다
则	zé 부 상반되게
责备	zébèi 통 책하다, 탓하다, 책망하다
摘	zhāi 통 따다, 꺾다, 뜯다
窄	zhǎi 형 좁다
粘贴	zhāntiē 통 붙이다, 바르다
展开	zhǎnkāi 통 펴다, 펼치다
展览	zhǎnlǎn 통 전람하다
占	zhàn 통 (어떤 위치에) 처하다, 놓이다
战争	zhànzhēng 명 전쟁
长辈	zhǎngbèi 명 손윗사람, 어른
涨	zhǎng 통 오르다
掌握	zhǎngwò 통 숙달하다, 정통하다, 파악하다
账户	zhànghù 명 예금 계좌
招待	zhāodài 통 접대하다, 환대하다
着火	zháohuǒ 통 불나다
着凉	zháoliáng 통 감기에 걸리다
召开	zhàokāi 통 열다, 개최하다, 소집하다
照常	zhàocháng 통 평소대로 하다
哲学	zhéxué 명 철학
针对	zhēnduì 통 겨누다, 조준하다
珍惜	zhēnxī 통 진귀하게 여겨 아끼다, 귀중히 여기다
真实	zhēnshí 형 진실하다
诊断	zhěnduàn 통 진단하다
阵	zhèn 명 진지, 진영
振动	zhèndòng 통 진동하다, 흔들리다
争论	zhēnglùn 통 변론하다, 쟁론하다
争取	zhēngqǔ 통 쟁취하다, 구하다
征求	zhēngqiú 통 탐방하여 구하다
睁	zhēng 통 크게 뜨다
整个	zhěnggè 통 완정한 것, 모든 것
整齐	zhěngqí 형 가지런하다, 단정하다
整体	zhěngtǐ 명 전부, 전체, 총체
正	zhèng 형 바르다, 곧다
证件	zhèngjiàn 명 증명서, 증거 서류
证据	zhèngjù 명 증거
政府	zhèngfǔ 명 정부
政治	zhèngzhì 명 정치
挣	zhèng 통 (돈을) 벌다
支	zhī 양 자루, 개피[막대 모양의 물건을 셀 때 쓰임]
支票	zhīpiào 명 수표
执照	zhízhào 명 면허증, 허가증
直	zhí 형 곧다
指导	zhǐdǎo 통 지도하다, 가르치다
指挥	zhǐhuī 통 지휘하다
至今	zhìjīn 부 지금까지, 현재까지
至于	zhìyú 통 ~에 이르다 접 ~에 대해서
志愿者	zhìyuànzhě 명 자원 봉사자
制定	zhìdìng 통 제정하다, 세우다
制度	zhìdù 명 제도
制造	zhìzào 통 제조하다
制作	zhìzuò 통 제작하다, 만들다
治疗	zhìliáo 통 치료하다
秩序	zhìxù 명 질서
智慧	zhìhuì 명 지혜
中介	zhōngjiè 명 매개, 중개
中心	zhōngxīn 명 중심, 한가운데, 센터
中旬	zhōngxún 명 중순
种类	zhǒnglèi 명 종류
重大	zhòngdà 중대하다
重量	zhòngliàng 명 중량, 무게
周到	zhōudào 형 주도면밀하다, 빈틈없다
猪	zhū 명 돼지
竹子	zhúzi 명 대, 대나무
逐步	zhúbù 부 한 걸음씩, 점차, 단계적으로
逐渐	zhújiàn 부 점차, 점점
主持	zhǔchí 통 주관하다, 주재하다
主动	zhǔdòng 형 주도적이다, 자발적이다
主观	zhǔguān 형 주관적인
主人	zhǔrén 명 주인
主任	zhǔrèn 명 수임
主题	zhǔtí 명 주제
主席	zhǔxí 명 의장, 위원장
主张	zhǔzhāng 통 주장하다
煮	zhǔ 통 삶다, 끓이다
注册	zhùcè 통 등록하다, 등기하다
祝福	zhùfú 통 축복하다, 기원하다
抓	zhuā 통 (손가락, 발톱으로) 꽉 쥐다
抓紧	zhuājǐn 통 꽉 쥐다, 단단히 잡다
专家	zhuānjiā 명 전문가
专心	zhuānxīn 형 전심전력하다, 전념하다
转变	zhuǎnbiàn 통 바꾸다, 바뀌다
转告	zhuǎngào 통 전언하다, 전(달)하다
装	zhuāng 통 싣다, 꾸리다, 포장하다
装饰	zhuāngshì 통 장식하다
装修	zhuāngxiū 통 인테리어 하다
状况	zhuàngkuàng 명 상황, 형편
状态	zhuàngtài 명 상태
撞	zhuàng 통 부딪치다
追	zhuī 통 뒤쫓다, 쫓아가다
追求	zhuīqiú 통 추구하다, 탐구하다
咨询	zīxún 통 자문하다, 상의하다
姿势	zīshì 명 자세, 모양
资格	zīgé 명 자격
资金	zījīn 명 자금
资料	zīliào 명 자료
资源	zīyuán 명 자원
紫	zǐ 형 자색의, 자줏빛의
自从	zìcóng 개 ~에서부터
自动	zìdòng 형 자발적인, 자진하여
自豪	zìháo 형 스스로 자랑스럽게 생각하다
自觉	zìjué 통 자각하다, 스스로 느끼다
自私	zìsī 형 이기적이다
自由	zìyóu 형 자유롭다
自愿	zìyuàn 통 자원하다, 스스로 원하다
字母	zìmǔ 명 알파벳, 자모
字幕	zìmù 명 자막
综合	zōnghé 통 통괄하다, 총괄하다
总裁	zǒngcái 명 총재, 총수
总共	zǒnggòng 부 모두, 전부, 합쳐서
总理	zǒnglǐ 명 총리
总算	zǒngsuàn 부 마침내, 드디어, 결국
总统	zǒngtǒng 명 대통령
总之	zǒngzhī 접 한마디로 말하면, 총괄하자면
阻止	zǔzhǐ 통 저지하다, 가로막다
组	zǔ 명 조, 팀
组成	zǔchéng 통 구성하다
组合	zǔhé 통 조합하다, 조립하다
组织	zǔzhī 통 조직하다
最初	zuìchū 명 최초, 처음
醉	zuì 통 취하다, 빠지다
尊敬	zūnjìng 통 존경하다
遵守	zūnshǒu 통 준수하다, 지키다
作品	zuòpǐn 명 작품
作为	zuòwéi 개 ~의 신분으로서, 통 ~로 여기다
作文	zuòwén 통 문장을 쓰다, 작문하다

充满	chōngmǎn 동 충만하다	
冲	chōng 동 돌진하다, 돌파하다	
重复	chóngfù 동 반복하다, 되풀이하다	
宠物	chǒngwù 명 애완동물	
抽屉	chōuti 명 서랍	
抽象	chōuxiàng 형 추상적이다	
丑	chǒu 형 추하다, 못생기다	
臭	chòu 형 (냄새가) 지독하다	
出版	chūbǎn 동 출판하다, 발행하다, 출간하다	
出口	chūkǒu 동 수출하다	
出色	chūsè 형 특별히 좋다, 대단히 뛰어나다	
出示	chūshì 동 내보이다, 제시하다	
出席	chūxí 동 회의에 참가하다	
初级	chūjí 형 초급의	
除非	chúfēi 접 오로지 ~하여야 비로소	
除夕	chúxī 명 섣달 그믐날 밤	
处理	chǔlǐ 동 처리하다, 안배하다	
传播	chuánbō 동 널리 퍼뜨리다, 유포하다	
传染	chuánrǎn 동 전염하다, 옮다	
传说	chuánshuō 명 전설	
传统	chuántǒng 명 전통	
窗帘	chuānglián 명 커튼	
闯	chuǎng 동 돌진하다, 맹렬하게 돌격하다	
创造	chuàngzào 동 창조하다, 만들다	
吹	chuī 동 바람이 불다	
词汇	cíhuì 명 어휘	
辞职	cízhí 동 사직하다, 직장을 그만두다	
此外	cǐwài 명 이 외에, 이 밖에	
次要	cìyào 형 부차적인, 다음으로 중요한	
刺激	cìjī 동 자극하다	
匆忙	cōngmáng 형 매우 바쁘다	
从此	cóngcǐ 부 지금부터, 이제부터	
从而	cóng'ér 접 따라서, 이리하여, 그리하여	
从前	cóngqián 명 이전, 종전, 옛날	
从事	cóngshì 동 종사하다, 몸담다	
粗糙	cūcāo 형 (질감이) 거칠다, (일하는 데 있어) 어설프다	
促进	cùjìn 동 재촉하다, 독촉하다	
促使	cùshǐ 동 ~하도록 (재촉)하다	
醋	cù 명 식초	
催	cuī 동 재촉하다, 독촉하다	

存在	cúnzài 동 존재하다	
措施	cuòshī 명 조치, 대책	
答应	dāying 동 대답하다, 응답하다	
达到	dádào 동 달성하다, 도달하다	
打工	dǎgōng 동 아르바이트 하다, 일하다	
打交道	dǎ jiāodao 왕래하다, 교제하다	
打喷嚏	dǎ pēntì 재채기를 하다	
打听	dǎting 동 물어보다, 탐문하다	
大方	dàfang 형 시원시원하다, 거침없다	
大厦	dàshà 명 빌딩	
大象	dàxiàng 명 코끼리	
大型	dàxíng 형 대형의	
呆	dāi 형 멍청하다, 멍하다	
代表	dàibiǎo 동 대표하다	
代替	dàitì 동 대신하다, 대체하다	
贷款	dàikuǎn 동 대출하다	
待遇	dàiyù 명 대우, 대접	
担任	dānrèn 동 맡다, 담당하다	
单纯	dānchún 형 단순하다	
单调	dāndiào 형 단조롭다	
单独	dāndú 부 단독으로, 혼자서	
单位	dānwèi 명 직장, 기관, 단체	
单元	dānyuán 명 아파트의 라인	
耽误	dānwu 동 일을 그르치다, 시기를 놓치다	
胆小鬼	dǎnxiǎoguǐ 명 겁쟁이	
淡	dàn 형 싱겁다, (색깔이) 연하다	
当地	dāngdì 명 현지, 그 지방	
当心	dāngxīn 동 조심하다, 주의하다	
挡	dǎng 동 막다, 저지하다	
导演	dǎoyǎn 명 감독	
导致	dǎozhì 동 야기하다, 초래하다	
岛屿	dǎoyǔ 명 섬, 도서	
倒霉	dǎoméi 형 재수 없다, 운수 사납다	
到达	dàodá 동 도착하다, 이르다	
道德	dàodé 명 도덕	
道理	dàolǐ 명 규칙	
登记	dēngjì 동 등기하다, 체크인하다	
等待	děngdài 동 기다리다	
等于	děngyú 동 (수, 수량 등이) 같다	
滴	dī 동 (액체 등이) 떨어지다	
的确	díquè 부 확실히, 정말	
敌人	dírén 명 적	
地道	dìdao 형 진짜의, 본고장의	
地理	dìlǐ 명 지리	
地区	dìqū 명 지역	
地毯	dìtǎn 명 양탄자, 카펫	

地位	dìwèi 명 지위, 위치	
地震	dìzhèn 명 지진	
递	dì 동 전하다, 건네주다	
点心	diǎnxin 명 디저트	
电池	diànchí 명 전지, 배터리	
电台	diàntái 명 라디오 방송국	
钓	diào 동 낚시하다	
顶	dǐng 부 매우, 극도로	
动画片	dònghuàpiàn 명 만화영화, 애니메이션	
冻	dòng 동 얼다	
洞	dòng 명 구멍, 동굴	
豆腐	dòufu 명 두부	
逗	dòu 동 놀리다, 약 올리다	
独立	dúlì 동 홀로 서다, 독립하다	
独特	dútè 형 독특하다	
度过	dùguò 동 보내다, 지내다	
断	duàn 동 자르다, 끊다	
堆	duī 동 쌓이다	
对比	duìbǐ 동 대비하다	
对待	duìdài 동 대하다	
对方	duìfāng 명 상대방, 상대	
对手	duìshǒu 명 (시합) 상대	
对象	duìxiàng 명 대상, 결혼 상대	
兑换	duìhuàn 동 환전하다	
吨	dūn 양 톤, ton	
蹲	dūn 동 쭈그려 앉다, 쪼그리고 앉다	
顿	dùn 동 잠시 멈추다, 좀 쉬다	
多亏	duōkuī 동 덕분이다, 덕택이다	
多余	duōyú 형 나머지의, 여분의	
朵	duǒ 양 송이[구름, 꽃 등을 셀 때 쓰임]	
躲藏	duǒcáng 동 숨기다, 숨다	
恶劣	èliè 형 매우 나쁘다, 열악하다	
耳环	ěrhuán 명 귀고리	
发表	fābiǎo 동 발표하다, 선포하다	
发愁	fāchóu 동 골치 아파하다, 걱정하다	
发达	fādá 형 발달하다	
发抖	fādǒu 동 떨다	
发挥	fāhuī 동 발휘하다	
发明	fāmíng 동 발명하다	
发票	fāpiào 명 영수증, 송장	
发言	fāyán 동 발언하다, 말하다	
罚款	fákuǎn 동 벌금을 물리다, 벌금을 부과하다	
法院	fǎyuàn 명 법원	
翻	fān 동 뒤집다, 뒤집히다	

繁荣	fánróng 혱 번영하다, 번창하다
反而	fǎn'ér 튀 오히려, 도리어
反复	fǎnfù 튀 반복하여, 되풀이해서
反应	fǎnyìng 동 반응하다
反映	fǎnyìng 동 반영하다
反正	fǎnzhèng 튀 결국, 어차피, 어쨌든
范围	fànwéi 명 범위
方	fāng 혱 사각형의, 입방체의
方案	fāng'àn 명 방안, 방식, 계획
方式	fāngshì 명 방식
妨碍	fáng'ài 동 방해하다, 지장을 주다
仿佛	fǎngfú 튀 마치, 같이
非	fēi 튀 반드시, 기필코, 꼭
肥皂	féizào 명 비누
废话	fèihuà 동 쓸데없는 말을 하다
分别	fēnbié 동 이별하다, 헤어지다 튀 각각
分布	fēnbù 동 분포하다
分配	fēnpèi 동 분배하다
分手	fēnshǒu 동 헤어지다
分析	fēnxī 동 분석하다
纷纷	fēnfēn 튀 쉴 새 없이, 잇달아
奋斗	fèndòu 동 분투하다, 노력하다
风格	fēnggé 명 태도, 풍격, 품격
风景	fēngjǐng 명 풍경, 경치
风俗	fēngsú 명 풍속
风险	fēngxiǎn 명 위험
疯狂	fēngkuáng 혱 미친 듯하다, 미치다
讽刺	fěngcì 동 풍자하다
否定	fǒudìng 동 부정하다
否认	fǒurèn 동 부인하다
扶	fú 동 받치다, 부축하다
服装	fúzhuāng 명 의복, 의상
幅	fú 양 폭[직물, 그림 등을 셀 때 쓰임]
辅导	fǔdǎo 동 지도하다, 스터디하다
妇女	fùnǚ 명 부녀자
复制	fùzhì 동 복제하다
改革	gǎigé 동 개혁하다
改进	gǎijìn 동 개선하다
改善	gǎishàn 동 개선하다
改正	gǎizhèng 동 개정하다, 바르게 고치다
盖	gài 동 덮다
概括	gàikuò 동 개괄하다, 요약하다
概念	gàiniàn 명 개념
干脆	gāncuì 튀 차라리, 아예 혱 명쾌하다, 흔쾌하다
干燥	gānzào 혱 건조하다, 마르다

赶紧	gǎnjǐn 튀 서둘러, 급히, 어서
赶快	gǎnkuài 튀 빨리, 어서, 서둘러
感激	gǎnjī 동 감격하다, 고마움을 느끼다
感受	gǎnshòu 동 받다, 느끼다
感想	gǎnxiǎng 명 감상
干活儿	gàn huór 동 일하다
钢铁	gāngtiě 명 강철
高档	gāodàng 혱 고품질의, 고급의
高级	gāojí 혱 고급의
搞	gǎo 동 ~을 하다, 종사하다
告别	gàobié 동 이별을 고하다
格外	géwài 튀 특히, 더욱, 유달리
隔壁	gébì 명 이웃, 이웃집
个别	gèbié 혱 개별적인, 개개의
个人	gèrén 명 개인
个性	gèxìng 명 개성
各自	gèzì 대 각자, 각각의
根	gēn 명 (식물의) 뿌리
根本	gēnběn 명 근본
工厂	gōngchǎng 명 공장
工程师	gōngchéngshī 명 기술자, 엔지니어
工具	gōngjù 명 도구, 공구
工人	gōngrén 명 노동자, 근로자
工业	gōngyè 명 공업
公布	gōngbù 동 공포하다
公开	gōngkāi 동 공개하다
公平	gōngpíng 혱 공평하다
公寓	gōngyù 명 아파트
公元	gōngyuán 명 서기(西紀)
公主	gōngzhǔ 명 공주
功能	gōngnéng 명 기능, 효능, 작용
恭喜	gōngxǐ 동 축하하다
贡献	gòngxiàn 동 공헌하다, 이바지하다
沟通	gōutōng 동 교류하다, 소통하다
构成	gòuchéng 동 구성하다, 형성하다
姑姑	gūgu 명 고모
姑娘	gūniang 명 아가씨, 처녀
古代	gǔdài 명 고대
古典	gǔdiǎn 명 고전
股票	gǔpiào 명 주식
骨头	gǔtou 명 뼈
鼓舞	gǔwǔ 동 격려하다, 분발하게 하다
鼓掌	gǔzhǎng 동 손뼉을 치다, 박수하다
固定	gùdìng 혱 고정적이다

挂号	guàhào 동 등록하다, 수속하다
乖	guāi 혱 얌전하다, 말을 잘 듣다
拐弯	guǎiwān 동 방향을 바꾸다, 커브를 돌다
怪不得	guàibude 튀 어쩐지
关闭	guānbì 동 닫다
观察	guānchá 동 관찰하다
观点	guāndiǎn 명 관점, 입장
观念	guānniàn 명 관념, 의식
官	guān 명 관, 정부, 관청
管子	guǎnzi 명 관, 파이프, 튜브
冠军	guànjūn 명 1등, 챔피언, 우승
光滑	guānghuá 혱 반들반들하다, 매끄럽다
光临	guānglín 동 왕림하다
光明	guāngmíng 명 광명, 빛
光盘	guāngpán 명 콤팩트디스크
广场	guǎngchǎng 명 광장
广大	guǎngdà 혱 넓다
广泛	guǎngfàn 혱 광범하다, 범위가 넓다
归纳	guīnà 동 귀납하다, 종합하다
规矩	guīju 명 표준, 법칙
规律	guīlǜ 명 규율, 법칙
规模	guīmó 명 규모
规则	guīzé 명 규칙
柜台	guìtái 명 카운터, 계산대
滚	gǔn 동 구르다, 뒹굴다
锅	guō 명 솥, 냄비
国庆节	Guóqìngjié 명 국경절
国王	guówáng 명 국왕
果然	guǒrán 튀 과연
果实	guǒshí 명 과실
过分	guòfèn 혱 넘어서다, 지나치다
过敏	guòmǐn 동 알레르기 반응을 보이다
过期	guòqī 동 기한을 넘기다, 기한이 지나다
哈	hā 동 숨을 내쉬다
海关	hǎiguān 명 세관
海鲜	hǎixiān 명 해산물, 해물
喊	hǎn 동 소리치다, 큰소리로 부르다
行业	hángyè 명 직업, 업계
豪华	háohuá 혱 호화롭다, 사치스럽다
好客	hàokè 혱 손님 접대를 좋아하다
好奇	hàoqí 혱 호기심이 많다, 궁금하다

合法	héfǎ 형	합법적이다
合理	hélǐ 형	합리적이다, 도리에 맞다
合同	hétong 명	계약, 협정
合影	héyǐng 동	함께 (사진을) 찍다
合作	hézuò 동	협력하다
何必	hébì 부	하필 ~할 필요가 있는가
何况	hékuàng 접	하물며, 더군다나
和平	hépíng 명	평화
核心	héxīn 명	핵심, 중심
恨	hèn 동	원망하다, 증오하다
猴子	hóuzi 명	원숭이
后背	hòubèi 명	등
后果	hòuguǒ 명	(나쁜) 결과
呼吸	hūxī 동	호흡하다
忽然	hūrán 부	갑자기
忽视	hūshì 동	소홀히 하다
胡说	húshuō 동	헛소리하다
胡同	hútòng 명	골목
壶	hú 명	주전자, 항아리, 냄비
蝴蝶	húdié 명	나비
糊涂	hútu 형	어리석다, 멍청하다
花生	huāshēng 명	땅콩
划	huá 동	배를 젓다
华裔	huáyì 명	외국의 중국인 후예
滑	huá 동	미끄럽다, 반들반들하다
化学	huàxué 명	화학
话题	huàtí 명	화제, 논제
怀念	huáiniàn 동	그리다, 그리워하다
怀孕	huáiyùn 동	임신하다
缓解	huǎnjiě 동	풀어지다, 느슨해지다
幻想	huànxiǎng 동	환상을 가지다
慌张	huāngzhāng 형	안절부절못하다, 허둥대다
黄金	huángjīn 명	황금
灰	huī 명	재
灰尘	huīchén 명	먼지
灰心	huīxīn 동	낙담하다, 낙심하다
挥	huī 동	휘두르다, 흔들다, 내두르다
恢复	huīfù 동	회복하다, 회복되다
汇率	huìlǜ 명	환율
婚礼	hūnlǐ 명	결혼식, 혼례
婚姻	hūnyīn 명	혼인, 결혼
活跃	huóyuè 형	활동적이다, 활기 있다
火柴	huǒchái 명	성냥
伙伴	huǒbàn 명	동료, 동업자
或许	huòxǔ 부	아마, 어쩌면
机器	jīqì 명	기계, 기기
肌肉	jīròu 명	근육
基本	jīběn 형	기본의, 기본적인
激烈	jīliè 형	격렬하다, 치열하다, 극렬하다
及格	jígé 동	합격하다
极其	jíqí 부	매우, 대단히
急忙	jímáng 부	급히, 황급히, 바삐
急诊	jízhěn 형	응급 진료가 필요한
集合	jíhé 동	집합하다
集体	jítǐ 명	집단, 단체
集中	jízhōng 동	집중하다, 모으다
计算	jìsuàn 동	계산하다, 셈하다
记录	jìlù 동	기록하다
记忆	jìyì 동	기억하다, 떠올리다
纪录	jìlù 명	기록, 다큐멘터리
纪律	jìlǜ 명	기율, 기강, 법도
纪念	jìniàn 동	기념하다
系领带	jì lǐngdài	넥타이를 메다
寂寞	jìmò 형	외롭다, 쓸쓸하다
夹子	jiāzi 명	집게, 클립
家庭	jiātíng 명	가정
家务	jiāwù 명	가사, 집안일
家乡	jiāxiāng 명	고향
嘉宾	jiābīn 명	귀빈
甲	jiǎ 명	갑(甲)
假如	jiǎrú 접	만약, 만일, 가령
假设	jiǎshè 동	꾸며 내다
假装	jiǎzhuāng 동	가장하다, ~인 체하다
价值	jiàzhí 명	경제 가치
驾驶	jiàshǐ 동	운전하다
嫁	jià 동	시집가다, 출가하다
坚决	jiānjué 형	단호하다, 결연하다
坚强	jiānqiáng 형	굳세다, 굳고 강하다, 꿋꿋하다
肩膀	jiānbǎng 명	어깨
艰巨	jiānjù 형	어렵고 힘들다, 막중하다
艰苦	jiānkǔ 형	고달프다, 고생스럽다
兼职	jiānzhí 동	겸직하다 명 겸직
捡	jiǎn 동	줍다, 습득하다
剪刀	jiǎndāo 명	가위
简历	jiǎnlì 명	약력, 이력
简直	jiǎnzhí 부	그야말로, 너무나, 전혀
建立	jiànlì 동	창설하다, 건립하다
建设	jiànshè 동	창립하다, 건설하다
建筑	jiànzhù 명	건축물
健身	jiànshēn 동	신체를 건강하게 하다
键盘	jiànpán 명	건반, 키보드
讲究	jiǎngjiu 동	중요시하다, 소중히 여기다
讲座	jiǎngzuò 명	강좌
酱油	jiàngyóu 명	간장
交换	jiāohuàn 동	교환하다
交际	jiāojì 동	교제하다, 서로 사귀다
交往	jiāowǎng 동	왕래하다, 교제하다
浇	jiāo 동	(액체를) 뿌리다
胶水	jiāoshuǐ 명	풀
角度	jiǎodù 명	각도
狡猾	jiǎohuá 형	교활하다, 간교하다
教材	jiàocái 명	교재
教练	jiàoliàn 명	감독, 코치
教训	jiàoxùn 동	교훈하다
阶段	jiēduàn 명	단계, 계단
结实	jiēshi 형	굳다, 단단하다, 견고하다
接触	jiēchù 동	닿다, 접촉하다
接待	jiēdài 동	접대하다, 응접하다
接近	jiējìn 동	접근하다, 가까이하다
节省	jiéshěng 동	아끼다, 절약하다
结构	jiégòu 명	구성, 구조, 조직
结合	jiéhé 동	결합하다, 결부하다
结论	jiélùn 명	결론, 단안
结账	jiézhàng 동	장부를 결산하다, 계산하다
戒	jiè 동	(좋지 못한 습관을) 끊다
戒指	jièzhi 명	반지
届	jiè 양	회[회의 등을 셀 때 쓰임]
借口	jièkǒu 명	구실, 핑계
金属	jīnshǔ 명	금속
尽快	jǐnkuài 부	되도록 빨리
尽力	jìnlì 동	온 힘을 다하다
尽量	jìnliàng 부	가능한 한, 최대한
紧急	jǐnjí 형	긴급하다, 절박하다
谨慎	jǐnshèn 형	신중하다, 조심스럽다
进步	jìnbù 동	진보하다 형 진보적이다
进口	jìnkǒu 동	수입하다
近代	jìndài 명	근대, 근세
经典	jīngdiǎn 명	경전, 고전
经商	jīngshāng 동	장사하다
经营	jīngyíng 동	경영하다

精力	jīnglì 圐 정력
精神	jīngshén, jīngshen 圐 정신 圀 활기차다
酒吧	jiǔbā 圐 술집, 바
救	jiù 圈 구하다, 구제하다
救护车	jiùhùchē 圐 구급차
舅舅	jiùjiu 圐 외숙, 외삼촌
居然	jūrán 圎 뜻밖에, 의외로, 예상 외로
桔子	júzi 圐 귤
巨大	jùdà 圀 아주 크다
具备	jùbèi 圈 갖추다, 구비하다
具体	jùtǐ 圀 구체적이다
俱乐部	jùlèbù 圐 클럽, 동호회
据说	jùshuō 圈 말하는 바에 의하면 ~라 한다
捐	juān 圈 헌납하다, 기부하다
决赛	juésài 圐 결승
决心	juéxīn 圈 결심하다, 결의하다
角色	juésè 圐 배역, 역, 역할
绝对	juéduì 圀 절대적인, 무조건적인
军事	jūnshì 圐 군사
均匀	jūnyún 圀 균등하다, 균일하다
卡车	kǎchē 圐 트럭
开发	kāifā 圈 개발하다
开放	kāifàng 圈 개방하다, 해제하다
开幕式	kāimùshì 圐 개막식
开水	kāishuǐ 圐 끓인 물
砍	kǎn 圈 줄이다, 삭감하다
看不起	kànbuqǐ 圈 얕보다, 깔보다
看望	kànwàng 圈 찾아가 뵙다
靠	kào 圈 기대다, 닿다, 대다
颗	kē 圑 알[과립 모양의 물건을 셀 때 쓰임]
可见	kějiàn 圂 ~을 알 수 있다, ~을 볼 수 있다
可靠	kěkào 圀 믿을 만하다, 믿음직하다
可怕	kěpà 圀 두렵다, 무섭다
克	kè 圑 그램, g
克服	kèfú 圈 극복하다, 이겨내다
刻苦	kèkǔ 圀 몹시 애를 쓰다
客观	kèguān 圀 객관적인
课程	kèchéng 圐 교과 과정, 교육 과정, 커리큘럼
空间	kōngjiān 圐 공간
空闲	kòngxián 圀 시간적 여유가 있다, 한가하다
控制	kòngzhì 圈 통제하다, 제어하다

口味	kǒuwèi 圐 (음식의) 맛
夸	kuā 圈 과장하다, 칭찬하다
夸张	kuāzhāng 圈 과장하여 말하다
会计	kuàijì 圐 회계
宽	kuān 圀 넓다
昆虫	kūnchóng 圐 곤충
扩大	kuòdà 圈 확대하다, 넓히다
辣椒	làjiāo 圐 고추
拦	lán 圈 막다, 가로막다
烂	làn 圀 부식되다, 썩다
朗读	lǎngdú 圈 낭독하다
劳动	láodòng 圐 노동, 일
劳驾	láojià 圈 (인사말) 실례합니다
老百姓	lǎobǎixìng 圐 일반인, 민간인
老板	lǎobǎn 圐 주인, 사장
老婆	lǎopo 圐 아내, 처
老实	lǎoshi 圀 진실하다, 솔직하다
老鼠	lǎoshǔ 圐 쥐, 생쥐
姥姥	lǎolao 圐 외할머니, 외조모
乐观	lèguān 圀 낙관적이다
雷	léi 圐 우레, 천둥
类型	lèixíng 圐 유형
冷淡	lěngdàn 圀 냉담하다, 냉정하다
厘米	límǐ 圑 센티미터, cm
离婚	líhūn 圈 이혼하다
梨	lí 圐 배, 배나무
理论	lǐlùn 圐 이론
理由	lǐyóu 圐 이유, 까닭
力量	lìliàng 圐 힘, 역량
立即	lìjí 圎 즉시, 즉각, 바로
立刻	lìkè 圎 즉시, 당장, 곧
利润	lìrùn 圐 이윤
利息	lìxī 圐 이자
利益	lìyì 圐 이익
利用	lìyòng 圈 이용하다
连忙	liánmáng 圎 서둘러, 급히
连续	liánxù 圈 연속하다, 계속하다
联合	liánhé 圈 연합하다, 단결하다
恋爱	liàn'ài 圈 연애하다
良好	liánghǎo 圀 양호하다, 만족스럽다
粮食	liángshi 圐 곡물, 양식
亮	liàng 圀 밝다, 빛나다
了不起	liǎobuqǐ 圀 대단하다, 평범하지 않다
列车	lièchē 圐 열차
临时	línshí 圎 임시로, 때가 되어서
灵活	línghuó 圀 민첩하다, 융통성이 있다

铃	líng 圐 방울, 벨
零件	língjiàn 圐 부속품
零食	língshí 圐 군것질, 주전부리
领导	lǐngdǎo 圐 지도자, 영도자 圈 이끌다, 지도하다
领域	lǐngyù 圐 영역
浏览	liúlǎn 圈 브라우징, 인터넷에서 사이트를 훑어보다
流传	liúchuán 圈 전하다, 퍼지다
流泪	liúlèi 圈 눈물을 흘리다
龙	lóng 圐 용
漏	lòu 圈 새다
陆地	lùdì 圐 육지
陆续	lùxù 圎 끊임없이, 계속해서
录取	lùqǔ 圈 선정하다, 뽑다
录音	lùyīn 圈 녹음하다
轮流	lúnliú 圈 교대로 하다, 돌아가면서 하다
论文	lùnwén 圐 논문
逻辑	luójí 圐 논리
落后	luòhòu 圈 뒤쳐지다
骂	mà 圈 욕하다
麦克风	màikèfēng 圐 마이크
馒头	mántou 圐 만두
满足	mǎnzú 圈 만족하다, 흡족하다
毛病	máobìng 圐 고장, 문제점
矛盾	máodùn 圐 모순
冒险	màoxiǎn 圈 모험하다, 위험을 무릅쓰다
贸易	màoyì 圐 무역, 교역
眉毛	méimao 圐 눈썹
媒体	méitǐ 圐 대중매체, 매스컴
煤炭	méitàn 圐 석탄, 매탄
美术	měishù 圐 미술
魅力	mèilì 圐 매력
梦想	mèngxiǎng 圐 꿈, 이상
秘密	mìmì 圀 비밀의
秘书	mìshū 圐 비서
密切	mìqiè 圀 가깝다, 밀접하다
蜜蜂	mìfēng 圐 꿀벌
面对	miànduì 圈 대면하다, 당면하다
面积	miànjī 圐 면적
面临	miànlín 圈 직면하다
苗条	miáotiao 圀 가느다랗다, 가냘프다
描写	miáoxiě 圈 묘사하다
敏感	mǐngǎn 圀 민감하다
名牌	míngpái 圐 유명 상표

名片	míngpiàn 명	명함
名胜古迹	míngshèng gǔjì 명	명승고적
明确	míngquè 형	명확하다
明显	míngxiǎn 형	선명하다, 뚜렷하다
明星	míngxīng 명	스타
命令	mìnglìng 동	명령하다
命运	mìngyùn 명	운명
摸	mō 동	만지다, 어루만지다
模仿	mófǎng 동	모방하다, 흉내 내다
模糊	móhu 형	모호하다, 뚜렷하지 않다
模特	mótè 명	모델
摩托车	mótuōchē 명	오토바이
陌生	mòshēng 형	낯설다, 생소하다
某	mǒu 대	어느, 모(某), 아무개
木头	mùtou 명	목재
目标	mùbiāo 명	목표물, 과녁, 표적
目录	mùlù 명	목록
目前	mùqián 명	지금, 현재
哪怕	nǎpà 접	설령, 가령, 혹시
难怪	nánguài 부	어쩐지, 과연
难免	nánmiǎn 동	~하게 마련이다, 불가피하다
脑袋	nǎodai 명	머리
内部	nèibù 명	내부
内科	nèikē 명	내과
嫩	nèn 형	부드럽다, 연하다
能干	nénggàn 형	유능하다, 재능이 있다
能源	néngyuán 명	에너지원
嗯	ńg 감탄	응, 그래
年代	niándài 명	시대, 시기, 시간
年纪	niánjì 명	나이, 연세
念	niàn 동	그리워하다, 생각하다
宁可	nìngkě 접	차라리
牛仔裤	niúzǎikù 명	청바지
农村	nóngcūn 명	농촌
农民	nóngmín 명	농민
农业	nóngyè 명	농업
浓	nóng 형	짙다, 진하다
女士	nǚshì 명	여사
欧洲	Ōuzhōu 명	유럽
偶然	ǒurán 형	갑작스럽다, 뜻밖이다
拍	pāi 동	때리다, 치다
派	pài 동	파견하다
盼望	pànwàng 동	절실히 기대하다, 간절히 바라다
培训	péixùn 동	양성하다, 육성하다
培养	péiyǎng 동	기르다, 양성하다
赔偿	péicháng 동	물어 주다, 변상하다
佩服	pèifu 동	감탄하다, 탄복하다
配合	pèihé 동	협력하다, 협동하다
盆	pén 명	그릇
碰	pèng 동	부딪치다
批	pī 동	승인하다, 의견을 적다
批准	pīzhǔn 동	비준하다, 허가하다
披	pī 동	걸치다, 감싸다
疲劳	píláo 형	고단하다, 지치다
匹	pǐ 양	필[말이나 소를 셀 때 쓰임]
片	piàn 양	조각, 편[조각난 물건을 셀 때 쓰임]
片面	piànmiàn 형	일방적이다, 단편적이다
飘	piāo 동	날리다, 나부끼다
拼音	pīnyīn 명	병음
频道	píndào 명	채널
平	píng 형	평평하다
平安	píng'ān 형	평안하다
平常	píngcháng 명	평소, 평상시, 보통 때
平等	píngděng 형	평등하다, 대등하다
平方	píngfāng 명	제곱미터, ㎡
平衡	pínghéng 형	균형이 맞다
平静	píngjìng 형	평온하다, 차분하다
平均	píngjūn 동	균등하게 하다, 고르게 하다
评价	píngjià 동	판단하다, 평가하다
凭	píng 개	~을 근거로 해서, ~에 따라
迫切	pòqiè 형	절박하다, 절실하다
破产	pòchǎn 동	파산하다, 도산하다
破坏	pòhuài 동	파괴하다, 훼손하다
期待	qīdài 동	바라다, 기대하다
期间	qījiān 명	기간
其余	qíyú 대	나머지, 여분
奇迹	qíjì 명	기적
企业	qǐyè 명	기업
启发	qǐfā 동	일깨우다, 깨닫게 하다
气氛	qìfēn 명	분위기
汽油	qìyóu 명	휘발유
谦虚	qiānxū 형	겸허하다, 겸손하다
签	qiān 동	서명하다, 사인하다
前途	qiántú 명	앞길, 발전성
浅	qiǎn 형	얕다
欠	qiàn 동	빚지다
枪	qiāng 명	창
强调	qiángdiào 동	힘주어 주장하다, 강조하다
强烈	qiángliè 형	세차고 강하다, 강렬하다
墙	qiáng 명	벽, 담
抢	qiǎng 동	빼앗다, 약탈하다
悄悄	qiāoqiāo 부	은밀하게, 살짝, 조용히
瞧	qiáo 동	보다
巧妙	qiǎomiào 형	교묘하다, 약삭빠르다
切	qiē 동	썰다, 자르다
亲爱	qīn'ài 형	깊은, 밀접한, 가까운
亲切	qīnqiè 형	친근하다, 친절하다
亲自	qīnzì 부	자기 스스로, 몸소
勤奋	qínfèn 형	근면하다
青	qīng 형	푸르다
青春	qīngchūn 명	청춘
青少年	qīngshàonián 명	청소년
轻视	qīngshì 동	경시하다, 얕보다
轻易	qīngyì 형	경솔하다, 함부로 하다
清淡	qīngdàn 형	은은하다, 담백하다
情景	qíngjǐng 명	상황, 정경
情绪	qíngxù 명	정서, 기분
请求	qǐngqiú 동	요구하다, 부탁하다
庆祝	qìngzhù 동	축하하다
球迷	qiúmí 명	축구팬
趋势	qūshì 명	추세, 경향
取消	qǔxiāo 동	취소하다
娶	qǔ 동	장가가다, 아내를 얻다
去世	qùshì 동	세상을 떠나다, 서거하다
圈	quān 명	권[한정된 범위를 뜻함]
权力	quánlì 명	권력, 권한
权利	quánlì 명	권리
全面	quánmiàn 명	전면, 각 방면
劝	quàn 동	설득하다, 복종하게 하다
缺乏	quēfá 동	부족하다, 모자라다
确定	quèdìng 동	확정하다 / 형 확정적이다
确认	quèrèn 동	확인하다, 확실히 인정하다
群	qún 명	무리, 떼
燃烧	ránshāo 동	연소하다
绕	rào 동	감다, 휘감다
热爱	rè'ài 동	열렬히 사랑하다
热烈	rèliè 형	열렬하다
热心	rèxīn 형	열렬한, 열심의
人才	réncái 명	인재
人口	rénkǒu 명	인구

人类	rénlèi 명 인류
人民币	rénmínbì 명 인민폐
人生	rénshēng 명 인생
人事	rénshì 명 인사
人物	rénwù 명 인물
人员	rényuán 명 인원
忍不住	rěnbuzhù 부 참을 수 없다, 억누르지 못하다
日常	rìcháng 형 일상적인, 일상의
日程	rìchéng 명 일정
日历	rìlì 명 일력(日曆)
日期	rìqī 명 날짜
日用品	rìyòngpǐn 명 일용품
日子	rìzi 명 날, 기간, 생계
如何	rúhé 대 어떻다, 어떠하다
如今	rújīn 명 현재, 지금
软	ruǎn 형 부드럽다, 연하다
软件	ruǎnjiàn 명 소프트웨어
弱	ruò 형 약하다
洒	sǎ 동 뿌리다, 살포하다
嗓子	sǎngzi 명 목, 목구멍
色彩	sècǎi 명 색채, 성향
杀	shā 동 죽이다, 해치다
沙漠	shāmò 명 사막
沙滩	shātān 명 모래톱, 사주
傻	shǎ 형 어리석다, 둔하다
晒	shài 동 비추다, 쬐다
删除	shānchú 동 삭제하다, 지우다
闪电	shǎndiàn 명 번개
扇子	shànzi 명 부채
善良	shànliáng 형 선량하다, 착하다
善于	shànyú 동 잘하다, ~에 능숙하다
伤害	shānghài 동 상하게 하다
商品	shāngpǐn 명 상품
商务	shāngwù 명 상업상의 용무, 비즈니스
商业	shāngyè 명 상업
上当	shàngdàng 동 속다, 속임수에 빠지다
蛇	shé 명 뱀
舍不得	shěbude 아쉬워하다, 아까워하다
设备	shèbèi 동 배치하다, 갖추다
设计	shèjì 동 설계하다, 디자인하다
设施	shèshī 명 시설
射击	shèjī 동 사격하다
摄影	shèyǐng 동 촬영하다
伸	shēn 동 펴다, 펼치다, 내밀다

身材	shēncái 명 몸매, 체격
身份	shēnfèn 명 신분
深刻	shēnkè 형 (인상이) 깊다, 강렬하다
神话	shénhuà 명 신화
神秘	shénmì 형 불가사의하다, 신비하다
升	shēng 동 올리다, 높이다
生产	shēngchǎn 동 만들다, 생산하다
生动	shēngdòng 형 생기발랄하다
生长	shēngzhǎng 동 성장하다, 자라다
声调	shēngdiào 명 말투, 어조
绳子	shéngzi 명 노끈, 밧줄
省略	shěnglüè 동 생략하다
胜利	shènglì 동 싸워서 이기다, 승리하다
失眠	shīmián 명 불면(증)
失去	shīqù 동 잃다, 잃어버리다
失业	shīyè 동 직업을 잃다, 실업하다
诗	shī 명 시
狮子	shīzi 명 사자
湿润	shīrùn 형 습윤하다(습하고 기름지다), 촉촉하다
石头	shítou 명 돌
时差	shíchā 명 시차
时代	shídài 명 시대
时刻	shíkè 명 시각, 시간
时髦	shímáo 형 유행이다, 현대적이다
时期	shíqī 명 시기, 특정한 때
时尚	shíshàng 명 유행
实话	shíhuà 명 실화, 참말
实践	shíjiàn 동 실천하다, 이행하다
实习	shíxí 동 실습하다, 견습하다
实现	shíxiàn 동 실현하다, 달성하다
实验	shíyàn 명 실험
实用	shíyòng 형 실용적이다
食物	shíwù 명 음식물
使劲儿	shǐjìnr 동 힘을 쓰다
始终	shǐzhōng 부 줄곧, 시종일관
士兵	shìbīng 명 사병, 병사
市场	shìchǎng 명 시장
似的	shìde 조 비슷하다, ~과 같다
事实	shìshí 명 사실
事物	shìwù 명 사물
事先	shìxiān 명 사전(事前)
试卷	shìjuàn 명 시험 답안지
收获	shōuhuò 동 거두어들이다, 수확하다
收据	shōujù 명 영수증, 수취증

手工	shǒugōng 명 수공
手术	shǒushù 명 수술
手套	shǒutào 명 글러브, 장갑
手续	shǒuxù 명 수속, 절차
手指	shǒuzhǐ 명 손가락
首	shǒu 명 우두머리
寿命	shòumìng 명 목숨, 생명
受伤	shòushāng 동 상처를 입다, 부상을 당하다
书架	shūjià 명 책꽂이, 서가
梳子	shūzi 명 빗
舒适	shūshì 형 기분이 좋다, 쾌적하다
输入	shūrù 동 입력하다
蔬菜	shūcài 명 채소
熟练	shúliàn 형 숙련되어 있다, 능숙하다
属于	shǔyú 동 ~에 속하다
鼠标	shǔbiāo 명 마우스
数	shǔ 동 세다, 헤아리다 명 수, 숫자
数据	shùjù 명 데이터, 수치
数码	shùmǎ 명 숫자, 디지털
摔倒	shuāidǎo 동 넘어지다, 엎어지다
甩	shuǎi 동 흔들다, 휘두르다
双方	shuāngfāng 명 쌍방
税	shuì 명 세, 세금
说不定	shuōbudìng 단언하기 어렵다, ~일지 모른다
说服	shuōfú 동 설복하다, 설득하다
丝绸	sīchóu 명 비단, 견직물
丝毫	sīháo 명 추호, 극히 적은 수량
私人	sīrén 형 사적인, 개인의
思考	sīkǎo 동 사고하다, 사색하다
思想	sīxiǎng 명 사상, 의식
撕	sī 동 찢다, 째다
似乎	sìhū 부 마치 ~인 것 같다, 마치 ~인 듯하다
搜索	sōusuǒ 동 (인터넷에) 검색하다
宿舍	sùshè 명 기숙사
随身	suíshēn 동 휴대하다
随时	suíshí 부 수시로, 언제나
随手	suíshǒu 부 ~하는 김에
碎	suì 동 부서지다, 깨지다
损失	sǔnshī 동 손실하다, 손해 보다
缩短	suōduǎn 동 줄이다, 단축하다
所	suǒ 명 장소, 곳 조 ~하는 바
锁	suǒ 명 자물쇠 동 잠그다

台阶 táijiē 몡 층계, 섬돌
太极拳 tàijíquán 몡 태극권
太太 tàitai 아주머니, 부인
谈判 tánpàn 통 대화하다, 협상하다
坦率 tǎnshuài 혱 솔직하다
烫 tàng 통 데다, (머리카락을) 파마하다
逃 táo 통 달아나다, 도망치다
逃避 táobì 통 도피하다
桃 táo 몡 복숭아, 복숭아나무
淘气 táoqì 혱 장난이 심하다
讨价还价 tǎo jià huán jià 셩 값을 흥정하다
套 tào 영 세트를 세는 단위
特色 tèsè 몡 특징, 특색
特殊 tèshū 혱 특수하다, 특별하다
特征 tèzhēng 몡 특징
疼爱 téng'ài 통 애지중지하다
提倡 tíchàng 통 제창하다, 부르짖다
提纲 tígāng 몡 대강, 제요, 요지
提问 tíwèn 통 질문하다
题目 tímù 몡 제목, 표제, 테마
体会 tǐhuì 통 체득 통 체험하다
体贴 tǐtiē 통 자상하게 돌보다, 극진하게 보살피다
体现 tǐxiàn 통 구현하다, 체현하다
体验 tǐyàn 통 경험하다, 체험하다
天空 tiānkōng 몡 하늘, 공중
天真 tiānzhēn 혱 천진하다, 순진하다
调皮 tiáopí 혱 장난스럽다, 짓궂다
调整 tiáozhěng 통 조정하다, 조절하다
挑战 tiǎozhàn 통 도전하다
通常 tōngcháng 혱 통상적인, 일반적인
统一 tǒngyī 통 통일하다
痛苦 tòngkǔ 혱 고통스럽다, 괴롭다
痛快 tòngkuài 혱 통쾌하다, 유쾌하다
偷 tōu 통 훔치다, 도둑질하다
投入 tóurù 통 몰두하다, 투자하다
投资 tóuzī 통 투자하다
透明 tòumíng 혱 투명하다
突出 tūchū 통 뚫고 나가다, 돌파하다
土地 tǔdì 몡 땅, 토지
土豆 tǔdòu 몡 감자
吐 tù 통 내뱉다, 토하다
兔子 tùzi 몡 토끼
团 tuán 몡 단체, 집단
推辞 tuīcí 통 거절하다, 사퇴하다
推广 tuīguǎng 통 널리 보급하다,

확충하다
推荐 tuījiàn 통 추천하다
退 tuì 통 후퇴하다, 물러서다
退步 tuìbù 통 퇴보하다, 후퇴하다
退休 tuìxiū 통 퇴직하다
歪 wāi 혱 기울다, 비스듬하다, 비뚤다
外公 wàigōng 몡 외할아버지
外交 wàijiāo 몡 외교
完美 wánměi 혱 결함이 없다, 완벽하다
完善 wánshàn 혱 완전하다, 완벽하다
完整 wánzhěng 혱 온전하다, 완벽하다
玩具 wánjù 몡 완구, 장난감
万一 wànyī 쩝 만일, 만약
王子 wángzǐ 몡 왕자
网络 wǎngluò 몡 인터넷, 네트워크
往返 wǎngfǎn 통 왕복하다, 갔다가 돌아오다
危害 wēihài 통 손상시키다, 손해를 주다
威胁 wēixié 통 협박하다
微笑 wēixiào 통 미소를 짓다
违反 wéifǎn 통 위반하다
围巾 wéijīn 몡 목도리, 스카프
围绕 wéirào 통 돌다, 둘러싸다
唯一 wéiyī 혱 유일한, 유일무이한
维修 wéixiū 통 보수하다, 수리하다
伟大 wěidà 혱 위대하다, 매우 훌륭하다
尾巴 wěiba 몡 (동물의) 꼬리
委屈 wěiqū 혱 억울하다, 속상하고 분하다
未必 wèibì 뷔 반드시 ~한 것은 아니다
未来 wèilái 혱 미래의, 앞으로의
位于 wèiyú 통 ~에 위치하다
位置 wèizhì 몡 위치, 자리
胃 wèi 몡 위
胃口 wèikǒu 몡 식욕
温暖 wēnnuǎn 혱 온화하다, 따뜻하다
温柔 wēnróu 혱 온유하다, 따뜻하고 부드럽다
文件 wénjiàn 몡 문건, 공문서, 서류
文具 wénjù 몡 문구, 문방구
文明 wénmíng 몡 문명, 문화
文学 wénxué 몡 문학
文字 wénzì 몡 문자, 글자
闻 wén 통 듣다
吻 wěn 통 입맞춤하다
稳定 wěndìng 혱 안정되다, 변동이 없다
问候 wènhòu 통 안부를 묻다, 문안을 드리다
卧室 wòshì 몡 침실

握手 wòshǒu 통 악수하다
屋子 wūzi 몡 방, 거실
无奈 wúnài 통 어쩔 수 없다, 방법이 없다
无数 wúshù 혱 무수하다, 셀 수 없이 많다
无所谓 wúsuǒwèi 상관없다
武术 wǔshù 몡 무술
勿 wù 뷔 ~하지 마라
物理 wùlǐ 몡 물리
物质 wùzhì 몡 물질
雾 wù 몡 안개
吸取 xīqǔ 통 받아들이다, 흡수하다
吸收 xīshōu 통 흡수하다, 빨아들이다
戏剧 xìjù 몡 연극, 극, 희극
系 xì 몡 학과, 계열
系统 xìtǒng 몡 계통, 체계, 시스템
细节 xìjié 몡 세부, 자세한 부분, 세목
瞎 xiā 통 실명하다, 시력을 잃다
下载 xiàzài 통 다운로드 하다
吓 xià 통 놀래다, 놀라게 하다
夏令营 xiàlìngyíng 몡 여름 캠프
鲜艳 xiānyàn 혱 선명하고 아름답다, 밝고 곱다
显得 xiǎnde 통 드러나다, ~처럼 보이다
显然 xiǎnrán 혱 명백하다, 명확하다
显示 xiǎnshì 통 드러내 보이다
县 xiàn 몡 현(縣)
现代 xiàndài 몡 현대
现实 xiànshí 몡 현실
现象 xiànxiàng 몡 현상
限制 xiànzhì 통 제안하다, 규제하다
相处 xiāngchǔ 통 함께 지내다, 함께 살다
相当 xiāngdāng 통 서로 어슷비슷하다, 맞먹다 뷔 상당히
相对 xiāngduì 혱 상대적인
相关 xiāngguān 통 상관되다, 관련되다
相似 xiāngsì 혱 서로 닮다, 서로 비슷하다
香肠 xiāngcháng 몡 소시지
享受 xiǎngshòu 통 만족을 얻다, 누리다
想念 xiǎngniàn 통 그리워하다, 간절히 생각하다
想象 xiǎngxiàng 몡 상상
项 xiàng 영 항목[조목을 나눌 때 쓰임]
项链 xiàngliàn 몡 목걸이
项目 xiàngmù 몡 항목, 조목

象棋	xiàngqí 몡 중국식 장기	
象征	xiàngzhēng 동 상징하다	
消费	xiāofèi 동 쓰다, 소비하다	
消化	xiāohuà 동 소화하다	
消极	xiāojí 혱 소극적이다, 부정적이다	
消失	xiāoshī 동 없어지다, 사라지다	
销售	xiāoshòu 동 팔다, 판매하다	
小麦	xiǎomài 몡 밀, 소맥	
小气	xiǎoqi 혱 인색하다, 쩨쩨하다	
孝顺	xiàoshùn 동 효도하다	
效率	xiàolǜ 몡 효율	
歇	xiē 동 쉬다, 휴식하다	
斜	xié 혱 비스듬하다, 기울다, 비뚤다	
写作	xiězuò 동 글을 짓다	
血	xiě, xuè 몡 피, 혈액	
心理	xīnlǐ 몡 심리	
心脏	xīnzàng 몡 심장, 염통	
欣赏	xīnshǎng 동 음미하여 즐기다, 감상하다	
信号	xìnhào 몡 신호	
信任	xìnrèn 동 신뢰하다, 신임하다	
行动	xíngdòng 몡 행동 동 행동하다	
行人	xíngrén 몡 행인, 통행인	
行为	xíngwéi 몡 행위	
形成	xíngchéng 동 이루다, 형성하다	
形容	xíngróng 혱 형용하다	
形式	xíngshì 몡 형식	
形势	xíngshì 몡 지세, 지형, 형세	
形象	xíngxiàng 몡 형상, 이미지	
形状	xíngzhuàng 몡 형상, 외관	
幸亏	xìngkuī 부 다행히, 운 좋게	
幸运	xìngyùn 혱 행운이다	
性质	xìngzhì 몡 성질, 성격	
兄弟	xiōngdì 몡 형제	
胸	xiōng 몡 가슴	
休闲	xiūxián 동 휴식하다, 한가롭게 보내다	
修改	xiūgǎi 동 바로잡다, 고치다	
虚心	xūxīn 혱 겸허하다	
叙述	xùshù 동 서술하다, 진술하다	
宣布	xuānbù 동 선포하다, 공표하다	
宣传	xuānchuán 동 선전하다	
学历	xuélì 몡 학력	
学术	xuéshù 몡 학술	
学问	xuéwèn 몡 학문	
寻找	xúnzhǎo 동 찾다	
询问	xúnwèn 동 질문하다, 묻다	

训练	xùnliàn 동 훈련하다	
迅速	xùnsù 혱 신속하다, 재빠르다, 날쌔다	
押金	yājīn 몡 보증금	
牙齿	yáchǐ 몡 이, 치아	
延长	yáncháng 동 늘이다, 연장하다	
严肃	yánsù 혱 근엄하다, 엄숙하다	
演讲	yǎnjiǎng 몡 강연, 연설	
宴会	yànhuì 몡 연회, 파티	
阳台	yángtái 몡 발코니, 베란다	
痒	yǎng 혱 가렵다, 좀이 쑤시다	
样式	yàngshì 몡 형식, 양식, 모양	
腰	yāo 몡 허리	
摇	yáo 동 흔들다, 흔들어 움직이다	
咬	yǎo 동 물다, 깨물다	
要不	yàobù 접 그렇지 않으면, 안 그러면	
业务	yèwù 몡 업무	
业余	yèyú 몡 여가	
夜	yè 몡 밤	
一辈子	yíbèizi 몡 한평생, 일생	
一旦	yídàn 부 일단 ~한다면	
一律	yílǜ 부 예외 없이, 모두	
一再	yízài 부 거듭, 수차	
一致	yízhì 혱 일치하다	
依然	yīrán 동 여전하다, 의연하다, 전과 같다	
移动	yídòng 동 옮기다, 움직이다	
移民	yímín 동 이민하다	
遗憾	yíhàn 동 유감이다, 섭섭하다	
疑问	yíwèn 몡 의문, 의혹	
乙	yǐ 몡 을(乙)	
以及	yǐjí 접 및, 그리고, 아울러	
以来	yǐlái 몡 이래, 동안	
亿	yì 수 억	
义务	yìwù 몡 의무	
议论	yìlùn 동 의논하다, 논의하다	
意外	yìwài 혱 의외다, 뜻밖이다	
意义	yìyì 몡 의의, 의미	
因而	yīn'ér 접 그러므로, 그런 까닭에	
因素	yīnsù 몡 요소, 성분	
银	yín 몡 은	
印刷	yìnshuā 동 인쇄하다	
英俊	yīngjùn 혱 재능이 출중하다, 영준하다	
英雄	yīngxióng 몡 영웅	
迎接	yíngjiē 동 영접하다, 마중하다	
营养	yíngyǎng 몡 영양	

营业	yíngyè 동 영업하다	
影子	yǐngzi 몡 그림자	
应付	yìngfu 동 대응하다, 대처하다	
应用	yìngyòng 동 이용하다, 사용하다	
硬	yìng 혱 단단하다	
硬件	yìngjiàn 몡 하드웨어	
拥抱	yōngbào 동 포옹하다, 껴안다	
拥挤	yōngjǐ 동 한데 모이다, 한곳으로 몰리다	
勇气	yǒngqì 몡 용기	
用功	yònggōng 동 노력하다, 열심히 공부하다	
用途	yòngtú 몡 용도	
优惠	yōuhuì 혱 특혜의, 우대의	
优美	yōuměi 혱 우미하다, 우아하고 아름답다	
优势	yōushì 몡 우세	
悠久	yōujiǔ 혱 유구하다, 장구하다	
犹豫	yóuyù 혱 머뭇거리다, 주저하다	
油炸	yóuzhá 동 기름에 튀기다	
游览	yóulǎn 동 유람하다	
有利	yǒulì 혱 유리하다, 이롭다	
幼儿园	yòu'éryuán 몡 유치원, 유아원	
娱乐	yúlè 동 오락하다, 즐겁게 소일하다	
与其	yǔqí 접 ~하기보다는 차라리	
语气	yǔqì 몡 어투, 말투	
玉米	yùmǐ 몡 옥수수, 강냉이	
预报	yùbào 동 미리 알리다, 예보하다	
预订	yùdìng 동 예약하다, 예매하다	
预防	yùfáng 동 예방하다, 미리 방비하다	
元旦	Yuándàn 몡 원단, 정월 초하루	
员工	yuángōng 몡 직원, 종업원	
原料	yuánliào 몡 원료	
原则	yuánzé 몡 원칙	
圆	yuán 혱 둥글다	
愿望	yuànwàng 몡 염원, 바람	
乐器	yuèqì 몡 악기	
晕	yūn 동 어지럽다, 어질어질하다	
运气	yùnqi 몡 운, 운수, 운세	
运输	yùnshū 동 운송하다, 수송하다	
运用	yùnyòng 동 활용하다, 응용하다	
灾害	zāihài 몡 재해, 화, 재난	
再三	zàisān 부 재삼, 거듭, 여러 번	
在乎	zàihu 동 신경쓰다, 개의하다	